古吴太和山人夏世隆◎著
梁溪半偈道人華耆繼◎校

新刊地理玄珠

華齡出版社

影印四庫存目子部耆本匯刊〔二〕

謝路軍◎主編

責任編輯：薛　治
責任印製：李未圻

圖書在版編目（CIP）數據

影印四庫存目子部善本匯刊. 1 /（明）夏世隆撰 ；
謝路軍主編. —北京：華齡出版社，2017.5
ISBN 978-7-5169-0979-9

Ⅰ. ①影… Ⅱ. ①夏… ②謝… Ⅲ. ①哲學—古籍—
善本—匯編—中國 Ⅳ. ①B2

中國版本圖書館 CIP 數據核字（2017）第 095062 號

書　　名：影印四庫存目子部善本匯刊（一）：新刊地理玄珠
作　　者：（明）夏世隆撰　謝路軍主編　鄭同校
出版發行：華齡出版社
印　　刷：北京虎彩文化傳播有限公司
版　　次：2018 年 1 月第 1 版　2018 年 1 月第 1 次印刷
開　　本：889×1164　1/16　　**印　　張**：22.5
字　　數：288 千字　　**印　　數**：1～200
定　　價：380.00 元

地　　址：北京市朝陽區東大橋斜街 4 號　**郵　　編**：100020
電　　話：（010）58124218　**傳　　真**：（010）58124204
網　　址：http://www.hualingpress.com

地理玄珠序

周禮記墓規制甚詳未聞有形氣禍福之說漢藝文志載宮宅形書其說殆昉于此顧藏在天府民間不得見也昔郭景純有青烏葬經而明著其說齊梁間如汝南周弘

正河東柳彥緒相地往往命中而鄢陵庾仲逵撰地理至二十卷當時士大夫深造其說如此厥後曾楊廖賴諸家著名于唐宋其指點儼若耆蔡大較重巒頭推理氣遺書蓋可覩也余向以其說近于窈

冥存而弗論山中多暇遠稽前代如太公二百餘篇具載形氣之五勝而金櫃五行一書傳言始自風后要知秦漢以前即不言形氣禍福乃禍福之理盡于此蓋造化融結永奠坤輿一氣朕而萬形變化

總出入于氣機易曰精氣爲物游魂爲變或者見人間所希覯古人未明載輒指爲異然神禹營度于爽塏周公卜世于洛川子房伸天府之說祖龍鑿東南王氣斯其旨各有所在今世市術者接趾有議

巒頭爲粗畧或指理氣爲茫昧斷斷排擊致喙嶷于妖審局嶷于恠分曹附和要以求精自潤而已拘執注陋實無當于古法也琴川有夏子道弘者索業儒而精若術時皆目之以江南獨步余因與上下

其議論取證于圖說乃出成書以示予號曰玄珠其詞典其旨深其策秘論形質必冥例于九象祭分野復取證于八風三垣列宿之經天五岳四瀆之紀地既囊萬有亦剖沉溟錯綜經緯宛若鬼神之從

心消息盈虛儼如宇宙之在手不必章亥窮步闡幽殫微而始終條理脉絡分明志古者無迷津聚訟者亦霧釋矣是夏子者其當世之曾楊廖賴而功反有居乎其上者名之曰江南獨步也固宜此書之

作當垂教于不磨矣

休休居士申時行撰

地理玄珠序

地理之說其來已遠漢有青烏先生始著爲經而傳其術者抑何寥寥也盖至晉郭景純氏拈出乘生氣三字遂盡泄造化之秘藏允爲千古堪輿之鼻祖矣

厥後曾楊廖賴諸名家繼起雖各有心法形之著撰乎實不過詳生氣之所由乘在藏風而界水若景純氏之註疏云爾自宋及今其間妙契陰陽明通觀察者固代不乏人然各私相授受

其流之弊幾於矛盾水火執理氣者黜巒頭談形勢者闢方位李之穿鑿附會樹黨爭鳴樊然不可究詰而其悞人乃滋甚余友夏道弘琴川世家也幼業儒性機頴而酷嗜形家言寤寐郭

景純氏者無慮數十寒暑已復徧覓曾楊廖賴諸名家書作蠹魚其中端委異同日加尋討猶恐局於聞見而無徵也則時時蠟屐名山遍覆徃跡以目力證其心解至是業益精矣乃退而

著書若干卷刪煩就簡芟邪崇正大都以巒頭爲主理氣爲輔而其要歸於乘生之旨篇各有圖圖各有論示其當然復明其所以然而輿地之學不既昭如指掌哉會吳門申太師欲卜壽

藏而諸時師無當心者一見道弘深器之曰就意今之世乃復有景純氏其人者乎因取所著書捐捧以壽諸梓命名玄珠謂其抉奥探微積有年歲及充然有得豁然大悟若得之於赤水

也噫此書行豈惟爲窮理者之指南亦可爲射利者之嚆矢矣道弘恂恂長者志在與人造福生平恥言阿堵其古道古心又與時師相萬萬也具眼者自當把臂余何贅焉

萬曆乙卯七月既望半偈居士

華善繼孟達甫撰

地理玄珠序

昔郭景純為人葬地明帝微服視之曰何以葬龍角法當族主人曰郭璞云葬龍耳當致天子帝曰出天子耶曰非出天子致天子問耳後葬毋於水次人訝

之曰非久當陸已而果然乃知地理之說微妙玄遠而其應響捷甚此匪可與淺見廣聞效局者道也景純而後有李淳風僧一行卜則巍朱桃仙范越鳳與曾楊廖賴數十家差得三昧餘

俱碌碌耳至於今之為堪輿者則不知青囊青烏狐首胎腹玉髓枕中為何書一假三停為何法窩鉗乳突為何穴龍眠馬鬣駝負為何地惟是縱橫鹵莽狂譎弔詭壟斷射利而總之本於

不讀書夫不讀書未有能相地者也然且掇拾瀋唾勦襲故楮而著為書以詑示人人誰信之夫不讀書相地未有能為書者也琴川夏君道弘繼以中道起家其於青囊青烏狐首胎腹玉

髓枕中諸書若童習而諳焉用
能窺一候三停之淰辨窩鉗乳
突之故察牛眠馬鬣駝負之狀
若分黑白若別方圓若嘗寒暵
較泌灼然百不一失非諸縱橫
鹵莽狂譎弔詭而博厚利也者

間以其所得著為書據衆論而
去其瑕疵裒成言而發所未盡
條分縷析本探末會非諸掇拾
勦襲漫為詞以傳名高也者夫
夏君操何異稟而若是昔太史
氏論陰陽家而與儒並列蓋其

四時八位十二度二十四節具
有圖牒文章在焉與吾儒固相
表裏者也儒書之不習而葬書
此與耳食何異夏君自其幼時
即已攻舉子業能為帖括及長
而棄之籍孔門面目闡形家命

脉豈其章句之不習而葬々論
議者哉為語夏君且無論景純
淳風假令曾楊廖賴而在當以
君為上足亦當以君之書為青
囊青烏諸經鼓吹

羼提居士鄒廸光篹

地理玄珠目錄

古吳太和山人夏世隆道弘甫著
男夏 雨時化叅補

地理玄珠卷之一

古吳太和山人夏世隆道弘甫著
梁溪半偈道人華善繼孟達甫校

堪輿總論　此原所以然之理

夫地理之學其源遠矣著書者非不多行術者非不廣而其說愈煩其理愈晦何哉葢太極未判之前形尚隱而未露陰陽既分之後理尚鬱而未彰中野不分洪荒不闢生而巢居穴處歿而委壑塡溝造塋之制尚未有由何有吉凶之論耶迨自圖出于河書出于洛天啓羲皇代生神聖仰觀天文俯察地理取象數而畫八卦推干支而演五行通其變以致利神其化以宜民向之巢穴者易以宮室委野者易以墳塋于是不得不相其陰陽明其體用而堪輿之理所由起矣是以九天玄女始洩其秘太乙真人曲暢其旨由易察理因卦定位究五行生成之氣體九宮推移之迹觀巒頭辨方位別天星測氣數灋莫備焉嗣後葬經葬書青囊玉髓狐首胎腹金篆玉函寸金三寶撼龍捉脈倒杖立錐枕中經康南記之類輩出立灋愈煩愈瑣以致世之談地理者各持一見以灋相角舛錯紛紜使人聾聵遂致倒安生旺反覆災祥者多

誤下勝惜哉然槩而言之求其切要無非巒頭理氣二者而已巒頭體也理氣用也有體斯有用專用則失體體用相須不可偏廢夫何時師淺見卑識以管窺天專取巒頭而畧于理氣者有之專重理氣而輕于巒頭者亦有之葢紐于一偏已非全學矣及至專取巒頭者以星體言但曰某形成某星某星成某穴如土星掛角金星開口之類至于生旺休囚扶剋制化之例一不之論以形體言但曰某形類某物某物宜某應如虎形肉案蛇形龜案之類至于太極分合毬簷証佐之例一不之論以四應言但曰青龍白虎如何朱雀玄武如何如左宜高昂右宜低伏之類至于貼身微茫真沙真水之例一不之論重理氣者以來脈言但曰某龍合某天星某向合某卦氣如艮納丙乾納甲之類至于穿山透地星纏關殺之例一不之論以水灋言但曰某水合某局某局合某向如倒左倒右小神大神之類至于生旺相迎雌雄交媾之例一不之論以方位言但曰某山發某秀某水發某秀如巽辛文章震庚威武之類至于星卦飛臨奇吉貴人之例一不之論此皆遺其本而徒恃其末非養一指而失肩背者哉愚游心是學葢有年矣遍覽古

兇名墓未有不合全局者何世之鹵莽邪術妄施作爲并其地而誤扦之固不足道誠有善地往往以私智穿鑿損其天成或傷來脉或損真穴或破壞真形或盜泄真氣遂使大地置棄乎無用吉壤戕賊于庸師信乎作法之不善反爲真龍之咎也余深惜之因念術業不精誤人如鴆乃廣覓奇書力研古濾始知術有萬殊理無二致窮其本源則一太極盡之矣蓋太極生兩儀以分陰陽兩儀生四象以立四極四象生八卦以配八方八卦分二十四山以應二十四氣二十四山統七十二龍以應七十二候七十二龍遁

渾天六甲以應六十四卦氣渾天六甲合一百二十分金以應一週天一百二十分金總三百六十五度以應三百六十日天德下臨地德上載由是而陰陽全由是而五行備造化之消息氣運之盛衰自此可以推遷矣是太極者一本萬殊衆妙之門也愚是以知五行一陰陽也陰陽一太極也自此纂集一貫分析三條首則原其所以然之理次則評其所當然之理三則驗其所已然之理然則地理之學寧復有餘藴哉細具條目列左則亦庶乎原始要終之一助云

盖

太極本無極虛涵萬化之根

太極

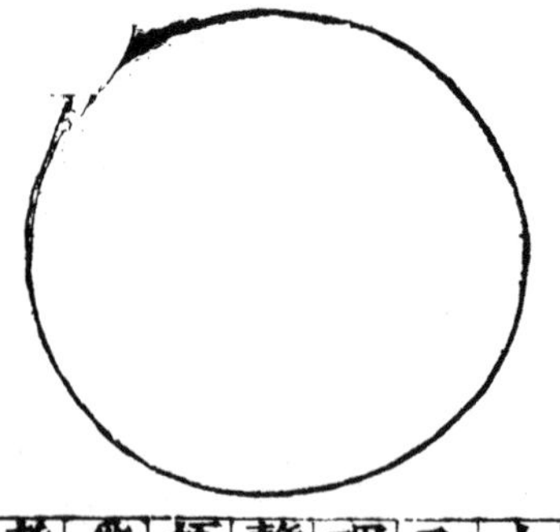

太極者象數未形而其理已具之稱形氣未彰而其理無朕之目混沌不分無聲無臭周子曰無極而太極邵子曰道爲太極又心爲太極此之謂也是太極者萬化之根源也

兩儀分陰陽實具五行

陽儀

陰儀

太極之判始生一奇一偶而爲一畫者二是爲兩儀其數則陽一而陰二在河圖洛書則陽奇而陰偶是也周子謂太極動而生陽動極復靜靜而生陰靜極復動一動一靜互爲其根分陰分陽兩儀立焉邵子謂一分爲二者皆此謂也是陰陽一太極也

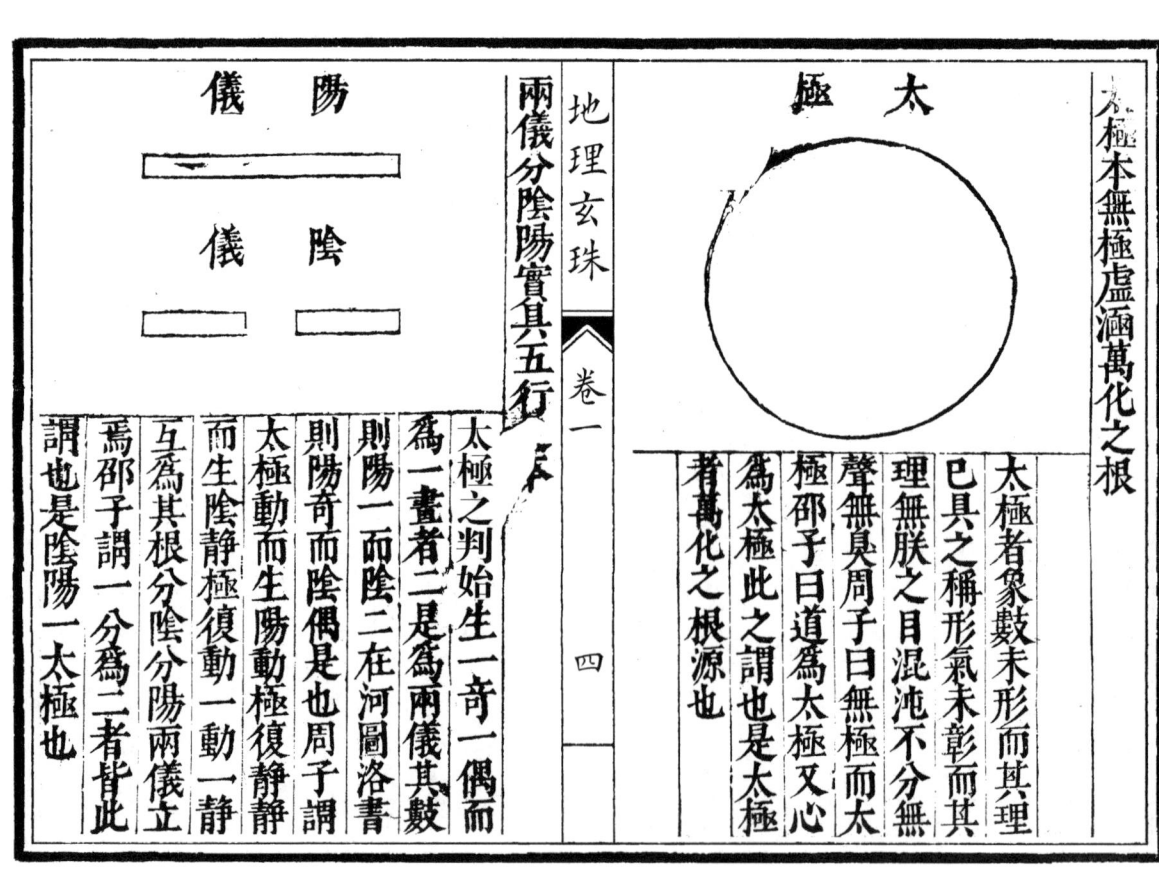

四象生而奇偶之數分

兩儀之上各生一奇一偶而爲二畫者四是爲四象其位則太陽一少陰二少陽三太陰四其數則太陽九少陰八少陽七太陰六以河圖言則六者一而得于五也七者二而得于五也八者三而得于五也九者四而得于五也以洛書言則九者十分一之餘也八者十分二之餘也七者十分三之餘也六者十分四之餘也邵子謂二分爲四者此也

八卦形而爻象之理定

四象之上各生一奇一偶而爲三畫者八于是三才畧備而有八卦之名焉其位則乾一兌二離三震四巽五坎六艮七坤八在河圖則乾坤坎離分居四實震巽艮兌分居四虛在洛書則乾坤坎離分居四正震巽艮兌分居四隅周子謂上易經卦皆八邵子謂四分爲八者此也

圖出于河龍馬獻文明之瑞

河圖

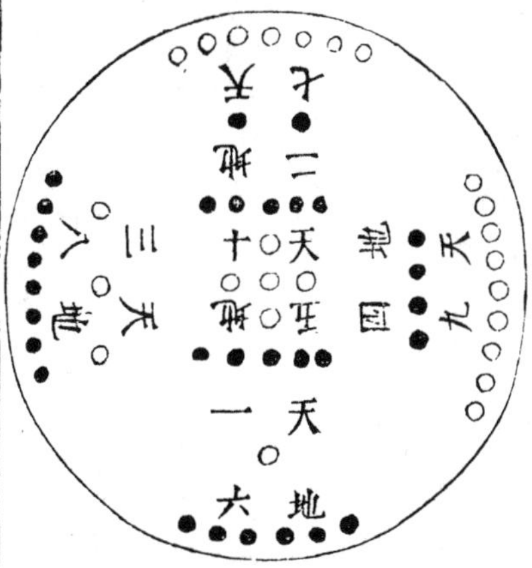

天一生水地六成之地二生火天七成之天三生木地八成之地四生金天九成之天五生土地十成之

此伏羲時河中龍馬負圖之數也天地之間一氣而已分而二則爲陰陽而五行造化萬物終始無不生成于此故河圖之位一與六居北二與七居南三與八居東四與九居西五與十居中蓋其爲數不過一陰一陽一奇一偶以兩其五行而已陽數奇故一三五七九屬乎天陰數偶故二四六八十屬乎地天數五地數五各以類相求伍位之相得然也一六二七三八四九五十一生一成所謂各有合也積五奇爲二十五積五偶爲三十合之則爲五十有五此河圖之全數也伏羲繼天立極仰觀俯察見天地間無非易理而河圖之出適契其心故取之以畫卦云

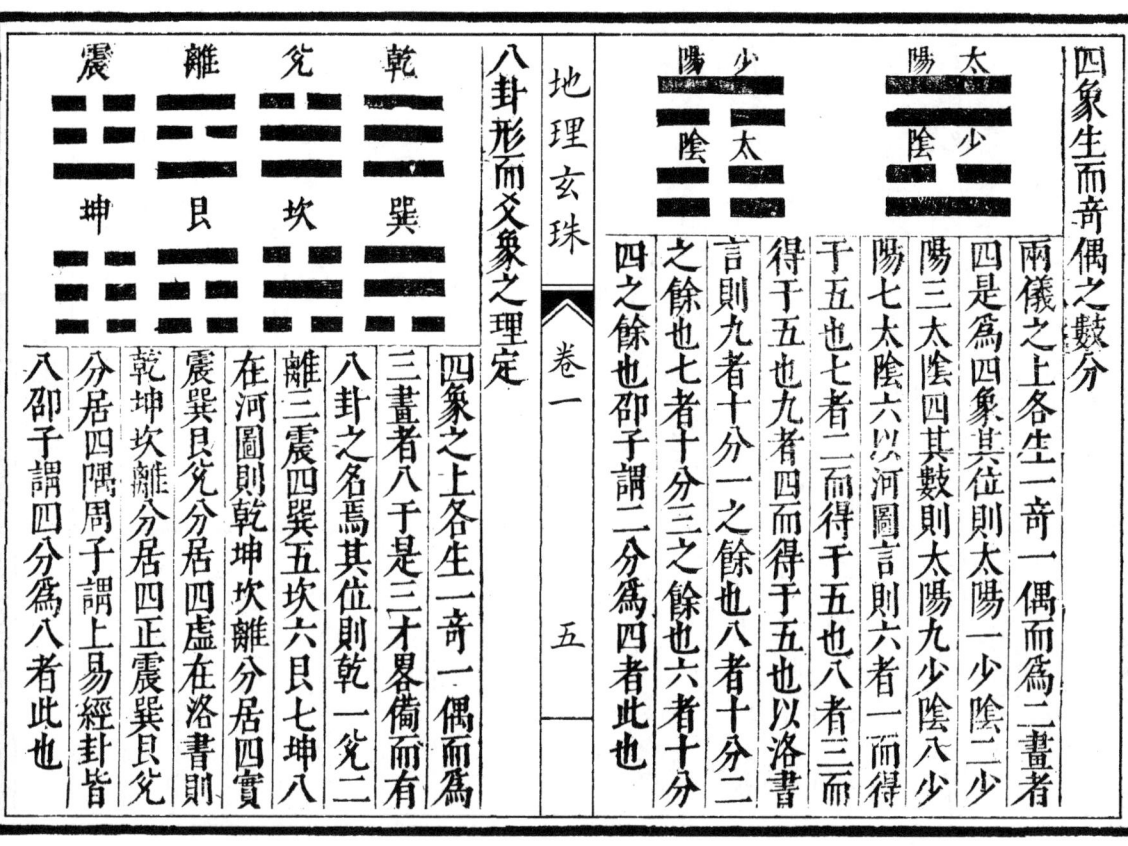

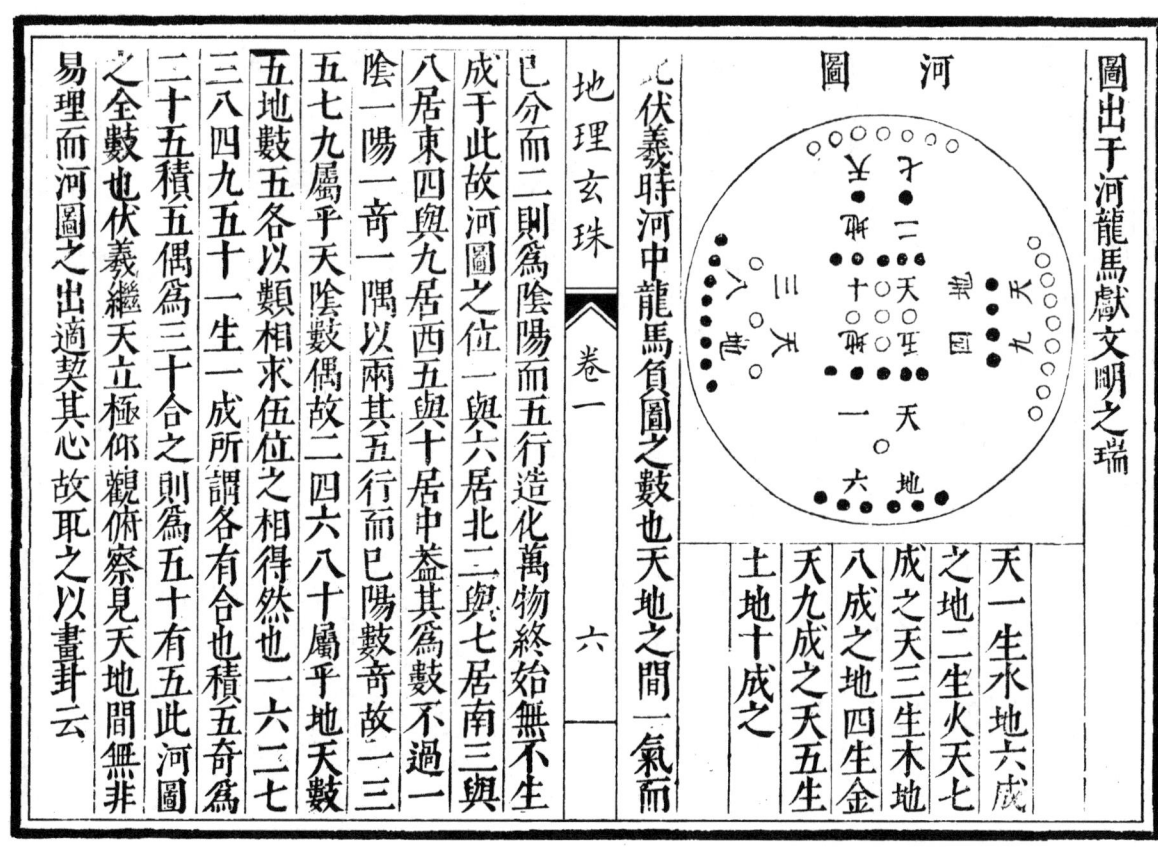

書出于洛神龜顯聖世之祥

洛書

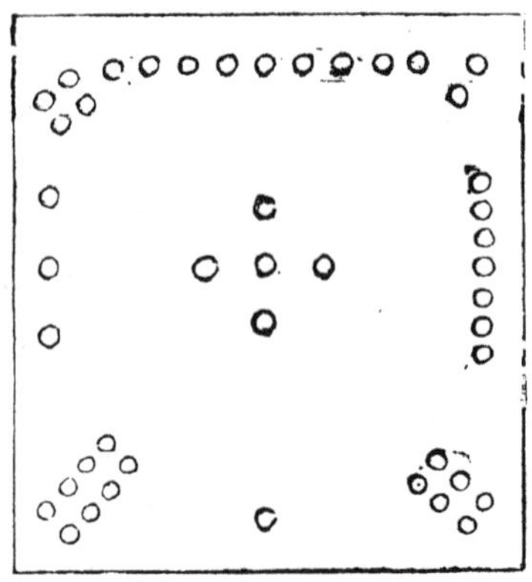

戴九履一
左三右七
二四為肩
六八為足
五居其腹
洛書數也

此大禹時洛中神龜負書之文也其數主變故始一

而終九蓋取四勢之正氣以定方位以五奇數統四偶數故奇數居正偶數居側皆陽統陰也其運則五行相剋而右旋由西北而西南由東南而東北以復于中也奇偶均二十者兩儀也一二三四而含九八七六則亦四象也大禹因之以作洪範箕子因之以作九疇蓋與先天相為表裏地灋因之以明九宮八卦故以一六八配白二配黑三配碧四配綠五配黃七配赤九配紫者蓋取義于此聖人灋之南面而立向明而治亦取夫勢正而數全也自古帝王大都方直妙用無不合此是洛書者其方位之本源乎

先天畫而理氣明

先天八卦

乾南坤北離東坎西
震居東北兌居東南
巽居西南艮居西北
自震至乾為順自巽
至坤為逆後六十四
卦方位皆倣此

夫先天者伏羲八卦也天地定位乾對坤也山澤通

氣艮對兌也雷風相搏震對巽也水火不相射坎對離也乾純陽為天位乎上故居南坤純陰為地位乎下故居北離火外陽內陰位乎東日生于東也坎水外陰內陽位乎西月生于西也西北多山故艮止為山東南澤萃故兌說為澤雷起東北故震陽動于下為雷風起西南故巽陰入于下為風乾坤正上下之位坎離列左右之門天地之所開闔日月之所出入春夏秋冬寒暑晝夜莫不由是而推此先天八卦所以為理氣之源地灋因之以推二十四氣運化之機而為後天陰陽之體也

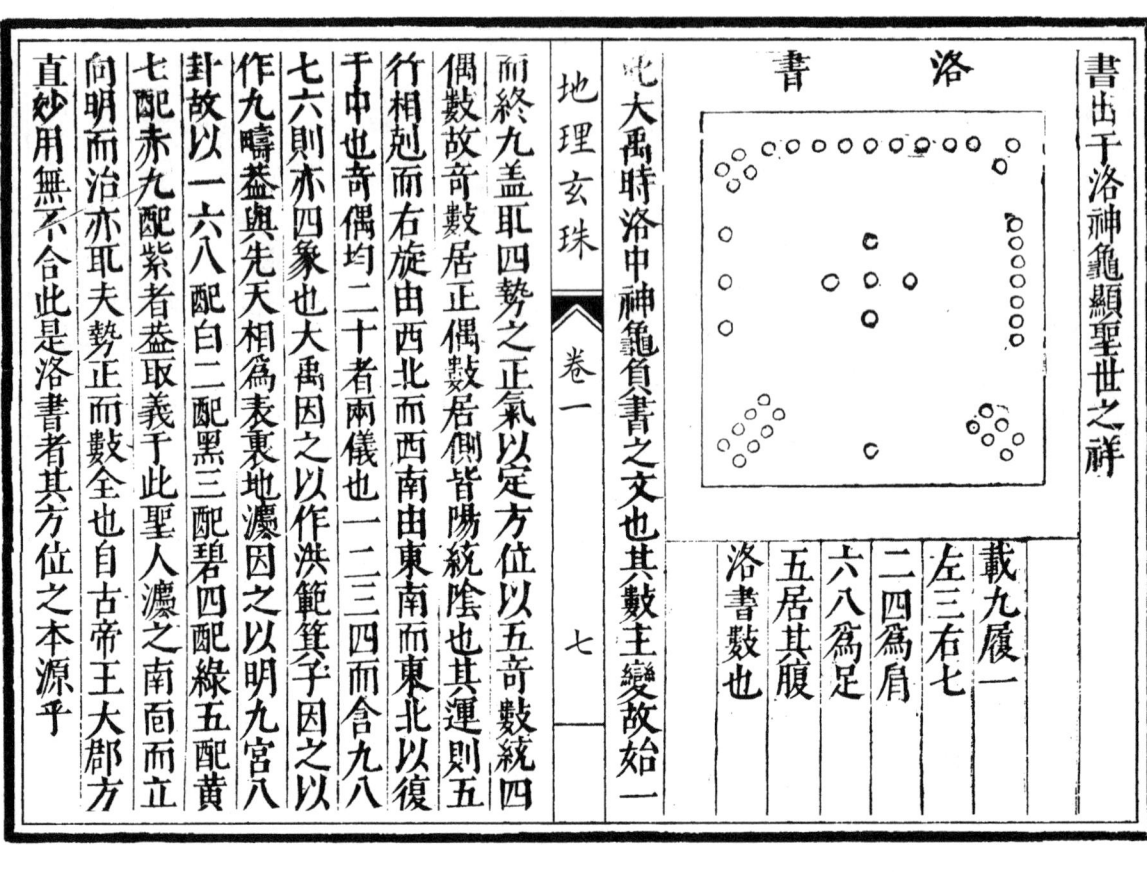

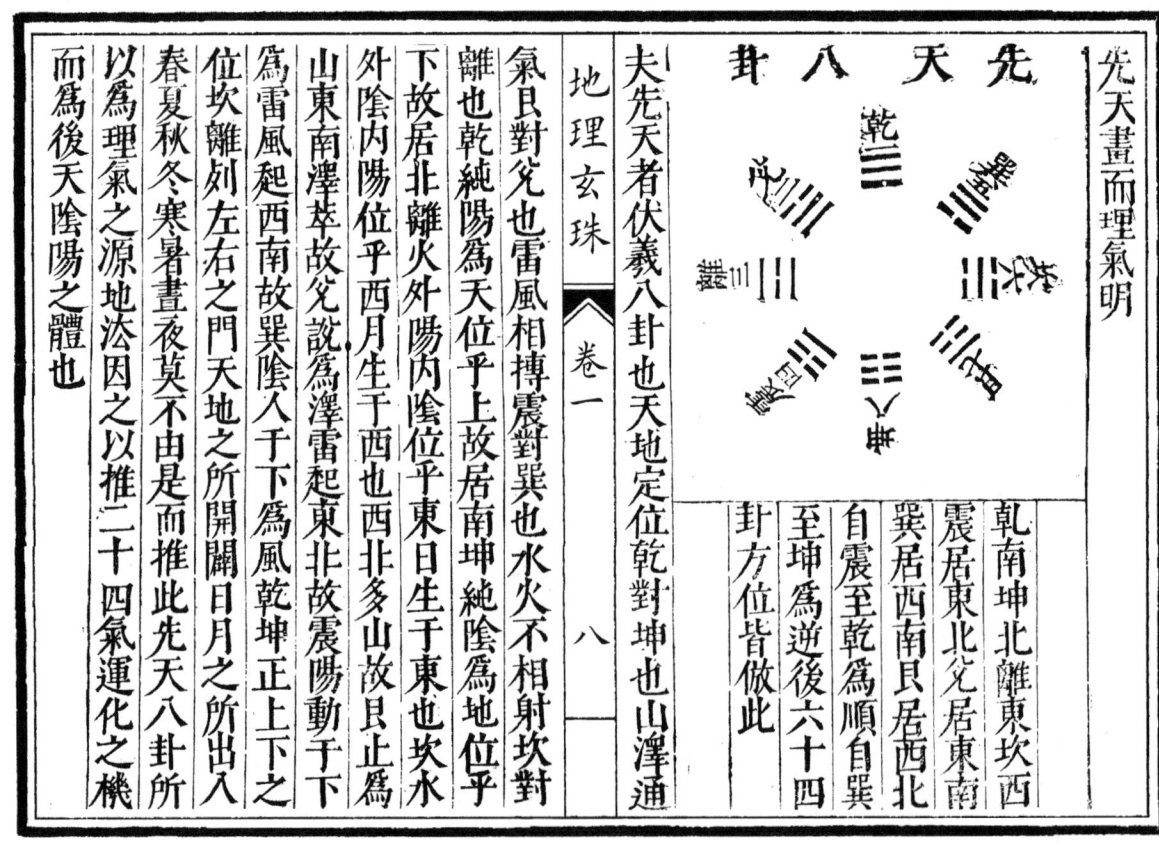

後天陳而方位正

後　天　八　卦

帝出乎震齊乎巽相見乎離致役乎坤說言乎兌戰乎乾勞乎坎成乎艮故水火相逮雷風不相悖山澤通氣然後能變化以成萬物所謂始震而終艮也

夫後天者文王八卦也置乾于西北者以長子用事代父施行乾爲老陽故退處于不用之地置坤于西南者以長女用事代母施行坤爲老陰故退居于不用之地震爲雷雷能發育萬物春爲陽之始故震居正東巽爲風風能長養萬物夏春交代之時故巽居東南燥萬物者莫熯乎火正南陽極之地也離爲火故居之滋萬物者莫潤乎水正北陰極之地也坎爲水故居之兌爲澤有瀦聚之義能說萬物西爲殺氣收歛之始故兌居之艮爲山有成就之義終始萬物東北爲冬末春初之交故艮居之此後天八卦所以定方位之源而爲先天陰陽之用也

古自河出圖洛出書聖人則之以畫卦通神明之德類萬物之情故易之爲道廣大悉備妙用無窮堪輿家推明理氣辨別方隅實本于此特以後之學者失其真傳裝卦輪星出于羲畫文演之外如所謂天卦地卦壺中卦五鬼卦生氣天醫開皇千杓等卦種種多門不勝穖陋宜乎世之君子惑而闢焉不知地理惟以先天八卦爲體後天八卦爲用配合陰陽經緯表裏由是而體國分野奠生造化理氣方位體用一源前後符契並行不悖于變萬化自此可以得其蘊矣

山川有據優劣恒係乎天星

論天星

夫天星者二十四山宮分之星垣也葢陰陽之理彌漫宇宙在天成象在地成形天分星宿地列山川若曰俯察地理必曰仰觀天文是天星者地理之至宰也楊公云大抵山形雖在地地有精光屬星次體魄在地光在天識得星光真精義故凡山川之融結無不上應天星紫微居兌爲天皇之位乃上帝之至尊以出政令者故其方來山五福俱全極爲尊貴而稱二十四山之首天命居震天漢居庚二星掌天帝之

武庫故其方來山主富貴威權并亥爲三吉天帝在艮天貴在丙二星掌天帝之府藏故其方來山主爵祿厚重太乙居巽天乙居辛二星爲天帝之文昌故其方來山主文墨貴秀少微居兌南極居丁二星掌天下之福壽故其方來山主榮華壽考并前四山爲六秀凡富貴全美之地多出此九山結局催官云天皇天市爲第一巽辛兌丁官可必又云震庚沙水秀朝墳持節邊疆掌生殺凡此等訣亦甚言吉秀之爲上格也他如太陰居子太陽居午得陰陽之正位有既濟之美天台居壬得祿于文瑤光居癸得祿于子四龍亦能大發富貴但比吉秀爲有差等耳至于天屏居巳天廚居丑天常居未三龍雖有微秀終不大發若巳龍兼巽丑龍兼艮未龍兼丁亦爲可用乾爲天廄退居西北坤爲地母退居西南二龍亦能大發但老陰老陽終無長力難免鰥寡天關在申水之長生亦能旺丁而易興易廢天官在乙三合水庫亦能發福而招贅螟蛉其餘功曹在寅陰機在甲二星爲風魔之殺易發而未免風殘天罡在辰鼓盆在戌二星爲啃殺之鄉速發而易敗絕蓋其星宿照臨有臧否之不同致山水應驗有美惡之或異凡力量之輕

重氣運之長短莫不由天星地位以推排也故地理之說自當以天星爲首云

造化無憑凶吉毋由于地理

論地理

夫地理者以山川之大義而言也混沌未判之初固未有山川之可見蓋自太極動而生陽靜而生陰動靜互爲其根而兩儀立山川形焉是山川者陰陽之形氣也山靜屬陰水動屬陽山不離水水不離山山水趨迎即陰陽眷戀之態而山水廻抱即陰陽媾合之情也故兩山之中必有水兩水之中必有山山交水會方成孕育此陰陽自然之妙亦天地必然之理也今以天下之大勢言之崑崙山大地之首也上按八卦下按八方其乾坤坎離兌五方落脉分擘四夷俱無足考惟艮震巽三方落脉獨入中國以結我大明萬世一統之基業乃大勢大形大局也蓋艮位發源行度則以鴨綠江與黃河夾送而來以盡于遼海震位發源行度則以黃河與長江夾送而來以盡于東海巽位發源行度則以長江與南海夾送而來以盡于南海此皆大山大水之分合也至于三大龍分枝三大水分派各有條理各有歸會前賢已詳不

敢多贅然自大及小各有本末原始要終不能無辨蓋山本同而末異一本散于萬殊也水本異而末同萬殊歸于一本也故天下之山皆起于崑崙是崑崙者萬山之宗祖也天下之水皆會于大海是大海者萬水之歸元也由是知山行則水隨水聚則山止知水之大會則知山之大盡凡觀地者必須推其所起究其所止離其所分會其所聚觸之于目應之以心則大地瞭然于胸中而地理之能事斯可以得其要領矣

地理玄珠卷之二

古梁太和山人夏世隆道弘甫著
梁溪半偈道人華善繼孟達甫校

欲明體用先識巒頭

巒頭陰陽　此原所以然之理

夫巒頭陰陽者金木水火土五星形體也蓋陰陽之理不可見而見之于形是形者氣之質也楊公云太極未判混沌成鑿開混沌天地明二氣融結交媾精元氣元陽會結生天上行次有五星地下行龍分五形五星五形均一體地下五形參五星五星五形作五樣須要劈析甚分明邵子云太極分而爲陰陽陰陽播而爲五行五行散而爲萬物萬物各從其類莫不由五行之變化而成也地法因之而以山川分別五行驗吉凶是爲攸當蓋在天成象在地成形故以水之活動而取象于曲火之炎焰而取象于尖木之條達而取象于直金之堅剛而取象于圓土之厚重而取象于方凡山形之曲者爲水星尖者爲火星直者爲木星圓者爲金星方者爲土星此亦自然之理而非牽強也但星形有不純者謂之變體故又立九星之名焉而後人又以九星各變爲九樣遂增添九

九八十一變支離甚矣殊不知星體之變千形萬狀即八十一烏足以盡其微哉然要之變態無窮皆不能外五星九星以形其形也亦惟守約該博執簡御繁專以五星爲正體九星爲變體自可以包羅萬象而有定見矣凡尋龍定穴之法必須先明巒頭之真僞而後可以別氣脈之臧否幹龍以五星論巒頭枝龍以九星論巒頭而星辰取法又必出于脉處求之金精云只從脉上認巒頭莫向兩傍求是也大抵出身行度只要頓跌長遠星峰特達爲貴蓋龍一頓一跌換一星辰頓跌既多則五星九星自然具備方成

大地經云凡看星辰先看斷斷處多時星必變又云古人尋龍尋頓伏蓋因頓伏生尖曲正此謂也凡來龍結局或得五星聚講九曜同宮等象則力量非常前去必結大地合正體者爲上變體者次之或各起一星得位歸垣者亦佳若穿而不落傳而不變或模糊不明似是而非等類皆非真氣結作難以指點楊公云觀星裁穴始爲真不論星辰是虛誑故巒頭者地理之本體也凡業術者必須先以巒頭爲主

體質情性

夫巒頭陰陽以五星言之是矣然體勢情意則又有

說焉蓋以山靜屬陰水動屬陽水下屬陰山高屬陽是山水交會即陰陽配合之理也然分而言之則山又有陰陽水又有陰陽焉自山而言則土山爲陰石山爲陽峰巒爲陰平坦爲陽覆爲陰仰爲陽起爲陰伏爲陽靜爲陰動爲陽逆爲陰順爲陽急爲陰緩爲陽強爲陰弱爲陽直逼爲陰曲折爲陽粗重爲陰微細爲陽有脊爲陰有窩爲陽邊死爲陰邊生爲陽衆低一高爲陰衆高一低爲陽出口圓爲陰出口尖爲陽乳突爲陰窩鉗爲陽窩中有突爲陽中之陰突中有窩爲陰中之陽此山之陰陽也自水而言則靜水

爲陰動水爲陽大水爲陰小水爲陽聚水爲陰流水爲陽乾流爲陰明流爲陽環抱爲陰反抱爲陽平深爲陰淺窄爲陽內界水爲陰外界水爲陽右倒爲陰左倒爲陽此水之陰陽也善地者必須先審形勢之陰陽然後可以辨氣脈之行止而來龍結穴自然呈峰特異凡此之類莫非陰生陽陽生陰陰變陽變陰陰含陽陽含陰之義也故尋龍定穴之法畢竟大則特小小則特大高則獨低低則獨高衆長取短衆短取長衆圓取尖衆尖取圓衆雌取雄衆雄取雌衆石中取土土中取石瘦中取肉飽中取饑直中取曲曲

中取直伏中取昂昂中取伏動中取靜靜中取動順中取逆逆中取順正來取斜斜來取正急來取緩緩來取急突中取窩窩中取突此亦莫非陰來陽受陽來陰作之義也否則陰陽失經鮮有不至于敗亡而絕滅者譚氏云陰龍下了陰龍絕陽龍下了陽龍滅陰龍陽穴好安墳陽龍陰穴堪裁拆謝氏云陽來須要受陰胎陰若來時陽內裁若是純陰純陽取空將坔汰墓堆凡此之類則又不可不審

氣屬形生取象不離乎五星之體

金星　正體

金乃西方之星其象圓凡山形之肥滿端淨光澤堅剛如覆釜如偃月如糖餅等類皆金體也然其爲物則鋒利嚴肅不屈不撓若來龍尊貴入首得位主剛正忠節威武貞烈之應若來龍帶殺入首受制主禍害誅戮傷殘絕滅之應

金陽也不宜重見金穴謂之純陽無化氣主少亡窮

獨凡金星行龍要剥換水穴發生窩窟爲吉若正面小包小突名曰紫氣穴亦吉不生包突名曰蕩面不然打破耶開口亦名水穴吉金星不開口龍好穴不足縱發福亦有後灾譚氏云金星只宜生小窩無窩宜小突若然窩突不分明硬面便來侵

金星

正體

立體

坐體

眠體

木乃東方之星其象直凡山形之高聳長直節苞牽

連如卓筆如頓笏如玉尺等類皆木體也然其爲物則暢茂條達奇秀榮華若來龍尊貴入首得位主文章顯達聲譽著聞之應若來龍帶殺入首受制主孤寒夭折殘疾刑傷之應

木陽也不宜重見木穴謂之孤陽無化氣主少亡敗絕凡木星行龍要剥換紫氣及開口者名曰水泛木星爲官不絕若横木作穴只看節目間有生氣堊之名曰萌芽穴亦吉如直木作穴或倒地木直來長十餘丈直射如鎗頭微開小口名曰蘆鞭龍出狀元拜相譚氏云木星行龍須剥換重木不須論直木開口

却爲奇陰穴定無疑

水星

正體

立體

坐體

眠體

水乃北方之星其象曲凡山形之攸揚曲折活動之玄如叠壘如生蛇如湧浪等類皆水體也然其爲物則活潑清徹汪洋流動若來龍尊貴入首得位主文才智巧富貴潔白之應若來龍帶殺入首受制主酒色淫濫流離傾敗之應

水陰也不宜重見水穴謂之孤陰無化氣堊主淫亂退敗凡水星行龍要剥換金星穴吉主人財大旺蓋金能生水也或剥換木星穴亦吉蓋水能生木也譚氏云水星不宜下水穴下了令人絕好尋陽頂問根源富貴子孫賢

火星

正體

立體

坐體

眠體

火乃南方之星其象尖凡山形之秀麗尖聳斜閃生

曜如插戟如犁頭如菱角等類皆火體也然其為物則照燿顯赫氣焰可畏若來龍尊貴入首得位主威權貴顯聲勢烜赫之應若來龍帶殺入首受制主奸險夭折慘酷絕滅之應

火陽也不宜重見火穴謂之亢陽無化氣葬主徒流速發速滅凡火星行龍要剝換土星穴為吉以火能生土也木星穴亦吉以木能生火也主文武雙全譚氏云火星只宜安耶土無土安木乳無土無木不堪扦下後禍連綿

土星
正體

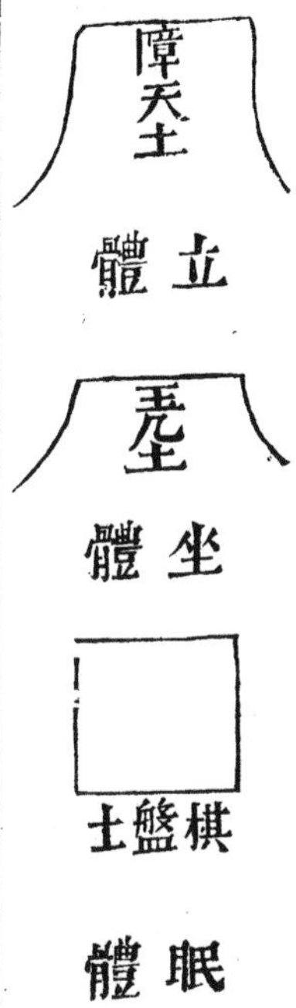

土乃中央之星其象方凡山形之厚重齊平端嚴方正如立屏如削圭如平几等類皆土體也然其為物則整肅鎮靜遲重豐饒若來龍尊貴入首得位主奠安社稷廣闢田園之應若來龍帶殺入首受制主遲鈍愚頑癡疾傾陷之應

土陰也不宜重見土穴謂之重陰無化氣葬主腫病困絕凡土星行龍要剝換金星穴為吉主官高祿厚嗣續蕃衍蓋以土星力重冠乎四星而金又生生不息之義也譚氏云土星不宜葬重土黃腫扛尸昔只宜金上可安扦掛角認其端

蔡元定曰金木火星陽龍也水土星陰龍也凡行龍必相生相旺富貴長遠若火與木行龍雖相生亦純陽無化氣為官不祿木與土行龍雖相剋乃陰陽相配蓋土能培木木能踈土雖子息稀福力重學者于此玩索而有得焉則地理之要亦可以得其槩矣

五星聚講

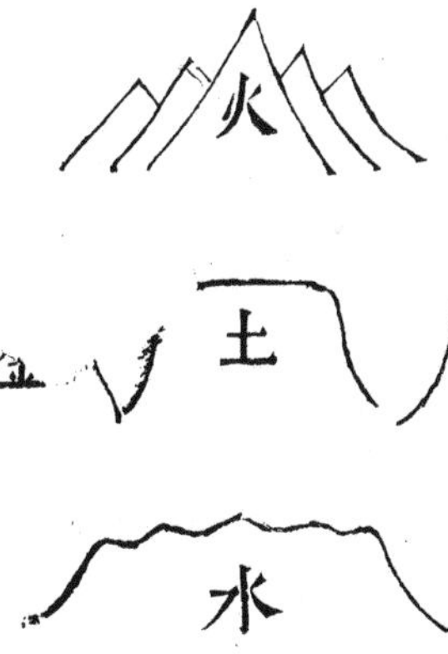

此金木水火土五星團聚而起森森玉立如聖賢相聚而會講者是也其山皆須秀麗特達大小均稱不相欺凌為合格非結邦畿則結聖賢名墓不問生剋極為大

地

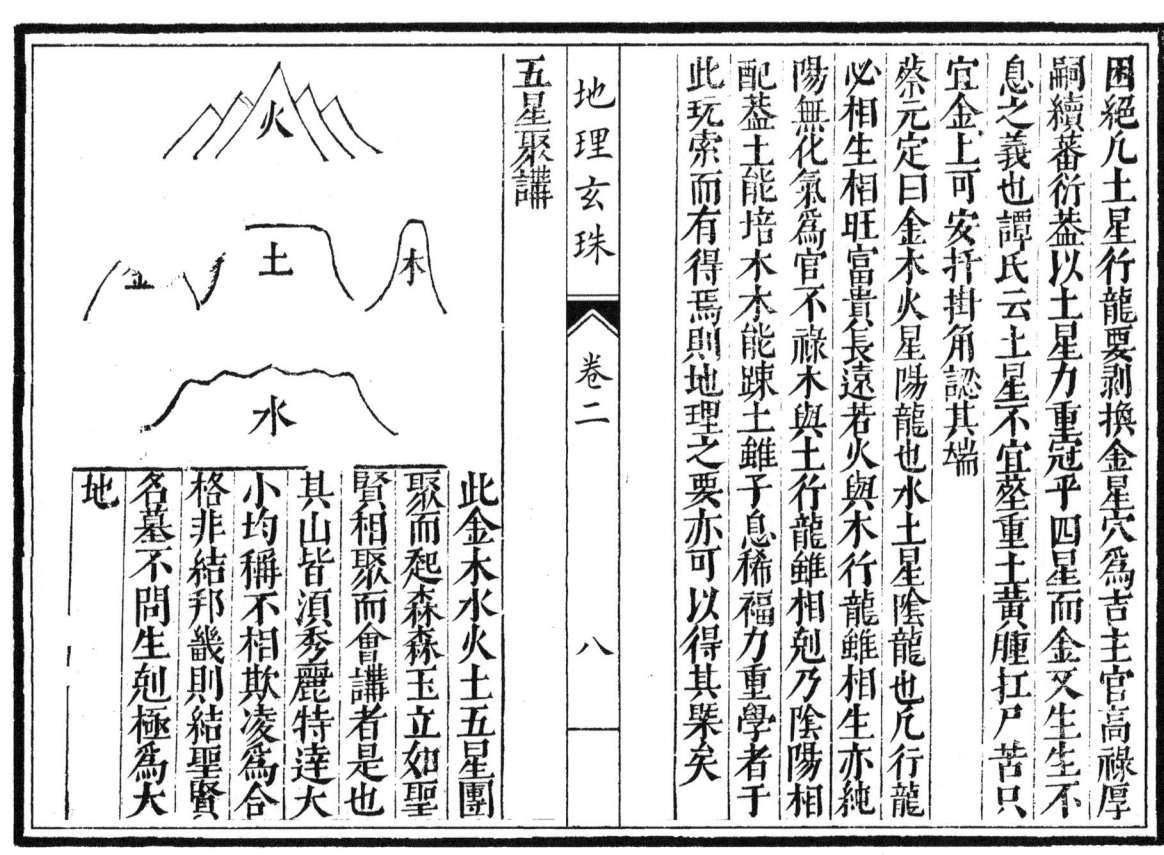

五星歸垣

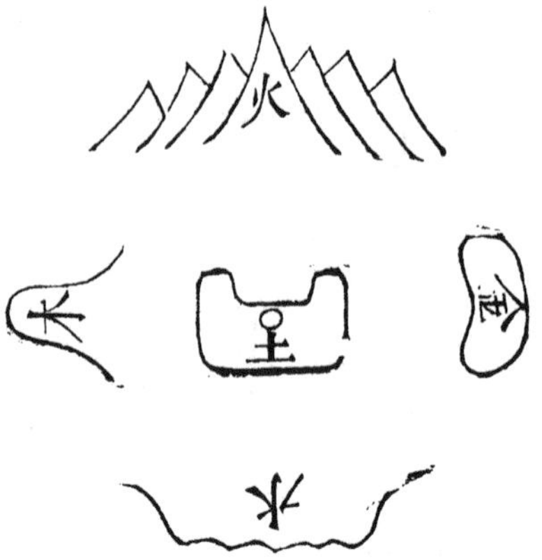

此金水木火土五星各歸本垣所謂五星升殿是也乃萬靈所萃正氣所鍾上應天星下合地位須是星辰真正不欹斜不凌壓方爲得體多結禁穴或出聖賢世代不替

五星順生

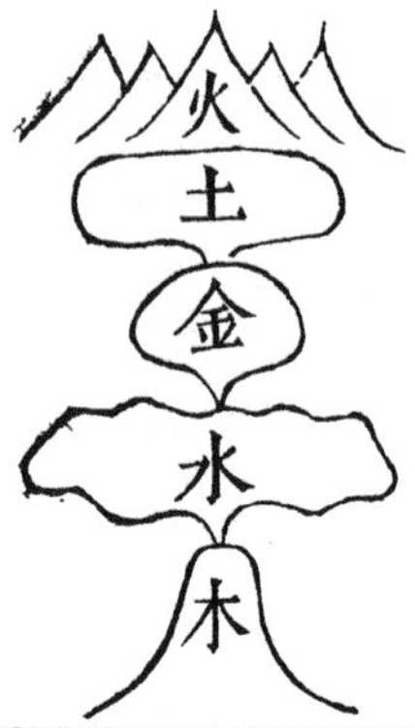

假如發祖是火而火生土土生金金生水水生木之顛連接生來者是也葢祖孫一家順相連屬此爲五星聯珠格力量最大主公侯將相富貴無極

五星順剋

假如發祖是火而火剋金金剋木木剋土土剋水之顛連接剋來者是也葢祖孫一家交相戰剋此爲骨肉傷殘主傷風敗俗或結戰塲殺塲未可以五星相聚而誤下之

五星逆生

假如穴星是木而木生火火生土土生金金生水逆生後龍者是也主子孫貴過父祖屢拜封章吏出忠臣孝子和氣滿門極爲尊貴但亦泄氣福力遲緩而悠久

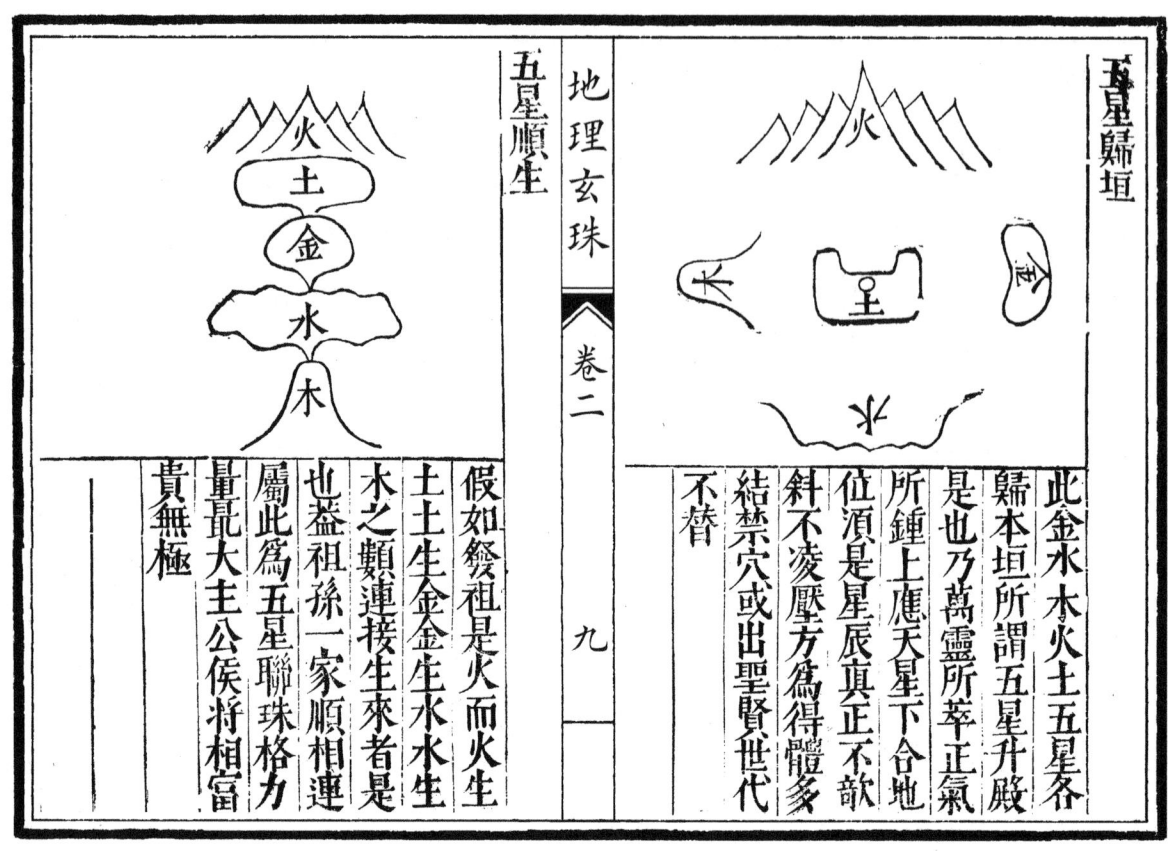

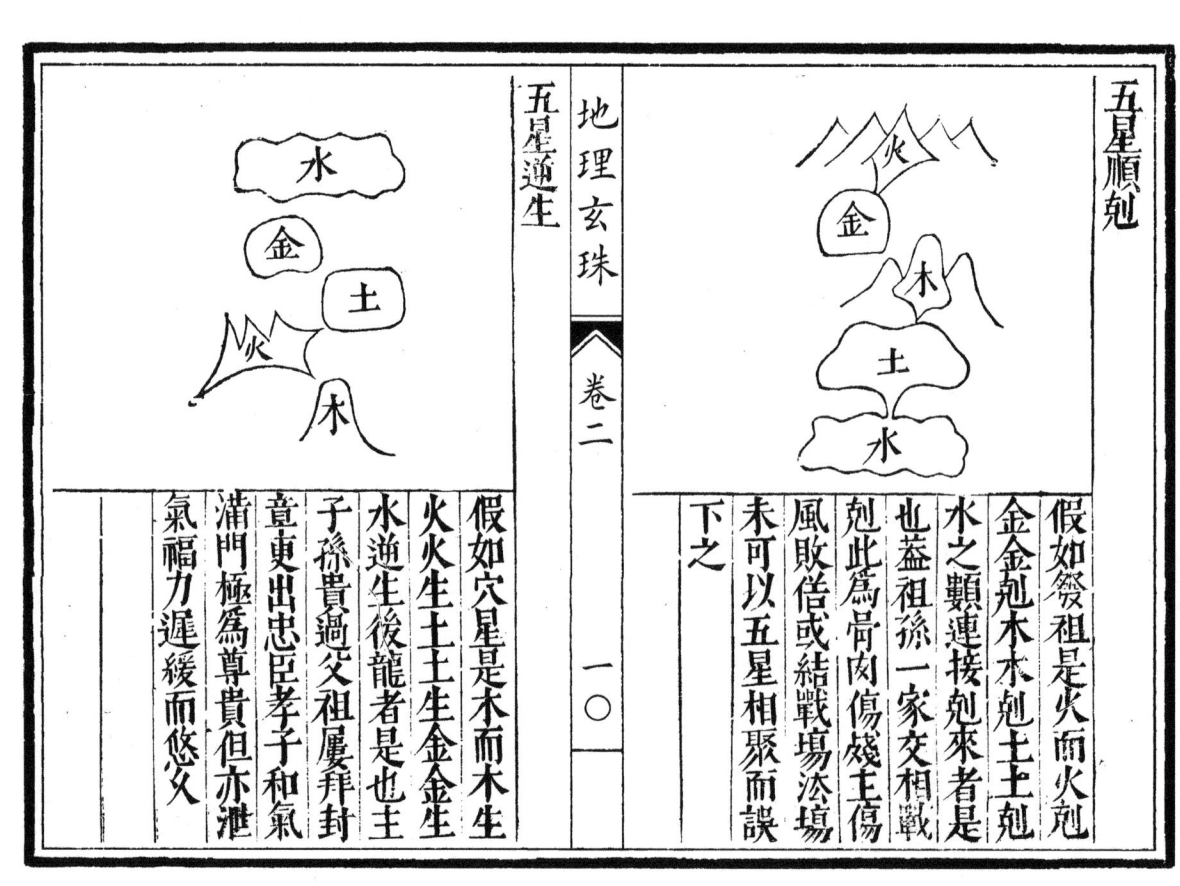

五星逆剋

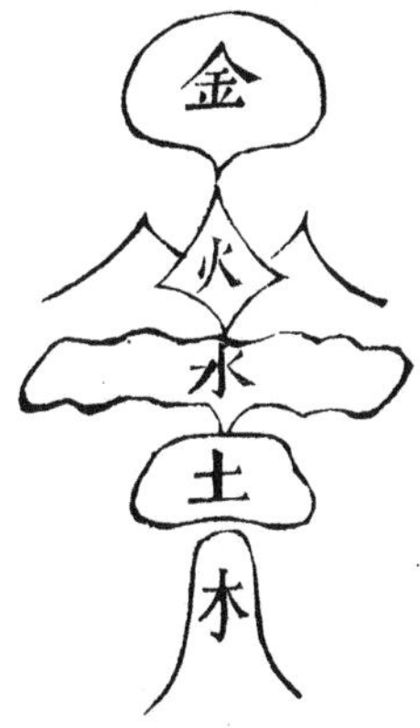

假如本身是木而木剋土土剋水水剋火火剋金逆剋後龍者是也主子孫忤逆以下犯上殺父與君殺身夷族龍穴秀麗亦能發大富貴然一敗如灰禍不可言矣

形隨氣化變態不出乎九曜之門

九星

夫九星者即五星之變化也蓋山之形勢零散固有萬殊而大段本無二致是以千態萬狀亦不過一五星之變為九星而已于此剖析分明則登山無分遠近望之自知其山為何星或正體或變體洞然于心瞭然在目設或有奇異之形觸類而長之自可得其情狀于推測之餘矣不觀九星入式穴貪狼頓笋初星巨門走馬屏風列文曲排衙似柳枝惟有祿存猪屎節廉真梳齒掛破衣武曲饅頭圓更凸破軍破傘排板同輔弼雌雄如滿月太陽一星即左輔高圓覆鍾釜太陰本是右弼傳形跡方更圓金水原來名武曲三腦如金宿木星推號曰貪狼一尖直更長天財誰識巨門體三猷頭腦異天罡正與破軍同腳下出尖峰孤曜祿存同一類撚拳最相似燥火應其實一名尖斜芒箒形掃蕩屬水配文曲斜拖帛一幅此是巒頭正九星體認要分明凡認星辰須對面九星容易辨若還草木亂紛紛莫便喝星辰識得星辰不識用萬卷徒勞誦形勢若吉方位凶初下便貧窮形勢若凶方位吉決定破家室方位形勢若符同指日見興隆若廖公者可謂深得星體之要矣

九星變體

太陽正體

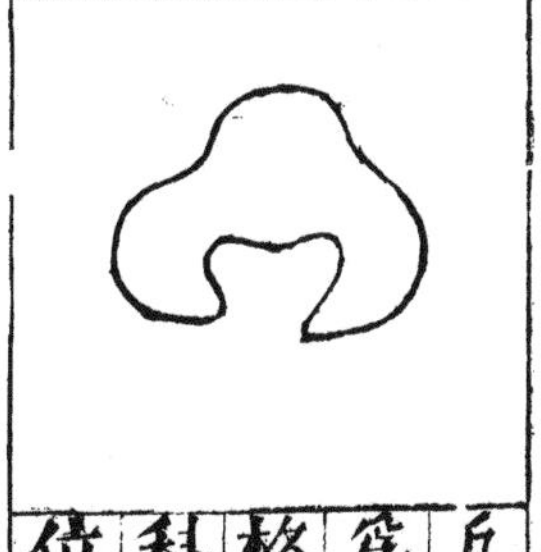

凡金星高聳清瘦或生翅生腳為太陽上格龍主封侯拜相中格亦主清要風憲下格亦主登科富盛子孫綿遠美貌聰明長位尤勝

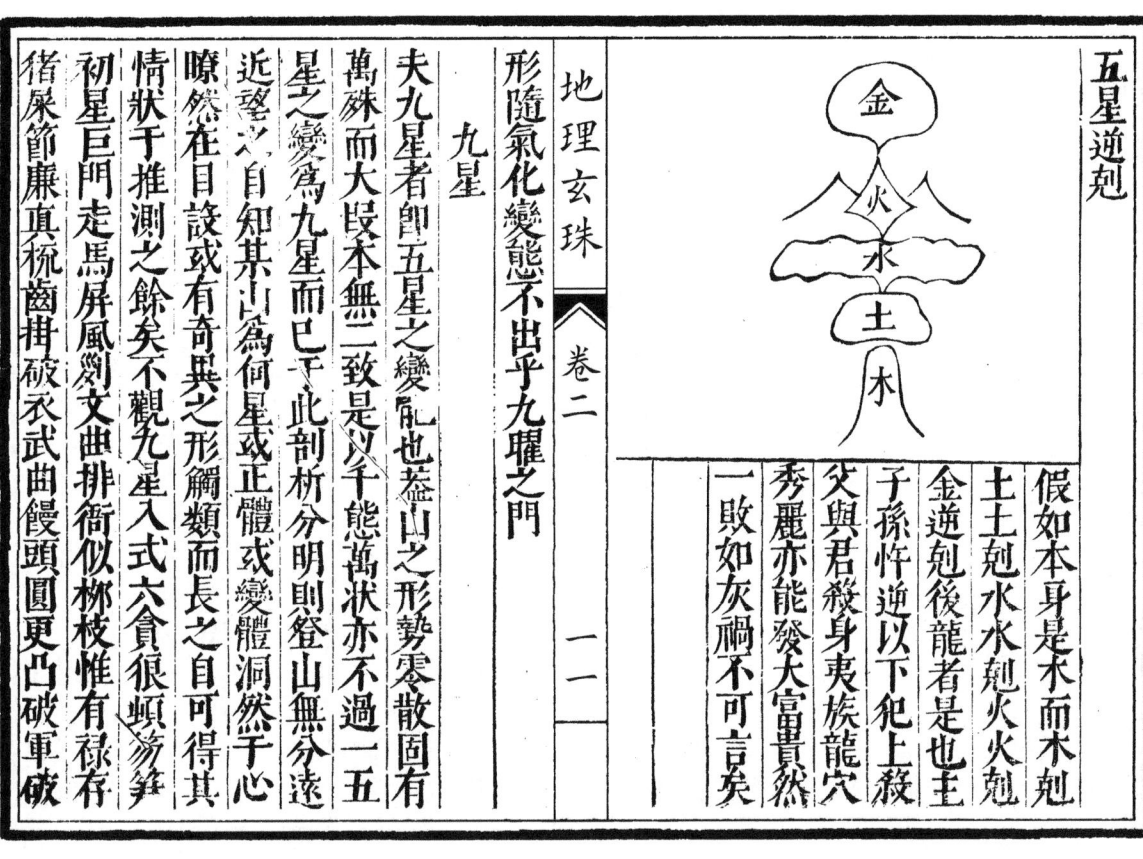

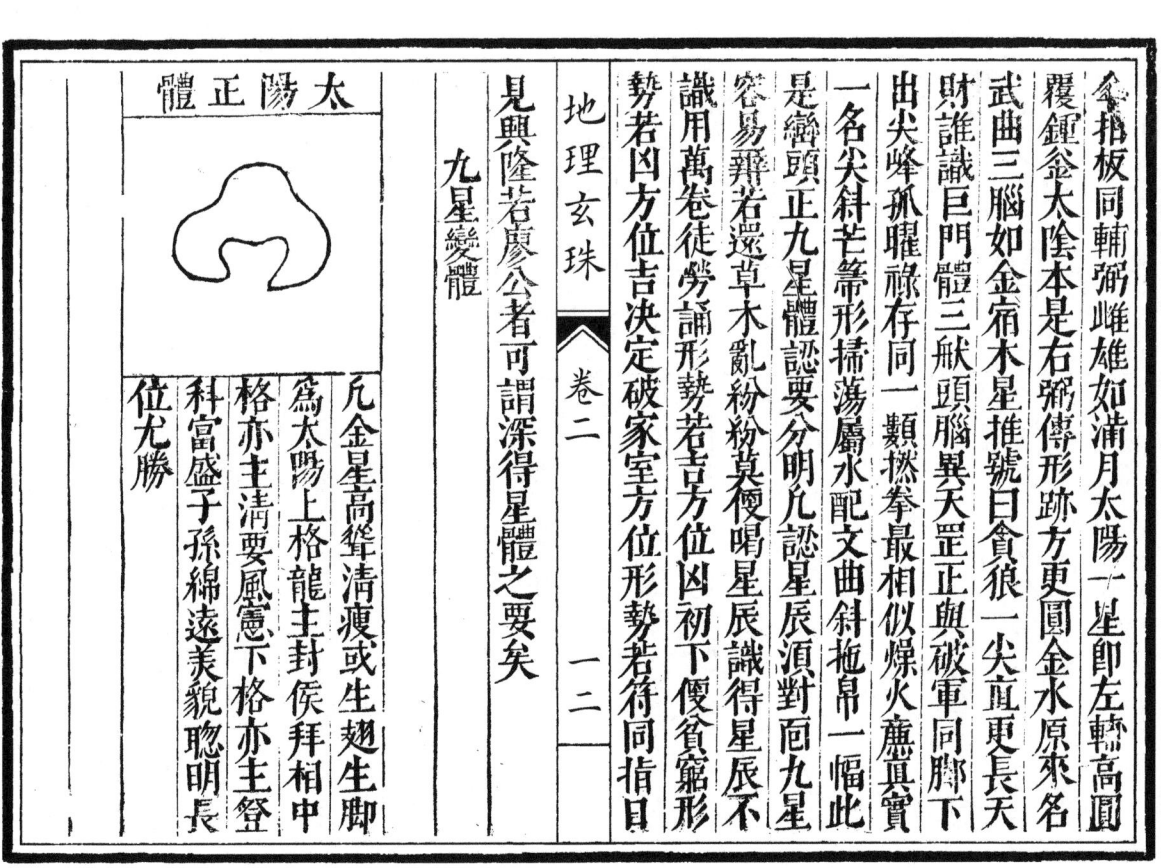

太陰正體

武曲正體

凡金星低曲如半月如蛾眉者爲太陰上格龍主女爲后妃男爲附馬中格亦主女子配貴男子登科下格亦主因女得貴娶婦得財小位尤勝

凡金頭水脚頂頭圓而翅脚活動者爲武曲上格龍主入朝封拜中格亦主簿尉丞叅下格亦主清貴子孫蕃衍秀麗聰明中男尤勝

天財正體

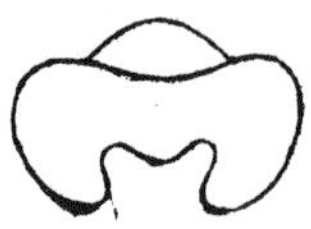

貪狼正體

凡土金星兩肩聳起中凹如紫担如攀鞍者爲天財上格龍主父子兄弟同科大貴中格主雙舉及第雙妻雙生下格亦主旺財添丁中長尤勝

凡木星尖圓聳直如插筆如立笏者爲貪狼上格龍主公侯將相神童狀元中格主要道風憲下格亦主文章科舉大旺庄田人才鼎盛

廉貞正體

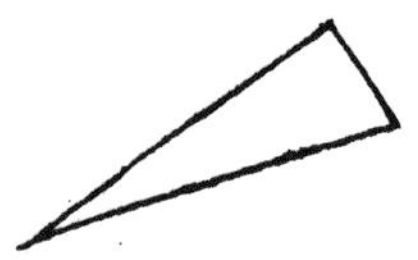

祿存正體

凡火星尖利如倒戈如茅葉脚者名曰燥火多主瘟疫火災换妻産死暑兒軍賊跏跛遭刑但可作祖作曜乃爲貴應亦必得龍真爲妙

凡金星飽面不生水體并帶木脚者名爲孤曜主男鰥女寡换妻枉死異姓同居師尼僧道若後有太陽太陰金水天財爲祖以湊裁剪亦能發福

文曲正體

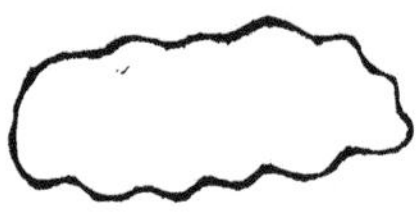

破軍正體

凡水星不生金體泛濫無收名爲掃蕩主淫慾風聲離鄉漂泊路死扛尸少亡孤寡但可作行龍或天財傳變亦可裁剪益以天財屬金土也

凡金星高出于上而下脚尖射架火者名爲天罡主瘟火軍賊徒配扛尸羅賴公事飄蓬敗絕行龍穴星皆主凶禍或作水口鎮壓之山乃可

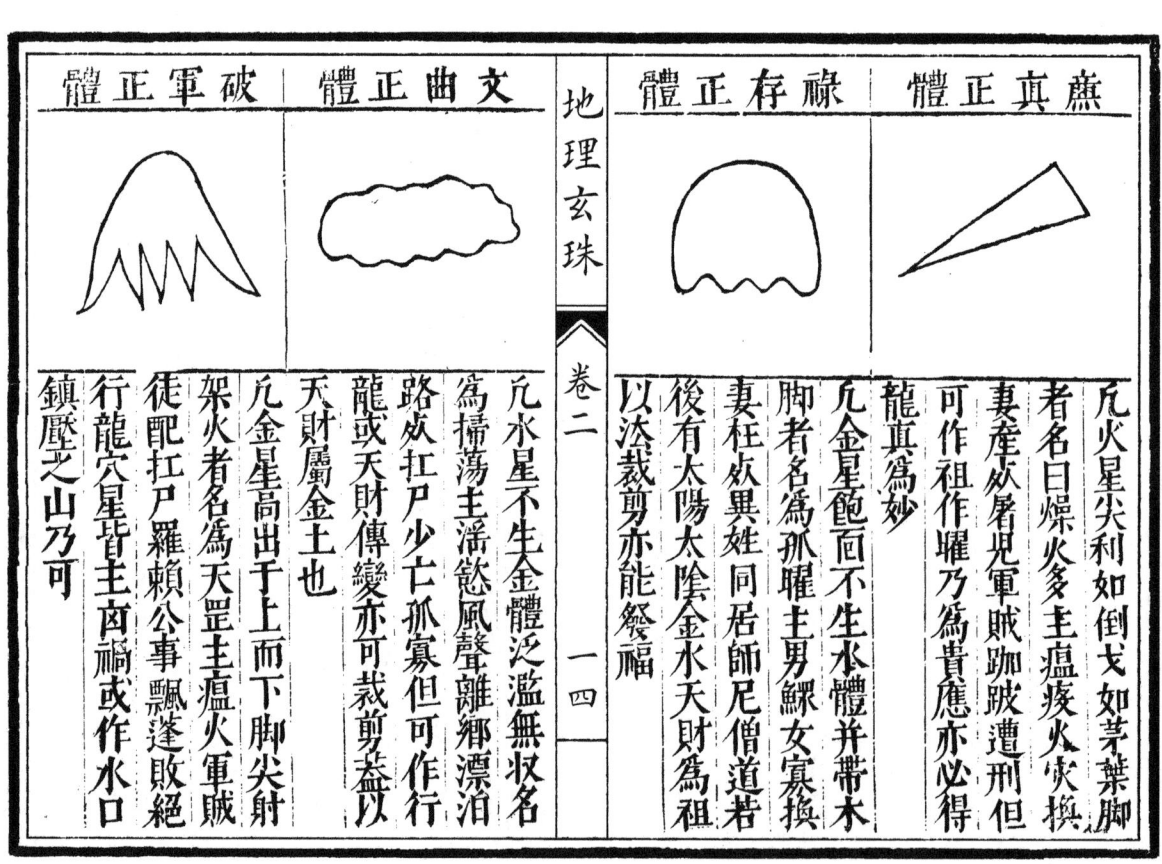

九曜同宮

經云高尖是樓平是殿請君來此細推辨亂峰頂上亂石間此處名爲聚講山聚講既成却分去朝宗拜祖迢迢路此九星同宮不論生剋方位前去必結大地又得正體星辰結局尤爲尊貴發福非常萬不逢一

金星
水城

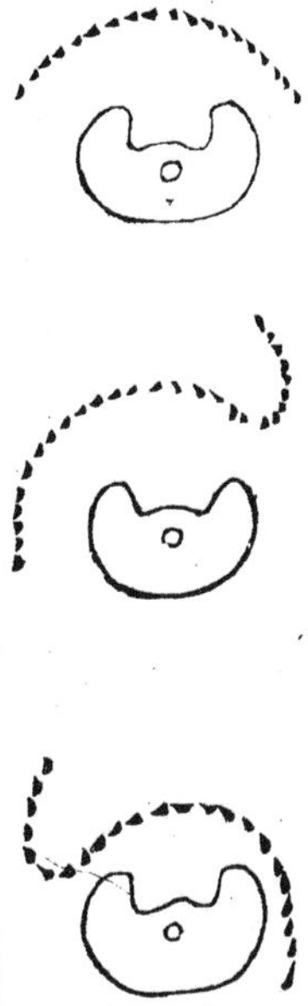

金城水如圓弓彎轉不問江河溪澗溝洫等形或當面停聚或左或右皆以抱身有情爲吉反背無情則凶

木星
水城

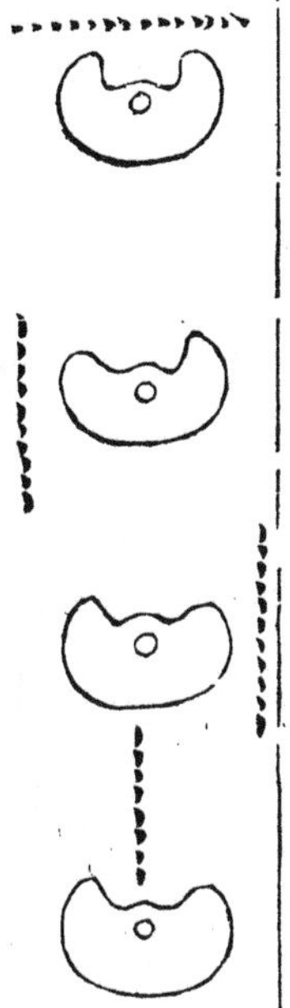

木城水如挺鎗長直不論江河溪澗溝洫等形或當面橫攔或左或右皆要扶傷有情亦吉若直射斜穿者大凶

水星
水城

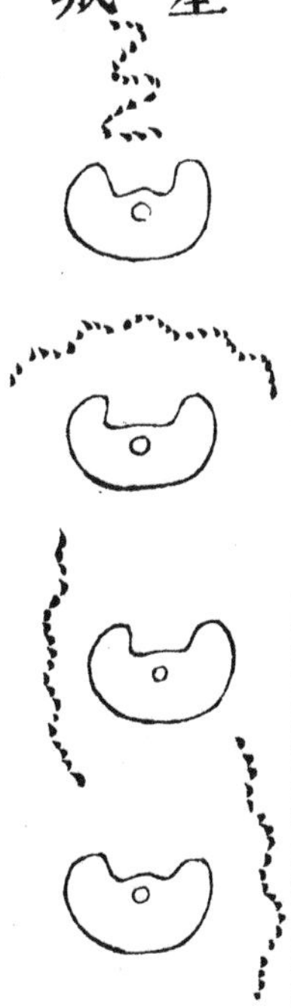

水城水如生蛇屈曲不論江河溪澗溝洫等形或當面朝來或左或右皆要纏繞有情極吉凡水城水入局大抵有吉無凶

火星
水城

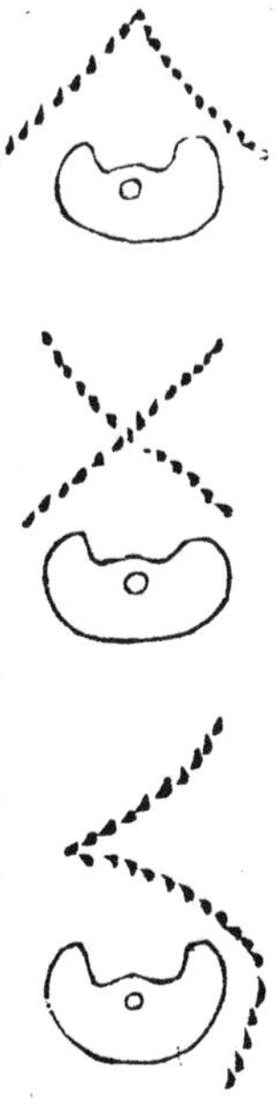

火城水如交劍尖斜不論江河溪澗溝洫等形或當面或左或右尖斜破碎皆不爲吉大抵水形尖斜擴俱是火星水入局必無善地

土星
水城

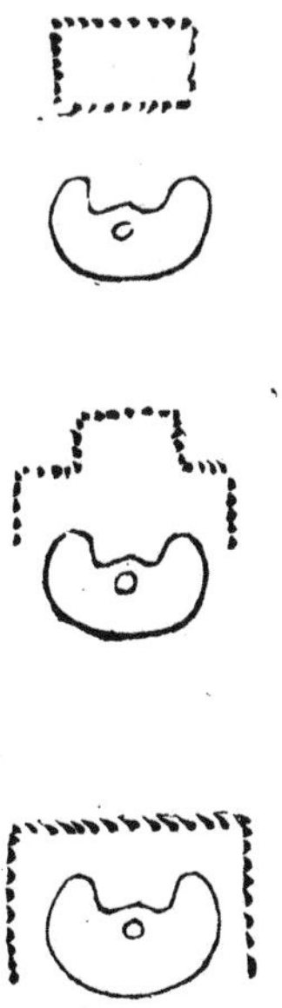

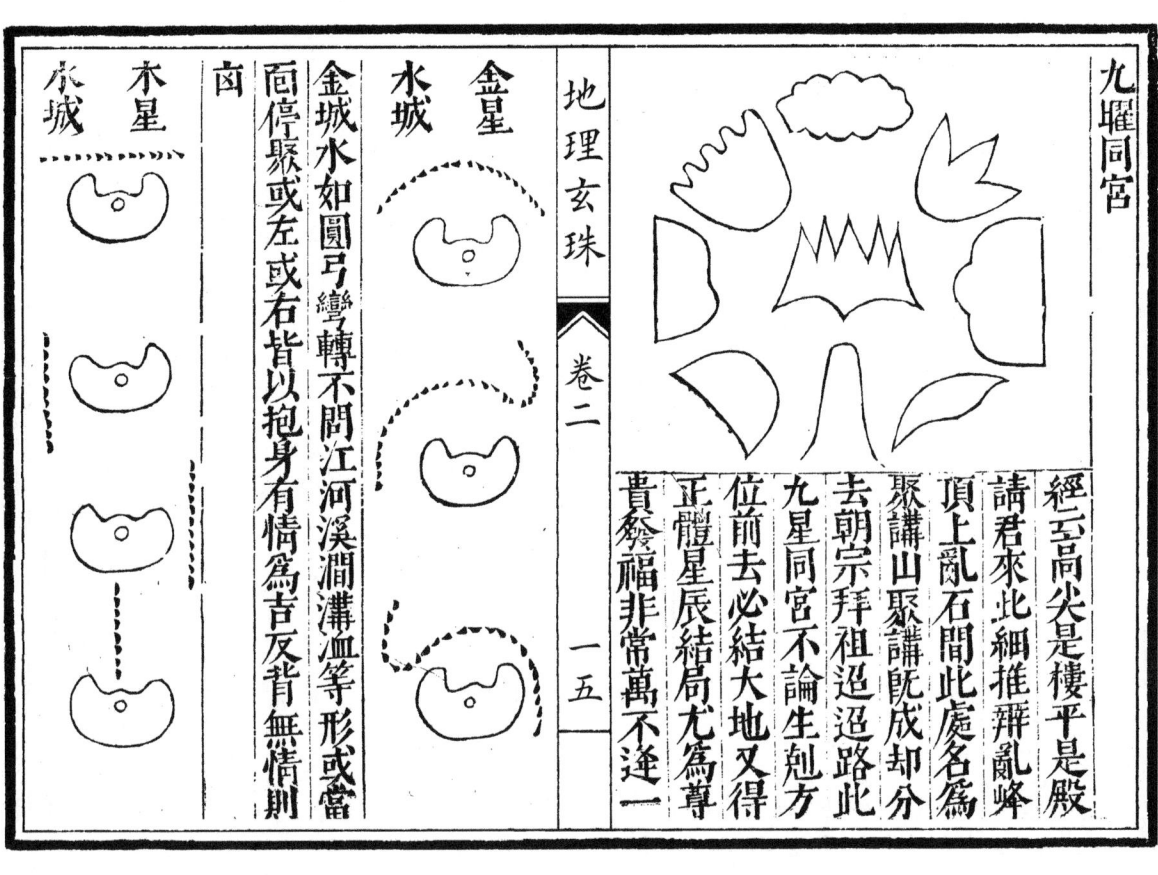

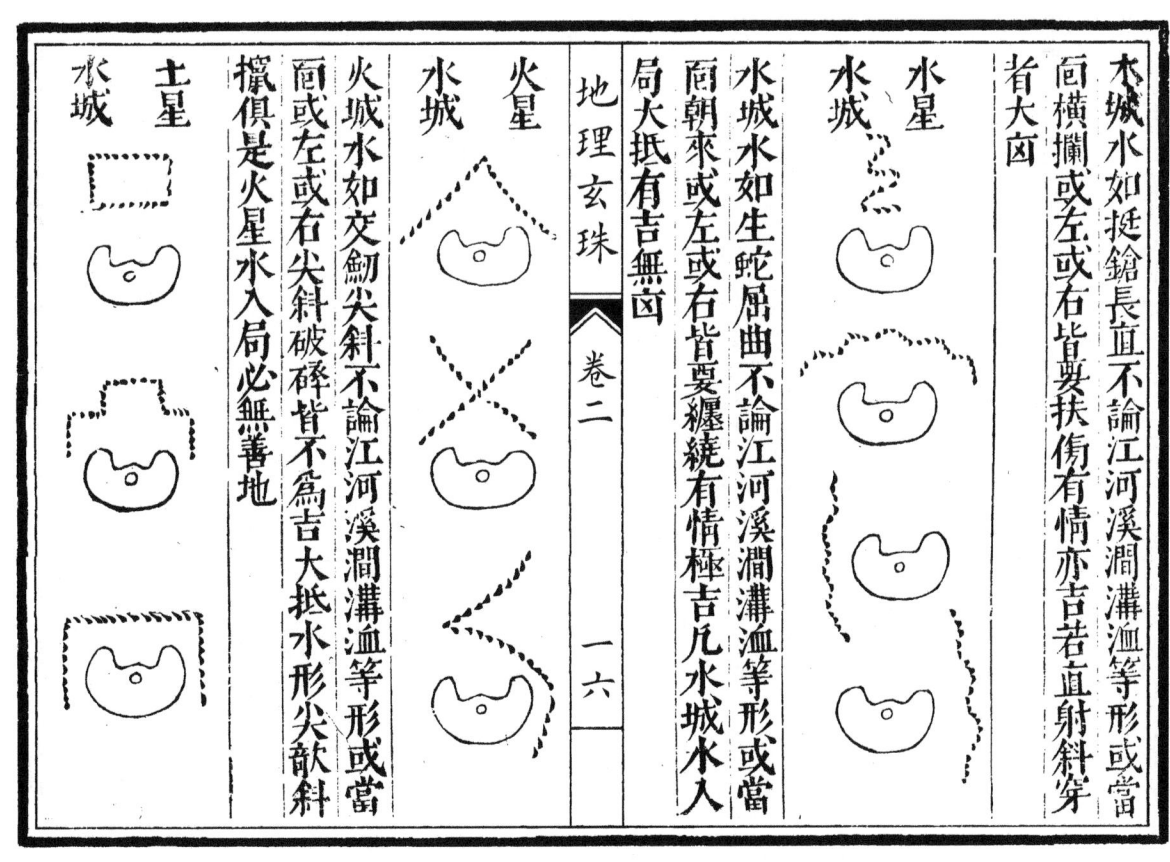

土城水如棋盤方正不論江河溪澗溝洫等形或當面或左或右背以拱抱端正爲吉欹斜反背無情則凶

已上五星水城若倒左要龍沙兜上以逆之若倒右要虎沙兜上以逆之不然則是下沙短縮不轉水無收拾未爲盡善大抵二氣五行交相錯雜千形萬狀妙在變通

古吳太和山人夏世隆道弘甫著
梁溪半偈道人華善繼孟逵甫校

星體穿變

夫行龍入局變態不齊一頓一跌換一星辰來龍愈遠則剥換愈多愈爲清脫但其間有換本色者有換相生者有換相剋者然變換雖多吉凶未可執泥惟在審勢量力以爲用舍何如耳此又不可不知也

金星　此原所以然之理

金星體入局凡遇金星則比和爲本類遇土星則生

我爲印綬遇水星則我生彼爲盜泄遇木星則我剋彼爲財帛遇火星則彼剋我爲官殺

木星

木星體入局凡遇木星則比和爲幫助遇水星則生我爲印綬遇火星則我生彼爲泄氣遇土星則我剋彼爲財帛遇金星則彼剋我爲官殺

水星

水星體入局凡遇水星則比和爲幫助遇金星則生我爲印綬遇木星則我生彼爲食神遇火星則我剋彼爲財帛遇土星則彼剋我爲官殺

火星

火星體入局凡遇火星則幫助爲強盛遇木星則生我爲父母遇土星則我生彼爲子孫遇金星則我剋彼爲財神遇水星則彼剋我爲官殺

土星

土星體入局凡遇土星則比和爲本類遇火星則生我爲印綬遇金星則我生彼爲盜氣遇水星則我剋彼爲財神遇木星則彼剋我爲官殺

穿變定論　此評所當然之理

葢可親可貴形氣務稟中和爲禍爲殃強弱只愁偏

勝故相生雖吉須明體用之盛衰

葢相生有生我者有我生者若本體旺盛則宜生出若本體衰弱則宜生入是旺則宜泄弱則宜助者也悪可槩以相生爲吉

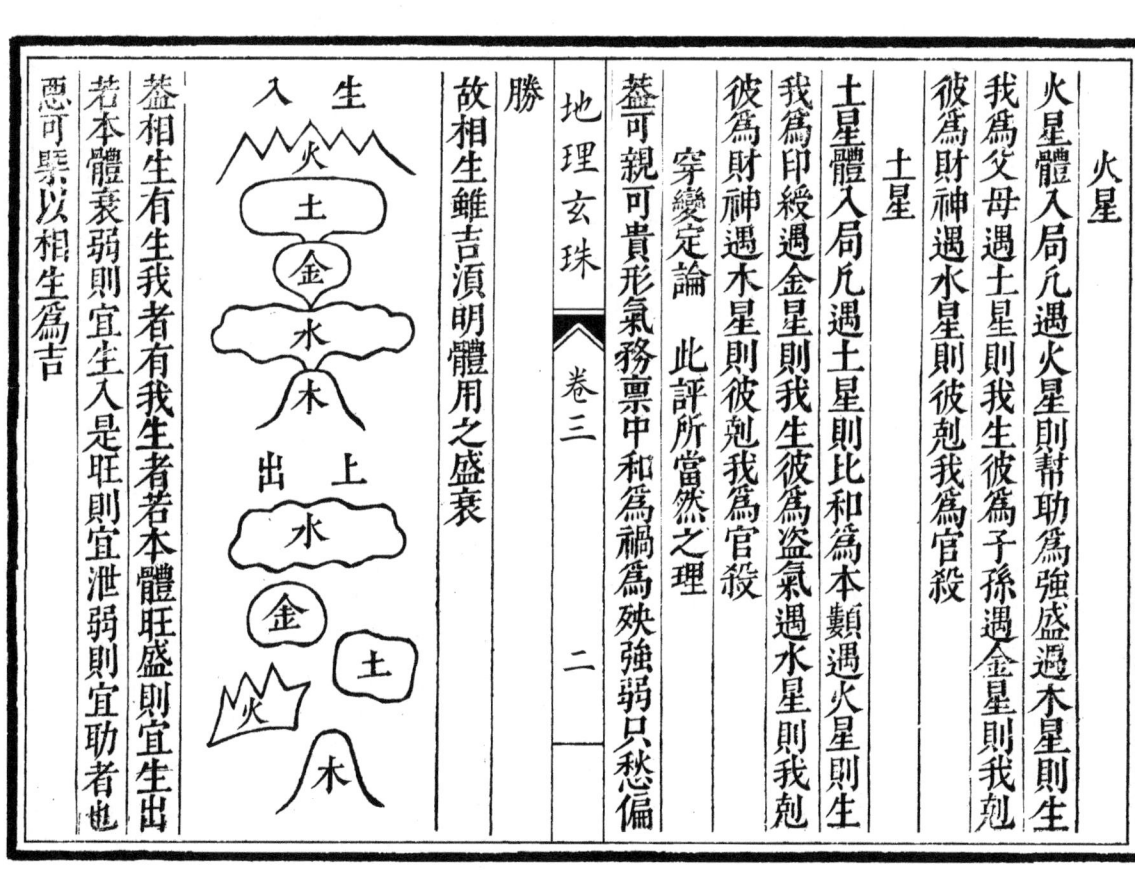

相剋固凶當審制化之宜忌

蓋相剋有剋我者有我剋者主勢強徤則剋出剋入皆為我用主勢微弱不惟剋入而剋出亦不為美豈可槩以相剋為凶

木得水滋名揚四海

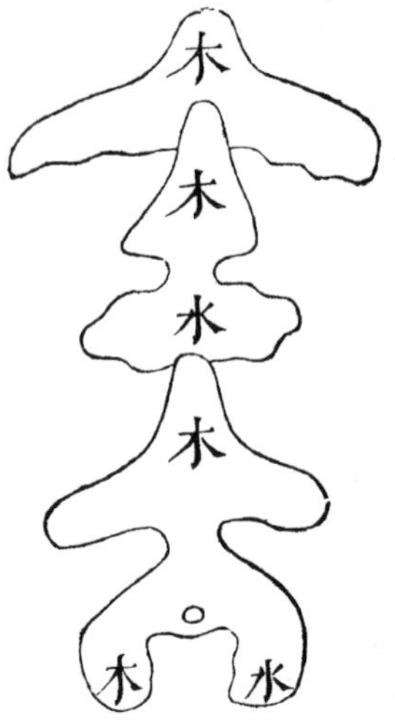

木體水用

木星發祖傳變水星而又木星入首木得水滋則其暢茂條達自有不可遏者木主文章而名揚四海固其驗矣水城水亦妙

土滋水潤富有千倉

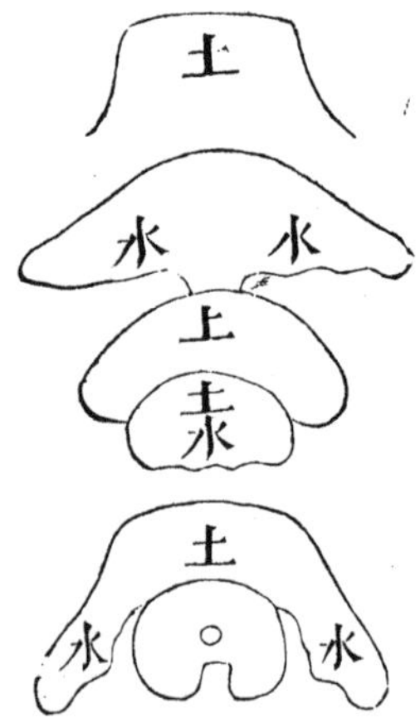

土體水用

土星發足傳變水星而又土星入首水星為護土潤則能生物況土以水為財富有千倉不亦宜乎潤者土氣得水以潤之也水城水亦妙

金旺火鍛而遇水食神制殺反成權

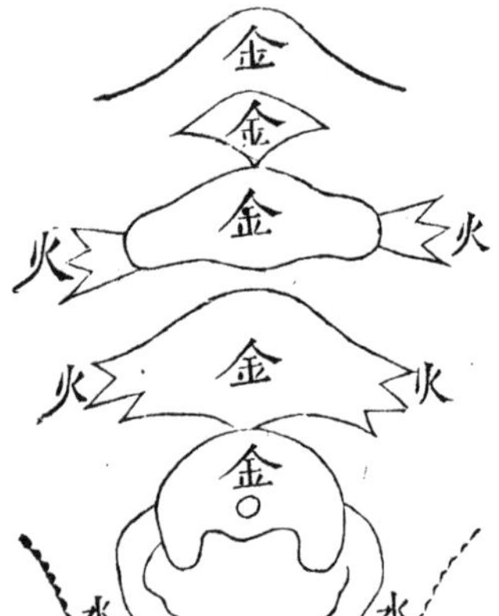

金體水火用

火為金之煞水為金之食神金入局金則旺矣金旺而得火以煅之則以煞為用又得水星以為擢水能濟火得非反煞成權者乎水城水亦妙

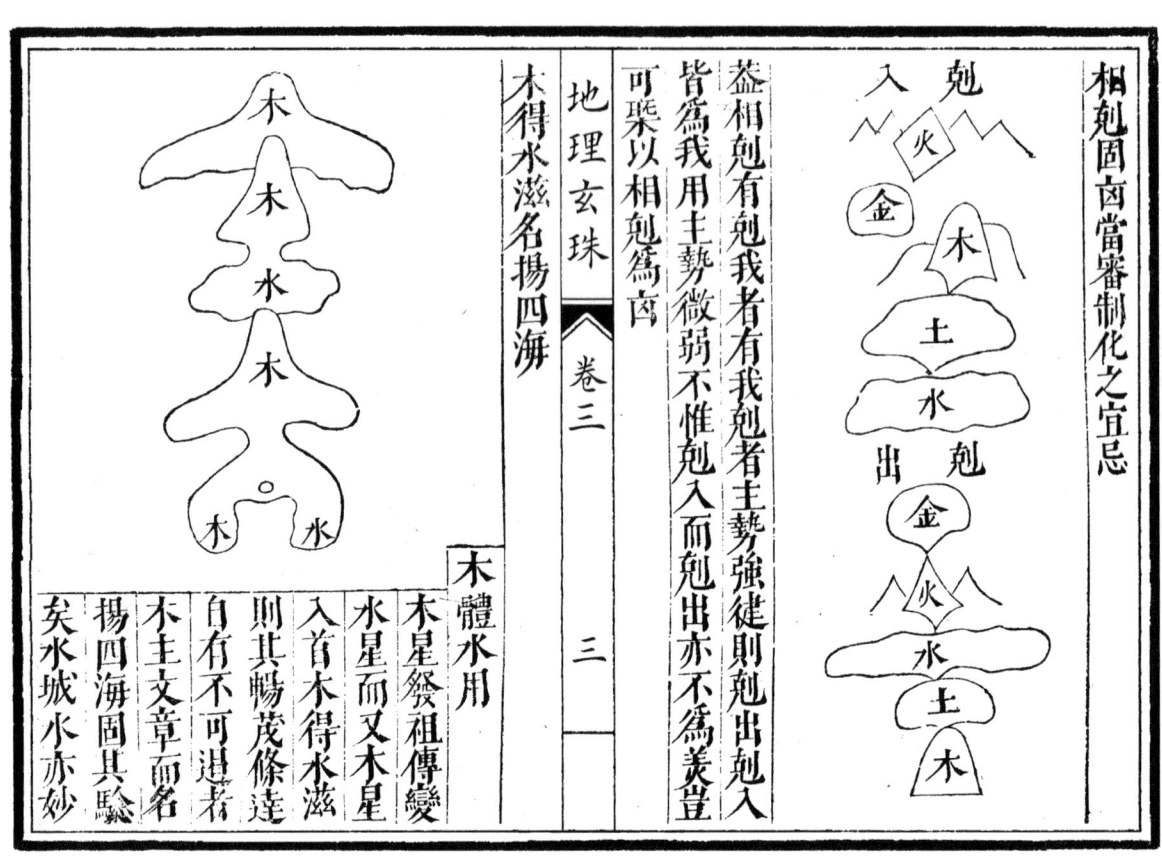

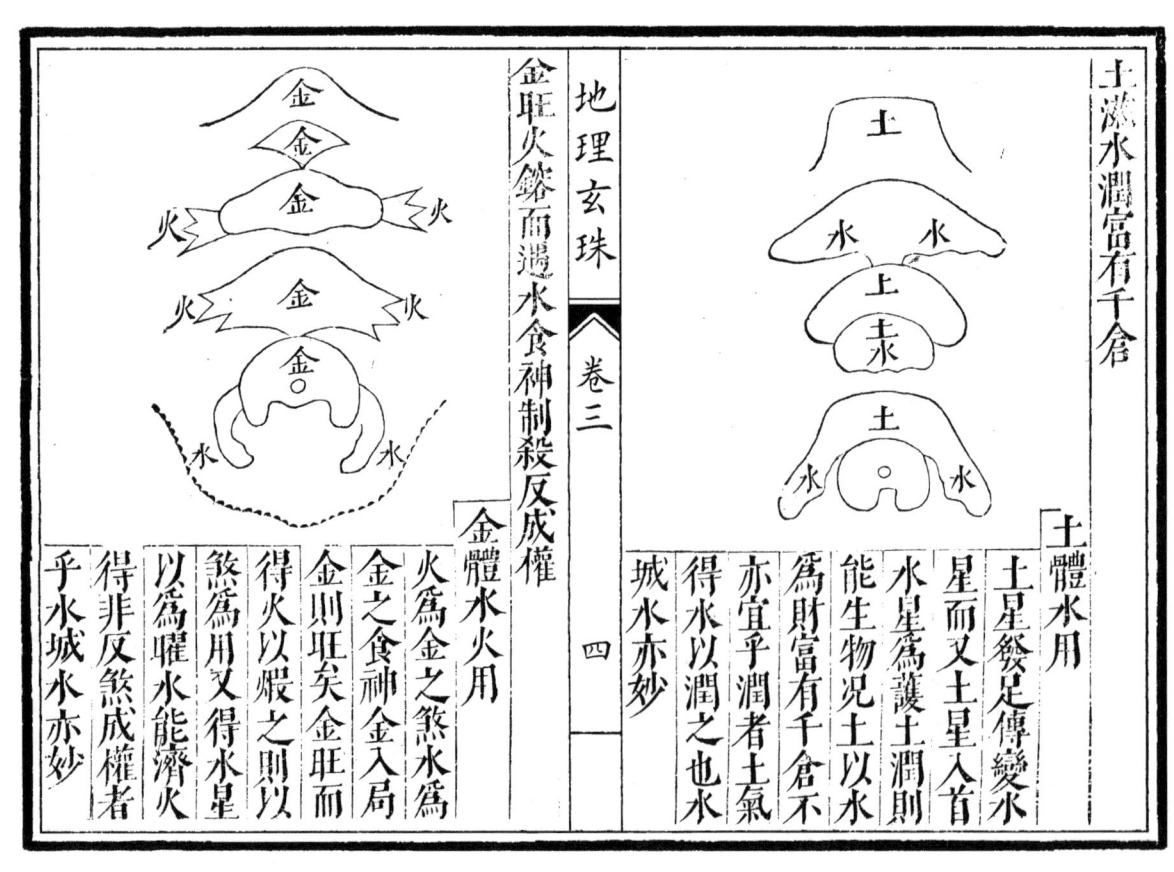

火炎水濟而逢金財氣生官多獲福

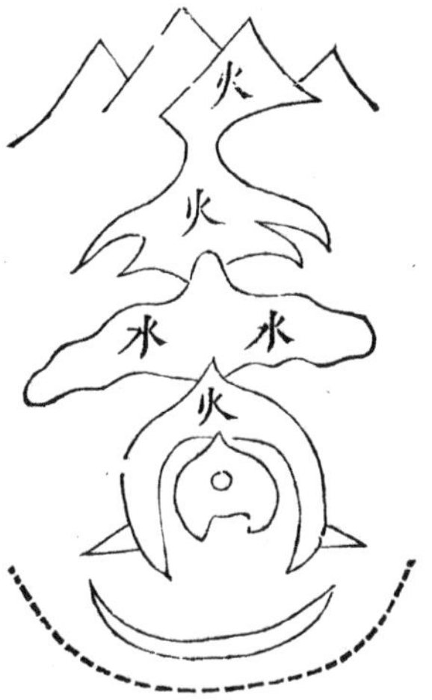

火體金水用

水爲火之官金爲火之財純火入局火則炎矣火炎而得水以濟之則以官爲用又遇金星以爲應金能生水得非財氣生官者耶或金城水亦妙

木衰而土覆朽腐無疑

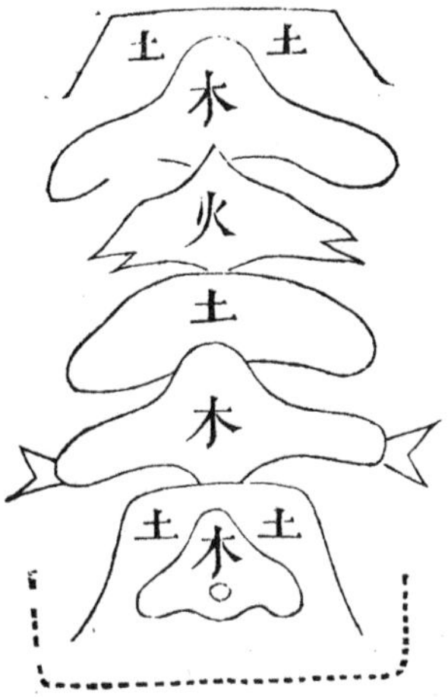

木體土用

木賴土生土能生木此常理也然木生火則衰土得火則旺木衰土旺反被覆壓而無生息其朽腐也亦自然之勢耳又復何疑

土城水亦不吉

土盛而木臨疏通可取

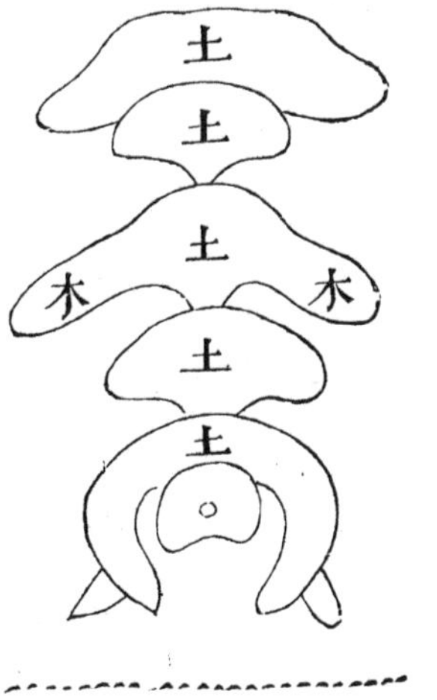

土體木用

木能剋土土畏木剋此常理也然土性厚重太旺則臃腫頑濁壅塞而不通土盛而得木則自能疏通而利達矣豈非可取木城水亦可

強金得火鍾鼎　皇家

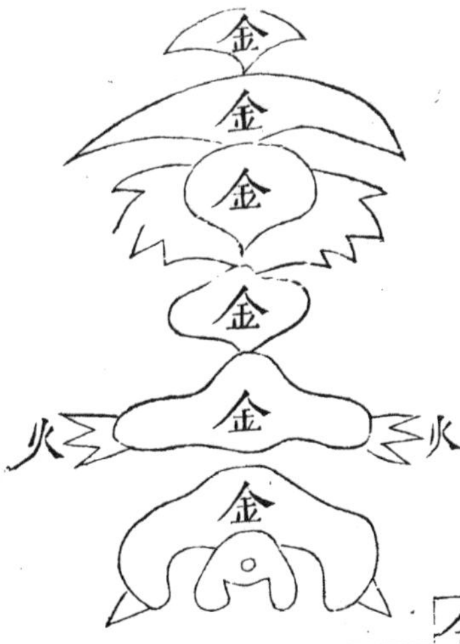

金體火用

鍾鼎者皇家之重器也金非火不能煅煉強金而得火則有煅煉之象而成貴器豈非皇家之鍾鼎耶火城水

不取

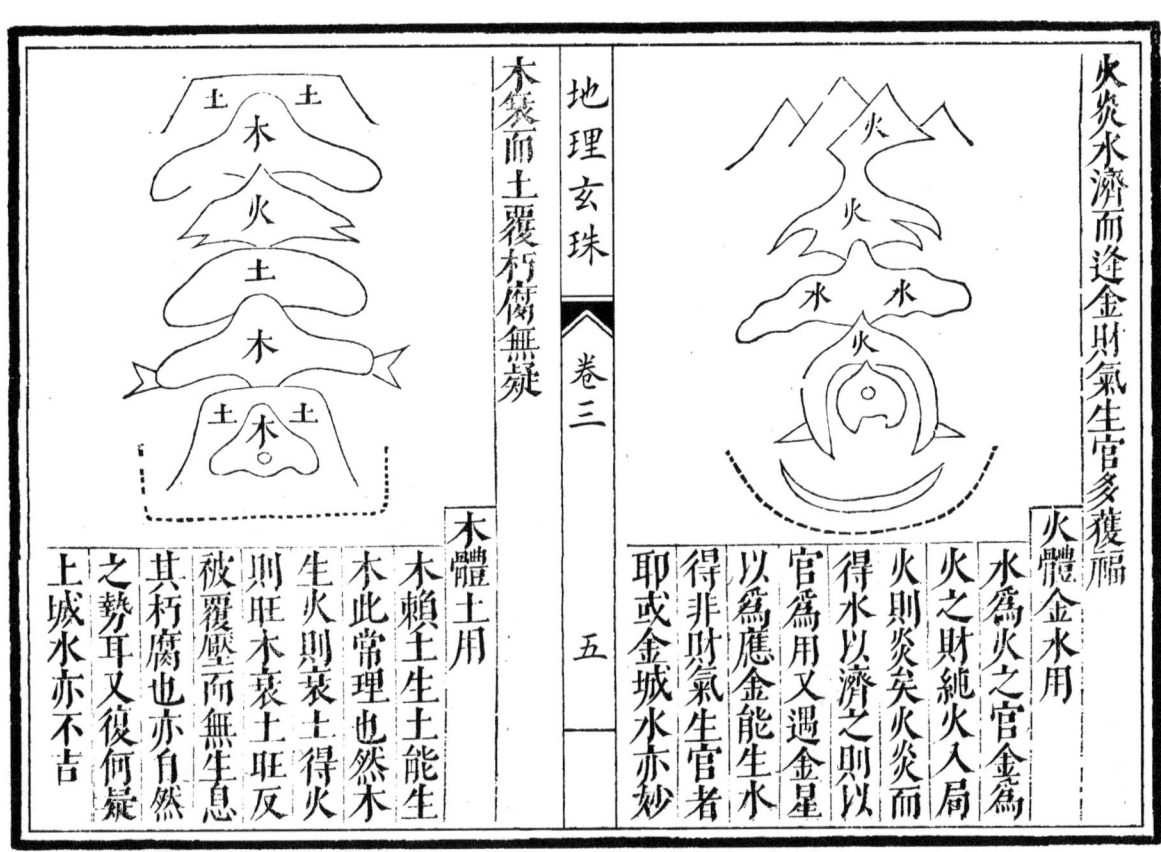

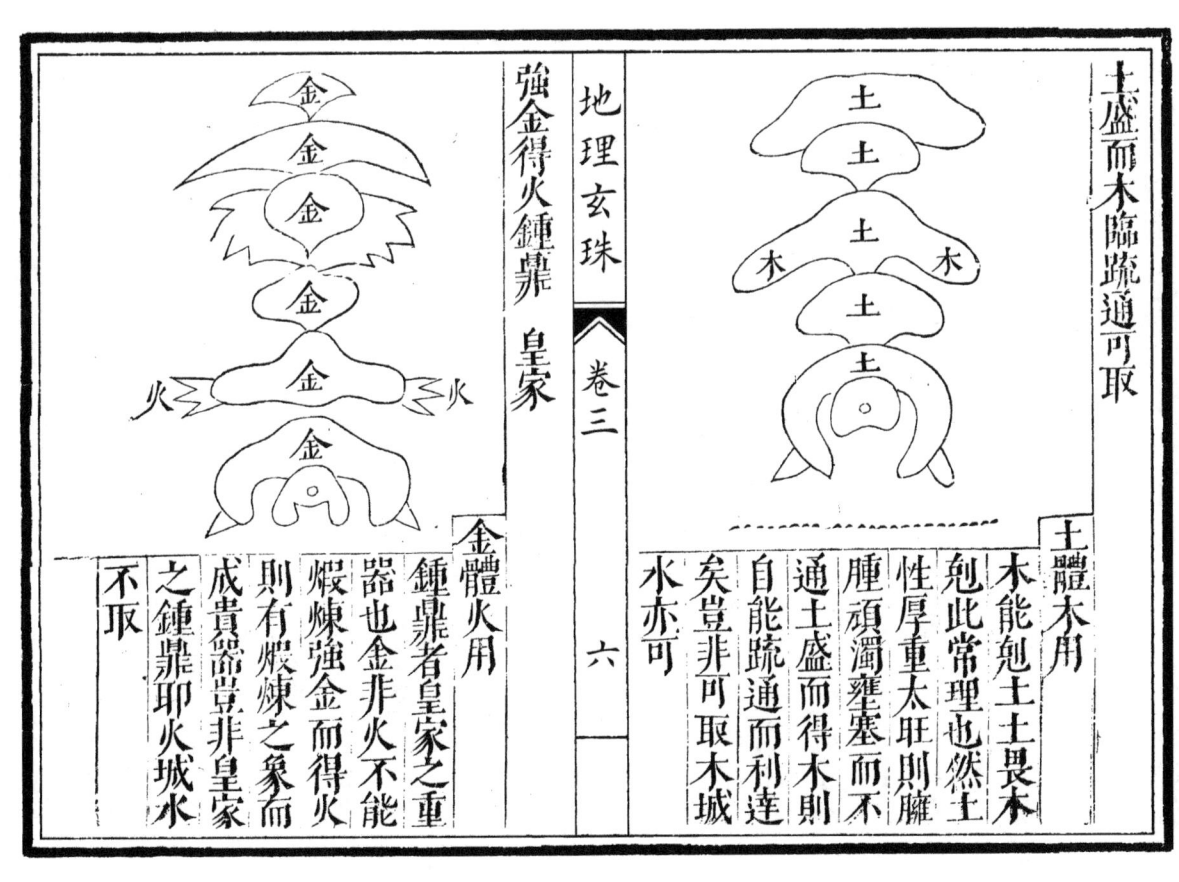

頑木逢金棟梁廊廟

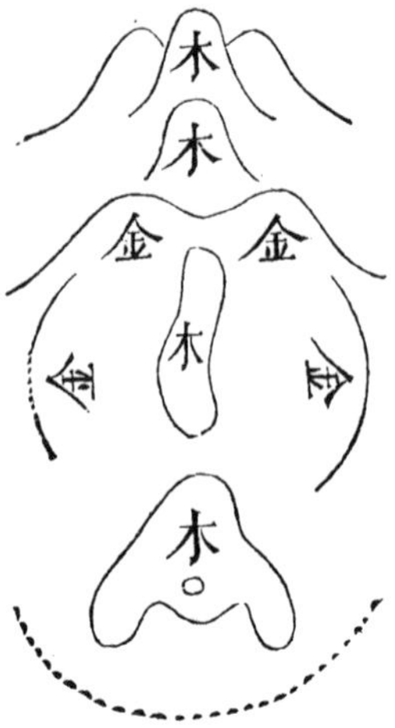

木體金用

棟梁者廊廟之成材也木非金不能琢削頑木而逢金則有琢削之功而成大材寧非廊廟之棟梁耶金城水亦佳

火盛則土焦雖生我而無用

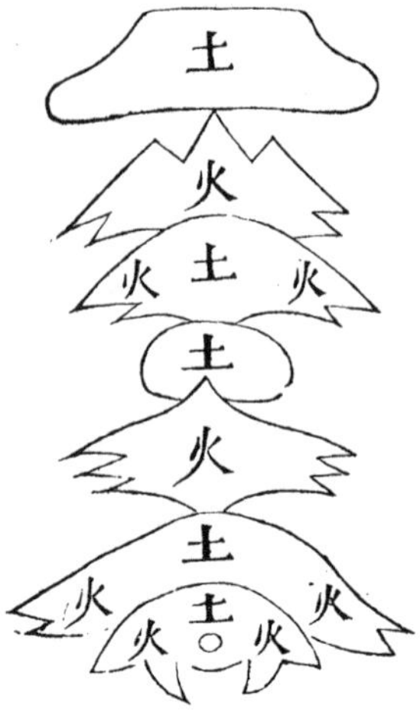

土體火用

火能生土則土以火爲生氣宜其所喜然火太盛則土必枯燥而焦矣雖云生我亦何用哉是生我者反爲我害也

土堅則水止縱剋我而何嫌

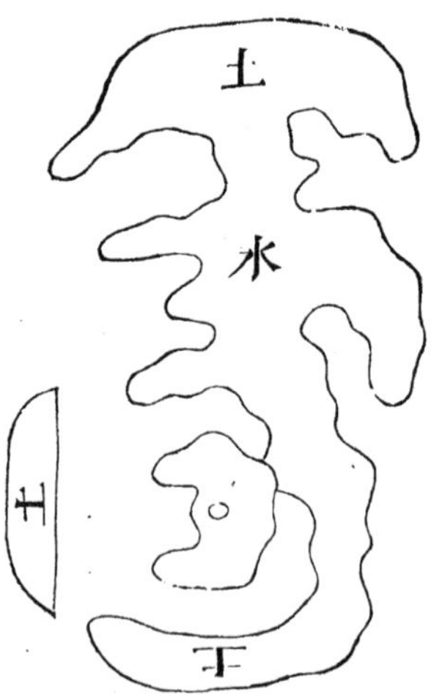

水體土用

土本剋水則水以土爲煞氣宜其所忌然水勢流蕩必得土隄防方成池沼雖云剋我又何嫌哉是剋我者反爲我用也

火熖動而有制須知華彩熒煌

火體水用

火性易熾而炎若火熖盛而有水以濟之則水火相得不熾不滅而華彩熒煌有可觀者亦以理推之耳水城水亦佳

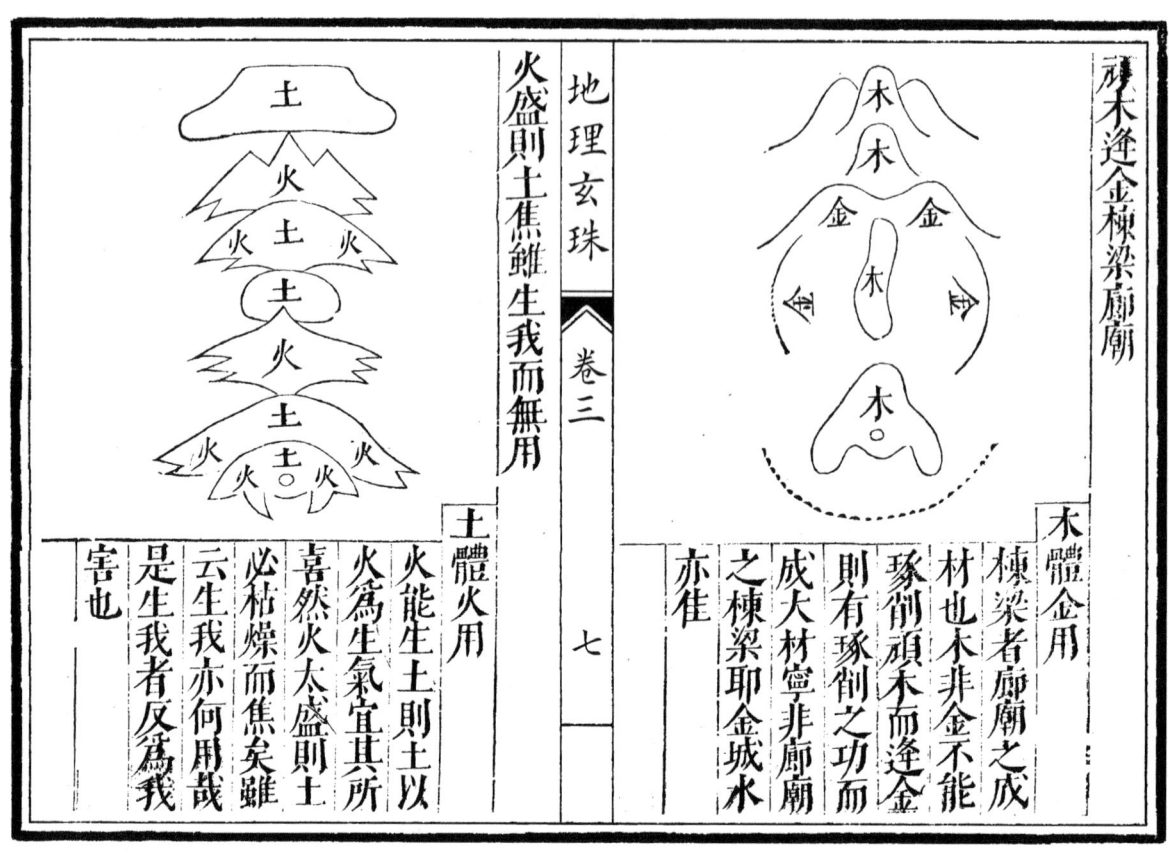

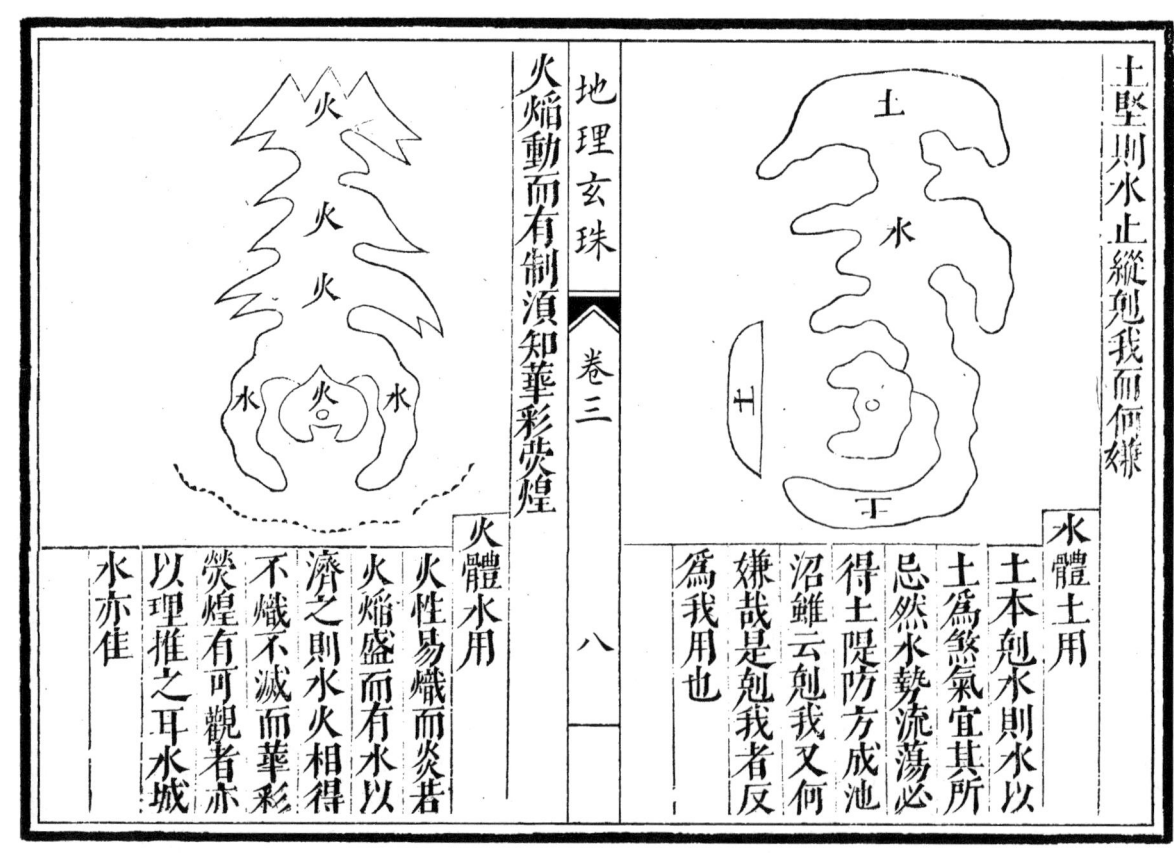

水泛濫而無依終見流離漂蕩

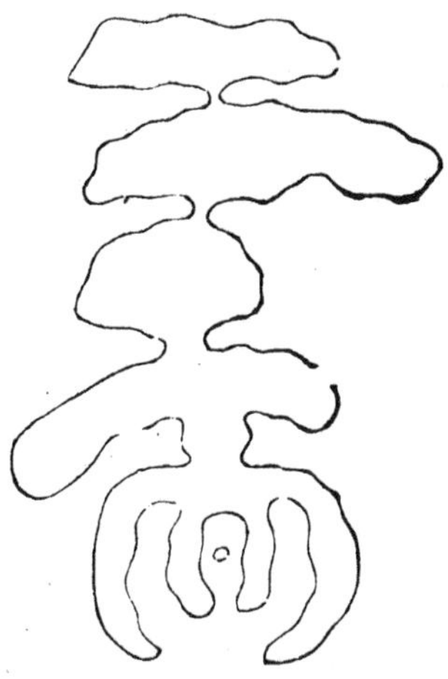

水體水用

水性流動若泛濫無土則無所依勢必傾瀉漫野滔天而流離漂蕩自有所不能免者何莫而非理之使然歟雖土城亦無益

金印于土財來而印破

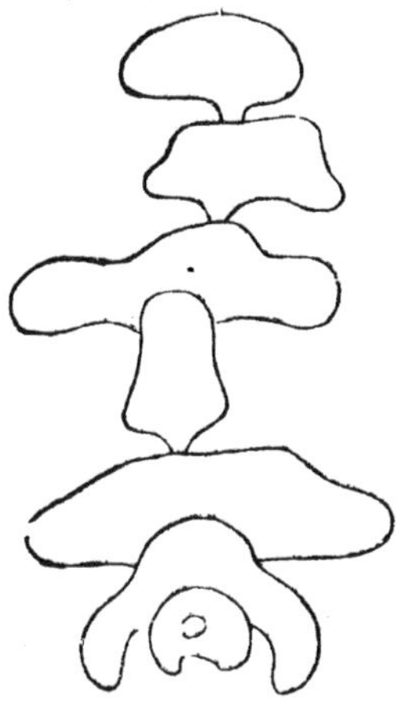

金體火木用

土能生金金以土為印金土傳變圓為美矣然金又剋木為財木來剋土亦非吉兆豈非貪財壞印者哉

土官于木子至而官傷

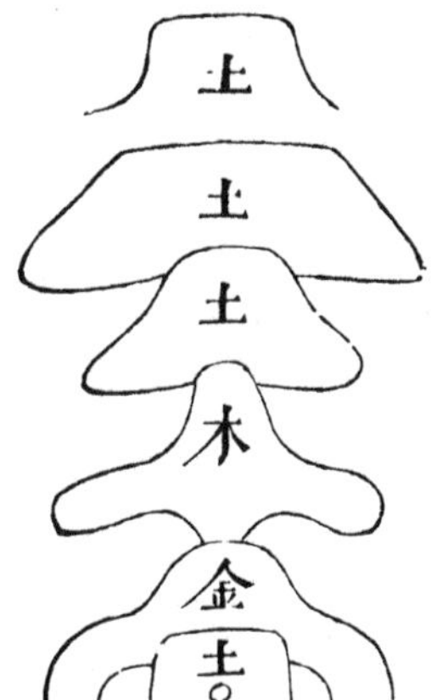

土體木金用

木能制土土以木為官頑土得木疏通圓為官星得令然土又生金為子金能剋木官星能無傷乎

水愁土旺最喜母扶

水體土金用

土能制水土旺則水壅塞而不通亦難乎其利達矣然水以金為母金能資土之生氣以生水則煞印相生寧非功名顯達之象是殺旺喜母扶也

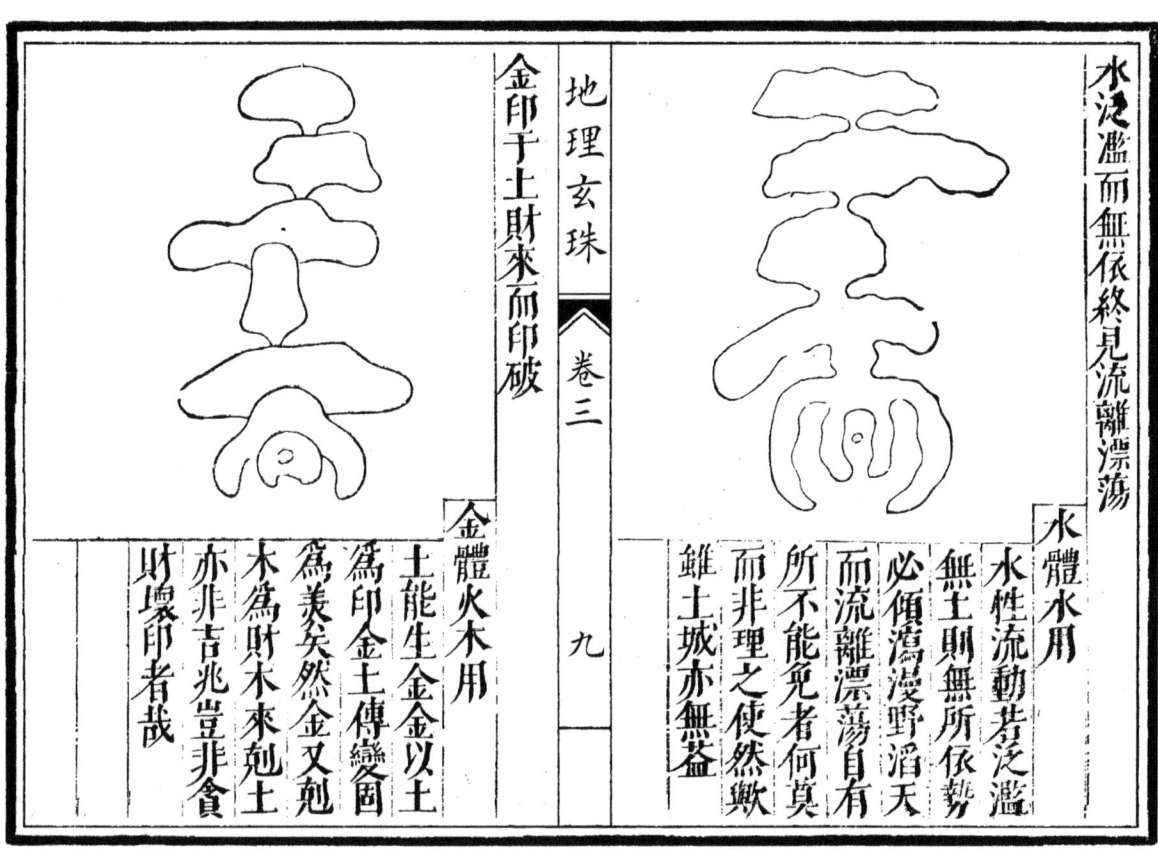

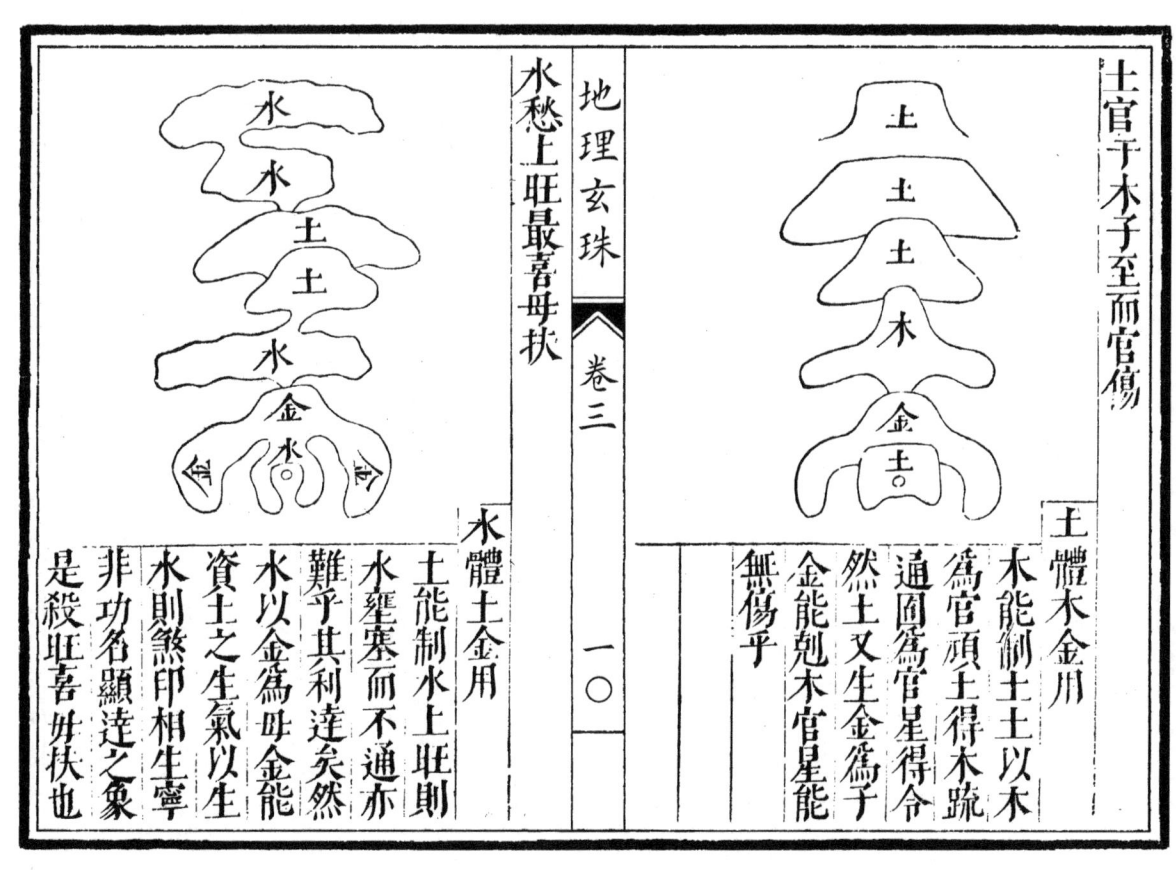

火衰水強偏宜子傾

火體水土用

水能剋火水強則火滅而不明亦難乎其榮盛矣然火以土爲子土能剋水則水不能復剋火而食神制煞寧非反殺成權之象是煞旺宜子制也

土剋水而身衰水再至而傾頽不振

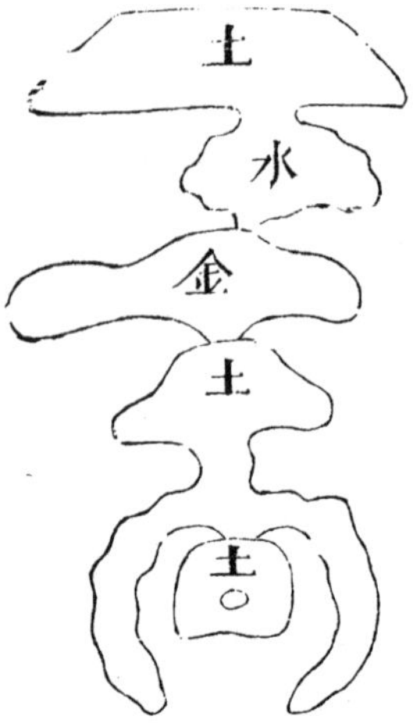

土體水金用

土雖能剋水然土能生金金能生水土星傳變水金則土衰而水旺矣再逢水至寧不爲之衝突而傾陷耶是我剋者反爲我害也水城水亦不吉

木生火而氣脫火重逢而灰燼無餘

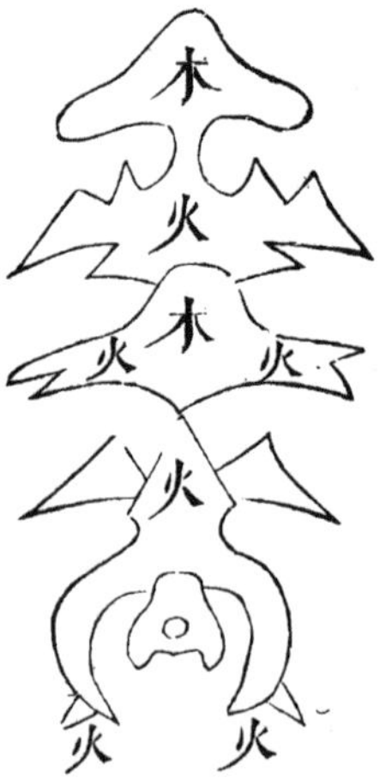

木體火用

木能生火火能焚木木旣生火則脫氣而身枯矣而又重逢火臨寧不爲之焼焚而灰燼耶是我生者反爲我害也

一水屢遭戊己舍身從殺尤佳

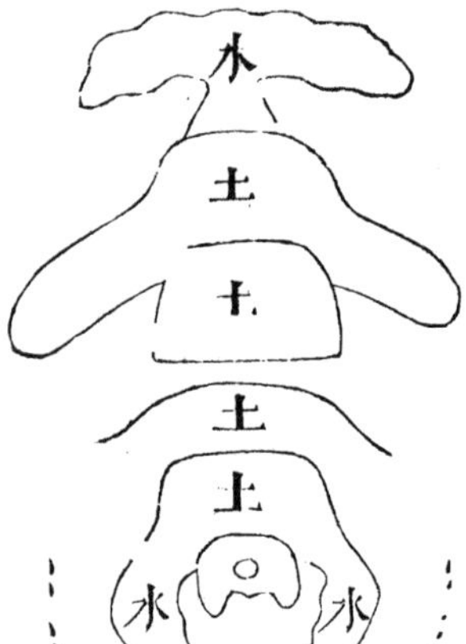

水體土用

戊己土也土多爲水之煞水星發祖傳變俱土則以土論而不以水論矣豈非舍身從煞也土得水潤則生物無窮佳哉水城水亦吉

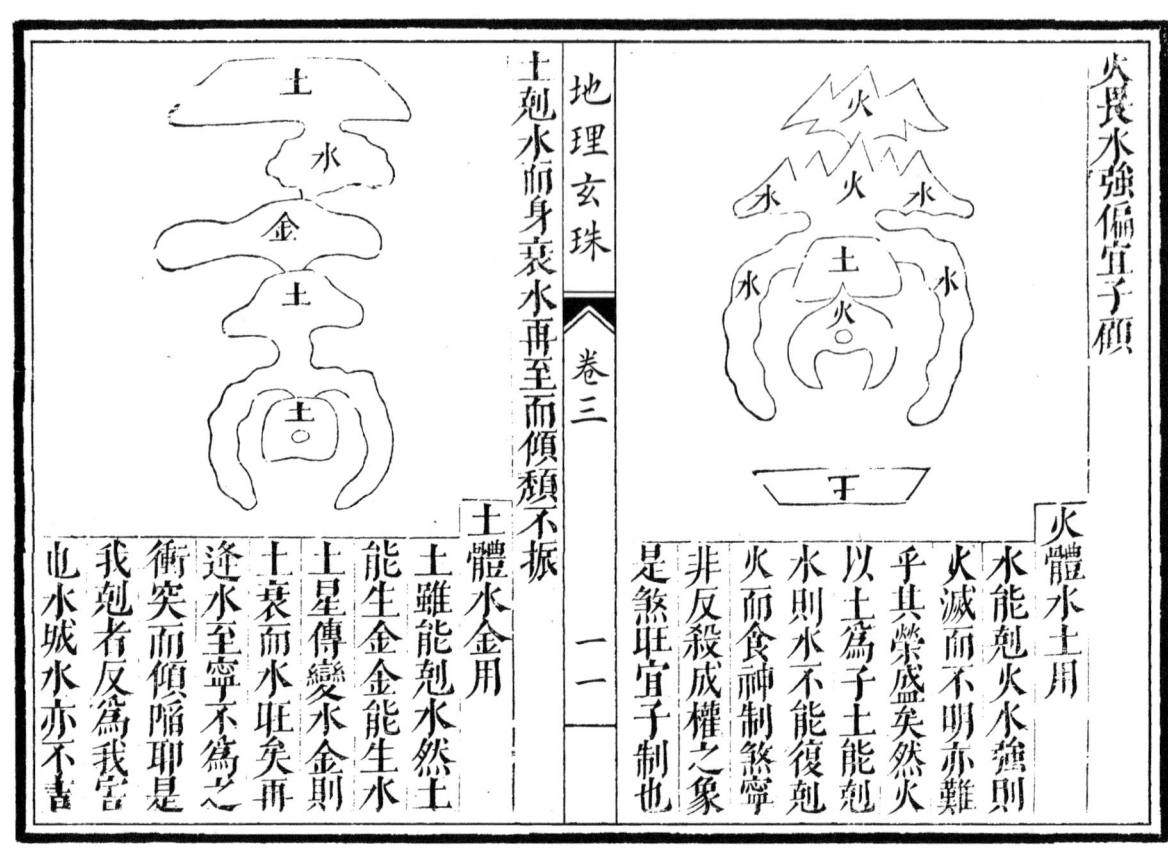

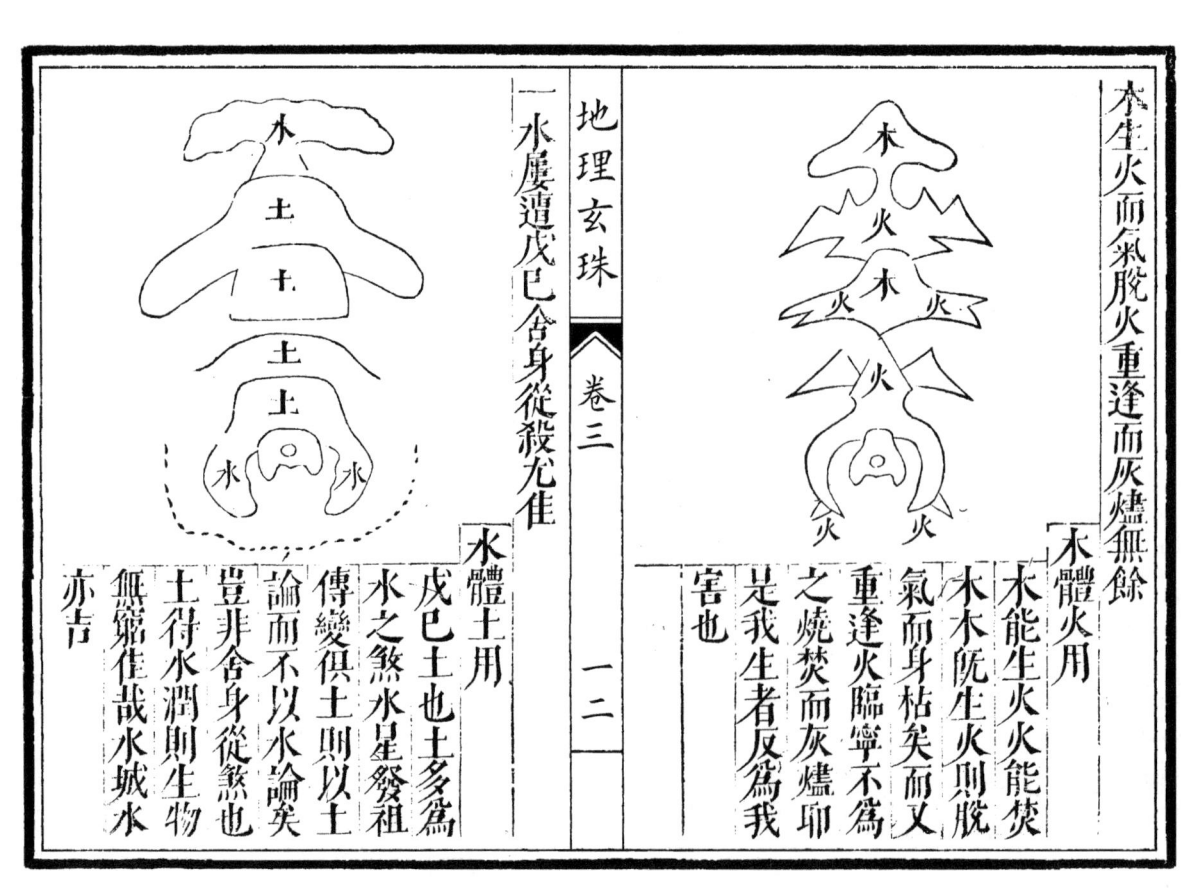

獨火當兄庚辛乘命從財可貴

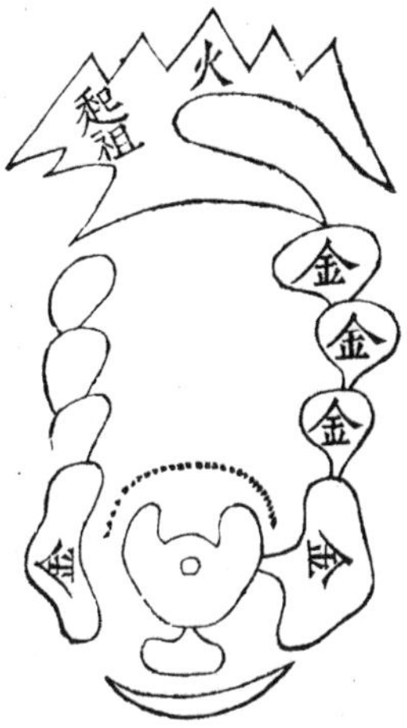

火體金用

庚辛金也金為火之財火星起祖而傳變俱金則以金論而不以火論矣是固乘命從財也金得火則煅煉成器貴哉金城水亦吉

土耗火元猶遇水終當燼類無遺

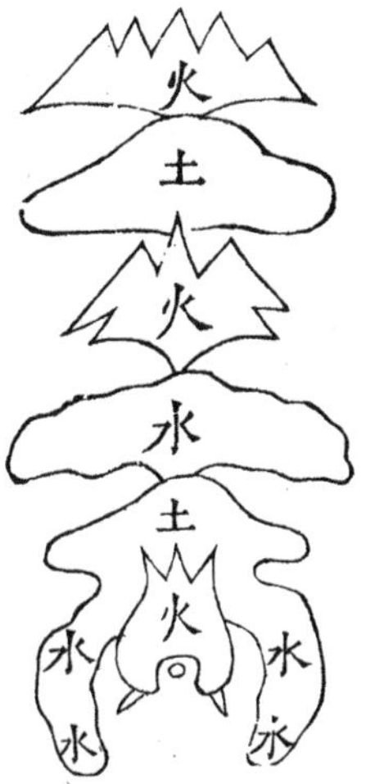

火體水土用

土能泄火之氣火星傳變土星則脫氣而身弱矣而又遇水以剋制之則火不能勝水鮮有不至熄滅而無子遺者水城水亦不吉

金盜土氣而火臨應見元神有助

土體金火用

金能泄土之氣土星傳變金星氣泄而身弱矣得火以生扶之則元神有助而復旺況金受火制又安能以泄土耶

木逢水旺火至通明

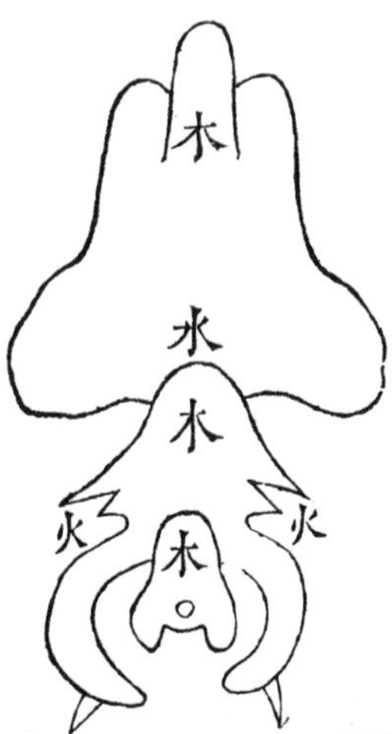

木體火水用

木星發足傳變水星則受生而旺矣倘又木星入首則為太旺若得火星以分泄之則是木火通明而取貴此亦身旺宜泄而不嫌其脫氣也

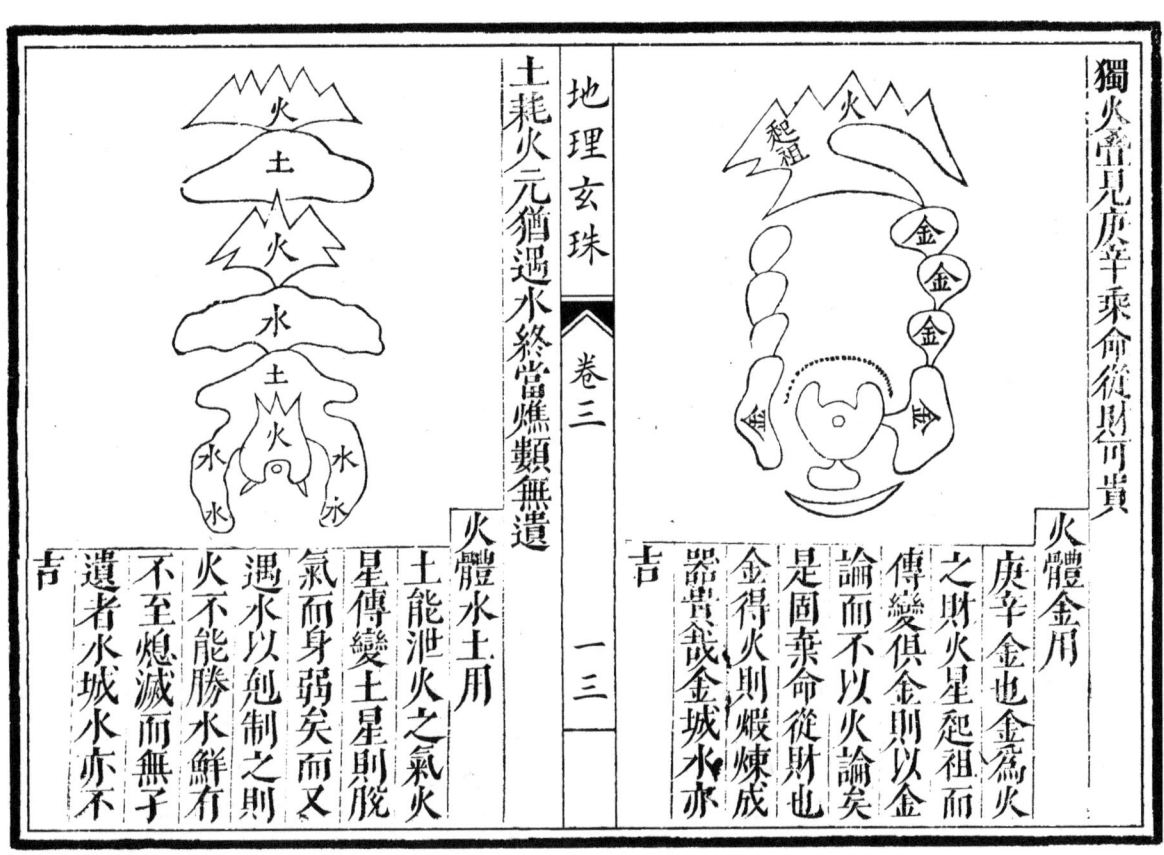

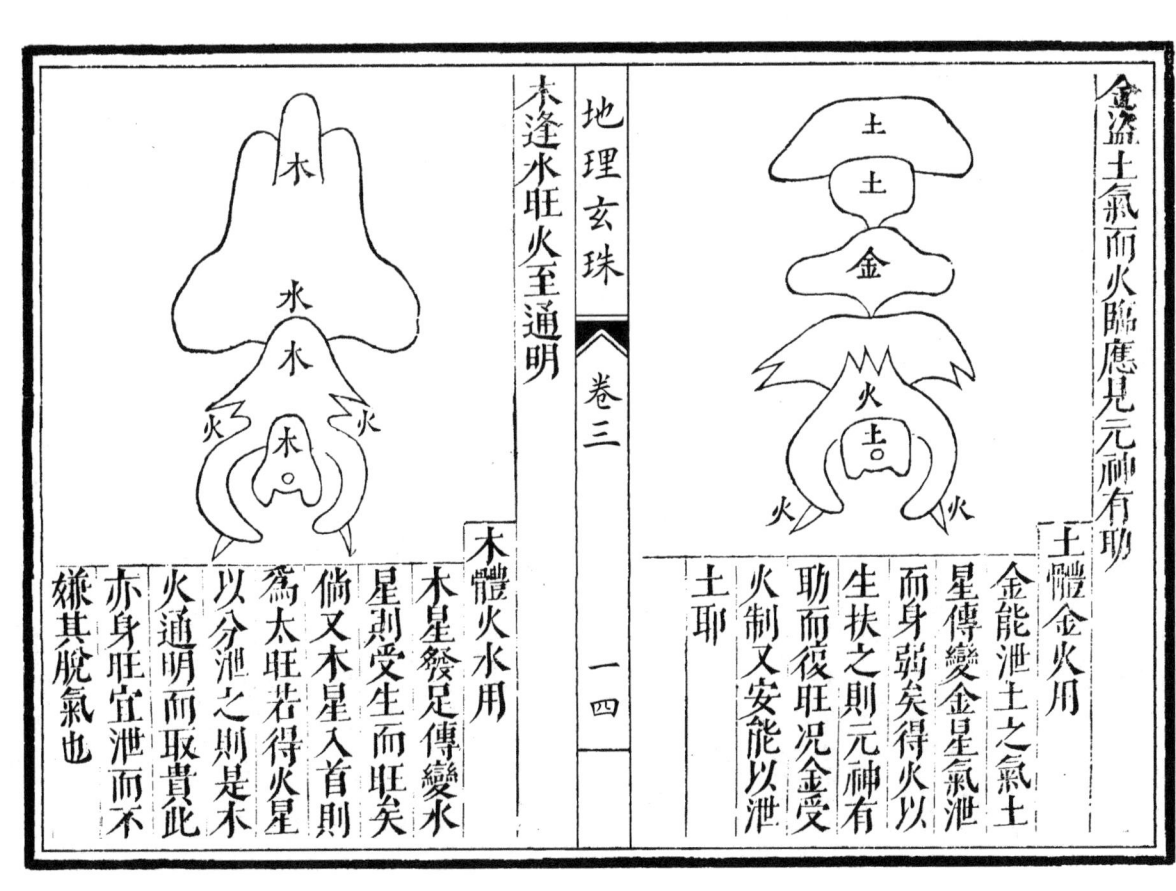

水見土多木來通達

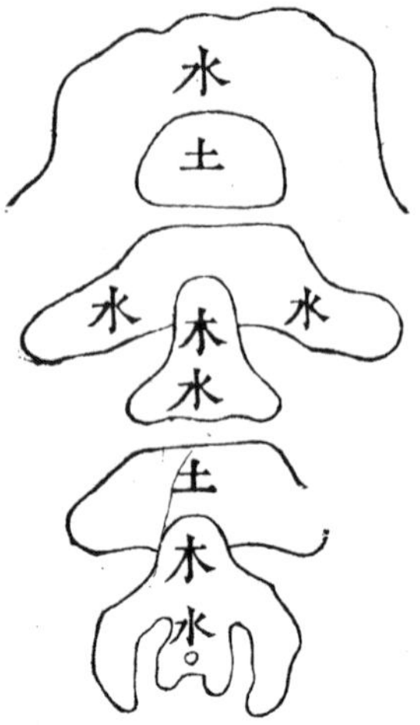

水體土木用

水星起祖而傳變多雜土星則受制而壅塞矣若得木星以疏利之則水自爲之通達而取貴是亦食神制煞而不嫌其泄氣也木城水亦吉

水得火而身強木至益能致富

水體火木用

水星出自金星之下則身強矣水以火爲財身旺則能任又木者水之食神也食神能生財豈不益其富耶木城水亦吉

金得木而財旺火來終見爲殃

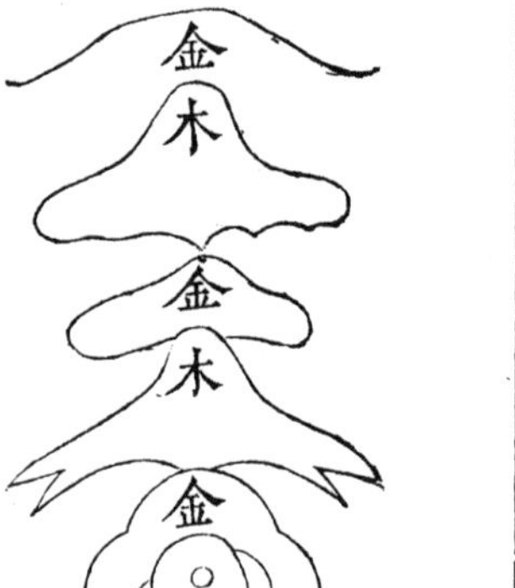

金體木火用

金以木爲財木得水而旺金以火爲煞火得木而炎金星傳變木水則財旺身弱又遇火星銷爍殃及其身安能免夫

觸之于目會之以心曲盡精詳方明取舍

星體引証　此驗所以然之理

木體水土用

樂平縣許學士祖地

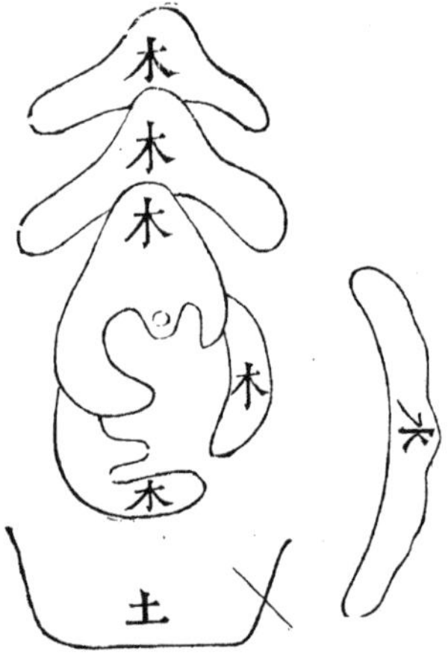

純木結局土星應案水星外攔是木也有土以培元氣有水以滋生氣則暢茂條達自有不可遏者木主文章而身居翰院固其驗矣謂木得水滋名揚四海非歟

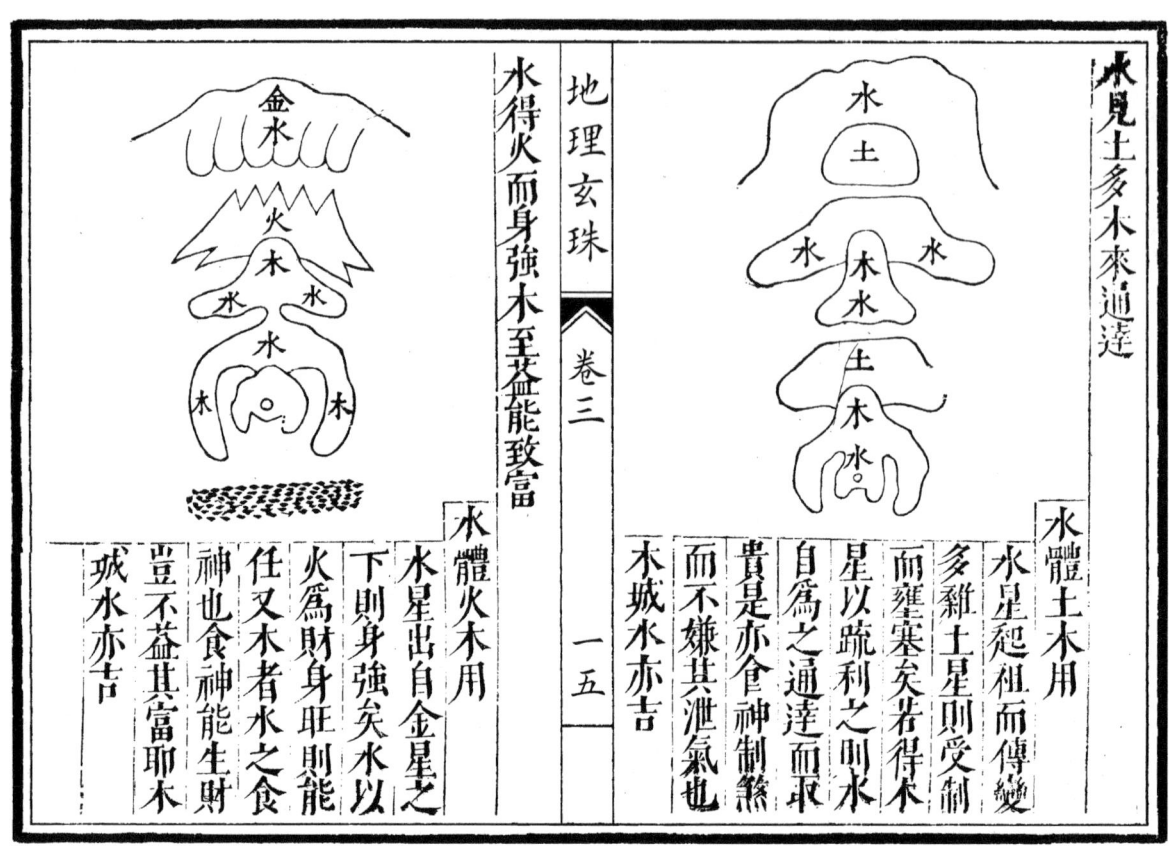

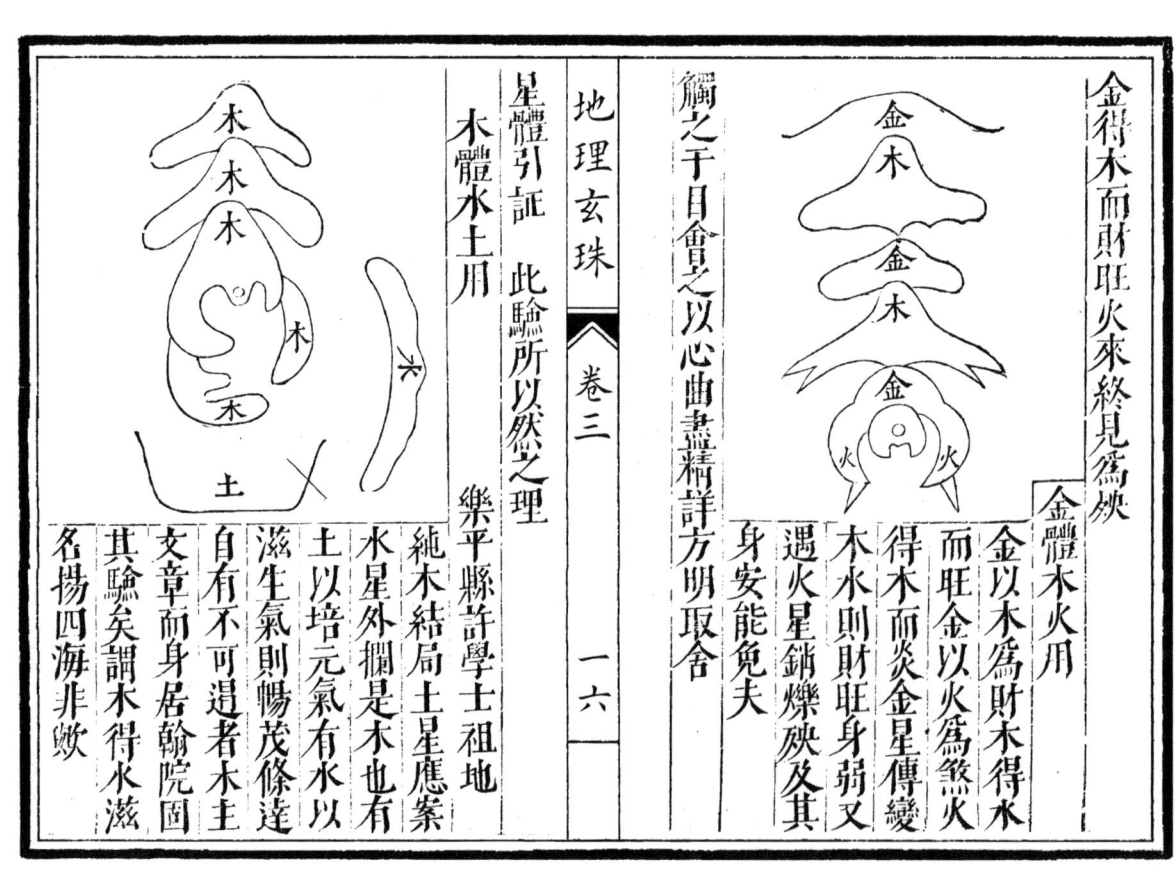

金體木火用

狄梁公祖地

金星發祖傳變重重金星入首則太旺矣然則木星爲護從木火爲應案水城水朝堂金以木爲財火爲官則是財旺生官矣金主武故出人忠節位至大拜足驗木火成金之應也

金體火用

浮梁李侍郎祖地

火星起祖傳變節節金星入首而又金城水爲後合祿則當以金爲主火以金爲財是棄命從財格也金以火爲官而三台火星作祖諸金煅煉以成大器其貴可勝言哉故發大貴者甚衆

五星相生

慕容氏祖地

火星起祖傳變火生土土生金金生水水星結穴前有木星爲近案水城水逆案倒左金火星爲遠應五星相生吉不可言塋後出郡王列侯富貴無極

水體土金用

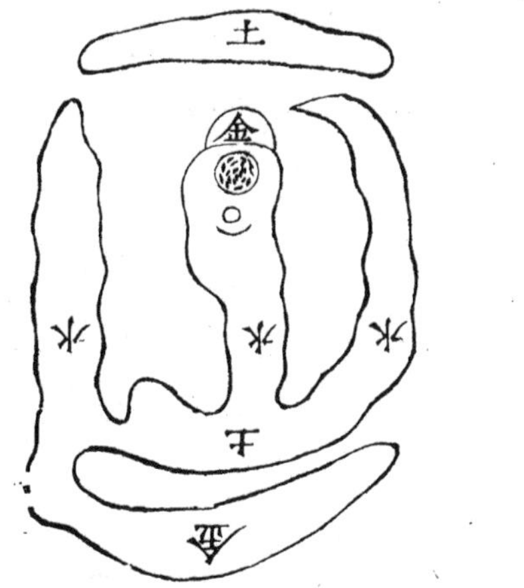

朱文公母祝氏之墓

金星起祖水星入穴水星護衛後有土星爲少祖前有土星爲應案是水也生之以金止之以土則清徹不濁圓活不滯以文公之德固宜萬世不替而興賢毓秀非土金成水之應耶

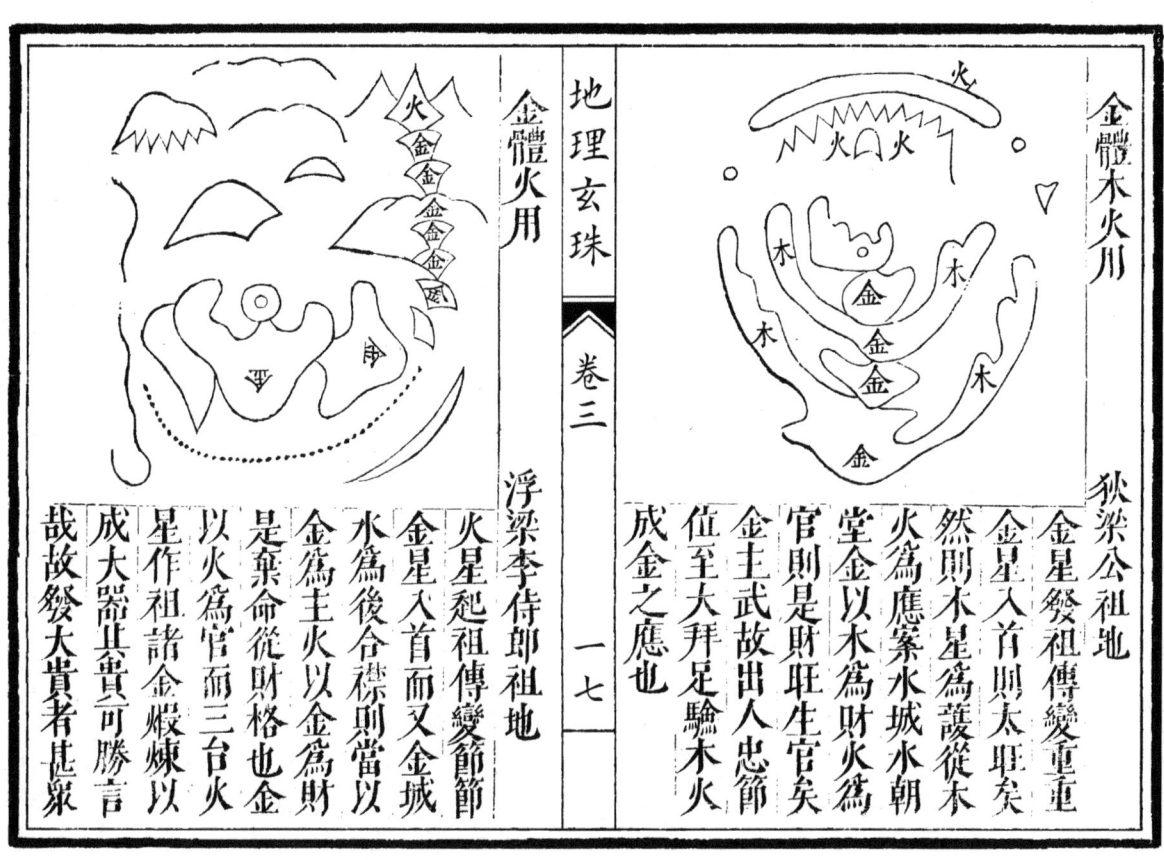

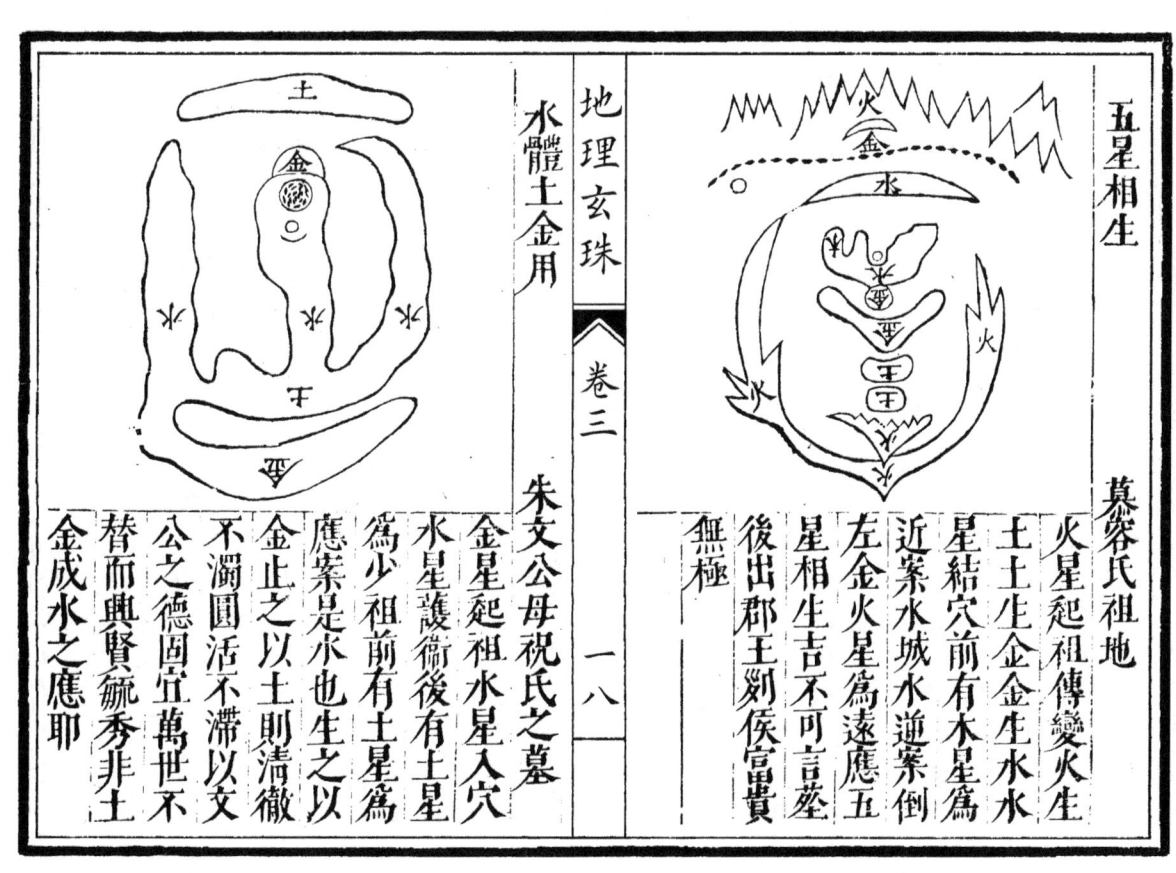

木星入體火星爲用　晁錯祖地

木星起祖傳變節節是火而又木星入首蓋木生火則氣脫而枯火勢太盛則木必遭焚矣火性最急發達亦速滅熄亦速故貴顯甚速而父以憂國致死子以忠國被誅其驗如此

土星入體水木爲用　漢卜式祖地

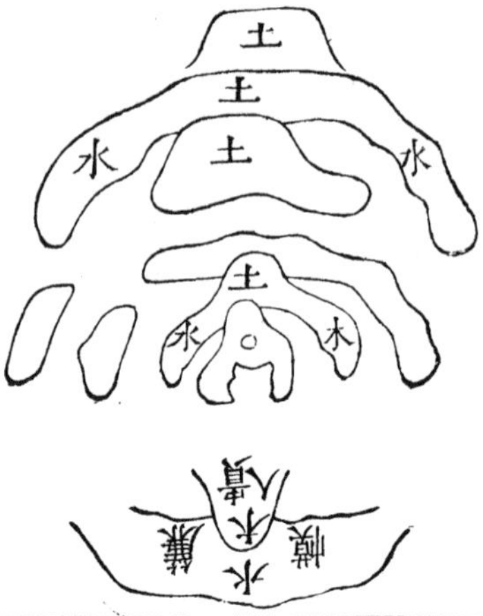

御屏土星起祖几穿三蓋星皆土星帶水入穴前有水星簾幙木星貫入作朝蓋土以水爲財以木爲官故富以萬計而以財進納結知人主著名青史莫非財旺生官之應也

木星入體水爲用　李太白祖地

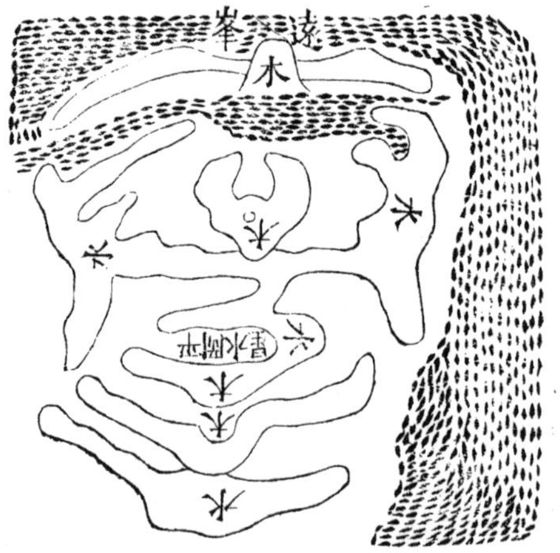

穿心開帳音繒秀峰復落平洋走如活蛇翻身結穴海上貴秀朝應誠爲大地然木星入首而龍局全身是水水泛木浮無所培植故以文章榮顯者木之應也而漂蕩無歸終非考終命焉

金星入體火爲用　王陽明祖地

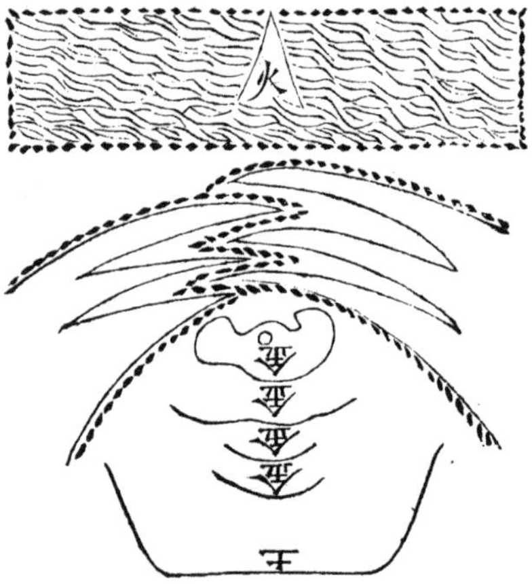

御屏土撒落平洋傳變節節金星入穴則身太旺左右火沙火水劍戟交牙海上火秀朝應墪後父子魁元位至封拜莫非火上成金之應也所謂強金得火鍾鼎皇家不有驗于此哉

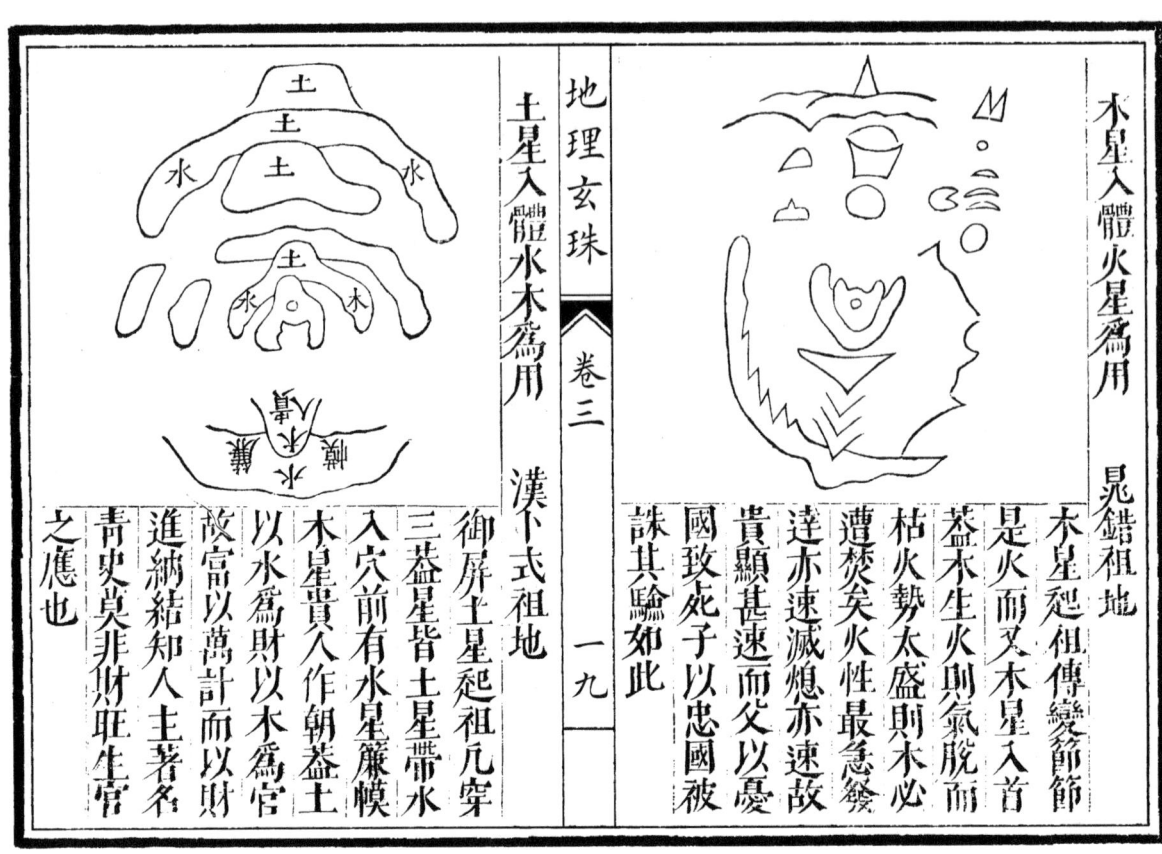

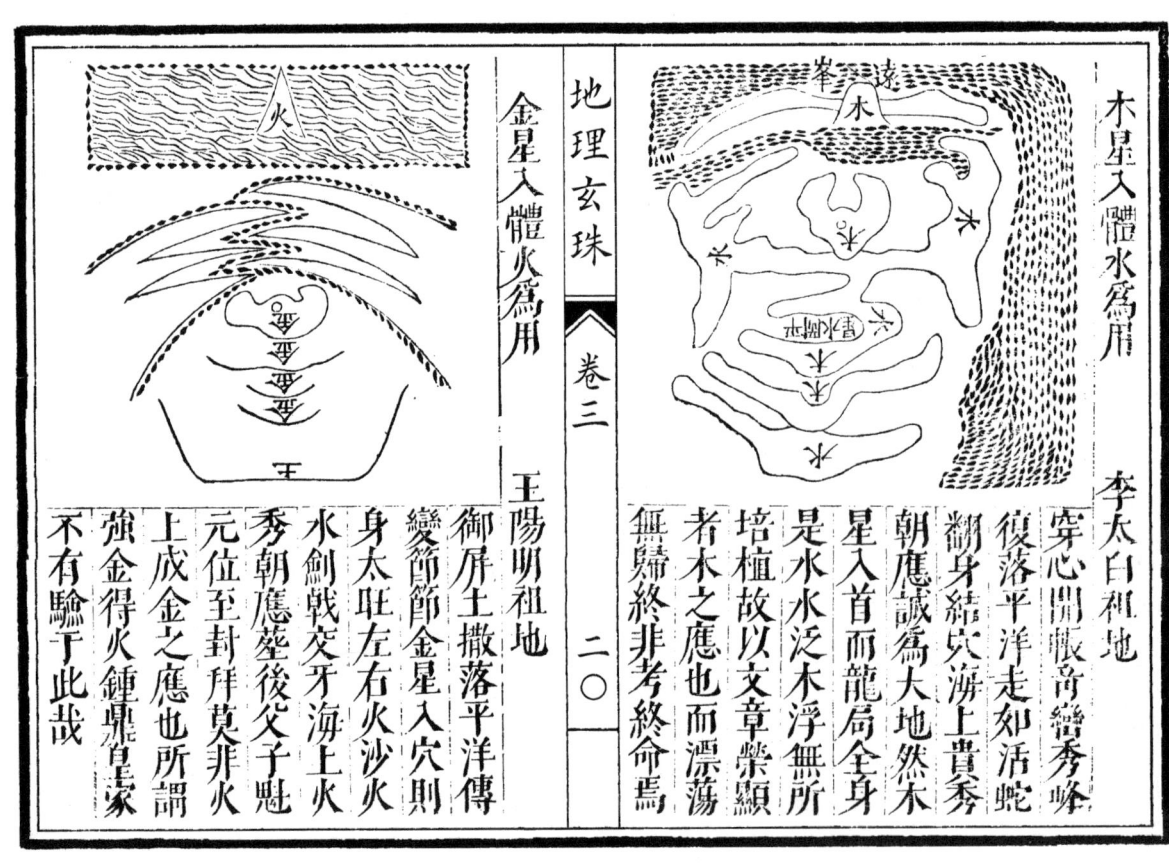

木體火用

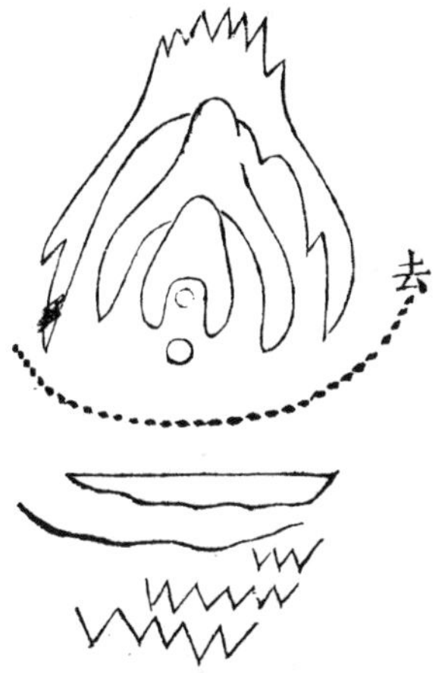

建昌張侍郎祖地

焰天火星傳變木星入穴木既生火則身衰謝又遇火星以爲衛從熾火攢燒二木厥後嗣絕不續正所謂木生火而氣脫火重逢而灰燼無餘也况金城水入局又爲木之尅煞耶

金星入體木火爲用

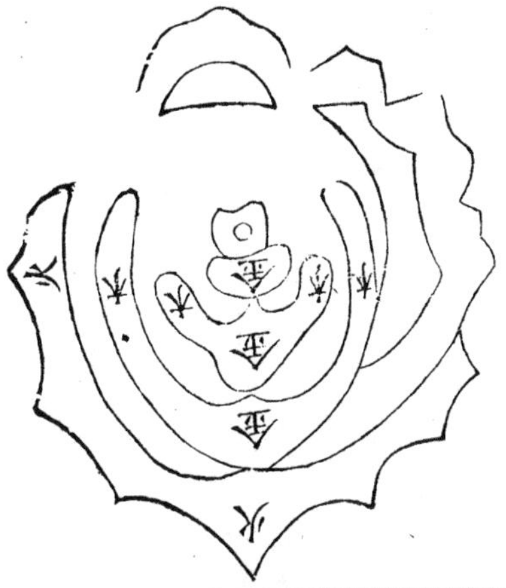

嚴閣老祖地

龍體尊貴四應端肅誠爲大地但金星出自火中煆煉成器其貴宜矣而木又生火則火愈盛而爍金故其富貴已極而一旦藉沒皆火之爲祟也謂金得木而財旺火來終見爲殃非歟

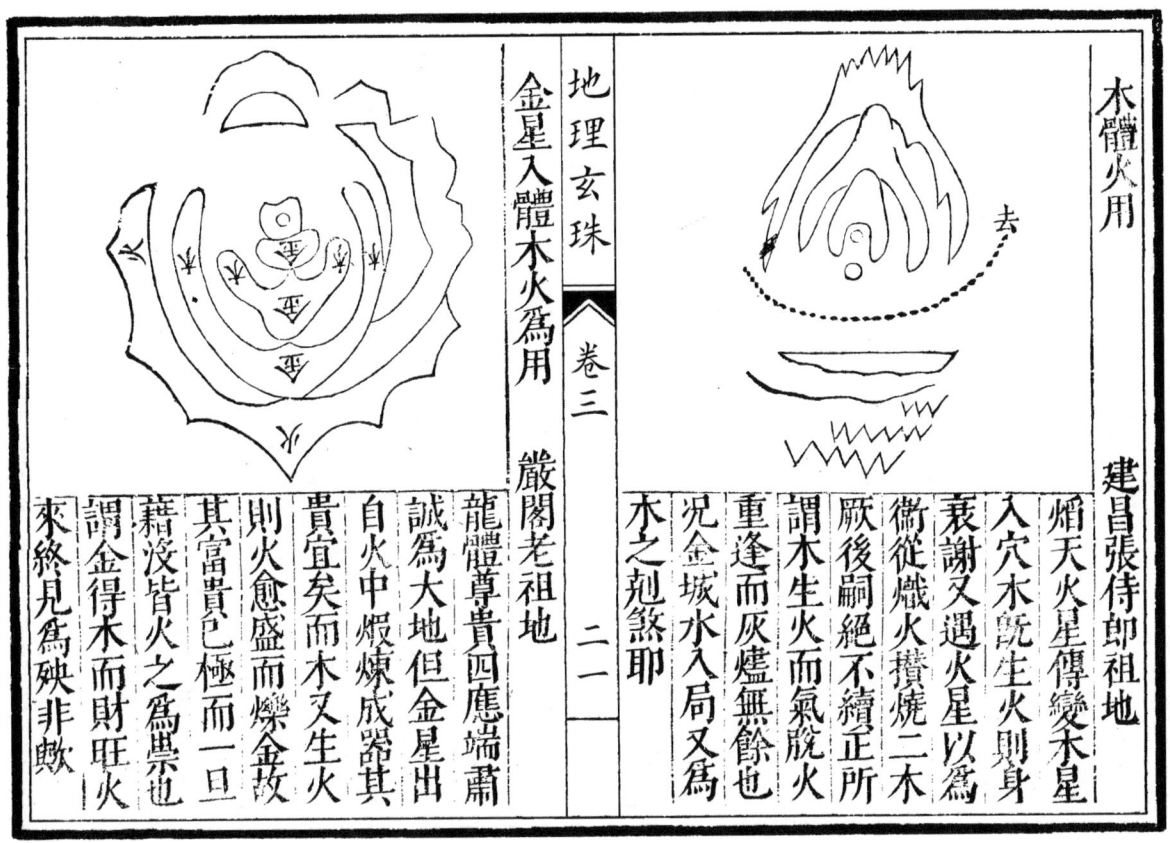

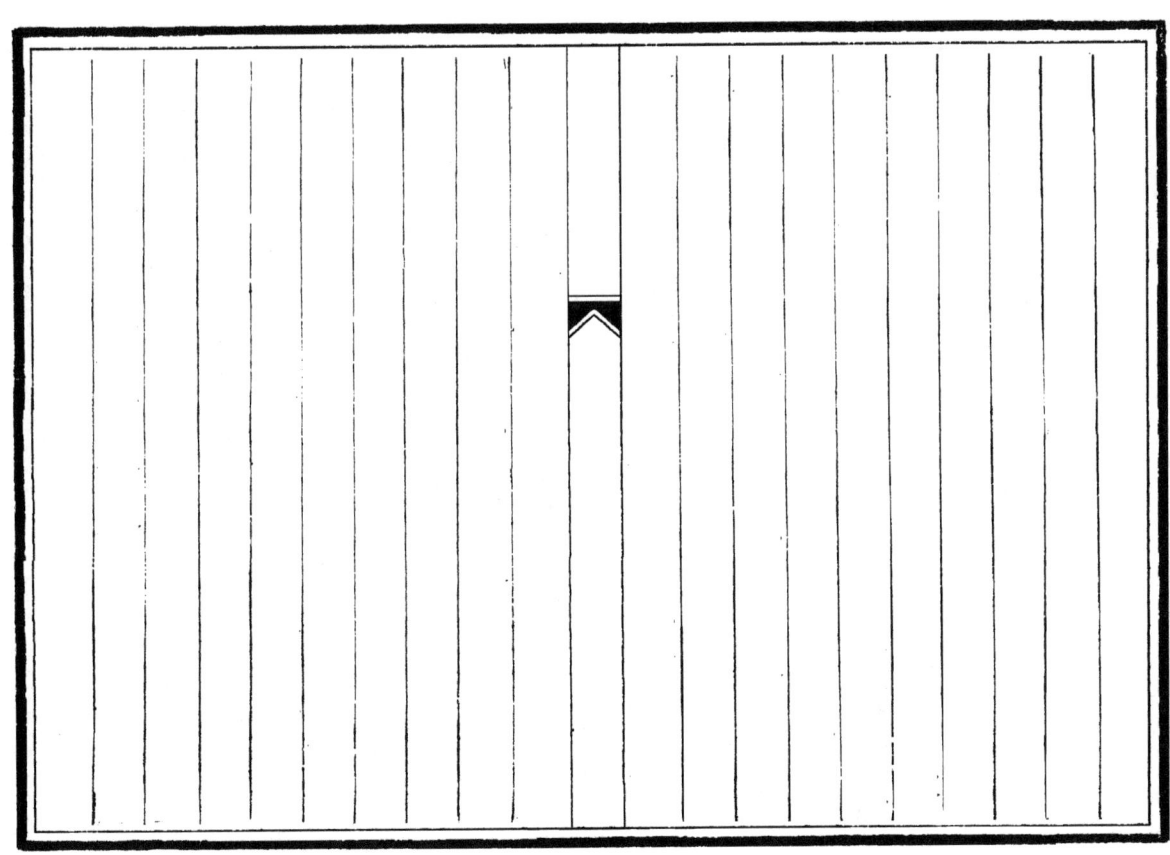

地理玄珠卷之四

古吳太和山人夏世隆道弘甫著
梁溪半偈道人華善繼孟逵甫校

星體宮分

夫五行方位各有生旺休囚故五星行龍亦各有生克制化若得生旺結局固爲全美然其間多有休囚錯襍者又有四應生扶傷泄者善地者必須辨别方隅分析體用則吉凶禍福自了然矣

金星

凡金星結局其出身入首自巽巳爲生氣辰戌丑未

爲印綬申庚酉辛乾爲旺氣亥壬子癸爲泄氣寅甲卯乙爲財帛丙午丁爲官殺

木星

凡木星結局其出身入首自亥爲長生壬子癸爲印綬寅甲卯乙巽爲官旺巳丙午丁爲病死辰戌丑未坤艮爲財帛申庚酉辛乾爲剋制

水星

凡水星結局其出身入首自申爲長生庚酉辛乾爲印綬亥壬子癸爲官旺寅甲卯乙巽爲脫氣巳丙午丁爲胎絕辰戌丑未坤艮爲克煞

火星

凡火星結局其出身入首自寅爲長生甲卯乙巽爲印綬丙巳午丁爲官旺辰戌丑未坤艮爲盜氣申庚酉辛乾爲病死壬子癸爲克煞亥爲絕

土星

凡土星結局其出身入首自丙巳午丁爲印綬辰戌丑未坤艮爲旺氣申庚酉辛乾爲盜泄亥壬子癸爲財神寅甲卯乙爲克制巽爲絕氣

宮分定論

原夫星體成形各有類應而吉凶易位本無定方是

故火旺南離定見光榮顯耀

離宮火星

離爲火旺之地火星出自南離又自離宮入首乃爲旺龍結局葢火本光明照燿爲文明之象得位則榮顯大貴

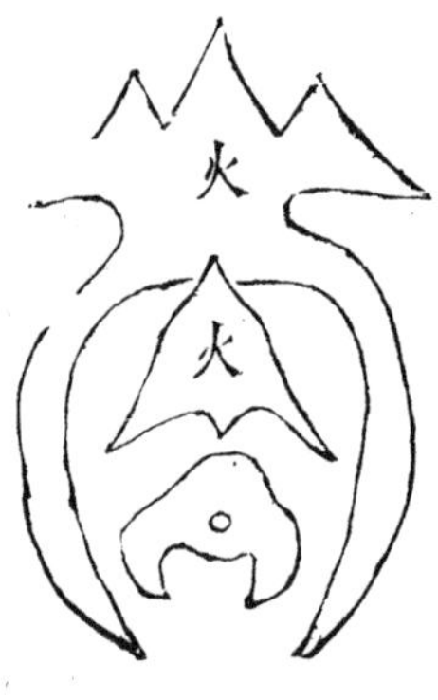

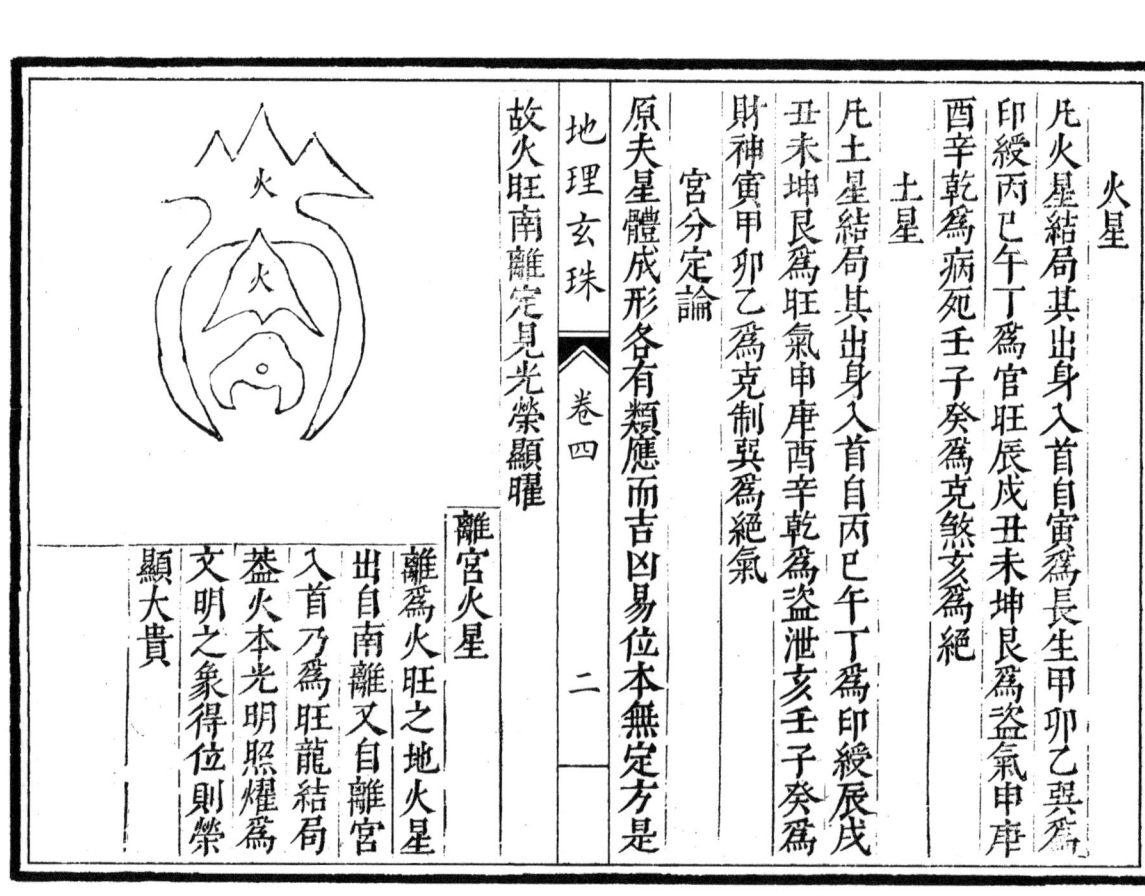

○水生西兌須知活潑悠洋

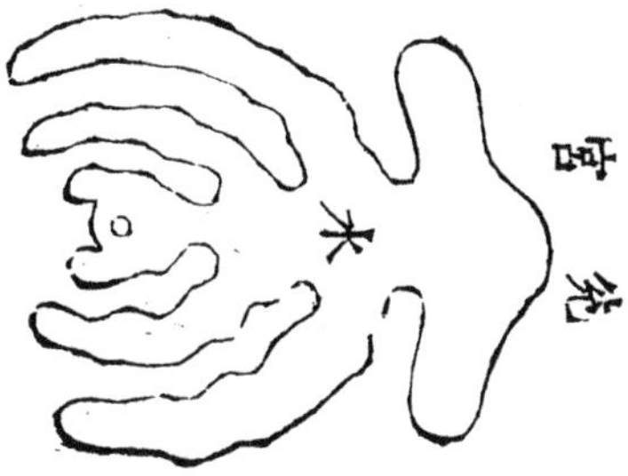

兌宮水星

兌屬金金能生水水星自西方出身又自西方入首乃爲印鄉蓋水本清徹活潑爲利達之象得位則主智巧清貴

○土居四季而祿位豐隆

坤宮土星

四季者辰戌丑未坤艮是也土旺於四季若土星自四季出身入首乃爲本垣蓋土厚重安靜爲尊嚴之象得位則官尊祿厚

○木遇三陽而英華虛耗

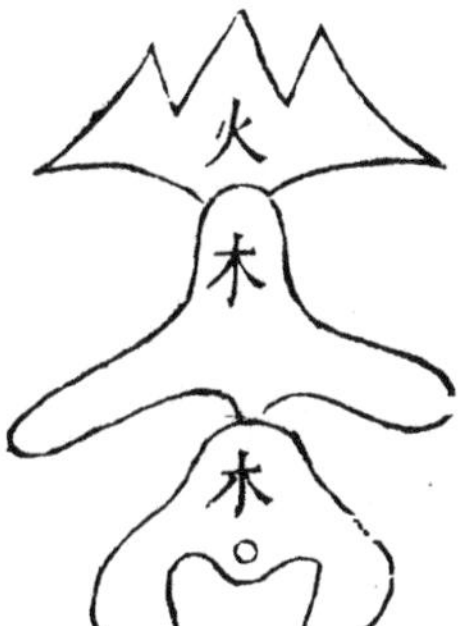

離宮木星

三陽者丙午丁方是也木死于離木星自三陽方出身入首乃爲死地蓋木生火則脫氣故也此爲失位而本元虛耗英華能久哉

○金位火來財多身弱

兌宮火星

西方屬金火以金爲財然西方乃金旺火死之地若火星自西方結穴而又有金星入局則身居死位而財居旺鄉此爲財多身弱豈能久享富貴哉

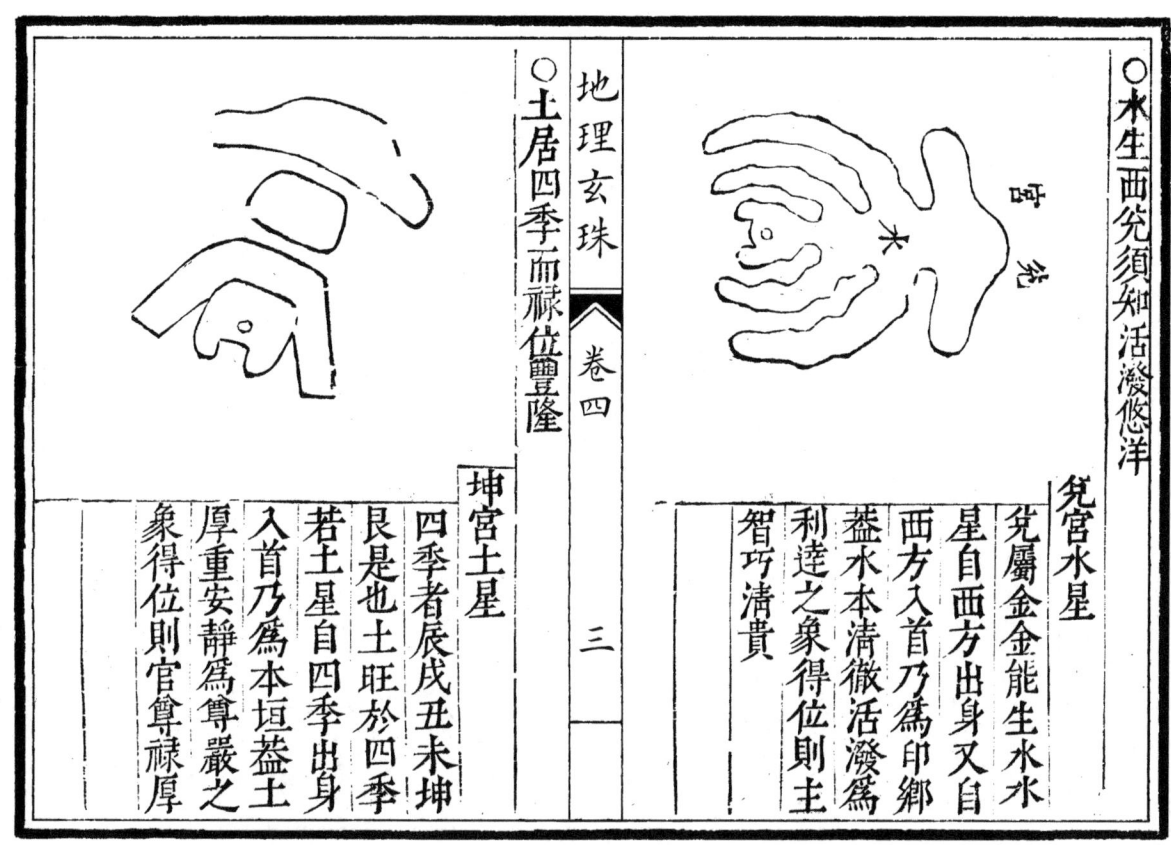

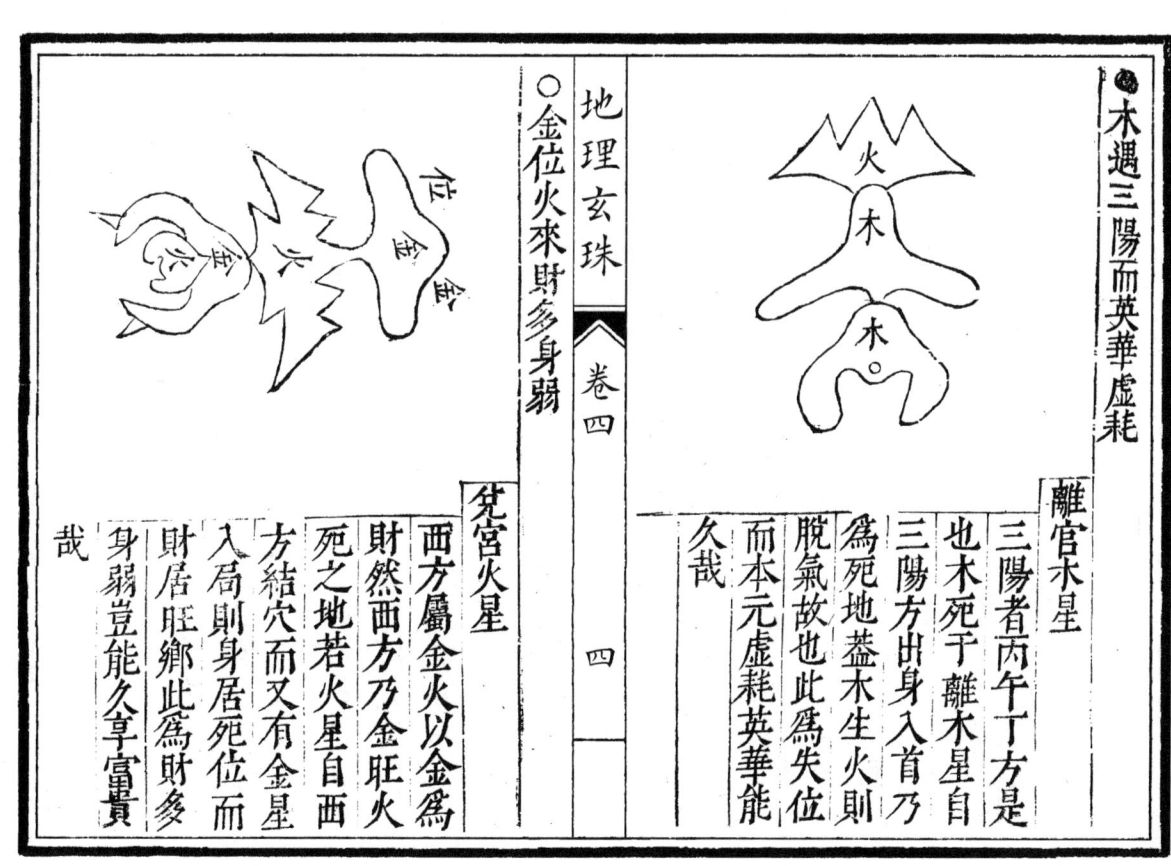

○火宮金至煞旺身輕

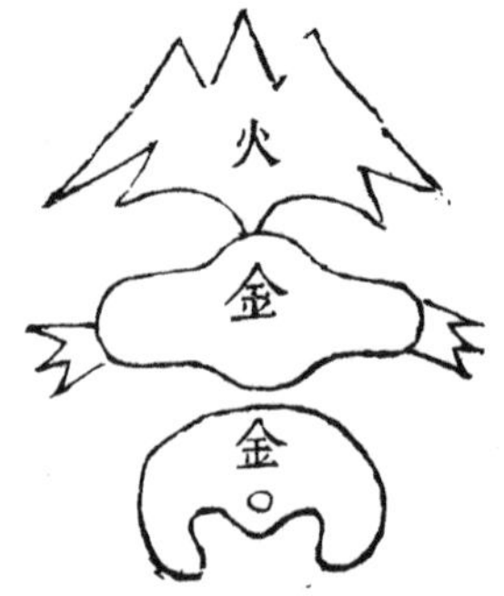

離宮金星

南方屬火金以火爲煞然南方乃金敗火旺之地若金星自南方結穴而又有火星入局則身居敗位而殺居旺鄉此爲煞旺身輕焉能久享遐齡耶

○巽辰地位莫尋水氣行踪

巽宮水星

辰巽爲水神墓絕之地而土庫于辰水星自辰巽出身入首而又有土星起祖則身既死絕而又受尅制其爲凶也亦必然之應耳何必尋水脈于辰巽地位耶

○甲卯宮中休覓土神來脉

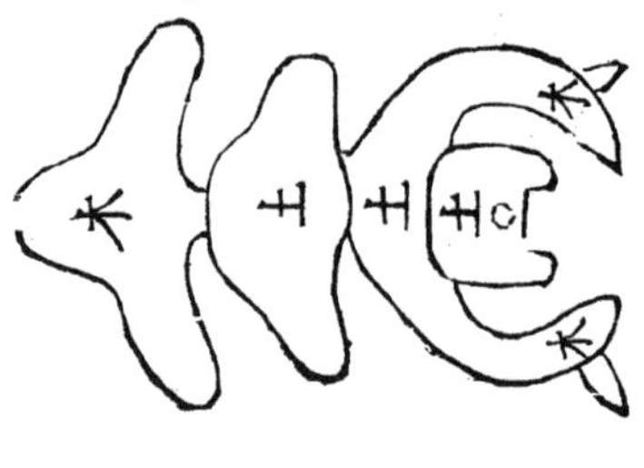

震宮土星

甲卯乃東方木旺之地而土死于卯若土星自甲卯出身入首而又有木星襍處則有既休囚又受尅制其爲凶也亦自然之理耳何必覓土脈于甲卯宮中耶

○火遇金而身衰最喜資生于印綬

兌宮火星

兌爲金方而火死于酉若火星結局金方則受戰而身弱矣然木能生火爲印綬儻東方有木星照應則雖衰弱而有生扶最爲可喜

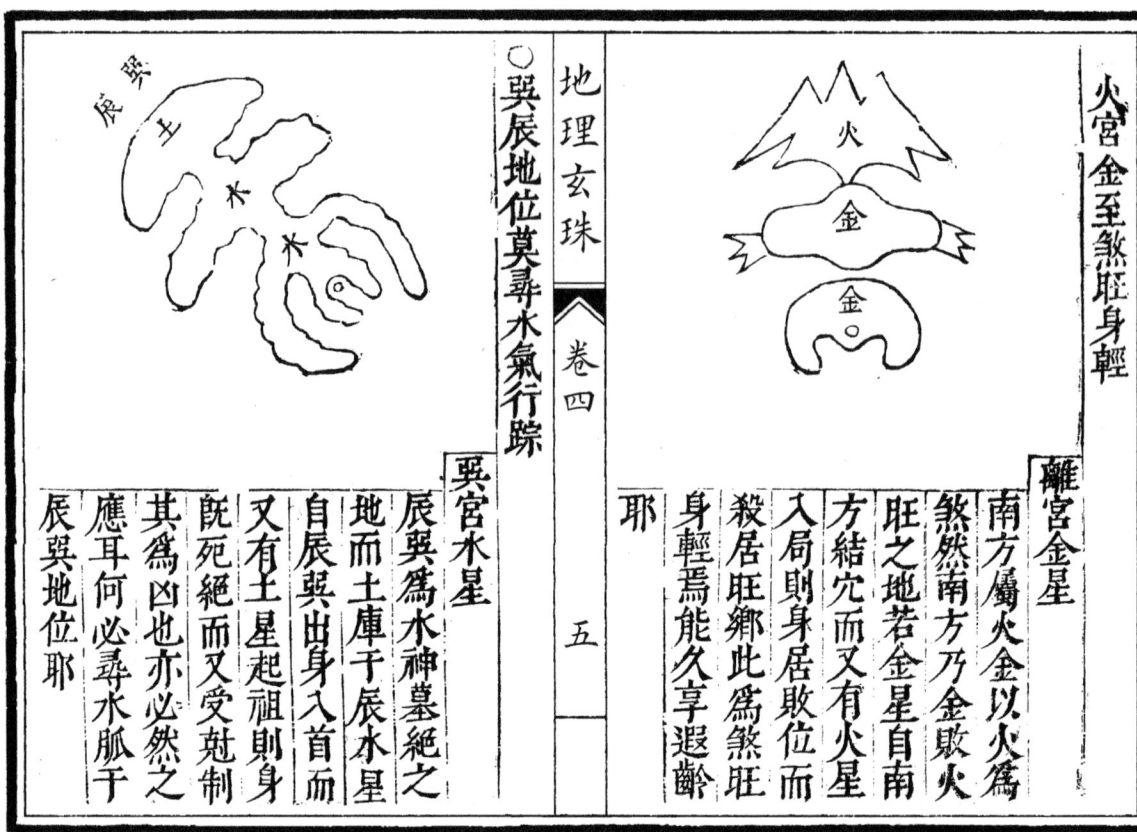

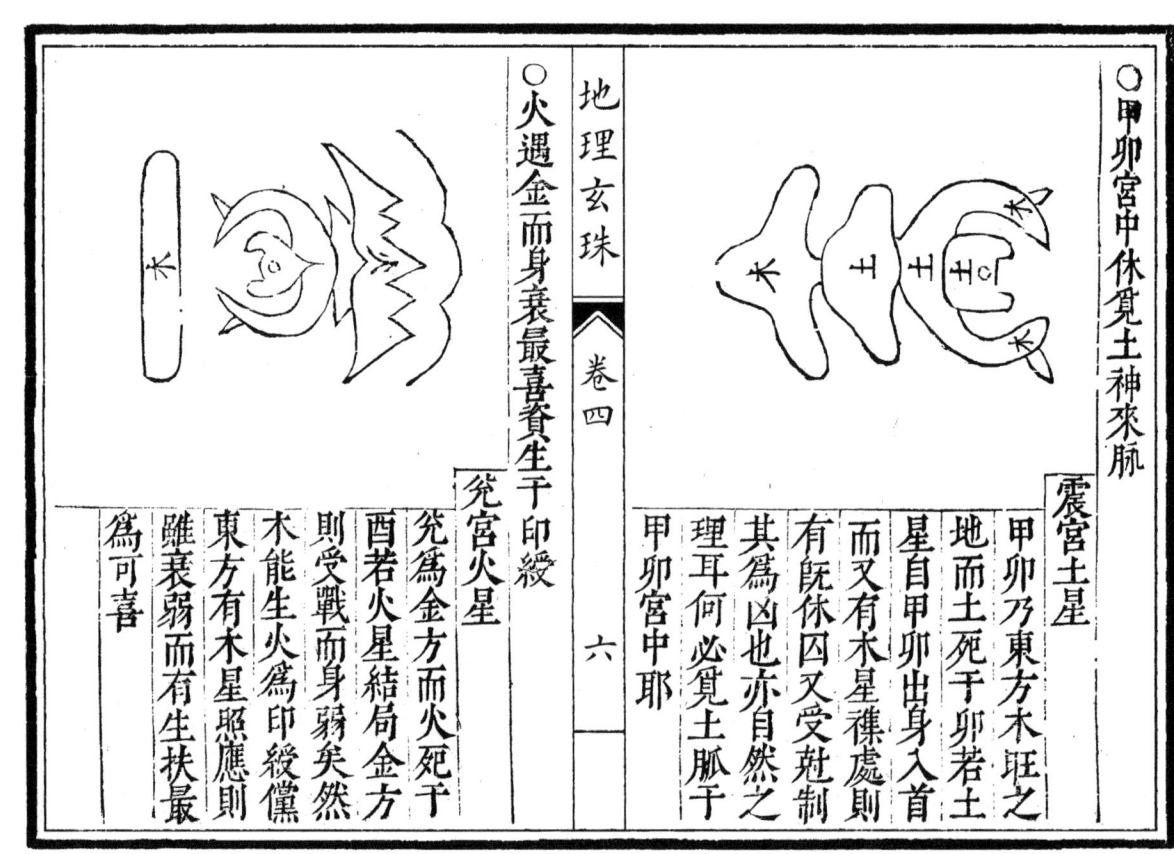

○木逢水而身旺不妨泄氣于傷官

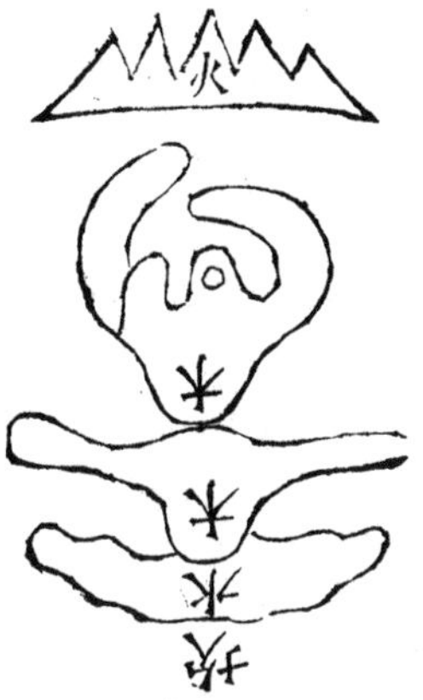

坎宮木星

坎爲水宮而水能生木若木星出自水宮則印生而身旺矣縱南方有火星照應爲傷官盜氣亦不爲妨蓋水又能制火也

○土居申位財遇長生

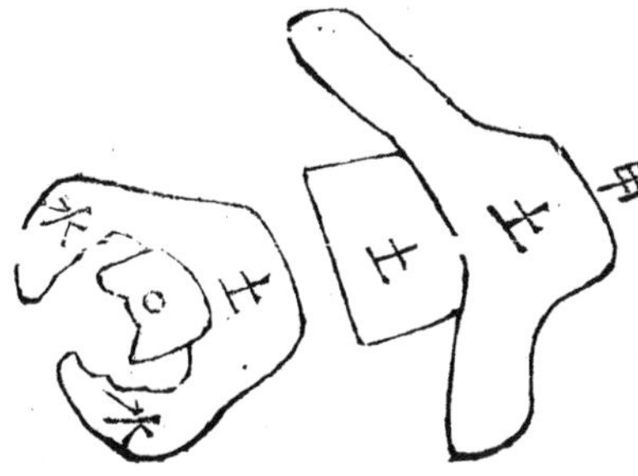

申宮土星

土以水爲財而水生于申若土星自申位出身入首則是財遇長生而祿旺無疑矣況土非水不能滋潤而申又土之寄生者也

○金入丁宮官臨旺地

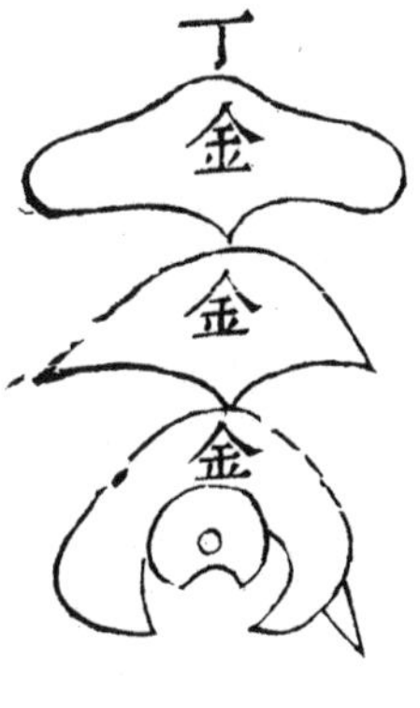

丁宮金星

金以火爲官而火旺于丁金星自丁宮出身入首則是官臨旺地而貴顯無疑矣況金非火不能煅鍊而丁又金之所喜者也

○震位木多琢削儘宜官

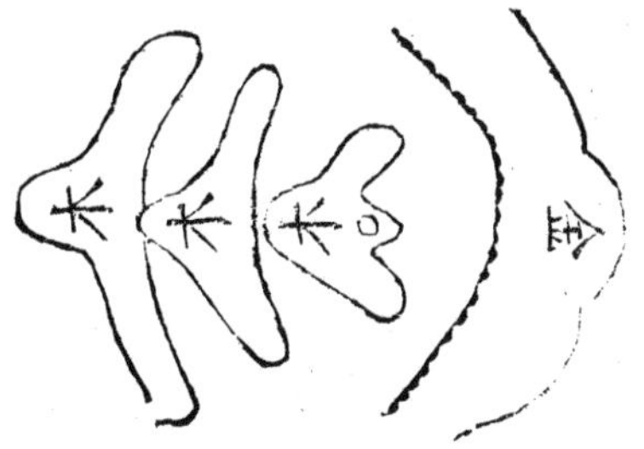

震宮木星

震爲木旺之地木星自震位結局本爲身旺太多則强矣金者木之官煞也必得西方有金星照應則强木逢金而有琢削可以成器矣不亦宜乎

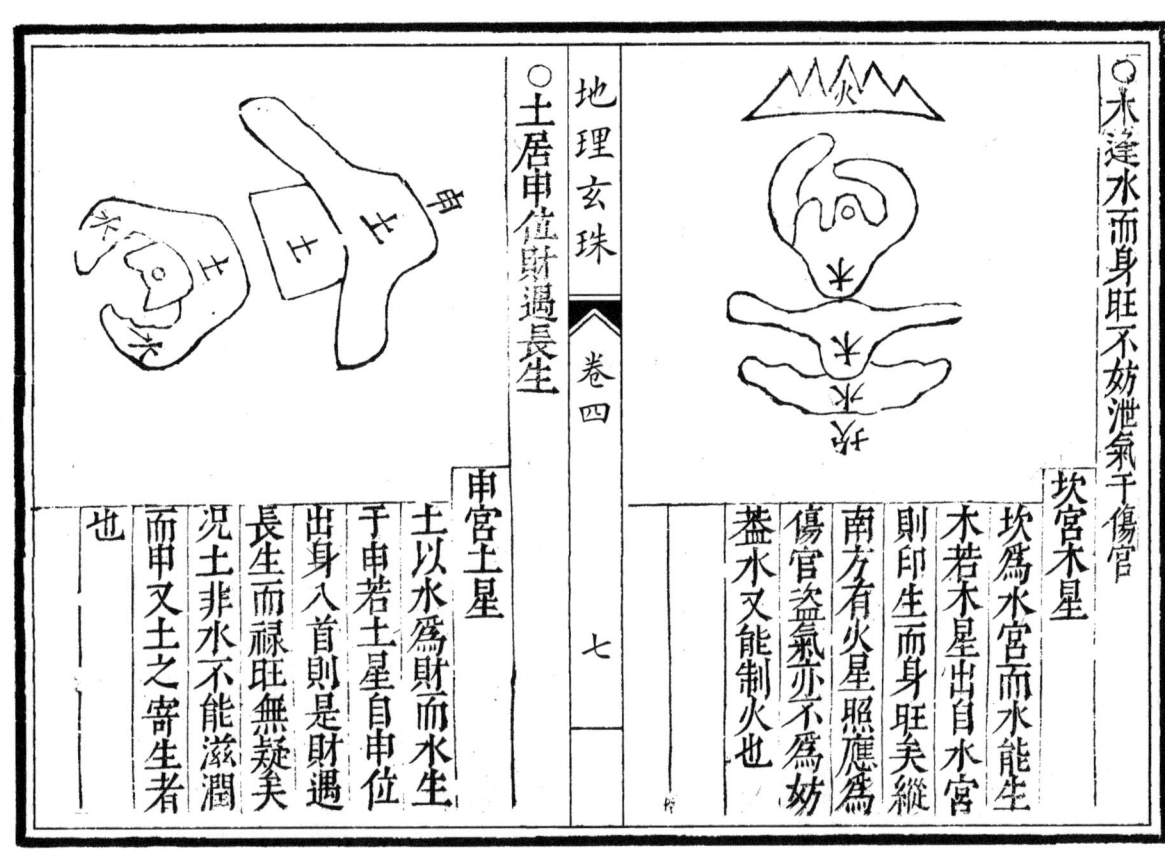

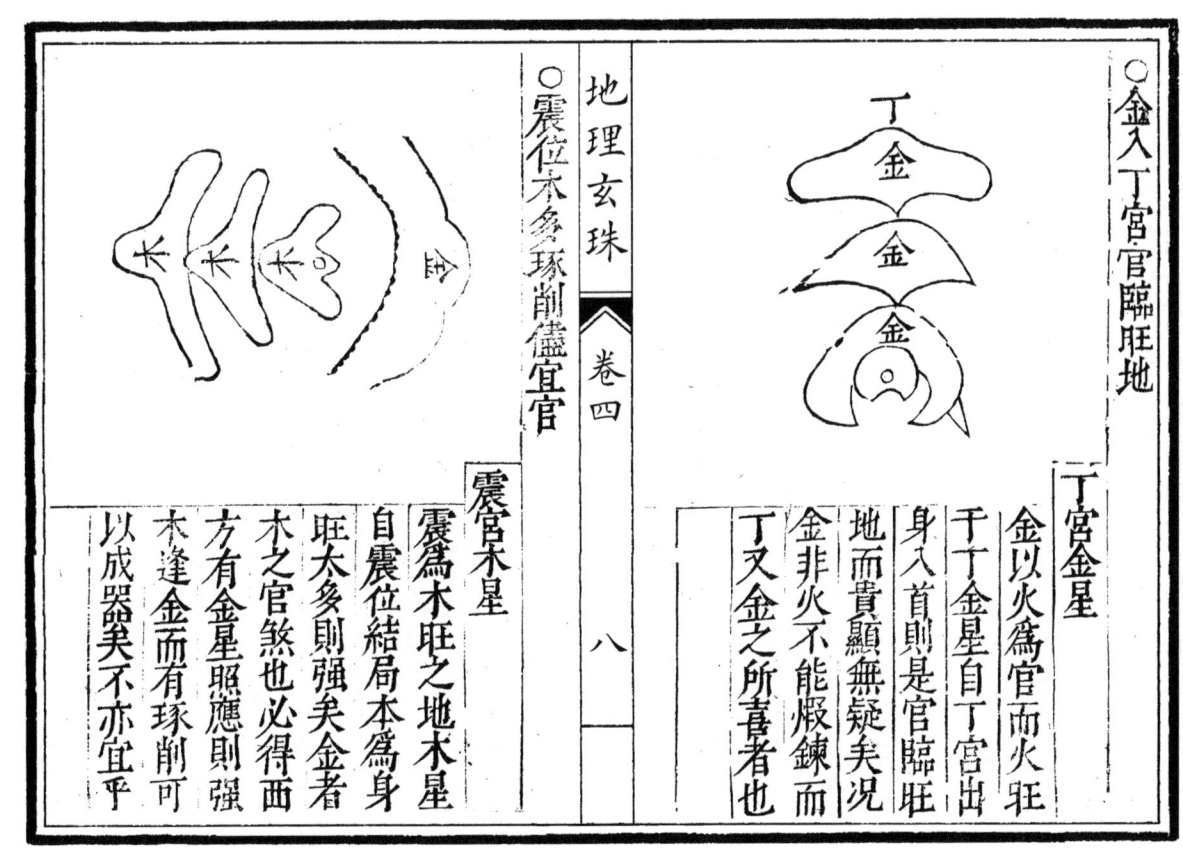

○離宫土燥滋潤更喜財源

離宫土星

離爲土郎之宫土星自離宫結局本爲印生而又火星傳落則土太燥矣水者土之財源也必得北方有水星照應則燥土逢水而有滋潤可以生物矣豈非可喜

○火神蹈西北之危

乾亥火星

西北乾亥方也亥爲火之絶地若火星自乾亥出身入首則是絶龍結局蓋亥中壬水爲火之煞而乾金又能生煞則火神滅熄無餘矣惡可蹈其危哉

○金氣盡東南之美

巽巳金星

東南巽巳方也巳爲金之長生金星自巽巳出身入首則是生龍結局蓋巳中丙火爲金之官而巽木又能生官則金氣煅煉有成矣故能盡其美也

○坎爲水旺之鄉水至偏多美穴

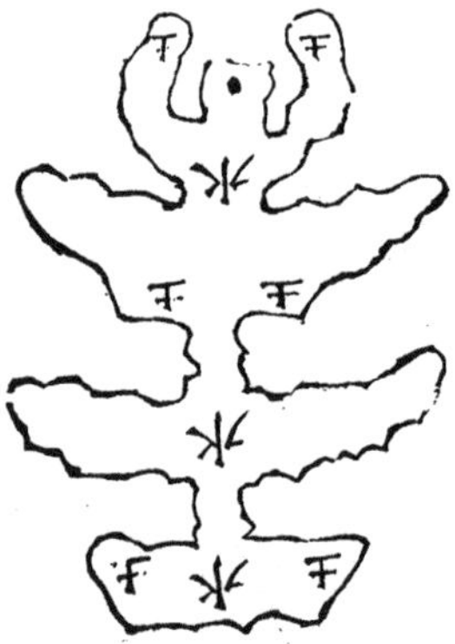

坎宫水星

坎宫爲水之帝旺而土寄旺于坎水星自坎宫入局本爲旺盛又有土星間隔則水得土止能無美穴耶是宜覓水神于坎地也

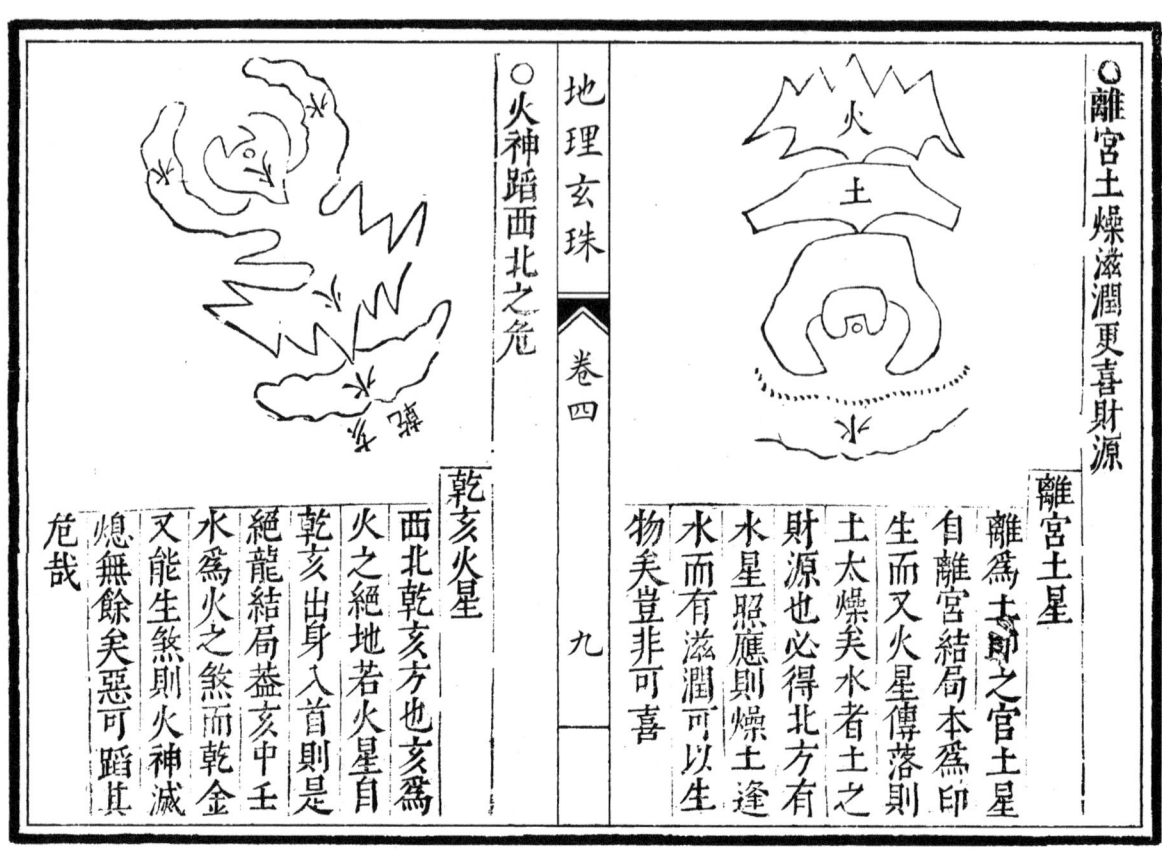

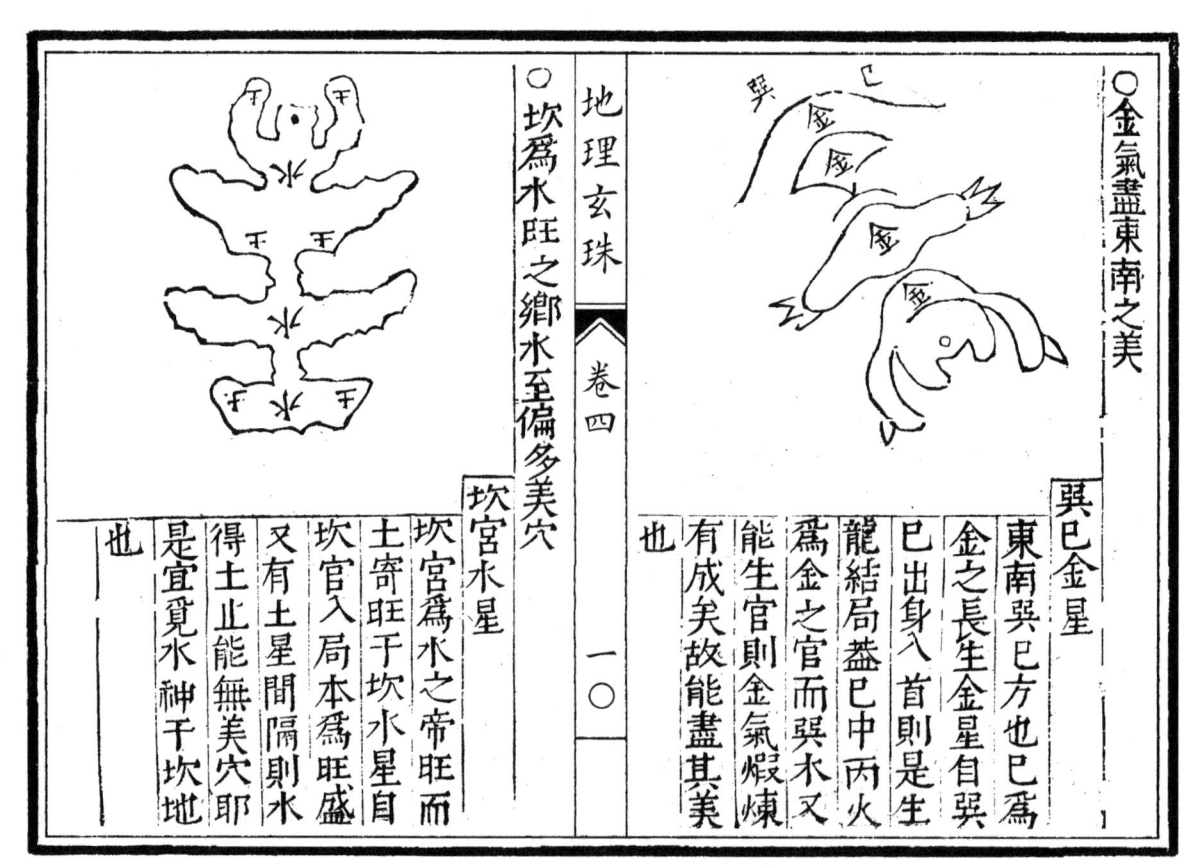

○申爲木絕之地木來安有良蹤

申宮木星

申宮爲金之臨官而木絕于申若木星自申方結局本爲休囚或又有金星間阻則木氣琢削已盡安有良蹤耶是不可求木神于申地也

○土受制于墓絕那堪殺氣重逢

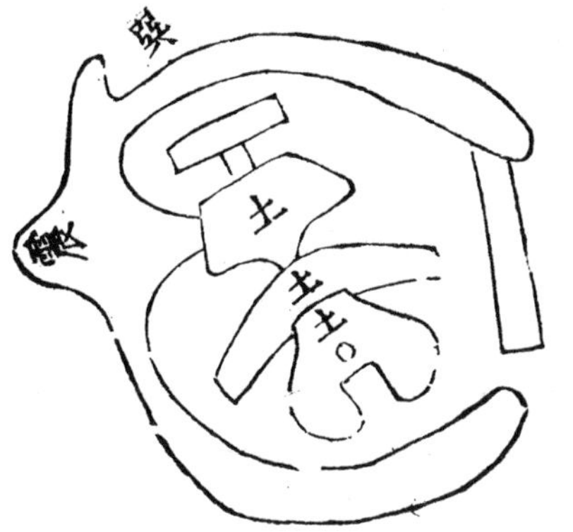

土星震轉巽

土以辰巳爲墓絕東震爲殺氣若土星自辰巳入首巳屬墓絕其休囚亦甚矣或又自東震起祖傳落乃爲殺氣重逢既絕而又剋其凶何堪哉

○水盜炁于食神最喜生宮有助

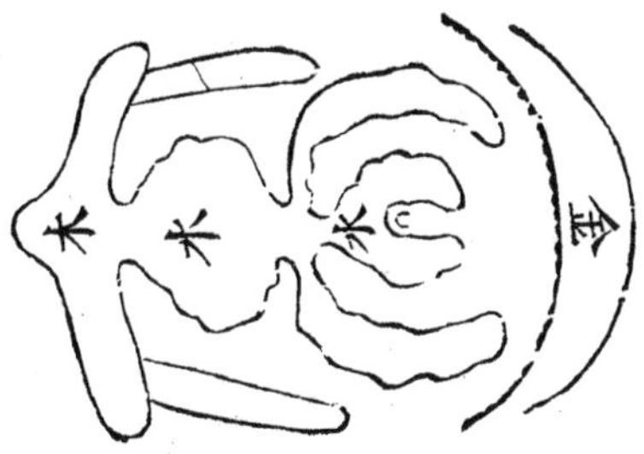

震宮水星

水以震木爲食神兌金爲印綬水星自東震結局食神盜氣其衰弱亦甚矣若得西兌金星照應生扶乃爲生宮有助雖弱而復興可喜孰甚焉

○木地火生水到益能致旺

火星坎轉震

震方屬木而木能生火是木者火之印綬也火星自震木結局乃是印綬之鄉本爲得位若又自坎方發足傳落則水又生木益能致旺其吉莫大焉

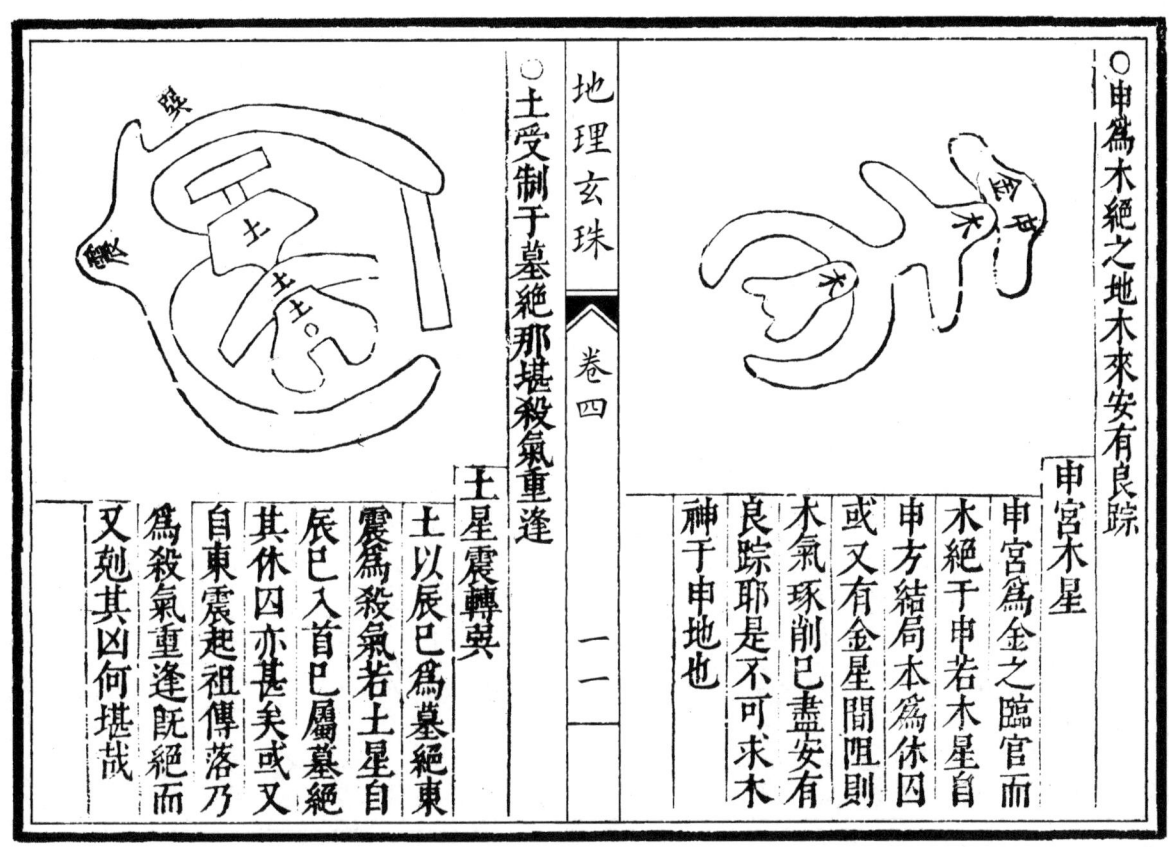

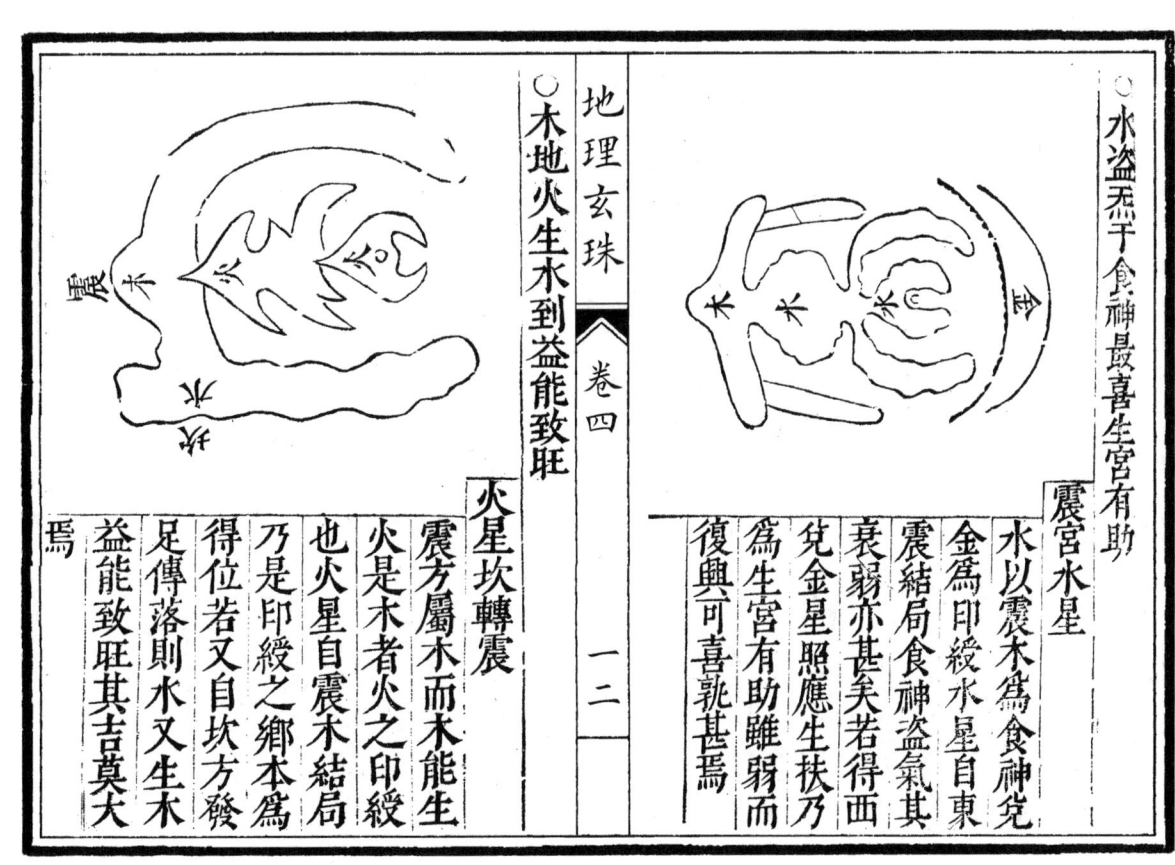

○水宮金死木來尤見衰微

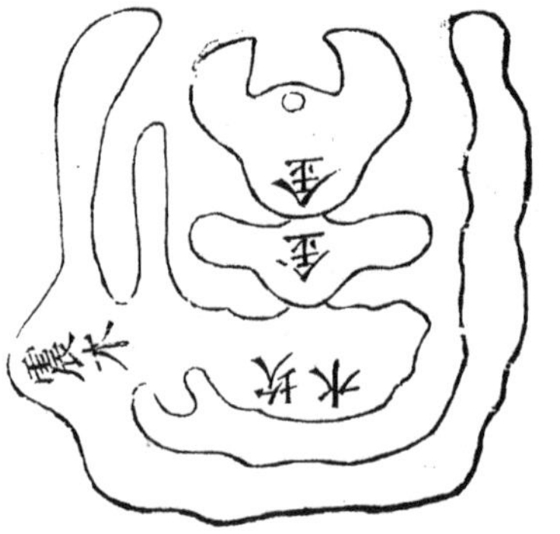

金星震轉坎

坎方屬水而金死于子是水者金之剋泄也金星自坎方入首乃泄氣之鄉本爲失位若又自震木起祖傳落則木又泄水之氣尤爲微弱其衰莫甚焉

○金忌寅而宜艮絕處兼生

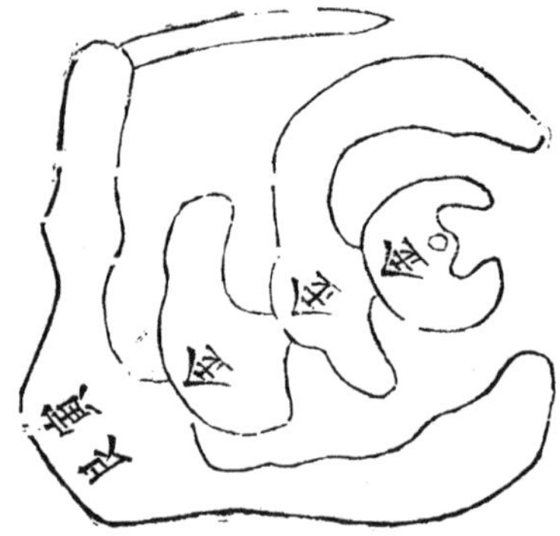

金星寅艮入首

寅爲火生之地而金絕在寅是寅者金之所忌也土能生金是艮者金之所宜也金星自寅艮結局雖本同一宮然須明辨何方落脈蓋絕處兼生不可視爲同氣也

○木喜亥而畏乾印宮有煞

木星乾亥入首

亥爲水官之地而木生在亥是亥者木之所喜也金能剋木是乾者木之所畏也木星自乾亥綿局雖本同一宮然須分別何方受氣蓋印宮有煞安可國爲一途也

○火入亥而木生雖囚絕而可貴

火星亥入首

火絕在亥火星自亥宮入首乃爲囚絕龍固不足取然亥中有甲木能生火若後能是木星起祖則是印旺而有生扶之象反爲可貴雖爲囚絕亦何妨哉

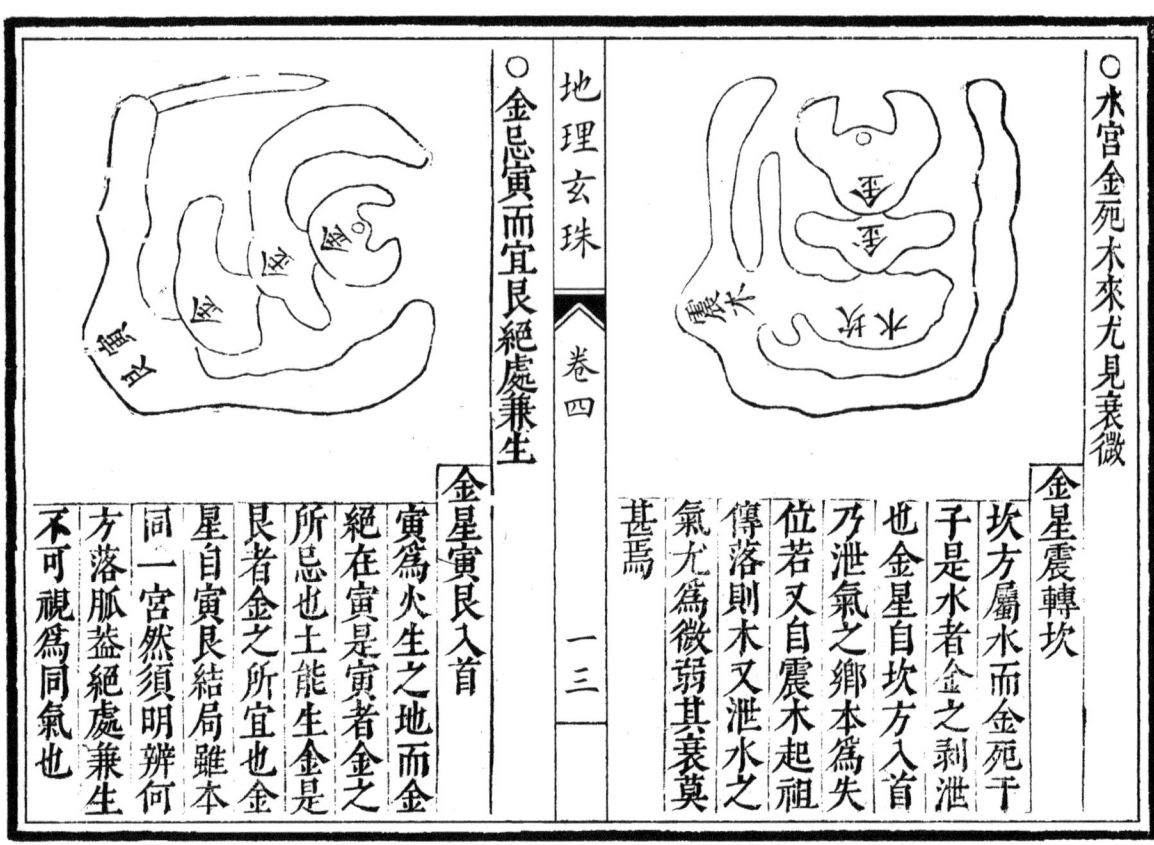

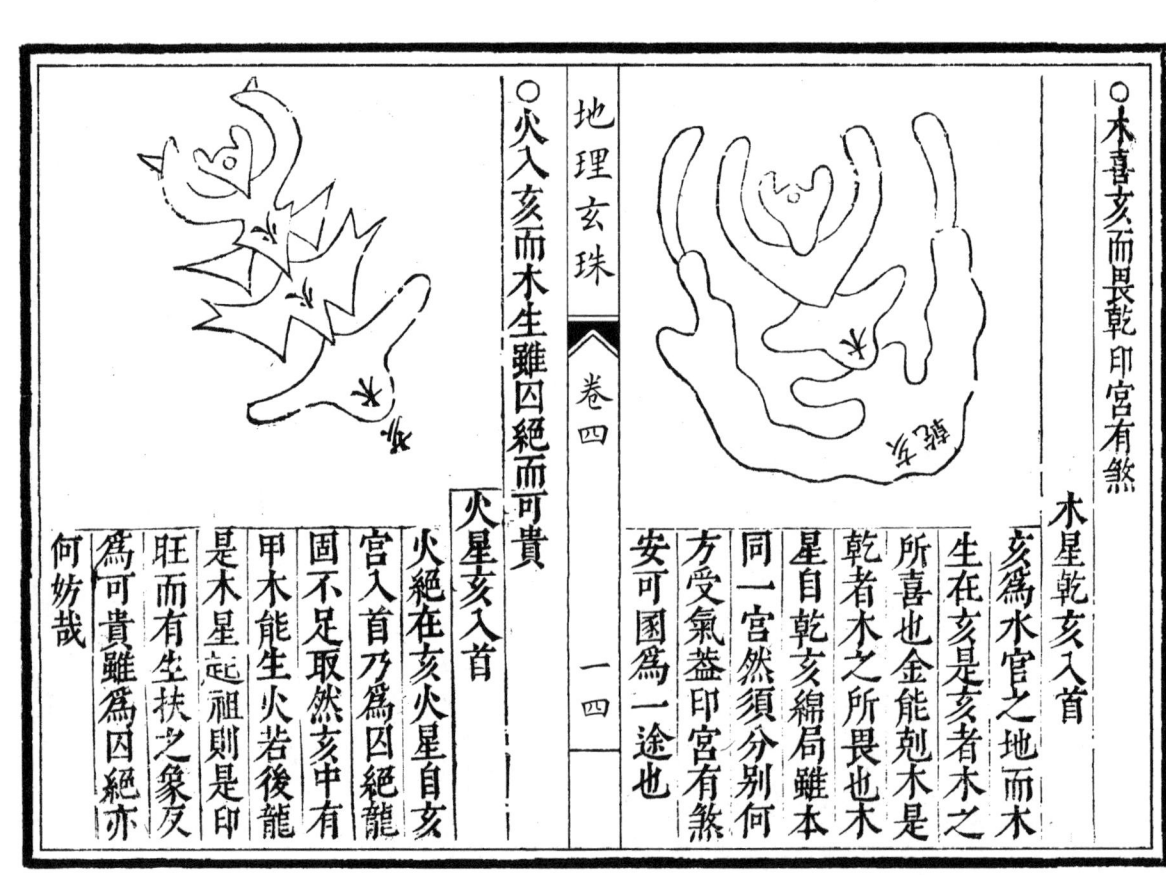

○金逢巳而火旺縱長生以何爲

金星巳入首

金生在巳金星自巳宮入首乃爲長生龍本爲可貴然巳中有丙火能剋金若後龍是火星起祖則是煞旺而有銷爍之象反不足取縱爲長生亦何爲哉

宮分引証

木星亥結

台州施侍郎祖地

形體貴秀案應整肅然係木星帶水結局亥宮起祖又自亥方入首蓋亥爲木長生之地木星自亥出身結穴乃是長生入局爲星辰得位故主大貴蕃衍

水星坎結

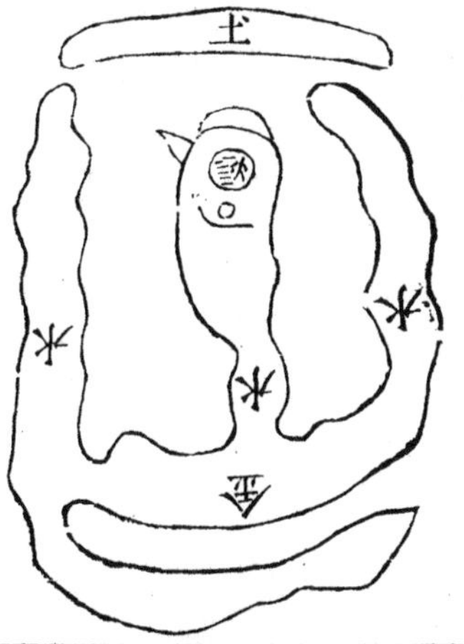

朱文公母地

水星自坎宮金星發祖則太旺矣然自丑宮入首前案得土星照應則水有隄防身旣旺而官又旺是以出萬世名賢科第不乏以公之德固宜傳世愈盛然地靈徵驗亦不可誣矣

金星艮結

張狀元祖地

金星結局艮氣入首幷立丙向火星作案丙水朝堂木金城入局蓋艮屬土金星艮氣乃出身于印綬身旣旺矣而丙峰丙水朝應則又官星顯旺所以大魁天下悠久不替

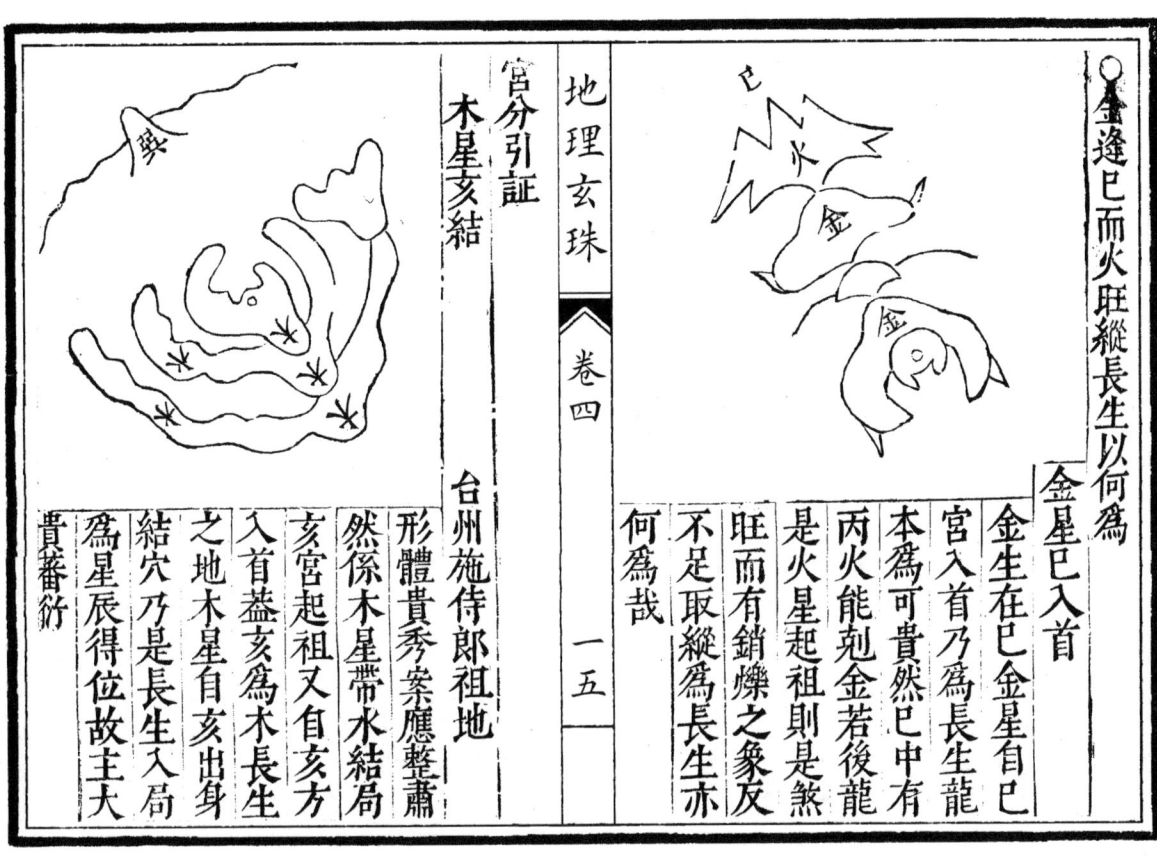

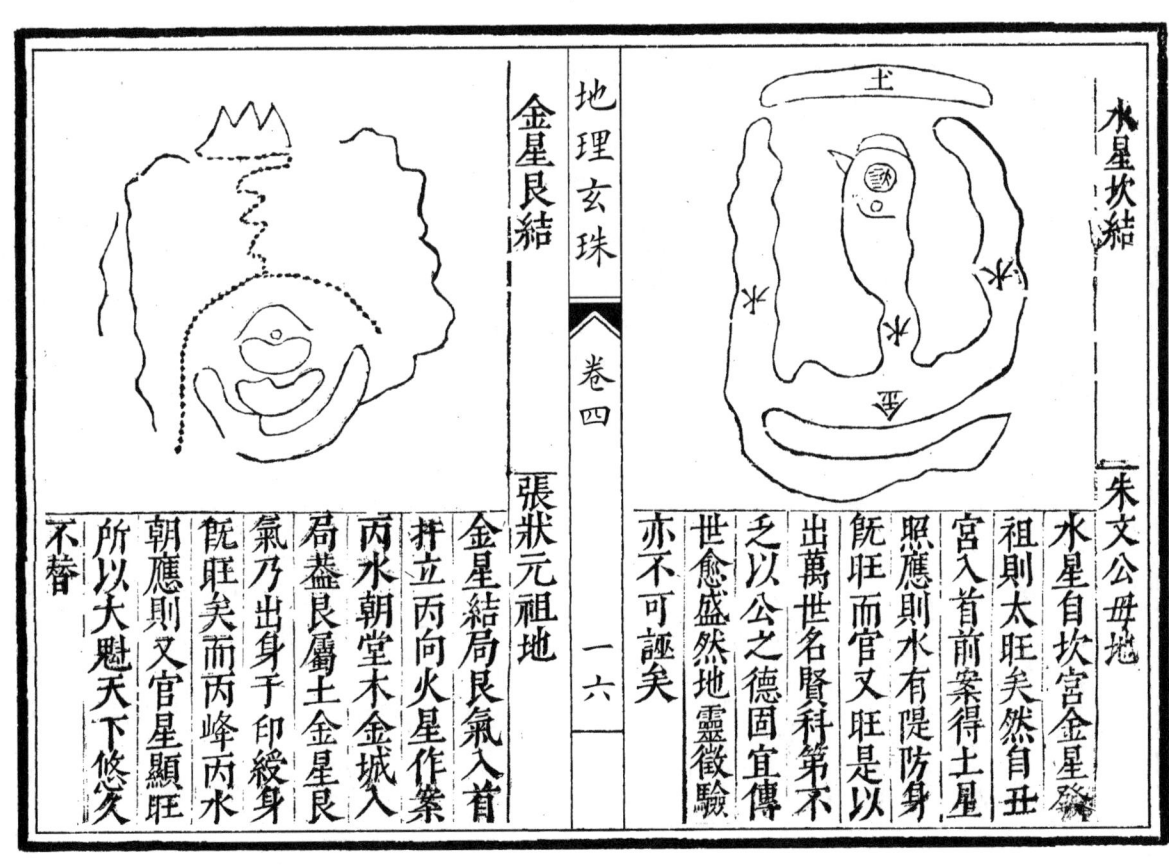

金星坤轉兌結

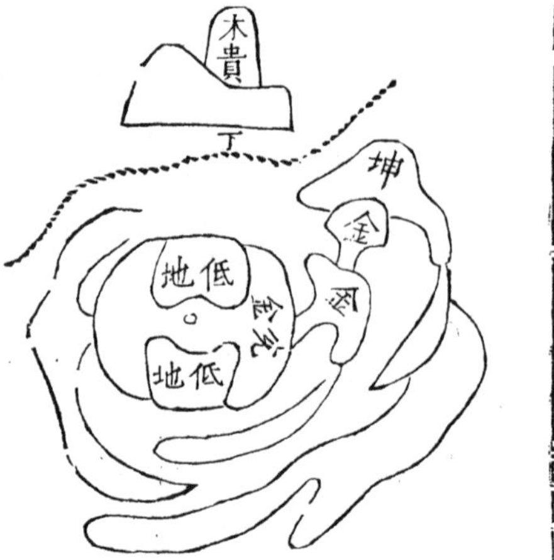

德興董二賢祖地

金星自坤宮起祖傳變金星轉兌入首益坤屬土爲金官印又自兌宮結穴爲旺氣立丁火向丁上木星貴人爲應案後有木星爲坐托則是財能生官葬後科第不絶爲世名儒

木星震局

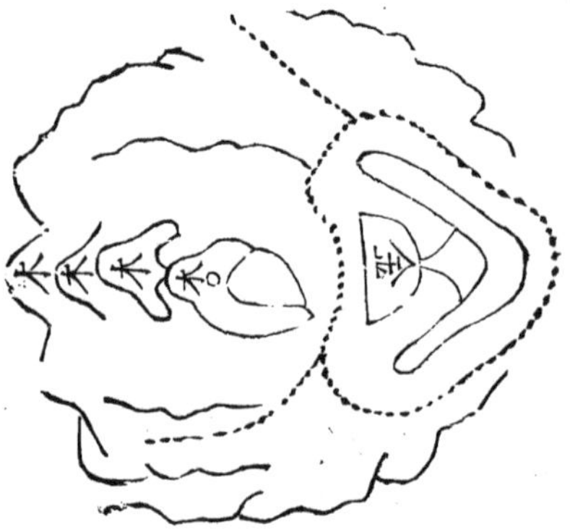

祈門康侍郎祖地

木星自震宮出身又節節傳變木星入首則爲太旺立辛向辛方金星作案金城水朝堂強木得金琢削以成器故應大貴所謂震位木多琢削儘宜官煞益有驗于此矣

木星卯轉巽坎發祖

朱少保祖地

木星結局後龍水星生扶出身印宮入首極爲身旺帶火入局則有通明之象故主大貴悠久益火者木之傷官也所謂木逢水而身旺不妨泄氣于傷官不既驗耶

金星兌轉午結

夏閣老祖地

金星尊重火星爲鬼曜金得火煅宜成大器但兌宮發祖本爲得位然午宮入首則金敗火旺而煞重身輕矣北方木星照應又復黨火位極人臣而不得令終益有由哉

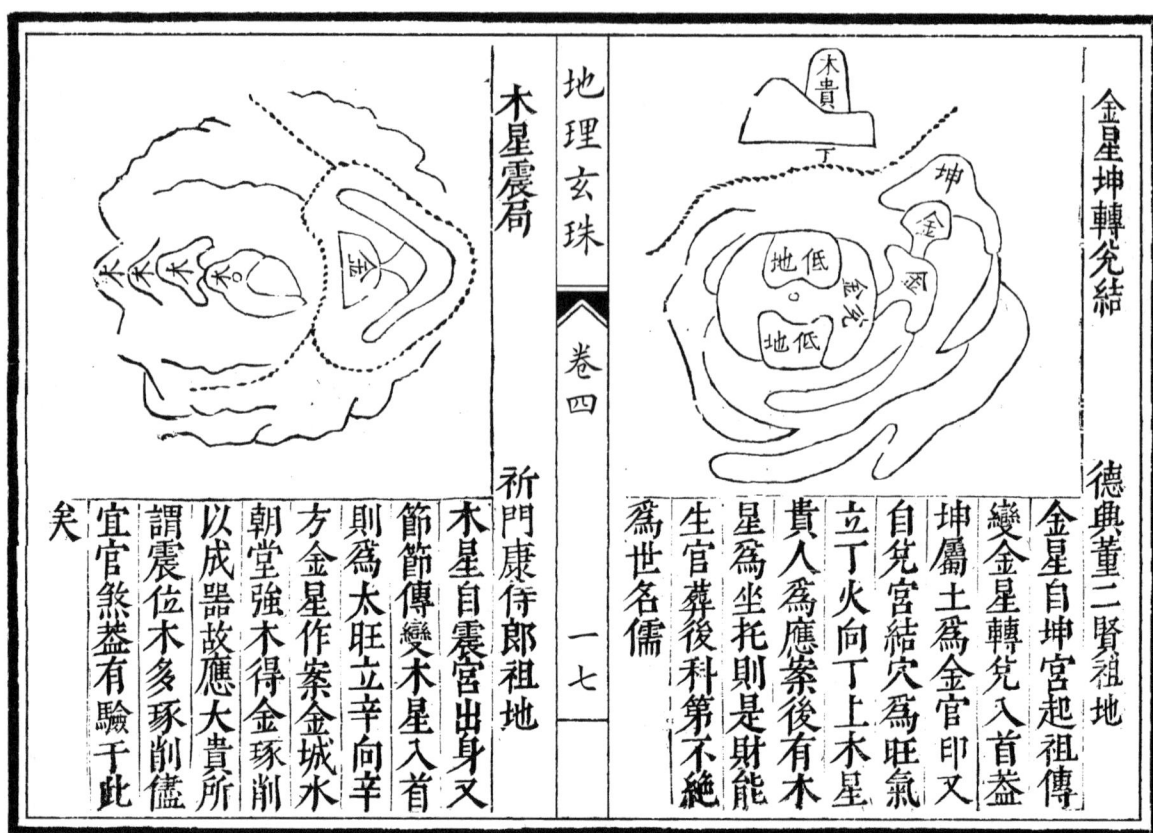

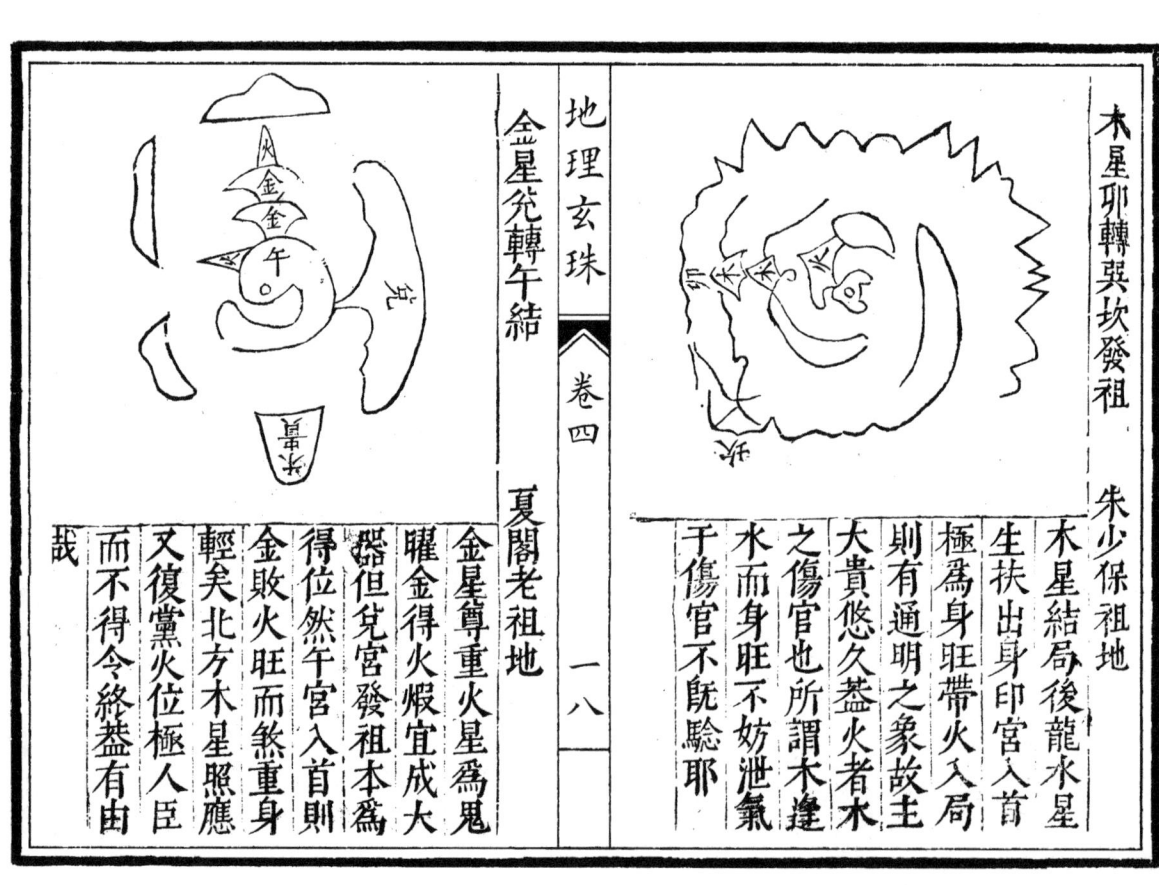

土星坤結

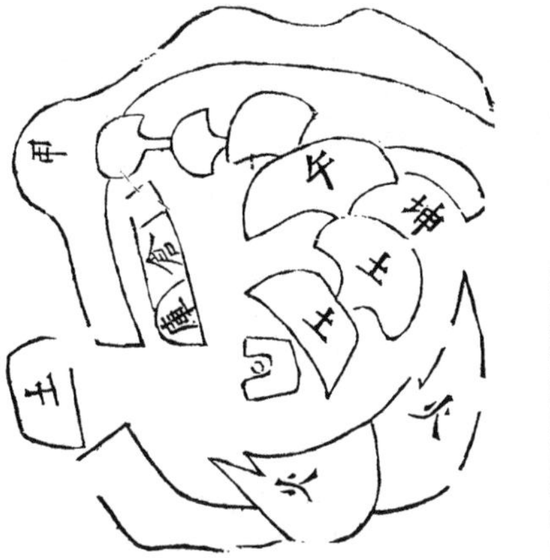

汪氏祖地

土星結局自甲方起祖轉午又轉坤入首蓋甲木生午火午火生坤土順生而來土星得位又得火星護從倉庫疊疊遂發大富蓋坤龍屬土土後節是午毋以祖龍甲木為尅也

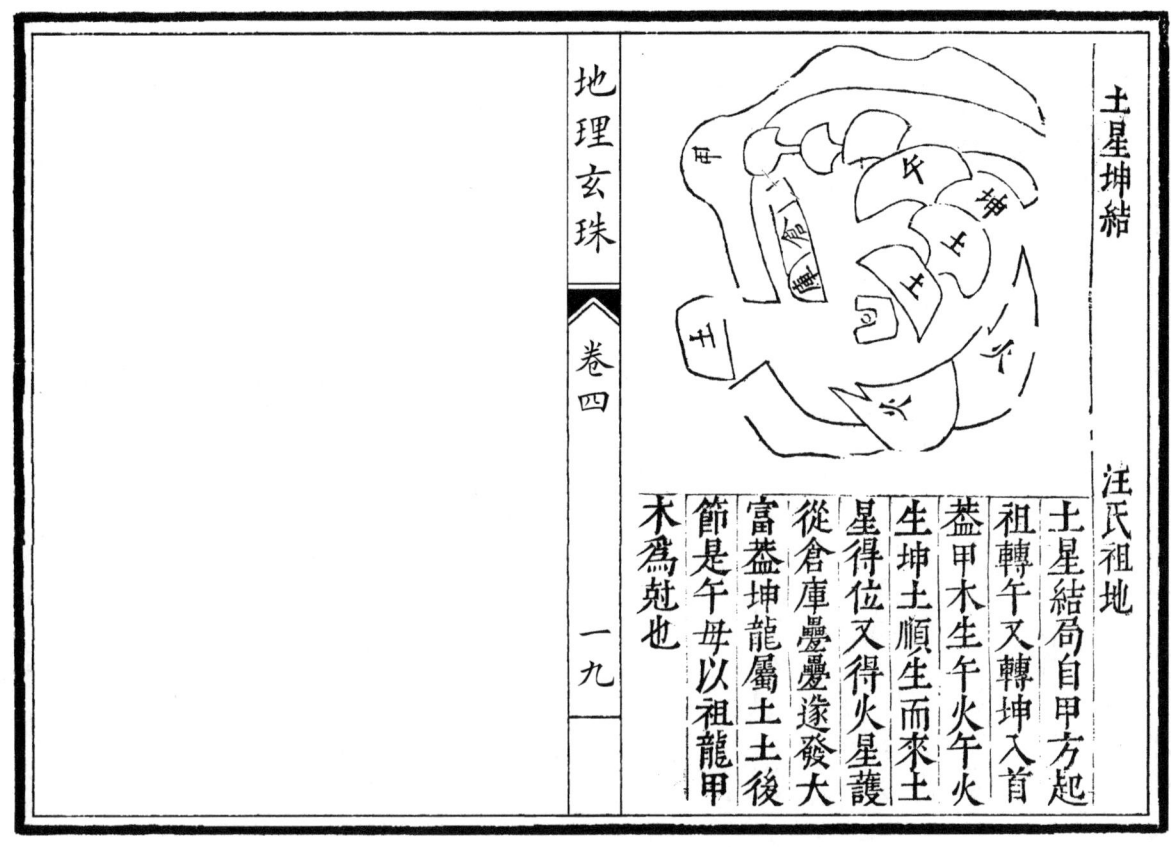

地理玄珠卷之五

古吳太和山人夏世隆道弘甫著
梁溪半僊道人華善繼孟達甫校

星體裁製

葢山川之生成在天而形勢之裁成在人大抵來山形體萬狀不一大地結局多有不能盡合法者故有能穴眞正案應明白而其間或落脈兼襍或穴情糢糊或前後克泄或左右偏枯或傾瀉或凌逼或反背或斜直此等皆天地無全功造化無全能或設此醜拙以待人爲之斡全耳卜氏云隱拙者定有奇踪異

迹顯露者多是虛花假形正謂此也若以小疵而棄之則大地置之于無用自有識者觀之寧不爲之深惜耶于此而善用心目之微曲盡作爲之妙自可以奪神工攺天命而完造化於有成矣

大凡山山皆可作宜細認星辰之會氣勢之聚沙水之拱于中定目凝視潛神靜察不佚終日必得山川之形槩畱氣融結之處以受穴因其勢而導利之不必拘拘於星辰之正倒

作法　九氣九殺

奪氣

如星體肥滿鞏固有結地之情無受穴之場時師以天罡孤曜視之則誤矣必須認其來勢打開體段培作堂局前後左右多作塚堆以奪其氣則氣自爲之活動而有眞結矣

和氣

後山高聳壁立勢來急迫殺氣太重則畱山勢冲和之間鑿一空壙砌石以受殺前開本壙客土擁培以受棺則氣自爲之和緩而無急疾鬬殺之患

候氣

祖山宗山其來若奔其止若尸則殺氣鬱結不散

須於緩處離脈受穴或捱山塹或落平洋或入水畔大堆墳塋以候其氣則氣自爲之依歸而融聚時師以龍盡氣絕目之則誤矣

圍氣

星體闊大口太寬而披垥淺毬簷稜角唇舌口觜頭面不明宜破土而淺安墳背後左右開作土塹以圍其氣或不甚寬但用石磚作臂以小圍之則氣自爲之團聚而不涉於曠蕩糢糊矣

截氣

來勢緩脈亦緩於中頓起星峰則于星下作隱山

穴或落平洋隱然間微有節苞如星者即堆星下穴如平面星體則堆土作穴但要左右周密得水爲上前行雖遠亦不之問未可以過龍目之

納氣

明堂水直瀉似捲簾牽繩之狀則於堂中或堆作單提或堆仰墩或鑿大池若星體堂捲落槽則於穴前堆作塋臂或穴左右堆作應星以障蔽之自能反氣納棺而無傾瀉之患

聚氣

勢來散漫必於穴之前後左右客土堆成龍虎或

二重三重如城郭完固或於墳之前後左右多作假塚以搶其氣而外仍作大圍垣以聚其氣

順氣

龍脉退卸剥換體勢不緩不急或窩或鉗或乳或突星體端嚴堂局整肅無偏無倚無減無饒則隨勢立穴因局取向不假人爲出自於天然矣

逆氣

龍脉迢迢起伏自老剥嫩遙運盤桓逆勢結局去後星辰壁立高聳則當倒騎作用立顧祖向以逆其氣而以去後之山爲坐托或水截後氣雖坐空亦不必畏

避殺

龍無退卸星無剥換誤葬其山出人横夭外亾到頭雖沙水周密亦不堪下宜脱脉避於殺盡之處或臨田失影或入溪澗之涯培土成墳乃妙

出殺

本身急硬殺氣太重宜閃過一邊但略挨龍身作穴或傍城借主或脱龍就局或於墳旁開池鑿井以出殺更宜淺葬時師不知出殺之方而誤下之必主敗絶

壓殺

峻急無退卸謂之不成龍或頓起星峰陡然跌斷現出穴星或開口見窩或成乳擁突是殺沉伏於内若誤下之主損人宜淺開金井下用石枕其棺外用客土培壅淺葬以壓其殺不宜用石作墳

藏殺

開穴兩畔皆石惟中有一鏵之土僅容作穴謂之殺内潛身必致横禍宜四面用客石作郭郭外用土築實棺底亦然毋使殺氣侵棺若内正作外必横向或棺在西角墳作東角内外不相孚應乃佳

淨殺

開穴見魚蛇龜蟻等物時師飾說地暖有生氣之語最爲誤人孰知物從外入謂之故封縱眞地眞氣亦被滲泄穢氣伏藏于内葬之令人瘋疾爛足以致敗壞宜深廣開穴換新土築實深礦浸葬以淨其殺

脫殺

蓋本山之内有石何以認之觀其外貌形勢急趨一邊至盡處或隔塢槽或隔水溝田塍外有石山其勢雄雀則脫殺在此邊時師認爲有勢而葬之

則關殺安弃下必見石禍不旋踵宜歸有土一邊下穴有土斯有氣

掩殺

遲緩無退卸到頭或有星峰作穴是殺浮外現宜深穿金井棺底襯磚一重上用大石作墳時師不明葬不過殺則損男子下不用磚則損小口上不作石墳必主官非口舌退財如法掩殺爲妙

閃殺

來勢急直頓起星峰出面氣雄殺强于中立穴必取奇禍宜倚于一邊斜取其氣培土成墳以閃其殺自無直冲關殺之患

降殺

倒杖點穴務得山川之冲和或穿下二三尺許見石不可遽棄之但不宜鑿傷就于石上用磚或用鐵以鎮棺之四角仍於壙底并四旁厚用炭灰築實外用客土成墳以降殺打傷石骨必主傷人

已上諸法惟求龍穴之眞正不拘形局之完缺體勢之聚散總有小疵皆可損益

作法定論

蓋造化難齊乎物理全功恒假於人爲是故

○土遇木欺宜從改火之政

此土星入首而後龍是木土受木尅不能生息雖龍穴眞正發後其能無損法宜於穴星後裁剪培作火星形象則木生火火生土節節順生愈爲有力况循火曜主大貴或堆火星案應亦妙

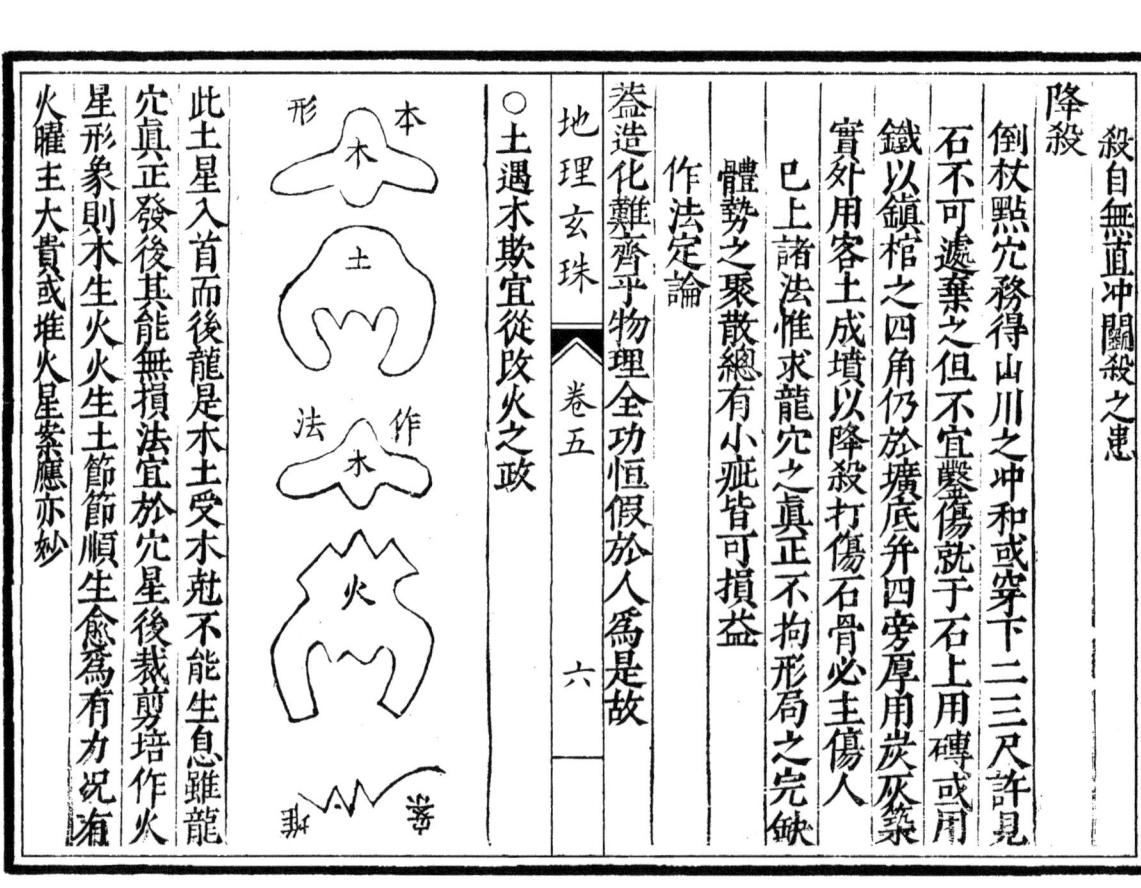

○金逢火爍須加培土之工

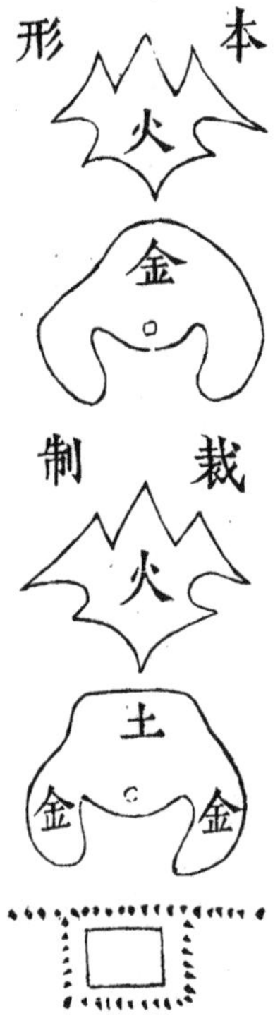

龍貴穴尊本爲大地但火星行龍金星入首則穴受龍尅必有後灾法宜穴後星體上培作土星形象則土能資火之生氣以生金節節相生自然富貴悠遠或面前開培土星印亦妙

○水傷火氣易木以生

水星開帳穿心結火星落穴龍穴端嚴誠爲大地然水火煎烹未免烕福法或於龍虎上培成木星形象則得印綬生扶而不畏尅反爲水火相濟而有文明之象木星案應亦妙

○火盜木元齊水以助

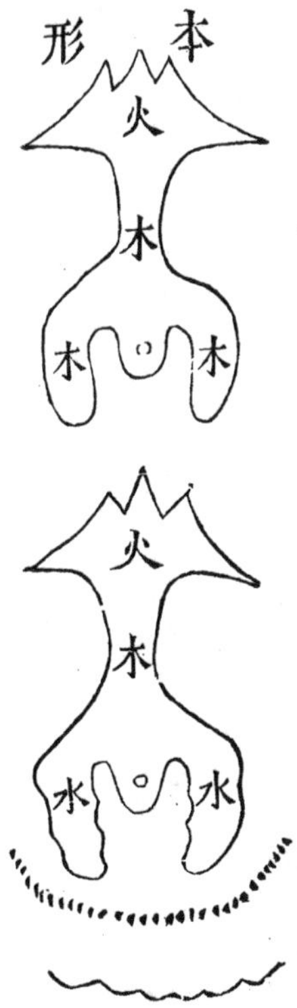

火星開帳傳落木星入首龍穴秀麗結成大地但火泄木氣未免衰弱而不能悠久法或於兩臂裁作水星形象則印能生身而不畏泄反爲木火通明而有榮華之象水城水水星案亦妙

○水愁土尅超神接氣且施金

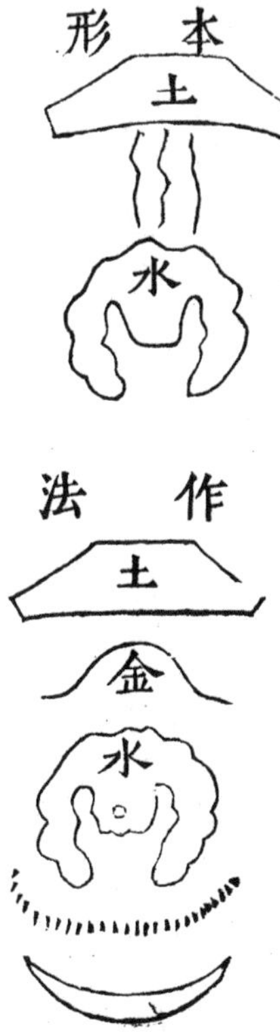

土星起祖傳變水星入首穴星尊貴本爲善地然水被土尅難免後患法宜於穴星後大用人工堆一金星則金受土生水受金生穴氣愈旺繼後續前所以謂之超神接氣也金城亦妙

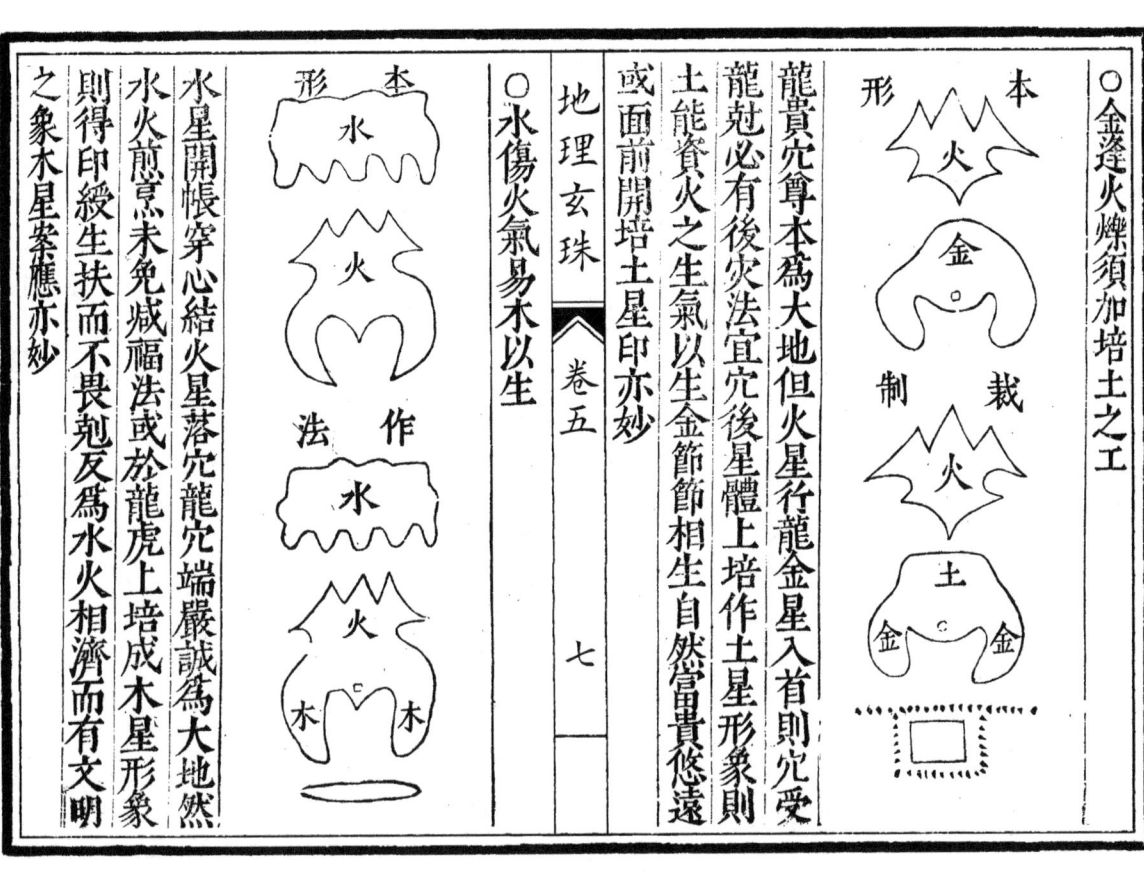

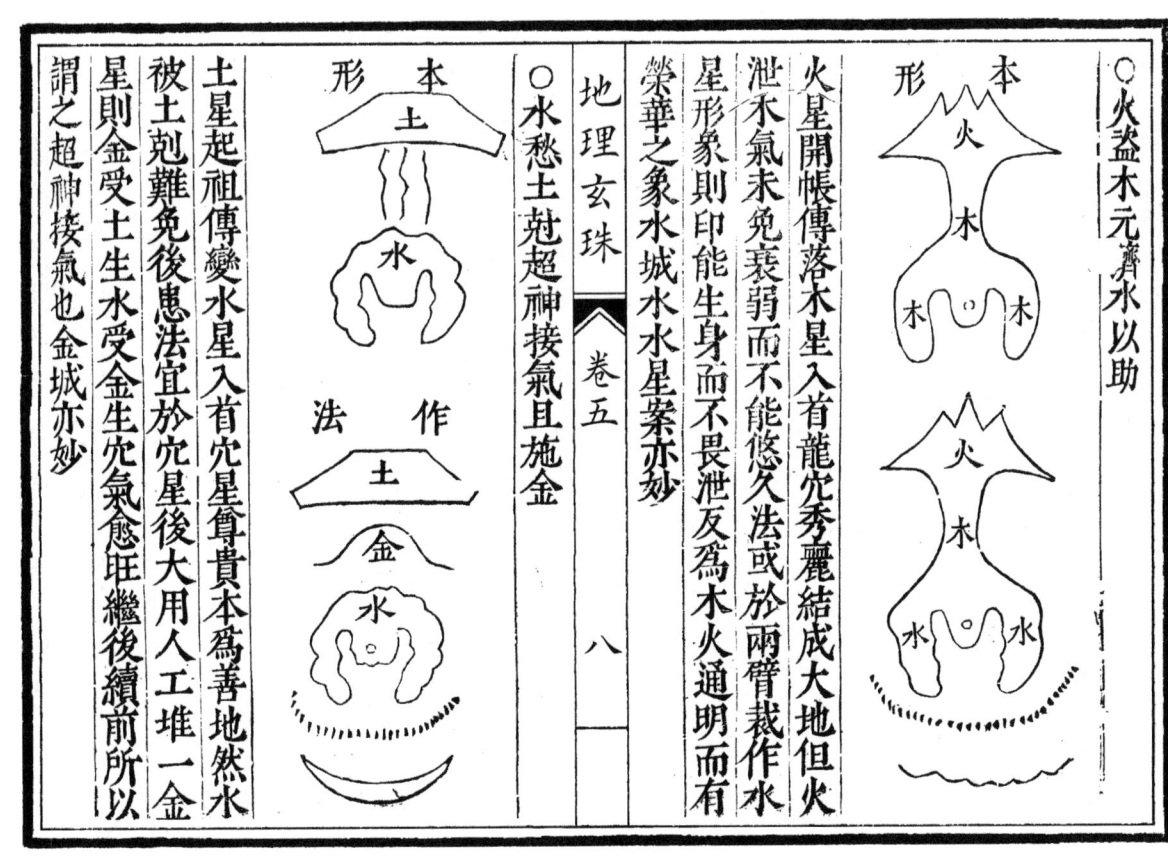

○木受金傷反本求元還借水

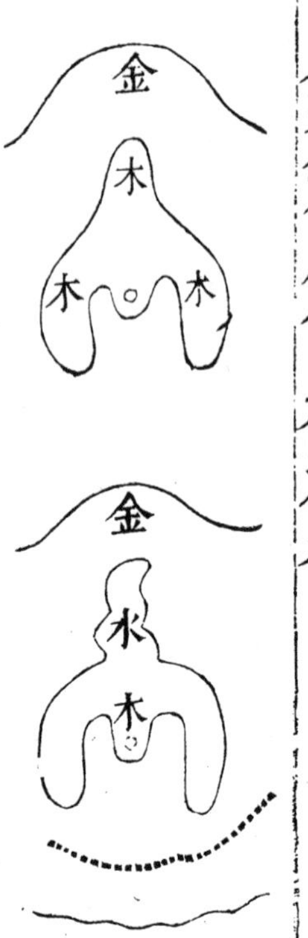

木爲文星龍眞穴正固是貴地但自金星剥換下來則出身受制未免吉中有凶宜於穴星後本身左右裁剪損益做成水星形象則後龍順生益爲氣旺本身作用所以謂之反本求元也水城亦妙

○頭直嘴尖剪火挨金眞奧訣

龍體尊貴結成善成但頭直嘴尖則玄武抽長頑硬竊氣所謂鎗頭穴是也下之退敗法宜剪去火嘴裁成金形立穴高昂則氣内聚而不受劫泄火星反爲我官星而作用神發福無涯矣

○乳肥面飽開金取水是良謀

氣脈團聚固爲吉壤但乳肥面飽則臃腫闊硬穴情模糊所謂天罡穴是也下之有禍法宜大開營窩裁成水窩立穴低穩則氣中聚而無偏倚左右反爲我内護而作用神獲吉無窮矣

○土身木足還添火縱尅無嫌

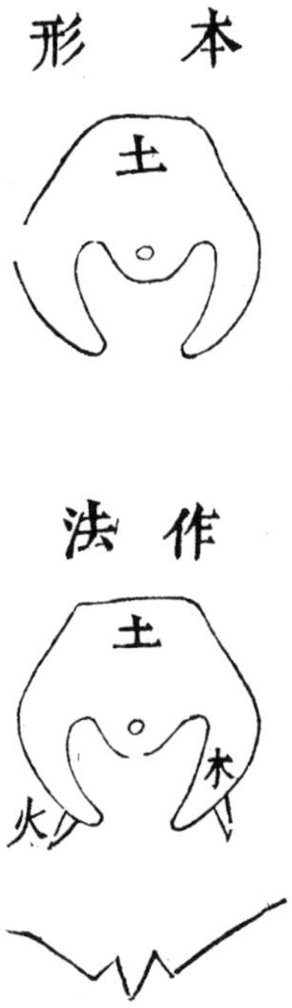

土星結穴而尊嚴大地也但土身木足則體爲用尅安有生息然以龍眞穴正又不可棄法宜於木脚上跂添火曜則木生火以生土而煞印相生非功名顯達之象耶堆火星案亦可

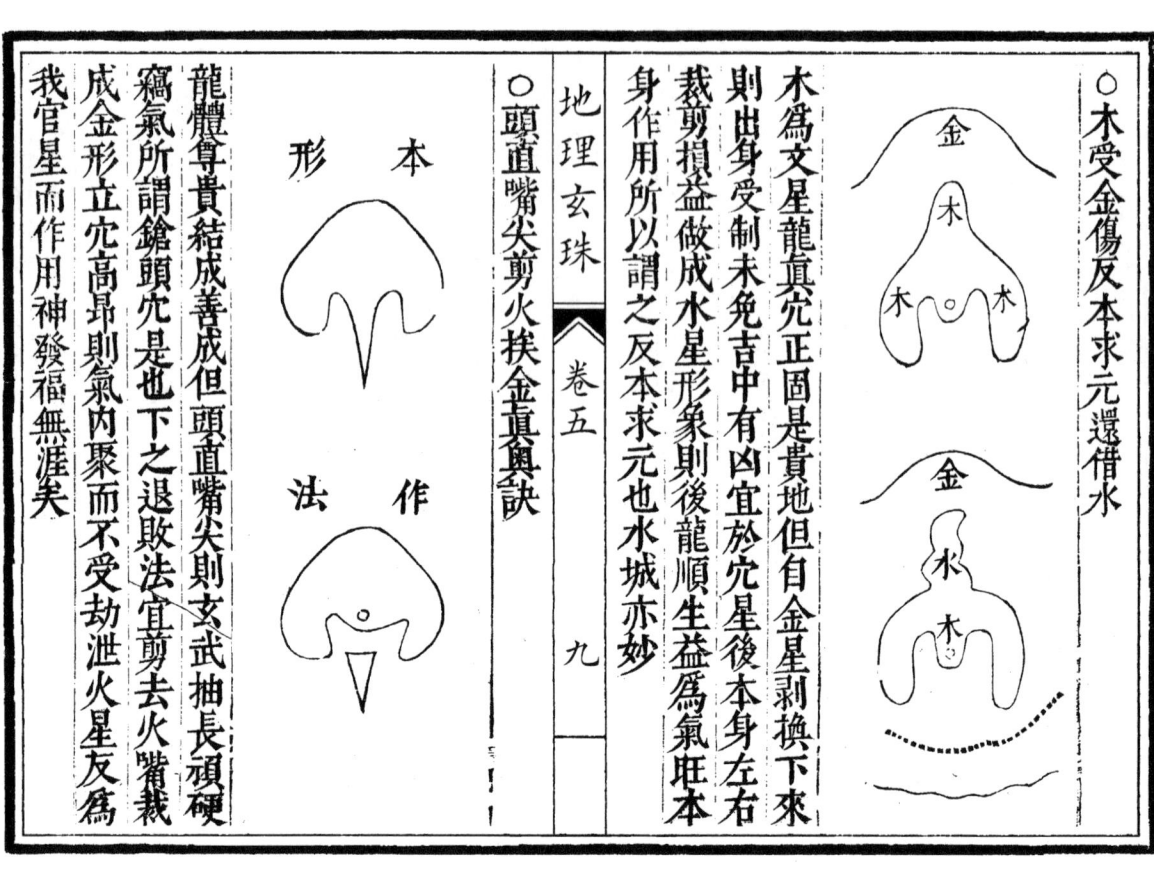

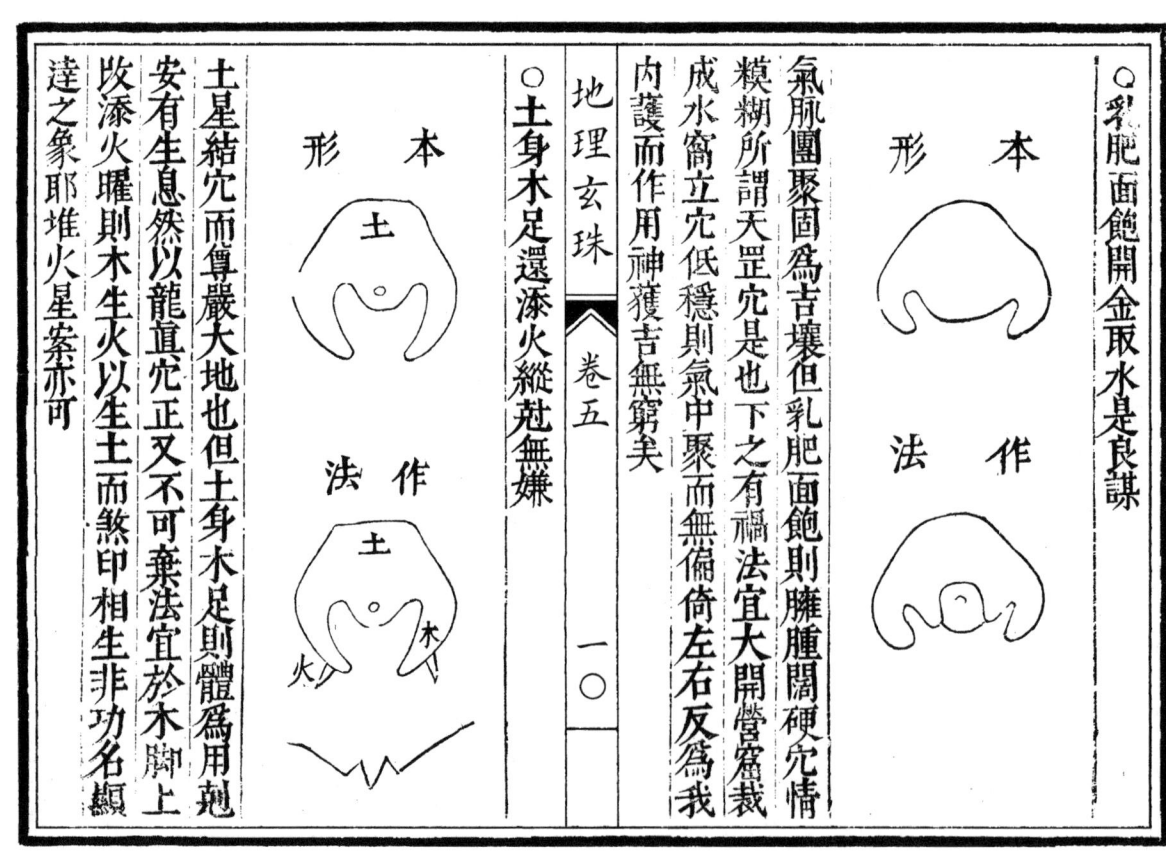

○水頭土脚轉爲金雖傷反吉

本形

作法

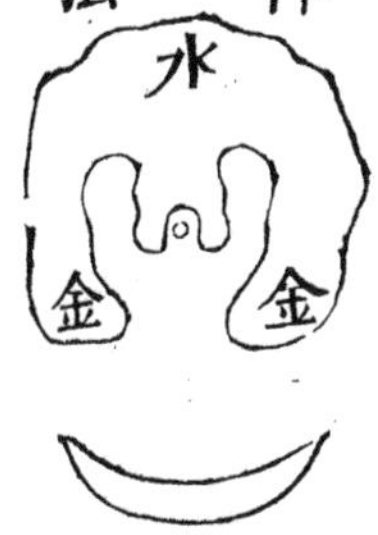

水星結穴而清嚴大地也但水頭土脚則上爲下制安能利達然以能貴穴真又不可舍法或于土脚上裁改金曜則土轉爲金以生水而反煞爲印非富貴安享之應耶堆金星案亦可

○水泛無依法有防閑須築土

本水

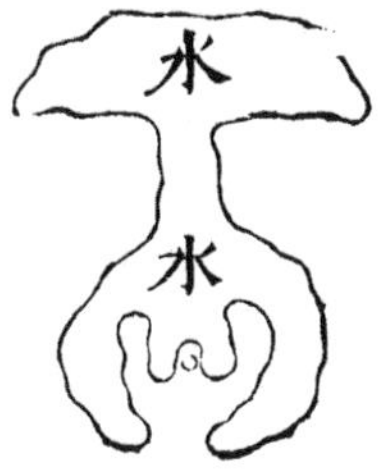

作法

水星起祖傳變水星入首全無阻遏則水泛濫而無依歸亦何用哉法宜於龍虎上堆作土形或前面堆作土案蓋水有隄防方成池沼身旺而官臨則富貴榮顯固理之所必然者復何疑

○木强不屈理無成器且裁金

木形

作法

木星發足傳變木星落穴全無剪伐則木强盛而不屈撓將何成哉法宜于龍虎上培作金形面前堆作金案蓋木有琢削方成器用身强而殺露則福祿威權亦理之所必應者又何疑

○土來泄火身須弱借木生扶

本形

作法

火星結穴出自土星之下火生土而脫氣身則弱矣雖龍穴俱吉力不耐久法須於左右或前面培作木星形象則木生火以生土自下生上主出忠孝文才富貴鼎盛

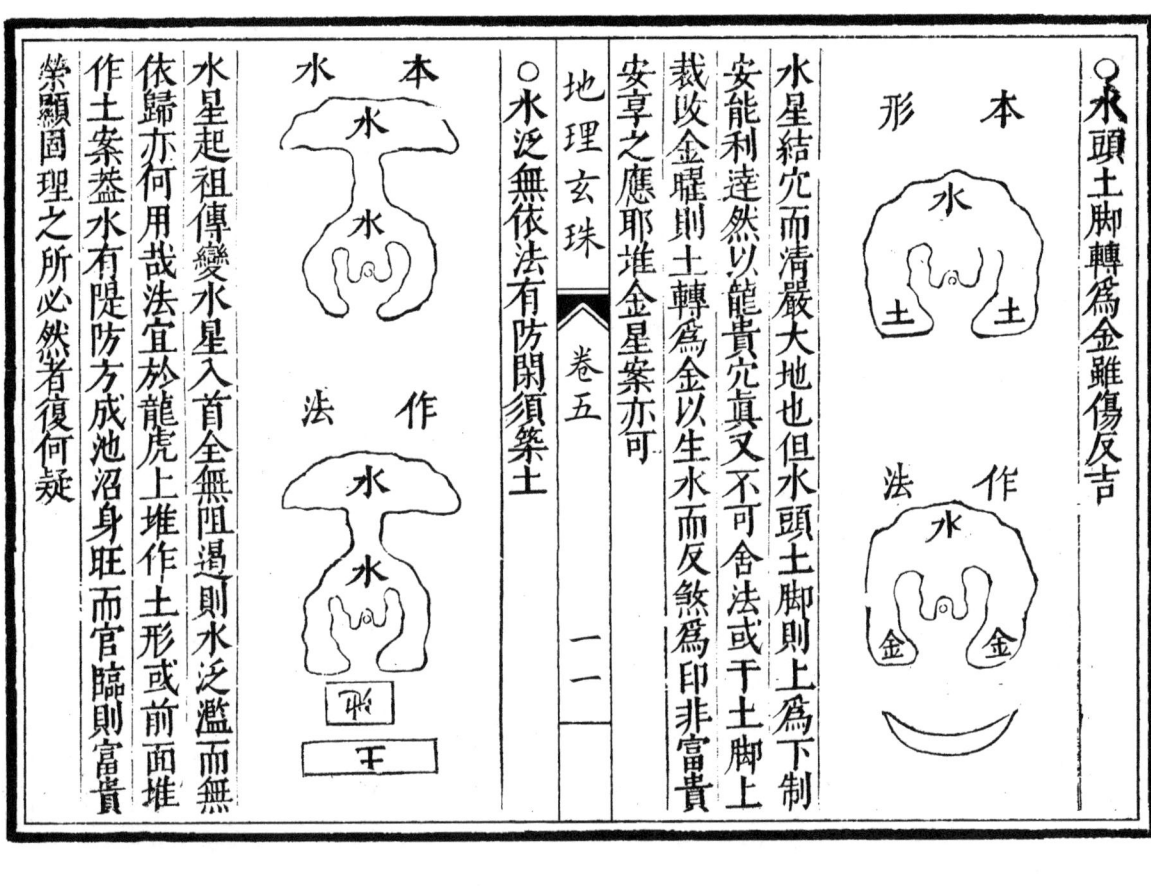

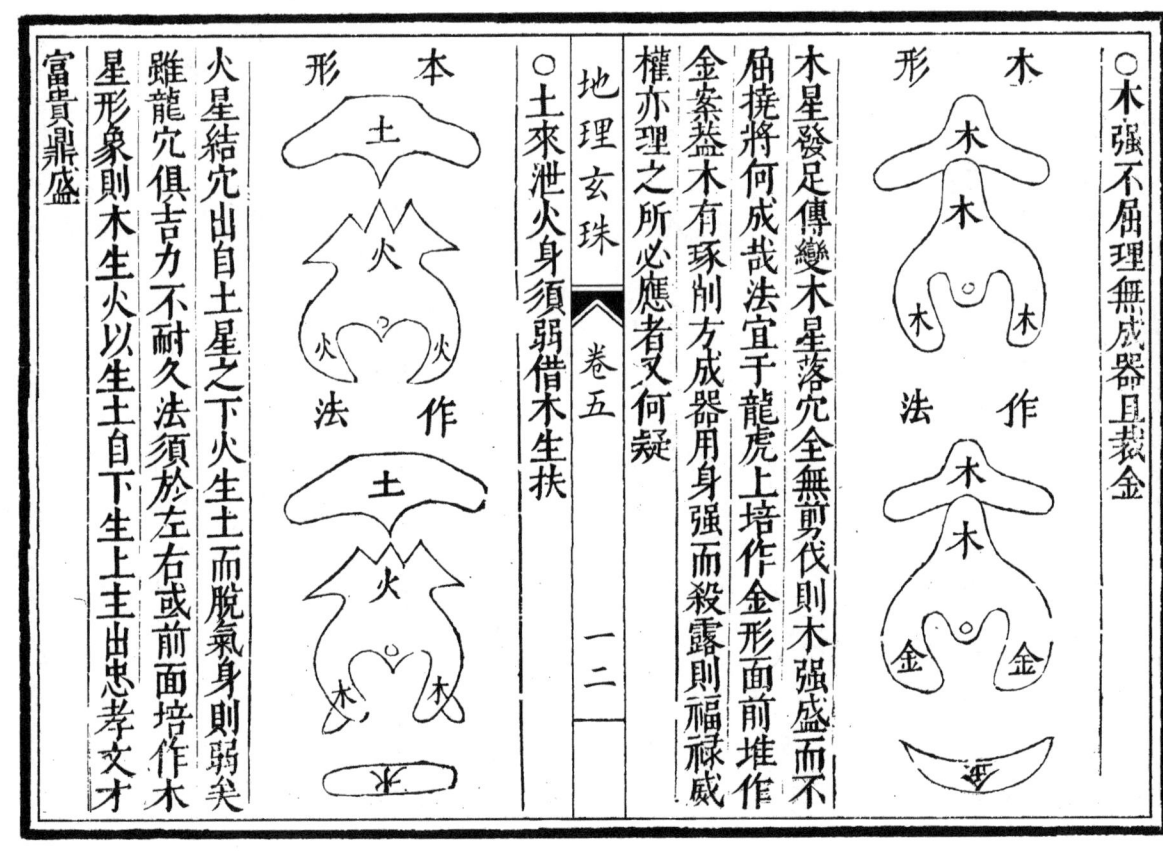

○金去幇金體更强工火煆制

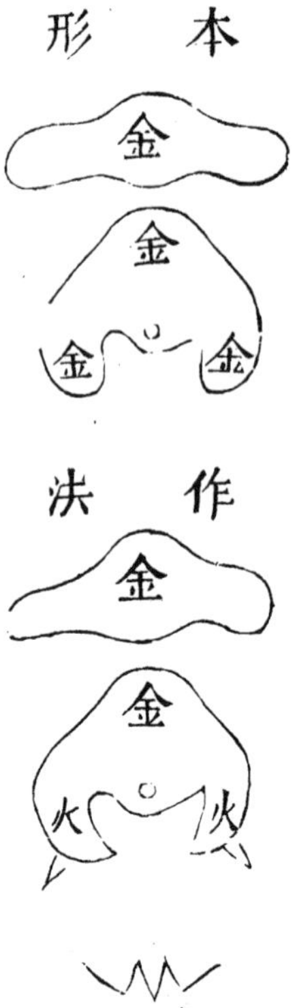

金星結穴出自金星之下金助金而氣旺身則强矣雖龍穴兼美終見頑蠢法須於左右或前面堆作火星形象則火煆金而成器以用制體主出剛毅忠節威名烜赫

○火勢焰騰官可濟

火星發祖後自火星入穴未經脫卸則火勢熾盛雖龍貴穴旺未免燥烈葬主易敗法或於龍虎身上改作水星護穴或添水星案應以水濟火不熾不烈身旺逢官大發富貴

○金被氣脫印堪扶

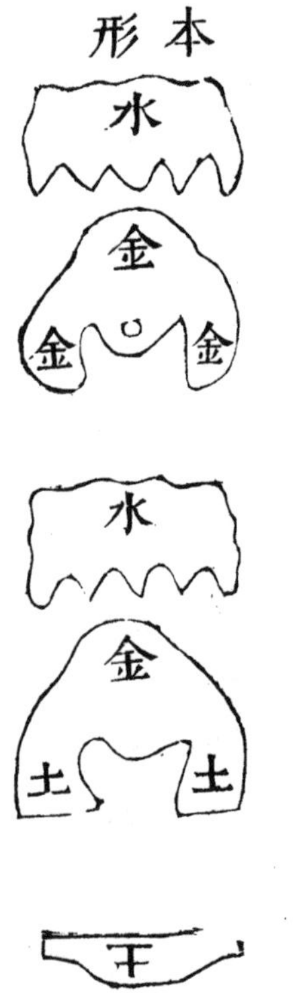

金星結穴起自水星發祖後龍盜氣則金體衰微葬主易敗法宜於龍虎身上培改土星護衛或前面添土星案應以土扶金不屬不浸身弱遇印大旺官祿

○土盛而頑非泄以金疏以木

土祖土星結局方厚端莊誠爲大地然土太旺則肥滿壅塞葬主遲鈍昏愚法宜泄之以金則氣清秀疏之以木則氣通達定主勳業崇高人物厚重蕃盛綿延之應

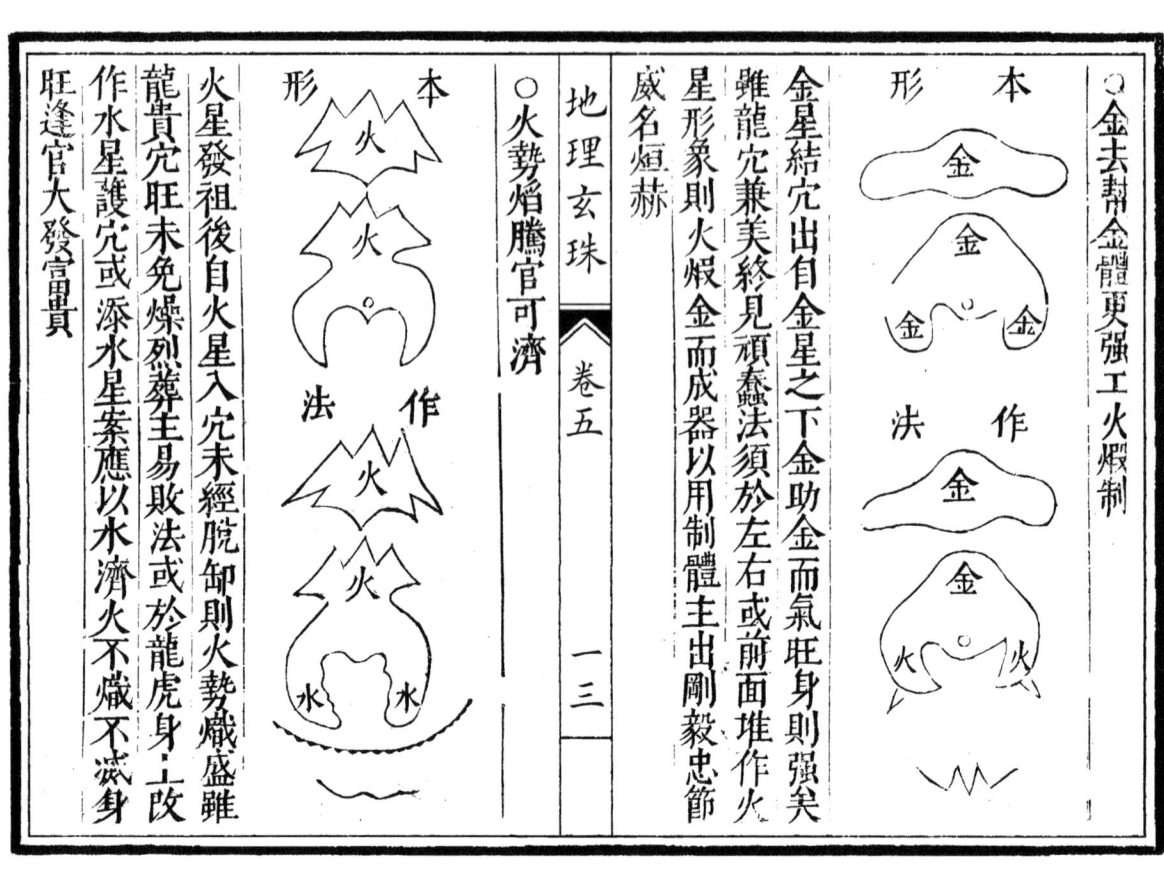

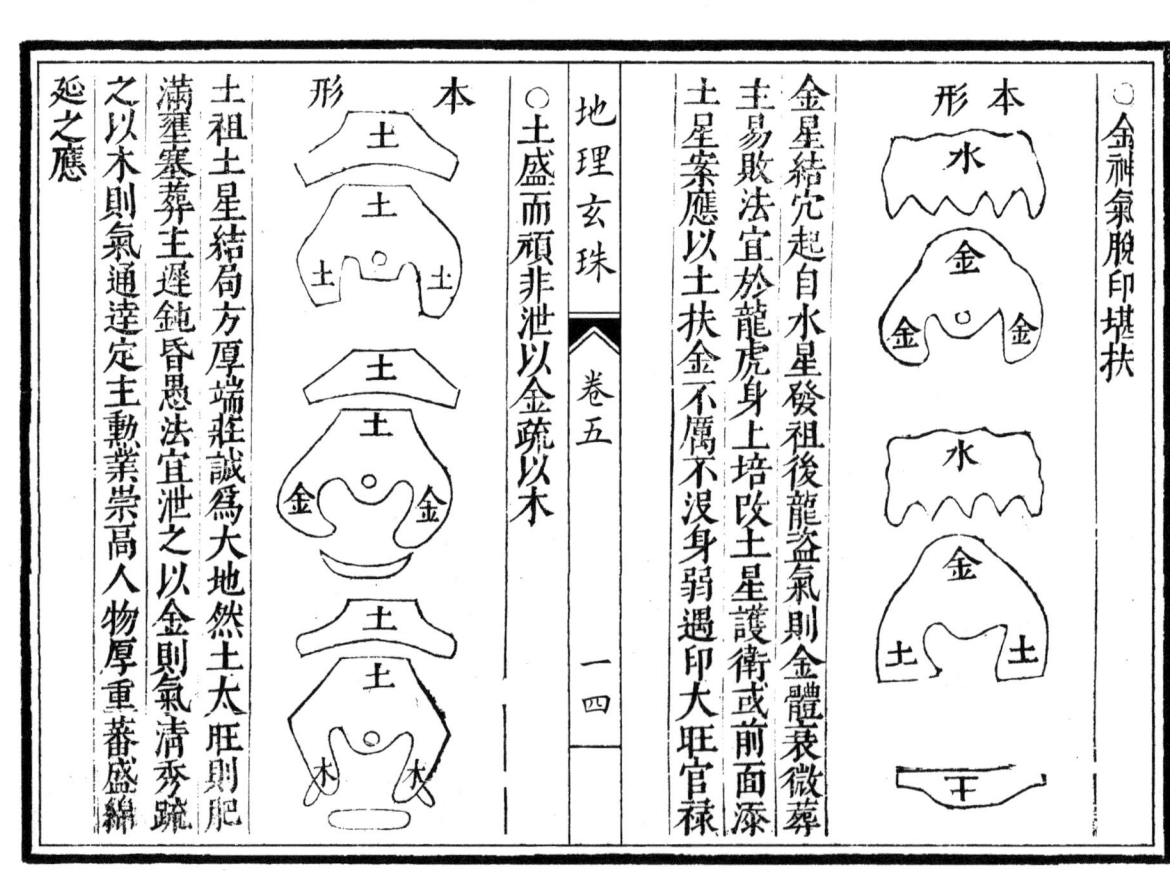

○水裏而弱或幇於水助於金

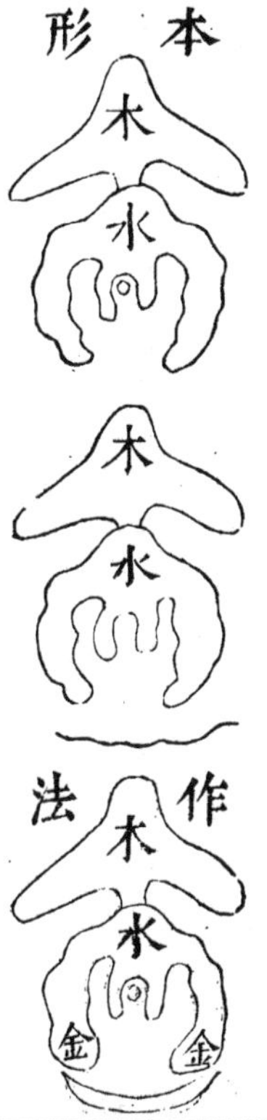

本下水星結穴圓活清秀誠爲大地然水太弱則柔軟流濶葬主懦弱不振法宜幇之以水則氣渾全助之以金則氣肥潤定主文章瑩絜人物智巧慶澤綿遠之應

○損高益下務稱均平

龍體徤旺穴情真的但右砂太高左砂太低高下不稱葬主長房貧困法宜損右而益左務使高下均稱則禍祿齊全公位俱美乃爲全局

○補短截長猶宜遜讓

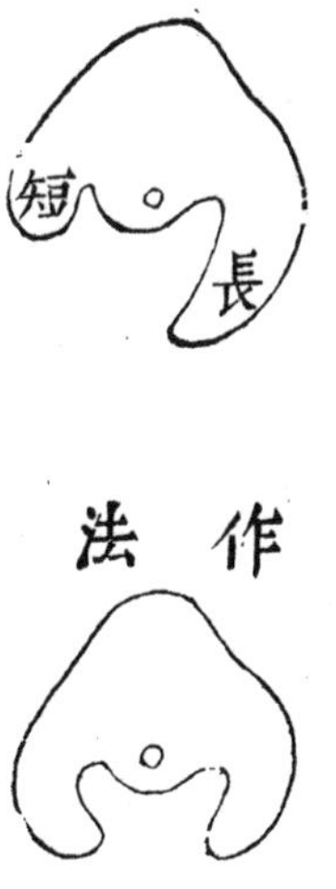

形局尊貴入首明白但左砂太長右砂太短長短不齊葬主小房卑陋法宜截左以補右須使長短謙和則財丁旺盛房分均匀方爲上格

○邊正邊斜須匀端揩

水星降勢結成大地固爲可貴然以龍砂彎抱而正虎砂走擴而斜小房先主流移退敗法宜裁改右砂如左砂彎抱之象便見龍虎平正而公位齊發自無偏勝之弊離鄉之患矣

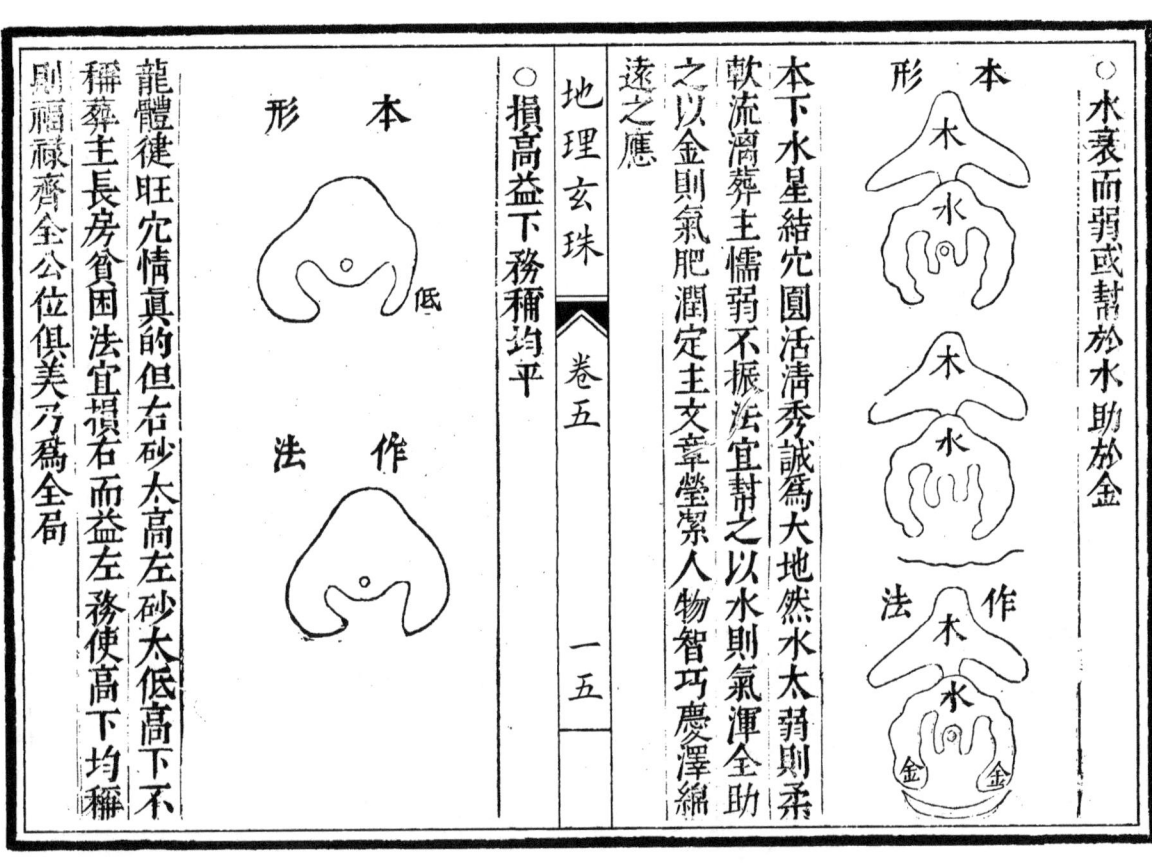

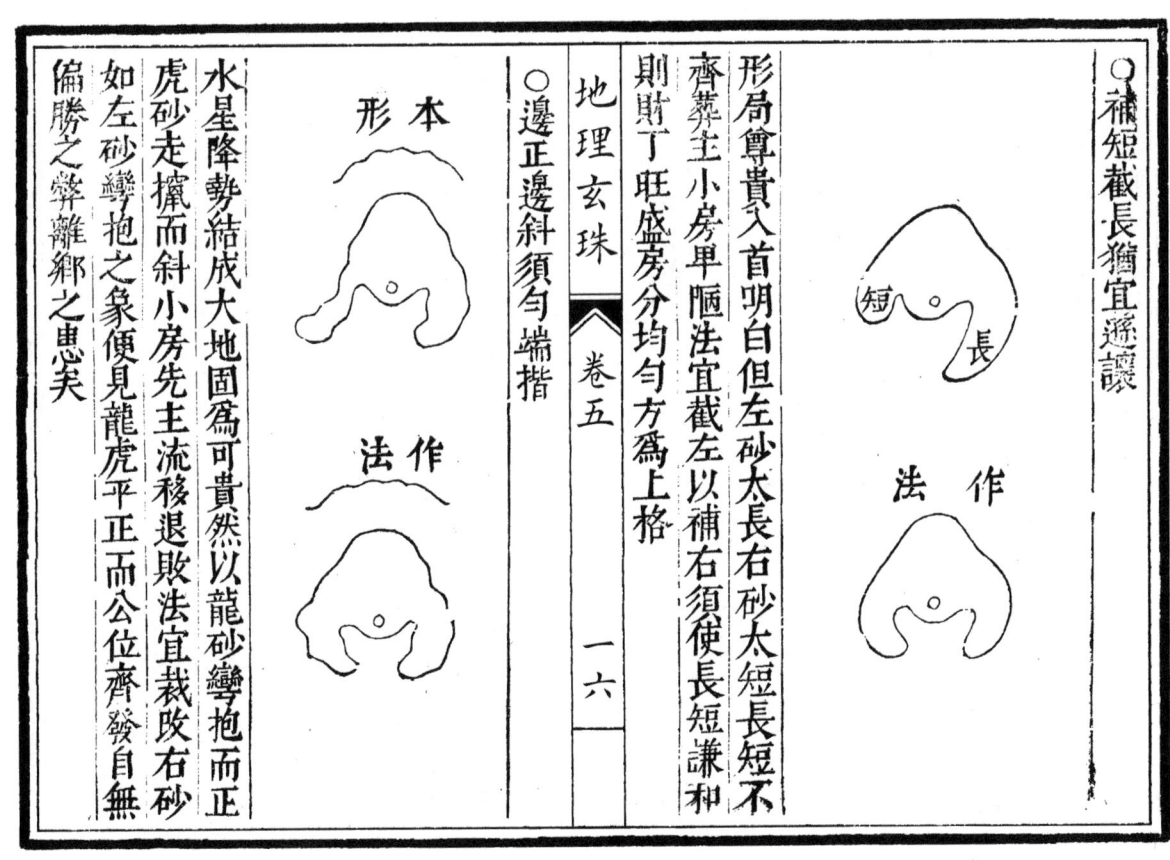

○邊無邊有莫使偏枯

本形

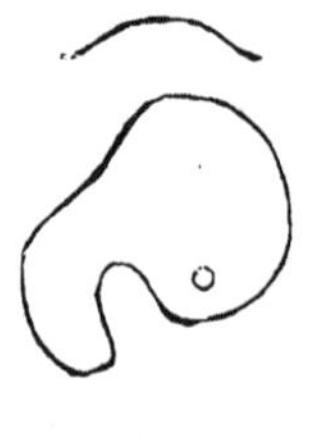

作法

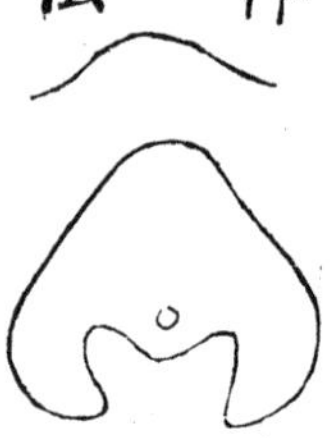

金星到頭結成大地固爲可貴然以虎砂完固而勝龍砂缺陷而空則長房先主破敗絕滅法宜塡補左砂與右砂比和之象便見龍虎齊全而房分均美自無偏枯之病敗絕之禍矣

○內垣空闊要知聚氣爲先

本形

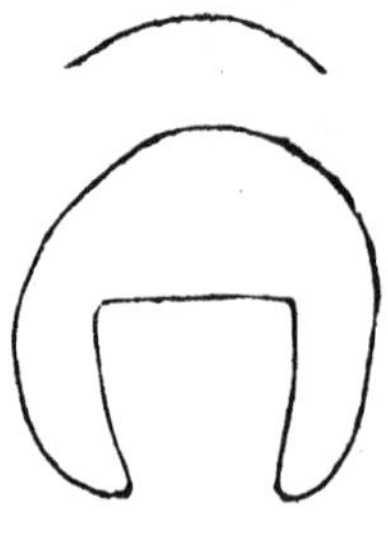

作法

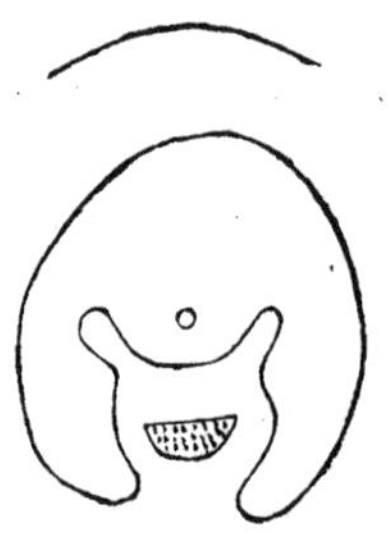

龍局固美矣但堂局以團聚爲貴空缺則氣散而不結爲退敗穴就此扞葬連生公事須大用工力接出堂中堆成水金形象或面前開池聚水自然金魚水界內氣團聚而成大地

○外局反弓應作繞身是法

本形

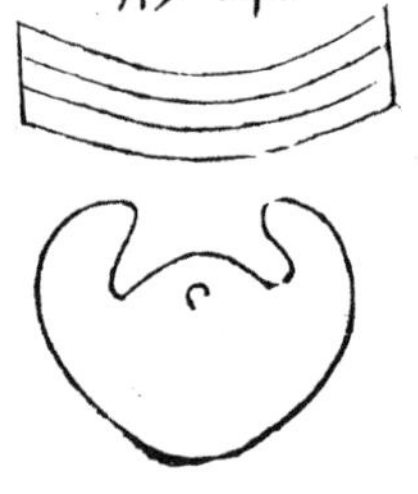

作法

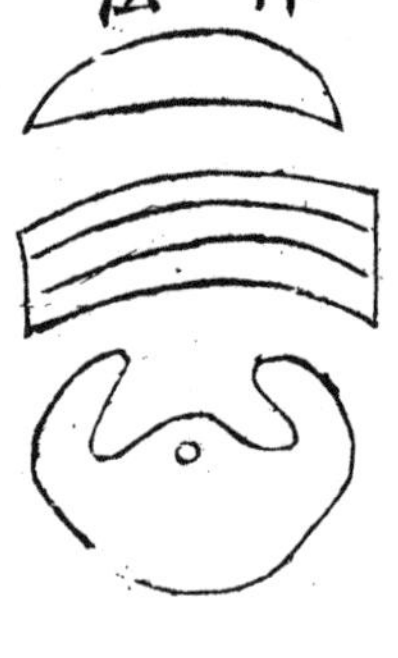

內氣固吉矣然外局以遶身爲貴反弓則勢背而不順爲分張穴就此扞葬骨肉無情須大用工力栽補堂外改成彎抱形象或面前堆案朝迎自然形勢環抱堂氣完固遂成大地

○元辰直長須阻節

本形

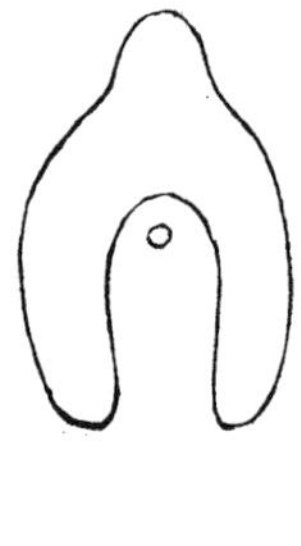

作法

原形是木星開口穴本吉地也但元辰太長而直則內氣泄而不聚若便依此安扦退敗極速法宜用工堆土接脈左右作成水星彎曲阻節或穴下聚水則內堂有情不致直出方得合格

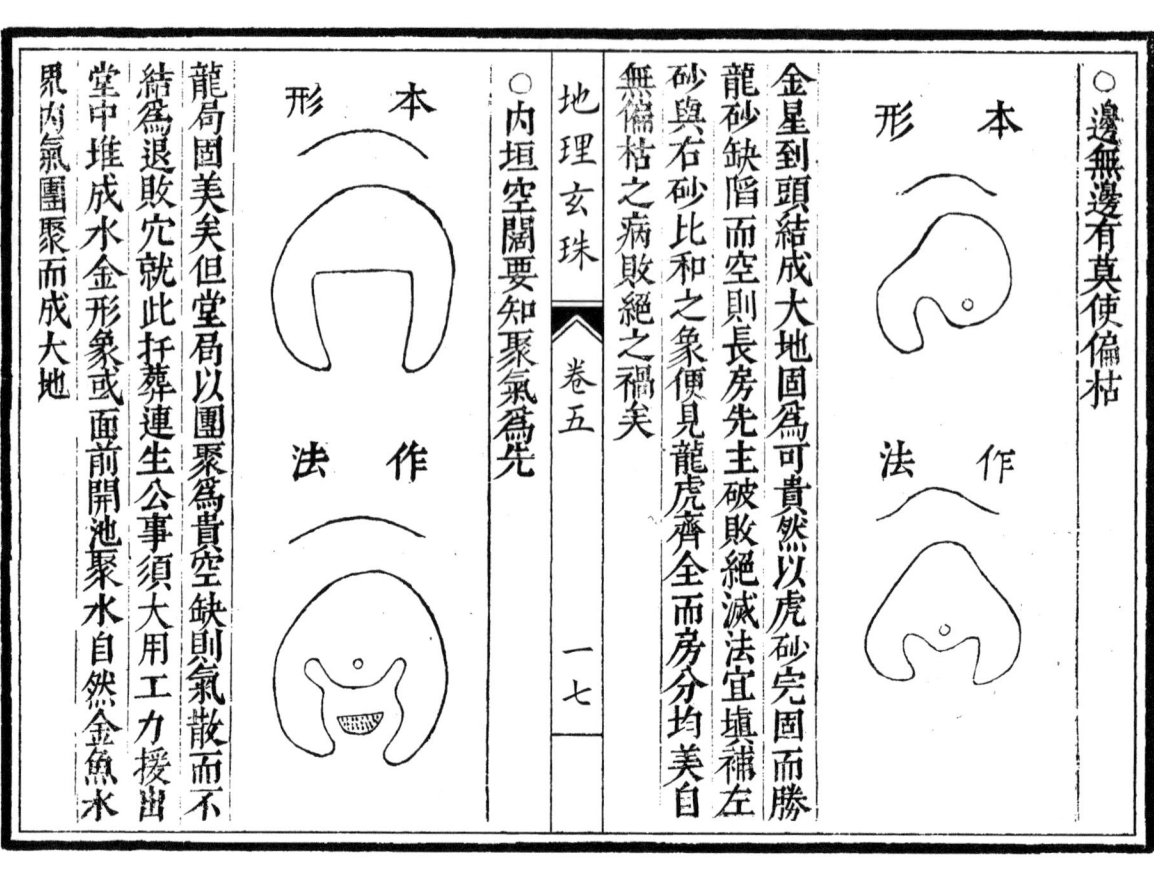

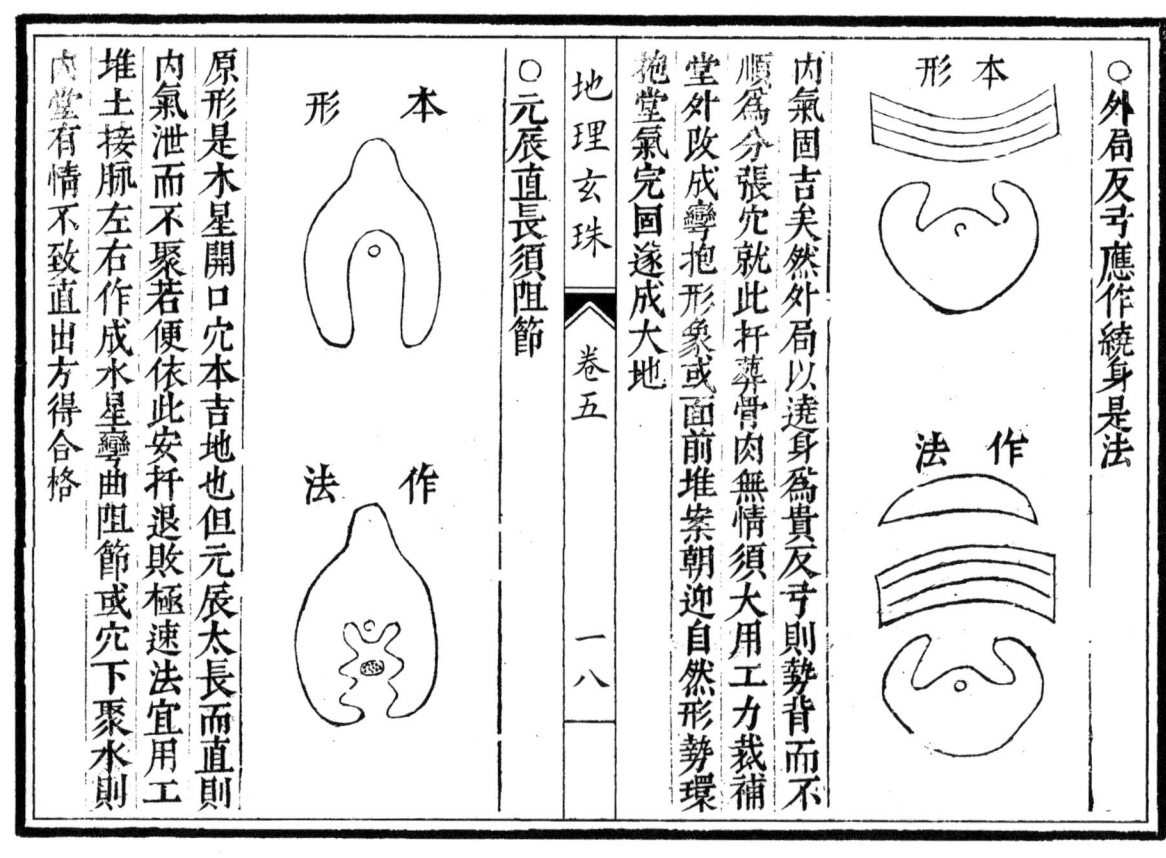

○明堂傾瀉要關攔

本形

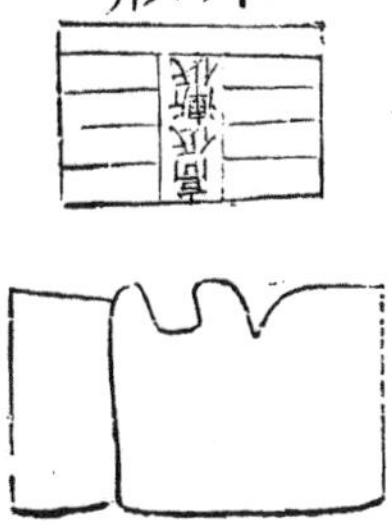

作法

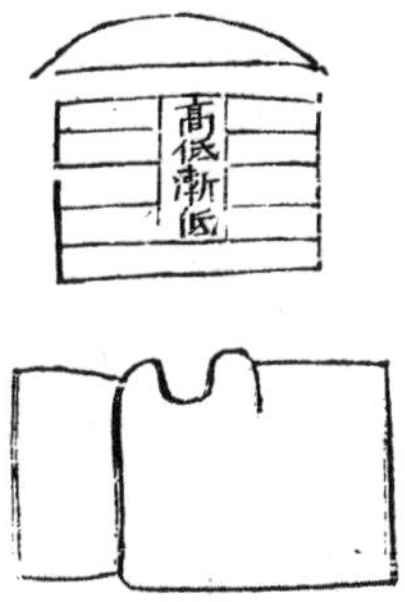

原形是土星掛角穴本吉地也但明堂漸低而傾則外氣瀉而不聚若便依此安扦日漸退敗法宜用工損高益下當面作成倉板內朝或堂外堆案關攔使外氣有情不致傾瀉方得合格

○脫殺乘生除是補龍接脈

本形

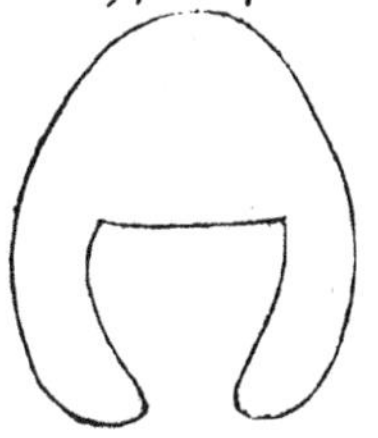

作法

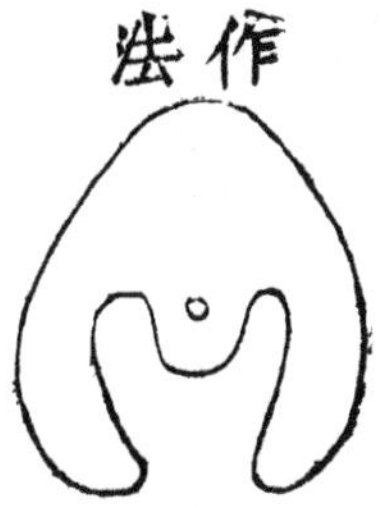

形勢峻急全無緩意到頭硬捍下無餘氣就此安扦是為急來急受禍敗絕滅宜補長續脈以緩其急氣便有金魚界水脈氣冲和脫煞而下驟發富貴楊公綴杖法是也

○斬腰截氣應須畜水為關

本形

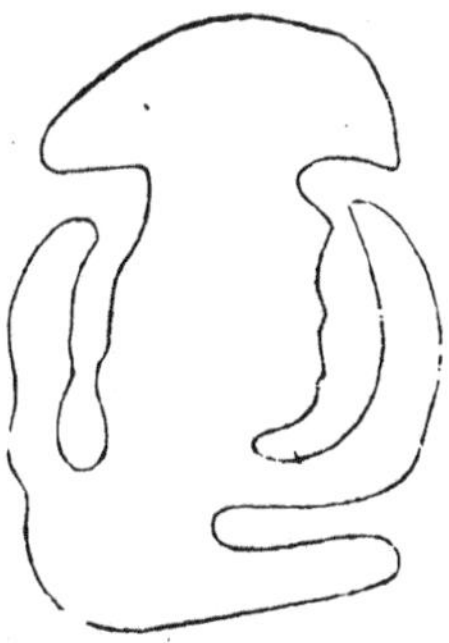

作法

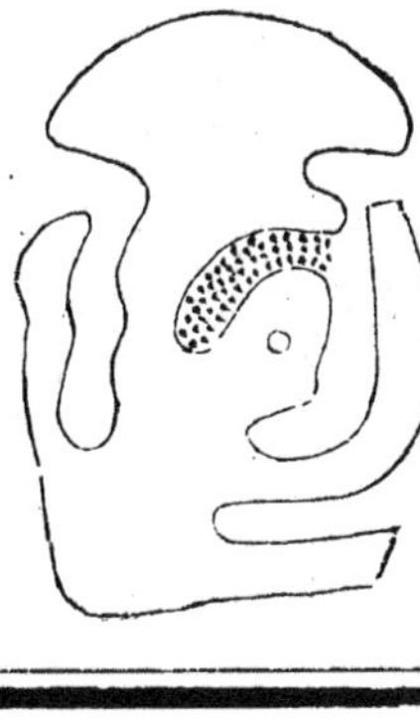

體勢迢遙情意中止但下手無關去龍劫氣就此安扦是為行龍跓蹕一發便衰宜斬截畜水以關其止氣便有八字分合氣聚無泄大發富貴劉公斬關法是也

○後山低軟開窩深下覓真機

本形

作法

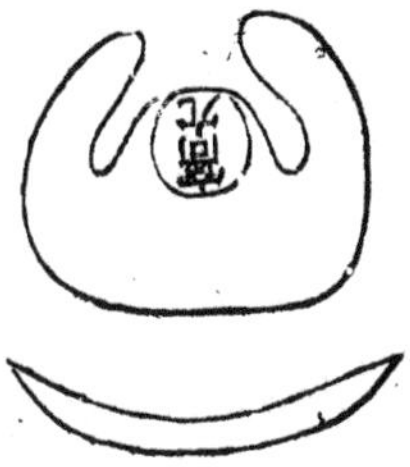

大抵形勢貴於後山高隆則主福大若後山低軟而本身反高雖龍真穴正亦倚空而不發凡遇此地法宜鉏土開窩立穴深下自然坐托照應營衛深厚方為合格

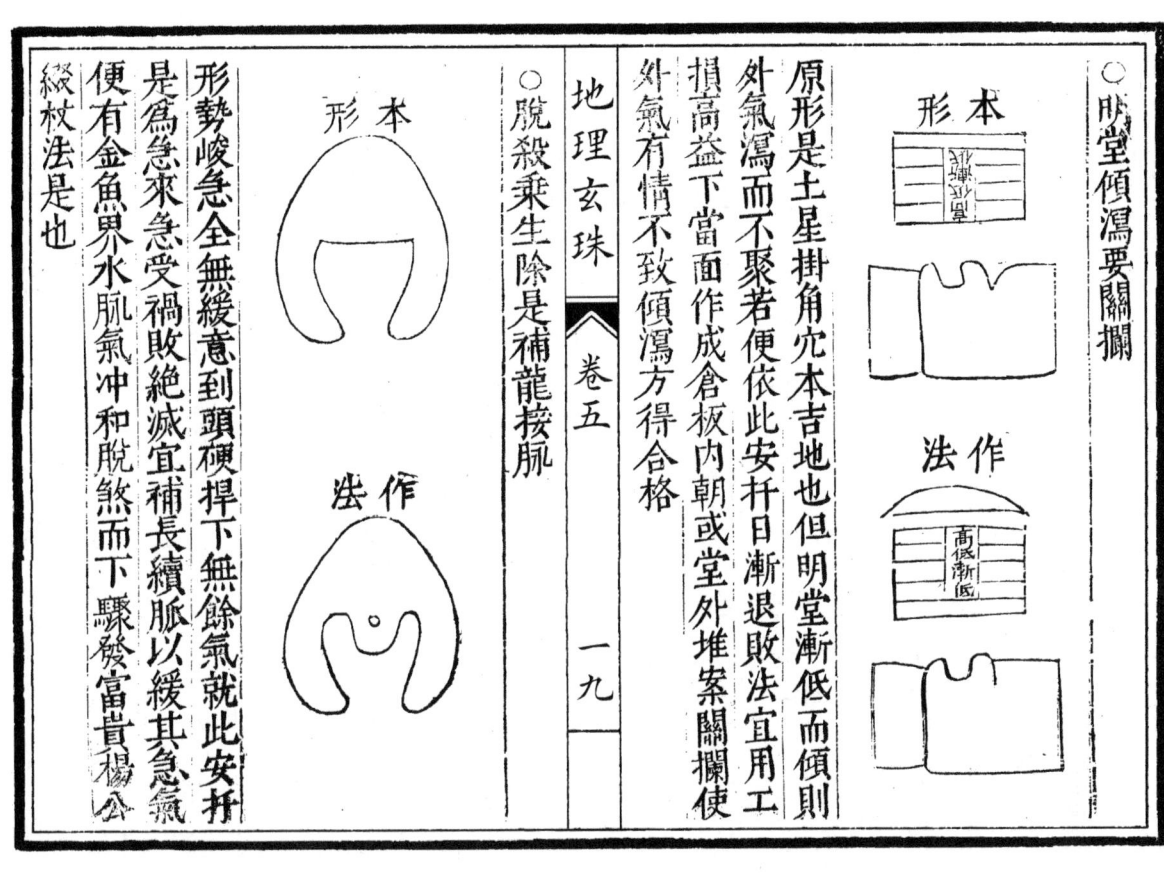

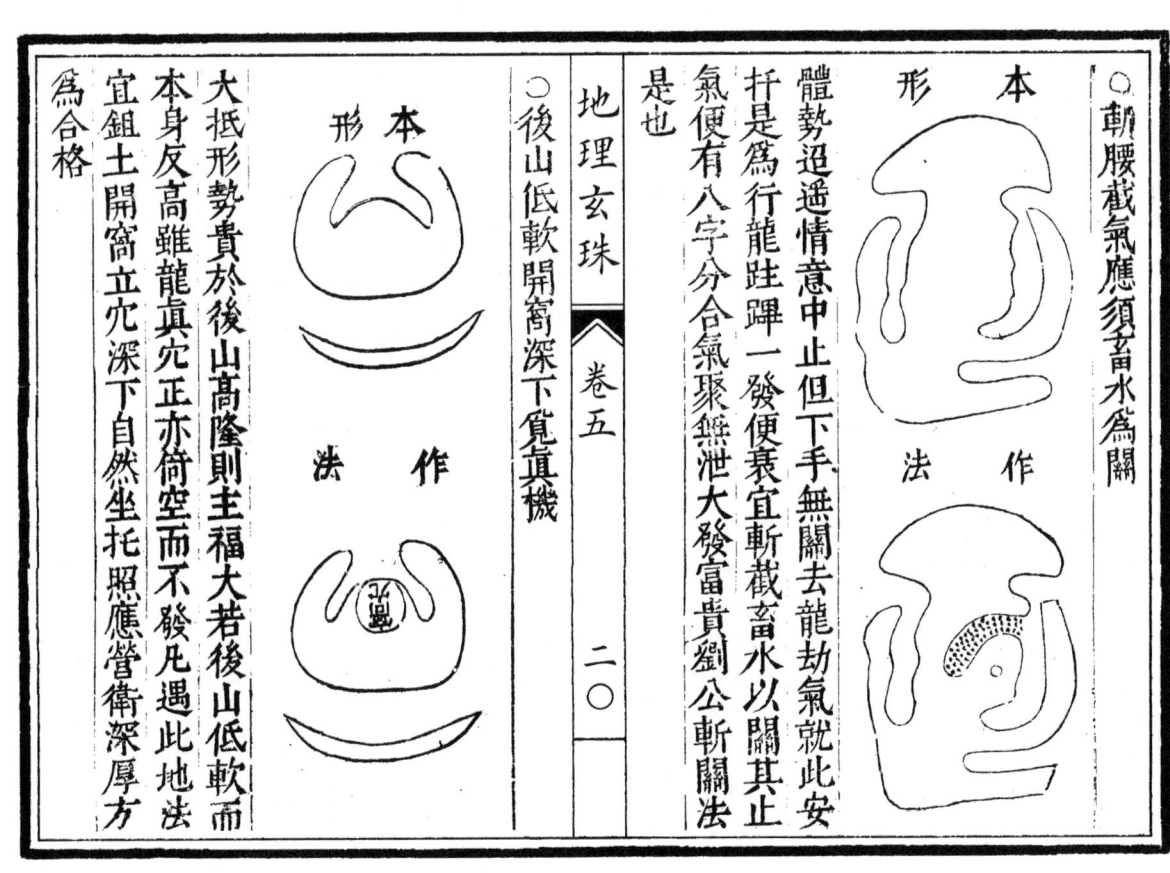

○前案欺凌作穴高昂全祕法

本形

作法

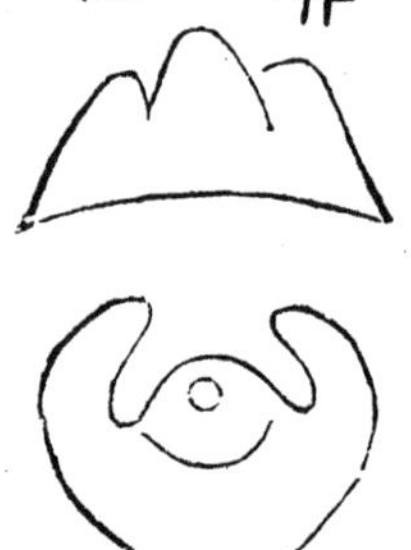

大抵穴法貴于前案比和則為得位若前案欺凌而本主反低雖龍眞穴正亦受壓而不發凡遇此地法宜豐土培基作穴高昂自然賓主洽浹朝對和美方為合格

作法引証

堆護閉水

金尚書祖地休寧縣

金鵝抱卵形何國師所扦也戌山辰向左右二支皆本身抽出二水夾流直去金星結穴就平地客土堆成龍虎只見案不見水去葬後大發富貴悠久不替

堆墩取効

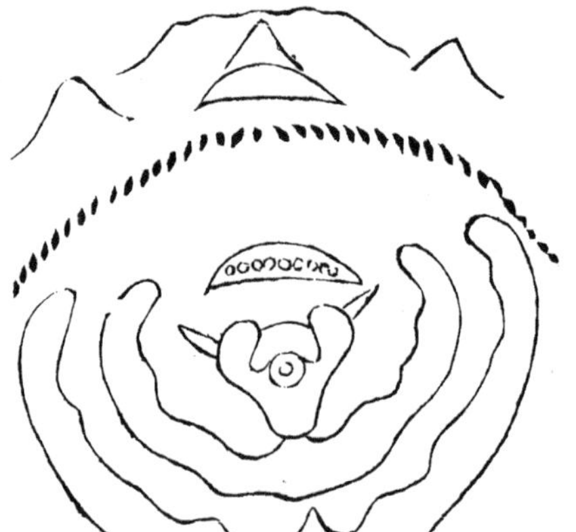

盧氏九癭夫人祖地

景鑾與李德鴻善既與盧氏下此而李欲謀之吳曰是不難令貴氣歸子家耳令盧氏堆九星於案上後有女選后臨行而發九癭遂不入選適李氏生九子皆貴顯傳稱九癭夫人云

斷砂應効

樂平洪忠宣公祖地

公祖士良下後具圖以硃抹案左曰子孫有久使外國不還者當於硃處斷之後公果使金數年不返家人憶其言如法斷之公即返蓋前案順水故主離鄉斷之則首逆水而即返神哉

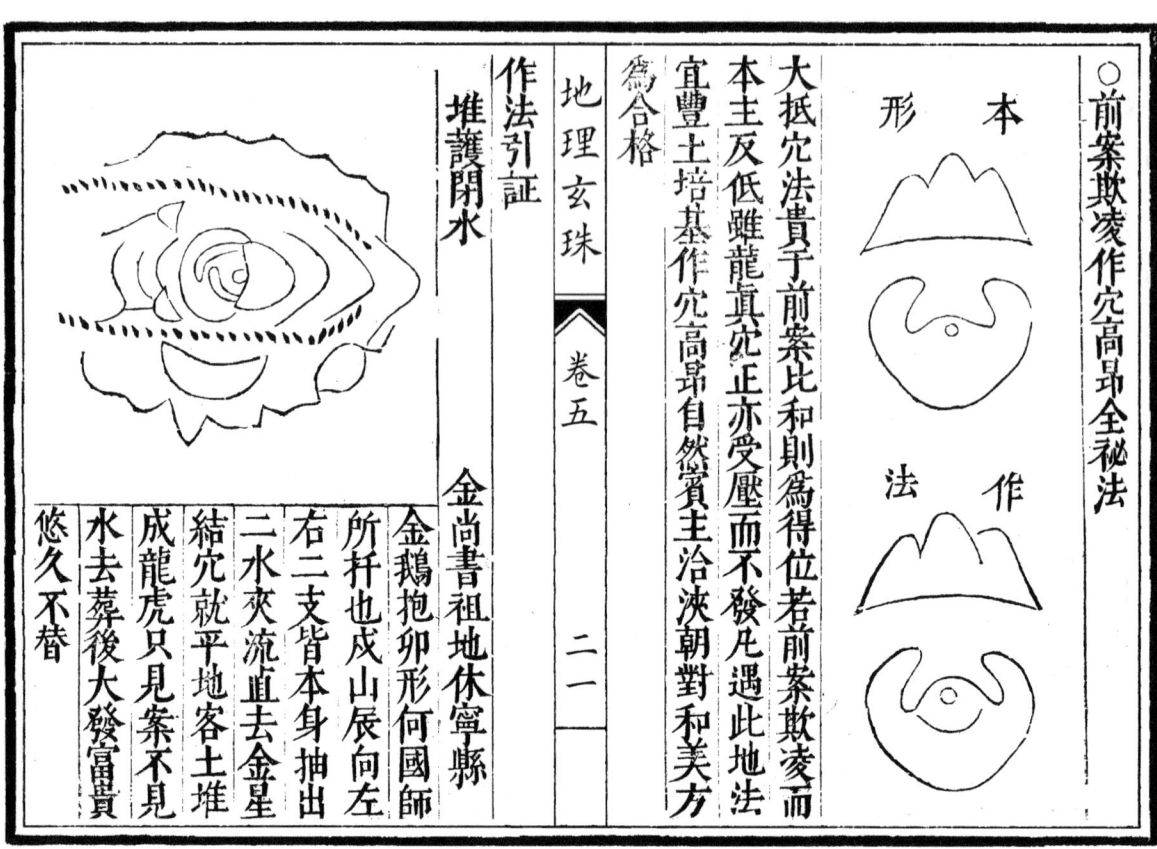

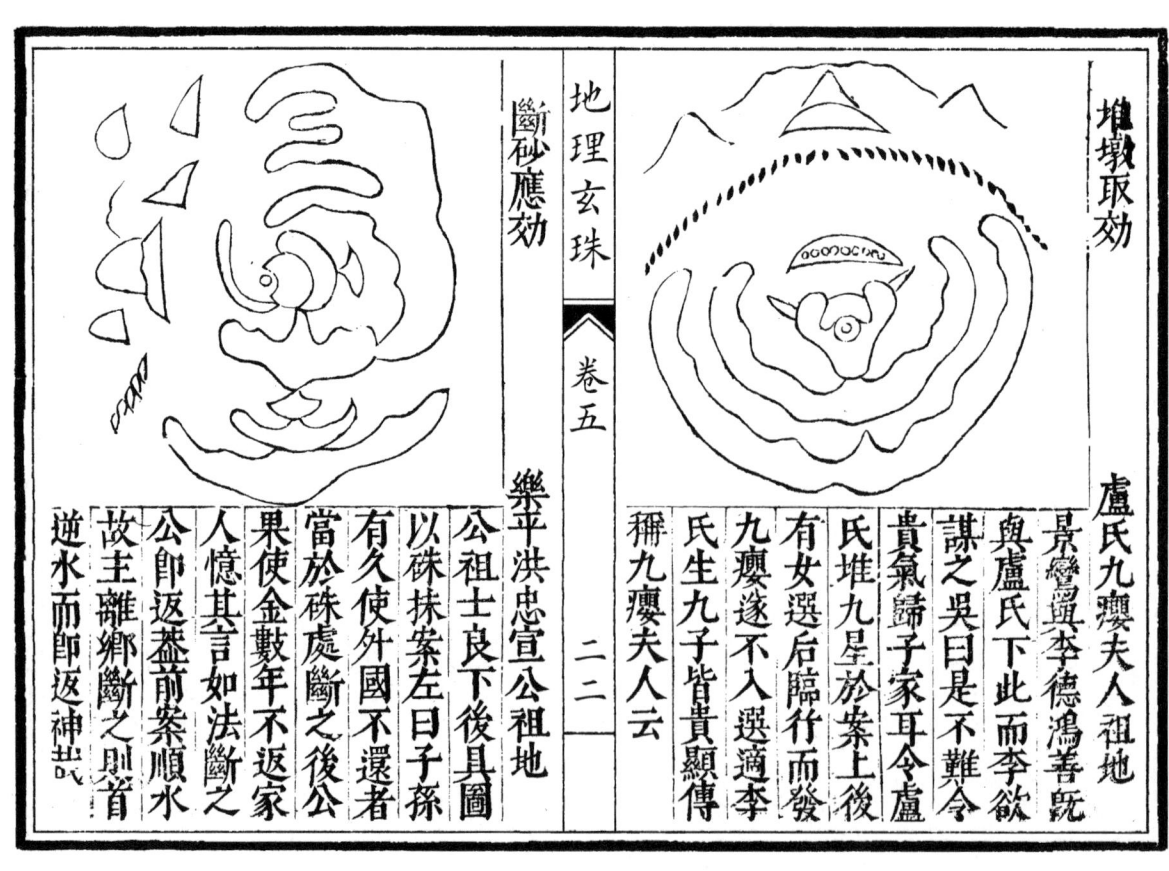

鑿案應刼

晉羊祜公祖地

金土星入穴火星作案術者趙玄通相其墓當出天子羊叔子不自安破其石笋火案後玄通復過之曰鑿破池中石笋龍此地猶生拆鼎公後叔子果墮馬折臂封公其神驗如此

開窩取穴

韋相公祖地

木星成王尺龍橫亘百二十丈對龍處獨生出瘤礴人工鑿開作小小龍虎然後立穴以接旺氣廣莫橫濶似不可作然龍貴朝應有情不可舍去就地安排只合如此出入清貴科第不乏

鑿路泄氣

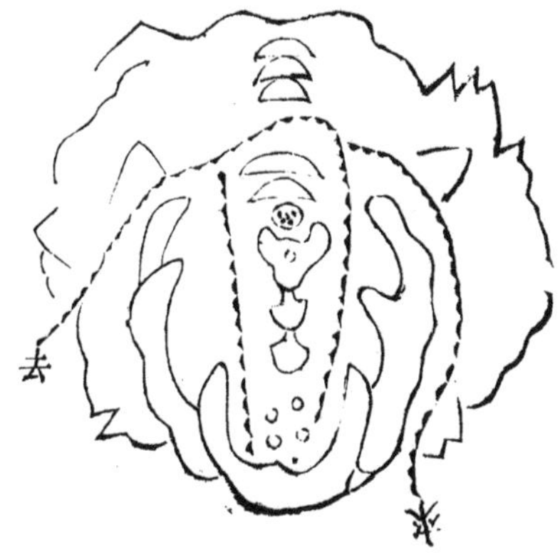

商閣老祖地

金木琢成大器三台穴三台案形局齊肅水城完固公三元及第位登師保宜矣但借後人謬妄鑿大路於水口而貴氣遂歇焉盖水口之砂最關利害局破而空闊則氣泄而敗矣噫

豐土聚氣

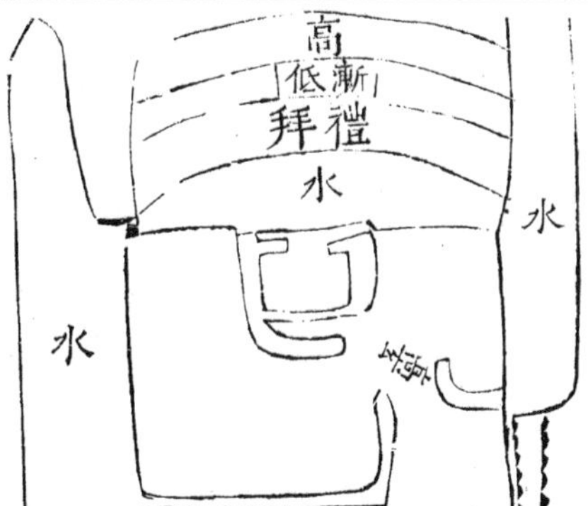

無錫蕩口華氏祖地

經云捉月須云在水中穴要土來封此捉月穴也自錫邑諸山勢皆東行至此盡龍結局鵝湖界其左清溪應於右但氣聚水中難以立穴始祖樂勤夢卜於此豐土而成至今富貴未艾

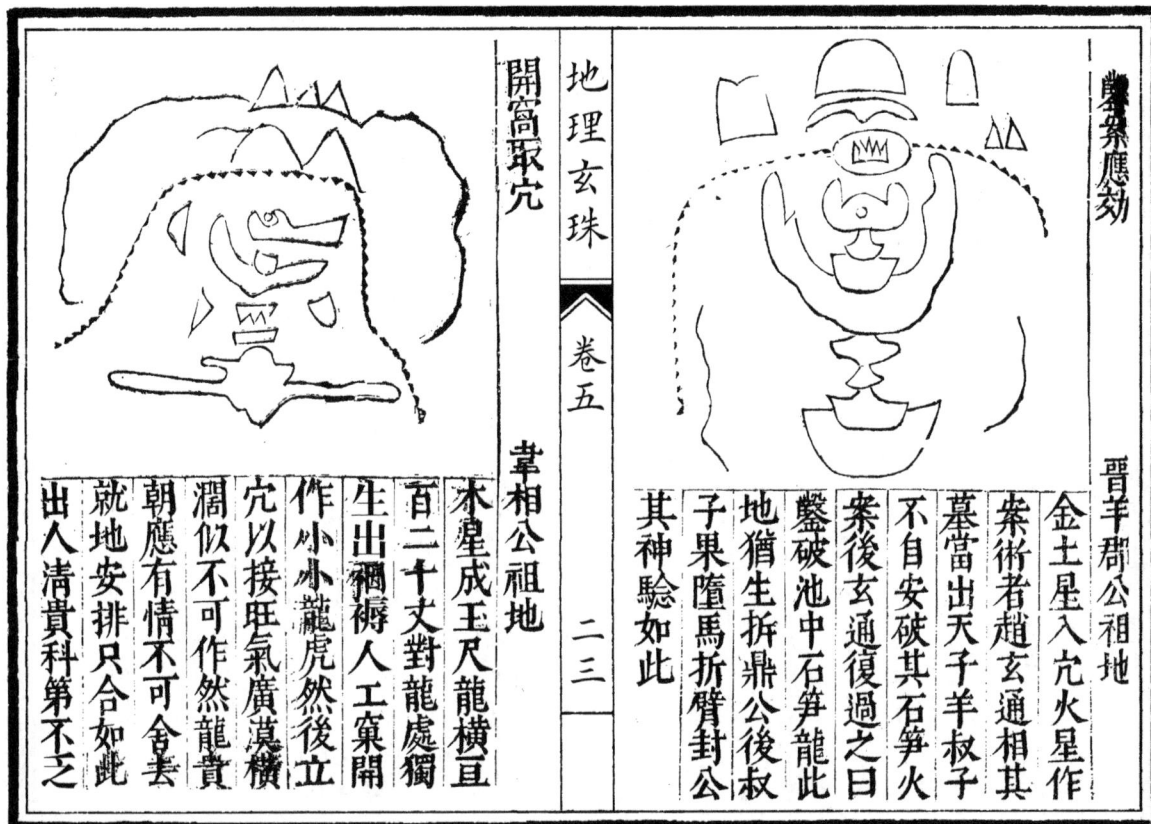

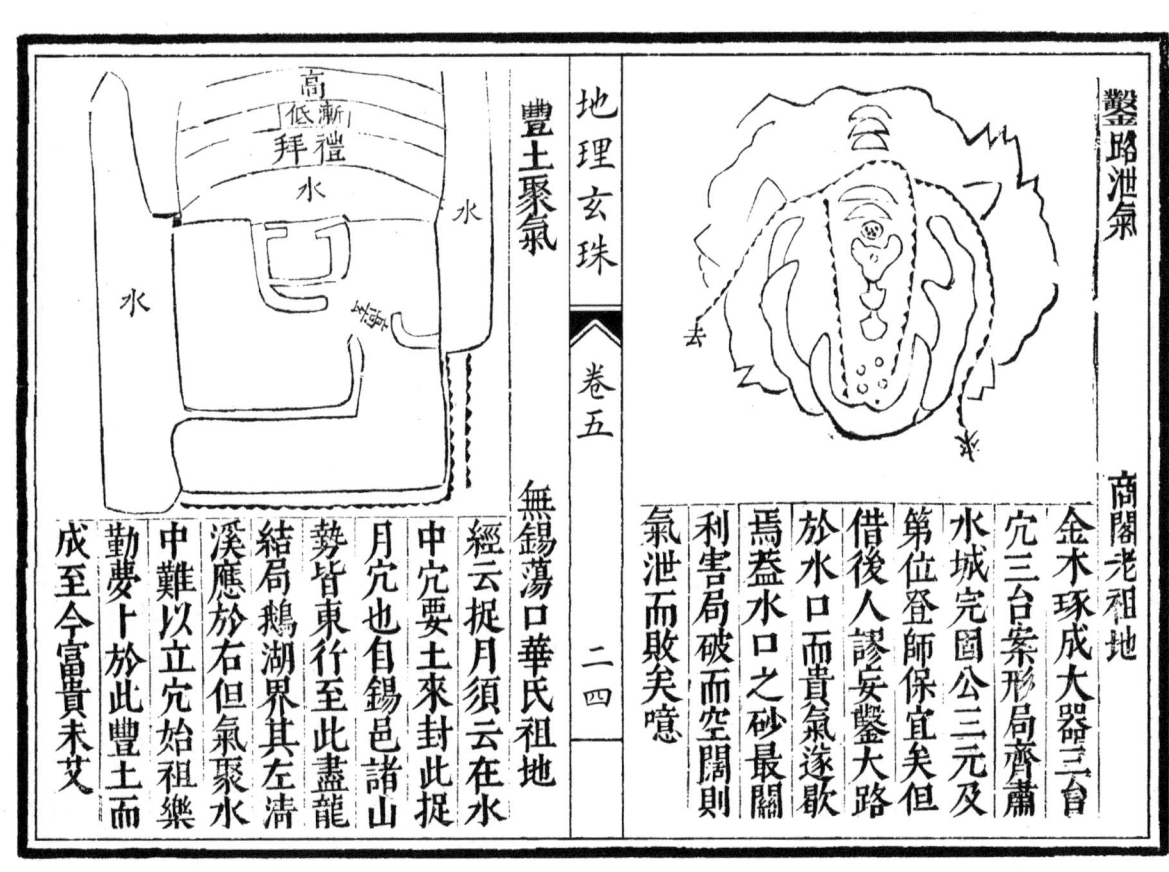

塞塘散氣

朱師保祖地

形穴端嚴龍虎捍禦案應貴秀眞王師之地夫何後人妄作平其小塘以爲田此後遂不復振蓋塘開則元辰驅注而氣聚塘平則元辰傾泄而氣散妄作者當知鑑焉

鑿深取穴

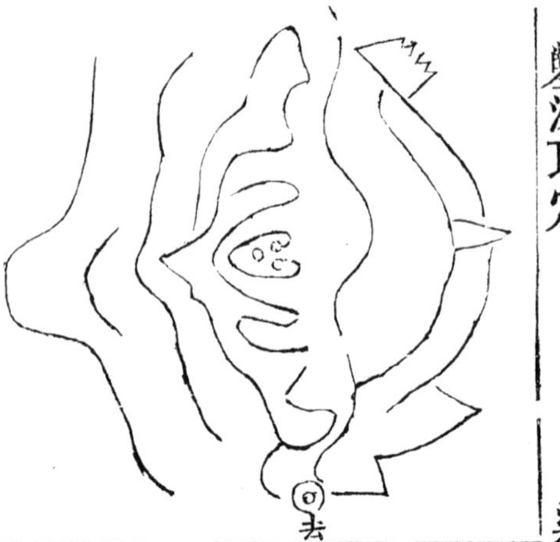

梁蕭氏祖地

土金水木相生入穴只是斜峽不成穴道瞿僧爲鑿開左右作龍虎形先平鑿五尺又規車五尺壙又深五尺始接龍氣益主山後過低穴形高峻法當如此葬後大發官至大拜

鑿井截劫

此龍以大龍去遠而中腰枝間微落穴結山巔下發餘山甚長其妙在於穴非常見所識廖禹登其地穴高三里上面平坦如掌心但穴下山脚乖歪竊氣太重每支鑿一井以截其氣葬後出仕者數十人

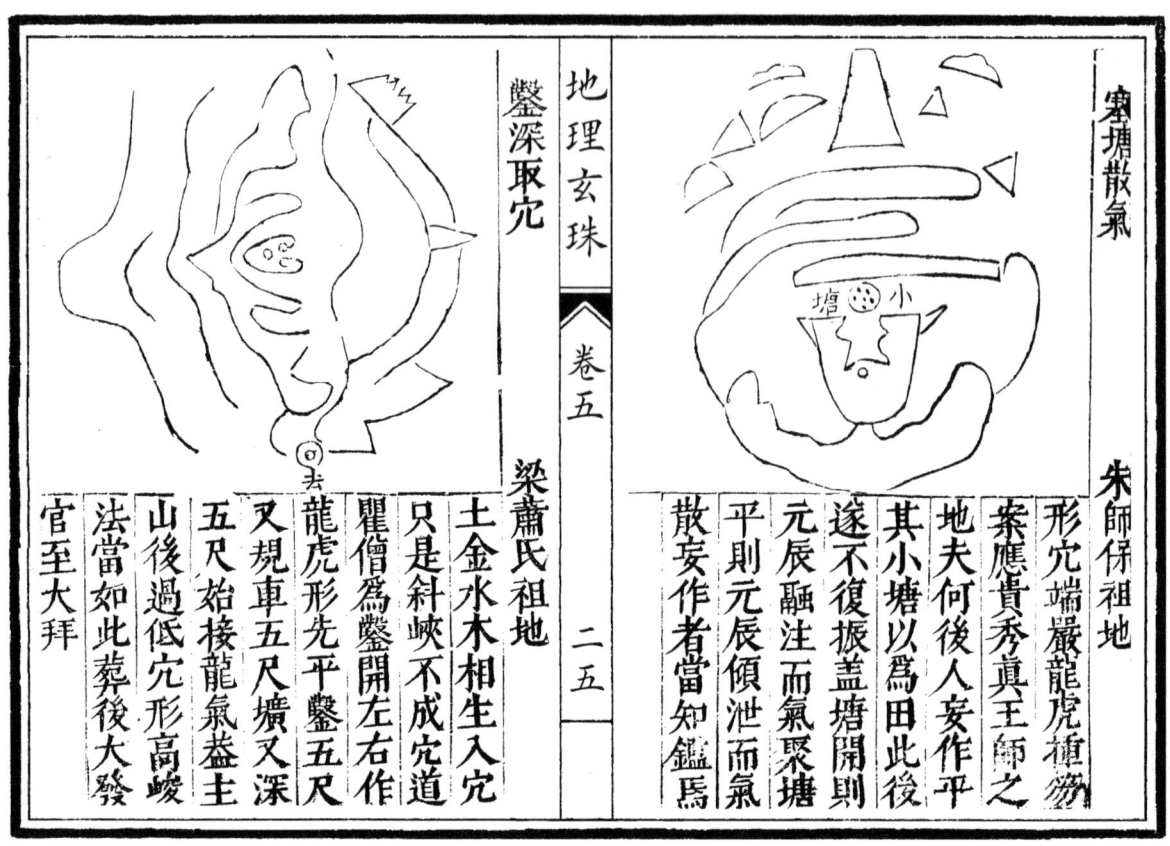

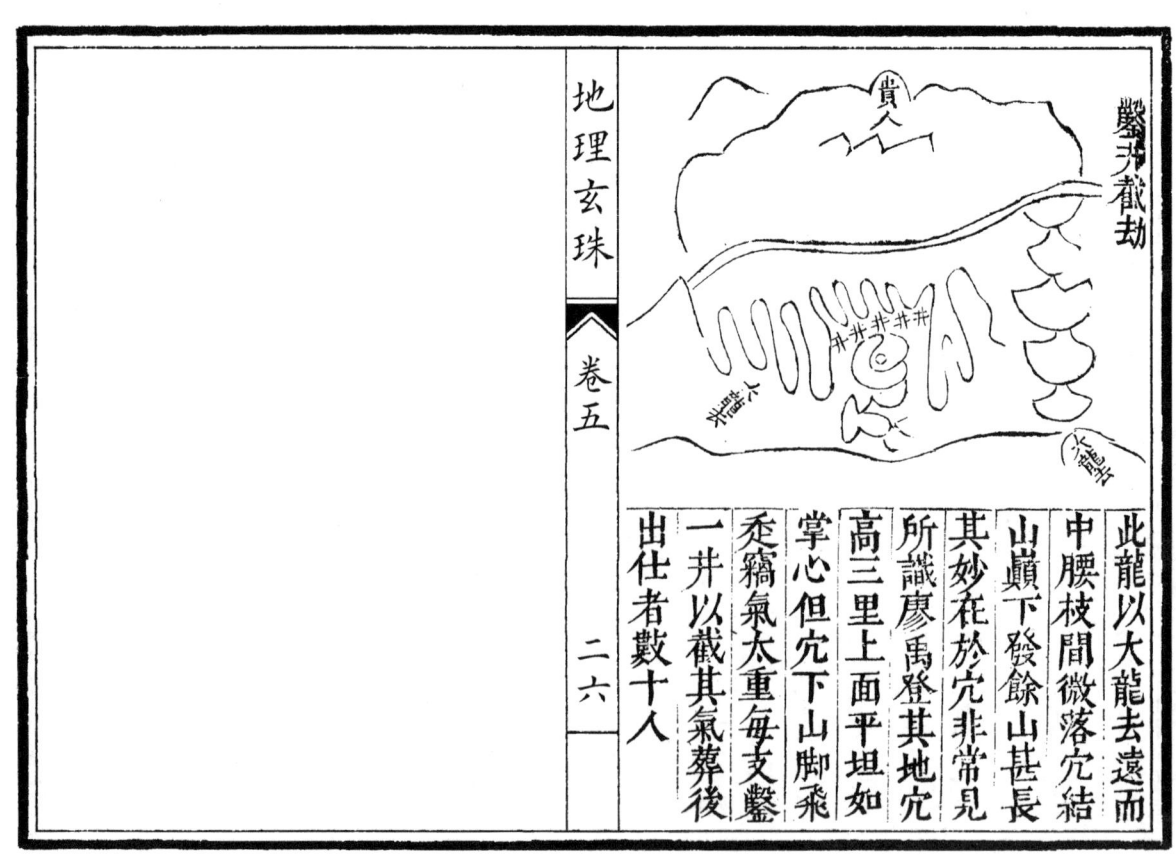

地理玄珠卷之六

古吳太和山人夏世隆道弘甫著
梁溪半偈道人華善繼孟逵甫校

論龍格

巒頭變態既辨精詳而龍格繁多尤當推究須明山壠平洋岡阜地勢有三

三勢

夫三勢者山壠岡阜平洋之地也書云五氣行于地中其行也因地之勢其聚也因勢之止求地者原其起乘其止是爲全氣然形勢有山壠岡阜平洋之不

同而氣或因之以有異巒山壠之勢頓跌磊落踴躍奔騰李淳風謂之起伏脉是也其出身有大星辰崇山高壠爲祖宗聳拔豊隆雄偉尊重而其離祖分行層巒疊嶂相牽相連斷而復起起而復斷退卸剥換開帳過峽或結正龍受穴之山或結旁龍護從之山萬狀于形難以枚舉然要之原其發祖察其行度審其結局而山壠之情性無逃矣岡阜之勢屈曲迤逶連絡圓活李淳風謂之仙帶脉是也其出身多自星峰下飛落變動奔走之東之西或結蘆花三梟或結風吹羅帶或結芍藥枝梧桐幹橫琴玉尺之屬而兩旁多纏繞護衛迤邐盤旋爲照應撼龍經云退卸剥換成幾段十條九條亂了亂中有一條却是眞若是眞時斷不斷又云衆短要從長處覓衆長須向短中扦此岡阜取用之大法也平洋之勢坦夷曠蕩一望無際李淳風謂之平受脉是也然眠倒星辰豎起看其祖宗父母穿落傳變開帳過峽枝脚橈棹大段與山岡無異但其行度則以寸高爲山寸低爲水踪跡隱伏牽連而行其來也必有水以送之其止也必有水以攔之水圍則沙自環繞而氣爲之融聚卜氏所謂若在平洋先須得水是也故尋水之發源水之分

導水之交會而平洋之法無復有餘藴矣然山谷多起伏脉惟喜其低昂活動大頓小跌局勢週密照應奇秀郭氏所謂若伏若連其源自天其來若奔其止若尸若懷萬寶而燕息若具萬膳而潔齊此山壠之至貴也若或醜惡崚嶒頑硬孤獨等形則非所宜矣岡阜多仙帶脉惟喜其擺摺之玄倏揚宛轉體勢盤桓枝脚蕃衍郭氏所謂委宛自伏廻環重復逶迤東西或爲南北如生蛇出洞飛龍躍海此岡阜之至貴也若或牽拽走竄死硬孤單等形則非所宜矣平洋多平受脉惟喜其層波疊浪展席鋪毡插落牽連微

露踪跡郭氏所謂觀支之法隱隱隆隆微妙玄通吉在其中如盞中浮酥泥中藏鼈此平洋之至貴也若或模糊不明散漫無據則非所宜矣然又山岡多有脫落平洋而結作者平洋多有頓發墩阜而結作者尤爲奇貴葢山谷以起伏爲常落坪則脫卸愈清經云不知山窮落平去穴在坪中貴無敵平洋以平受爲常起突則結聚愈旺歌云平洋尋取地中突覆鼎眞奇絶是皆以特異於常者爲貴也三勢之龍各有玄理而力量之輕重惟在乎融結之優劣未可以形勢之高下分也神而明之存乎其人焉之

山壠勢

山壠形勢斜正大小錯襍不同然必本於高峰大岫發祖其來也高高低低斷斷續續葢其一頓爲陰一伏爲陽是以山壠以頓跌爲貴取陰陽相生之義也卜氏云一起一伏斷了斷到頭定有奇蹤豈虛語哉

岡阜勢

岡阜形勢斜正長短參差不齊然皆本於星峰下飛落者其來也一轉一換不緩不急葢其一直爲陰一曲爲陽是以岡阜屈曲爲貴取陰陽冲和之義也卜氏云所喜者活龍活蛇所惡者死鰍死鱔良有以夫

平陽勢

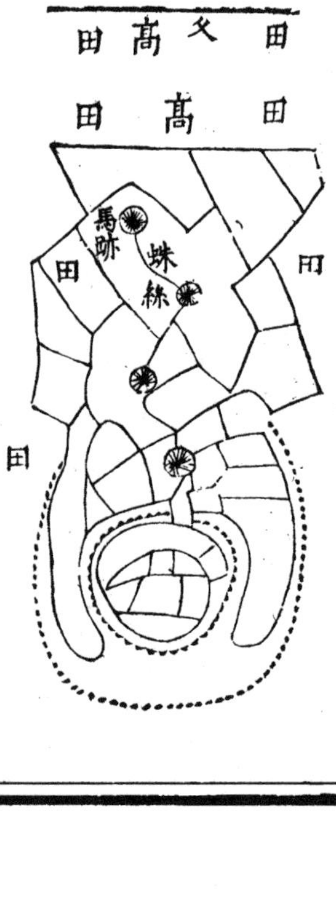

平洋形勢廣闊平鋪微茫難辨然皆本於山岡撒落連行者其來也渺渺茫茫隆隆隱隱葢其坦夷爲陽起突爲陰是以平洋以馬跡蛛絲爲貴取陽中含陰之義也卜氏云窟源千仞不如平地一堆其以此歟

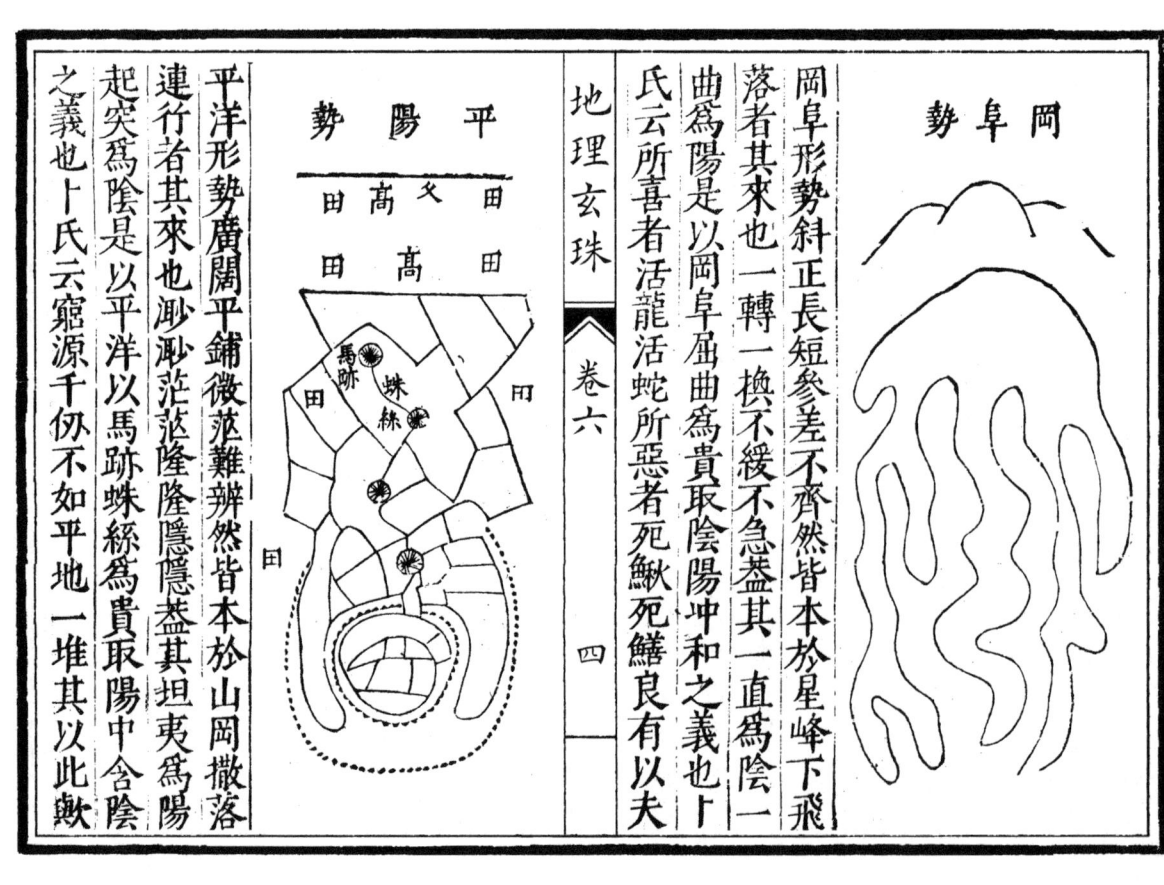

初結腰結盡結落脉不一

三落

夫三落者行龍結局有初落中落末落猶言少龍中龍盡龍之義也李淳風云龍有旺於初者有盛於中者有歸於盡者葢龍之大勢延袤無窮而獨以三落爲言者非此外無結作也惟以其正氣所鍾特取其力量之大者耳何言之初落之勢離祖未遠踴躍頓跌結咽束氣即便起頂降勢融聚成局祖宗山爲坐托而擁秀於後分行山爲案應而獻奇於前旁枝山爲夾從而分列於左右凡大龍初落必然氣勢雄强

規模宏大星辰聳拔垣局周遮乃爲眞結廖公云初落由來近主山局勢必須完是也中落之勢離祖已遠大頓小跌迢遞而行結咽過峽然後起頂降勢立穴開局大龍猶自分行回轉爲朝迎後龍疊障爲托樂凡大龍中落必其禀氣渾厚星體尊嚴擁從齊肅迴環周匝方爲眞結廖公云中落餘枝作城郭吉氣於斯泊是也末落之勢迢迢行度極其長遠斷而復續續而復斷退卸剥換牽連而來到頭將盡結聚成局或臨江湖或臨田坂或下手回臂轉關或翻身逆張大局葢大龍末落必其禀受悠遠收斂渾全三陽具備六建俱足乃爲眞結廖公云末落名爲大盡龍氣勢最豪雄是也此三落之所以爲大地也雖然大龍行度横亘千里劈脉分枝結地不少善地者原其起尋其止眞知灼見落脉分明然後求其星辰穎異照應端莊護衛森嚴關鎖交固内局團聚外陽寬暢件件眞的便可扦裁如其不然縱合大格有大象可觀或是旺龍雄盛暫爾停息設立門面以爲行衙之地而已此又謂之駐蹕也然非心目兩妙亦烏足以盡其微哉

初落

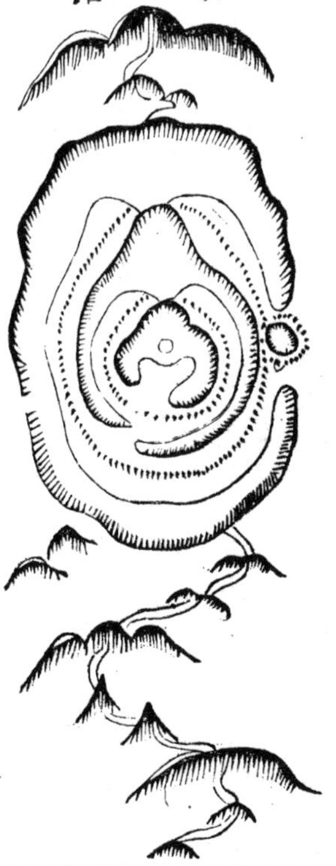

初落者非祖山發下即結穴也以其行龍首結去祖尚近所以謂之初落前後回環不使空缺四山團擁統爲一家力量最重發越無疆楊公云二三節内究星成福力實非輕其斯之謂歟

中落

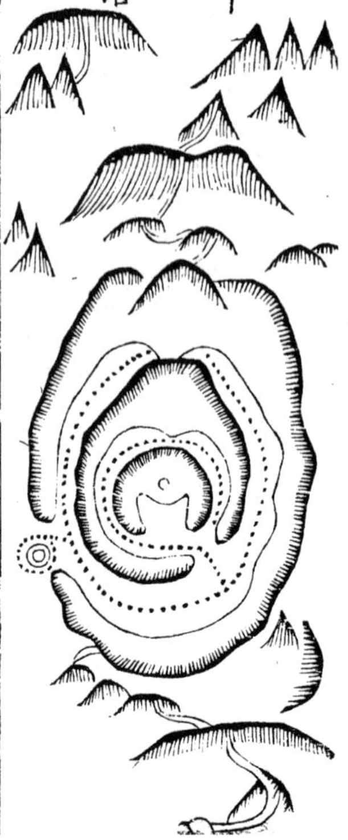

中落者後龍則離祖已遠前龍則大勢未住結局中道所以謂之中落惟以前後有情結作極大否則爲分泄牽拽矣楊公以分房爲天刧故云天刧便是龍身去刧去不回無美地亦何足取

末落

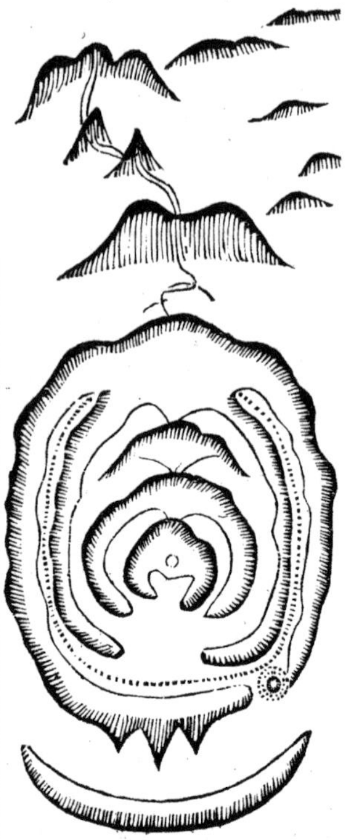

末落者大龍至此而將盡餘氣猶自分行葢以盡龍所止故謂末落而穴外餘枝或回轉作案應或奔去作捍門方爲全局楊公云餘氣不去數十里决然不是王侯地蓋龍盡處須防氣絕也

尋宗問派自有本源

論宗派

夫宗派者人有祖宗父母子孫各有分枝别派是也今揆山勢而以枝派論者葢以龍之出身各自有本源各自有來歷猶人之有宗派也楊公云尋龍先尋祖與宗不辨祖宗何足語卜氏云問祖尋宗豈可半途而止是皆以宗枝爲要領也先自其遠者而言之有所謂太祖焉葢太祖者衆山發脉之源也既爲太祖必須星辰高大氣象巍峩大則延袤百里小則冠於一邑勢凌天表多生雲霧廖公云祖宗高頂名樓

殿常有雲氣現是也有此形勢自然枝派蕃衍子孫衆多而吉龍美穴有不可以限量矣少祖者太祖之下各自分枝迢遞而行再起高峰大岫以爲結穴之主廖公云若是山家結穴龍定起主星峰是龍將結作必有主星以爲少祖也凡少祖之山必須頴異卓落高聳雄强或開大帳或結貴形則融結不凡而造化便有徵矣卜氏云祖宗聳拔者子孫必貴廖公云主星大小合龍格造化便可測是皆以少祖親切而爲近應也自此少祖之下脫卸而行逶迤起伏方結頂而爲父母胎息孕育然後成形葢以父母之下落

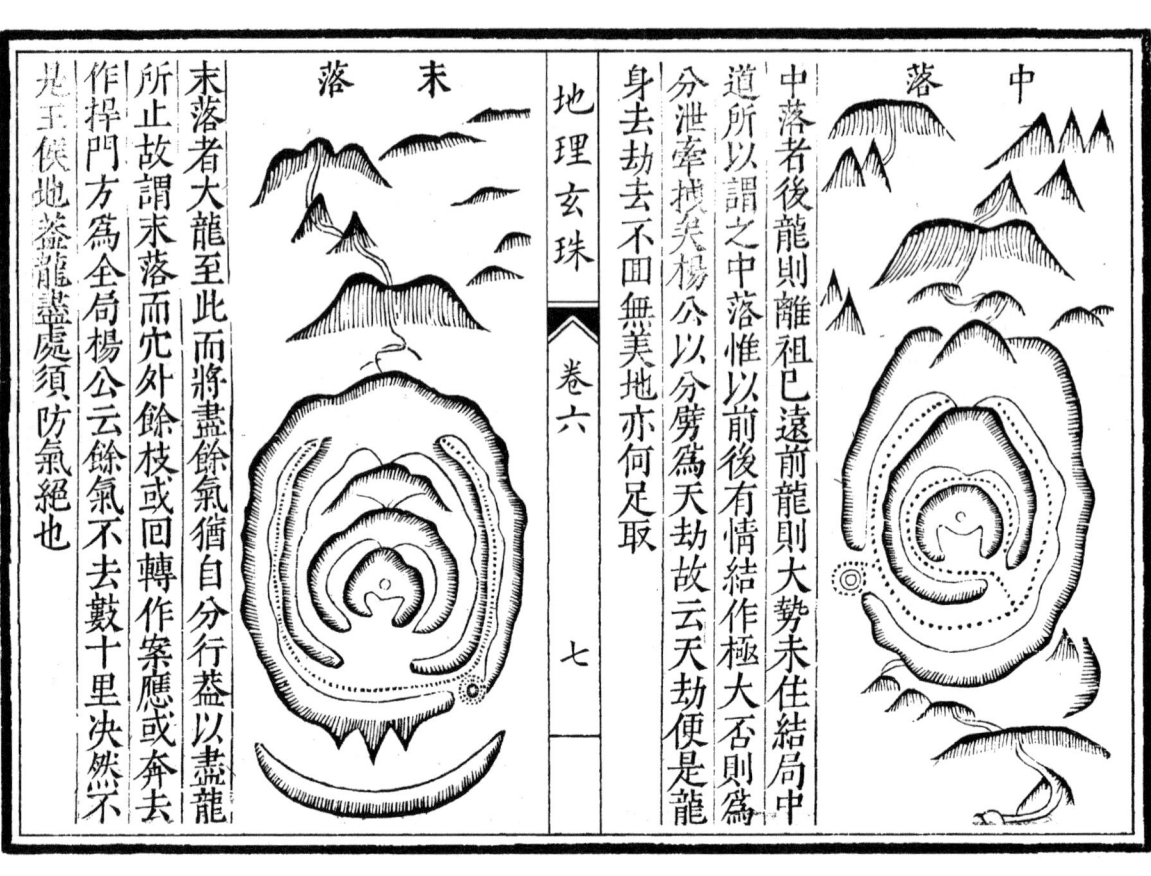

脈處爲胎如稟受父母之血脈爲胎也其下束氣處爲息如孕母之懷胎養息也再起玄武頂爲孕如胎之有頭面肢體也至結穴處爲育如子之成形出胎而育也是穴者子孫之本身也凡龍之全勢必自太祖而少祖而父母而本身一氣流行無少間斷是祖山者穴脈之發源也穴場者祖山之遺氣也善地者能究發源之美惡精粗而遺氣之吉凶禍福從可知矣經云恐君疑穴難取裁好向後龍身上別是也雖然天下之事常變難拘多有祖宗富貴[illegible]宗而子孫委靡不振者多有祖宗貧賤無依而子孫赫然貴顯

者惟在乎自己之踐履何如耳祖宗無與也故觀龍之法雖以祖宗爲重而尤必以本身爲重登山點穴惟審其落脈之誠僞結聚之眞假若其入首分明立穴眞的而後龍醜拙或特設此奇蹤異跡以祕天地之眞穴耳此又不可不審也楊公云貪狼若非廉作祖爲官也不到三公卜氏云隱拙者定有奇蹤異跡顯露者多是虛花假形此亦格理之至論也然非神機道眼烏足以語此哉　已上不言平地者推類以盡其餘也況平洋之龍本自高山大壠撒落者惟是到頭貴有插落有收拾耳故不多贅

宗派圖

凡論宗派大抵只以後龍三四節爲緊要亦不必拘於某節爲太祖某節爲少祖而窮其本源也若必求其形以實之則太祖之上又何以名之亦惟以意會之尋本龍之發源而已

辨幹分枝各隨脈絡

論枝幹

夫枝幹者幹乃木之身枝乃木之衍條葉所自以暢茂者也今以地而取象於枝幹者蓋以龍有大小有長短猶木之有枝幹也吳公云枝幹明而嫡庶分嫡庶分而力量見故論龍不可以不辨枝幹而凡力量之大小福分之輕重皆於此乎係焉試以幹龍言之其出身皆自明山大川其行度則連州跨郡其發祖之處惟是崇山大壠結成獻天金漲天水之類浩大巍峩勢侵天表常有雲霧生其巔經云尋龍望氣先

尋脈雲霧多生在龍脊此察識幹龍祖宗之大法也及其離祖分行禀氣渾厚發勢雄偉如層巒疊嶂湧浪奔濤或百餘里或幾十里只一斷而斷處必是驛路通衢然其斷也亦或有一伏十餘里或幾十里平坦不知其去而藏形隱跡或穿田渡坂而有藕斷絲連或渡河過江而有石梁聯絡前去忽起高山又復牽連而行行而復斷斷而復起必其連斷數斷脫盡殺氣方有融結其結作也必有大貴星辰爲四應証佐如帝座御屏天乙太乙之屬萬狀千形無不具備經云萬卒影從成禁衛千官環列是朝廷是也或撒

落平洋單行獨出一屈一曲動數十里隔州山水遠迎近接在數十里外自相照應楊公云大凡幹龍行盡處外山隔水來相顧是也及其門戶之外華表北辰等星交結盤旋有此形勢乃爲眞結此等幹龍結作力量極大或爲京畿或爲禁穴或結省城藩鎮或結聖賢墓宅廖公云幹龍住處分遠近千里爲大郡二三百里可爲州過此即封侯百里只堪爲縣治下此爲鎮市是也故幹龍行度極其長遠亦各隨其幹之大小而分差別如大幹龍去作京師則龍身分去小幹爲省城省城分去爲郡邑郡邑分去爲鄉村市

井之類更及枝脚橈棹皆有融結子微云手脚撓棹皆有穴此是大龍多餘氣是也試以枝龍言之其出身發祖即係幹龍分枝劈脈之處重起星辰或合五星正體或合五星變體發脈中抽秀麗嫩巧經云疑龍何處最難疑尋得星峰却是枝此察識枝龍祖宗之大法也及其離祖分行活動逶迤大頓小跌或斷或續有剥有變或穿田渡坂而閃跡拋踪或草蛇灰線而微露毛脊脫卸之後再起星峰起而再伏伏而再起及將結作處又起高大星辰以爲少祖磊磊落落牽連而行然後開帳穿心結咽束氣融聚成局前

去分枝或回作照應或同作護纏或同作下砂或同攔水口從衛周匝重重包裹經云三重五重抱回來此就枝龍身上做是也此等枝龍結作力量最大主出翰林風憲神童宰執及財富冠邑朱紫滿門及其枝脚撓棹亦有融結但不能如幹龍之發越無極悠久不替耳此幹龍枝龍之大法也但枝幹之中又各分大小之別有幹中之枝枝中之幹有幹中之幹枝中之枝楊公云分枝劈脈散亂去幹中有枝枝有幹是也審辨之法大龍則論大祖宗小龍則論小祖宗大龍則論大纏護小龍則論小纏護大龍則論大水

源小龍則論小水源經云祖宗勢大子亦大又云龍
長纏護亦長遠龍短纏山亦近挾又云水源亦自有
長短長作軍州短作縣要皆大以成大小以成小之
義也故大幹龍則以大江大河夾送小幹龍則以大
谿大澗夾送大枝龍則以小谿小澗夾送小枝龍則
惟田源溝洫而已善地者能于山水之發源以原其
所起於山水之纏繞以察其所行於山水之交會以
驗其所止自可以得其詳矣但龍有枝幹一氣相聯
亦可以兩相爲用多有幹結而以枝爲護者亦有枝
結而以幹爲衛者惟審得龍眞穴正俱有發越若專

圖大而失穴則亦何足貴哉

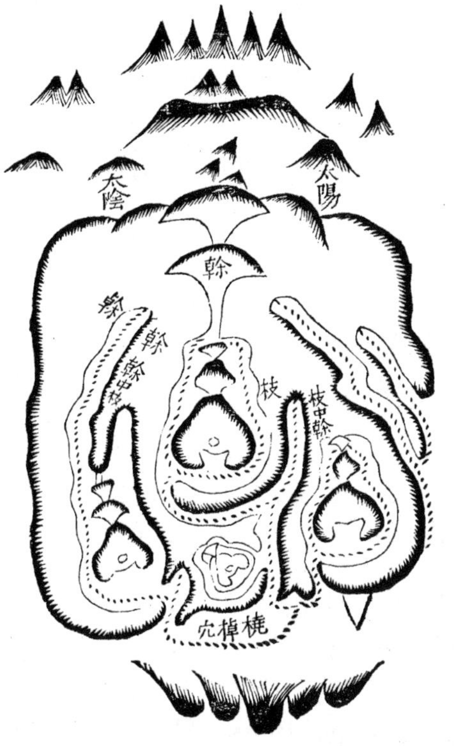

入首有正旁誰分主從於咫尺

論旁正

夫旁正者龍之發脈一祖之下各自分枝然有正有
旁不無分别正龍則禀受正氣而爲結作之山旁龍
則禀受旁氣而爲侍從之山於此而分别明白則取
舍有定見而可以求索穴場矣蓋正龍者主山之下
當心中出生手生脚分八字者是也旁龍者主山之
下左右偏落側面成星或同顧他人者是也故正龍
行度自然開帳穿心結咽束氣而過峽必有扛送入
穴必有輔弼其禀受渾厚氣勢端嚴本身不起星峰

而餘氣之山獻奇列秀四面旋繞經云兩邊起峰爲
護從正龍低平最貴重正龍身上不生峰有峰皆是
枝葉送是也若夫旁龍者亦與正龍共祖同宗然偏
落而不能中出故其離祖分行未免有揖讓退遜之
狀而爲正龍之輔佐或聳秀於前爲應案或列屏於
後爲樂托或繞於左右爲纏護或奔趍於水口爲關
鎖或去數里或去幾十里皆暗拱爲正穴用神然其
擺布精神亦有穿變傳落亦有纏送關攔分牙布爪
亦能融結但力量比正龍爲有差等耳經云穿心正
出是眞龍龍不穿心力量細是雖優劣不同未可謂

全無造化也此正旁之所攸辨也雖然正氣鍾聚神化不測有一等正龍雖穿心中出乃閃歸左右而偏結者似偏而實正也其肩出枝脚似正者乃其用神也又有肩旁閃出成局而正枝反翻作用神者又有正脈雖不起星峰却閃過一峽到頭再起正星者又有一脈順出而斜閃成局如杖之轉毬者是皆正氣之所鍾反爲大地如奇形怪穴之屬是也若直步龍神對頂安扦則大悞矣奥公云只泥穿心直串去不識眞龍轉身處眞龍閃巧轉身多豈惟直串爲可據其亦有得於正龍之微者乎

正旁

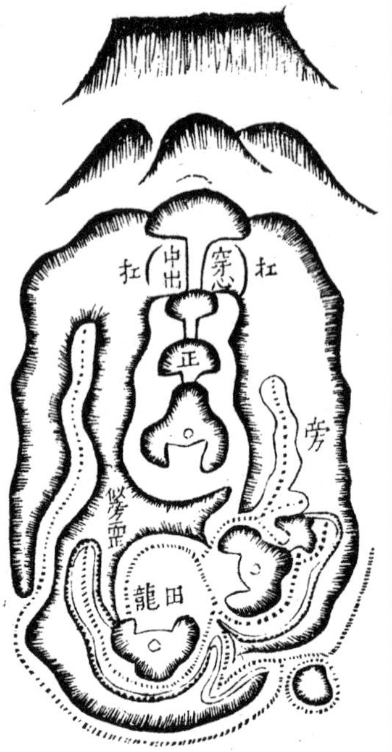

雖云正龍不發旁龍發正龍一發旁龍歇然龍之行止多有獨結於正龍者亦有正龍不結而結於旁龍者亦有旁正俱結而齊發者難以定拘不可執泥

結局有眞假孰辨是似於微茫

論眞假

夫龍一也而有眞假之分焉眞者眞實也假者花假也盖眞實最難體認花假易以惑人非有定見鮮有不以是爲非以非爲是而玉石不分豈良工云乎哉故地理之大要無他在明乎眞假之辨而已盖龍眞者自然祖宗聳拔出身特異辭樓下殿起伏頓跌開帳穿心磊落透迤結咽過峽扛送圓活枝脚撓掉宛轉盤桓及其結作之際星辰端麗穴情明白纏護周匝拱應奇秀三陽寬暢五戶緊密自有許多貴証乃

天造地設生成之妙初無有一毫矯强者此眞龍之大畧也若夫假龍亦有祖宗亦有出身亦有開帳亦有過峽亦有枝脚亦有星體亦有穴形亦有纏護亦有拱應亦有三陽亦有五戶其擺布施設與眞龍無異何以識其僞而非眞也姑自其槩而言之假龍雖有祖宗而醜陋粗惡雖有出身而頑硬峻嶒雖有開帳而偏落走竄雖有過峽而牽射瘦削雖有枝脚而帶殺尖利雖有星體而傾欹臃腫雖有穴形而糢糊不明雖有纏護而牽拽分泄雖有拱應而兇捍强梁雖有三陽而逼窄凌壓雖有五戶而低瀉空曠有此

則大本已失徒有氣象可觀終覺勉強總爲花假而已書云芍藥花開菩薩面正此謂也凡遇此等形局多爲眞龍作用神或近侍[illegible]垣局之內而爲衛從或奔走於數里之外而爲關隘否則或結爲龍窩或結爲壇社若悞下之不惟無福而反召禍矣可乎雖然此以常理論之耳然龍神變化多有異常而爲人所莫測者或結爲天巧而居萬仞之巔或結爲地秘而藏於泥水之坎或孤露而消受八風或流注而趨向兩臂或元辰水直或朱雀砂飛或坐空或漱石或噉泉或挺月此等奇形怪穴反主發越非凡或結禁穴

者有之或出聖賢者有之或出公侯卿相者有之或出王親國戚者有之要亦眞龍藏伴造化隱秘不肯輕以與人故爲是醜拙以疑人耳此又似假而實眞也然非法眼上智之士莫能以發天地之隱非心純積德之士亦烏得以來天地之授哉然此形勢必須心領神會默定大綱於數十里之外而後能辨玄妙於咫尺微茫之間否則以眞爲假以假爲眞者亦多矣時師每望形取法亦獨何耶

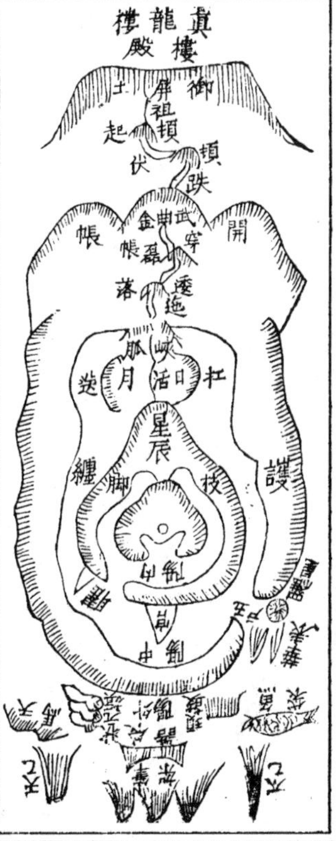

形局件件合格龍則眞矣然又有有龍而無穴者或開窩鉗而空凹傾陷或起乳突而峻急粗頑是亦結穴不眞而與無龍等耳不可下也故廖公云有龍無穴虛生起必定無好地

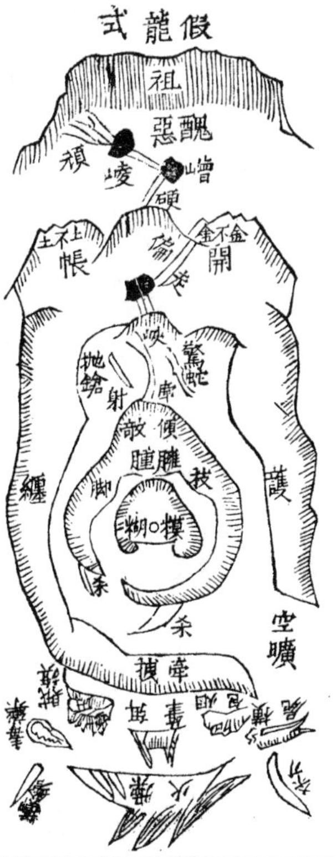

形局件件有疵龍則假矣然未有無龍而有穴者或開窩鉗而弓抱婉媚或起乳突而光澤端圓是雖結穴分明亦徒爲虛設耳不可下也故廖公云有穴無龍莫亂行下後子孫貧

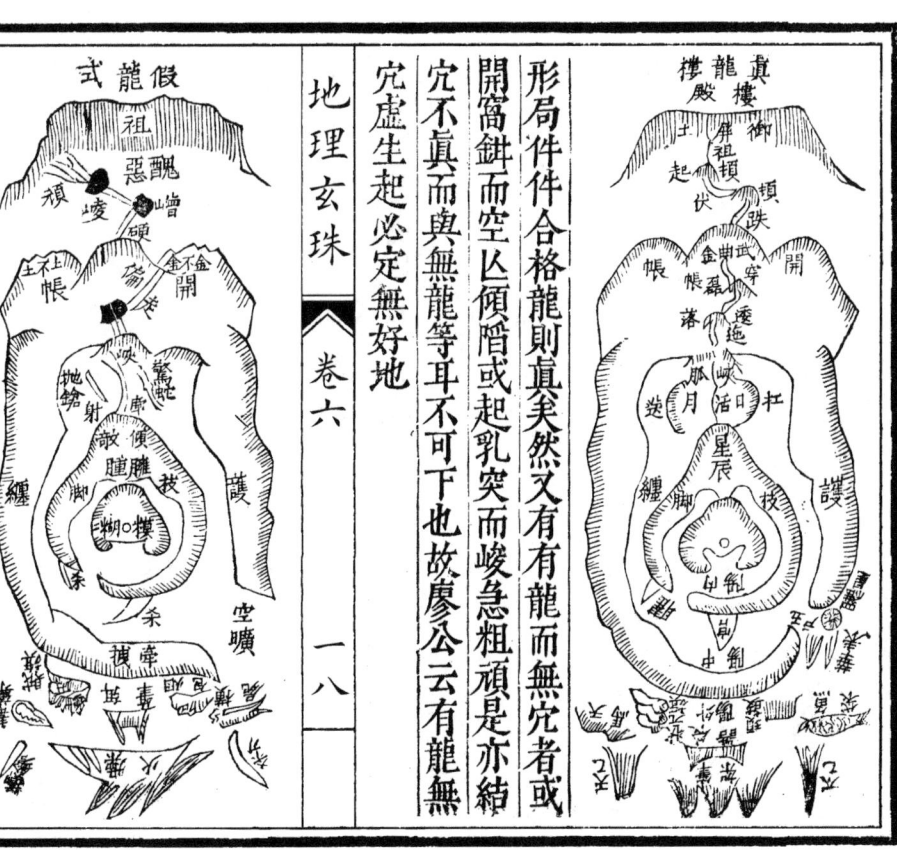

論貴賤

夫行龍結局不啻萬殊然較量輕重不無貴賤吳公云數龍齊出孰爲奇貴賤尊卑總要知是也自其槩而言之大抵龍之貴者其祖宗父母必俊偉侵雲或城鳳閣龍樓金鑾寶殿之屬其離祖出身必穿帳中抽或成玉尺蘆鞭串珠橫琴之屬其入首結局必安靜端莊若懷萬寶而宴息若具萬膳而絜齊其送從護衛必整齊嚴肅若萬卒影從成禁衛若千軍擁衛乎朝廷其明堂施設必開暢寬平如萬邦之納貢如百辟之來朝其朝案照應必獻奇列秀或遠而外聳

千重或近而眠弓一案其水勢入懷必汪洋活潑或澄凝而融聚天心或朝拱而迴纏玄武其垣局關攔必交鎖稠密或華表捍門居水口或樓臺鼓角列羅城此皆貴氣顯曜乃天地生成之應証初無一毫勉强於其間者是貴龍之大義如此也若夫賤龍結作雖有祖宗而或粗惡雖有出身而或頑硬雖有開帳而偏落雖有局勢而糢糊或孤立無助或牽拽無情或體露堂傾或風吹水劫此皆本體微賤故其勢無足觀或爲貴龍作送從而已縱有穴將安用之此貴賤所以優劣懸絕能竭心目之巧自可以得其詳矣

貴龍稟自貴格須知頴異非常

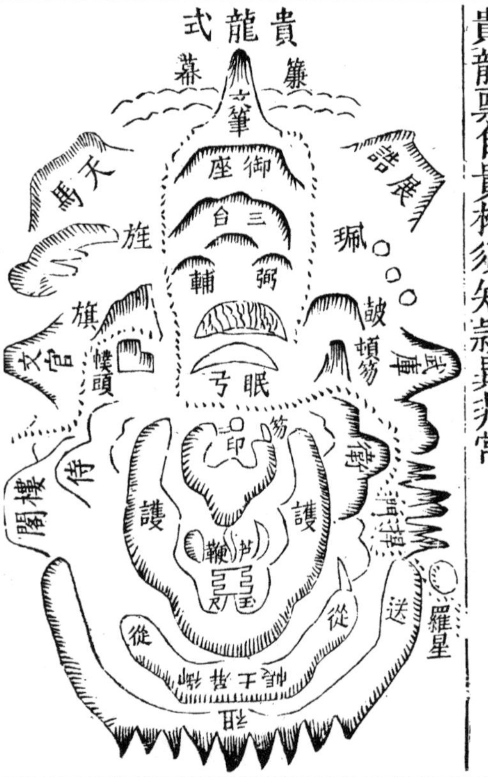

賤地生成賤形定見委靡不振

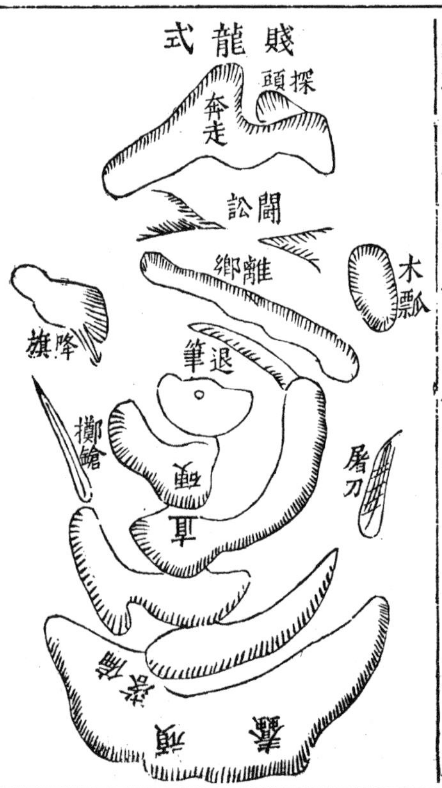

貴地大畧圖左

夫觀龍之法惟審其體勢情意而已而形則置之勿問可也司馬頭陀云以端方而知其忠以攲側而知其佞柔亂以知淫卑少以知賤粗猛以知惡瘦薄以知貧粹美知慈威武知斷寶鑑云山厚人肥山瘦人饑山清人貴山破人悲山歸人聚山走人離山昂人勇山縮人卑山明人達山暗人迷山順人孝山逆人欺蔡牧堂云觀形貌者得其僞觀性情者得其眞皆殼論也但山無定體其形象偶類於物者有之其應效適肖其形者有之如常邑塔山如葫蘆而多名醫

莆田壺公山如卓笏而多朝貴此等人古人筆式於書而猶有可徵者故指物喝形所由作也然此亦僅取其近似者以形之耳夫何異端峰起邪說橫行遂有仙人蹺足美女獻花出匣寶劍掛壁金釵飛天蜈蚣過海蝦蟆等類隨口喝形以神其術於理一無所據殊不知來山萬狀殆不可以形名盡之今於諸家沙法中姑撮其近理者一二以附於圖凡觀形象者亦惟取其秀麗高聳端正尊嚴者爲吉粗頑低削攲斜醜陋者爲凶設欲取形宜以活法參之觸類而推自可以立名稱而心有所主矣愼毋按圖索驥可也

玉樓

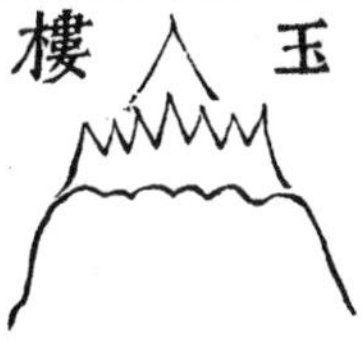

金鑾

寶殿

瓊閣

右地形勢秀聳肩胛停勻層級重疊端嚴正出者多爲京都陵寢之地若層級少者爲藩鎭大府代代公侯或俊拔獨秀者出狀元宰執極品之貴此毫釐少異即分輕重矣

龍車

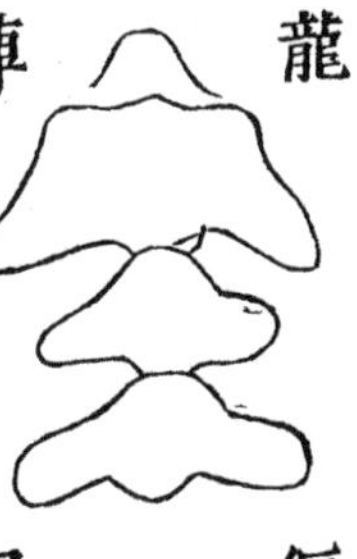

鳳輦

偃月

蛾眉

凡主星端圓而頂上復起一星者皆爲車輦之屬凡金星一彎秀麗光澤端指而細巧者爲蛾眉稍潤者爲偃月蓋車輦爲侍御之器眉月爲太陰之象皆主出后妃之貴或男婚附焉

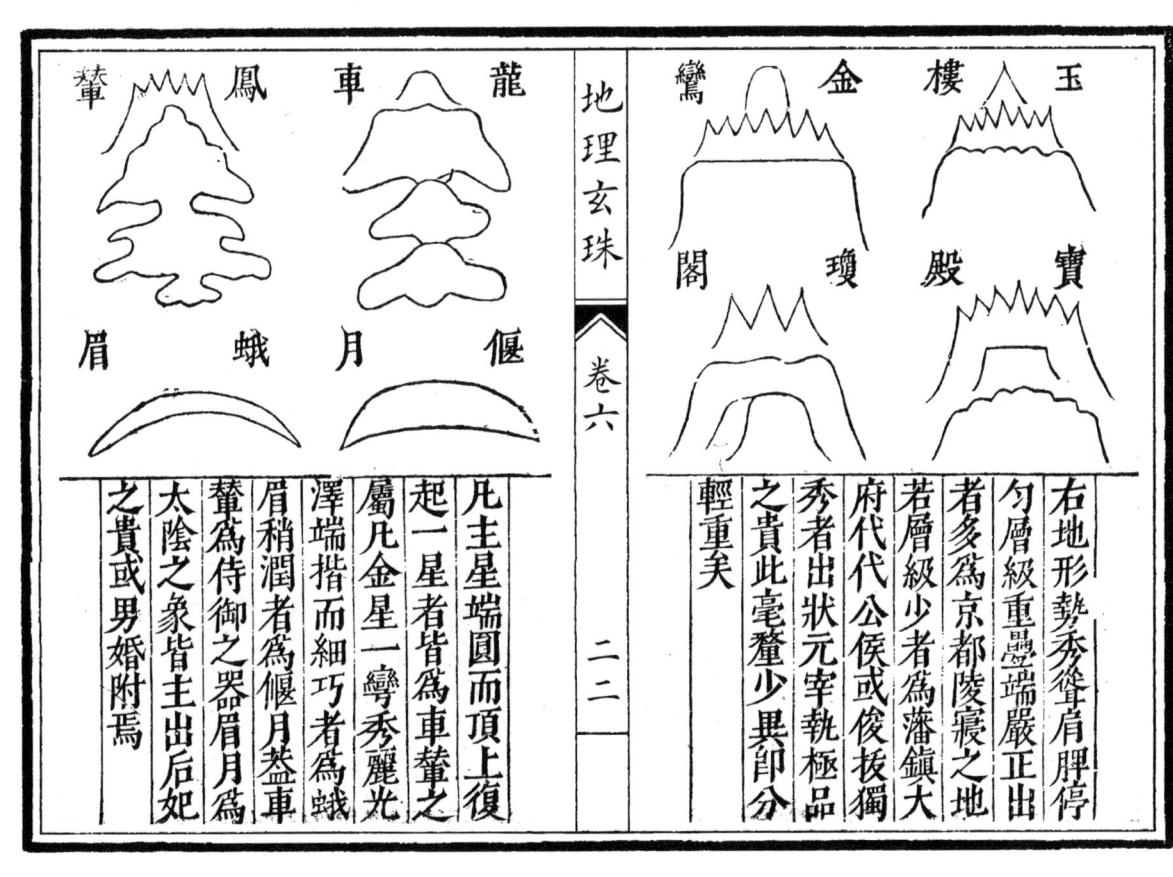

玉尺

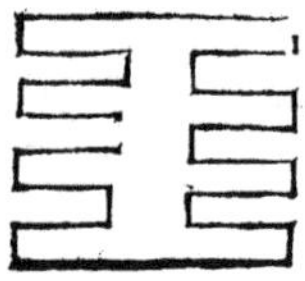

十字

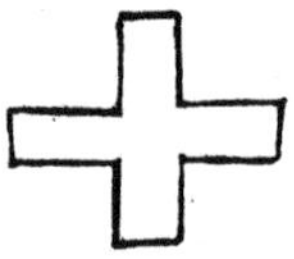

玉印

玉几

玉琴

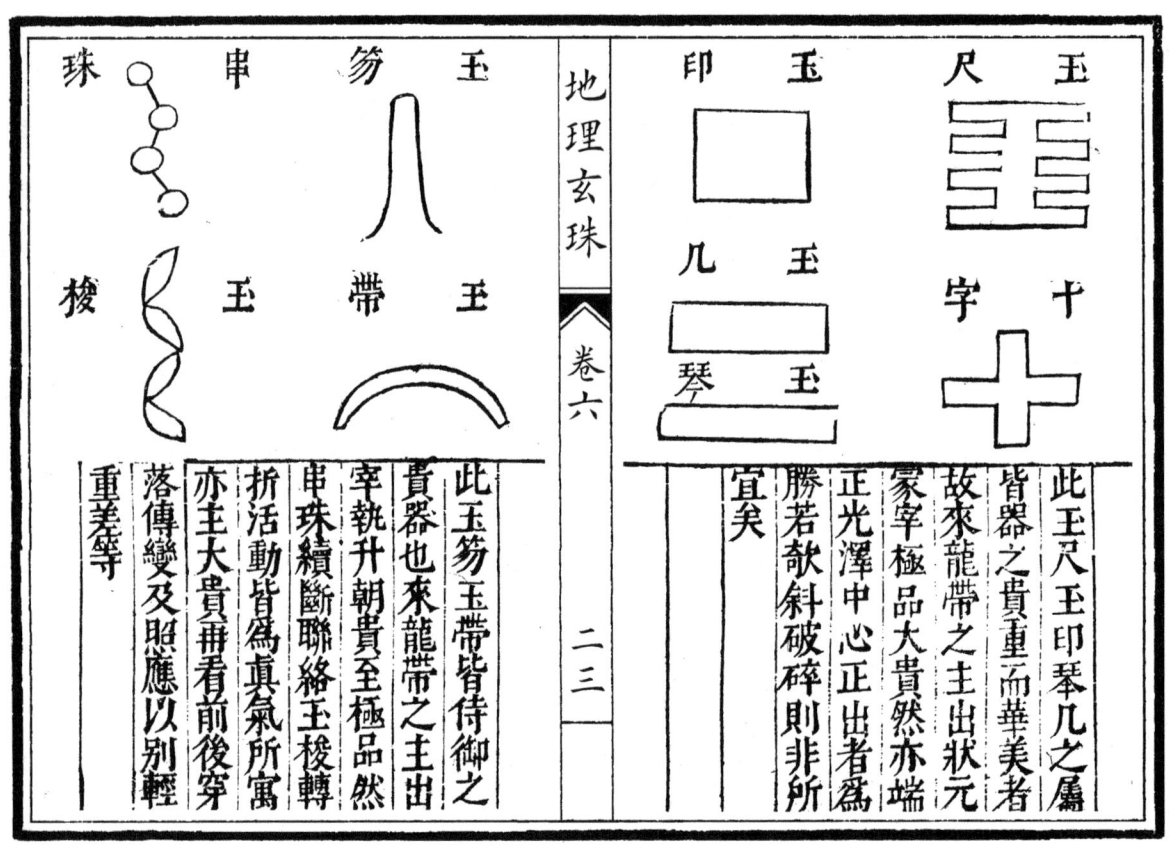

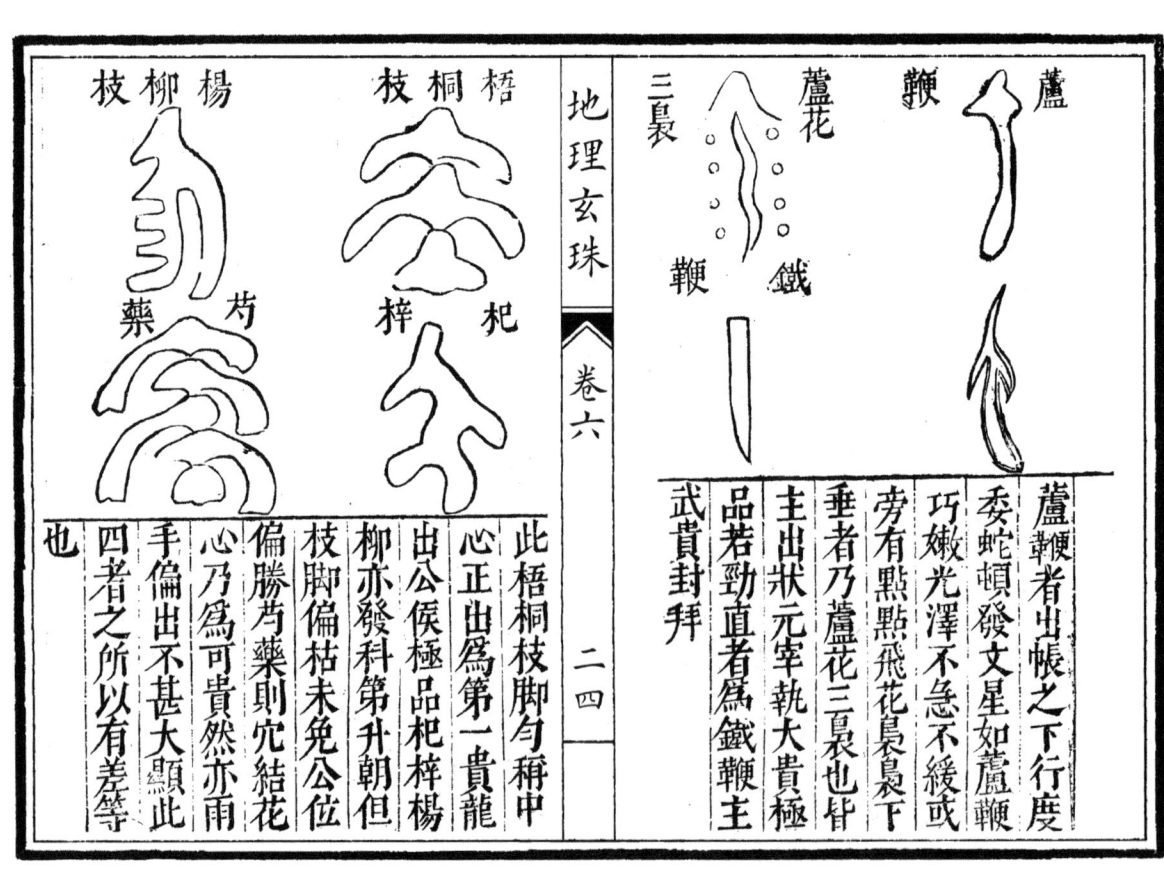

此玉尺玉印琴几之屬皆器之貴重而華美者故來龍帶之主出狀元豪宰極品大貴然亦端正光澤中心正出者爲勝若欹斜破碎則非所宜矣

玉笏

玉帶

串珠

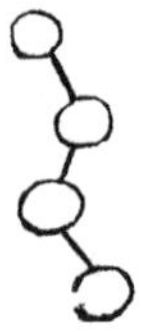

玉梭

此玉笏玉帶皆侍御之貴器也來龍帶之主出宰執升朝貴至極品然串珠續斷聯絡玉梭轉折活動皆爲真氣所寓亦主大貴冊看前後穿落傳變及照應以別輕重差等

蘆鞭

蘆花三裊

鐵鞭

蘆鞭者出帳之下行度委蛇頓發文星如蘆鞭巧嫩光澤不急不緩或旁有點點飛花裊裊下垂者乃蘆花三裊也皆主出狀元宰執大貴極品若勁直者爲鐵鞭主武貴封拜

梧桐枝

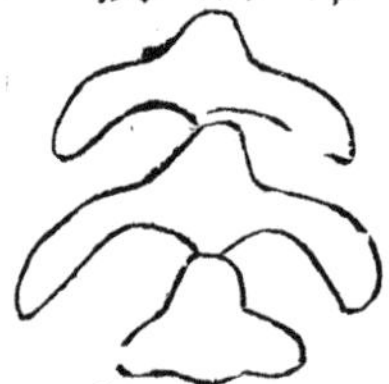

杞梓

楊柳枝

芍藥

此梧桐枝脚勻稱中心正出爲第一貴龍出公侯極品杞梓楊柳亦發科第升朝但枝脚偏枯未免公位偏勝芍藥則宂結花心乃爲可貴然亦甬手偏出不甚大顯此四者之所以有差等也

玉堂貴人

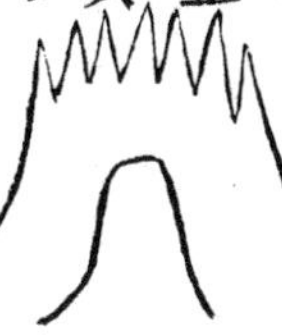

臺閣貴人

金馬貴人

錦帳貴人

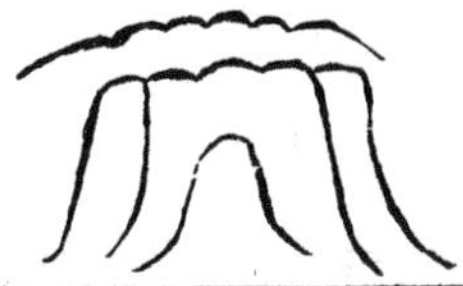

此玉堂金馬乃翰林聲價臺閣錦帳乃宰輔登臨更有貴人居於其間則其貴顯不待言而可知者來龍帶之定主文章蓋世威權振主滿門朱紫奕世台階品極人臣不可勝言矣

臨軒貴人

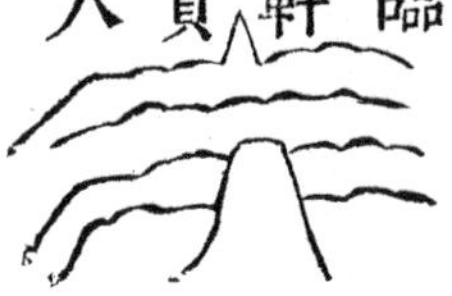

執圭貴人

簾外貴人

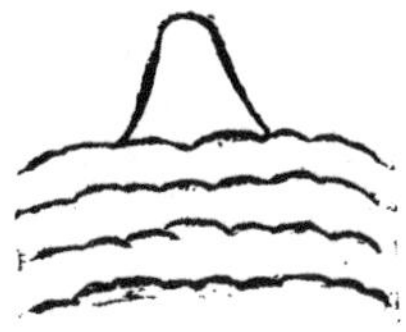

侍講貴人

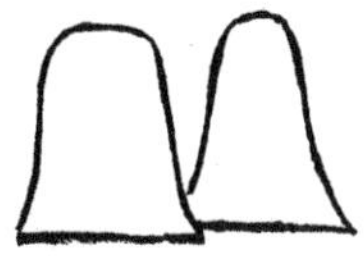

此臨軒簾外執圭侍講皆朝廷之近侍御座之親切者或祖山或主山或坐托或朝案局中帶之俱主出國戚皇師得君獨隆重重封廕若貴人欹斜醜陋則出奸佞無疑矣

帝座排班

筆架

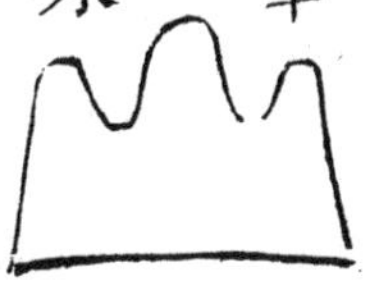

滿牀牙笏

雙薦

此排班牙笏要均齊端秀主顯爵厚祿朱紫滿門筆架中峰獨高而兩旁勻稱雙薦齊肩並秀而兩不偏虧筆架則父子同襲雙薦則兄弟聯芳此皆上格貴龍功勳累世

玉陛九級

捲簾殿試

玉陛層層聯級皆偏斜中端楷而奇特者也殿試者重重橫山爲御陛而以空處爲掀簾取獨峰者爲殿試二者皆大貴格作王家之賓若以脈非中出而以偏斜少之則誤矣

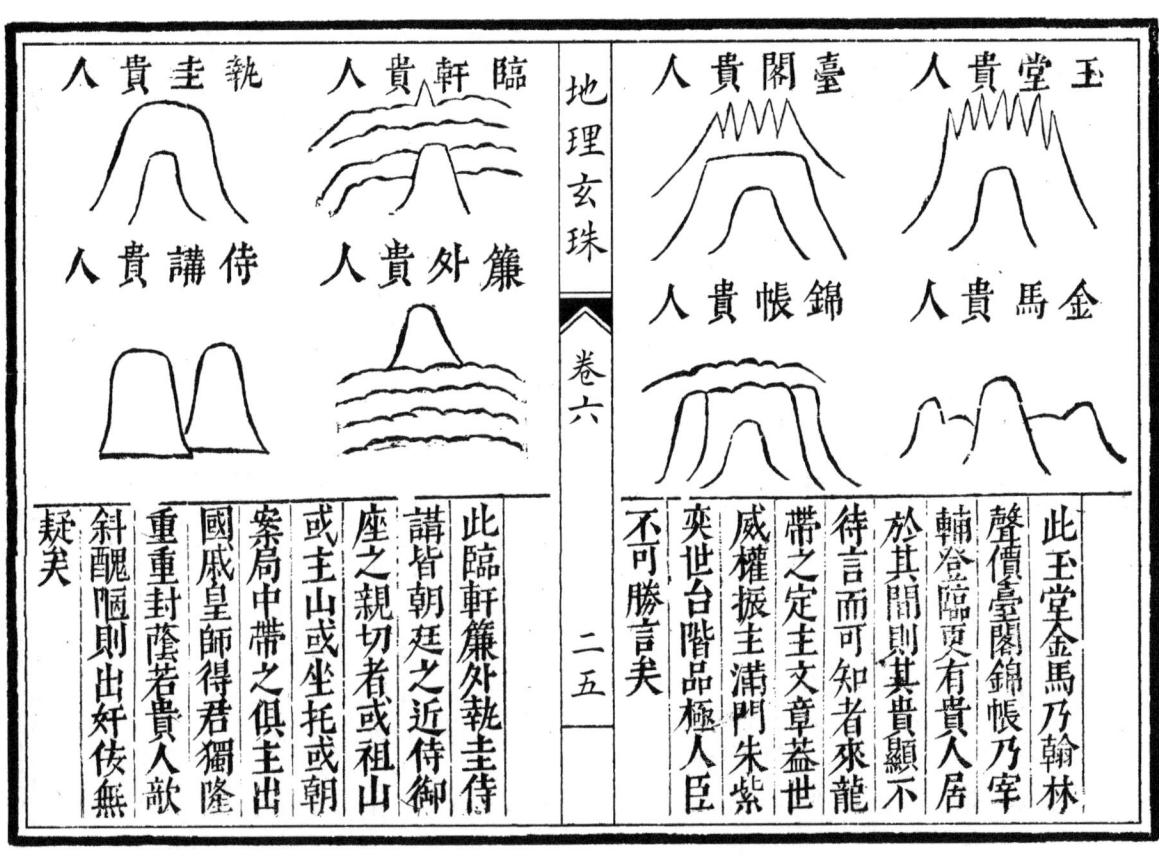

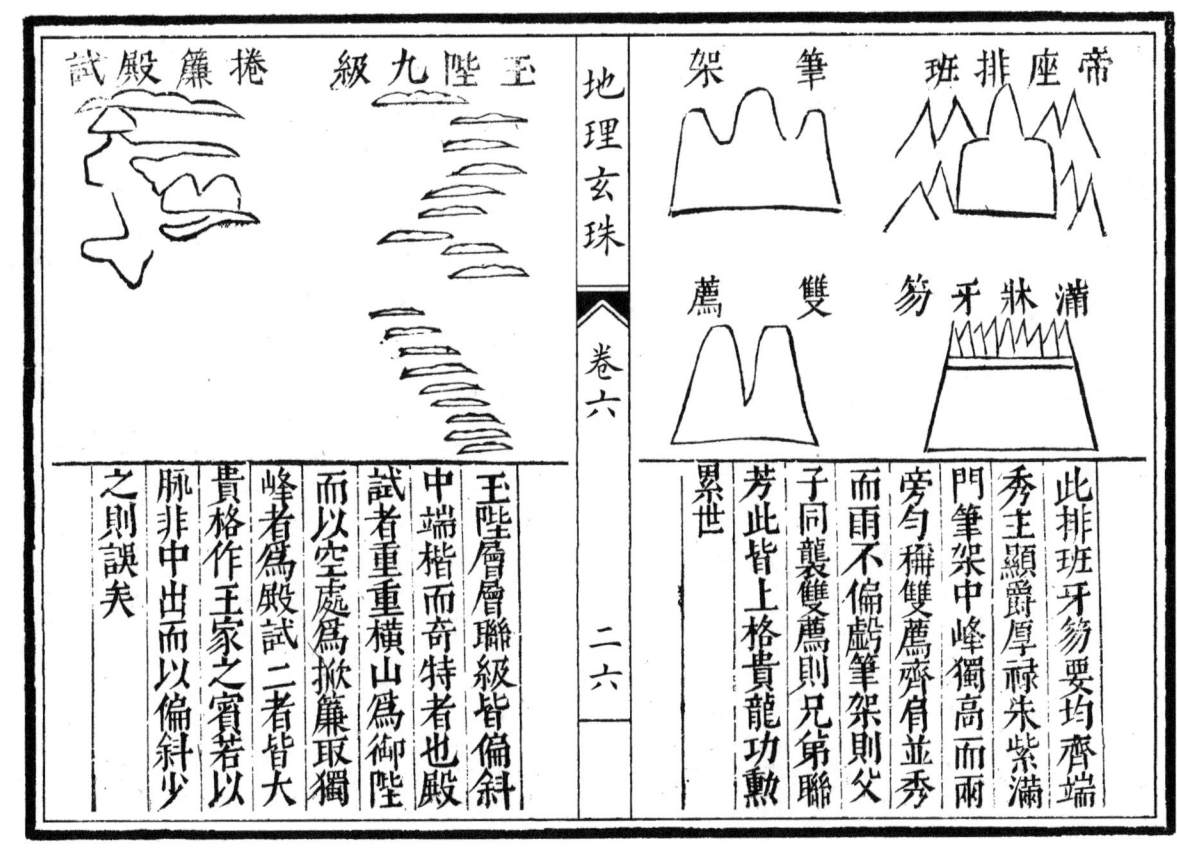

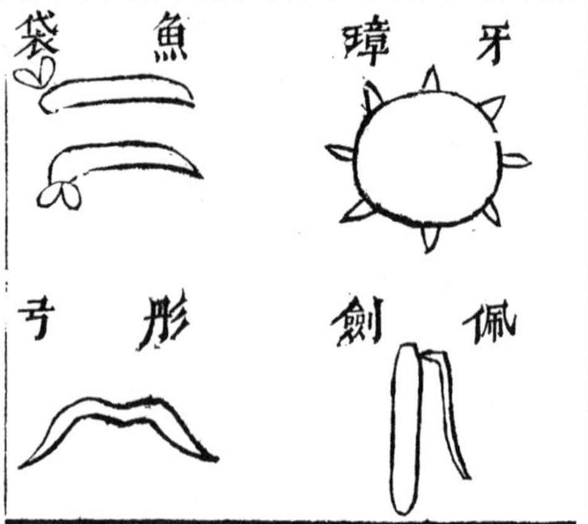

牙璋將帥發兵信者佩劍形弓魚袋皆威武之所由以奮者來龍帶之主出豪雄武貴兵權萬里拜將封侯威振華夷不可勝言矣若破碎糢糊者不取

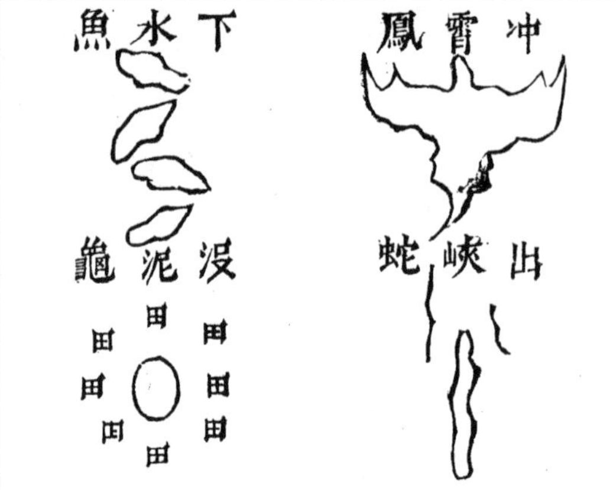

鳳冲霄者展翅而成火星以炎上爲貴蛇出峽者遊身而成水星以潤下爲貴下水魚則順流貫串而活潑沒泥龜則藏踪隱迹而凝靜四者傳變合格結穴得地皆主顯爵祿位齊全允爲上地

正旁引証

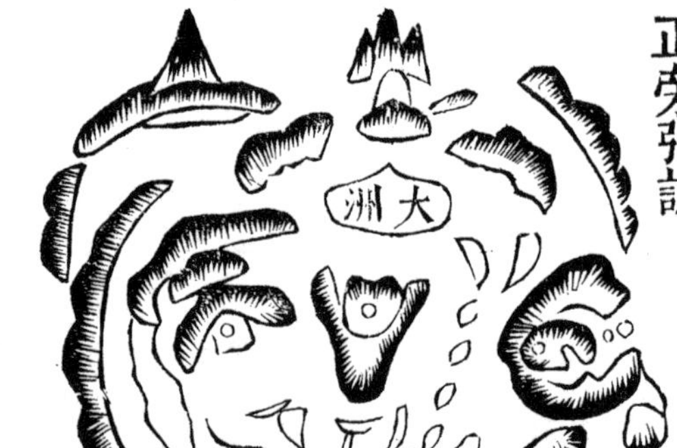

黃侍御祖

侵天御屏入局中抽一脈結黃氏祖累世登第仕宦不絕右脈方氏發一恩科左脈王氏發一武貴益由中出者力重而角落者力輕也一龍三脈而優劣有如此然則旁正之分不有可見者哉

枝幹

劉禹錫祖

木星開帳脫落平岡體勢逶迤案應端秀坐托盤旋中抽一幹結劉氏祖地發貴清高才華彰著幹上生枝結一木華穴亦發小貴但不及幹力爲尤勝耳枝幹之別於此可推

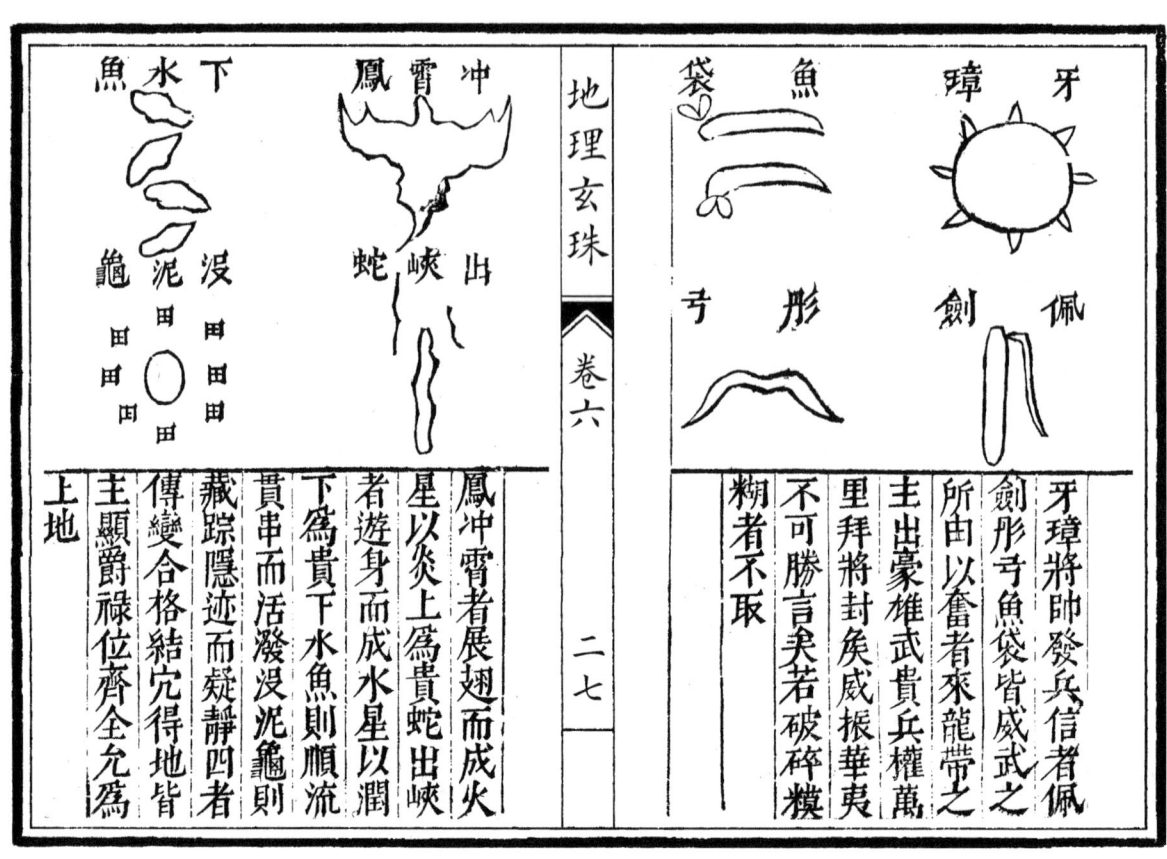

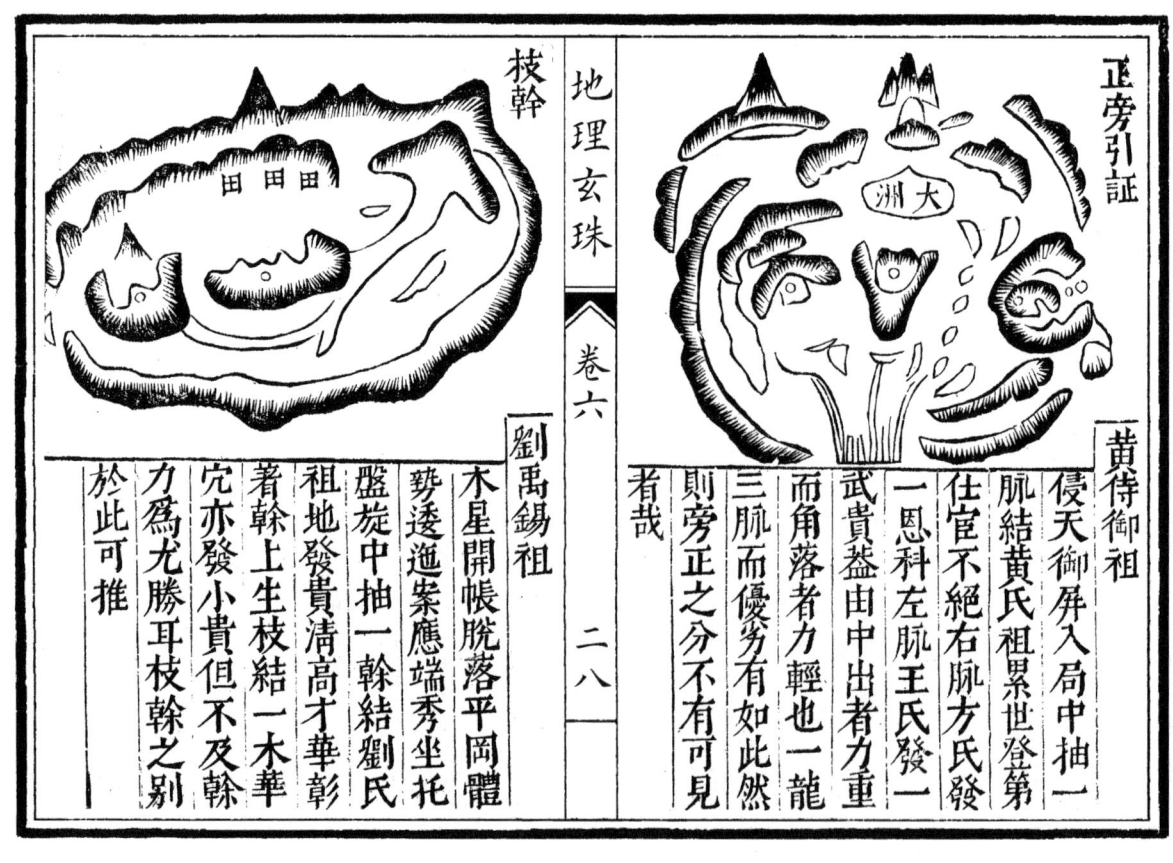

真穿心

曾大參祖

艮誥大帳發祖中間頓起寶蓋三台正心穿出開睜勇徃頓跌委蛇結作秀麗侍衛整肅內陽文星貴人爲近案外陽龍樓鳳閣爲遠朝帳下一線中抽入穴此眞穿心龍大貴之地

假穿心

尹瓊姬

祖山雖若秀麗低而且軟抽脈雖若穿帳偏而且斷入首欹斜而不端侍衛牽拽而不正前案抱有撫背爲淫慾此皆似是而非乃假穿心也葬後生女爲名妓徃來皆貴戚發財致富

玉尺

李相公祖

平田中頓起一突前去結爲高阜以成王字玉尺文星四面田原廻繞衆水來去趨朝遠山秀峯案應尊嚴此平洋大地也出四世宰輔一神童九卿監祿位豐隆人材鼎盛

十字玉尺

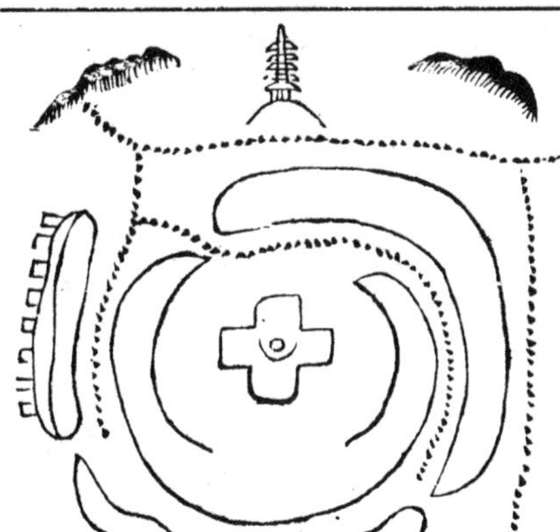

申太師祖

平田中墩阜起伏牽連蛛絲馬跡至此結十字玉尺四面沙水廻護周匝當面虎丘山作案山上有塔成筆峰秀朝旁有遠山輔佐誠平洋之大地也頓發狀元及第師柱王家自此英賢鼎盛福祿彌崇

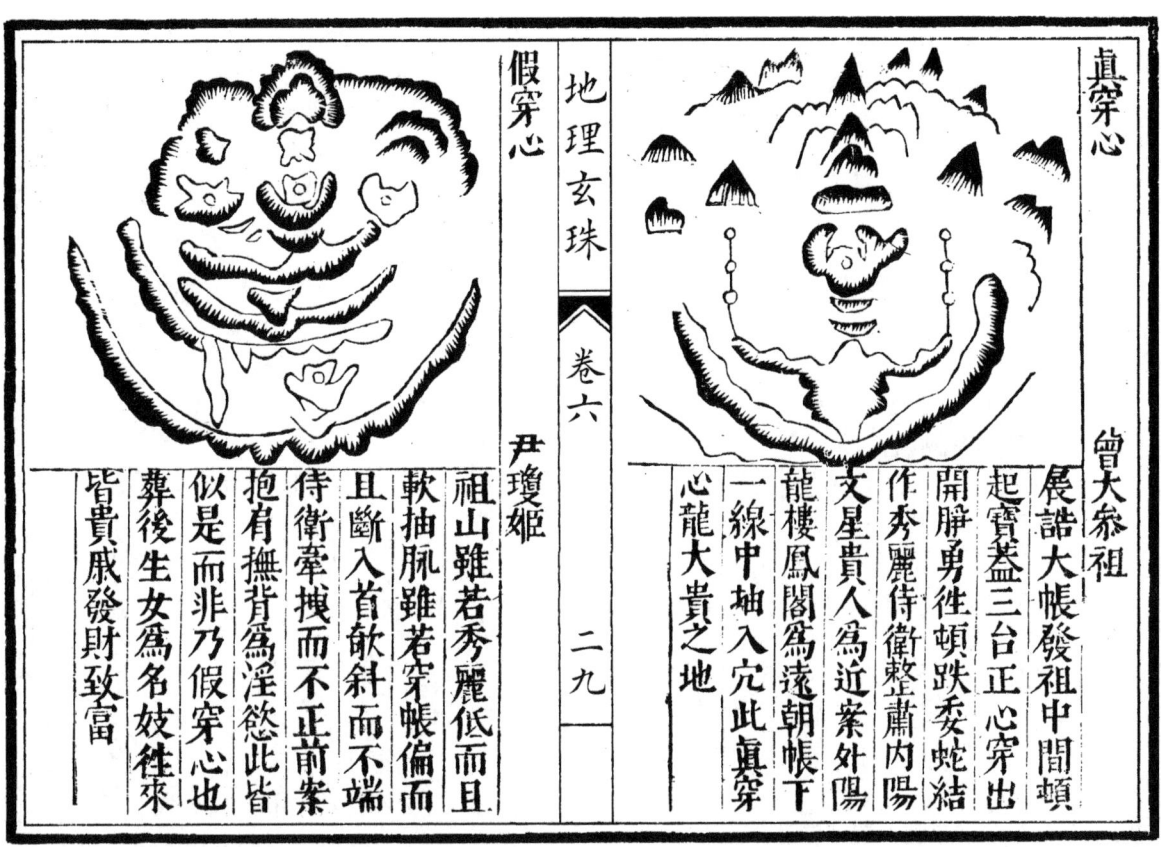

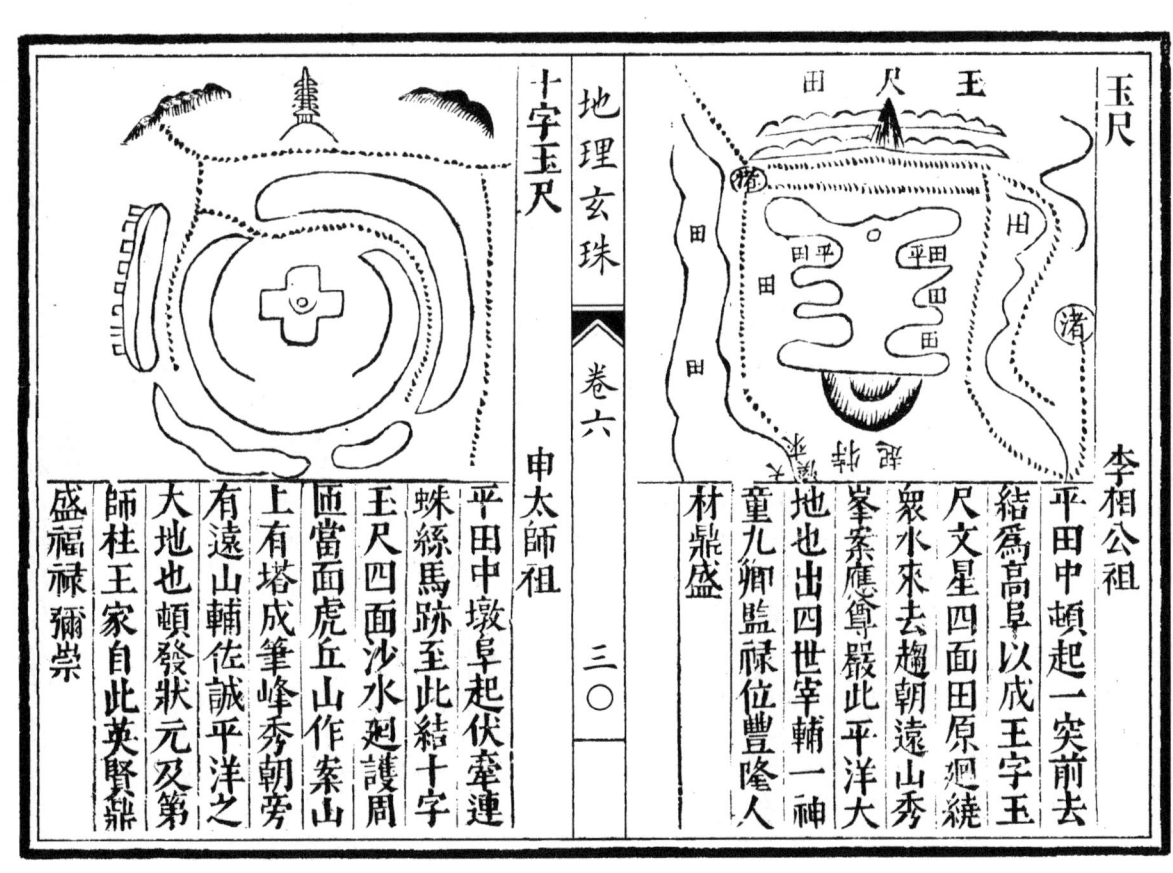

蘆鞭

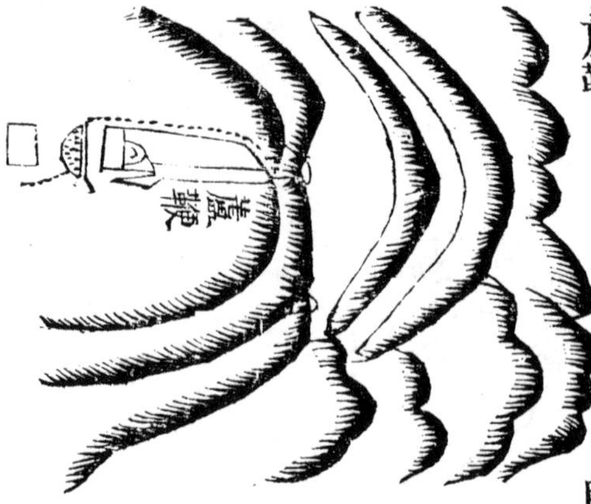

申太師祖　穹窿山起祖
漲天水星發祖起伏四
十餘里奇峰峻嶺重壘
聯絡至此盡龍復起天
才貴人跌落平坡中抽
蘆鞭細嫩長直微開小
口結穴近前圓池四時
不竭平田中頓發幞頭
星案只今狀元極品賢
才迭與方隆未艾

蘆花裊

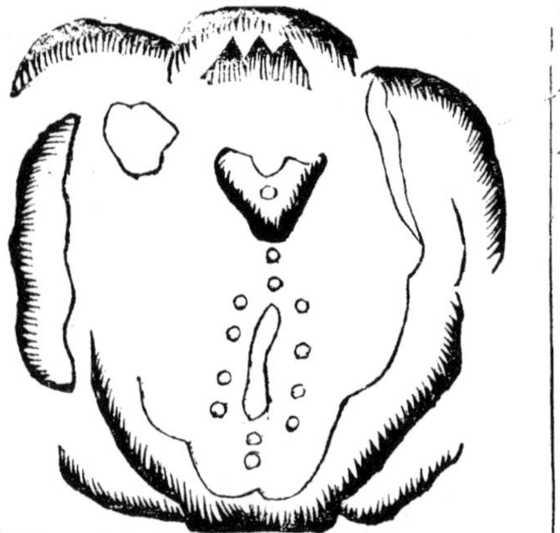

留承相祖
開帳中落跌斷結咽平
田數百畝頓起蘆鞭文
星前後左右皆點點蘆
花正爲蘆花裊是也更
護衛周匝前案御屏三
台照應葬後遂發狀元
拜相位登極品子孫蕃
衍

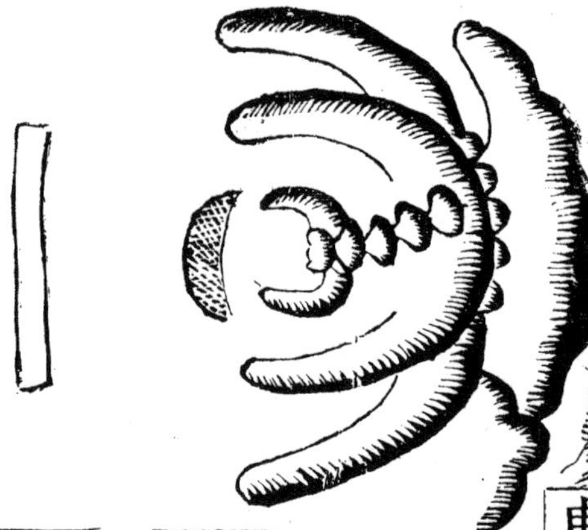

申太師壽山
右與祖穴同體但星辰
是五腦芙蓉開帳中抽
一脈聯絡起突如貫珠
峽脈日月夾照貼身魚
腮蟬翼証佐分明龍虎
重重抱衛元辰水四時
不竭主福壽彌崇貴至
封拜世代相承不替

遊蛇

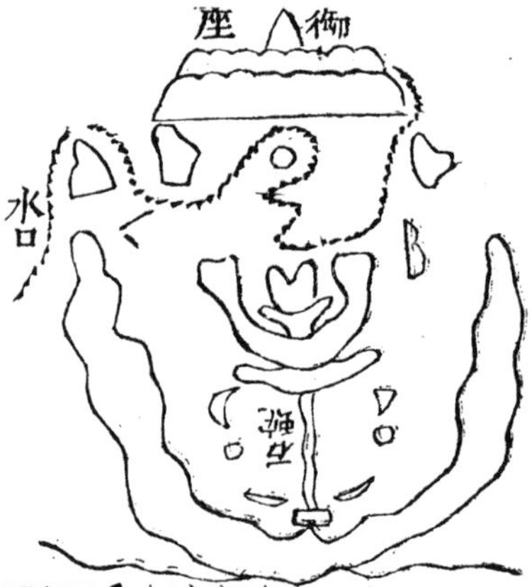

王相公旦祖
開帳中落平地頓出石
蛇細巧屈曲活潑如生
蛇游行向前入首結穴
星體秀麗侍衛整肅內
外陽有御屏御座作朝
先出貴妃而後封侯誠
爲大地但此石蛇不可
踐履

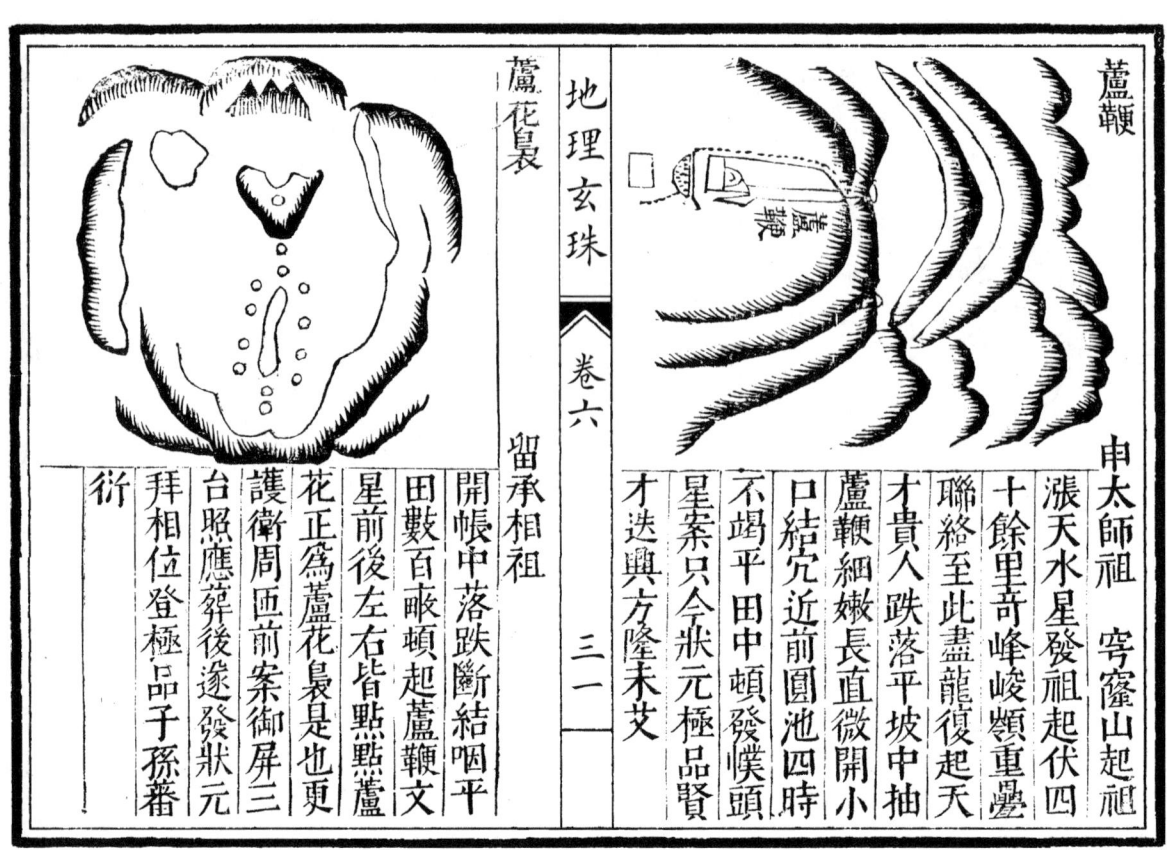

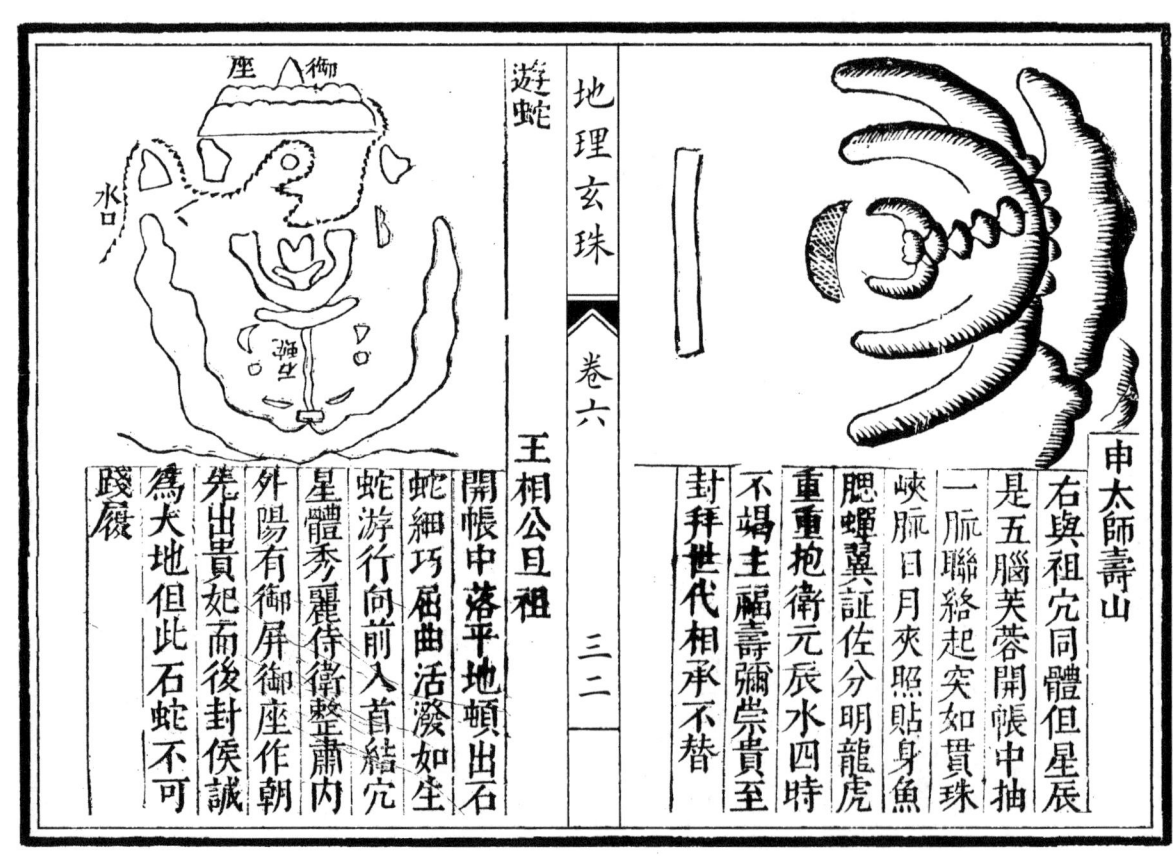

玉梭

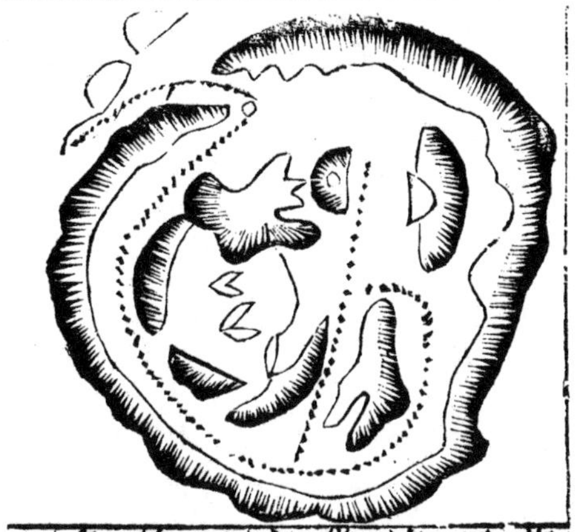

方侍御祖

落脉奇巧行度圓活束咽過氣欲斷不斷極爲清脱臨入首結成玉梭幾片活動抛擲聯絡入穴太陰文星貫入作案四面團團包裹葬後遂發風憲科第不乏然此多得引薦

串珠

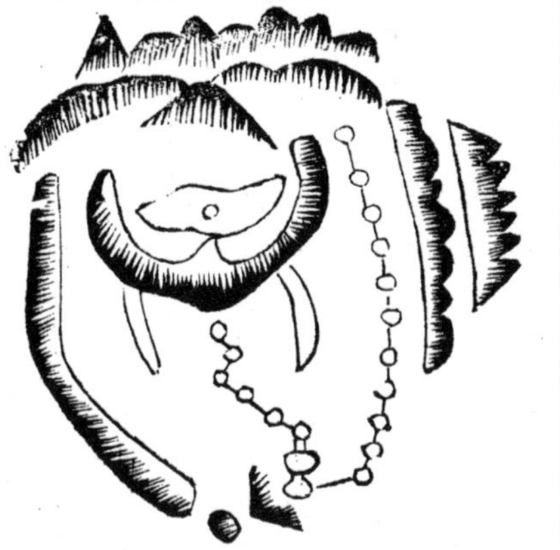

竇尚書祖

圓堆累累結成穿珠聯絡貫串活動委蛇入首精爽穴星端秀前沙貴人誥軸羅列朝應後沙孝順鬼曜鍾護英靈所以連發科第位登八座祿壽齊全世代相繼

飛鳳

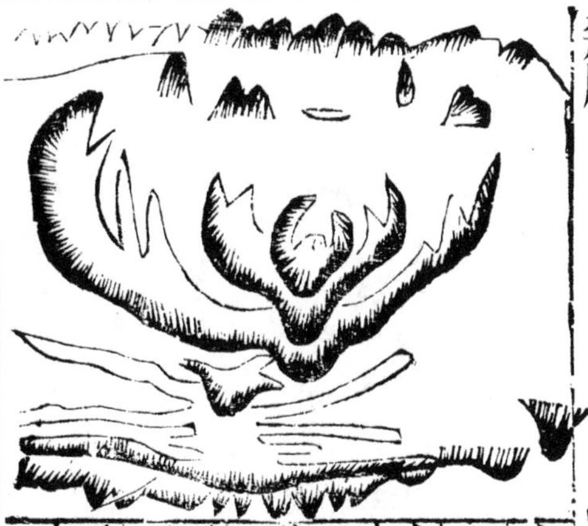

馬周祖

火星起祖脫落平岡穿出又起尖峰入座結作冲霄鳳形有横飛直上之勢益火性急疾而勢燄盛定主速發而顯揚故以布衣言天下事一旦得君位至卿相如飛鳳冲霄也

諸賢名墓

高山大岫起伏三百餘里穿田過峽頓起五星聚講復列横闊大帳條條出自帳中互相照應結作諸賢名墓要皆富貴蕃衍益由祖龍悠遠秀拔所以不論初終旁正節節結穴足徵尋龍之法先以祖龍爲主云

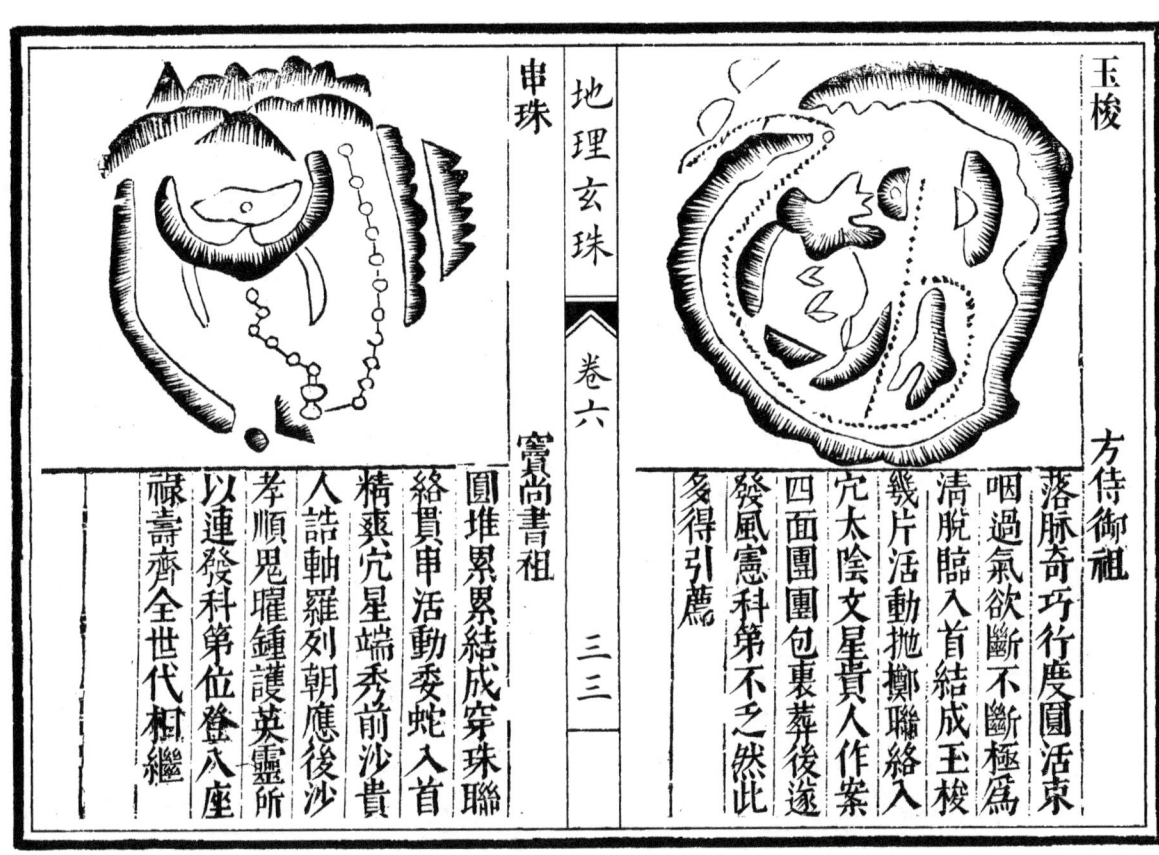

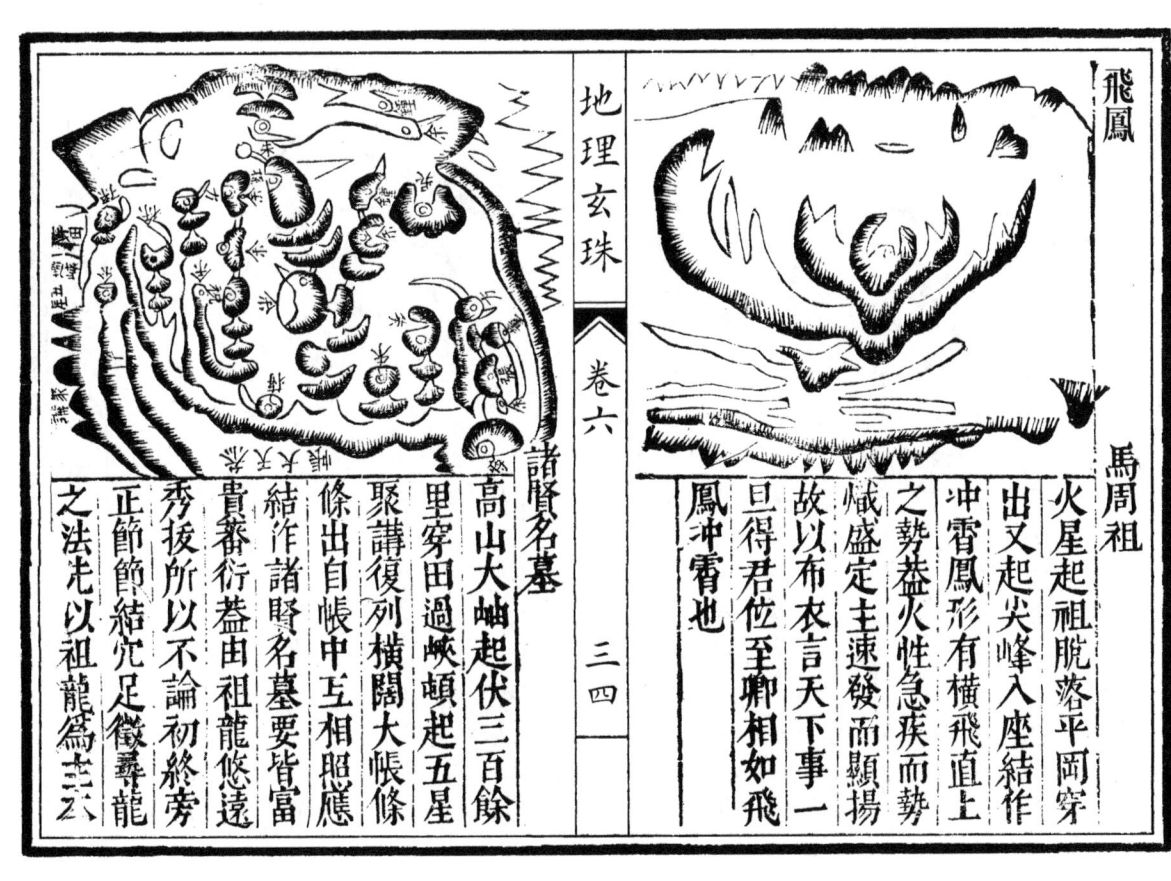

地理玄珠卷之七

古吳太和山人夏世隆道弘甫著

梁谿半僧道人華善繼孟達甫校

論體勢

夫龍原其所來究乘其所聚必須辨認龍之體勢然後可以求索究之情意是龍之行度乃究之根本也能察體勢之美惡則知禀氣之吉凶然不有以發明其一二則是非可否果何自而分哉姑略其圖以示式于左則體格雖繁自可揣摸以盡其餘矣是故萬狀千形固難悉具而舉約該博猶可類推觀夫

中龍尊嚴群沙四繞而環列

中龍者結究衆山之中也獨居于中而群沙四面旋繞或衆高一低衆低一高或衆大一小衆小一大星体特異氣象尊嚴四方八位皆吾衛從然須隻隻回頭無不畏服乃爲真結不鬪山壠平洋允爲大地

直龍强健中抽撞背以徘徊

直龍者氣脈直來撞背入首頂對來龍而結究者也蓋其星峰磊落氣勢透迤開帳穿心結咽中落形體端嚴護從整肅用法裁扦發速且大然必有餘氣爲毡褥乃佳或稍逐元辰亦不爲害也

橫斜屈閃體勢不同

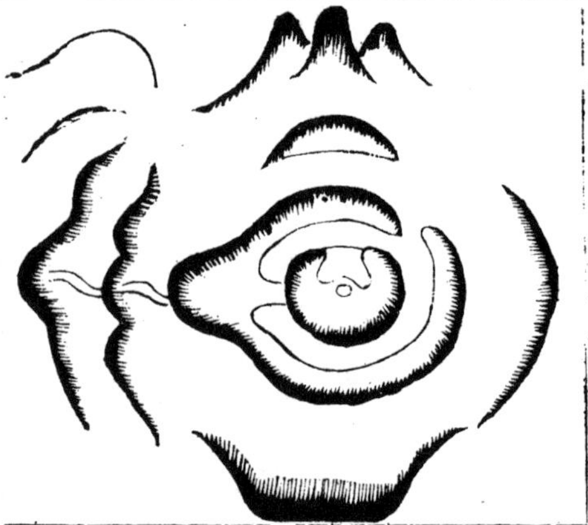

橫龍者或從左落或從右落橫來入首而結究者也蓋其逆勢結局轉側磅礴以來去分沙爲龍虎穴後必要鬼星或樂星或纏托前有照應乃爲得體又不宜元辰直長恐爲盗氣

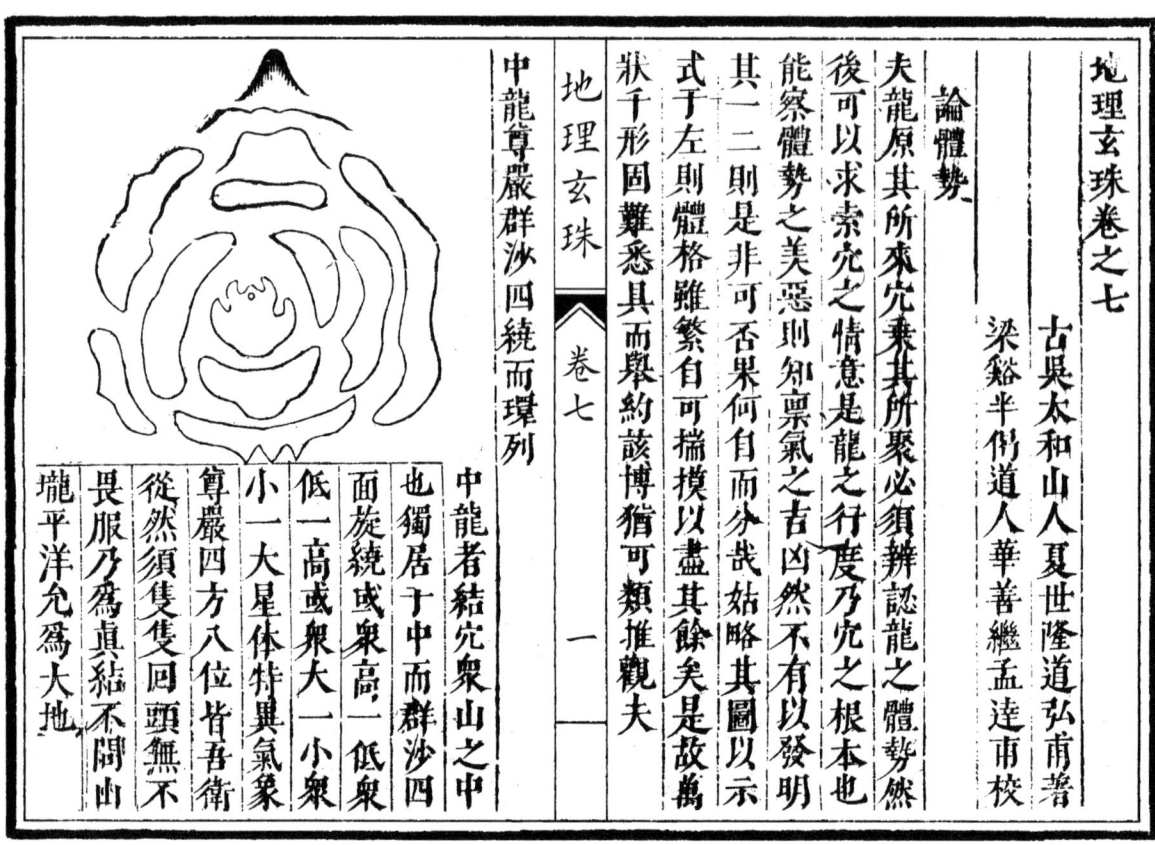

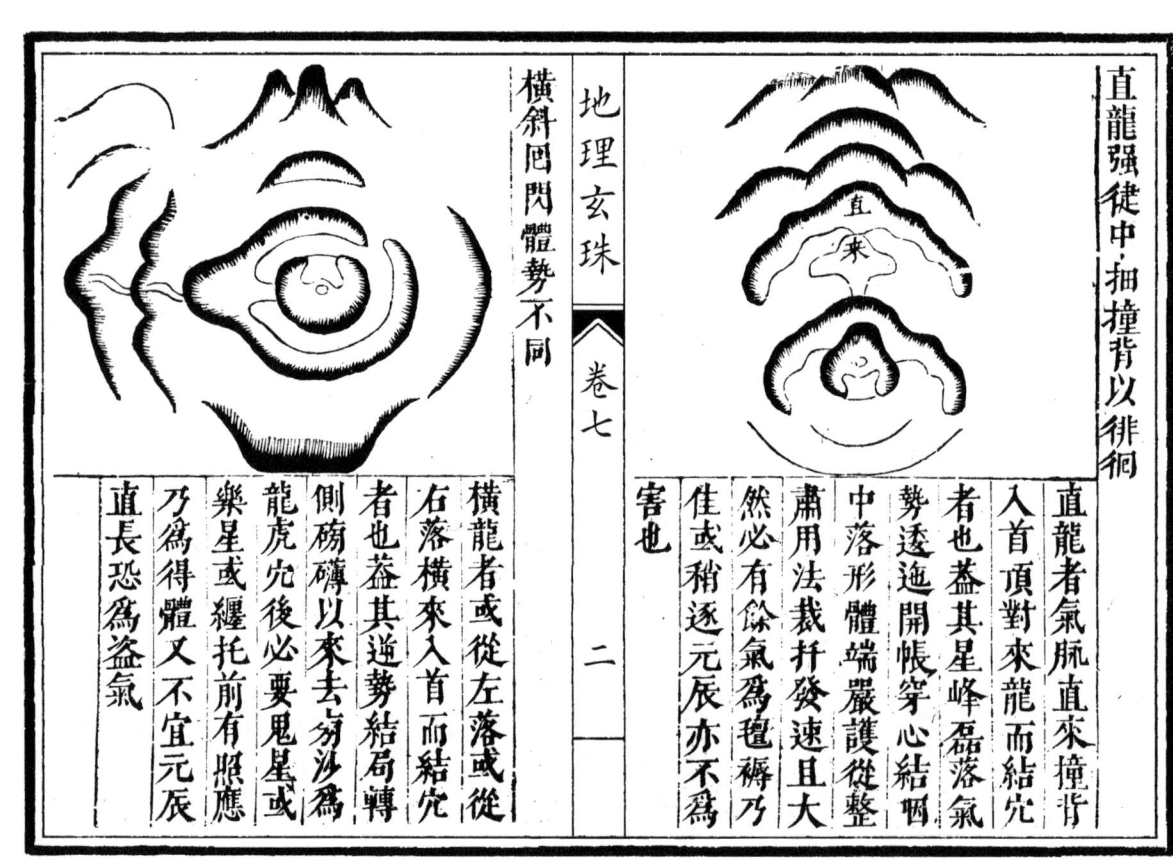

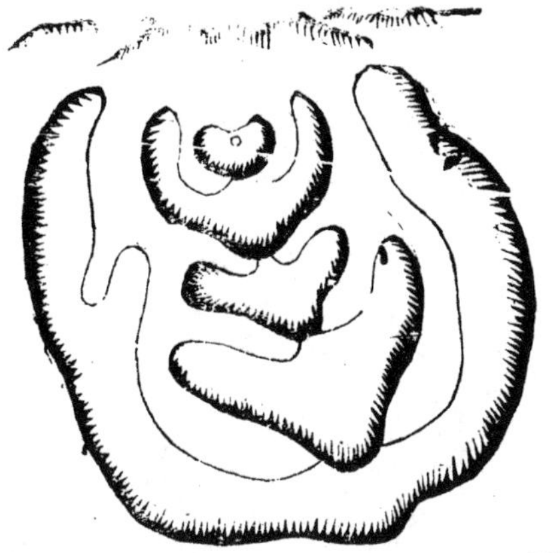

斜龍者或左落或右落斜來入首之謂也兩邊插界明白過脉斜貫而穴星則端嚴明堂則平正門爲斜來正下是也大抵真龍行度多是體勢斜奔望之則肅然整敕者尤爲奇貴若到頭汝水偏側不足取矣

回龍者順水出身而逆回結穴者也盖以高山發祖起伏聯絡剥換盤旋回頭顧祖主山作案獻秀于前分枝爲護從佐于後極爲有力所謂逆勢重于舉峊是也此局回顧有情主出忠臣孝子猶以左關者勝

閃龍

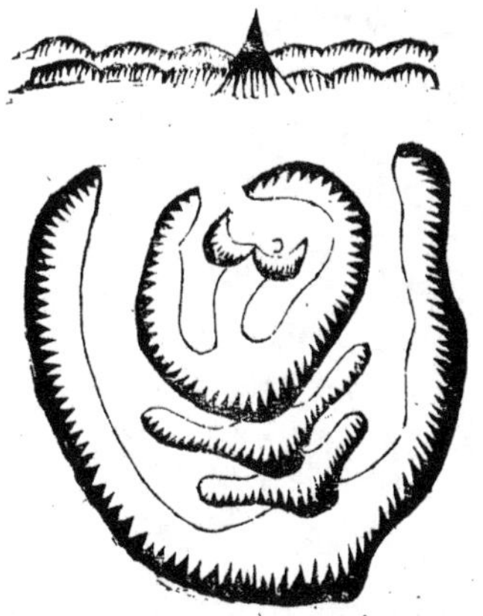

閃龍者龍脉捿側躲閃而結穴者是也蓋常法以頂龍求脉固是正理然眞龍藏倖變態莫測微妙無窮多有轉身閃脉而結聚者蓋泥于直步龍神撞脉取穴則誤矣但此穴實多隱怪非法眼其孰能扦

剝龍

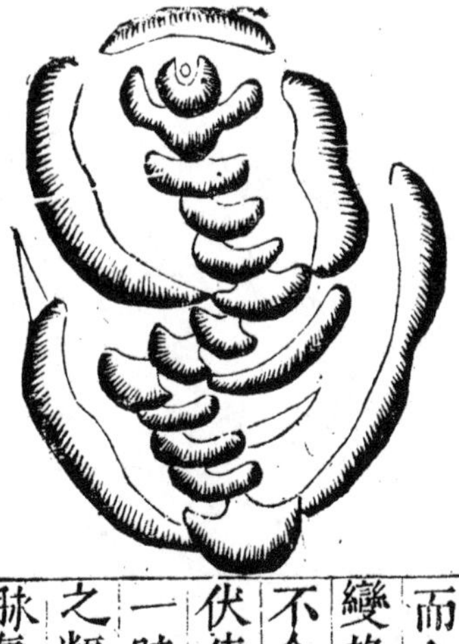

剝龍者龍行轉折變換而入首之謂也蓋龍無變換則不經脫卸造化不全故大龍入局多起伏傳變每過一峽變換一脉如亥入艮艮入亥之類是也剝換愈多則脉氣愈清愈貴而發福久遠

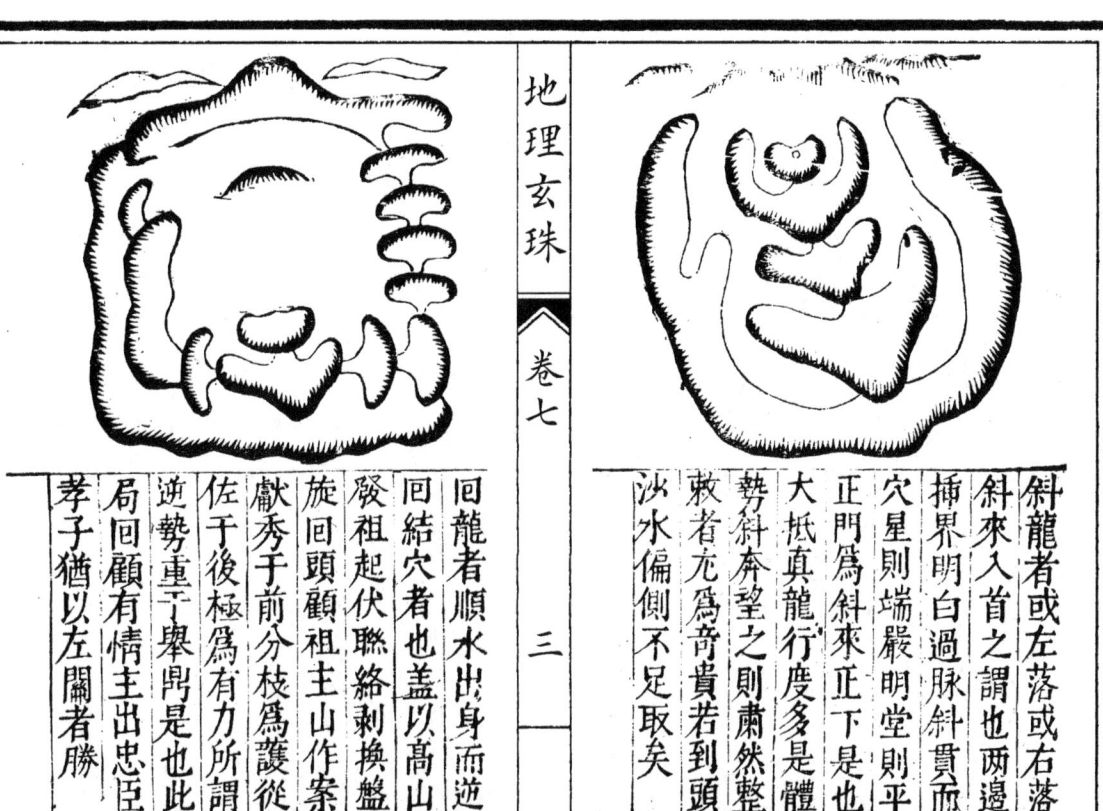

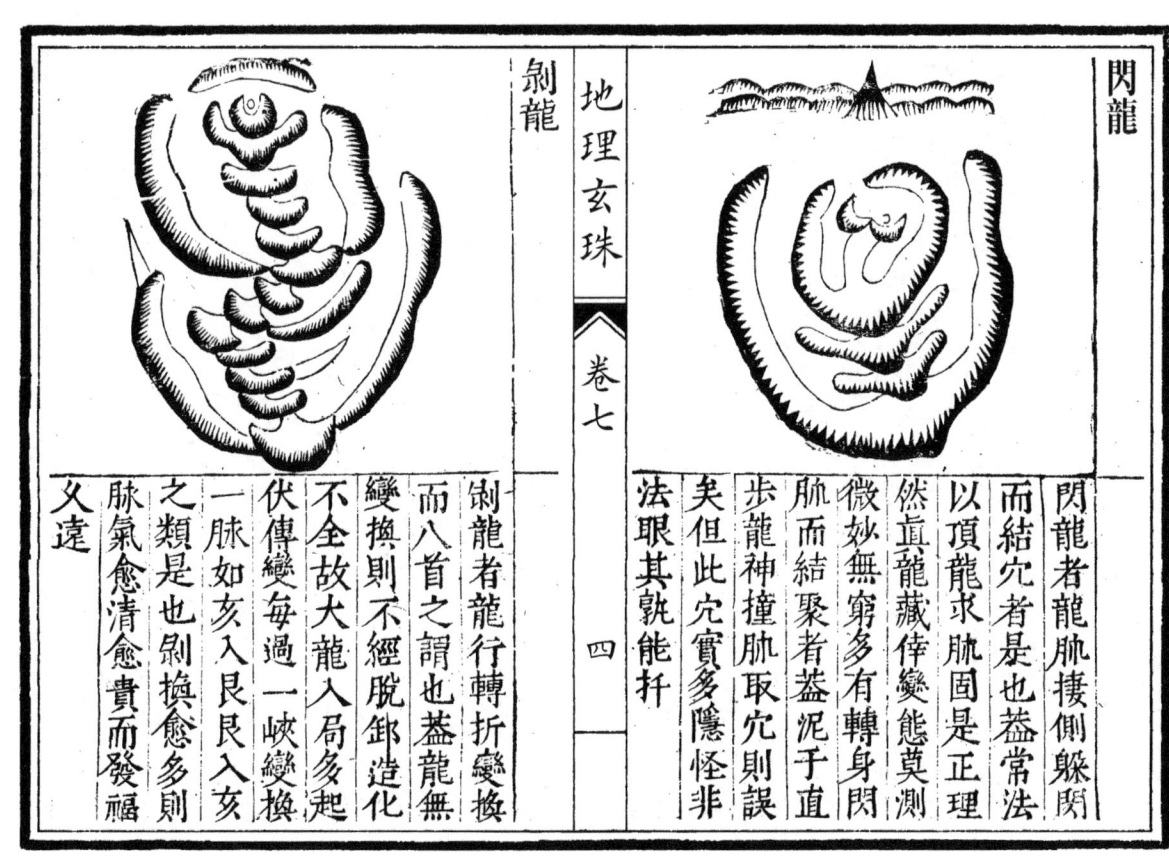

續龍

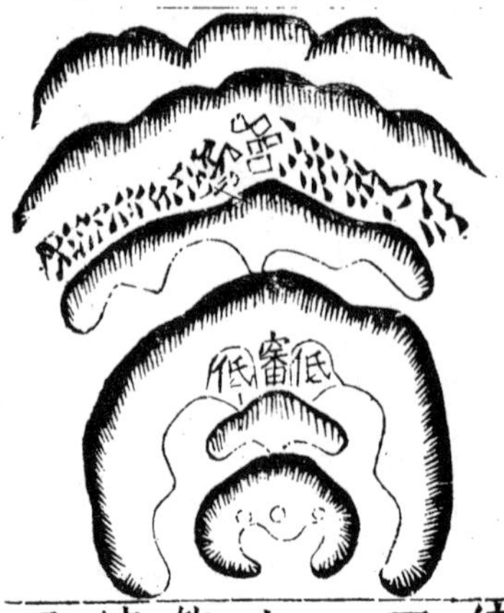

續龍者龍脈欲斷接續而來結穴者也卜氏云一起一伏斷了斷到頭定有奇蹤眞龍行度自然多爲頓跌斷而復續續而再起斷斷續續氣脈愈淸廖公謂跌斷不嫌多是也然必以藕斷絲連爲眞續又須窮究

飛龍

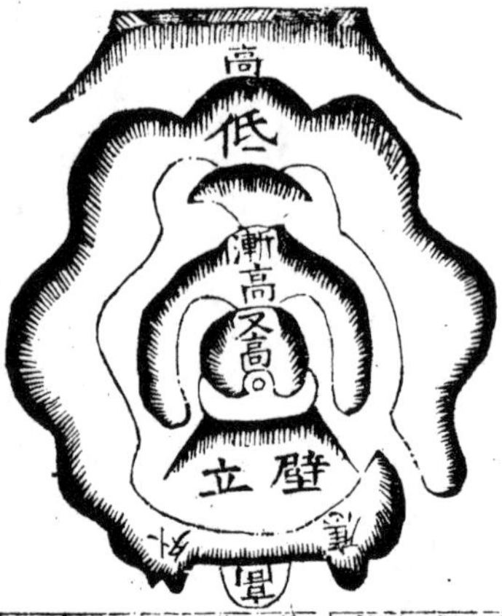

飛龍者仰高上聚而結穴者也葢其禀受旺盛起發軒昂身聳氣浮結作天穴力量極大不可勝言此必四應穹窿護衛周匝獻奇列秀無有空缺乃爲眞結否則或孤露或凹風未免有疵難以遠下

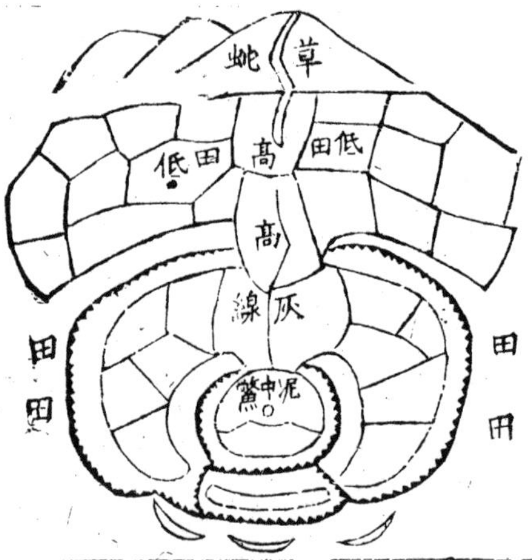

潛龍者龍脈撒落平洋隱迹潛踪以結穴者也葢平洋之地一望坦夷鋪氊展席而眞龍微妙多爲潛伏須詧其隆隱隱悠悠揚揚如盞中之酥泥中之鱉又得水勢廻環微茫陰砂証佐乃爲眞結

強順進皆爲吉扦之疑

生龍者龍脈行度有生息之謂也葢其離祖出身星辰磊落有起有伏有穿有變分牙布爪多生節目或低或昂逶迤活動節節相傳生生不息此龍氣旺盛而多生息也主富貴悠長子孫蕃衍極吉

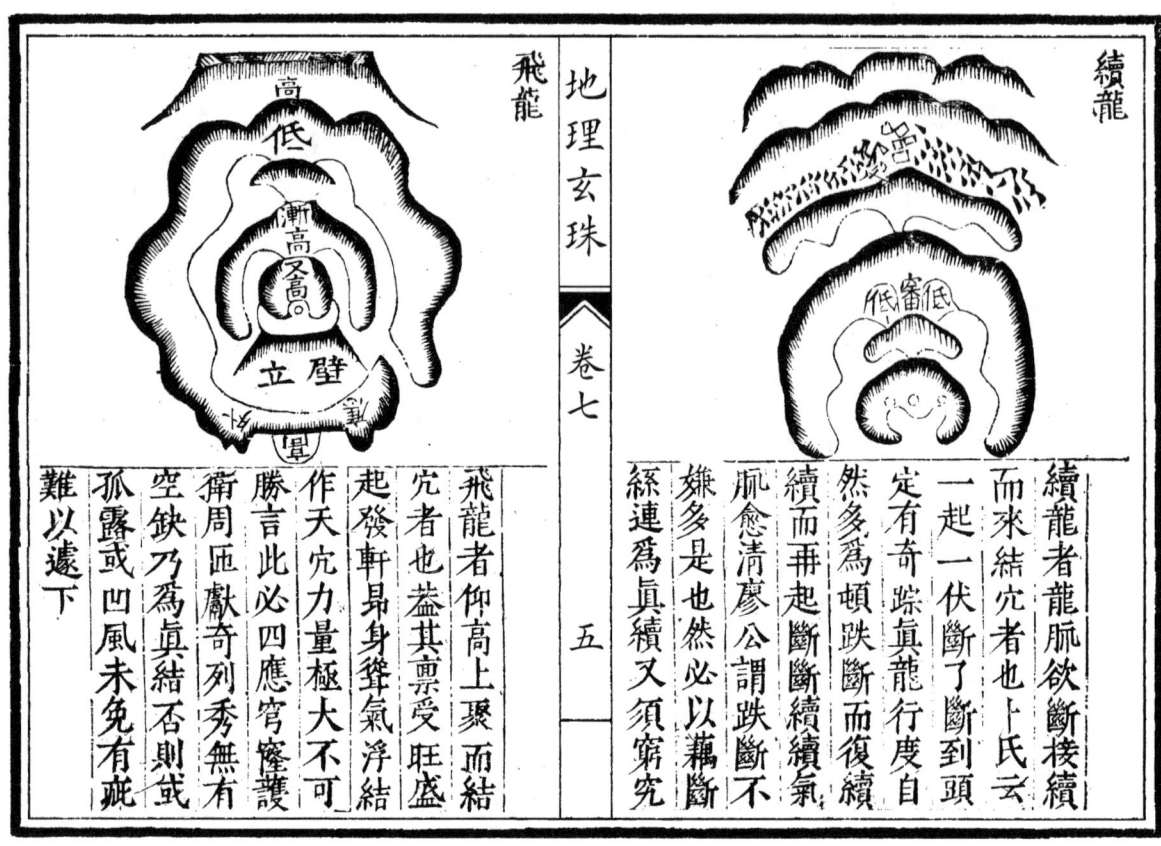

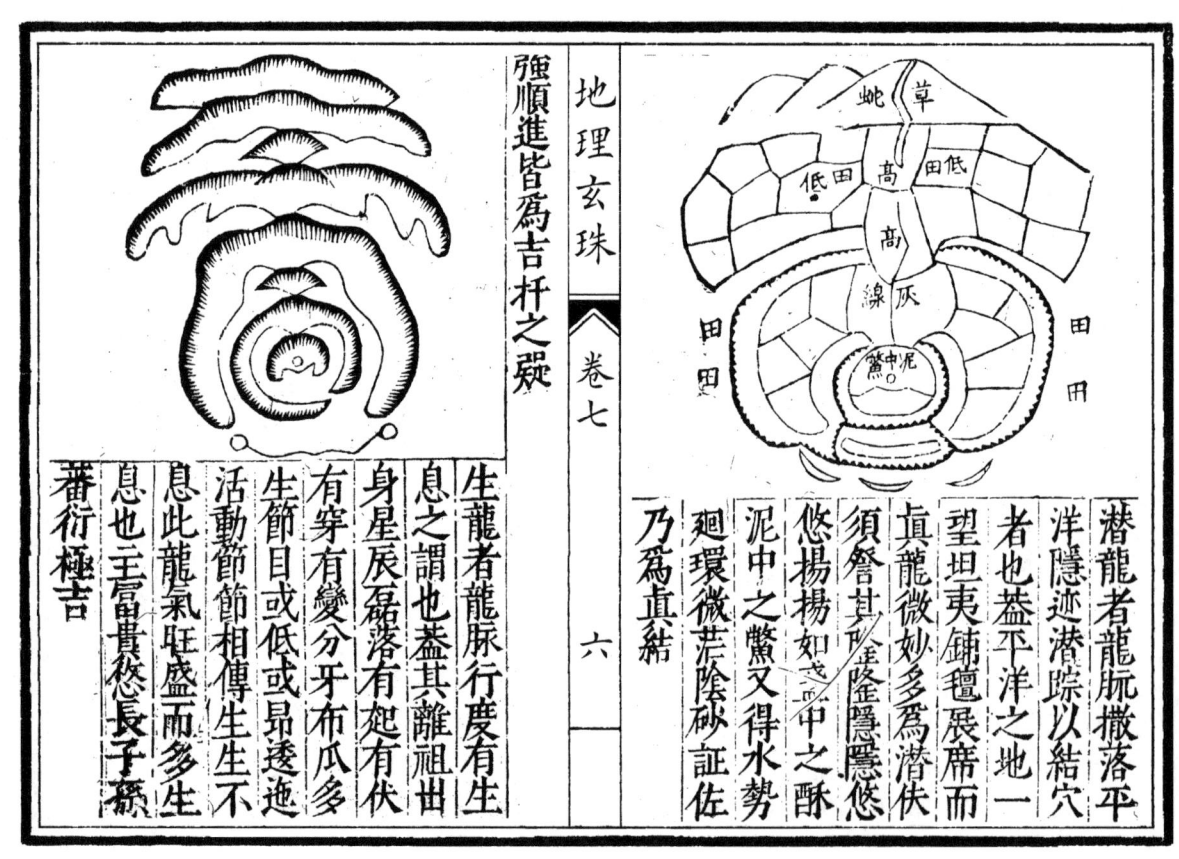

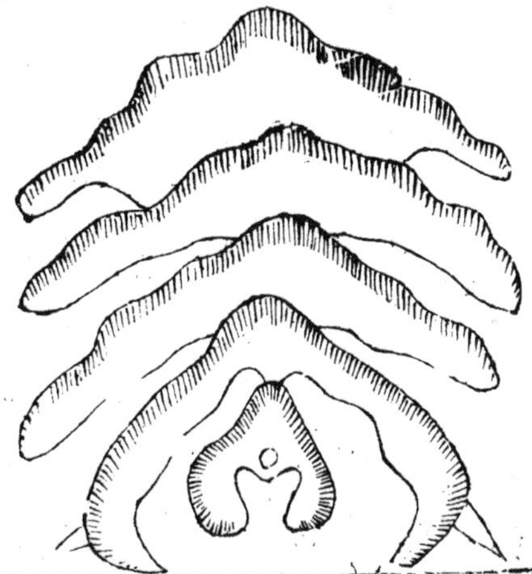

強龍者龍脉強健之謂也蓋其氣質剛勇勢力弘大擺摺橫濶奔走豪雄如猛虎出林渴龍奔海有莫能以過之者此由龍氣旺極而勇往直前如此也主速發富貴顯赫威名最爲大地

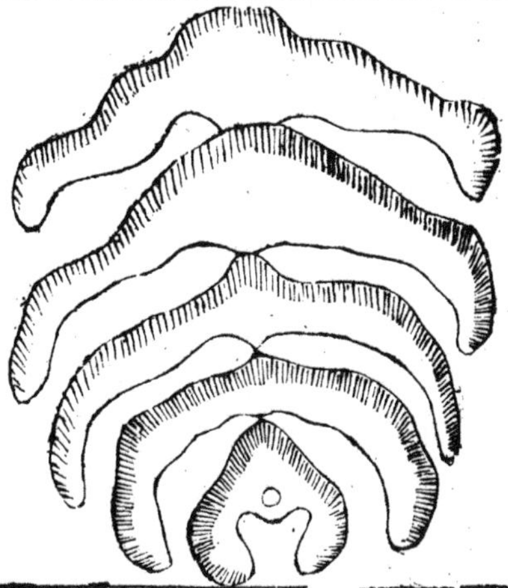

順龍者星峰順出枝脚順布行度順勢而結局也蓋其意氣沖和尊卑有序開帳前往迭從奔趨各有隨絕無回頭反顧之意此皆爲真龍結作而護衛所以眷眷不舍也主忠孝兩全富貴兼美

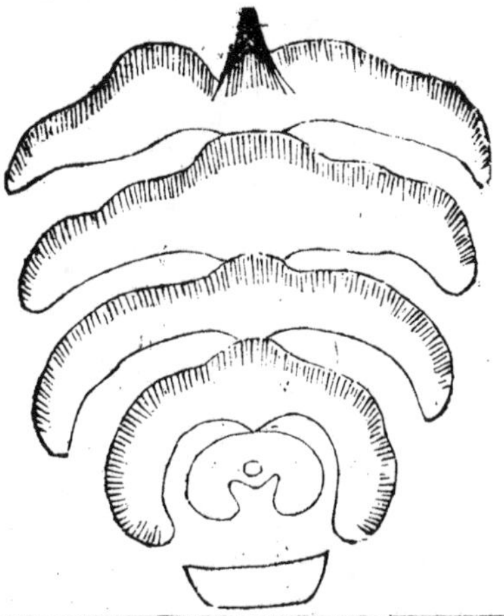

進龍者後龍一節高一節行度有序之謂也蓋其辭樓下殿傳落有倫星體迭次枝脚均勻自大剝小自老剝嫩循序漸進高下不紊此其正龍行止之應證也能乘其進氣之所鍾而福力不可限量矣

弱逆退總非良棄而勿取

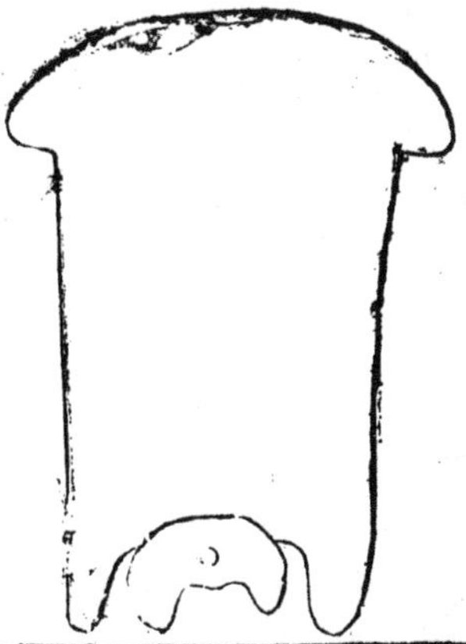

死龍者氣脉沉埋本體休囚之謂也蓋其僵直無情幽冷無氣不起星辰不生窩突畧無活動起伏挺硬如臥屍之狀卜氏所謂死鰍死鱔是也此格最凶不能融結若誤下之貧賤敗絕縱作神壇亦不靈顯

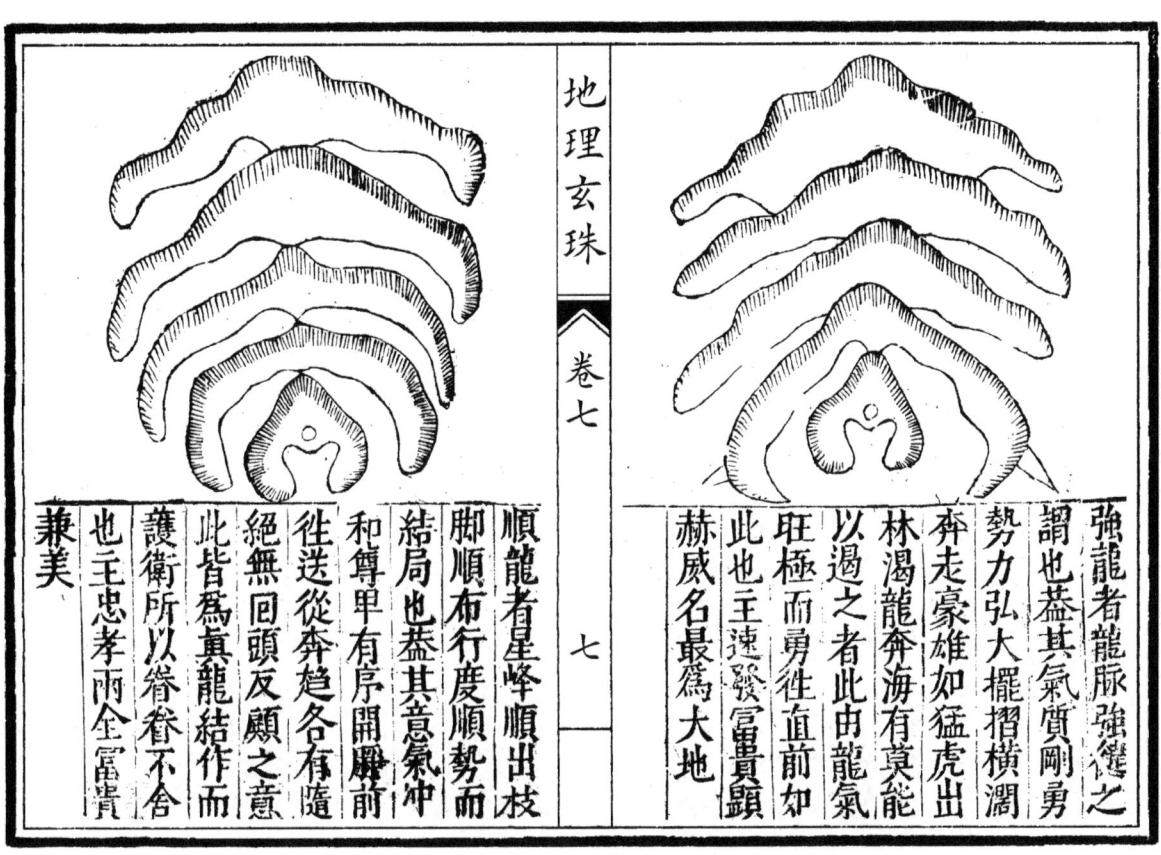

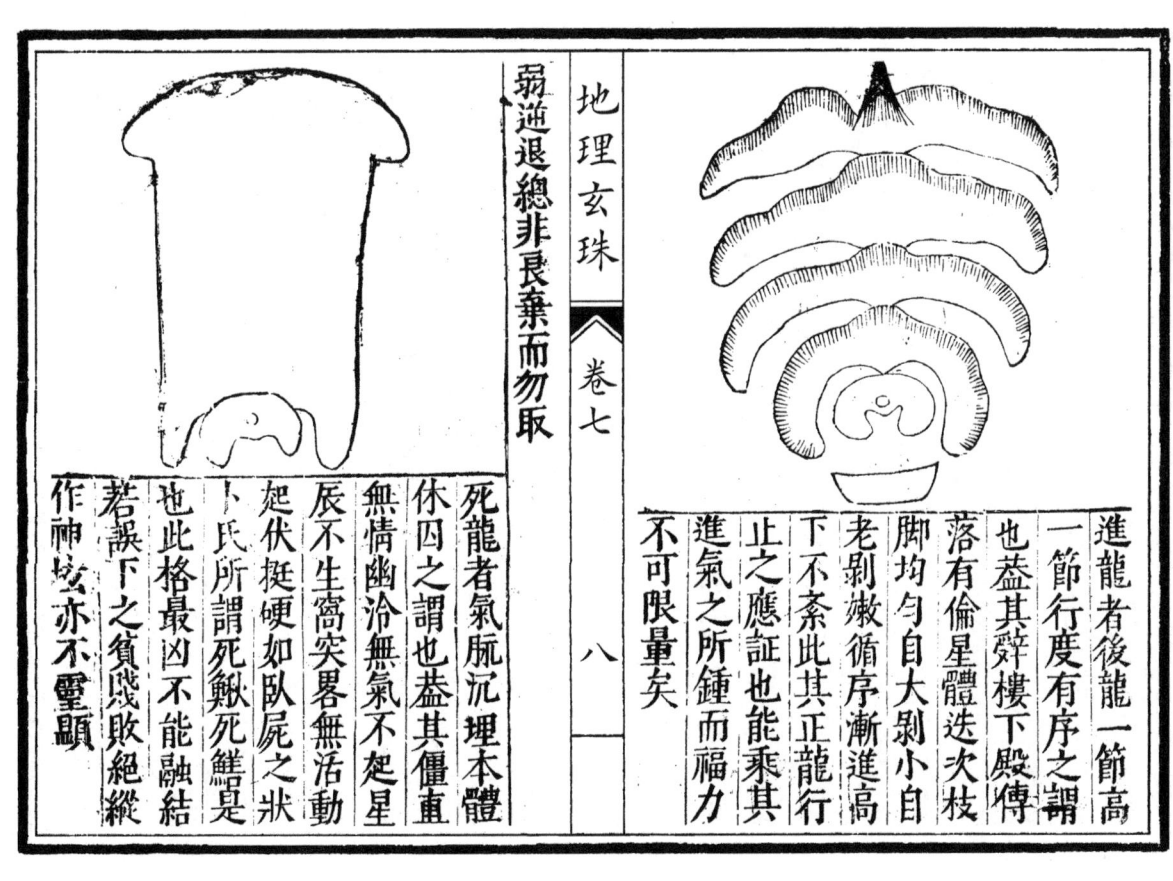

弱龍

弱龍者本體柔弱之謂也葢其星峰瘦怯露骨浮筋陷削而不文實虛浮而不光瑩或受風吹或遭水刼險峻伶仃不能融聚若誤下之主懦弱無依委靡不振孤寡貧窮病疾劳苦終為吉不

逆龍

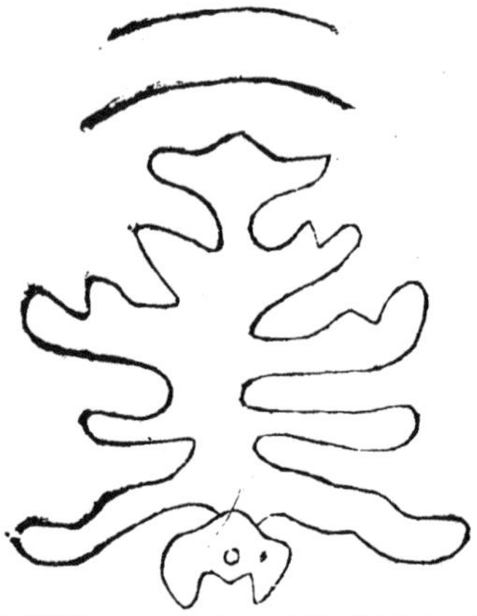

逆龍者枝脚反逆之謂也葢其上下失倫骨肉背戾本體雖為向前而枝脚撓棹則皆望後趨走絕無顧主之情反爲盜泄元氣縱有龍脉亦不能聚以其牽拽太重也主忤逆犯上遭盜配軍總為凶應

退龍

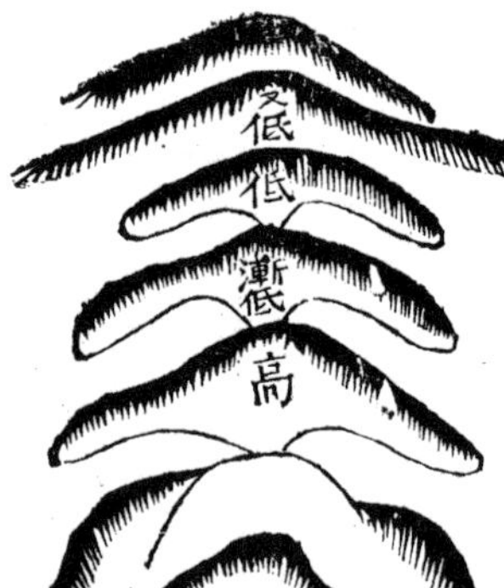

退龍者龍體失次行度退後之謂也葢立穴以後龍強健為進氣此則穴星高峻而後山層層漸低體勢蕭條力氣怯弱高下失等始小終大亦勉強結局而已縱有大勢大形力量無多一發便退

殺劫断傷禍不旋踵

殺龍者龍身帶殺者也葢其星峰粗惡巉岩危險枝脚尖利鬪射欹斜露骨擺臂操刃掩鎗凡此之類皆為殺氣吐露最為凶惡若誤下之主狠戾強暴皆殺試逆誅夷之禍勢所不免矣

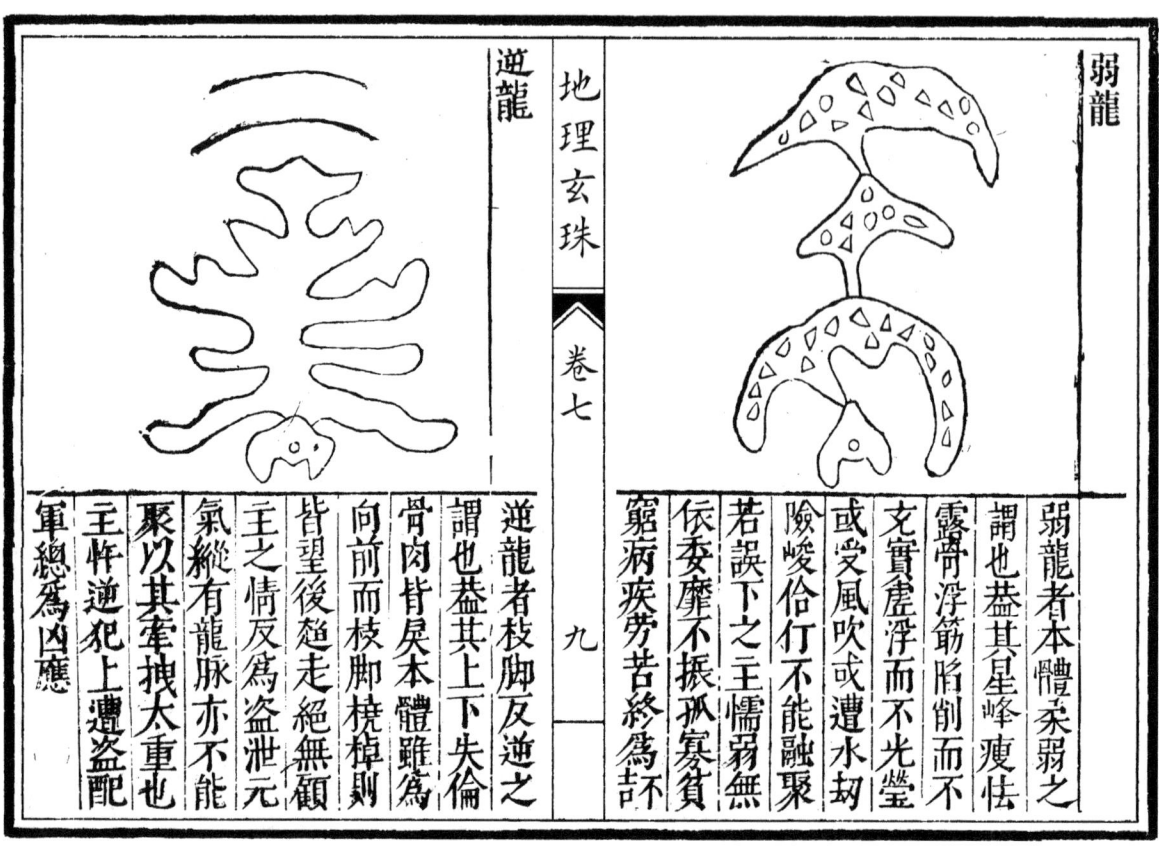

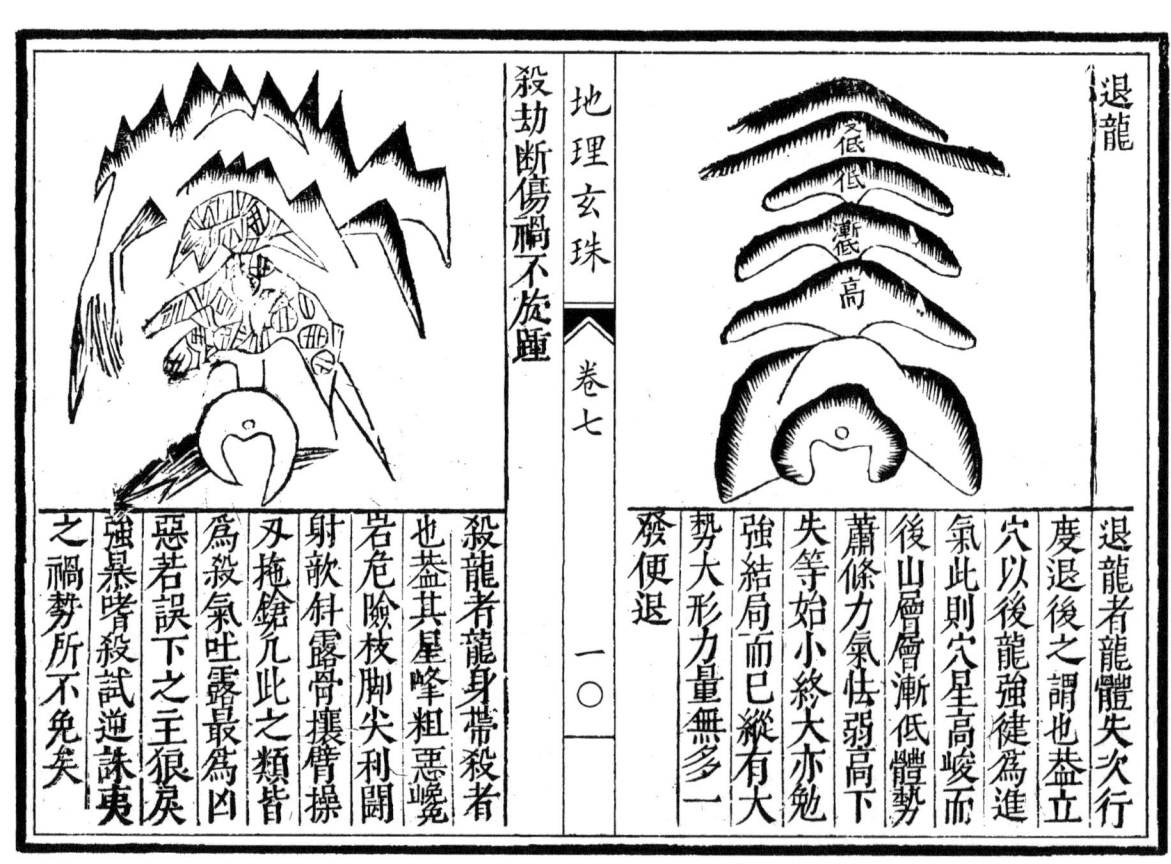

刼龍

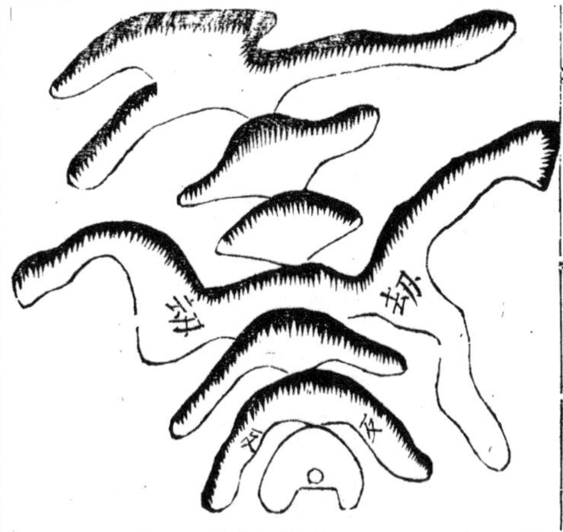

刼龍者龍身分擘多而氣爲之刼泄也蓋其離祖出身透迤前去而枝脚橈棹左拽右牽前分後裂嫋娜而行絶無囘顧或返抱而爲他龍之用神此乃鬼刼交横英靈分散縱有三峽三關之落亦不結地

斷龍

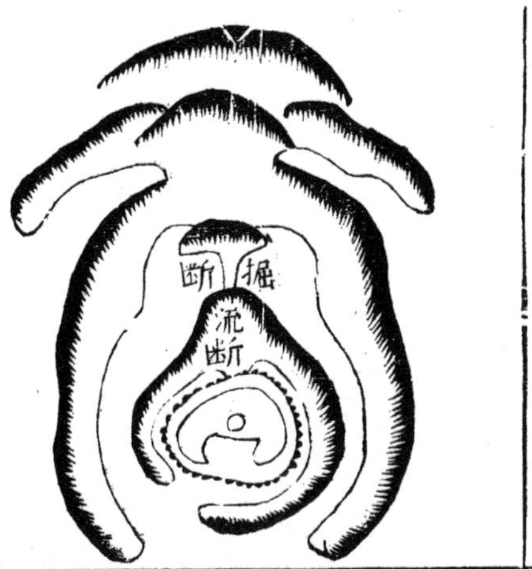

斷龍者脉氣斷而不續也蓋龍以跌斷爲貴然穿田而有藕絲渡江而有石骨此皆斷而不斷極爲善地今之所謂斷者或被水流斷或經人掘鑿脉氣斬截畧無牽連雖有結作而氣不貫通一發便絶

傷龍

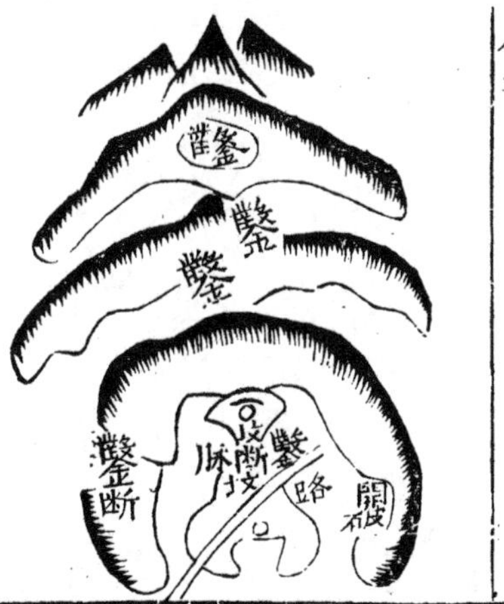

傷龍者龍脉受傷者也蓋其起伏頓跌纏護蓋照件件合法本爲上地然或遭人二掘鑿或經跂龍衝裂以致星辰毁陷峽脉斷絶穴形崩破體勢頑頹此皆不能救藥矣縱真龍正穴亦無用也惜哉

急頑童病禍自何生

急龍者龍脉峻急之謂也蓋其星峯危險氣勢強梁不起不伏無傳無變自上至下由高及低直卸無停急不可立殊無委曲稍緩之態此其主救硬捍脉氣勁直純陰不剝不能融聚誤下速主大禍

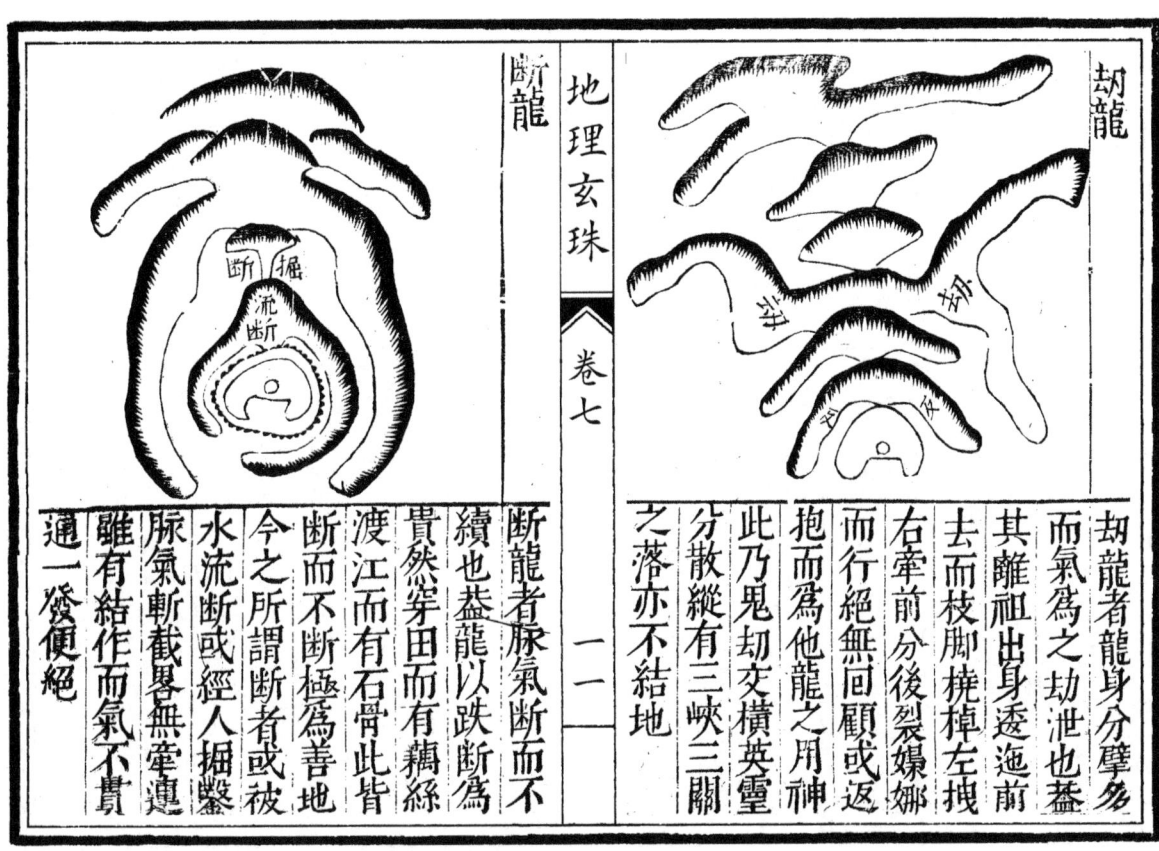

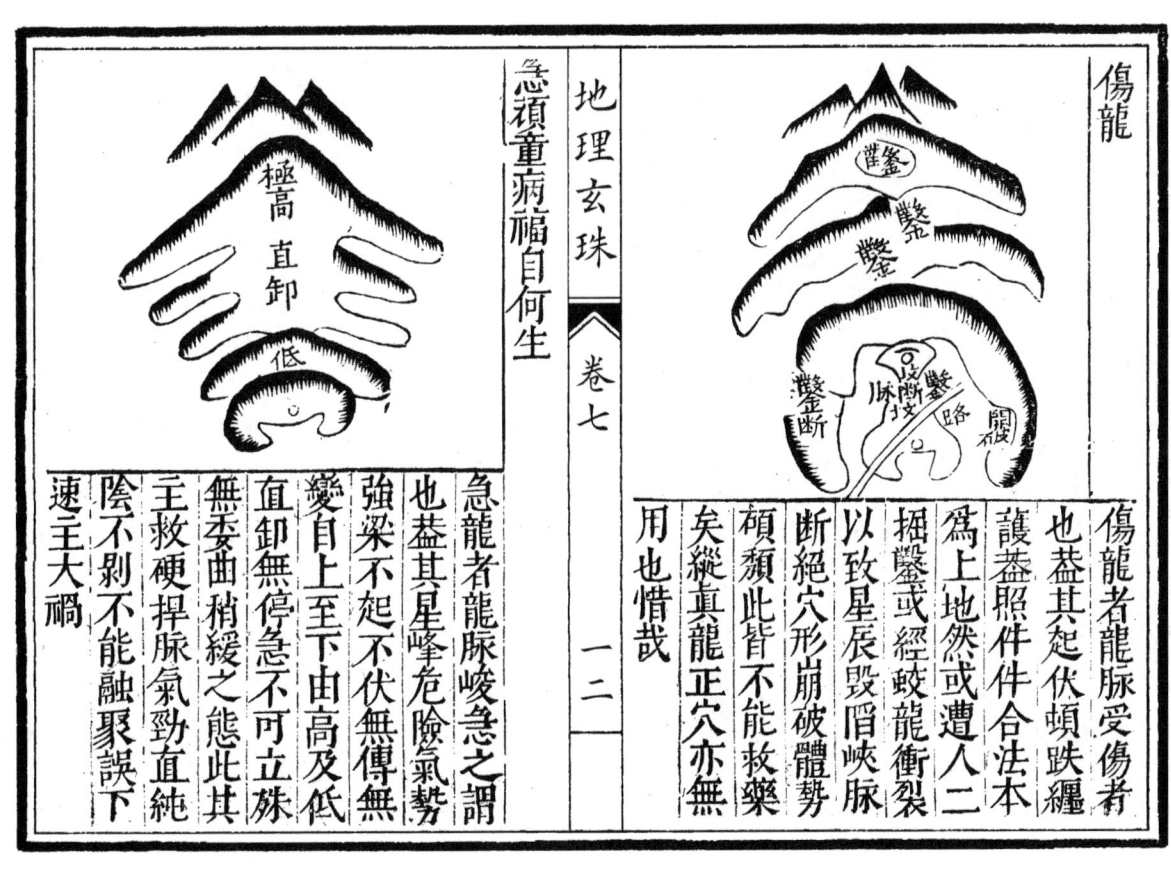

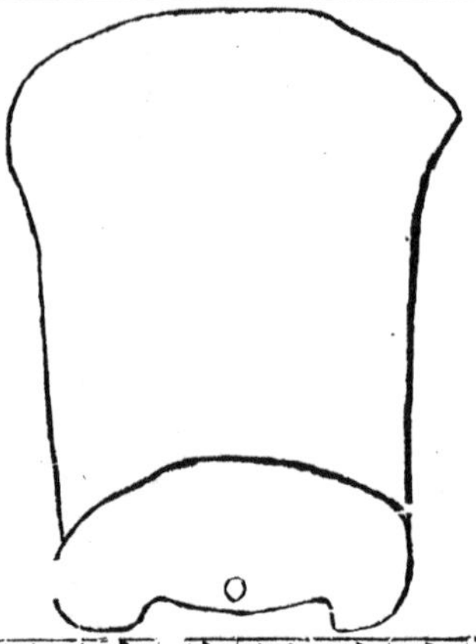

頑龍者體勢頑濁之謂也蓋其星辰糢糊出身彷彿粗糲臃腫軃蕩渺漫無捭落無傳變無起伏無擺摺所謂一片頑皮將奚取証雲翔霧走何處兜收如此形勢必無融結

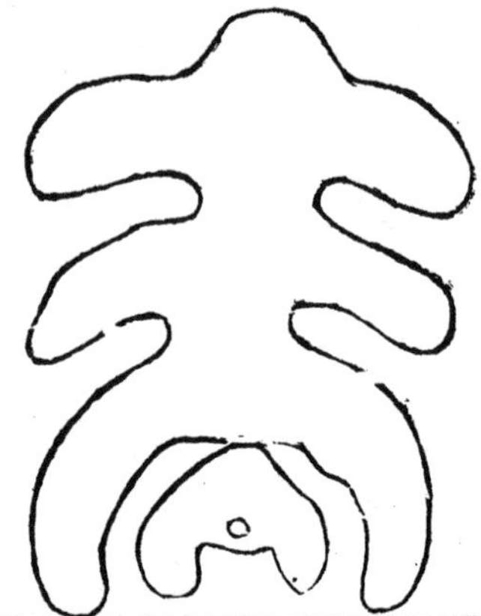

童龍者不茅之地絕無草木者也蓋草木爲地之皮毛龍氣旺盛則草木暢茂龍氣休囚則草木枯憔況無草木者乎于此而地之無氣從可知矣其能有融結耶所謂童山不可葬者以此

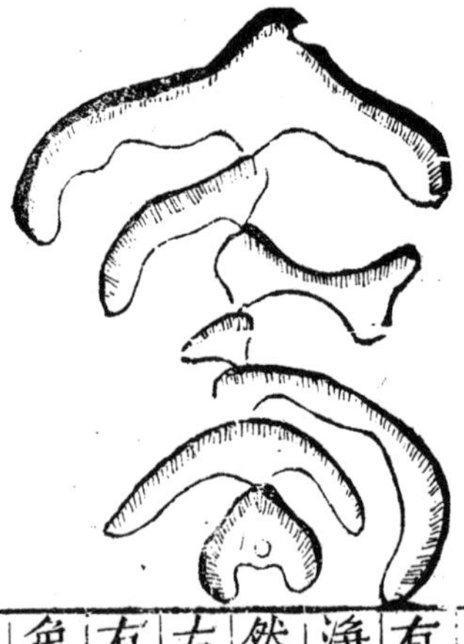

病龍者龍脉之受病者也蓋其行度入首有起有伏有剝有換星體端淨迎送齊全皆爲可取然瘦怯伶仃幽寒微薄左空右缺水劫風吹縱有結作而偏駁不純未免公位不均禍福相雜豈得爲全局耶

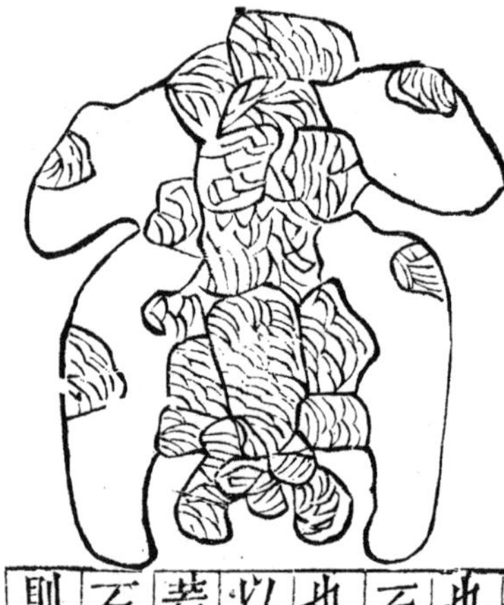

遍身頑石或空洞不必留心

石龍者遍山頑石之地也楊公云也有穴在夫石間是言石山亦結穴也然氣由土聚石山必以上穴爲眞反爲上地若乃星體巉嵒石遍山頑石無土可穿無脉可鑿則是生氣隔絕且多生木奚可誤下

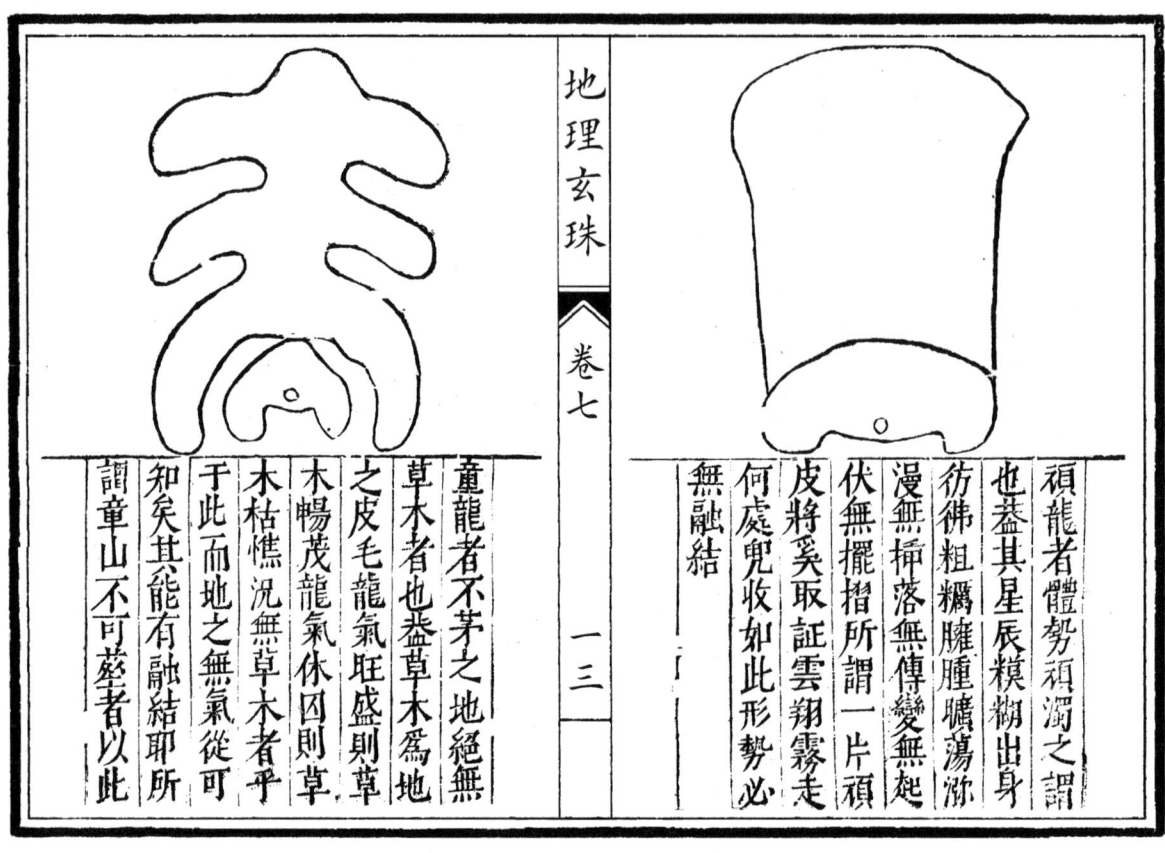

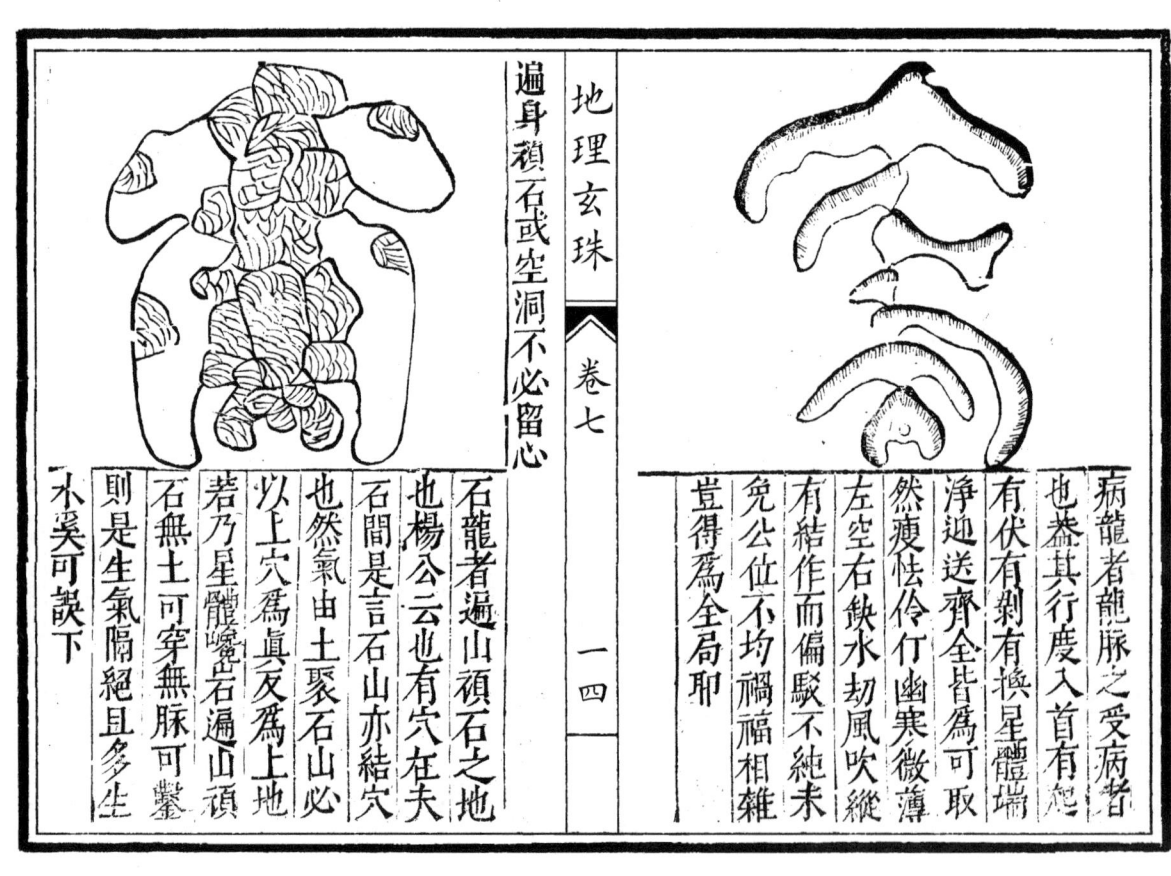

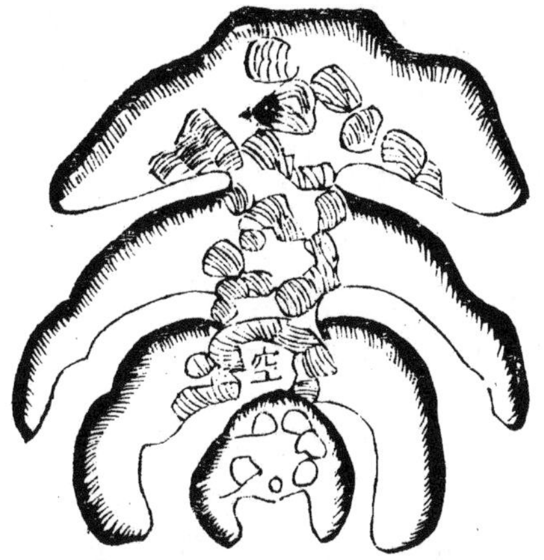

空龍者形體空虛而不實也葢其主星隆大頓跌磊落體勢端正送從整齊似乎有穴然頑石磷磷盤崖疊疊外如堅實內則虛曠頓足有聲不時有水凡此之類或結爲龍窩或結爲泉府而已何足道哉

行龍過氣或孤单何劳着眼

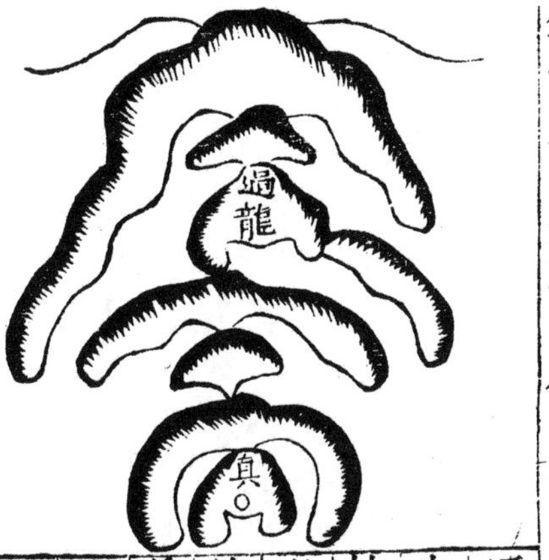

過龍者行龍過脉之地也葢其起伏頓跌枝脚橈棹穿落傳變屈曲透迤中道結局氣象可觀然而龍則美矣氣則未善也以其前去自有大地此則似是而非或爲正龍之跬蹕而已氣能久聚于此哉

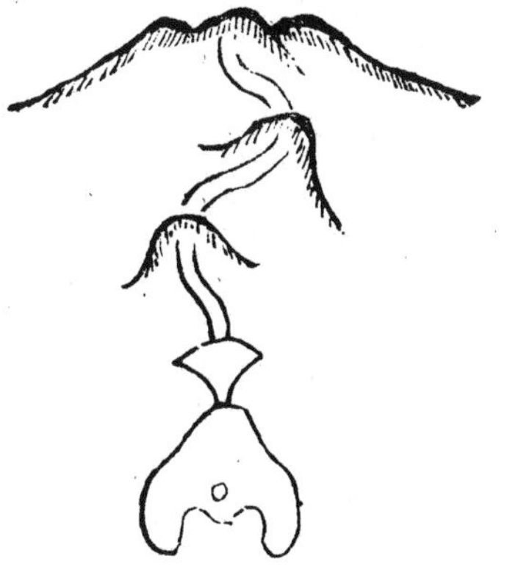

孤龍者形體孤獨之謂也大抵貴龍結局四應之山無不翕然拱護今但主星端正出身秀麗有起有伏活動牽連氣勢入目似爲可取然橈棹纏送又無外應朝迎孤立無助亦身单寒雖美何足貴哉

浮泛流沙慎毋取用

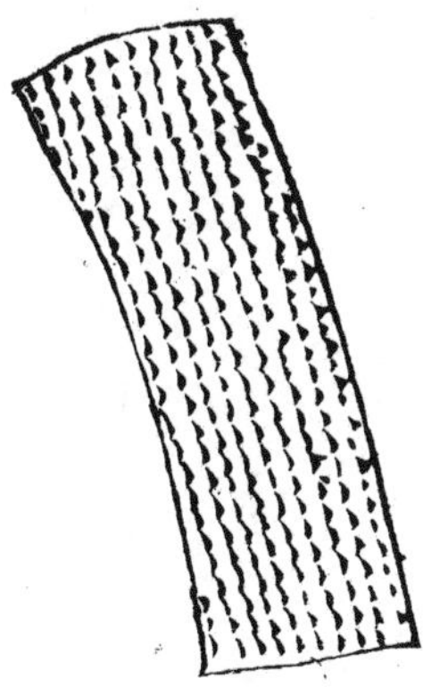

流沙者山體皆泛浮海沙踏之不勝步種之不生物紛紛屑屑草木絕根此乃無氣之龍地脉不行動血不續若誤下之主流漓退敗喪亡絕滅凡見此等地面切勿取用

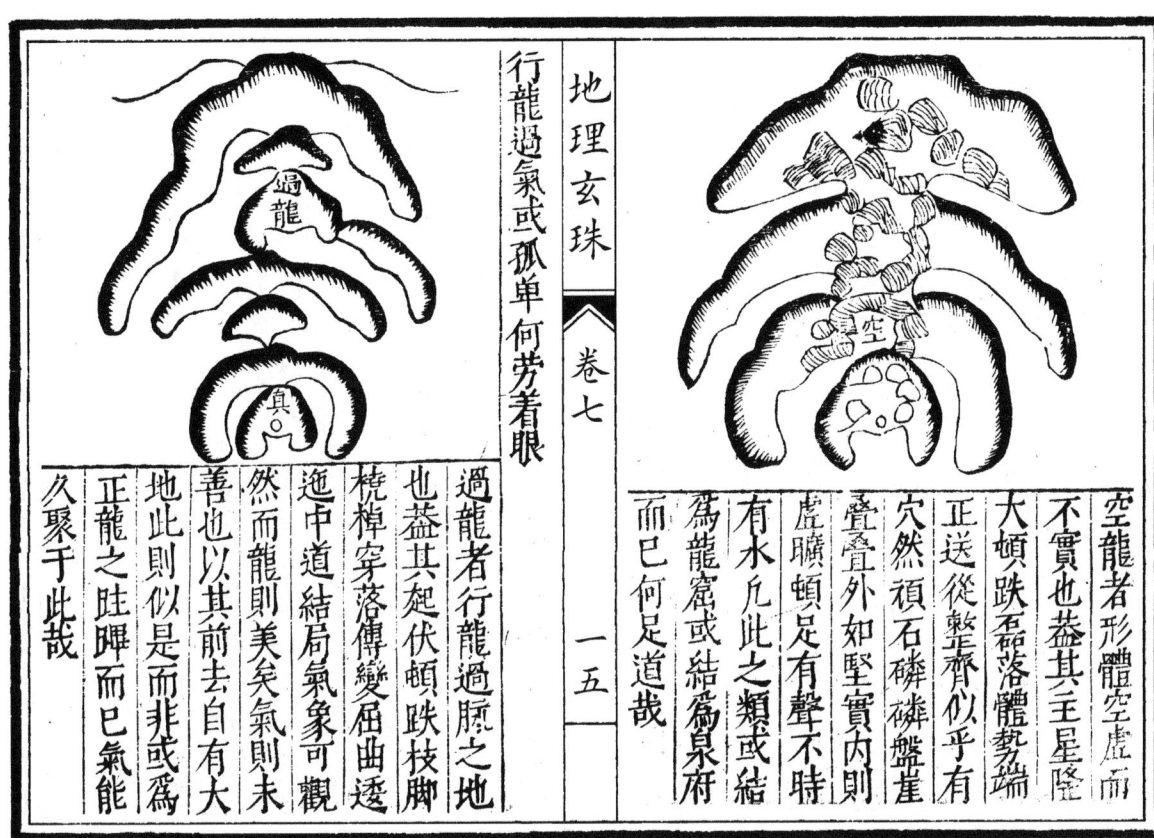

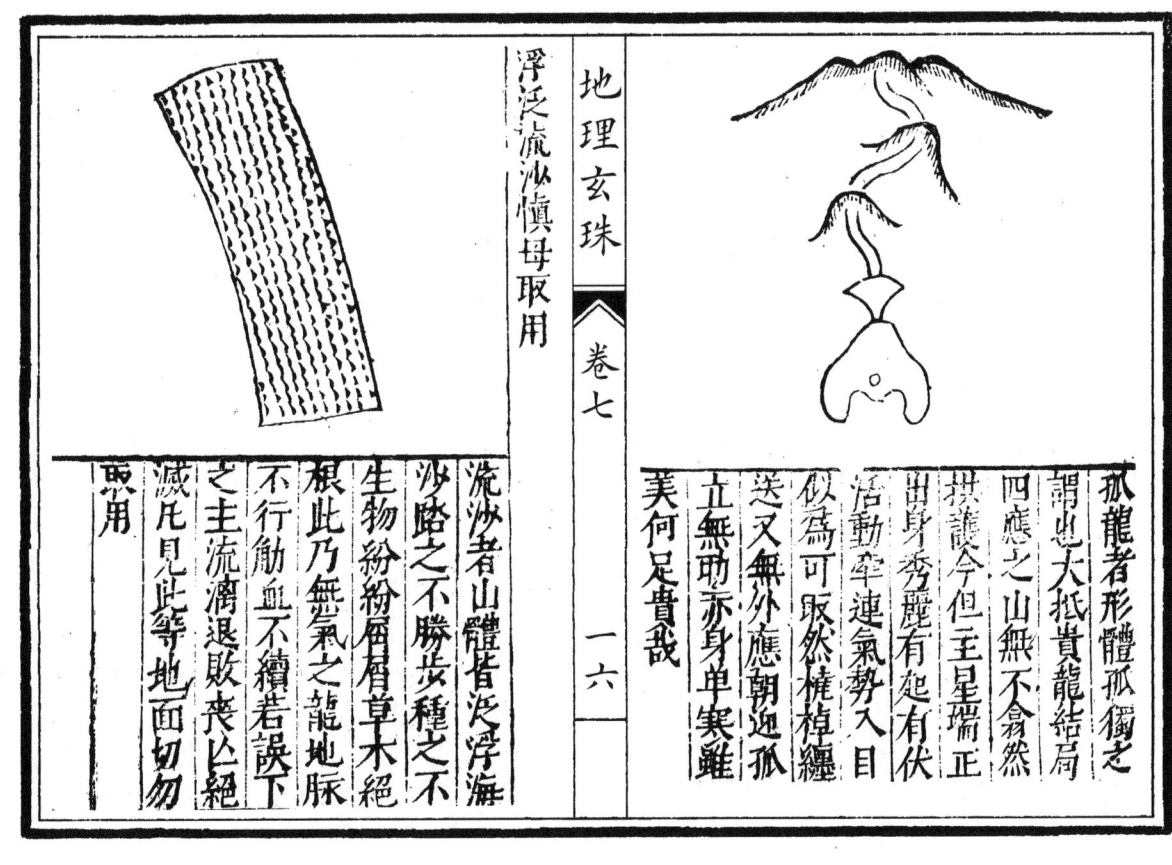

空亾絕穴烏可扦裁

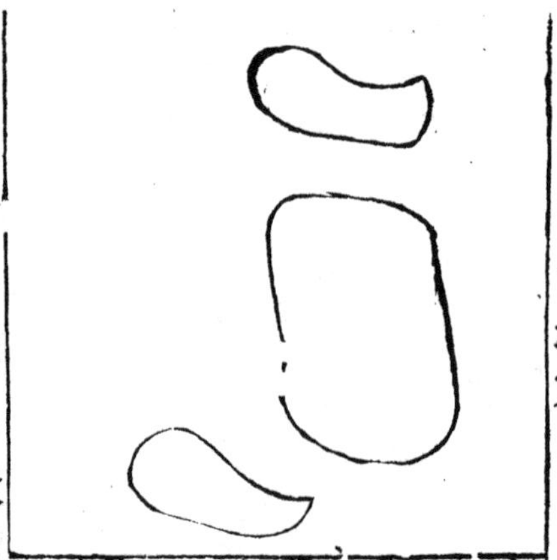

空亾者來歷不明無所根據斷而不續鈌而無補此乃無脉之龍外象懸絕內氣歇滅若誤下之主離散消耗破敗喪亾凡遇此等形穴豈可裁扦以受禍

此皆証之于古歷有可徵是以用之于今尤當取法

引証　此驗所已然之理

直龍

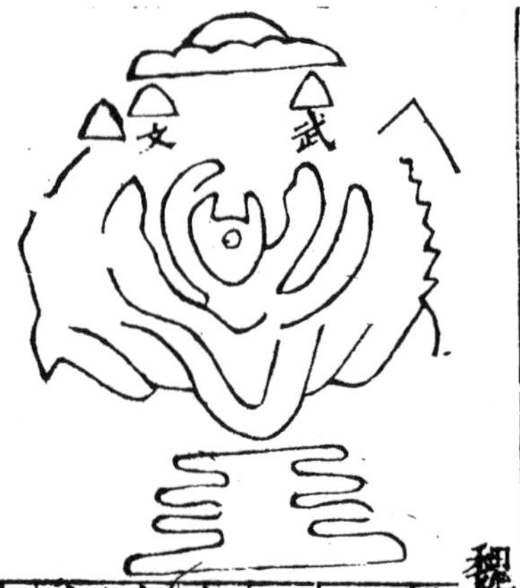

魏元忠祖

橫木行龍結成玉尺文星再起貪狼秀峰層疊降勢前有廉幕貴人爲朝應左右文武爲輔弼由祖以至入首乃一線中抽直貫到穴遂發大貴人材迭興

中龍

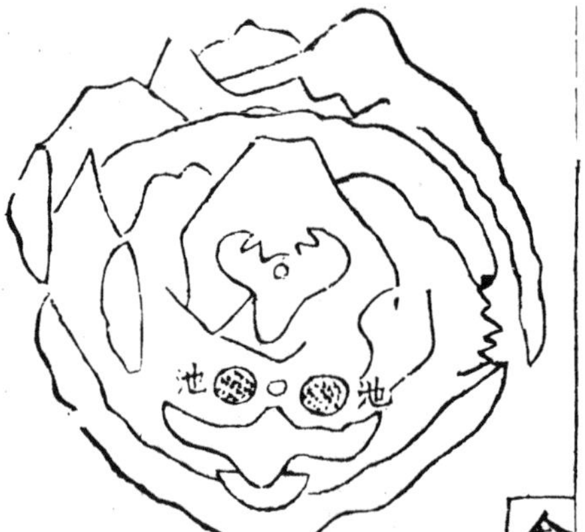

金侍郎祖

穿帳中落頓跌大斷隱然石骨過峽兩畔池水爲養蔭群山團團迴抱無有空鈌蓋以四面旋遶而獨居其中自然氣象尊嚴規模遠大塋後遂發大貴

橫龍

韓愈祖　前封倫祖

二地皆橫龍韓則名垂宇宙封乃貽笑千古何耶盖韓祖亦皆田龍而牙爪石曜分明更得向正案特封則龍弱無包斜轉不正但爲幹作水外纏護而已雖皆橫龍而高下天淵于此可見

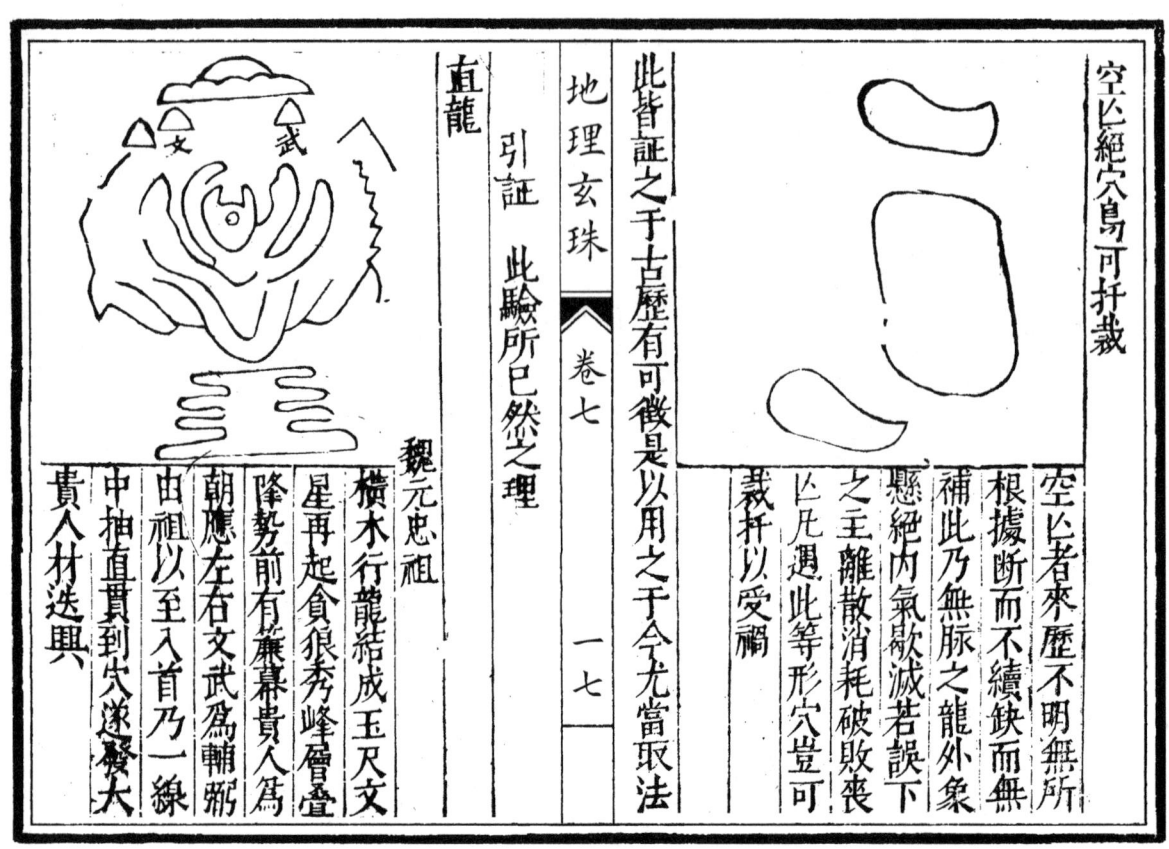

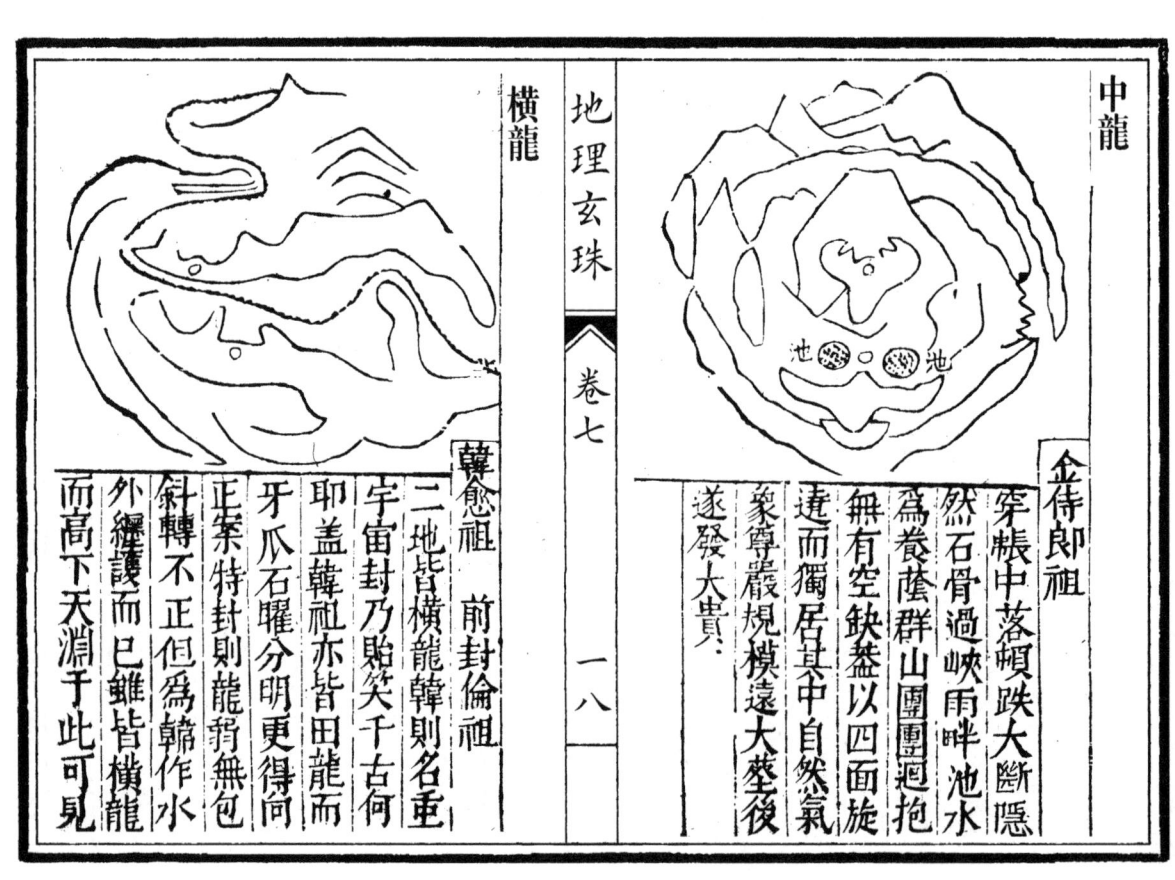

斜龍

陳九萬祖

蓮起金星中抽一線蛛絲過脈斜貫入首結臨田蘸水穴穴前田源囊聚近身橫轉一掬眠弓遶抱以關堂氣塋後福不旋踵速發大富若有秀應則貴矣

回龍

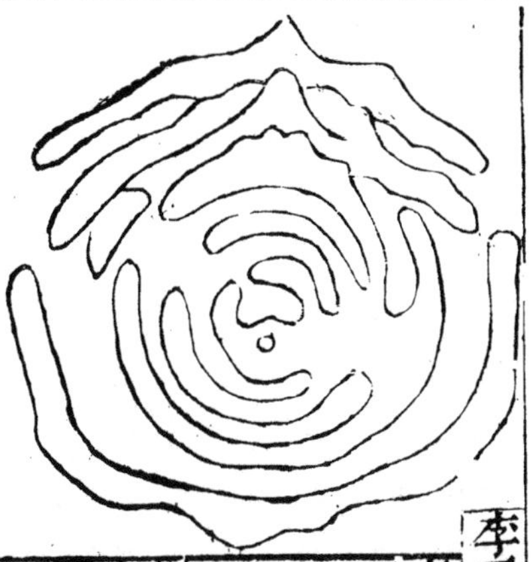

李司空祖

高山發祖脫落平岡乃順勢出身而逆回結穴是爲顧祖穴中但見主山秀峰皆獻奇于前而沙之神殺水之來去俱爲之隱蔽若非平岡亦不能見此造化之自然也高科升朝三世三公

閃龍

蔡西山祖

穿帳中抽蘆鞭正貫然真氣則閃過右邊成文星脫落平田結穴右山橫一字文星爲近案外聳秀峰爲遠應前沙雖順水而左山列屏欄截水口塋後大貴疊出稱爲九賢

剝龍

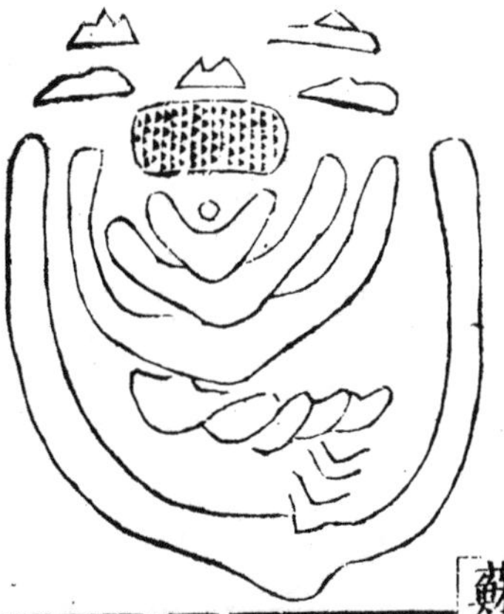

蘇刺史祖

離祖出身星峰卓卓斜貫而上轉勢橫行再起星辰疊疊而來臨入首又特聳三峰直串結穴再剝再換氣愈清脫兩旁展翅護衛天心水聚外陽秀朝塋後出廉守監司

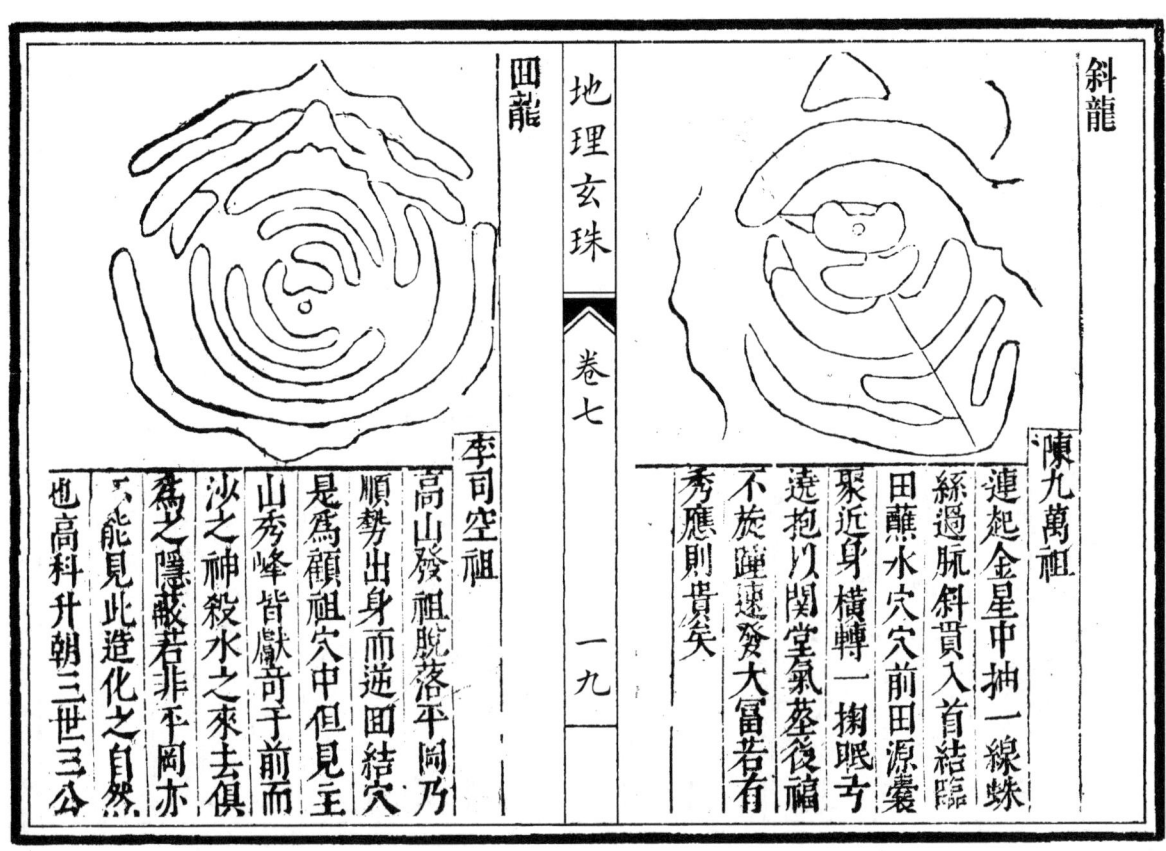

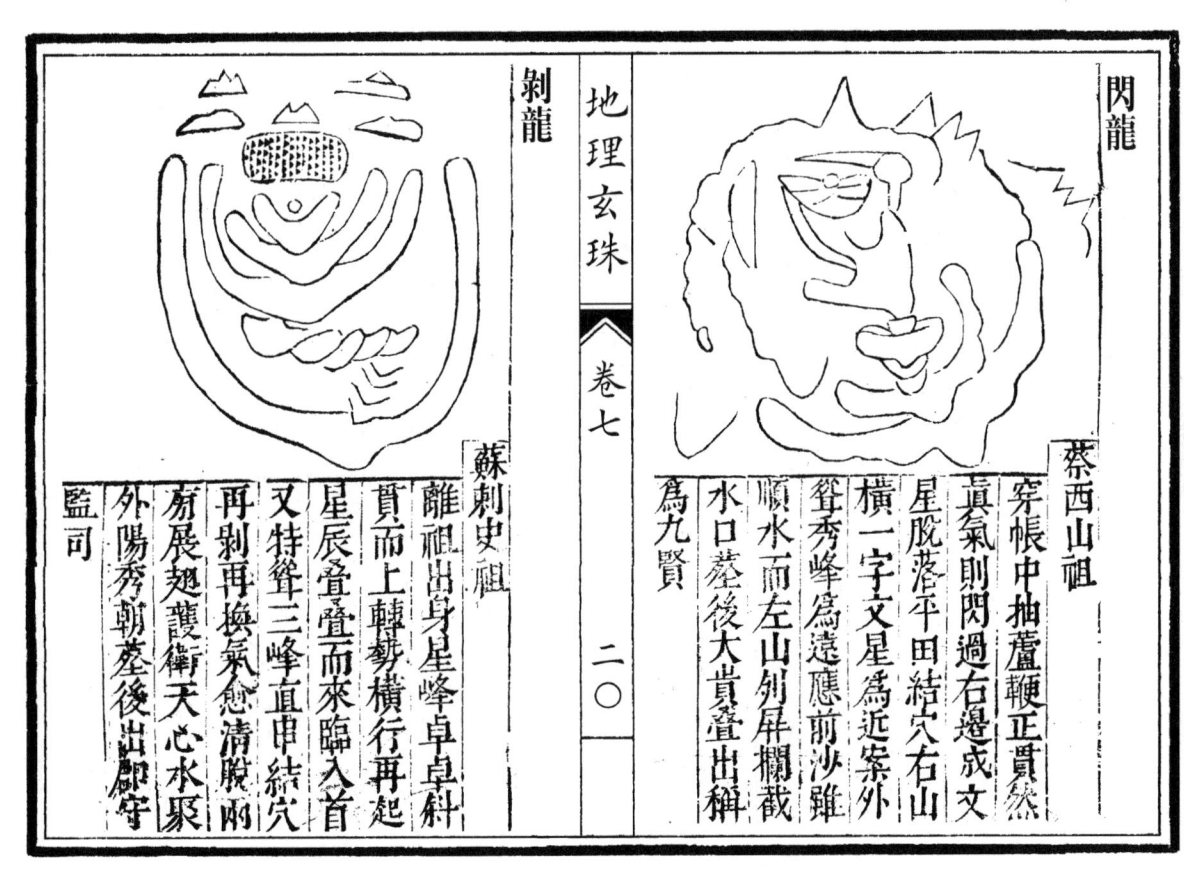

續龍

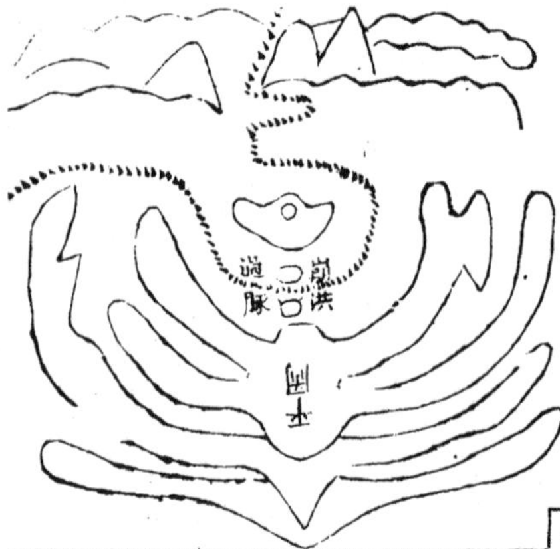

宋廣平祖

高山脫落平岡一水流断來龍俗眼莫不立穴于臨水断處殊不知龍虎太長意不護穴大水入懷隨即反去水中有石梁過脉凡遇此等堂局必是龍氣欲断復續愈清愈秀宜其大貴

生龍

此係杞梓行龍觀其節節生枝暢茂條達必其根本旺盛氣壯力強故其枝葉繁多生生不息如此更得前朝山水秀麗所以人丁蕃衍富貴悠長三代卿監

強龍

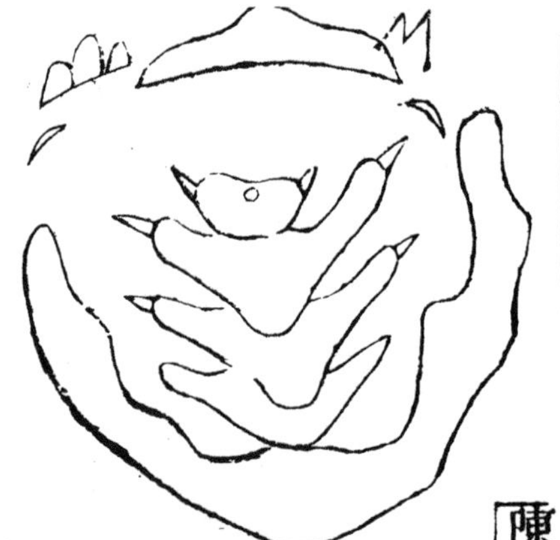

陳尚書祖　樂平上店

起祖俊拔行度健旺分牙布爪威猛奔前層巒疊疊降勢結穴前有華蓋為照應左右文星為輔弼護從整肅氣象豪雄真強龍也塋後位至八座奕世貴顯

順龍

郎氏祖

祖峰尖秀乃係火土金傳變入局前橫一字文星為案應極為大地然本身節節開静向前護送皆順勢遶抱此其進氣順結所以大貴出八座贈師相

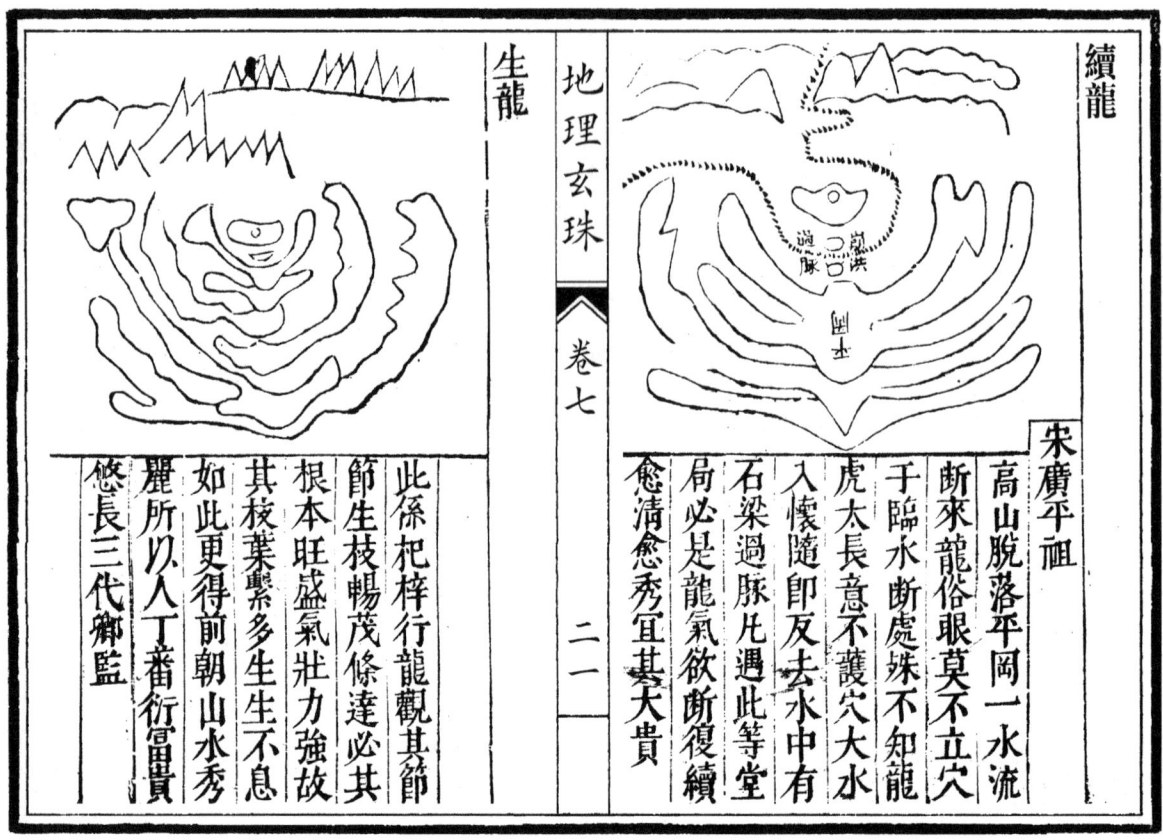

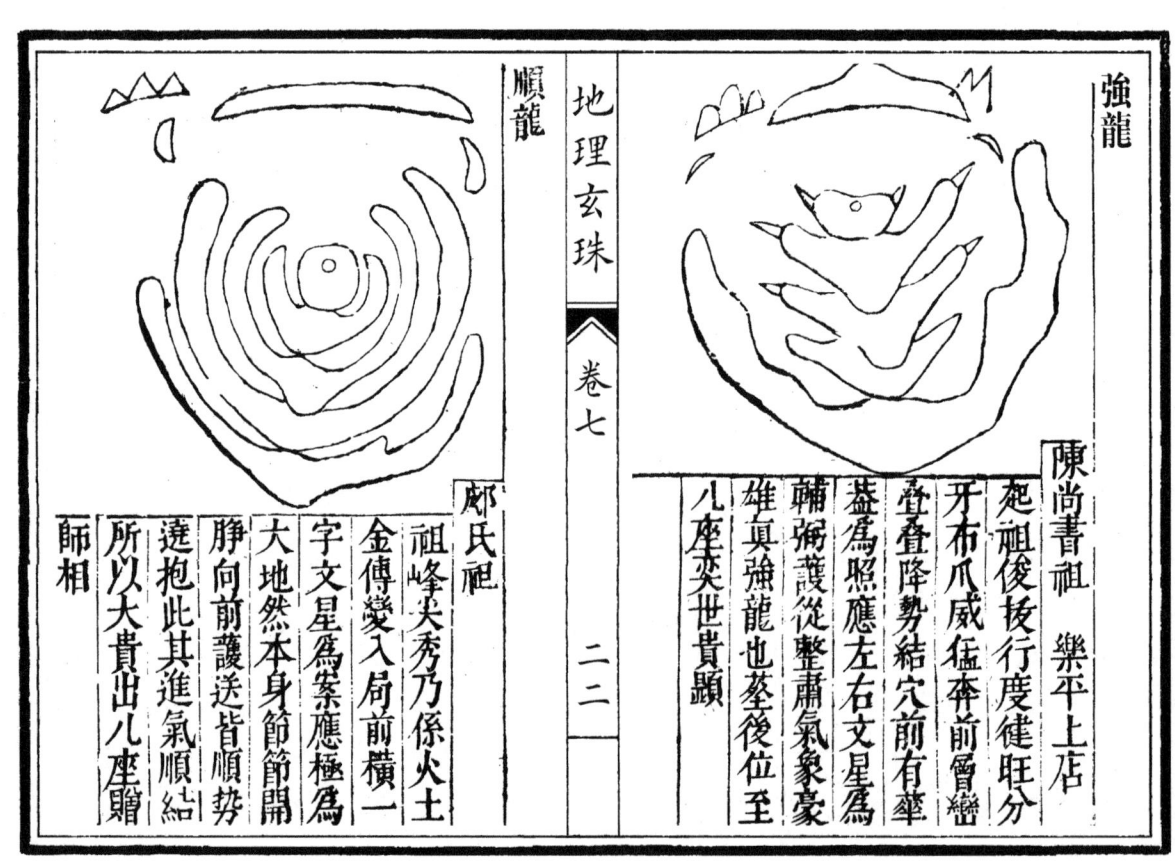

進龍

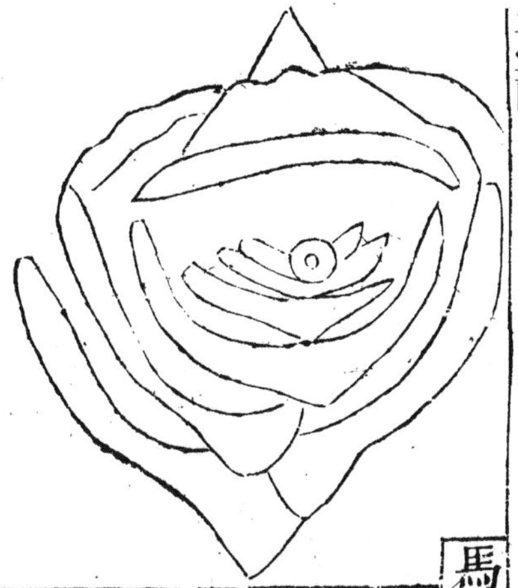

馬氏祖

秀峰倚天連穿大帳層等級降勢進前結局前列一字文星爲案樓臺貴人作朝出人登第過府金紫奕世蕃由進氣而應秀故顯達而綿遠

弱龍

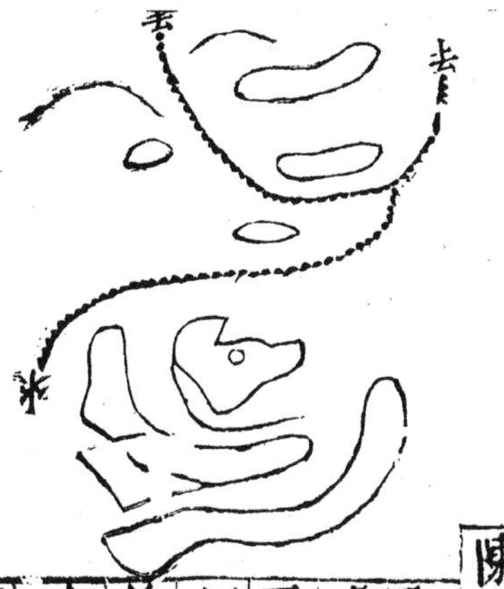

陳氏祖

祖龍卑微行度懶坦氣象委靡畧無強健之勢更遭風吹水劫前沙皆順水而擄此其氣皆消條怯弱不可勝言矣出人貧乏而離鄉亦何疑焉

逆龍

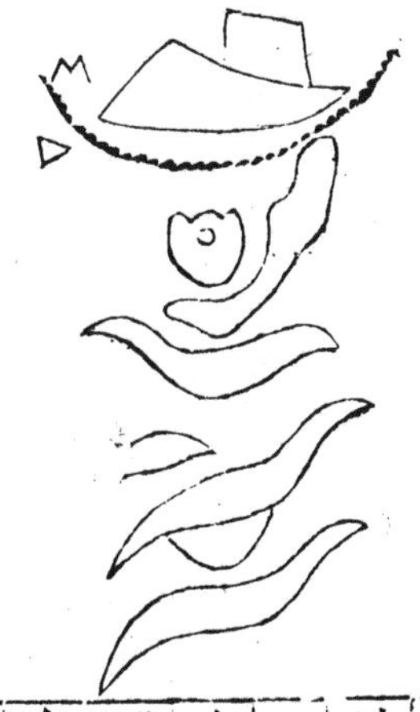

水三郎

起祖以至入首節節枝脚反逆有拖鎗揚刀之勢更見案應反背朝水逆抱刑殺可畏不可勝言葬後出人反亂戮及一家走得五歲童子後亦非法而遭刑

殺龍

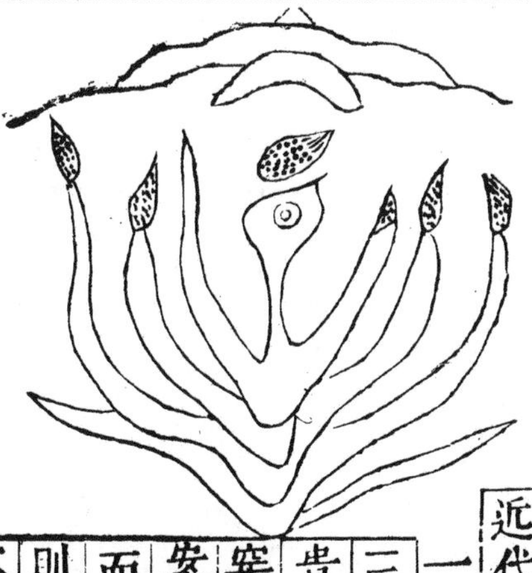

近代祖

一舉登第十月拜相再三月取首級後代多驟貴然速禍而且夭蓋其穿帳中抽落脉清秀遠案尊嚴其發大貴宜矣而刀砂疊見殺氣滿局則誅夷之禍其能免夫不直指其名者諱之也

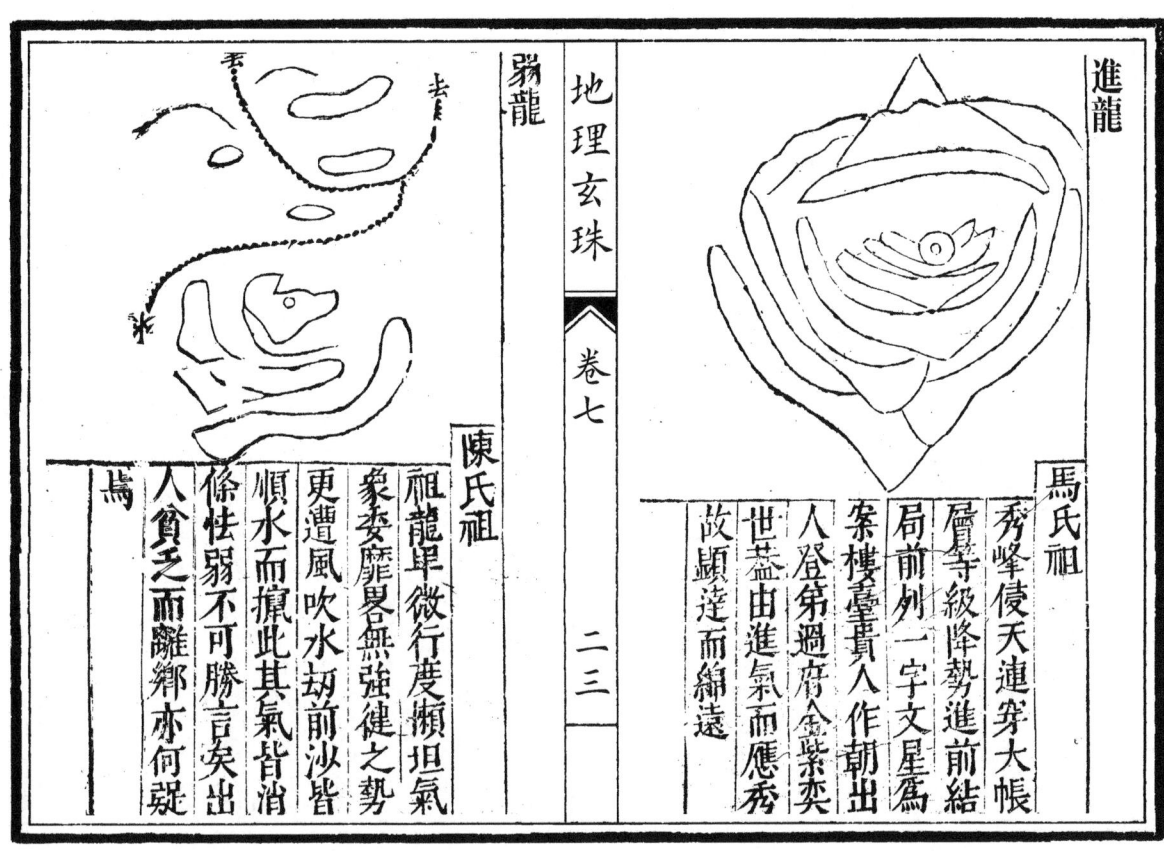

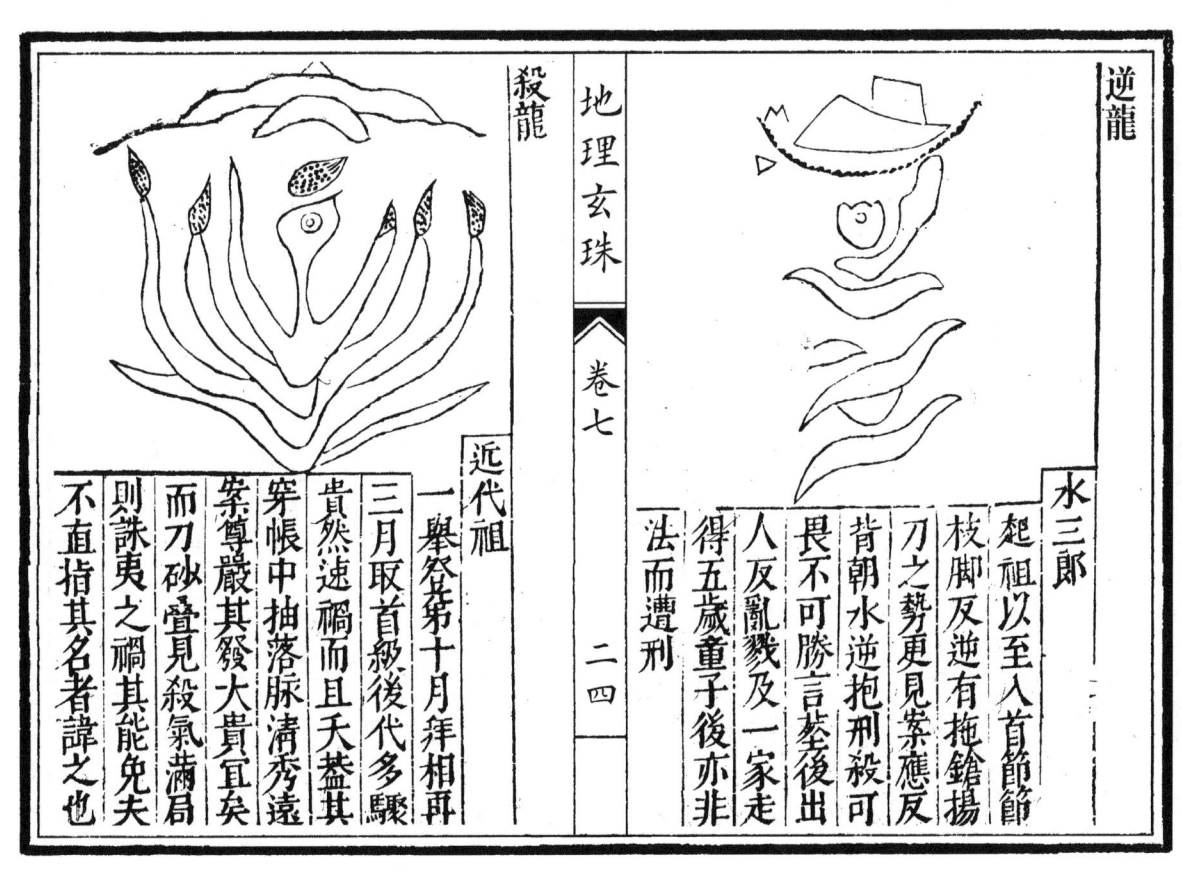

劫龍

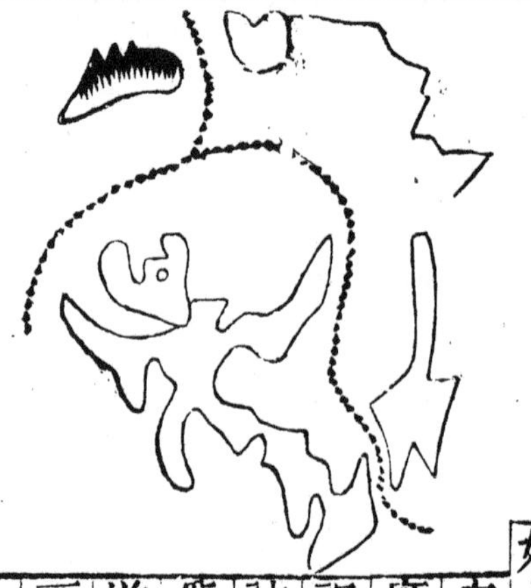

姚君誼

穴星小巧外勢廻環案應尖秀似乎美地然發祖低軟而出身瘦怯更被旁枝牽拽分泄則氣爲之刼盡所以出人悖逆不肖嗜酒破家兼行不義徒配他州

童龍

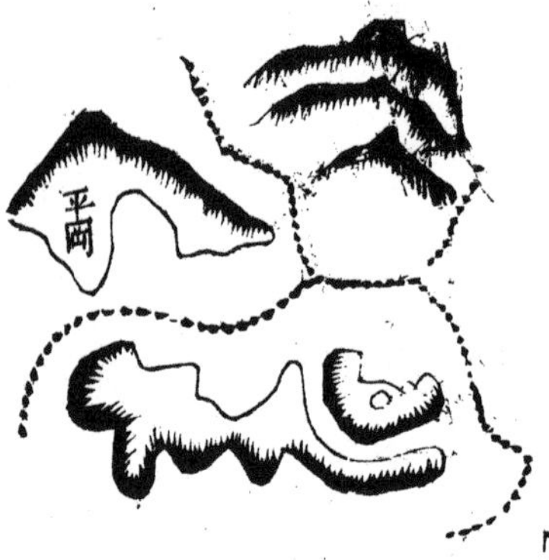

黃氏祖

凡不生草木之地皆由氣脉枯竭無滋潤溫厚之氣故名之曰童山在穴法則謂之天墟不受陰陽生長之德不沾雨露灌漑之澤縱開帳穿心亦不堪用葬後火焚其廬癸瘟而絕

傷龍

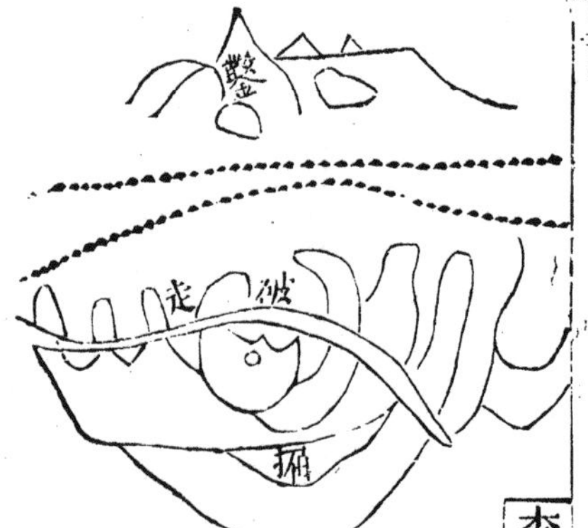

李氏祖

此雖結局團促兩旁從衛亦重重遶抱然後龍掘損則木生氣泄前案鑿損則破碎殺現龍虎身上踐踏大路流水得過則脊斷而不能護穴此其體用俱傷矣葬後貧敗亦何疑焉

空亡龍

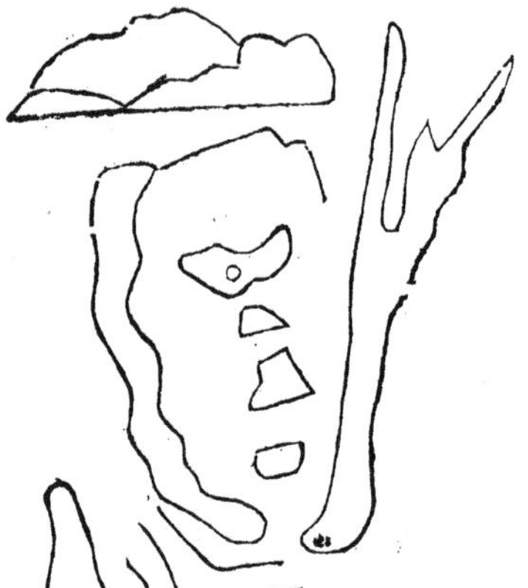

王八郎嶽州

右地似乎穿心正出而祖山破陷無脉落龍似乎起伏頓跌而行踪斷絕內氣不續雖有待衛而硬直無情雖有案應而欹側不顧下後破敗而絕乃犯空亡龍故也

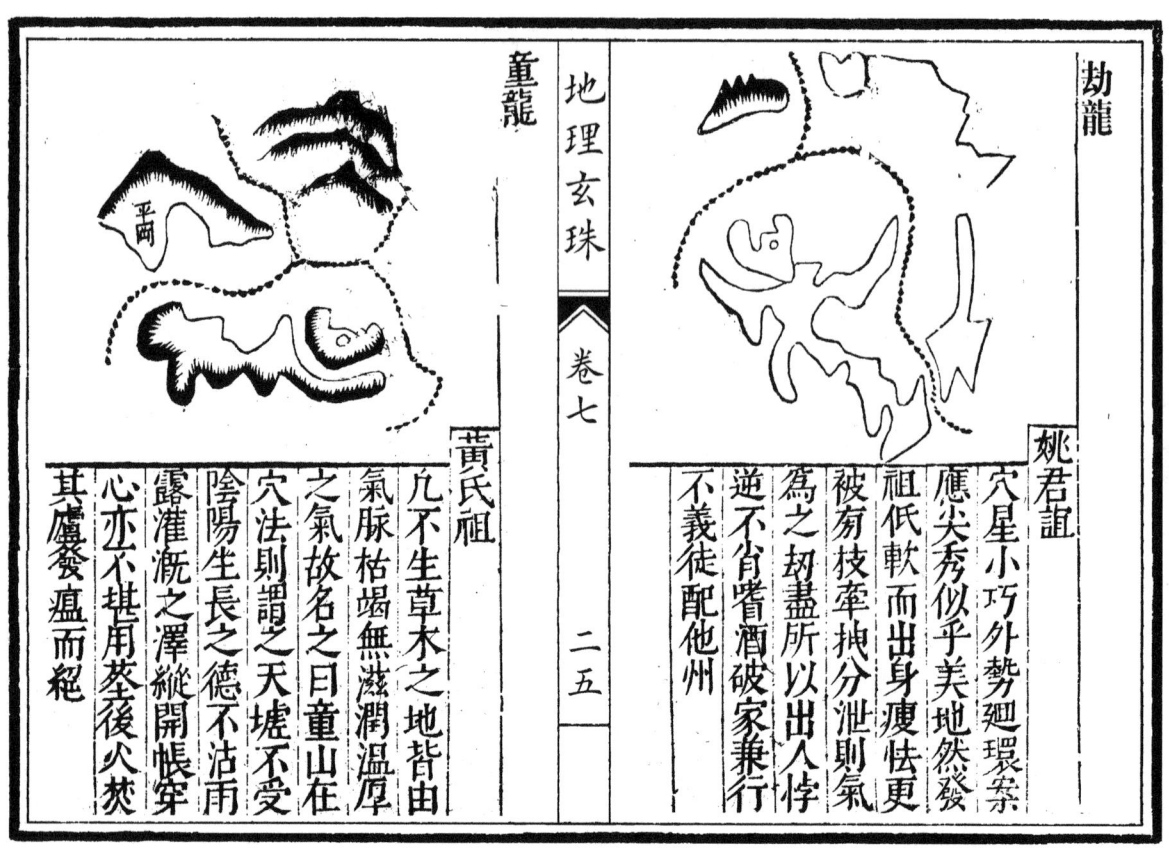

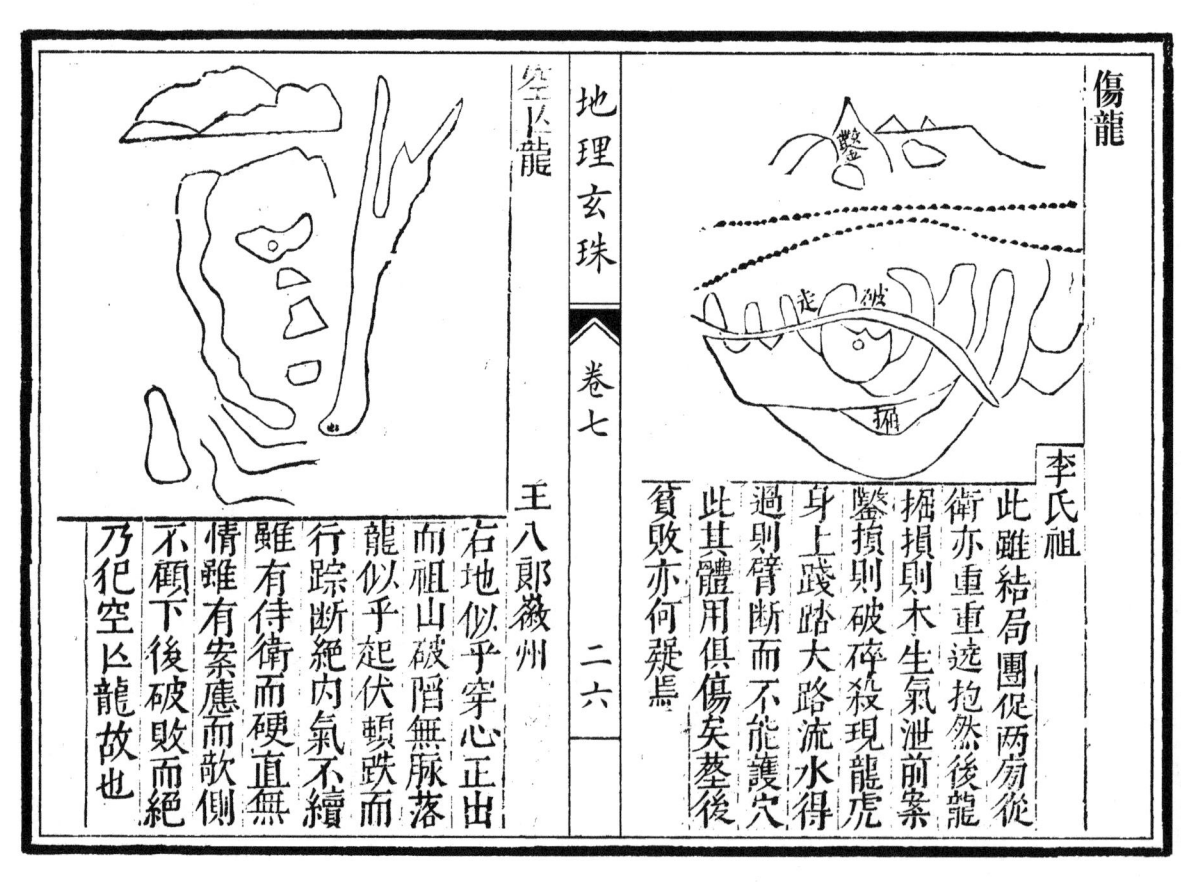

地理玄珠卷之八

古吳太和山人夏世隆道弘甫著
梁谿半偈道人華善繼孟達甫校

龍格已畧穴法何如無論合形總歸得體

穴法陰陽

穴法者葬乘生氣之微權也葢千里來龍惟融八尺之穴乘生氣蔭死骨發泄天機斡旋造化皆此一舉苟無定法以主之則汗漫無據妄施作爲毫釐少差禍福千里縱有真龍正穴亦將措置于無用之地不亦良可慨哉歌云望氣尋龍易發山點穴難若還差

一指如隔萬重山正此謂也是故有天然之龍必有自然之穴數尺之内眞氣貫棺不可過高不可過低不可偏左不可偏右不可太淺不可太深自有一定不易之繩墨而不爽毫髮者也夫何古人各異其說分析伎倆有三十六形有八十一變有三百六十五體有三百八十九像甚至指物喝形合形定穴種種多門不勝煩冗殊不知來山萬態難以形盡捴而葬乘生氣之法不過陰陽二字而已術者能明陰來陽受陽來陰作之義自可以因形察理隨機應變而千態萬狀運之一心而已寧復有餘蘊哉

脈是暈中微有脊曲直緩急難同

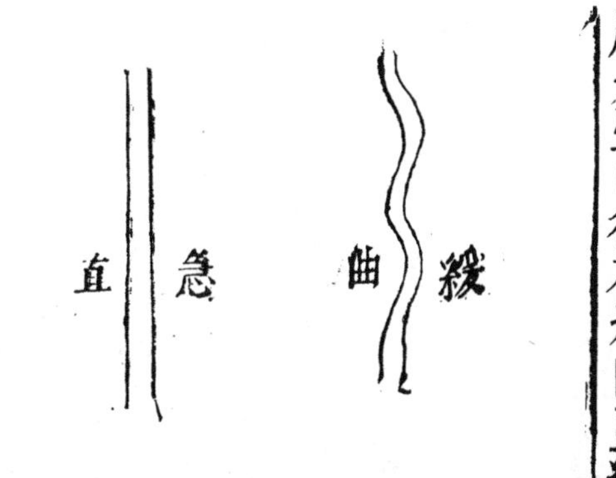

脈穴

脈者血脈之謂暈中有脊如草蛇灰線之屬也隆隆隱隱微顯形迹乃陽中含陰之義眞氣發露之象須要活動轉折來落分明爲佳然有緩急曲直裁製合宜方爲得体

息乃勢伏再成形長短高低各異

息穴

息者生息之謂暈中再起星辰如連珠垂纓之屬是也來龍炁旺再起節苞有辭樓下殿之勢有初息有繼息乃嗣續相傳之義子息已成眞炁鍾聚挺然而出爲佳然有長短高低扞各有法因局用情方爲合格

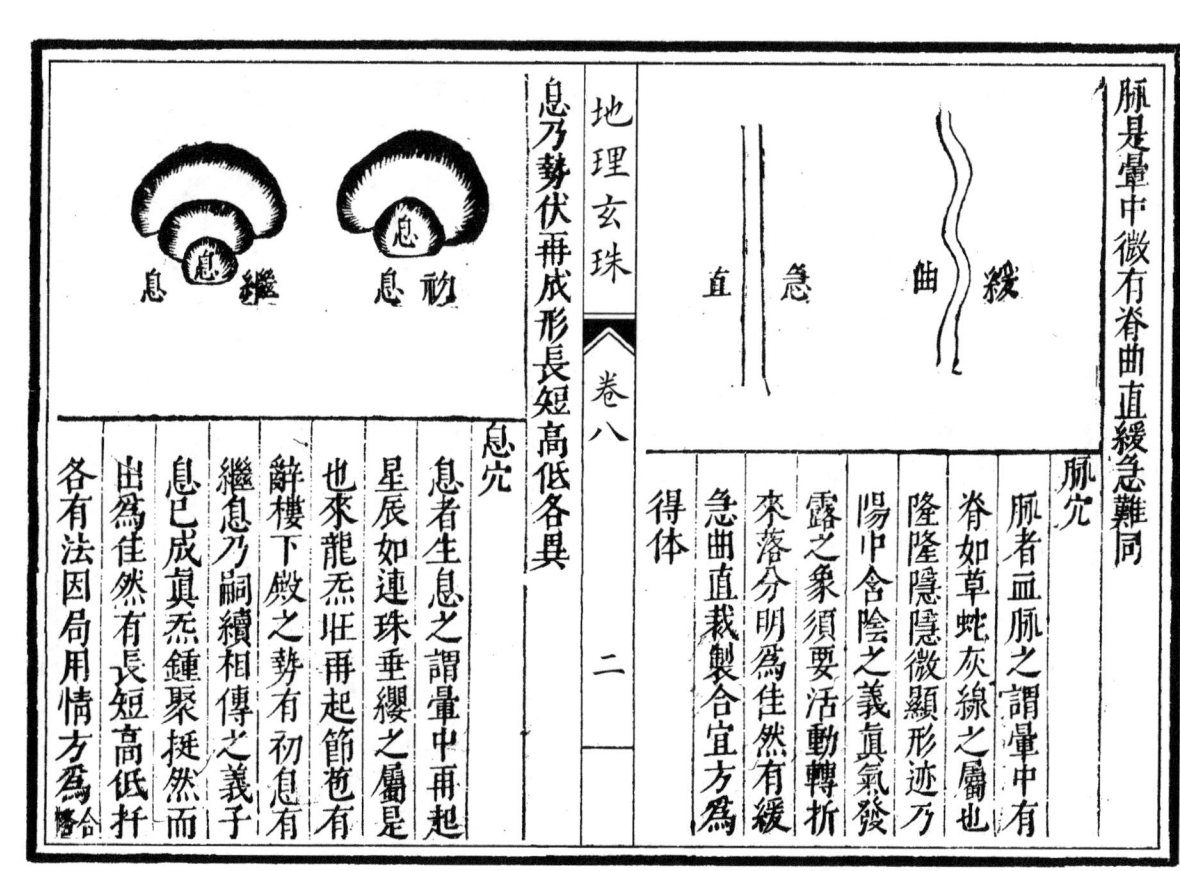

○窩本陽生象别淺深濶狹

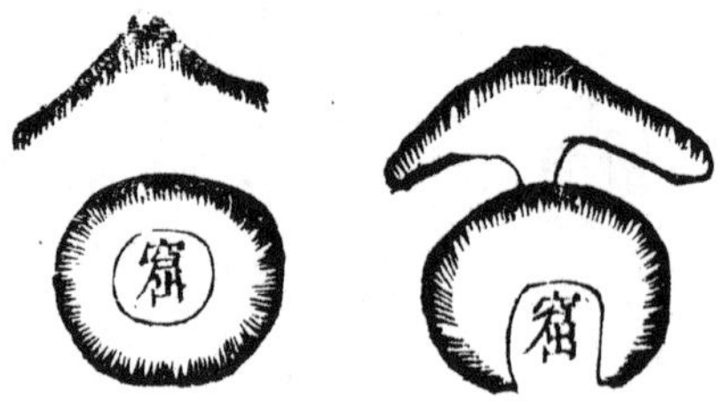

窩穴

窩者窠坎之謂暈中開口凡掌心鍋底鷄窠燕巢皆其屬也若大開空圈者非蕃龍炁旺盛忽然隱伏乃陰極生陽之義真炁閟藏之象須要兩掬彎環口中圓淨爲佳然有闊狹淺深作用亦異務須詳辨証佐分明而定之發福無極

○突原陰結法明偏正单雙

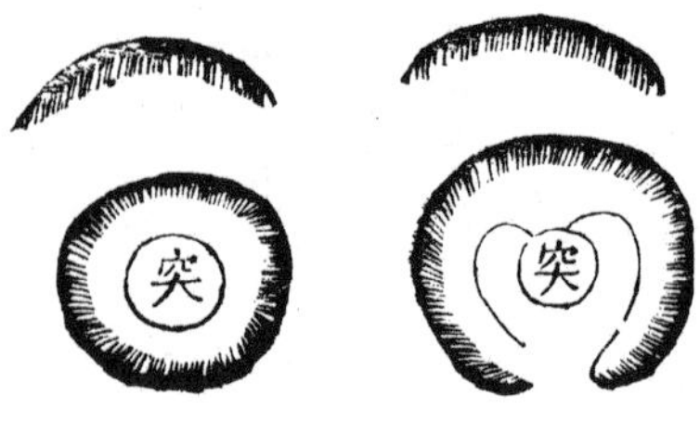

突穴

突者泡凸之謂暈中起頂凡鷄心魚泡覆金漩螺皆其屬也或壅隆成大墩者非蓋地有吉炁土隨而起乃陽極生陰之義真炁發育之象須要光潤肥滿端圓頴異爲佳然有單雙偏正因形取法乃可獲吉若孤露受風則不可下

○或開窩或開鉗須分真假

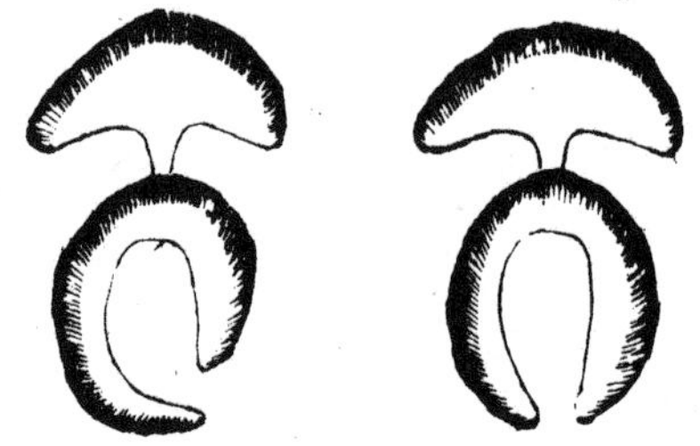

鉗窩穴

窩者星辰開口即前之窩穴是也其象屬陽然陽象又有鉗穴乃星辰之開脚者凡曰偎宫单提虎口合谷等穴皆其屬也大要頂上端圓口中藏聚近案横攔元辰不陡方爲合格若狹長堂瀉是爲漏槽則不可下

○或生突或生乳毋溷是非

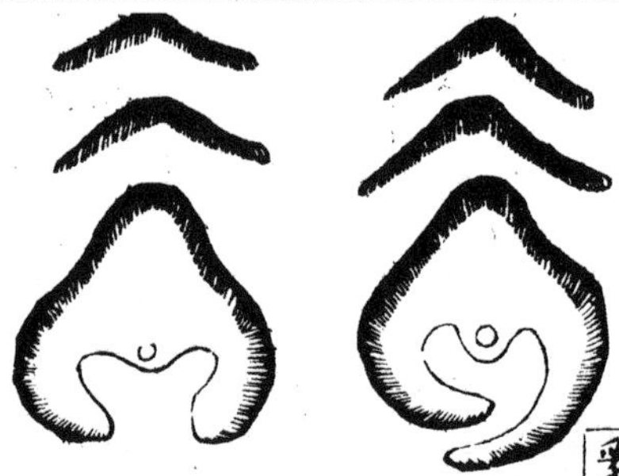

乳突穴

突者星辰起泡即毬之突穴是也其象屬陰然陰象又有乳穴乃臂開生乳者凡曰夾木垂囊等穴皆其屬也大要乳頭肥滿光圓端正左右弓抱長短適宜方爲合格若欹斜峻急折陷粗頑是爲火包則不可下

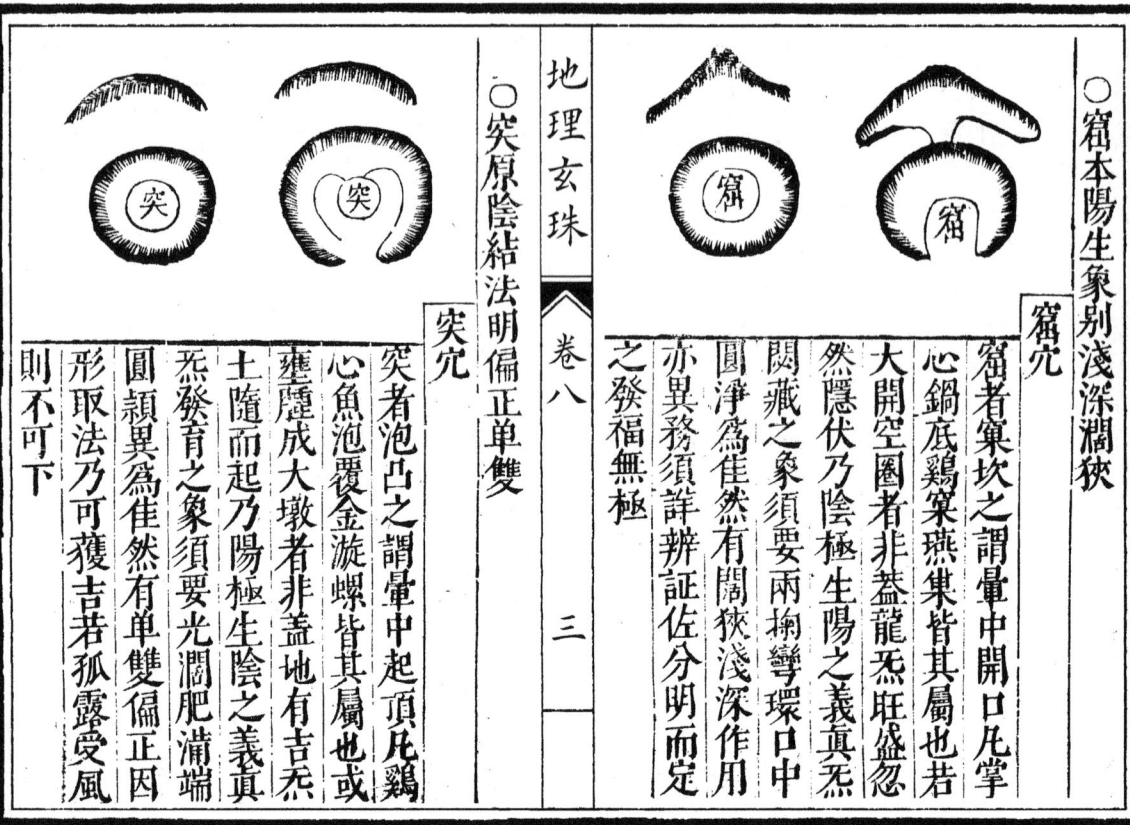

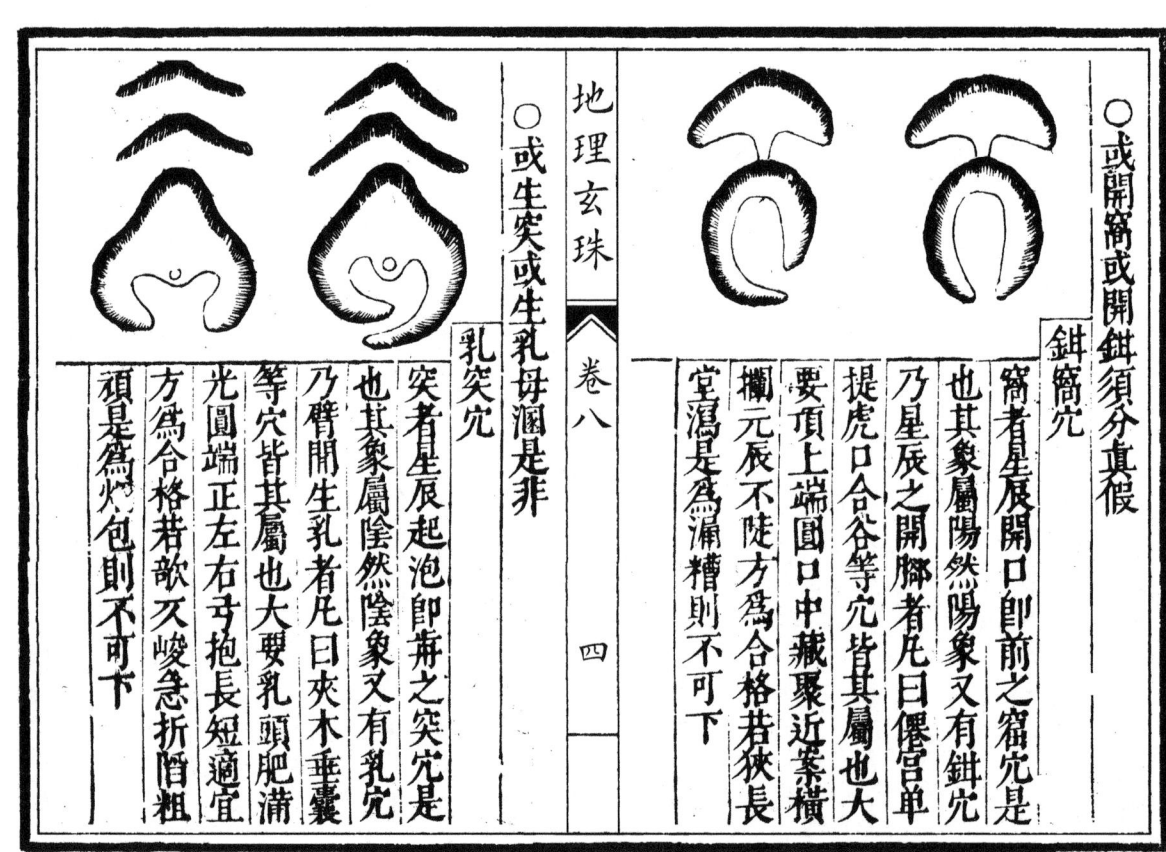

〇脉來緩弱葢穴堪裁

葢穴

蓋者以葢覆爲義脉來緩曲勢成上聚宜揭高尋暈湊頂安阡卽楊公之縮杖是也故云緩處不妨安絕頂法不可掘鑿太深亦須留胐用土封培其炁乃佳又須四應高昂乃爲合格

〇氣下雄强粘踪可綴

粘穴

粘者以粘綴爲義脉來峻急勢成下聚高下則傷龍當就低尋暈脫脉安扦或虛粘或實粘卽所謂脫殺宂亦楊公之綴杖也故云急時不怕葬深泥宜用土粘接亦須露脚又得四應低伏乃爲合格

〇直來倚左右

倚穴

倚者以倚靠爲義脉來急直不宜當中直下土牛云血脉順行人少效法有虛倚實倚肉于一邊以挨其炁卽所謂閃殺宂而與楊公之開杖同義也要知龍自那邊來審一邊有情之處隨堂炁而扦之仍要靠定來脉不可脫氣又要有後樂

〇横落撞中停

撞穴

撞者以衝撞爲義脉來横斜不可斜下土牛云忌神斜插損庄田當于中停横枕樂星截脉注棺如撞鐘之勢卽楊公之穿杖是也若是直來取斜放棺所謂正來斜下斜來正安使炁從耳入凡開斧没骨側腦皆是此法

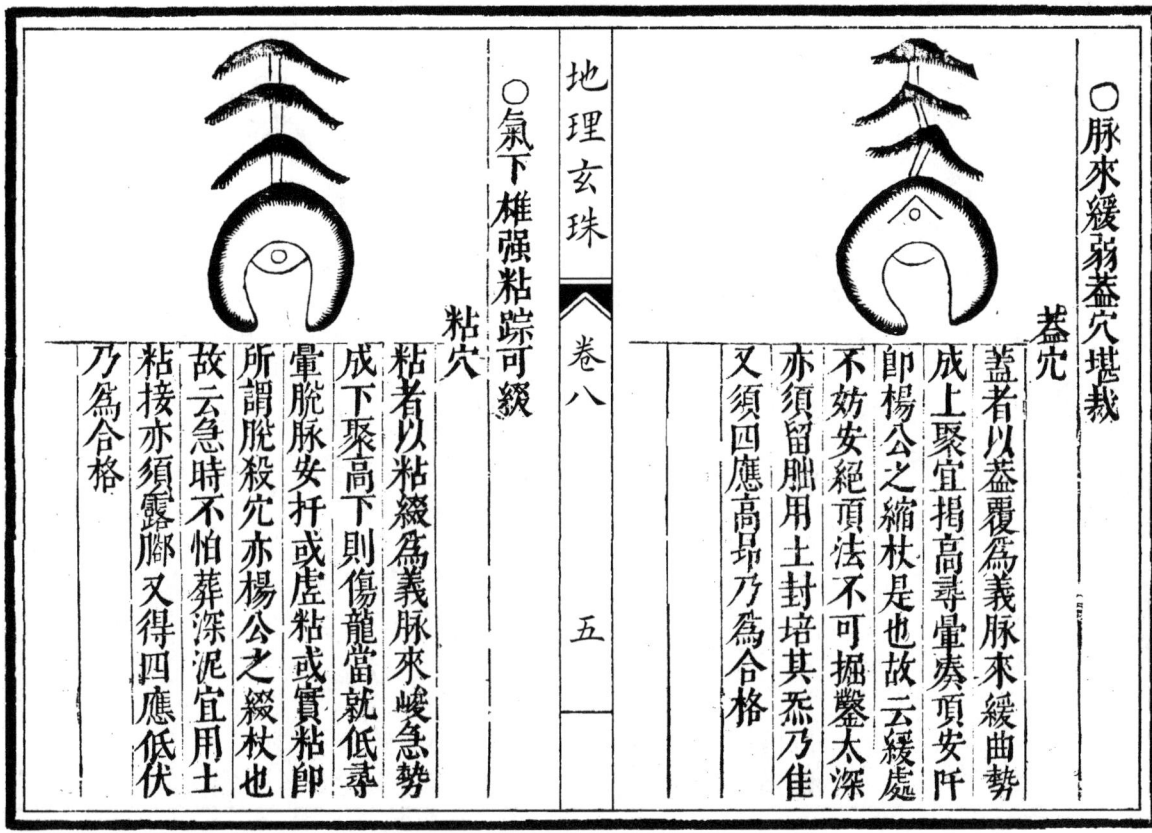

○息形横狹當頭斬扦

斬穴

斬者以斬砟爲義息之短者形如金水而横濶宜當頭斬扦鏟開脉門以接正炁立穴以其分開如斬斷相似故云只開金井用土塡補封培成塚使無露風暴殺之病或斬龍虎之直長者堆斷勾回其脉如仙宮樣使去者反爲官曜亦佳

○玄武直長截腰高下

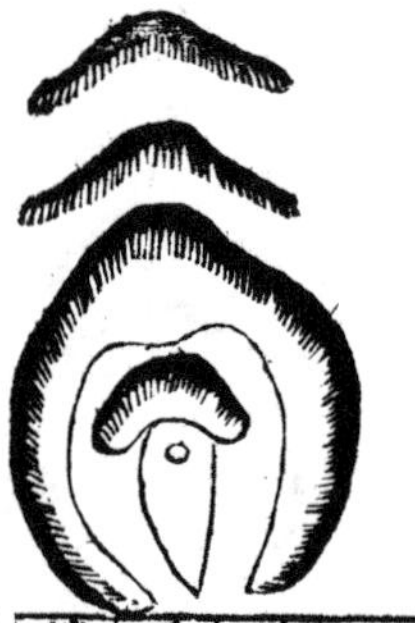

截穴

截者以攔截爲義截其高節處也息象直長乃是玄武嵛長殺炁太重故宜高下使殺向前不見其去所謂壓殺穴即楊公之截杖是也或鑿作逆掬一臂爲內堂使餘炁反爲官曜尤妙歌云也有怪穴似拖鎗鑿作臂回環其以此歟

○左輔旺龍扦可釣

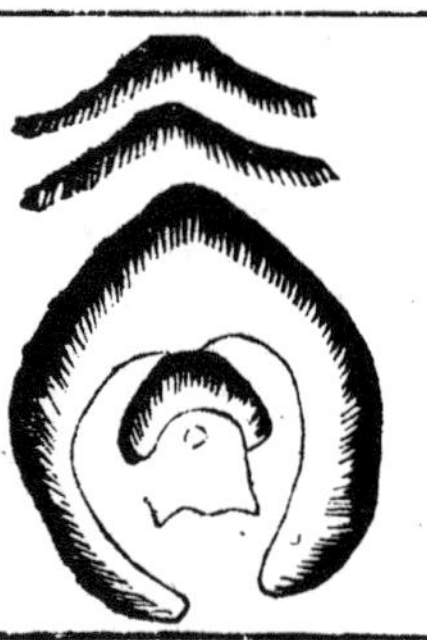

釣穴

釣者以懸弔爲義息象炁旺成太陽金星之類形既高起星體壁立氣成上聚俗呼爲懸鍾形宜扦紐鼻穴蓋以力在懸處故名爲釣又須審四勢高昂乃可立穴否則孤露受風的不可下

○太陰低矮墜偏宜

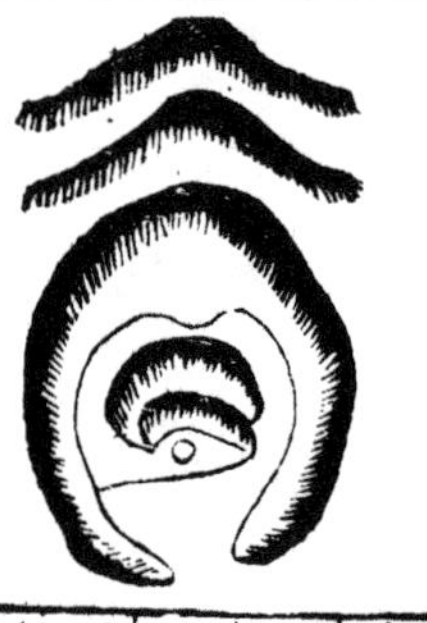

墜穴

墜者以墜下爲義炁墜出下也息象結作紫微太陰星體形既低矮炁必就下宜湊脚放棺當于息下粘綴開井不可壊星體以其在下如墜落相似故以墜名之或微醮或緊粘多培土以作坐又要穴前有餘炁爲毡褥乃佳

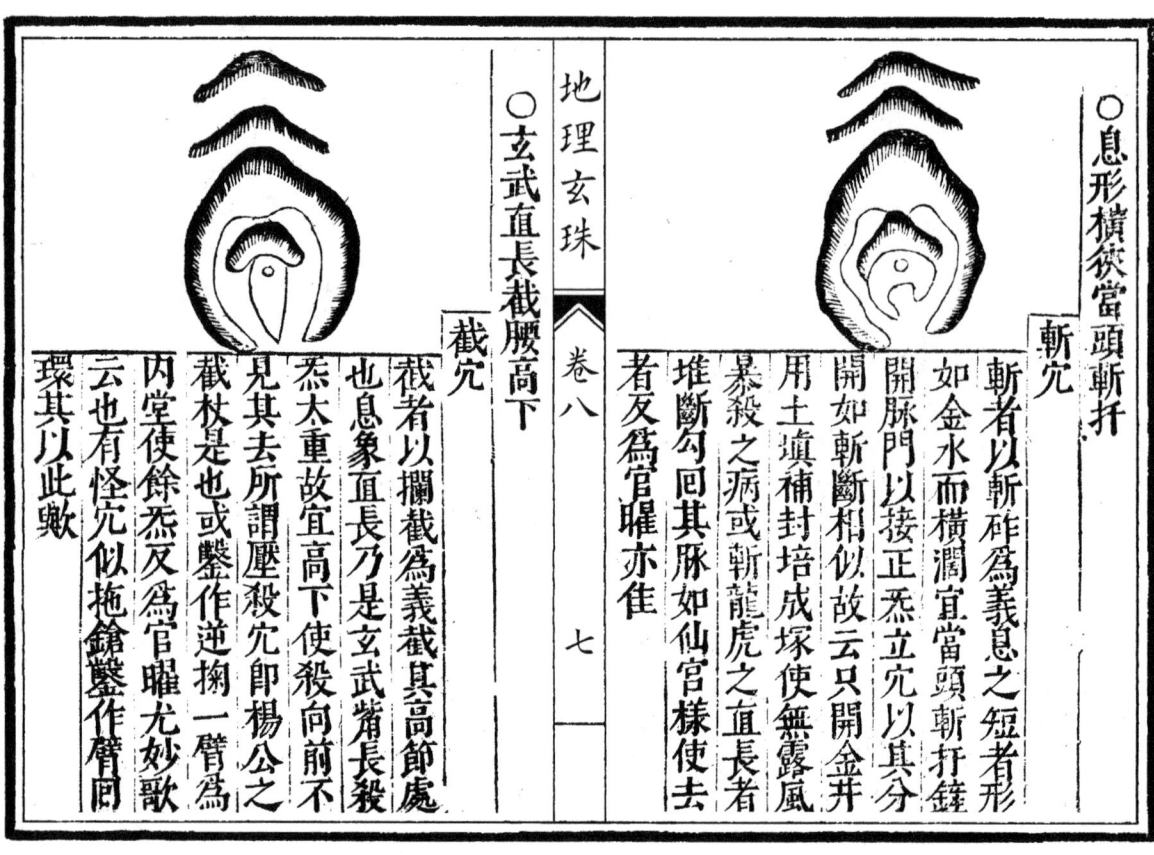

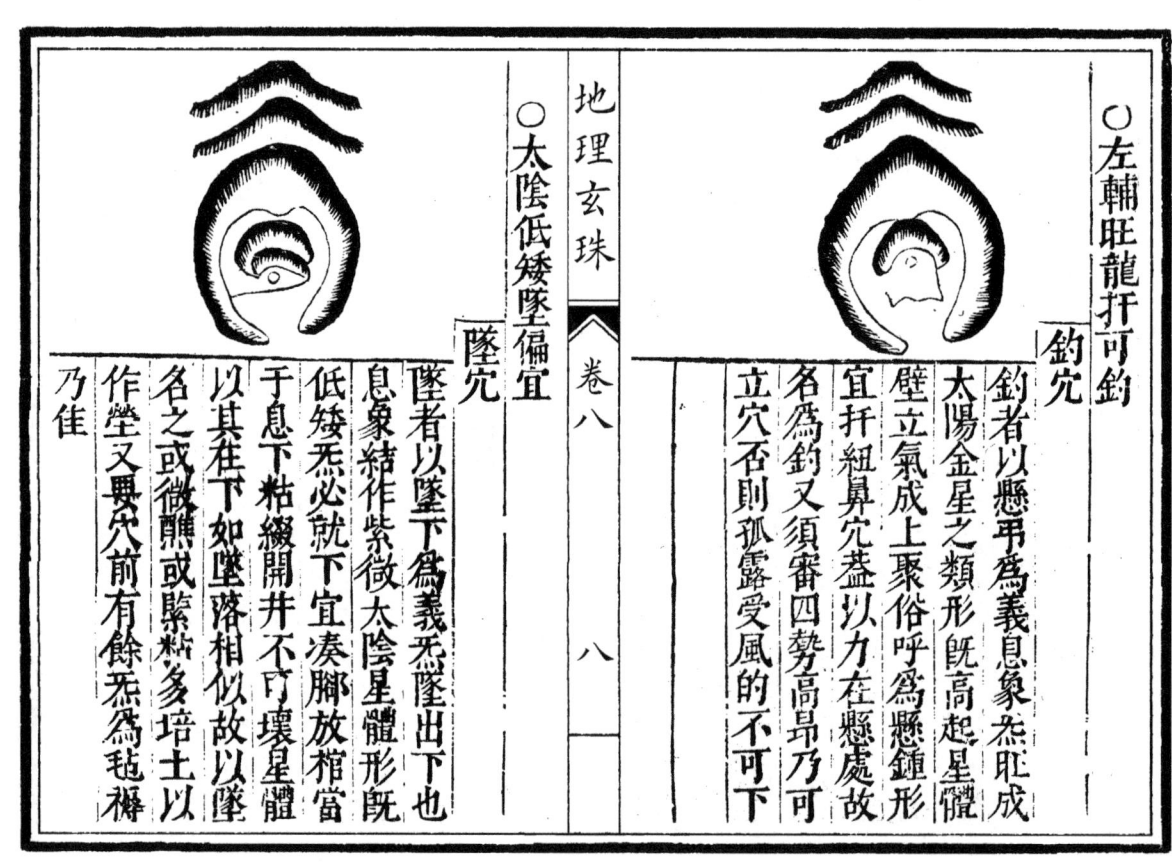

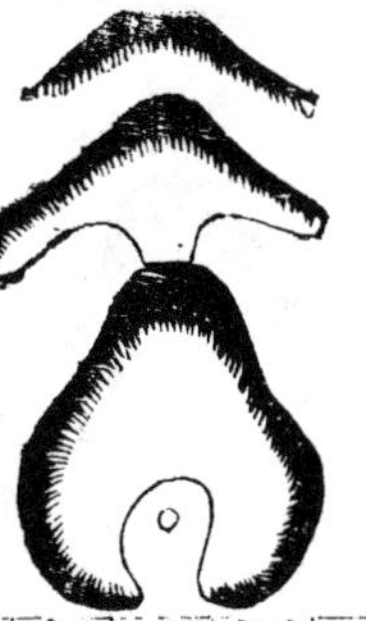

○窩形緊狹無饒無減正中裁

正穴

正者以中正爲義蓋窩形團聚開口緊狹穴情端正堂炁分明法宜當心放棺不偏不倚無饒無減此天然之法爲藏殺穴即楊公之順杖也凡用正葬本土只開又許壘土成墳亦須高大爲妙然窩不可太狹偏又漏糟傾陷則非所宜矣

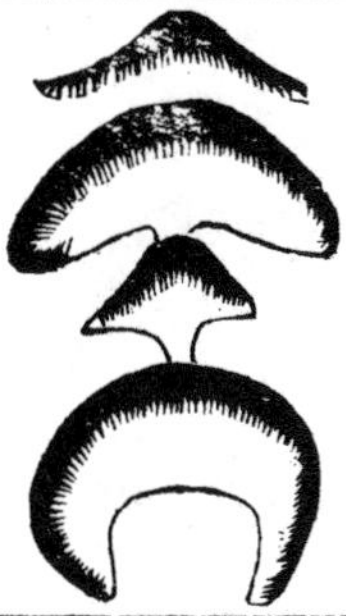

○象濶寛弘或偏求勝取

求穴

求者以求索爲義蓋窩象形旣寛濶生炁隱伏無脉可提無突可扦全以四圍山勢審之或近于朝山或倚于龍虎或扦曲之中或扦曲之盡捜求生炁止聚之所堆土爲墳必須高大務求証佐分明毋使失主逐客乃爲得體

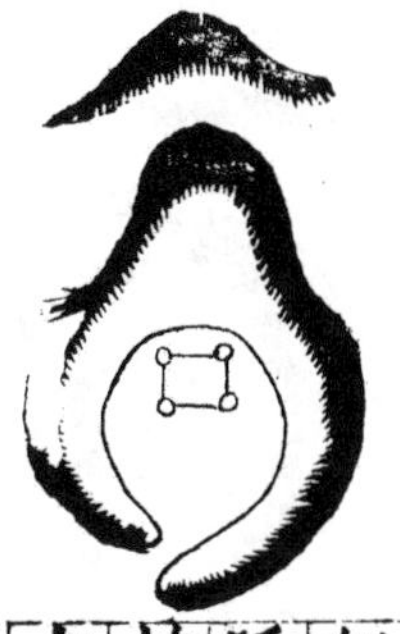

深嫌氣蹻宜架高而領氣

架穴

架者以高架爲義窩象結局深陷左右皆高其炁蹻弱當領炁放棺法宜四角立石爲架與左右般平封土成墳必須高大使炁自下升上以其浮架在上故以架名之也又當審後龍之緩急以爲法則不至失穴矣

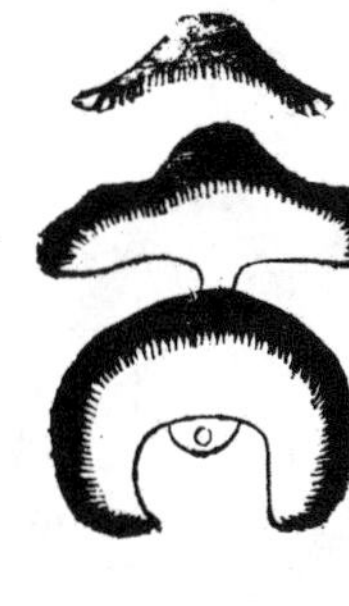

淺乘形露須折中以合形

折穴

折者以折中爲義窩象成形淺露則生炁上浮法當酌量淺深以定上下左右使無偏倚壘土成墳不高不大以其比量有法故以折名之也然又當量其來龍之强弱形勢之寛窄以爲審穴之法斯得中正之道矣

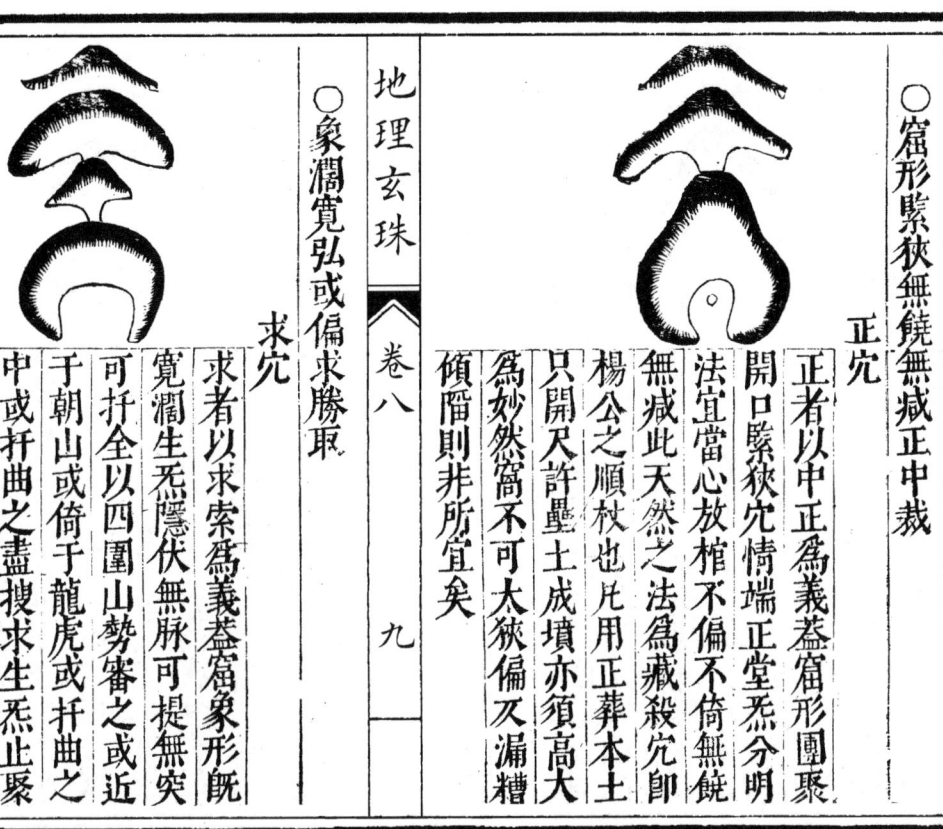

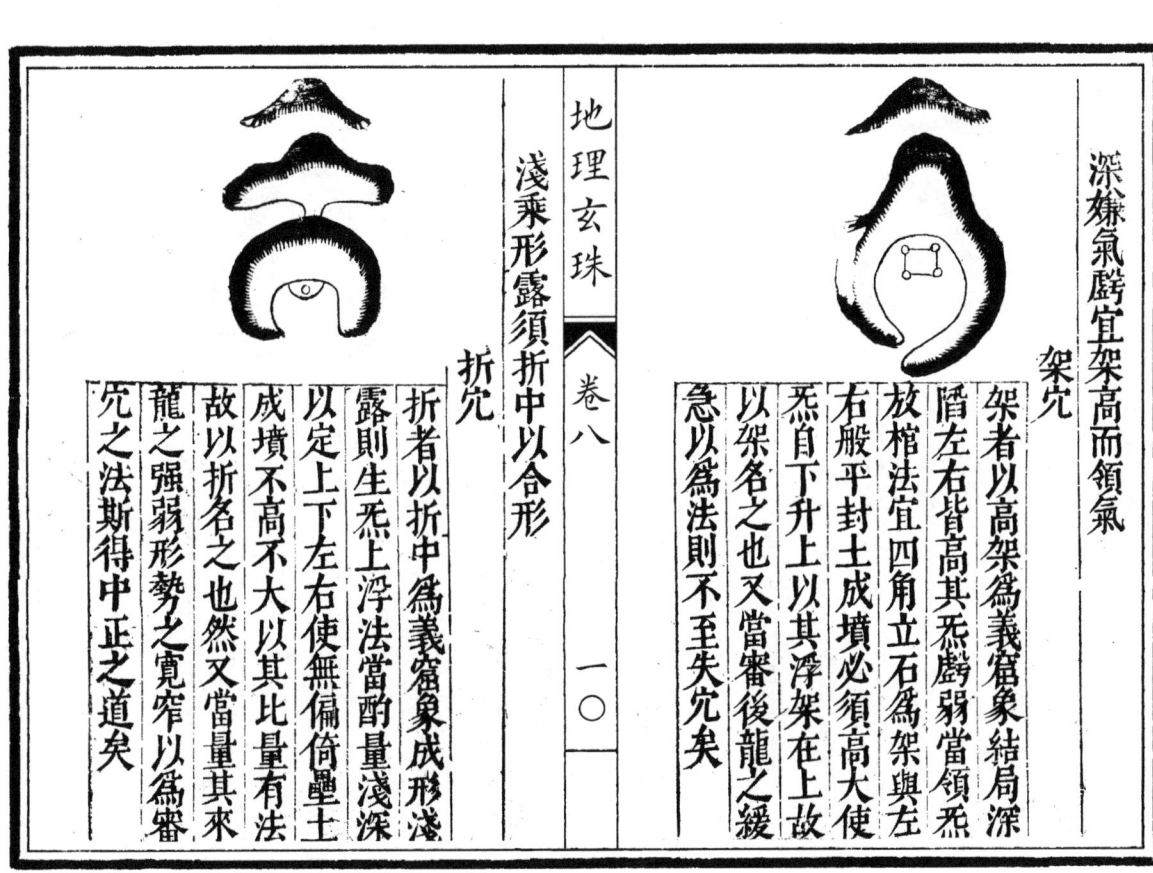

○単突勢雄而特立倚實堪裁

挨穴

挨者以挨倚爲義突象聳特獨立體勢雄急不宜下正穴法當挨過一邊或左或右宜取照應隨堂氣聚處而安扦之蓋突之単者多邊實邊虚高邊爲實低邊爲虚所謂単脉取實之義以其倚靠一邊故名之以挨云

○雙突合炁而交形兼收可併

併穴

併者以兼併爲義兼取其炁也雙突合炁結聚在中法當兩形交界之間而穴之兼併其炁吉不可勝以其合二爲一故名曰併此惟大龍旺盛方有是穴然必須大小高低肥瘦均勻突面周正形體頭異方爲合格若參差不等亦不足取

體正端嚴避雙金而斜受

斜穴

斜者以斜側爲義蓋突象圓滿肥特形體端嚴後脉直來不可順受正下則直冲中殺法當閃側以斜穴下之亦順來逆受之義即楊公之逆杖是也蓋正脉取斜炁從耳入則自無直冲之患乃可獲吉若貪星峯局面而正下之禍不旋踵

○形偏欹側揷偏傍以正裁

揷穴

揷者以裁揷爲義蓋突象形體偏側後龍脉炁斜落不可斜下當用揷法撥正放棺偏左則揷左偏右則揷右前逆沙水後乘生炁以其忌闘故名曰揷蓋形偏勢正斜炁正裁亦審局立向之義也若以偏頗而不取吉壤不幾于廢棄耶

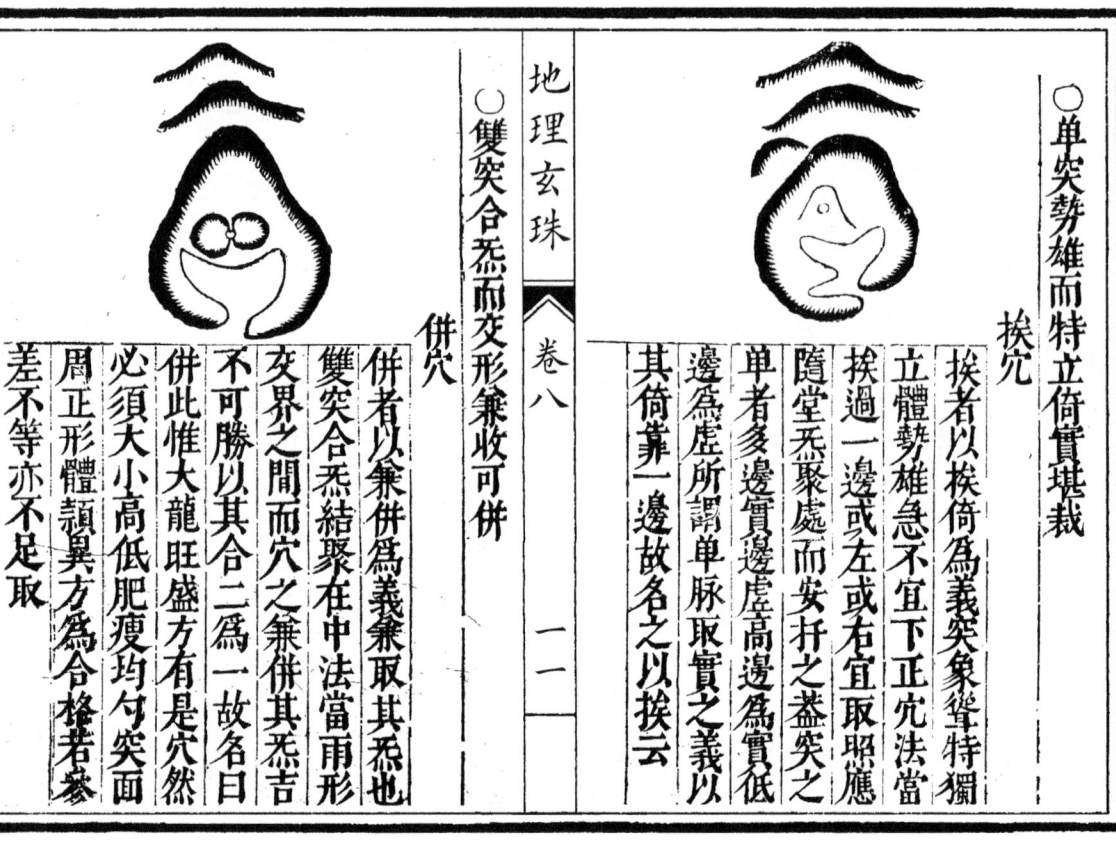

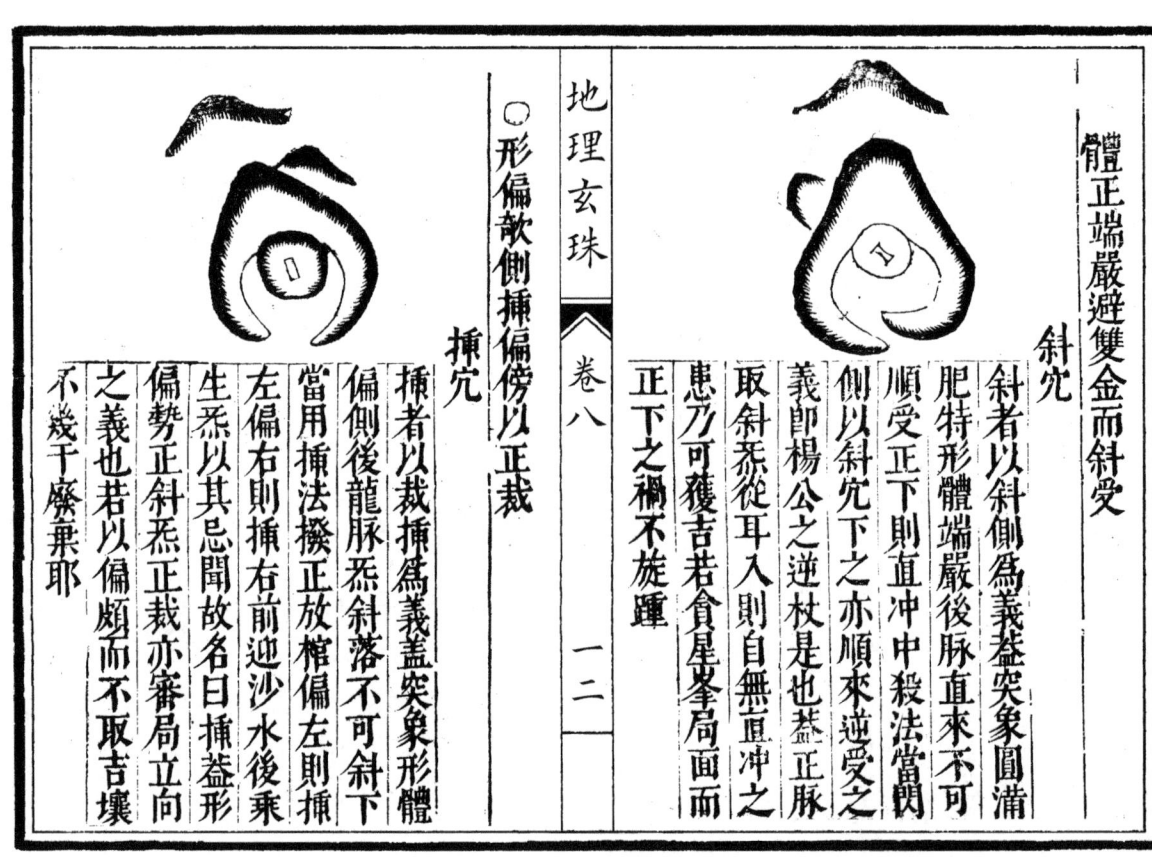

緩弱則陰作宜減而吞

吞穴

吞者以吞入爲義也盖窩鉗爲陽陽主噓凡陽脉到葬口内純陽來勢緩弱法減二分湊入放棺謂之吞盖由陽極因此要挿上借陰炁一吸其炁方成所謂陽來陰受是也此與楊公縮杖同義稍寛則脱炁矣

急直則陽栽用饒而吐

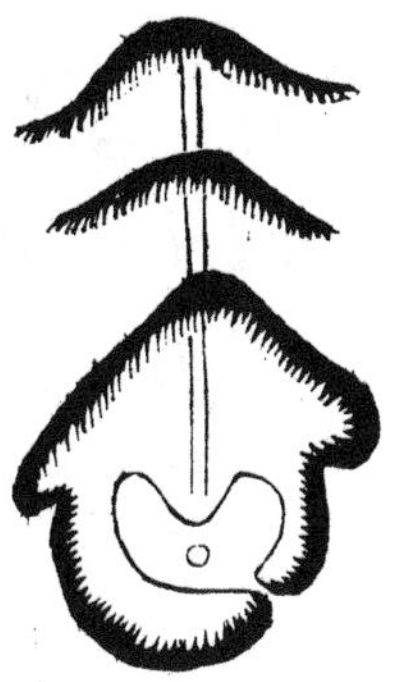

吐穴

吐者以吐出爲義也乳突爲陰陰主吸凡陰脉到葬口内純陰來勢急直法饒二分拖出放棺謂之吐盖由陰極因此要縮下借陽炁一噓其炁方生所謂陰來陽作是也此與楊公綴杖同義少急則傷脉矣

勢浮而上法當淺迎

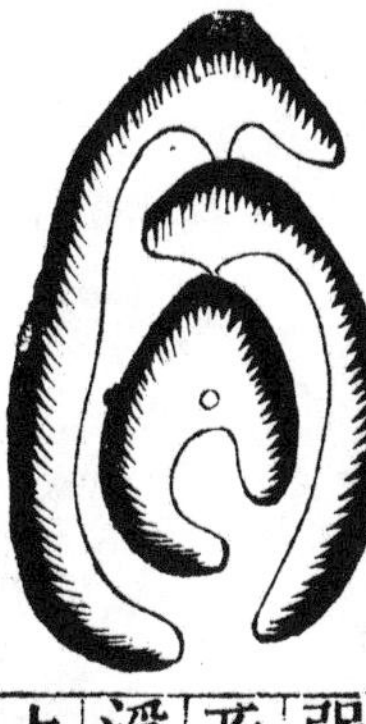

浮穴

浮者以浮上爲義也陰脉性强勢來峻急從上生下乃天炁下降生炁露而不隱其炁浮故多結窩鉗之穴盖脉自上落則炁自上升交媾之道也開井放棺法當淺以迎之深則炁從上過謂之脱脉脱脉則不得穴矣

炁沈而下義宜深接

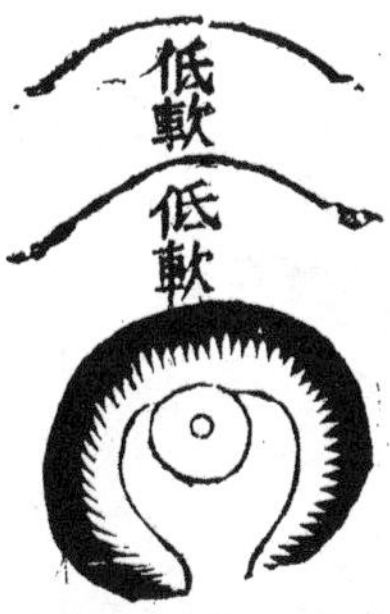

沉穴

沉者以沉下爲義也陽脉性弱勢來柔緩從下生上乃地炁上升生炁隱而不露其炁沉故多結乳突之穴盖脉自下生則炁自下降感應之理也開井放棺法當深以接之淺則炁從下過謂之失脉失脉則不得穴矣

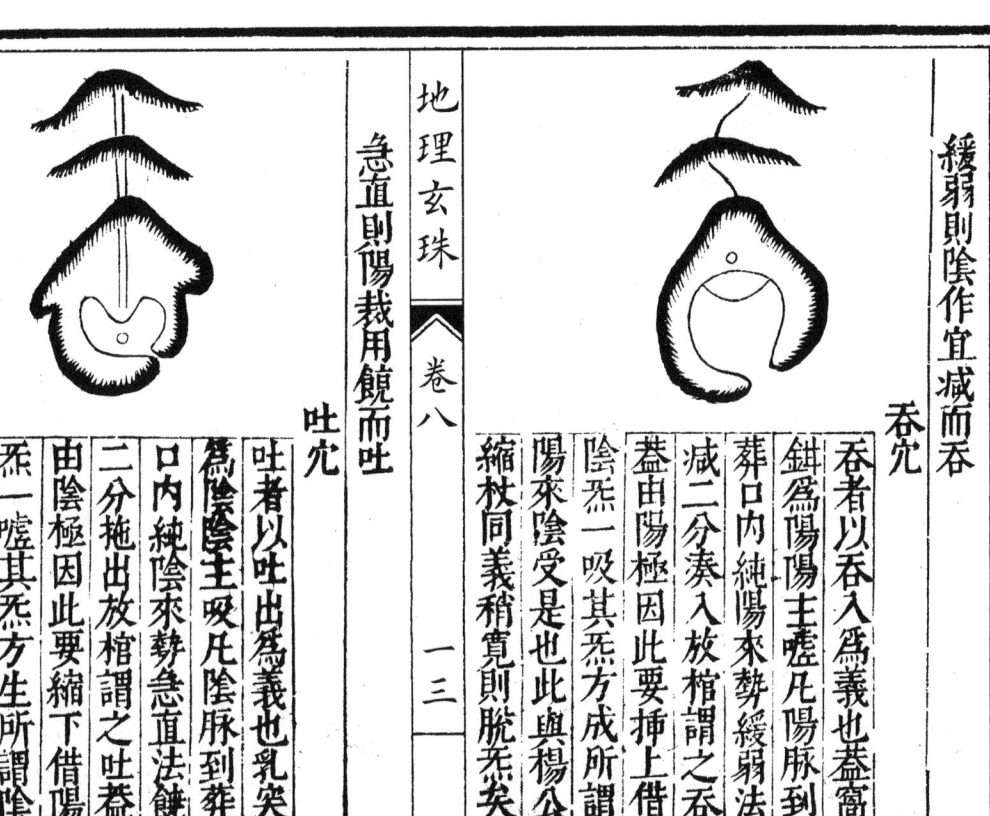

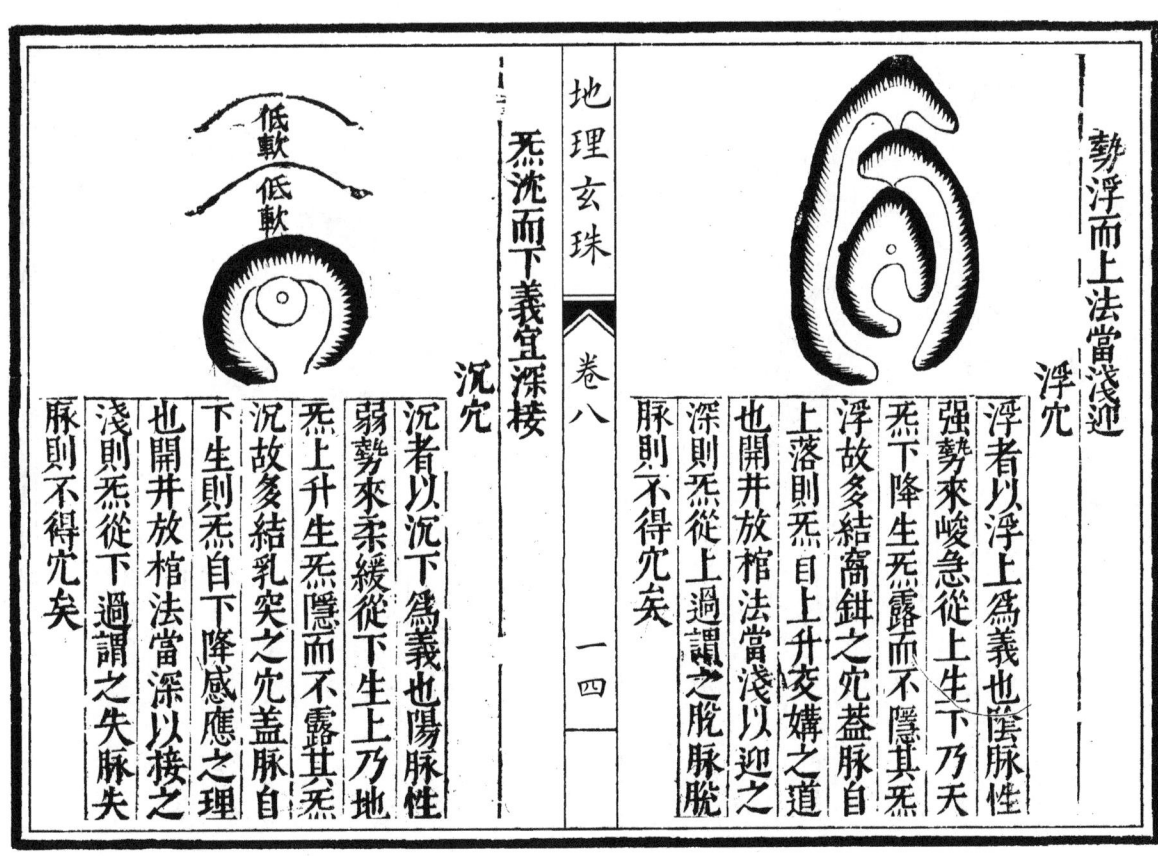

○緩脉蓋穴引証

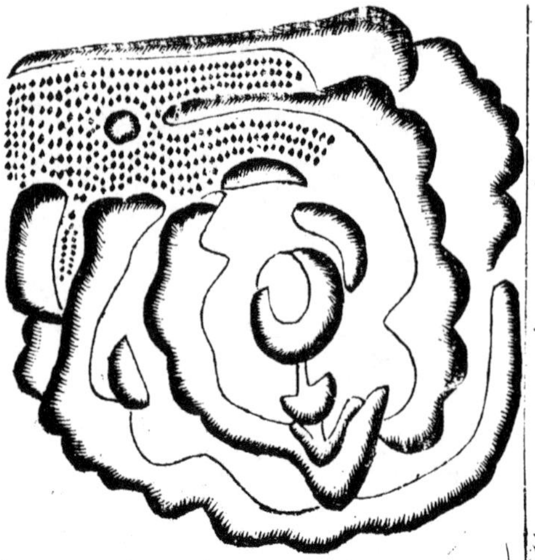

江右雷氏祖

大帳垂落一脉氣甚旺盛郤入首一節抽出平緩爲盧鞭結局穴開鉗口鉗中陡峻不能融結乃棄鉗就脉而扦蓋穴所謂陽來陰作是也葬後子孫連發高第多入翰林

○急脉粘穴

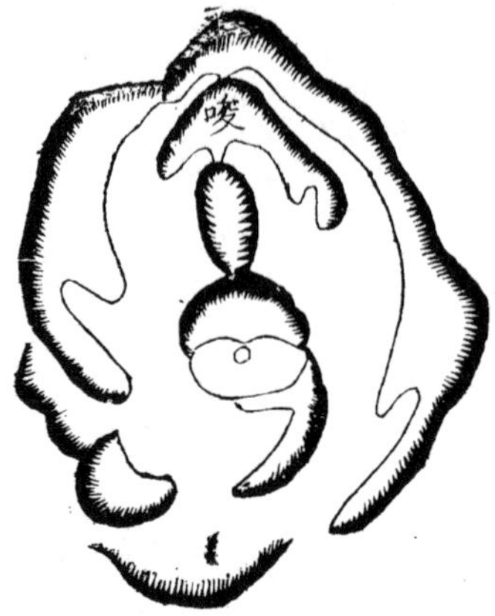

傳給事祖錢塘縣

高山發脉頓跌連起太陰金星入局星峯峻秀脉勢雄急下鋪平毡乃扦粘穴蓋以急來緩受所謂陽龍陰穴是也葬後屢發風憲科第不絕

○直脉倚穴

程侍郎祖問政山

高山出脉連起秀峯直趨而下蓋以脉氣峻急若直來直受是爲鬬殺未免召禍乃閃于左邊而扦倚穴以秀應在右也下後即登高第位至侍郎

○橫脉撞穴

陳丞相祖長樂東嶺

龍脉特秀朝案端嚴樂托厚重然係橫龍結局以撞法下之立穴中停橫枕樂托截脉注棺亦斜來正下之義也葬後位極人臣富貴不替

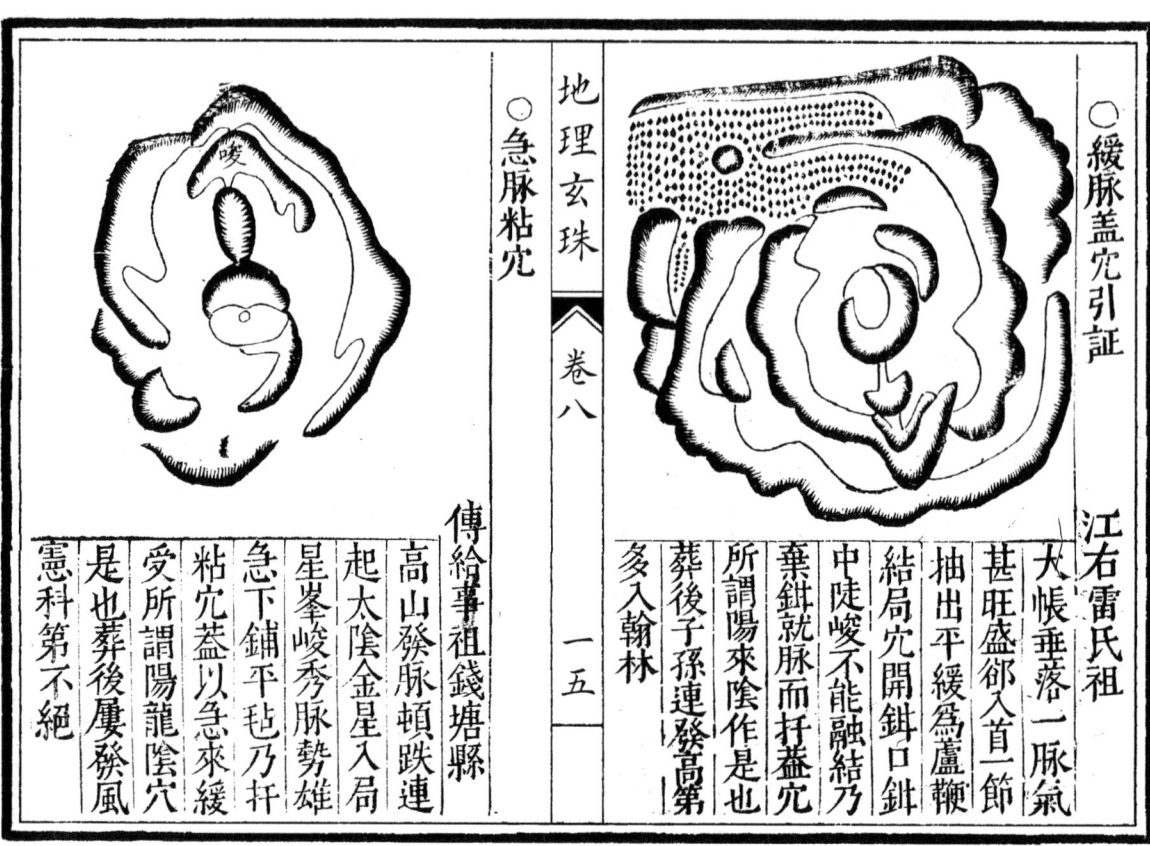

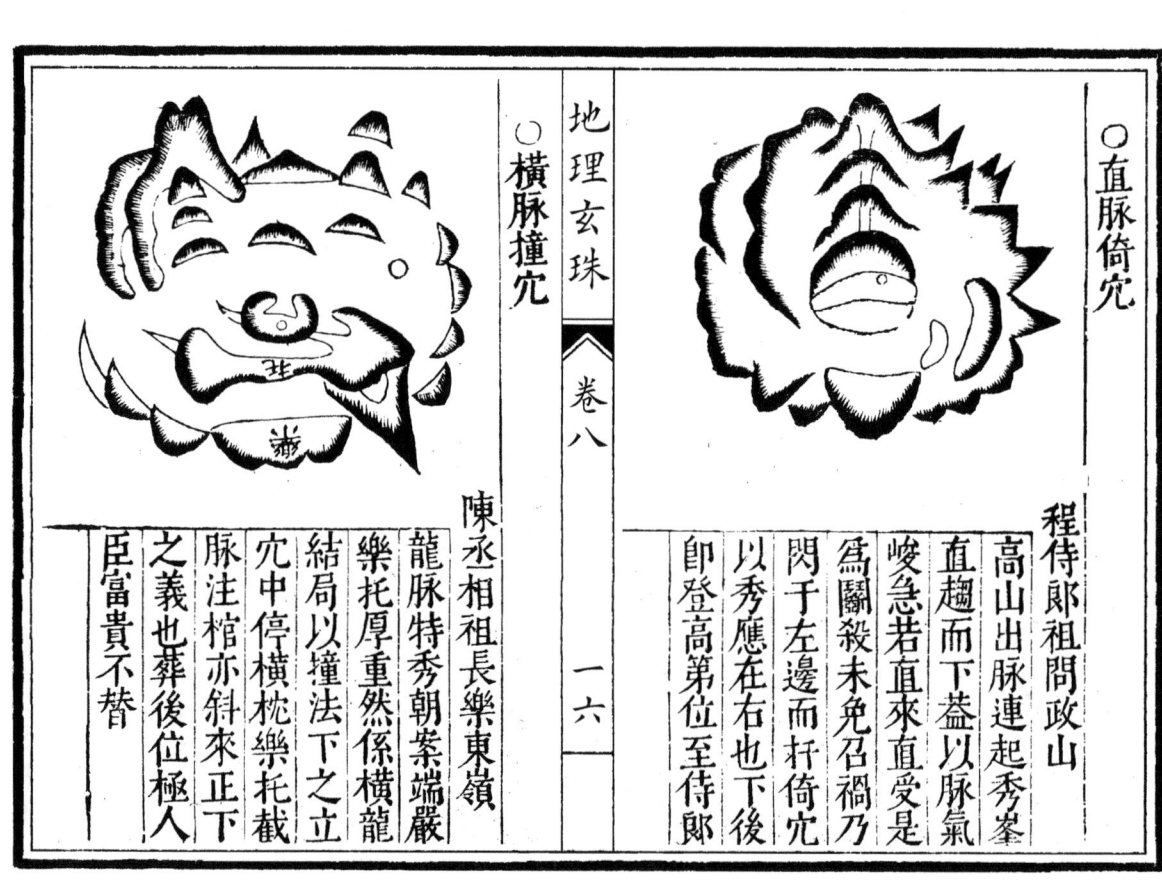

短息斬穴

張橫渠祖

來脈清奇護從周匝前朝尊嚴後應端肅誠爲大地然息短而橫闊故用斬法鏟開脈門以接正氣用土封培成塚出橫渠爲奕世崇儒名高千古

高息釣穴

耳將軍祖

高山落脈結懸鍾形頂平而下壁立胎應皆峻極乃于頂上紐鼻處扦之蓋以力在懸處故釣其頂四山俱高故作天穴時師不識奇巧而以穴峻當退之說文之殆不知有作法之玄耳

長息截穴

楊都憲祖

繼息相傳挺然而出龍体健旺穴星尊嚴朝應端莊護衛整肅極爲大地但息象太長未免竊氣而劫重于是作兜金以蔽之穴上不見其去後大發富貴無他凶應

低息墜穴

崔氏祖

貴秀壘壘而來穿帳中抽結爲太陰星象形既低矮氣必就下遂于息下凑脚放棺粘綴微醮以墜穴下之富貴綿遠人材迭興

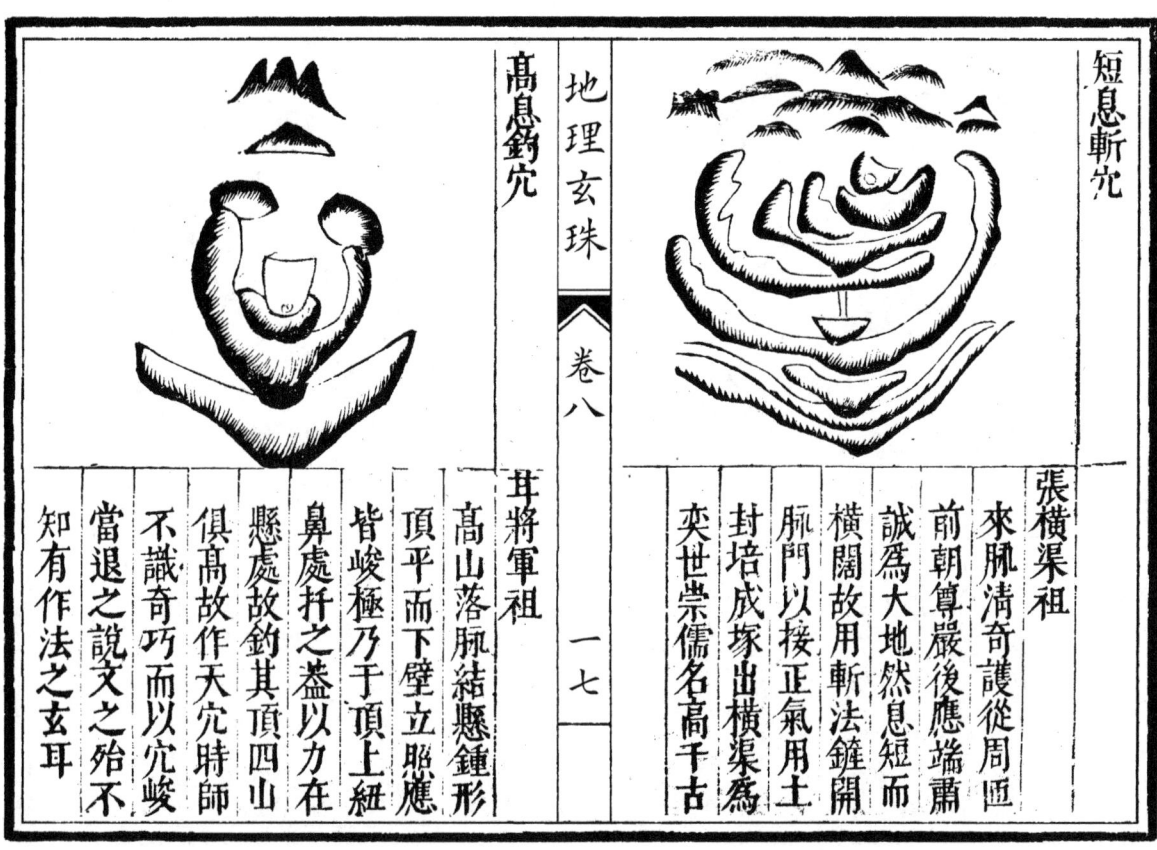

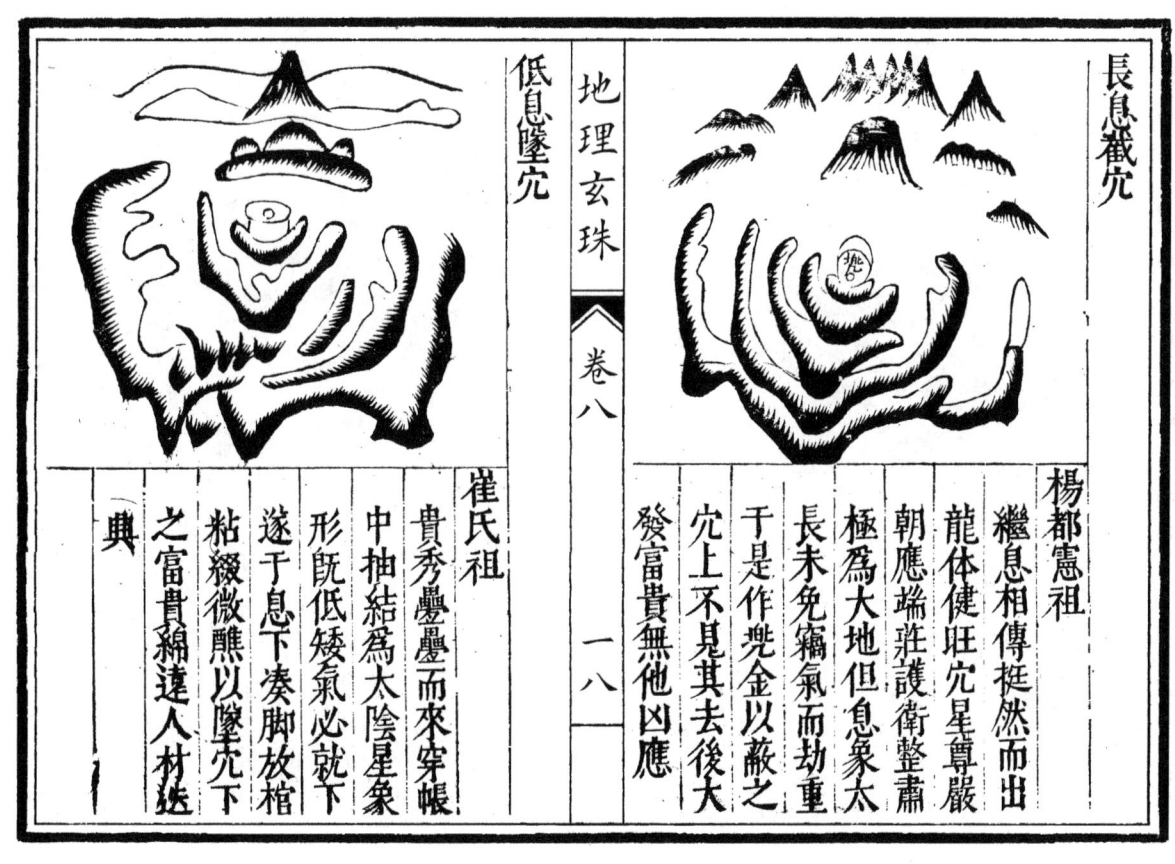

狹窩正穴

楊氏祖

大帳出脈欲斷不斷
奔來數節復起三台
中落頓結金星圓滿
光肥開小窩于下聚
處結穴弦稜明白宛
如燕巢龍勢雄大穴
情小巧乃下正穴富
貴不歇

闊窩求穴

豐城陸氏祖

大勢脫卸平岡頓起
走馬金星數節頓跌
復起太陽金星開口
成大窩穴格視之有
似空曠然求其後有
鬼星前有案應左右
有曜即非空結故迎
朝就鬼下之人丁頓
發連登科第

淺窩折穴

高陽侯祖許

來歷百餘里正脈中
出枝脚蕃衍復起大
帳中抽落脈屈曲而
下抽出平岡起頂開
窩窩中平淺乃用折
穴著中下之科第登
仕籍者百餘人

深窩架穴

李憲副祖

太陽金星開口兩掬
弓抱弦稜明白窩中
員淨証佐分曉誠爲
眞穴但四勢高昂而
窩象太深則氣上浮
于是立石爲架封土
成墳而葬焉子孫富
貴彌崇人材大旺

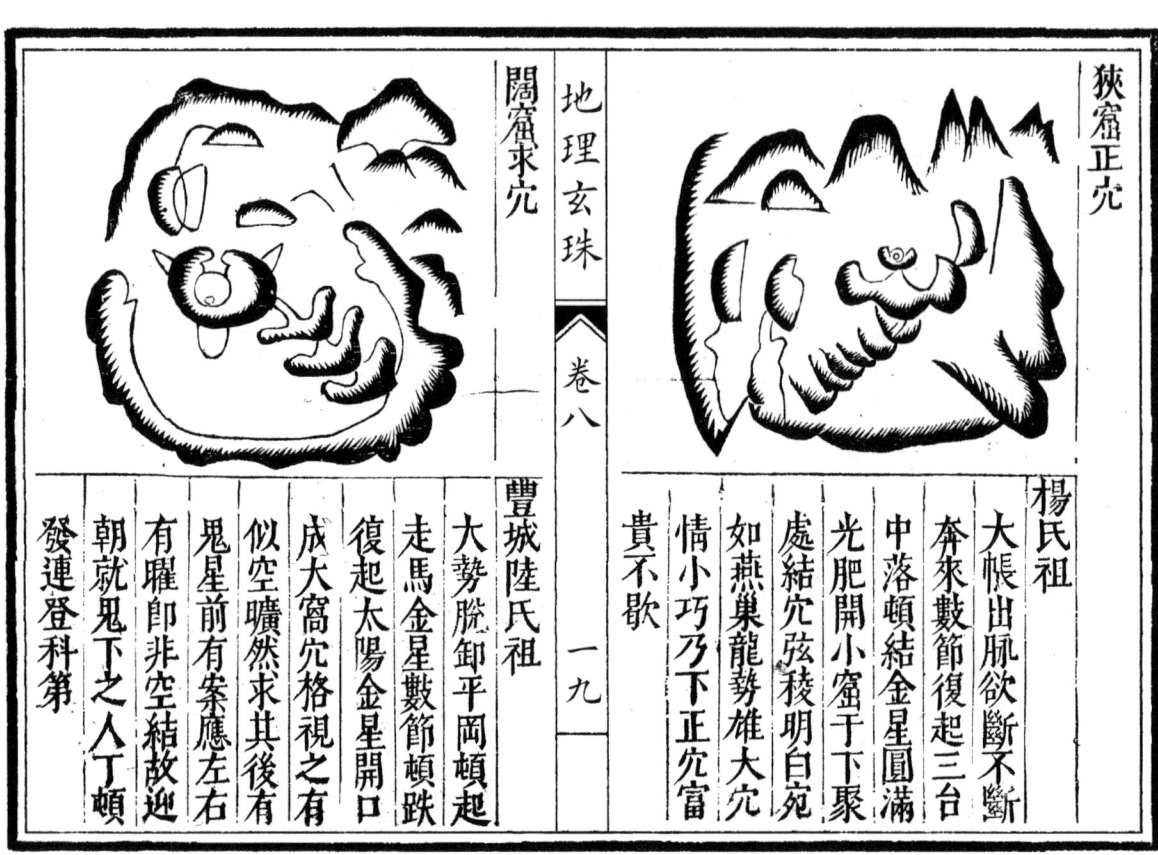

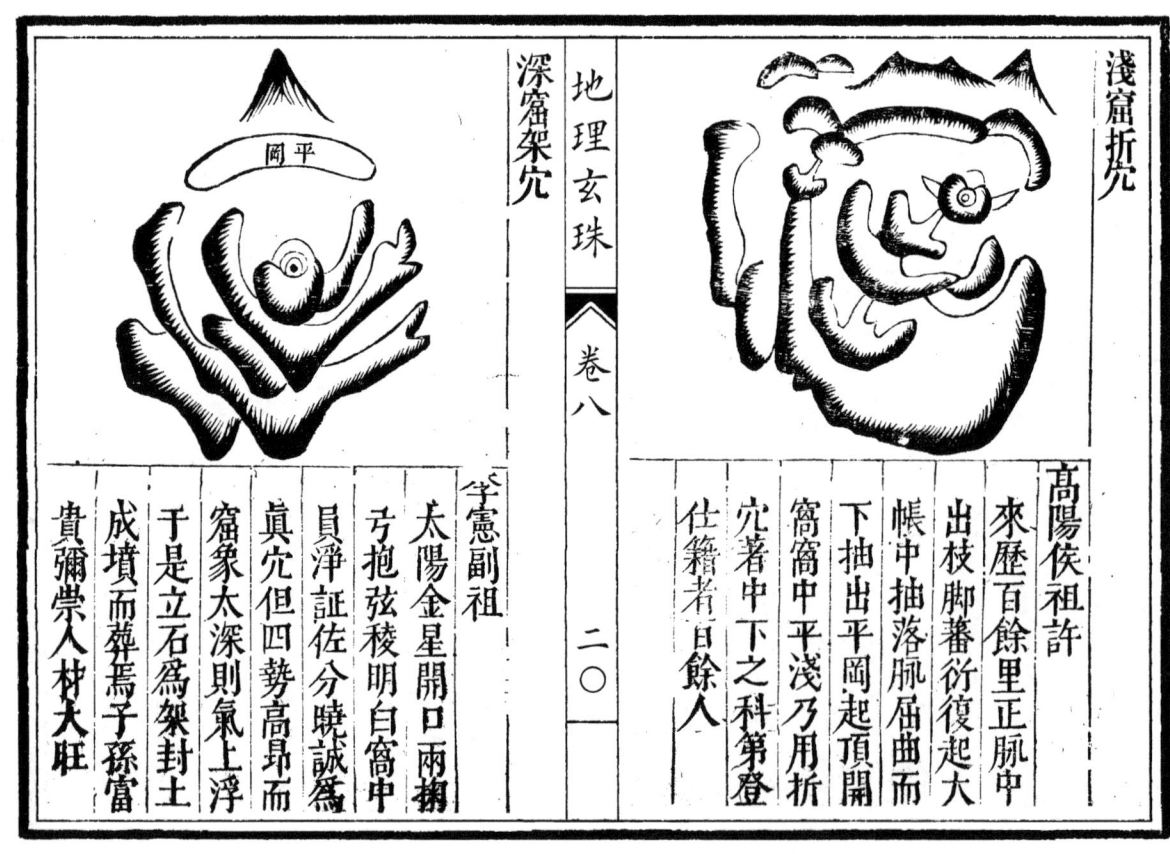

單突扶穴

左氏名墓

大抵扶法或取後龍或取前朝或取龍虎或取鬼樂或取堂局自然得之玆者龍從右落氣在左山水秀朝在左鬼樂後托在左況白虎逼右左則寬平所以不取中而扶左爲正大發富貴

雙突併穴

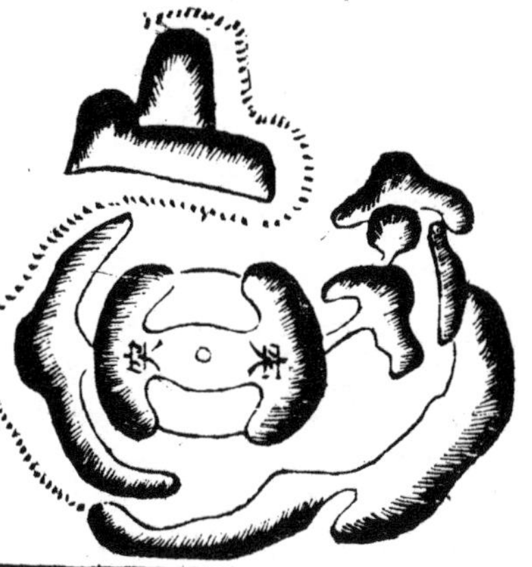

董氏名墓

吳景鸞下此龍氣太旺將人首起太陰落爲平坡後起太陰兩星相照葢以雙突合氣融聚在中故于相併處立穴前有貴人立馬作案後有孝順鬼爲托葬後甲科數人及爲理學崇儒

正突斜穴

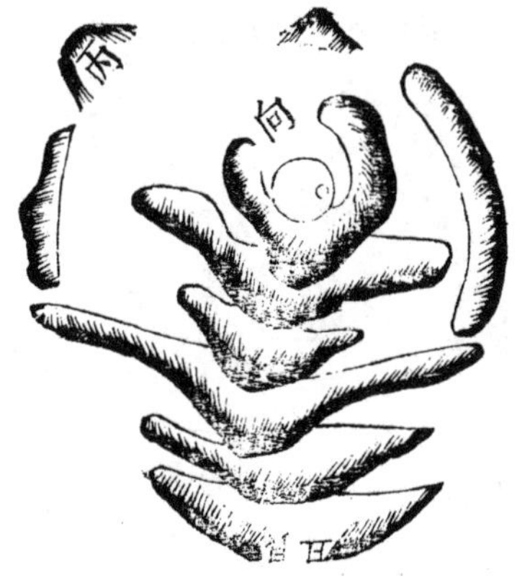

楊學士祖

疊嶂層巒入首起突結穴但龍氣旺盛勢來雄直突正而中扦來免鬬殺矣乃閃側趨朝以斜穴下之取順來逆受之義則自無直冲中殺之患葬後頓發科第丁祿兩盛

偏突揷穴

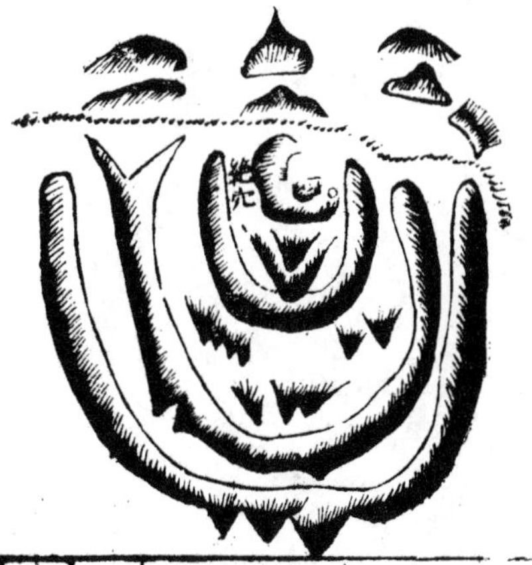

王道祖

開帳穿心入首偏右而起突結穴葢突偏則氣斜來穴宜正下故用揷法扦之前受山水朝迎後受左脈貫耳葬後大發官祿左一穴氣直勢峻遂絶

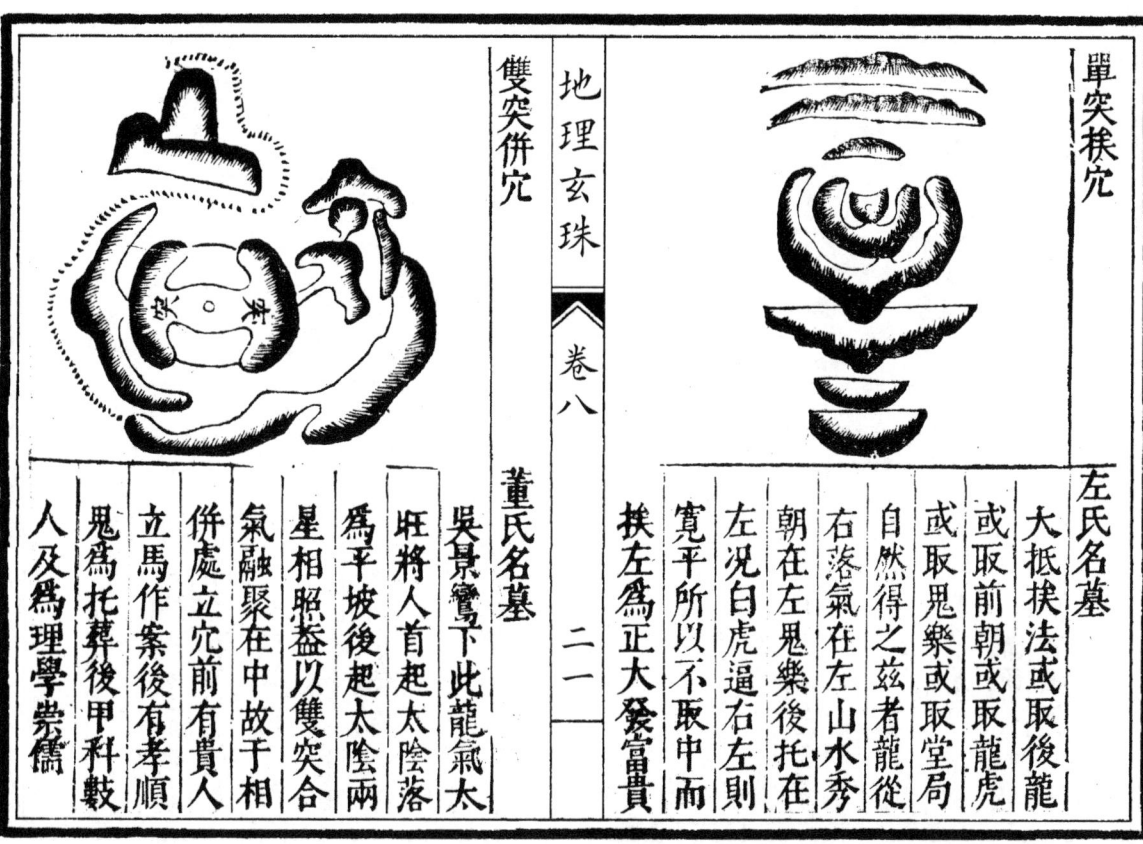

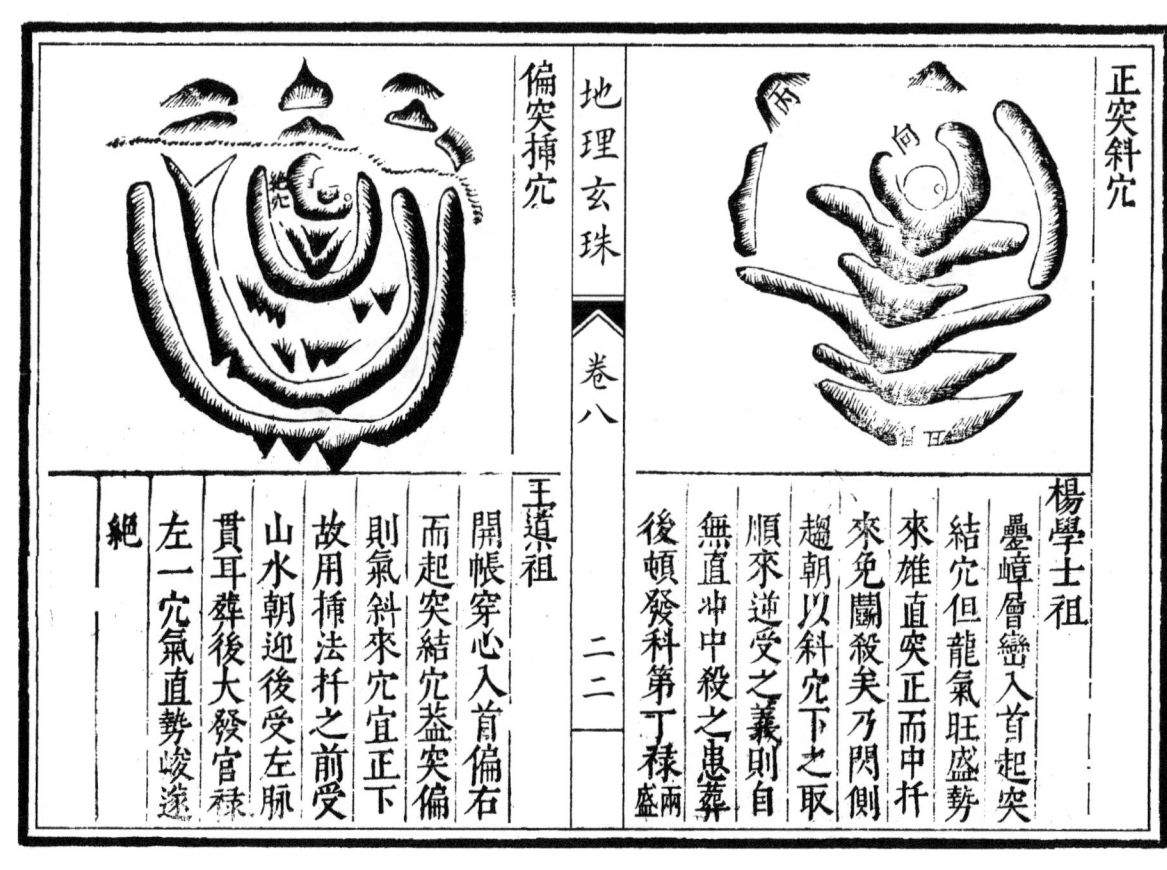

平洋突突上窩

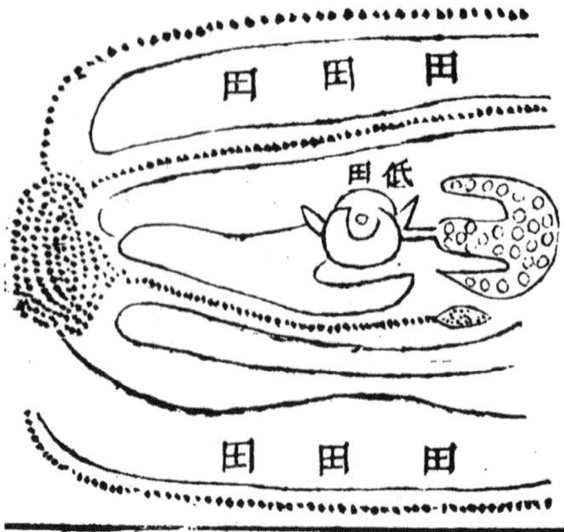

沙湖丁氏祖

平田鋪毡展席蛛絲馬跡迢遞而來忽起平中一突平面太陰開口成天然之窩結穴餘氣回環為坐托穴星尊嚴羅城完固葬後科第連登不絕

中和乳穴

郡侯余氏祖

開帳落脈起伏大斷過脈轉身頓起星辰結穴中垂長乳旁開兩肩近案一山緊關内氣四應和平穴扦乳頭不緩不急後出郡侯富盛不替

吞穴

王氏祖

連舞數峰磊磊落落隆勢垂脉平坡後起金星開口成分鉗之格下鋪毡褥朝山雙峰聳秀左右護應短縮氣藏于內乃扦吞穴以縮杖下之子孫蕃盛富貴悠久

吐穴

徐氏祖

高山大岫開帳中抽結局俗呼猛虎下山形穴星峻急勢不立穴下鋪餘毡平坦端正乃扦吐穴用離杖下之所謂陰來陽受是也下後發富人丁蕃衍

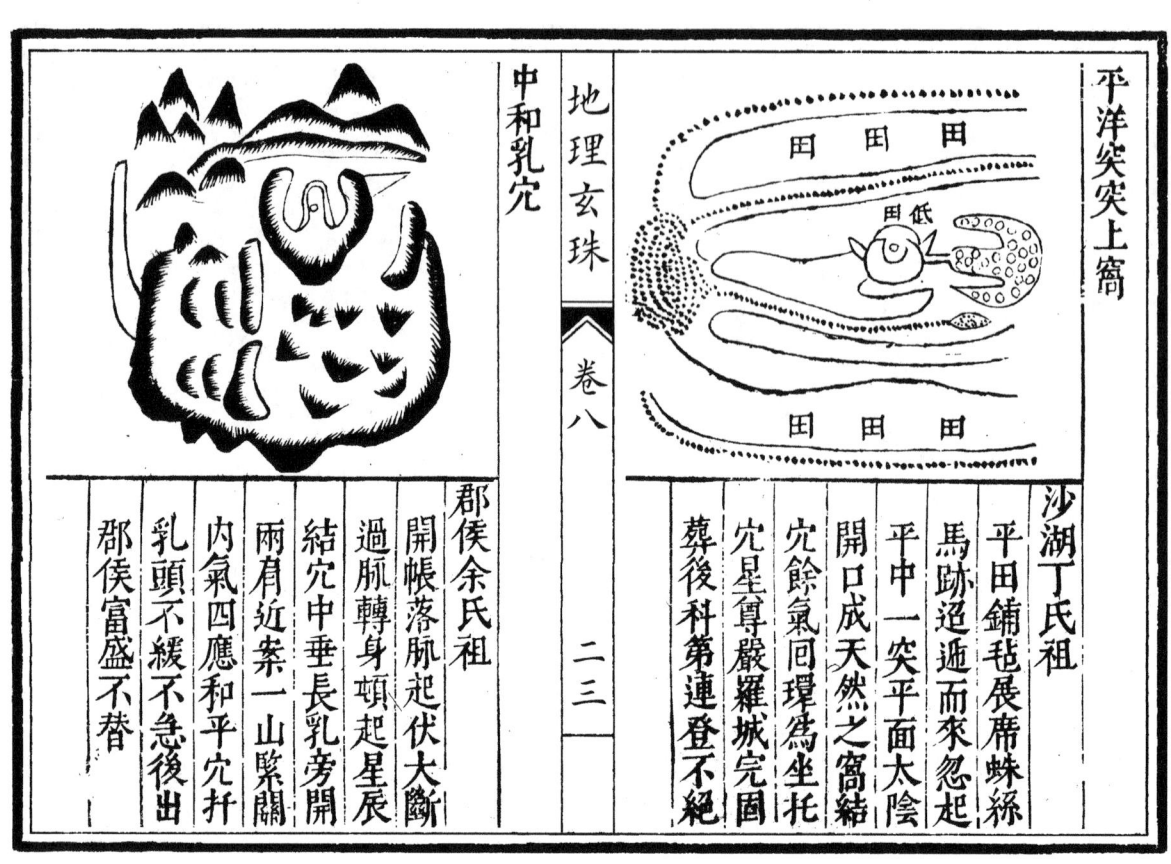

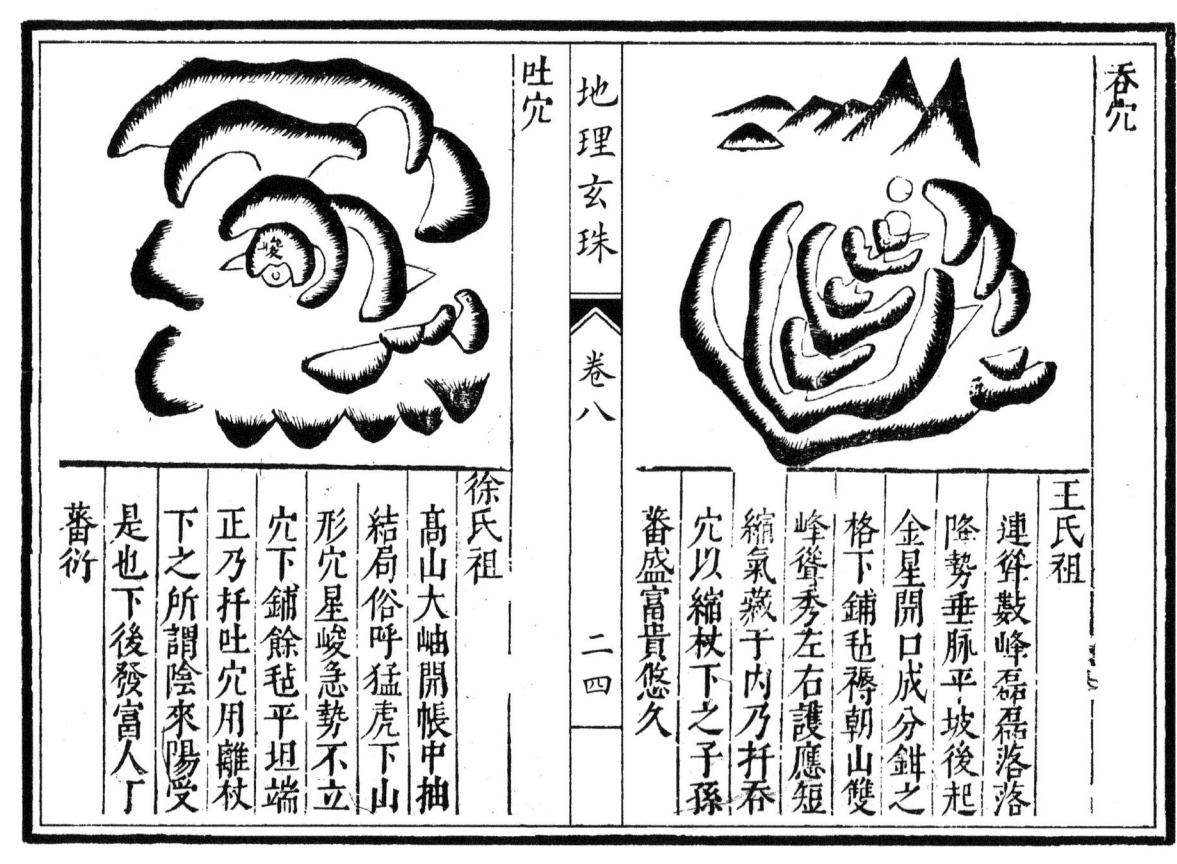

浮穴

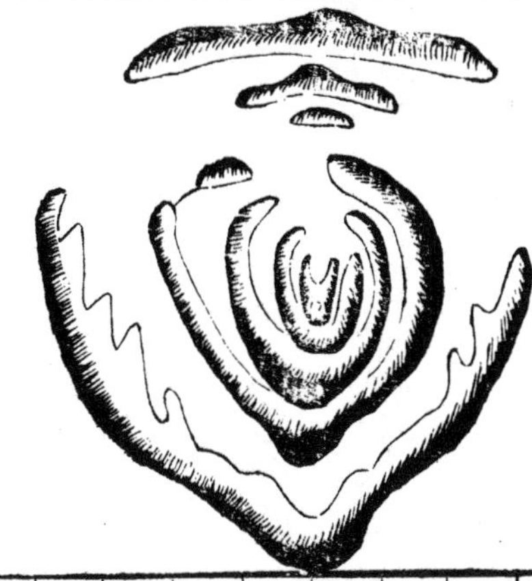

黃氏祖

後龍高聳入首開鉗結穴前案巍峩龍虎秀特四勢軒昂此生氣露而不隱法當淺迎故棄鉗而葢以浮穴下之所以科第貴顯功名葢世葢陰來陽受本宜鉗穴而從佐俱高則陰變陽象矣

沉穴

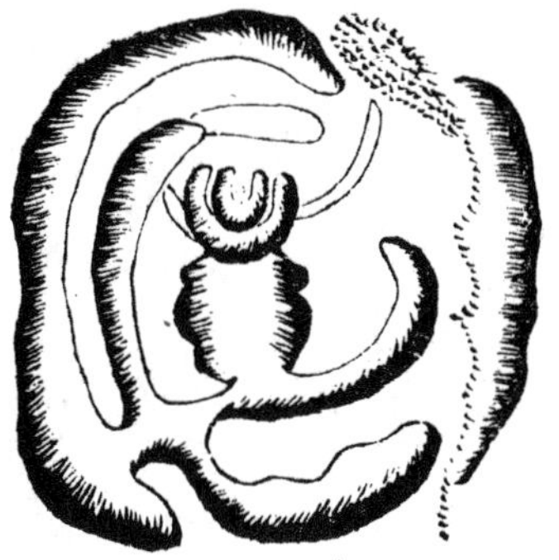

商尚書祖

平岡開帳過峽入首成太陰金星開鉗結穴穴下平坦如掌心生氣隱而不露法當深取故就鉗而粘以沉穴下之葬後四世出端愨公富貴不替

似窩非窩用閃穴　龍從右來穴閃左

南昌劉氏

正体三台中峰一線抽下微脈後起太陽金星老龍抽出嫩枝結穴但正面似窩細察乃是空巢無氣閃過一邊脫落低平結聚此龍從右來穴在左葬後人才大旺科甲聯登

似乳非乳用倚穴　龍從左來穴倚右

余氏祖

開帳中抽斜行入局兩掬夾抱中有一乳俗眼見之無有不扦于其中者然乳頭硬直而不受穴掛角倚乳則聚氣藏風後有鬼星前有毡褥所以証得穴真宜其大富大貴也

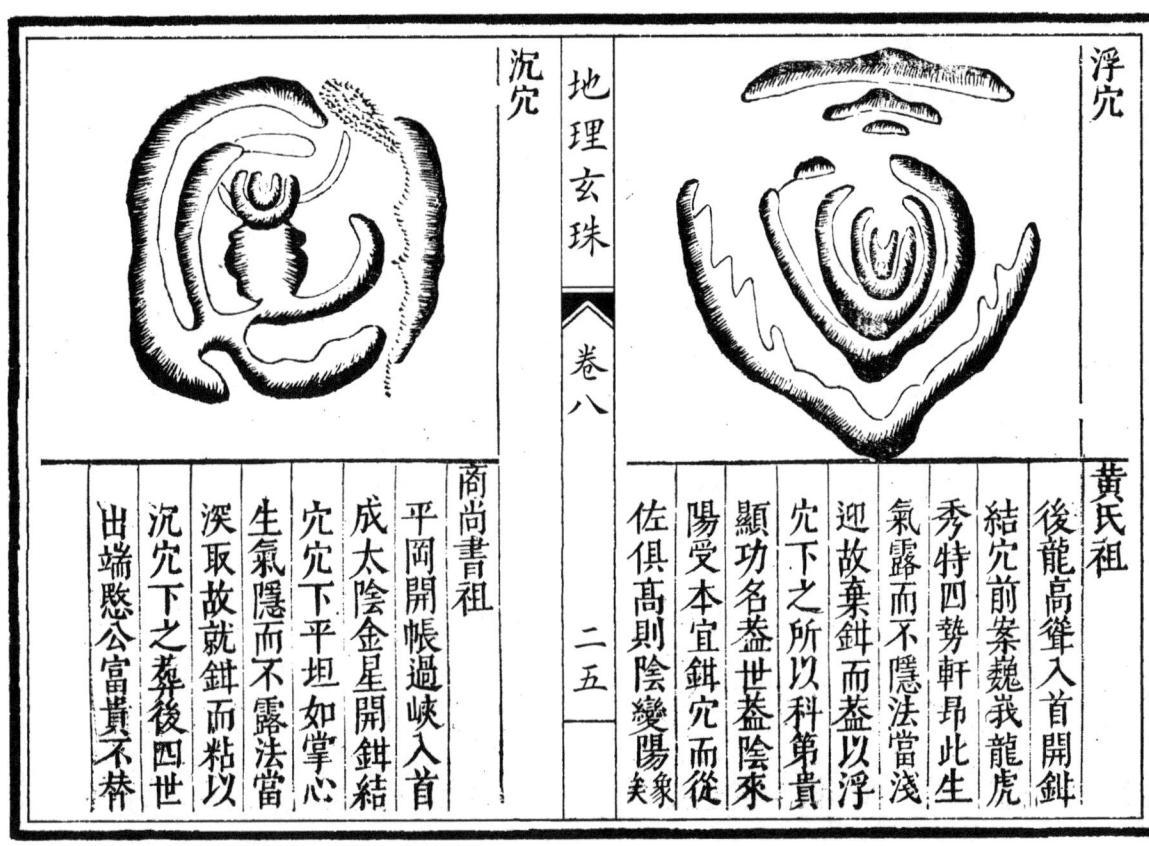

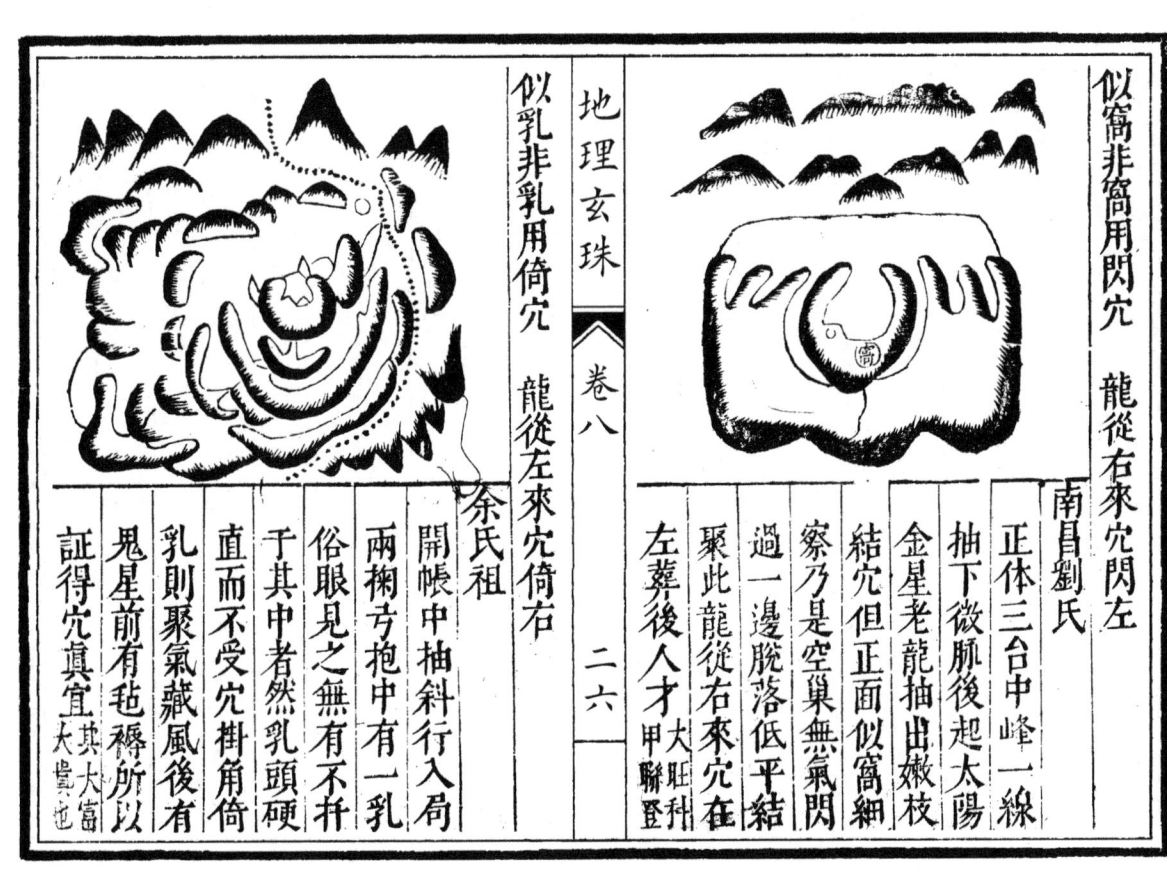

雙窩並發

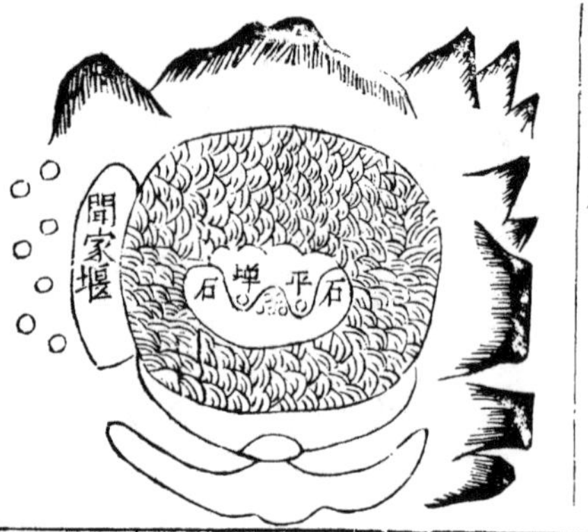

聞狀元祖

華蓋三台穿湖頓起太陰文星左右開窩而中成滿乳俗眼皆取中爲正穴然數穴俱致敗絶聞氏先下右窩出狀元多貴周氏後下左窩發科第十餘人至今未艾葢以乳露而窩藏氣之聚散爲之也

破突作穴

石埭畢尚書祖

平田開帳中抽連起三珠盡突結穴突面圓正前有唇毡左右有耀秀案遠應秀水特朝但突上無窩法用開金取水頂脈破突而扦遂發高第位登八座

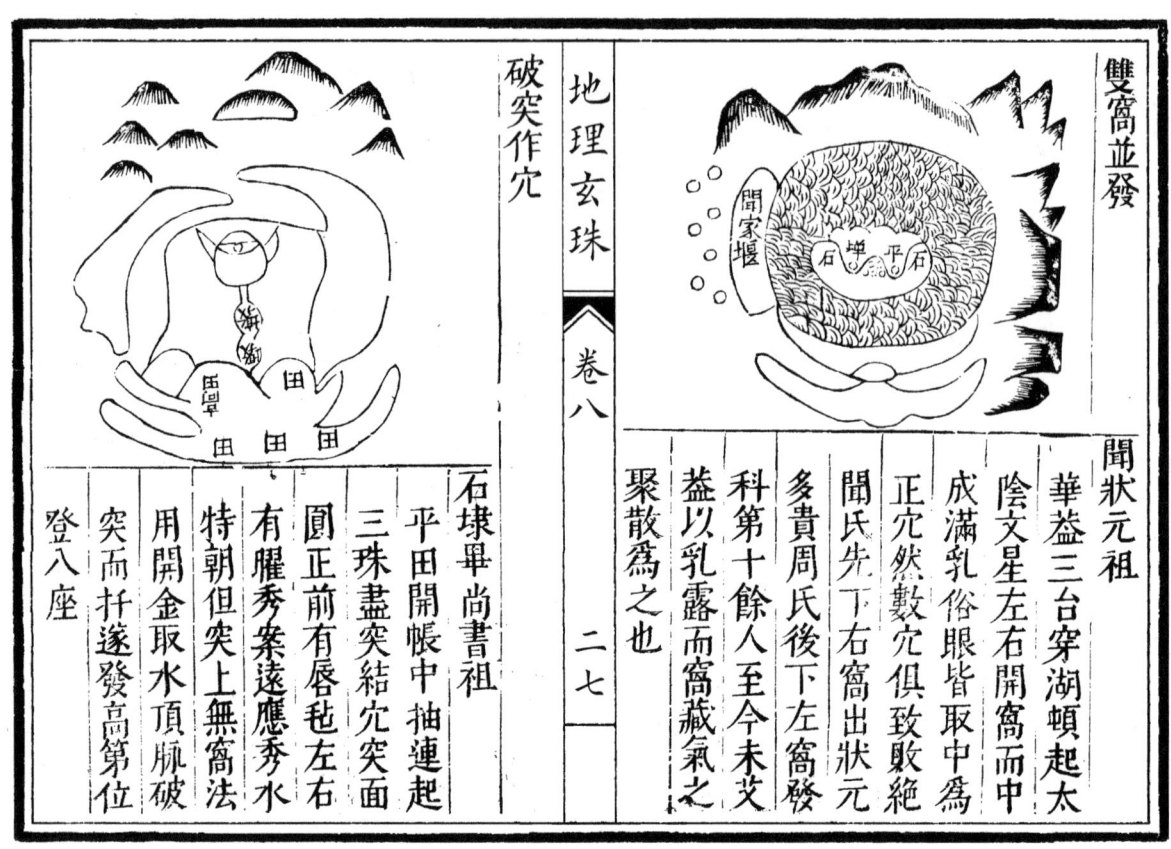

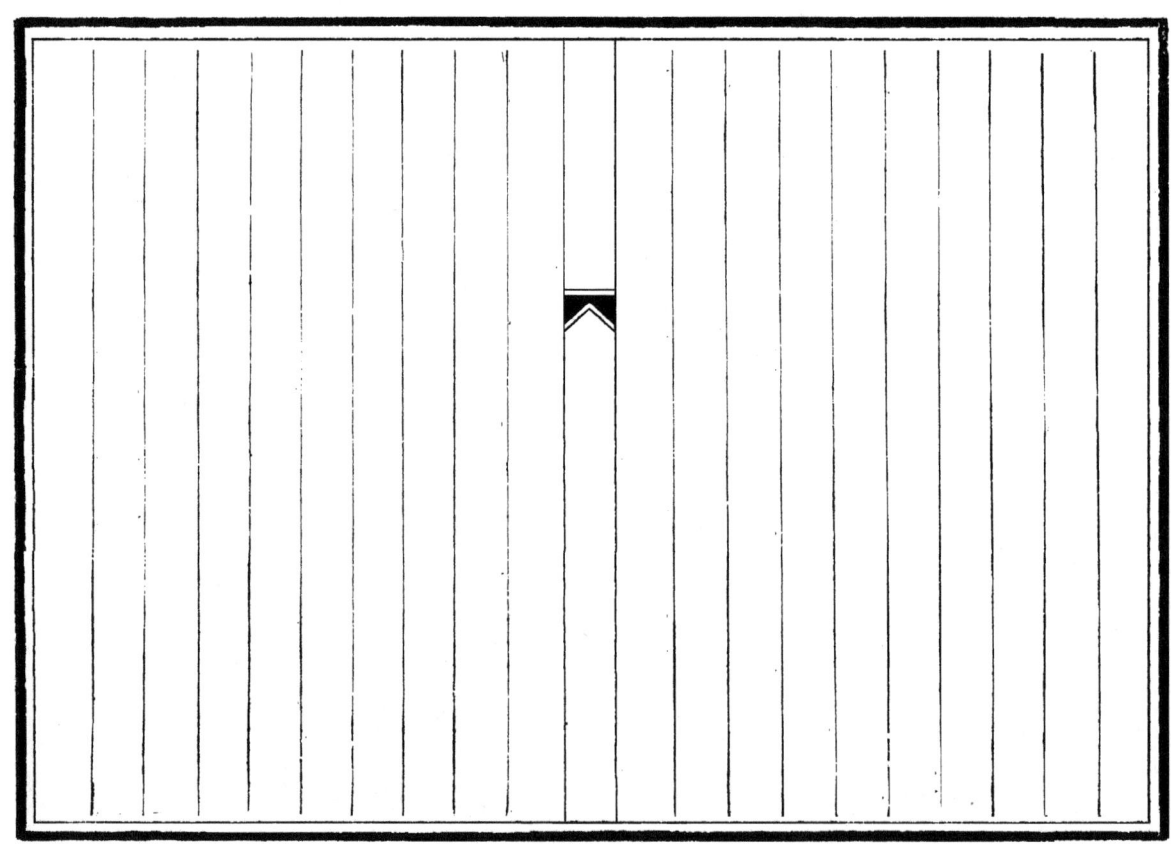

地理玄珠卷之九

古吳太和山人夏世隆道弘甫著
梁谿半倡道人華善繼孟達甫校

穴情証佐

夫穴情証佐者來龍結穴之應証也蓋千里來龍只取到頭一穴若凡指點穴塲則夫緩急偏正高低淺深殆不可使有毫釐之差者不有證佐分明則亦茫昧眩惑將何所據以爲一定不易之見耶然要之龍穴內氣也沙水外氣也有諸內必形諸外故眞龍融結其行也必有待衛其止也必有擁簇而立穴之處

自然穎異尊嚴四面砂水翕然爲之朝遶皆得取之以爲証者須著目力之巧加以心思之微自可以得其眞情而確然有定見矣其于穴法也何有哉

是故尋龍非難難于取穴定穴非難難于取証觀夫太極本自虛無或潛形而現影

太極証穴

夫太極者立穴之處如日月之圓暈有影無形者也凡入山于穴之前後左右四望穴塲乃見或顯或晦似有似無隱隱微微彷彷彿彿細看則有粗看則無遠看則有近看則無久看則有乍看則無依稀難見微妙無窮此必目力心思兩妙乃可得之殆有不能以言語形容者然又穴處則有他處則無若他處亦有卽爲虛假又劄畫太眞而明現者亦爲假若眞則暈上有微茫水分暈下有微茫水合陰穴暈宜狹小陽穴暈宜闊大若暈上再有一二半暈如初月者名爲天輪極貴之地也然雖有此迹而多有不善于摩擬者雖見此迹而多有不善于作用者或昧于目力或誤于人爲任意穿鑿强爲裁製則玄機之妙將置于無用之地不能致福而反召禍矣廖公云若還打破太極暈水蟻便侵棺惜哉然太極本無極結穴處

亦不拘盡有固有眞穴而無暈者亦有有暈而他法不能盡合者証法多端理難歸一必求其形以實之則鑿矣

分合方知行止須原始而要終

分合証穴

蓋脈起于支之始氣鍾于支之終是始終二字卽分合之義也何也分者兩旁界水捧上使脈中落所以導氣之行也合者兩旁會水合前使脈中聚所以界氣之止也眞龍行度必有分水以導之眞氣歇泊必有合水以界之故上面有分方可以辨來脈下面有

合方可以驗止氣二者全備則來止分明陰陽交度乃爲眞穴若有合無分則其來不眞内無生氣之可接有分無合則其止不明外無堂氣之可受皆非眞結作也故尋龍定穴必先以分合爲根本但分合之說有三穴前後微茫隂腮水爲一分合龍虎内水穴前交會爲二分合祖龍至山水大會爲三分合經曰三合三分見穴土乘金之義兩片兩翼察相水印木之情此穴法之至秘也大抵龍眞穴正全氣之地必有大小分合用大分合以尋龍小分合以定穴始得其要

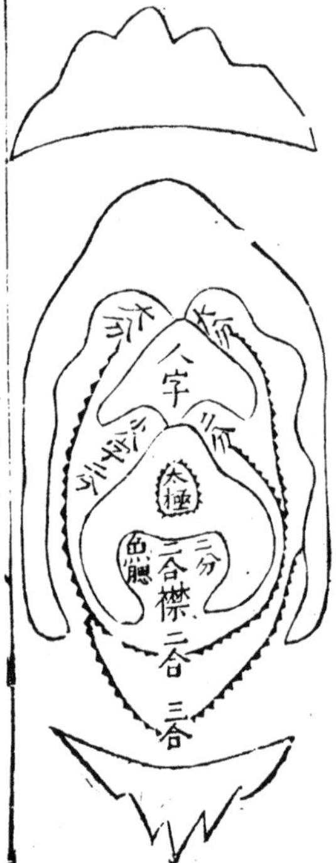

山性固靜惟求動炁是眞踪

動炁証穴

葢山本靜求其動以其動則變變則化是動者生炁之樞機也非但窩鉗乳突之類爲動炁凡理之所富皆爲動炁或取精聚處者或取神聚處者或取形聚處者或取炁聚處者或取勢聚處者或取情聚處者或取力聚處者或取明顯者或取隱拙者或取正者或取反者或取中者或取偏者或取順者或取逆者大抵不過取其動耳有等假穴形体秀麗炁象端嚴只無動炁因無穴情最能眩目惑心世俗每爲其所悮須用目力之巧心思之微摩擬其動靜融會其玄微方爲有得假如賴敬仙少時與人葬一人形地定心穴竟不發晚年至此偶見婦人織機有得于心遂遷在乳未幾即發葢婦人織機其動形在乳也此取形聚處者又葬一蛇形地定王字穴其家大壞改扦

七寸穴又不發門人王吉至曰此出艸蛇也于是又改扦耳穴遂大發葢出艸蛇以耳聽蛤其精神在耳也此取神聚處者又童公葬一猿猴吸水形要扦口穴適一弟子進曰猿猴吸水其力在手腕公悟即葬手腕而發此取力聚處者葢以形取穴本不足泥要之至理亦不外是引而伸之穴法可類推矣

後龍峻急陰龍入局忽生窩窟爲陽到穴内陰極陽生爲動氣

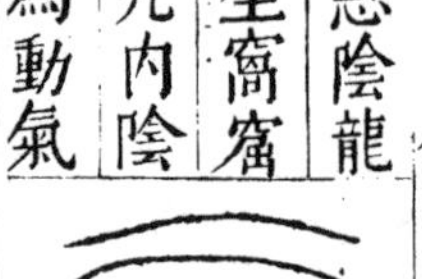

後龍平緩陽龍入局忽生乳突爲陰到穴内陽極陰生爲動氣

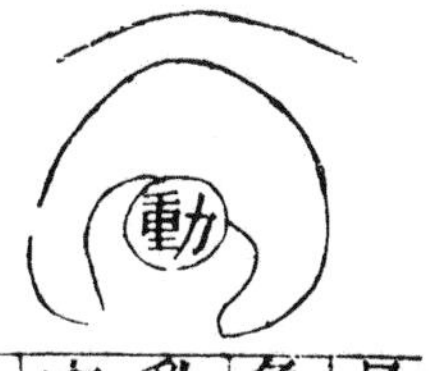

星體開窩陽象也窩中生乳突則是陽中含陰之義陰炁爲動

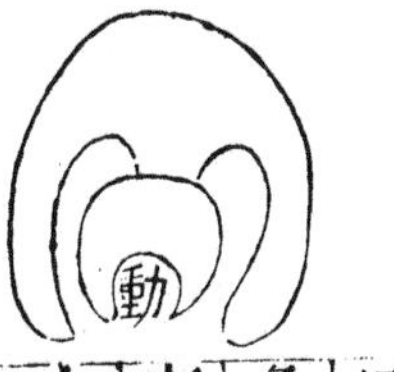

星體起突陰象也突中生窩鉗則是陰中含陽之義陽炁爲動

穴理雖玄全取峽情爲至要

過峽証穴

夫取穴之法在龍審穴之法在峽是峽者龍身出帳之後跌断過脉轉身剝換乃真情畢露之處也大龍結局必自迢迢起伏断而復續續而復断脫盡殺炁

變換成形方爲貴格卜氏云一起一伏断了断到頭定有奇踪以其炁脉真而力量重也但古人峽法雖繁不過崩洪二字而已蓋脉從中出左右之山護送到穴則包裹是爲崩以朋山取義也峽上分流之水界夾聚會穴前作明堂是爲洪以共水取義也此爲真崩洪非専謂十大崩洪也然取峽之法穿田貴不風吹渡水貴不水刼須是有扛有送有護有迎惟中出一線者爲隹傷出粗大者次之穴之美惡胚胎在此峽脉長則穴遠峽脉短則穴近陽過穴陽結陰過穴陰結中出穴亦中偏出穴亦偏透頂出脉者穴高

拖地出脉者穴低正出斜過者穴必正落而斜倒側出正過者穴必斜落而正倒左沙短穴前左沙必先到右沙短穴前右沙必先到池湖過者穴逢池湖結乾墠過者穴逢乾墠結石骨過者穴逢石骨隹旗鼓過者穴逢旗鼓隹經云峽與穴情一般法此天造地設自然之應也然亦有過峽多而不能結作者過多則或炁倦力衰或無扛送故也又有不過峽而能結大地者惟要一頓一伏後龍自天而下脫落平坡兩傍陰沙插落尤爲奇貴不可槩泥

此峽脉之中出者前去穴必正結

此脥脉之長者前去結穴必遠

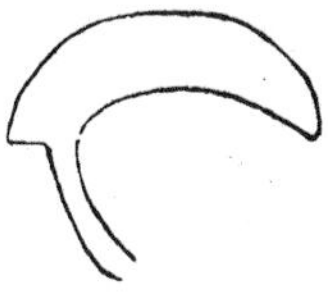

此峽脉之偏出者前去穴亦偏結左出穴左右出穴右

此峽脉之短者前去結穴必近

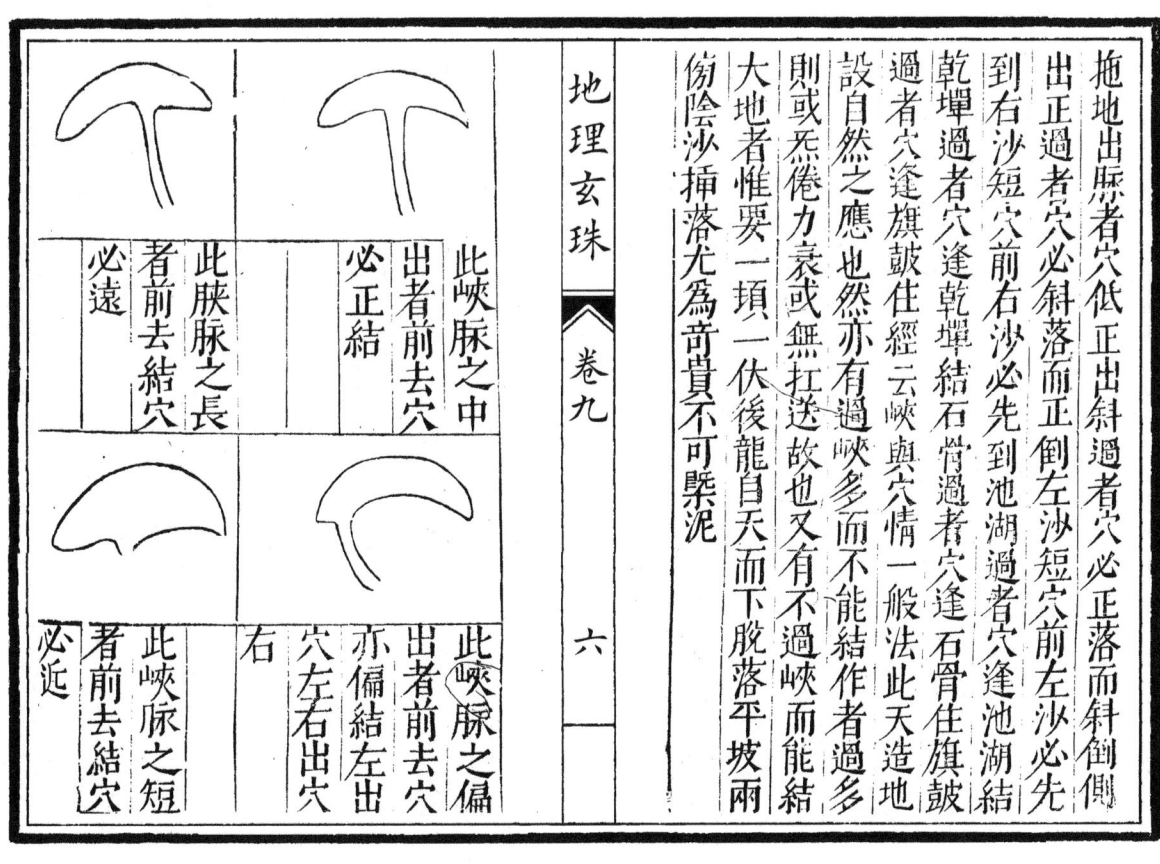

此透頂出脉者前去結穴必高

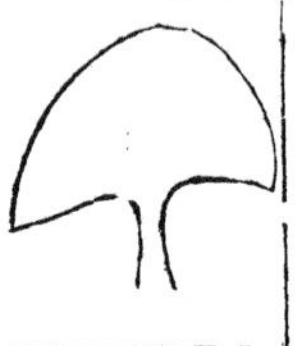

此拖地出脉者前去結穴必低

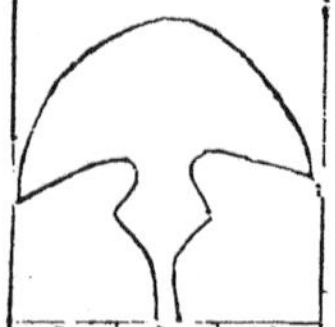

此峽脉超突者爲陰過前去必結陰穴

此峽脉低弱者爲陽過前去必結陽穴

此正出而斜過者穴必正落而斜倒

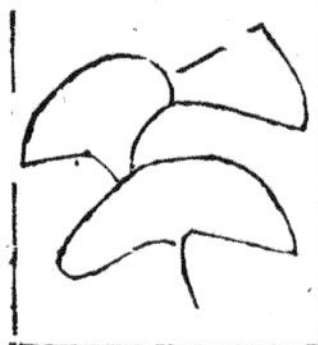

此斜出而正過者穴必斜落而正倒

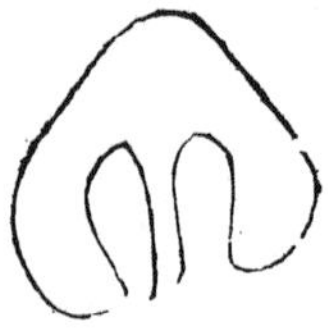

此右沙長而左沙短者穴前左沙必先到

此右沙短穴前右沙必先到

此似偏出而實中出不可以偏斜論大吉

此似中出而實偏者然屈曲相稱亦爲次吉

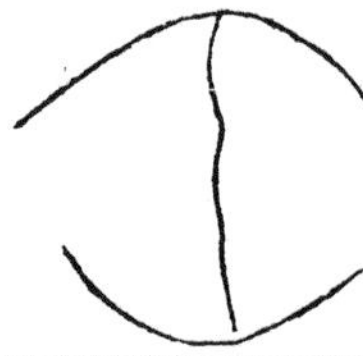

此平濶懶坦中有一線透迴爲蛛絲過大吉

此平濶懶坦中有堆塊錯落爲馬跡過大吉

此前遮後擁爲迎送峽主大貴

此互相包裹不使露風水刼大吉

此邊有邊無左空右缺未免風吹水刼不吉

此過脉断續已爲水神隔絕主断宗絕嗣

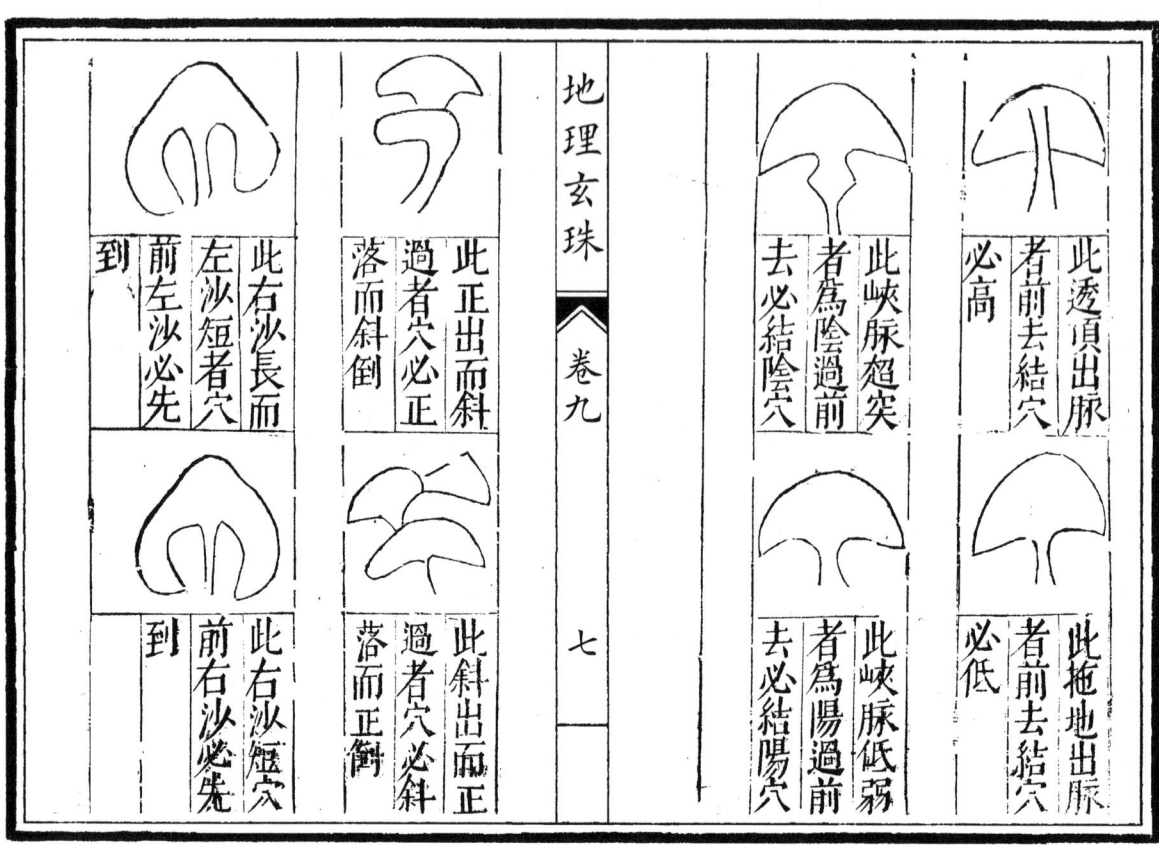

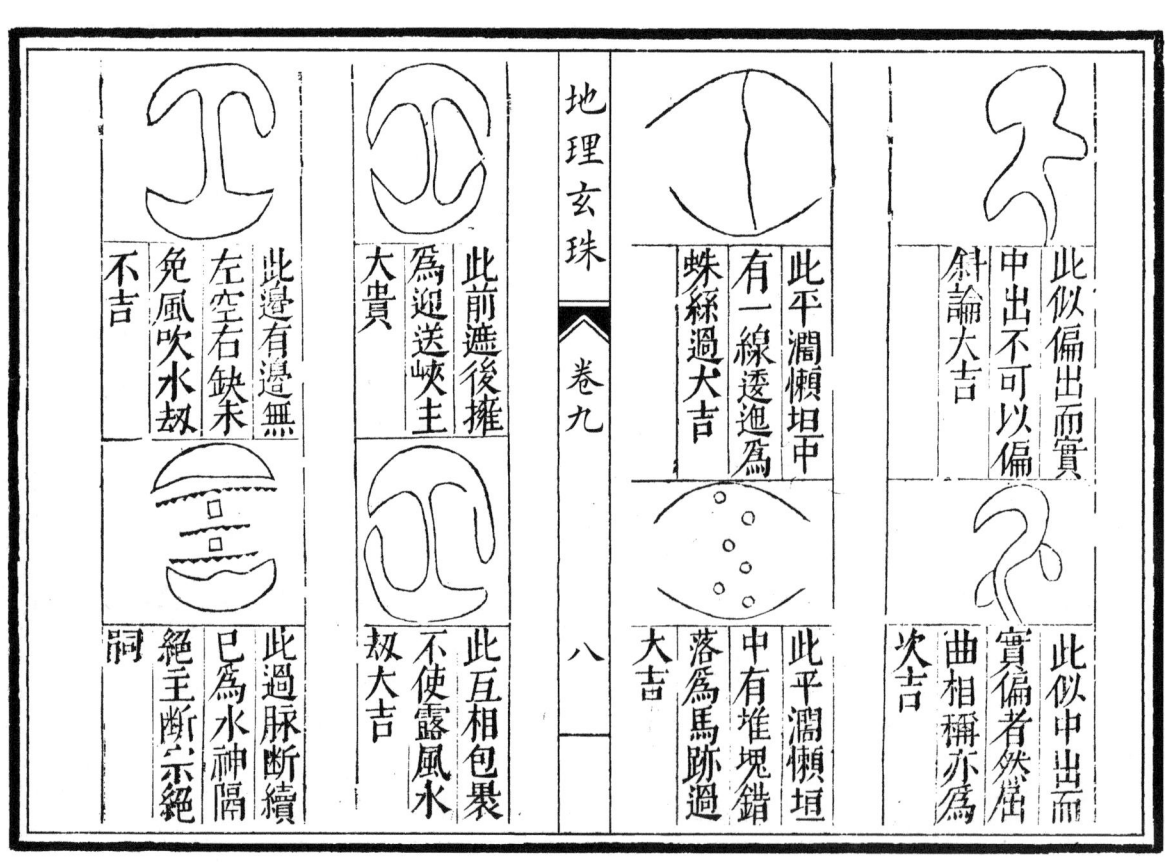

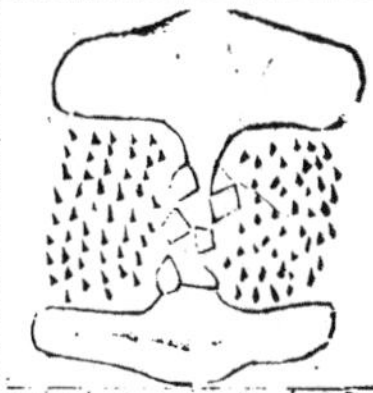

此渡水過者
水底必有石
梁前去逢池
湖結局

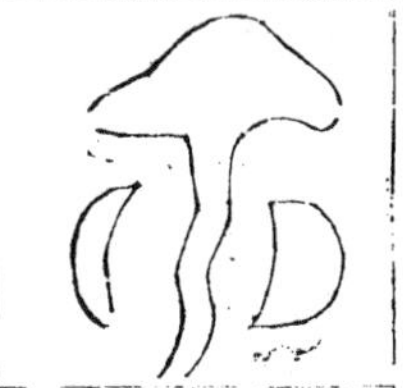

此日月夾照
前去結穴亦
有日月夾照
大貴非凡

此穿田過者
中間一路獨
高前去逢乾
坤結穴

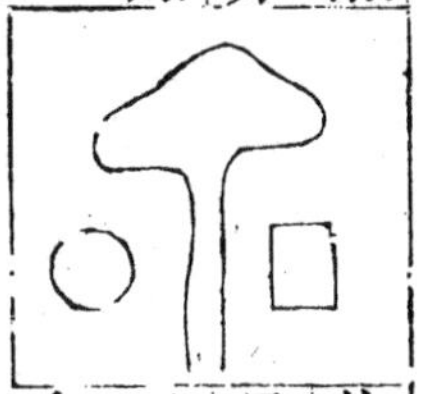

此金箱玉印
過夾前去亦
必有金箱玉
印夾穴大貴

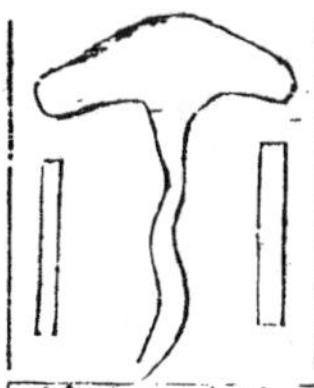

此寶劍峽主
文武雙全出
將入相

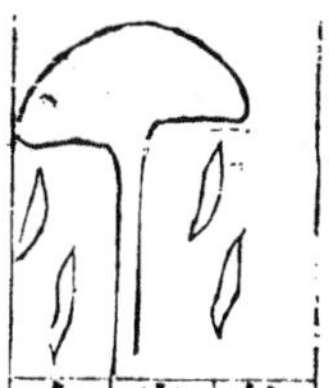

此驚蛇峽主
出妖術賊將
大凶

此旗鼓峽主
出武貴掌握
兵權

此亂茅峽主
出草寇大盗
大凶

此石硐峽主
出草頭僞主
大凶

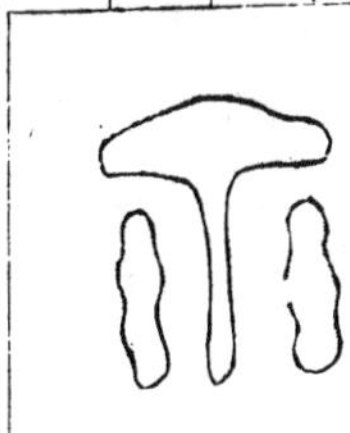

此臥尸峽
主出路死
扛尸大凶

夫峽之爲格其過萬狀有非筆舌之所能盡者故諸家訣法紛紜不足盡述然大抵龍之過峽惟欲其形勢活動護衛周密分水伶俐過脉淸潔乃爲可貴凡有此峽則知龍將結作而可以求索穴場矣楊公云蜂腰鶴膝龍已成是也若必以名色相之則鑿矣聊具躰式于左愼勿以形泥而以理推之可也

乘氣必原龍脉

龍脉証穴

夫龍者穴之本源也尋龍尋其始明穴明其止欲求眞穴必先于龍之出身處以原其所起于剝換處以觀其所變于入首處以詧其所終則穴情之眞僞無逃矣但龍亦有眞僞有常變固有有龍而無穴者未有龍凶而穴吉者故凡行龍入局氣象軒昂星體頴異插落分明護從齊肅不露風不漏水則結穴必眞若懶散醜拙僵硬孤寒風吹水刼則龍病而不能結穴矣故審龍定穴之法龍貴則穴貴龍賤則穴賤龍

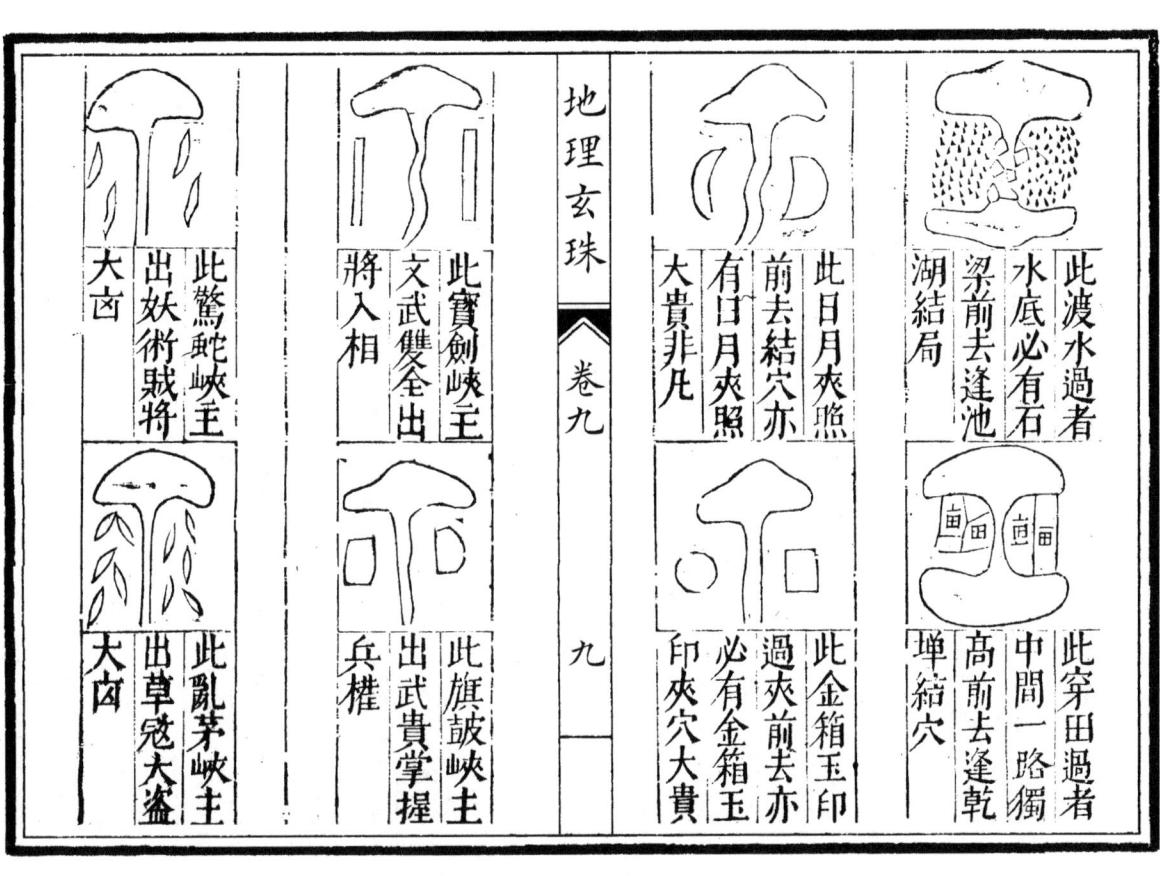

長則穴力長龍短則穴力短中落則穴多正結傍落則穴多偏結強直則穴必低下緩曲則穴必高扦龍脈俱從左來則穴必居右龍脈俱從右來則穴必居左龍從左來而脈自右出則穴復居左龍從右來而勢復倒右則穴復居右此脈認來龍爲點穴之要法也或貪堂局端正護應整齊乘炁少差必失脈而失穴矣故有生成之龍自有生成之穴須當順其本來情性以定穴立宅不必拘泥夫左右之均稱朝對之偏正也証穴者龍其舍諸

此貴龍星體如三台御屏等形結穴必貴

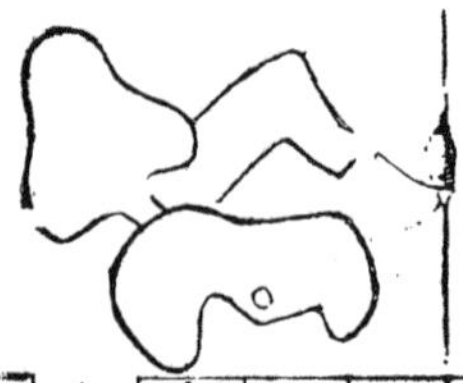

此龍脈從右來入穴必居左

此賤龍星體如側欹斜搷等形結穴必賤

此龍脈俱從左來穴必居右

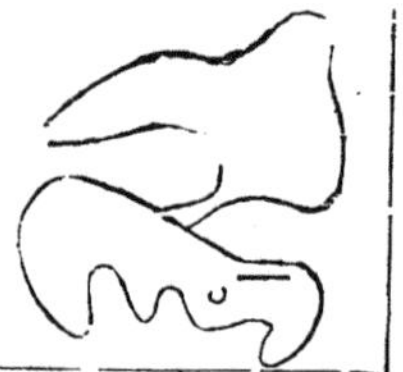

此龍從左來而勢復傾左則穴復居左

此龍從右來而勢復傾右則穴亦復居右

此後龍高峻而脈伏則穴必高結

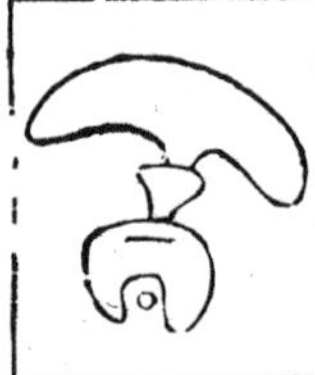

此後龍低軟而脈強起則穴必低下

放棺豈脫毬簷

毬簷証穴

毬簷者如毬之圓如簷之滴乃炁之所聚所謂化生腦是也毬簷上兩旁微茫水夾穴爲蝦須水爲癚腮水爲出殺水兩旁畧高二寸陰沙爲眞沙沙爲蟬翼沙爲貼身沙凡龍來結穴必得此以爲証佐方眞益毬簷下即墊口墊口下即髯如入口下鬚髯所謂合襟即小明堂是也毬簷乃棺頭枕處墊口即放棺處髯即棺脚對處此認穴之至秘也三寶經云炁之陰者吸而聚必成高中之突故曰毬脈必急陽包乎陰

陰已吸其氣則用接法就突上放棺者也炁之陽者噓而散必成突中之窩故曰簷脈必緩陰包乎陽陽已虛其炁則用迎法就窩中放棺者也然陰脈又有緩急陽脈又有緩急緩脈必順受炁從頂入壅要湊入毬簷下五七寸不寬寬則脫炁脉急必必逆受炁從耳入壅要拖出毬簷下一二尺不可湊湊則傷脈倒杖之法不論是何星辰只看到頭大小八字分明一箇毬簷合襟眞正便以杖放壅口中中上對毬簷串定大小八字下對合襟以就合水便是坐向此即後倚前親眠乾就濕之義也若上無毬簷則淋頭下

無合襟則割脚縱沙明水秀名曰糢糊纔爲花假定穴之法須看毬簷眞正則合襟自然明白此爲陰陽交度乃爲眞穴非此即爲蠻脉雖有善于術者亦何爲哉然雖有此又必上不破腦下不壞唇方爲得體否則非傷龍即傷穴矣經云若將口鼻都鋤破縱使曾傷也有凝可不愼歟

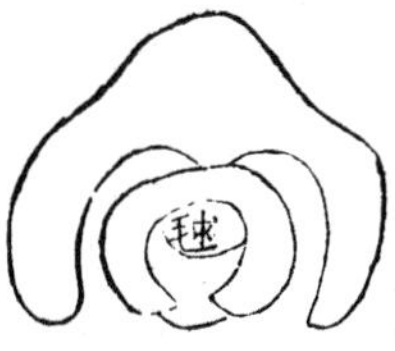

毬窩中之突況而實故曰毬以突如毬之圓也此陽來陰結也

毬突中之窩浮而虛故曰簷以窩如簷之滴也此陰來陽結也

玄武垂頭須明盖照

玄武証穴

盖玄武垂頭乃定穴之大綱也而玄武之要法不過伏發收放四字有先發後伏者有先伏後發者有先收後放者有先放後收者有不發不伏不收不放只一轉關而結作者大抵只要成一箇眞正穴星方好落頭端嚴者穴正垂頭偏側者穴側亦有不垂頭而仰者亦結若後龍雖頓伏而到頭無穴星終不免爲凝龍亦難下手此以後龍言也然結穴頂背之山亦謂之玄武即後照之盖山也若回龍橫龍之穴不得

祖宗盖照亦須有外山來坐托如帝座御屛幃帳簾幙之屬環列于其後使得以蔽風而蔭穴方美然不拘尖圓秀麗又當以正星爲主盖照在左穴在左盖照在右穴在右盖高穴亦高盖低穴亦低惟喜遶抱護托乃爲端的若得層層獻于後者龍穴之貴應也若傾側反背破陷凹缺則坐落空亾而炁不融聚雖落脉清奇形體尊重亦非全局

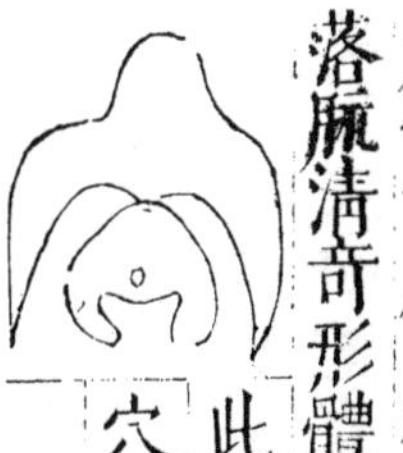

此落頭端嚴穴必正結

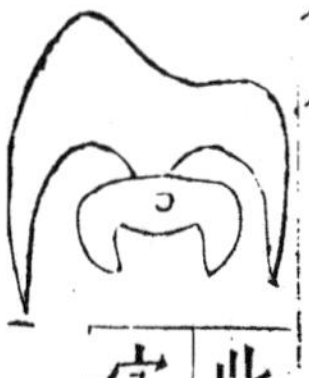

此垂頭偏側穴必偏結

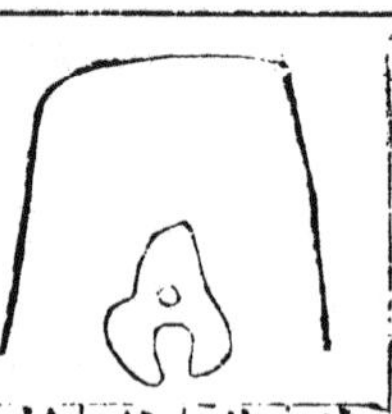

此倂天御屏
蓋照穴必高
結凡星峰高
者倣此

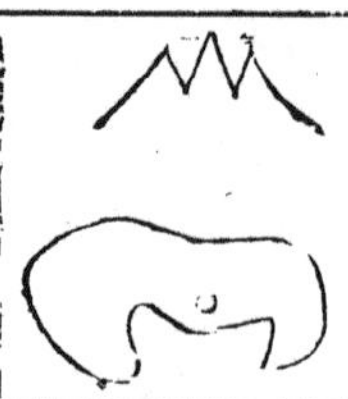

此筆架三台
蓋照在左穴
亦左結

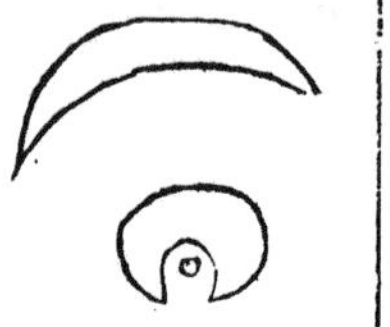

此蛾眉太陰
蓋照穴必低
結凡星峰低
者皆然

此展誥貴人
蓋照在右穴
亦居右

朱雀翔舞尤貴朝迎

朱雀証穴

朱雀者穴前朝案照應之山也朝則遠而高案則近而小凡來龍結穴若星峰聳拔形體尊嚴局勢寬弘規模遠大則當取朝山若出身細嫩星辰秀巧稟炁淸奇羅城緊狹則當取案山朝案兩全極爲大地是朝案者與主山相應酬酢有君臣之象賓主之義夫婦之道焉不拘特朝橫朝惟要尖圓秀麗低昂起伏有綣戀盤桓之情趨迎敬順之意乃爲可貴撼龍云眞龍藏倖穴難尋惟有朝沙識　心甚言朝案之親

切也故朝案証穴之法特朝爲上借朝次之入懷爲上遠朝次之逆水爲上順水次之明顯爲上模糊次之朝案高穴亦高朝案低穴亦低朝案近恐淩壓宜尋天穴朝案遠恐炁寬宜尋地穴秀對在左穴在左秀對在右穴在右穴之與朝案常相顧而不相違也若或頂雖尖圓而可愛脚則走竄而顧他不過假情而已何取焉又平原曠野瀰望無山似無朝案然或有龍虎廻環穴前者有外沙橫陳于穴前者與穴有情卽朝案也又何必泥夫山峰之照應哉雖然多有無朝案而能結大地者何經曰亦有眞龍無朝山只看諸水聚其間蓋水朝卽山朝也又云地下若無眞炁脈面前空有萬重山則又皆以坐下爲主而朝案之無有不甚爲輕重也

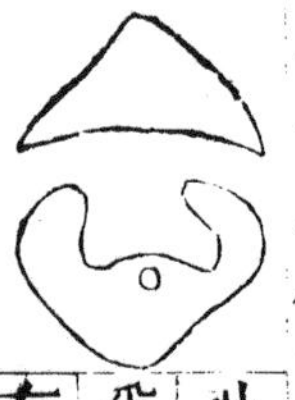

此當面堆來
爲特朝入懷
有情星峰尊
貴大貴

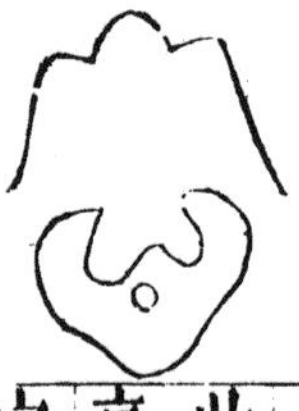

此三台御屏
高聳朝應主
穴亦高結大貴

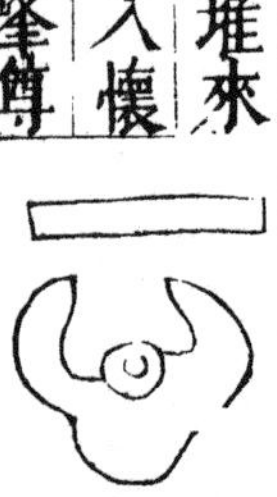

此一字文星
橫過穴前爲
案主出文才
大吉

此覆月大陰
低平作案結
穴亦低出文貴

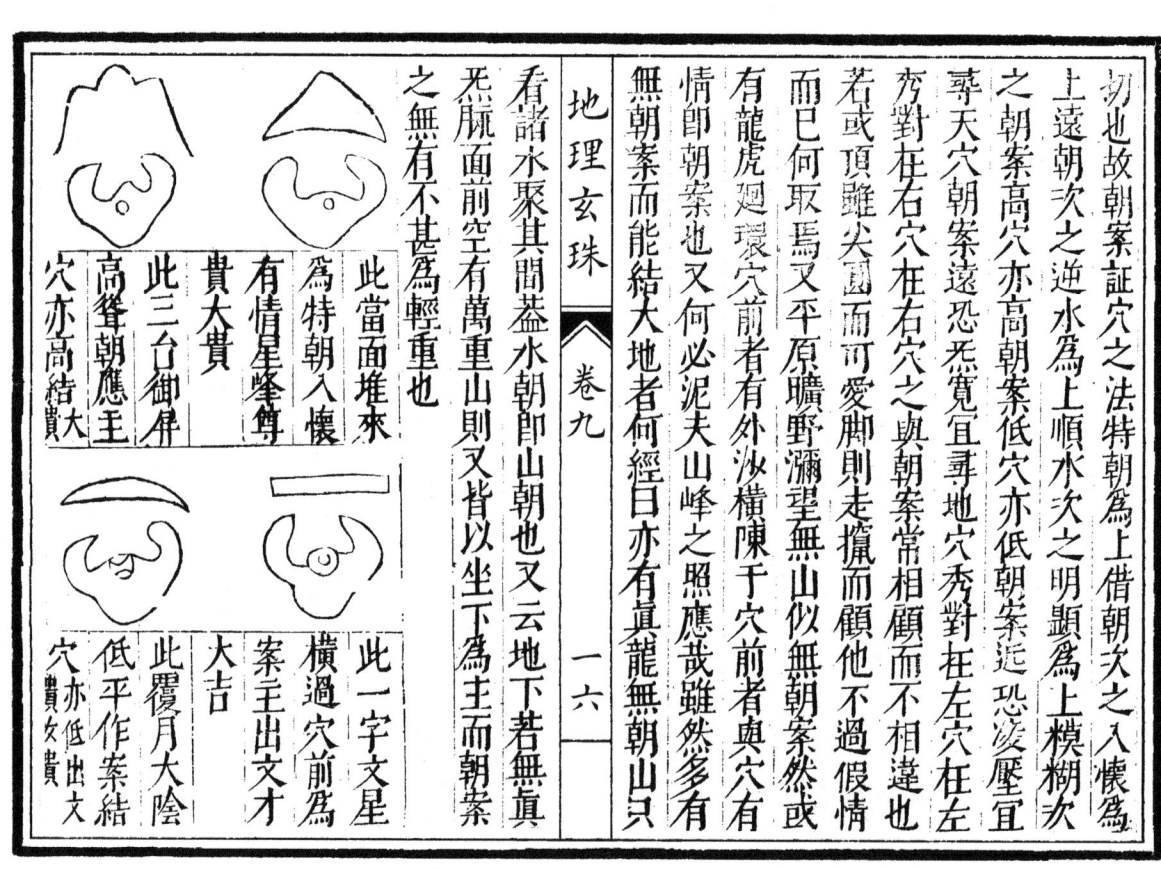

此筆峰秀出雲霄應在左穴亦居左

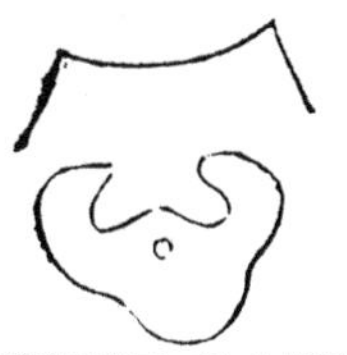

此展誥平正遠朝恐泛寬宜尋地穴而低扦

此簾幙貴人凌雲照應在右穴亦居右

此臺閣貴人近朝恐凌壓宜尋天穴而高扦

龍廻虎遶偏宜揖讓有情

龍虎証穴

地理以左沙爲青龍右沙爲白虎葢龍虎者所以衛區穴者也然龍虎二山有俱自本身發出者有本身獨出而兩傍之山生來抱我者有一邊就身發出一邊自他山生來回護者皆不必拘泥總不如本身生者爲尤勝最要與穴有情高低相稱長短均平右水倒左宜龍山逆水收之左回倒右宜虎山逆水收之有虎無龍要左宮水遶有龍無虎要右宮水抱若眞龍歇泊自然龍虎揖讓整齊重重抱衛方証得穴眞

所以爲善者或龍虎爭鬭左右欺凌昂頭擺尾嫉主啣尸破碎欹側反逆走竄强邊弱邊有邊無皆非吉應雖有龍亦無足取世人但知貴賤取証于後龍殊不知左右之沙尤爲切要故証穴之法龍逆穴依龍虎逆穴依虎龍欺穴親虎虎欺穴親龍有龍無虎穴居左有虎無龍穴居右龍長虎短穴必居左以向右虎長龍短穴必居右以向左龍先到收龍虎先到收虎龍虎齊到穴居中龍有情依龍虎有情依虎龍虎俱有情穴居中龍虎俱高穴亦高龍虎俱低穴亦低龍虎得中穴居中龍虎俱短穴在內龍虎俱長穴在盡此皆龍虎証穴之大略也然亦有無龍虎而能發大福者必其穴塲隈藏內有陰沙外有遮蔽所以龍氣融聚此穴眞也又有全龍虎而不能發福者必其穴塲孤露內沙飛揚外山[illegible]走所以龍氣渙散此穴假也故觀龍虎又當以坐下爲主

此龍虎自本身左右兩臂發出者謂之眞龍虎極爲有力

此龍虎自外山生來抱我者謂之湊合龍虎然抱衛有情亦爲有力

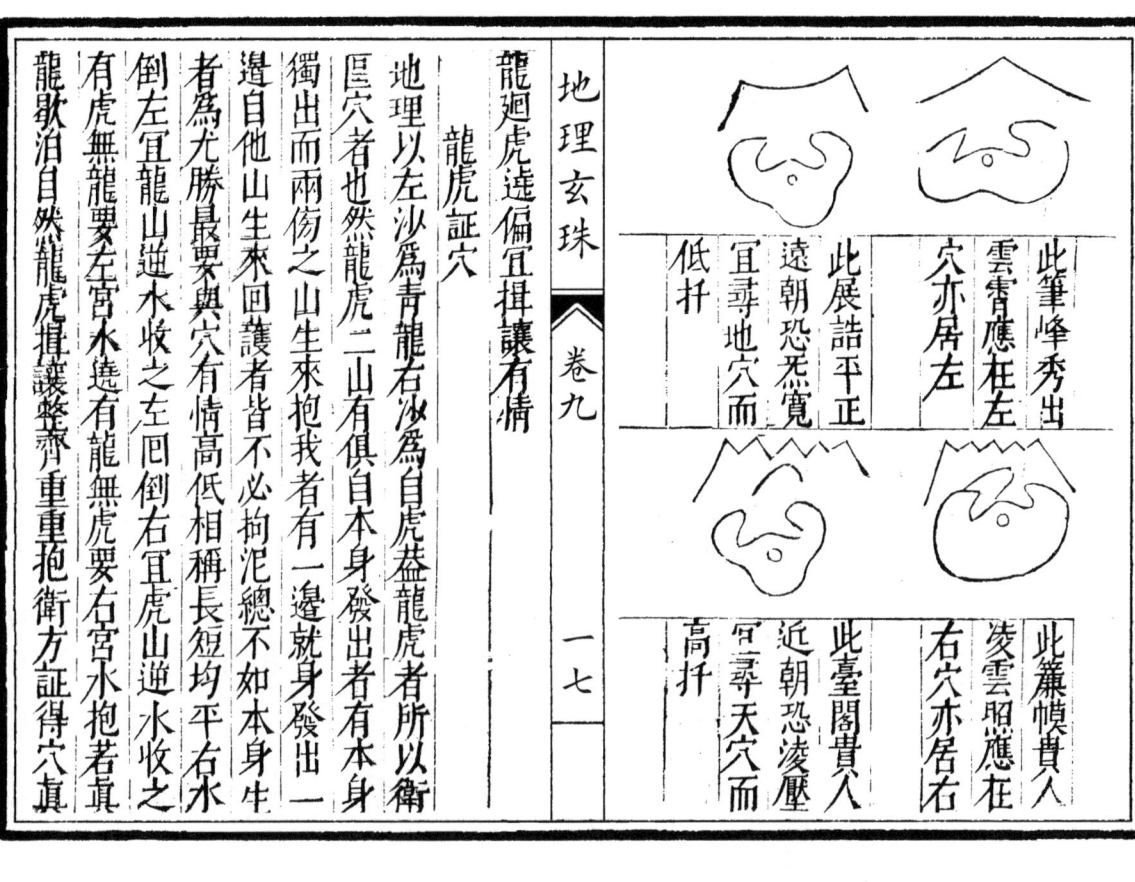

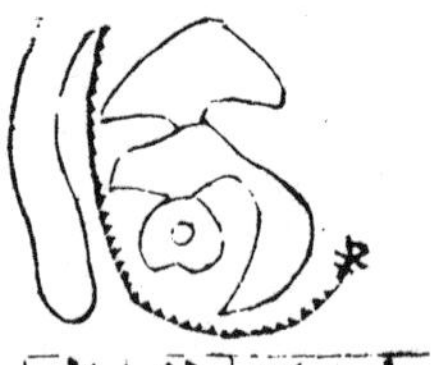

青龍自本身發出白虎自外沙湊合無虎要右宮水抱青龍作下沙妙

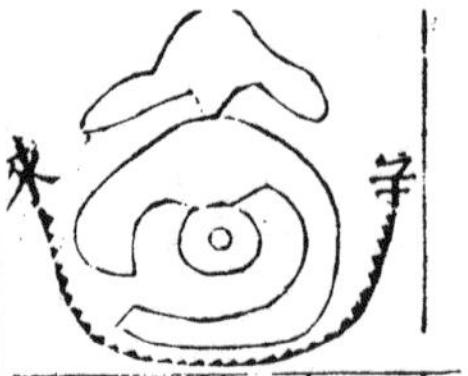

右水倒左龍山逆轉收之青龍逆水情有穴依龍

白虎自本身發出青龍自外山湊合無龍要水遶左宮虎作下沙爲妙

左水倒右虎沙逆水收之虎逆有情穴依虎

青龍高白虎低龍欺壓穴宜避壓穴親虎

此龍虎俱高則凌壓穴宜避壓合明堂扞天穴

虎高龍低白虎欺壓穴宜閃壓而親龍

龍虎俱低則露風穴宜避風就明堂扞地穴

右沙尖直爲白虎帶殺穴宜閃殺而倚龍

本身長而龍虎俱短來聚于內穴宜內扞

左沙尖直爲青龍帶殺穴宜閃龍而倚虎

本身短而龍虎俱長來聚盡處穴宜在盡

龍長虎短宜減龍而饒虎穴必居左以向右

虎長龍短宜減虎而饒龍穴必居右以向左

龍虎高低相稱長短均平不偏不倚無過不及此天然中正之穴

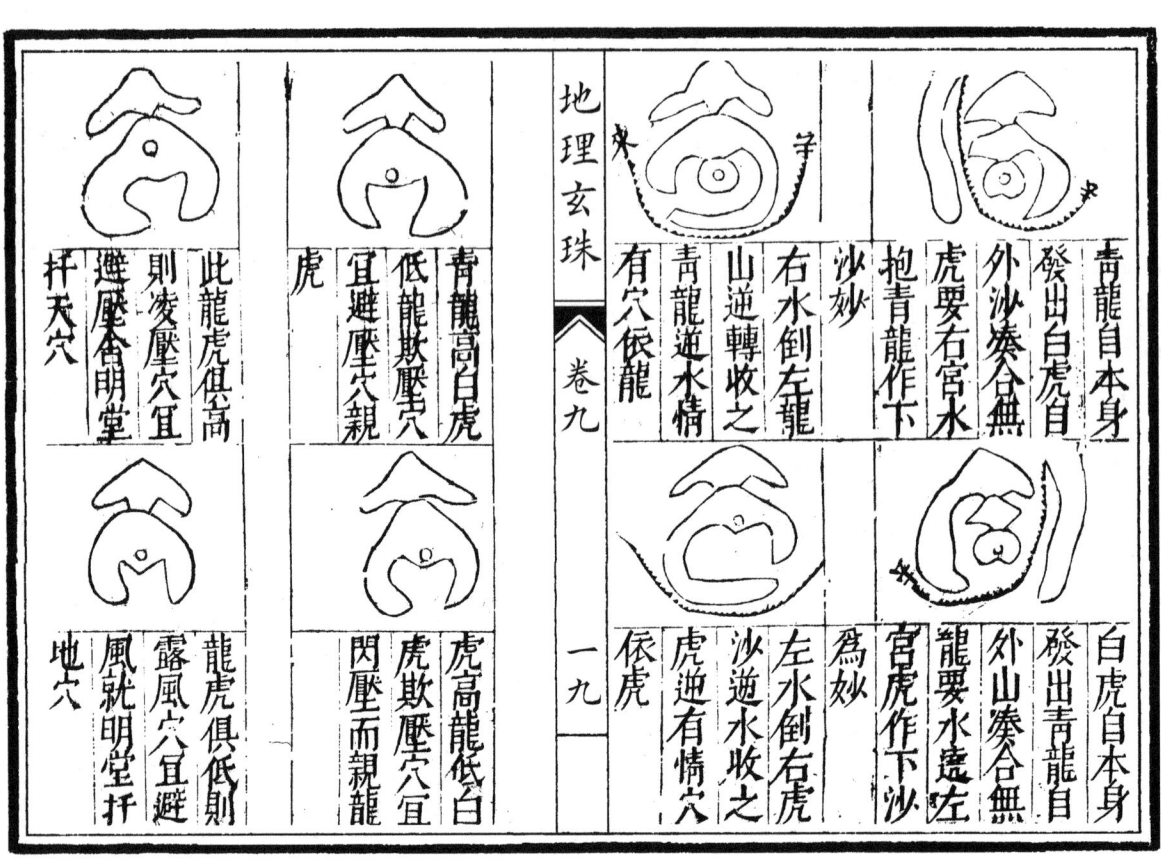

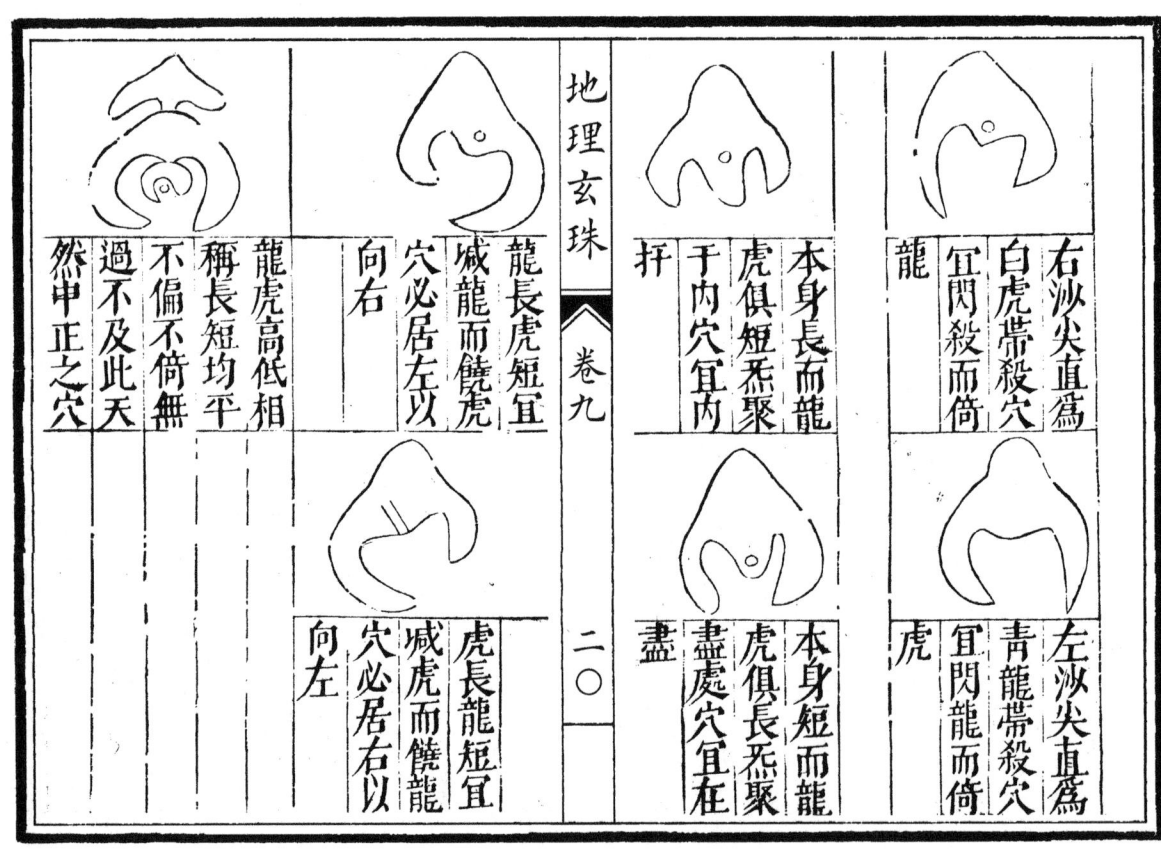

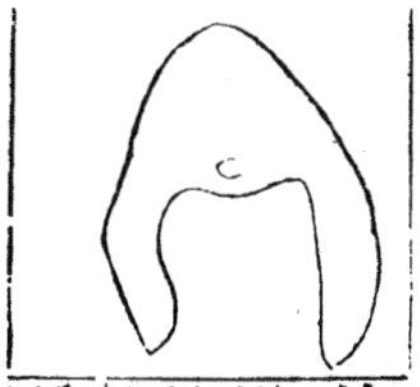
龍虎直長如推車之勢主退盡家業徹骨貧窮

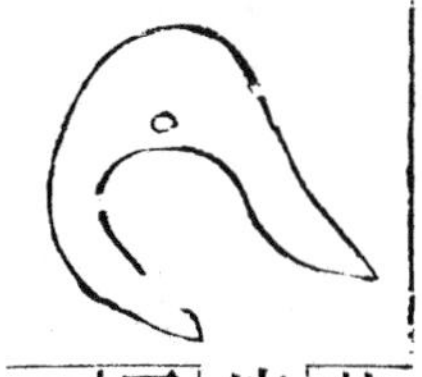
龍虎順水走擴主賣盡田園而離鄉

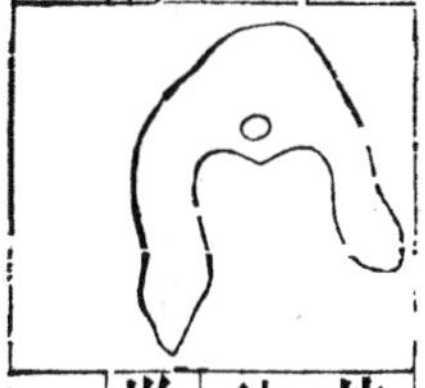
龍虎分飛主父子兄弟分散夫婦生離

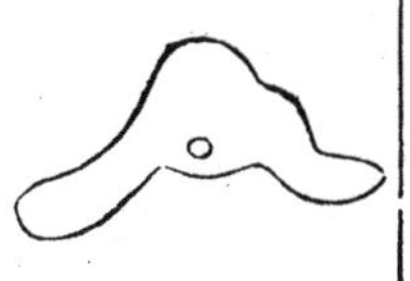
龍虎反背出逆子頑妻父子兄弟不睦

龍虎斷臂主殘疾貧敗絕嗣

此虎擎拳如拭淚垂胸之勢主喪禍哭泣

龍虎相鬬兄弟不和爭訟死亡大凶

龍虎內抱圓墩如毬者主淫慾抱養

左護右纏最喜盤旋無恙

纏護証穴

纏護者龍身枝脚遶抱龍虎之外爲穴之左纏右護是也葢大龍氣勢雄盛結穴之外必有餘氣分枝迢遞委曲隨身暗拱爲正穴用神譬猶貴人出入必有奴隸侍衛葢奴隸之職不敢遠離于貴人之側亦不敢近逼于貴人之身惟與貴人作貼身隊仗而已故纏護應証之法若直龍結穴則左右送從自然端拱兩邊不令風吹不令水刼毋敢或離毋敢或背護于此拱則穴于此立纏于此遶則穴于此下送山短穴居內送山長穴在盡送山偏穴亦偏送山盡穴亦止或邊多邊少穴倚多邊或邊有邊無有邊是穴若又邊長邊短邊高邊低則又隨龍身之長短高低而定之萬無一失經云纏龍纏過龍虎前三重五重福綿綿正此謂也然雖如是遍覆古坟亦有大貴龍而無纏護者多是外山透迤迢遞重重遶抱隨身齊行見穴停住尤爲奇異譬猶大貴人至處雖千里百里侍卒翕聚皆非自已帯來護衛也故來龍入局不拘本身分枝外山奏集只要團團包裹與穴有情乃爲是証地者又當以大勢觀之不必拘泥

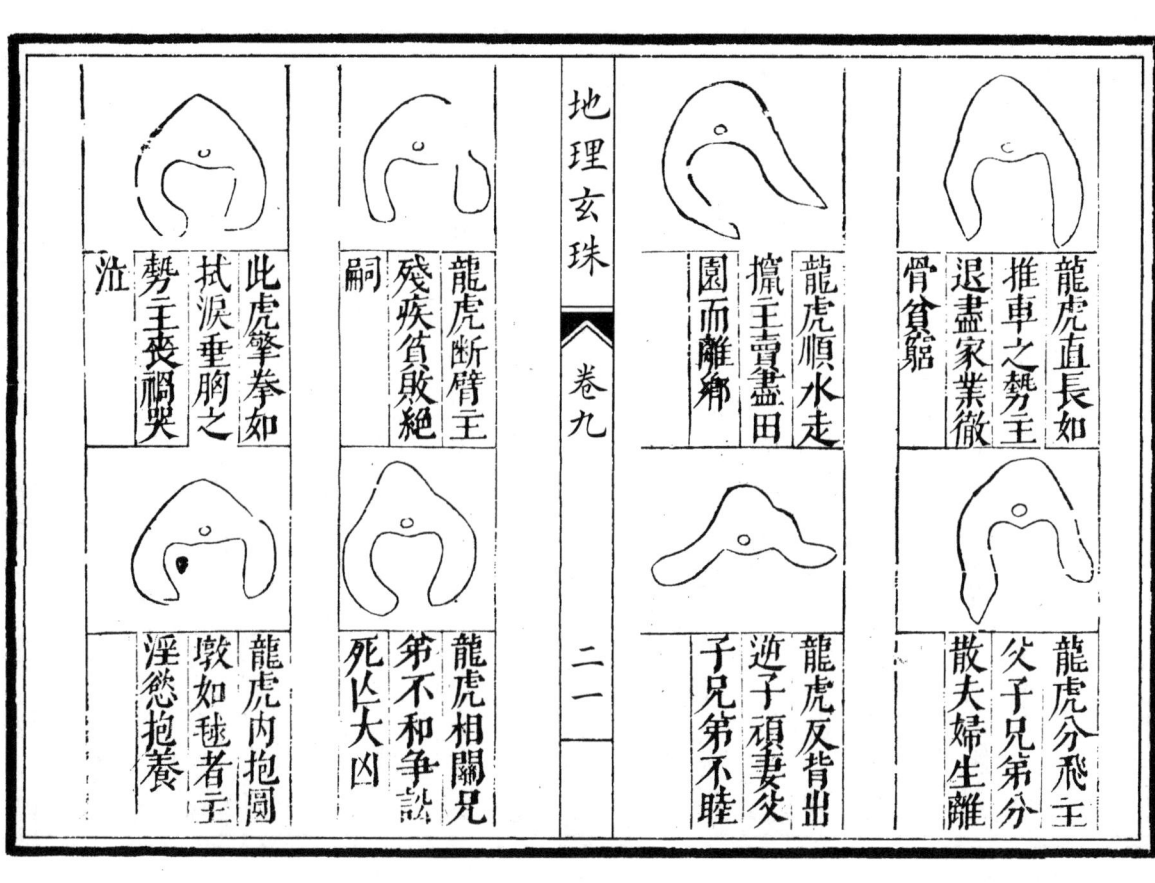

纏護長氣聚盡穴在盡爲眞內穴過脈爲假又左多穴左

纏護短氣內聚穴在內爲眞外穴孤露爲假又右多穴右

眞氣成形定見唇氈吐露

唇氈証穴

唇者嘴唇也氈者氈褥也小曰唇大曰氈二者穴下餘氣之所發露也金木水火土五星落脈各隨本星

而現又謂之元唇凡眞龍結穴必有餘氣吐露故氈在此舖穴在此住唇于此吐穴于此扦此自然而然生成一定之規而不可移易者點穴立向之法當先認此眞情而無容矯強偏此則不得穴矣無此則非眞穴矣經云貴龍落處有氈褥氈褥之穴冨貴局豈欺我哉然唇氈固不可無又不可直長穴前餘氣直長則是元辰盜氣乃爲退神殺重葬之立見退敗鑿断恐傷其氣可作兜金以遮之穴上不見其去則亦無害其爲吉

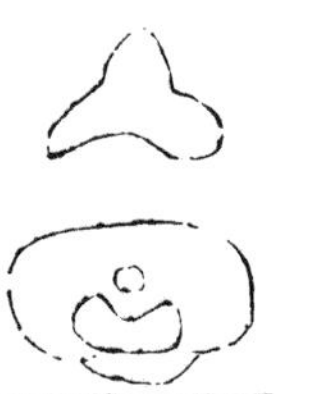

凡穴下唇氈宜平坦圓正必須有此則穴乃眞

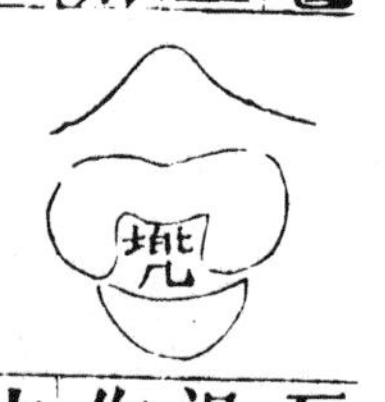

唇氈直長爲退神殺現宜作兜金以遮之不見其去

貴龍入局應知官曜齊全

官曜証穴

官星者朝山背後逆拖向前去者是也此由龍氣旺盛包會不住故又發而爲官星或居案山之後或生龍虎之外故多不見亦有見者名爲現世官星王當

代出貴曜星者亦龍氣旺盛發泄而出者也或龍虎肘外或明堂左右或穴傍拱夾或龍身隨帶但有尖利或巨石皆爲曜星凡大龍入局自然餘氣衰延枝脚銳利故官曜長大貴亦遠大官曜短小貴亦早小遠則効遲近則發速若無官則不榮無曜則不久楊公云眞龍眞穴無官曜空有星峰重疊照甚言官曜之力力于穴也然官曜乃是客星龍穴乃是主星取官曜者又當以本身爲準則而後可以定其吉凶若果能眞穴正臂如貴人出入服從迎侯無不翕然齊肅而前迎後擁理勢之所必然者倘能微穴賤則拖

去反為牽泄而尖射反為刑殺矣何貴于官曜為哉
玉尺云沙如美女貴賤從夫入當取決于龍穴焉

官星者朝山背後拖去者是也非卓立之謂也

青龍回轉作案而背後有逆拖之山為龍上生官虎亦如之亦出大貴

玉帶橫遶作案其餘氣當面抽出發為官星枝腳回抱極為有力

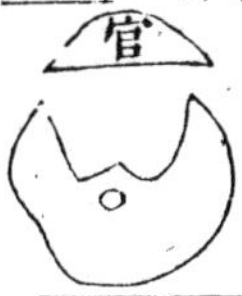

虎沙生曜穴中親見為現

面官星主當代發貴須是過穴逆水為妙

此龍虎生曜尖利極主貴秀

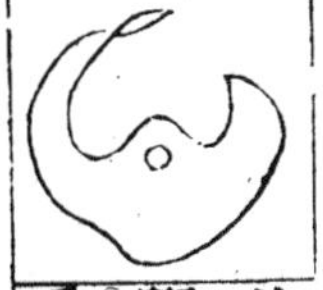

此青龍頭上生曜逆水挿上力重虎亦如之

此明堂中有曜交加相逆水勢發福非常

此龍身帶曜發達貴顯

侍穴鬼撐龍遇橫擔最貴

鬼星証穴

問君如何謂之鬼主山背後有餘氣是鬼者穴後之星辰所以枕樂穴場者也凡來龍入局降勢不一或自後直來橦背結穴者或脫落垂乳結穴者皆不必論鬼惟橫落偏斜之穴後宮無鬼則空缺而氣不融聚雖有吉龍亦難指點必要鬼星後撐則不落空陷而內氣斯聚赤霆經云鬼還我氣惟穴之貴是也故鬼星証穴之法或正抱或側遶鬼高則穴高鬼低則穴低鬼出于左穴在左鬼出于右穴在右鬼在此止

穴在此住鬼在彼生穴在彼處所謂對鬼坐穴者穴法依鬼也稍偏則鬼能竊氣而穴不能收矣然鬼星又不可斜長斜長則氣為所奪又不可濶大濶大則氣為所散須要星體合局與穴有情又要使穴場截得鬼住乃妙否則為失穴矣又得鬼星成形如三台玉屏之類者尤為貴格上地也雖然常見大地亦有無鬼者葢無鬼必有後纏或他山外護高聳為坐托皆能障空補缺以全我之氣尤為大勢大形入局也復何拘求地者當審所尚矣

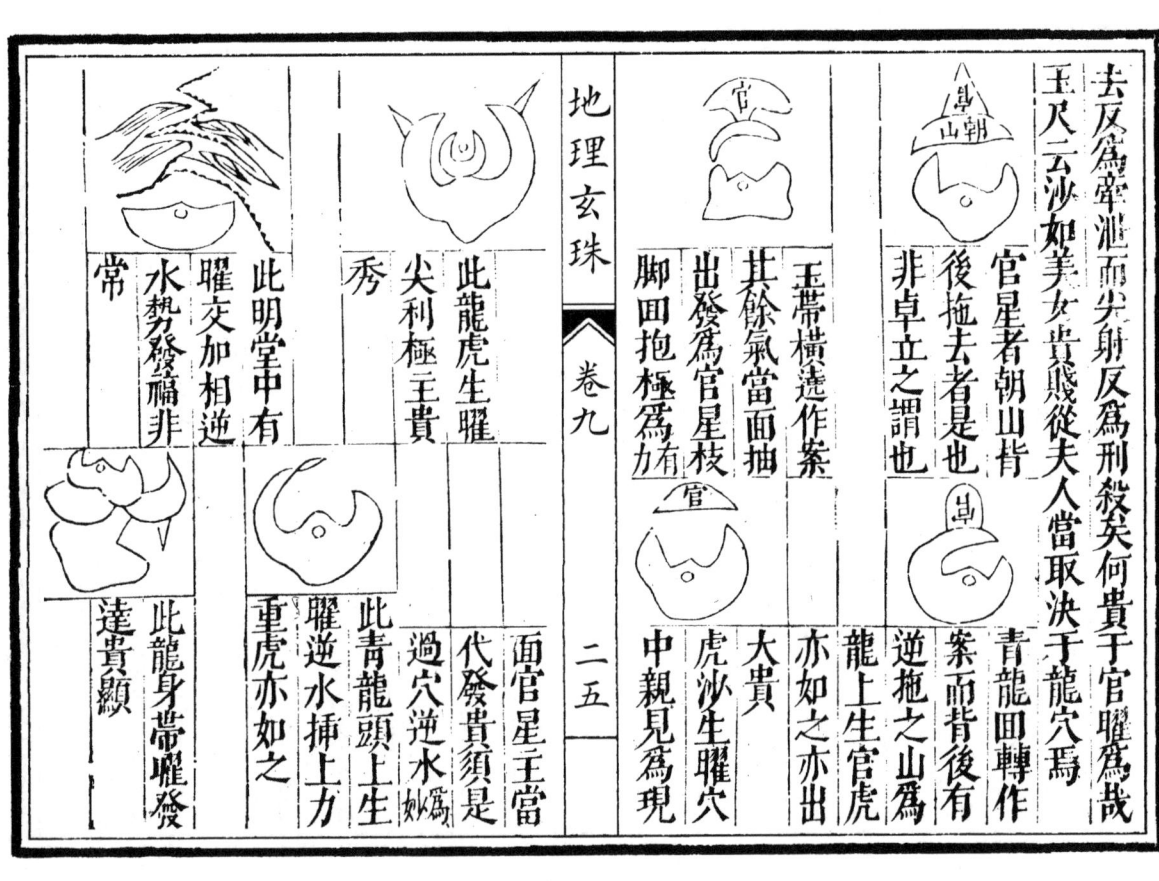

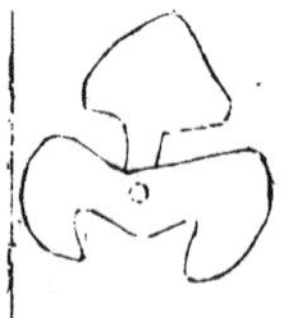

此鬼星高穴亦高鬼星中正穴居中

此鬼星低穴亦居中穴亦中

此鬼星在左穴亦左

此鬼星在右穴亦右

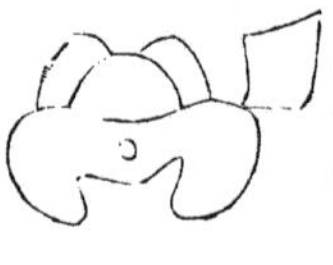

此兩旁拱抱名曰孝順鬼極吉

此一邊逆抱托穴彎轉有情大吉

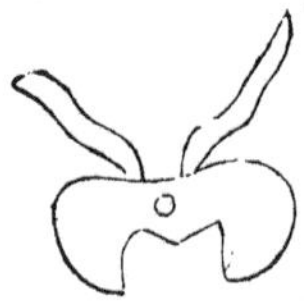

此鬼星分刼主賊盜官訟

此鬼星反挑主招姦盜破敗

貼身樂起穴逢凹腦尤奇

樂星証穴

樂山者穴後照應之星也眞龍結局多有閃落星體出面或横或亙若無樂星後應即成仰瓦虛空之地何以融聚故必有樂星以爲障空補缺不令受風方爲上地不拘本山客山有峰無峰或尖或圓或方或長或高或低或大或小或隱或顯或有回曲或有頂突遠不可低近不可高只要穴後對照遮攔穴上見者爲上堂中見者次之特來貼身者爲上借樂者又之凡横龍結穴者不可無擔凹穴尤緊無此則雖龍

穴可取非眞結作也故証穴之法樂左則穴左樂右則穴右居中則穴中樂高穴亦高樂低穴亦低兩傍有樂穴居中或兩傍俱結穴樂在此生穴在此住樂在彼應穴在彼處過則風搖而非穴矣然樂星又貴成形或如屏帳簾幙三台覆鍾等象尤爲奇特雖其爲樂然又不可太高太高則嵯峨可畏有凌壓之勢此似樂而非樂者也又當回避立穴如左壓則穴右右壓則穴左前壓則穴後後壓則穴前四面均平則穴中切不可槩以爲樂而憑之犯之則生禍矣愼之眞之然又不可拘執也若龍眞而穴正則侍從之必

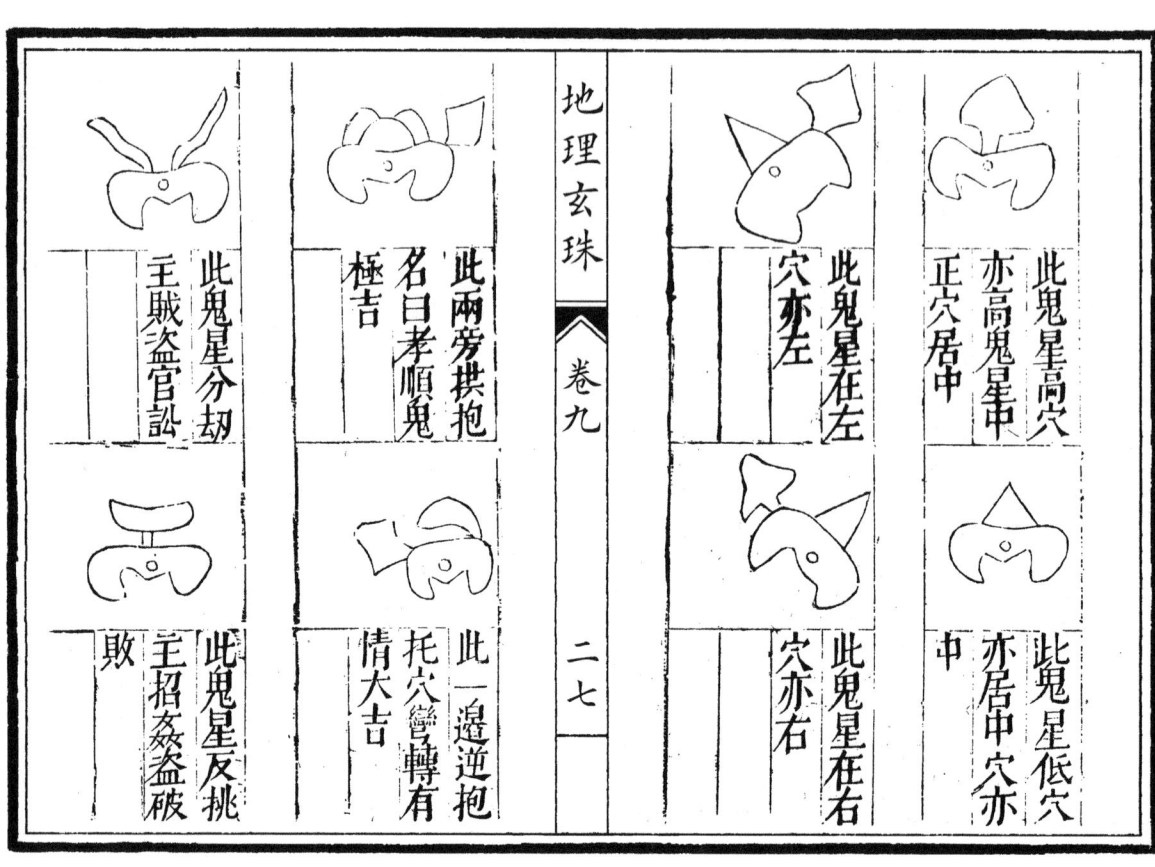

自然四面旋遶無有空缺所謂紛紛拱衛紫微垣尊居帝座又何問于樂星之無有也

此後樂高穴必高結樂星中正穴亦居中

此樂星在左穴亦居左

此後樂低穴必低下樂中穴亦中

此樂星在右穴亦居右

樂星簾幙等形極爲尊貴吉

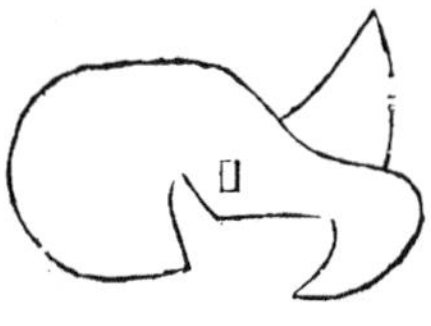

樂高左壓穴宜挨右

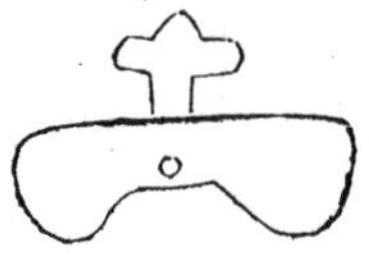

樂星成三台等形主大富貴

樂高右壓穴宜挨左

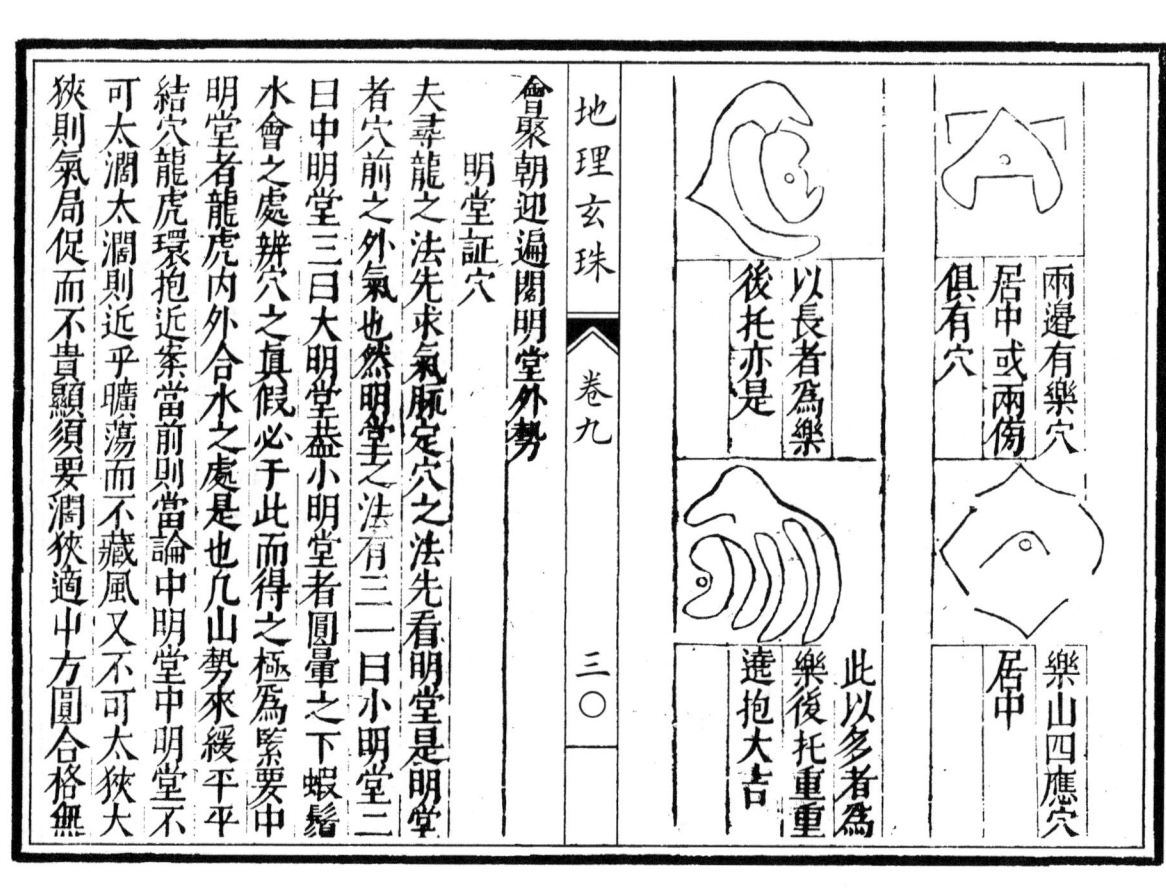

兩邊有樂穴居中或兩傍俱有穴

以長者爲樂後托亦是

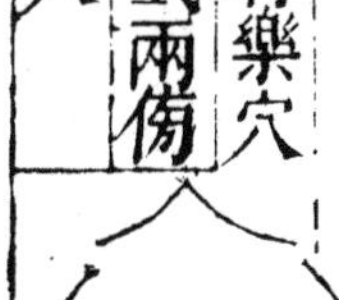

樂山四應穴居中

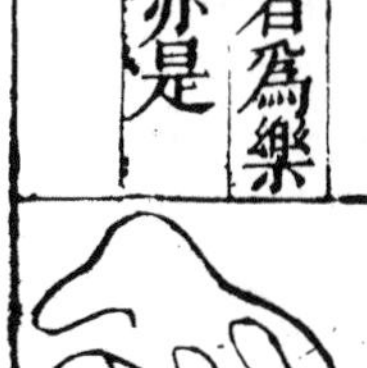

此以多者爲樂後托重重遶抱大吉

會聚朝迎遍闊明堂外勢

明堂証穴

夫尋龍之法先求氣脈定穴之法先看明堂是明堂者穴前之外氣也然明堂之法有三一曰小明堂二曰中明堂三曰大明堂蓋小明堂者圓暈之下蝦鬚水會之處辨穴之真假必于此而得之極爲緊要中明堂者龍虎内外合水之處是也凡山勢來緩平平結穴龍虎環抱近案當前則當論中明堂中明堂不可太濶太濶則近乎曠蕩而不藏風又不可太狹太狹則氣局促而不貴顯須要濶狹適中方圓合格無

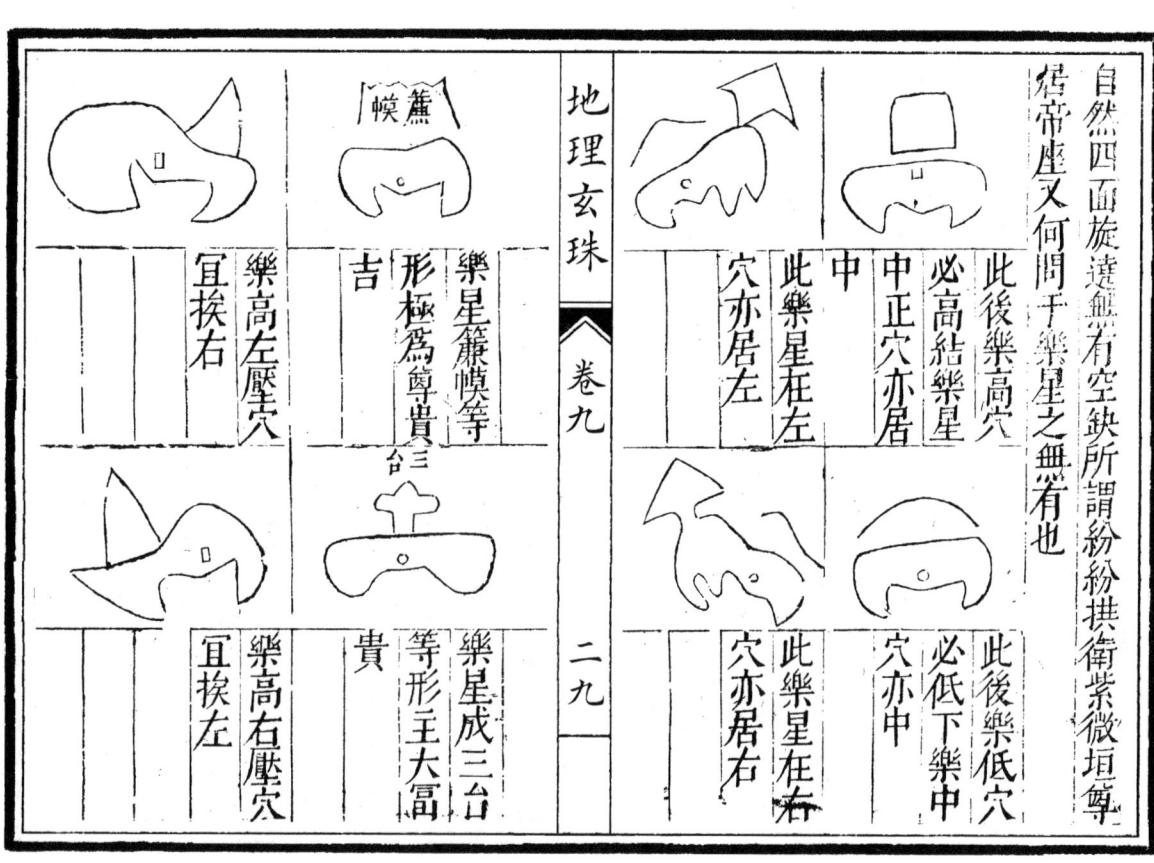

濺泉滴瀝無圓峰内抱斯中明堂之善也大明堂者案山内山水大會之處是也凡山勢來急垂下結穴龍虎與穴相登前案高遠則當論大明堂是大明堂者如王者之有明堂所以來天下之朝貢也必須兩邊空濶四山圍遶于山交會萬水洋朝此大明堂之善也若或見沖射崩陷瀉傾分缺逼狹斜側則堂氣犯殺而非吉矣故凡善地雖或証佐不全然必有好明堂若龍止于東而堂結于西則穴必在西龍止于西而堂結于東則穴必在東明堂緊狹穴必在前而低下明堂寬濶穴必居後而高昂方爲龍局相稱體

用合格又須下手緊關水口鎮壓則堂氣聚而無泄眞龍正穴胥于此而得之矣故楊公云眞氣聚處看明堂廖公云大堂水口要關攔眞氣聚其間若龍穴凶而堂氣好亦能發福龍穴吉而堂氣凶亦能致禍此明堂之所以爲切要也雖然亦有無明堂而大發者太逼窄而大發者太空曠而大發者必是山勢融結水勢之玄龍虎抱衛朝對有情而吉凶又不專以明堂泥也

辨穴之眞假必取則于小明堂觀勢之聚散必取法于大明堂

明堂開暢平正而無亂雜主富貴齊全大吉

明堂融注爲水聚天心極主富貴悠遠

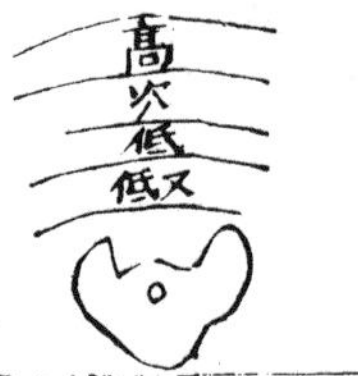

田坵平坦分級如御街所謂倉板水朝堂是也主貴有財大吉

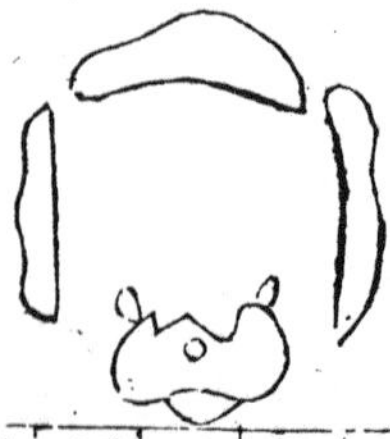

明堂遠抱外氣團聚主發福無疆悠久不替

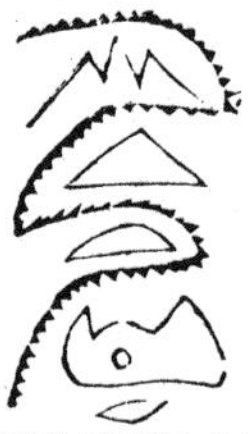

秀沙秀水當面特朝情意綣綣富貴悠久

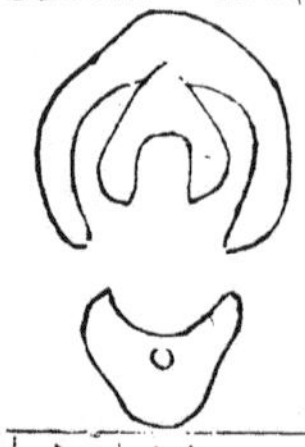

明堂如掌心富貴斗量金明堂如鍋底富貴人難此

山脚入堂尖利射穴主刺配軍因大凶

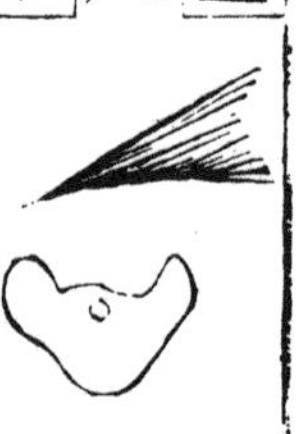

橫山過堂沖散堂氣主常見官破敗

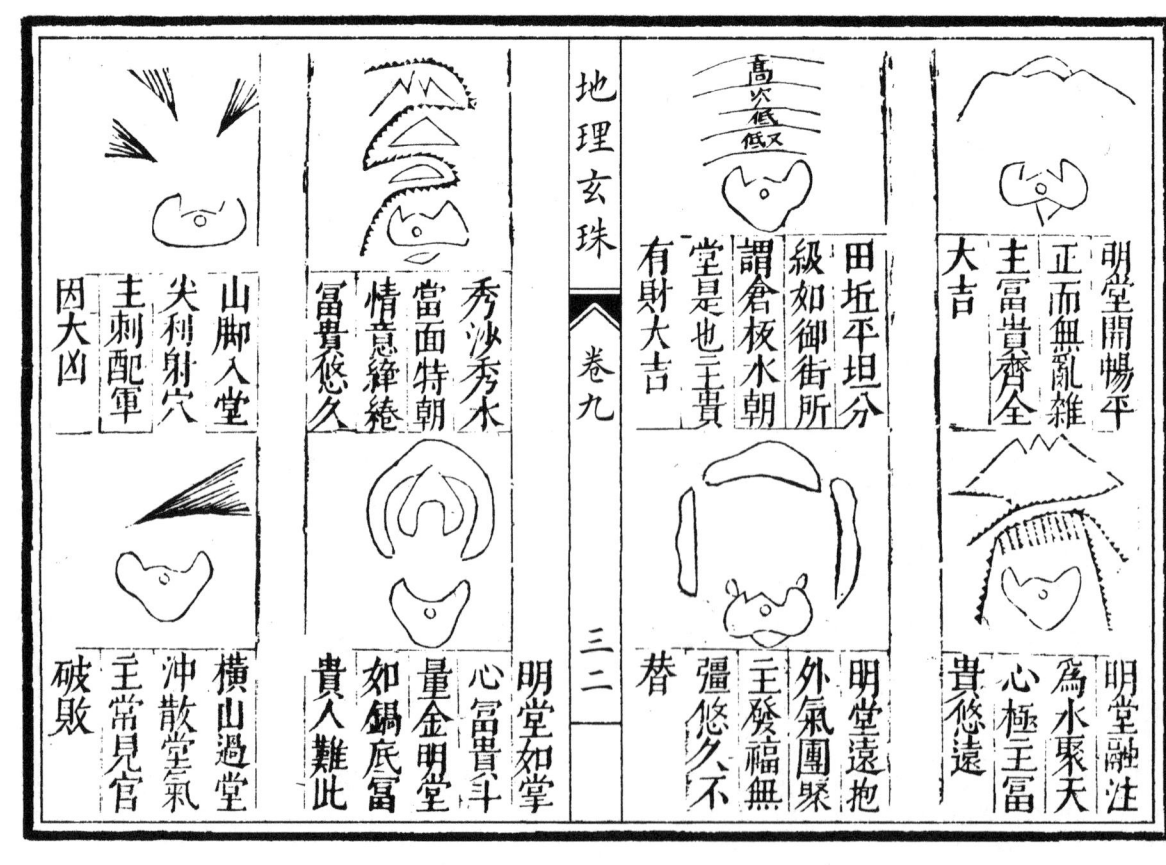

明堂崩缺城風亂入生氣消耗主災禍連綿

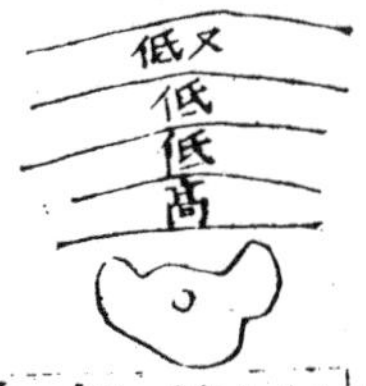

明堂田坵一級低一級如捲簾傾泄之勢主敗絕招賛

堂陷多有窩坑生氣多損泄主羅賴公事死亡

明堂欹側偏下一邊高下不平主妻刑子尅

案山高聳逼穴明堂局促出人頑蠢受人欺凌

堂中或窟或尖或石破碎崩陷者主少亡孤寡災禍

左右沙高逼穴挨揆明堂挾長主貧窮難活無嗣

明堂欹斜外山走竄主流移敗亡䘮見凶禍

蓋照拱夾端明十道天心

十道証穴

十道者天心十道乃前後左右四應之山也凡來龍入局居中立穴後有蓋山爲坐托前有照山爲朝案左右有夾耳山爲輔佐蓋照拱夾四應登對自然坐位尊嚴局勢齊整此惟龍眞穴正故天造地設以爲之証佐如此也全此則穴眞無疑矣故登山定穴之法詳審四勢務得中正前後左右俱要穿心登對如十字蓋照之山不可偏左不可偏右夾耳之山不可脫前不可脫後稍有偏脫即非中正之道矣其如十

字何琢玉集云發露天機眞訣處十字峰爲據是十字者又定穴之大綱也雖然大龍結聚必有天定之局自然萬山朝拱八方環列隨其勢而穴之無不合格而十道又不足言矣

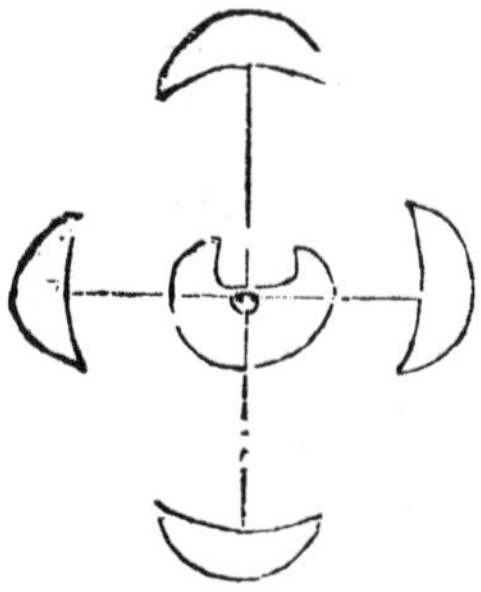

前後左右蓋照拱夾天心十道齊全立穴立向勿偏勿脫則吉

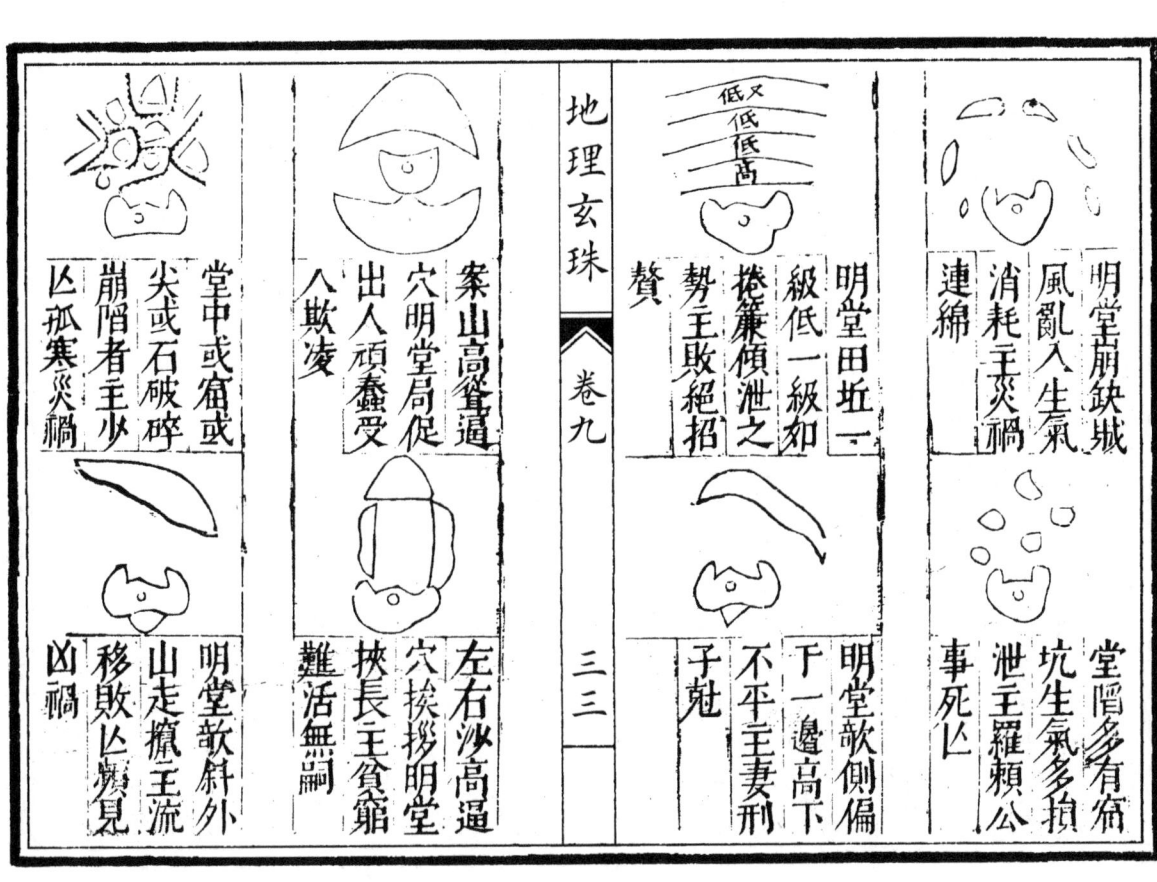

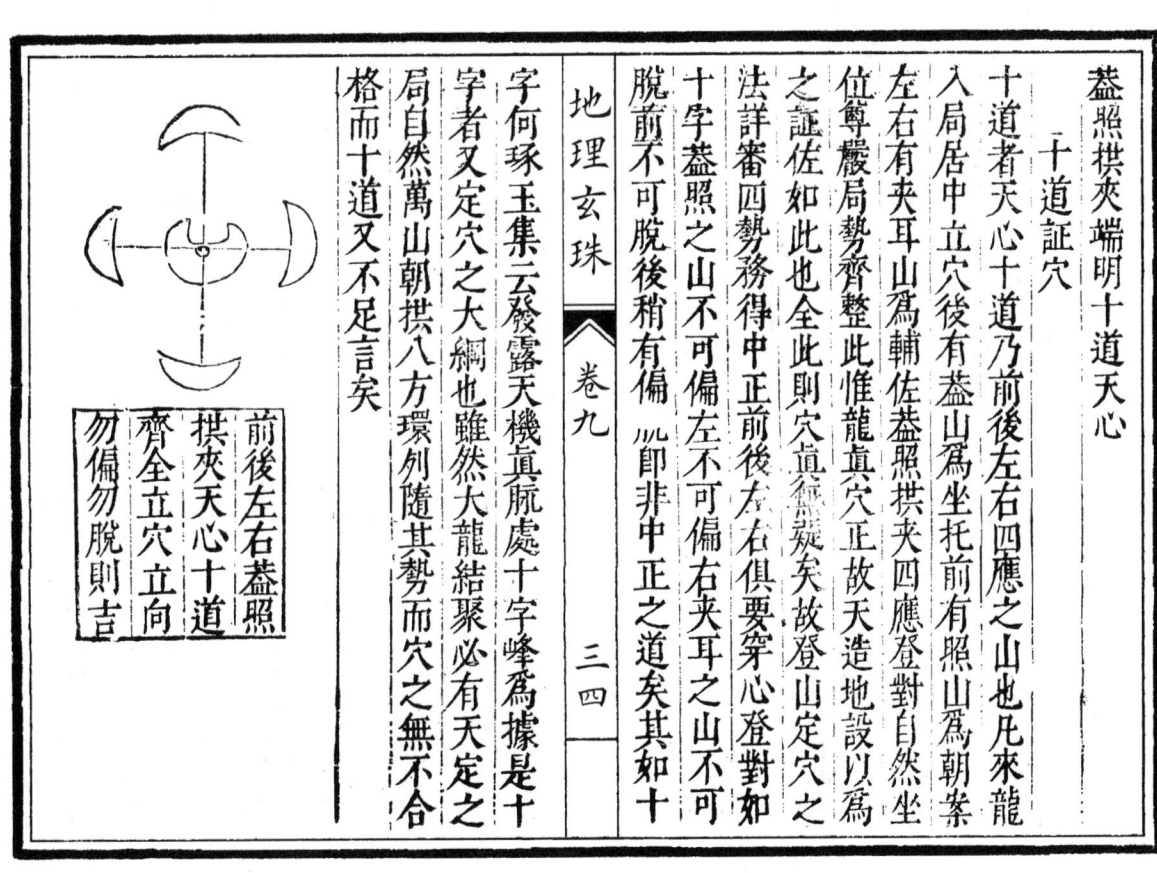

水勢最宜纏遶尤貴澄凝

水勢証穴

夫水者龍之血脈也葬書以龍爲内氣水爲外氣故有山必有水有水必有山山性靜屬陰水性動屬陽是山之與水卽陰陽相配夫婦之道也然山之應驗在水水之應驗在勢水勢散則生氣散水勢聚則生氣聚此自然之理也或元辰入局或客水到堂或内聚停蓄或外聚澄凝或循環案外或廻纏玄武不拘明拱暗拱遠朝近朝惟要與穴有情戀戀不舍此夫婦交搆情投意洽乃爲眞的廖公云穴若止時來便

住不止迢迢去又云水住穴堪扦是以登山點穴全憑水勢左來則穴右右來則穴左聚左穴在左聚右穴在右左逆穴依龍右逆穴依虎左朝穴向左右朝穴向右若正中瀦注正中洋朝則穴必居中或朝源遠則明堂寬穴宜高或元辰長則局勢順穴宜低此背水勢定穴之大法也又穴前之水謂之内水有出無入所貴屈曲轉摺出與外水相逃爲妙外水者何龍虎之外朝案之内或江湖溪澗是也若或内水有疵得外水合法亦無害于大體内水雖吉而外水凶惡斷不可用又有大龍大局而前面之水微細渺茫或小龍小結而面前之水汪洋無際則陰陽不相稱龍穴雖可取亦未足以爲大地也然又有衝破刑沖穿割箭射水中犯殺不可不審

屈曲盤桓之玄如織秀水朝堂大吉正中特朝穴居中正

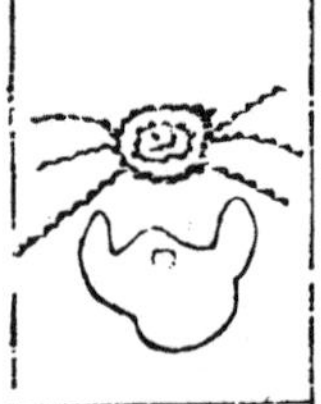

瑩淨澄凝潴蓄如結泉水聚堂大吉

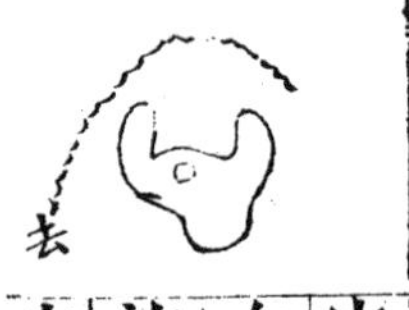

右水倒左龍沙逆水收之穴宜挨左

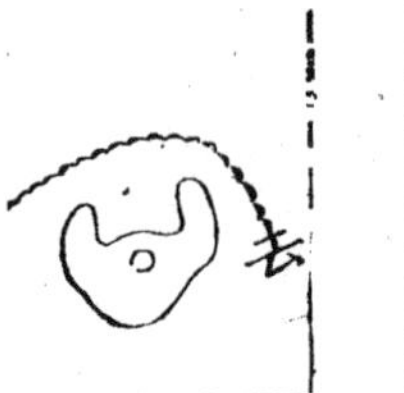

左水倒右虎沙逆水收之穴宜挨右

水勢左朝穴宜右而面左

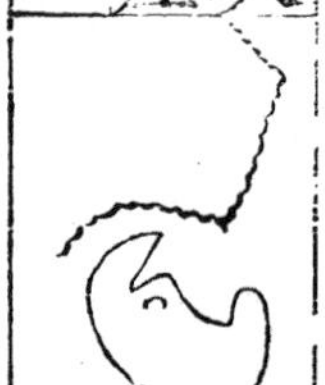

水自右來朝堂穴居左而向右

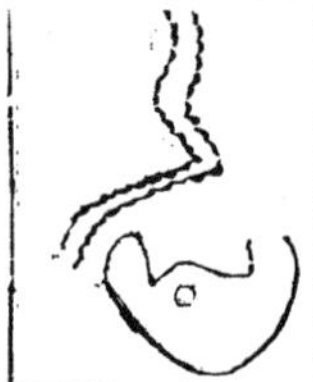

此大水洋朝穴必高結而居正

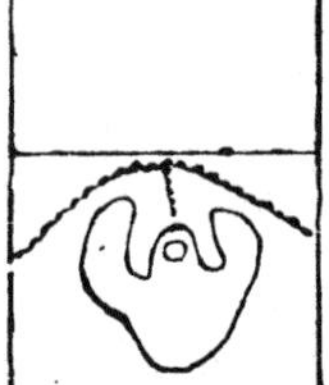

此元辰水到局勢順穴宜低

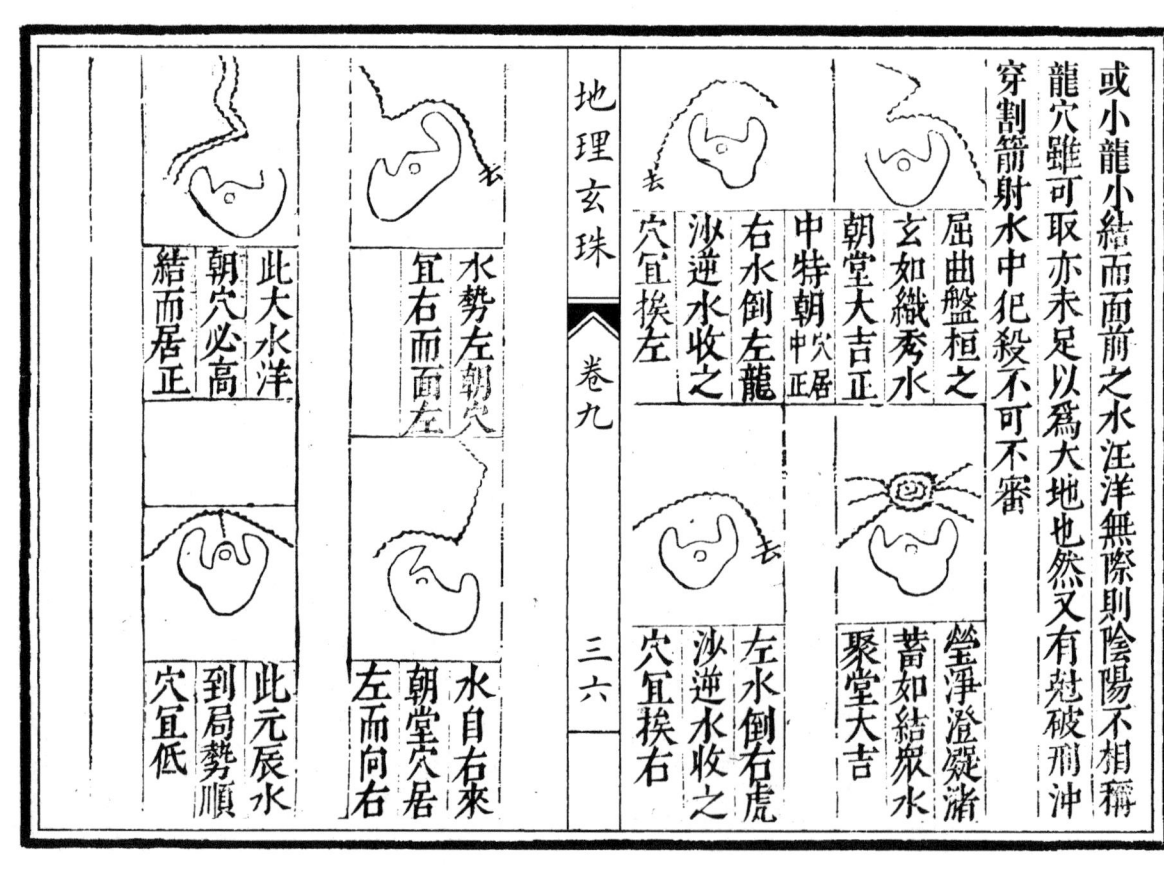

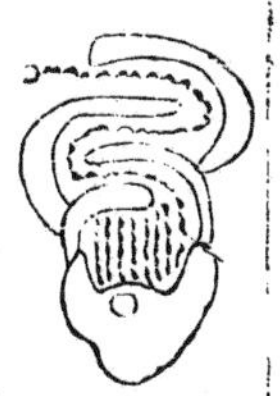

明堂左右交牙關鎖眞氣聚而不泄極吉

一水聚堂而四面分流則生氣爲之耗泄不吉

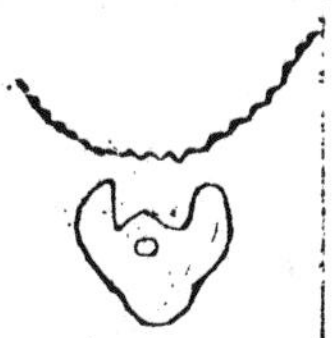

反弓逆挑去來無情主離散貧若大凶

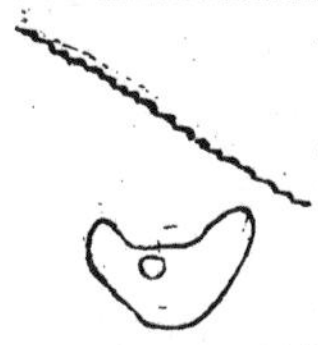

峻急斜直來去無情主軍賊少亡大凶

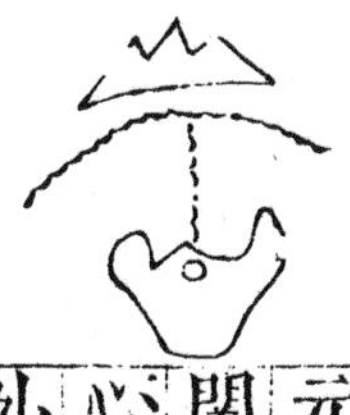

元辰直出無關爲水破天心主絕嗣若外面横山大水攔截反吉

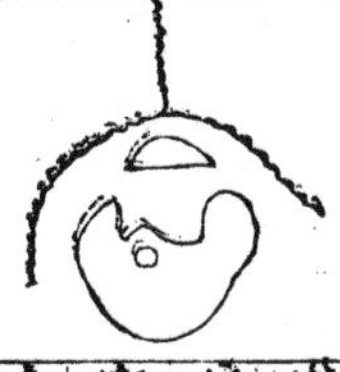

當面直殺爲衝心若得有案攔抵不見沖射惟見外洋秀朝反吉

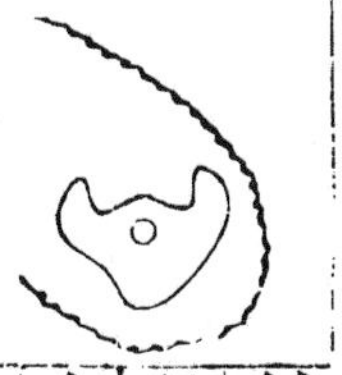

斜來不朝穴過穴後遶身有情先凶後吉

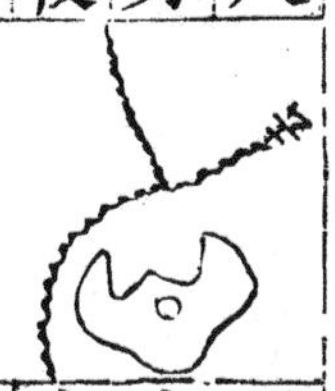

屈曲朝堂過穴即反挑而去先吉後凶

水貴淨陰淨陽凡陽脫陰水陰脫陽水皆爲尅穴不吉

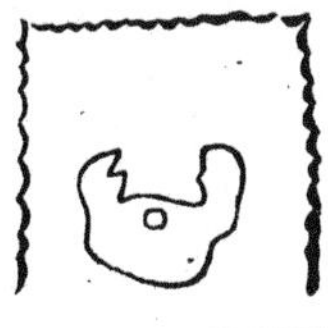

水宜相生則吉若水星結穴而遇土城水之類皆凶

大水洋朝勢甚雄猛立穴低小不足以當之此爲欺主大凶

此羅城破碎衆水穿射主淫祏貧敗大凶

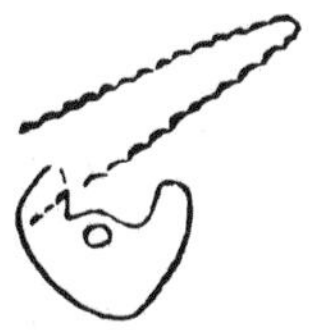

一水斜流穿堂而過主非横連綿不吉或穿龍虎亦是

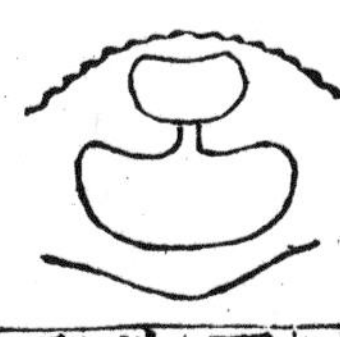

穴前無餘氣而水城扣脚洗割主貧夭不吉

一水急直面前直衝爲箭頻見口舌爭訟不吉

一水斜來尖射穴中頻見凶禍

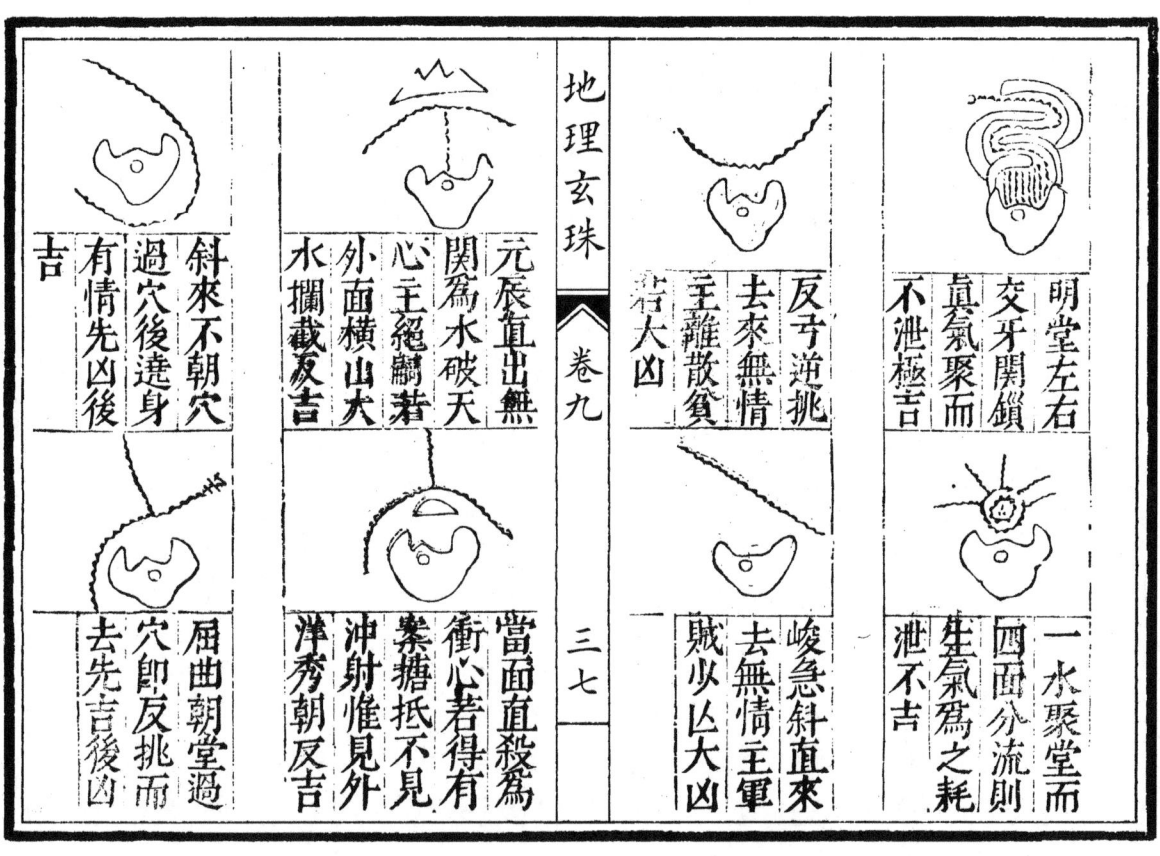

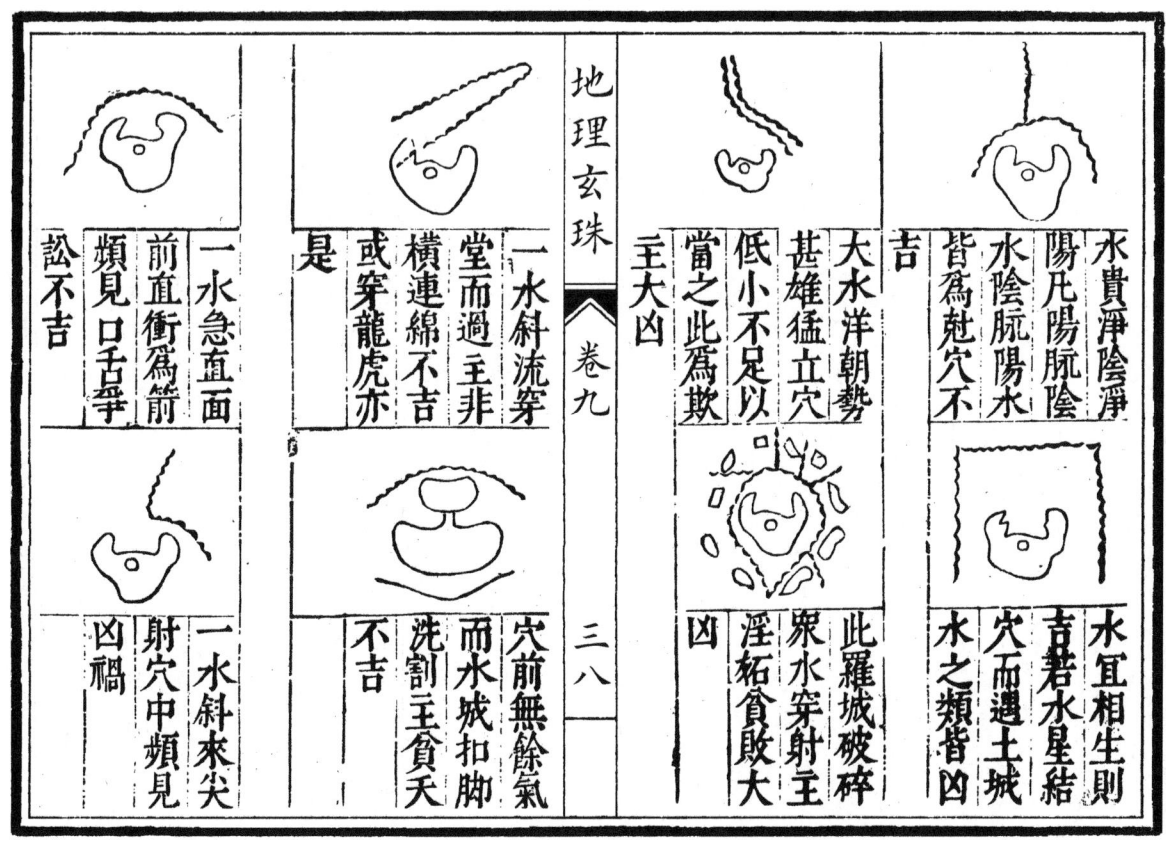

捍門偏喜交牙更宜鎮壓

捍門証穴

捍門者水流去處兩山相對如門口乃龍穴之樞機也水口之山最關利害凡龍氣之盛衰堂氣之聚散皆于此乎係焉陶公云水口無關謾說當年富貴天外有鑰乃知積代公卿是甚言不可以空曠而貴乎周密也凡一山之口自有一山之水口若得織結交牙重重關鎖則此山旺氣不泄龍神融聚必結大地更得華表羅星禽獸北辰等星鎮壓尤爲奇特經云關門若有千重鎖定有王侯居此間如或水口寬曠

山勢走撹一節低一節一重遠一重則此山旺氣隨水耗散縱龍結穴亦輕微而不能久觀水口則知龍穴之美惡矣故証穴之法水口山高穴必高結水口山低穴必低藏遠大則穴寬濶近小則穴緊狹惟愛其逆轉兜收雜沓攔截爲美若或隨水而下蕩然直去非惟祿祿不聚人丁亦稀少也蓋水以來者論始之成敗去者論終之興廢來有情始吉去無情終凶來去皆吉發福悠久來去皆凶敗絕立應故雖來龍尊貴結穴奇特而捍門不閉必非全局善地者必于此而求之斯亦可以得其要矣

水口奇峰挺然對立水從中出于內必有大地

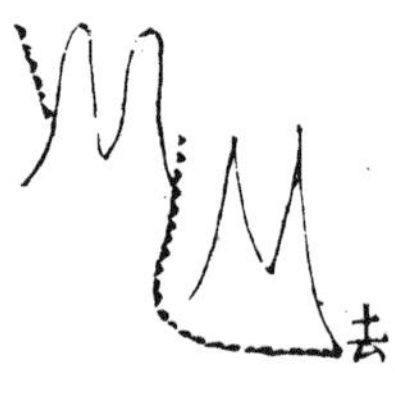

奇巒秀峰雜沓中流使水曲折環遶而去極爲有情富貴

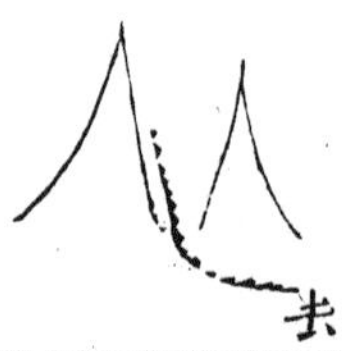

水口秀峰侵天屹立中流極品大貴

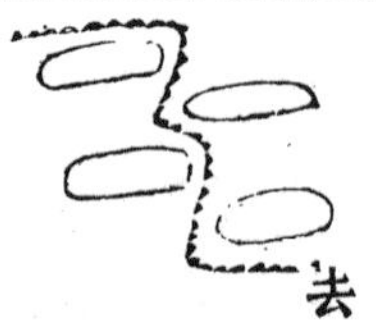

横沙攔截水口去水交織盤桓極爲有力

秀峰端居左右如門戶放入前砂外陽遠秀朝捍定主封拜

德必有隣類應偏多輔弼

輔弼証穴

輔弼者穴之兩旁左右夾照之山也左曰輔右曰弼眞龍結局脈氣旺盛必有餘氣之山護衛拱夾或圓端如太陰太陽以爲日月夾照或卓立如頓筆頓鼓以爲文武從衛羅列盤旋排衙環遶此沙法之至貴而爲龍穴之最親切者其在後龍之左右則謂之天乙太乙其位過峽之左右則謂之天弧天角其在前朝之左右則謂之金吾執法其在明堂之左右則謂之天関地軸其在水口之左右則謂之華表捍門此皆輔弼之推類易名者也已上若得齊全極為大地貴不可言然又必須高低大小上下遠近均勻登對不相参差乃爲盡善若或邊有邊無邊多邊少邊高邊低邊大邊小上下不等遠近不均禍力差感若穴星雖貴而左右前後羅城水口漫然空曠而一無所見者則孤立無助亦非全局

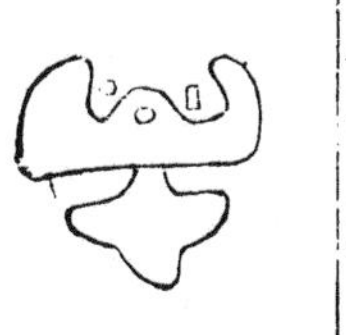

龍虎内左日右月爲太陽太陰主極品富貴

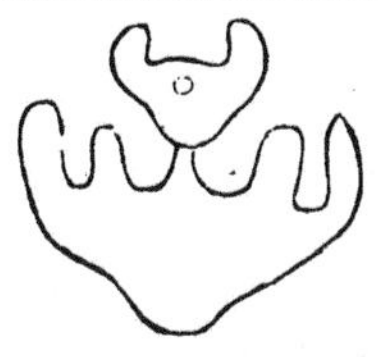

後龍左右奇峰挺立爲天乙太乙主大貴

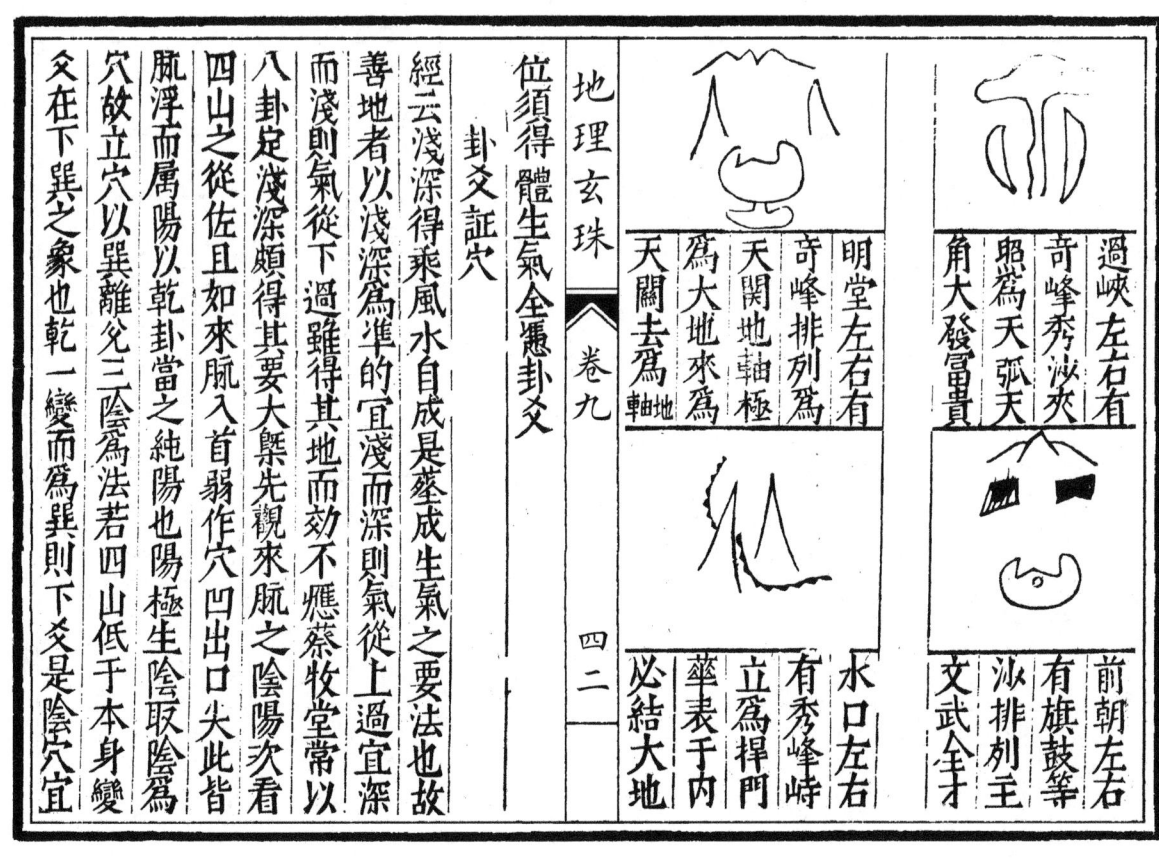

過峽左右有奇峰秀沙夾照爲天弧天角大發富貴

前朝左右有旗鼓等沙排列主文武全才

明堂左右有奇峰排列爲天関地軸極爲大地來爲天關去爲地軸

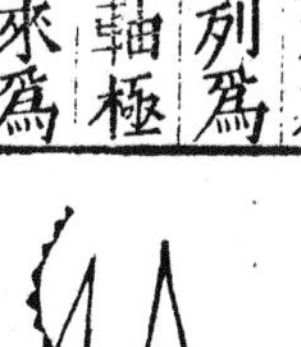

水口左右有秀峰峙立爲捍門華表于内必結大地

位須得體生氣全憑卦爻

卦爻証穴

經云淺深得乘風水自成是葢成生氣之要法也故善地者以淺深爲準的宜淺而深則氣從上過宜深而淺則氣從下過雖得其地而効不應蔡牧堂常以八卦定淺深頗得其要大槩先觀來脈之陰陽次看四山之從佐且如來脈入首弱作穴凹出口失此皆脈浮而屬陽以乾卦當之純陽也陽極生陰取陰爲穴故立穴以巽離兌三陰爲法若四山低于本身變爻在下巽之象也乾一變而爲巽則下爻是陰穴宜

深四山與本身齊變爻在中離之象也乾二變而爲離則中爻是陰穴宜不淺不深四勢高于本身變爻在上兌之象也乾三變而爲兌則上爻是陰穴宜淺若夫來脈入首強作穴突出口圓此皆脈沉而屬陰以坤卦當之純陰也陰極生陽取陽爲穴故立穴以震坎艮三陽也四山低于本身變爻在下震之象也坤一變而爲震則下爻是陽穴宜深四勢與本身齊變爻在中坎之象也坤二變而爲坎則中爻是陽穴宜不淺不深四勢高于本身變爻在上艮之象也坤三變而爲艮則上爻是陽穴宜淺槩而言之陽脈浮

當淺陰脈沉當深詳而言之陰脈中有淺深陽脈中亦有淺深以四山從佐不同則陰有時而變陽陽有時而變陰也取卦爻以爲法則無過不及之差矣

來脈弱作穴
凹出口尖此
皆陽象屬乾

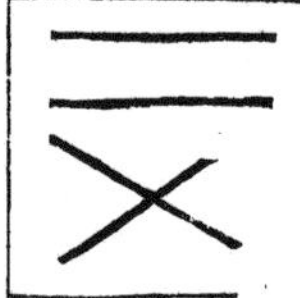

四山低于本
身變爻在下
爲巽象穴宜
深

四山與本身齊
變爻在中爲離
象穴宜適中

四山高于本
身變爻在上
爲兌象穴宜淺

來脈強作穴
突出口圓此
皆陰象屬坤

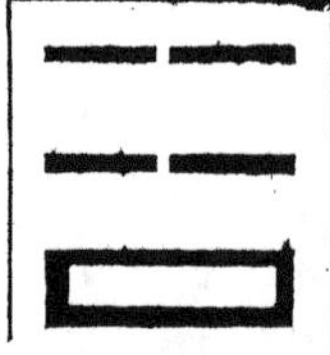

四山低于本
身變爻在下
爲震象穴宜
深

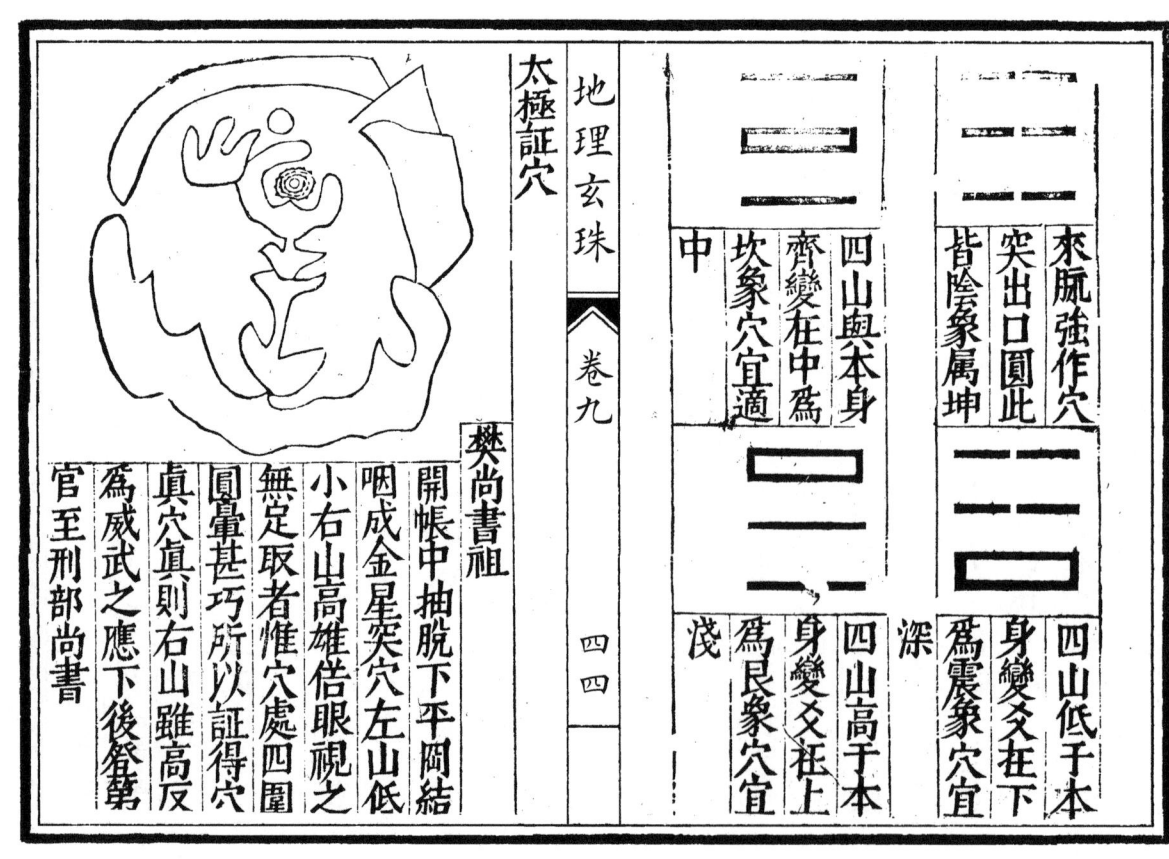

四山與本身
齊變在中爲
坎象穴宜適
中

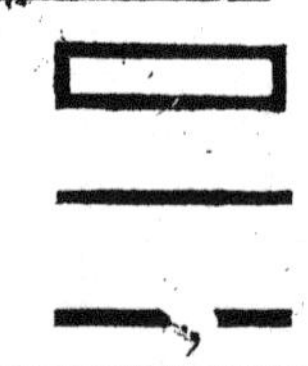

四山高于本
身變爻在上
爲艮象穴宜
淺

太極証穴

樊尚書祖

開帳中抽脫下平岡結咽成金星突穴左山低小右山高雄借眼視之無定取者惟穴處四圍圓暈甚巧所以証得穴真穴真則右山雖高反爲威武之應下後發第官至刑部尚書

十字証穴

廖副憲祖

開帳穿心中抽一脈大頓小跌左栖右閃將及結穴撒落平田田中復起一突前後左右四金相照有合天心十道下後科第數人爲官不乏

動氣証穴

倪御史祖

穴甚奇巧初食外秀扦中乳天穴不利改扦低穴就堂又不利董乃私往其山審之偶見織婦而感悟因知中乳死硬而動在閃乳也再扦之遂大發唱名美女擲梭形

過峽証穴

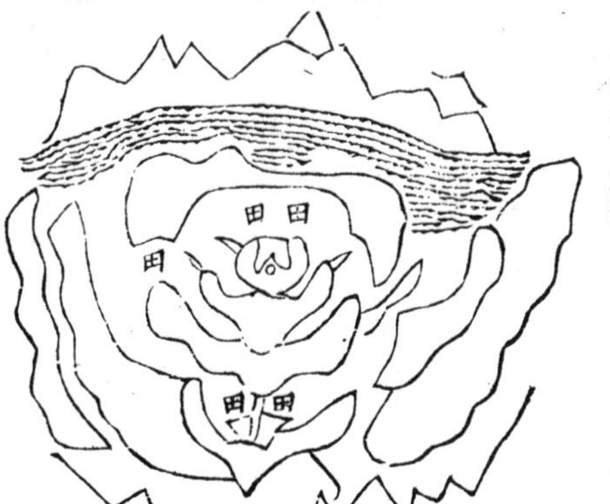

陶尚書毋

大帳中抽正脈大斷穿田渡峽復起星辰結穴開鉗中垂小乳穴前平田開廣更有外山包裹有力大湖暗拱遠峰秀朝極爲善地應發大貴然平田過峽穴逢平田而結此其一驗也

落脉証穴

江尚書祖

迢遙過脈頓發御屏中中一脈逶迤復作土金結穴中開一坪太濶似平散漫皆眼望之無可指點殊不知龍從左來穴宜右虛沙有情穴依虎山水秀朝俱在右故穴右而發大貴

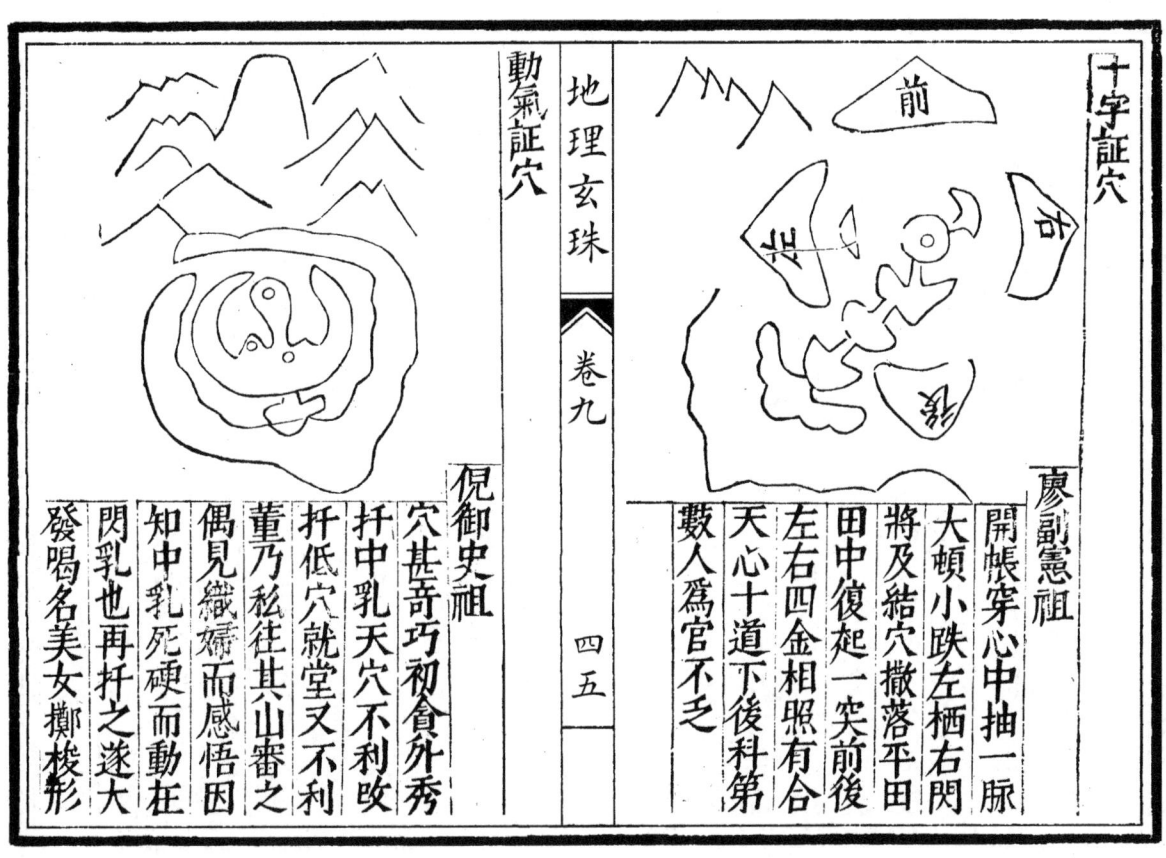

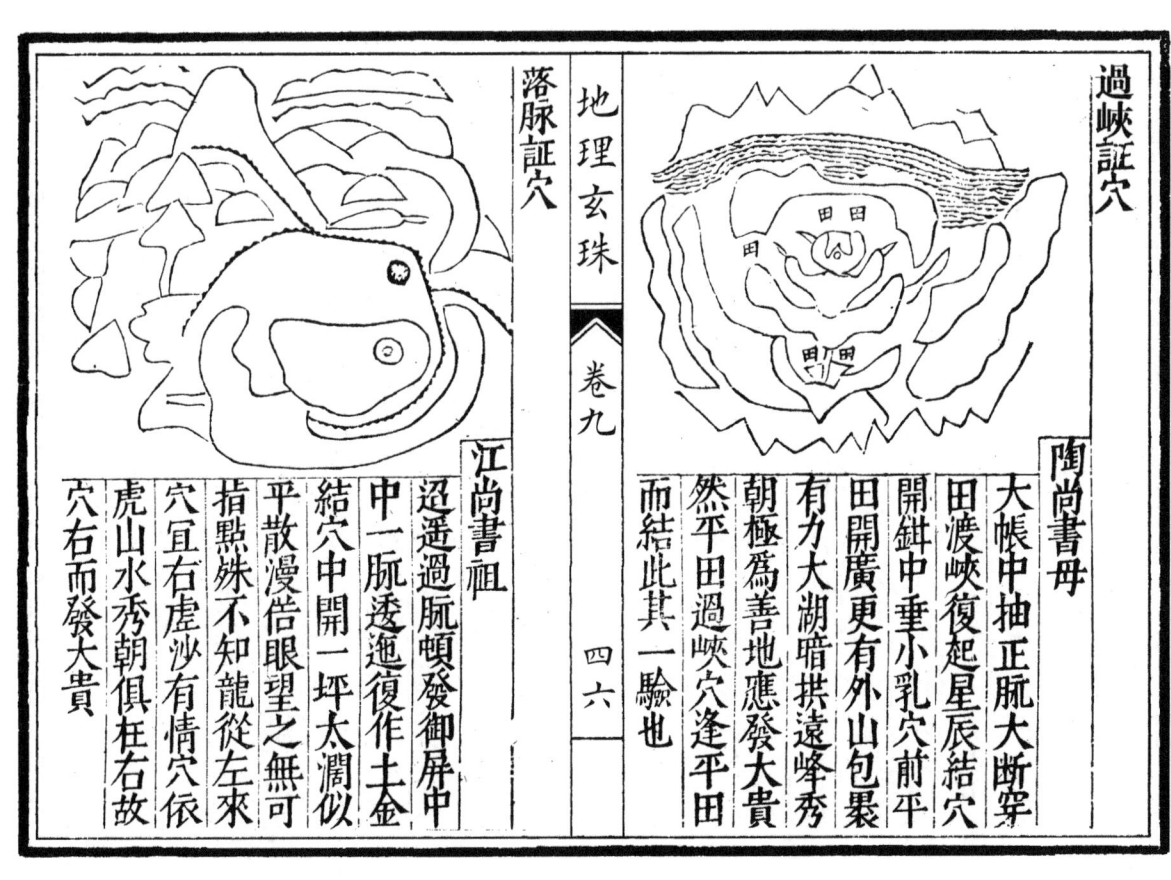

聚水証穴

丹陽賀廉憲

平洋分牙布爪開帳東氣結咽過脉復起泛水文星結穴左右前三湖巨浸近環玉帶沙以閃內氣遠聳文筆峰插于天表頓發大富大貴悠久不替此聚水之所以爲貴也

吐唇証穴

汪氏祖

開帳落脉平坡一坦平夷不入俗眼初非擇而取之權停柩于其上以磚封之數年家道日盛議欲另塟外父知地理見而驚曰此唇毡韻具可愛真佳地也遂封土塟焉後富冠一邑

鋪氊証穴

戴廣一公

來脉甚遠入局爲平岡磊落數節體勢大旺轉身逆盤結穴後托前案皆低遠寬平惟穴下餘氣平坦鋪氊整肅所以証得穴眞塟後積穀數萬人丁大旺

朝案証穴

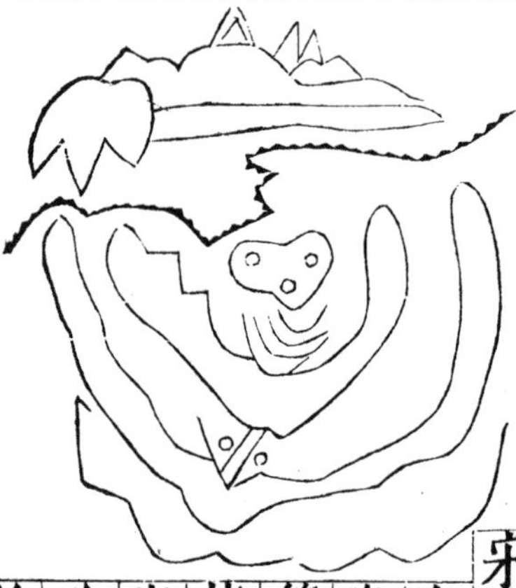

宋氏祖

右穴不振中穴富而不貴獨左穴清要聲名科第不乏蓋以遠案朝流皆于左穴有情故能致貴中穴猶得水及故能致富右穴于水俱無情故不能振一水而三穴有如此驗哉

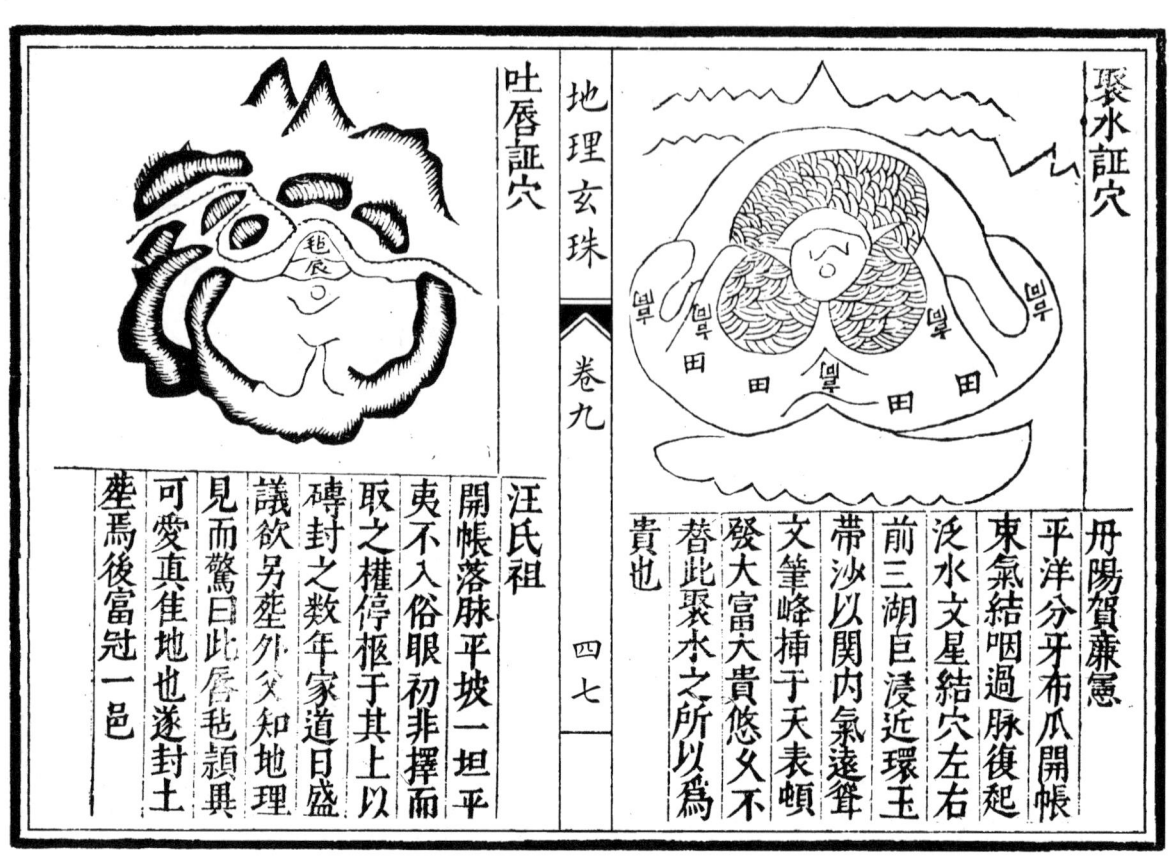

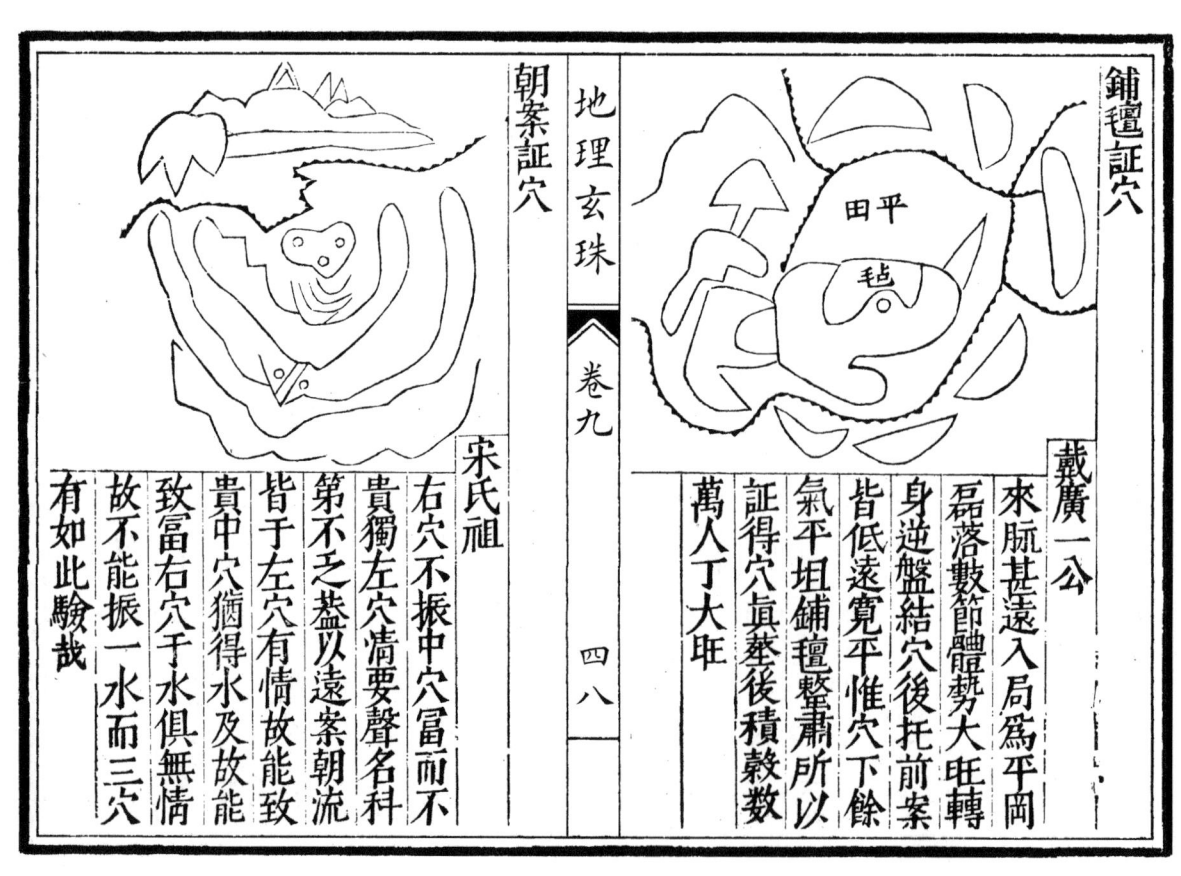

案樂証穴

甄氏祖

甄氏左穴出神童拜相下中穴者亦及第而不升朝葢左穴後有魚袋爲樂應前有貴人笏山爲案應貴人甲小于笏山故出神童中穴後枕龍脉貴人在前但不若左穴收拾爲有情耳

輔弼証穴

李八公祖浮梁縣地

外護重重包裹周密本身行龍三十六峰此三十三峰上扦穴用前三峰作朝案者葢以輔弼兩山夾耳所以証得穴眞塟後甲第四十餘人至今蕃盛

朱雀玄武証穴

林氏祖

右林氏中穴出四尚書五侍郎州縣官無數左穴敗右穴絕葢以中穴取脉勢正貫朝案端肅後托齊全所以爲貴証左右穴皆空凹所以敗絕然則龍脉與朱雀玄武一可不加之意乎

纏護証穴

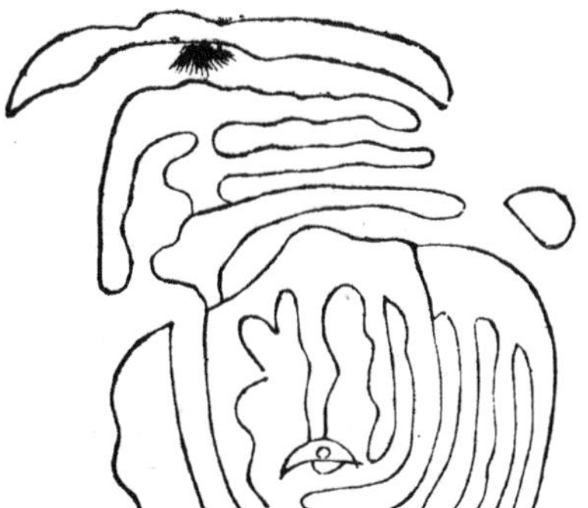

蔡西山自卜建陽

穴塲低小逆門一案高大垣局逼窄内外斜流龍虎明堂朝對一無可取然本身穿帳中抽勢若生蛇纏護重疊抱衛極其用蜜所以風藏氣聚而發秀無艾

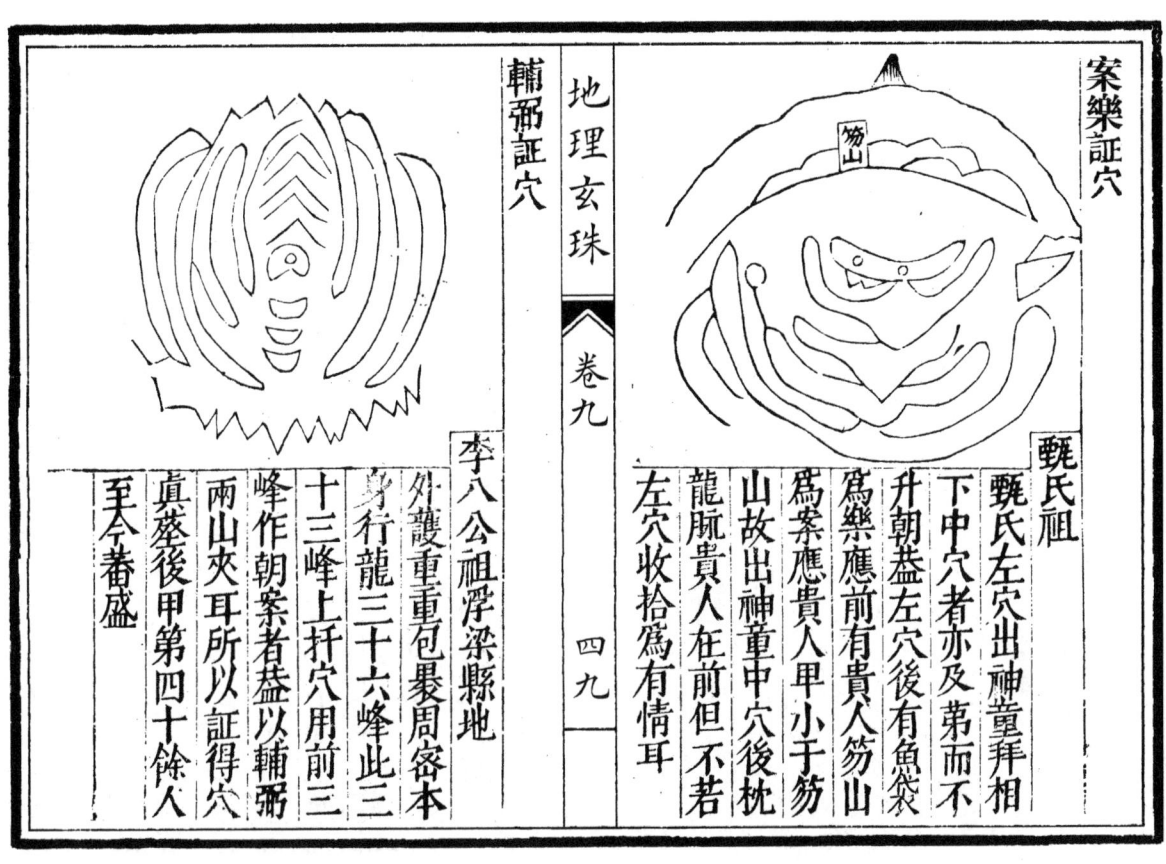

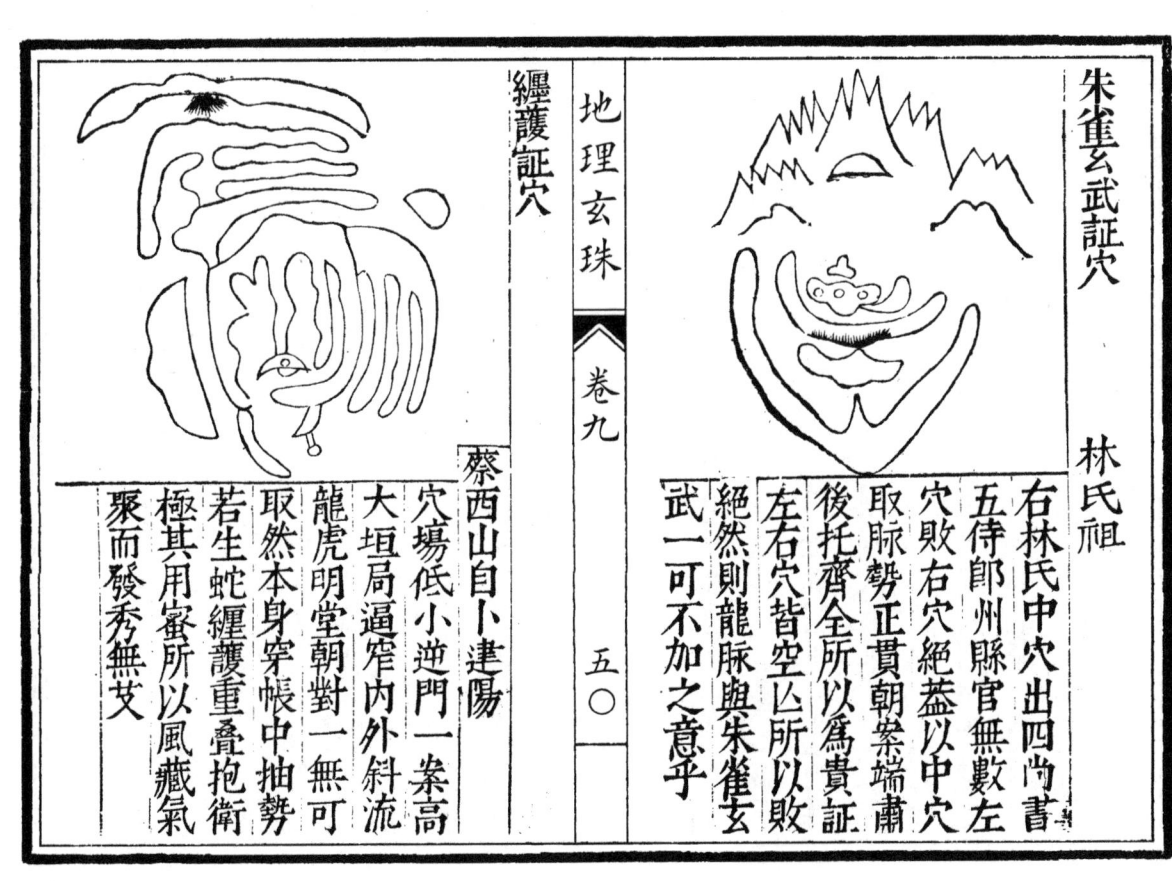

沙水証穴

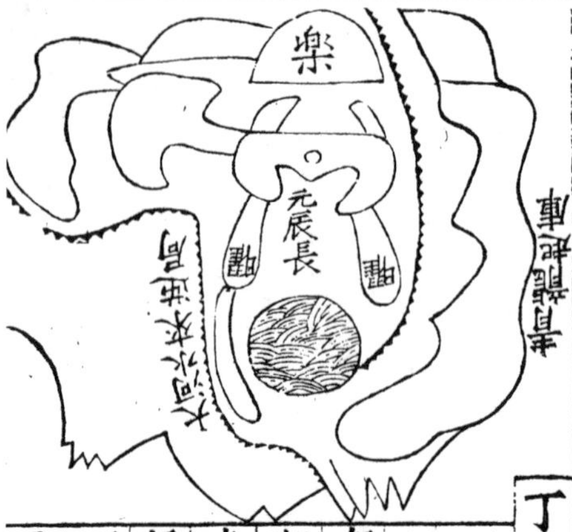

丁氏祖

元辰長上手高出下手低曠肘外長直時俗所棄然後有孝順鬼樂星襯貼前有湖水匯聚龍虎彎抱所以証得穴真是知上手乃青龍起庫下手乃大河逆局肘外乃曜氣極爲貴証

官曜証穴

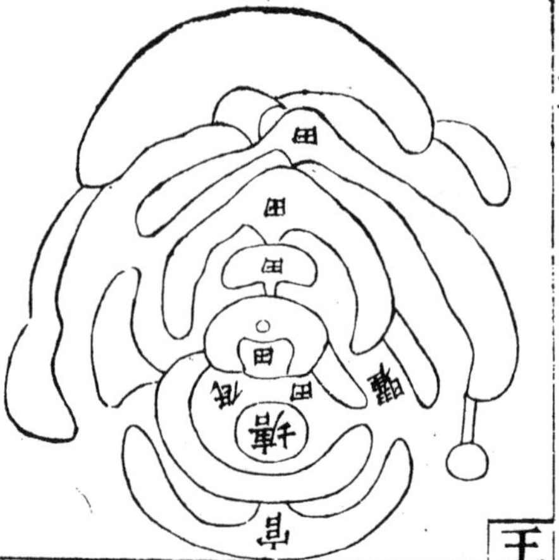

王都憲祖

開帳重重穿田過峽正脈中出爲大陰星串脈吐出微乳結穴兩掬弓抱寬暢有情前砂廻帶餘氣復當面抽出發爲官星兩畔枝脚生曜關顧有力下後科甲連登

龍虎長穴在盡

歐陽氏祖

歐陽扦外穴富貴雙全其一人扦內穴發富即歇蓋定穴之法多取証于龍虎龍虎長則氣在盡內穴不久者正爲氣不止聚也外穴則元辰淺眼界寬左右停匀明堂貞正所以勝也

四山高穴亦高

申州朱氏祖

右地出五相國七郡守三將軍四列侯蓋四應俱高穴低則不足以鎮壓龍氣故前二穴皆敗今下高穴則雖極遠之山莫不呈秀于前而兩肩高峰蔽障登穴溫然如藏此高穴之奇妙也

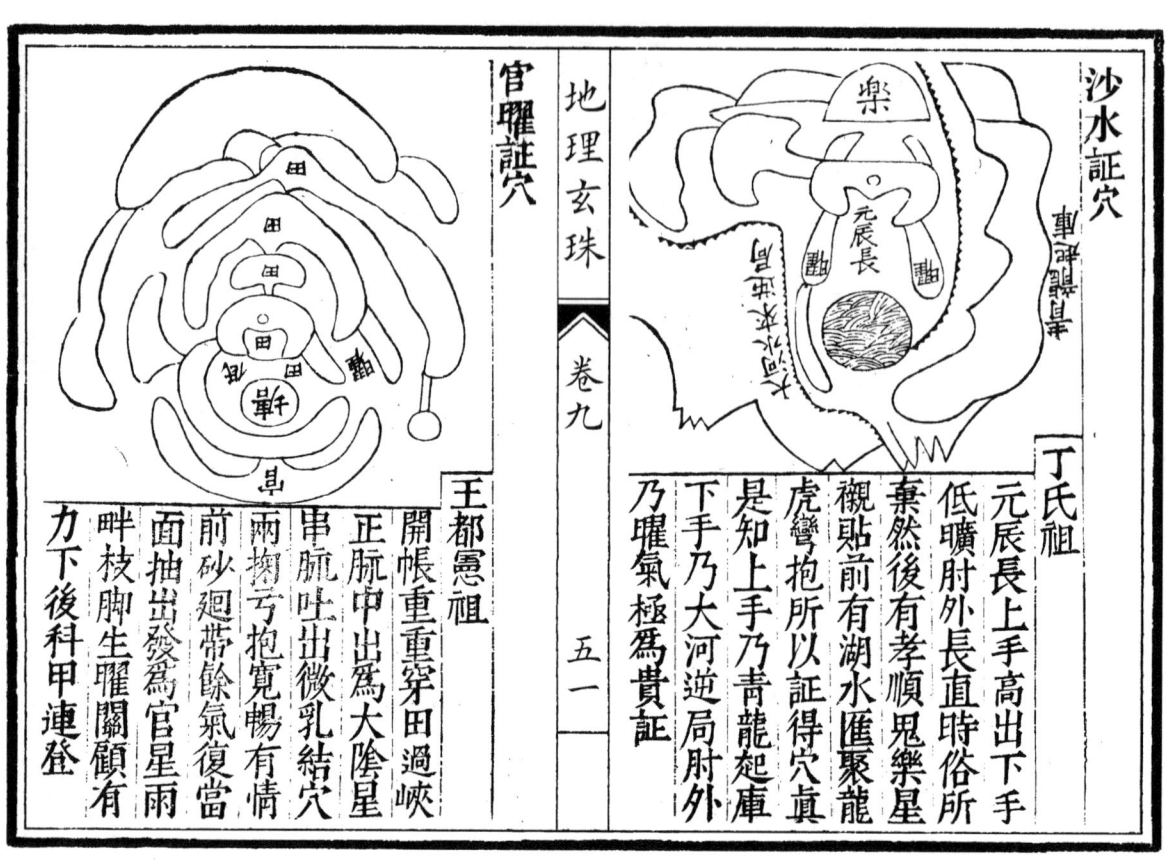

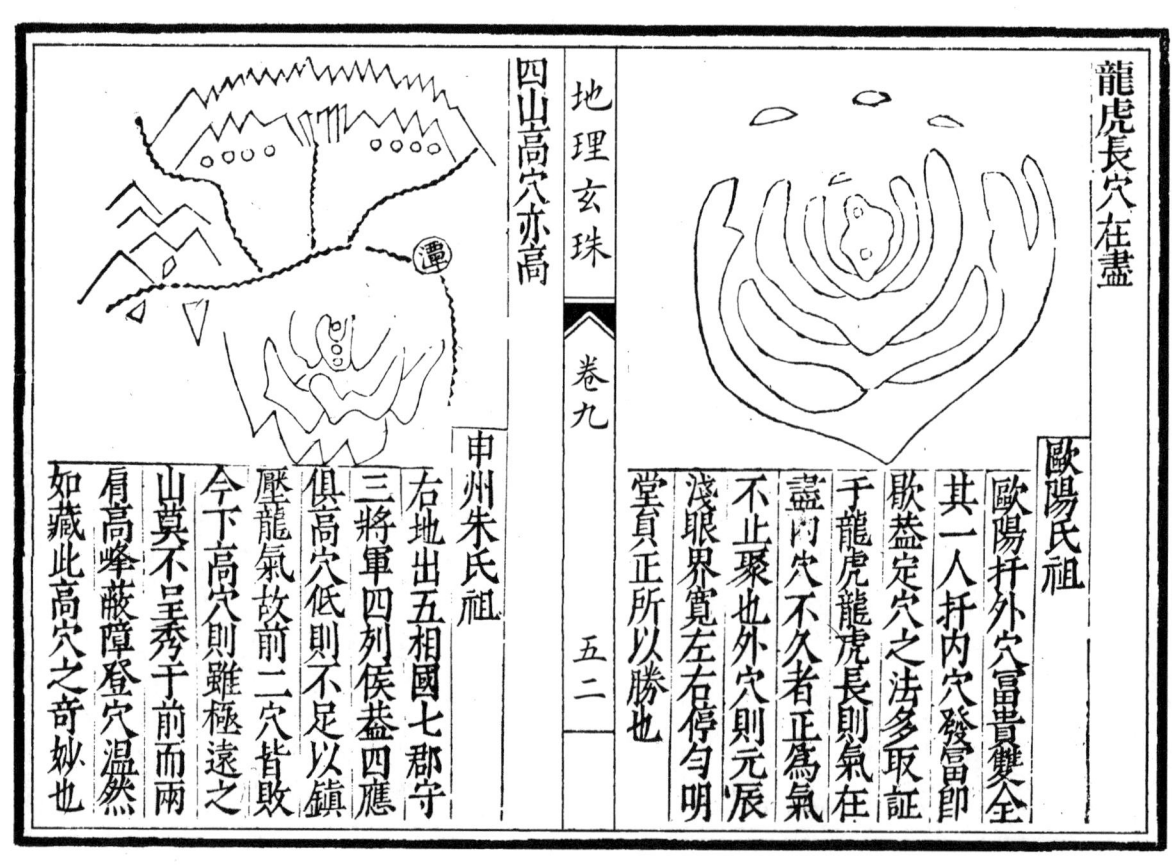

龍案低穴亦低

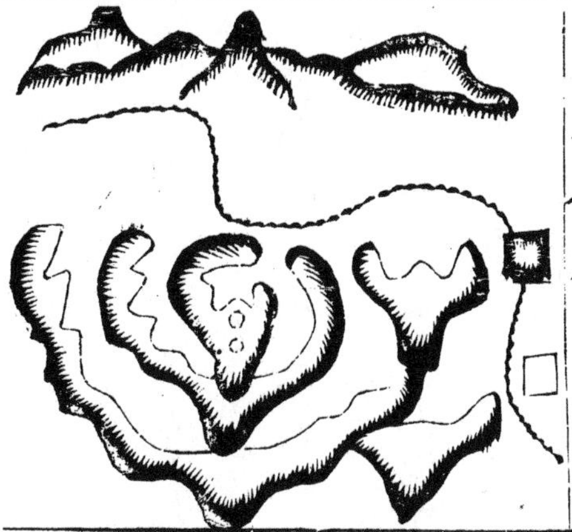

右施侍郎祖初葬上穴遞損丁而召禍後改下穴驟發福而悠長蓋以龍沙回轉內案且低于本身上穴乃見水直冲故無福而有禍下穴不見水射神藏煞殁所以轉禍而爲福也龍案低穴宜低于此不益信耶

天巧設奇誰識高凌于雲表

天巧穴

天巧者穴結山巔高出雲霄如在天上故以天巧名之也入其穴登其堂但見豁達開濶浩蕩廣大萬山列秀八荒献奇然又城廓完固堂局周容四應整齊三陽具備如履平地而不知其爲萬仞山巔也此所以爲天巧云若大貴龍入局有此結作力量非常或爲禁穴或出聖賢當留爲國家計不可輕泄中貴龍亦出公侯國戚神童狀元宜留以俟厚德不可妄舉下貴龍則無此結作矣大抵此等形局雖在山巔必須護衛藏風穴場温厚方爲可貴否則必結爲神壇佛廟仙居洞天而已此又不可不審也

地靈秘秀孰知沉伏于泥濵

地秘穴

地秘者穴結泥中即所謂沉伏穴也然卜氏云所惡者泥水地邊尋穴似言不可求地于汙下之處殊不知眞龍藏伏多有沉没于泥中者蓋平洋之龍脉由地中鋪氊展蓆牽連而來無跡可見間露毛脊微有應証或少現石骨或小發墩阜及入首之處亦稍分高下四面或有低小阜相應或田形略高寸　許如

龍虎抱衛于中結穴如没泥龜蛇之類此之謂下龍也入式歌云潛龍原是落平洋撒脉自悠揚廖公云藏龜閃跡在田中水遶是眞龍或傍于湖濵或落于田疇春夏水漲之時滿目皆水至秋冬水退而穴始形凡遇此地須看水遶山廻微茫起突的審龍眞穴正兼以四勢而扦之方爲盡善否則不涉于泥汚水濕之流耶

水心捉月眞元還藉土封

捉月穴

捉月者穴在水中即所謂水秘穴也蓋貴龍行度融

化不測與迹奇踪誠難捉模或斷或續或現或隱蛛絲馬跡來臨于深淵大澤忽然隱秘而不見必其氣聚水中穴居水底惟是巨浸汪洋羅城周密形勢團聚護衛整齊但無穴可尋使人渺茫無據耳此惟道眼者得之如見此穴必須大用人工封土培塋以聚其氣乃爲有得怪穴歌云捉月須云在水中穴要土來封正此謂也得此穴者富貴不可勝言然非窮理精微之士何足語此

石竅礅泉旺氣不妨龍漏

泉穴

礅泉者穴在泉竅之中也貴龍融氣旺盛故結穴完而餘氣流溢發而漏爲靈泉即所謂龍漏穴也葢眞龍洩天地之秘示人以自然之穴所出之泉必然其味甘其色瑩其氣馨澄之愈清混之難濁可掬可瀹不盈不涸穴適值此以截旺氣則此泉即縮爲生氣收入穴中而不復流注矣怪穴歌云或然有穴礅泉竅塞後泉乾燥是也但泉種多類易以惑人湧泉則氣急瀉噴泉則氣肅殺漏泉則氣虛陷冷泉則氣幽陰湯泉則氣鍾于水紅泉則氣鍾于鑛瀑泉如喧轟簾泉如涕淚又有或雨則盈或晴則涸凡此皆非吉應不足取用故穴逢龍漏又須論泉而後論地

漱石妙于得土

漱石穴

漱石者石罅中結穴也石龍石峽必結石穴葢雖頑石漫漫必有縫隙可以鐫鑿石竅之中不無土脈故審山勢融結之處或于石壁間控土納棺名曰控壁燈形或有石匣開土匣中放棺或鑿開石面而見土者開井放棺此皆石中土穴極爲奇貴廖公云漱石莫疑安石罅土穴端無價是也然又有一望如削而無土者須認盤石光潤平正不　開鑿放棺石上用

土壅培結砌成穴以接龍氣即所謂天完穴也張子微云此穴依山不須鑿結砌安柩平處是自然融結得山脈不必開鑿泄石氣正此謂也然必審得龍穴眞正方可如法否則石山無氣惡石巉巖決不可下

坐空貴在朝流

坐空穴

坐空者即回龍顧祖之穴也凡龍結局斜落橫落之穴俱要坐實惟回龍乃高山脱落平岡龍神逆跳沓身迎水作朝前朝之水必遶下沙并背後故坐空無下沙朝案高皆不畏葢既得水則不畏風故不嫌空

前朝之山皆吾祖父禮有尊卑故不嫌高所謂張山食水即其類也廖公云坐空轉面去張朝不怕八風搖此曲盡回龍之妙也　大抵回龍之穴必須盤桓委曲穴場隈藏水遶之玄朝山端秀所以爲善若或來脉斷陷穴場高露皆後水直傾流下手水刼沖射朝案破碎飛走此又穴法之所大忌而不敢當者惡可槩以爲回龍力重而偏耗以誤人也

跨背騎龍挽神工于腰結

騎龍穴

騎龍者來龍腰結也金精云騎龍須要居龍脊龍住

應無敵謂之龍脊者蓋爲勇往之際而非盡處也然龍勢之行只是結穴處便是盡不是山盡方爲之盡也故騎龍非是龍行處而騎之亦是氣鍾結穴之所也經云大地多從腰裡落回轉餘枝作城郭正此謂也但騎龍之法雖云三十有六七十有二然其要不外乎順騎逆騎橫騎三者而已蓋順騎龍自後來向前立宅穴前拖去餘枝爲案爲官惟其遮得去水不嫌其近又得案外有朝尤妙倒騎龍自前來回迎立宅顧祖朝宗後面拖去餘枝爲纏爲鬼收拾來水爲閑鎖必得再起星峰蓋照尤妙橫騎龍自橫來腰受立宅以來去山爲龍虎後要有樂星若平洋無樂要有纏托大抵騎龍只要諸山會聚藏風納氣乃住又得龍住乃可扦作愼勿以過龍而騎其脊也

斬關截氣奪造化于中停

斬關穴

斬關者斬截行龍氣脉而結穴也蓋龍之大勢尚走而旺氣于中途歇泊亦成星體有形穴可下故審勢量力斬氣截脉下之非勉強斬截龍身而立穴也以其穴居龍行未盡之處故曰斬關然此穴多結于過峽處即峽邊結穴少人知之謂也但斬腰截氣之法

必須辨認前後蓋照左右夾拱龍其沙水應合之處又審龍勢踴躍活動轉折大勢雖去其氣停止乃自然結作之穴少借人爲以斬之使前去山爲案應後來山爲擁從此爲妙也但此穴發福極速不甚悠久蓋由龍勢勇猛之際以奪其旺氣故能速發龍盡處自有正穴故不能久然終不如大龍盡處自然沙交水會氣聚脉止三陽六建無不具備蓋有天然之龍必有天然之穴而何必中道以斬截爲也所謂過龍不塞後非歟若來脉悠遠則以中結論尤妙

砂之貴賤在龍縱斜飛而合龍亦吉

砂飛穴

砂者奔走服役以聽命于穴者也穴前之沙惟喜其護衛整齊環繞嚴肅乃爲可貴若尖順走攛反背分飛俗眼望之無不悚懼或指爲退田筆或指爲離鄉沙或指爲屠刀或指爲殺曜縱有美地莫敢或扦殊不知眞龍結局力量強大氣勢豪雄其迎送夾從之山或帶旗鎗或帶劍戟或引導于前或擁簇于後或倒戈于兩傍或交牙于水口四面旋遶而穴居其中雖爲凶殺斜飛走攛皆是秀曜發露極爲貴應揚公云或如刀或如劍隨水順飛俱冉冉時師只断壬離鄉不知內有眞龍占恠穴歌云也曾見穴沙斜飛下後着緋衣凡有凶殺只要龍眞穴正爲收拾耳譬猶大貴人開藩建節則軍校兵衛莫不執銳披堅以爲內衛外捍縱有斜奔可畏之勢反爲貴應書云曜殺若還收拾住背爲我用不我傷適足爲貴証矣

水之禍福在穴雖直流而得穴何嫌

流直穴

流直者順勢立向堂水直出者是也蓋穴前之水謂之元辰最有關于內氣故堂中惜水如惜血甚言其切要也向外直流則牽動土牛宜二壬退敗金精云第

一莫下去水地立見退家計此穴法之所大忌者然埋貴變通不可執泥若是地大龍貴自然包裹周密羅城緊固正穴必居衆山擁從之中小水直流勢所不免故陶公云水流百步奕世爲官恠穴篇云也曾見穴水直流下後出公侯此皆指穴前去水而言也大抵直流之穴必須外有大河大溪逆朝橫遶而山脚重重攔截或前有入懷之案泝流而上朝迎拱抱以逆內流水雖去而山則廻遶內雖直而外則橫攔此所以爲吉也賦云元辰當心直出未可言凶外山轉首橫攔得之反吉蓋以龍強則氣旺沙交則水收大勢廻逆水口緊關元辰直出此亦大純而小疵何害其爲貴哉但主初年欠利發福稍遲緩耳若或龍短力微沙順堂瀉則一步去水然且不可愼之

龍脫脉從水渡石骨須聯

龍脫穴

龍脫者龍脉断絕穿河渡水而結作如人脫離而去重立宅以家之也書云氣由土行脉遇水止山断則本生之氣已爲水神隔絕矣何可穴耶然水者山之血也土者山之肉也石者山之骨也氣者山之融衛沖周于肢體無少間断隨在而無不逼者也水能界

其土而不能界其石故大龍行度氣勢雄強迢迢起伏斷而復續續而復斷退卸剝換脫盡殺氣然後結局多有龍脉過水復起星辰而結穴者卜氏所謂過水重與營寨是也然脉從水渡水底必有石骨聯屬如所謂十大崩洪之類古訣云漏脉過時看不得留心仔細推詳格穿河渡水過其踪認他石骨爲眞脉此蓋天造地設自然之應也然又水中脉渡兩旁必有扛夾之山護衛周密不彼水劫方眞故龍脫之穴又須辨認龍穴眞的方可裁扦否則斷山氣不續錯認以奇形怪穴而悞下之鮮有不絕滅者可不愼歟

腦凹氣自乳鍾樂星宜聳

腦凹穴

卜氏云穴後須防仰瓦凹缺法所當忌然貫龍巧穴定有奇踪異跡或成凹腦之象兩肩聳起凹對主峰乳頭對凹穴枕鬼樂蓋以氣趨于前必要後宮仰瓦前既有乳後面宜凹亦前陰後陽之理也如遇此地只向凹中枕定必須培土作基又當審辨左落右落以爲乘氣之法龍眞穴的發福非常于微云也有凹穴兩肩起正對主峰凹入底乳頭又更對凹生作穴如何安頓是此名天潛不可輕凹處深藏有妙理凡凹腦之穴必要有後樂貼身蓋照更有鬼曜尤妙若無鬼樂要有應峰橫托背後乃佳無樂無托則成空亾之穴矣若乳頭垂長于下者則是氣鍾于乳雖無樂亦不妨然後宮亦不宜空曠或仰瓦內又出一乳則非眞結不可輕下

氣隨拋閃著眞踪不妨流注

流注穴

流注者正星不結流注兩臂結穴也經云龍要有正形穴要有正星旁結之穴人所不取殊不知眞龍行度拋踪閃跡或東行而俄西倒或北去而忽南遷多

有旁結而莫側者伯韶云誤葬古穴因求正面失扦渾是棄偏頗不識眞龍玄妙處神仙還是下偏多又云若還只問好頭面假穴常常眞乳現蓋假龍起頂垂乳易以惑人眞龍棲閃恠異偏斜或龍結而虎案或虎結卽龍朝流注左右臂上而成穴所謂左右剜籃卽九星中輔弼穴也左臂厚則扦左右臂厚則扦右左勢聚則穴左右勢聚則穴右雄抱則雌爲主雌抱雄則雄爲主若互相包裹俱有應案龍虎並到明堂寬博則兼取之大抵以堂抱案近爲主亦迎堂截氣之法也又須看水歸案邊及外陽秀峰在某邊而

定之萬無一失
炁取隈藏全秘法豈畏孤寒

孤寒穴

楊公云龍怕孤單穴怕寒龍孤寒則生炁不來穴孤寒則生氣不聚所以貴藏風也今以孤寒而取穴者葢平洋之地一望無際風行地面不入地中雖無包藏亦不為害平地単山無就身龍虎必有外山拱抱便是藏風聚氣若生一突必有水纏葢水纏便是山纏即非孤寒矣故楊公云平洋不怕八風吹是也乃若高山孤露人所畏忌然山峻穴高葢于峻中求平

山露穴出巷以兩肩有蔽只要龍真穴正自然四神八將護衛周密何風之可畏哉張子微云八風可至之地望之若寒即之則温望之似露登之則藏雖似于孤露其實則氣聚風藏也怪穴篇云或然孤露八風吹登穴自藏隈凡穴不拘平地高山必得穴塲藏聚所以為善否則赤身特露生炁散而為飄風又豈得為吉壤哉

隨形察理須窮玄竅于微茫觸目應心自得精詳于摩擬真情畢露定法何難

穴法引証

天巧穴

泉州曾氏祖

層巒叠嶂盤旋數百里高起撐天大帳一脉頓跌生曜生官結帥天金水窩穴左右交互遶抱成一字文星以收盡內氣俯視下界但見遠海汪洋縹緲天際而已塟後出狀元國公

地秘穴

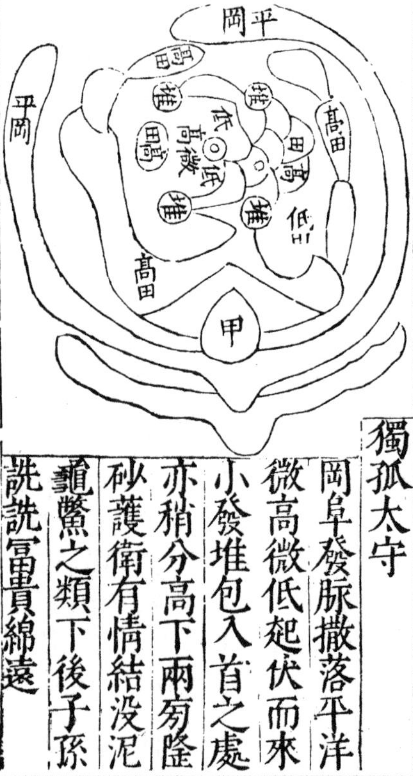

獨孤太守

岡阜發脉撒落平洋微高微低起伏而來小發堆包入首之處亦稍分高下兩旁隆砂護衛有情結没泥龜鱉之類下後子孫詵詵富貴綿遠

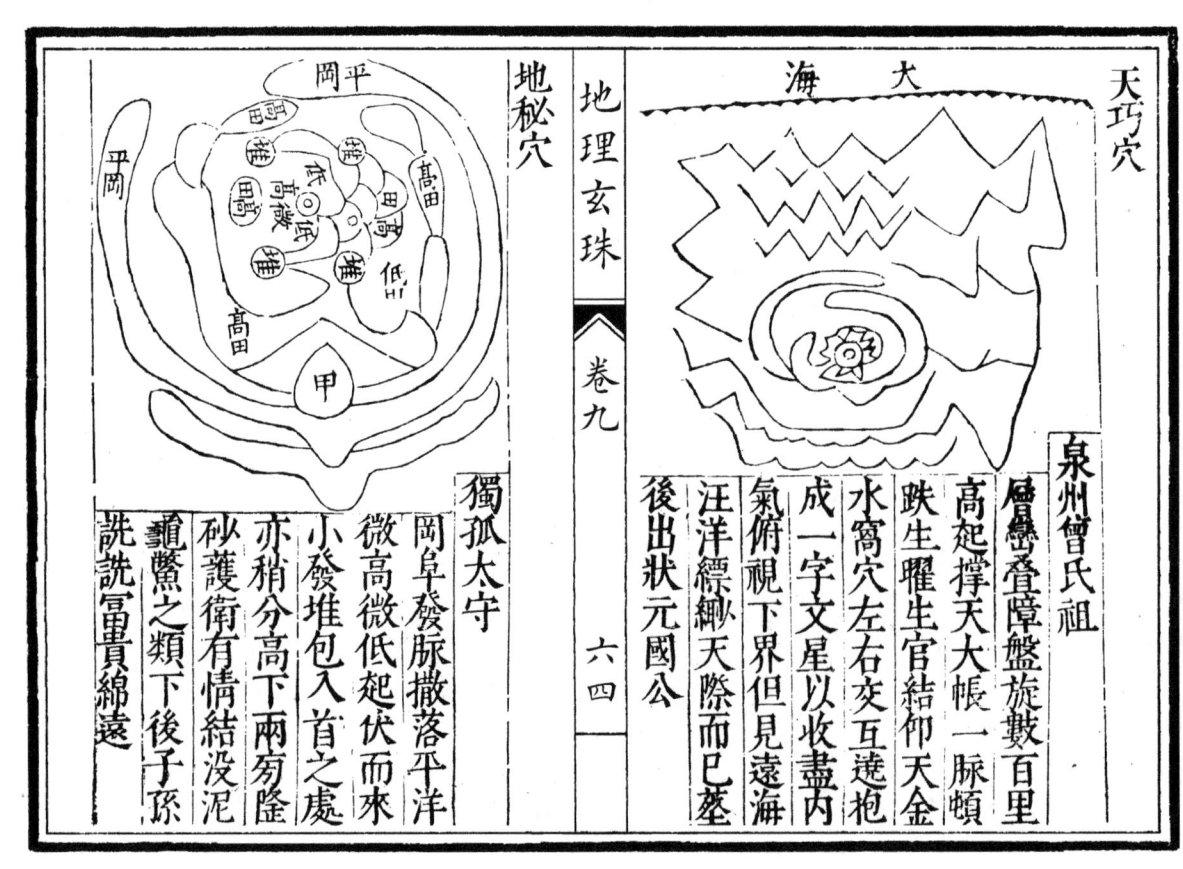

騎龍穴

永康施氏山

後龍甚遠枝節繁多過峽重疊中抽結穴低平卽以後來山爲坐托前去山逆轉爲案應分枝兩旁爲纏護乃是腰結爲騎龍斬關下後大旺人丁至今繁盛

斬關穴

豐城李氏名墓

劍脊繃面微開窩靨登穴促迫不入俗眼然外面點檢山水聚會又且白虎頓跌奔去而結楊基枝脚雖去却又回顧下後小房大發左畔空曠加土築小青龍以蔽障此後長房亦久發

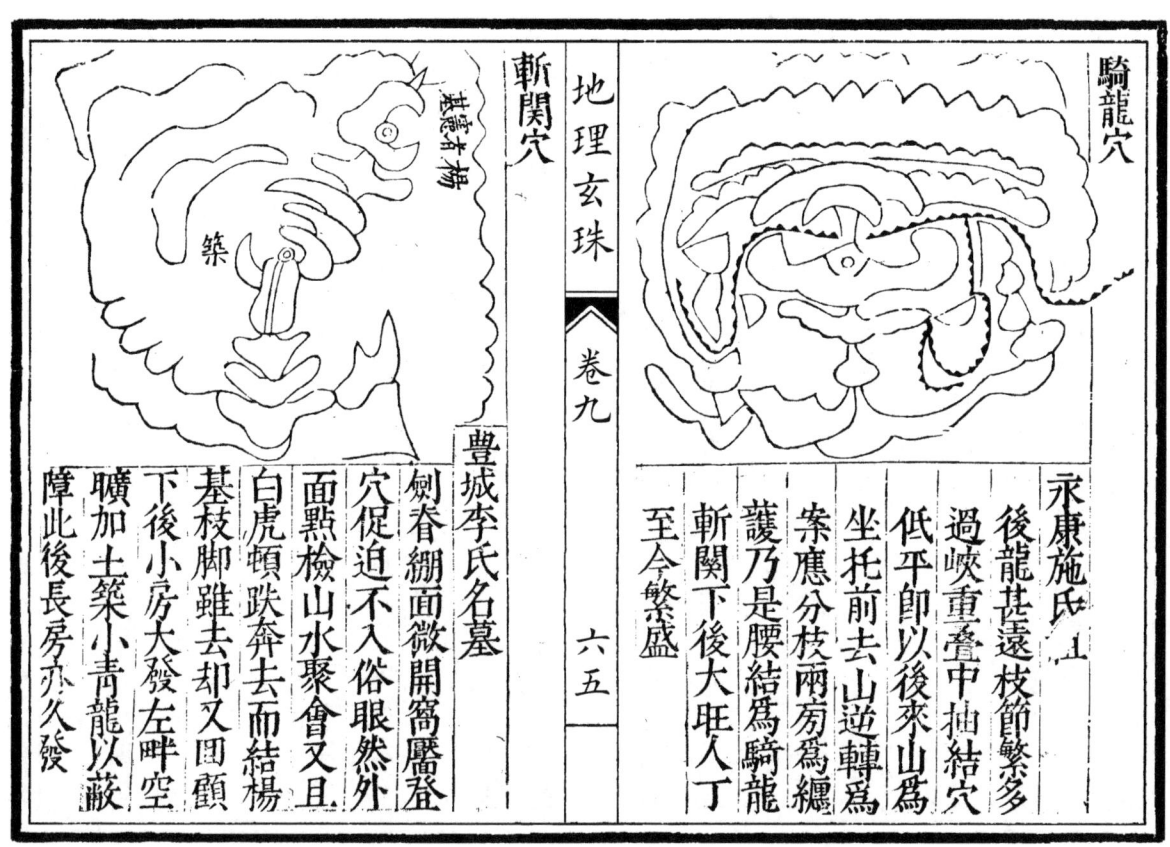

地理玄珠卷之十

古吳太和山人夏世隆道弘甫著
梁谿半偈道人華善繼孟達甫校

理氣陰陽　此原所以然之理

艮丙辛兼亥卯丁巳酉丑未巽兼庚十二宮中分次序和山和水總陰神乾甲離壬寅與戌乙坤坎癸與申辰陽宮十二從茲定毋相淆雜氣須純

夫理氣陰陽者乃先天卦例配以洛書象數而推明之者也葢乾爲老陽先天居正南得洛書之九數象數皆屬陽甲本陽干而納于乾故以陽而從陽也坤爲老陰先天居正北得洛書之一數故易陰而爲陽乙本陰干而納于坤故以陰而從陽也巽爲長女先天居西南得洛書之二數象數俱屬陰辛本陰干而納于巽故以陰而從陰也艮爲少男先天居西北得洛書之六數故易陽而爲陰丙本陽干而納于艮故以陽而從陰也坎爲中男先天居正西得洛書之七數象數俱屬陽申辰本陽支而會局于子故皆爲陽癸以陰干而亦爲陽者以納于坎也震爲長男先天居東北得洛書之八數則易陽而爲陰亥未本陰支

而會局于卯故皆爲陰庚以陽干而亦爲陰者以納于震也離爲中女本爲陰象先天居正東得洛書之三數則從奇爲陽寅戌陽支而會局于午壬以陽干而配納于離故俱爲陽也兌爲少女原屬陰象先天居東南得洛書之四數則從偶爲陰巳丑陰支而巳局于酉丁以陰干而納配于兌故俱爲陰也此先天陰陽專論理氣而凡辨方定位收水立向必于此而求之方無駁雜之弊

理氣純淨　此評所當然之理

夫理氣純淨者以陰陽貴純一而不宜混雜也劉賴二氏以陰龍爲眞氣陽龍爲僞氣毋貴陰而賤陽是爲得體嗟乎天地間一陰一陽之謂道豈可以陰爲眞陽爲僞哉而所以爲眞僞者觀乎來歷之純與不純耳若果陰眞陽僞何陽龍亦大富貴而陰龍亦有貧賤者故當以多少辨而不可以陰陽分也若後龍四五節是陰入首一節是陽後龍四五節是陽入首一節是陰此皆後眞而前僞也穴其眞則初退久吉穴其僞則初吉久凶或後龍一二節是陰變換陽龍五六節入首後龍一二節是陽變換陰龍五六節入首此皆前眞而後僞也穴其眞則發福悠久穴其僞

則凶禍連綿此葢不易之定理也至若來龍與水與向則亦不宜混雜陽龍陽向水流陽去陰龍陰向水流陰去向與龍水陰陽純淨則發福悠長若陽龍陽向水流陰去陰龍陰向水流陽去水向不合初年少利久後龍向陰陽不雜日漸發福陰龍陽向水流陽去陽龍陰向水流陰去水向相合初年與旺久後龍向陰陽背馳漸致衰敗故凡來龍駁雜惟以向上消息之陰多陽少則當舍陽而從陰陽多陰少則當棄陰而就陽此收山之秘要也時俗徒知貴陰賤陽而不知龍向作法之通變亦豈可與權哉聊具數圖于左以示法而智者可以類推矣

又流水陰陽與龍向亦要純淨固爲有理然水之來去惟以之玄回顧爲吉急直陡瀉爲凶凡一轉一曲灣灣環環則有不能陰陽純一者故卜氏云水若屈曲有情不合星辰亦吉此又不必執泥也

夫氣貴清純要明淆雜之辨理有眞僞當分趨避之權前長後短須知後僞前眞前短後長定擬後眞前僞是以

紫微登登癸回頭權宜配祖裁陰局

起祖行度節節皆是亥脉而入首乍變癸落乃亥龍眞行而癸龍僞落也惟以後龍爲主借癸受穴扦立丁向以配亥脉外迎三陽沙水初下平平久後大發富貴人材昌盛悠久不替若以癸龍作用則誤矣

大庇迢迢辛起祖法可朝陽棄本源

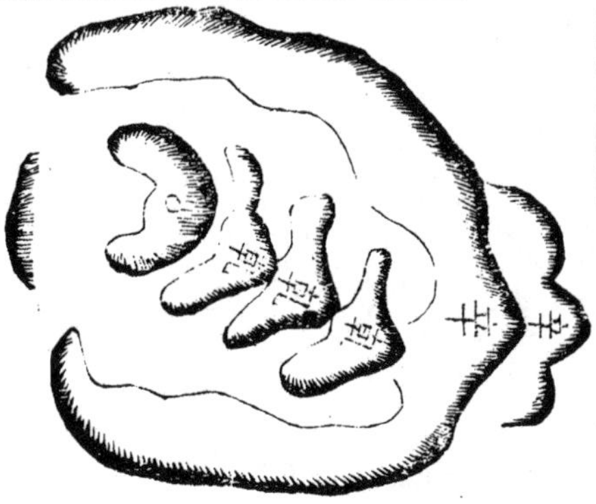

發龍發祖是辛而行度變換乾龍節節純一入首乃辛龍僞行而乾龍眞落也惟以剝換入首爲主立辰向以收東方秀沙秀水朝迎亦能大發富貴後龍短促不必計矣

巽辰兼至右穴而辛扦

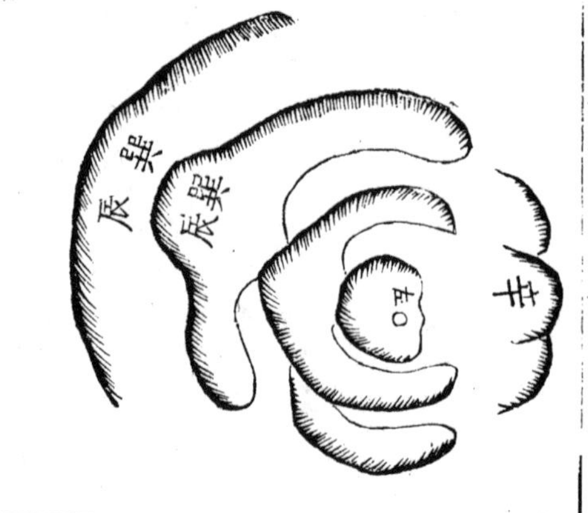

巽為六秀屬陰辰為亢金屬陽巽龍兼辰則陰陽混雜雖有秀氣而惡氣相濟豈能發福然本龍特達沙水奇秀又不可舍法宜挨右立穴放倒辰山扦辛向以扶巽脉貫左耳而入陰局合龍大發貴秀

壬亥同行左挨而丙配

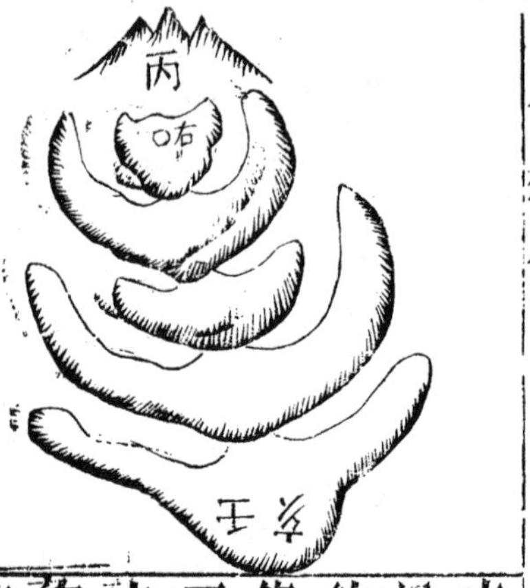

亥為陰龍首吉與壬交界亥龍兼壬則陰陽不純縱發福而不大亦難悠久欲棄則龍真應秀而不忍法宜挨左扦穴立丙向以穴閃壬而就亥以向收龍而扶亥龍向純一砂水應合則發福厚重而悠長矣

坎祖暫而震脉純法當看後

行龍落穴節節是卯來脉徤旺水秀沙明真上地也但起祖兩節是坎乃係陽龍出身而入首是卯則是陰龍入局然後龍短而入局長亦後偏而前真也立庚向以收震氣主發福而有威權後龍何足論哉

庚脉長而申祖促理必從前

庚龍入首而行龍節節是庚砂水朝應得合極為陰局之可貴但後龍是申發祖疑亦陰陽不純然申乃庚祿庚龍自祿方出身行度又無混雜立震向以收四應山水主富貴威武發福非常

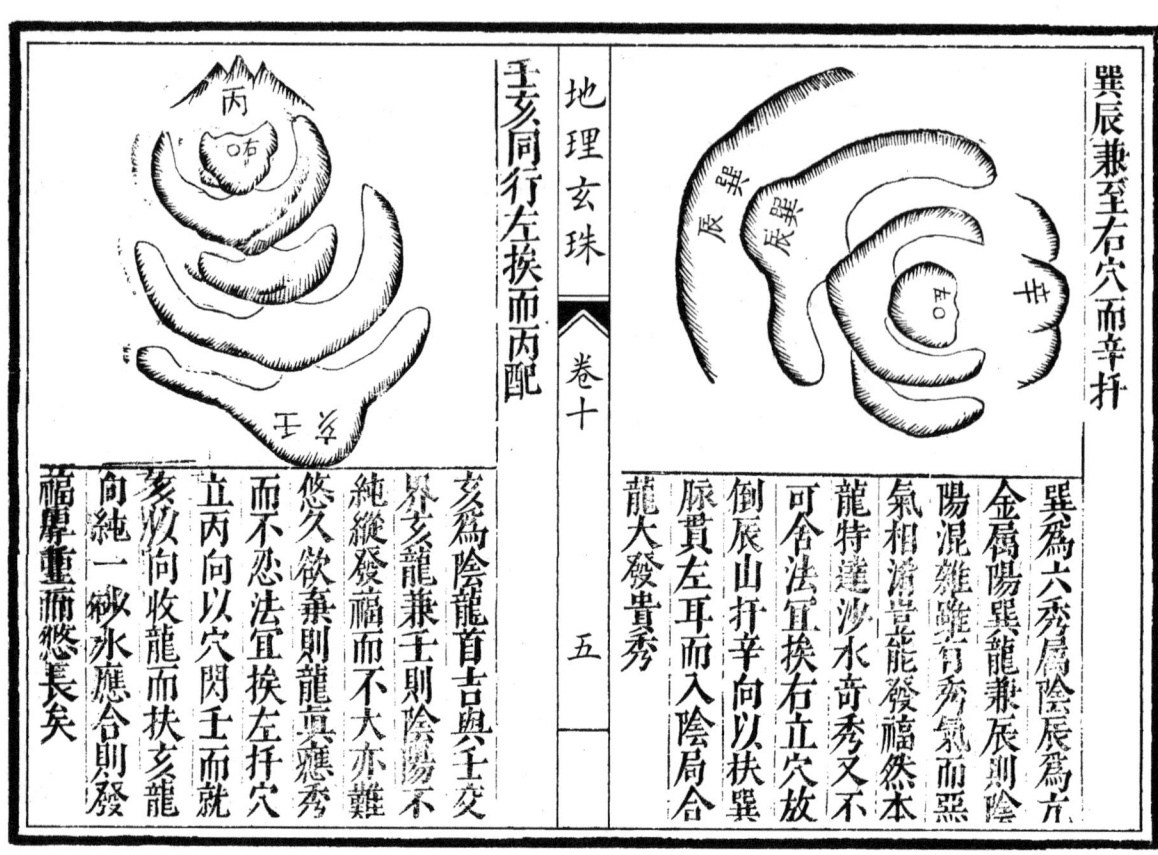

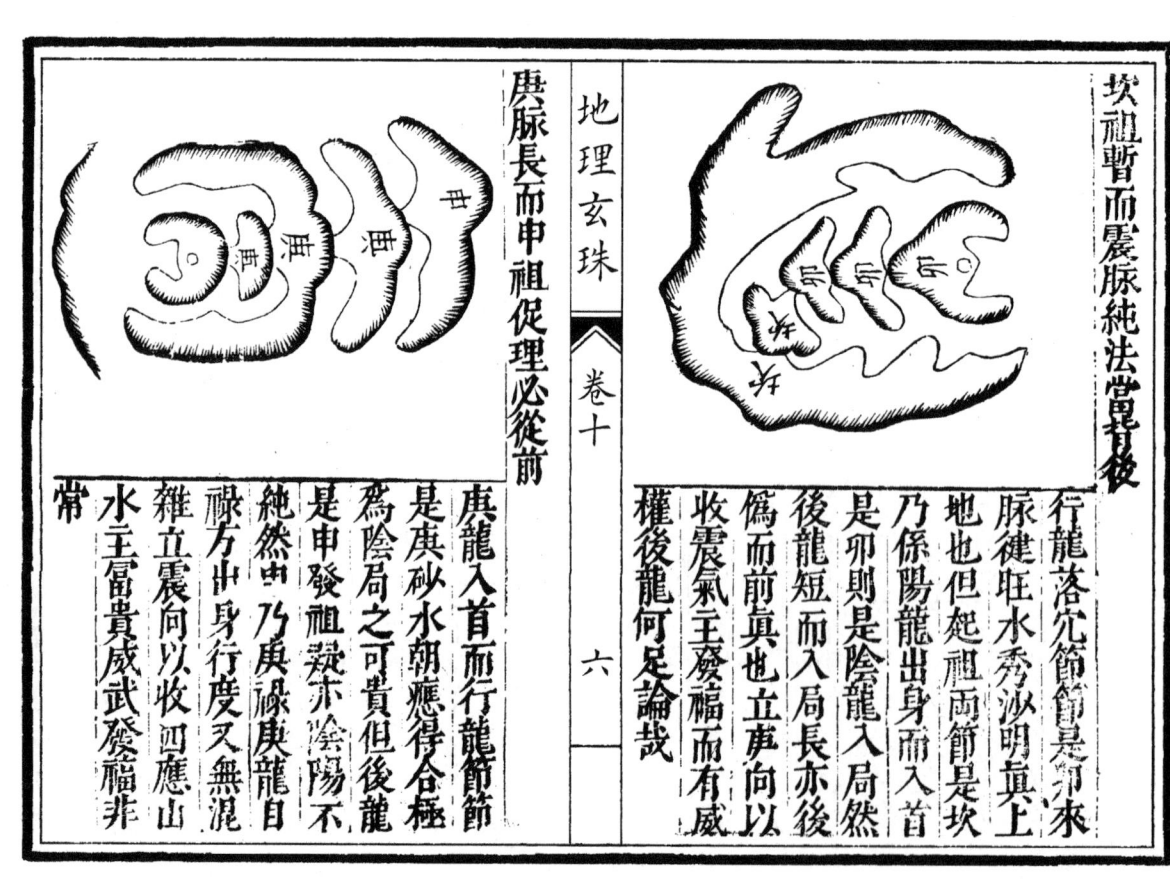

艮龍初落癸不妨陽入陰裁

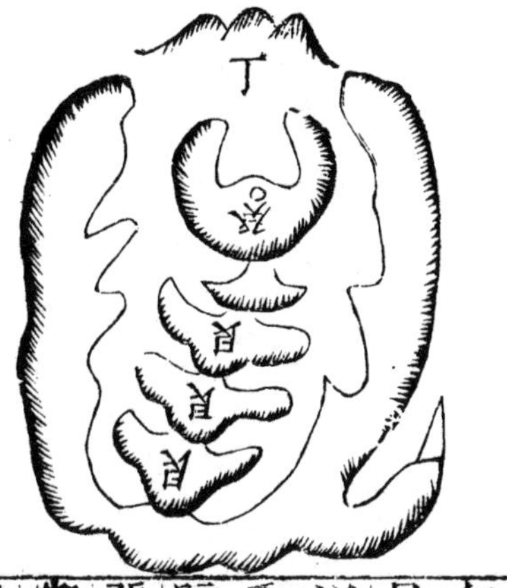

起祖是艮而行度節節是艮乍變癸氣落穴疑以陽局作用然艮為首秀而剝換皆艮則是陰脈純一但落脈一節是癸乃陰真而陽偽也法當借癸坐穴立丁向以配陰局初下平平久後龍向得合發福無窮

午氣乍回丁何忌陰來陽作

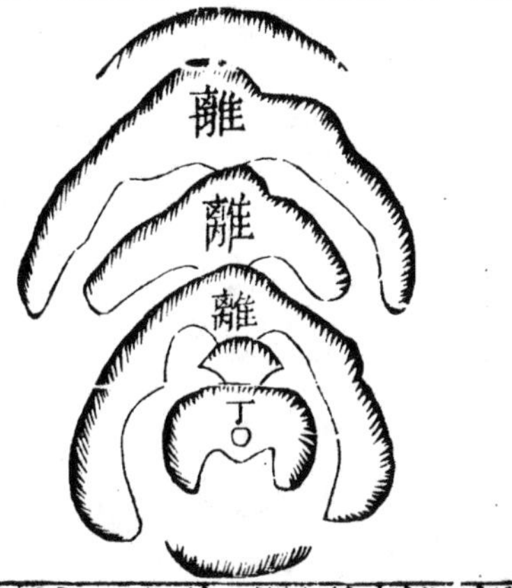

離龍起祖行度節節是離乍變丁氣入首丁為陰龍貴秀離乃陽龍強捍較之固有優劣疑以陰局作用為美然離長丁暫則是陽真而陰偽法宜借丁坐穴立癸向以配陽局初下不發久後向合來脈即主大旺

辛氣祖坤從納甲而配巽

坤龍發足傳變庚酉辛來入局巽方沙水秀朝最為可貴但坤申屬陽庚酉辛屬陰疑為剝雜然坤乃金之官印金龍自官印方出身而傳落皆陰龍不雜立巽向以配納定主大發貴秀後龍短促何暇計哉

離龍帶丙就卦氣而趁壬

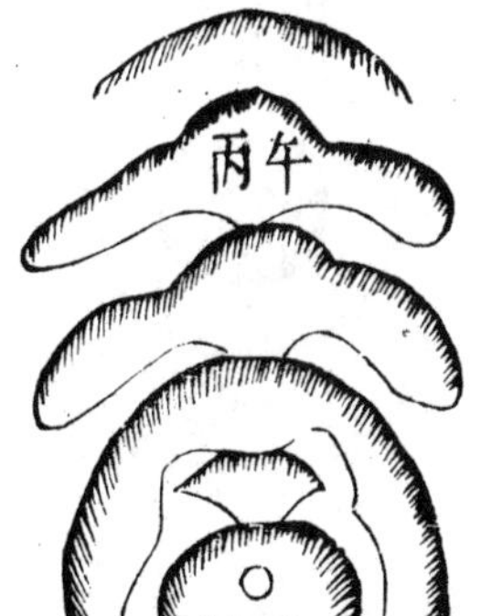

離龍出身行度而入首兼丙固為陰陽淆雜以龍之差等言之則丙優而午劣疑收丙局為美然以來脈言之則午多而丙少自當以午為真兼丙為偽立壬向以收卦氣主大速發若尚陰而收丙反主不祥

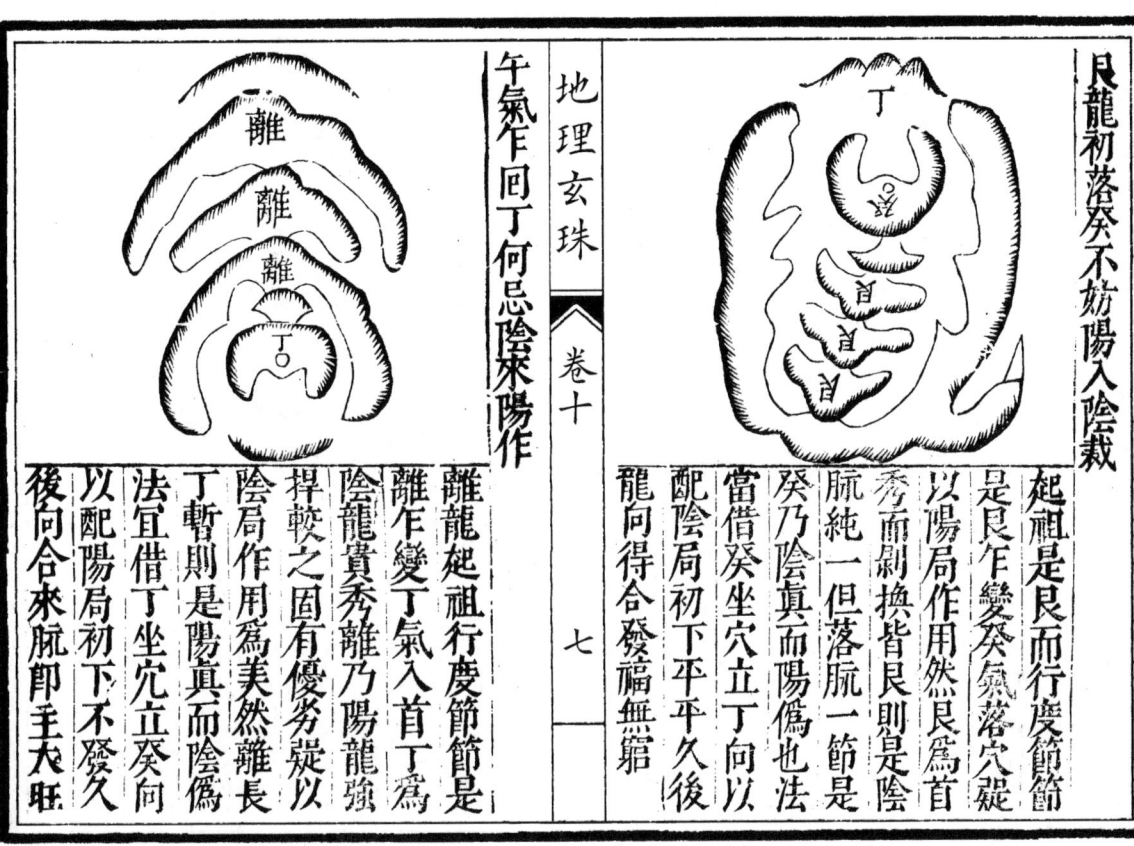

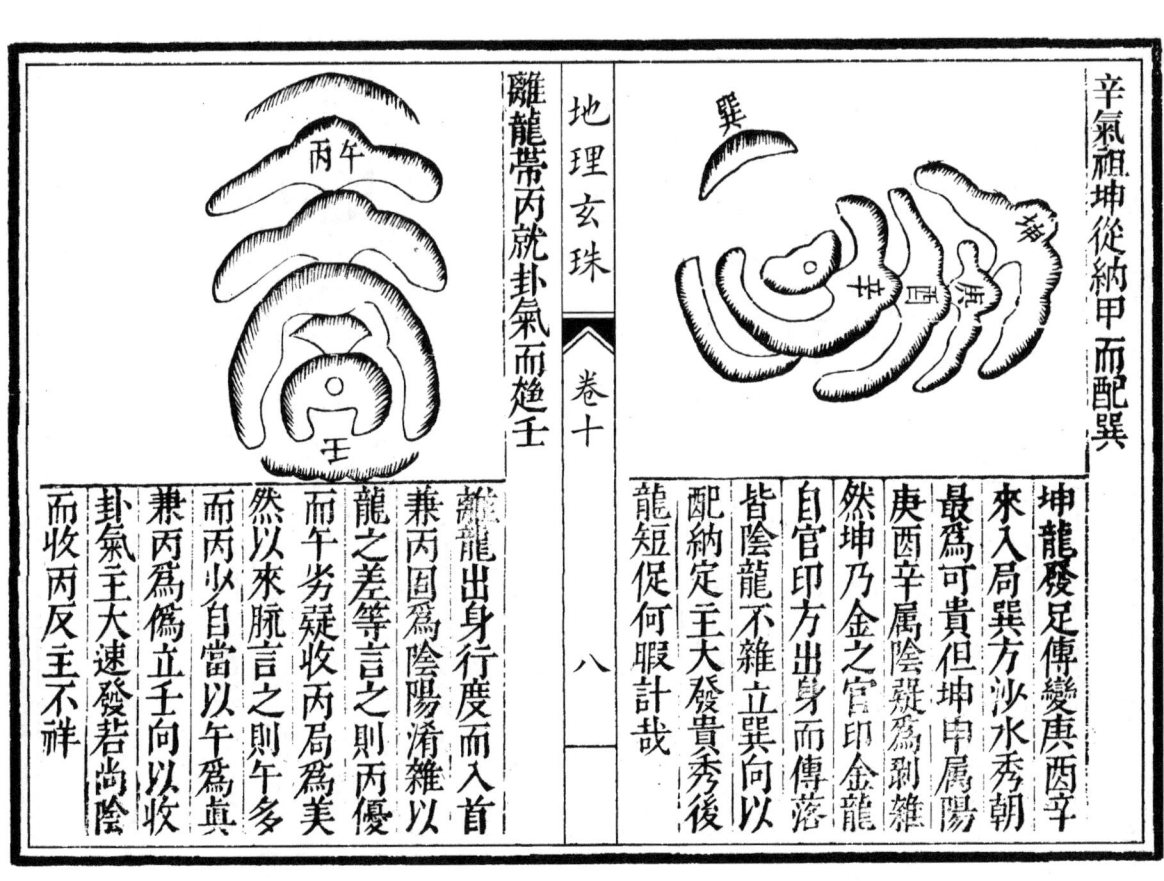

艮氣趋前穴在前急則寅雜

亥龍剝換艮寅入首艮貴而陰寅賤而陽理難消息若局勢向南自然艮脈趋前寅脈停後則當穴其前以乘艮氣立丙向以收艮局造化斯全此葢後龍就穴之活法也倘局寬而穴後則寅入而受病矣

丙龍停後穴宜後寬則離淆

巽龍轉丙午丙爲陰龍上格午爲陽龍下格法難取裁若局勢向艮自然丙脈停後午脈趋前則當穴其後以乘丙氣立艮向以收丙局卦氣自純此葢以穴用龍之微權也倘局止而穴前則離入而易廢矣

子癸轉亥陽向堪裁

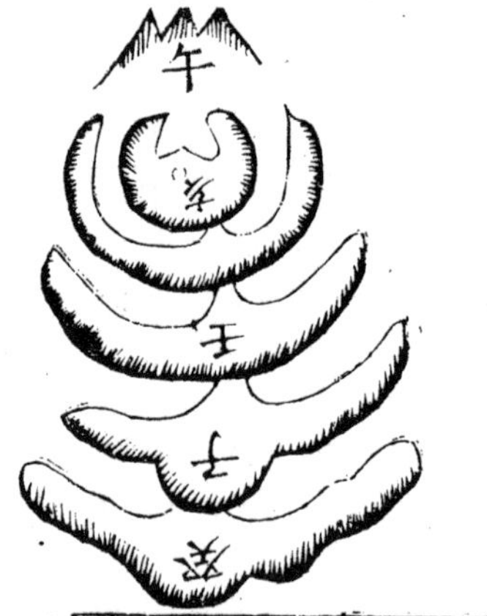

癸龍起祖轉換子壬迢遞而來乍變亥脈落穴葢亥爲上貴孰不愛慕疑作陰局以收亥爲貴然後龍節節陽脈若立陰向以合初節則下後便發固爲美矣其如後龍背戾何終不如午向收後龍于不替也

庚酉辛入乾陰局可下

庚酉辛互換入局乍變乾脈入首葢乾爲亢陽人所畏忌疑置之勿用可也然後龍節節吉秀而沙水合法惡可以一疵而棄之權宜借乾向巽作陰局以收陰脈初雖未純而後龍得合自可以發福于無窮矣

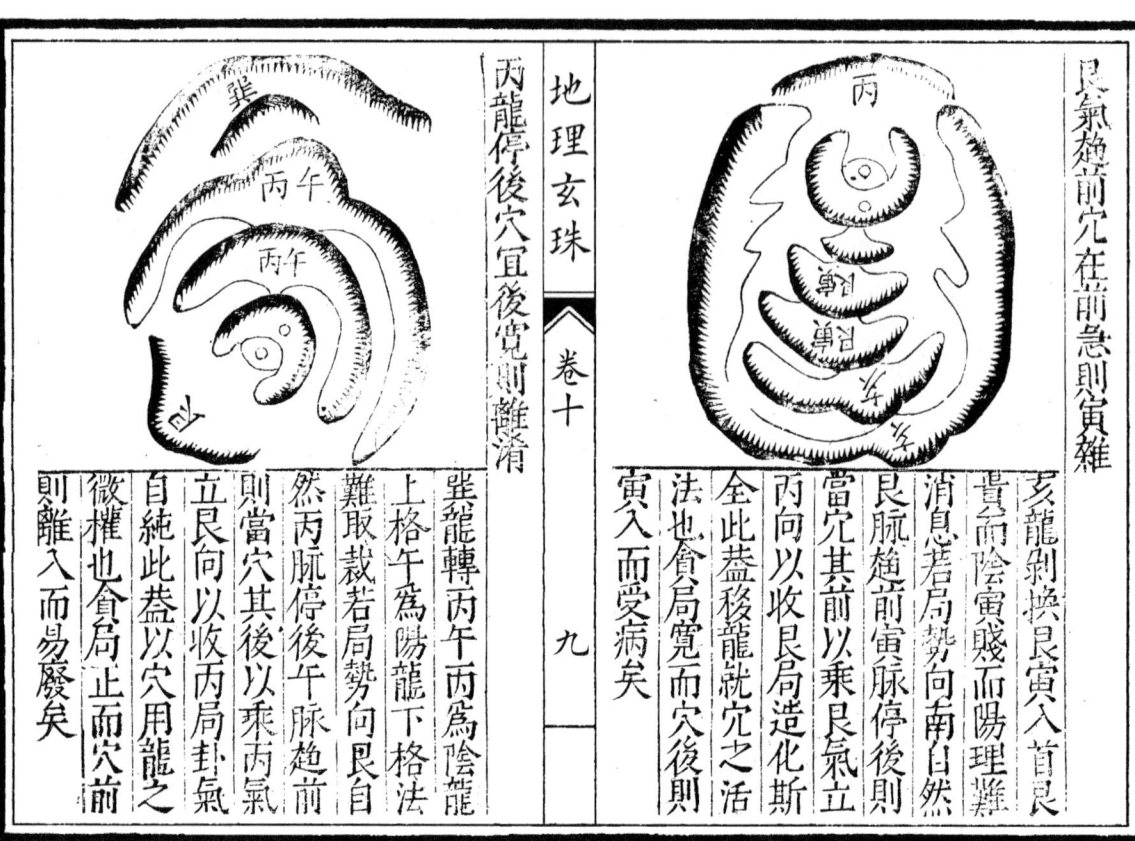

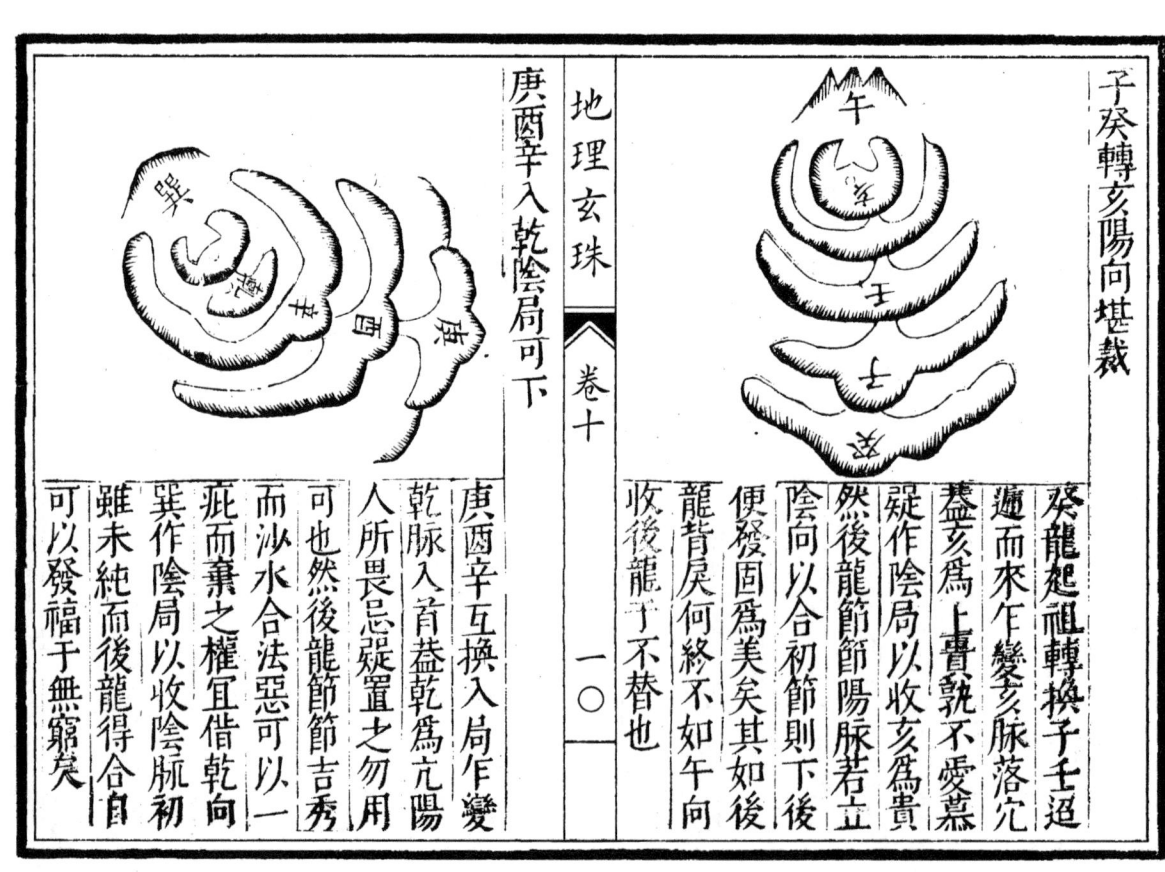

坎氣盤桓入艮寅離向而毋嫌混雜

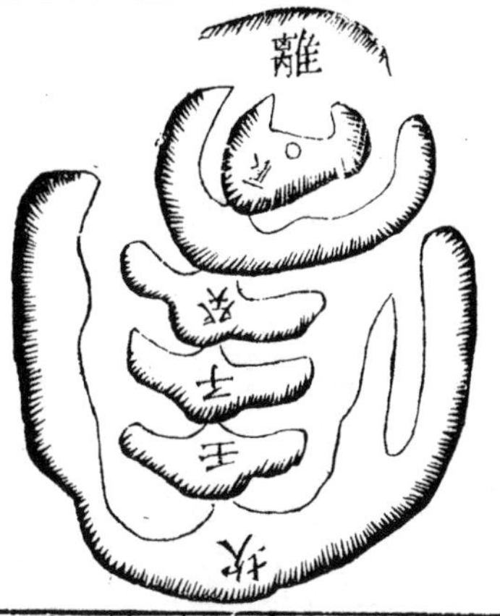

壬子癸龍迢迢互換入局而入首乍變艮落蓋艮爲陰龍首秀凝可作陰向爲合局然後龍節節是陽而陰陰則爲混雜宜立午向以收後龍方爲得體況艮離本六合配氣又非他陰龍之與向相悖也

震龍迢遞回午丙艮朝而亦喜攸宜

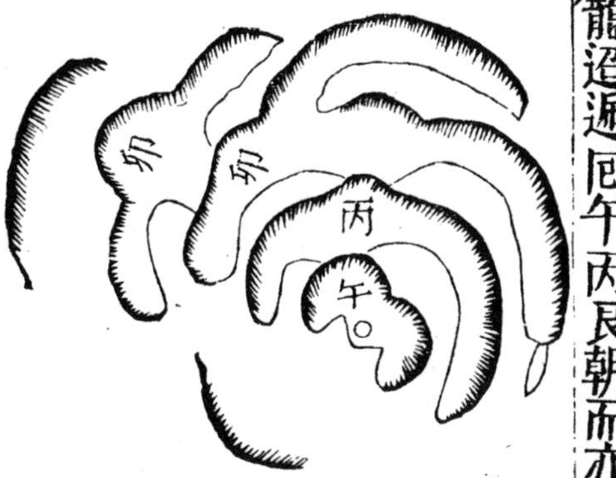

震宮起祖行龍轉換丙入局本無可貴但落穴是離則爲不純似乎難用然後龍節節是陰且吉而秀法宜違陽從陰立艮向以作陰局況離艮乃一家同氣又非他陽龍之與向相背也

申庚並行穴必減饒挨左右

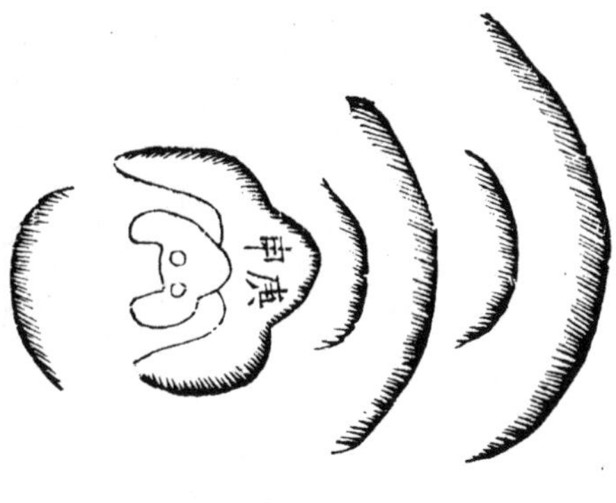

庚龍屬陰且貴申龍屬陽且庸本不相合而落脉兼入法難取穴須原其後龍是陽則穴宜挨左以乘申後龍是陰則穴宜挨右以乘庚然後脉法始清而偽氣不能混淆矣此非闢邪歸正之良工耶餘類推

亥壬兼落向須挾合定陰陽

亥龍上吉且陰壬龍中格且陽本不相和而入首並行法難取向須審後龍是陽則宜立陽向以扶壬後龍是陰則宜立陰向以扶亥然後局法始純而偽氣可以遠絕矣此非驅凶召吉之妙用耶餘類推

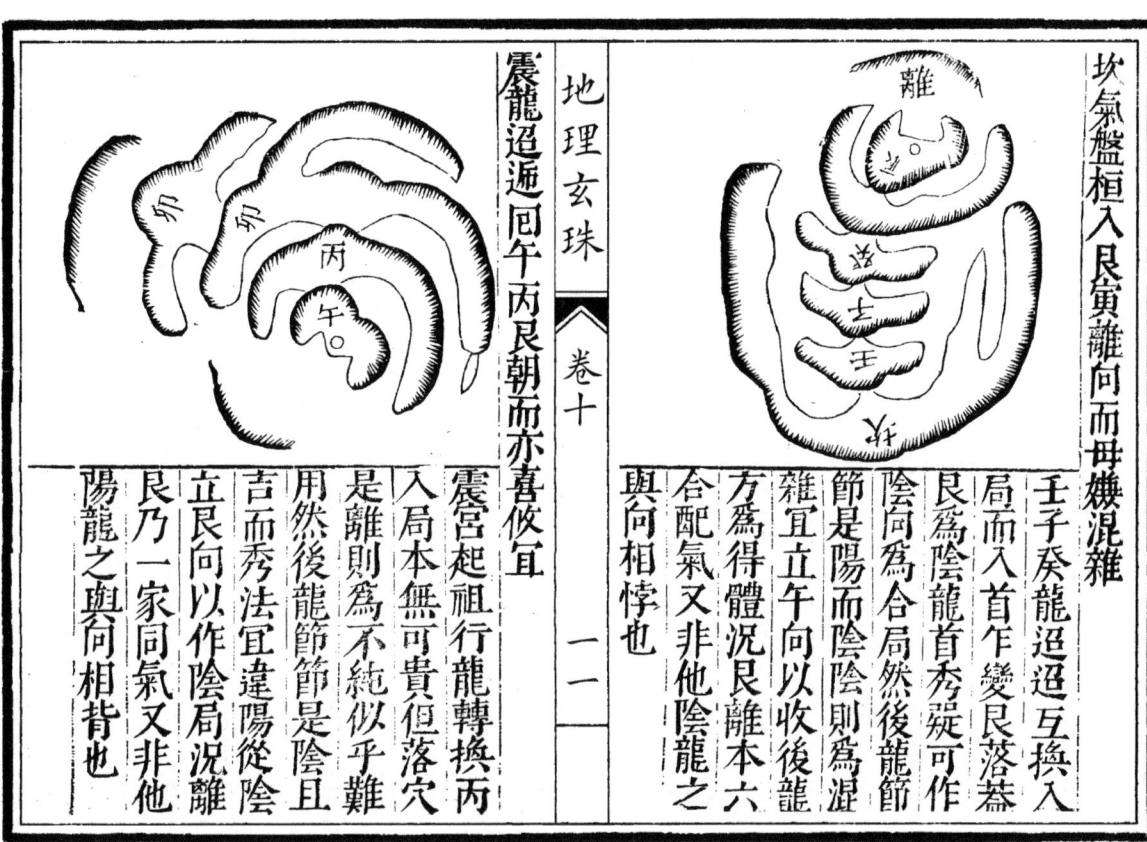

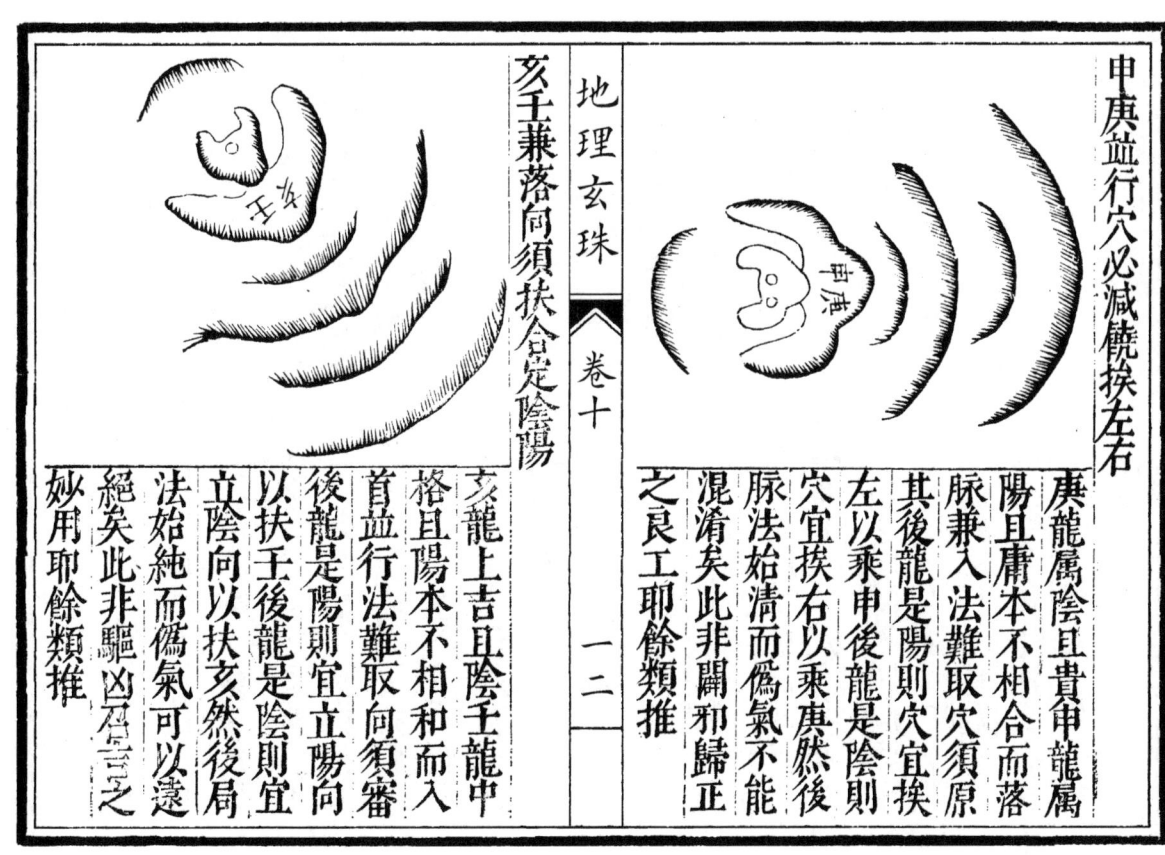

丁聯未入亥宮類合總堪親

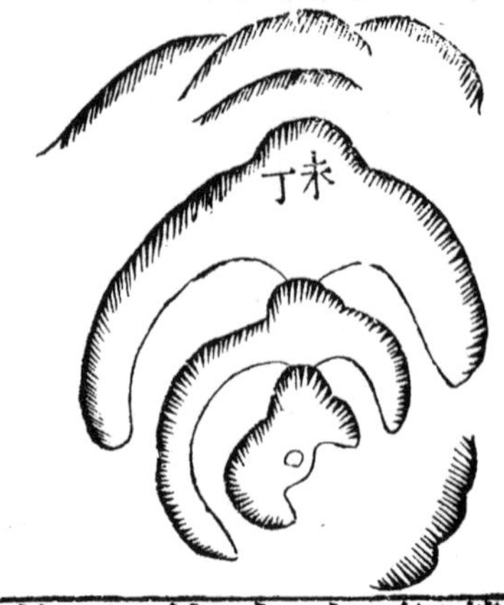

丁爲陰龍而秀未亦陰龍而賤然同居一宮難免兼落亦非純粹宜立亥向以配合蓋亥爲丁之官貴龍秀而向貴自能發福況未丁亥又爲六合類局耶此亦以向扶龍之玄理也小疵無暇計矣

巽轉離來癸局兼收皆可取

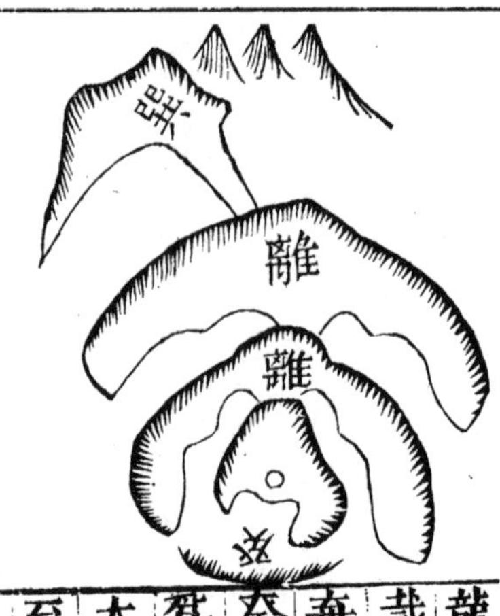

巽乃六秀貴氣剝換離龍入首則混雜難以取裁然龍眞穴正又不可棄法宜配以癸向蓋離癸本皆陽局而巽癸亦爲合氣向指所趨皆致大發此亦審局收山之至要也經權可通用矣

理氣引証　此驗所已然之理

亥龍借壬局

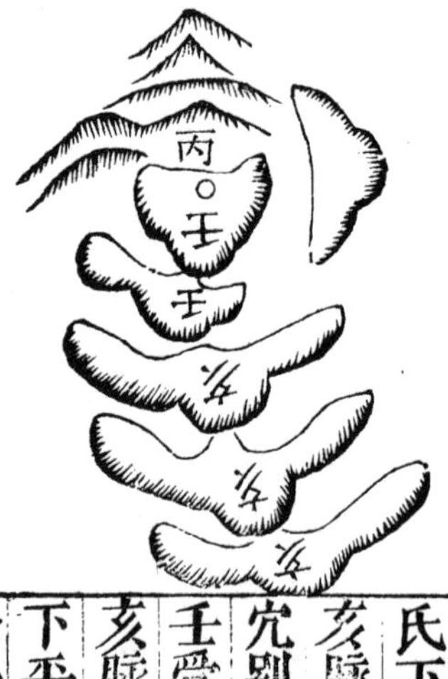

先賢祝師爲德興縣方氏下此地乃後龍節節亥脈入局乍變壬氣落穴別無他法可收卽借壬受穴扦立丙向以收亥脈更得外陽秀朝初下平平至後六七代連發科第出侍郎府宰巨富大貴

兌辛亥龍借癸局

右地乃建陽縣朱夫子下係兌龍起祖轉辛行龍傳亥入局乍變癸氣落穴別無他向可指卽借癸受穴扦立丁向兼陽就陰以合陰局初年不發久後龍向得合文章顯達清貴悠久子孫相承

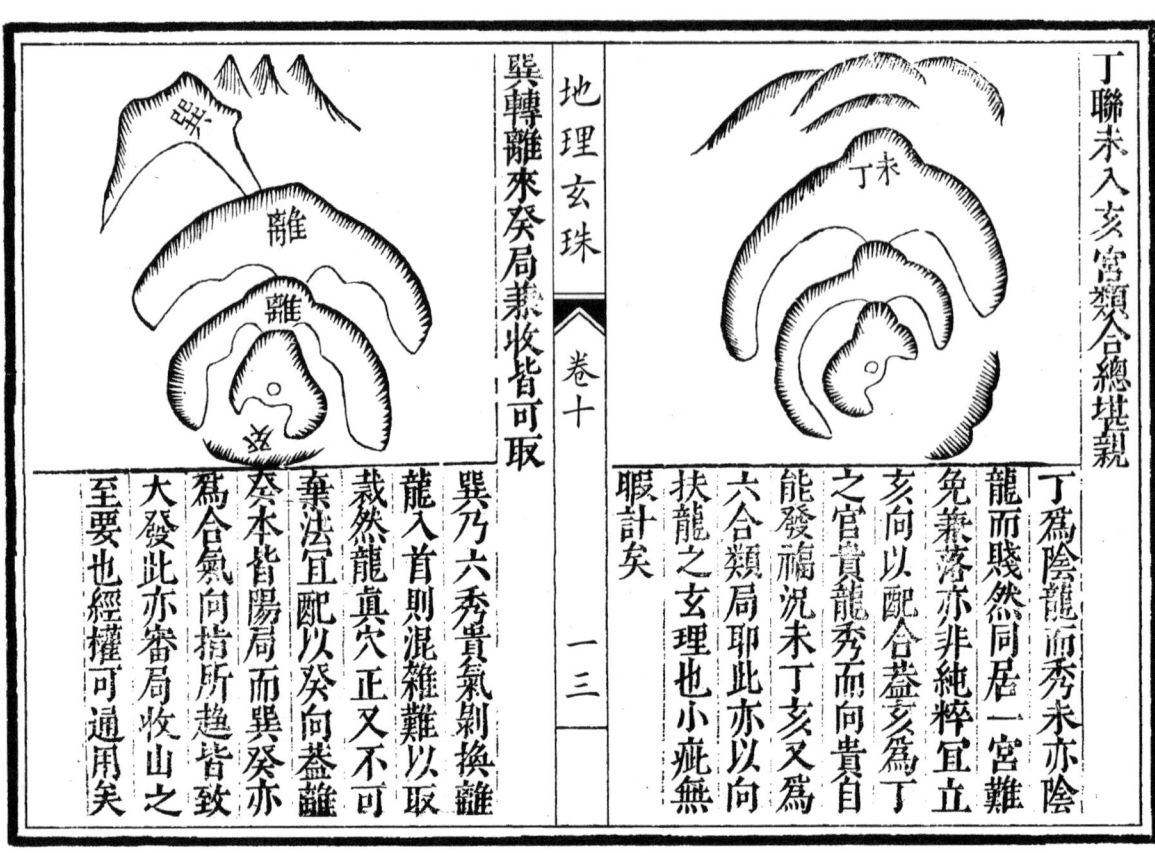

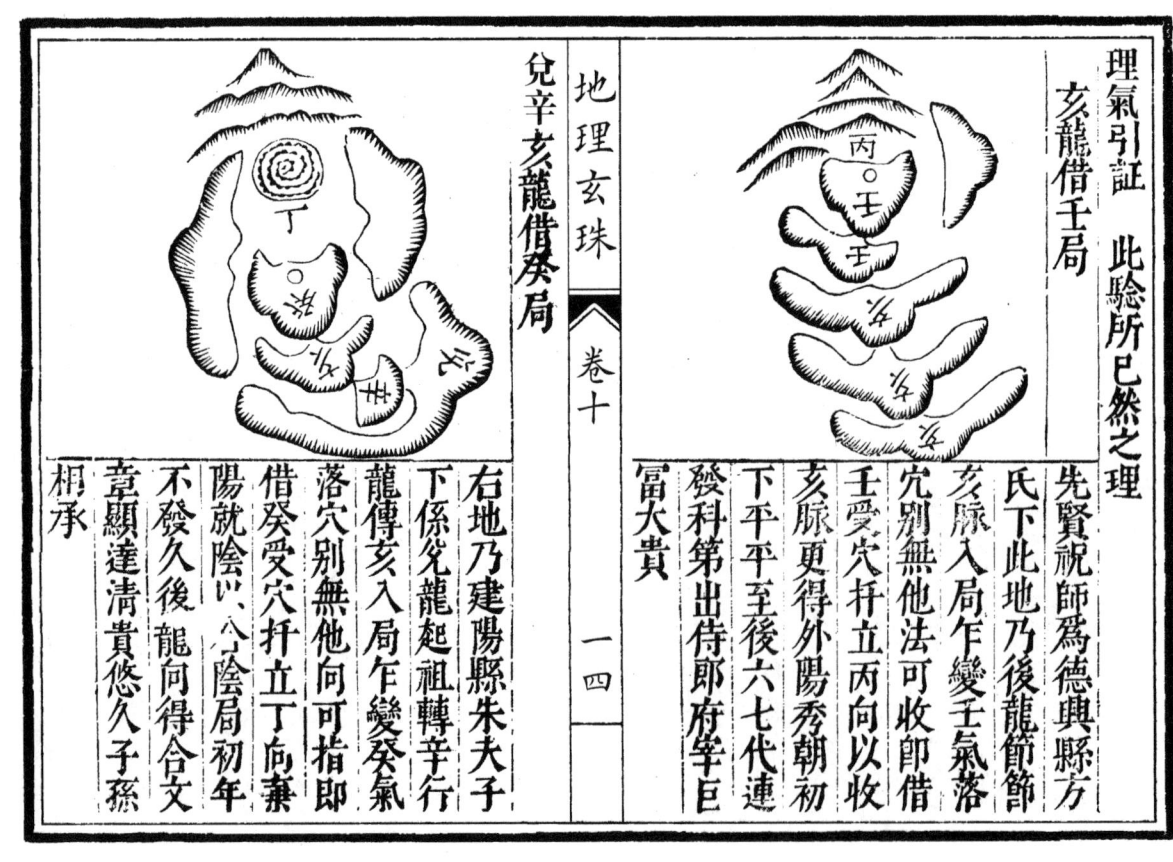

艮龍借甲局

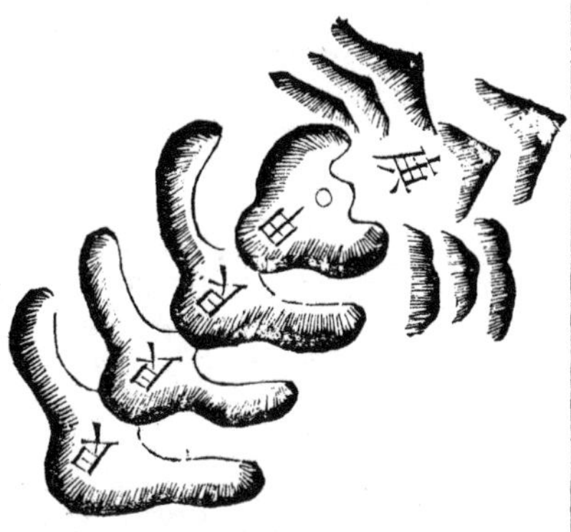

体寧縣吳田吳氏下此地係艮龍發足行度純一不雜但入首變甲又無斬關等穴即借甲向庚陰局作用初代平福四代後方出縣令久後科第聯登凡有貴龍長遠到頭偽落者當依此法裁製

亥辛龍借乾局

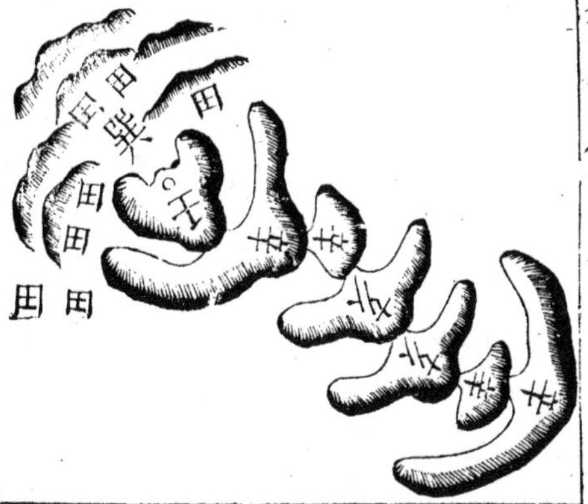

先賢程八公下此地係辛轉亥後又轉辛入局乍變壬氣落穴棄壬借乾坐穴立巽向以收亥辛陰脉取巽方田水朝迎秀山拱照初下平平後二三代大發富貴二子典郡

眞偽辨証

昔廖公塟父地後龍數節子癸入首一節是艮立丙向穴偽也彼意以陰龍入首立陰向乃借偽氣以發福後當遷改不意羈留外方初塟大發後行到子癸遂致敗絕若立陽向初雖不利後當發福悠久

又吳公七賢祖墓後龍數節子癸坤申入首二節是酉辛以常情論之莫不立陰向以爲配合彼則以後龍長遠作乙向穴眞也退六十年後行到坤申發科出貴再行子癸久而不替蓋向與後龍合也凡來龍不問陰陽惟審行龍與入首之長短以定穴立向斯

爲有得

附陰騭地

夫欲知地理先明天理蓋作善降之百祥作惡降之百殃禍福無門惟人自召經云吉地乃神之所司仁人必天之克相是言求地者必以積德爲本又云苟一朝之財賄當知後患何謬千里于毫厘請是斯語矣是言爲人求地者亦必以積德爲本彼此德厚則天必以吉地應之否則雖有善地亦朦眛而不見縱或得之適足以取咎而已亦安能以獲吉哉援古証今毫髮不爽世之求地者徵諸後圖而可鑑矣

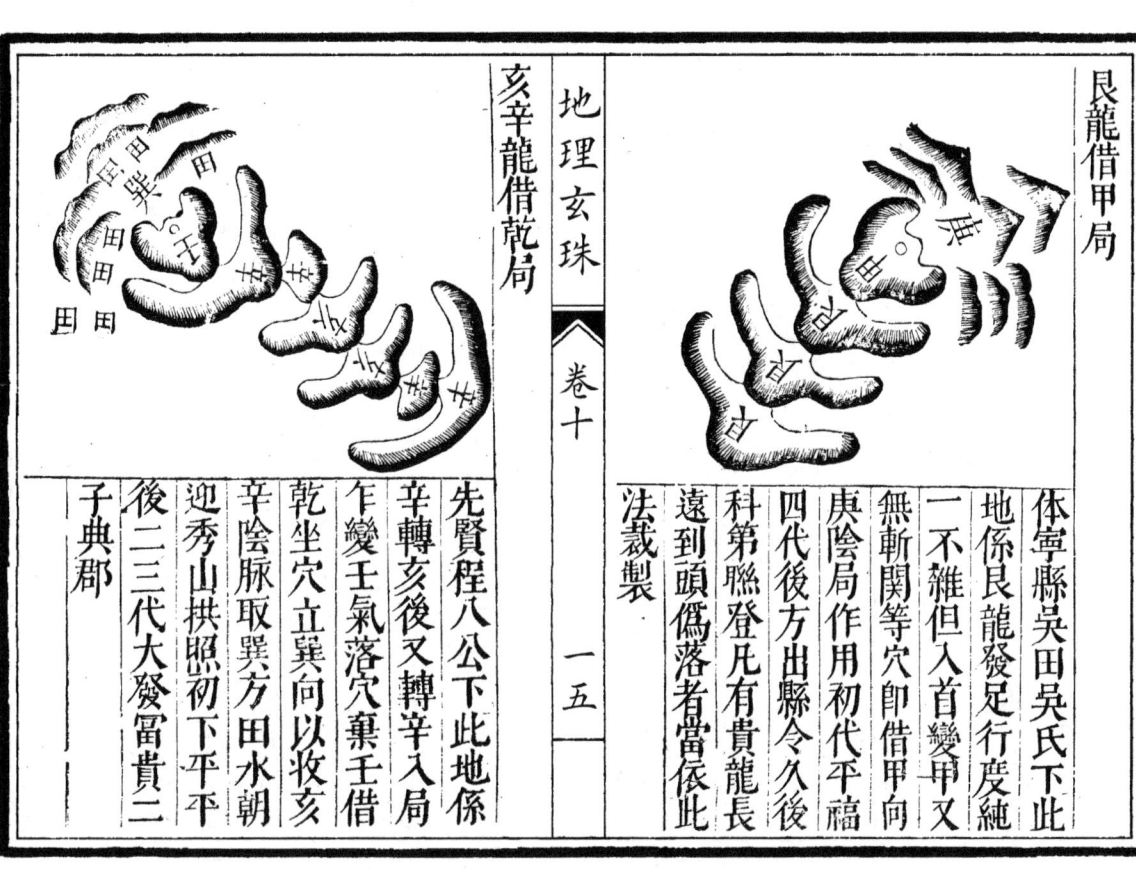

吳都憲祖地在錢塘縣　艮龍丁向

當時一百戶欠官銀無錯欲出妻償之吳祖捐金代完後得此地詢之乃百戶產也復以價買塟之即生都憲公丁盛而悠久常人皆曰陰功所致凡求地者當知鑑焉

休寧程詵陰德地

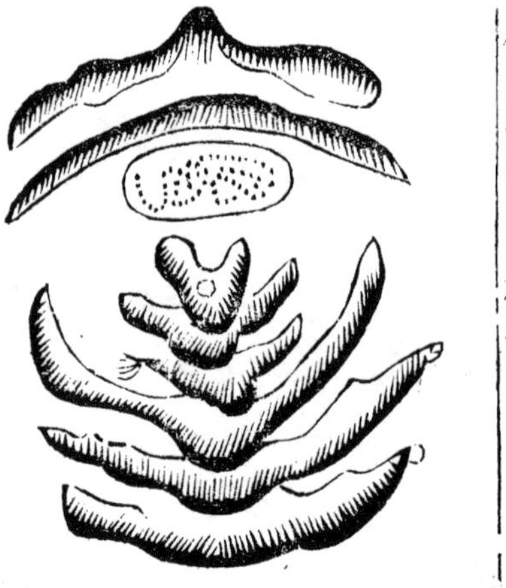

詵游湖畔見玄黃二獸相角黃負而玄逐公射玄而救黃來朝黃冠者謁曰予保障一方血食久矣昨有黑郎奪我土地非公則吾土陷也如百里生靈何因指其地子孫貴極而盛

張九朝陰德地在積溪縣

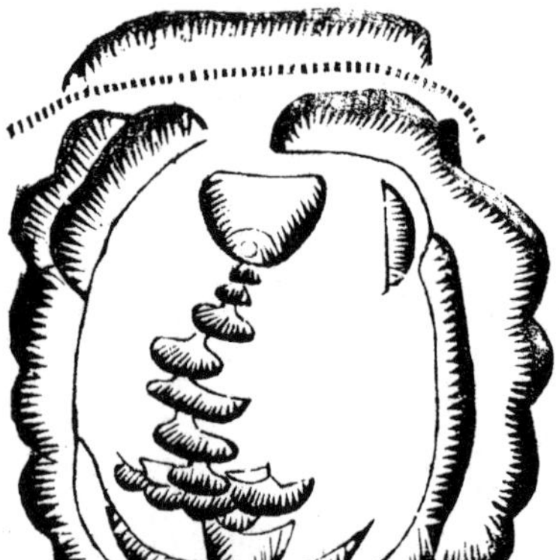

九朝將往鄉庄途得百金欲還其主侯久不至乃曉示于房致失主至庄而歸之一毫無取是夜夢祖父令至十里橋侯以地價人而弗克償者代償之因得此地塟父富貴無極悠久不替

長樂陳尚書祖積德地午龍癸向

此地穴前小水反抱塟後不利數年後忽遭洪水及退反水以爲平壤向前裂土內抱自是大發朱紫不替必其先世積德彌淡故冥冥中爲之玉成如此葢積德于人所不知尤爲至德

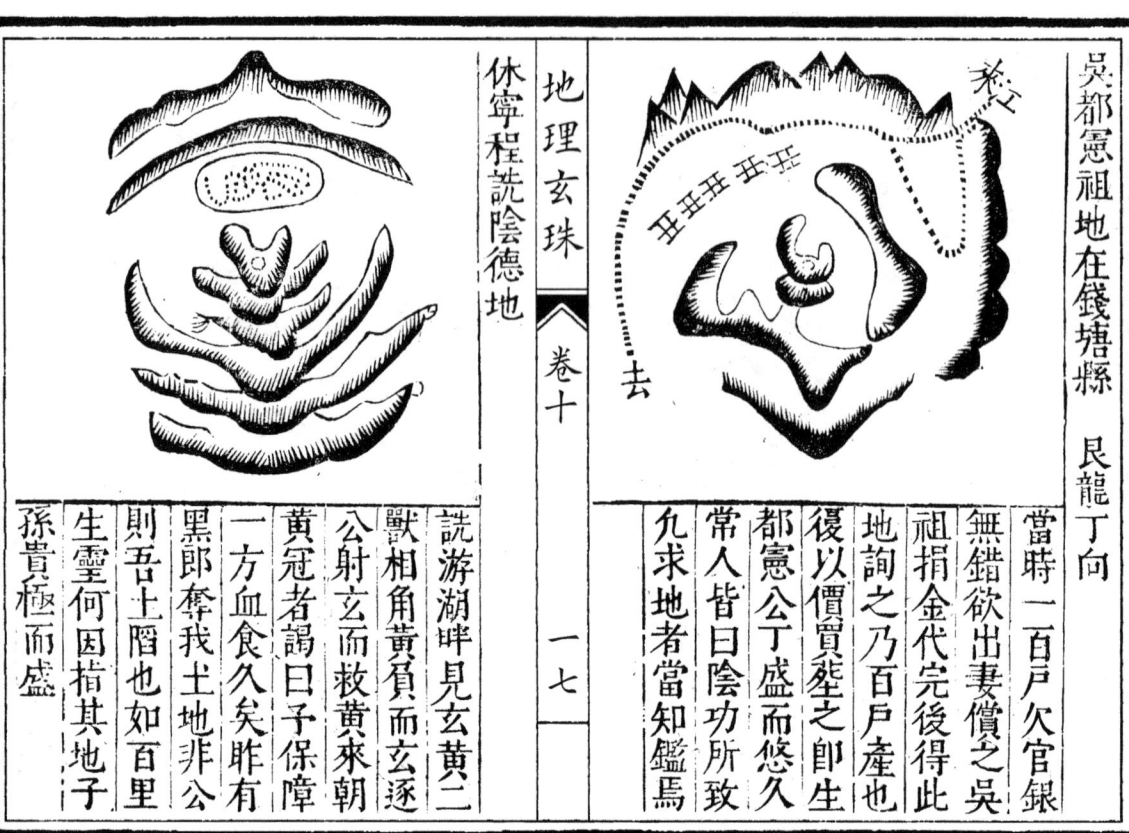

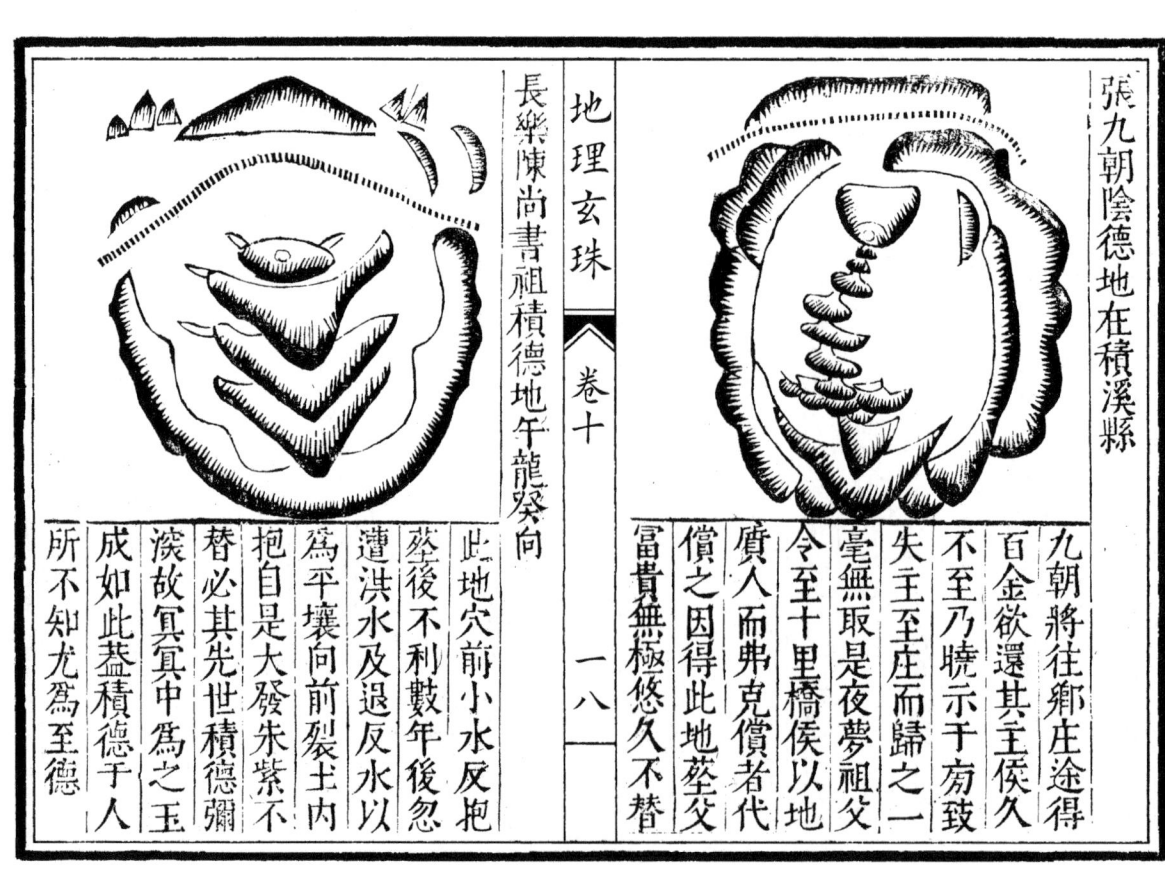

李司徒損德失地在雲南

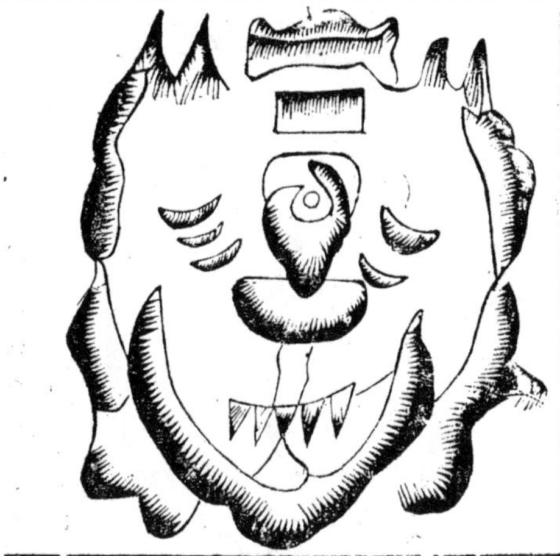

此地楊公將以献李夜夢神人伏劍而示曰此世德袁氏地司徒受財縱盜貽害良善將夊非命惡可以上地誤授之故爲之則汝受殃不久李被誅袁偉乞以葬毋屢發科第悠久不替

姚太保祖亥龍丙向在俠山

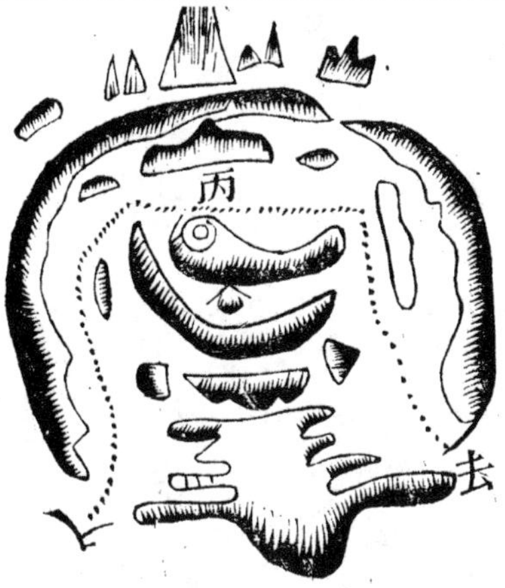

有丹道人往來姚叟之家叟厚遇之日久道人悉知叟之爲善因指其地臨別而囑之曰來年汝數當死必遺命葬此復以葬法教其子明年叟果死其子如法葬之子孫朱紫相續不替

徐強先損德取咎地在同安縣米灰山

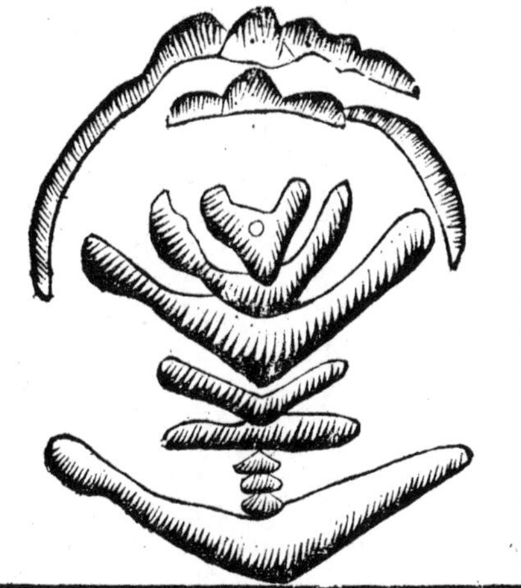

此張氏地徐誣訟而奪之以葬毋朱文公道經此地見而貴之因詢居民知其得地之由乃白其樹而書之曰此地不發是無地理此地若發是無天理去後雷震其地而暴其尸噫可鑑哉

劉會魁祖積德地

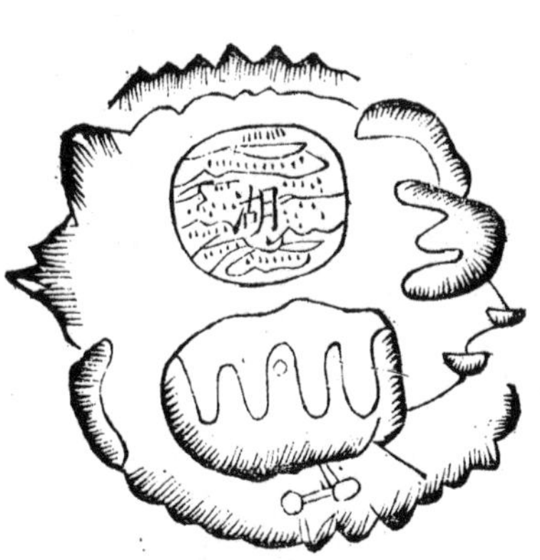

一日有赭衣者病仆于門外劉毋憐之詢知其誣枉乃捐金代爲贖罪得不死夜夢神人謂曰明日得佳地矣次晚果有地師至引觀其地即赭衣業也得以葬祖連發高第

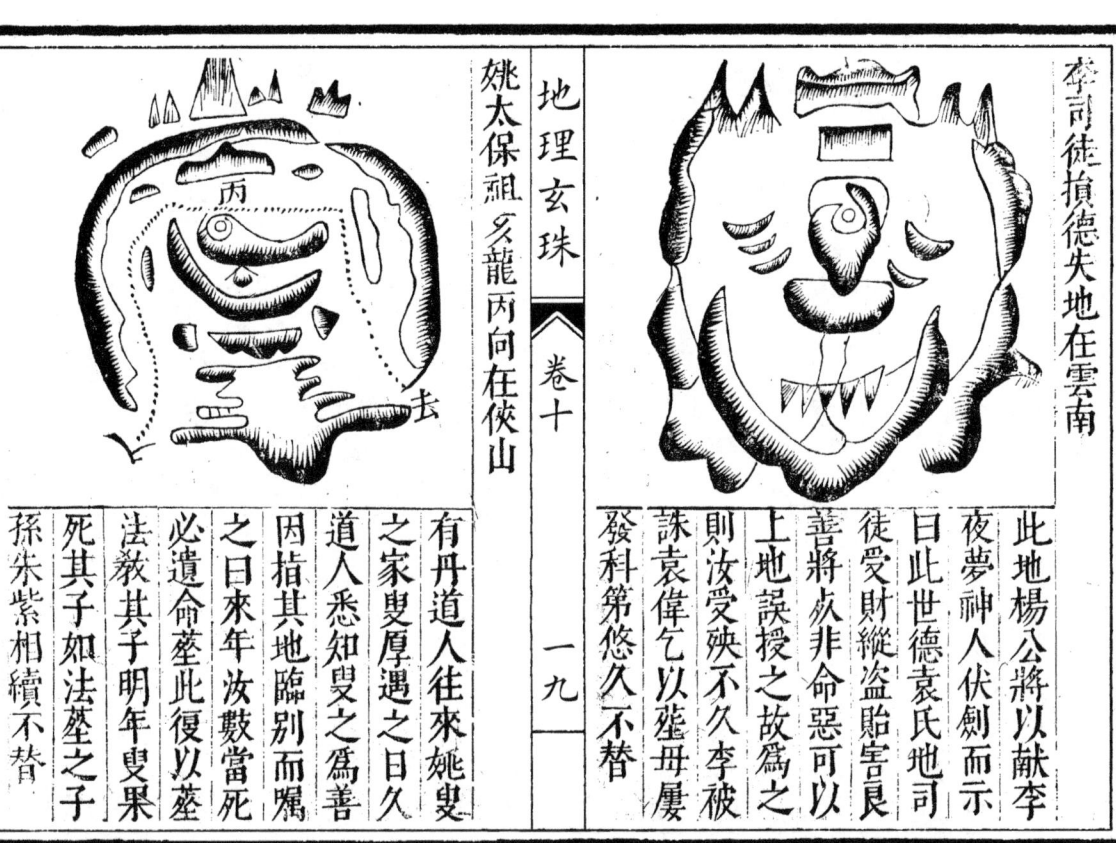

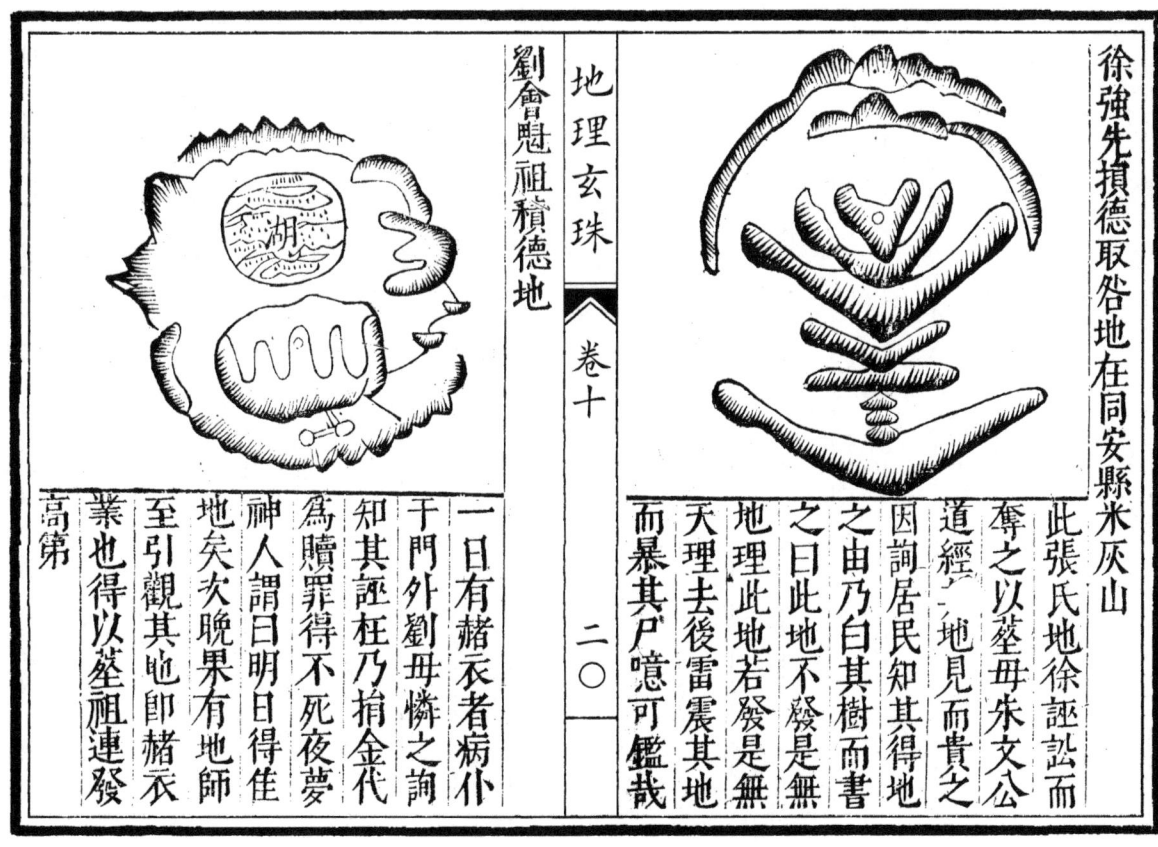

尹日強損德地　二女瓊姬少姬皆名妓

尹以紫奪起家筆以萬計乞地曾公曾將昇以俠山善地夜夢神人謂曰此地屬善人姚公吾謹護之毋相奪也尹氏宜在其山因指其地曾以神指不敢逆遂爲營塋不半紀生二女無子

劉漢因祖損德誤墓地在樂平軍山

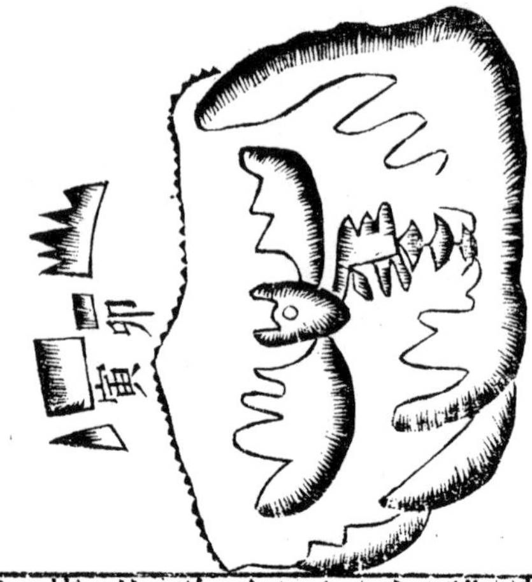

廖公覔此塋毋而劉強奪之庚龍入首卯上玉几特案扈扦卯向正配定出王侯夫何惑前印而作寅向陰陽背馳遂出大盜此固天遺庸師以誤薄德故得龍失局如此求地者宜鑑焉

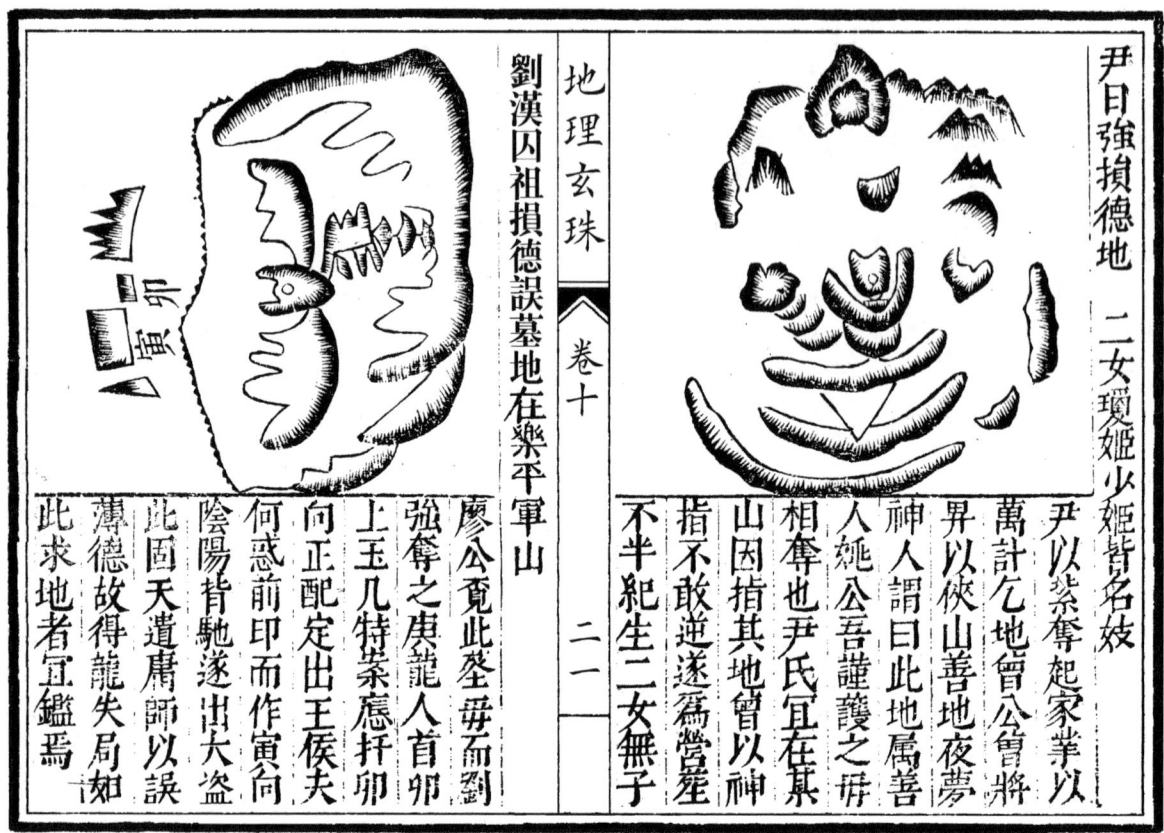

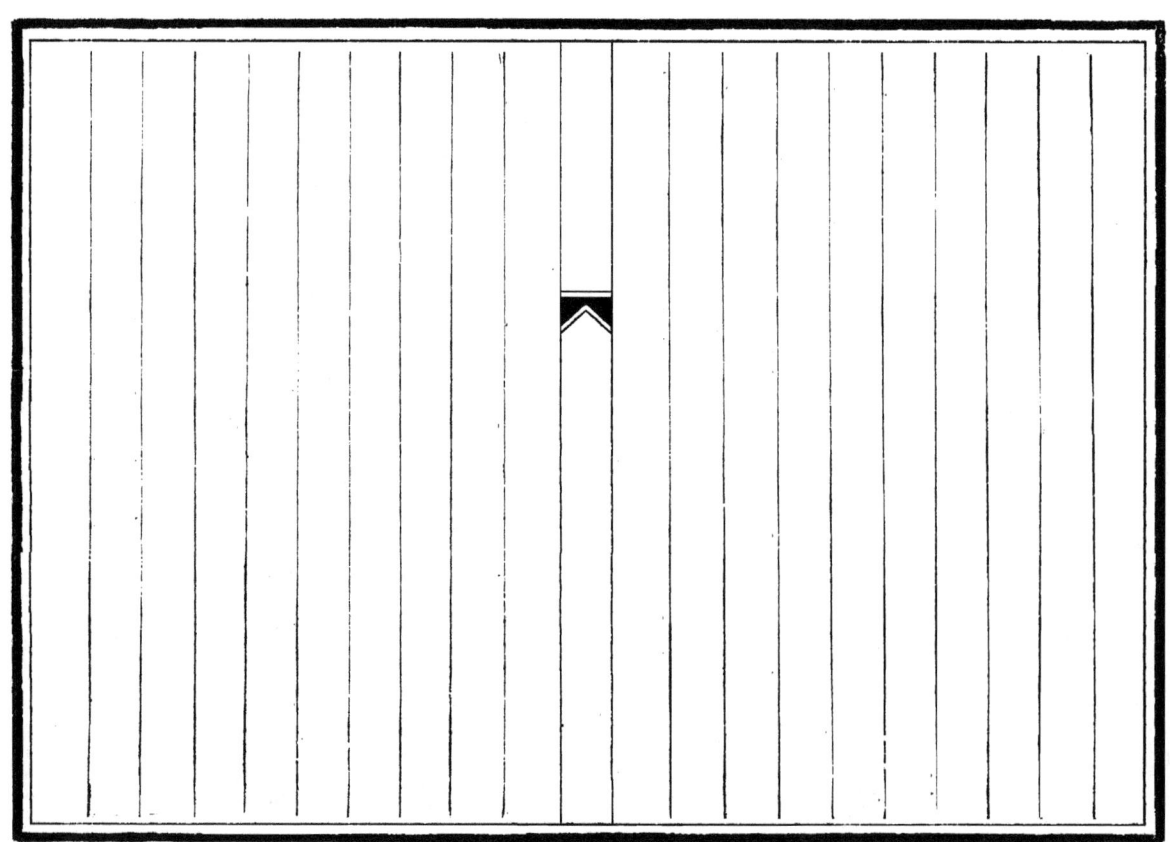

地理玄珠卷之十一

古吳大和山人夏世隆道弘甫著
梁溪半偈道人華善繼孟達甫校

方位陰陽　此原所以然之理

乾坤艮震申與寅丙壬辰戌申和庚十二陽宮分定位休囚生旺此中輪巽離坤兌辛兼乙巳亥丑未癸連丁此是陰宮十二位後天方位不虛陳

夫方位陰陽乃後天卦例輔以干支配合者也蓋乾天也位乎上故稱父乾三聯得天之純陽數也故爲老陽然陽極生陰一變而爲巽以乾之初爻換坤之初爻則巽得初畫之坤故謂長女爲陰再變而爲離以乾之中爻換坤之中爻則離得中畫之坤故謂中女爲陰三變而爲兌以乾之末爻換坤之末爻則兌得末畫之坤故爲少女爲陰坤地也位乎下故稱母坤六段得地之純陰數也故爲老陰然陰極生陽一變而爲震以坤之初爻換乾之初爻則震得初畫之乾故謂長男爲陽再變而爲坎以坤之中爻換乾之中爻則坎得中畫之乾故謂中男爲陽三變而爲艮以坤之末爻換乾之末爻則艮得末畫之乾故謂少男爲陽此乾坤生六子而爲後天陰陽之序也又有

干支以輔佐之者蓋天一生壬水輔坎爲陽地六生癸水輔坎爲陰天三生甲木輔震爲陽地八生乙木輔震爲陰天七生丙火輔離爲陽地二生丁火輔離爲陰天九生庚金輔兌爲陽地四生辛金輔兌爲陰天五生戊土寄辰戌爲陽地十生巳土寄丑未爲陰子午卯酉居四正虛無之位子午陽而卯酉陰也寅申巳亥輔四隅寅申陽而巳亥陰也辰戌丑未寄居四維辰戌陽而丑未陰也蓋陽數奇故各主其一陰數偶故各主其二此後天陰陽專論方位而凡來山去水生旺休囚必于此而求之方可以消納而邀祥

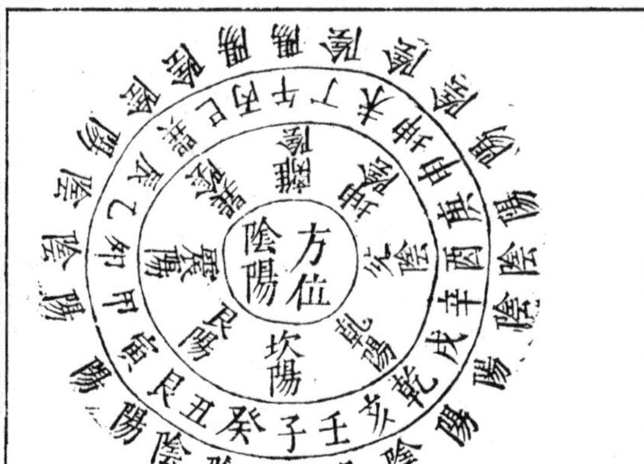

陰陽論

天五行生旺休囚次序一十二位由生以至于旺由死以至于絕陽生陰死陰生陽死者乃天地造物之妙自然之理也但言生死而不及乎他者舉其要以見其餘也天運循環周流不息陰陽交媾而生生無窮矣玄哉

陽木
順局

陰木
逆局

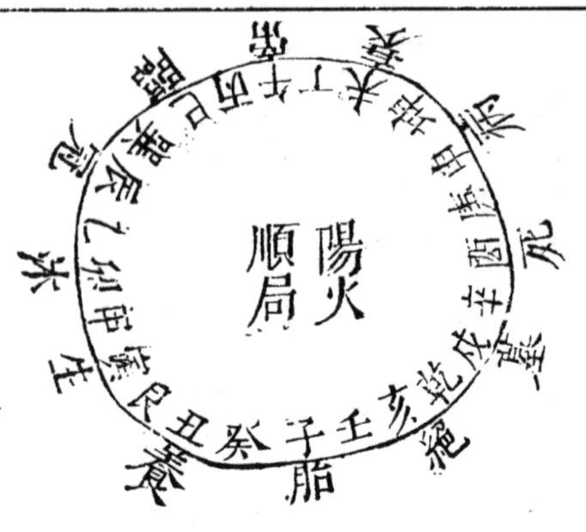
陽火
順局

陰火
逆局

陽土
順局

陰土
逆局

陽金
順局

陰金
逆局

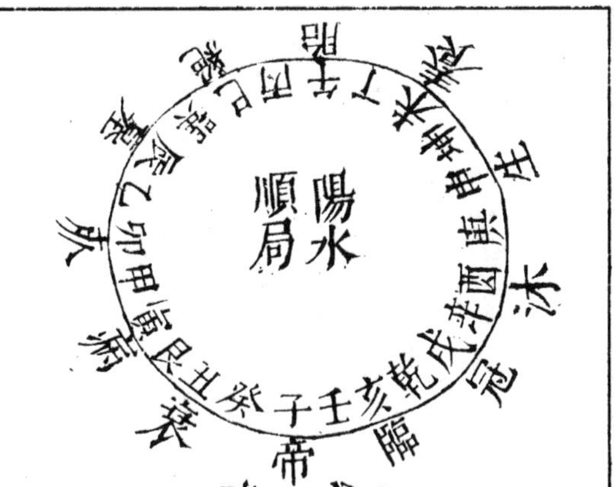

龍法陰陽　水法陰陽互用

以雙山合局論　用入長生

楊公云龍分兩片陰陽取水對三叉細認踪二十四山分順逆認取陰陽祖與宗陽從左邊團團轉陰從右路轉相通有人識得陰陽理何愁大地不相逢又天機水法云乙丙交而趨戌辛壬會而聚辰斗牛納丁庚之氣金羊收癸甲之靈蓋以二十四山龍路各有所屬每龍有順有逆分陰分陽遂有四十八龍每龍有四箇水口遂有一百九十二局尋龍定穴消砂納水無非這家關竅于此而不剖析分明雖有善于術者亦鹵莽耳將何為哉聊具數圖于左以發明之則隨形管理因局致情自可以造福于無疆矣豈曰小補云乎哉

夫地之有水口即人之有牝牡也是以陰陽交媾須于此而得之故雪心云入山尋水口蓋以地理之要必以是為主焉

陰陽交配定議　此評所當然之理

蓋天地交泰乃萬物化生之機山水相随實二氣媾合之理男女同情擬結室家之好陰陽配偶方諧眷戀之私

辛兑盤旋進亥乾水入金羊而匹配

陽乾亥龍休水水口

辛兑發足乾亥入首乃左關陽亥龍也氣屬甲木癸水為正配蓋甲木生于亥旺于卯癸水生于卯旺于亥此為生旺互用甲庫在未癸庫同之此[illegible]玄竅相通以甲配癸乃合大格

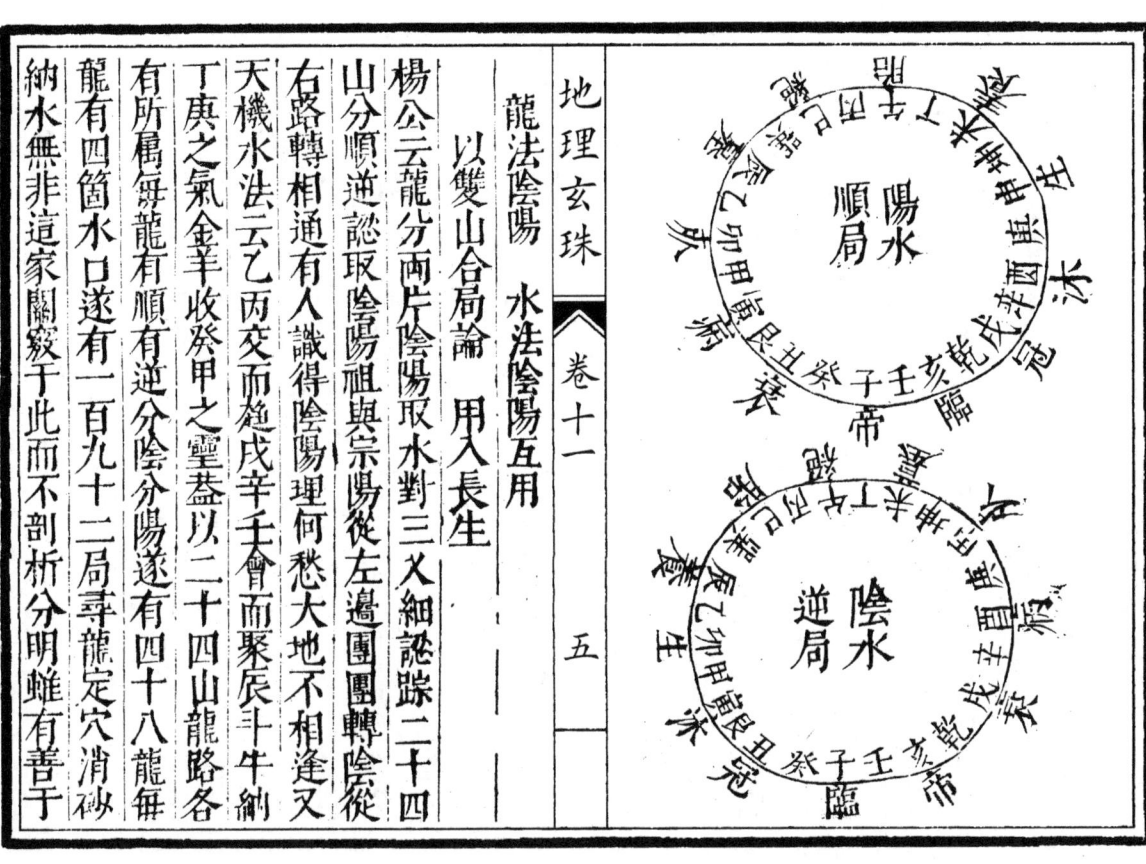

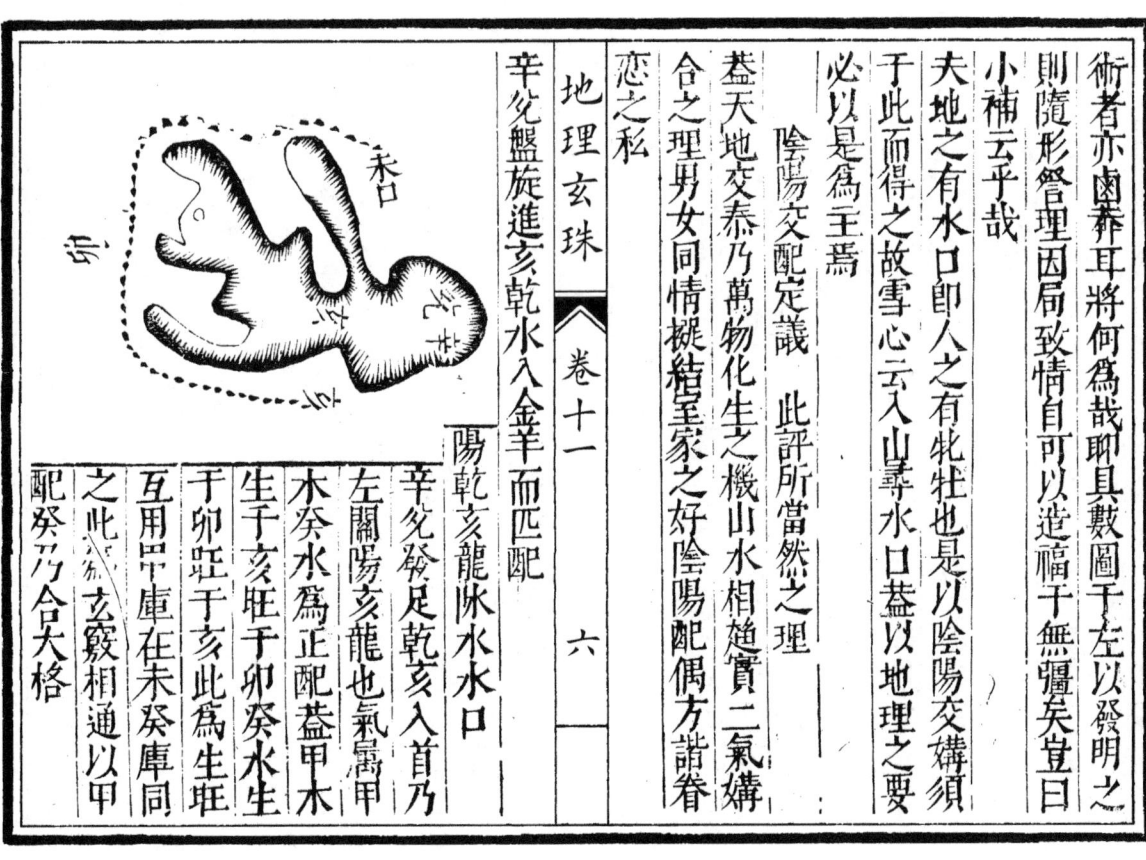

卯辰迢遞趨寅艮流歸牛斗以交歡

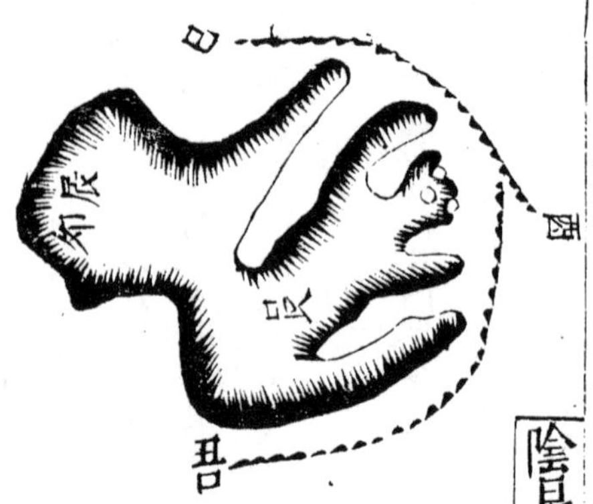

陰艮寅龍陽金水口

卯辰起祖艮寅入首乃右關陰艮龍也氣屬丁火庚金爲正配盖丁火生于酉旺于巳庚金生于巳旺于酉此爲生旺交感丁墓在丑庚墓同之此爲玄竅相通以丁交庚乃合大格

巽巳起祖于坤申最喜龍門利達

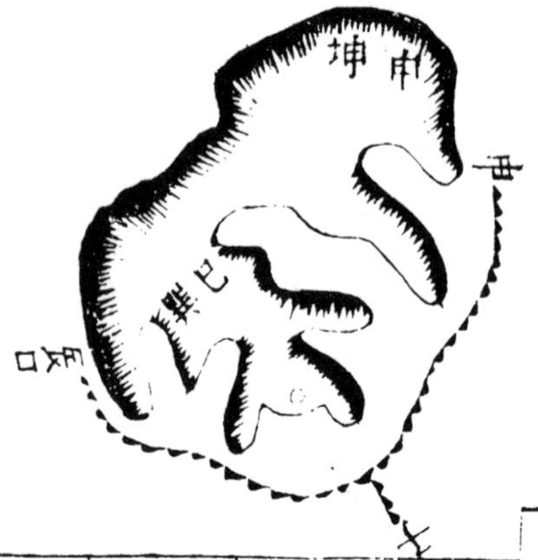

陰巽巳龍陽水水口

巽巳起祖于坤申乃右關巽巳爲辛金龍也正配在壬水辛金生于子爲壬水旺位壬水生于申爲辛金旺位此爲更迭生旺而同庫于辰故喜龍門利達爲合局龍門者辰也

庚兌出身于巳巽偏宜斗柄通行

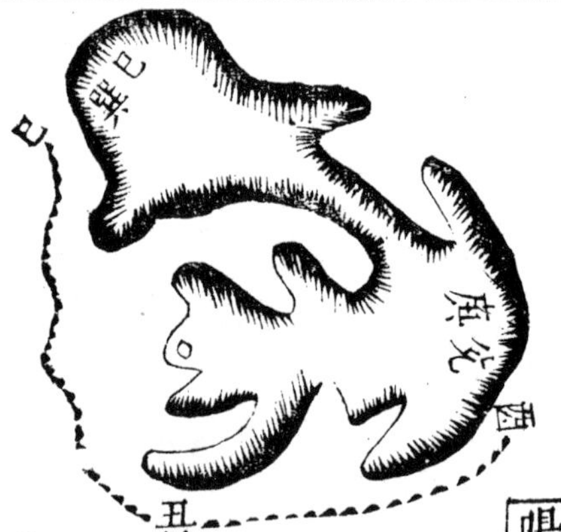

陽兌庚龍陰火水口

庚兌入首出身于巽乃左關庚兌爲庚金龍也正配在丁火庚金生于巳爲丁火旺位丁火生于酉爲庚金旺位此爲交互生旺而同墓于丑故宜斗柄通行爲合局斗柄者丑也

子壬祖兌每屬意于龍吟

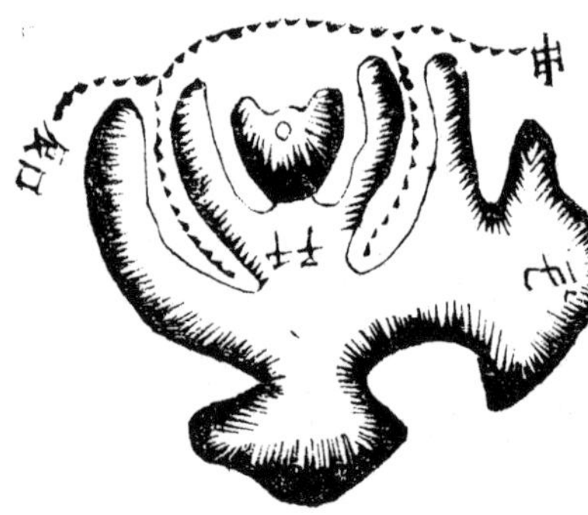

陽子壬龍陰金水口

子壬龍發祖于兌方乃左關坎龍爲壬水也取辛金水口爲合局蓋辛金生子旺申而壬水交互以爲生旺辛金庫在辰而壬水同庫焉故壬龍屬意于龍吟者以辰上水口爲正也

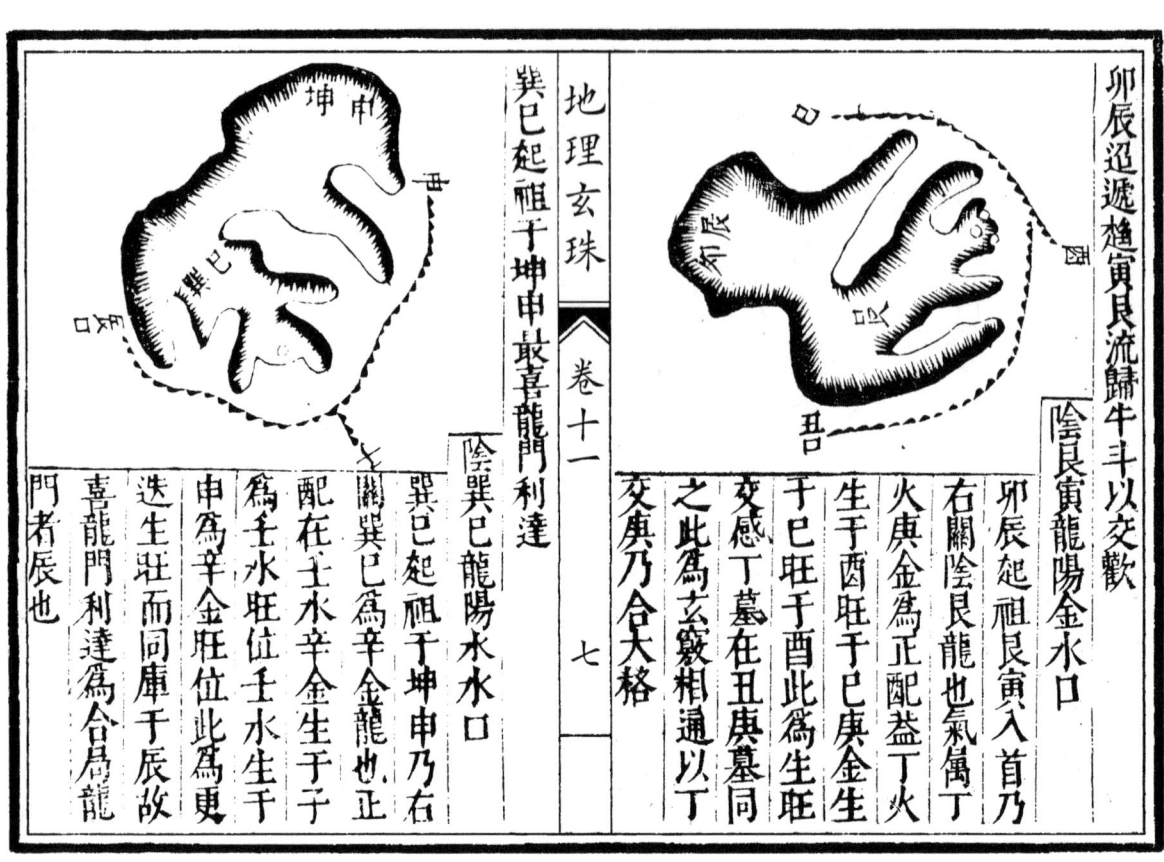

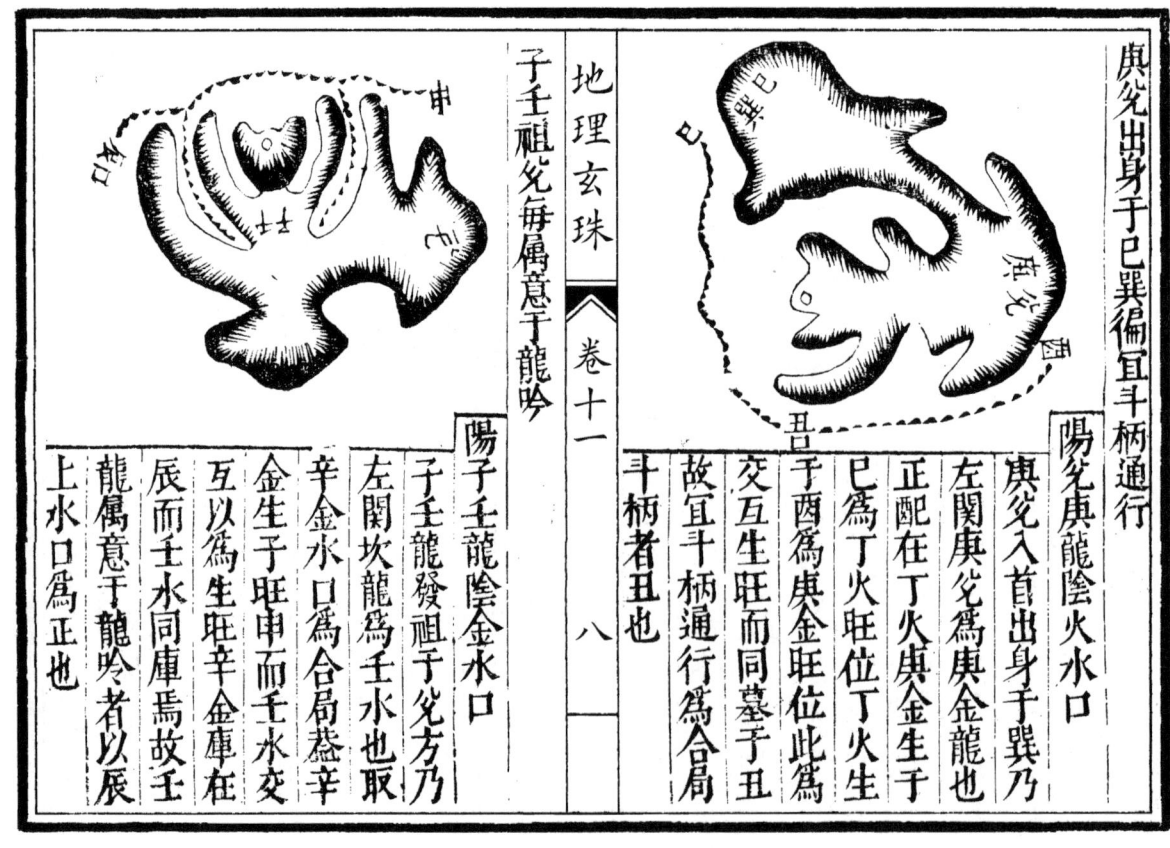

甲卯從離龍用情于大吠

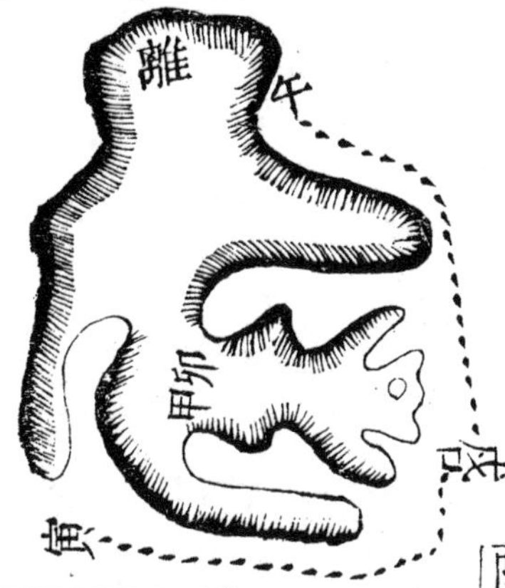

陰甲卯龍陽火水口

甲卯龍發足于離宮乃右關震龍爲乙木也取丙火水口爲合局盖丙火生寅旺午而乙木交換以爲生旺丙火墓在戌而乙木同墓焉故乙龍用情于大吠者以戊上水口爲正也

木庫洞開坎轉雷門眞可愛

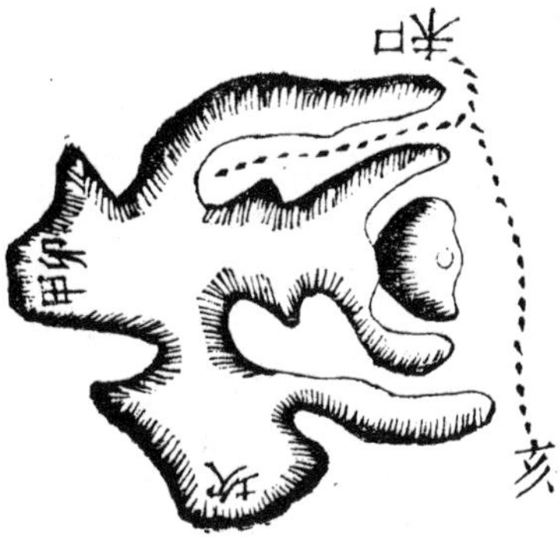

陽甲卯龍陰水水口

木庫洞開者未上水口是也未爲癸水之墓必須甲木龍入首方爲合格坎轉雷門者震爲雷門乃在関陽卯龍也陽卯龍爲甲木主事會癸水于未上出口此正夫婦媾合眞爲可愛

金龍活潑乾臨陽閭最堪親

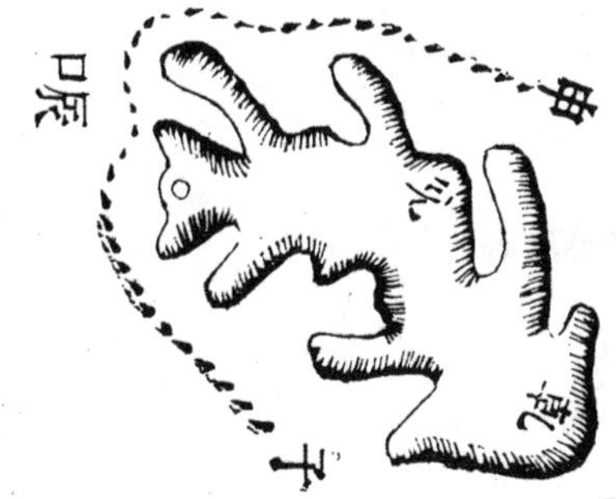

陰庚兌龍陽水水口

金龍活潑者辰上水口是也辰爲陽水之墓必須辛金龍入首方爲合格乾臨閭者兌爲陽閭乃右関陰兌龍也陰兌龍爲辛金主事會壬水于辰上出口此正夫婦交會最爲可親

未丁來自卯寅情鍾地戶

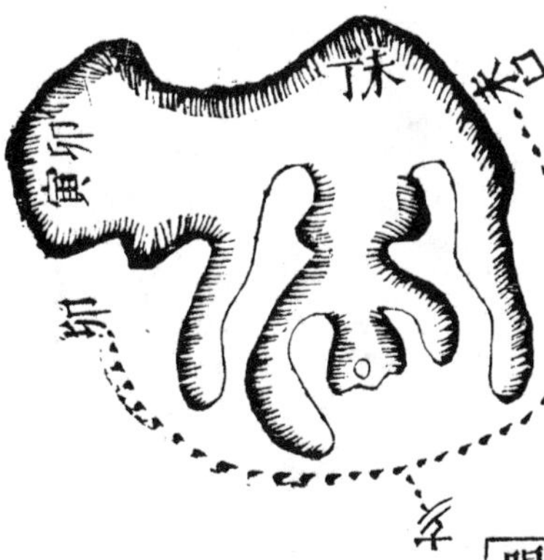

陽未丁龍陰水水口

未丁乃三合水氣入穴却自卯寅發祖是在関陽木爲甲龍也生亥旺卯墓未水自亥卯流歸未上而出乃合正局情鍾地戶者未在地戶與癸水同墓乃癸甲合媾之鄉也

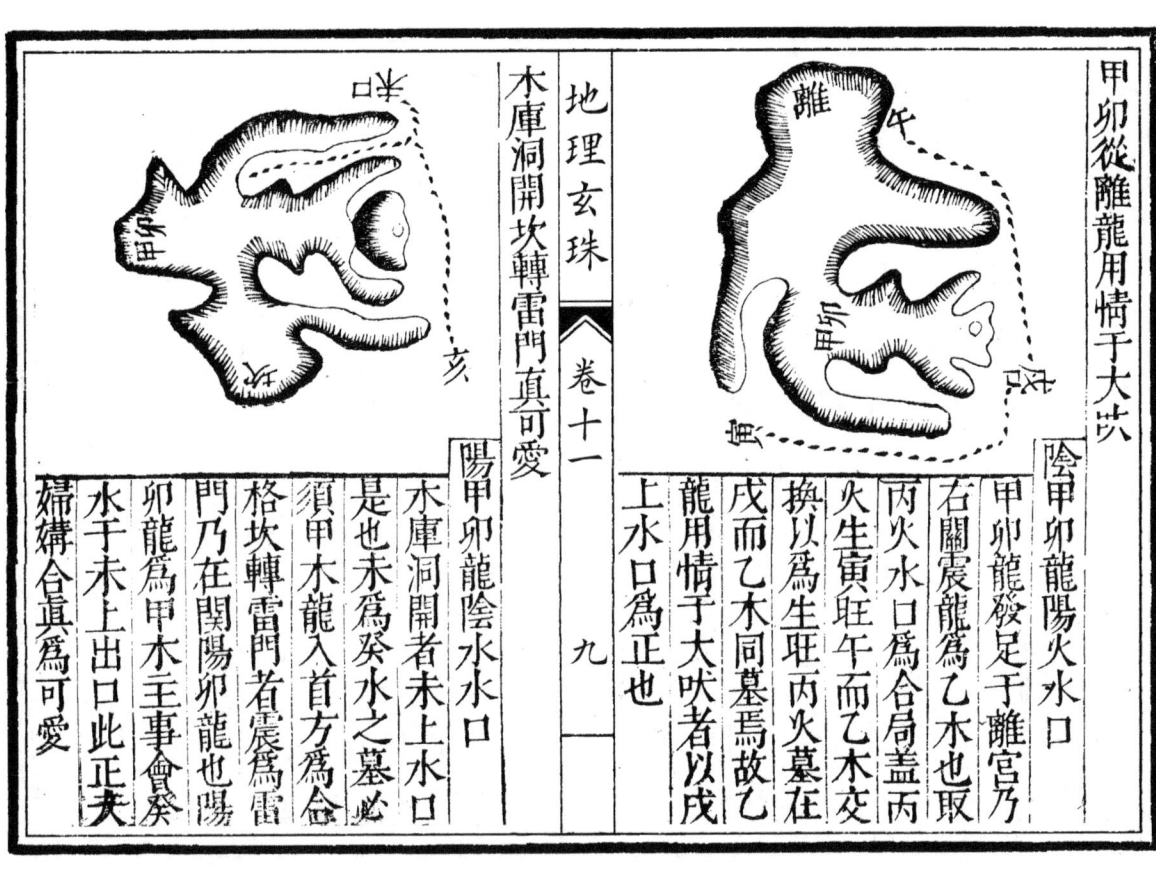

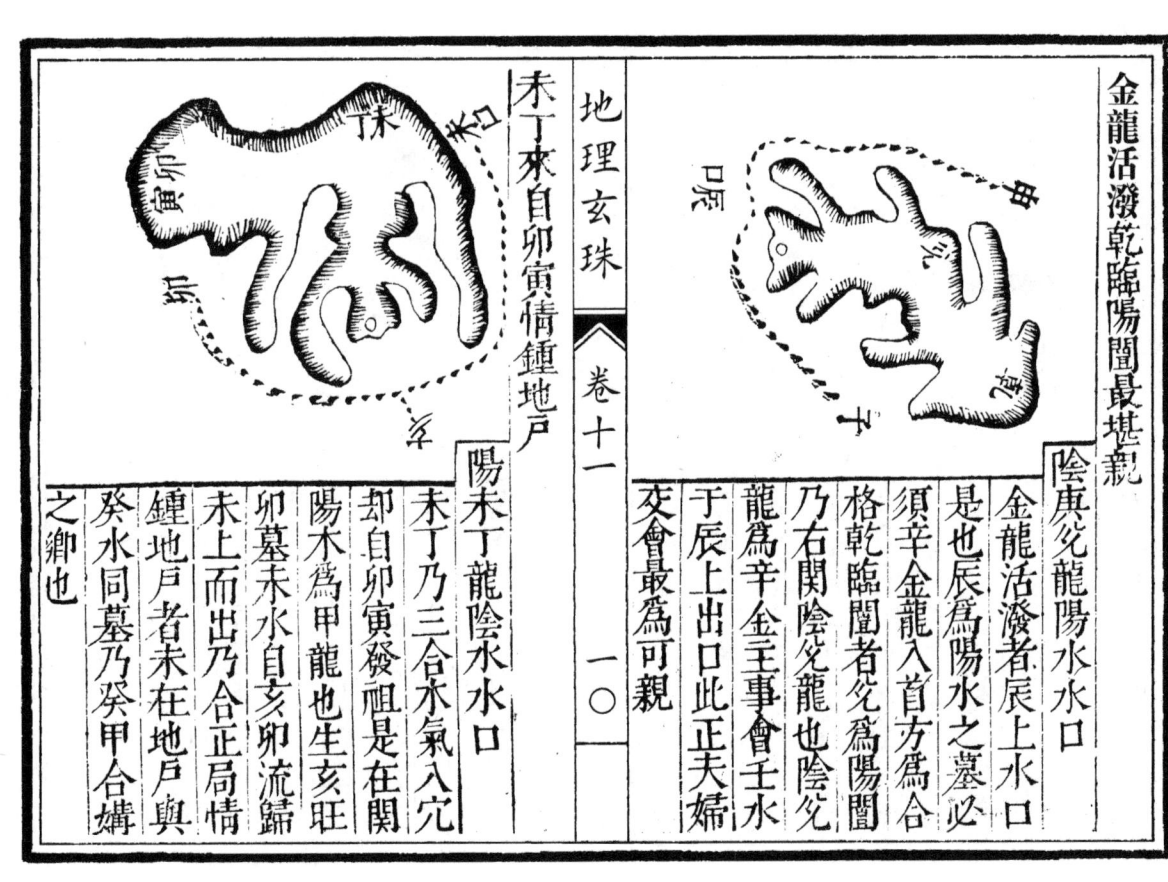

辛戌發源庚兌趨向天門

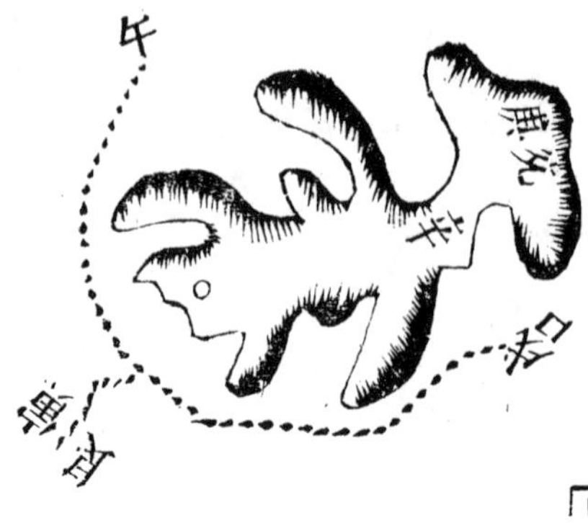

陽辛戌龍陰木水口

辛戌乃三合火氣入穴却自兌庚發源是左關陽火爲丙龍也生寅旺午墓戌水自寅午流歸戌上而出乃合正局趨向天門者戌近天門與乙木同墓乃丙乙交感之地也

午臨辰乙喜遇甲流

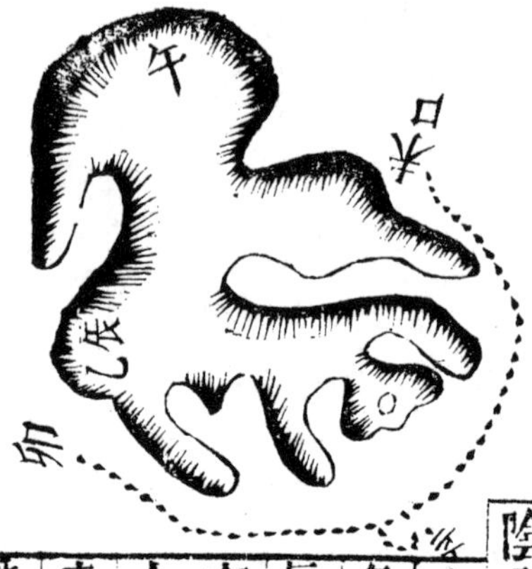

陰乙辰龍陽木水口

乙辰爲水庫之鄉若自午方發氣爲右關陰乙辰是癸龍也水自亥卯方來固爲合局然來吉去吉方爲盡善甲流者未上水口是也癸以甲爲夫而同墓于未豈非陰乙辰之佳遇耶

離入坤申好逢辛水

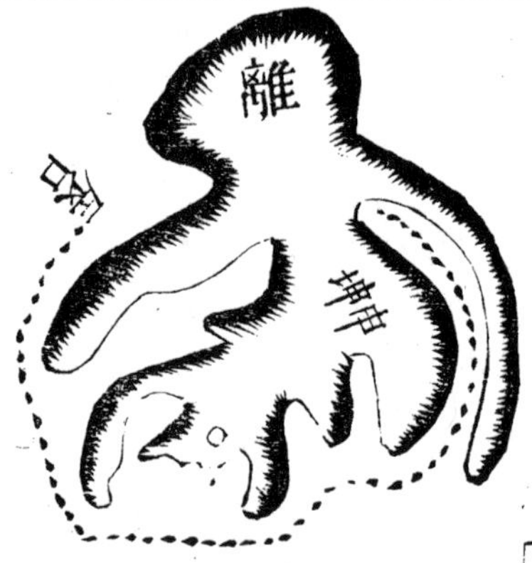

陽坤申龍陰金水口

坤申爲水生之地若自離方發足爲左關陽坤申是壬龍也水自申子方來固爲合局然來吉去凶亦非全美辛水者辰上水口是也壬以辛爲妻而同庫于辰豈非陽坤申之好逑耶

亢作天根須是震寅傳癸丑

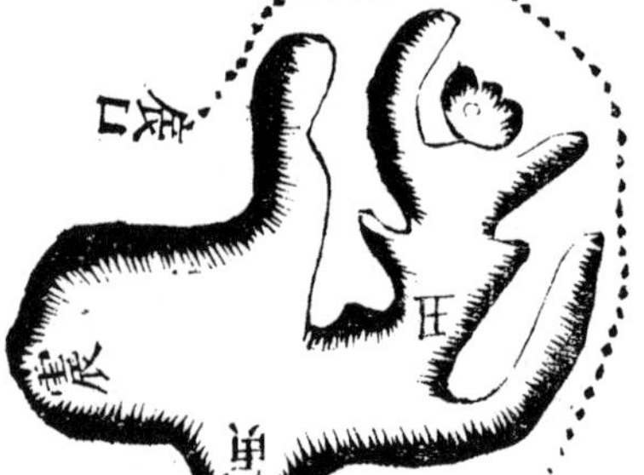

陰丑癸龍陽水水口

亢辰也天根者陽氣所從出之門即施生之竇猶男子之牡也此言辰上水口壬水之天根也若逢是局須是辛龍爲正配震寅傳丑癸係陰金龍入首正合辛局與壬水交于辰也

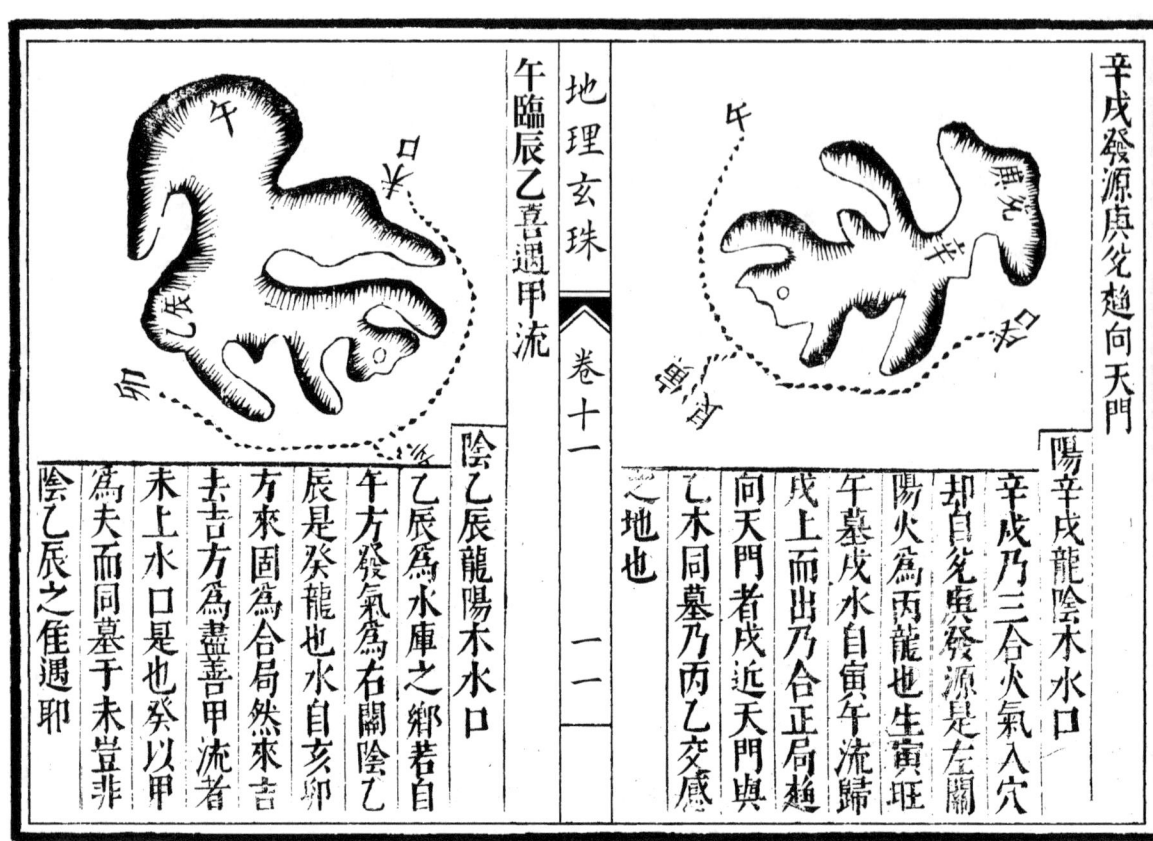

婁爲月窟定應午丙祖寅辰

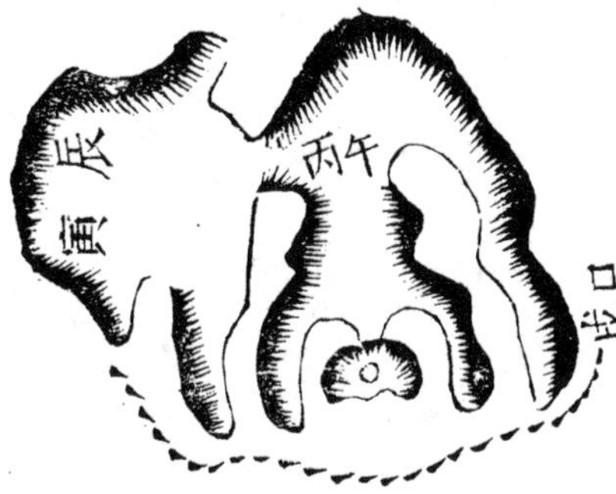

陽午丙龍陰木水口

婁戌也月窟者陰氣所發育之地即翁受之戶猶女子之牝也此言戌上水口乙木之月窟也若逢是局定應丙龍爲正配午丙祖寅辰係陽火龍入首正合丙局與乙木交于戌也

亥入艮艮入亥合歡婁胃賤佳期

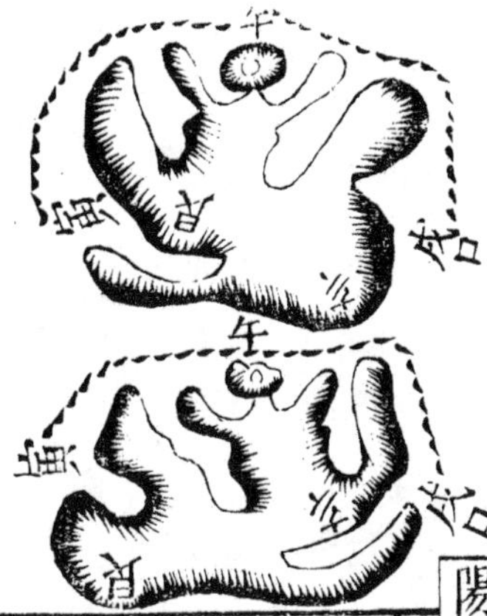

陽艮陰亥龍戌上水口

亥入艮爲丙火艮入亥爲乙木丙乙互相生旺正夫婦相爲用也丙乙同墓于戌此正雌雄交媾也丙交乙者寅午之陽局乙交丙者亥卯之陰局也此艮亥二龍同局極爲大地

辛祖癸癸祖辛交媾女牛諧伉儷

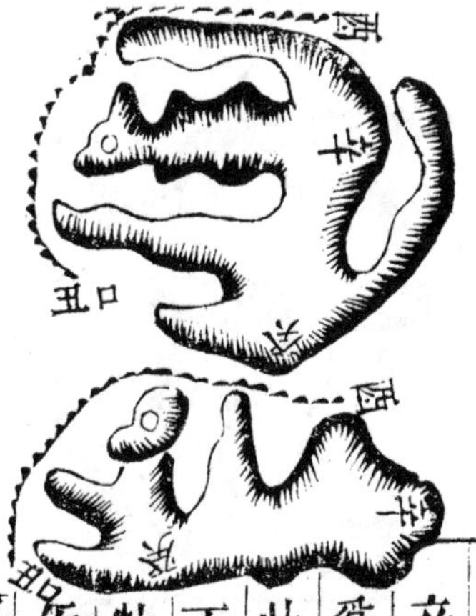

陰辛龍陽癸龍丑上水口

辛祖癸爲丁火癸祖辛爲庚金丁庚互相生旺此正男女相爲感應也丁庚同墓于丑此正牝牡相對也丁交庚者寅午之陰局庚交丁者巳酉之陽局也此辛癸二龍同局極爲大地

乙木受生于子癸締好龍宮

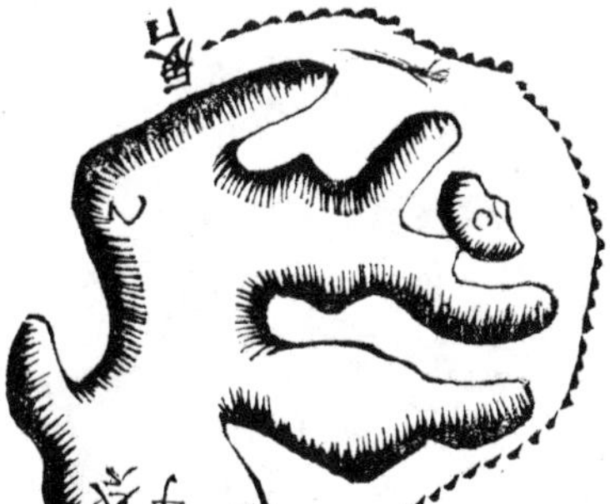

陽乙龍脉金水口

陽乙龍爲雙山水氣乃受生于子癸是壬水龍入局也正配在辛金水宜申子朝堂流辰而出方爲合格葢以辛妻生子旺申而同庫于辰也故曰締好龍宮龍宮者辰上水口也

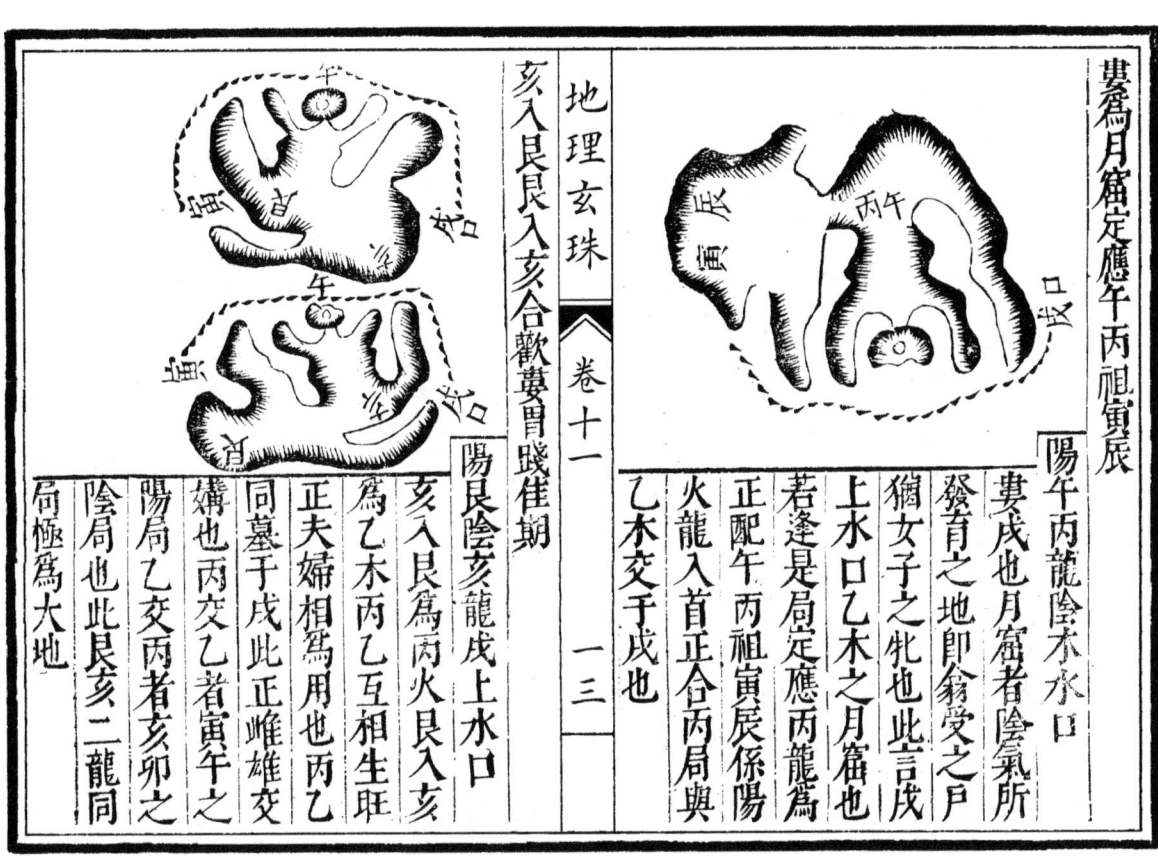

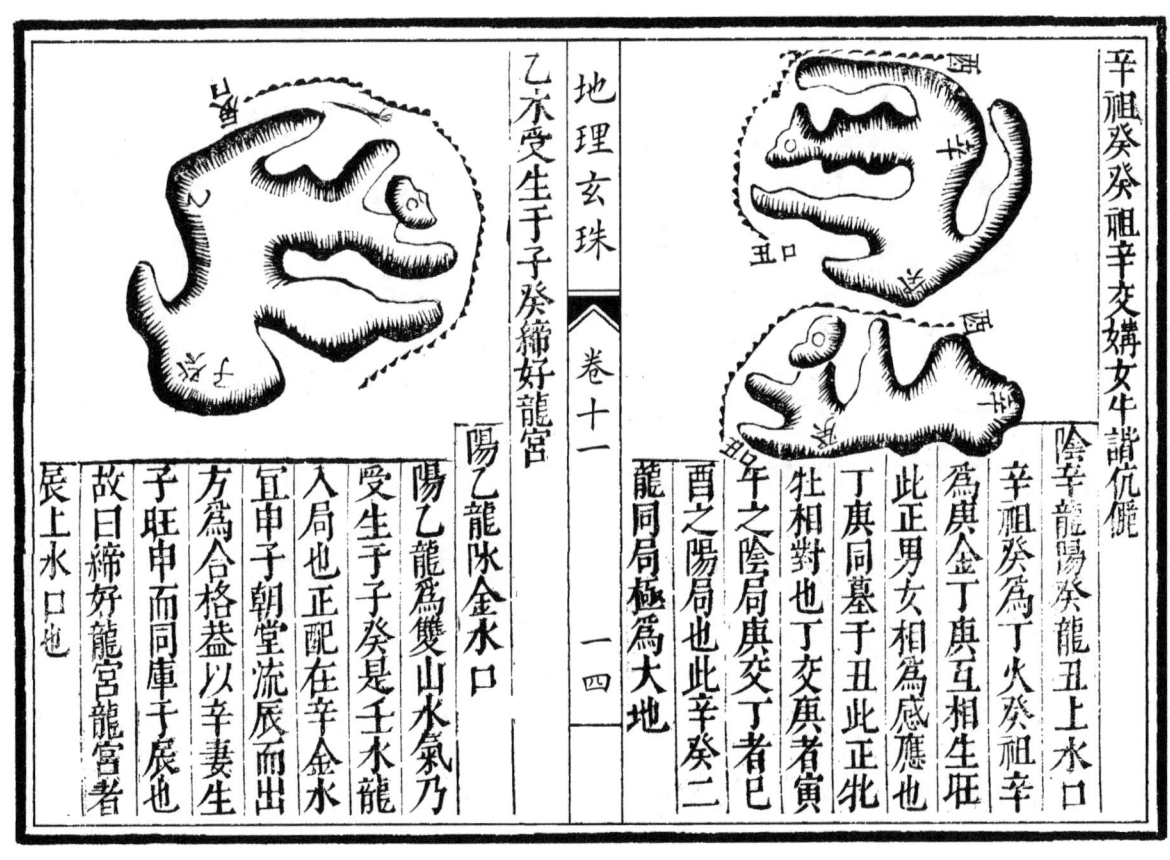

丁火得氣干兌庚投情奎位

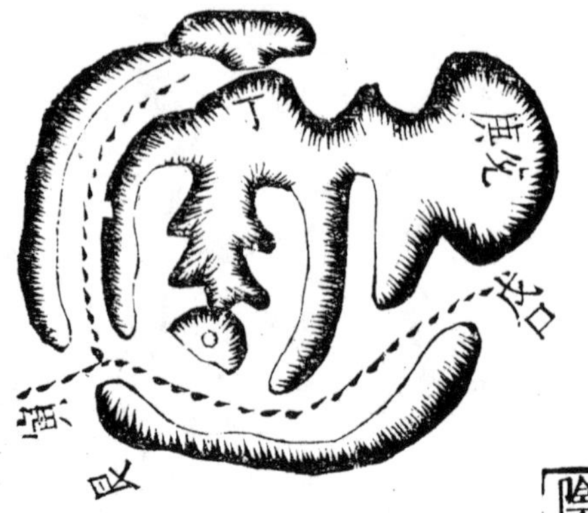

陰丁龍陽火水口

丁龍爲雙山木氣乃發脉于兌庚是乙木龍入局也正配在丙火水官寅午朝堂流戌而出方爲合格蓋以丙火生寅旺午而同庫于戌也故曰投情奎位奎位者戌上水口也

巳巽脉從左旋丁庫闢玄機之戶

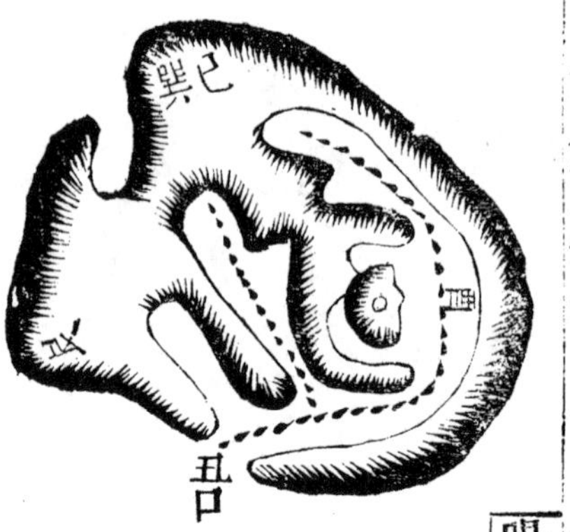

陽巽巳龍陰火水口

巳巽龍金長生龍也却從艮方發脉左旋而入局是爲庚金取丁火爲妻乃是正配水自巳酉朝歸丑上出口爲庚丁相見則夫婦交歡而生息自盛矣謂非玄機之戶耶

坤申氣自右落水羊呈微門

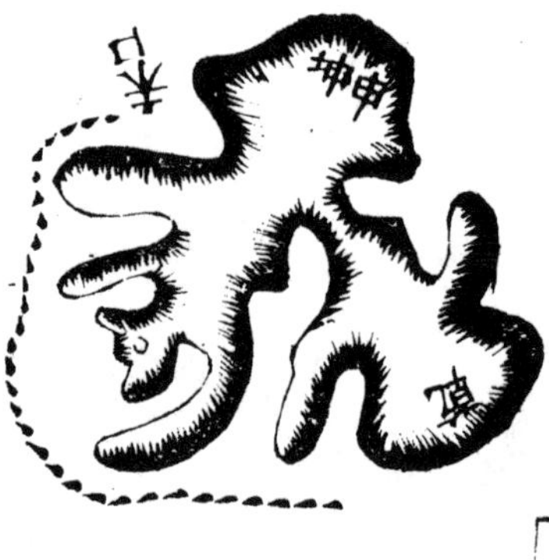

陰坤申龍陽木水口

坤申龍水長生龍也却自乾方發氣右落而入局是爲癸水適甲木爲夫乃是正配水自亥卯朝歸未上出口爲癸甲相見則男女媾合而化生無窮矣謂非微妙之門耶

申庚轉勢來午丙合牛金以鍾情

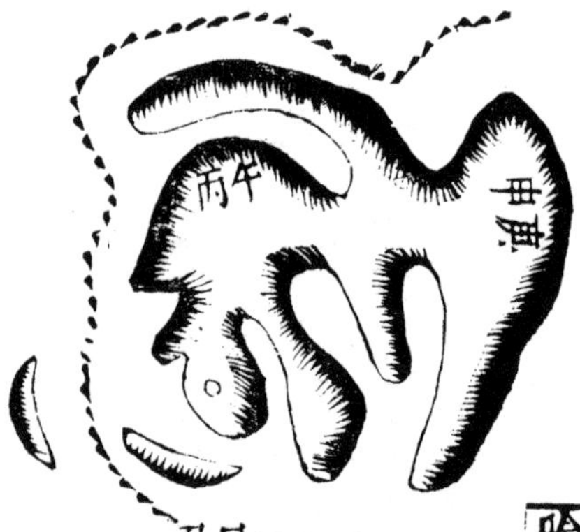

陰午丙龍陽金水口

申庚發足剥換午丙入首是右關離龍結局爲丁龍也配庚金爲夫庚庫到丑會巳酉生旺水入局而歸三乃是丁庚配合爲陰陽和美是以鍾情于牛金牛金者丑上水口是也

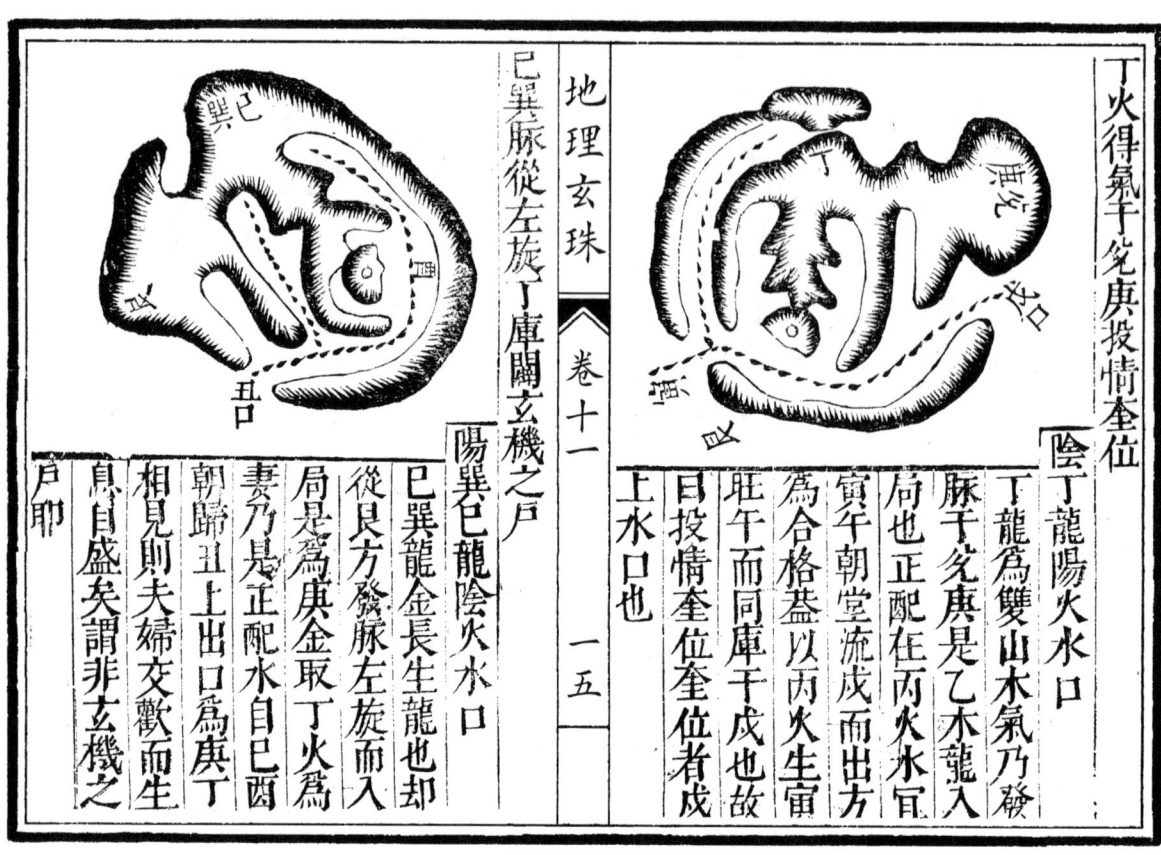

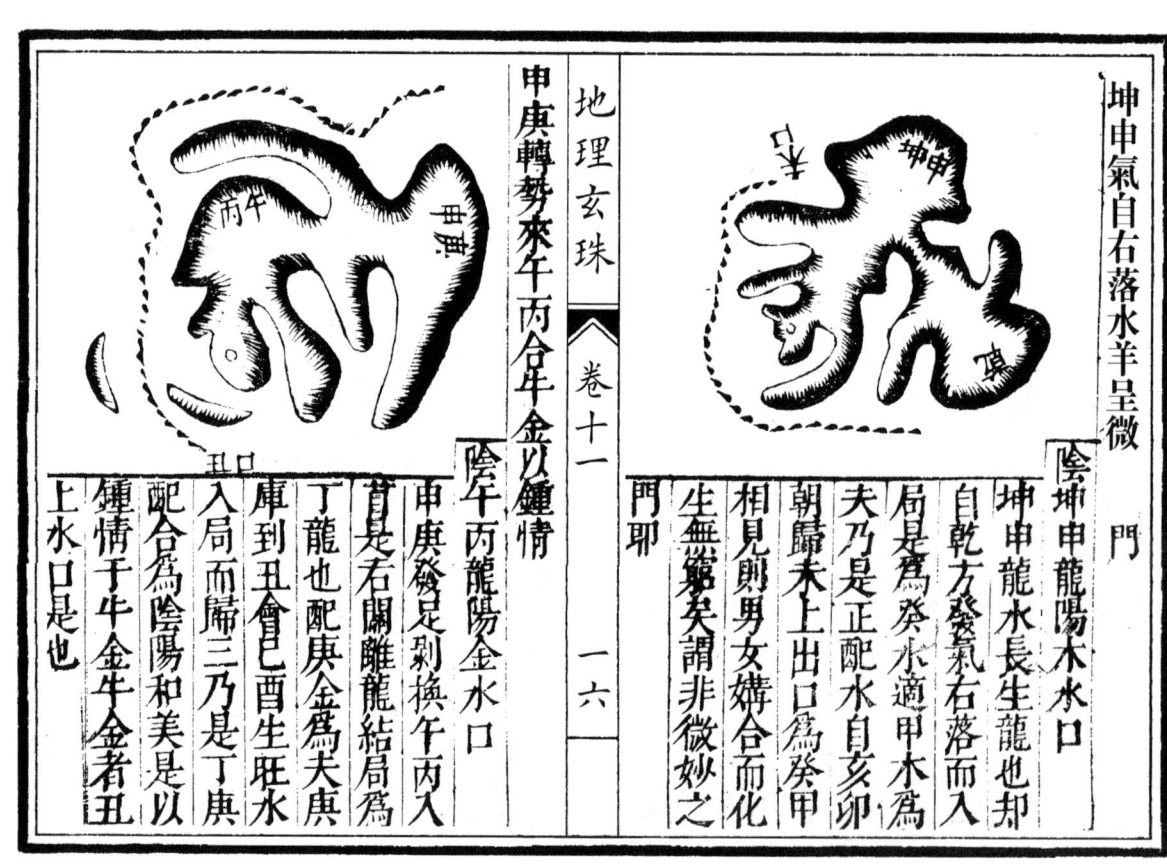

寅甲歸元到子壬會鬼金而納悉

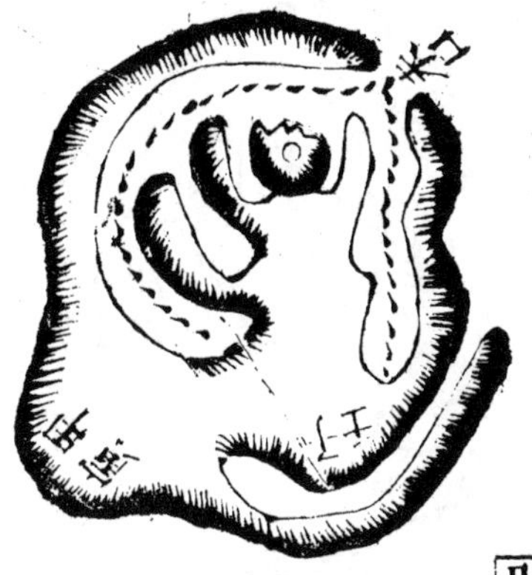

陰坎壬龍陽木水口

寅甲發祖剥換子壬入首是右關坎龍結局爲丁龍也配甲木爲夫甲庫在未會亥卯生旺水入局而歸未乃是癸甲交會爲夫婦和同是以納悉于鬼金鬼金者未上水口是也

木龍順走遇辛丁陰錯須知尅婦

陽木龍陰金陰火水口

木龍順走者陽木龍結局也假如左關亥龍氣屬甲木必須未上出口爲癸水是吾妻也若辰上出口爲辛水丑上出口爲丁水皆爲陰錯定主有尅婦之嫌舉一陰錯而陽龍倣此

水氣逆行逢庚丙陽差定見刑夫

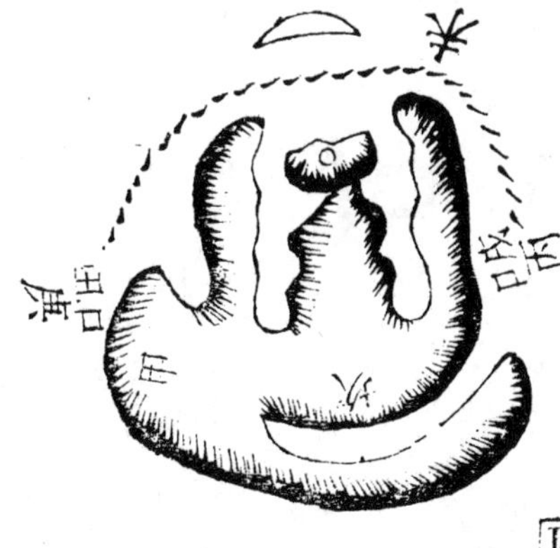

陰水龍陽金陽火水口

水氣逆行者陰水龍結局也假如右關坎龍氣屬癸水必須未上出口爲甲水是吾夫也若丑上出口爲庚水戌上出口爲丙水皆爲陽差未免有刑夫之咎舉一陽差而陰龍倣此

左金逢角木兄嬅妹而紊倫

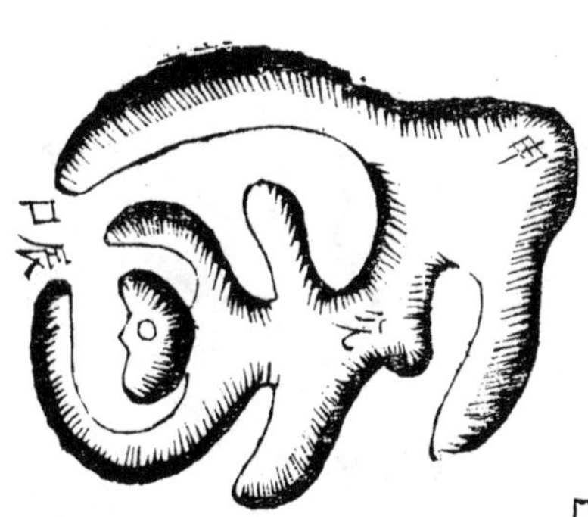

陽金龍陰金水口

左金者陽金龍入首也角木者辰上水口也假如左關兌龍爲庚金丑上出口爲丁水乃娶異姓爲正配若辰上出口是爲辛水庚龍逢辛水是以兄而嬅妹矣紊倫孰甚焉陽龍類推

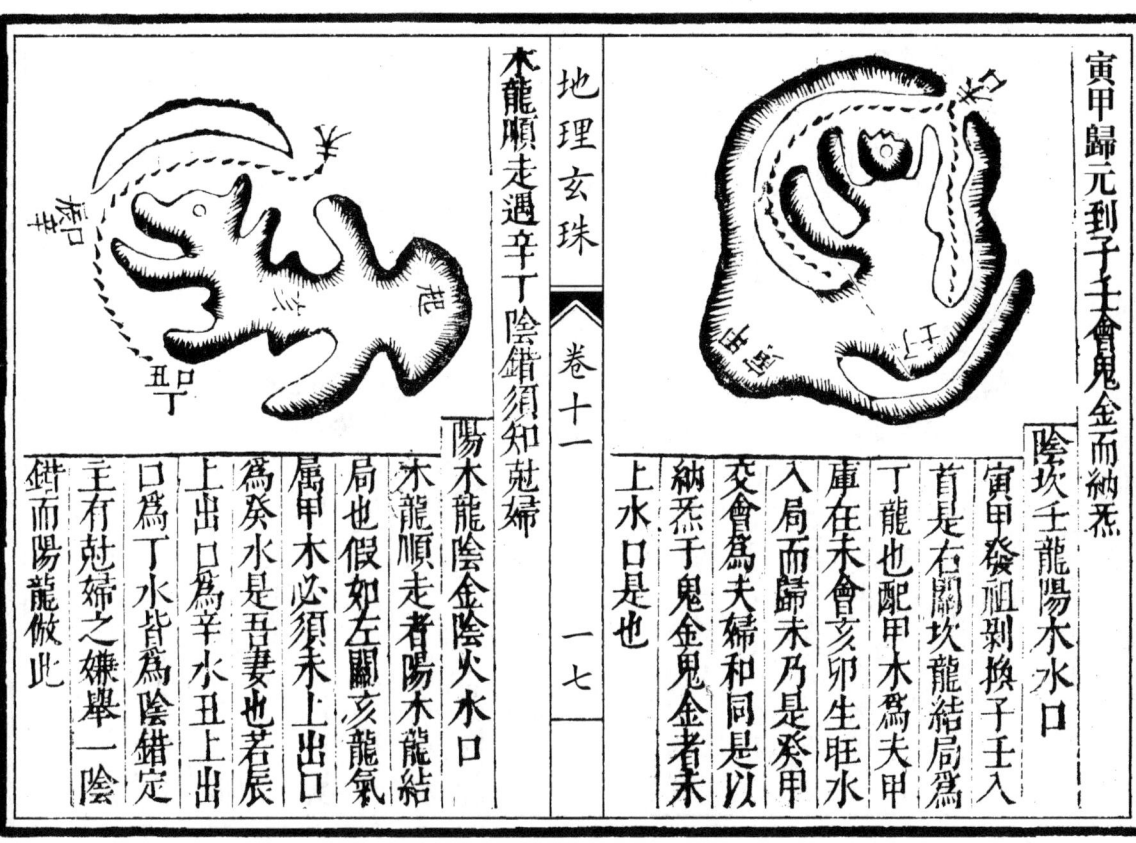

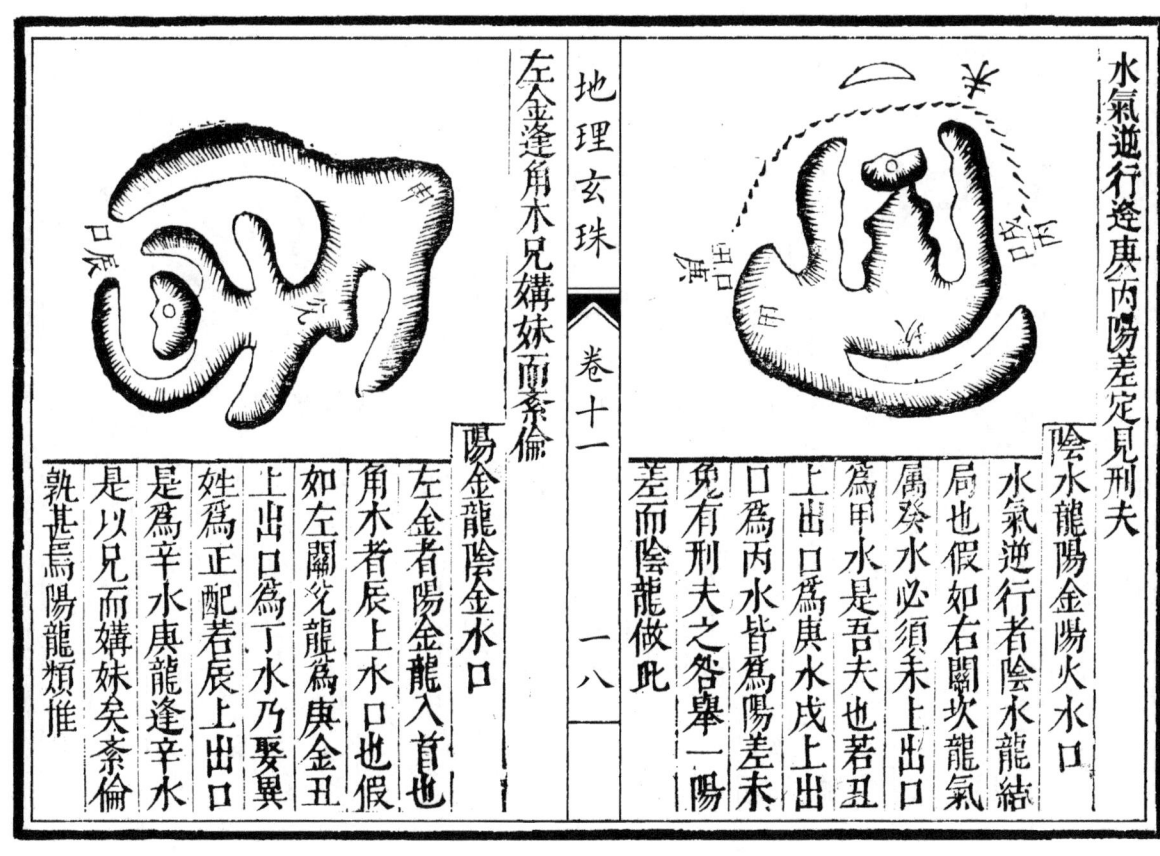

右火會妻金妹交兄而背禮

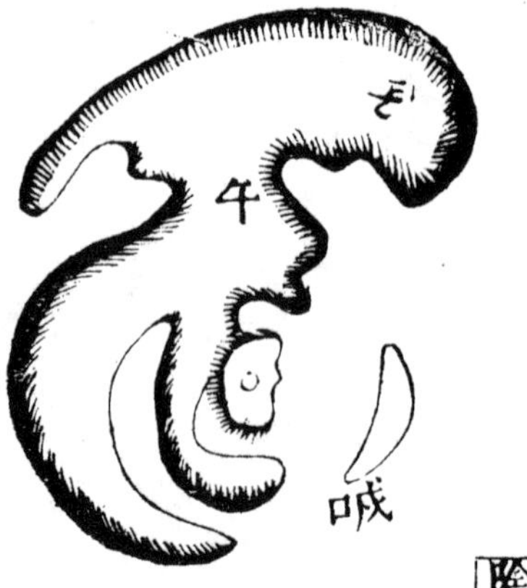

陰火龍陽火水口

右火者陰火龍入首也妻金者戌上水口也假如右闕離龍爲丁火丑上出口爲庚水乃適巽姓爲正配若戌上出口是爲丙水丁龍會丙水是以妹而交兄矣背禮孰加焉陰龍類推

夫妻臨遇雖強合而終見宜家

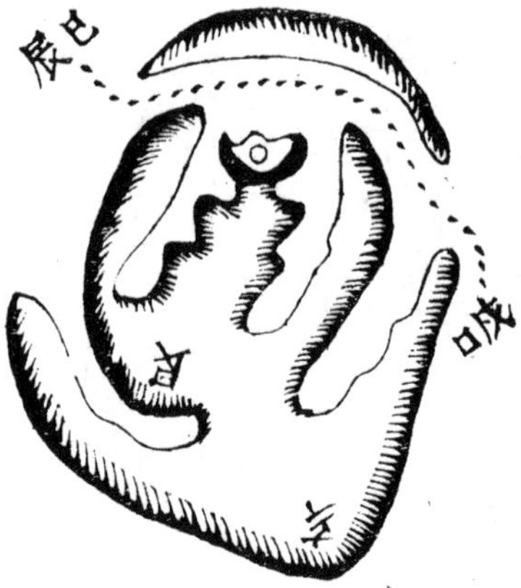

陽火龍陰水水口

此言去水合局而來水甲遇也假如陽艮龍爲丙火局與乙交配水不自寅來却于辰巳方來仍在戌上出口是夫妻路遇也雖爲強合終見宜其家室矣主發福遲而不旺丁

男女情衰縱善始而恐難諧老

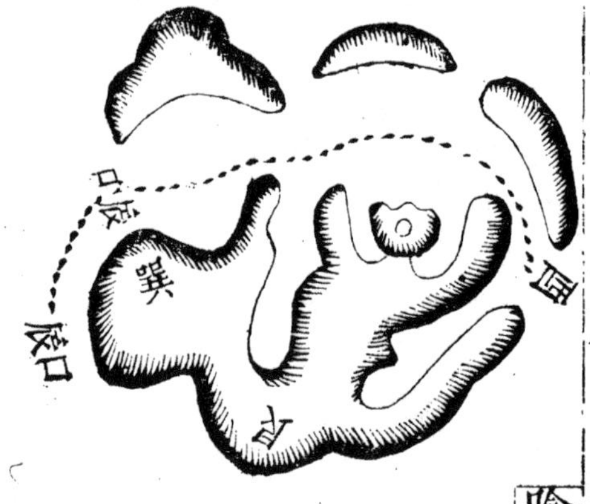

陰火龍陽水水口

此言來水合局而去水中變也假如陰艮龍爲丁火局與庚交酉水自酉來不及丑上出口却于辰方出口是男女衰也雖能善始安得白頭相守耶主發福早而不能壽

過交而極晚歲榮華

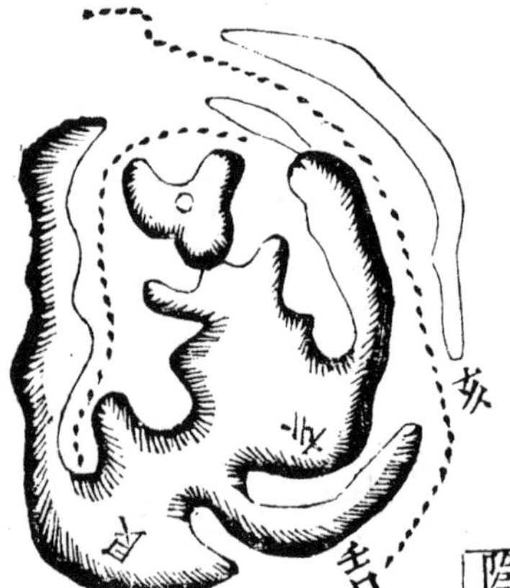

陰木龍陽火水口

此言去水太過越局也假如陰亥龍爲乙木配內火寅午水來出戌本爲合局然太過而于亥壬出口此過交而情極也反致樂極生悲亦能損丁敗財主老年發達得子之應

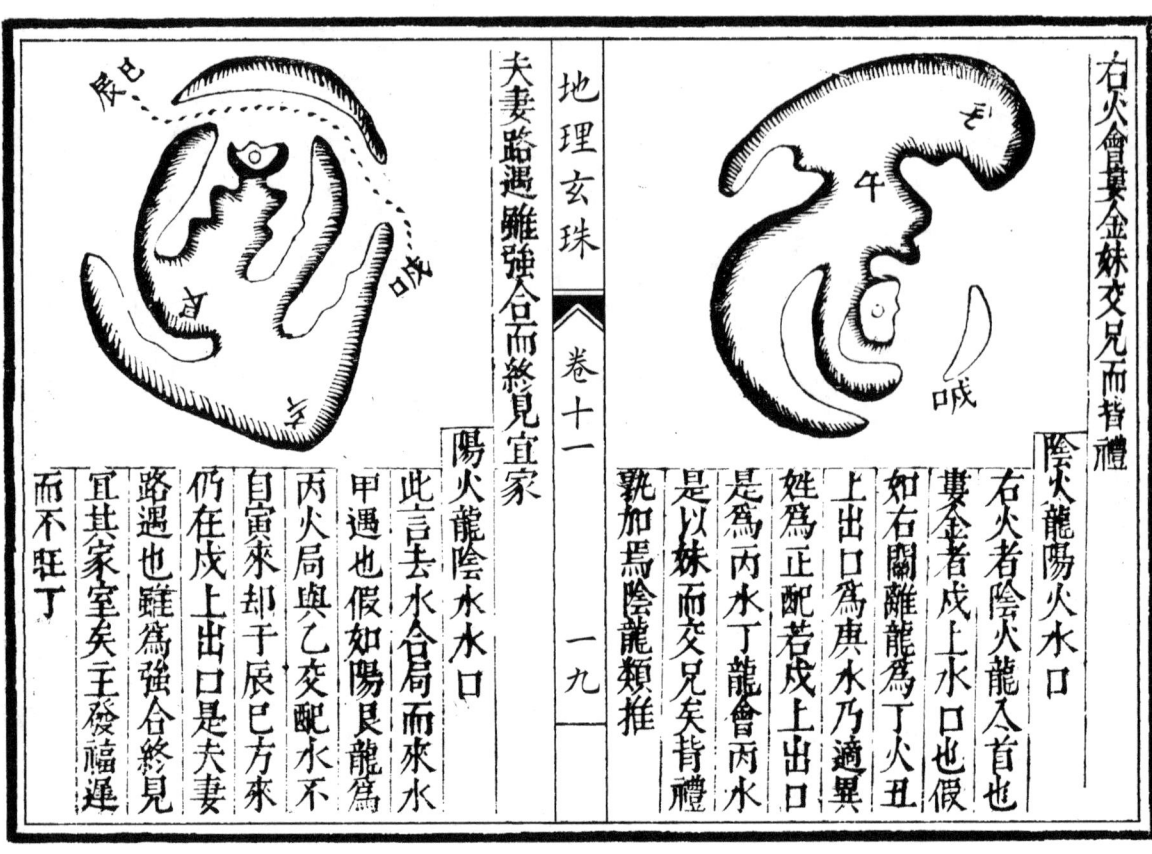

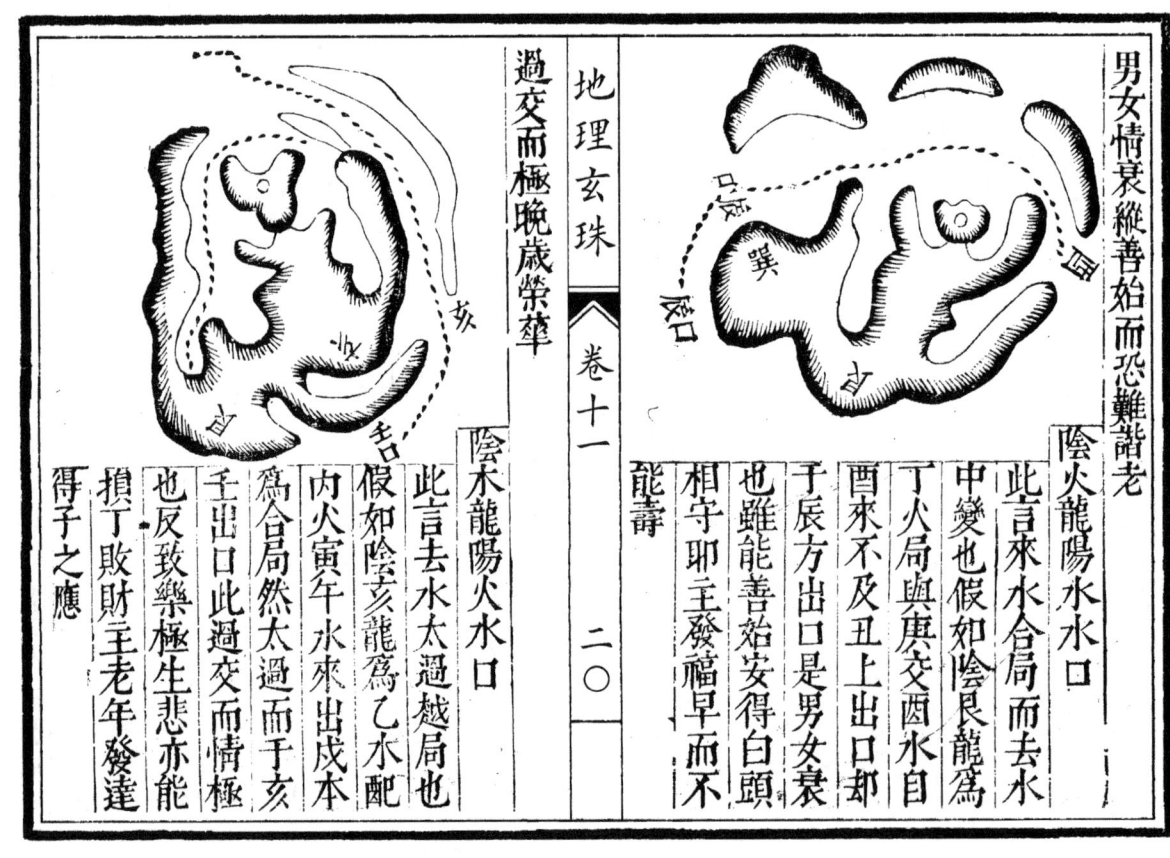

偶配而離少年賓夭

陽木龍陰火水口

此言來水短促破局也假如陽亥龍爲甲木配癸水亥卯水來出未乃爲合局却暫交而于丑寅出口此未合而作離也安得情投意洽速致損丁破財主少年夭折貧賤之應

宜爾室家儘堪匹配

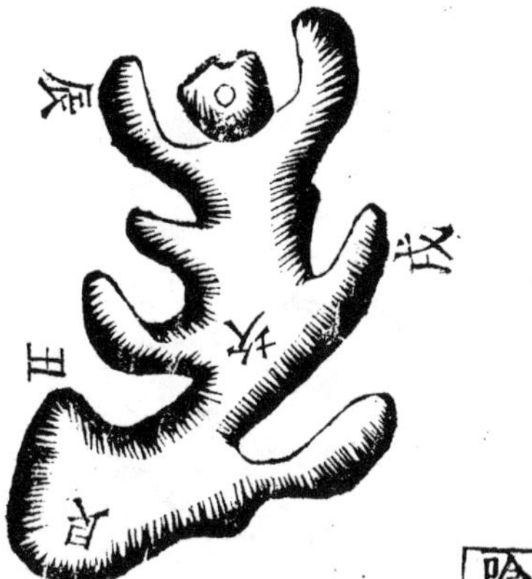

陰水龍陽木水口

此言龍水合局也假如陰坎龍爲癸水主事以甲木爲夫丑爲庚水辰爲壬水戌爲丙水皆非正配惟未上出口乃是甲水方爲夫婦相見此眞宜爾室家而可以匹配矣

非其配耦且莫相從

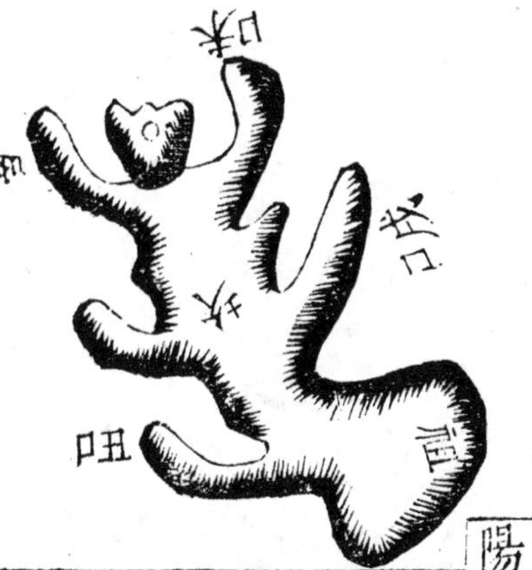

陽水龍陰木水火水口

此言龍水不合局也假如陽坎龍爲壬水司令以辛金爲妻惟辰上出口爲辛水乃爲夫婦相見若丑爲丁水未爲癸水戌爲乙水悉所不合也此皆非其配耦惡可以相從爲哉

相女配夫三合周旋是婚主

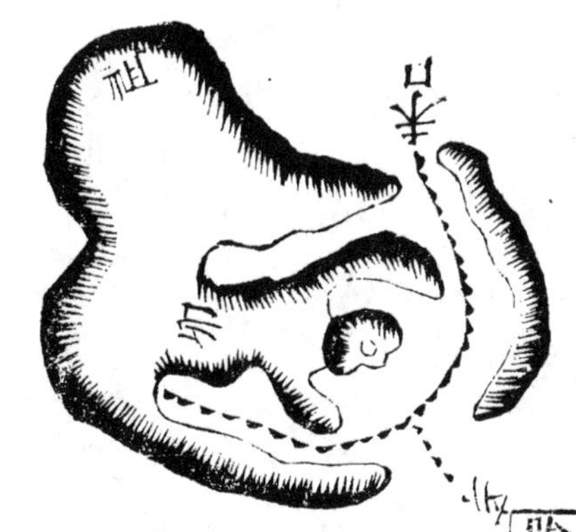

陰木龍陽木水口

假如陰卯龍爲乙木戌上水口爲乙與丙交兹未上水口是以妹交兄矣宜扦亥向作三合木局收水于未上出口是用癸甲相見也此蓋棄龍從局之微權也非周旋男女之婚主耶

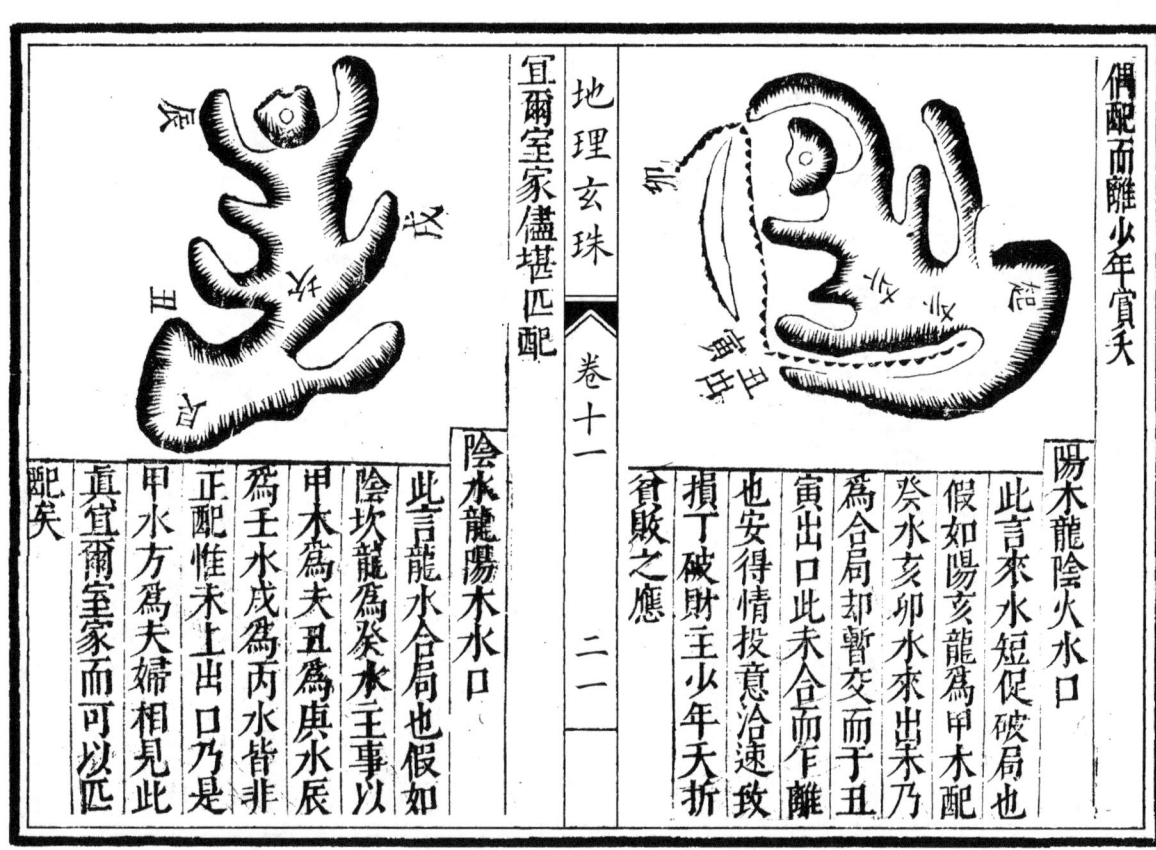

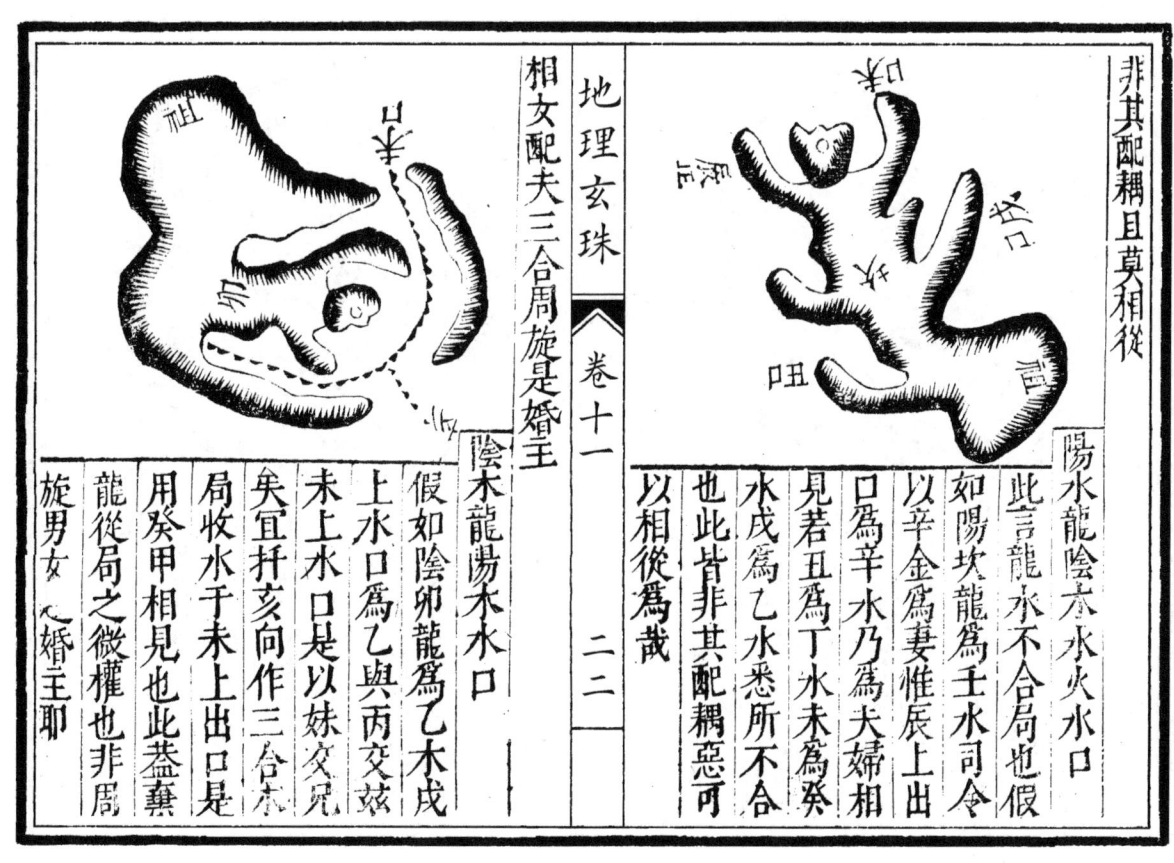

攺婿易聘玄空修合是艮媒

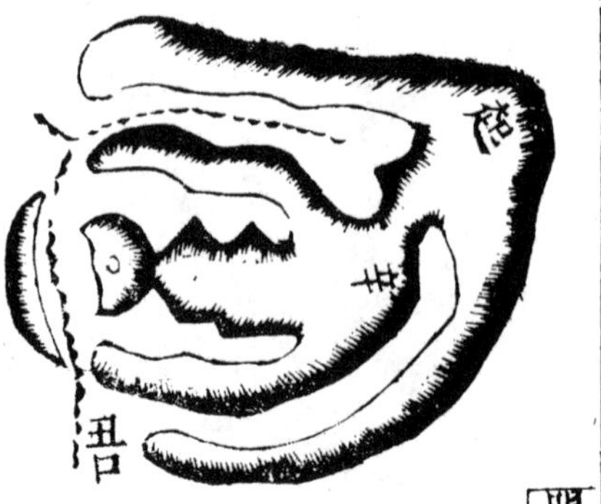

陽火龍陰火水口

假如陽辛龍爲丙火戊上水口爲丙與乙交茲丑上水口是以兄交妹矣宜扦卯向作玄空金局收水干丑上出口是用庚丁相見也此蓋以向用龍之活法也非修合兩家之良媒耶

引証 此驗所巳然之理

張橫渠祖地

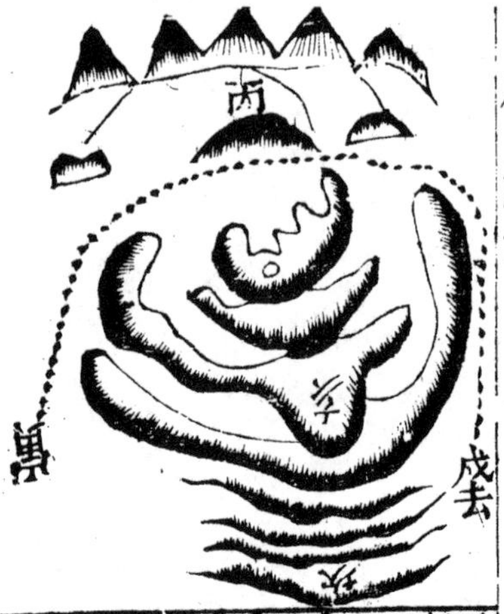

陰亥龍陽火水口

垣局尊貴外陽端秀五峰排列三台作案本爲貴格然係右關亥龍入首氣屬乙本配丙火戊上出水正以乙交丙之正局也所以身承道統爲世大儒古今宗仰

金採花祖地

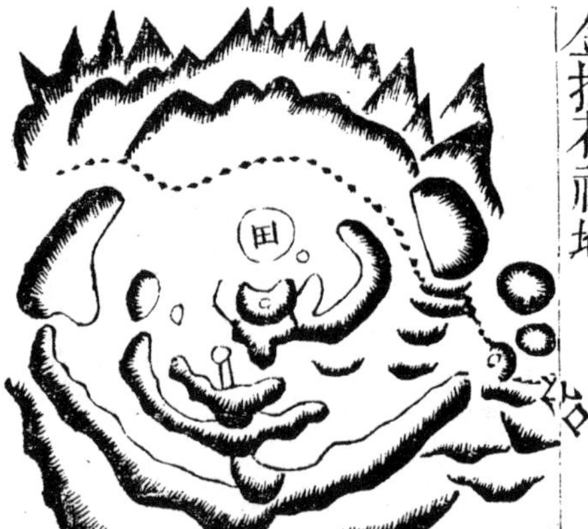

陽艮龍陰木水口

開帳中落文星跌斷結咽入首後樂前朝俱合大格然係左關艮龍氣入丙火配乙木戊上出水正以丙交乙之正局也塟後六年遂發魁又十年會元及第人才疊出

吳冢宰祖地在宜興

陰艮龍陽金水口

文星疊疊而入穴護衛周帀三台作案誠爲大地然係右關艮龍入首爲丁火結局庚金爲正配水自巳酉朝堂而歸丑正合丁庚相見所以塟後連發科第位極人臣

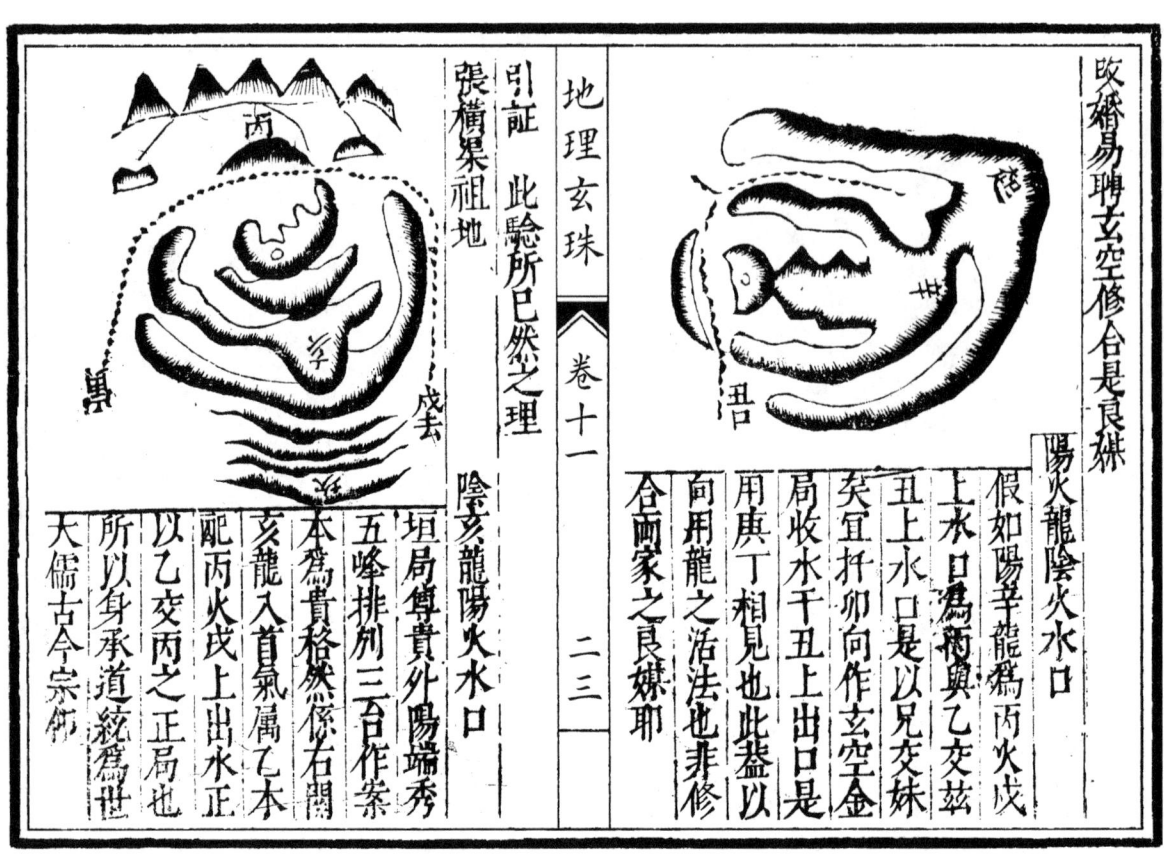

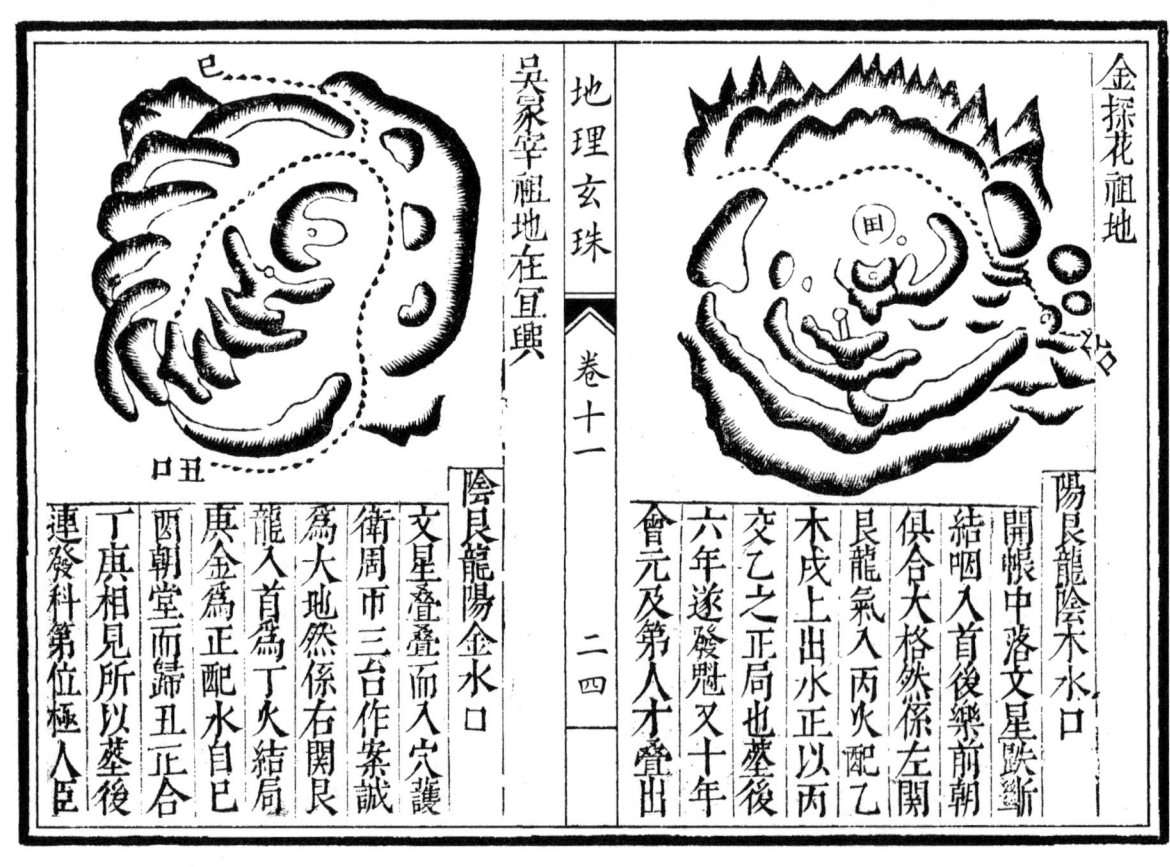

董二賢祖地

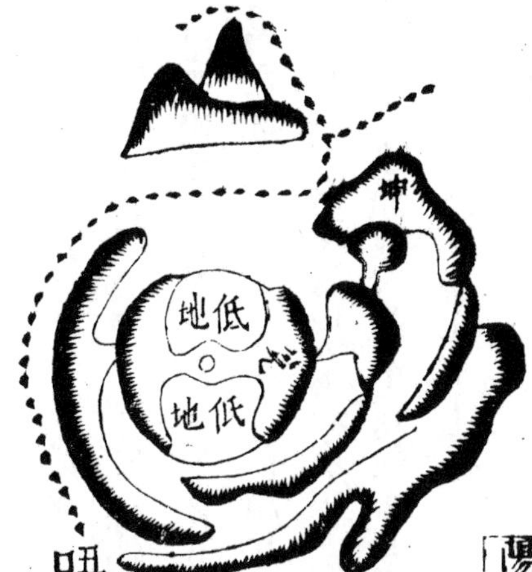

陽兌龍陰火水口

雙凸合氣護托有情上馬貴人作案真大地也然係坤申轉兌結穴乃左關陽金爲庚龍丁火爲正配丁水屈曲朝堂而歸丑正合庚丁相見塟後兄弟聯芳科甲相繼

王忠成祖地

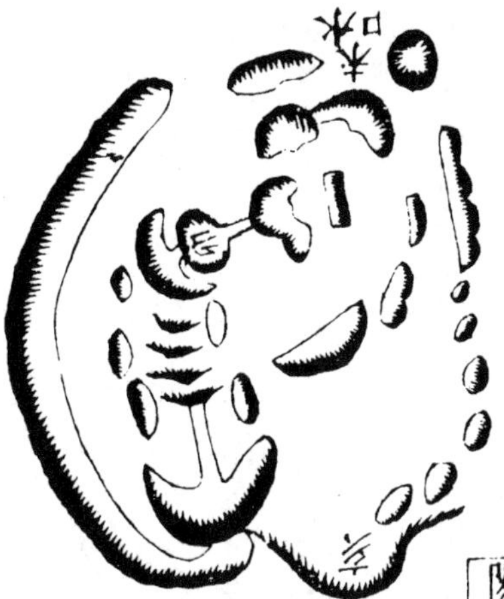

陽卯龍陰水水口

亥入坎坎入卯乃左關陽卯龍結穴也氣屬甲木配癸水水自亥卯朝流而出未正甲與癸交爲夫婦媾合故雖尊星偏出而世代進納將仕每多武職監倉

康侍郎祖地在祁門

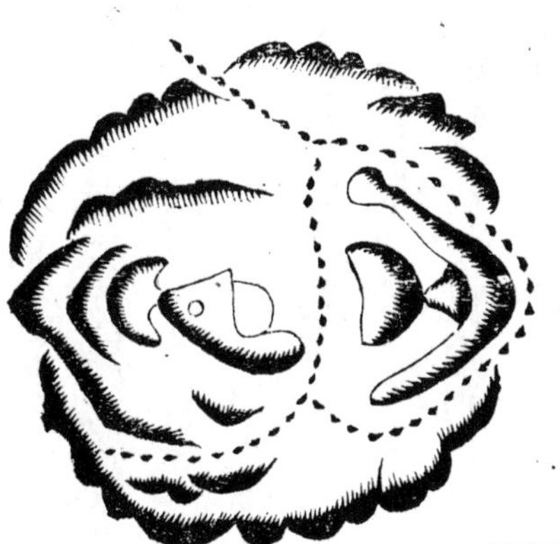

陰卯龍陽火水口

乃右關卯龍入首氣屬乙木配丙火寅午水來正乙木交換丙火之生旺以相爲用也戌上出水乙受丙施之玄機也塟後高科顯爵人丁蕃衍非陰陽配合之所發育耶

夫水由地外取天氣也故去水以天干爲法不拘何方去水悉以天干主之如西北水去卽爲丙乙水口西南水去卽爲癸甲水口之類經云萬水盡從天上去正此謂也是天机水法乃諸家水法之統領而因局立向晋神出殺必以是爲主焉所謂竅二氣之蘊奥完五行之全功而造化之權衡咸歸乎掌握之中

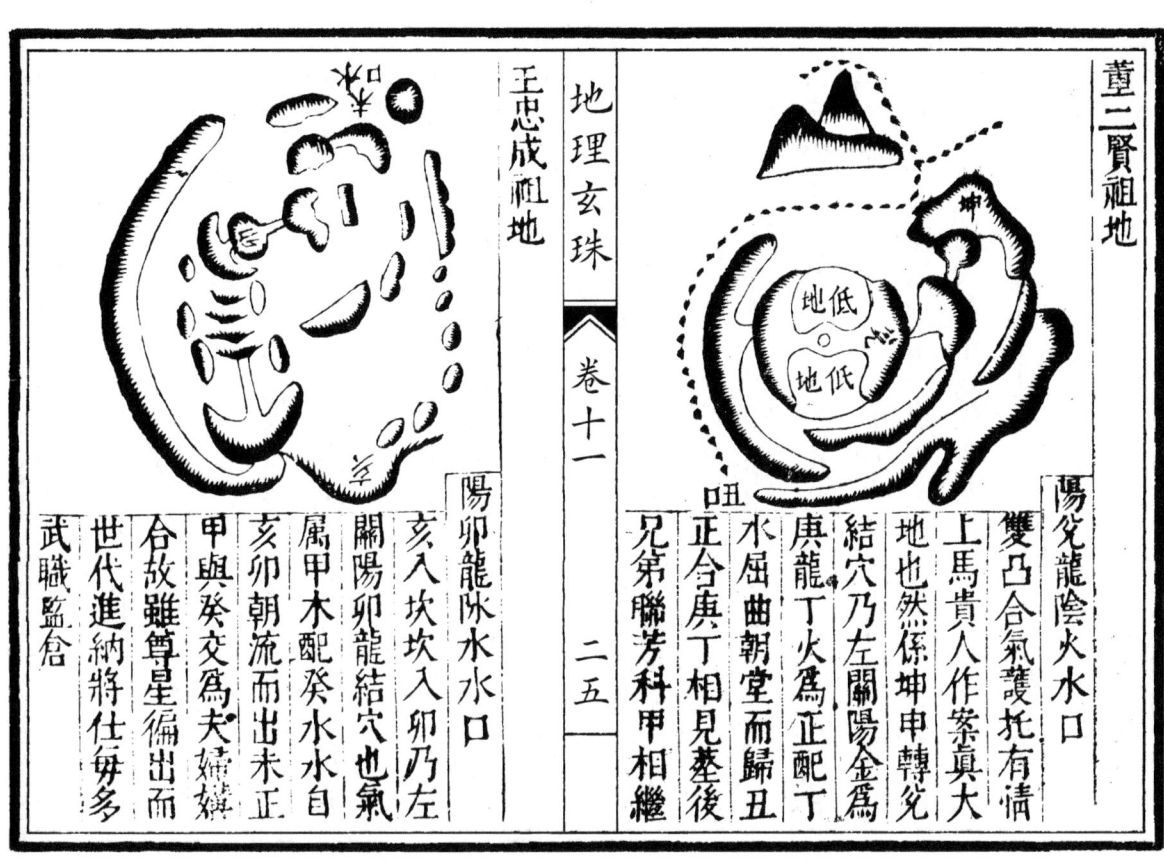

地理玄珠卷之十二

古吳太和山人夏世隆道弘甫著
梁溪半偈道人華善繼孟達甫校

雙山五行　此原所以然之理　專論合

乾亥甲卯丁未木艮寅丙午辛戌火巽巳庚酉癸丑金坤申壬子乙辰水此是雙山配五行收山出殺憑此理

夫雙山五行者即三合六合之法也蓋木生在亥旺于卯庫于未是亥水卯木未土俱以類應而會成木局甲與卯同宮本爲木氣乾屬金而隸于亥丁屬火

而隸于未一宮兩山皆從木化故六山俱屬木也火生在寅旺于午庫于戌是寅木午火戌土俱以類應而會成火局丙與午同宮本爲火氣艮屬土而隸于寅辛屬金而隸于戌一宮兩山皆從火化故六山俱屬火也金生在巳旺于酉庫于丑是巳火酉金丑土俱以類應而會成金局庚與酉同宮本爲金氣巽雖木而隸于巳癸雖水而隸于丑一宮兩山皆從金化故六山皆屬金也水生在申旺于子庫于辰是申金子水辰土俱以類應而會成水局壬與子同宮本爲水氣坤雖土而隸于申乙雖木而隸于辰一宮兩山

皆從水化故六山俱屬水也土寄于水亦爲同局十二宮每宮二山共二十四位亥卯未聯以乾甲丁寅午戌聯以艮丙辛巳酉丑聯以巽庚癸申子辰聯以坤壬乙各以類應如珠之聯而三合六合統爲一氣用之以收山出殺情交意契而生旺休囚之方與氣化無間矣

蓋辰戌丑未爲墓庫寅申巳亥爲長生子午卯酉爲帝旺五行金木水火土五局各分定位山自生旺方高墓絕方低水自生旺方來墓絕方去乃爲合局而應吉反此則凶矣

五行妙用論

夫龍穴之禍福在砂水砂水之禍福在局向局向失其法則雖秀砂秀水皆入死絕休囚而無用故楊公隨地立法不分砂水之善惡堂局之偏正而惟取定于八方生旺休囚之氣有砂可收則收之有水可取則取之使歸乘于生旺之局而已假如亥壬之方秀峰拱照寅卯之位大水洋朝若金龍入首則亥壬秀峰爲病死寅卯朝水爲胎絕仍以金局作用則其禍立至矣秀砂秀水反爲我害亦何益哉若以木局作用則寅卯反爲官旺而亥壬反爲長生寧不轉禍

爲禍耶蓋以砂水無吉凶以局向爲吉凶局向無吉凶以生旺死絕爲吉凶劉公曰生旺之氣神氣也死絕之氣鬼氣也神屬陽陽氣進而生長鬼屬陰陰氣返而收藏此兩儀自然之造化五行一定之玄機也是故氣至而神爲生爲旺而其方位之上宜高而來氣返而歸爲休爲囚而其方位之上宜低而去高而來者爲神從氣至而伸也低而去者爲鬼從氣返而歸也以神感神則吉吉以神生以鬼攝鬼則凶凶以鬼致若使收神氣入鬼方收鬼氣入神方神鬼易位陰陽反常則其爲凶也必矣楊公深得此理而三合

消納之法誠奇兵之神術救貧之微權也哉

雙山定局　此評所當然之理

此圖乃定局也生旺方宜高而來休囚方宜低而去固爲合局然山水之形勢不一陰陽之情性難齊或宜高而反低宜來而反去則有不合乎龍者亦惟隨局以消息之收高山來水干生旺撥低陷去水于休囚則轉禍爲福而可以幹全造化之玄機也夫其爲理也微哉

金龍金局

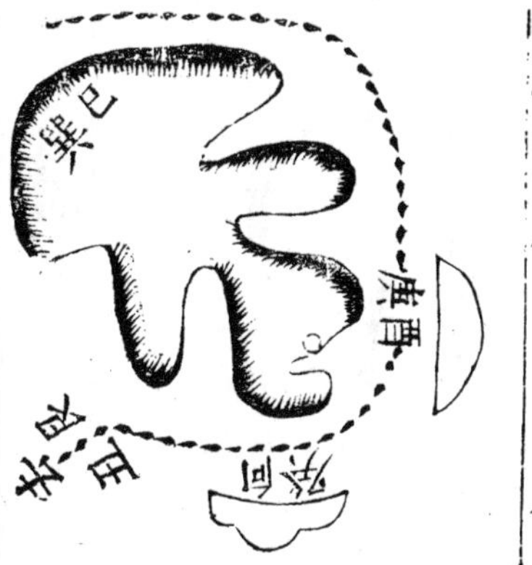

巽巳入首爲金長生龍水自巽巳合庚酉朝來流自丑艮而去正合金龍金局立庚兌向或癸向俱以三合金局作用主富貴旺丁公位均

木龍木局

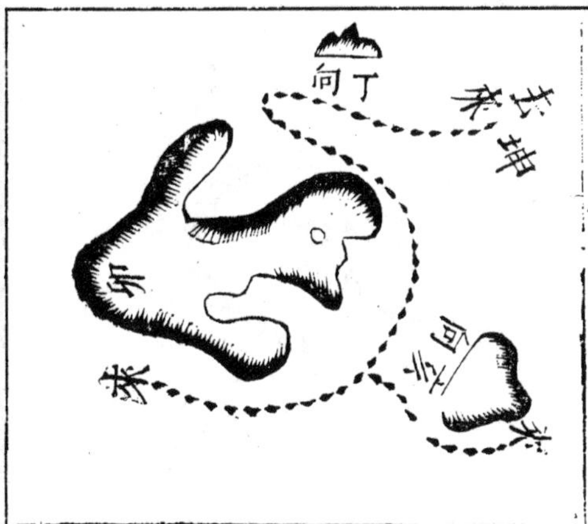

卯龍落脈爲木家旺龍水自寅甲會合亥水朝堂流自坤未而出正合木龍木局立亥向或丁向俱以六合木局作用主房分均發福祿齊全

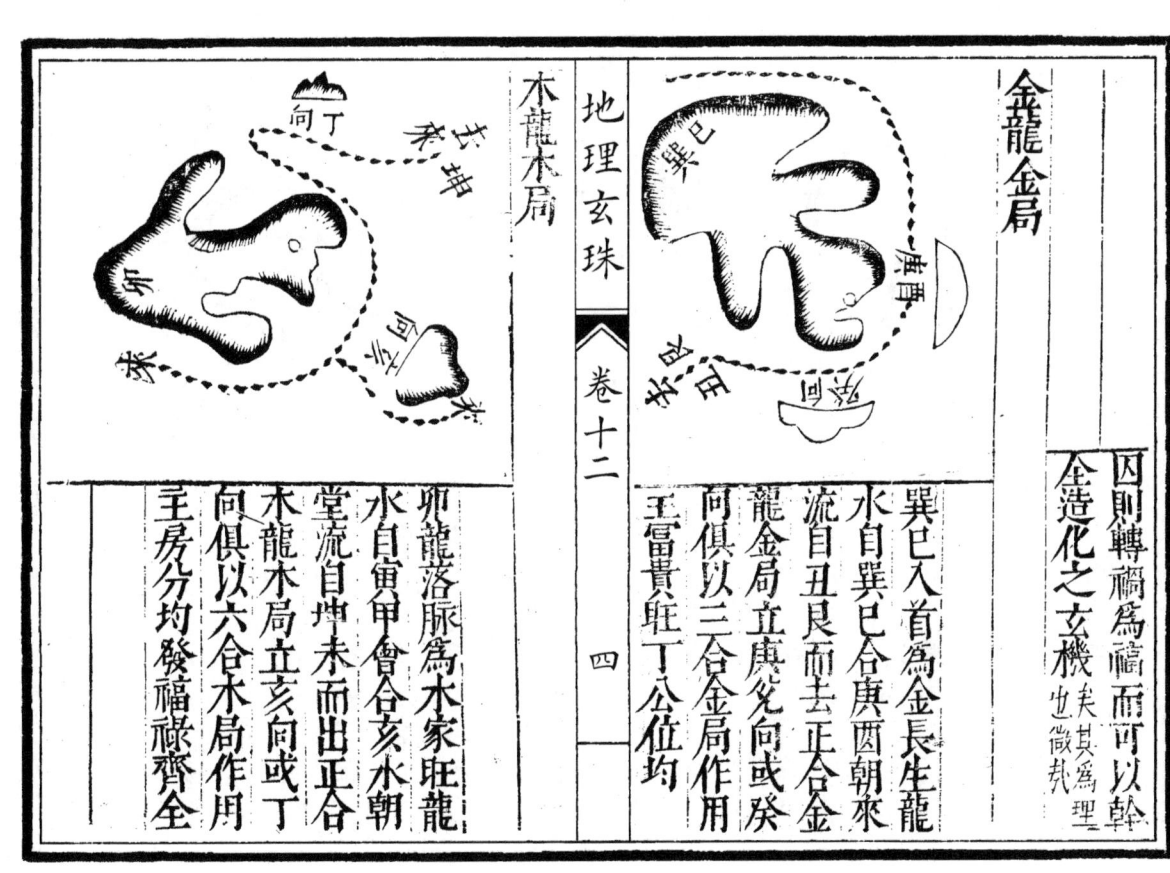

水龍水局

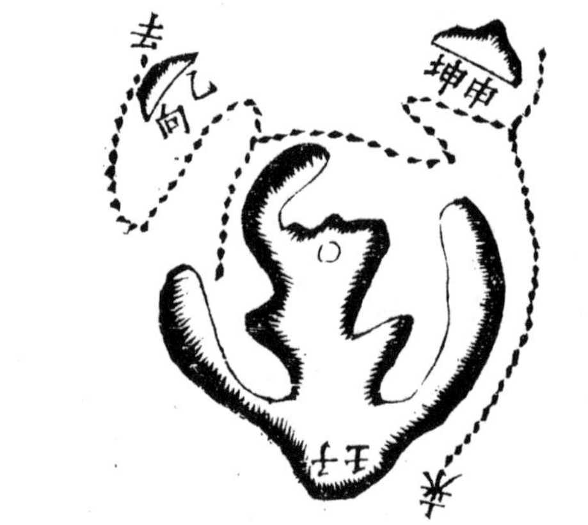

壬子來龍水家旺龍也亥方來水爲官祿坤申來水爲長生二水合流出自辰巽水龍而得水局仍以水局作用立坤申向或乙向則亥水發官祿申水旺人村而得水龍之全局矣

火龍火局

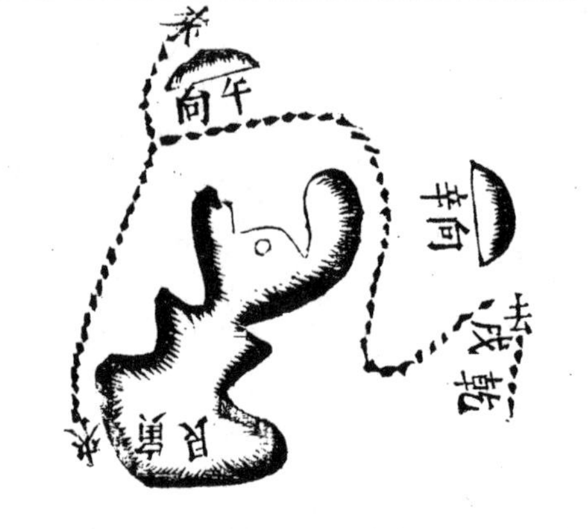

寅艮來龍火家生龍也東方來水爲印綬南方來水爲帝旺二水合朝出自戌乾火龍而得火局仍以火局作用立丙午向或辛向則印水發人丁旺水發官祿而得火龍之全局矣

金龍木局

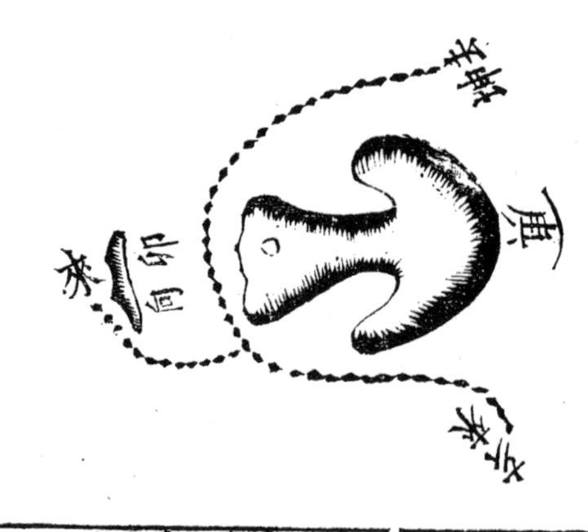

庚本金龍入首而亥卯水朝流出未坤則木局也故立卯向庚氣喜震而穴坐酉得水流西南主出上貴震爲雷門庚爲威胆震庚會而奮武職掌兵權

木龍火局

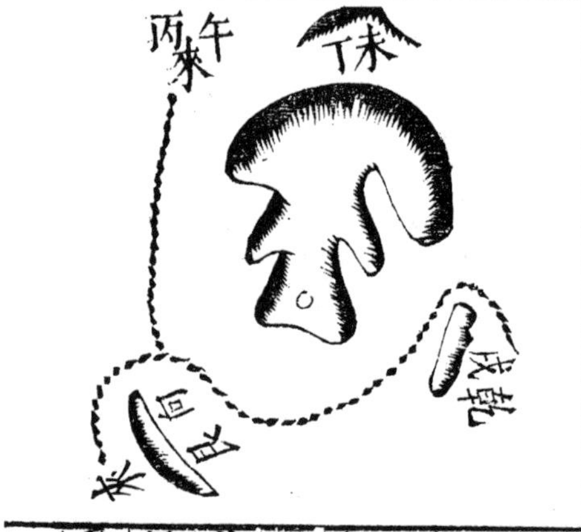

丁未本木龍入首而艮丙水朝流出乾戌則火局也故立艮向丁氣喜艮而穴坐坤得水流西北定主大貴丁爲南極艮爲天倉丁艮交而顯爵榮享富壽

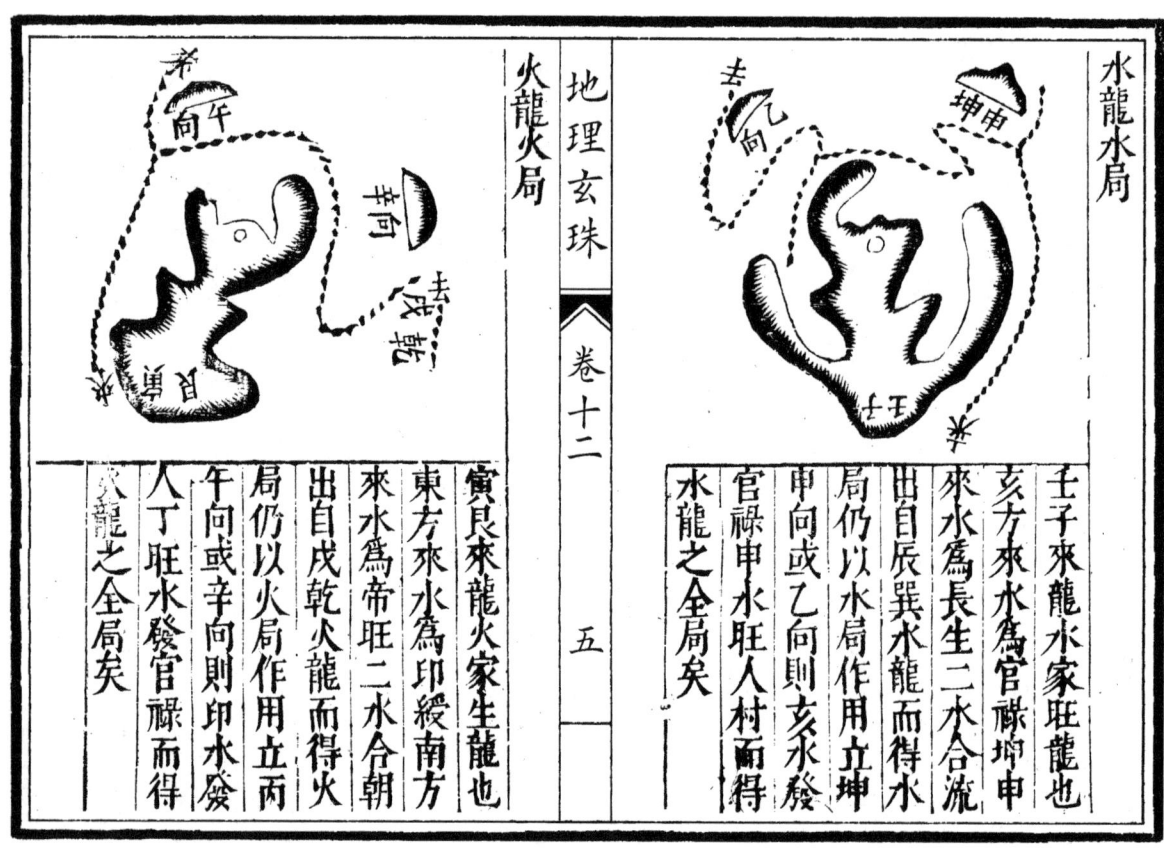

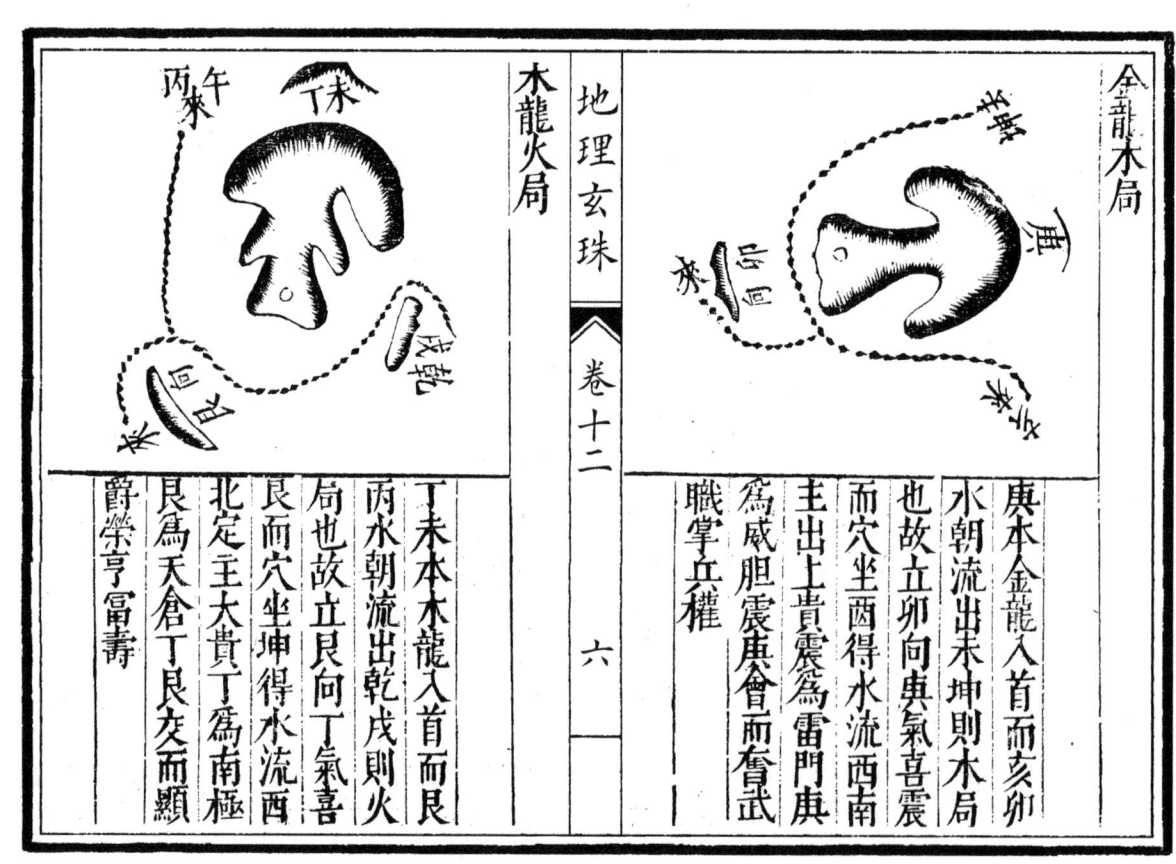

火龍木局

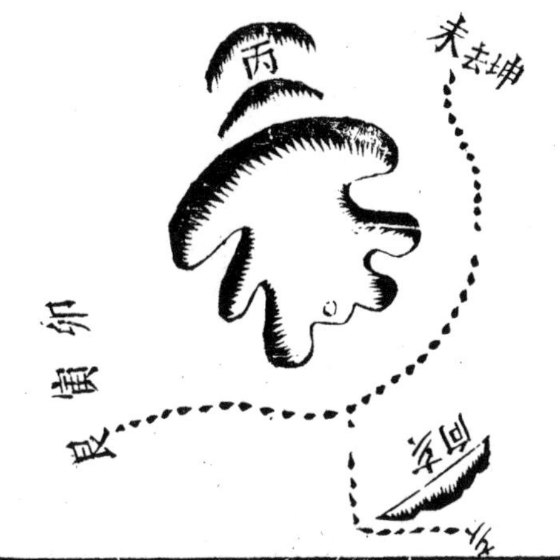

丙龍乃南方火氣入首而未坤水口則是木局矣况亥水爲木氣長生寅卯水爲木氣官旺宜立亥向太微龍天皇向撥水于西南大富大貴乃合大格若仍以火局作用其如絕水入局何

金龍火局

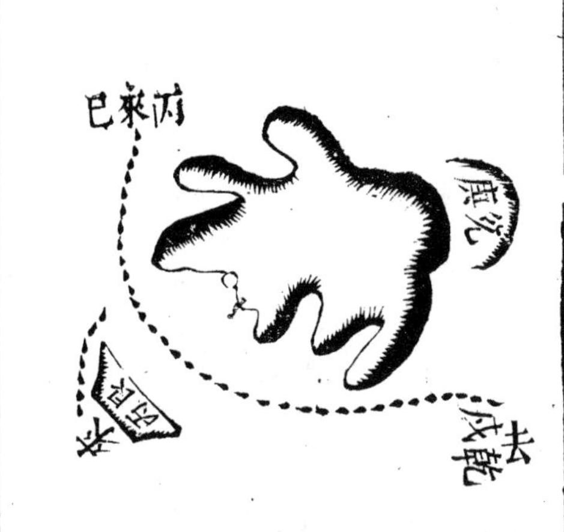

庚兌乃西方金氣入首而戌乾水口則是火局况巳丙水爲火氣官旺艮寅水爲火氣長生宜立艮向陽關龍天市向撥水于西北兼武兼文乃合上地若仍以金局作用其如絕水破局何

木龍金局

亥爲長生之木而丑艮水口爲金家之庫入首轉換局于西方而酉庚水朝流入局故立庚向水歸斗牛之位而文武齊全富貴莫敵

金龍木局

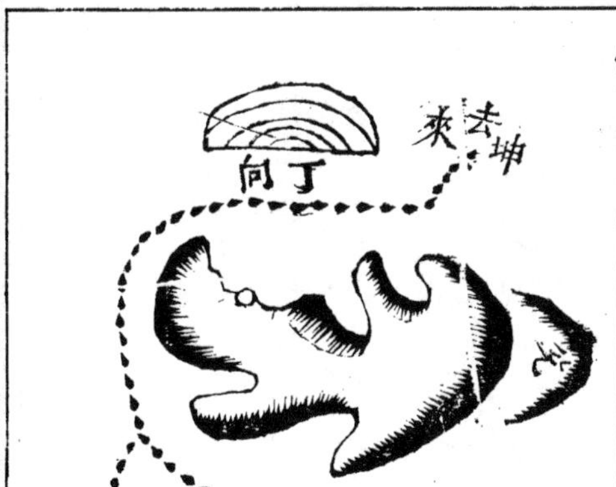

兌爲帝旺之金而未坤水口爲木家之庫入首轉換局于南方而亥卯水合流入局故立丁向爲卦氣相配猶夫婦之翕合也水流坤未無不貴顯

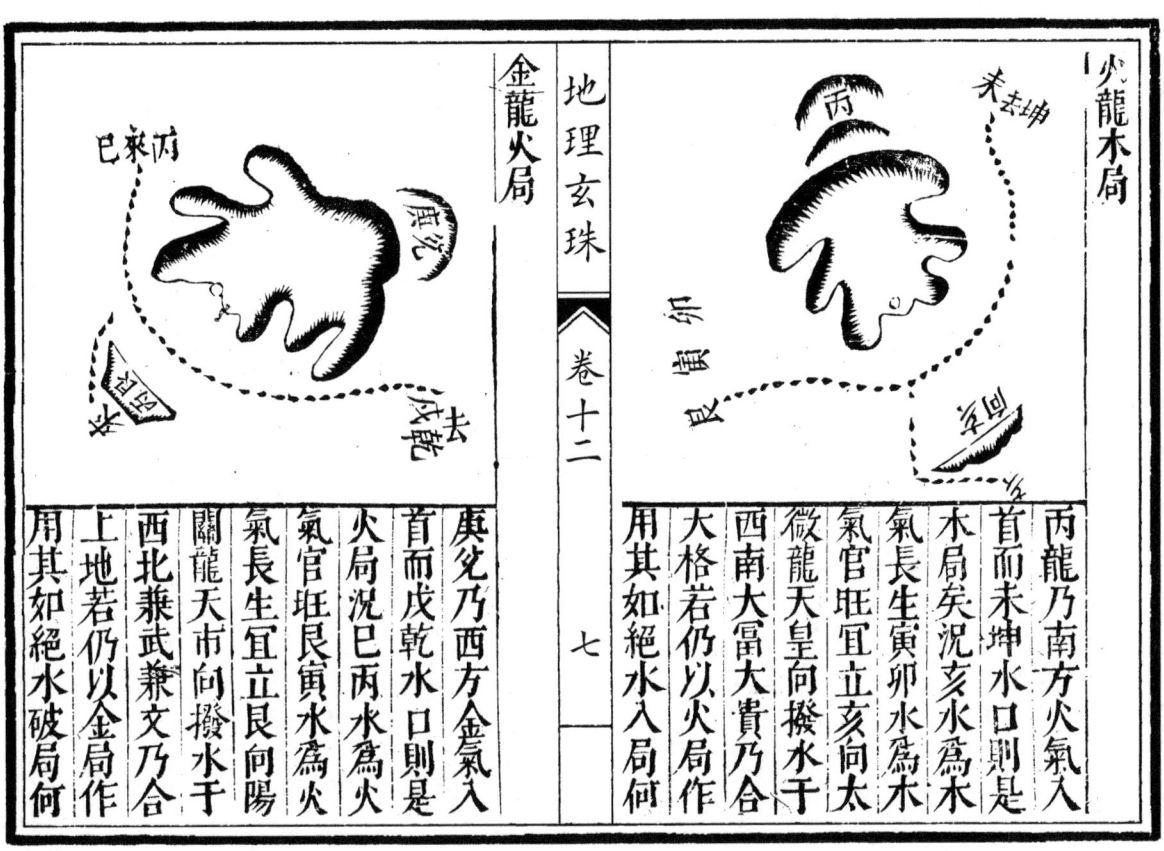

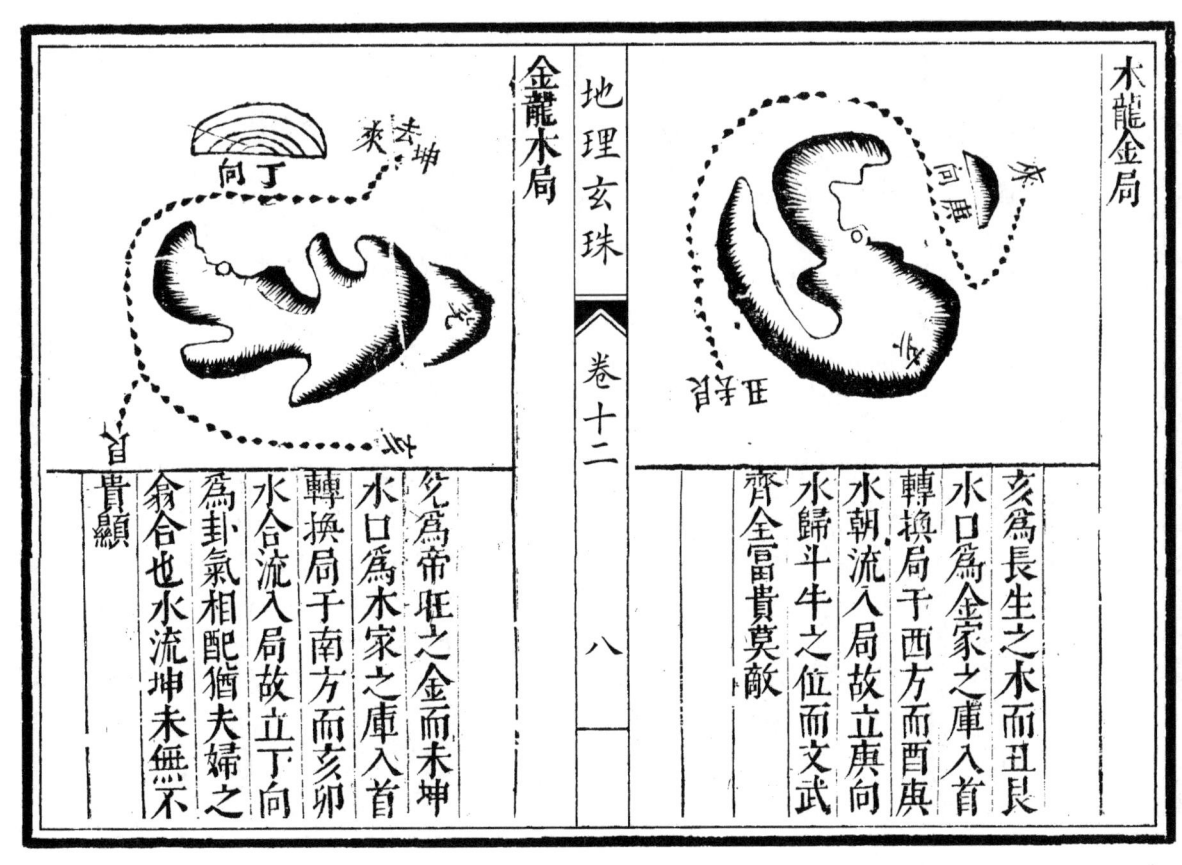

木龍木局

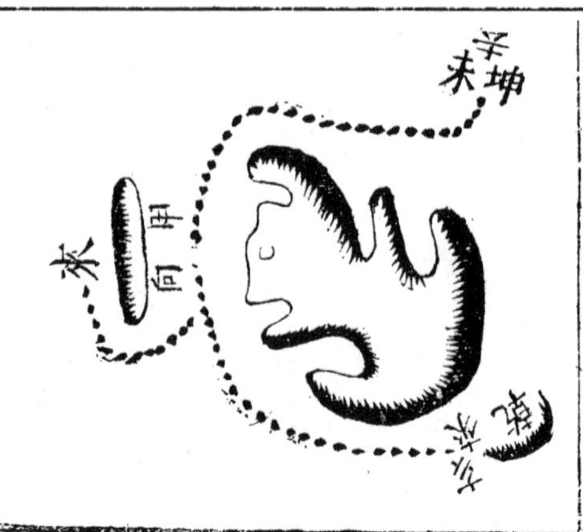

乾龍本雙山三合木氣
而未坤爲木庫水口故
立申向葢乾甲相配陰
陽諧和水去西南發福
最速但乾爲老陽少生
息義恐驟發而不能悠
久

火龍金局

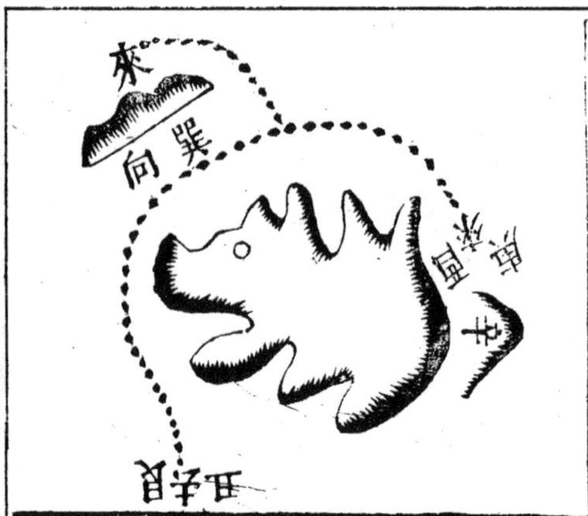

辛龍本雙山三合火氣
而丑艮爲金庫水口故
立巽向葢巽辛相見情
意交孚水流東北貴秀
極顯否則病死破長生
可平

土龍水局

坤龍本爲土龍而得子
水故亦作水局而立壬
向坤本納乙而不作乙
向者以近卯恐犯曜殺
故也立壬向亦發富貴
取申子生旺水歸辰也

木龍木局

丁龍本三合木氣入穴
故亦作木局而立亥向
南極龍天皇向爲木音
三合一氣富貴非凡葢
且長壽取亥卯生旺水
流坤也

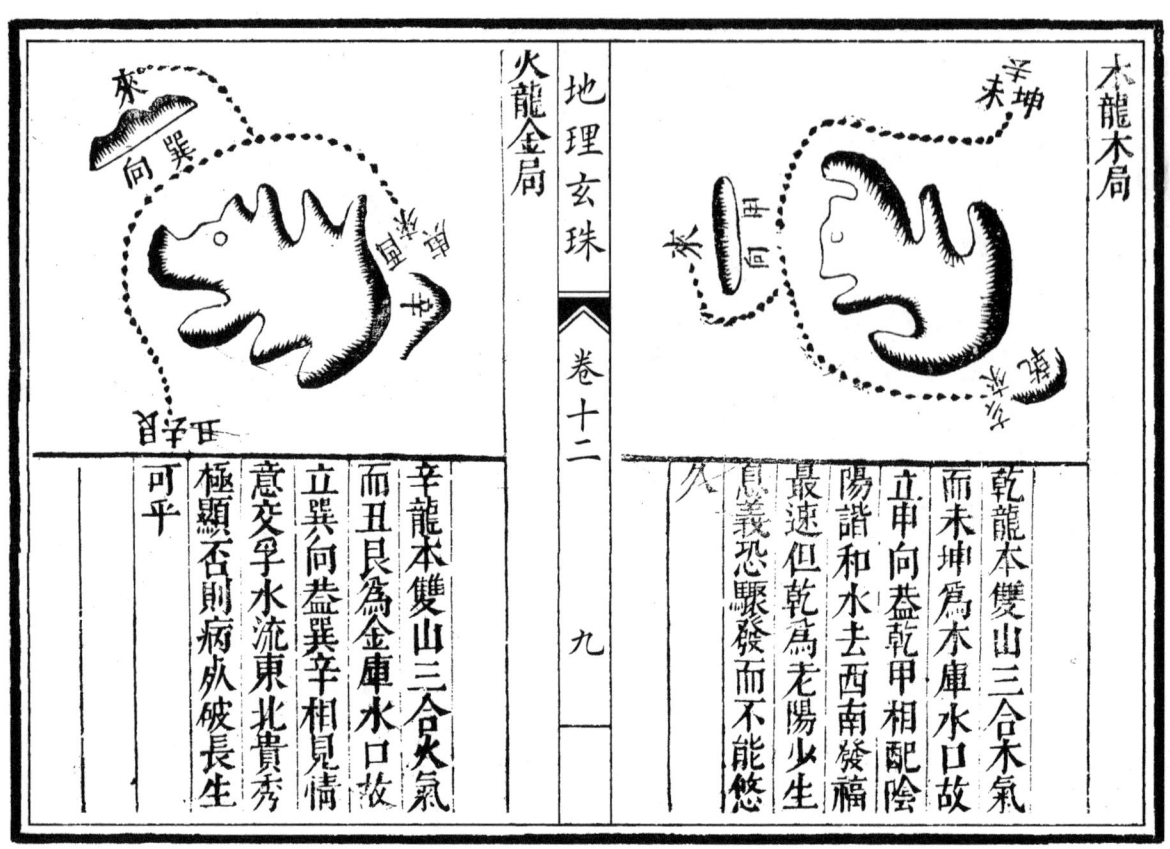

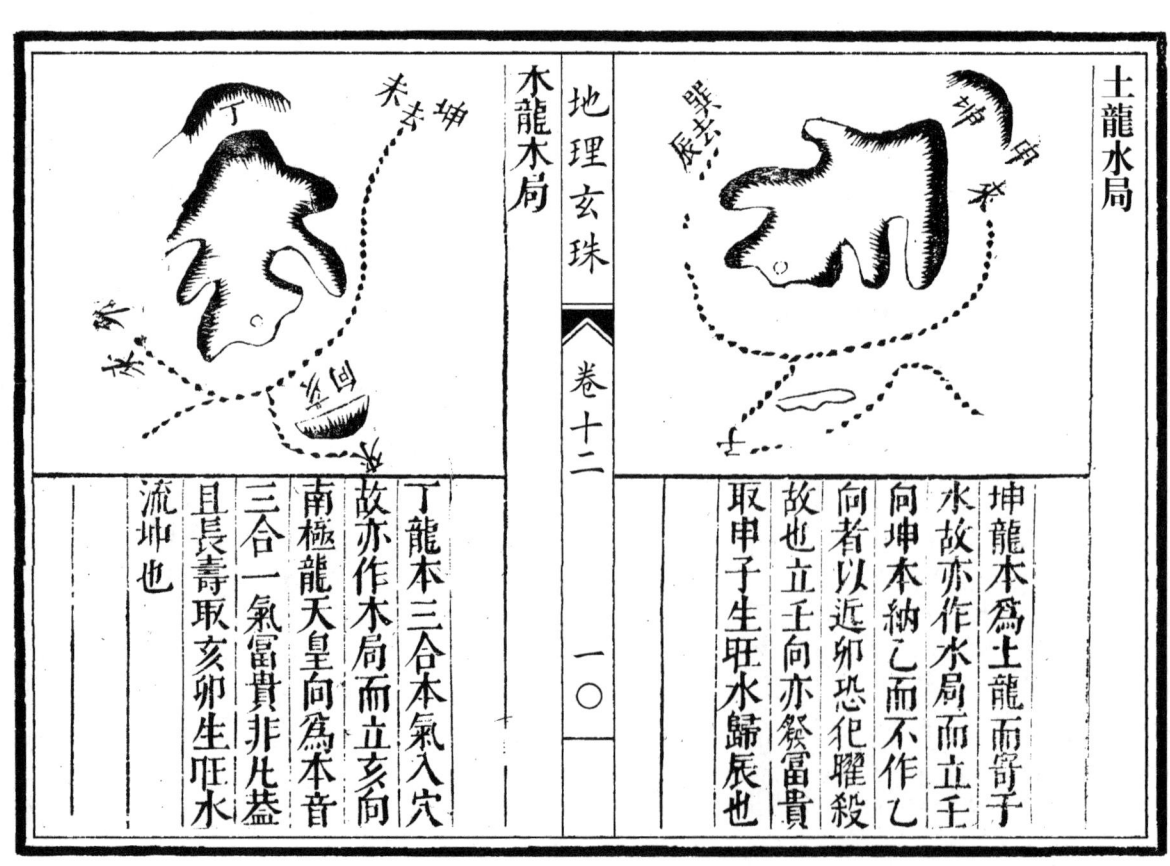

木龍金局

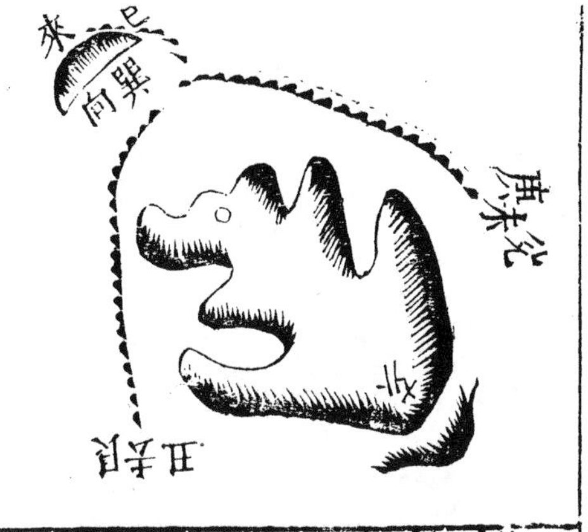

亥龍入穴本木氣行龍庚兌巽巳水朝歸丑艮而去則是休囚反破官旺矣立巽向則巽兌乃生旺朝堂丑艮乃墓絕出殺況亥見巽爲至貴非收山之上局耶

火龍火局

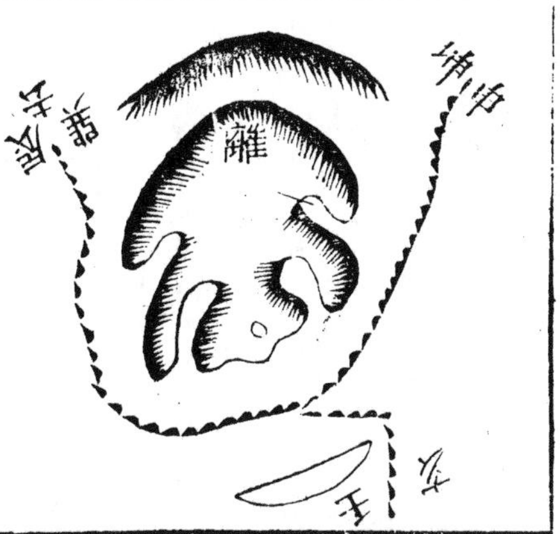

離龍入穴本火氣行龍亥壬坤申水朝歸辰巽而去則是破殺倒冲用神矣立壬向則申亥乃生氣官祿辰巽乃墓絕出殺況離納壬爲正配非迎殺之微權耶

水龍火局

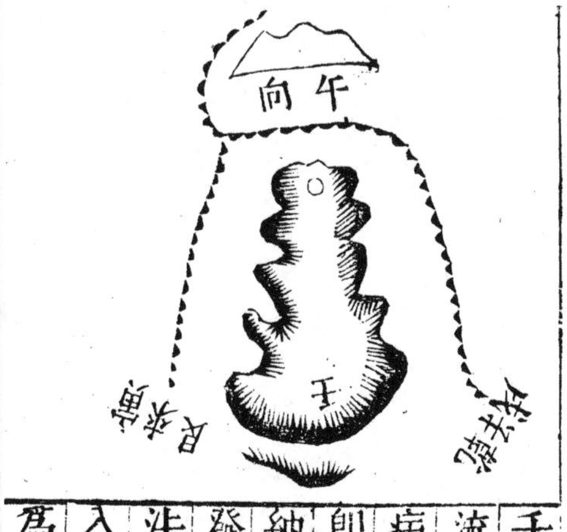

壬水龍結穴寅午水合流朝堂歸戌乾而出胎病反沖官祿安得爲吉卽立午向以火局作用納甲相符向指所趨必發大貴是隨局以立向法也然必須丙子水龍入局爲妙水能濟火尤爲全美

木龍金局

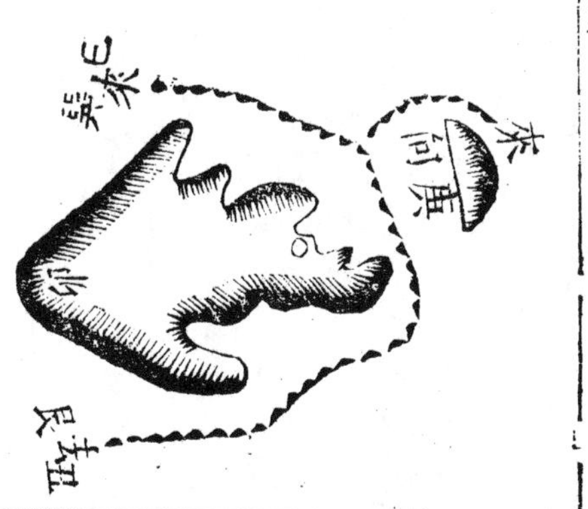

卯木龍結穴巽庚水合流朝堂歸丑艮而出休囚反破用神豈能爲福卽立庚向以金局作用蓋卦氣相配向指所趨必發大貴是立向以收水法也然必須癸卯金龍爲妙否則木受金制亦非全美

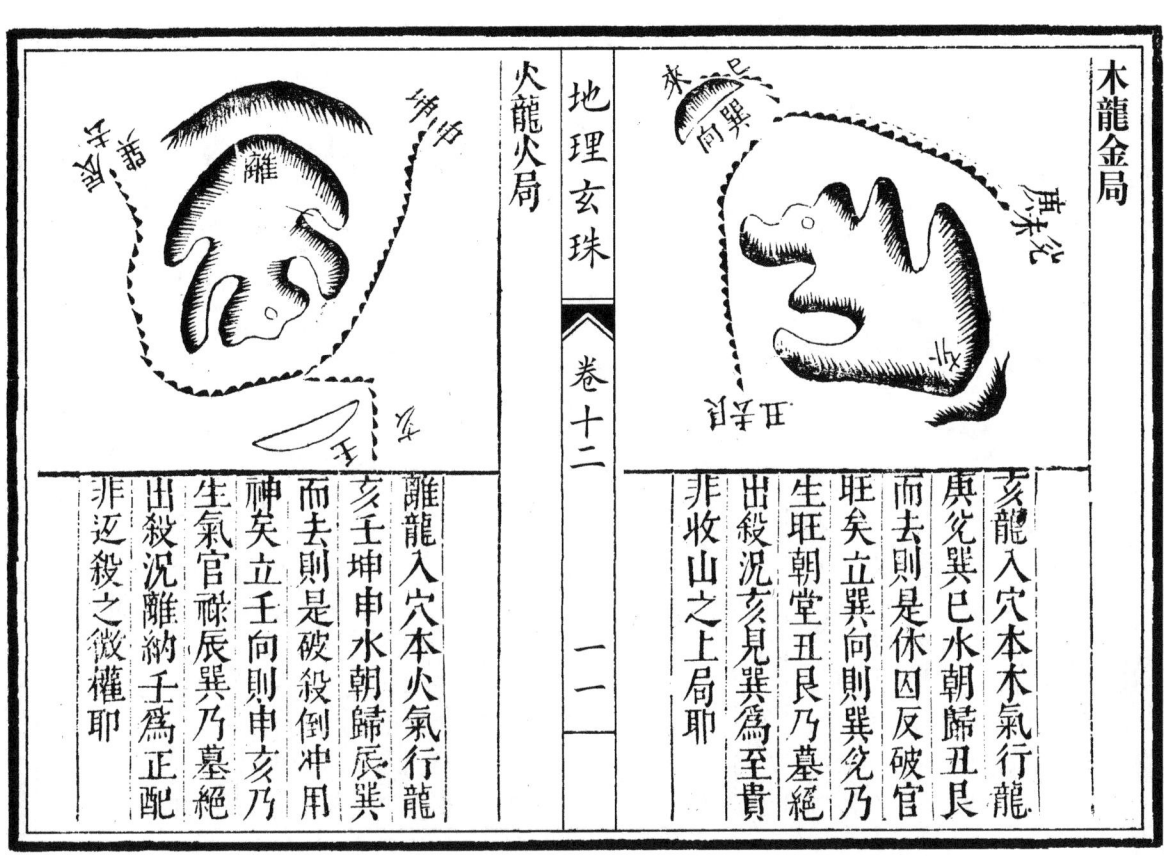

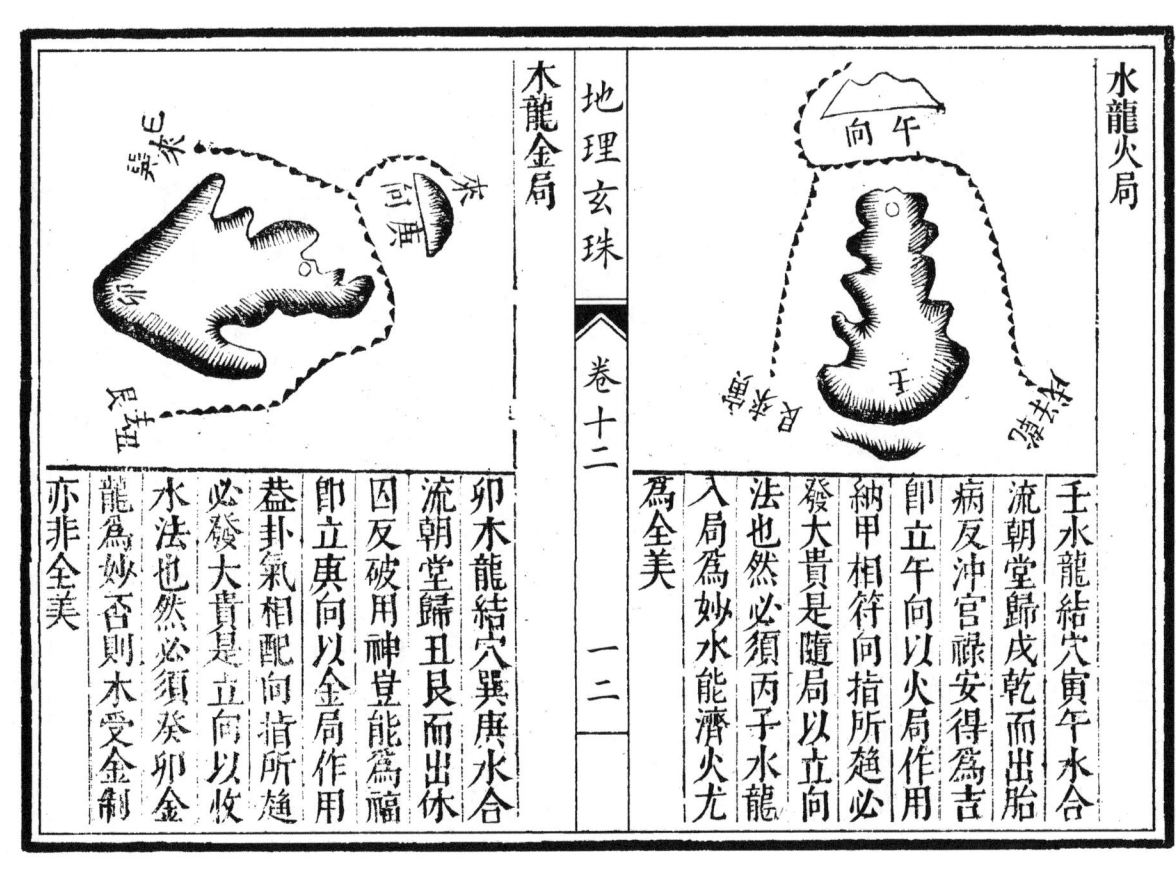

雙山引證　此驗所已然之理

木龍木局

浮梁方憲副祖地

卯脈落穴乃木家旺龍也其龍迢遞踴躍穴星端重鬼星貼身虎砂如滿牀牙笏逆水有力更立丁向木音三合木局龍穴砂水俱合法塋後科第連登富貴不乏

火龍水局

灤李司徒祖地

寅龍入首長生火龍也龍砂奇秀明堂平濶本爲上地然坤申乾亥水朝堂長流巽巳而去病絶破官旺可乎故立坤向以作水局而來去俱合吉矣塋後高科登第執政三公仕宦不絶

火龍火局

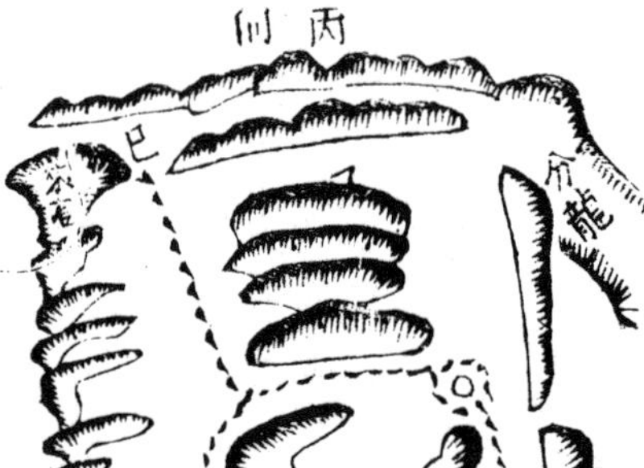

永康徐太守祖地

艮龍入首爲火長生龍寅艮巳丙水爲生旺朝堂歸戌乾而出是火龍而合火局矣故作丙向大發富貴悠久不替雖係龍局尊貴而水向合法信不誣矣

火龍金局

樂平黄尚書祖地

辛氣入穴爲三合火龍巽巳庚兑水朝流寅艮而去則龍砂雖貴難免夭札之患故以金局作用立巽巳向取生旺水歸庫也況巽辛相見爲卦氣正配大發富貴洵其驗矣

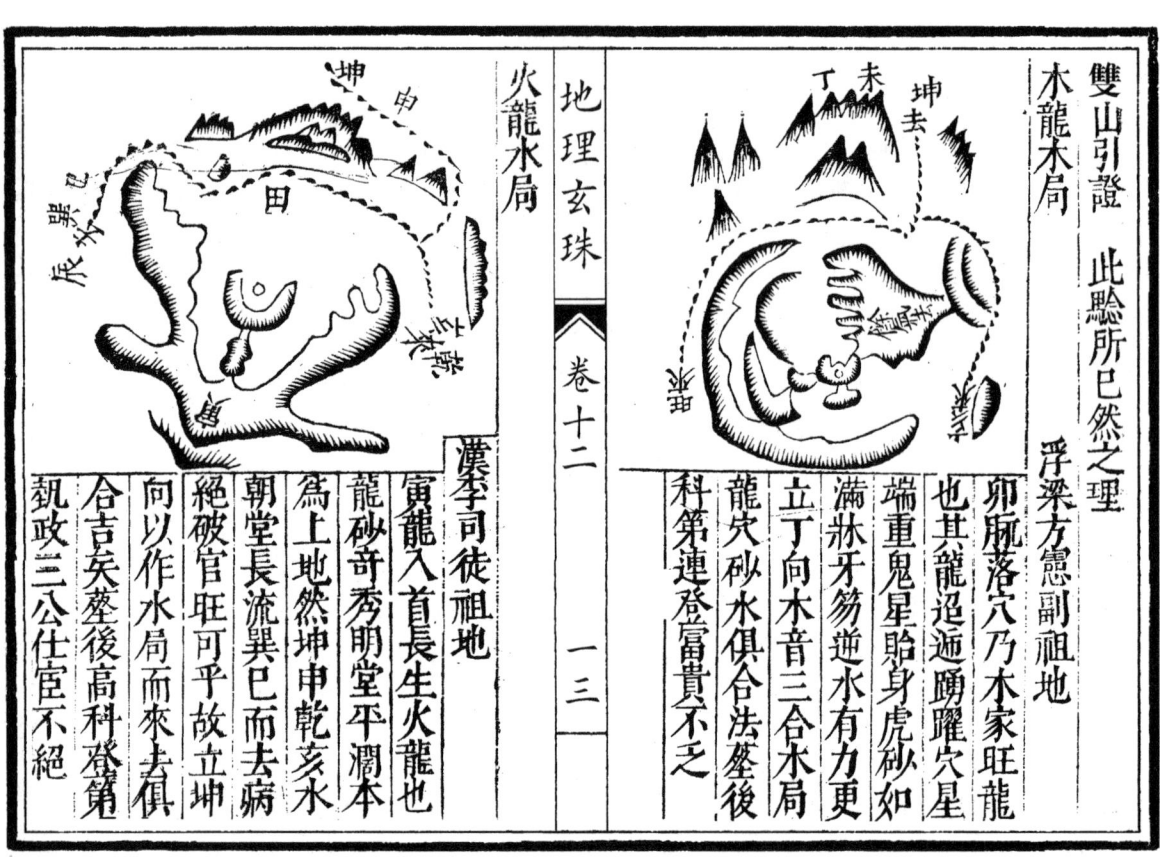

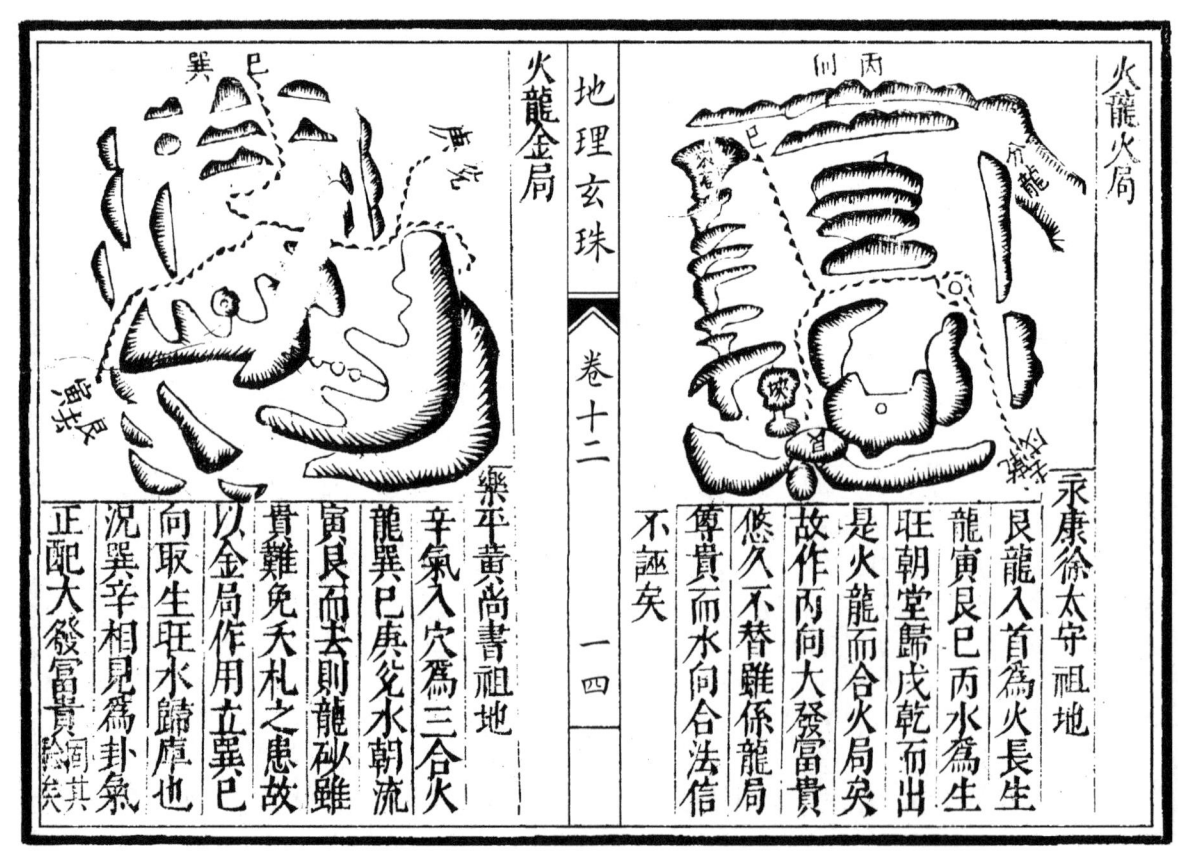

木龍金局

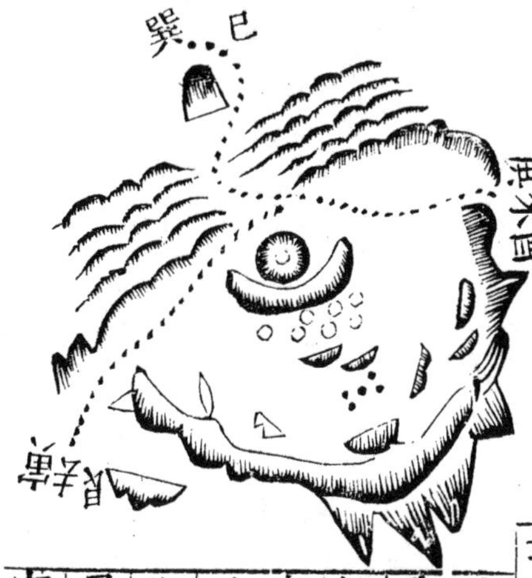

均州衛相公祖地

亥木龍結穴奇峰拱秀大溪洋朝玉几坐托四峰如笋眞大地也但木龍而庚酉巽巳沙水不爲合格故以巽金作向遂旋大局出人狀元拜相後官不可勝言

火龍金局

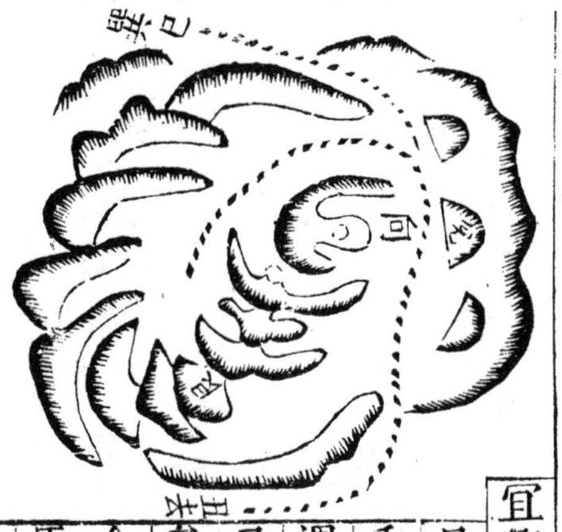

宜興吳家冢宰祖

艮龍火氣入首後龍奇秀疊疊三台作案羅城週密誠吉壤也但水從巳酉而歸丑則是金局矣故以兌金作向乃合金局出五進士位極人臣蓋艮兌交而水合法也

火龍火局

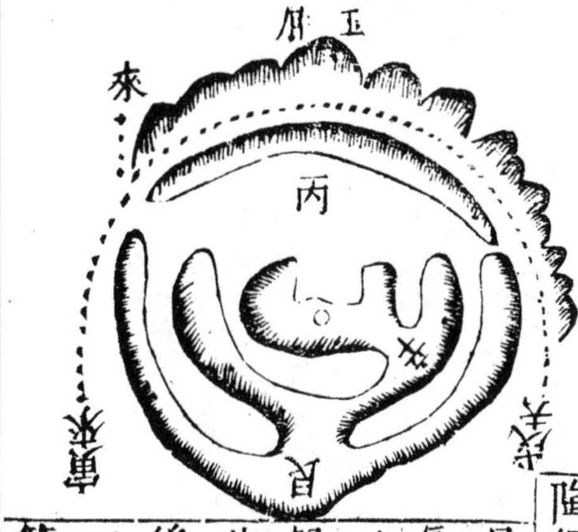

陶侃母地在饒州

艮龍轉辛入首二合火氣也水自寅朝丙歸戌三合火局也星體尊嚴朝應端秀爲全局大地此仙人所指牛眠地葬後遂發大貴且多男子三世而生淵明高風勁節爲百世瞻仰

火龍火局

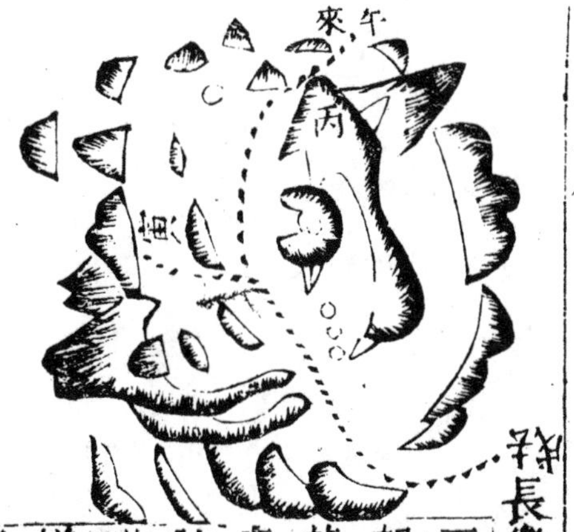

長樂陳丞相祖地

丙火龍入首而水自午朝寅歸戌而去正合火龍火局立寅向乃六合奇兵之術木爲一氣非隊隊混雜也體用相成雌雄相配遂發大貴但嫌前堂逼狹水口空濶朝水不能注蓄故貧

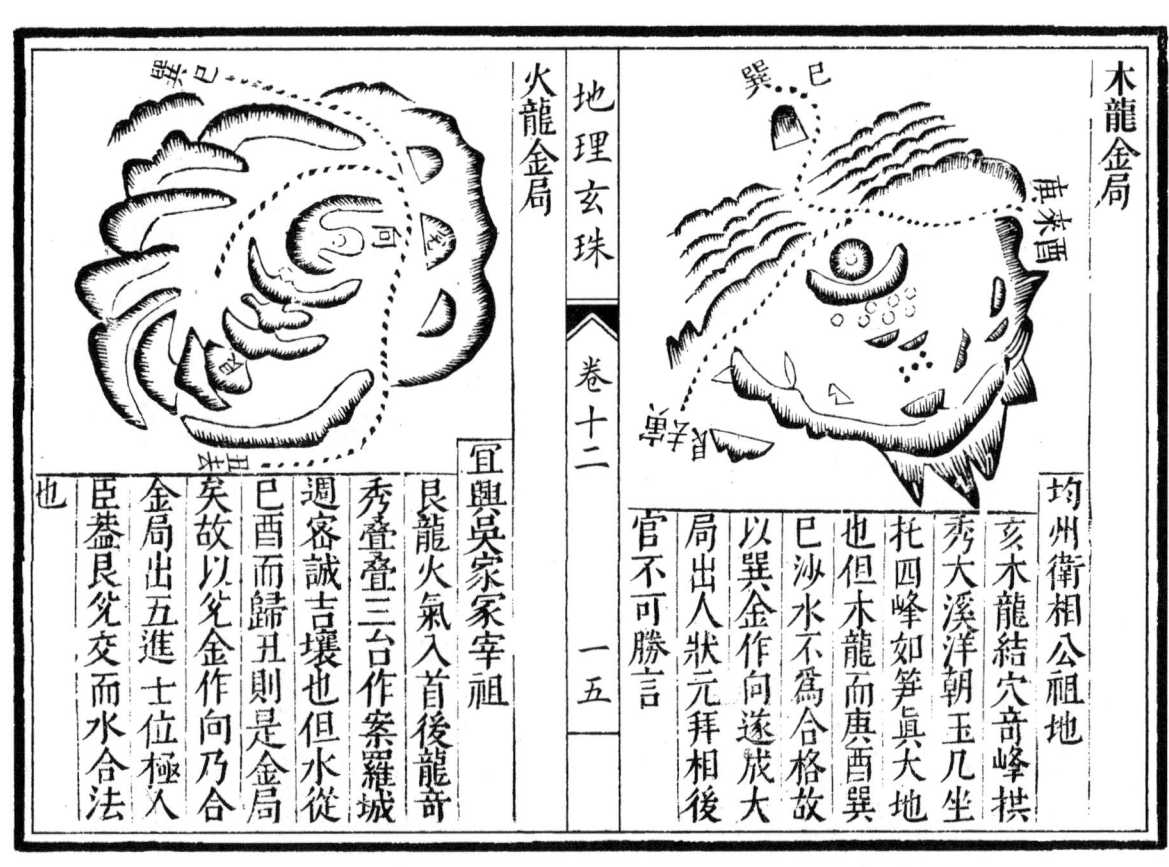

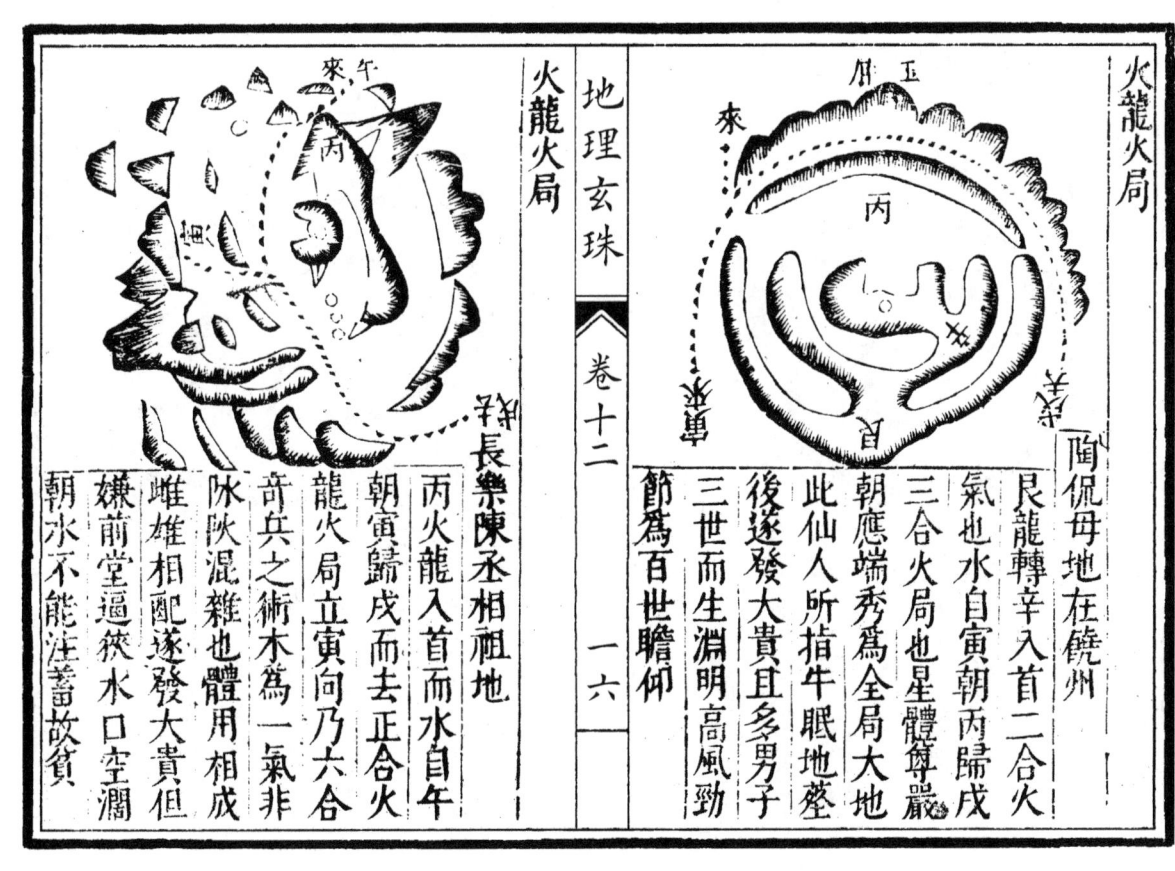

火龍木局

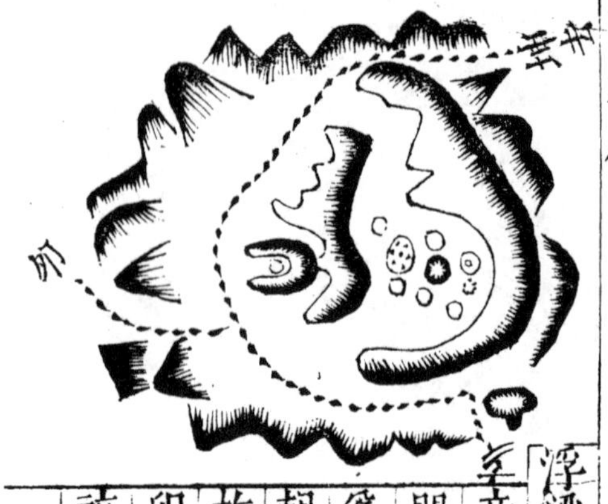

浮梁金探花祖地

亥辛氣爲三合火龍穿心開鉗作穴形秀氣貴本爲上地但亥卯敗絶水朝堂則有不合乎龍者故立木局作卯向收亥卯生旺水歸坤遂致大福探花及第

木龍火局

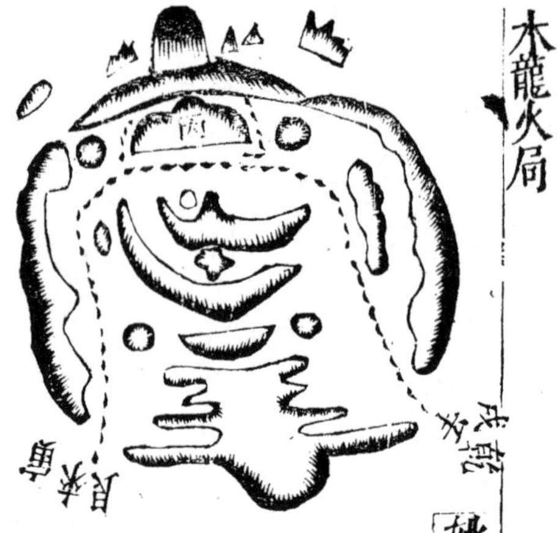

姚太保祖地謚文獻

亥爲天皇龍長生木氣也水自寅艮丙午朝歸戌乾而去則成火局矣隨局立穴作丙向塟後即生文獻公位至極品子孫簪術朱紫相續不絶

火龍火局

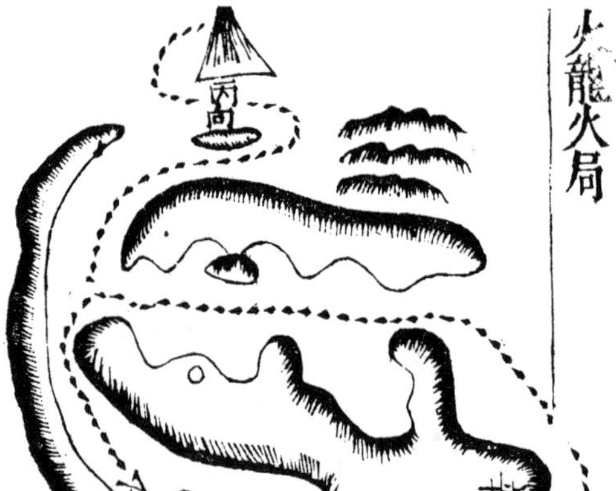

韓文公祖地

辛龍爲三合火氣艮上長生水合丙上官旺水朝至西北而去正合火局扞立丙向蓋辛爲文章之府丙乃典籍之地故能以文章道術爲百世師表地靈人傑不其然乎

水龍火局

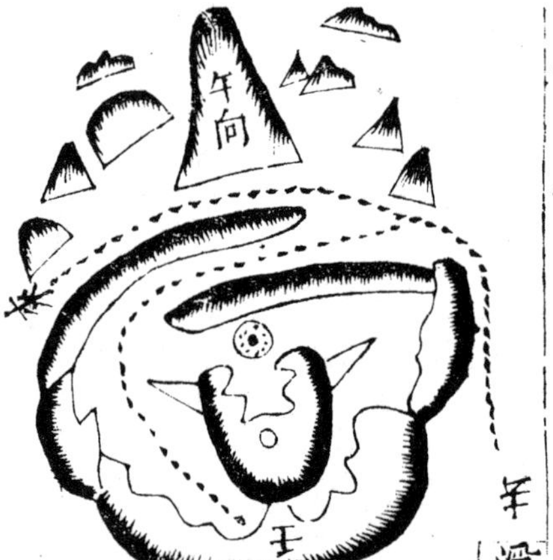

浮梁朱尚書祖地

壬龍入首水家旺龍也寅午方秀水趨朝貴祿拱照乃合火局收生旺水立午向遂發大貴爲宋帝師保朱紫滿門有九子十神童之號是固山之鍾靈亦水之協吉也

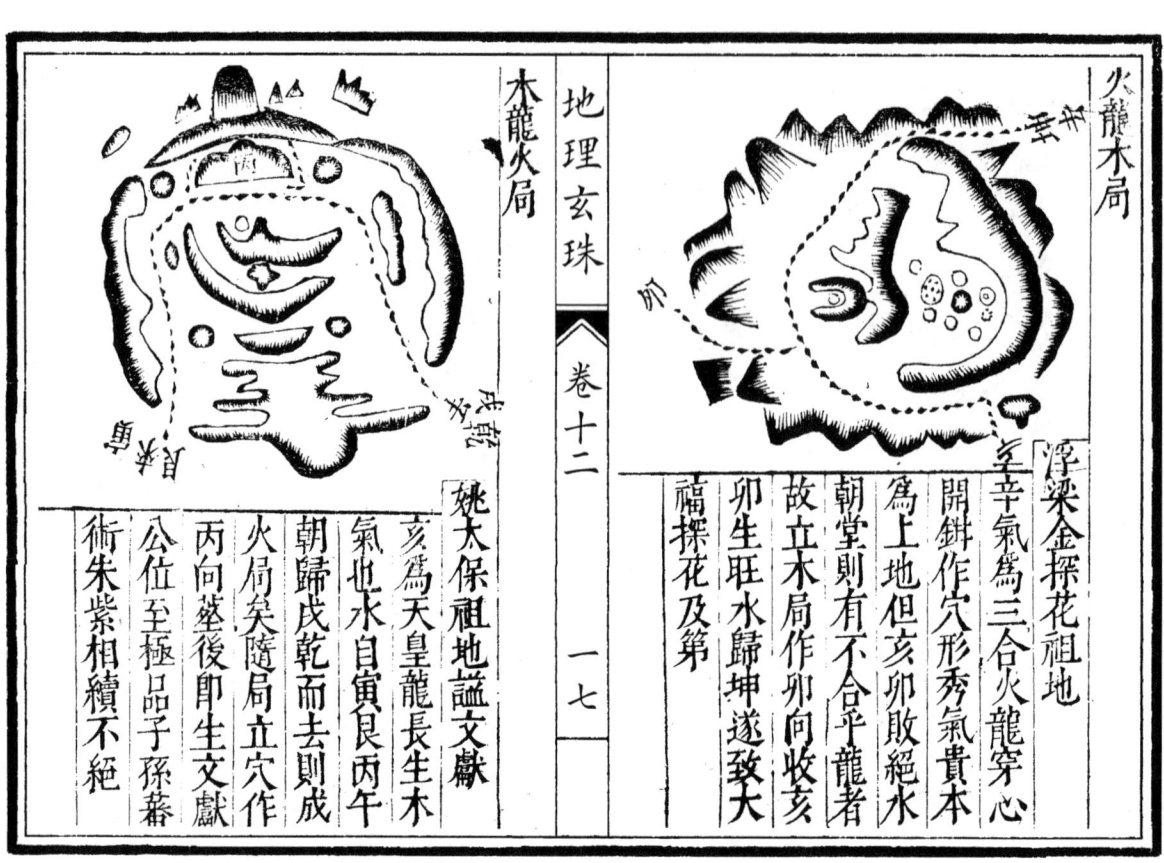

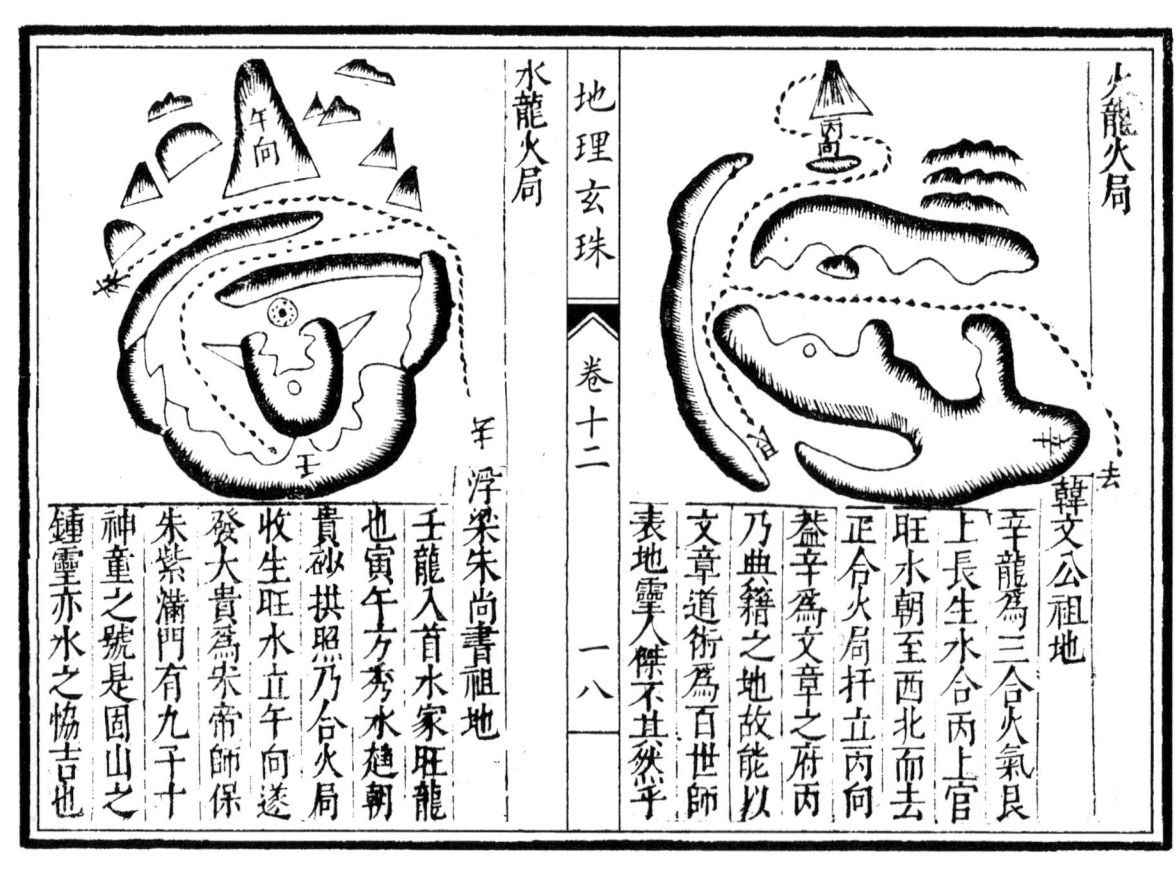

木龍火局

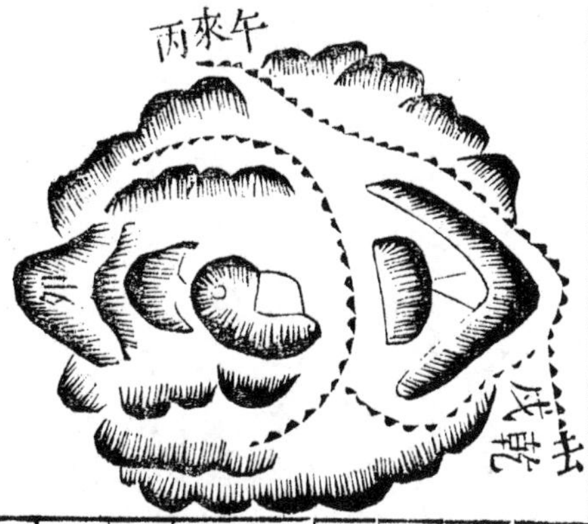

祁門康侍郎祖地

卯龍結局木氣旺龍也然寅艮丙午合流朝堂出自乾戌則是火局生旺歸庫故立辛向火家三合作用連發科第雖云盛衰係乎形應而因局立向亦有不可誣者

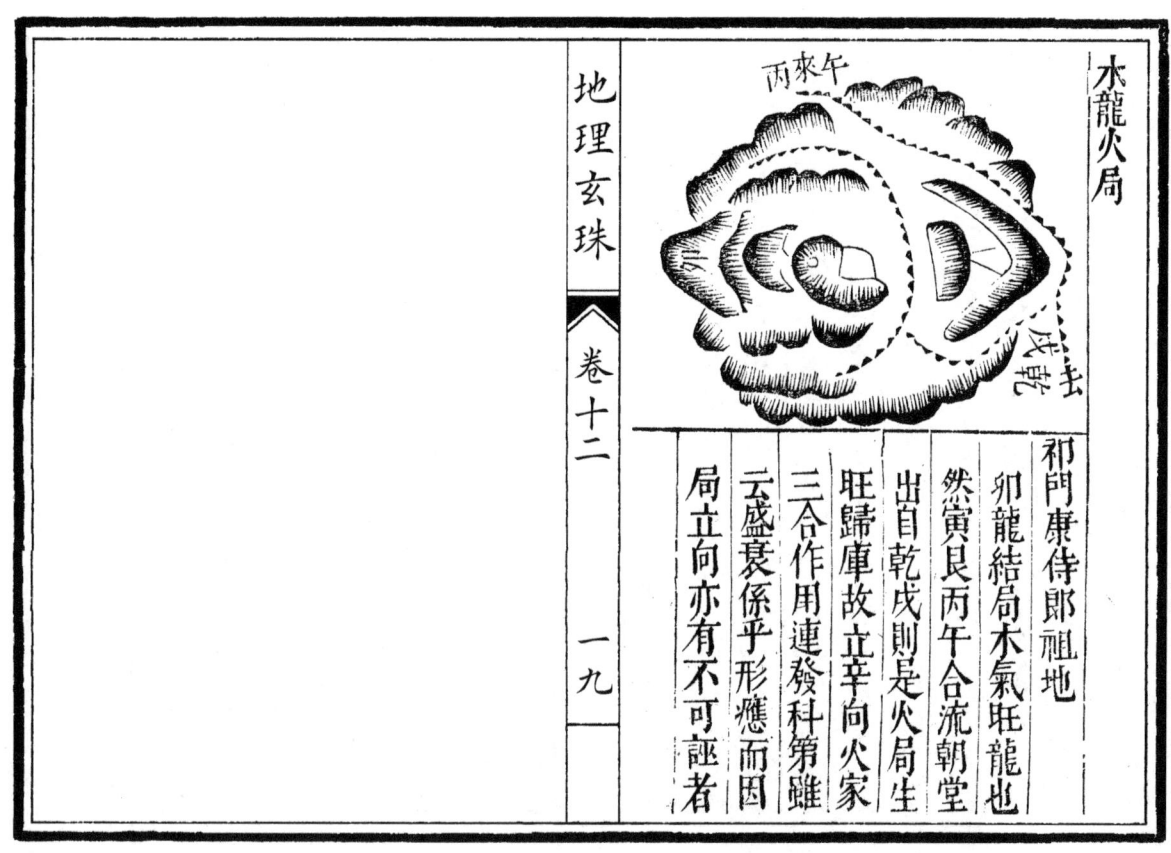

地理玄珠卷之十三

古吳太和山人夏世隆道弘甫著
梁溪半偈道人華善繼孟達甫校

玄空五行　此原所以然之理　專論向

丙乙丁酉原屬火乾坤卯午金同坐亥癸甲艮是木神戌庚丑未土爲宜子寅辰巽辛兼巳申與壬方是水神此是玄空微妙法避凶趨吉最爲靈

夫玄空五行者由八卦納甲化氣交變而成者也蓋丙屬陽火丁屬陰火本爲火氣居正位而不變至于乙屬木納于坤先天坤與乾對以坤之中爻交乾之

中爻則爲離乙從離化故亦火也酉屬金納卦于丁先天兌與艮對以兌之下爻交艮之下爻則成離象酉從離化故亦火也乾屬金退居西北亢陰之位本爲金氣而不變至于坤屬土納卦于乙乙庚化金渾天坤卦初爻起乙未納音亦金也卯屬木納卦于庚先天震與巽對以震之下爻變巽之下爻則爲乾象震從乾化故亦金也午屬火先天離與坎對以離之中爻變坎之中爻則爲乾象離從乾化故亦金也甲屬陽木亦初旺而不變至于亥屬水而爲甲木長生之地母從子化故亥亦木也癸屬水納卦于坤坤以癸水生震木母隨子化故癸亦木也艮屬土後天艮居先天震位性以位遷艮從震化故艮亦木也丑未屬陰土戌屬陽土本爲土氣居季位而不變至于庚屬陽金納卦于震先天震與巽對以巽之下爻交變震之下爻則爲坤象庚從坤化故庚亦土也申子辰會成水局壬屬陽水俱爲水氣至于寅屬木坎水渾天六甲起寅納卦化氣于坎宮寅從坎化故寅亦水也巽屬木卦氣納甲是辛丙辛化水先天巽與震對以震之上爻變巽之上爻則成坎象巽從坎化故巽亦水也辛屬陰金卦氣納甲于巽巽既化水辛從巽

化故辛亦水也巳屬火會局于兌後天兌居先天坎位性以位遷巳從坎化故巳亦水也此玄空五行變化之成法也蓋龍穴沙水形有定方而沙之美惡水之來去多有不能合法者有明殺有暗殺明殺則有迹而易見暗殺則無形而難知一失其法百凶竝至雖有龍穴之美亦不能爲福而反能致禍故楊公立玄空五行之法以消息之向可趨吉則以向趨之可避凶則以向避之保和本氣不伐天精而福廕自及人矣

玄空五行定向　此評所當然之理

此法以八水四金四木四火四土分布二十四位來龍入首水神來去不盡合法惟取坐穴立向比和者為本局生我者為印綬我生者為泄氣尅我者為鬼煞我尅者為財帛消砂納水收山召氣一以此法權之無有不驗雷神去鬼反煞成祥皆玄空五行坐向之妙用也神哉

火龍土向

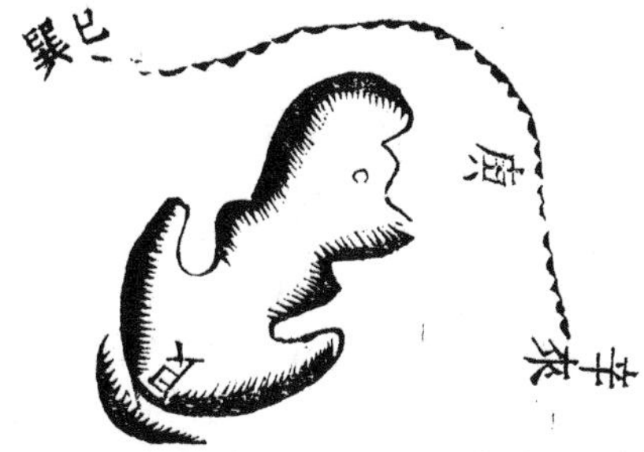

艮龍入首本為火氣水宜巳丙官旺方朝來流自辛戌墓方而去乃為合格今反辛水逆流朝至巳方而出則是天罡倒沖官旺矣法雖處裁權宜坐甲向庚蓋艮龍雖火而實土庚向屬土為比和辛水來為財帛巳水去為墓絕土向則殺出而神至矣豈不為福

木龍火向

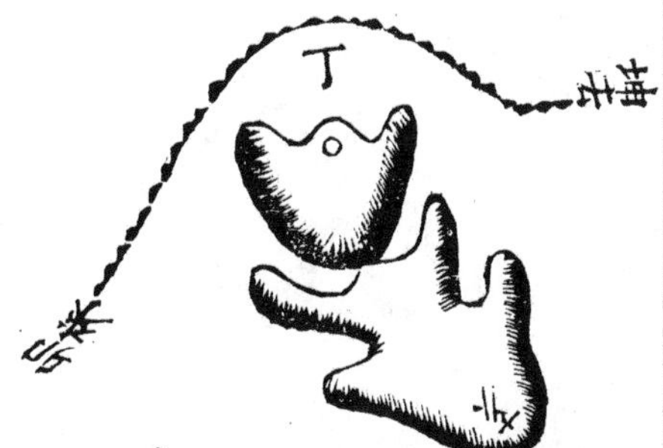

亥氣為木龍卯水朝來出坤本為合格然卯屬金雖為帝旺而有暗殺隱于其間所謂旺方帶殺流來者此也坤亦屬金雖為出殺而有暗殺藏于水口所謂水去而殺在者此也如遇此地宜立丁向蓋木氣見殺以火制之況坐癸以收木氣入穴而亥丁又六合木局耳

火龍火向

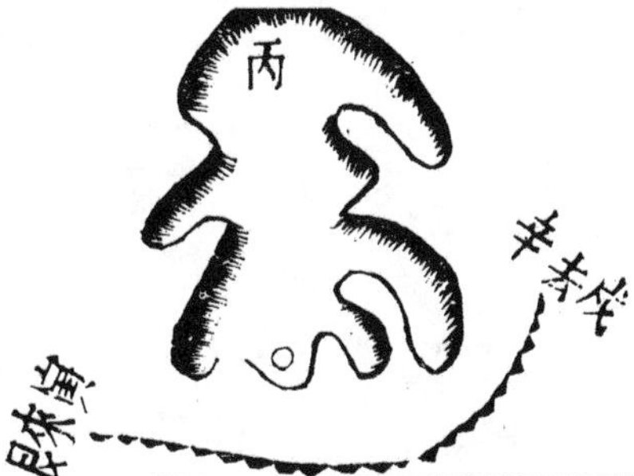

丙龍火氣水自寅艮來為長生辛戌去為出煞然寅屬水則殺寓長生辛屬木則出殺不盡如見此地權宜退後立穴則寅轉為艮辛轉為戌來水長生帶印綬去水殺盡而不留迎神去鬼而獲福無涯矣是前後饒減亦地理家一關竅也然非巧于心目者惡足以曲盡其旨哉

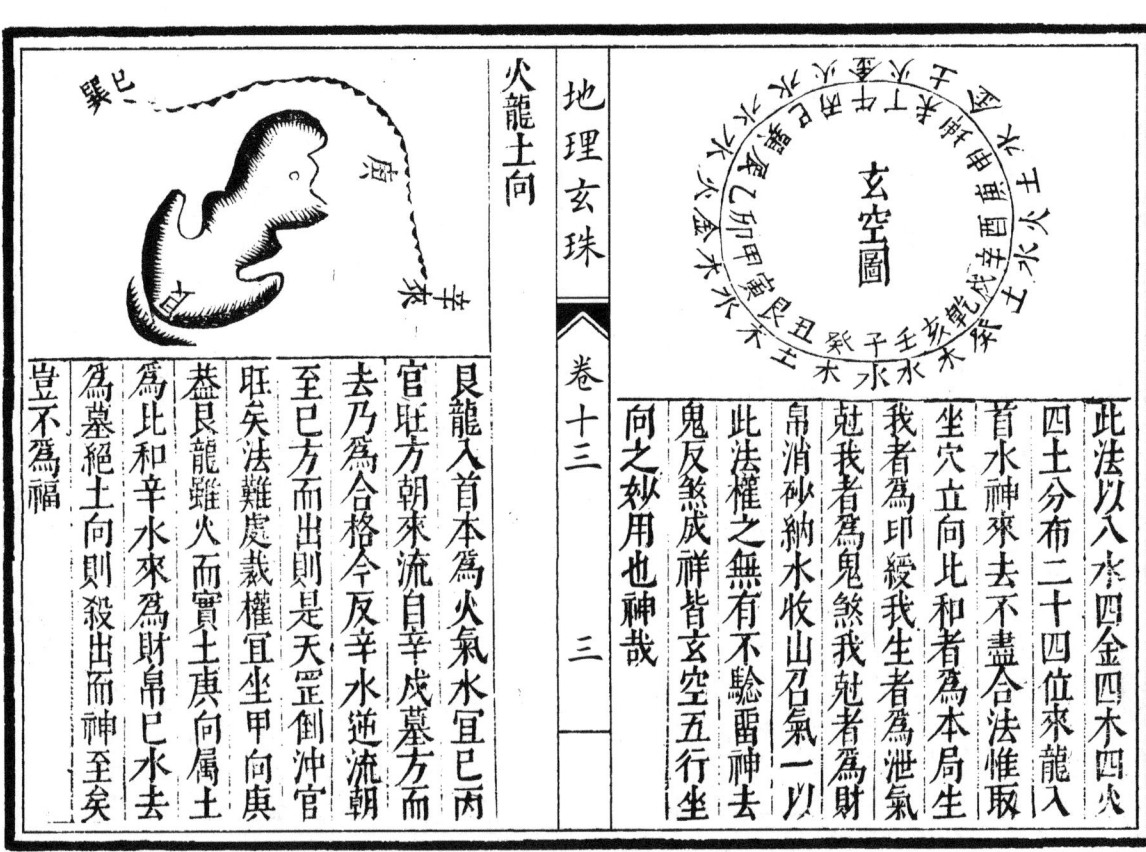

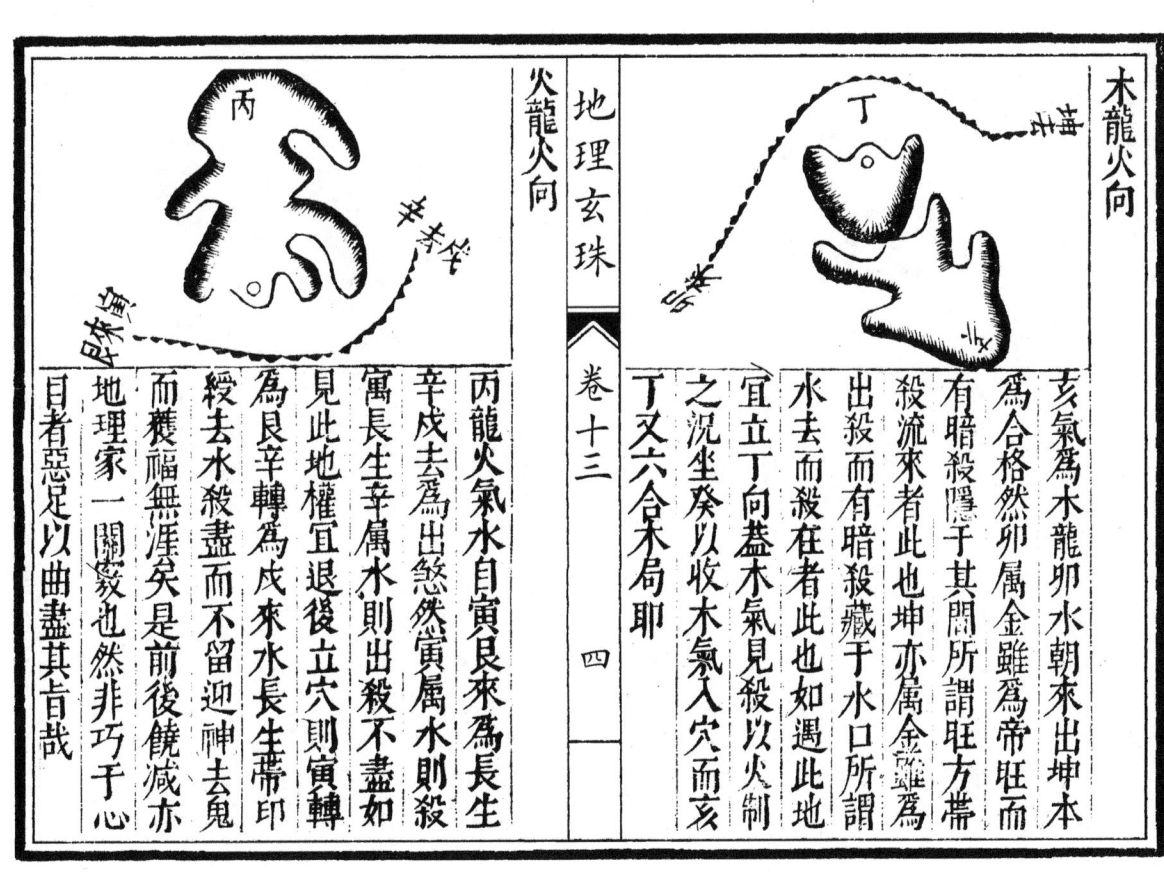

木龍土向

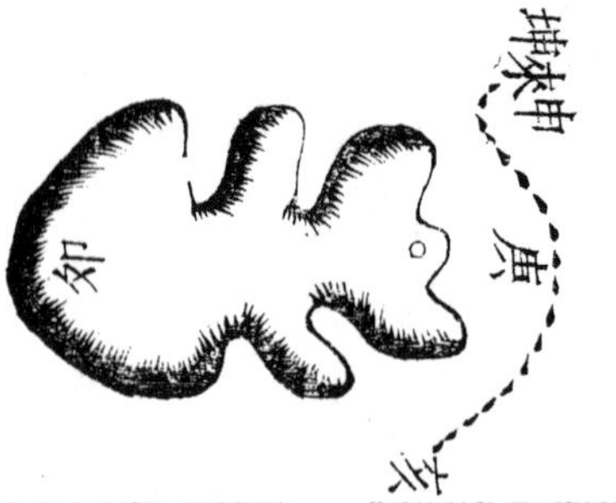

卯龍木氣亥爲長生宜來申爲墓絕宜去此吉局也今反自坤申朝來而出自亥位則是破殺倒沖生氣丁口夭亡誠非細故宜立庚土向蓋卯龍坐甲是收木氣入穴庚土爲財帛坤申又爲土向長生亥方爲木音同氣況震納庚爲夫婦相配神存鬼沒奚計生殺之逆局也

金龍水向

巽爲金長生龍艮丑水爲墓絕宜去坤申水爲臨官宜來今丑艮倒左自坤申而出則是神煞易位陰陽反常退敗貧賤亦理氣必然之應也消納之法宜立亥向蓋亥屬木艮木爲同氣丑土爲財帛坤申去爲出殺寧不轉禍爲福耶法一移而吉凶頓異其玄妙有如此

水土龍火向

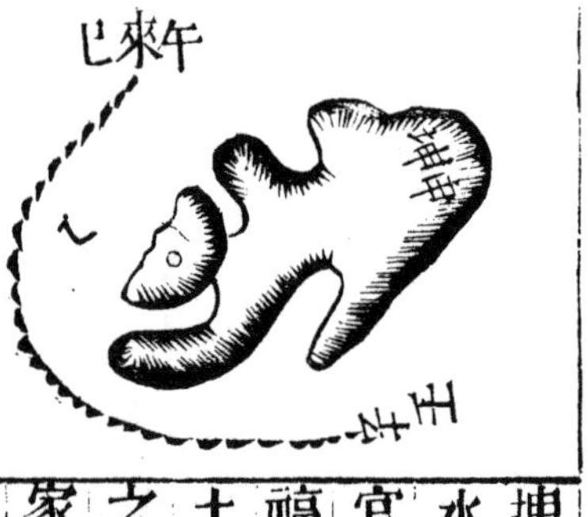

坤申來脈水土長生龍也巳午水來爲胎絕照穴亥壬水去爲官旺漏泄煞旺神休則有禍無福法宜火局作用立乙向蓋水土之胎絕即火氣之官旺水土之官旺即火氣之胎絕昔爲龍家之胎絕破官旺今爲向家之官旺貫胎絕矣是水之禍福在向然則權變之法其可忽諸

火龍金向

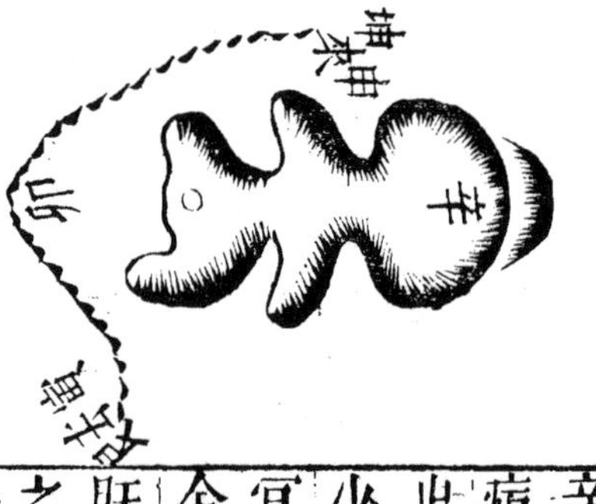

辛龍爲三合火氣長生于艮寅病死于坤申若水來自坤申而出自艮寅則是病死破長生犯少亡殺矣龍體雖貴難爲丁口宜立卯金向以權之蓋坤申爲金氣官旺寅艮爲金氣墓絕官旺來則得祿墓絕去則悠久水之來去固有定方而向一轉移遂有異應天機活潑有如此

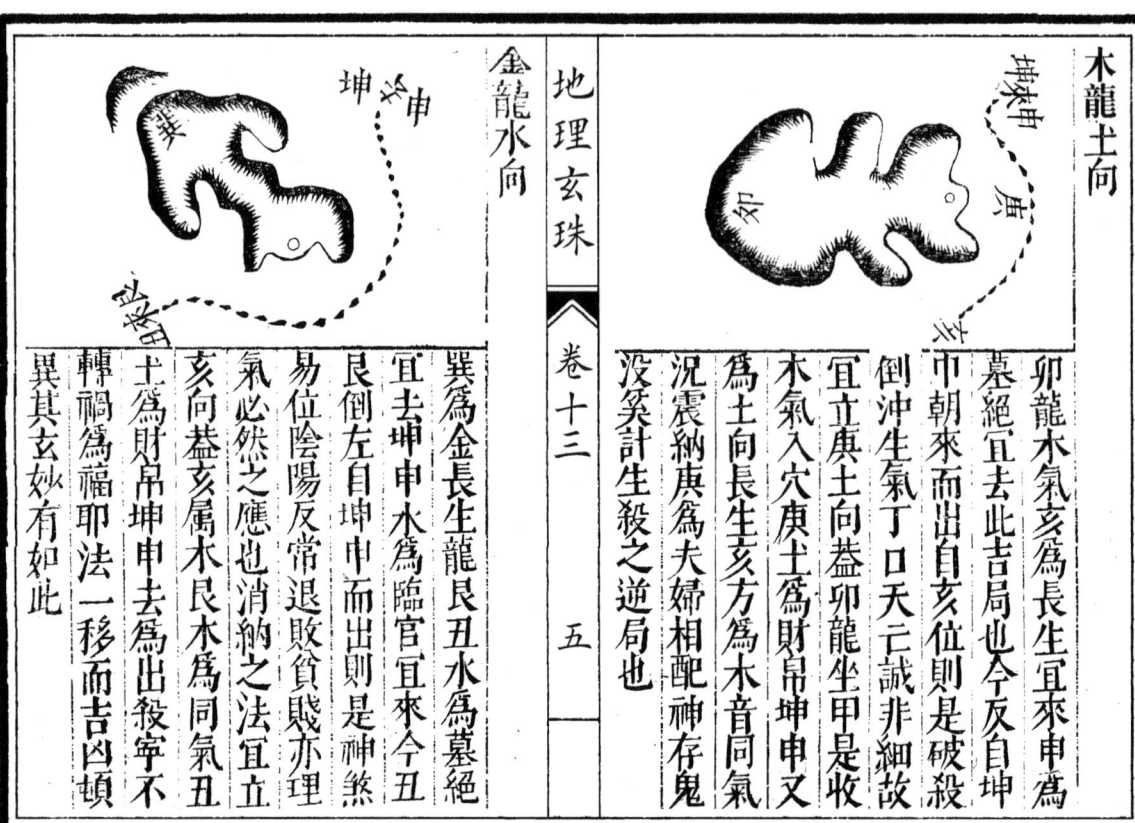

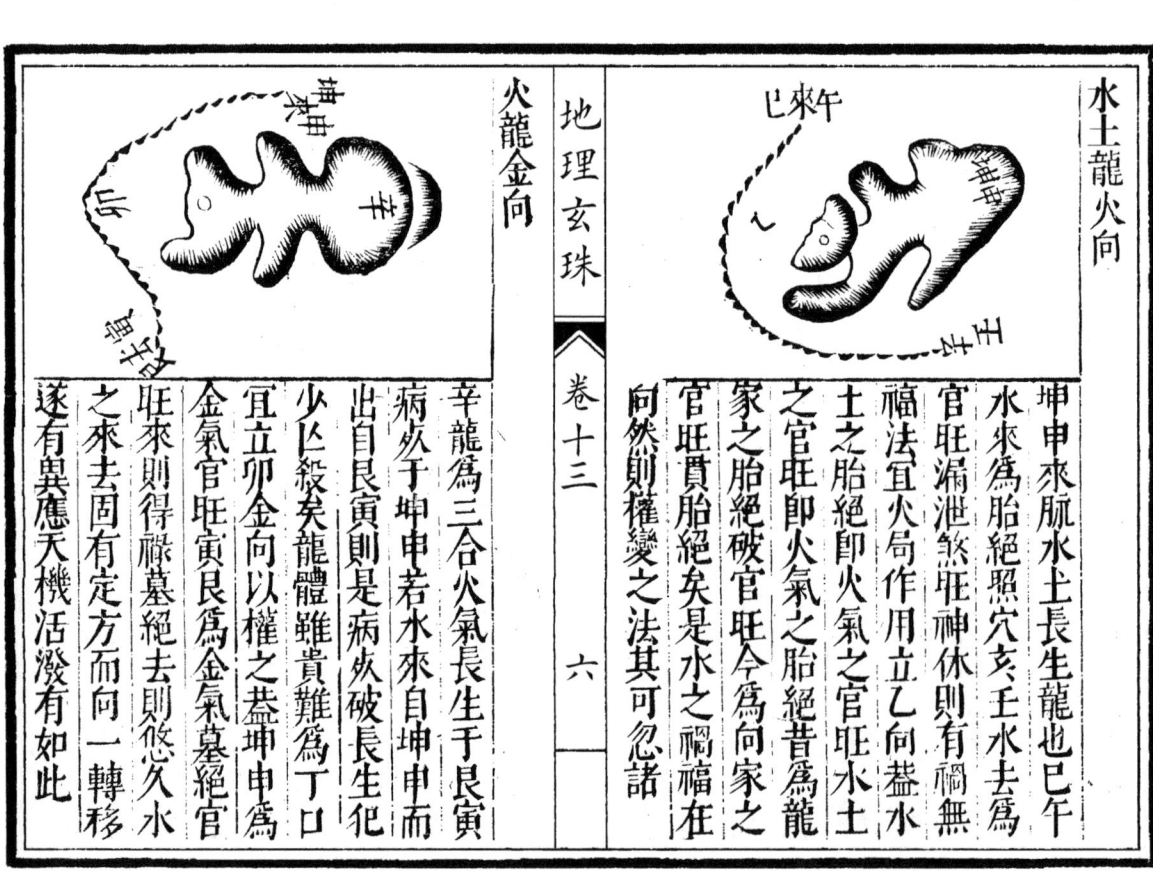

水龍金向

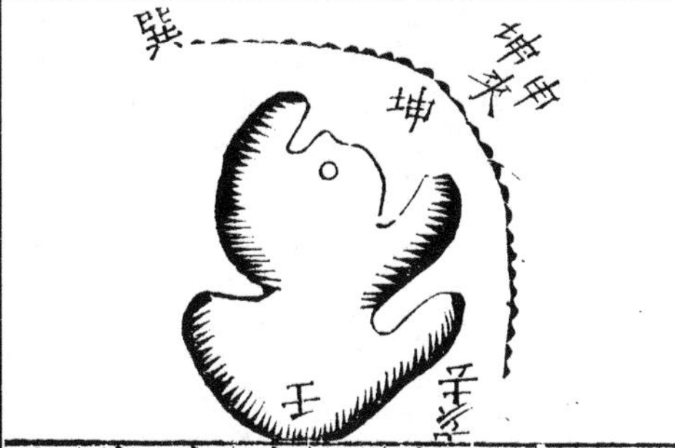

壬龍爲水家旺氣坤申爲長生亥爲官祿巽爲墓絕長生水朝固爲美矣但不應墓絕水流破官祿絕亦至于敗亾而巳生水何足貴哉如遇此地則宜立坤金向盖以巽巳爲長生坤申爲官旺亥爲衰病特朝于生旺而出殺于衰病則富貴蕃衍必然之應也况向又生龍者耶

金龍木向

兑龍入首金家之旺氣也官于申病于亥絕于寅是申水宜來而亥寅宜去乃爲合格茲亥寅反來而坤申反去是金龍而合木局矣盖木生在亥官于寅絕于申也如此則宜立艮向是以木向而收木局發人材于亥取富貴于寅而出殺于申矣因局立向非轉移禍福之微權耶

火龍水向

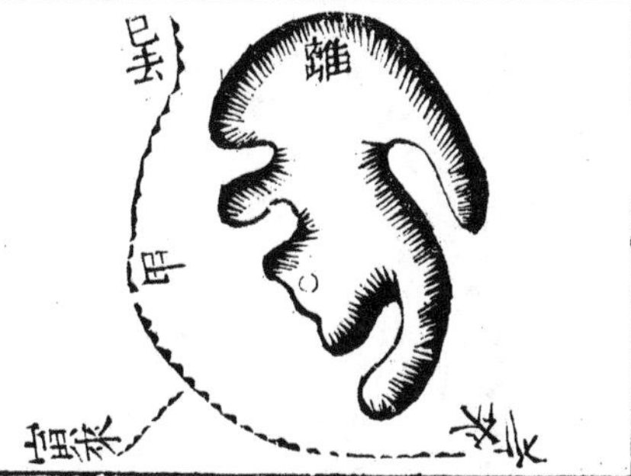

離龍火氣寅木長生朝堂美則美矣然亥爲火之絕神巳爲火之臨官寅亥會合出巳則絕水雜流而破官方矣况亥水又爲離龍之曜殺若依火局立向禍不旋踵故宜立甲木向收亥爲長生寅爲官旺出殺于病死則丁祿兩旺而寅巳屬水甲木取之以爲生氣寧不爲吉

金龍水向

庚氣入首金龍也坤申爲官祿甲卯爲胎養官祿水來本發富貴而胎神流破難免夭折如遇此地則宜立巽向以收之盖坤申水來本爲龍家之官旺又爲向家之長生卯上去水爲出殺于死位定主富貴蕃衍况坐乾以收金氣入穴而坤卯又金之同氣耶

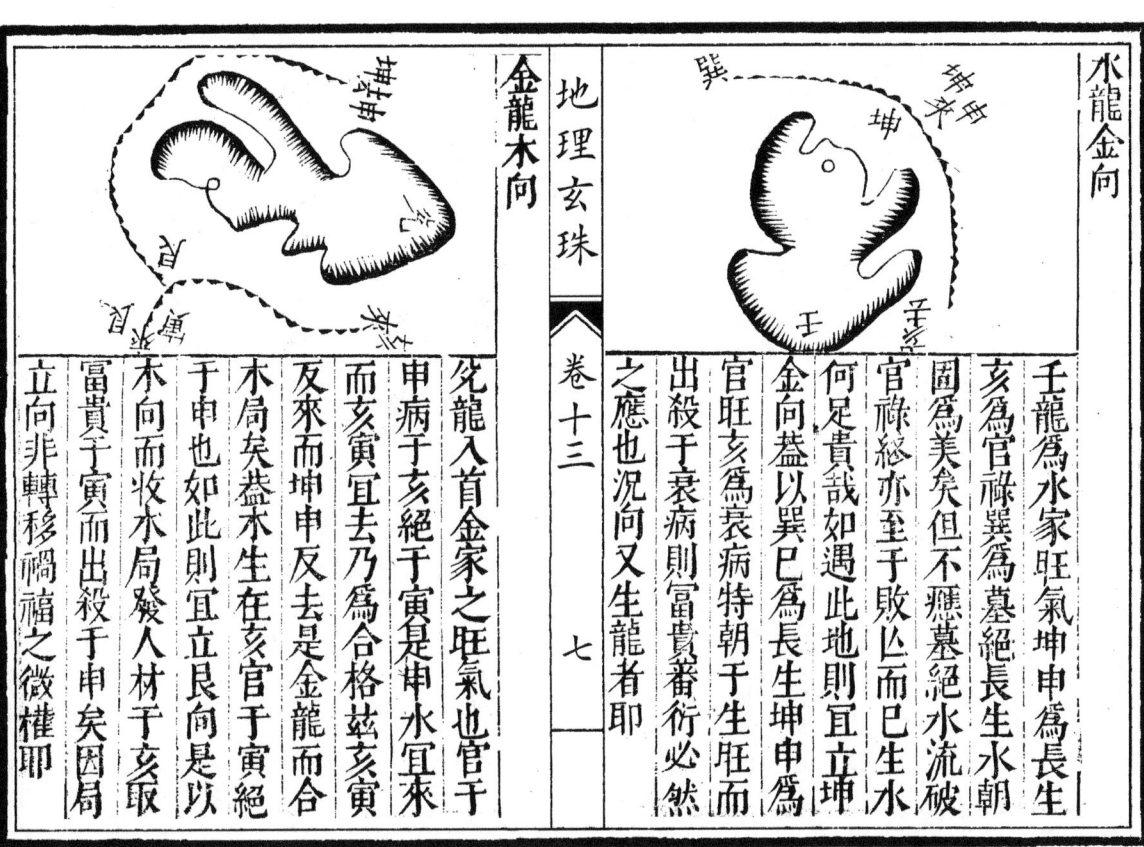

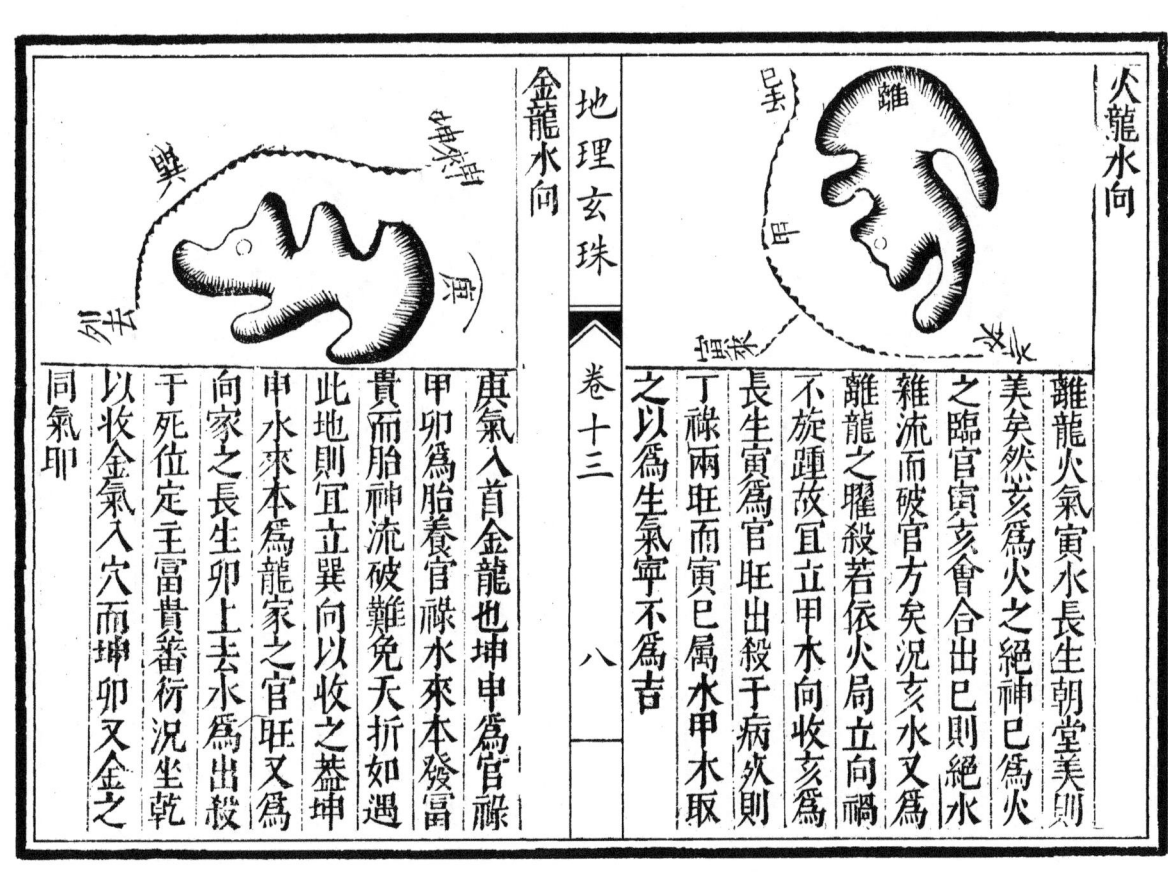

玄空引證　此驗所已然之理

水龍水向

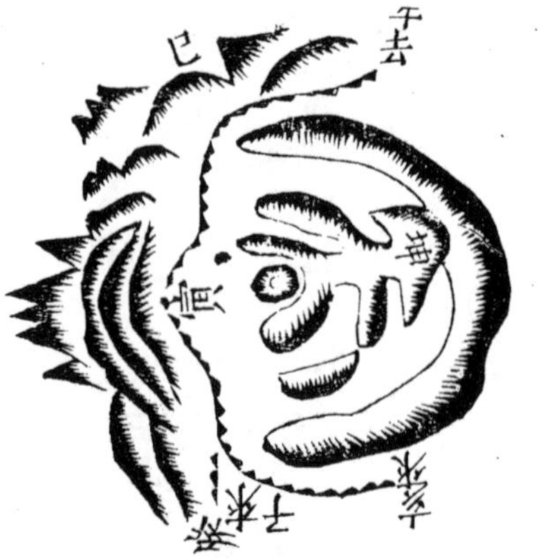

潞州張相公祖地

坤龍爲三合水氣立寅向爲水向其地衆砂長而本身獨縮不與齊肩並驅故尊外懸端秀故貴更得亥子官旺水朝堂貴巳午胎絕而去此水家之全局也高科拜相富貴綿遠宜哉

水龍金向

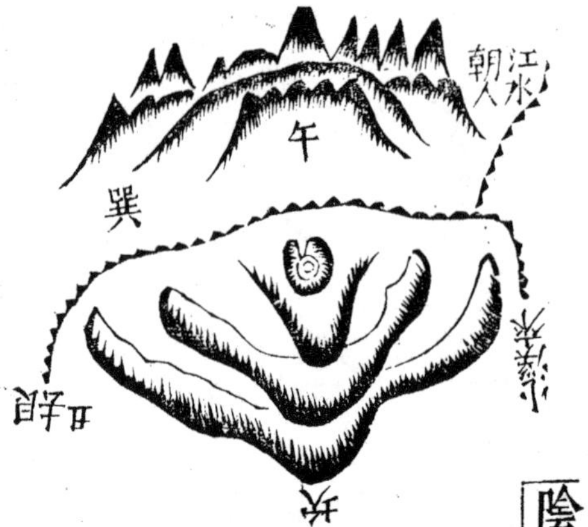

陰州姚兩府祖地

此地華蓋寶蓋穿出御屏前去結穴左右纏護堂局拱揖朝應貫秀諸水交會大江水自坤申朝入流歸丑艮正合金局大格故立午向塋後富貴綿遠

木龍金向

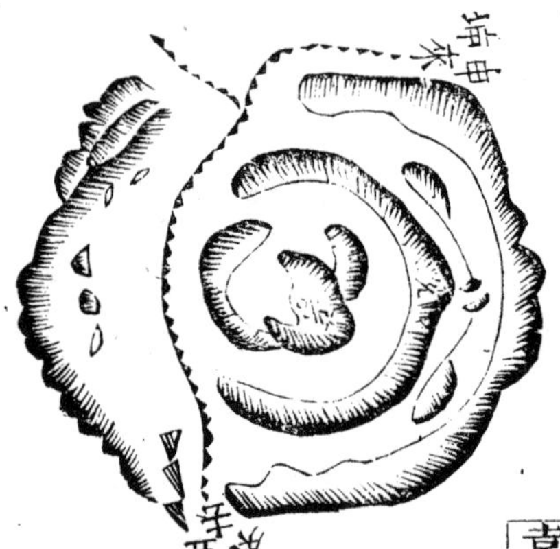

袁治中祖地

西方轉亥入首乃陽木龍也巽坤水到堂則衰絕入局矣故立卯金向則巽坤爲生旺而歸丑庫方爲合格蓋水既合而沙秀不發大貴何耶柰龍氣低弱亦客勝于主而已必得全美乃妙

木龍火向

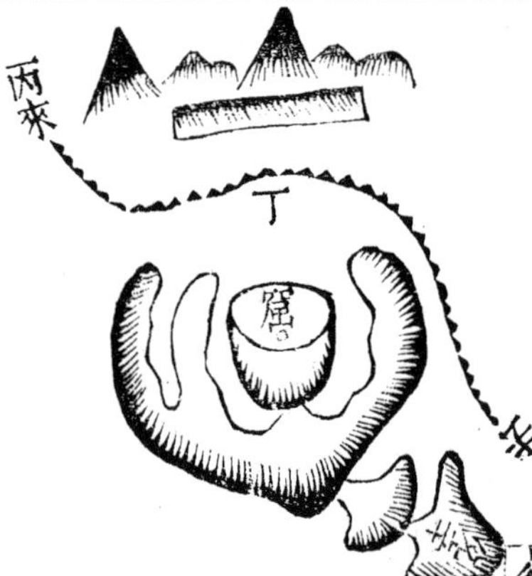

徽州汪侍郎祖地

亥龍入首爲木氣結局巳丙水朝堂流歸西北而去則合火局矣故立丁火向取官旺水入休囚也況粘穴就窩放棺外沙包裹前朝秀麗是體用兼全矣塋後出侍郎州縣官不替

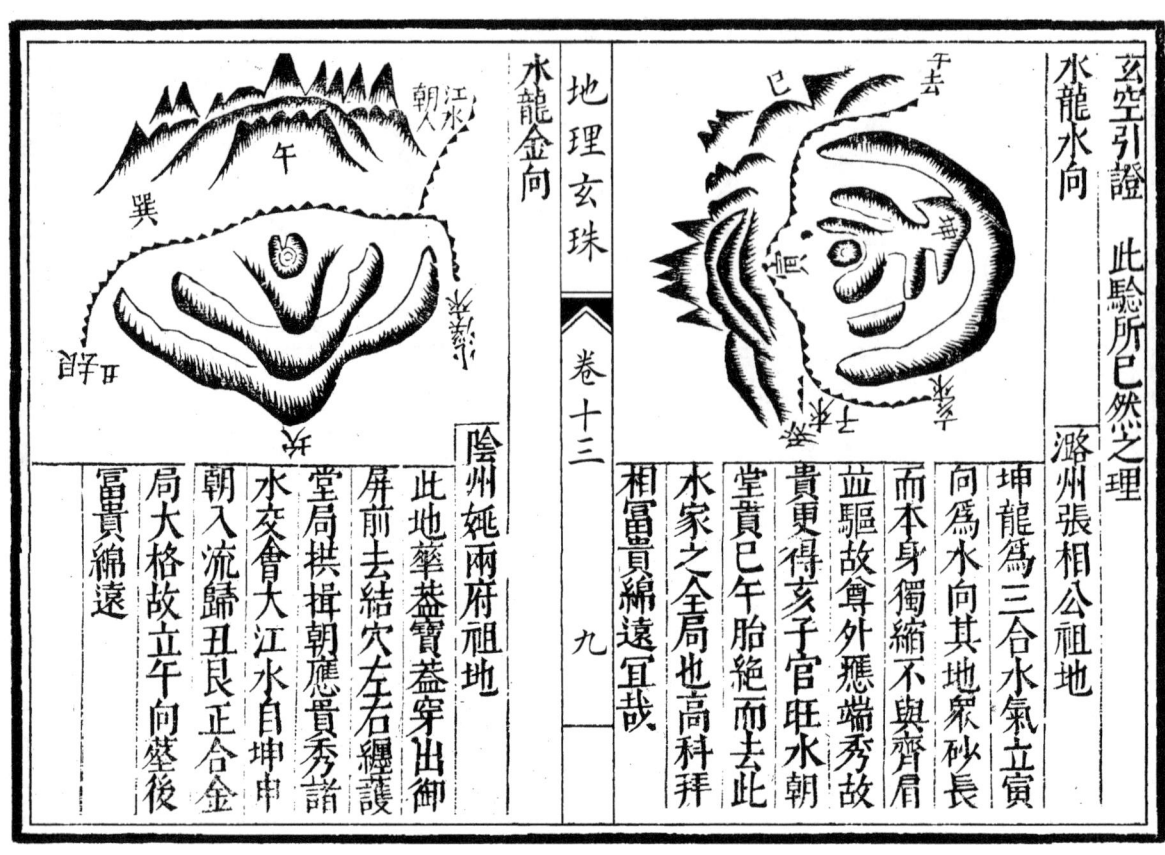

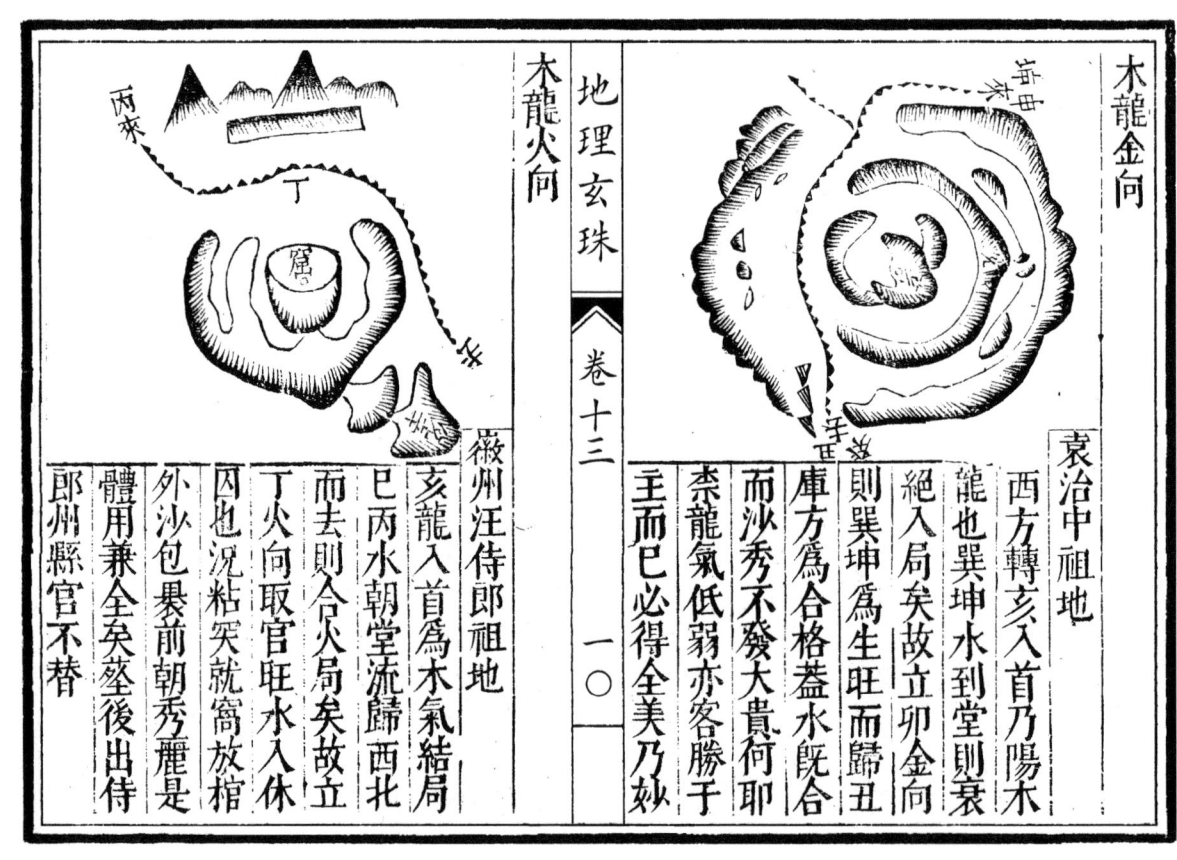

火龍水向

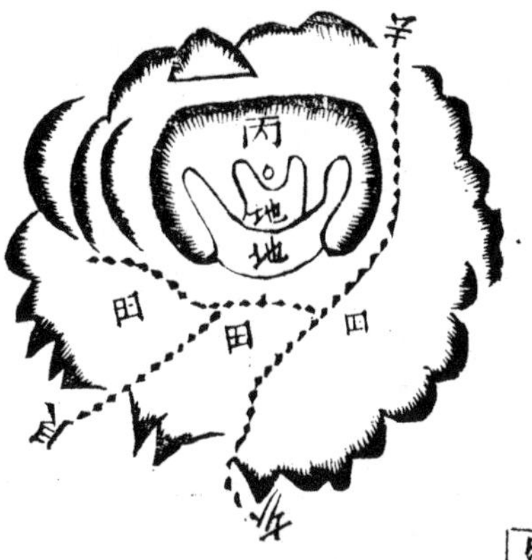

羅十萬祖地在下結

寅甲行龍轉丙入首乃陽火龍也艮水長生朝堂固共宜矣而亥水為絕氣未免為火家之咎故立亥木向收亥艮生旺木歸坤更得龍沙端秀水勢之玄塋後人材疊興富貴不替

金龍金向

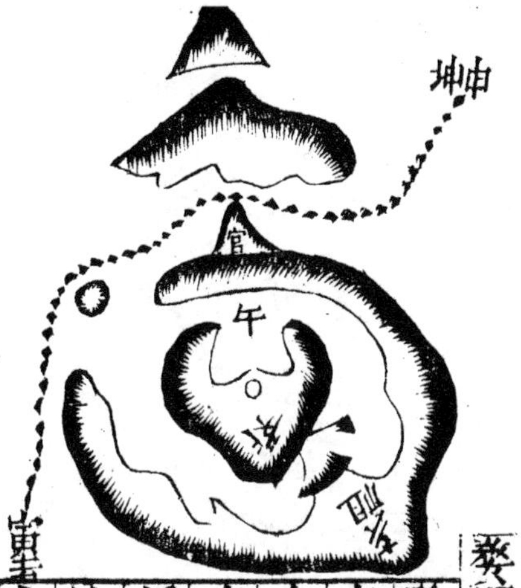

婺源汪經歷父地

癸龍為三合金氣坤申水朝堂出寅又合金局故立午金向收官水歸絕也塋後欽授軍門經歷但因朝沙旗脚火射所以因戌而後貴然沙水立向之驗信不誣矣

火龍水向

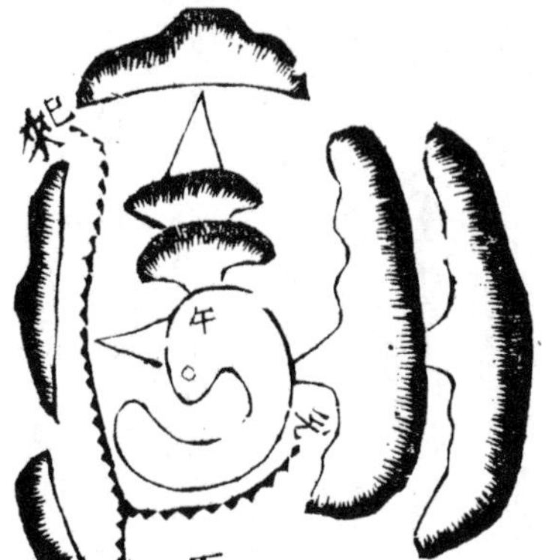

貴州夏閣老祖地

午龍入首火家旺龍也立壬水向陰陽配合高科極品固其宜矣然水敗于酉絕于巳敗絕入局而破官旺則其遭禍非水向之咎耶若倒騎作午金向則無禍矣

火龍火向

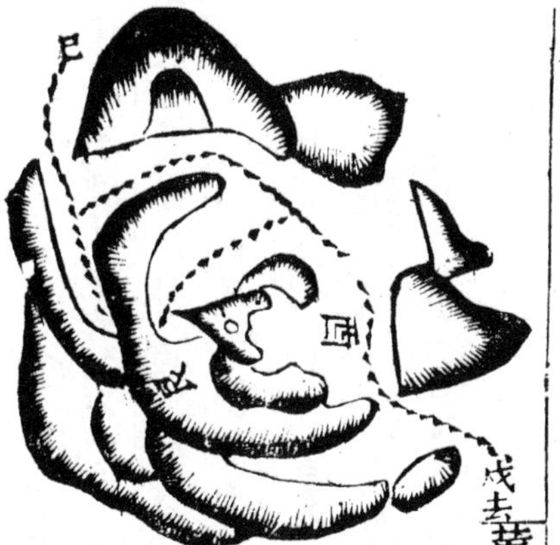

莆田蕭員外祖地

艮龍為火長生之地水自寅巳入局流戌而去正合火局立酉火向收官印水歸庫也龍真穴正案應奇特四顧周匝合為上地蕭氏兄弟甲科文才登出百口六世同居孝義敦睦

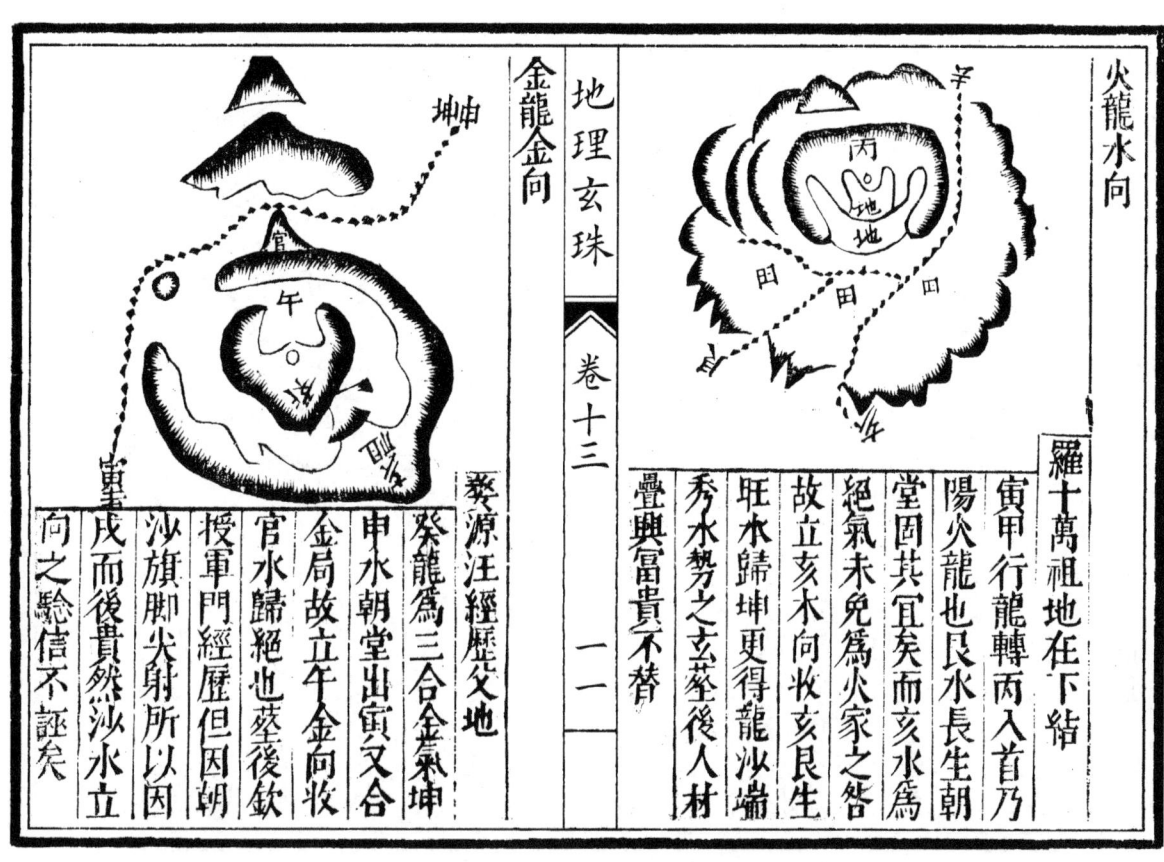

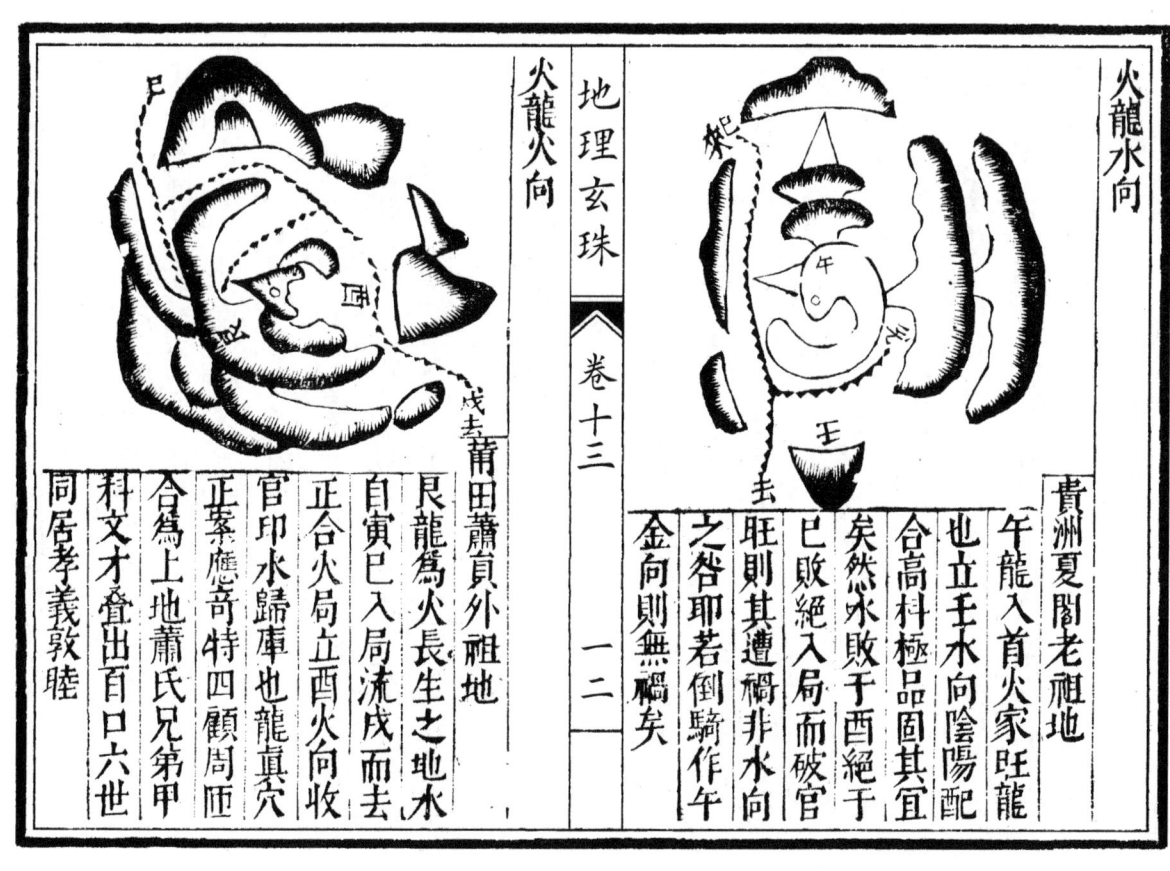

火龍金向

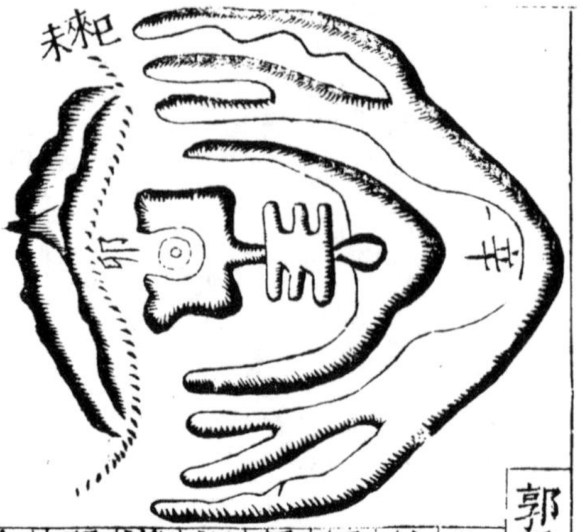

郭子儀祖地

御屏土穿帳成玉尺龍結穴簾幕貴人朝案龍穗皆秀然係辛火龍結局扦立卯金向巽巳水朝斗牛流去正合金局遂發過府大拜侯王滿門其積累鍾慶非地靈何以致之

火龍火向

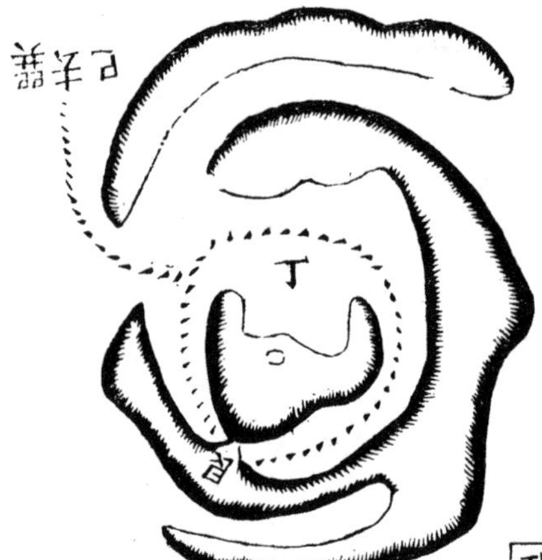

瑯琊王羲之祖地

右地乃平中岡阜秀氣盤旋體勢端巧本爲上地但艮龍係火龍丁向又火向水流巽巳則擊散火家之官氣文才雖高絕祿位其能隆顯耶亦止于清貴而已

附八卦五行

兌丁巳丑乾甲金巽辛庚震木宮壽亥未二山亦是木艮丙坤乙土爲岑癸坎申辰洪水發離壬寅戌火燒林此是八卦眞定局克龍拜運禍難禁

八卦納甲　此原所以然之理

此八卦五行以卦配合支干而論其所屬者也乾本屬金甲雖屬木而配納于乾故甲亦屬金兌本屬金丁雖屬火而配納于兌故丁亦屬金巳屬火丑屬土然巳爲金生丑爲金庫合局于酉故皆爲金也巽本屬木辛雖屬金而配納于巽故辛亦屬木震本

屬木庚雖屬金而配納于震故庚亦屬木亥屬水未屬土然亥爲木生未爲木庫會局于卯故皆爲木艮本屬土丙納于艮故雖火而亦屬土坤本屬土乙納于坤故雖木而亦屬土也坎屬水癸納于坎亦屬水申金辰土而亦屬水者水生于申而墓于辰故皆爲水也離屬火壬水納于離亦屬火寅木戌土而亦屬火者火生于寅而庫于戌故皆爲火也此八卦五行相配合之理也

納甲水源　此原所以然之理

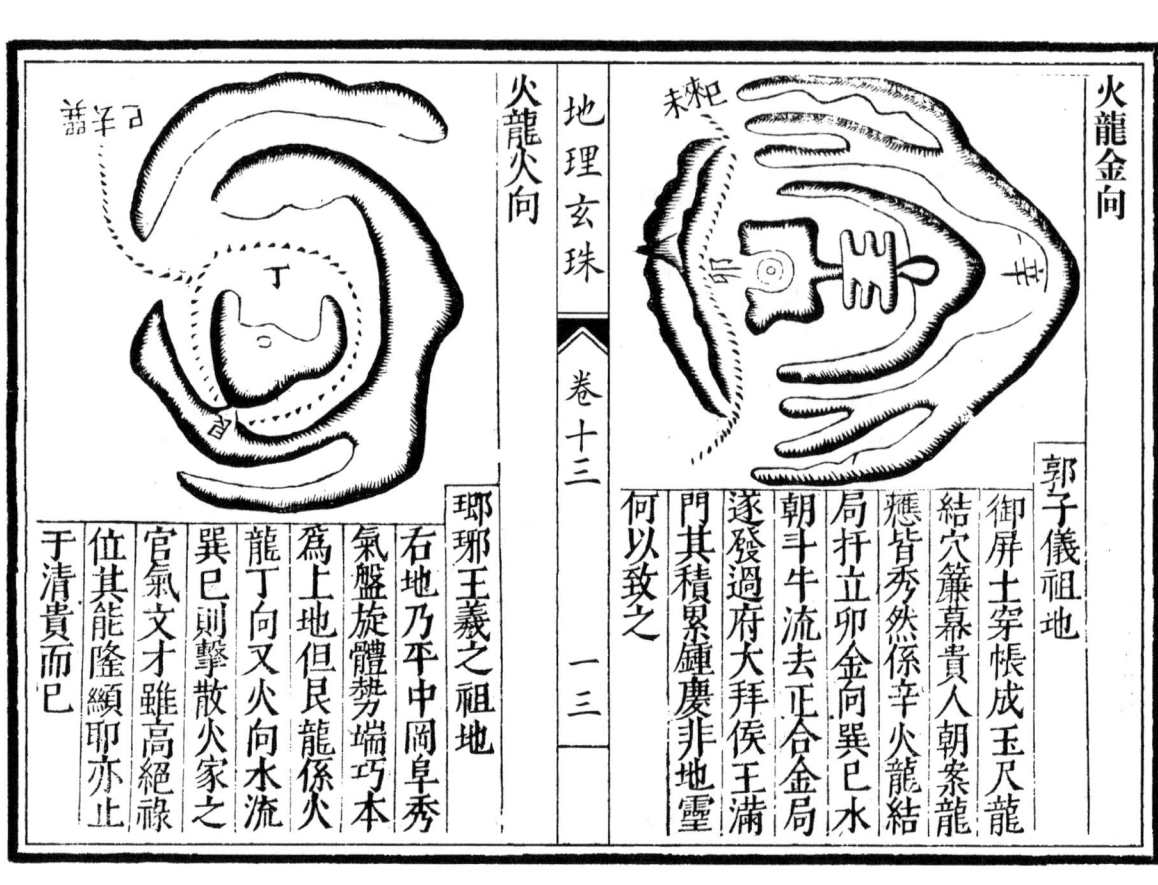

盖納甲本源乃取象太陰之義法先天八卦方位而推之者也易曰天垂象定吉凶聖人象之日往則月來月往則日來日月相催而明生焉故天地盈虛與時消息夫天象之可見者莫如日月天運之可致者亦莫如日月懸天而運行寒暑陰陽循環不息而盈虛消息之理于是而見造化變通之機由是而推日爲陽之象陽中含陰離☲二陽在外而一陰居中故離爲日之正體月爲陰之象陰中含陽坎☵二陰在外而一陽居中故坎爲月之正體然日無遲速而月有盈虛卦有變化而時有配納月本無光麗日而明以不

明之體言之則純陰而象坤晦朔之時也越三日而再生明始資日之明而有光因謂之出陽之初生也昏現乎庚震☳◐之象也故震納庚再越五日而資日之半明因謂之上弦陽之將半也昏現于丁兌☱◑之象也故兌納丁越十五日而與日對資日之全明而大圓因謂之望三陽具備也昏現于甲乾☰○之象也故乾納甲又三日而再生魄與日之望偏而陰始生因謂之魄言陰復生也晨現于辛巽☴○之象也故巽納辛又五日而半晦半資日之明因謂之下弦言陰生至半也晨現乎丙艮☶◐之象也故艮納丙又六日而與日交會日之明全不能相資復晦而不明因謂之晦盡没于乙坤☷○之象也故坤納乙此一月之消息盈虛也地法因之以推八卦之變分納各干于八卦之位用以統十二支之方配以五行之位此八卦五行之本源也

八卦定局　此評所當然之理

乾甲兌丁巳丑六向屬金

向克龍

寅甲卯乙巽五龍屬木爲受克

向克運

癸丑戊辰癸未戊戌四龍運屬木爲受克

向生龍

亥壬子癸四龍屬水爲受生

向生運

丁丑壬辰丁未壬戌四運爲受生

龍克向

巳丙午丁四龍屬火爲克向

運克向

甲戌巳丑甲辰巳未四運爲克向

坎癸申辰四向屬水

向克龍
巳丙午丁四龍屬火爲受克
向克運
甲辰巳未甲戌巳丑四運爲受克
向生龍
寅甲卯乙巽五龍屬木爲受生
向生運
戊辰癸未戊戌癸丑四運爲受生
龍克向
艮坤辰戌丑未六龍屬土爲克向

運克向
辛丑丙辰辛未丙戌四運爲克
震庚巽辛亥未六向屬木
向克龍
艮坤辰戌丑未六龍屬土爲受克
向克運
丙辰辛未丙戌辛丑四運爲受克
向生龍
巳丙午丁四龍屬火爲受生
向生運

甲辰巳未甲戌巳丑四運爲受生
龍克向
申庚酉辛乾五龍屬金爲克向
運克向
庚辰乙未庚戌乙丑四運爲克向
離壬寅戌四向屬火
向克龍
申庚酉辛乾五龍屬金爲受克
向克運
庚辰乙未庚戌乙丑四運爲受克

向生龍
艮坤辰戌丑未六龍屬土爲受生
向生運
丙辰辛未丙戌辛丑四運爲受生
龍克向
壬亥子癸四龍屬水爲克向
運克向
壬辰丁未壬戌丁丑四運爲克向
艮丙坤乙四向屬土
向克龍

亥壬子癸四龍屬水爲受克

向克運

壬辰丁未壬戌丁丑四運為受克

向生龍

庚申酉辛乾五龍屬金爲受生

向生運

庚辰乙未庚戌乙丑四運爲受生

龍克向

寅甲卯乙巽五龍屬木爲克向

運克向

戊辰癸未戊戌癸丑四運爲克向

葢八卦五行之向不可以克正五行之龍與運者爲犯鬼殺也先賢多不用補向年月恐助鬼黨禍故曰寧可補山不可補向然向克龍而運克向則向受制而不能克龍向克運而龍克向則向亦不能克運矣或向克龍而又生運則亦可以助龍而無害向克運而又生龍則亦可以助運而無害矣若龍運克向固爲合宜則又當會局以補其向名曰財局愈爲吉福此又八卦五行通權之妙用也術者其寶之

假如艮龍庚向艮土已爲庚木所制是向克龍矣然艮爲陽土而墓于戌若用丁壬年庚戌金運則向已受運制其能以復克龍耶

又如丙龍兌向是爲龍克向矣丙爲陽火而墓于戌若丙辛年作用遁得戊戌木運則運又爲向金所克然向家已受龍制則運不爲向家所克矣

又如壬龍屬水坤向屬土向已克龍然坤爲陰土而墓于丑若甲己年用事遁得乙丑金運則運能泄向之氣以扶龍而無畏其克矣況坤申又壬水之長生格局耶

又如丁龍屬火兌向屬金龍已克向矣而丁墓在丑

丙辛年用事遁得己丑火運則向又爲運所克法當會成金局年月以補其向此本主太旺而用以財局也凡用八卦五行自當變通不可執泥

八卦引証

甲子年　戊辰月　庚午日　庚辰時

昔黄氏下壬龍申向地是向克龍矣然甲子年遁得戊辰龍運屬木則土向受制而不能爲害況甲戌庚會成三奇格局清貴後代子孫官貴不乏

丙子年　壬辰月　壬申日　戊辰時

曾公與劉氏塋母癸龍午向丙子年遁得乙未金運

是爲向克龍運然向上火氣已爲龍家發水所克則不能克運上之金音矣況申子辰會成水局一以補龍一以制向則克運何足畏哉後世富貴不替

甲辰年　戊辰月　庚申日　丙子時

李氏下庚龍巽向地庚金巽木是爲龍克向矣甲辰年庚龍遁得乙丑金運則運又是克向遂用申子辰水局以補其向況合三奇格後出大貴蓋巽木爲庚金之財而財旺能生官也

地理玄珠卷之十四

古吳太和山人夏世隆道弘甫著
梁溪半偈道人華善繼孟達甫校

方位五行　此原所以然之理

此以後天八卦輔以干支而定其方位之次也陳希夷釋之曰八卦爲象數之始天干所以輔八卦而地支所以佐天干也故聖人因卦而推時用支以配干而定其方位之次制爲土圭之器以消息天地孤虛之氣葢自古伏羲命大撓氏始立八卦之方而先未有干支也至唐堯命羲和考中星始用十二辰位周

公作指南車有其形而無其方至九天玄女授赤松子始用卦氣干支分配而成二十四位以爲神器法以天數二十有五扐一以爲體而二十四氣倚地數三十去六以爲用而二十四氣全五行生成二氣對代北一南二東三西四中五沖氣冥居中處明河圖五行生成之氣測洛書九宮推移之迹制以水北火南木東金西土中生成化育有定序矣夫天以一生水次者水之位故子居正北癸得地六之陰水之柔也故癸次于子水不止則流蕩不返必土以止之則能生物丑者土之柔也故丑次于癸艮爲山土之剛

也故艮次于丑而居東北所以代震之施化也土合而氣化將以生木寅爲稚木故寅次于艮甲得天三之陽木之剛也故甲次于寅震者木之旺也故卯居正東乙得地八之陰木之柔也故乙次于卯木非土無以盛辰者土之正氣故辰次于乙木者陽之稚也木非旺不能生火故巽爲旺木而次于辰旺極必資生所生者火也巳爲火之初氣故巳次于巽丙得天七之火陽之剛也故丙次于巳離者火之正位也故午居正南丁得地二之陰火之柔也故丁次于午火旺必有止將以生土也故未次于丁坤者地之體土

之正氣也故坤次于未土旺必生金申者金之初氣也故申次于坤庚得天九之陽金之剛也故庚次于申兌者金之旺位也故酉居正西辛得地四之陰金之柔也故辛次于酉金非土無以成戌者土之正氣也故戌次于辛金者陰之稚也金不盛不能化故乾爲旺金而次于戌旺極而化成將以生水也亥爲水之初氣故亥次于乾壬得天一之陽水之剛也故壬次于亥于是二十四位有定方矣戊巳得天地之中天五地十之氣故中處以爲金母金伏天干之戊土而制于地支之午火藏于地支之子水（謂分金戊子戊午居子午）

之中也故土圭之器其體以木其用以金而化成于水火（磁石屬火針必以磁石磨）奇迹于土中其子午之正針旣定則天地之正氣從可知矣此地理之根本萬世不易之定體也蓋以龍穴沙水形局不測而生旺休廢變化無窮凡術業者每游地上必須接定方位毫髮無差然後審勢辨形因局察理自可以得山水之眞情而可以施作用之微權矣否則生尅制化之理漫然而無知喜忌取舍之宜惘然而無措其能反凶召吉而造福于人耶

圖具後

木生于亥旺于卯死于午墓于未絕于申受克于兌

火生于寅旺于午死于兌墓于戌絕于亥受克于坎

金生于巳旺于兌死于坎墓于丑絕于寅受克于離

水生申旺于坎死于卯墓于辰絕于巳受克于四季

土生于離旺于四季死于兌墓辰絕于巽受克于震

來龍方位　此評所當然之理

夫來龍方位者龍有起祖有剝換有入首千形萬狀本無定踪然出自生方而轉旺入首者有之出自旺方而轉生入首者有之生旺趨于囚絕者有之囚絕趨于生旺者有之善地者必須原其起祖自何方發足剝換自何方轉折入首自何方落脈則龍氣之盛衰強弱瞭然在目然後吉凶有定踪而取舍有定見矣否則徒取其巒頭之善而或陷入于休囚其如形吉氣凶何

是故八卦周流難逃理氣而五行通變要識方隅

水發源于庚兌印旺最佳

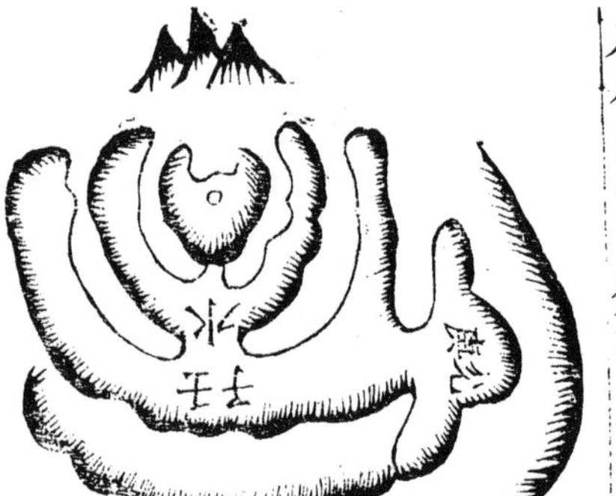

壬子癸屬水庚兌屬金是金者水之印也水龍自金方發源來于印綬之鄉而金旺于兌則是印臨旺地自然富貴蕃衍佳哉

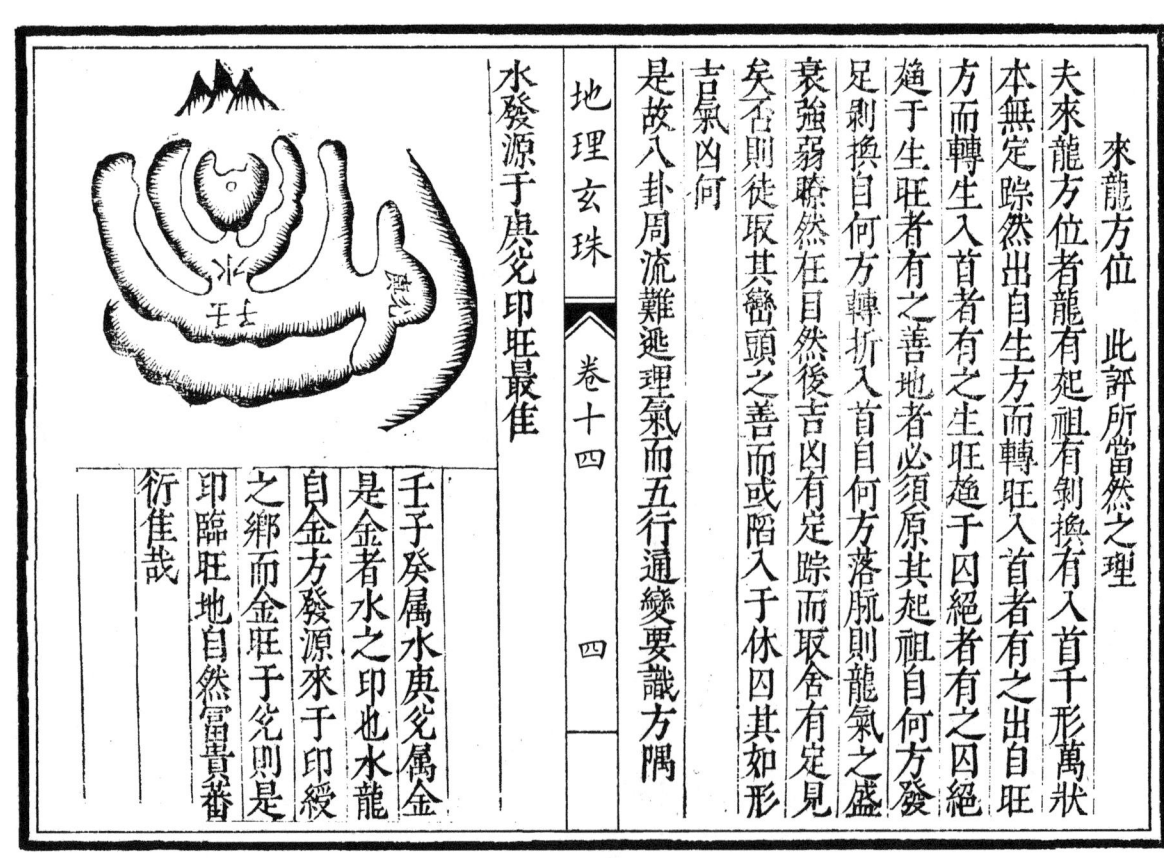

金出身于離丙殺強可畏

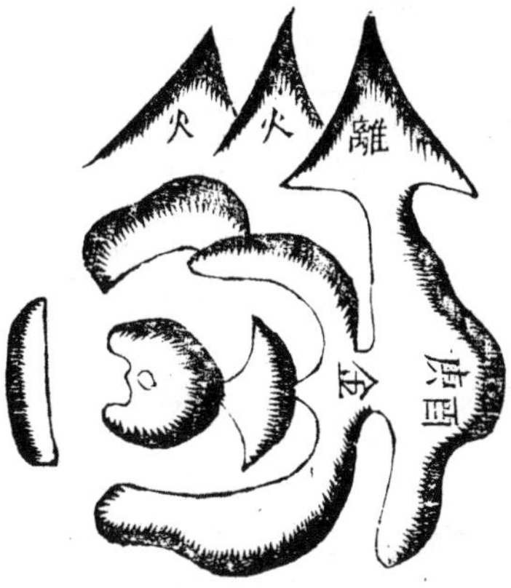

庚酉辛屬金離丙屬火是火者金之殺也金龍自火方出身來于鬼殺之鄉而火旺于午則是煞坐強宮寧免禍患夭折畏哉

木寓金宮須知有損

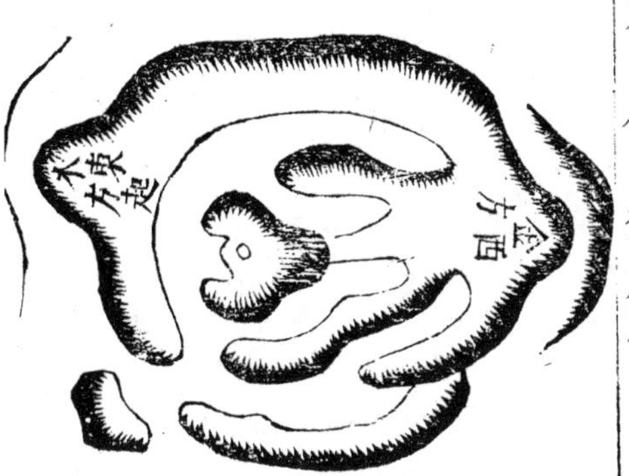

東方屬木西方屬金木遇金則受尅今東方行龍乃木龍也却轉西方入首則是金脈入穴涉水雖秀而木被金尅安能無損

土臨木位豈得無傷

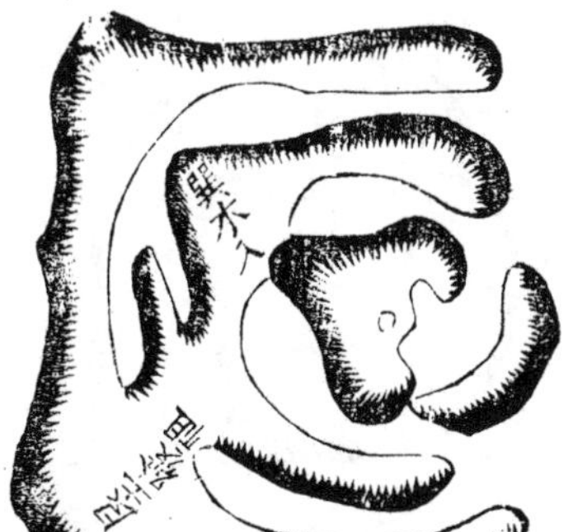

艮方屬土巽方屬木土逢木則受尅茲艮位行龍乃為土龍而却轉巽位入首則是木氣結局形局雖美而土被木尅豈得無傷

火龍得氣于東方號作體全之象

火龍者南方巳丙午丁入首之龍也火龍自東方發足則木能生火乃為印綬扶身寧非体全之象耶

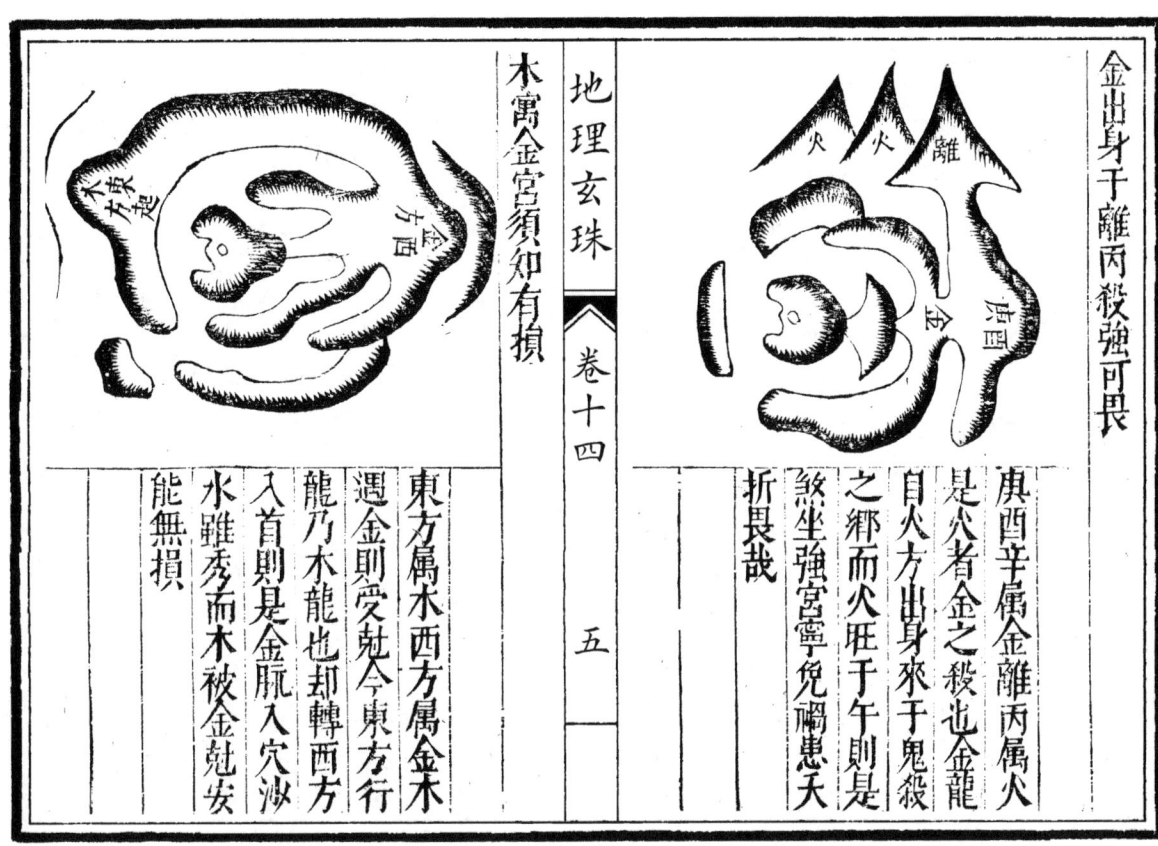

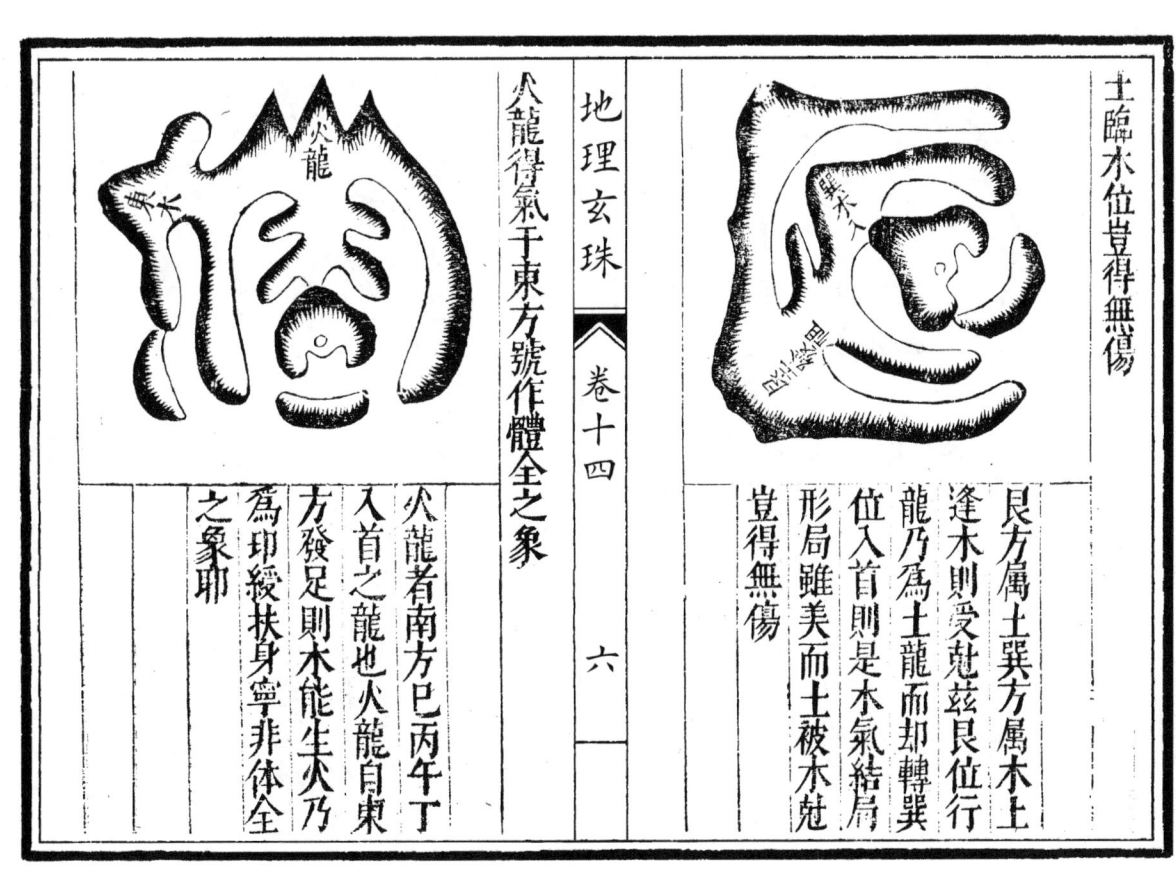

木氣受胎于南方名爲散泄之神

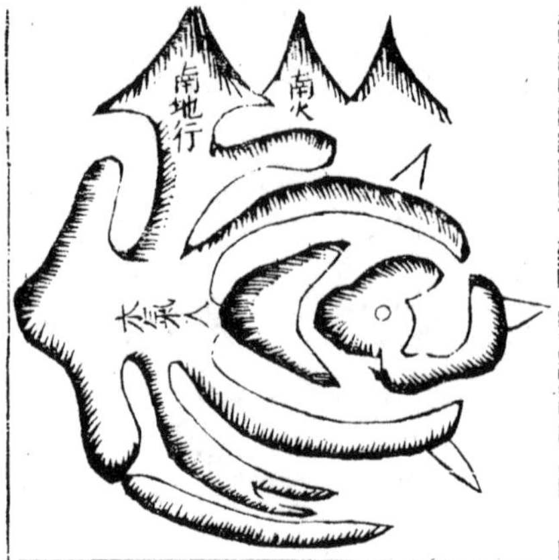

木氣者東方甲乙卯寅入首之龍也木龍自南方出身則反去生火乃爲食神盜氣不爲散泄之神耶

金宮土至喜得生扶

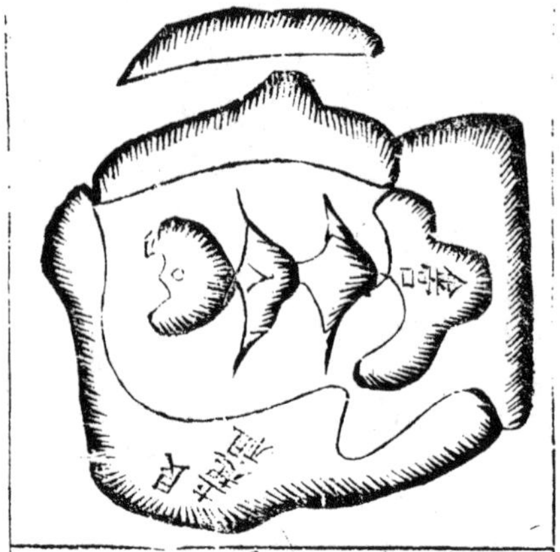

金宮者庚酉辛方是也金龍入首乃自艮方起祖而來則土能生金是爲金宮土至而有生扶之象豈非可喜

火位水來曷勝尅戰

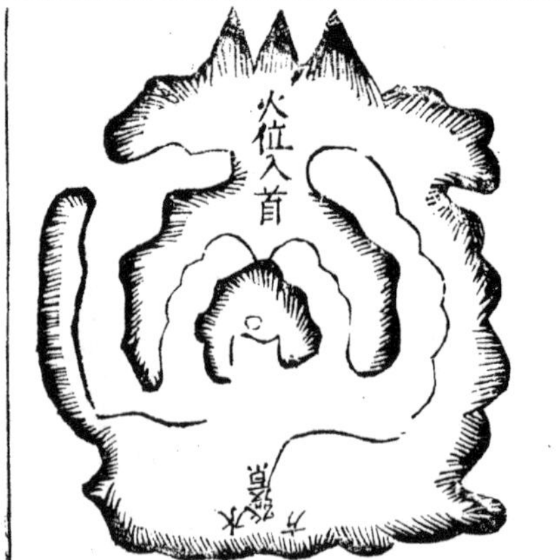

火位者巳丙午丁方是也火龍入首乃自坎方發源而來則水能尅火是爲火位水臨而有尅戰之象亦曷能勝

亥龍最喜清純加乾壬而有玷

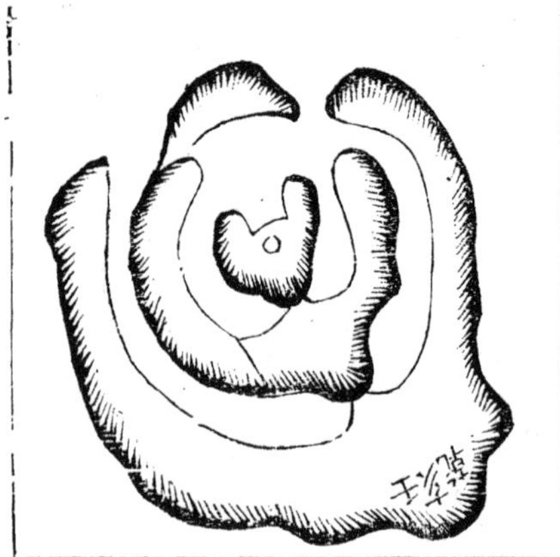

亥與乾壬交界乾爲亢陽壬爲孤虛亥龍帶乾壬相兼而來則是陰陽氣雜亥雖首吉未免有玷惟獨行清純爲美

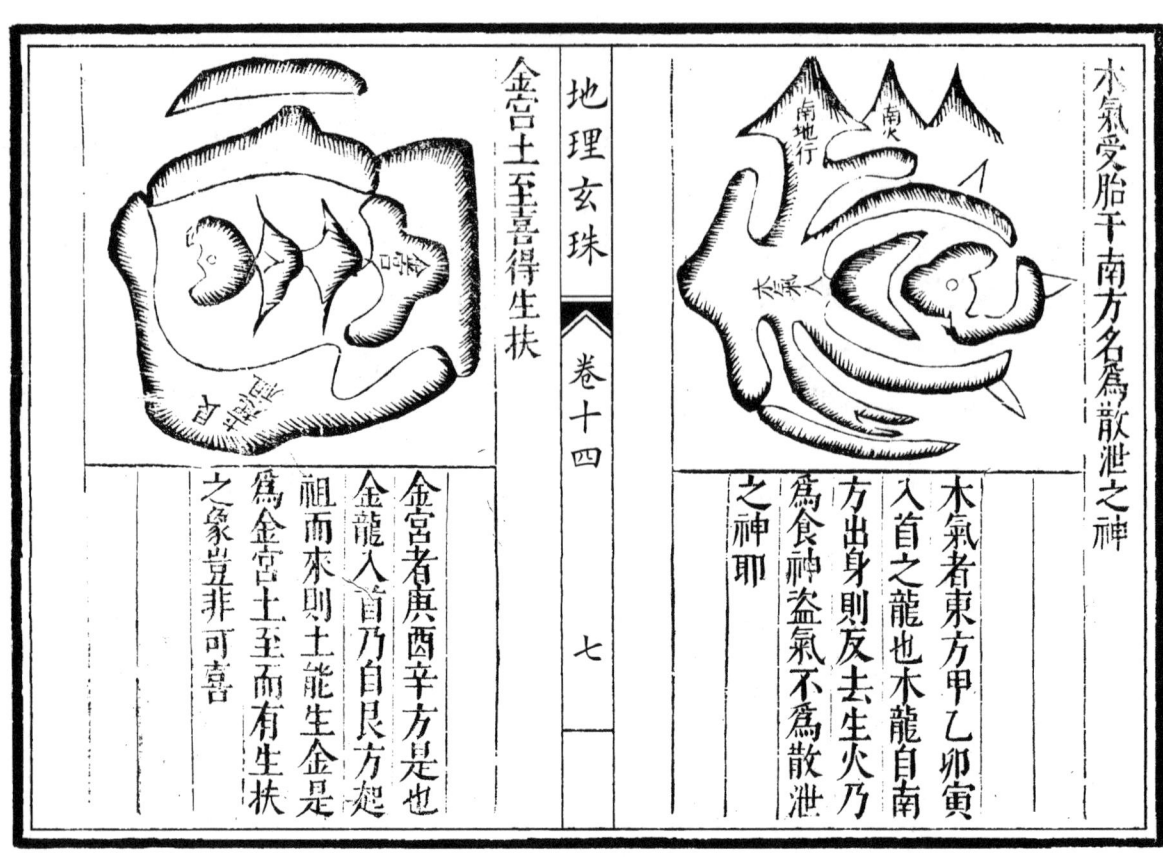

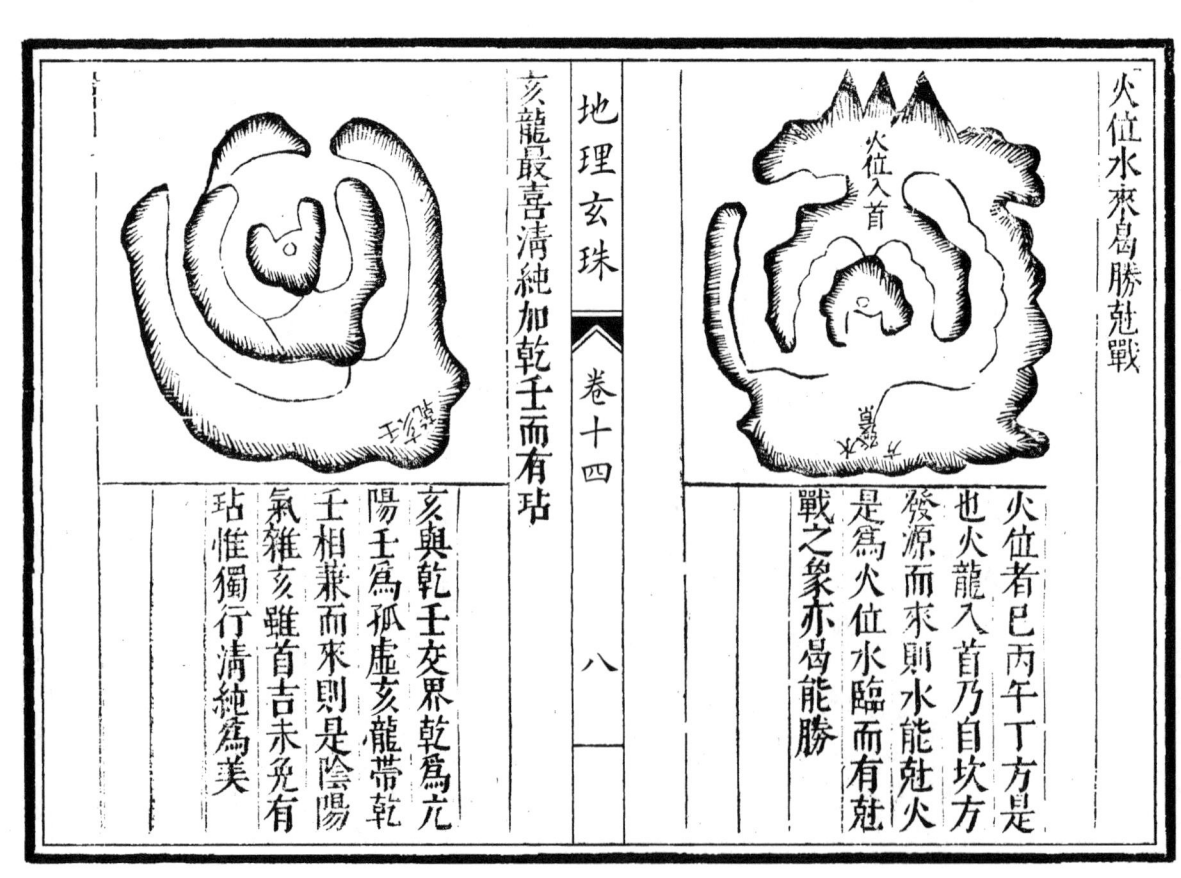

兌脉不妨兼雜帶庚辛而亦宜

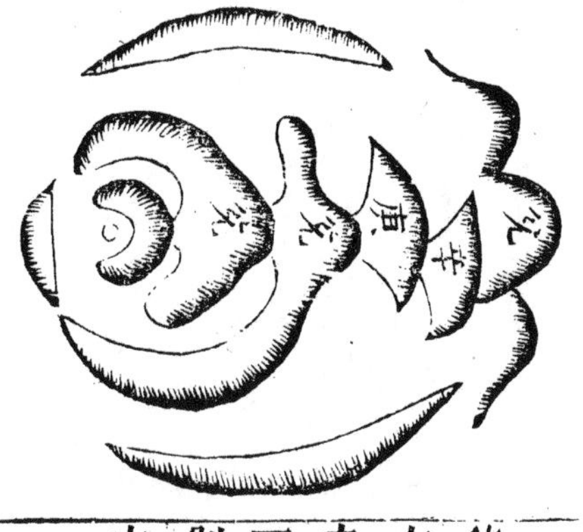

兌與庚辛同宫庚爲三吉辛係六秀兌龍帶庚辛相兼而來則是純陰不雜兌雖不專而辛庚剝換亦宜同行互入俱吉

由丙入艮自旺趋生

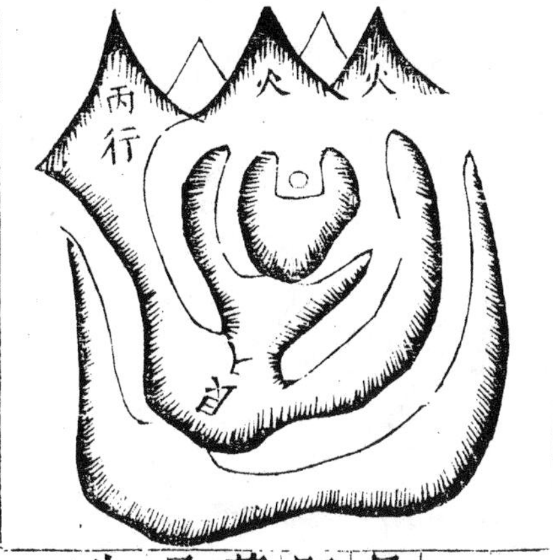

艮爲火生之地丙爲火旺之鄉艮納丙爲正配若丙方起祖行龍而轉艮入首者是爲旺龍趋生極爲合格誠大地也

轉巽爲庚從生剝旺

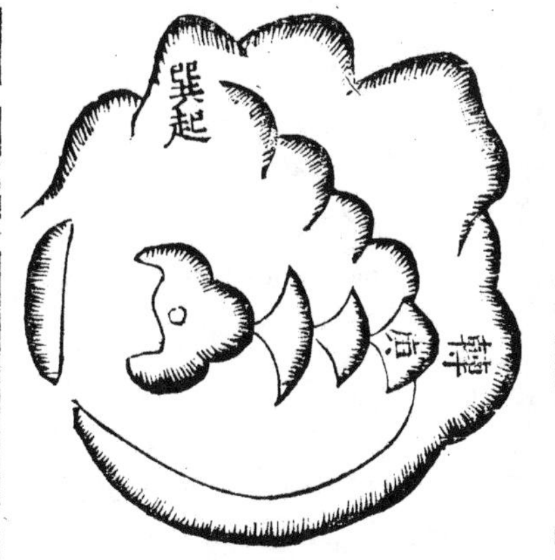

庚爲金旺之鄉巽爲金生之地巽與庚爲三合若巽方起祖行龍而轉庚入首者是爲生龍剝旺極爲合格誠大地也

甲卯成胎莫向坤申尋慈母

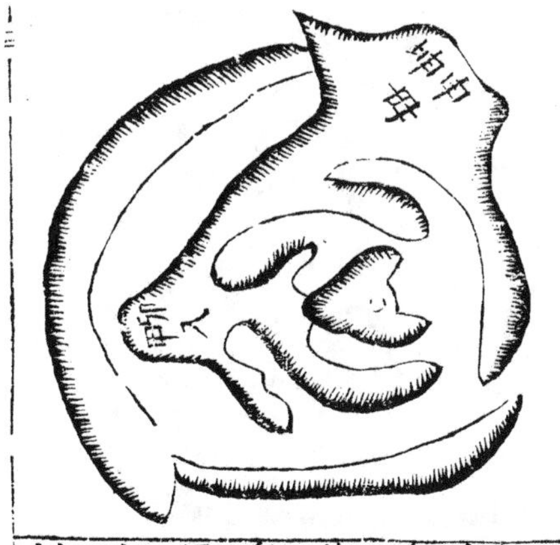

木旺于甲卯絕于坤申甲卯成胎乃木龍入首若自坤申發足則其出身已先絕矣安得有慈母而生善地耶卯龍入穴本爲吉地然不應是坤申行龍也

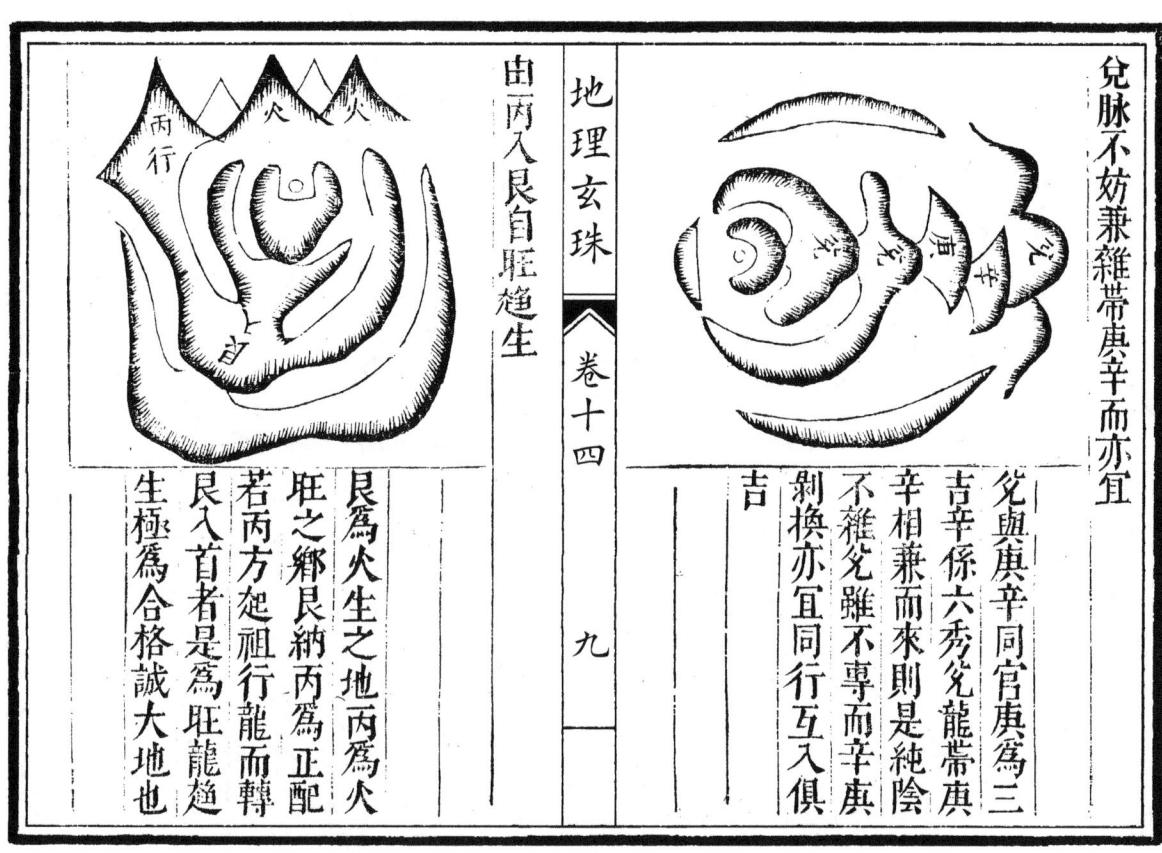

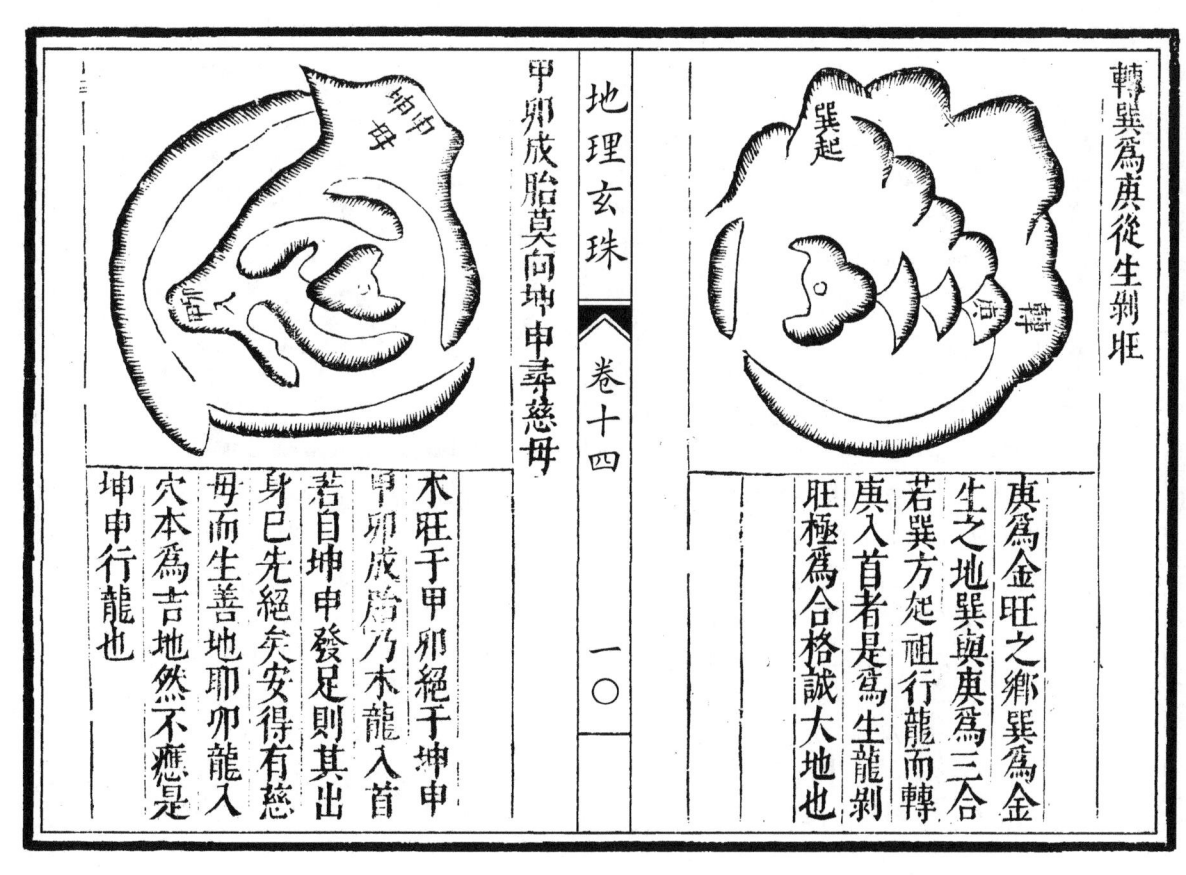

子壬發祖休于辰巳覓賢孫

水旺于子子壬墓絶于辰巳子壬發祖乃水氣行龍若自辰巳入首則其結穴巳自絶矣安得有賢子孫而成吉穴耶子壬行龍本爲旺氣然不應是辰巳入首也

離壬有既濟之美勿謂煎熬

壬爲水離爲火水火本不相射然離納壬爲正配若離龍轉壬或壬龍轉離入首乃水火有既濟之美俱爲大地勿槩以水火有煎熬之象而謂非吉地也

兌丁有匹配之休毋云尅戰

丁爲火兌爲金火金本相刑尅然兌納丁爲正配若兌龍轉丁或丁龍轉兌入首乃金火有匹配之休俱爲大地毋以火金有尅戰之象而謂非吉壤也

庚震相趨邊疆威武

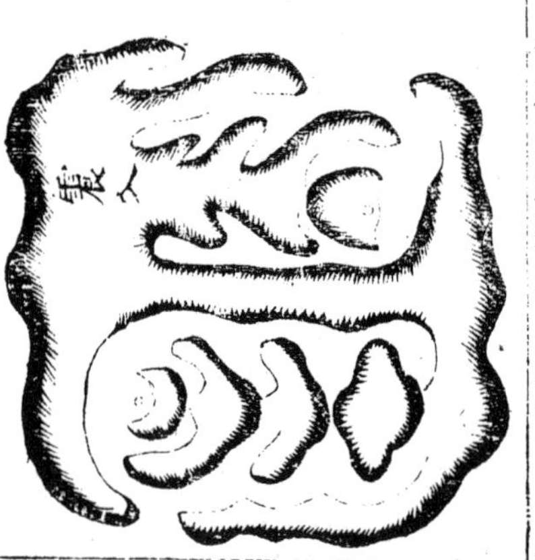

庚屬金震屬木金木尅木然庚納甲于震宮有夫婦相配之義或庚龍趨震或震龍趨庚入首皆爲合格震庚俱威武之地定主握掌兵權于邊疆也

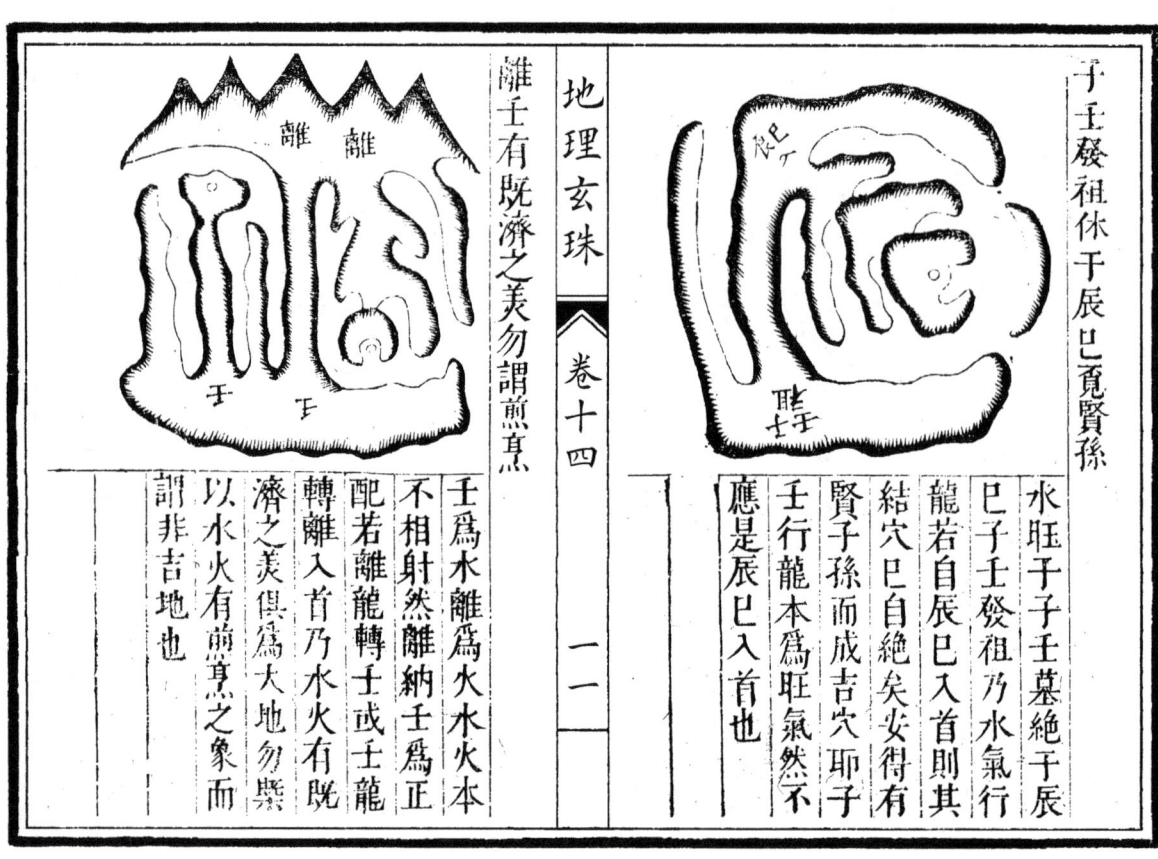

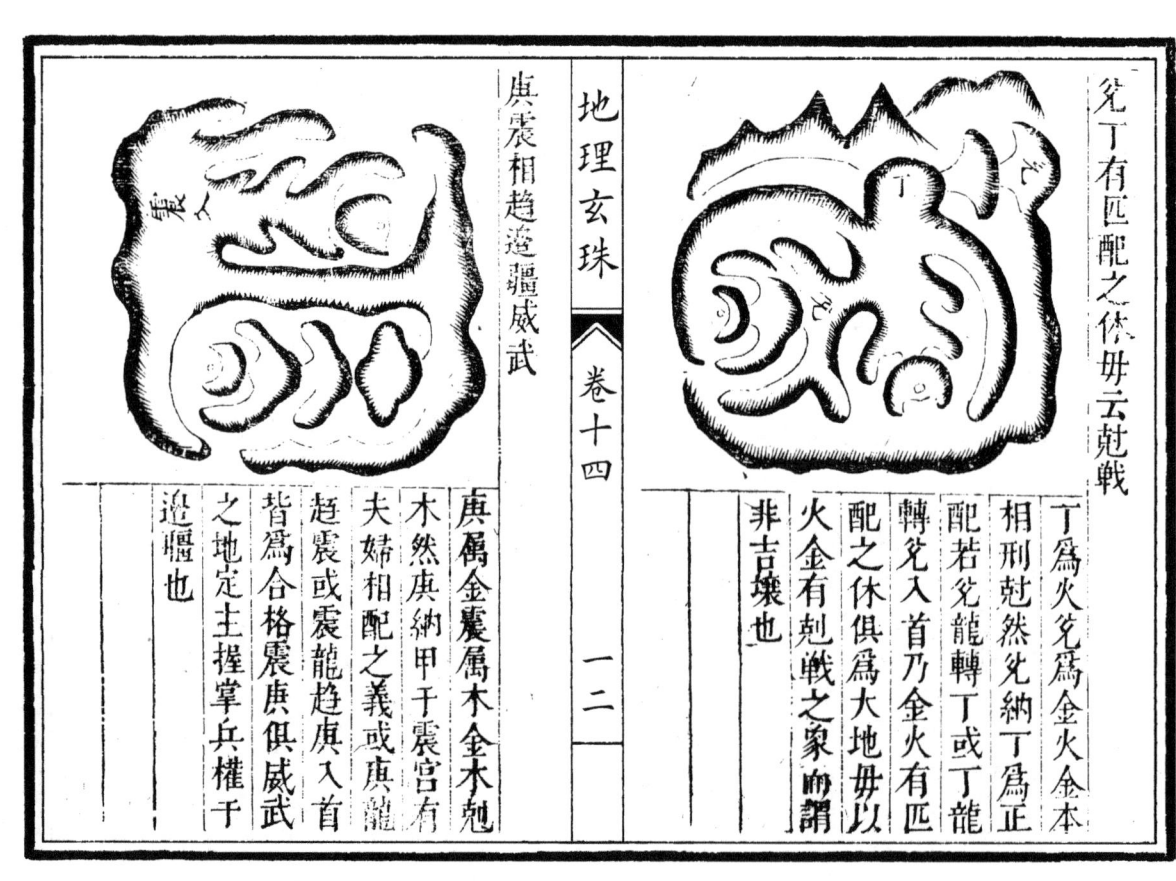

巽辛相見翰苑聲名

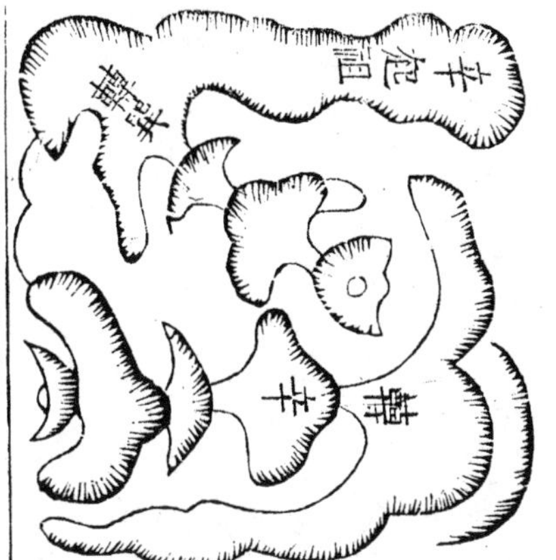

巽屬木辛屬金本爲相剋然辛納甲于巽宮有陰陽相見之義或巽龍轉辛或辛龍轉巽入首皆爲合局巽辛爲文章之府定主顯揚聲名于翰苑也

亥入丁丁入亥三合財官

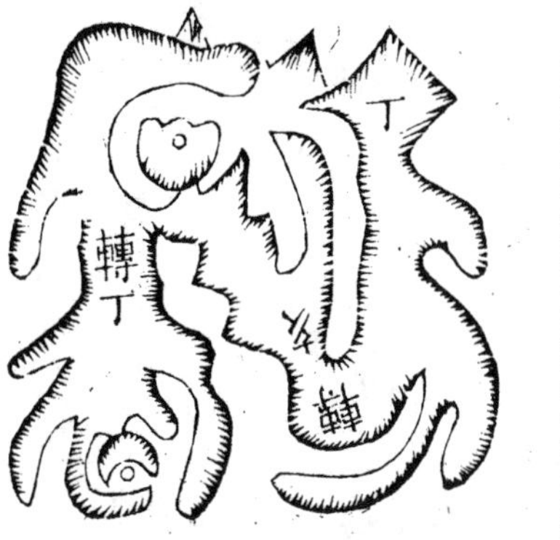

亥爲水丁爲火亥中壬水爲丁火之官丁火也壬水之財又亥丁爲雙山三合若亥龍轉丁則財星得令丁龍轉亥則官星得令當發官貴而成大地

壬轉坤坤轉壬一元生旺

坤爲土壬爲水坤中申金爲壬水之印壬方爲坤土之旺又坤申爲三合一氣若坤龍轉壬則生龍入旺壬龍轉坤則旺位趋生俱發福祿而成大地

寅卯長生于亥水乾則可忌

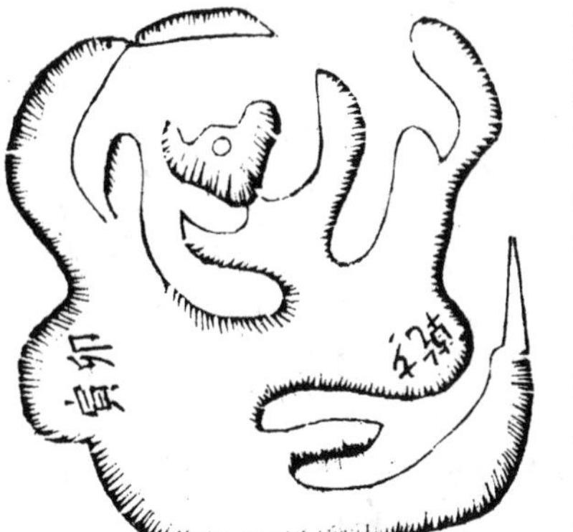

寅卯屬木亥屬水爲木長生之地若寅卯行龍轉至亥宮結穴是爲旺龍趋生極爲結壤然乾與亥同宮而屬金若或帶乾入首則受制而無用矣豈非可忌

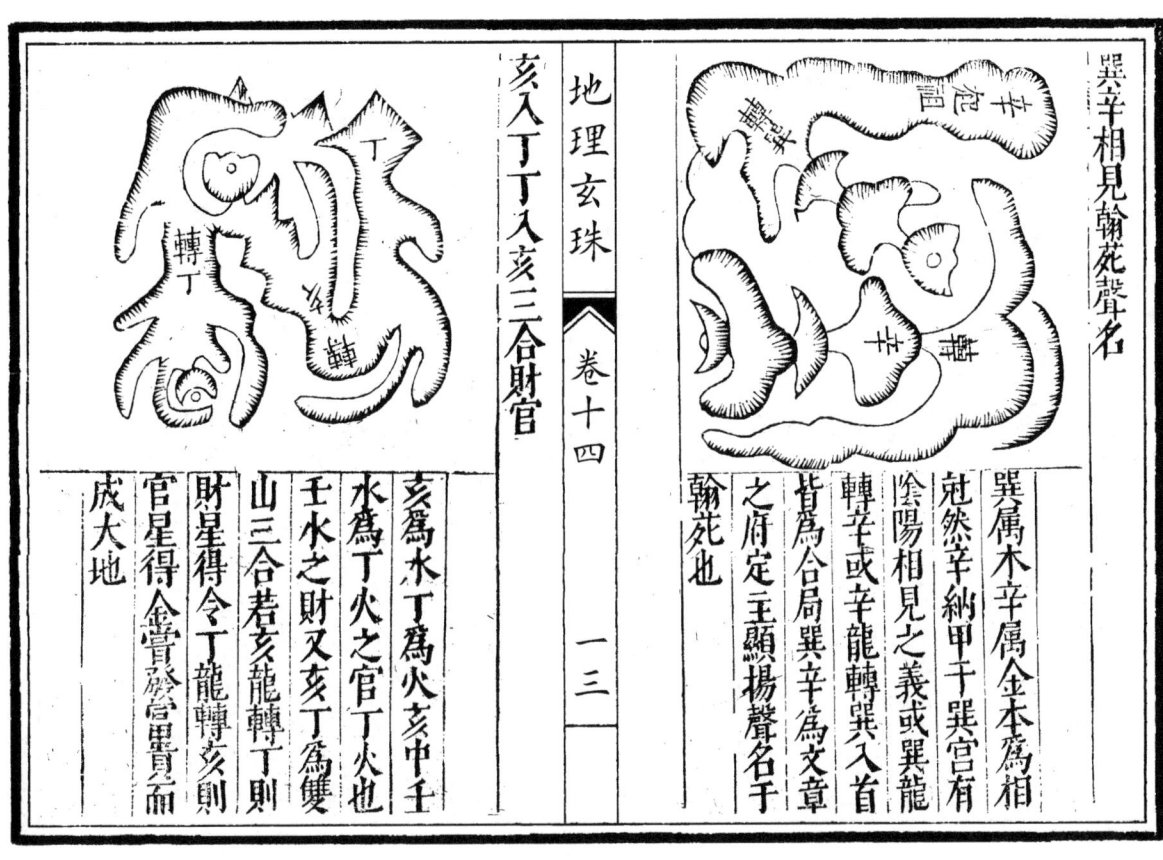

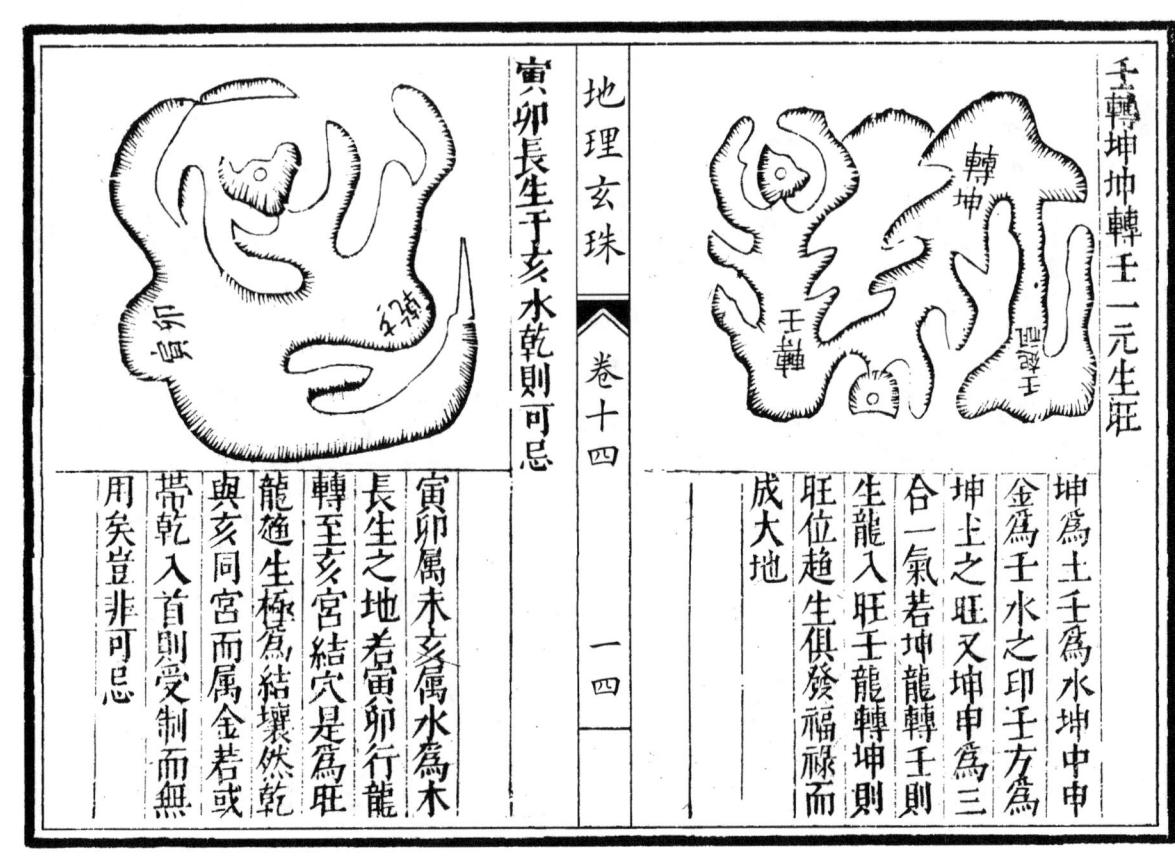

兌庚受制于丙火辛則可嘉

兌庚屬金丙屬火爲金尅殺之地若兌庚入首起自丙火發足是爲出身受制極爲凶地然辛與丙合氣而屬火若或轉辛入首則類聚而相得矣豈非可嘉

酉龍本爲旺地最怕逢生

酉爲金旺之方又爲六秀之地酉宮行龍本爲吉地然巳雖爲金之長生乃爲酉之殺曜若酉龍轉巳入首則犯殺而敗絶矣倘槩認爲旺爲逢生不旣謬耶

巽巳本自生龍偏嫌遇旺

巽爲金生之鄕又爲六秀之位巽宮行龍本爲善地然兌雖爲金之帝旺乃爲巽之殺曜若巽龍轉兌入首則犯殺而敗絶矣倘槩視爲生龍逢旺不亦謬耶

丙丁素自一家儘堪迭至

丙爲陽火丁爲陰火統爲一家之親若丙龍轉丁或丁龍轉丙互換入局皆成大地儘堪更迭而至

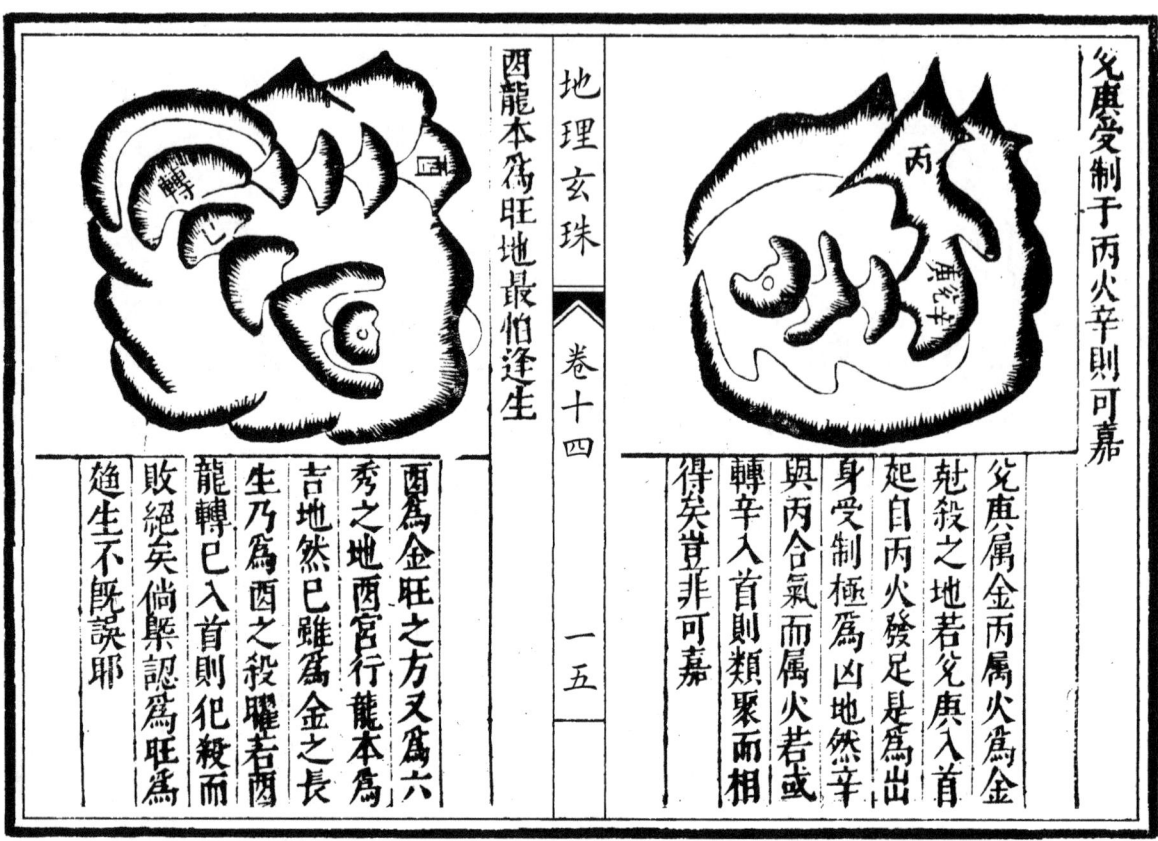

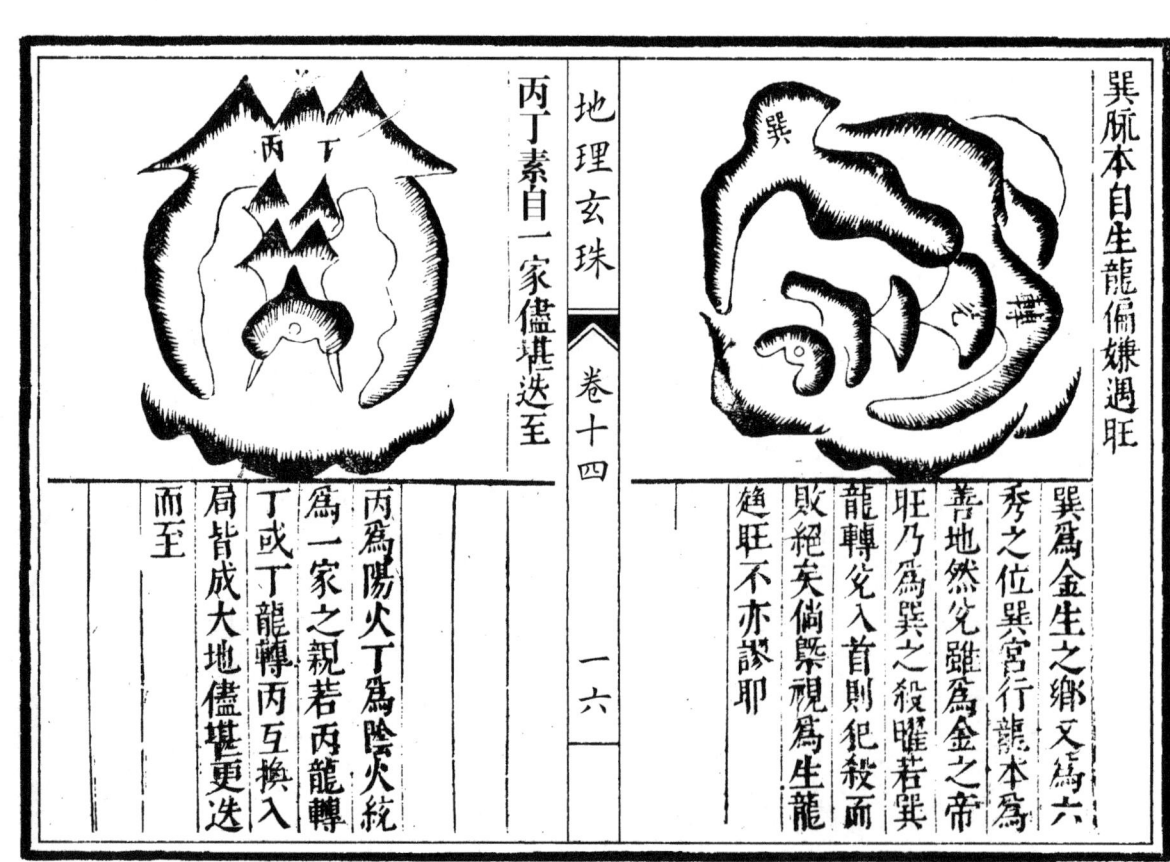

寅艮固爲同氣焉可竝行

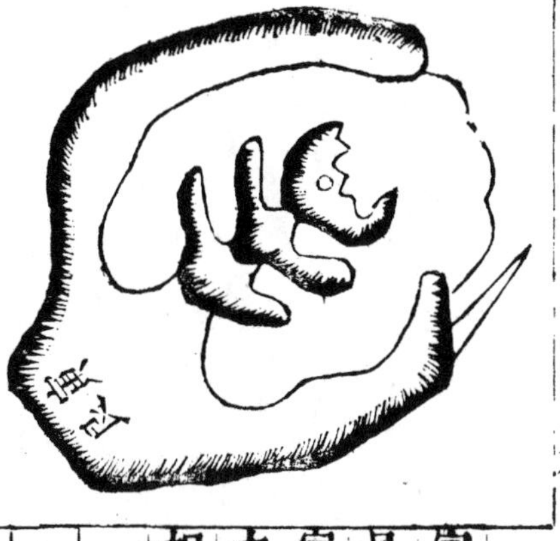

寅爲陽木艮爲陰土雖是同宮之神然艮能兼寅或艮起入寅結局土木同途乃犯克殺豈宜相竝而行

迢迢北闕迎進氣于雷門

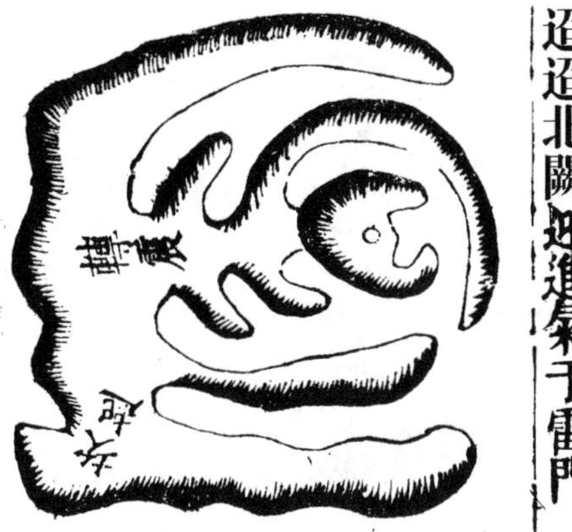

坎爲北闕爲水神震爲雷門爲木神若卯龍入首乃自坎方起祖而來則是水龍迎進神以生木氣極爲有力

曲曲青龍泄英靈于玄武

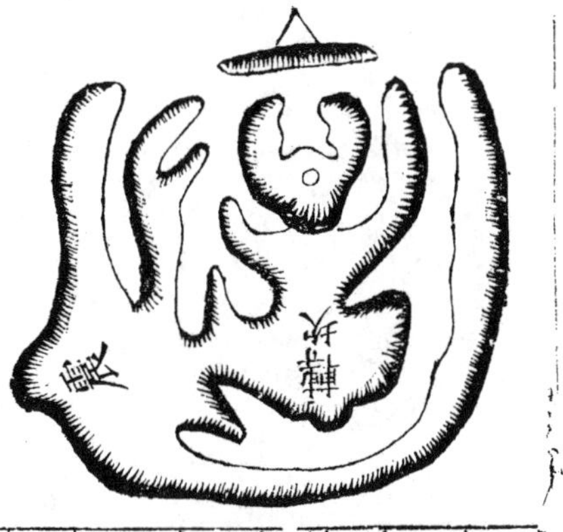

震爲青龍爲木神坎爲玄武爲水神若坎龍入首乃自震宮起祖而來則是木龍散英靈以泄水氣極爲衰弱

鬼牛雖云災害得丁艮相扶而有可扦

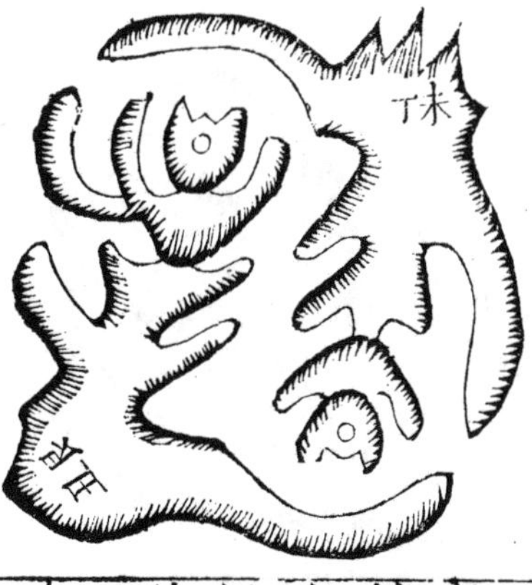

鬼未也牛丑也丑未二龍主出看經寡夭然未與丁同行丑與艮同行俱爲陰龍不雜亦能發福故猶可扦

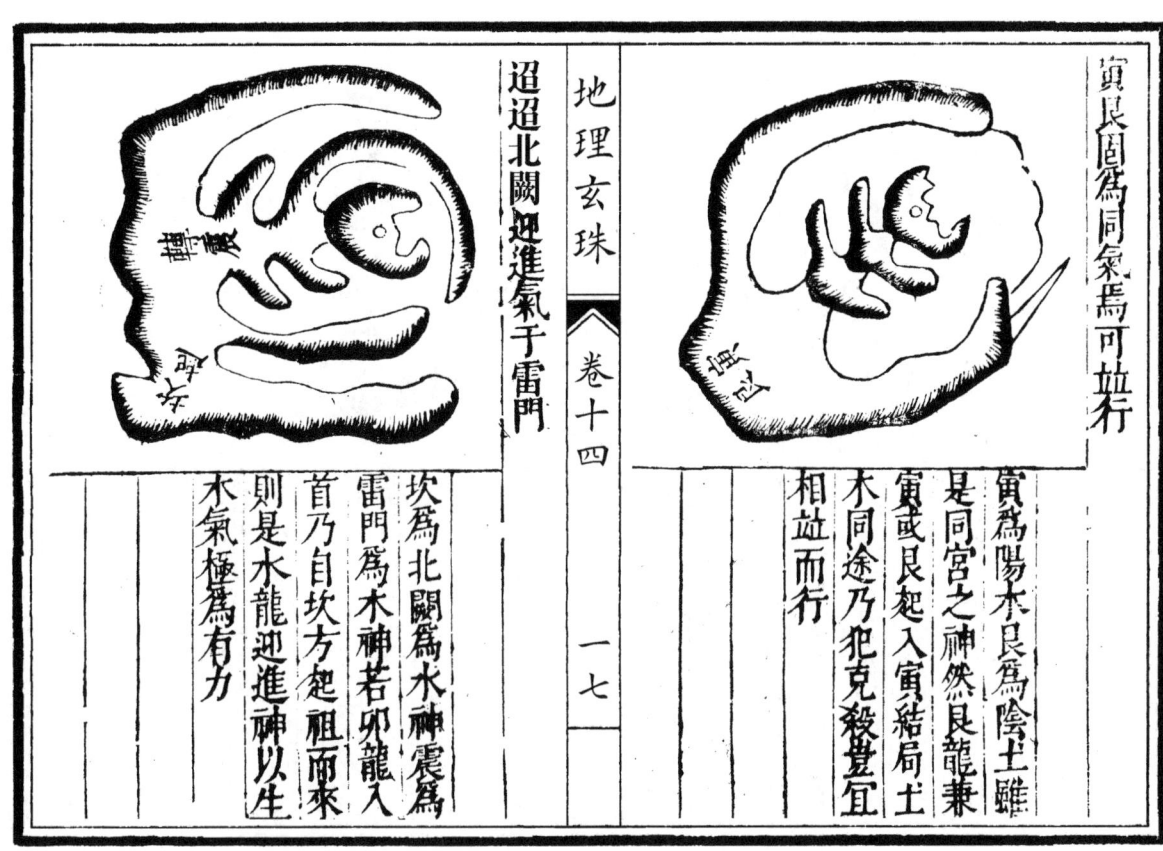

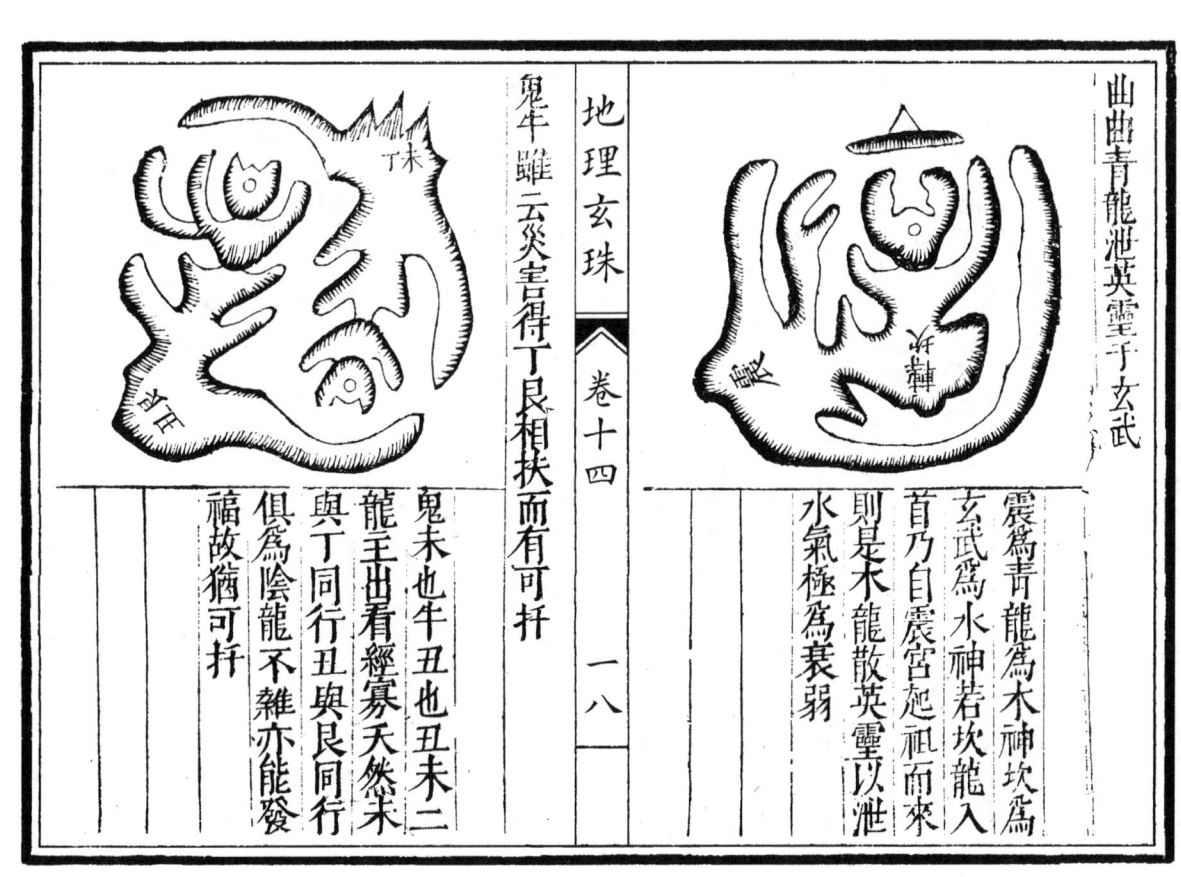

婁亢素是兇妖縱辛巽同行而終無可取

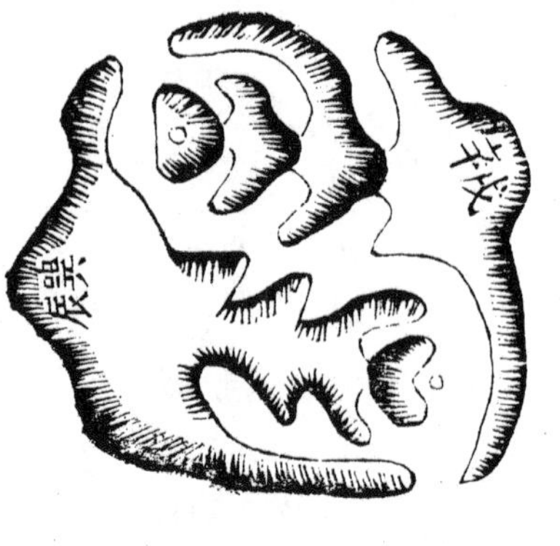

婁戌也亢辰也辰戌二龍定主夭折絕嗣雖戌與辛同行辰與巽同行終是陰陽混雜難以免禍故無可取

乾亥雙行須避乾而趍亥

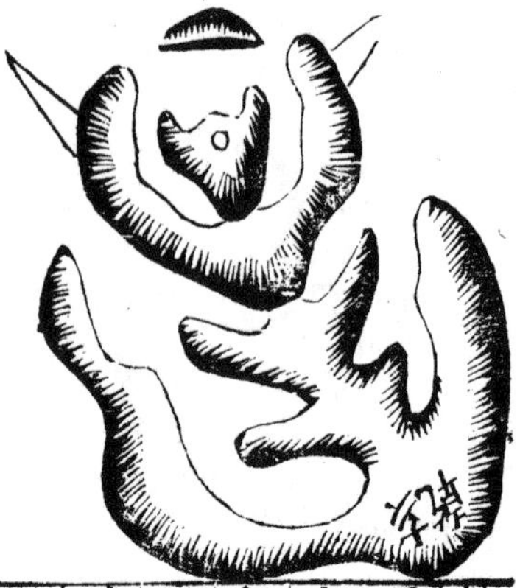

乾爲老陽不能生息亥爲首吉大能發福然乾亥同宮若兼行則有禍無福穴宜挨右避乾以趍亥則自可以召福而遠禍矣

艮寅偕至必從艮以違寅

寅爲風魔主出殘疾艮爲首秀大能發福然寅艮同宮若並入則凶多吉少穴宜挨左從艮以違寅則自可以趍吉而避凶矣舉亥艮二龍而他可類推

來無定形扦有活法機出萬變妙在一心

來龍方位引証　此驗所已然之理

離轉壬

梁[illegible]張相國祖地

離龍發祖轉壬入首高山落平岡結局龍顧祖局祖山高大秀特似于陵逼然本身祖宗統爲一氣雖高且近反爲顧戀所謂離壬有既濟之美是也形吉氣合高居極品固其驗矣

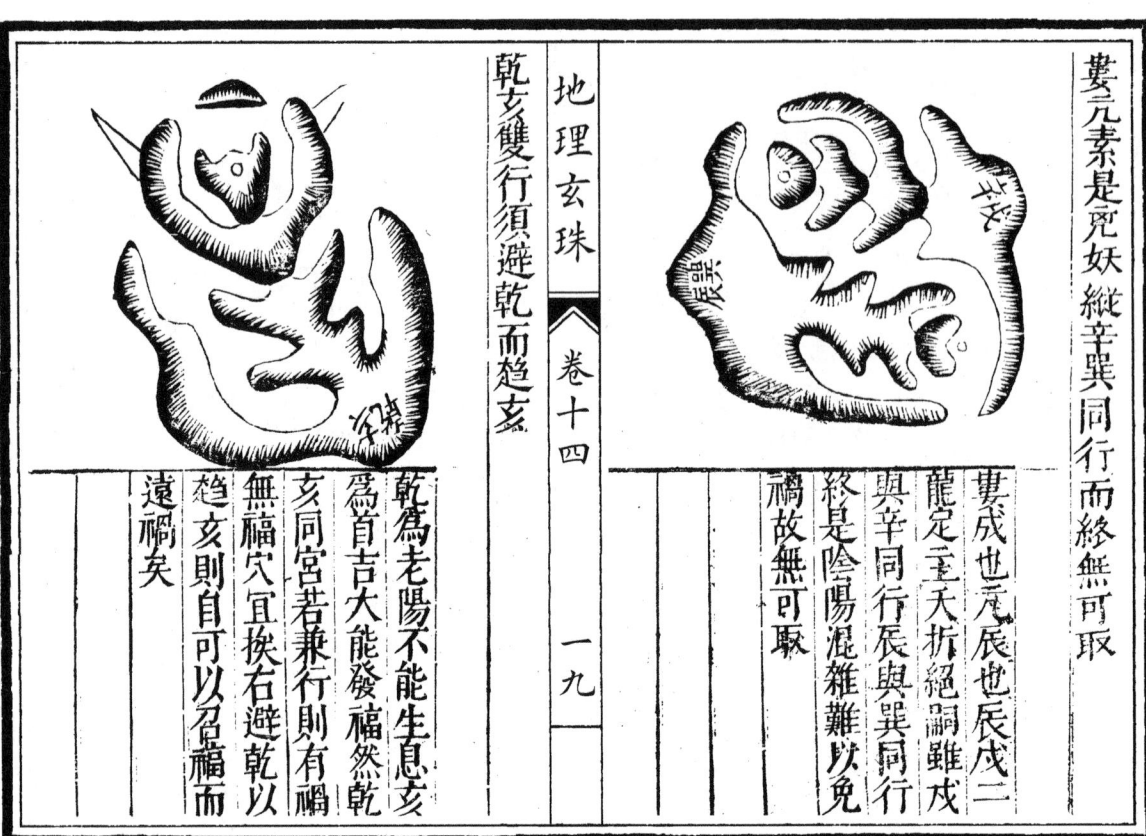

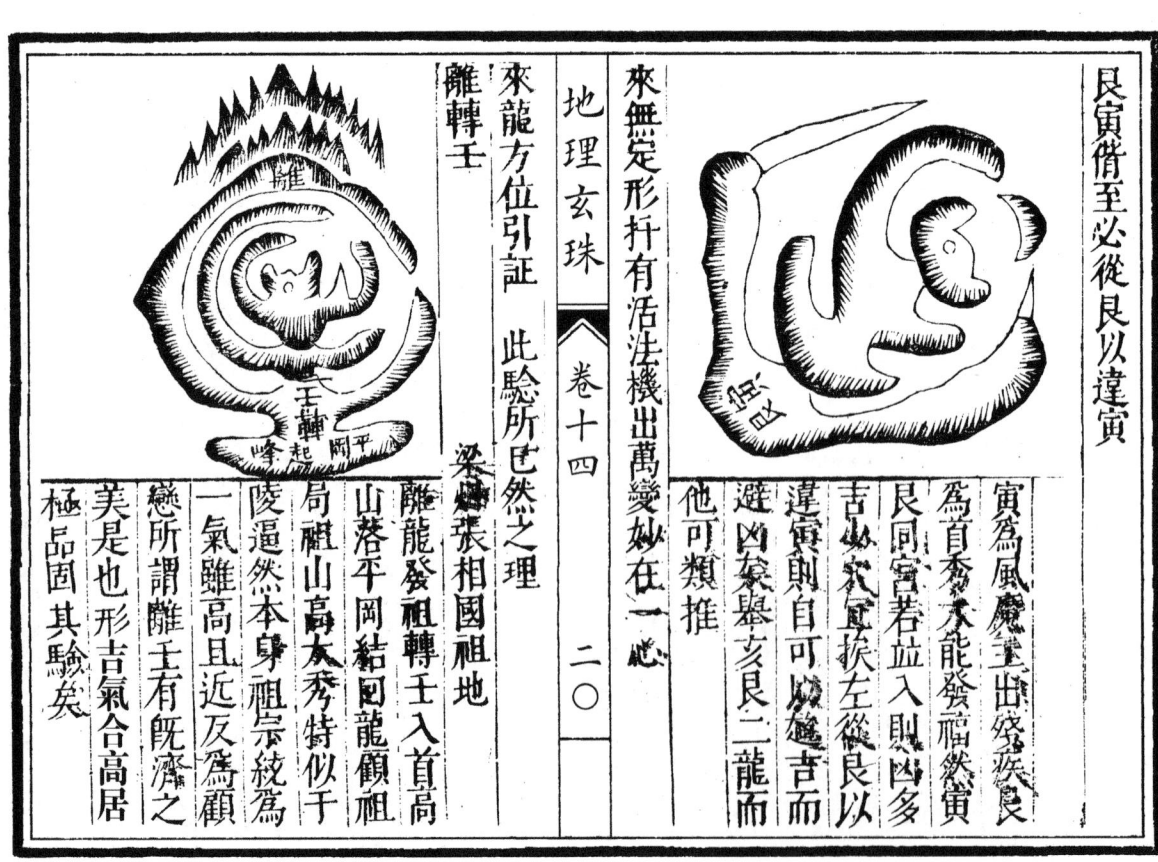

乾兌轉壬

錢塘魏文靖公祖地
朝應貴秀堂局迴帀乃係乾龍發足轉兌行龍剝換壬脉入首水龍出自金鄉印綬扶身立午向爲水火旣濟則其發富發貴亦理氣自然之應也然則五行之于方位其可忽諸

丁轉亥立巽向

溧州高太師祖地
丁龍轉亥入首開華蓋三台穴體尊重朝應貴秀初出五馬後出三公帝師又小官不計其數蓋丁脈轉亥爲貴人況又六合聯氣故能悠久外一穴受乾氣立午向金受火制所以敗絕

兌轉亥立卯向

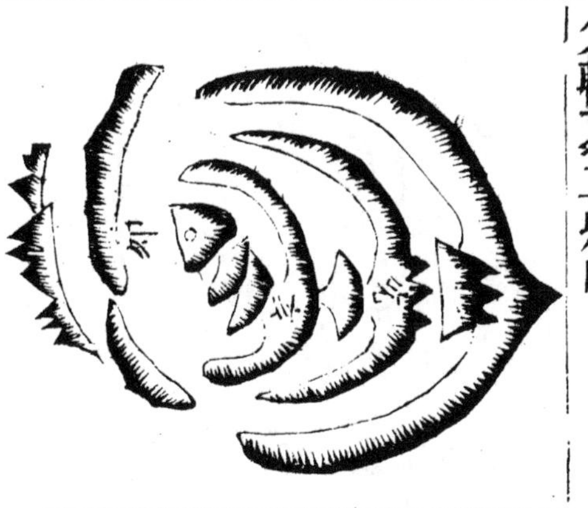

陸氏狀元雙第圖
祖龍秀麗結穴端巧沙水環列朝案貴秀乃係兌方起祖轉亥入首扦卯向爲三合蓋亥龍來自兌方出于印綬之鄉正所謂迢迢西兌入天皇東震作明堂是也况弟鰲頭有自來矣

艮轉辛立丙向

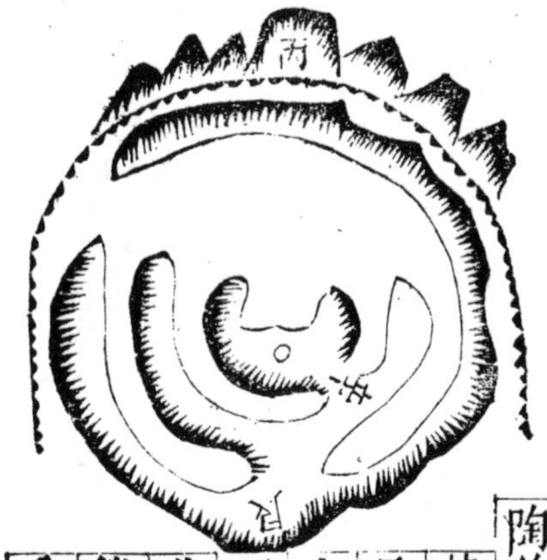

陶侃母地
龍尊沙秀剝換清純自艮轉辛入首不雜金得土生出自印綬之鄉立丙向爲三合大格發福非常所以大貴而悠久然則巒頭理氣非相須爲一體哉

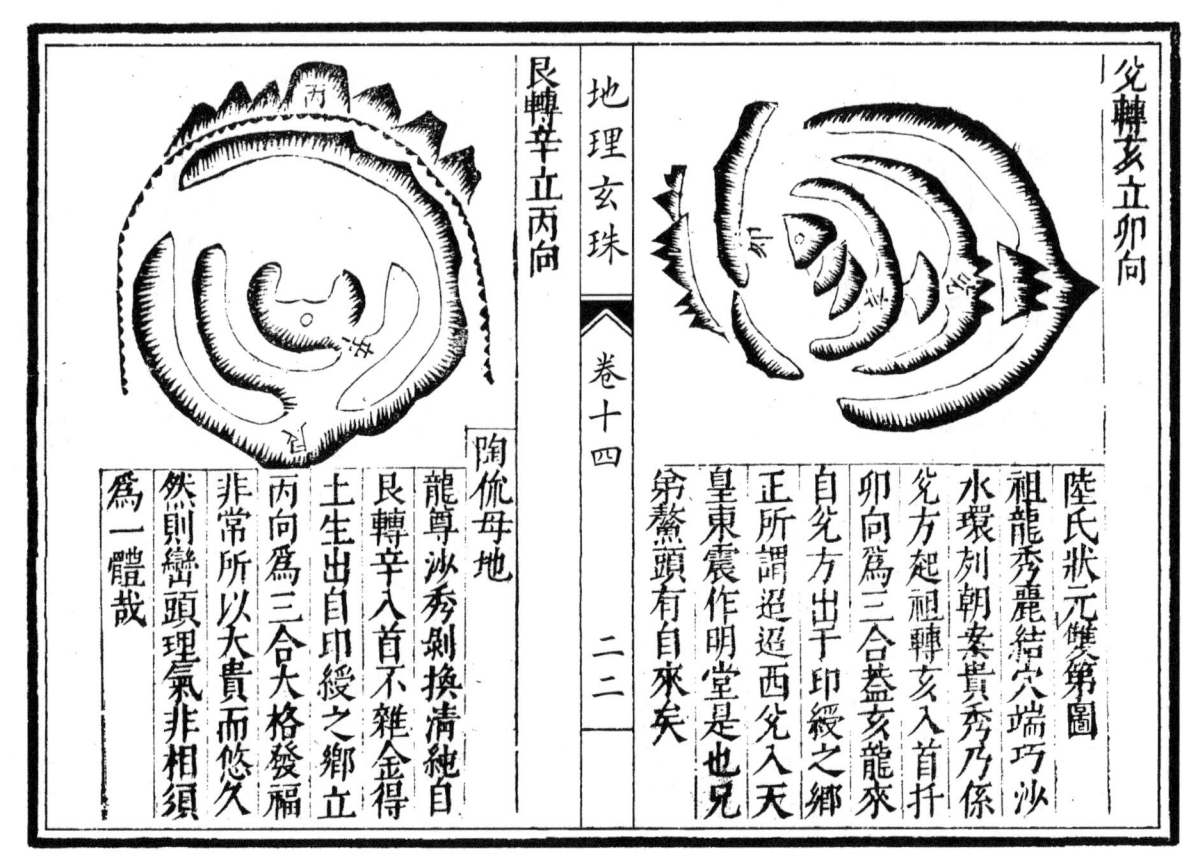

坤轉兌立丁向

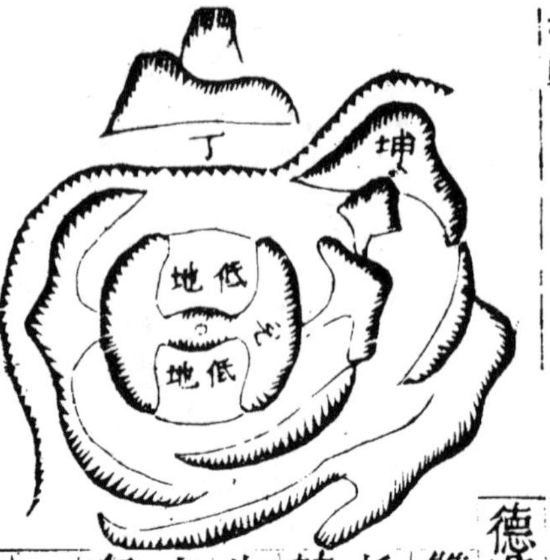

德興董二賢祖地
雙突合氣朝應貴秀護托完美然係坤龍發祖轉兌結穴益土能生金出身于印綬又是臨官之地塟後屢發科第且有理學明儒

丁轉兌

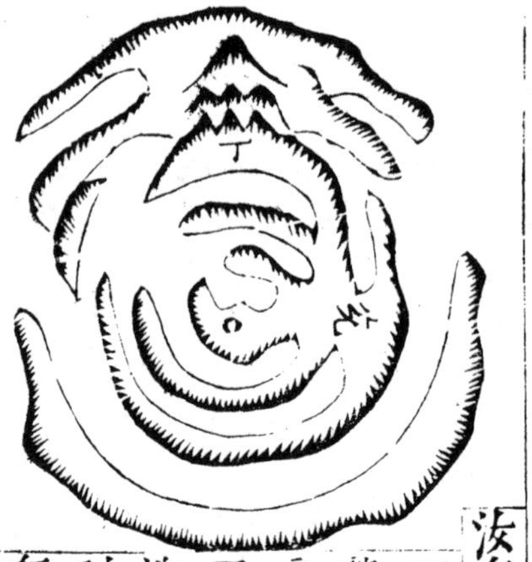

汝南李司空祖地
丁龍起祖而行轉換兌龍盤繞回顧作穴本祖秀峰皆獻奇于前若非平岡結穴亦不能見此造化之自然也頓發高科三世三公蓋謂兌丁有匹配之休陰陽相趨故能致福

巽轉丁

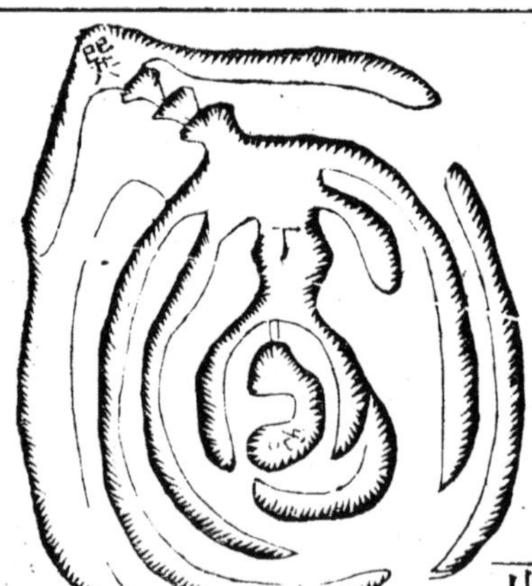

山東顧氏富地
俗呼海螺顧殼形自巽龍起祖轉丁又轉兌以逆坐取之蓋以纏繞重重皆是水去雖之玄恐難收拾況內中自有明堂故此穴無疑若無外面護托則不可下然只巨富奕世而已

亥轉卯

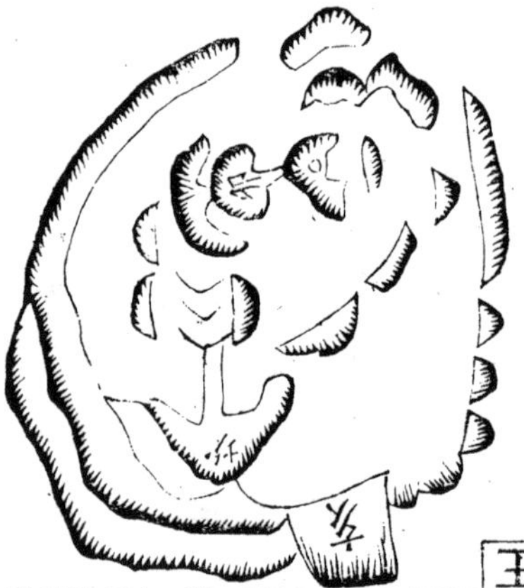

王成忠祖地
亥龍起祖剝換壬坎行龍轉卯入首乃生龍趨旺出自印綬之鄉正合大格然祖龍御屏侍天朝案不能峻拔不過世代進納將仕每多武職監倉蓋因尊星偏出應沙不顯所以止此

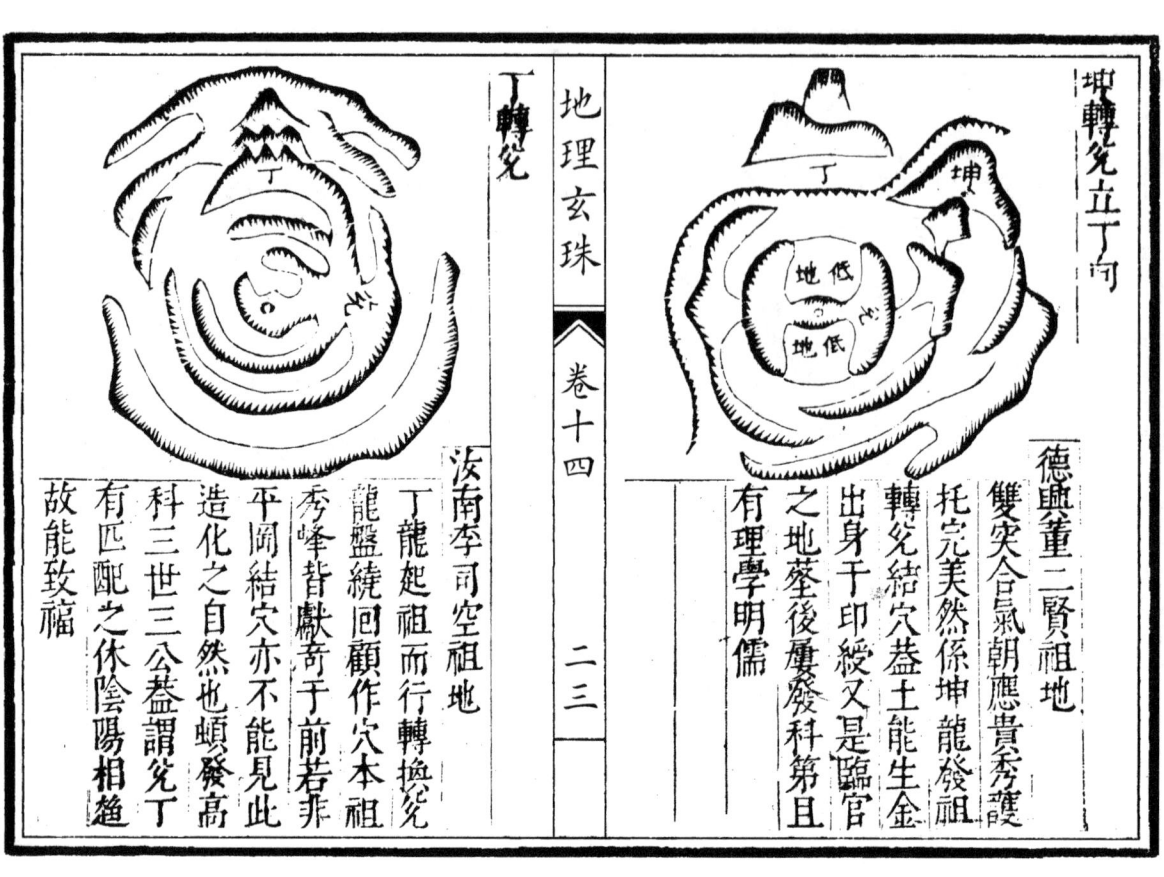

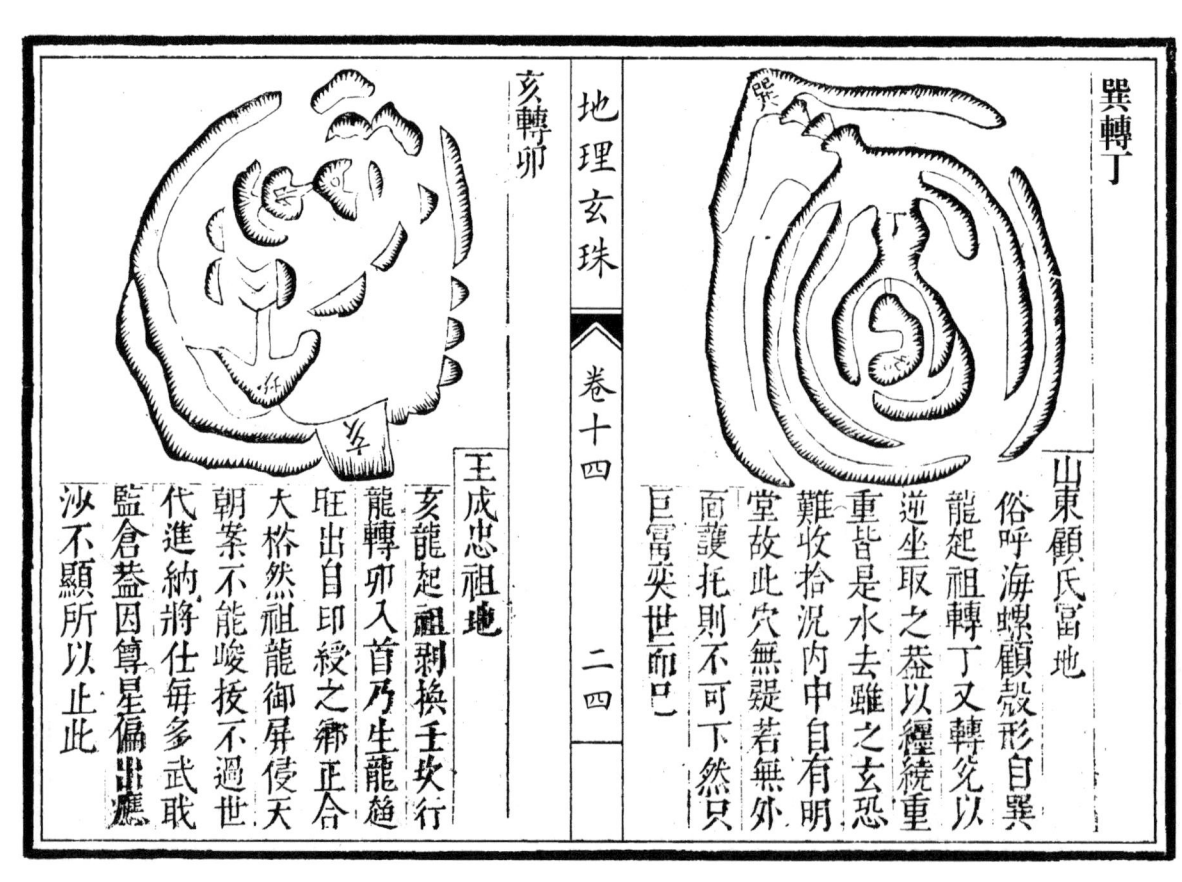

坎轉卯入巽

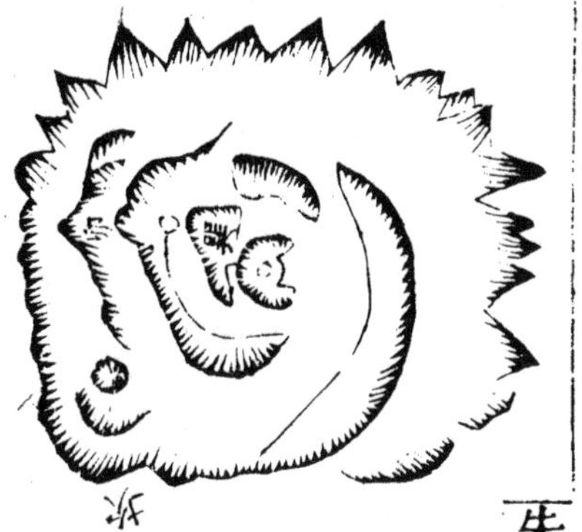

朱少保祖地

坎龍起祖轉卯行度入巽結穴蓋木龍自坎方出身水木相生秀氣乃全更得護從整齊局勢完美所以位極人臣當貴不替而後龍方位之力信不誣矣

兌轉午

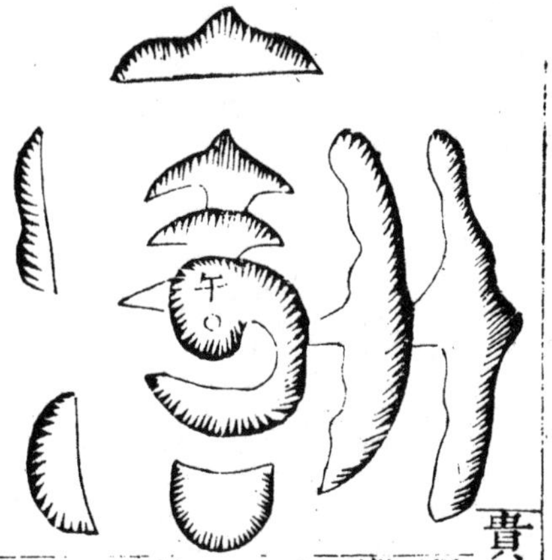

貴洲夏閣老祖地

開障過峽體勢端巧朝樂俱秀誠爲大地然兌金起祖午火入首以起祖言則金敗在午以入首言則火死于酉貴極而遇害非刑吉氣凶之所致歟若轉丁入首則丁火生于酉更佳

巽轉艮

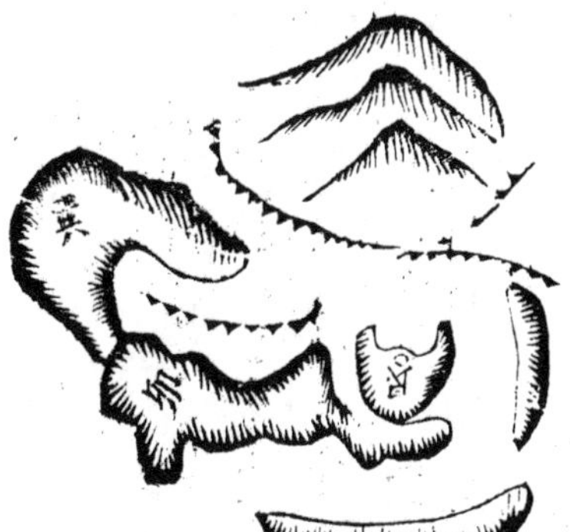

隋州黃氏祖地

來脉活動結穴秀麗自巽起祖轉卯迢遞而來入艮結穴吉秀互換入局疑爲善地然艮土陷于巽死于卯而出身行龍俱來克矣安得無禍故黃氏本富室葢後火焚其廬發瘟而絕

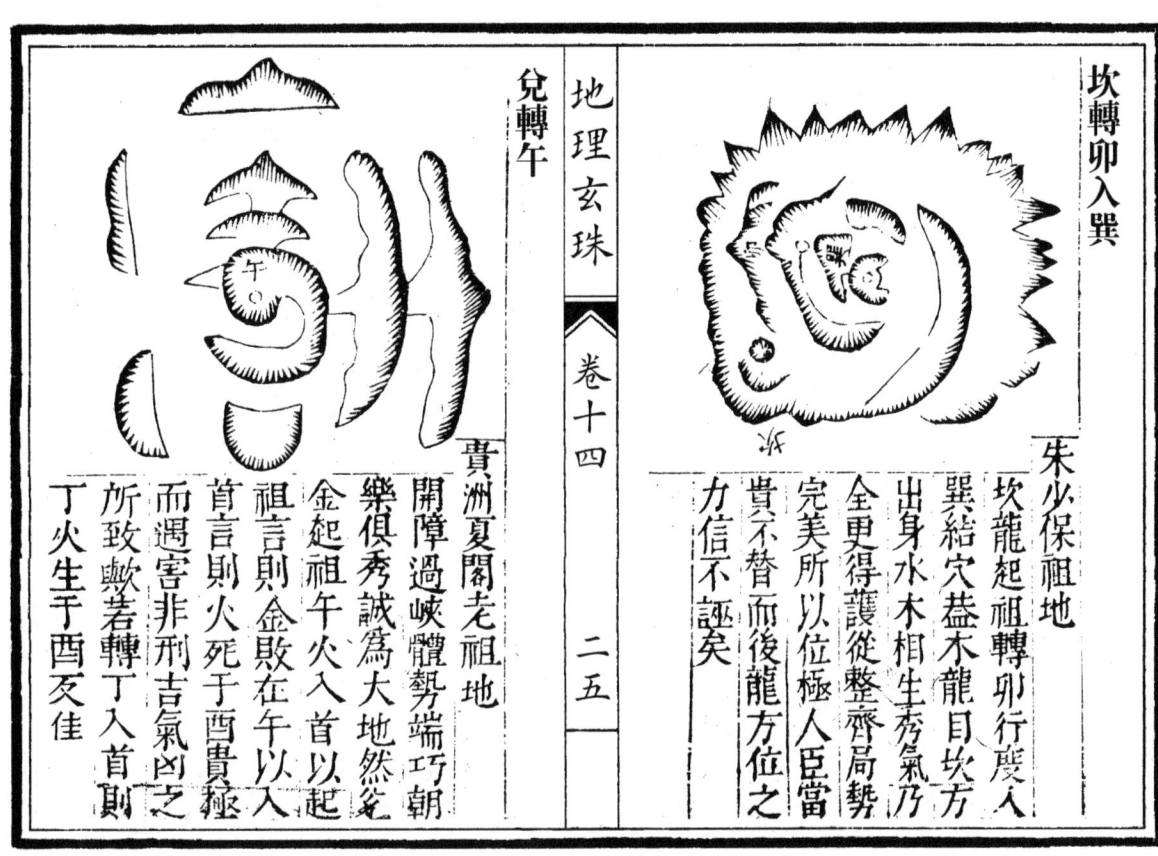

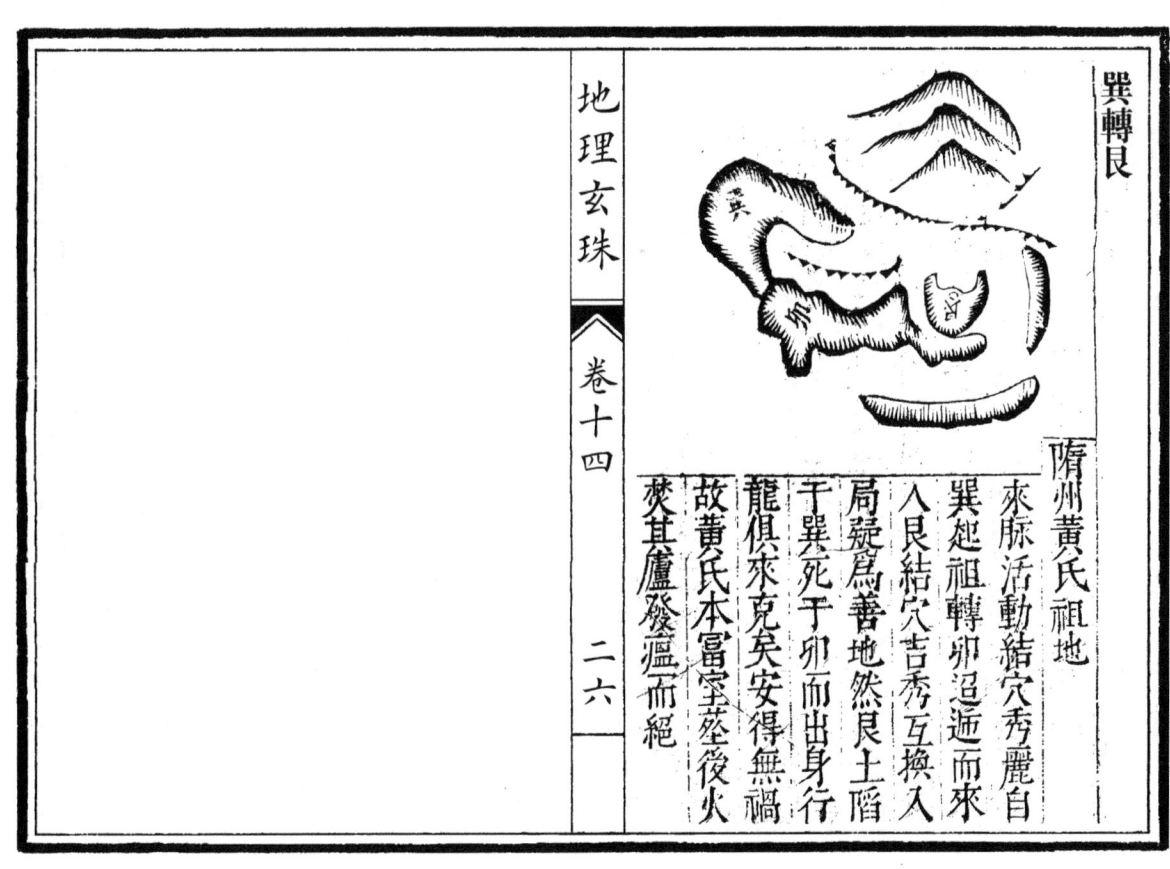

地理玄珠卷之十五

古吳太和山人夏世隆道弘甫著
梁溪半偈道人華善繼孟達甫校

坐穴方位　此評所以當然之理

夫穴不執方惟以合龍合局爲法焉然來龍結局多有不能盡合法者故龍眞而局正者有之龍是而局非者亦有之善穴者必須原龍審局配合陰陽方爲得體或貪外陽貫秀明堂整齊因局立向而坐穴少差則未免有陰陽違背之咎亦豈得爲盡善哉是故龍有定局自分位次而穴無定坐每係人爲

亥龍取貴于乾兑穴癸壬而亦奇

亥龍性喜東南氣旺在震扞兑穴卯向乾穴巽向皆發大貴然坐癸向丁坐壬向丙俱爲上局合宜而用發福無疆故曰亦奇

艮地鍾秀于癸壬遇甲乙而尤美

艮龍坐壬向丙本爲正配坐癸向丁福祿齊全然甲穴庚向乙穴辛向皆合大格隨地應變大發富貴未可以執泥也故曰尤美

巽坐乙辛坐乾陰陽匹配

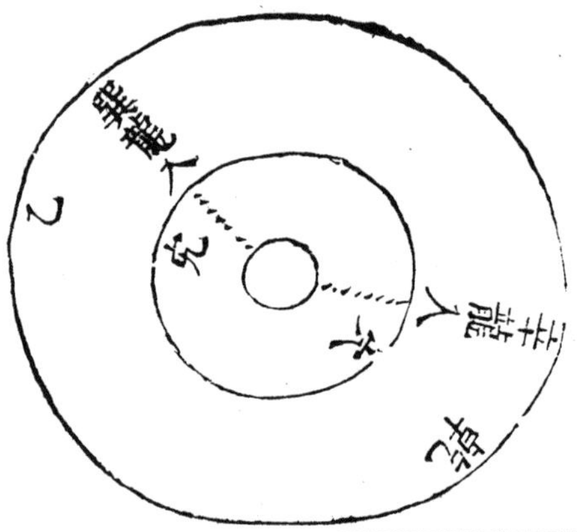

巽辛爲納甲正配若巽龍而穴乙向辛辛龍而穴乾向巽乃爲巽辛相見此正陰陽匹配吉不可勝言矣

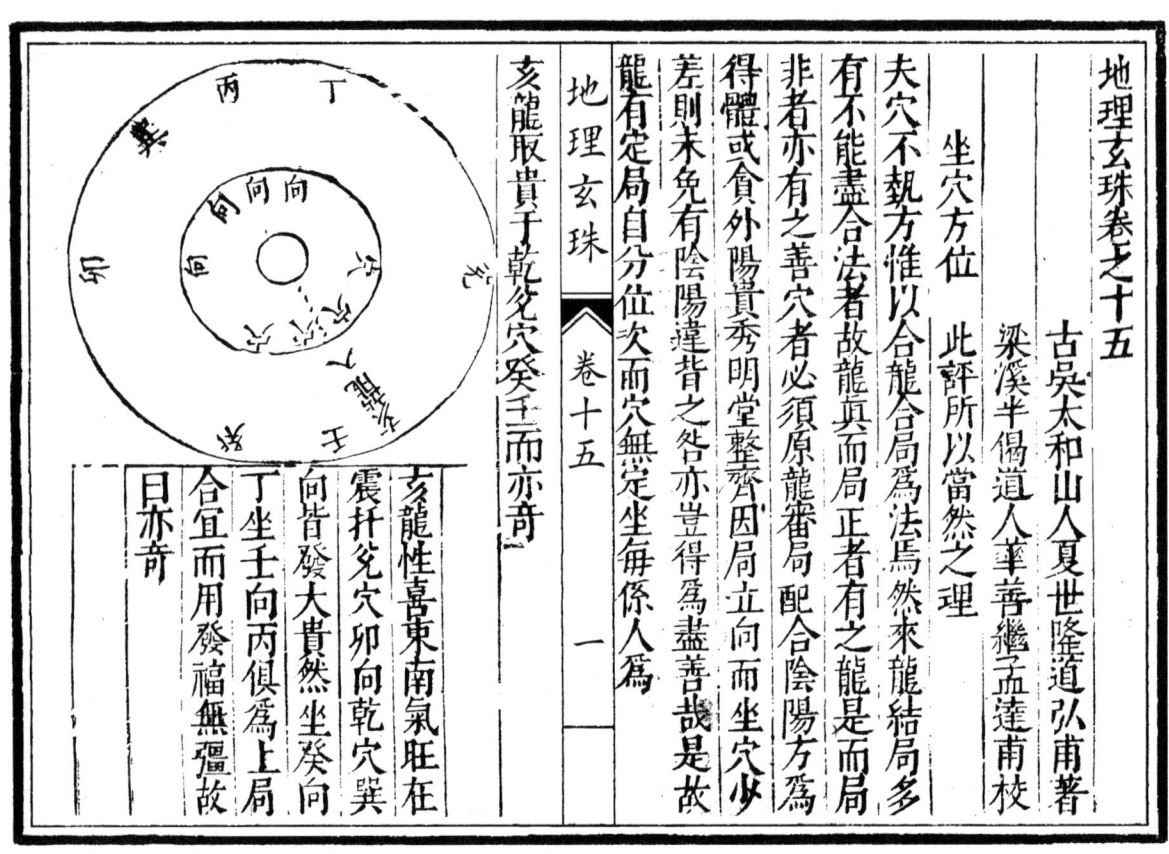

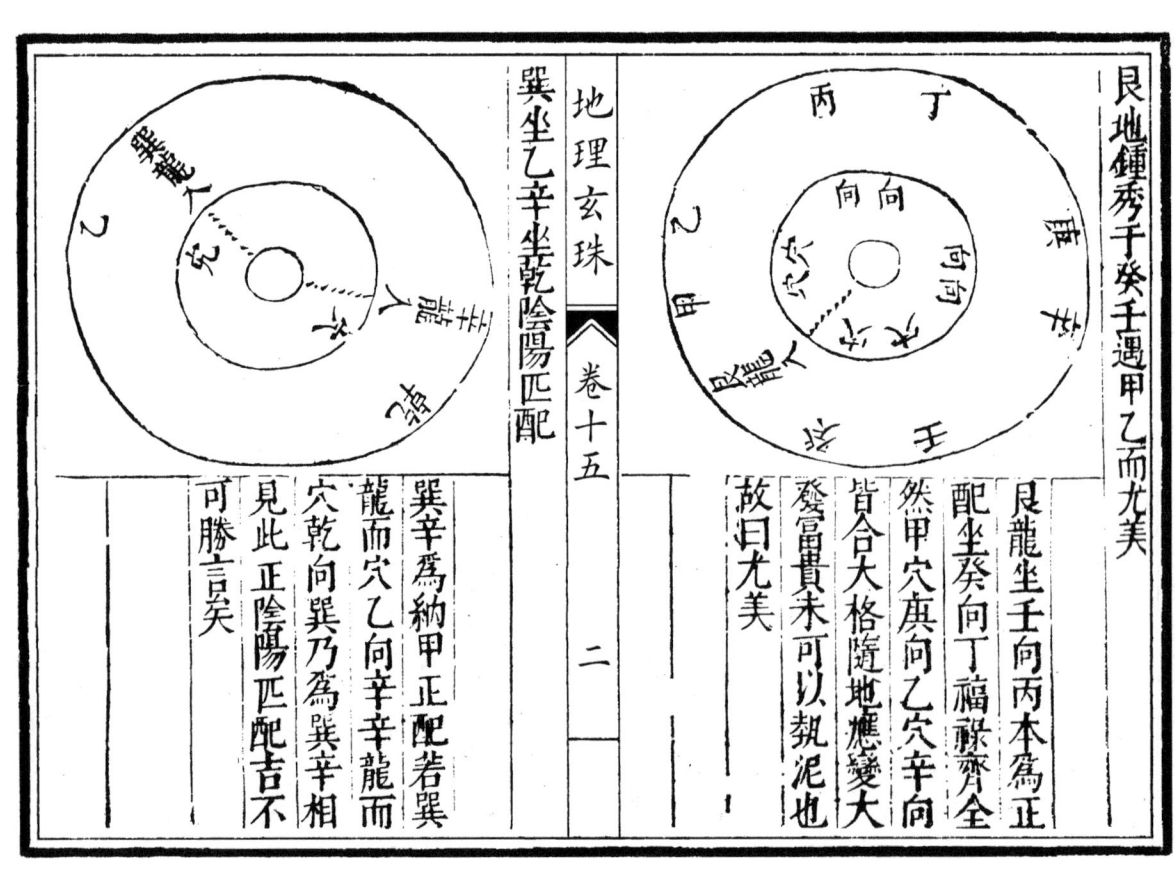

兑坐癸丁坐卯夫婦和諧

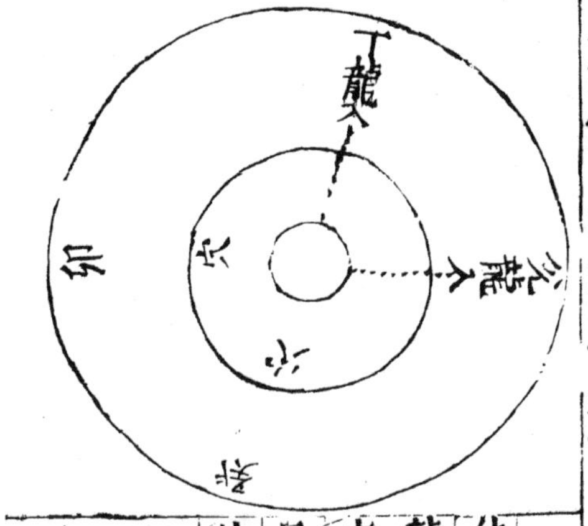

兑丁爲卦例同氣若兑龍而穴癸向丁丁龍而穴卯向兑乃爲兑丁相見此正夫婦和諧發秀其有窮乎

壬龍合氣于辛艮而坎則卦例相宜

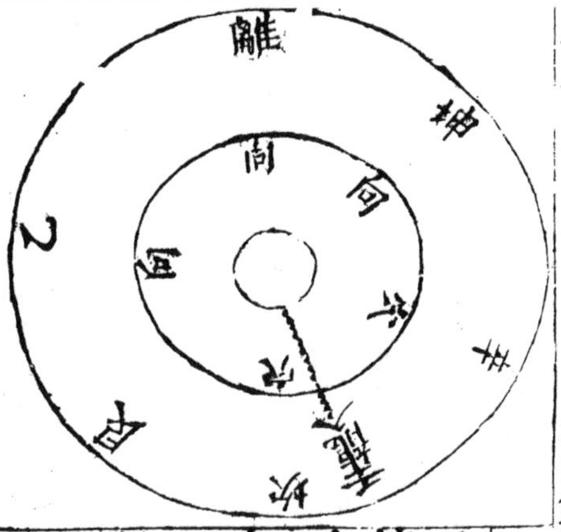

壬乙坤三合水氣也壬龍而穴辛向乙穴艮向坤固能會局然水火有既濟之美而穴坎向離又爲卦例所宜俱得大發富貴不可以偏執論也

丙氣會局于乙坤而巳則祿貴兩慶

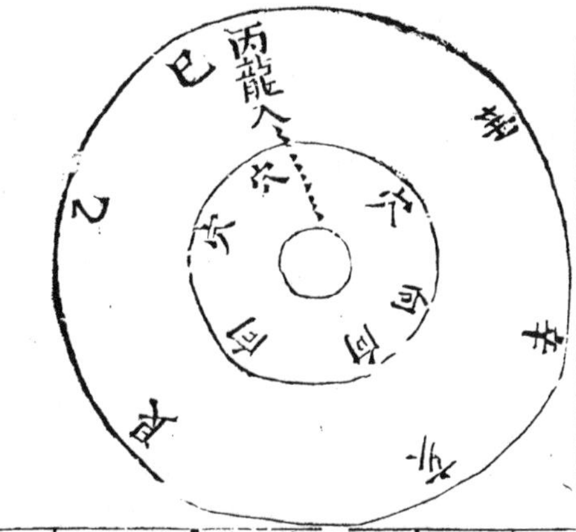

丙艮辛三合火局也丙龍而穴坤向艮穴乙向辛亦爲合氣然丙祿在巳貴在亥而穴巳向亥又得貴人乘祿俱能大發官祿曷不以通變爲哉

乾坤兑亥實庚氣之親切

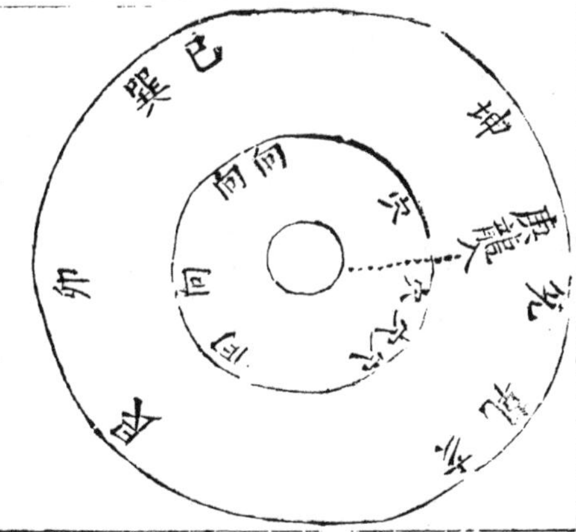

庚龍入首庚金長生于巽巳納甲在卯貴在艮故穴乾向巽穴亥向巳穴兑向卯穴坤向艮皆庚氣之親切者隨局便用不亦宜乎

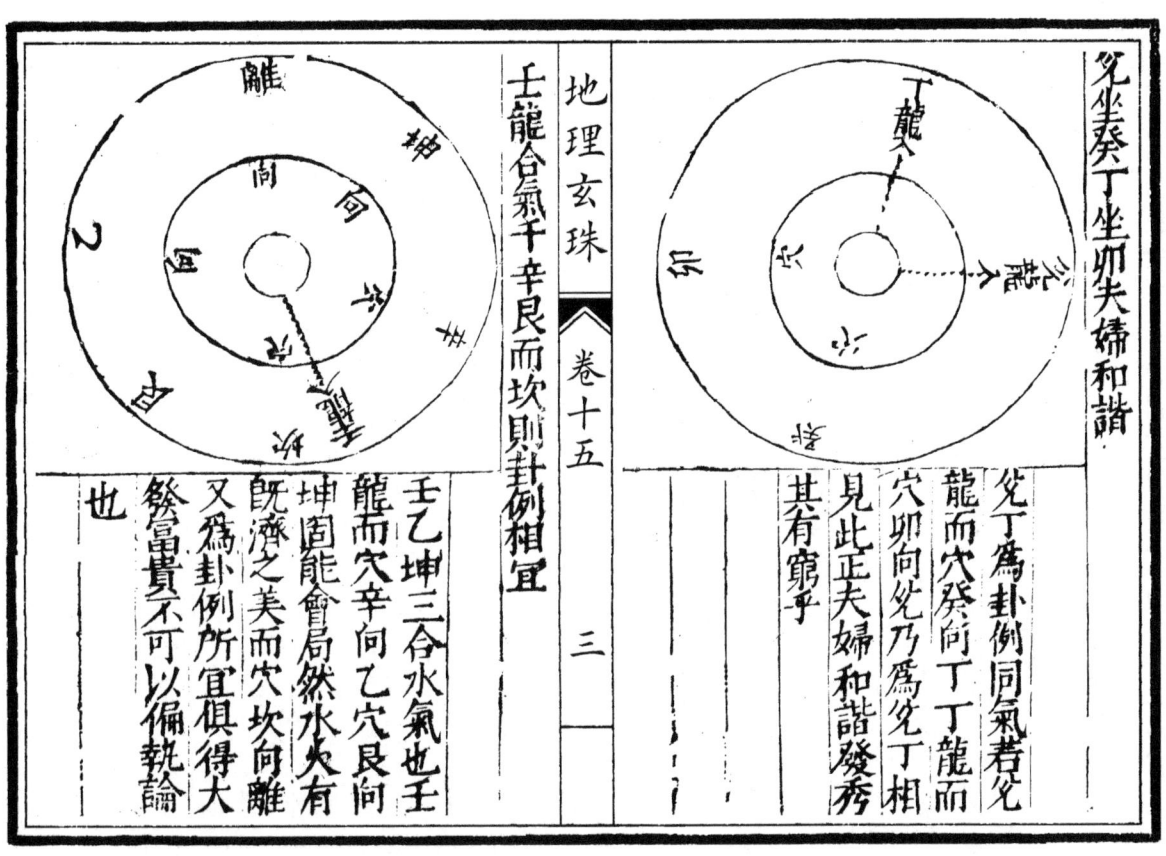

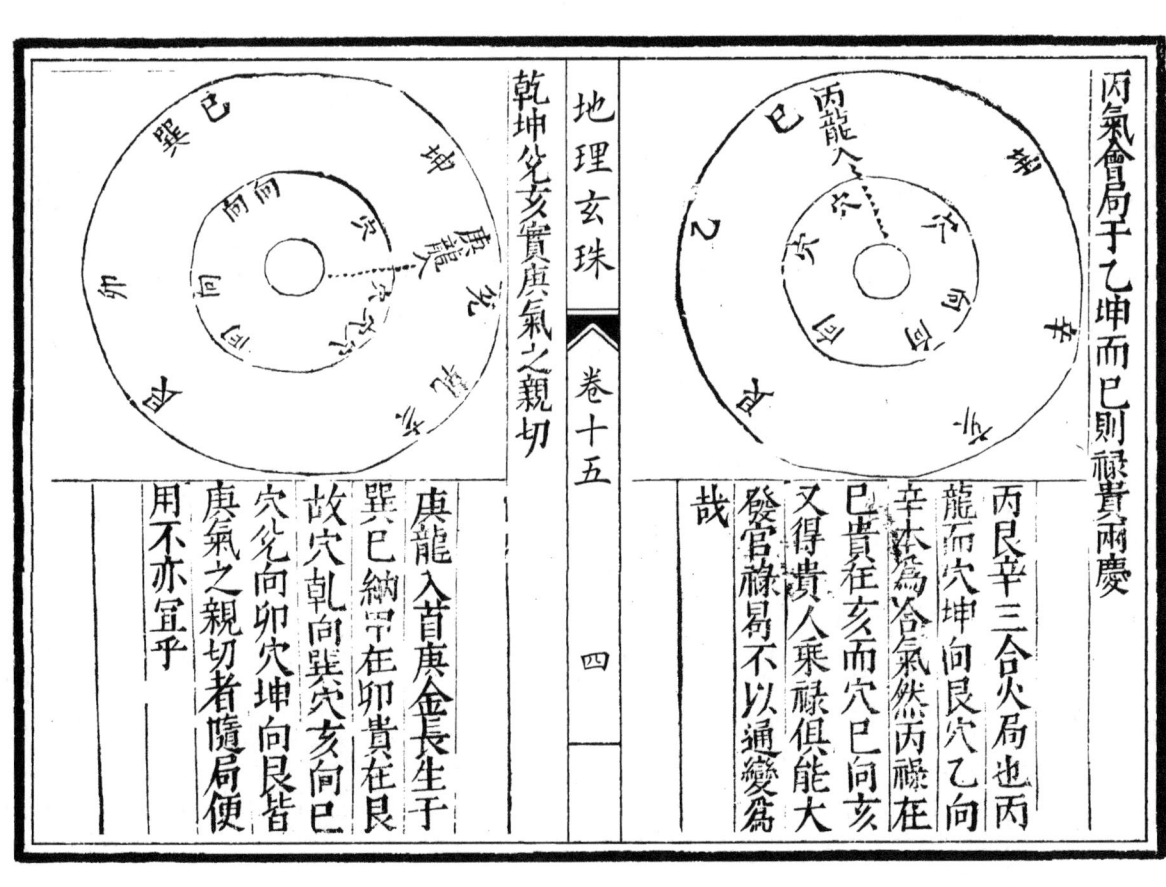

子寅辛艮乃癸脈之樂從

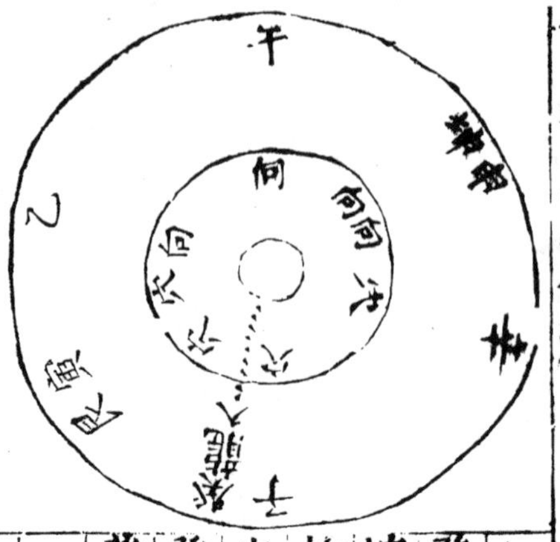

癸龍入首癸水受生于坤申納氣于子貴在乙故穴艮向坤穴寅向申穴子向午穴辛向乙皆癸脈之樂從者隨勢取裁不亦可乎

震坐巳而遇長生甲乙尤爲可貴

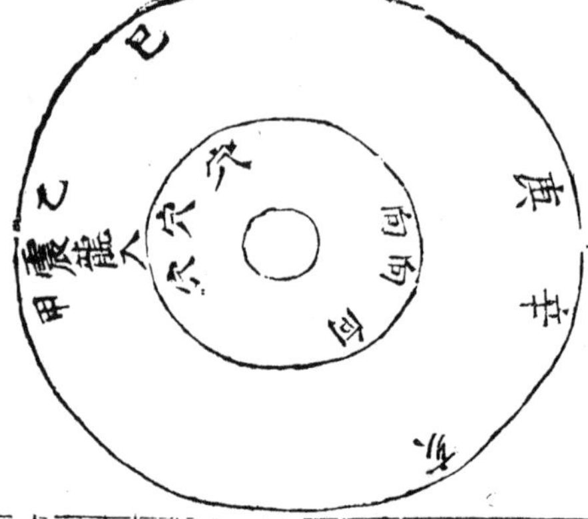

震居木之旺鄉長生在亥震龍而穴巳向亥乃爲旺龍趍生極爲全美然穴甲向庚卦氣得合穴乙向辛文武兼備豈非尤爲可貴

申得午而逢帝旺庚辛亦所宜親

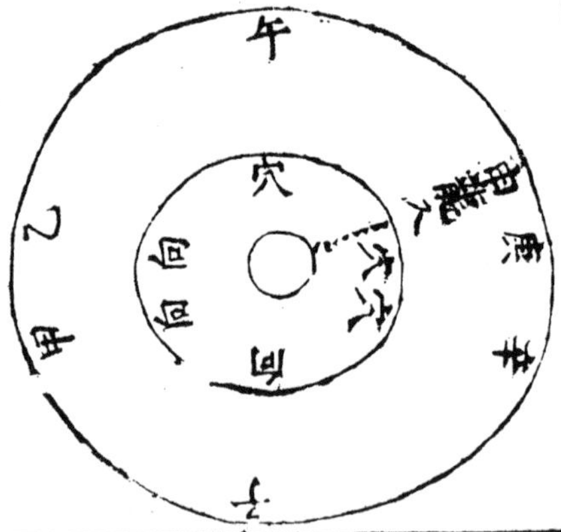

申居水之生地帝旺在子申龍而穴午向子乃爲生龍朝旺最能發福然穴庚向甲財臨旺地穴辛向乙貴人得合豈不亦爲可親

艮藉子以取貴益爲六合奇兵

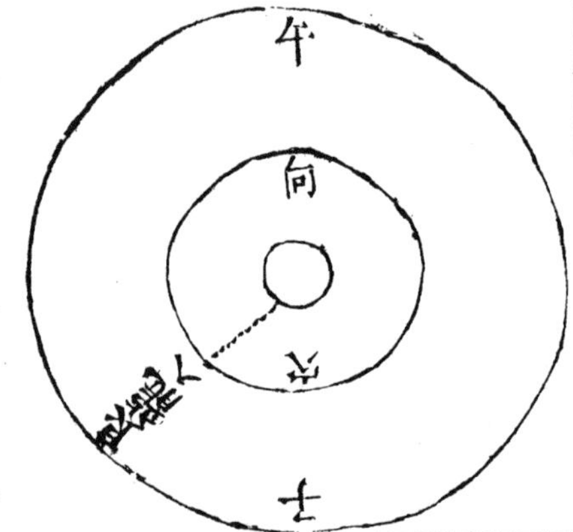

陰陽混雜向家所忌艮龍而穴子向午則陰龍陽向宜非所喜然午爲艮之六合乃是奇兵之術向指所趍大能發福惡可槩以混雜爲論哉凡爲合氣者倣此

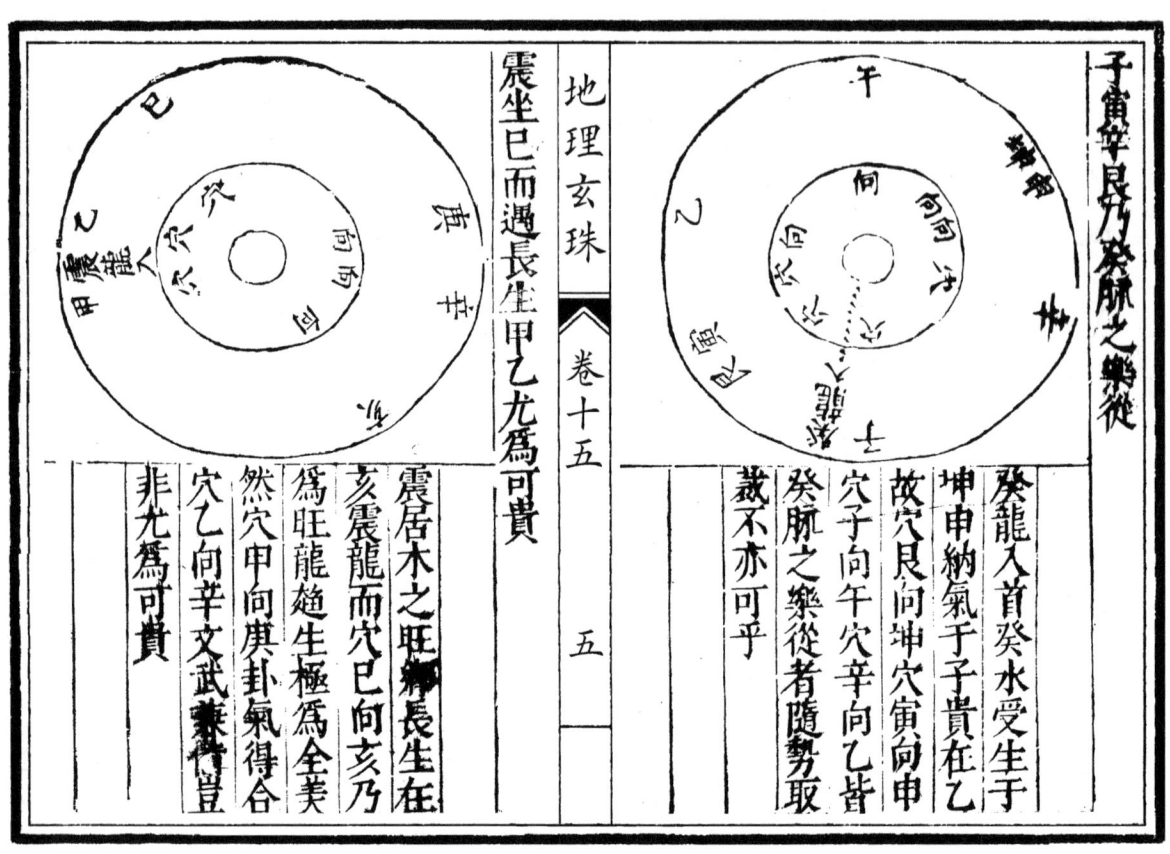

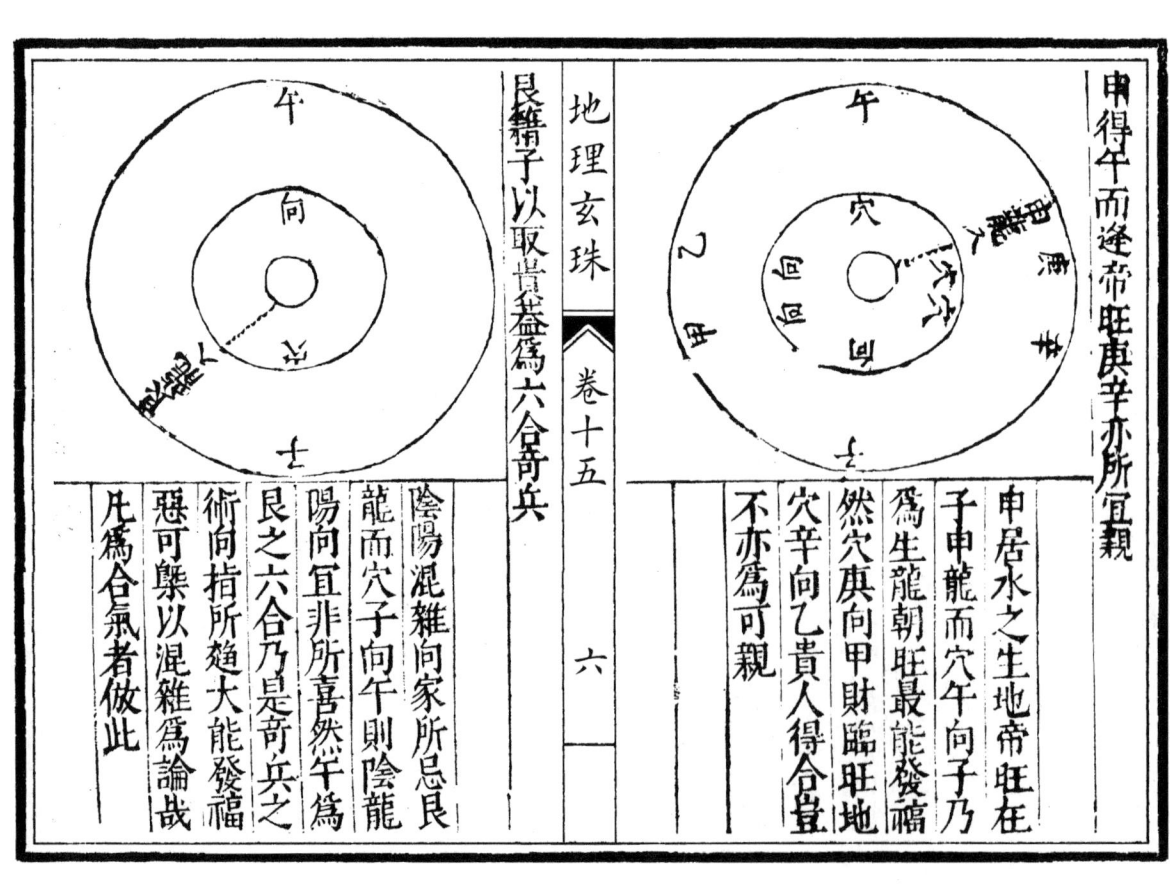

巽忌卯而爲殃只因八曜暗殺

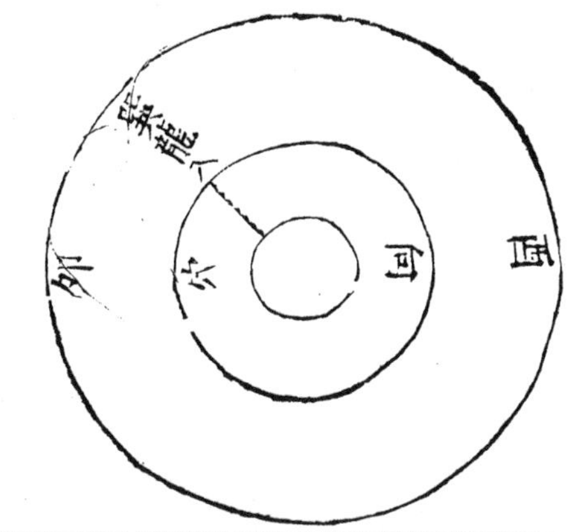

陰陽不雜向家所喜巽龍而穴卯向酉則陰龍陰向疑非所忌然酉爲巽之八曜乃是暗殺之地向指所趨速召大禍惡可槩以純陰爲論哉

凡遇曜殺者倣此

辛會壬坤鍾鼎之器而兊文武齊全

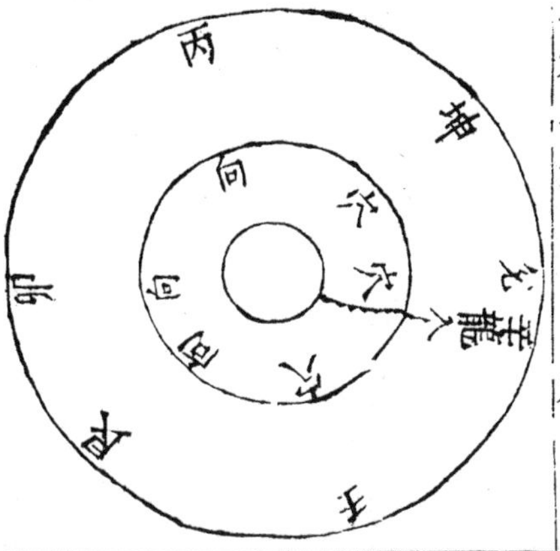

辛丙艮三合類氣也辛龍而穴壬向丙穴坤向艮以辛金而會火局金火煆鍊鍾鼎之器無疑矣然辛壬文章卯壬威武而穴兊向卯得非文武齊全者耶

丁合巳酉梁棟之材而坤猶祿壽兼美

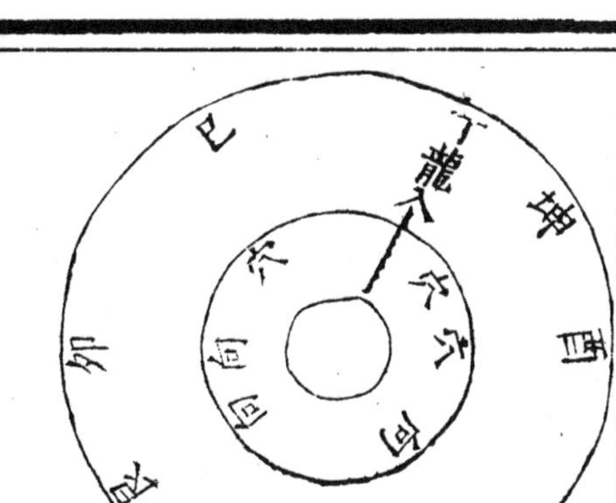

丁亥卯六合聯氣也丁龍而穴巳向亥穴酉向卯以丁火而會木局木火通明梁棟之材無疑矣然丁爲南極艮爲祭藏而穴坤向艮得非祿壽兼美者耶

甲卯乙坤巳氣得之而致顯

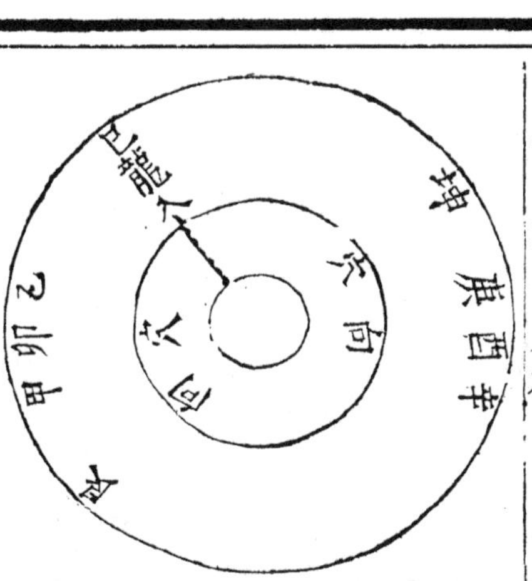

巳爲金生之地庚酉爲金旺之位巳龍而穴甲向庚穴卯向酉皆得爲生旺互用而有一家同氣之應然借乙而向辛借坤而向艮亦能發福是四穴者俱巳氣所得以致顯者也

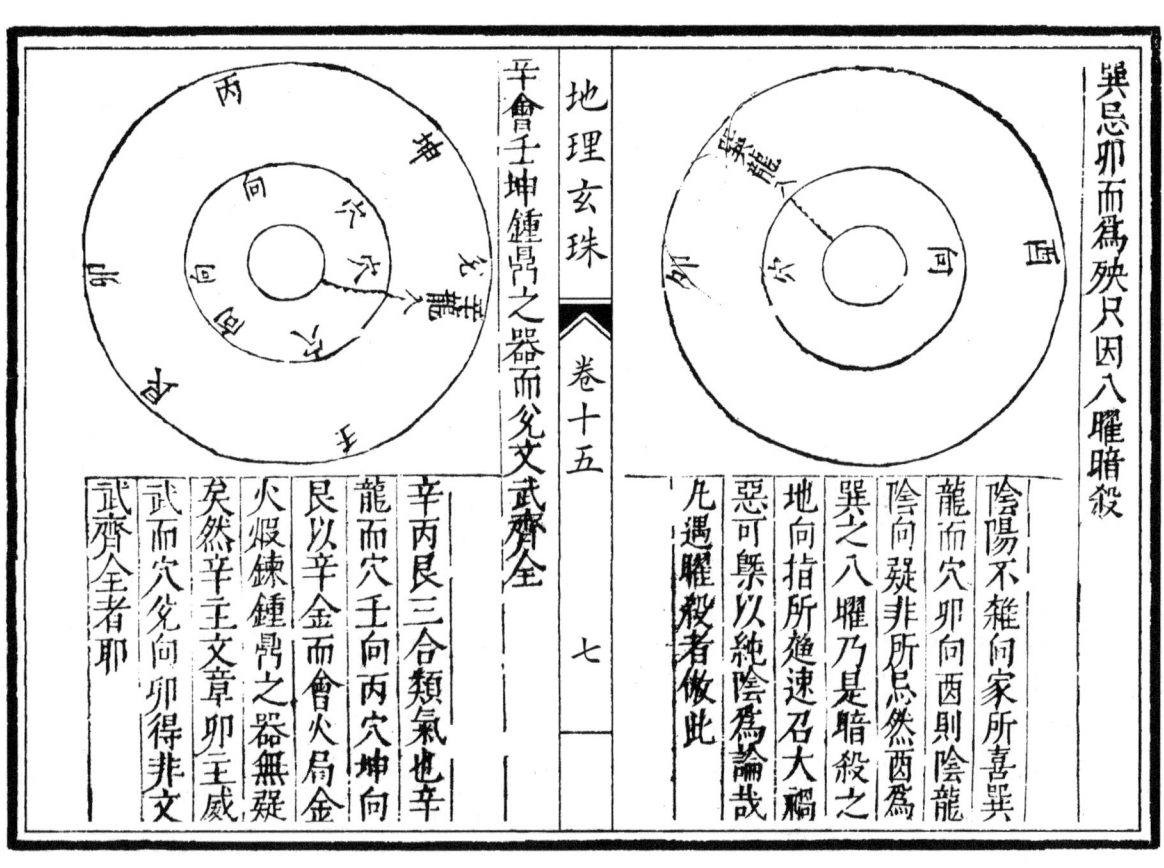

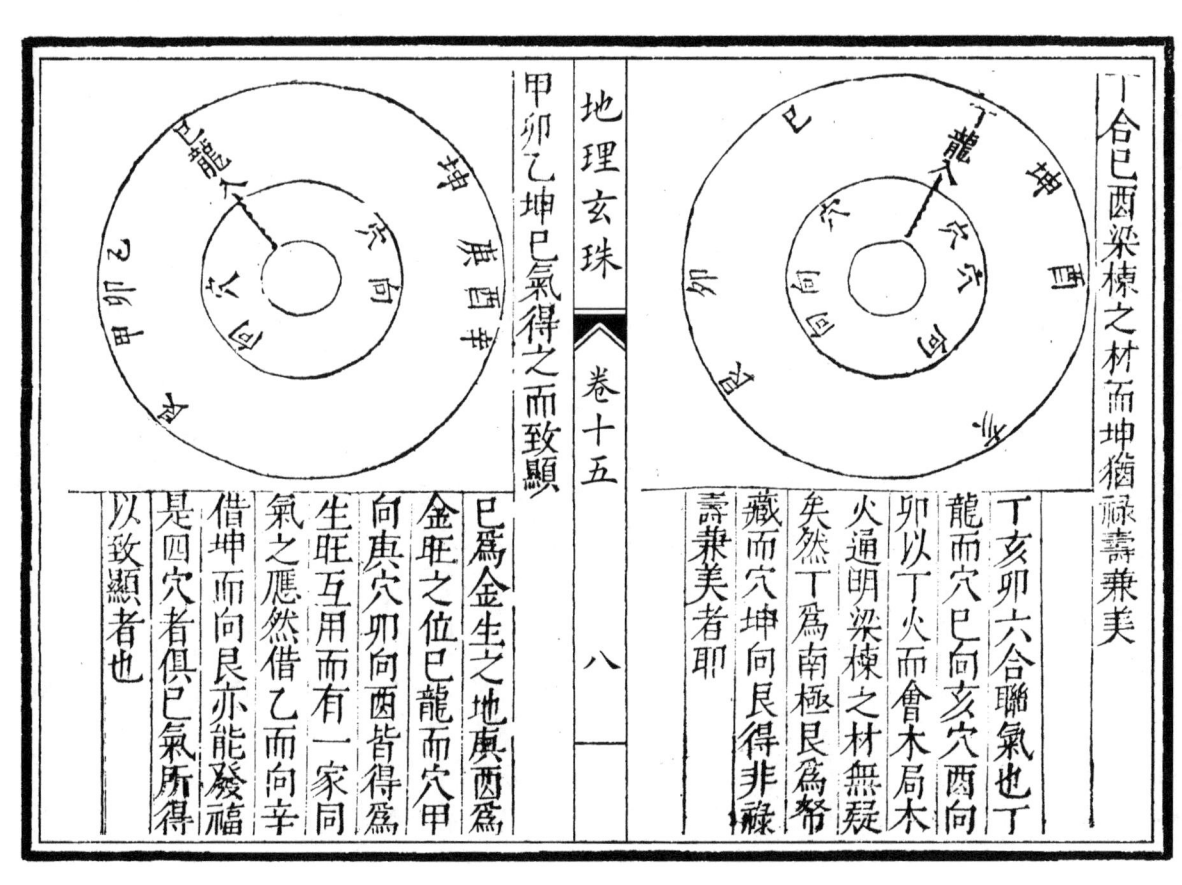

丙丁庚巽離龍賴之以吉祥

離爲火之旺地壬癸爲水旺之鄉離龍而穴丙向壬穴丁向癸不失爲坎離相見而有水火既濟之美然借巽而向乾借庚而向甲亦能致貴是四穴者離龍所賴以呈祥者也

寅申巳亥雖直受而無疵

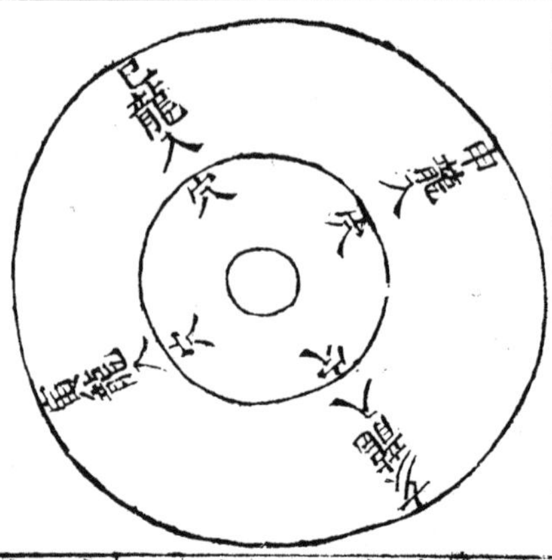

寅申巳亥四長生之地也大凡直來直受是爲雙金直氣定主退敗然惟寅申巳亥四龍乃長生之氣若或限于堂局阻于水法而無他穴可坐雖直向則亦無害在他龍則勿用

巽丙午丁縱倒騎而亦善

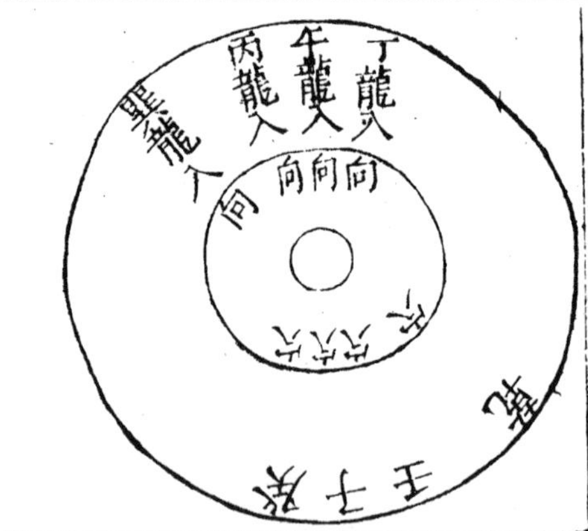

巽丙午丁文明之地也大凡逆來逆受是爲湧泉受氣合局則發然惟巽丙午丁四龍乃向明之象若或堂勢合局水法合宜而與別向不合縱倒騎尤能發福在他龍則不取

艮航丑山貴人得令

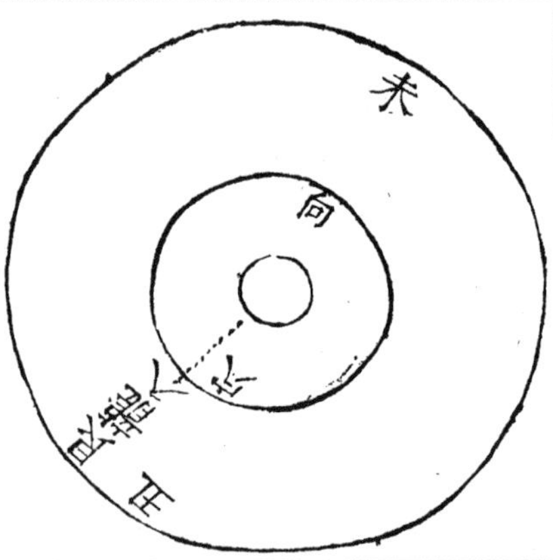

艮屬戊土丑未爲貴人艮龍入首扦作丑山未向是爲坐貴向貴貴人得令則可以因之而取貴矣

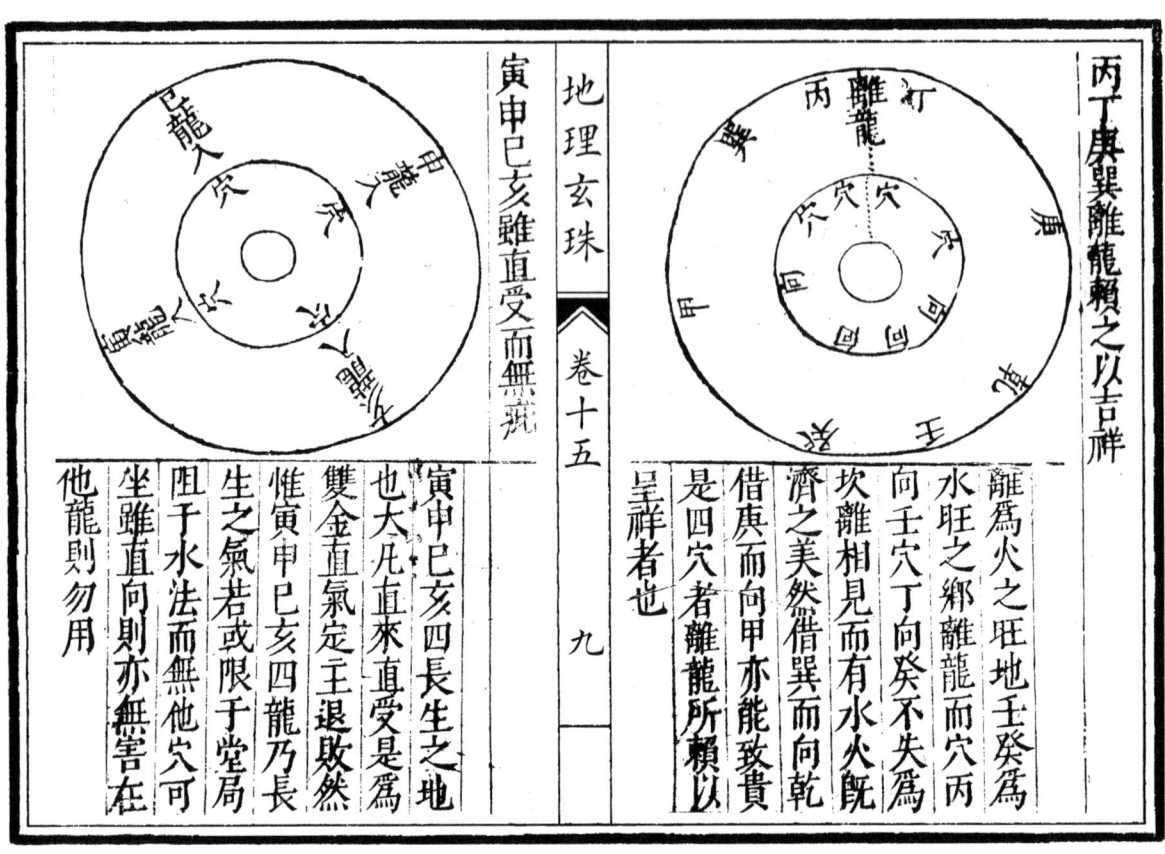

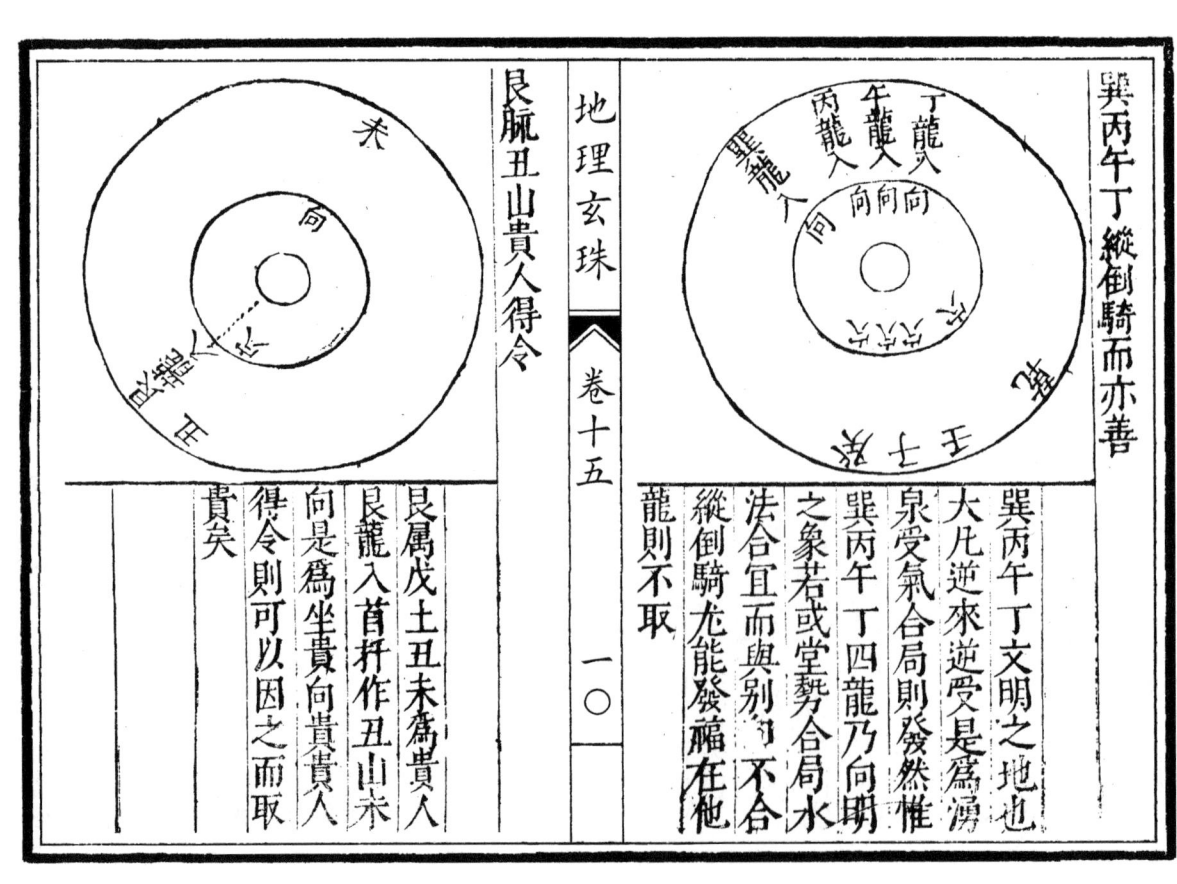

巽龍坤坐財氣可權

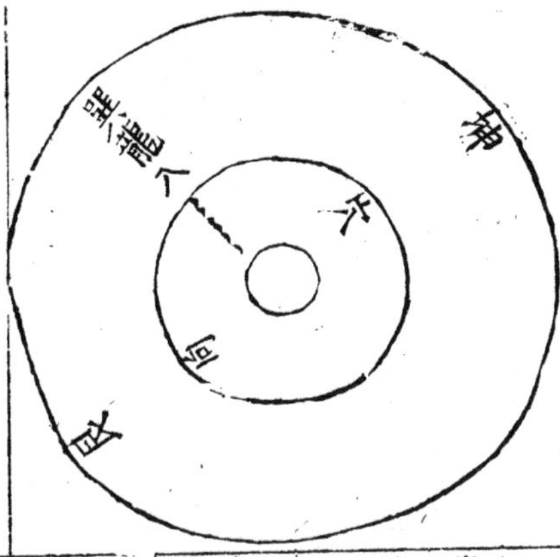

巽爲旺木坤艮爲財氣巽龍入首扦作坤山艮向是爲坐財向財財氣司權則可以因之而發財矣

乾甲納氣純陽相隨

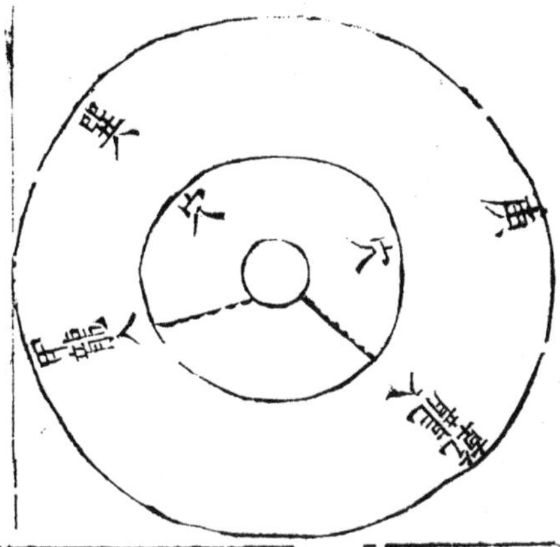

乾爲天柱甲爲納卦乾龍而穴庚向甲甲龍而穴巽向乾本爲同氣乾甲俱屬陽乃是純陽相隨而可用

艮兌匹休淨陰交感

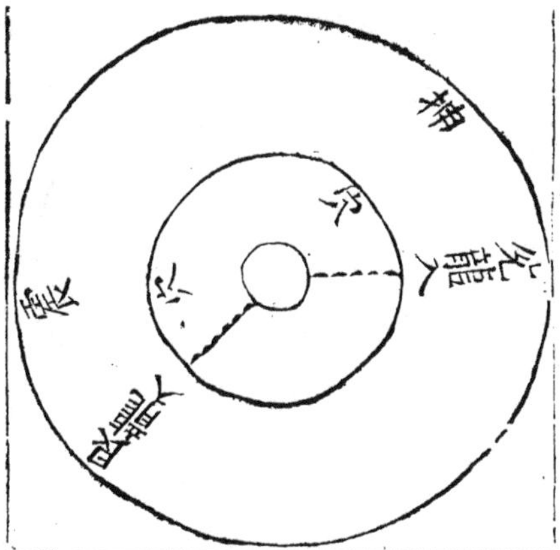

艮爲少男兌爲少女艮龍而穴震向兌兌龍而穴坤向艮本爲匹配艮兌俱屬陰乃是淨陰交感而相宜

壬逢寅酉逢乾旺位趍生而顯秀

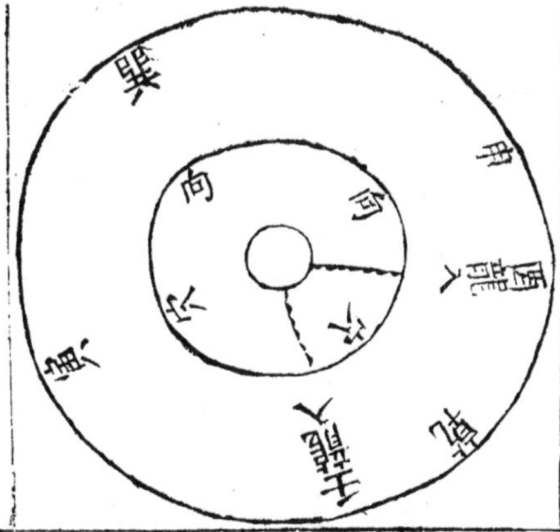

水長生于申旺于子金長生于巽旺于酉壬龍而穴寅向申酉龍而穴乾向巽俱得旺位趍生而秀氣可顯矣

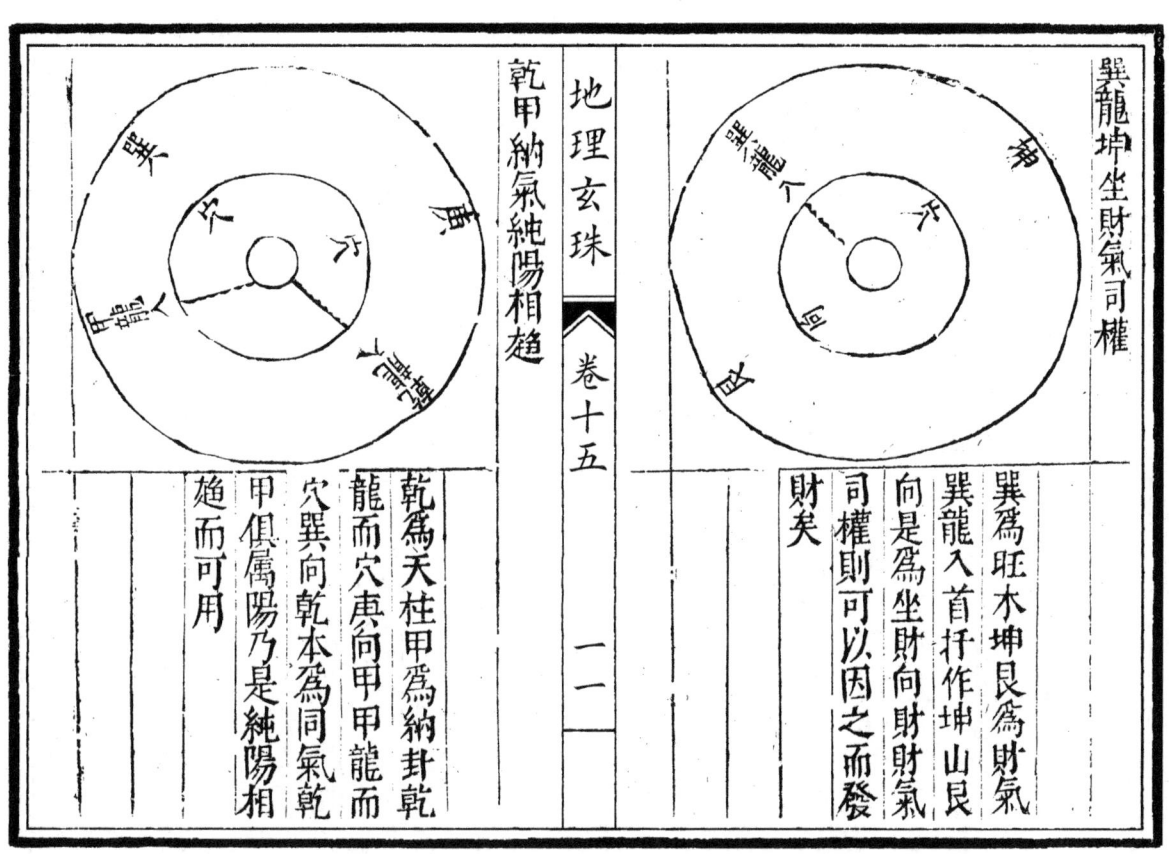

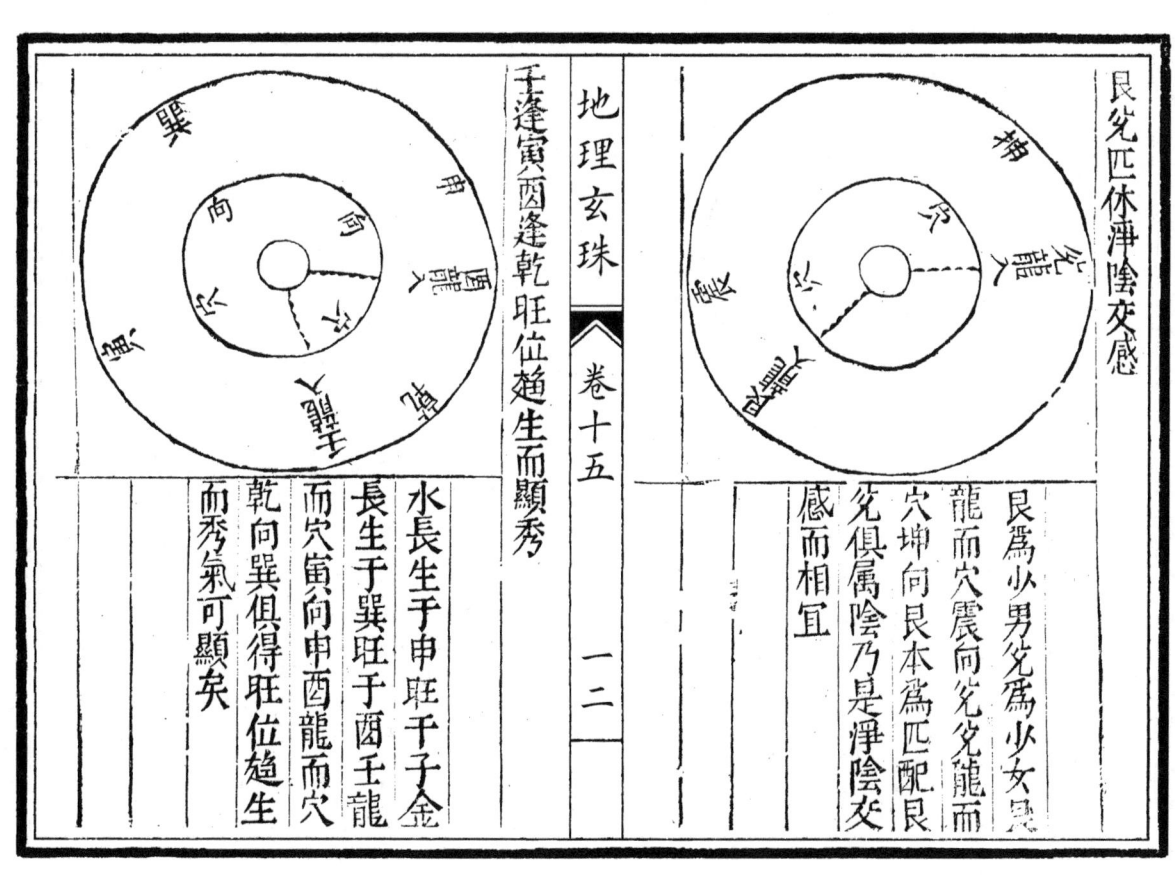

寅遇子坤遇午生龍朝旺以鍾靈

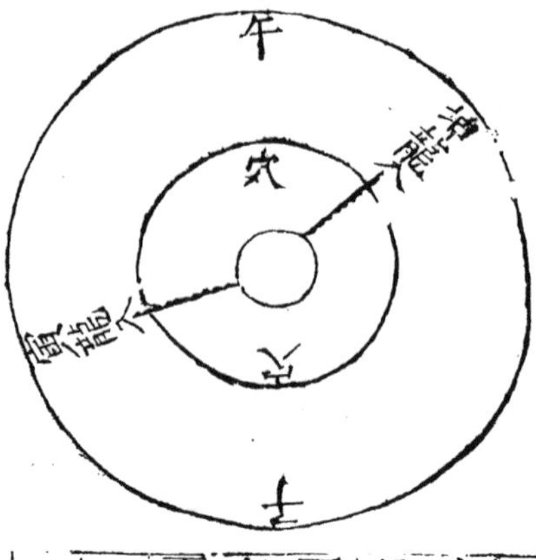

火長生于寅旺于午土長生于坤旺于子寅龍而穴子向午坤龍而穴午向子俱得生龍朝旺而英靈可鍾矣

丑屬情于卯甲坐癸亦可以與

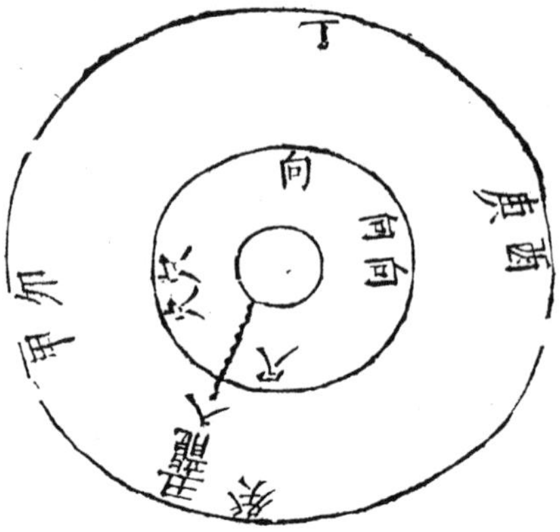

丑爲金庫而庚酉係雙山金局丑龍入首而穴甲向庚穴卯向酉皆爲同類相應然坐癸向丁亦爲純陰不駁而可以與

未屬意于巳酉穴坤猶能暫發

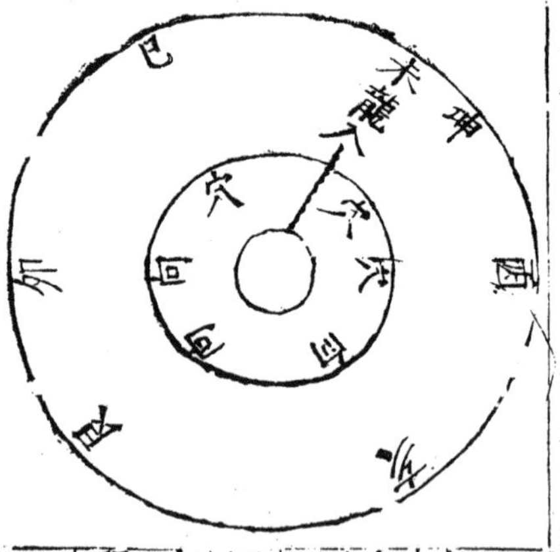

未爲木庫而亥卯係三合木局未龍入首而穴巳向亥穴酉向卯皆爲同局氣相合然坐坤向艮亦爲純土不雜而能暫發

坎貴乙而生坤皆能獲福

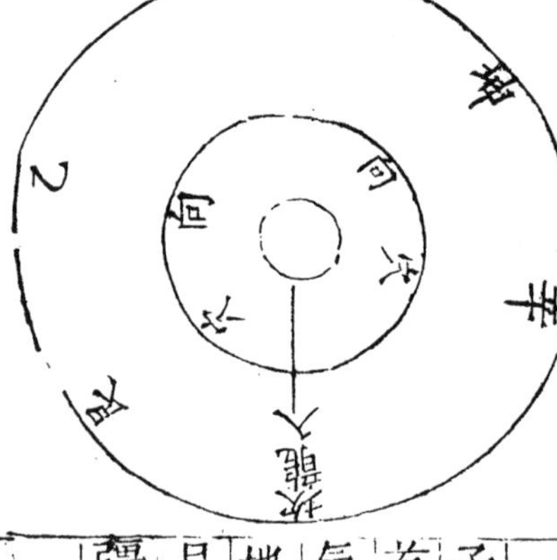

子以乙爲貴人坎龍入首而穴辛向乙酉爲貴氣入穴然坤乃水生之地亦坎之所宜者故穴艮向坤皆能獲福于無疆矣

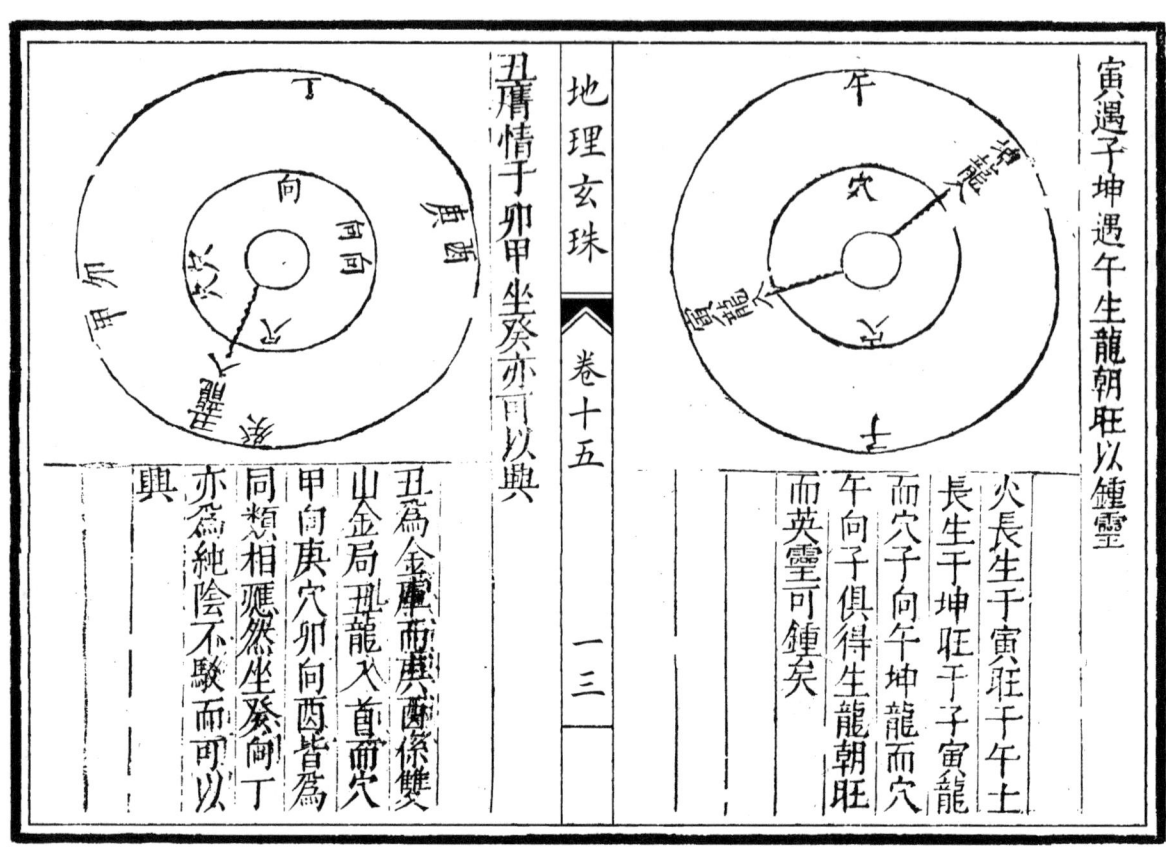

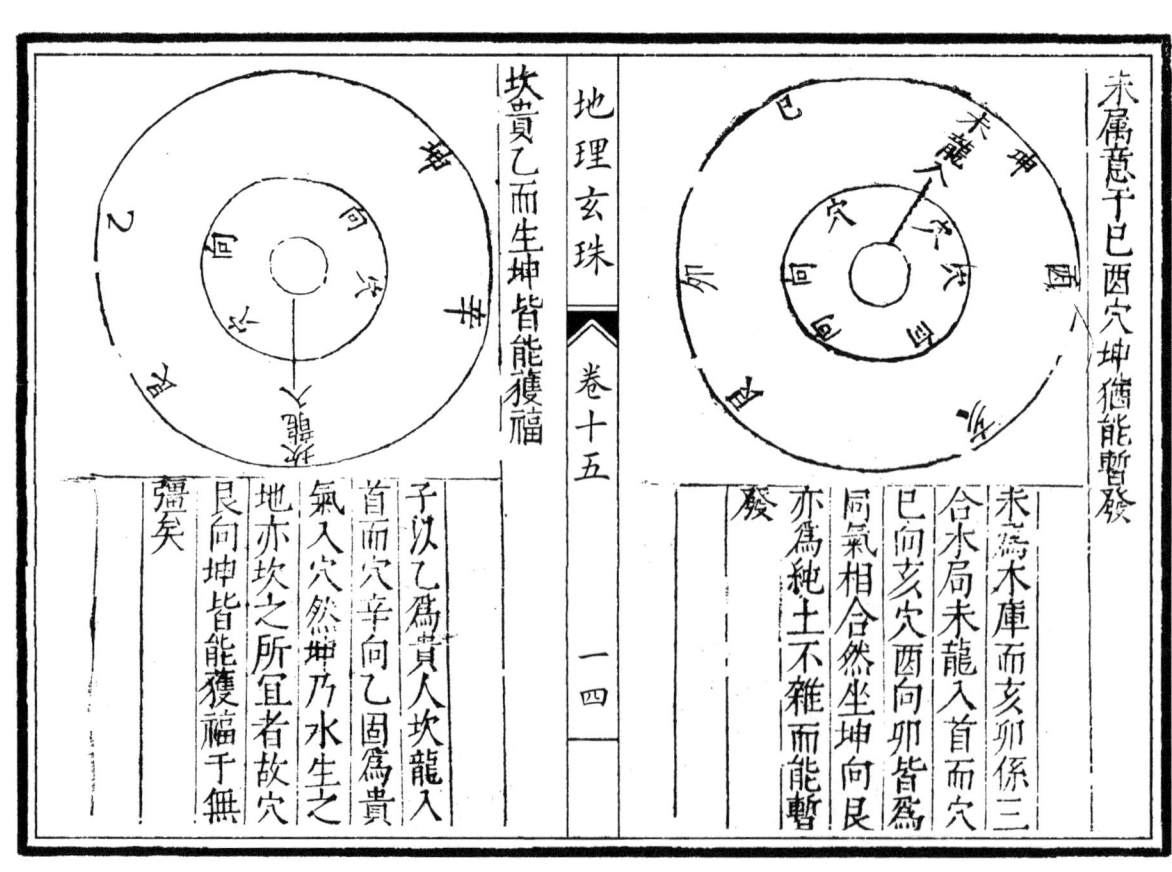

巽合甲而喜巳俱可致祥

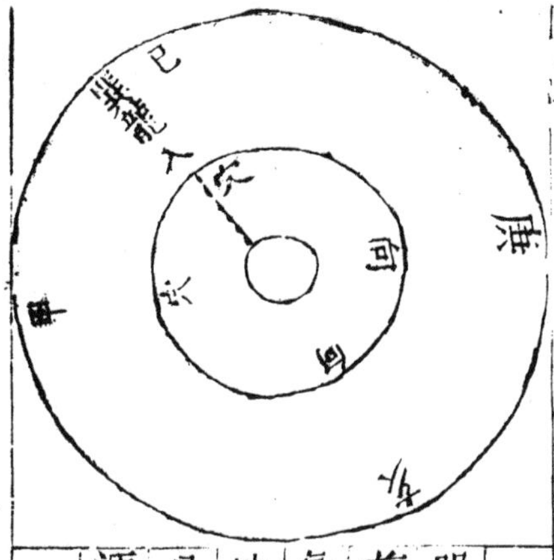

巽與庚爲三合巽龍入首而穴甲向庚固爲同氣相感然亥乃木生之地亦巽之所喜者故坐巳向亥俱可致祥于無涯矣

艮乘天廐雖富貴而壽考難全

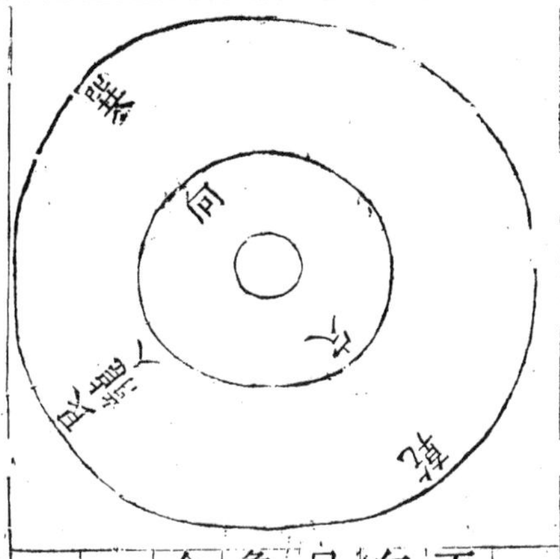

天廐乾也艮龍而坐乾向巽亦能大發富貴然艮土陷于巽雖富貴未免夭折之患壽考其能全乎

乾坐戌金縱榮華而刑傷未免

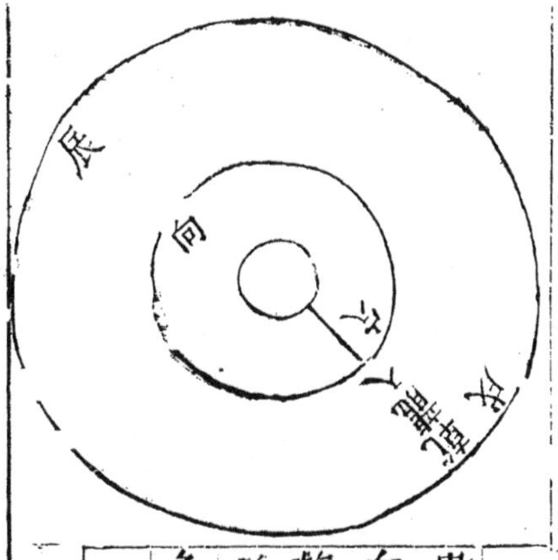

戌金戌也乾龍而坐戌向辰亦可安享榮華然乾金臨火庫縱榮華必致惸獨之患刑傷其能免夫

天市受寅虎臨地戶而亦福

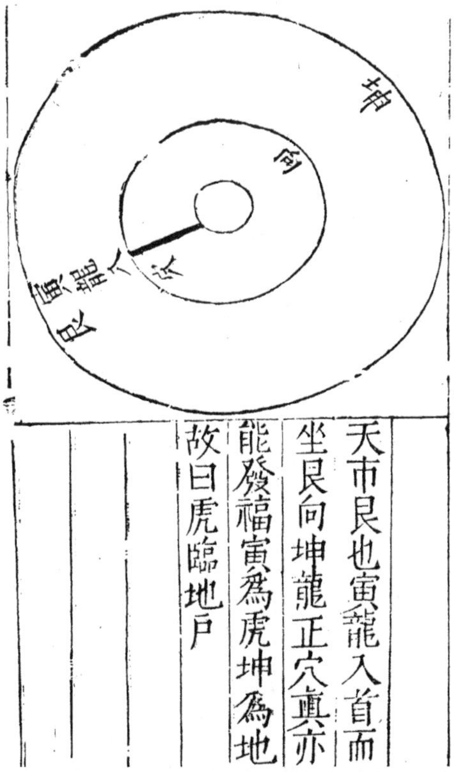

天市艮也寅龍入首而坐艮向坤龍正穴真亦能發福寅爲虎坤爲地故曰虎臨地戶

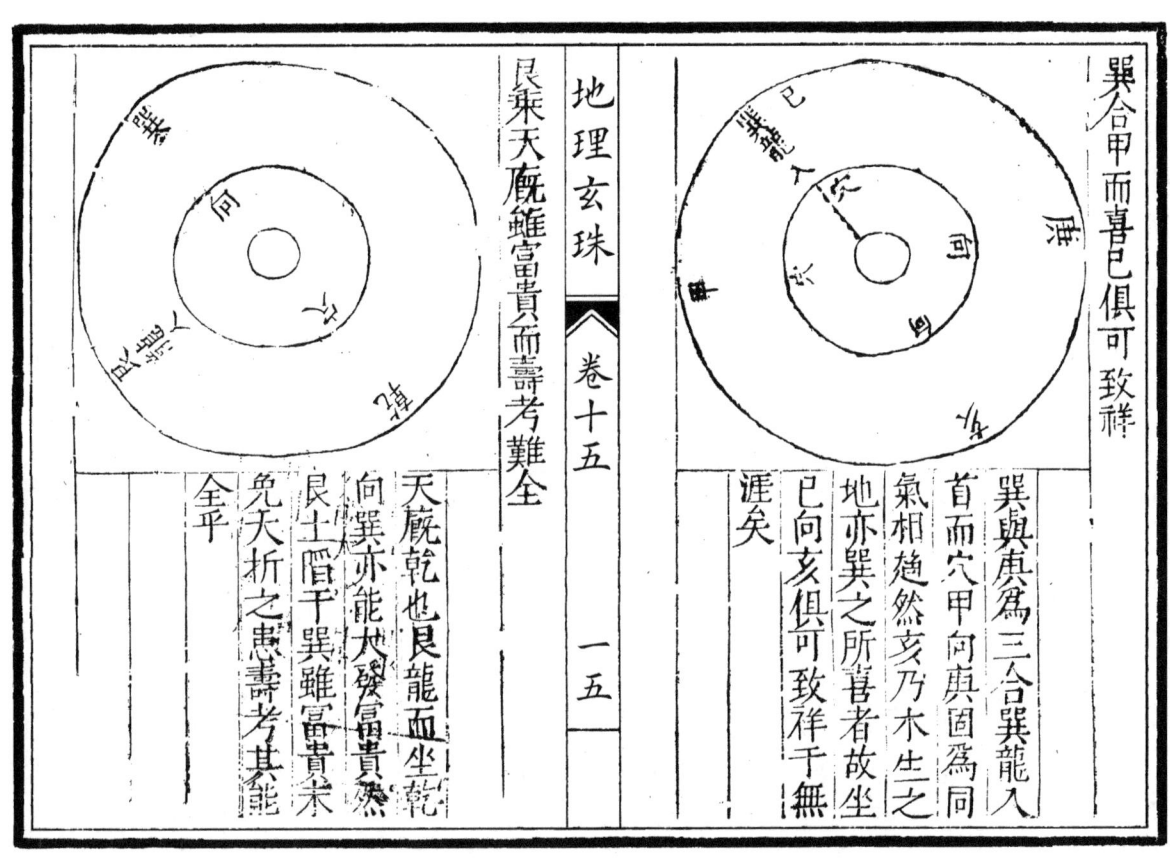

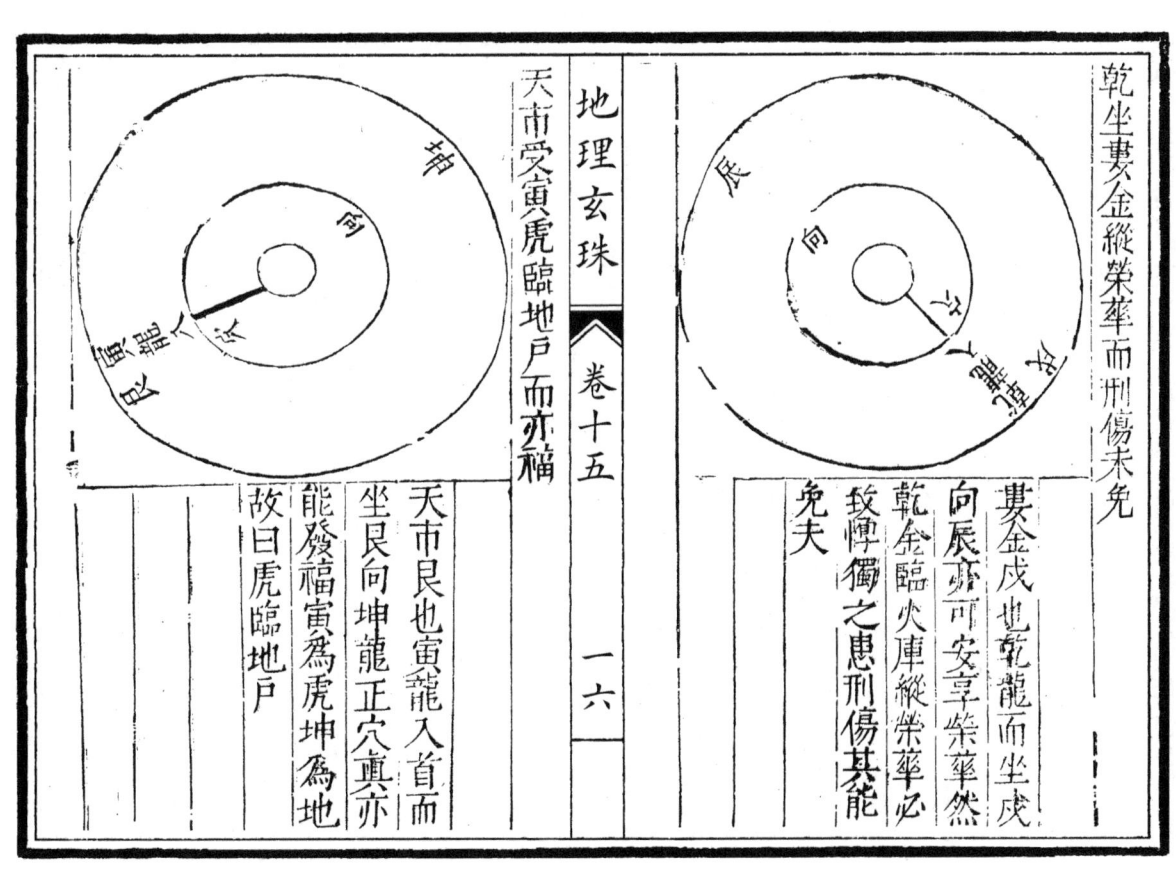

九金遇巽龍躍天門而亦祥

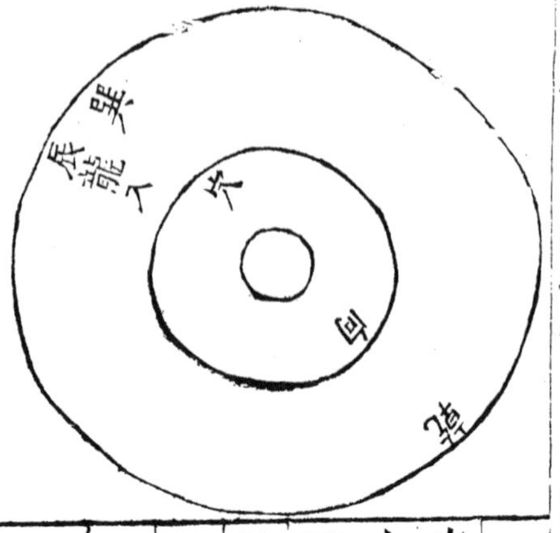

九金辰也辰龍入首而坐巽向乾局完勢美亦可邀祥辰爲龍乾爲天故曰龍躍天門

乙逢寅而見貴

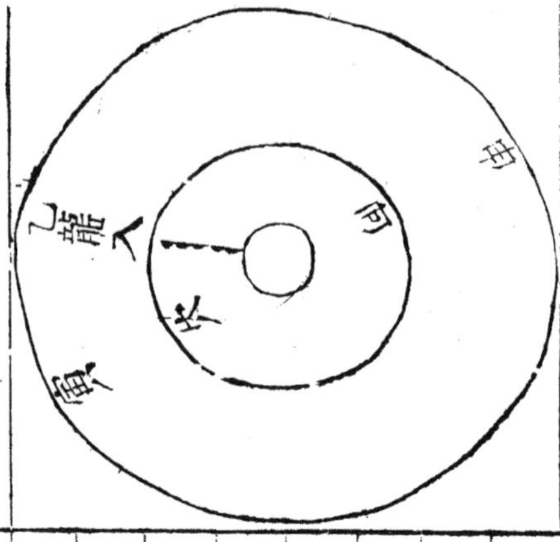

乙屬木以申金爲貴人乙龍入首而坐寅向申乃爲見貴亦能取貴

坤得庚而遇官

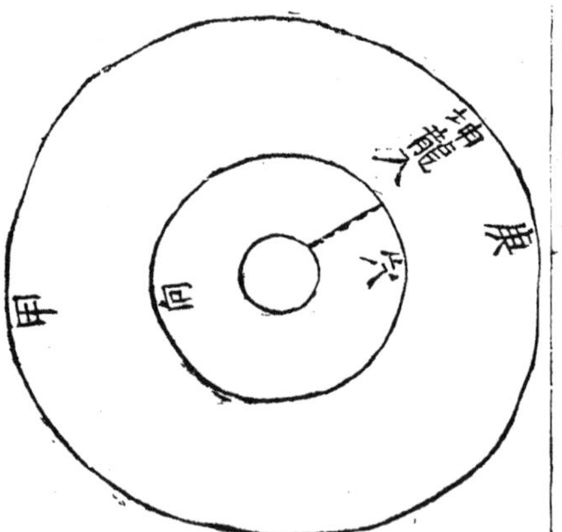

坤爲土以甲木爲官星坤龍入首而坐庚向甲乃爲遇官亦可得官

坎離交姤氣直傷和

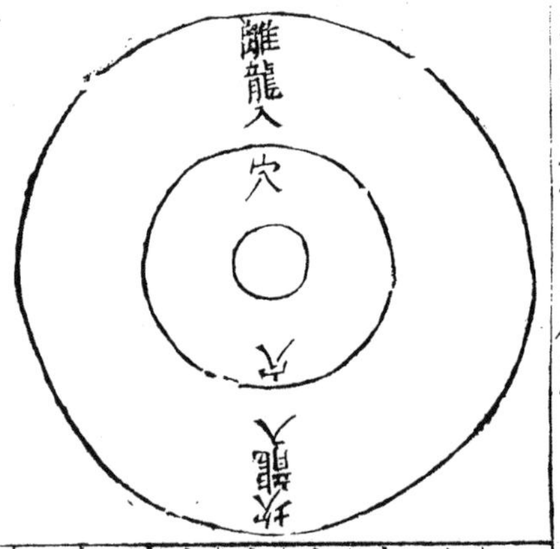

坎離爲水火相濟巽爲吉福然坎龍而坎穴離向離龍而離穴坎向直來直受是雙金犯殺矣本雲不和其能爲福耶

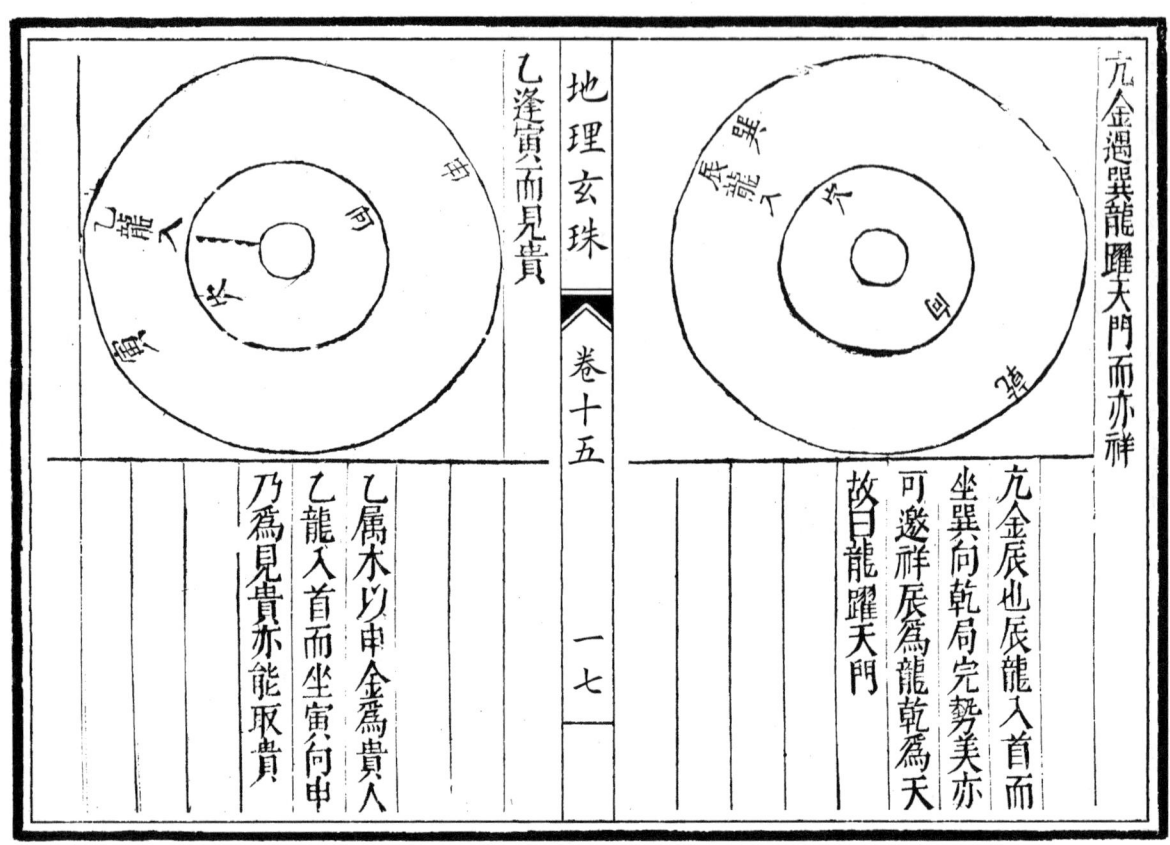

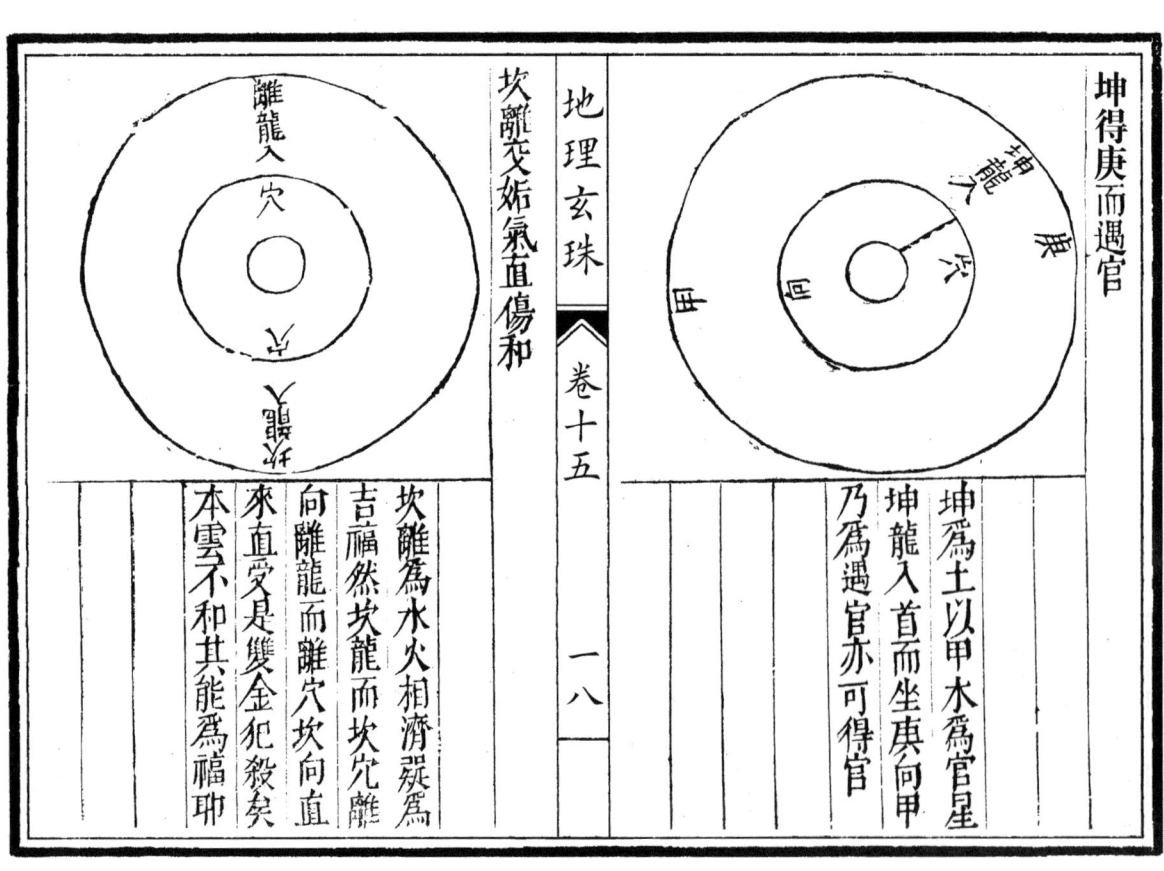

辰戌往來庫沖發達

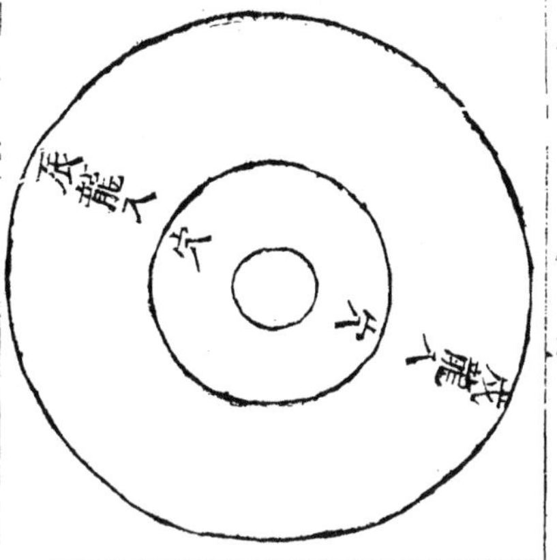

辰戌為奎罡對射疑為凶兆然辰龍而辰穴戌向戌龍而戌穴辰向直沖直射是鎖庫逢鑰矣庫開則利達寧非吉福耶

以穴用龍須明配合隨形察理尤貴變通

坐穴引証　此驗所已然之理

丙丁龍巳穴

胡經魁祖地

丙龍轉丁入首阡作巳穴亥向蓋丙以巳為祿丙丁以亥為貴人乃係坐祿向貴更得龍穴真正四應端拱塋後出六經魁

卯龍乙穴

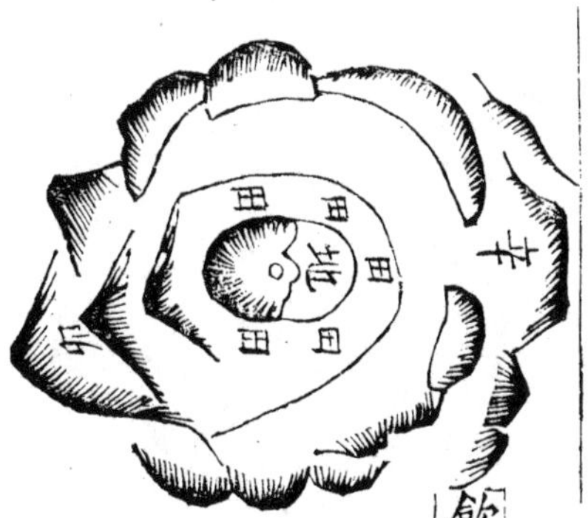

歙縣方府尹祖地

卯龍入首扦作乙穴辛向結局端嚴四應整肅塋後連發科第官至府尹仕宦不替

兌龍癸穴

德興張氏祖地

兌龍入首扦作癸穴丁向結局尊嚴龍虎重重案應端秀蓋體勢整齊更合兌丁為夫婦相見塋後富貴綿遠亦理氣自然之應也復何疑

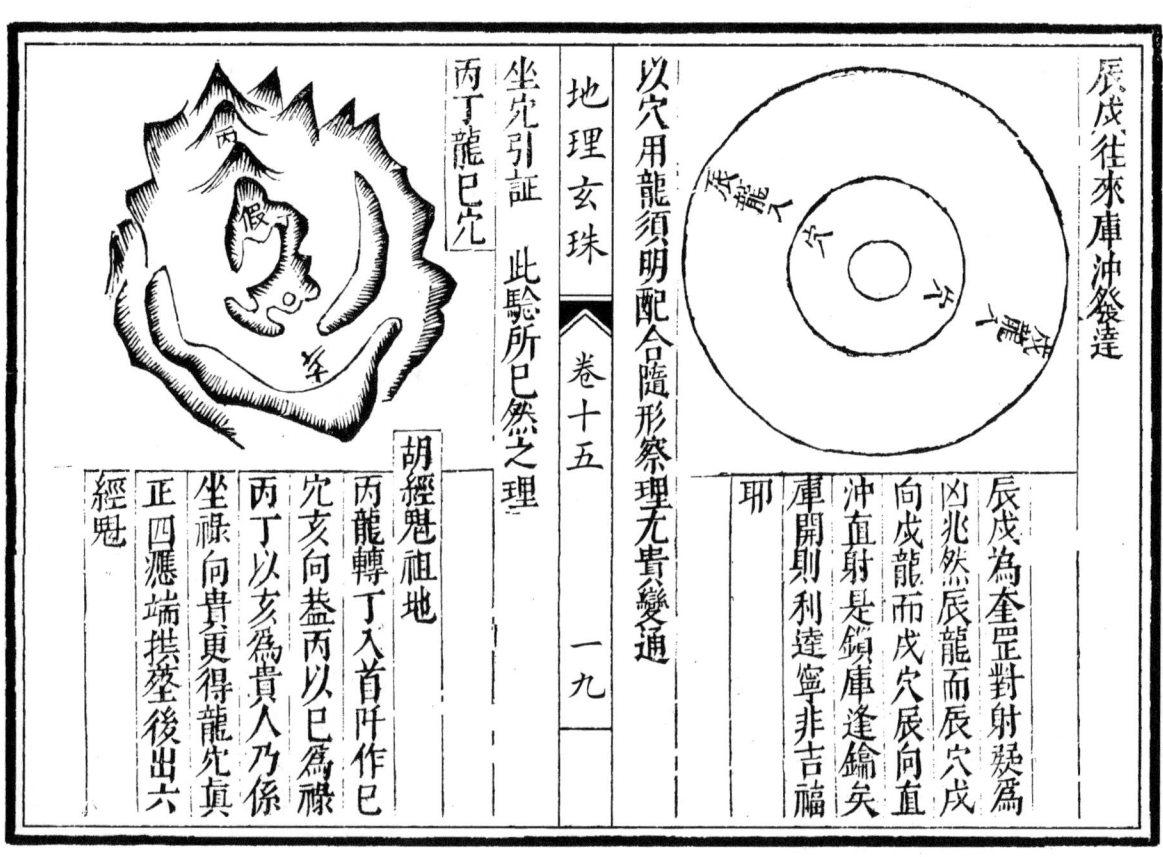

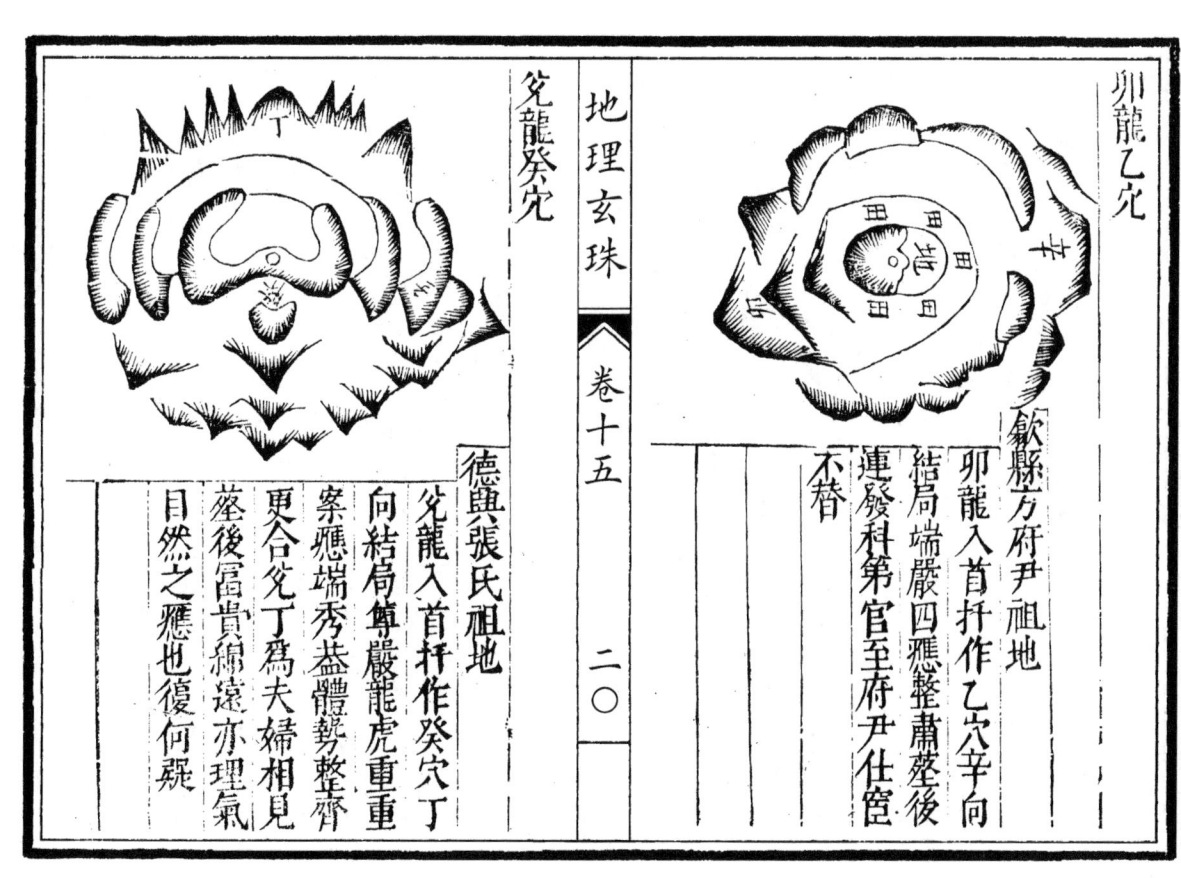

卯龍甲穴

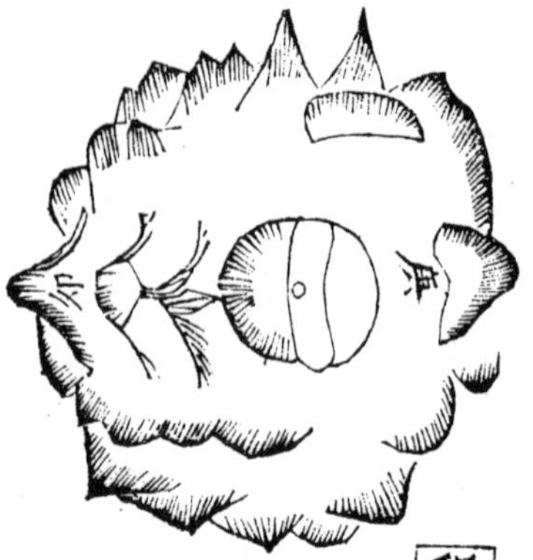

程侍郎祖地

古稱片月形影光穴係卯龍入首扦作甲穴庚向卦氣相配葬後連發科第官至侍郎富貴不替

亥龍兌穴

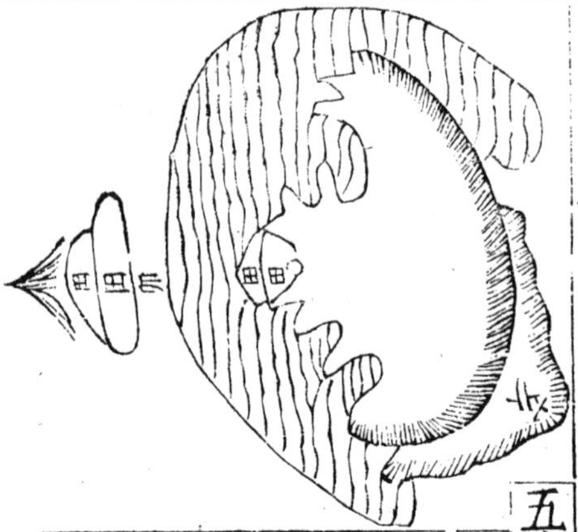

五代楊相公祖地

俗稱出水蓮花形百里平岡盡處始起淺淺峰巒撤為草會結穴水至穴前瀦為巨浸係亥龍入首扦作兌穴卯向乃三合木局作用出入拜相仕宦不絕

巽龍乙穴

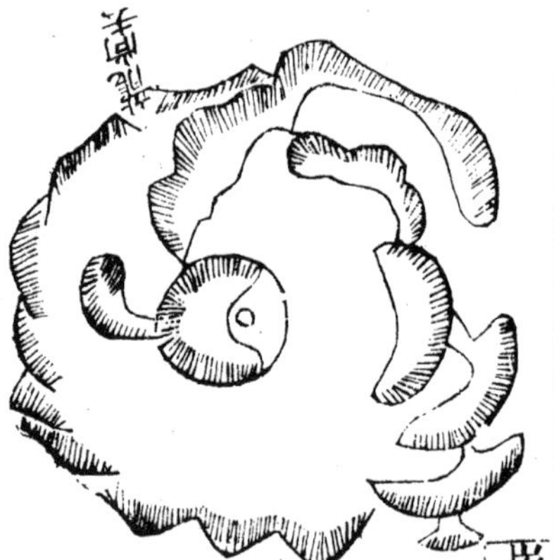

徽州程侍郎祖地

正龍雖去不止然此則逆轉結穴更得體尊龍重係巽龍入首扦作乙穴辛向乃是巽辛相見為陰陽正配葬後發達官至侍郎朱紫相繼

亥龍亥穴

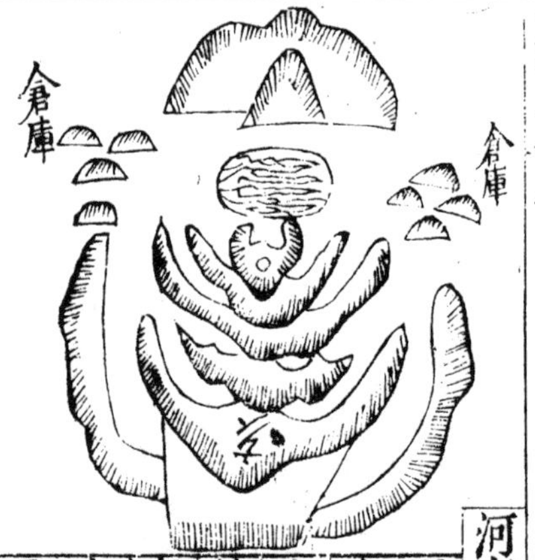

河南卜式祖地

開帳穿心結局帝座賓入作朝左右倉庫分列本富貴之地然亥龍入首扦作亥穴巳向雖為直受而亥為長生龍則亦無害其吉故出入白衣上殿富貴兼全

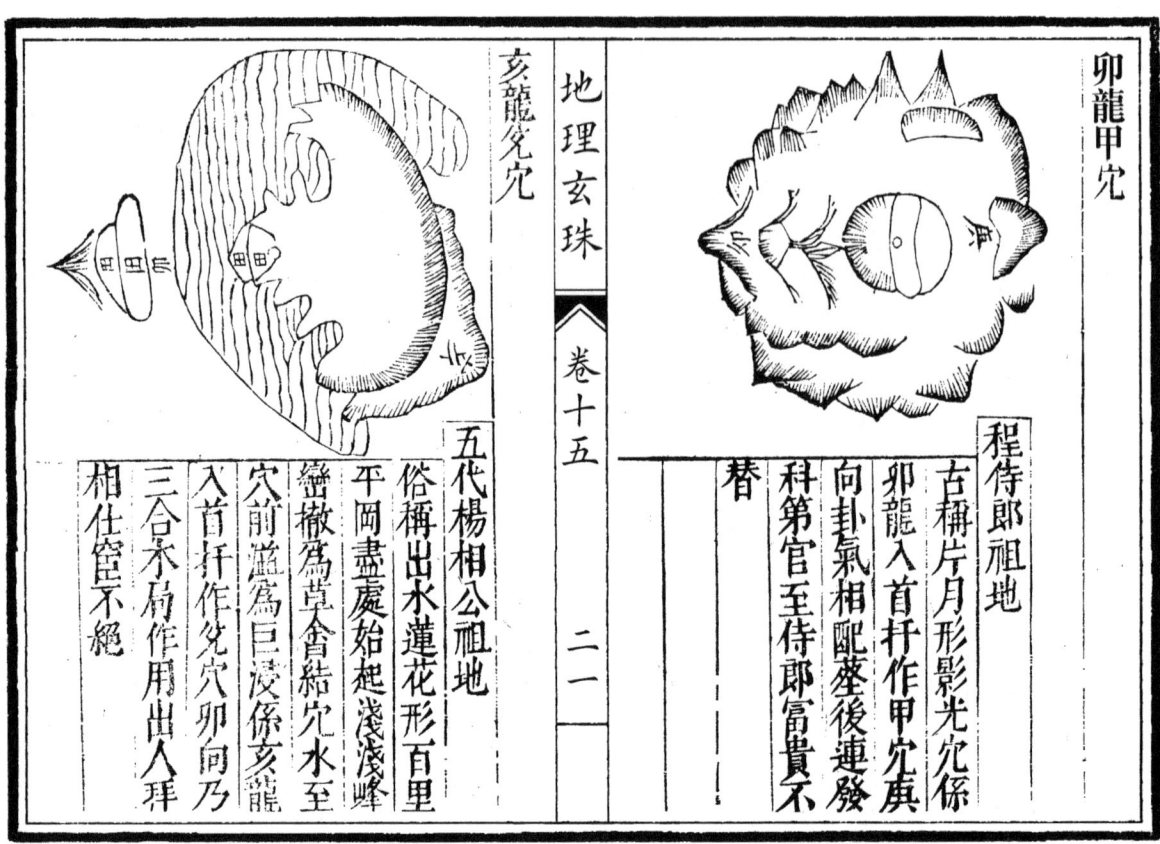

戌龍戌穴

績溪道中黃進士祖地

戌龍入首扦作戌穴辰向穴處皆石且高打開一丈八尺然後得土又深六尺瘞之富貴雙全人丁旺盛蓋以庫開則發不嫌其直冲也

辰巽龍巽巳火

歙縣許閣老祖地

辰巽同行入首氣則雜矣然盛衰尤係乎形應茲龍穴眞正案應端秀則形勝乎氣矣况巽巳穴而乾亥向則龍向陰陽相稱而官居極品祿位尊崇良有以夫

艮龍壬穴

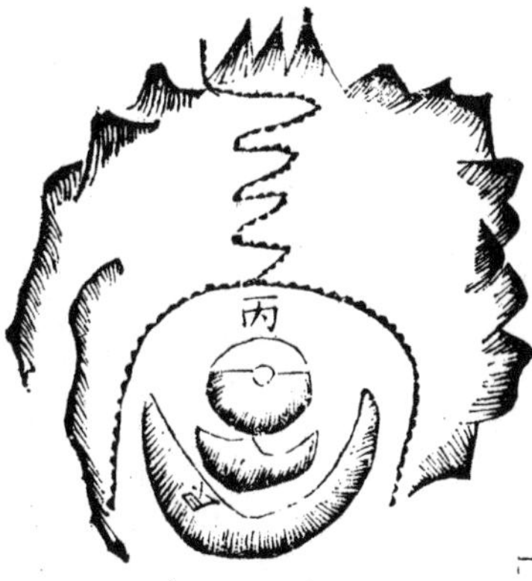

張狀元祖地

地在紹興府本身雖無龍虎然護托甚齊筆架作案九曲入堂誠爲大地係艮龍入首扦作壬穴丙向卦氣相配出狀元及第富貴悠久

丙龍甲穴

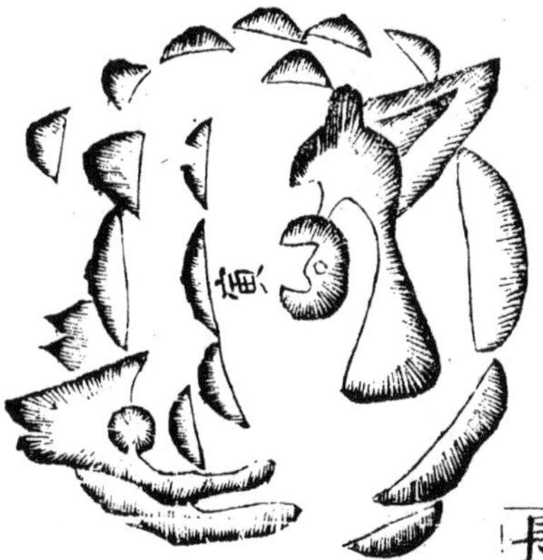

長樂陳丞相祖地

丙龍入首而寅方案應端秀遂扦甲穴寅向蓋雖陰龍陽向然寅丙乃六合聯氣此奇兵之術而非混雜也瘞後連發科第位至極品

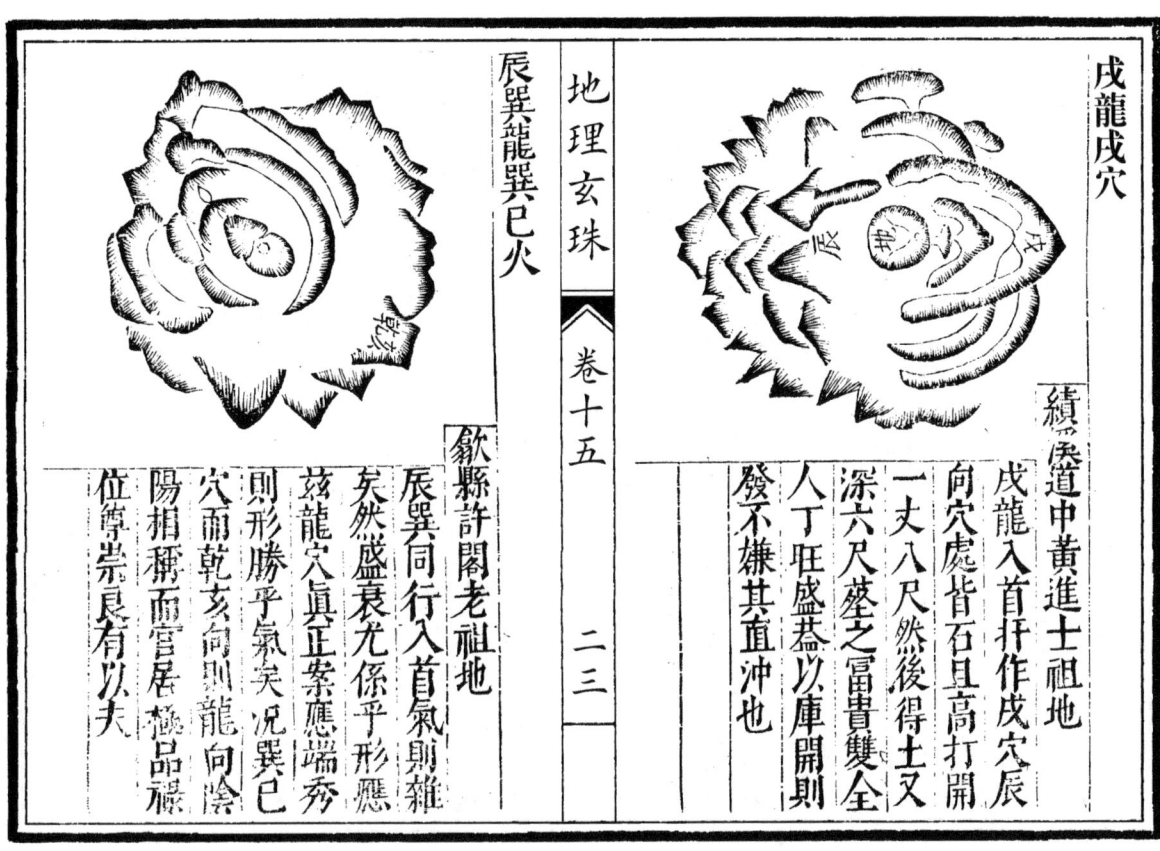

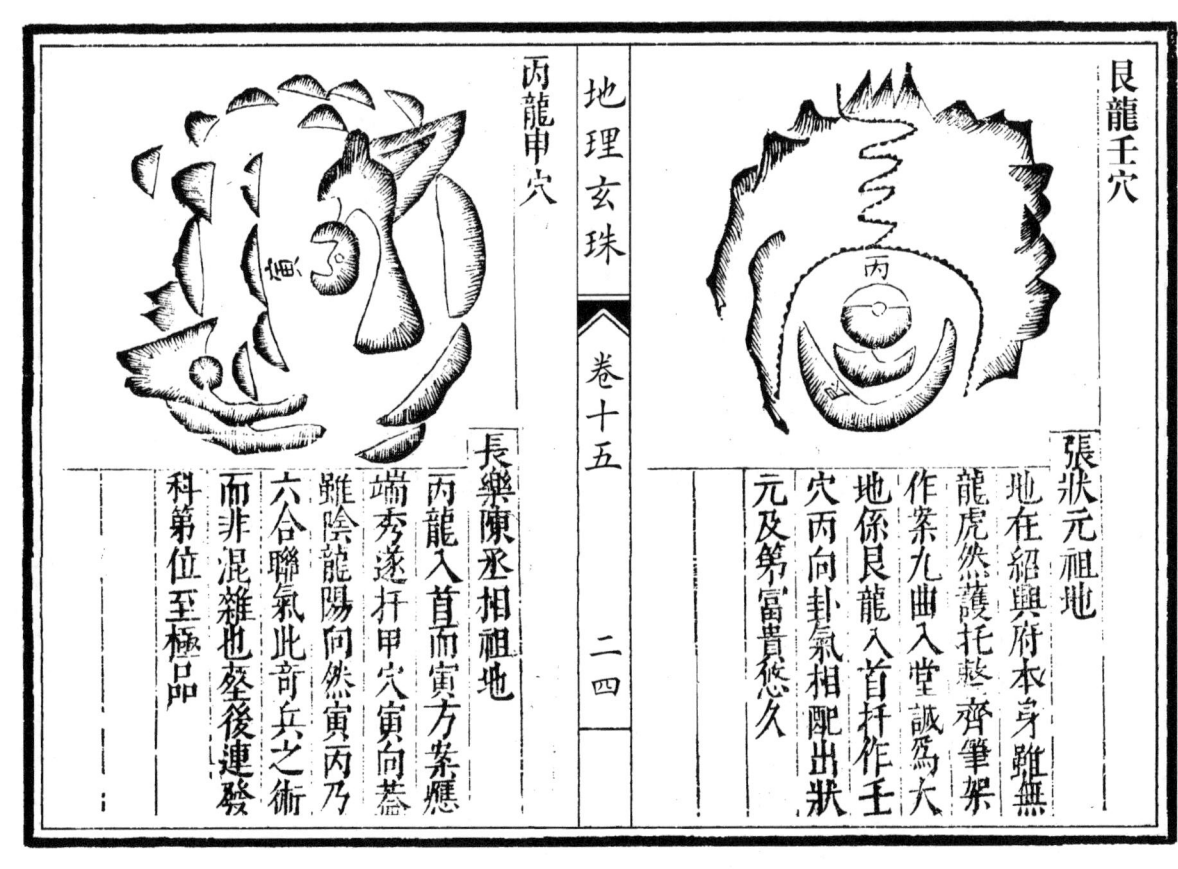

癸龍癸穴兑龍癸穴

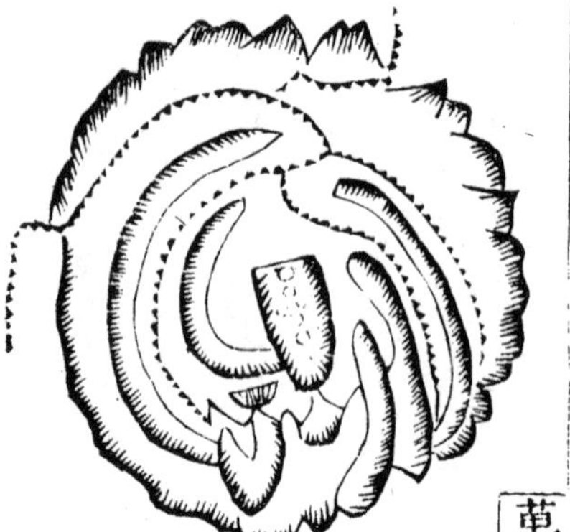

萬載縣龍氏祖地
正幹左右均稱數穴皆敗楊公改扦左枝過脈處後發科第甚衆蓋正幹係癸龍而癸穴丁向乃犯雙金直氣左枝係兑龍而癸穴丁向乃合陰陽正配穴法如此可不慎歟

庚龍申穴

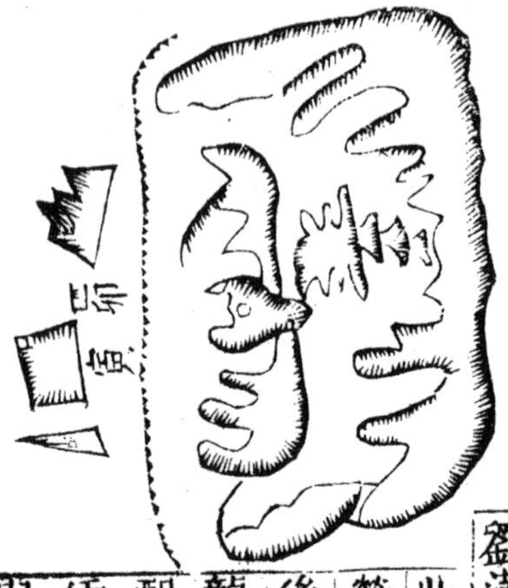

劉漢四祖地陳友諒爲將
此王侯大地廖公覔以營葬而爲劉氏所奪葬後出四子皆大盗蓋庚龍應穴酉向卯以收正配則龍穴相合定出王侯何庸師惑前印而穴申向寅則陰陰背馳何以發本龍之秀哉

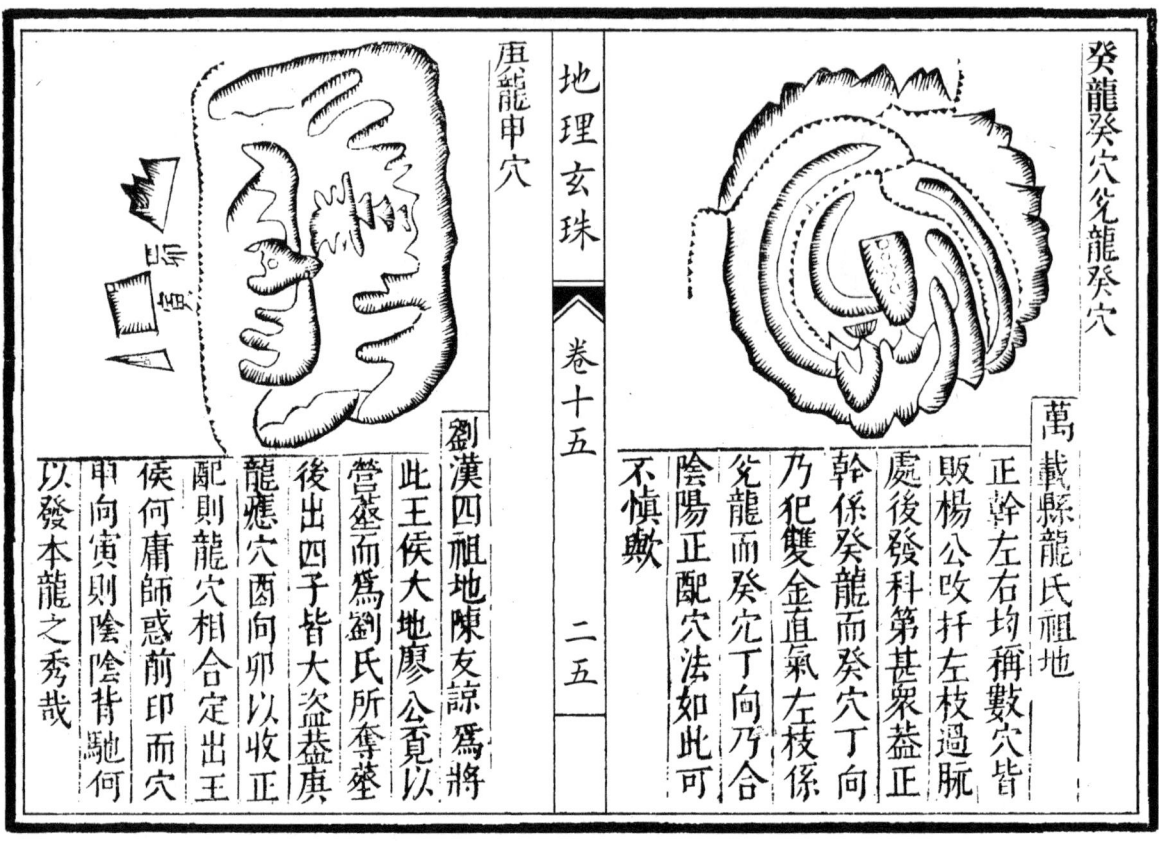

地理玄珠卷之十六

古吳太和山人夏世隆道弘甫著
溧溪半偈道人華善繼孟達甫校

沙形方位　此評所當然之理

蓋來龍結局各有生旺休囚之方而群沙朝應不無美惡災祥之異故其間多有形勢吉而方位亦吉者有形勢凶而方位亦凶者更有形勢吉而方位凶者有形勢凶而方位吉者善地者必須因形察理審勢立局曲盡其法則自可以遠禍而邀祥矣是故氣脈內聚每自龍乘而禍福外應恒由沙致

狀元峰聳天外得位則一舉鰲頭

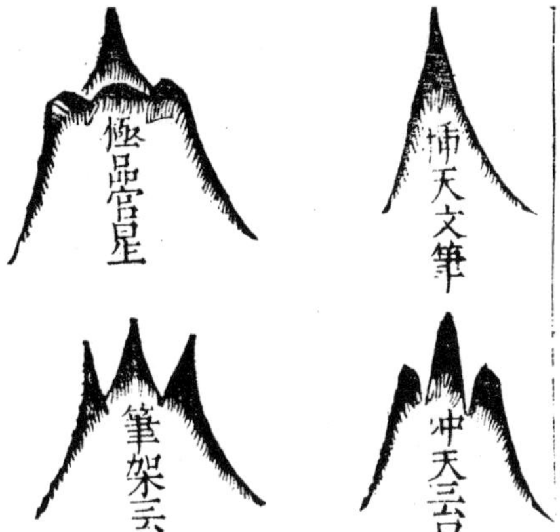

狀元峰文筆官貴等星是也或現于三吉六秀之方或獻于祿馬貴人之地得居正位則一舉狀元及第而鰲頭獨占無疑矣

宰相峰插雲端合龍則獨居台鼎

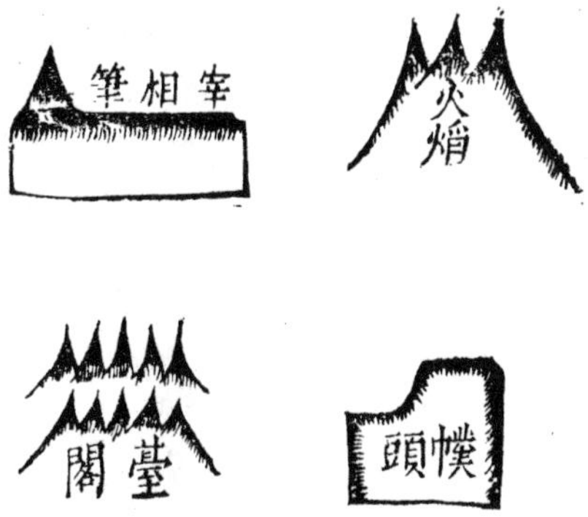

宰相峰臺閣幞頭等星是也或合于三吉六秀之龍或合于生旺富貴之局得配龍向則獨掌朝綱國柄而身居台鼎無疑矣

丁丙琴書擬定馳名翰苑

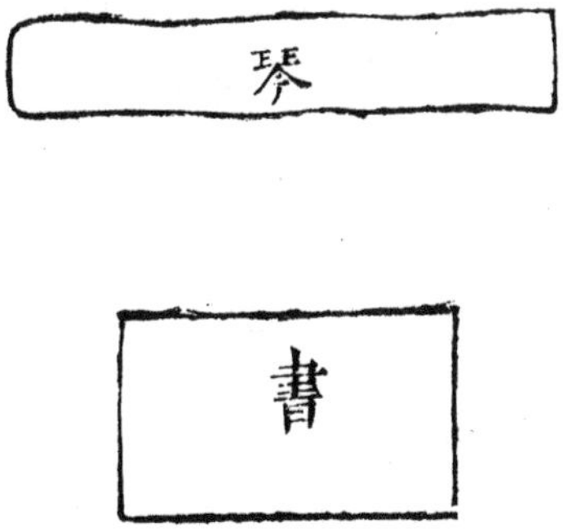

丁丙為文明之地琴書乃翰墨之器若丙丁方有琴書沙現定主馳名翰苑

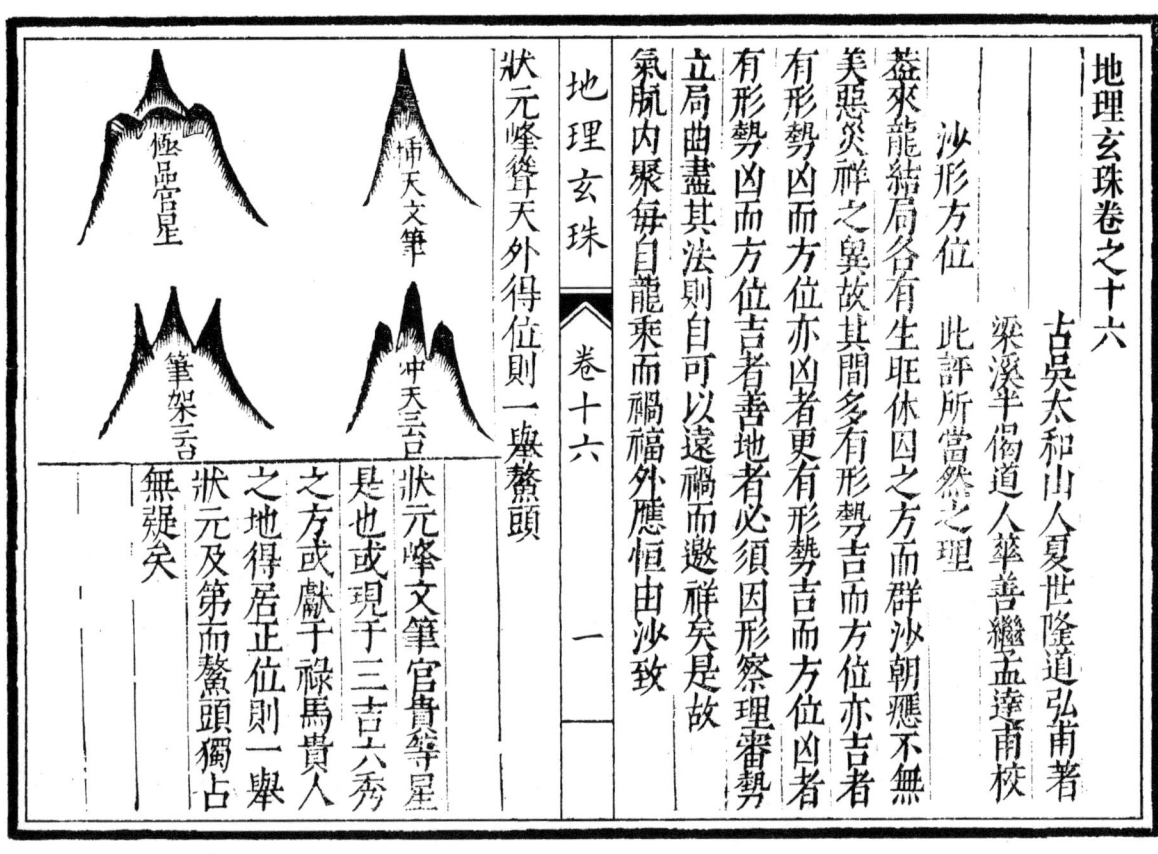

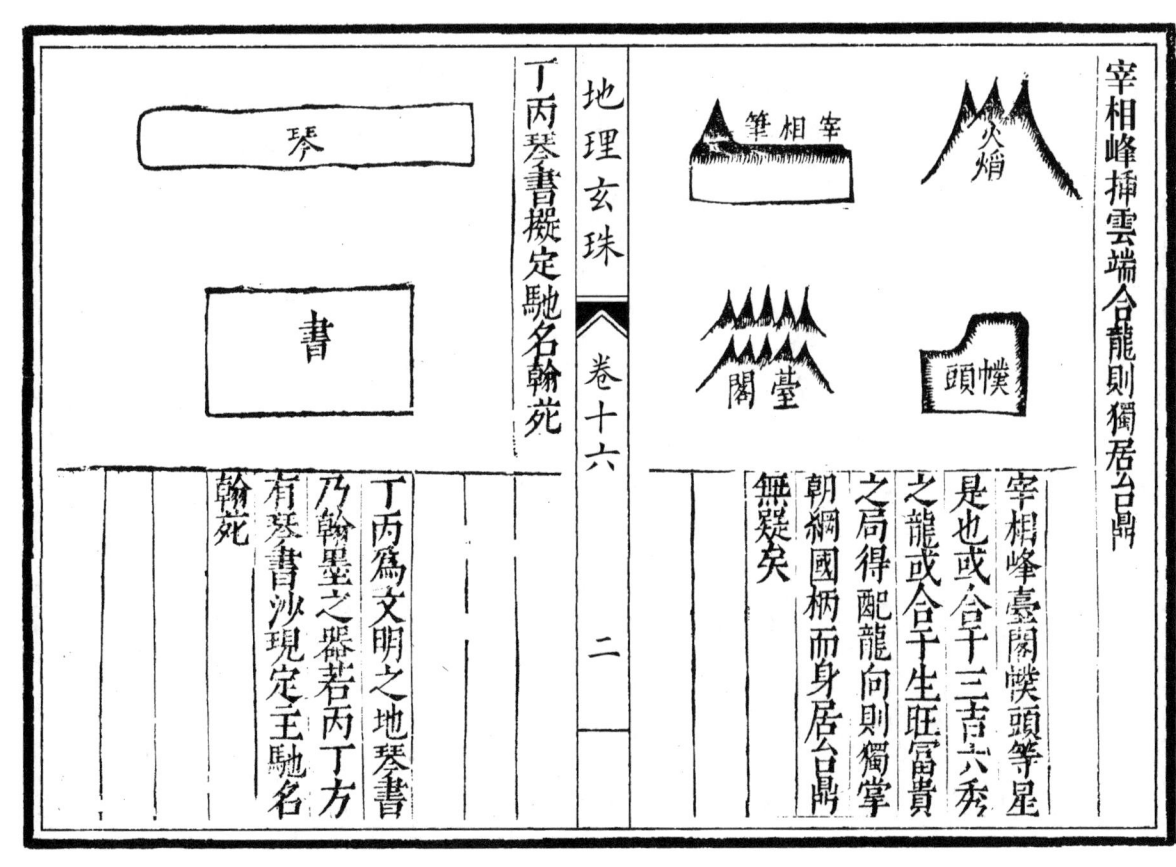

巽辛圭筆須知侍講經筵

巽辛為文章之府圭筆乃學海之器若巽辛方有圭筆沙現定主侍講經筵

刀鎗劍戟羅庚兌威震華夷

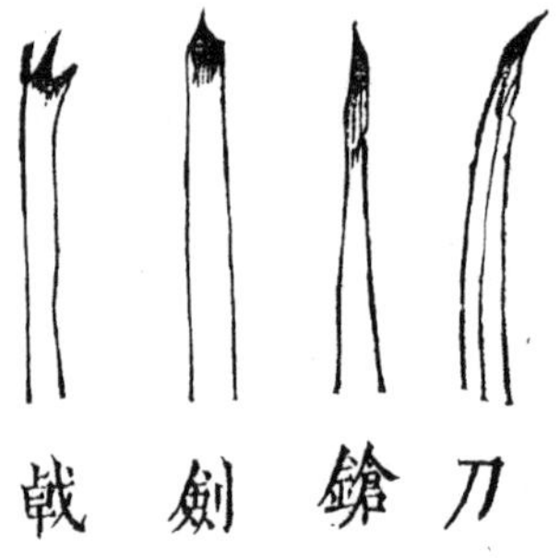

刀鎗劍戟俱武具也庚兌乃西方肅殺之地若有刀鎗劍戟羅列于其方定掌生殺之權而威震華夷矣

筆架三台排丙丁名聞朝野

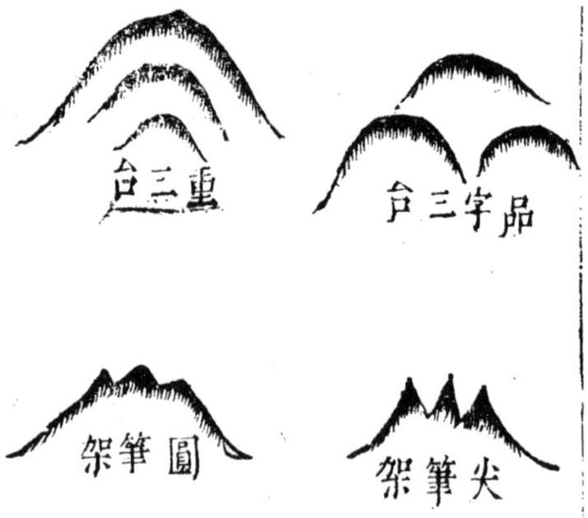

筆架三台貴沙也丙丁乃南方明顯之地若有筆架三台端拱于其方定居文明之位而名聞朝野矣

寶蓋朱旛六秀得之而顯爵

寶蓋朱旛國家之重器也艮巽丙丁辛兌為六秀其方有此沙形獻瑞必主大貴而顯爵

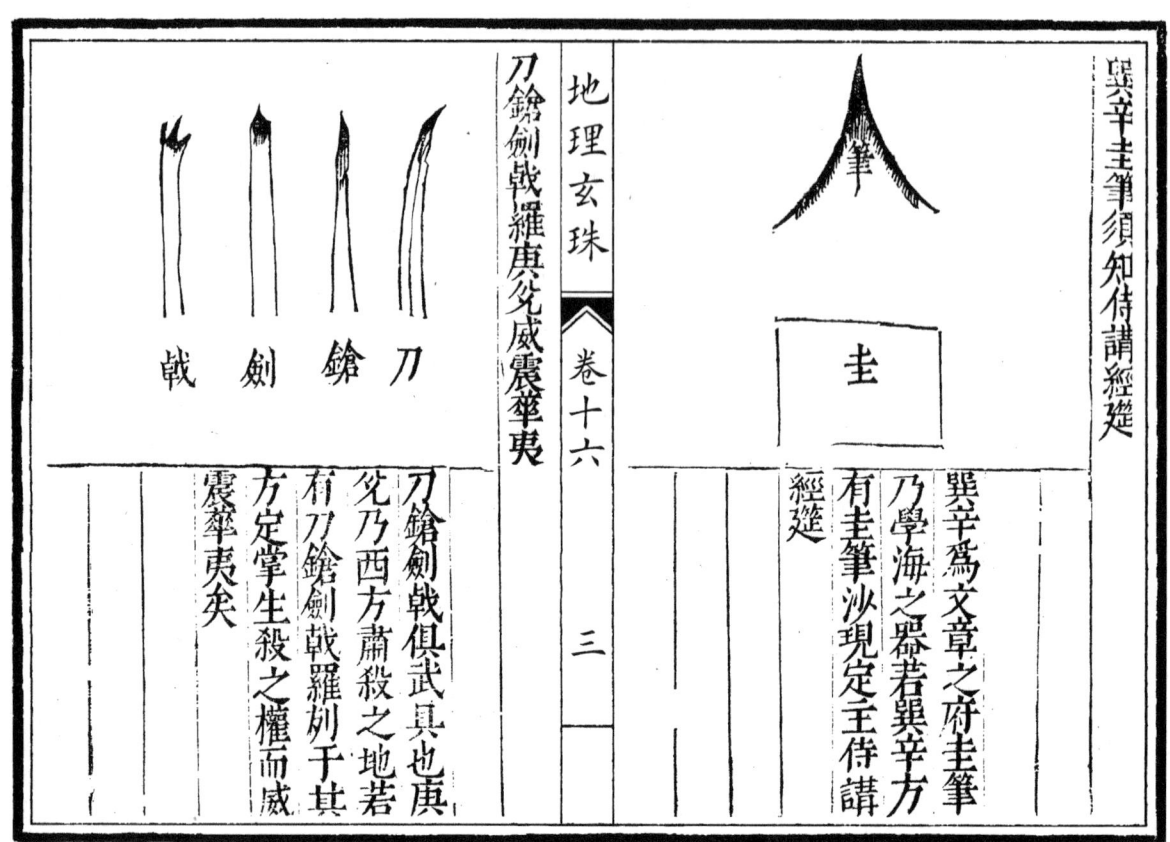

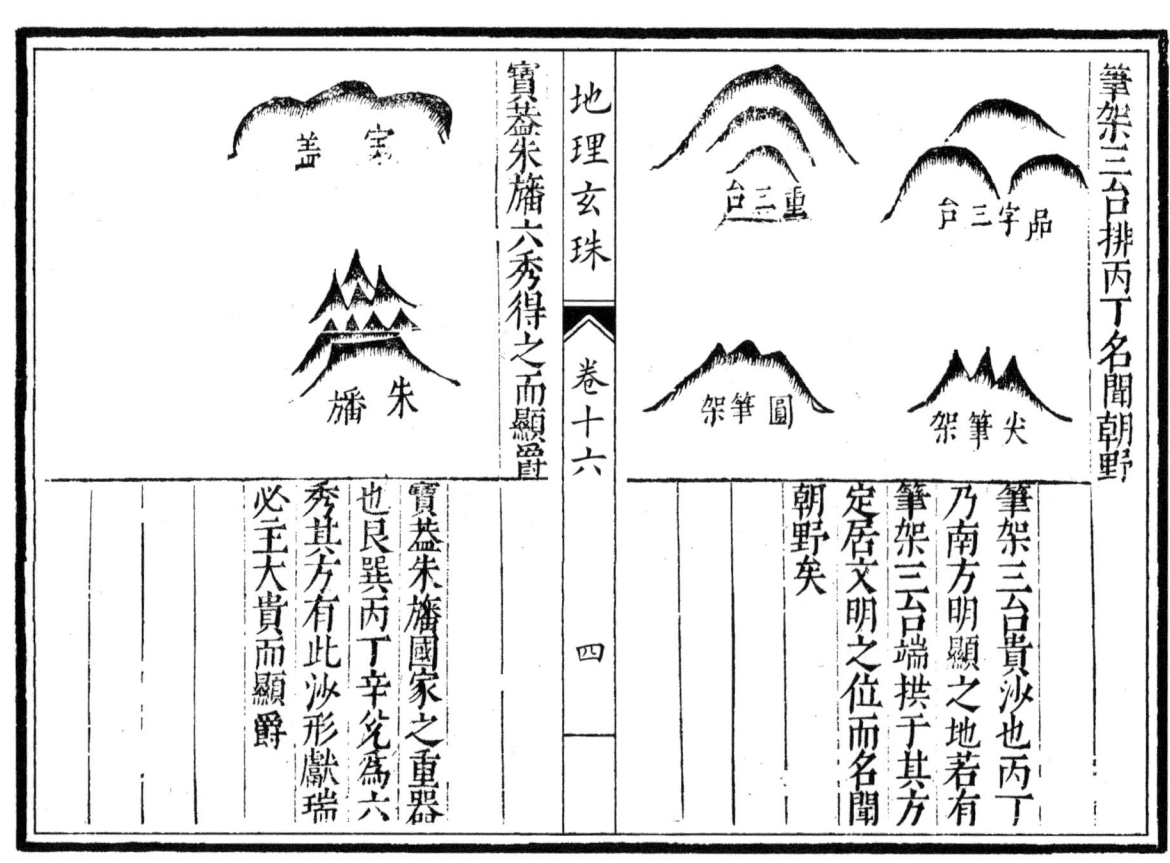

金魚玉帶三吉賴之以揚名

金魚

玉帶

金魚玉帶廟廊之珍器也亥震庚爲三吉其方有是沙體呈祥必主高位而揚名

覆月蛾眉臨巽兌女貴而姿色傾城

覆月

蛾眉

覆月蛾眉秀麗之象也巽爲太乙兌爲少微二宮俱屬女位若覆月蛾眉二沙臨于巽兌之方定主女貴而有傾城之姿色

揚旗頓鼓列震庚男威而賞罰震主

揚旗

頓鼓

揚旗頓鼓威武之象也震爲雷門庚爲威膽皆主武庫若二沙列于震庚之位定主男威而有震主之賞罰

排衙疊甲鎮奎壁局逢水火而觀光上國

排衙

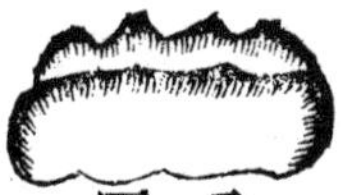

疊甲

排衙者两沙相對整齊如排衙也疊甲者二沙堆迭齊端淨疊甲也奎乃火庫壁乃水庫皆水口也二方有是沙現而合火局水局作用豈非觀光上國之象耶

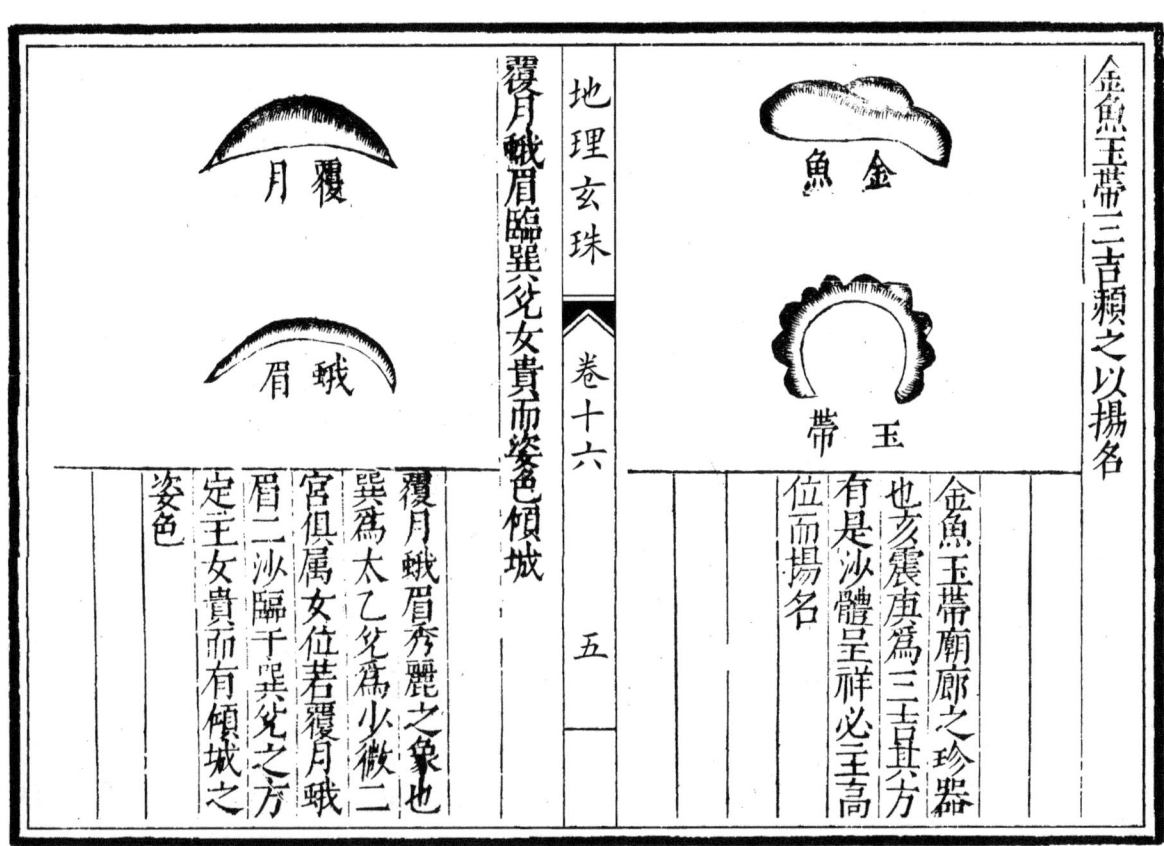

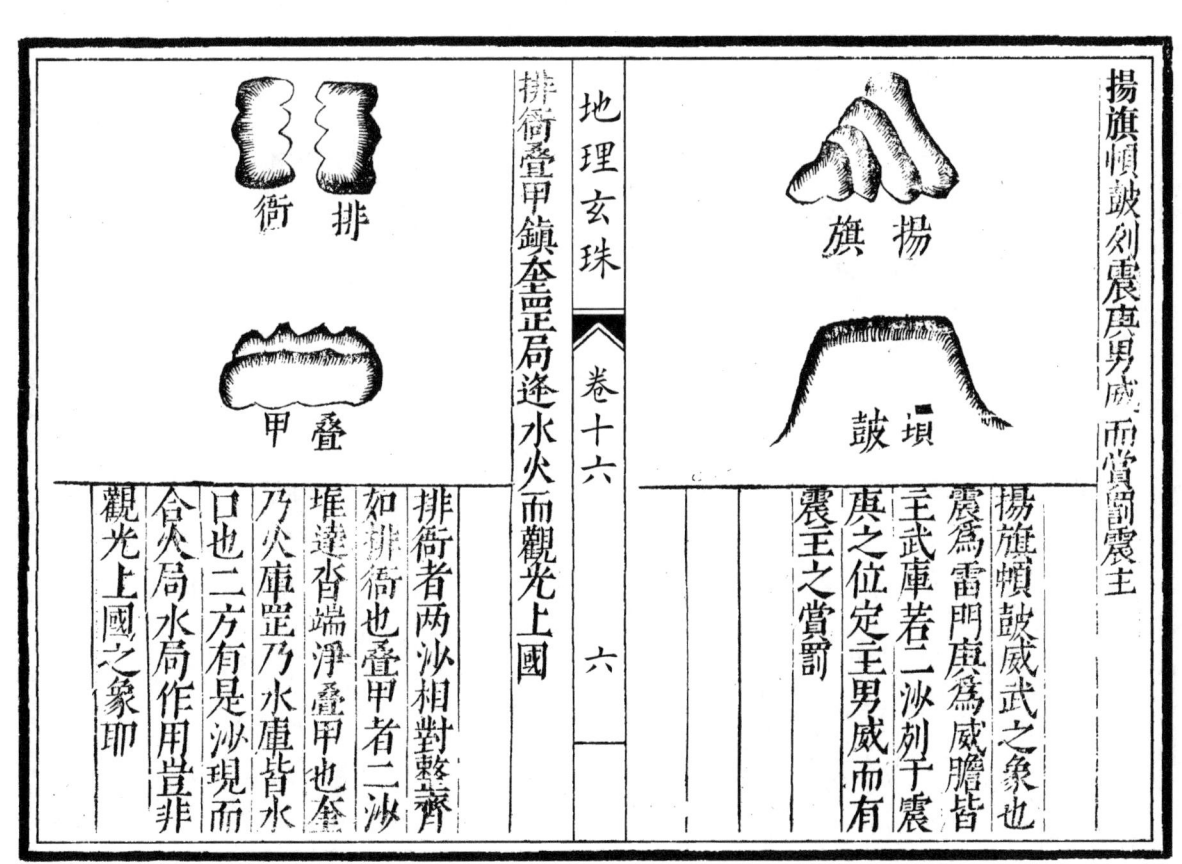

屯軍列戟羅牛鬼龍來金木而揚武邊夷

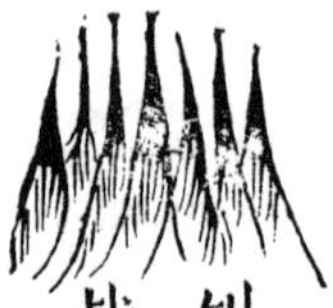

屯軍者小沙聚集且衆如屯軍也列戟者群砂尖利且多如列戟也牛乃金庫鬼乃木庫皆水口也二方有是沙現而得金龍木龍入局豈非揚武邊夷之兆耶

簾幙貴人獻朱雀而官居鼎鼐

簾幕貴人醮水木星也前爲朱雀若得吉龍入首前案有簾幕貴人朝拱則官居鼎鼐亦理勢必然之應也復何疑

倚空御座居玄武而奕世台階

倚空御座傍天土星也後爲玄武若得善地結局而穴後有倚空御座爲坐托則奕世台階亦符應自然之理也又何疑

青龍揷笏本爲吉龍賤則法服登壇

笏者沙形秀直如笏也大抵青龍宜起峰若有揷笏沙本爲吉兆必主大貴倘龍局微賤雖拖圭之士不爲我用而適足以減彼之福力矣法服登壇微賤之應也

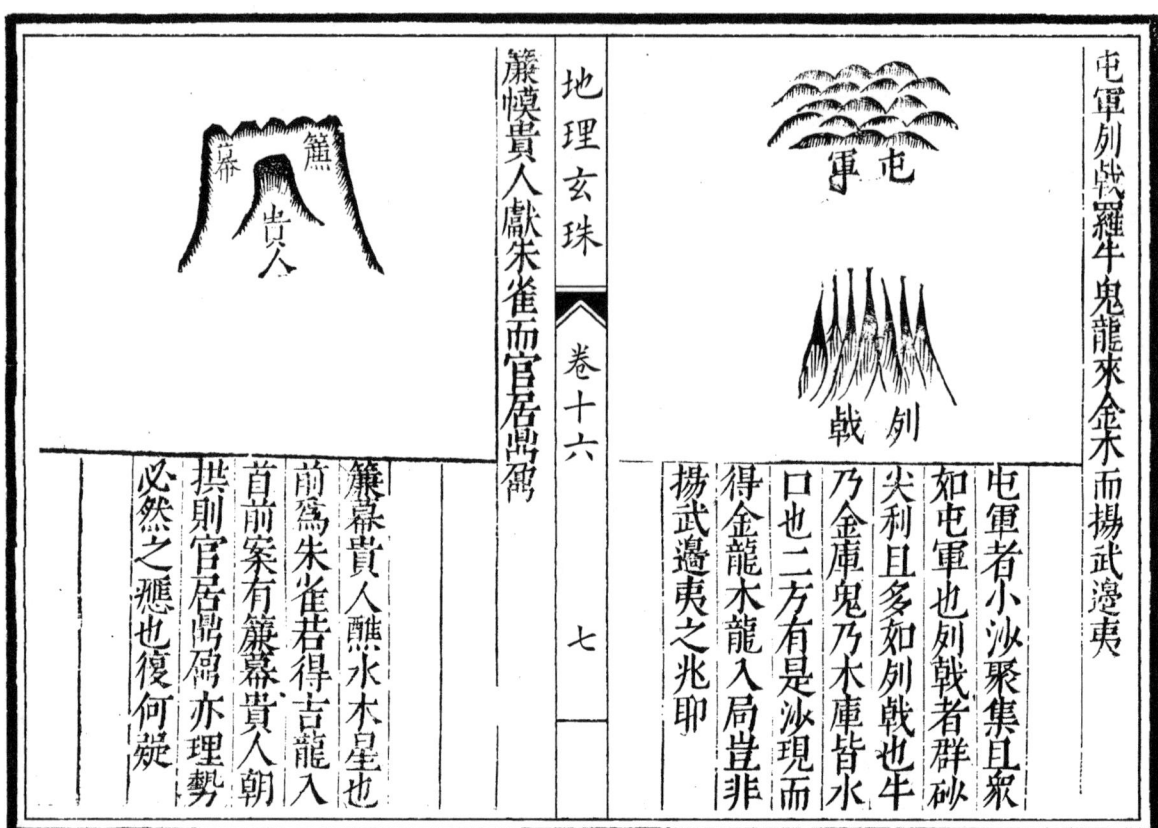

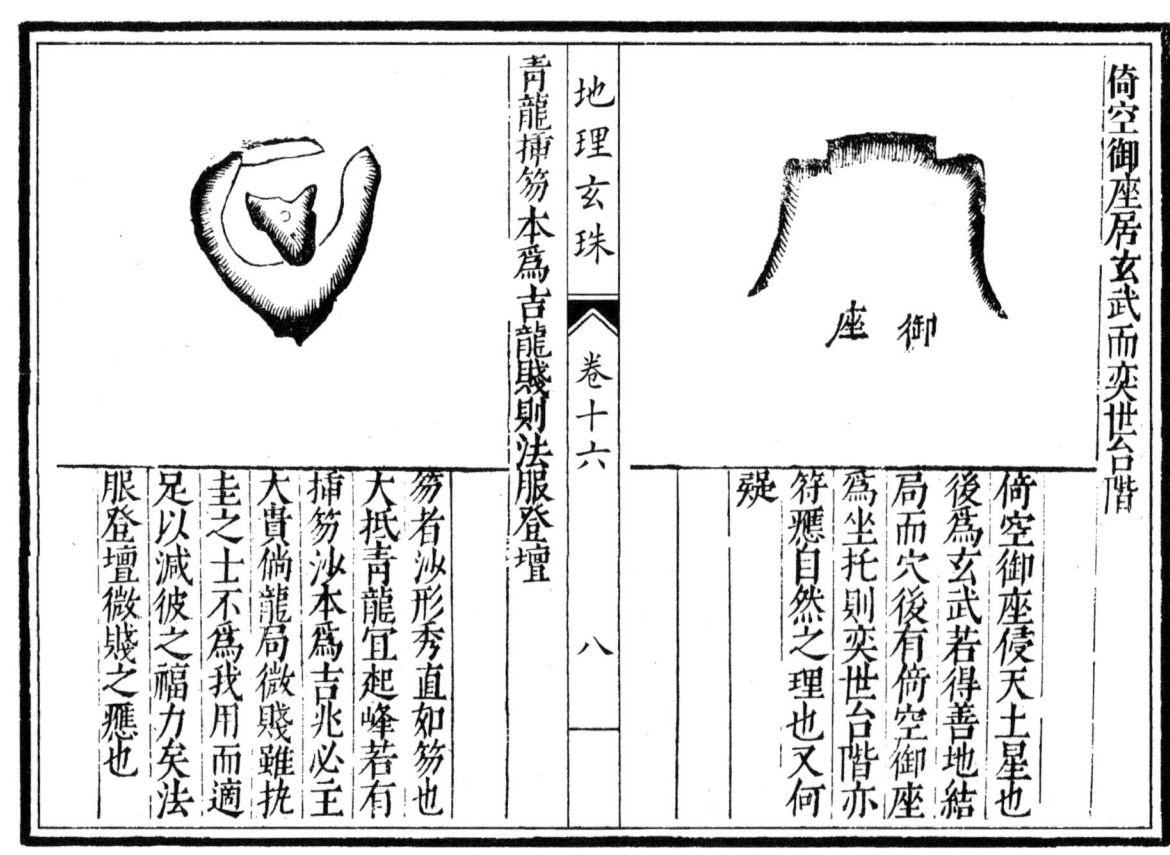

白虎操戈未是凶主貴則劍履上殿

戈者沙形尖直如戈也大抵白虎忌強捍若有操戈沙宜爲凶兆必主刑傷然龍局尊貴則挑銳之士反爲我用而可以壯我之威權矣劍履上殿貴極之應也

四柱催官星起應須薦拔于公朝

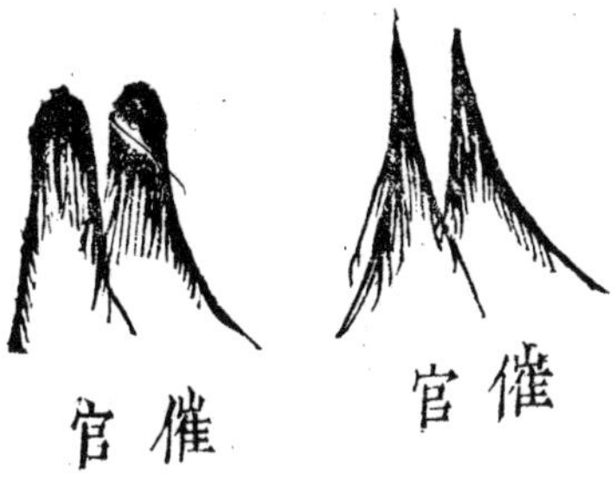

四柱者乾坤艮巽是也催官星秀麗尖聳者是也凡龍結局得四柱催官星現定主貴人薦拔而同仕于公朝矣

三陽展誥星臨擬定超昇于帝闕

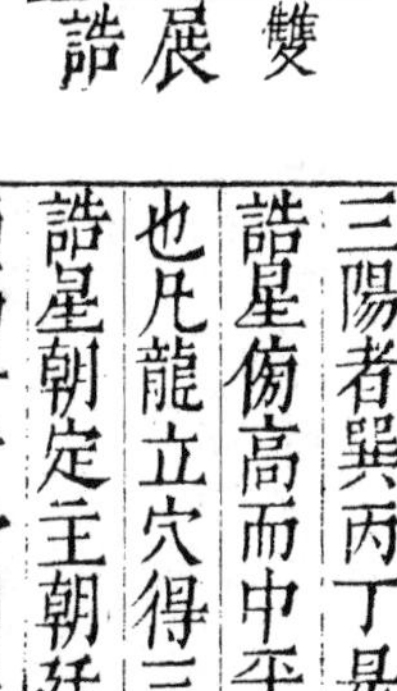

三陽者巽丙丁是也展誥星傍高而中平者是也凡龍立穴得三陽展誥星朝定主朝廷超擢而高昇于帝闕矣

龜鶴呈祥于乾位堪期壽考于高堂

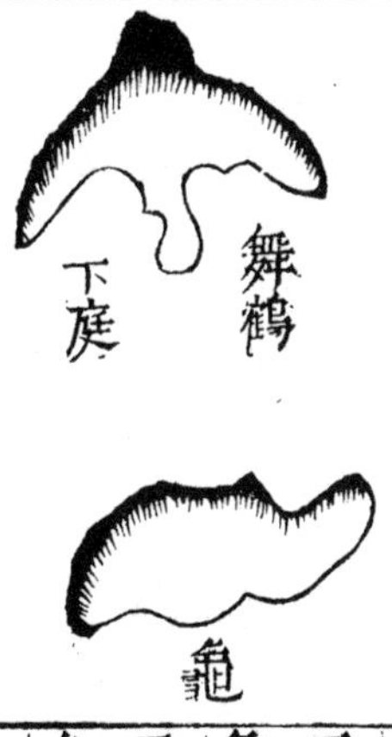

龜鶴乃長生之物乾宮乃老陽之位若乾宮有龜鶴沙形現于其方定主期頤而享壽于高堂矣

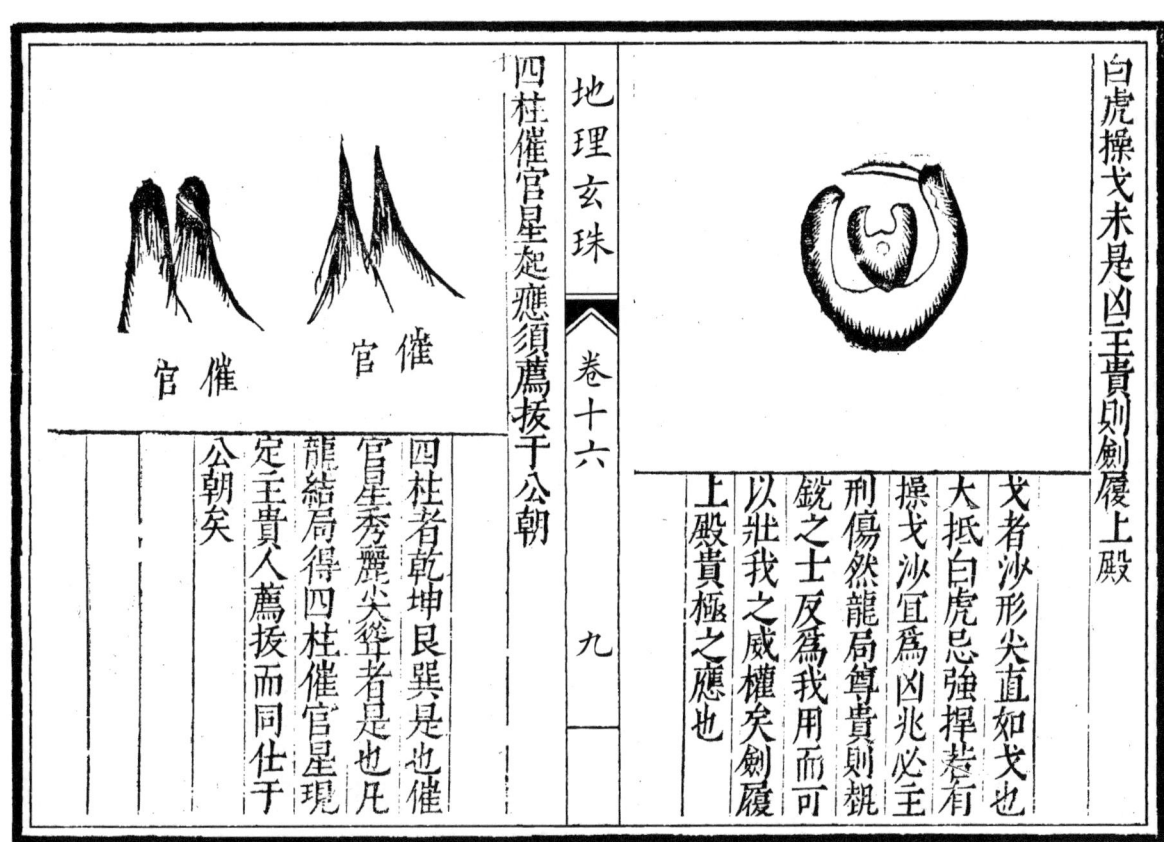

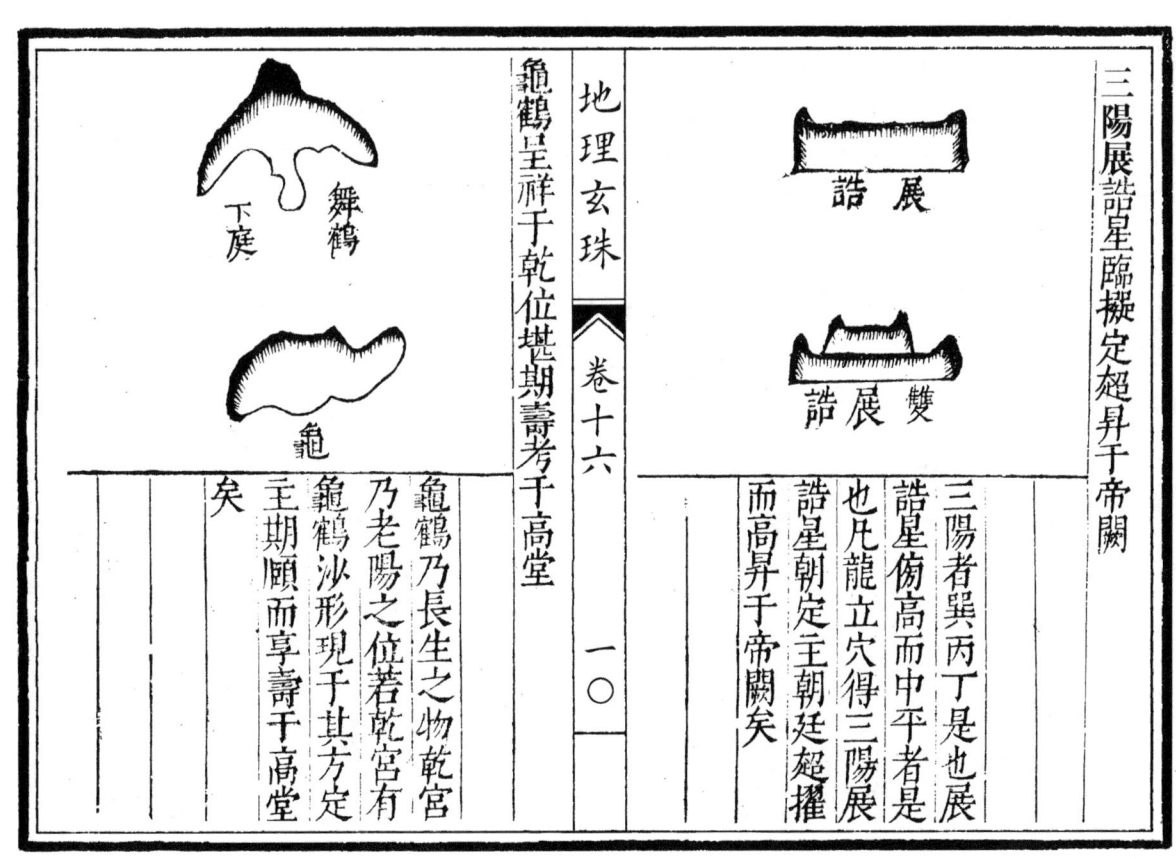

天馬獻貴于巽方可望朝郎于白屋

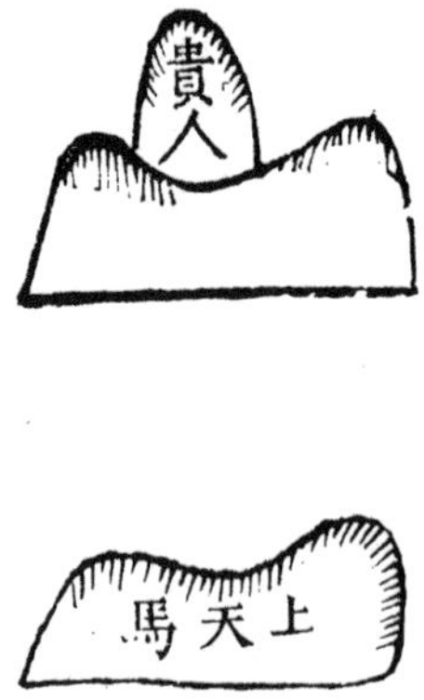

馬貴乃奇秀之物巽宮乃文獻之地若巽位有天馬貴人現于其方定主貴顯而發跡于白屋矣

艮丙倉囷陶朱提富

艮丙乃庫藏星所居若其方有倉囷沙現定主財堪敵國而陶朱之富可匹休矣

巽辛几榜韓柳齊名

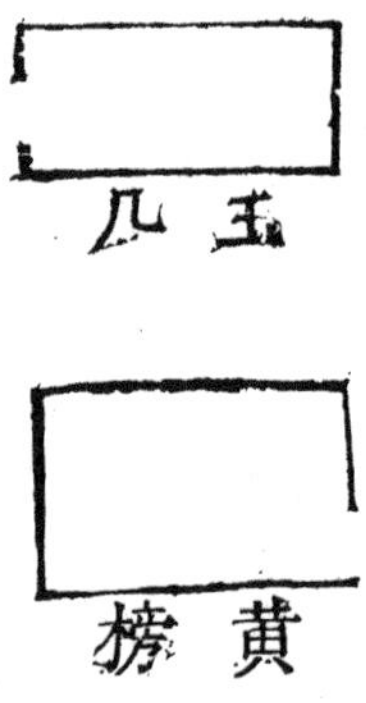

巽辛乃文昌星所居若其方有几榜沙現定主才堪冠世而韓柳之名可克敵矣

坤位獨豐寡毋持家且富

坤爲老陰所屬之位若獨坤位豐隆而他方不起則主寡毋當權最善持家而且富盛

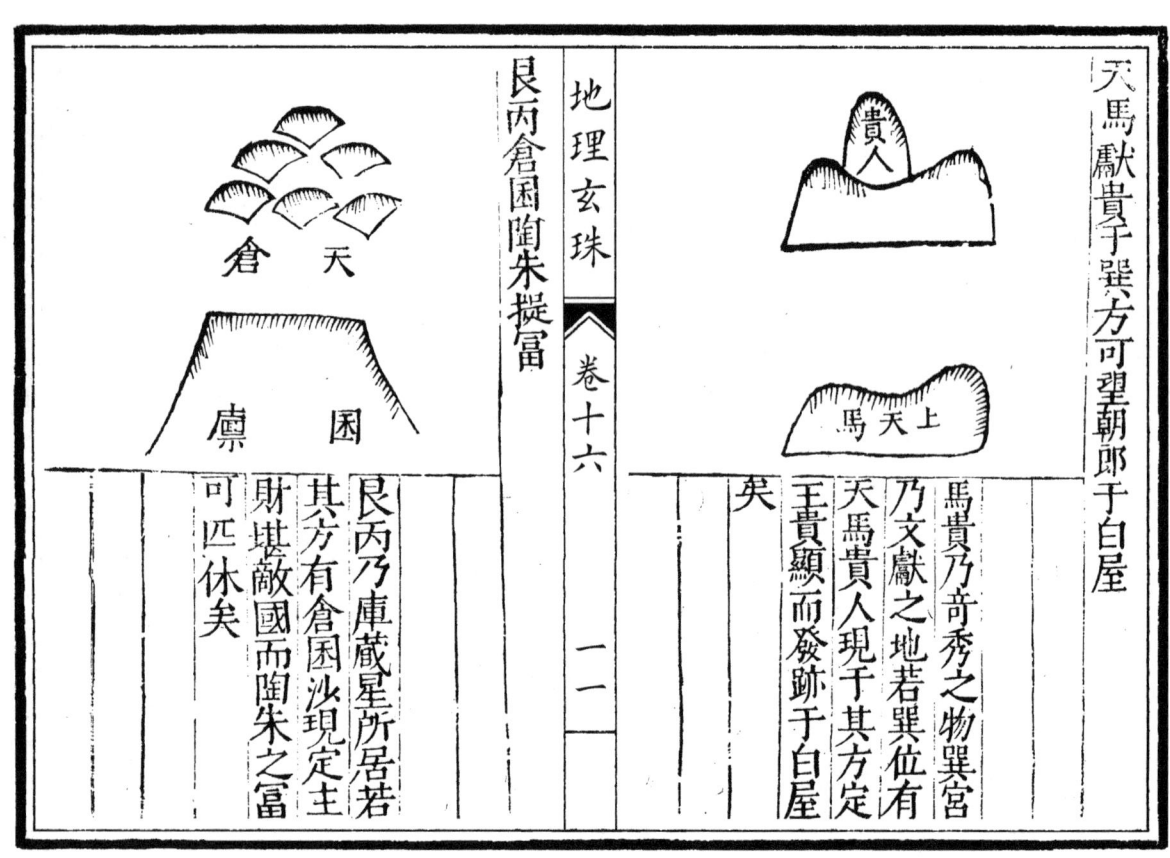

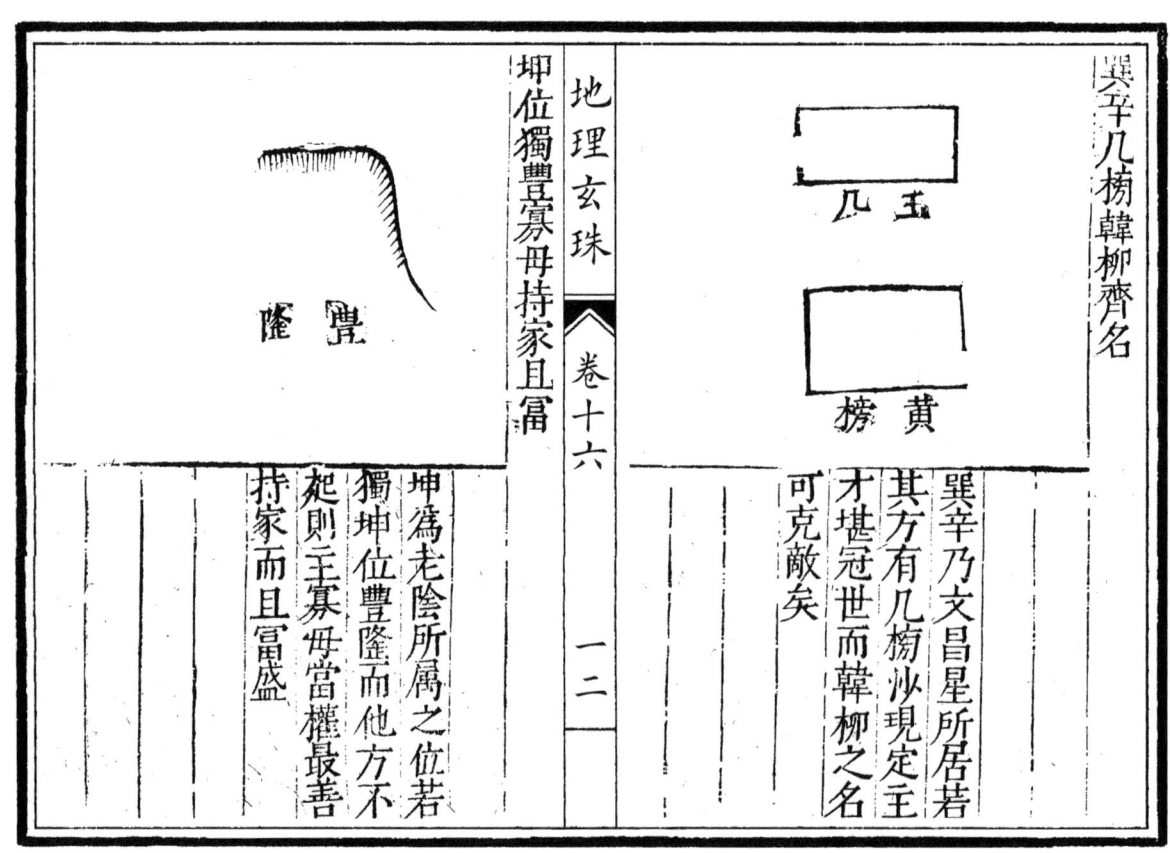

震宮占秀長男得祿尤賢

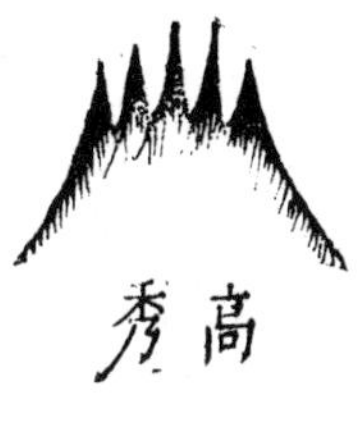

震爲長子所居之方若獨震宮高秀而他位不應則主長男貴顯非惟得祿而且賢才

坎爲中子昂隆則福厚財豐

坎宮爲中子之位若得其方沙形高昂隆顯則主中子富盛而福厚財豐矣

艮主少男秀麗則名揚姓顯

艮宮爲少男之位若得其方沙形尖秀美麗則主少子榮貴而名揚姓顯矣

牙刀耀于三吉在八曜則爲殺刃

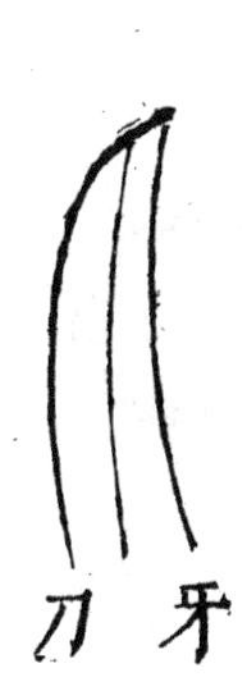

牙刀者沙形尖利如牙刀是也現于三吉六秀之方定主顯耀若現于八曜之方則反爲殺刃而有害矣

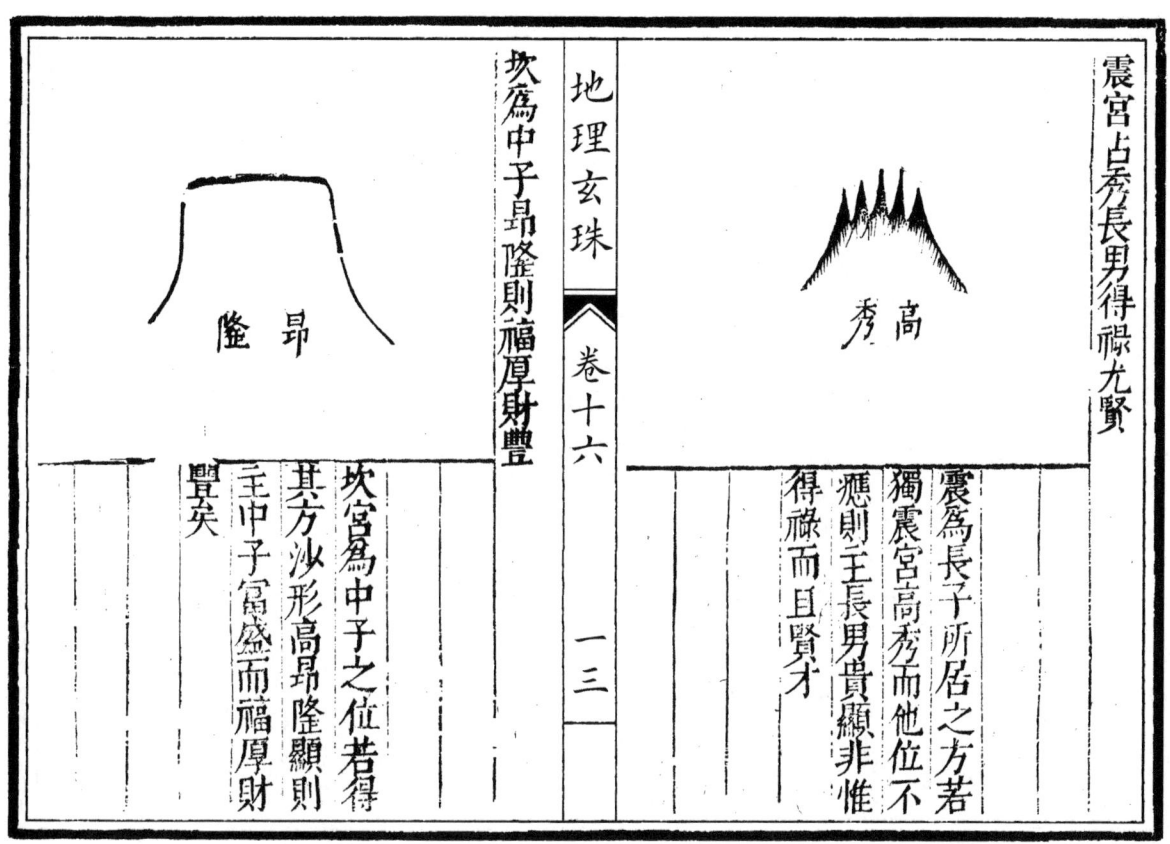

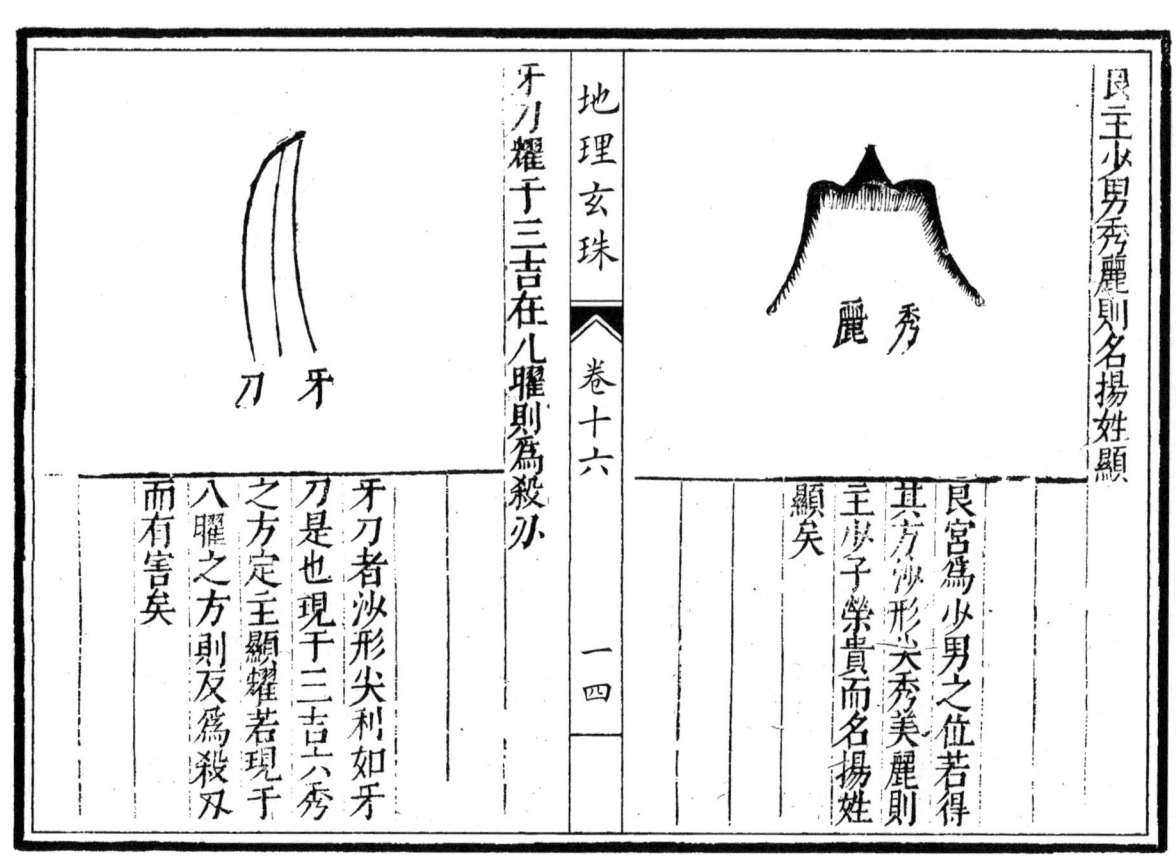

魚袋顯于六秀在四金反作烟包

魚袋

魚袋者沙形圓淨如魚袋是也見于三吉六秀之方定主貴顯若現于四金之方反爲烟包而無用矣

坤申盂鉢乞丐僧尼

盂鉢

盂鉢者求乞之器也坤申爲老亢之地若盂鉢沙現于其方主出乞丐僧尼之屬

寅甲葫蘆風魔藥餌

葫蘆

葫蘆者醫藥之器也寅甲爲風魔之地而葫蘆沙現于其方定出風魔藥餌之應

旌旆顯揚于辛巽

旌旆

旌旆者旗屬也但端正活動者爲旌旆而巽辛又爲文名之地若二方有此沙應定主貴顯無疑

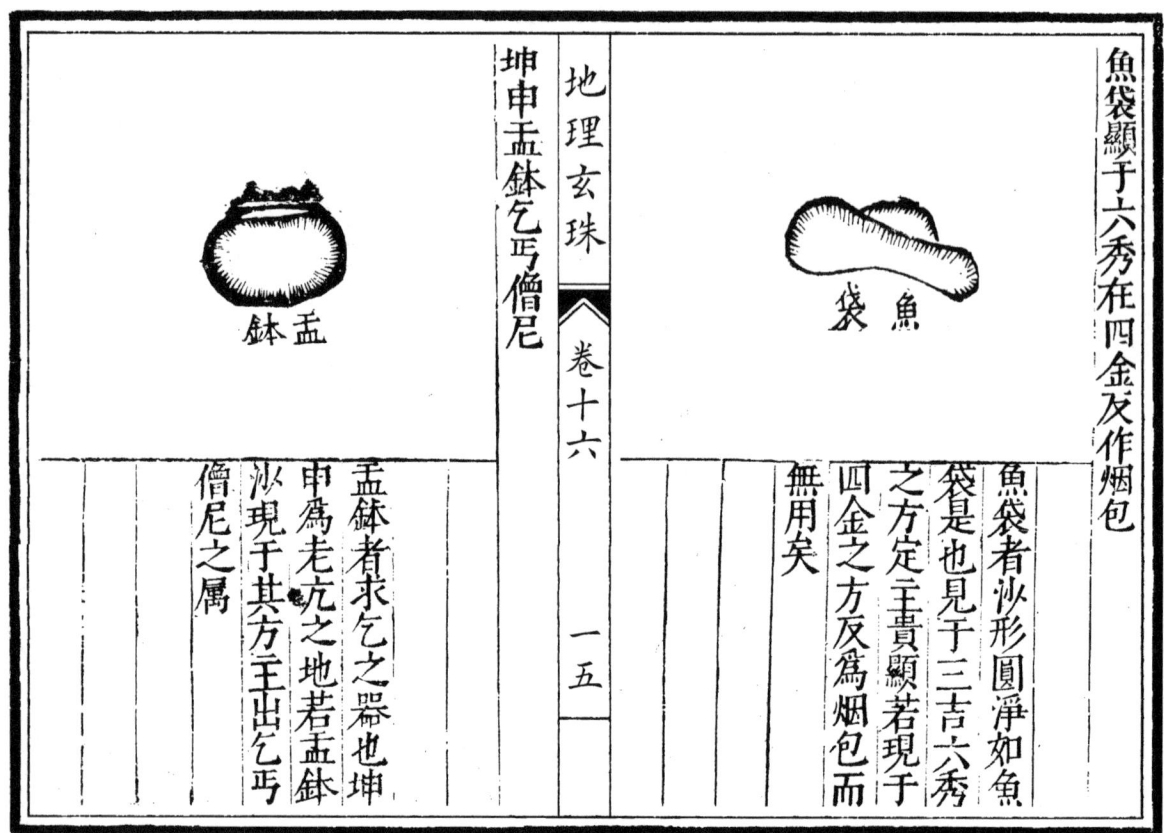

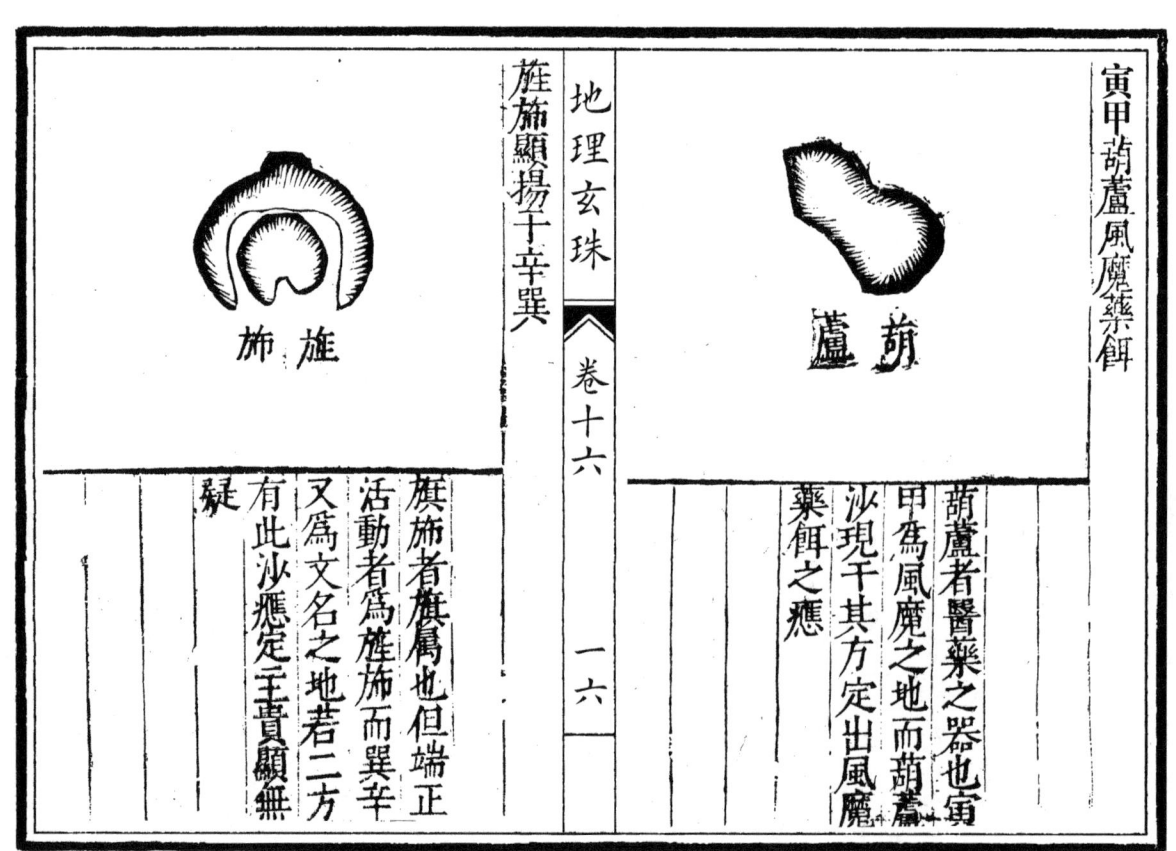

賊旗斜拽于奎罡

賊旗

賊旗者亦旗屬也但欹斜反背者爲賊旗而辰戌又爲暗殺之地若二方有此沙應定出軍賊無疑

寅甲弄筆巧試丹青

弄筆

弄筆者沙形細小而欹側于前者是也寅甲本爲丹青之地而有弄筆沙現于其方寧不巧試丹青耶

子午拋鎗多招軍賊

拋鎗

拋鎗者沙形長直而斜擲于前者是也于午本爲軍賊之地而有拋鎗沙現于其方寧不多招軍賊耶

凡殺黃泉最忌浮尸囚獄

浮尸

囚獄

浮尸囚獄刑殺沙也八殺黃泉刑殺方也值是方有是沙定主刑戮扛尸之禍雖貫龍亦難免矣黃泉八殺辰戌丑未方是也

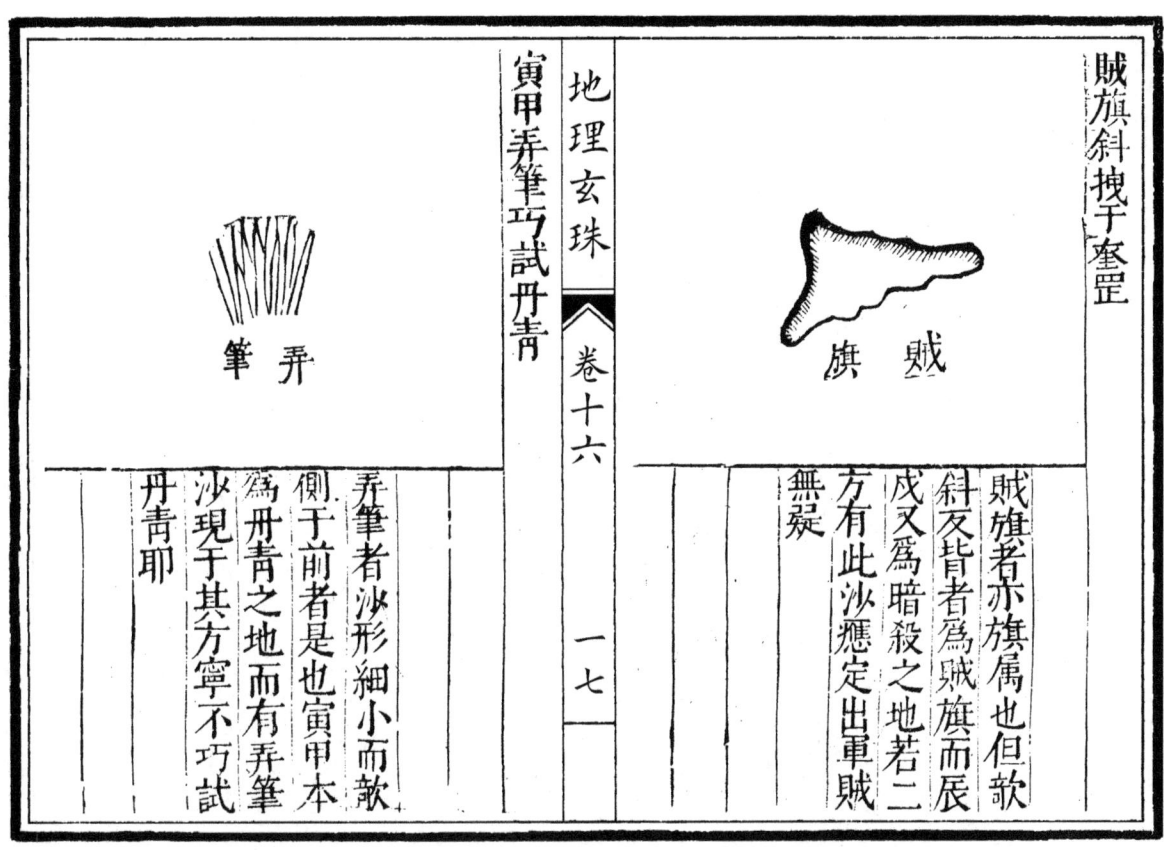

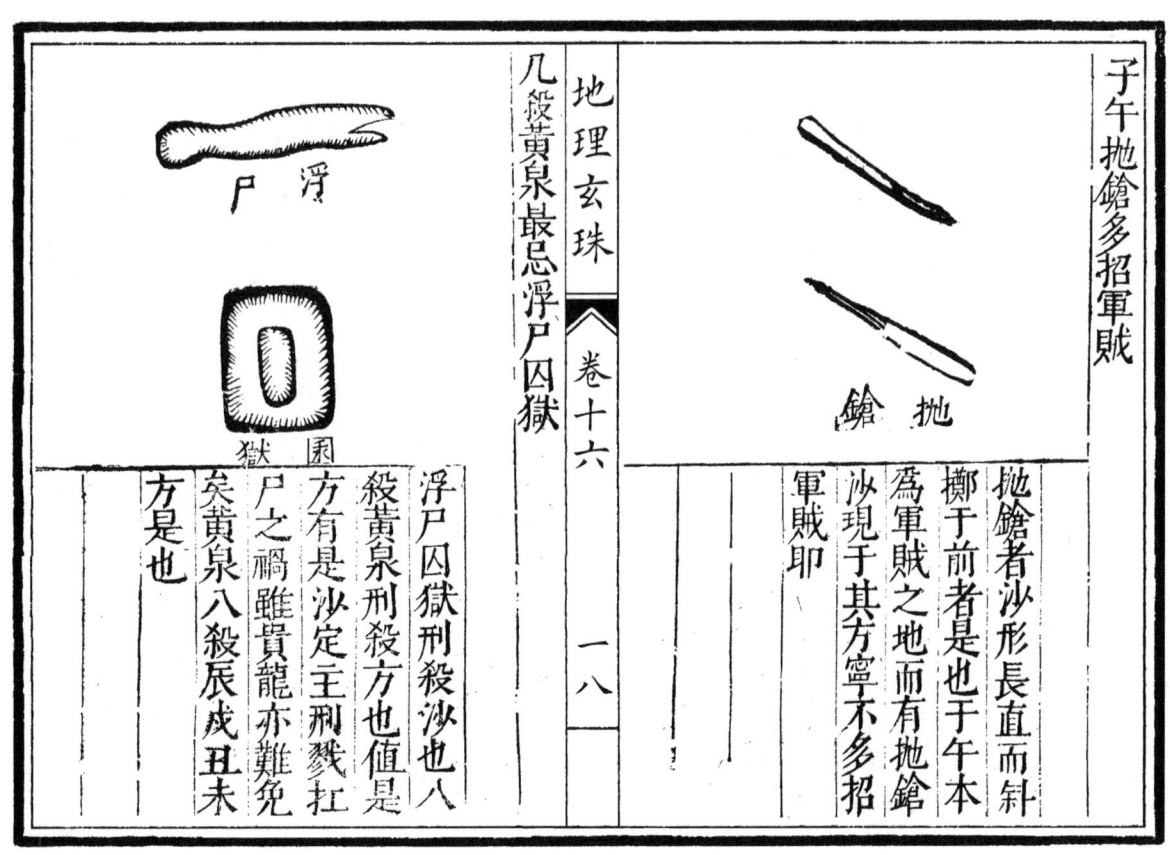

桃花沐浴豈宜脫褲掀裙

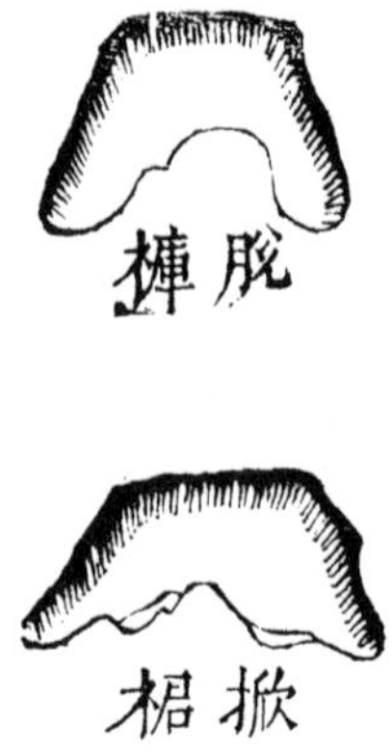

脫褲掀裙淫慾沙也桃花沐浴淫慾方也有是沙值是方定主淫濫亂倫之患縱吉局其能避乎桃花沐浴子午卯酉方是也

抱肩拍背雖旺位亦主不祥

抱肩拍背淫慾之象也局中有此沙現若龍勢旺盛亦能催發官祿然終不免淫亂之患安得為祥

刺面斲頭縱貴龍終難免禍

刺面斷頭刑戮之象也局中有此沙應若龍局尊貴亦能掌握生殺然終莫逃刎弑之禍總不為美

患眼墮胎塞明堂而有恙

患眼墮胎沙乃穴前小墩是也最忌明堂逼窄突起小墩如壅塞之狀穴上見之定主患眼墮胎之咎

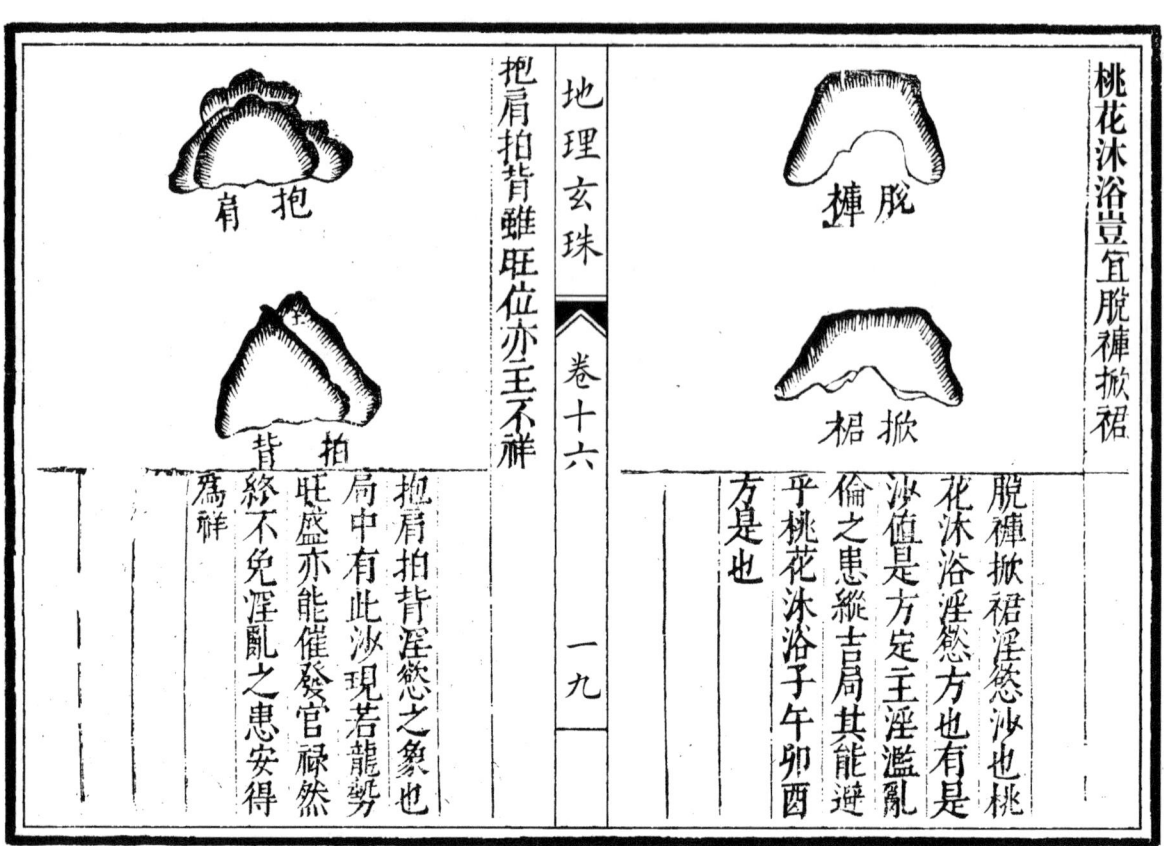

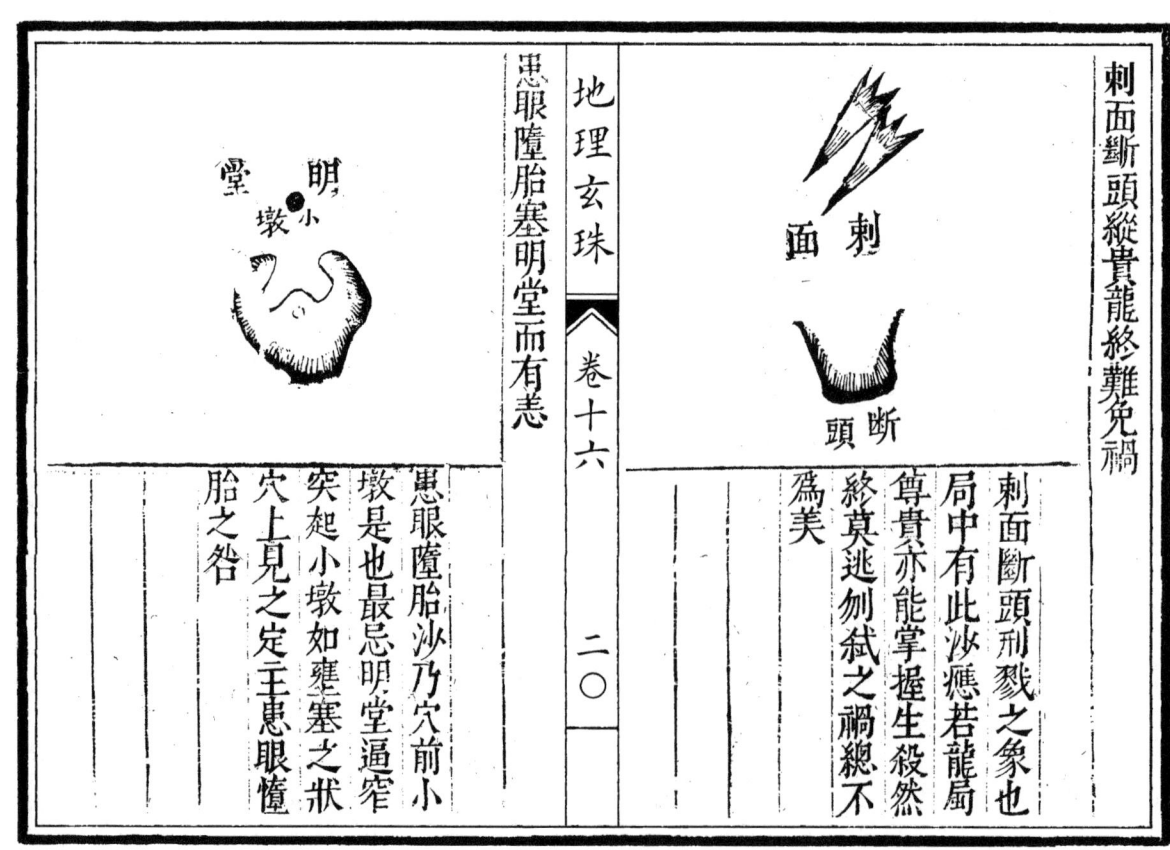

爭財兢寶搆龍虎而無情

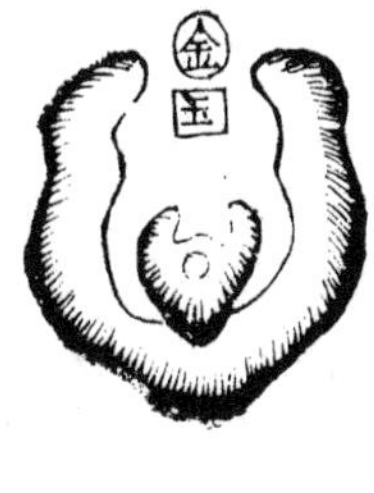

爭財兢寶沙明堂中金玉是也最忌龍虎齊山趨向金玉如爭奪之狀穴上見之定主骨肉爭訟鬭狠之禍

貴人居賤位歲久猶恐不良

貴人者吉沙是也賤位者凶方是也貴沙居賤位端肅朝拱亦能發福但恐歲月久遠亦能致禍是形應速而方位遲也豈能久于忠良哉

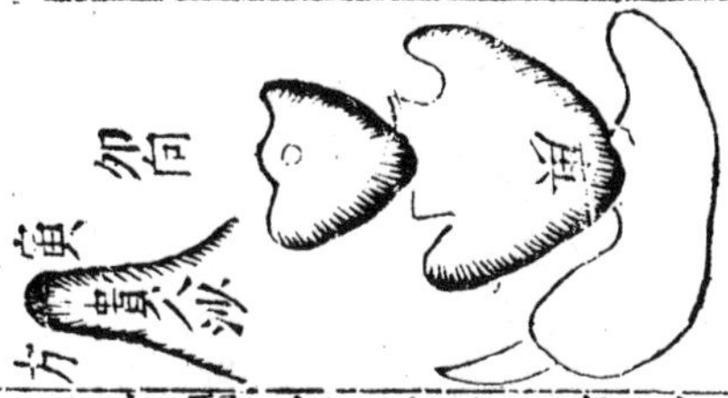

假如庚金龍入首作卯向寅方有秀峰照穴亦能發貴但庚金絕在寅沙形雖美歲久豈得無禍若得四圍秀麗環帀則亦不論他局倣此

凶方遇吉沙聯絡亦爲有用

凶方者殺曜是也吉砂者貴秀是也凶方有吉沙朝拱周帀亦能助福蓋因吉位聯絡不能爲禍是形勢勝而方隅殺也豈非亦爲有用哉

假如巽龍入首立辛向乙方有貴峰照穴乙本巽之曜殺然四面奇秀聯絡環遶則乙峰雖爲曜殺反能障空補缺而爲我用神何以方位爲長哉

形成萬狀美惡不齊妙在一心趨避有法

沙形引証 此驗所已然之理

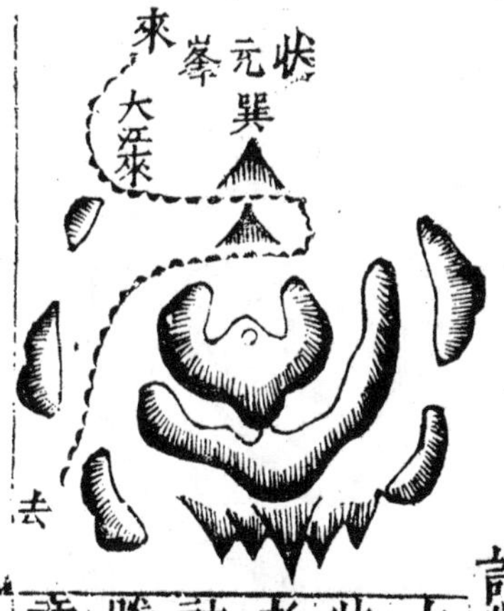

許州柳狀元祖地

大江前朝水外兩峰尖特立他山不敢與齊肩者此益見其貴証先出神童後出狀元秀氣不勝綿遠內尖峰秀應神童外尖峰秀應狀元

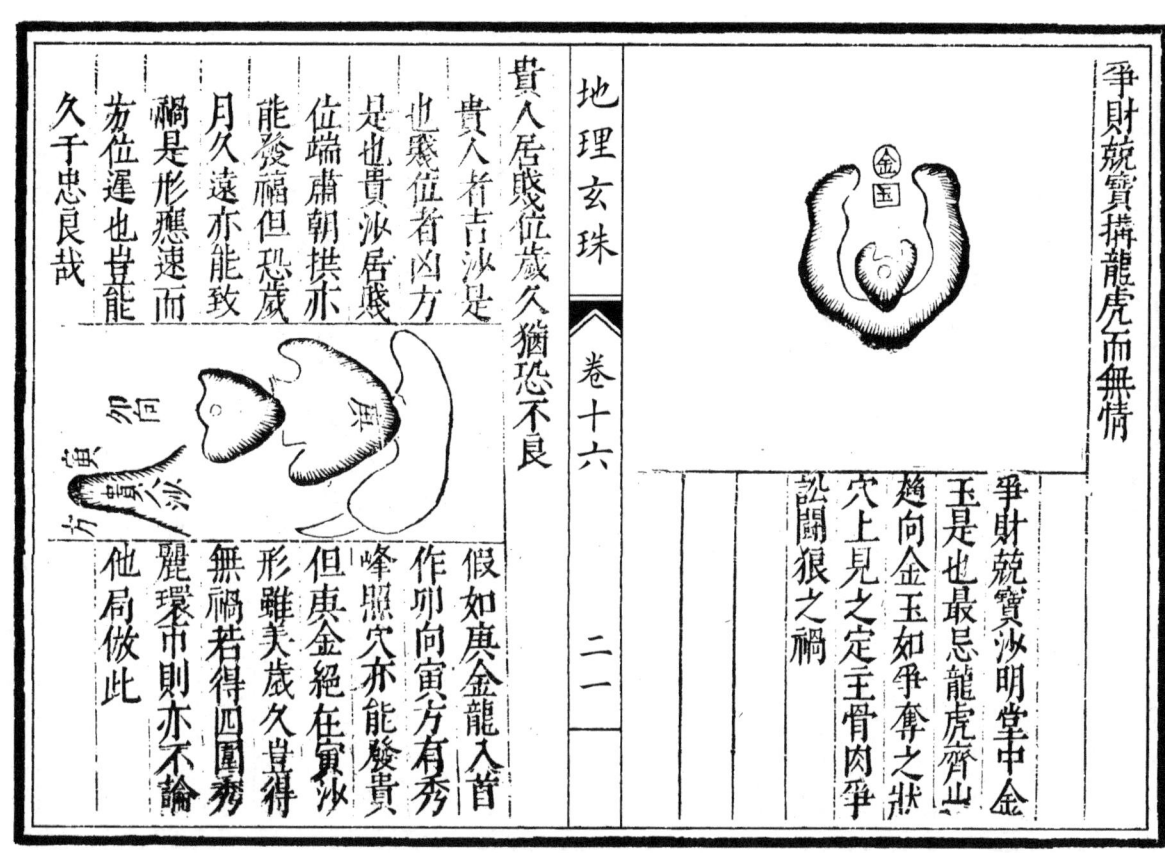

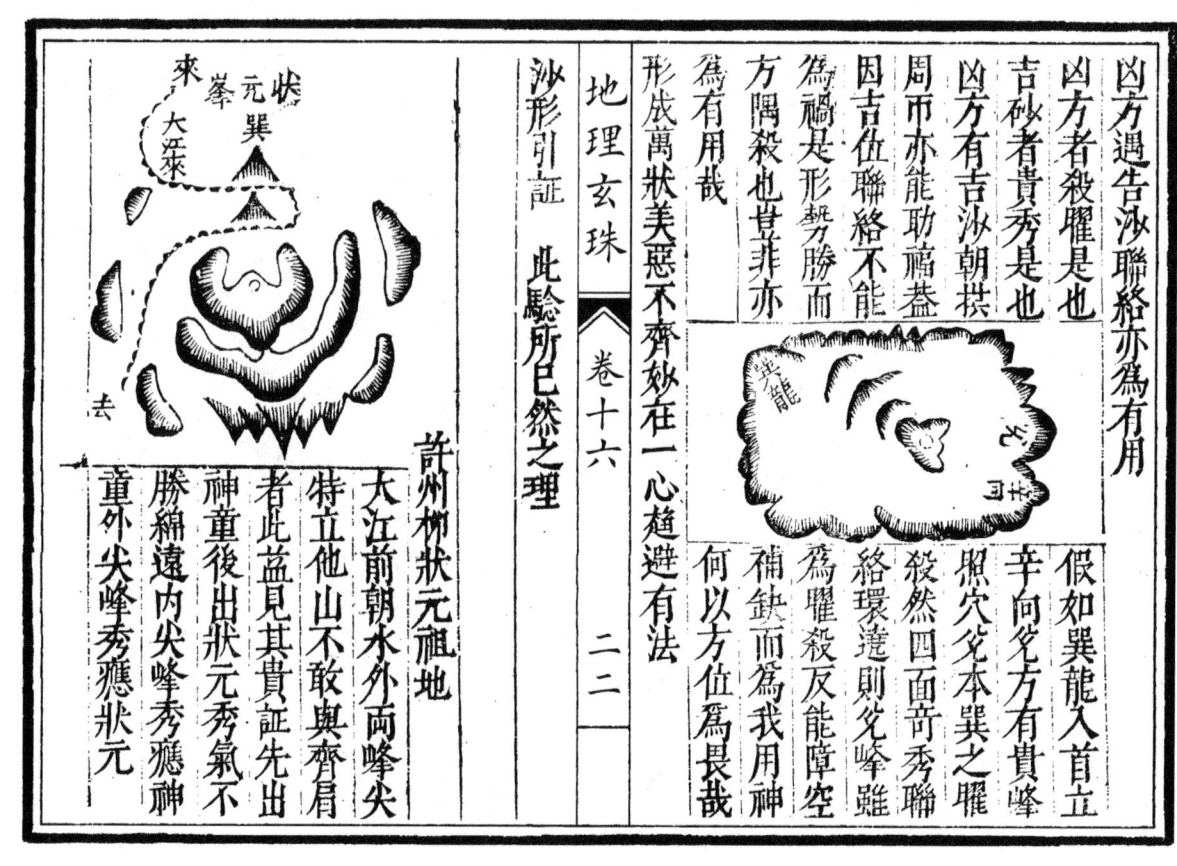

旗鼓秀峰

曹武王祖地

亥龍丙向前沙三重貴人兩爲旗山夾貴于中左右攢兵頓鼓外陽諸旌節聳立華表馬星爲水口此皆武之極貴者所以兵權萬里威震江南五子皆封拜

旗竿秀峰

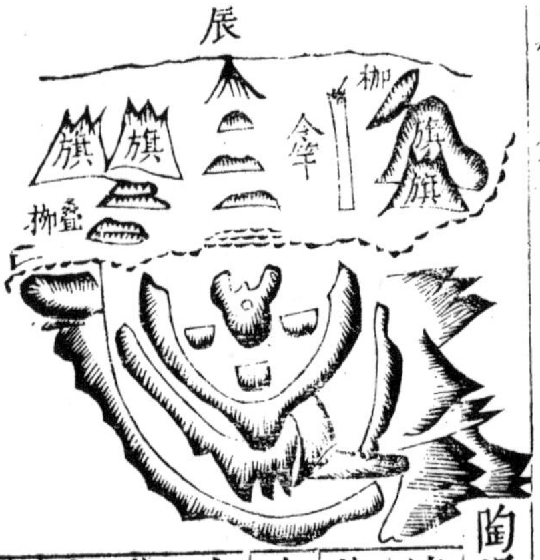

閩提刑祖地

坤龍辰向前沙左有疊枷右有獨枷俱出旗山之下以大貴人居中四大旗列于左右令竿與枷相次排頓此則監司之應以見凶星須要收拾方爲我用此地先出五馬仕宦不絕

巽宮秀峰

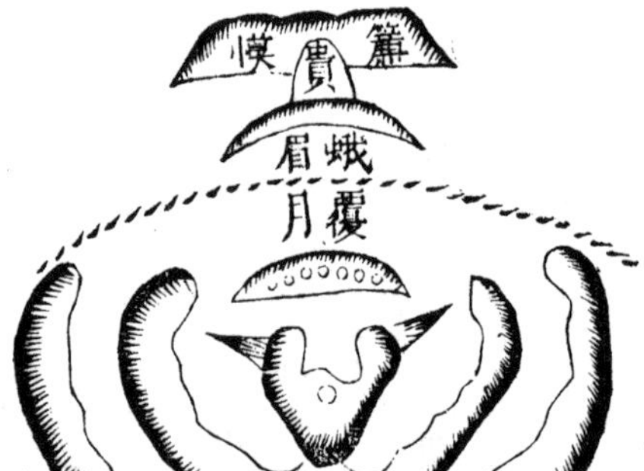

浮梁盧氏夫人祖地

吳國師與盧姓下此下乃穿帳中心出肌太陽作穴覆月爲近案蛾眉貴人爲外應本國后地也吳素與李氏善而令盧堆以九星後盧女發九屢而不中選遂歸之壬生九子皆大貴

丙午秀峰

太原王氏祖地李氏後塋

此地伏虎形橫鎗案王氏貪正案作丁向鎗乃過穴爲順水殺出軍賊後李氏扞丙向當面收拾而以臺閣貴人爲遠朝子孫典郡大凡刑殺一須廻避一須收拾只隔一手而禍福如此

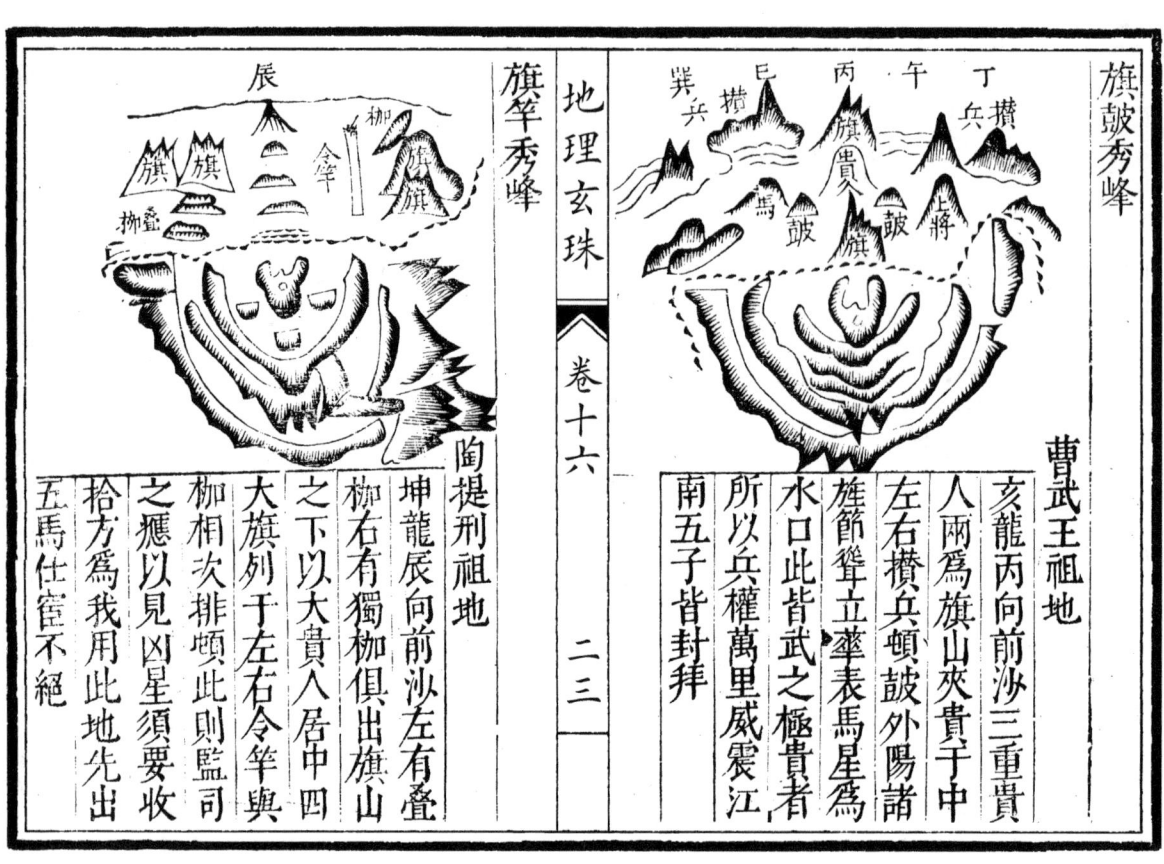

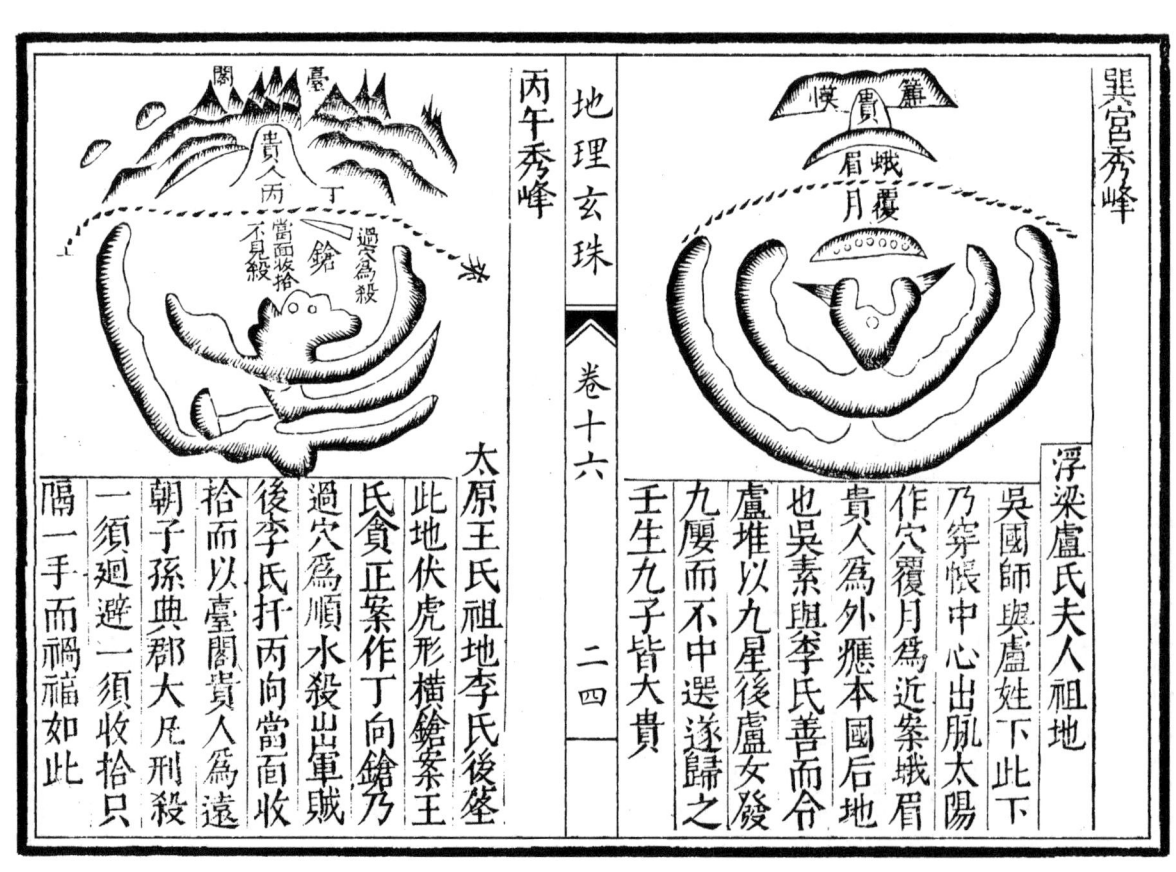

巽丙倉囷

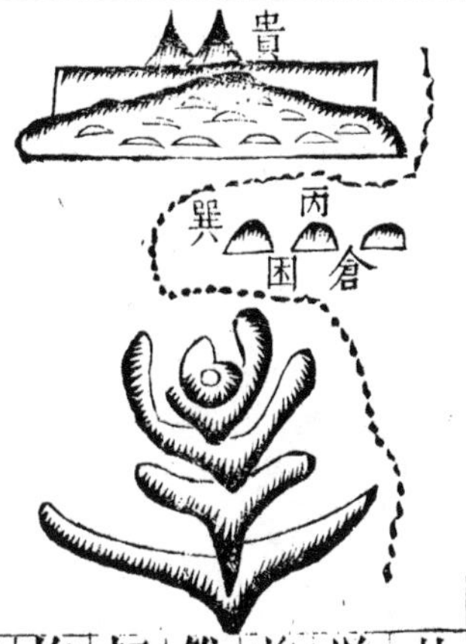

陶朱公祖地

此點兵堆甲倉庫諸沙逆水送上塞障水勢穴前回抱而去眞大富格然尖峰高聳入雲則貴証也貴人在屏障之外故能兼富貴如浮宴以其山有高聳出塵之象也

朱雀秀峰

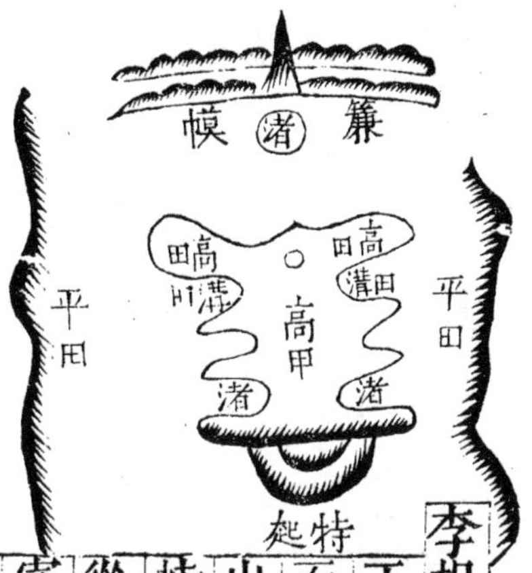

李相公祖地

玉尺龍入首最是清貴而又在平田中結作後山特起前面朱雀秀峰峙立簾幙重重其貴秀從可知矣葬後出四世宰輔一神童九卿監富貴綿綿科第不絕

現世官星

婺源汪經歷父地

前有貴人作朝右臂小尖峰照穴此現世催官星也但旗脚走竄帶殺葬後即爲椽坐罪謫戍河南清軍御史鄒姓者刀汪恩舊也思以報德以軍功上之朝欽授軍門經歷應驗亦神矣

爭珠形

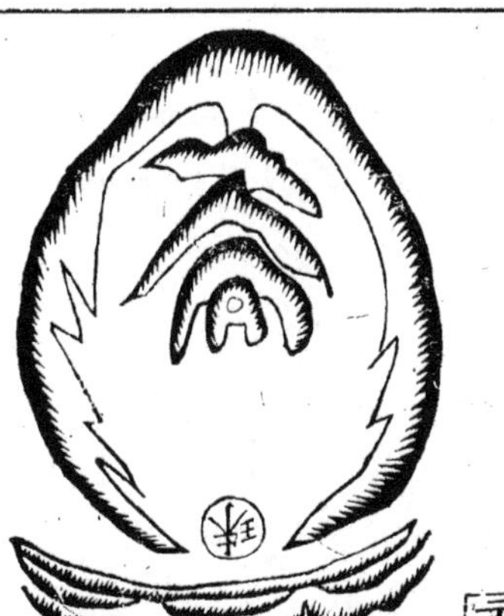

永州唐氏祖地

離龍　向仕宦陸續不絕但因兄弟爭訟骨肉仇讐自此官貴不振蓋觀外陽有誥軸馬山[illegible]橫岡帶貴所以發貴龍虎相競趨前有爭珠之殺所以結讐況無大星辰宜止別駕而已

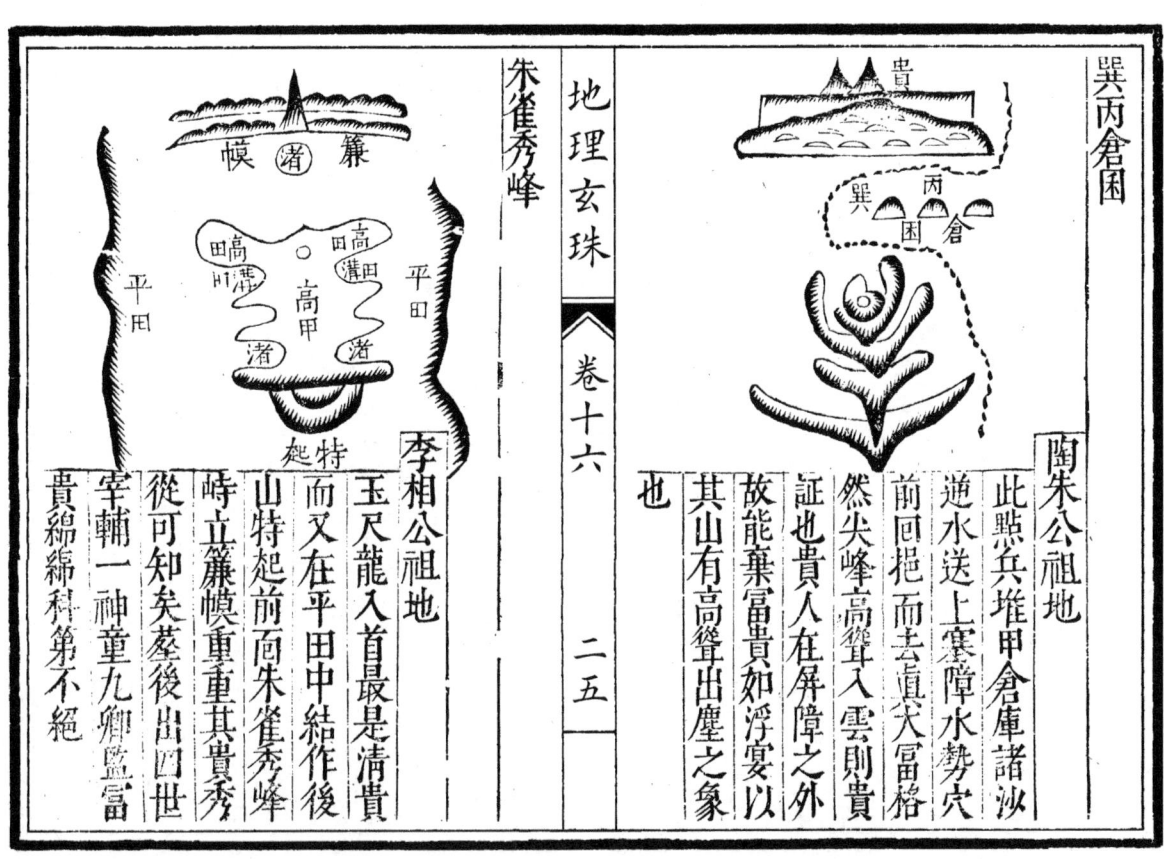

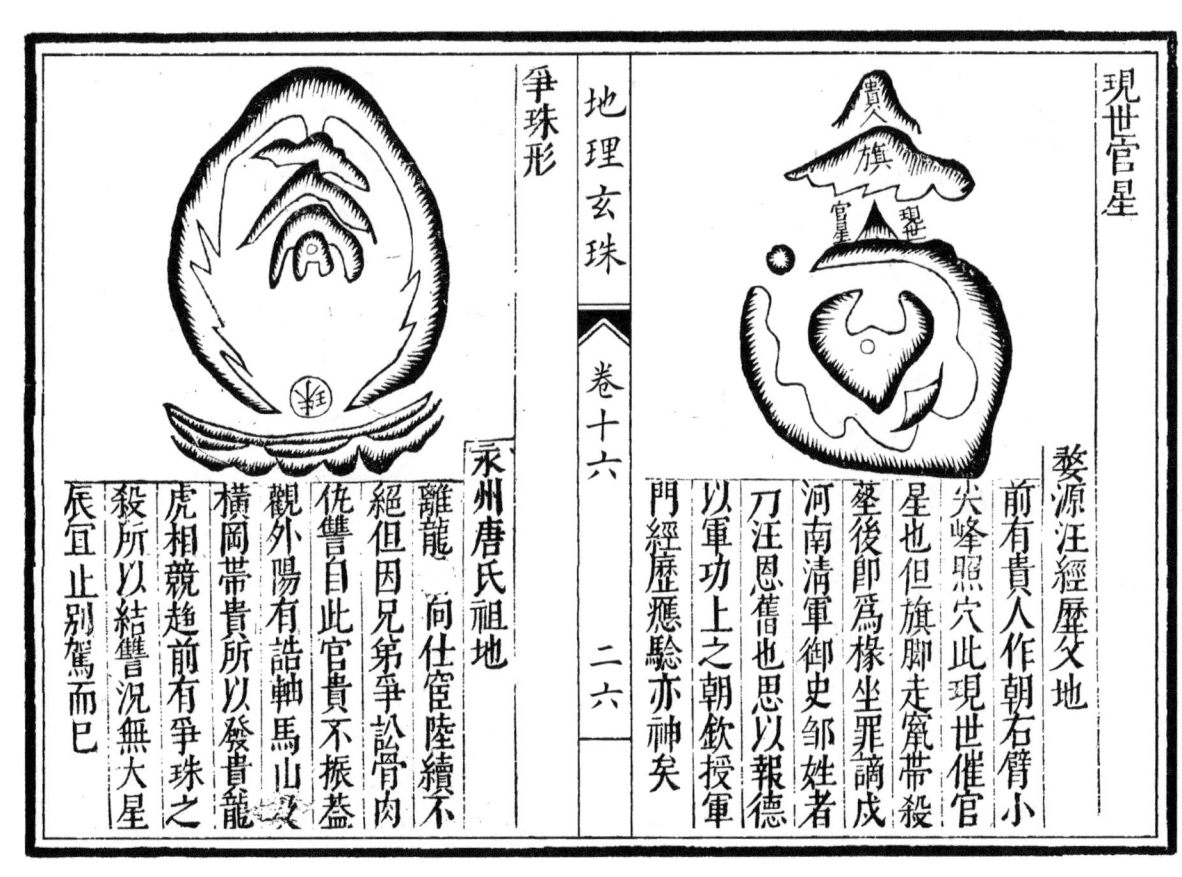

殺沙

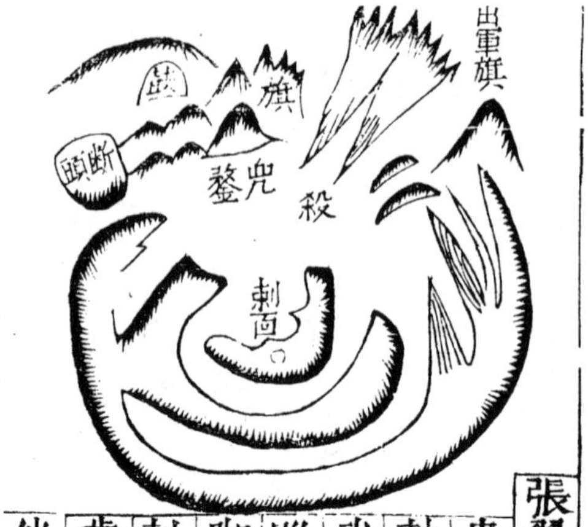

張翼德祖地

貴人特朝兜鍪作案旗鼓刀杖排列左右英雄武貴宜矣然刺面斬頭雖將軍日行之事但旗脚斜拽射面虎首石尖刺穴登穴見之爲刑殺歲久亦非忠良安能保他日免此禍耶

淫慾沙

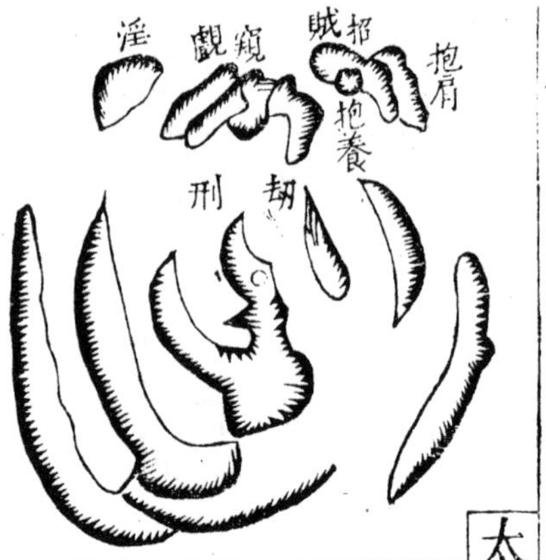

太原隋氏祖地

艮龍巽水本不合局外應多抱肩淫慾探頭窺覘抱養刑刼定主招賊納淫家敗人夭凶莫甚焉吉凶係乎形應信斯言也此龍在大地十里外關截水口而人以阡塋豈不謬哉

墮胎沙

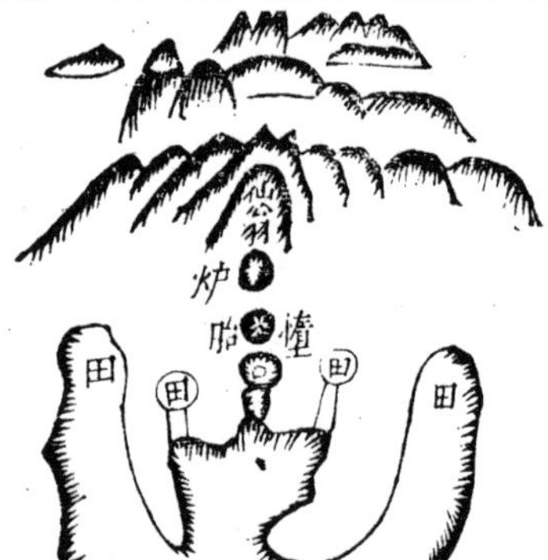

趙氏祖地

此俗呼靈芝形仙翁藥爐案富貴雖盛而難爲子息累世相承皆有墮胎之患惟側室僅能有嗣蓋因案火偏身凡此等形或現于龍虎朱雀穴中見者皆爲凶況玄武自帶宜乎其不免也

拖鎗沙

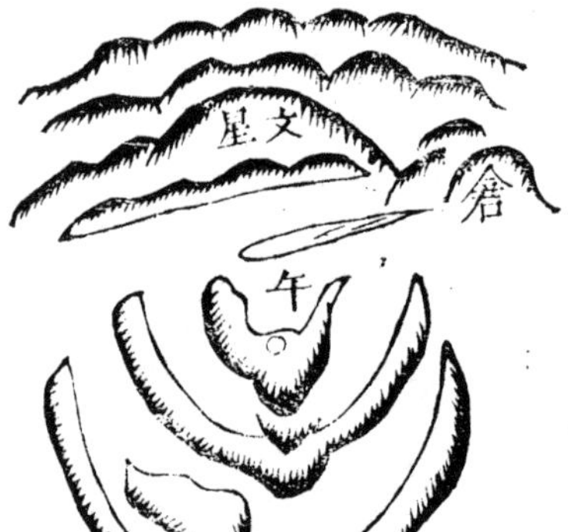

龍士郎祖地

家業富盛出人能文先有請舉而夭亡者後爲寇盜係第三世也統十萬家兵橫行殺戮至子乃誅滅蓋外應有倉庫故富有文星故文拖鎗在午位故爲寇殺人沙之所係有如此驗云

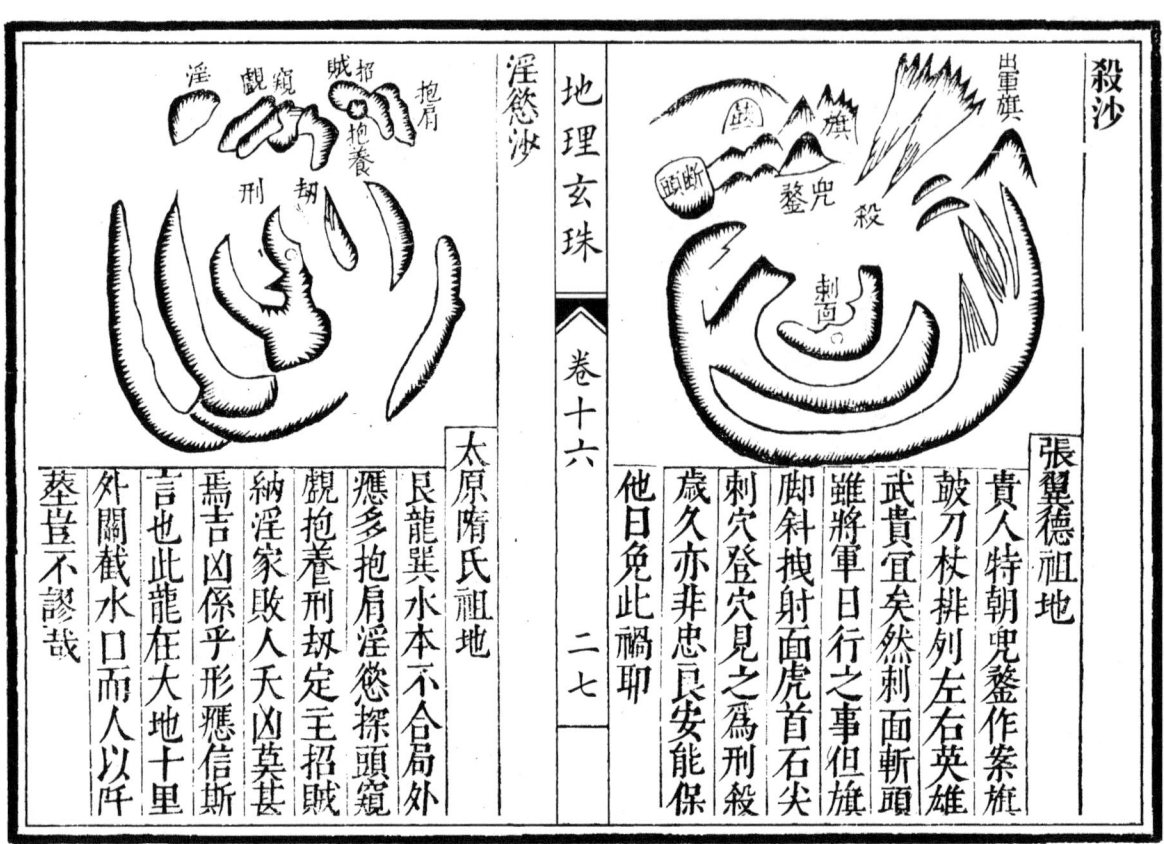

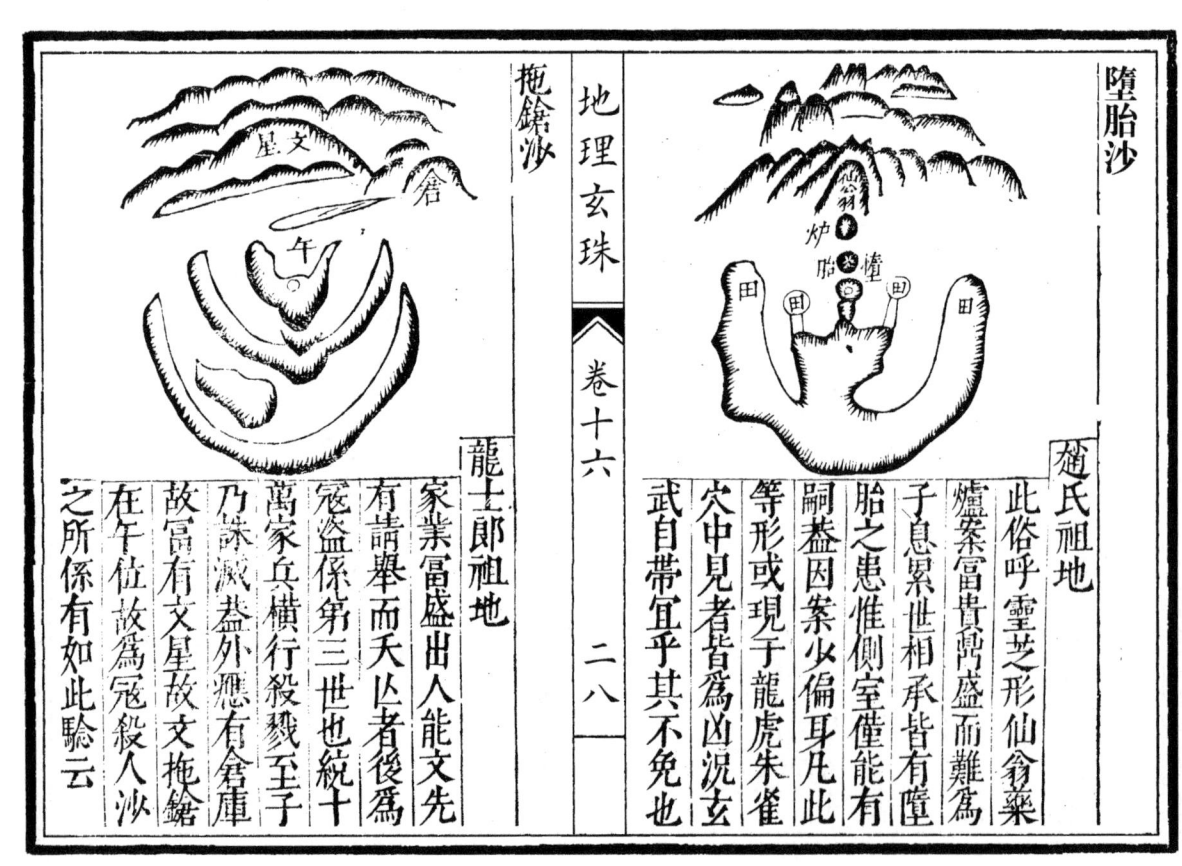

離鄉殺伐

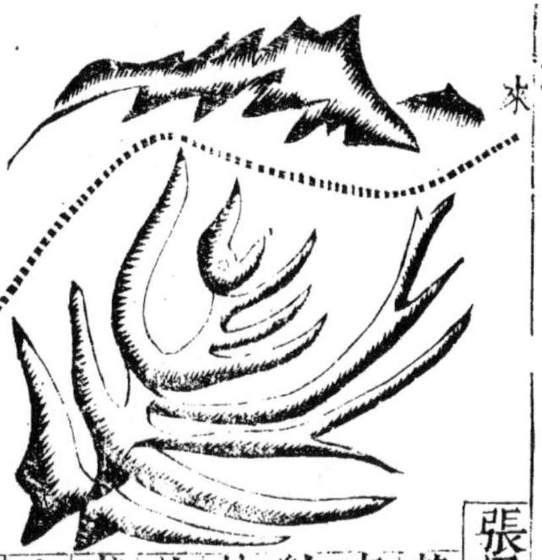

張墨龕祖地

龍身如戈戟旗山爲案皃頭之象也然旗脚尖射順水法主離鄉殺伐故其爲父兄讐熟習鎗法盡殺讐家而竄入西戎以爲將此背本不足言而地之形應有如此聊取以爲一驗云

詞訟殺

鄧氏祖地

塟後二十餘年起大官司其家亦有秀士而留于獄屢經監司訟終不明葢因明堂內去濶舊有人居所不可去又猪羊欄適當穴前朱雀復有古坟墻垣皆爲破碎詞訟殺宜其以訟敗也

乙辰賊旗

利州敖氏祖地

尖峰欹側旗身破碎順水飛走皆爲賊旗隨水者爲離鄉況龍身老而未經退卸全無正氣落穴断脉断臂刑殺尖射側旗趋出宜其離鄉打刧覆宗絕嗣

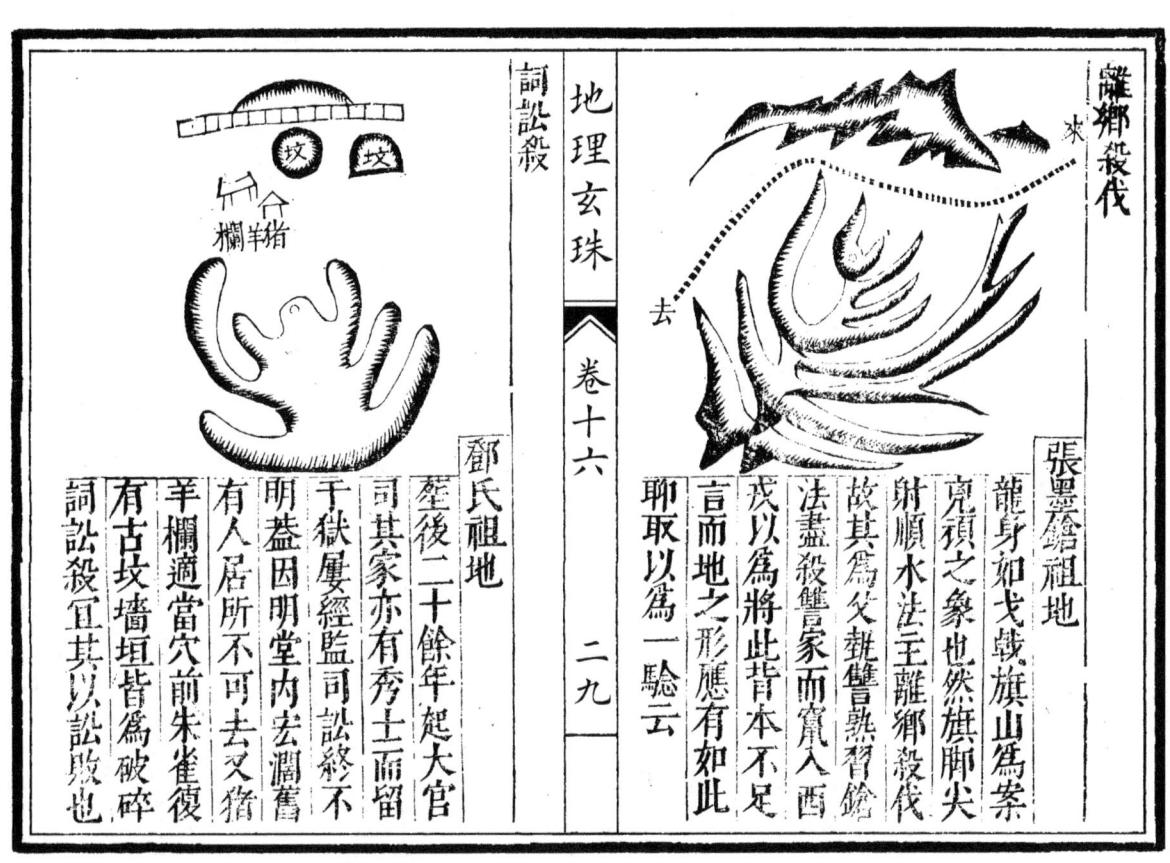

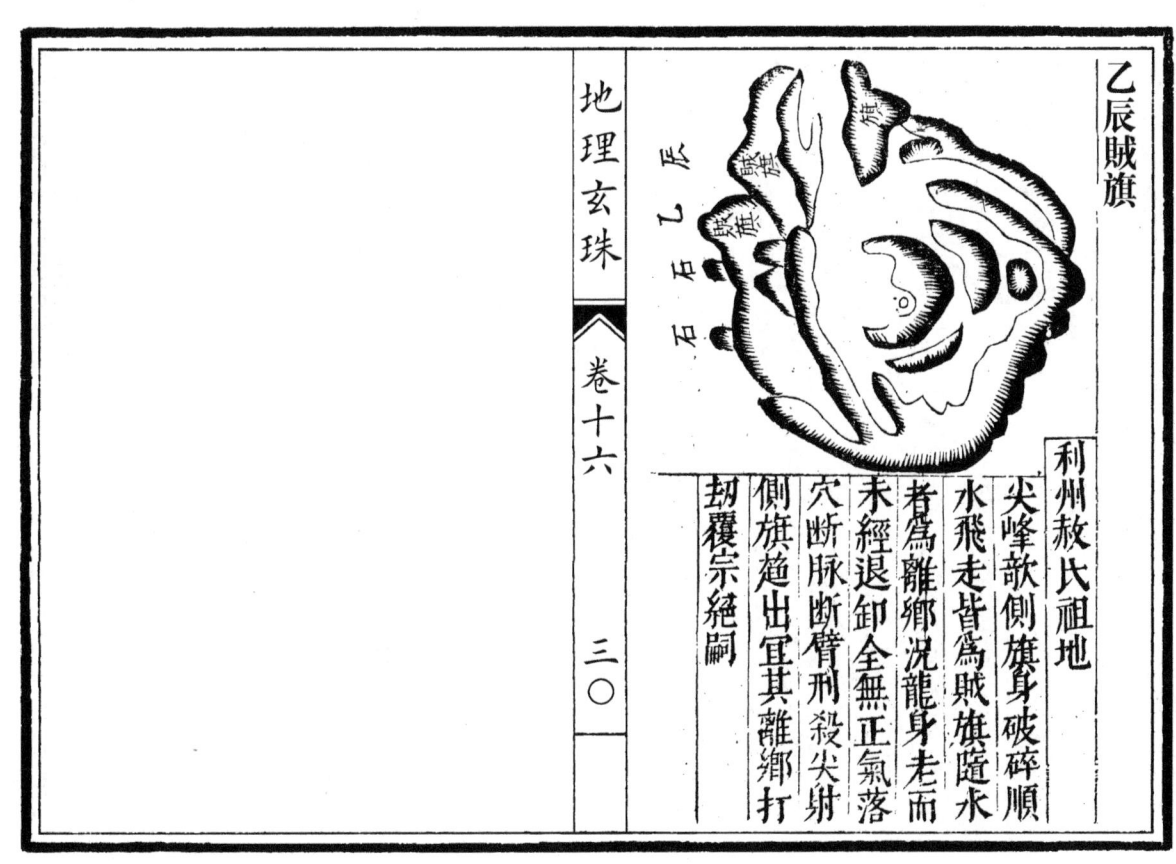

地理玄珠卷之十七

古吳太和山人夏世隆道弘甫著

梁溪半偈道人華善繼孟達甫校

流神方位　此評所當然之理

夫穴以龍爲吉凶龍以水爲吉凶是以龍神歙泊先須得水而水神來去恒貴合格然其間多有龍吉而水亦吉者更有龍吉而水不吉者善地者必須辨方定位收水合局方爲盡善否則縱有大地而一水破局適足以爲真龍之咎亦何足取是故

龍由水成宜忌有定位水由局取消納有殊途

震庚互換洋朝兵權萬里

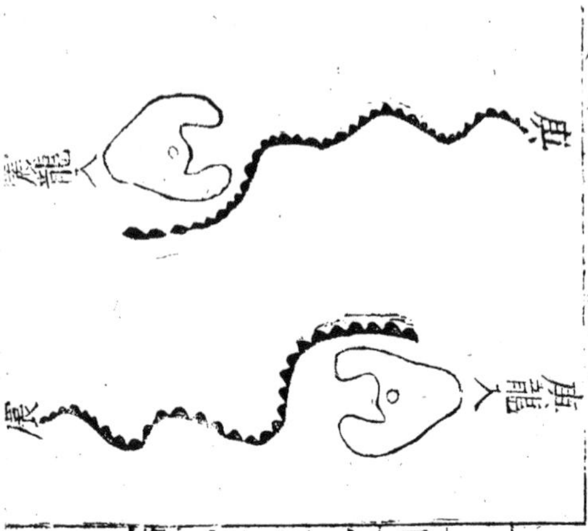

震爲雷門主威膽庚爲武庫主生殺若震龍庚水朝堂庚龍震水朝堂定享生殺而有萬里兵權

巽辛交相特達朱紫盈門

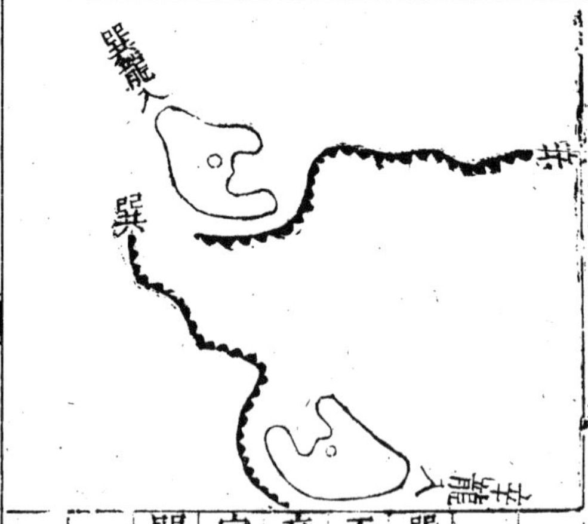

巽爲太乙主文昌辛爲天乙主翰墨若巽龍得辛水朝辛龍得巽水朝定發翰林而應朱紫滿門

艮逢丙丙逢艮祿厚財豐

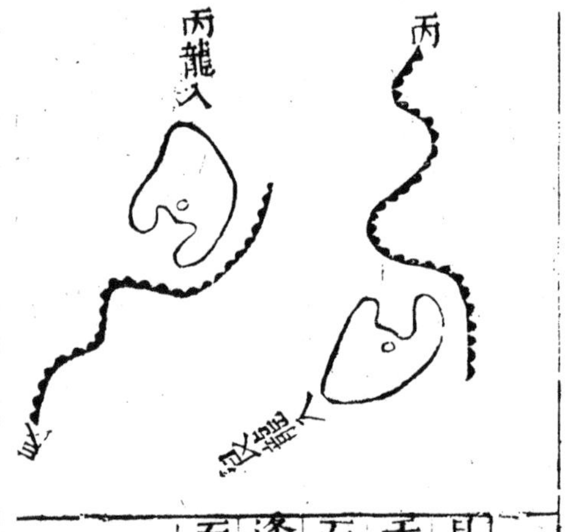

艮爲財神之府而丙納于艮俱爲六秀若艮龍而逢丙水到堂丙龍而逢艮水到堂定享厚祿而財帛豐盈

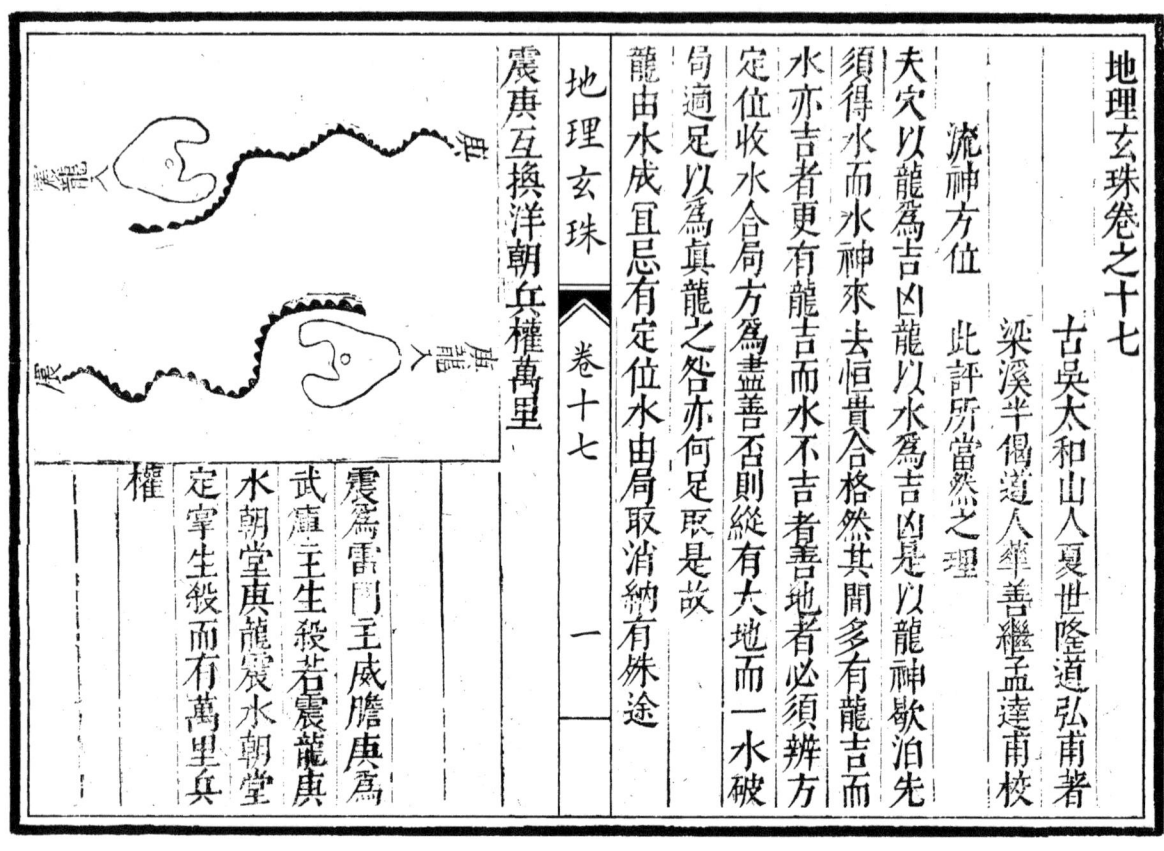

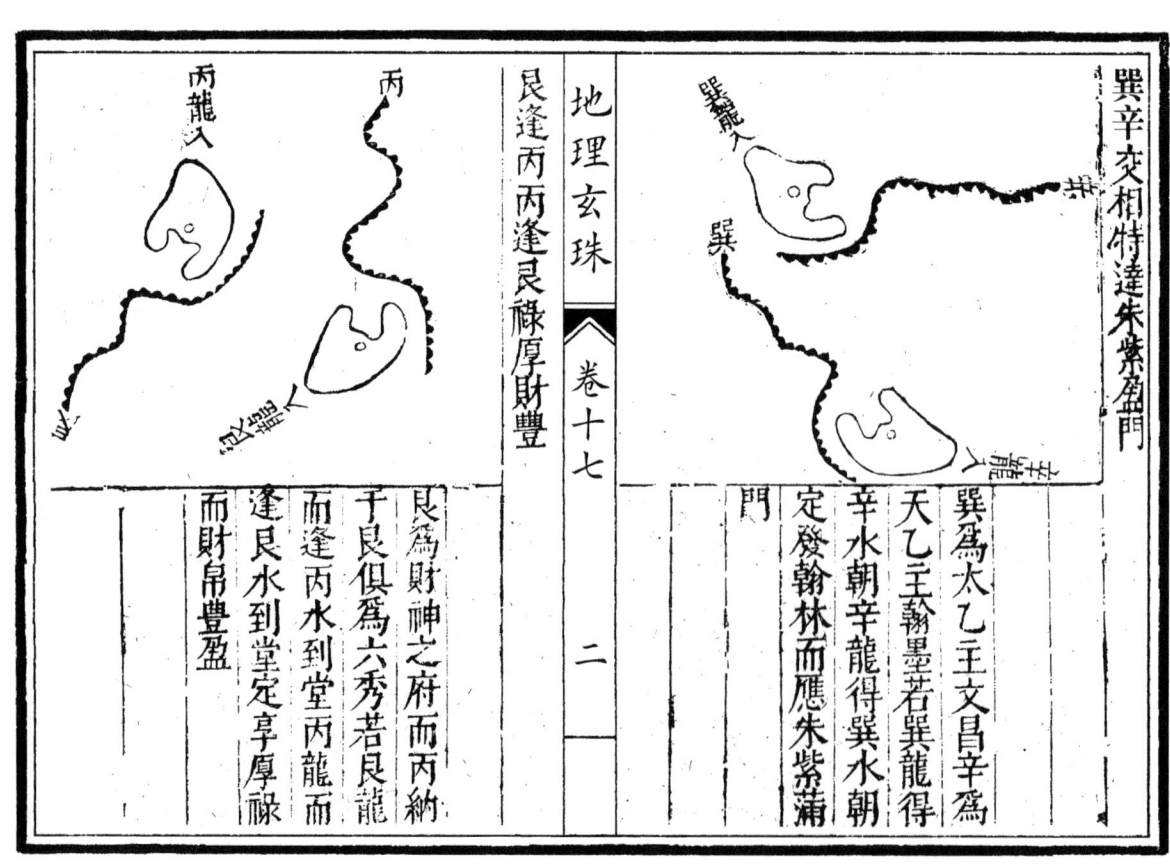

丁見兌兌見丁福全壽永

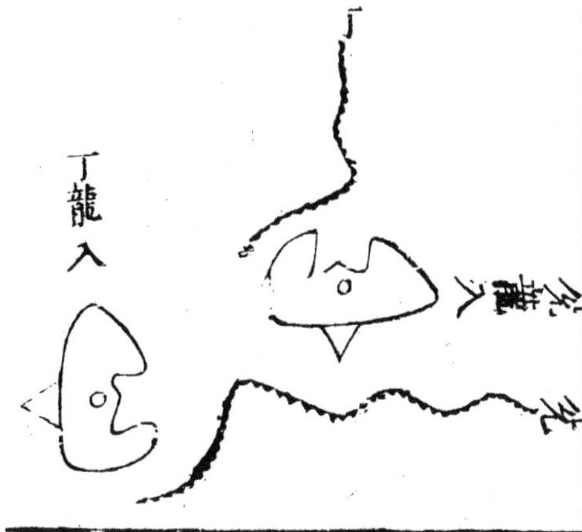

丁爲南極壽星而納卦于兌俱爲六秀若丁龍見兌水上堂兌龍見丁水上堂定享全福而壽考綿延

離壬會合發福雷奔

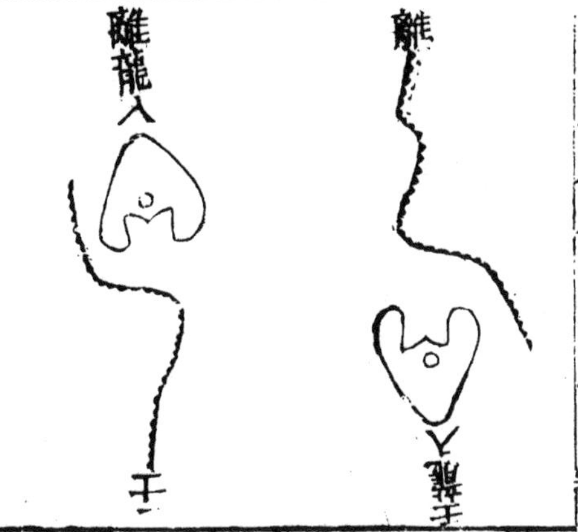

離爲火氣迅速壬屬水納于離爲夫婦相配若離龍會合壬水壬龍會合離水則發福極快雷奔者甚言其効之速也

坤癸相迎興財浪湧

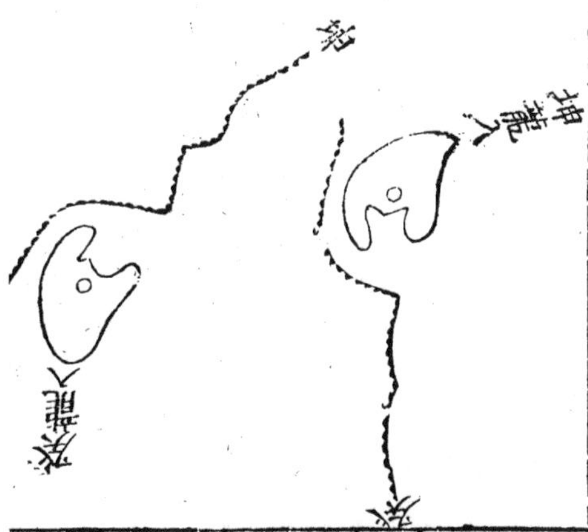

坤爲土性厚重癸屬水官于坤爲財官相得若坤龍朝迎癸水癸龍朝迎坤水興財極廣浪湧者甚言其財之多也

亥爲紫微尊宿值離龍而刑戮難逃

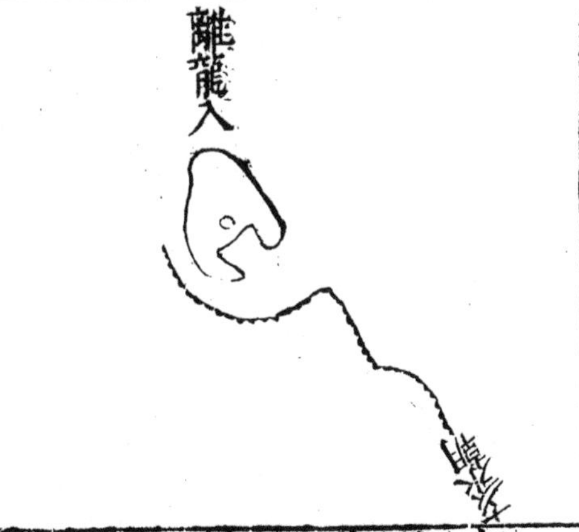

亥爲紫微星極爲尊貴然離火則亥水爲殺曜若離龍而見亥水朝堂定主刑戮倘以亥水爲尊貴而立穴朝迎則大禍之來其能免夫

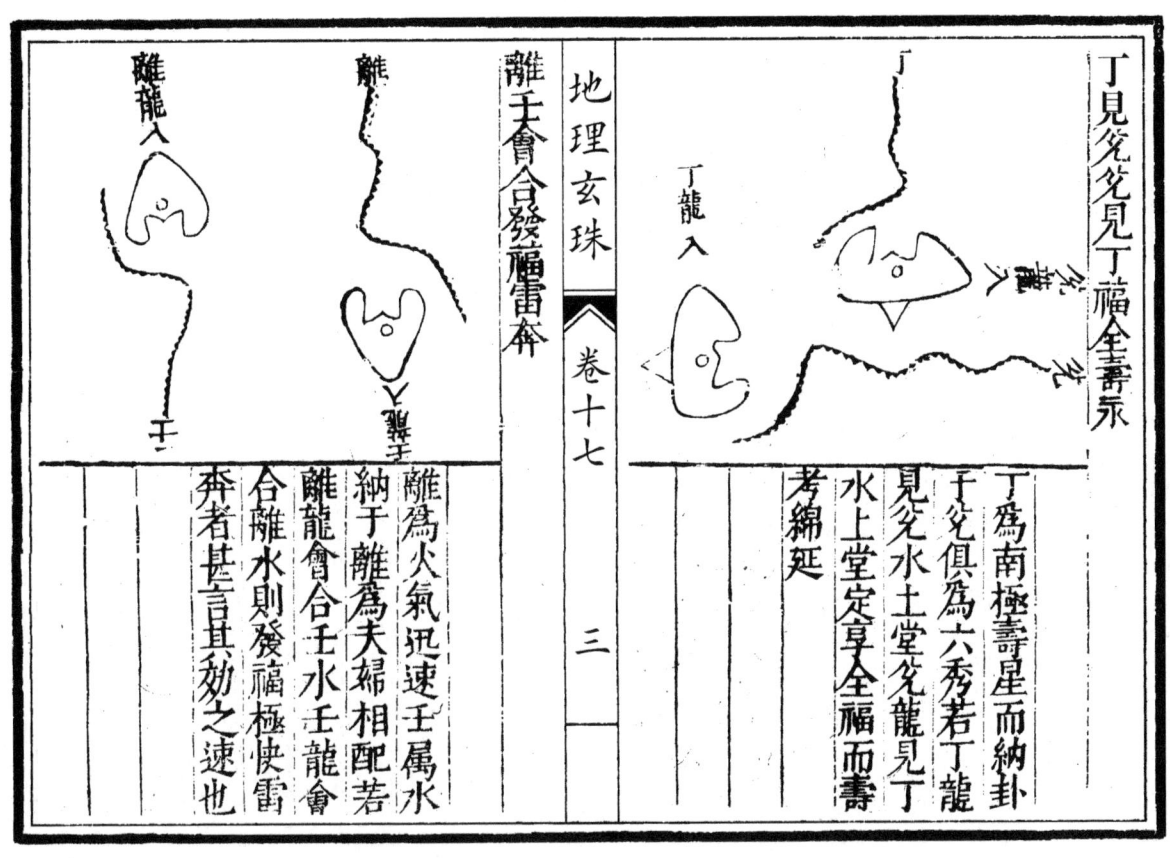

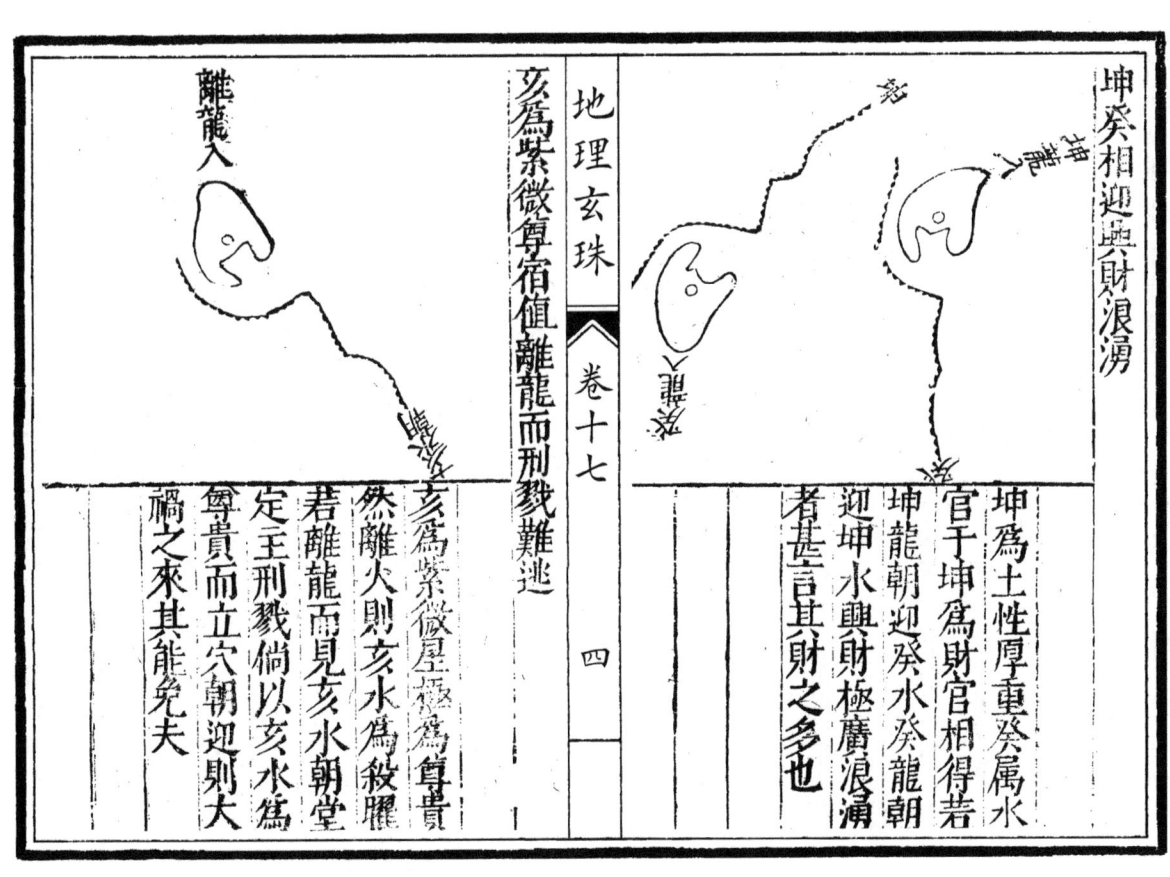

巳本天屏吉星遇兌脈而災殃立至

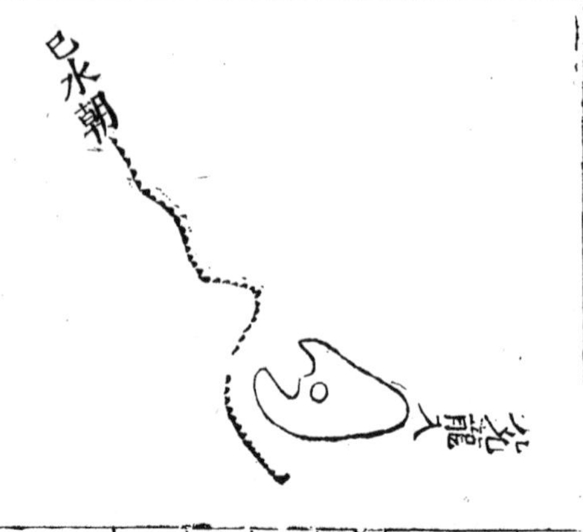

巳爲天屏星亦爲吉宿
然兌金則巳火爲曜殺
若兌龍而見巳水朝堂
最招刑禍倘以巳水爲
長生而立穴朝迎則災
殃之至須立見矣

乙辰沖射須防投縊之殃

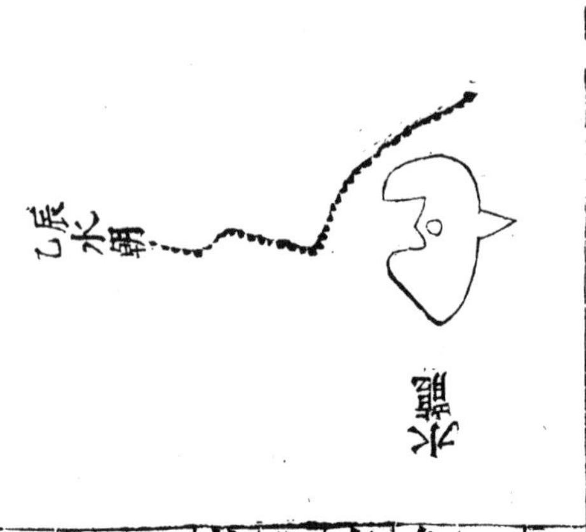

乙辰爲水土之庫亢金
角木二星照臨若其方
有水沖射定主投河自
縊倘水龍水向其禍尤
甚焉他則少殺

乾戌加臨定見鼓盆之咎

乾戌爲火龍之墓老陽
天罡二星主事若其方
有水加臨定主鰥居鼓
盆倘火龍火向其禍尤
甚焉他則差輕

鬼牛來去寡夭看經

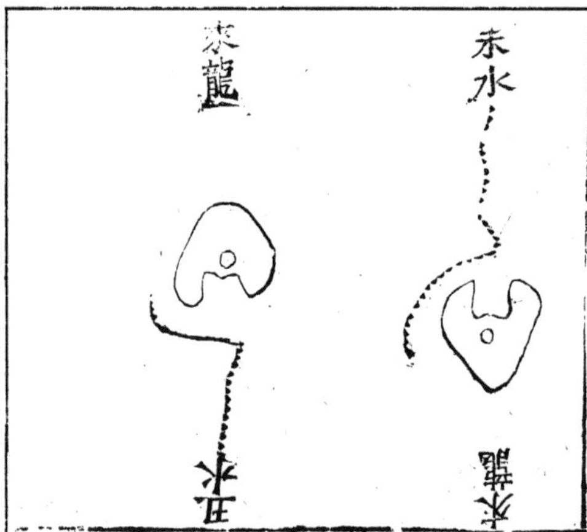

鬼未也牛丑也丑未爲
黃泉之地二方有水來
去若或龍向少差定出
少亡孤寡念佛看經

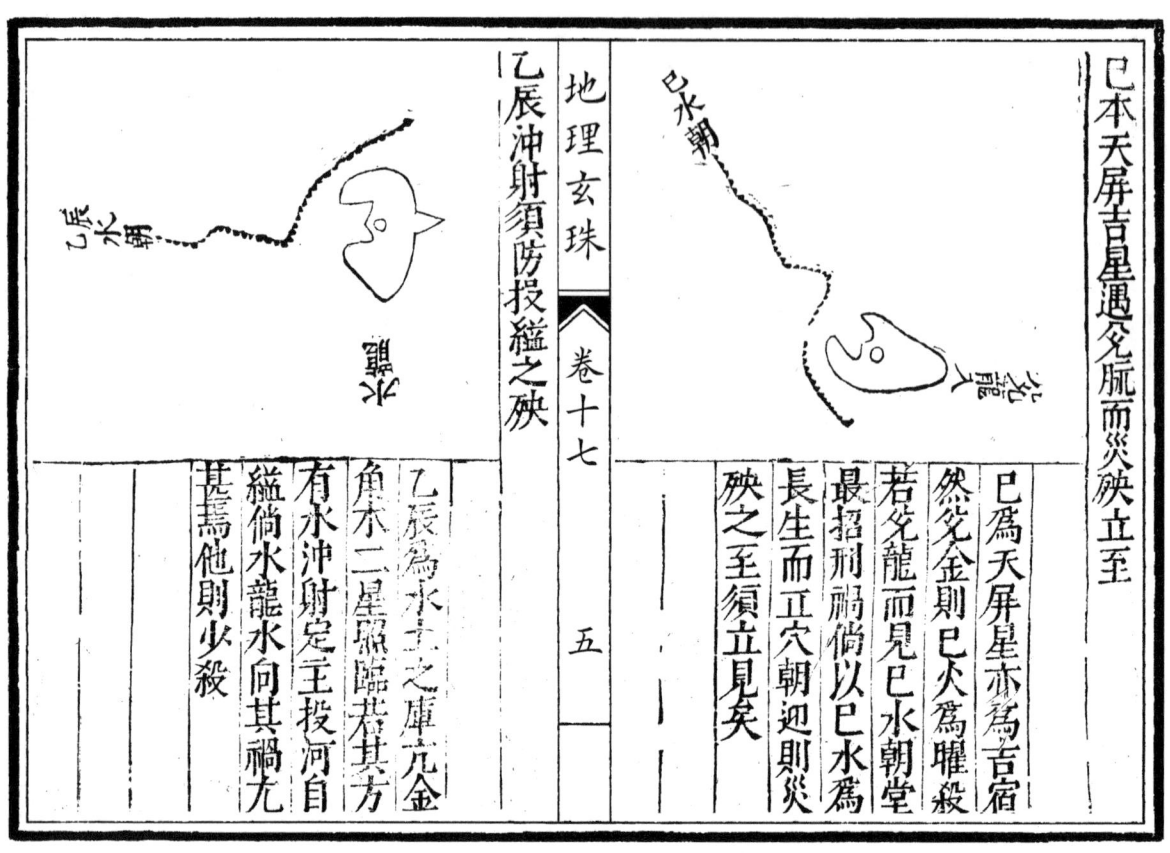

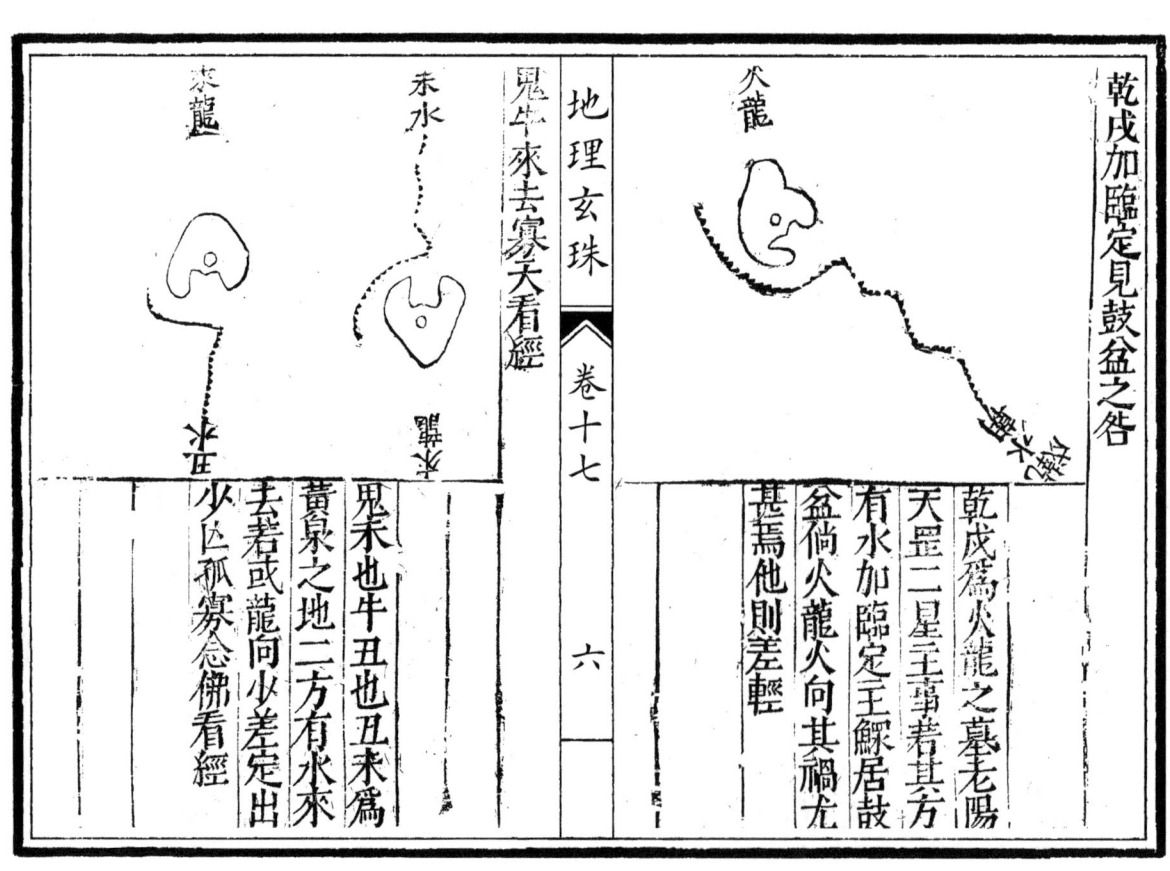

婁亢往還克徒惡死

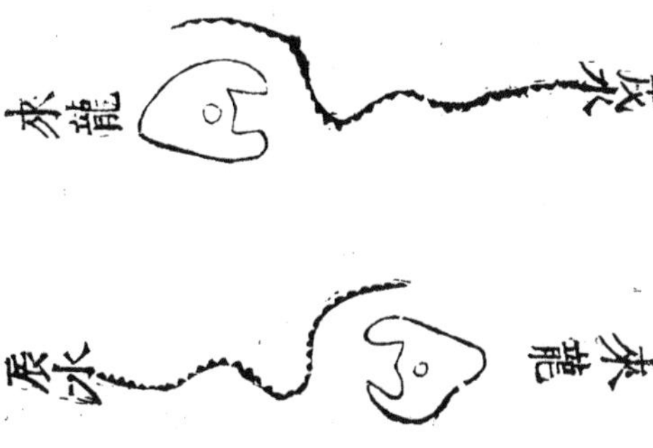

婁戌也亢辰也辰戌爲暗殺之鄉二方有水往還若甌垣局不合定出兇惡強梁橫死刑戮

玄戈爲寡宿之神遇水金龍則財丁兩旺

坤申乃老陰之地爲寡宿之神然爲水之長生金之臨官若水龍入首金而遇坤申水朝能旺人丁金龍入首而遇坤申水朝能發財祿不可槩以寡宿而忌之也

寅甲爲風魔之殺逢木火局則官祿攸宜

寅甲乃生風之地爲瘋魔之殺然爲火之印綬木之官旺若火局作用而逢寅甲水朝能旺人材木局作用而逢寅甲水朝能旺財祿不可槩以風魔而忌之也

太陽臨北極雲散氷消

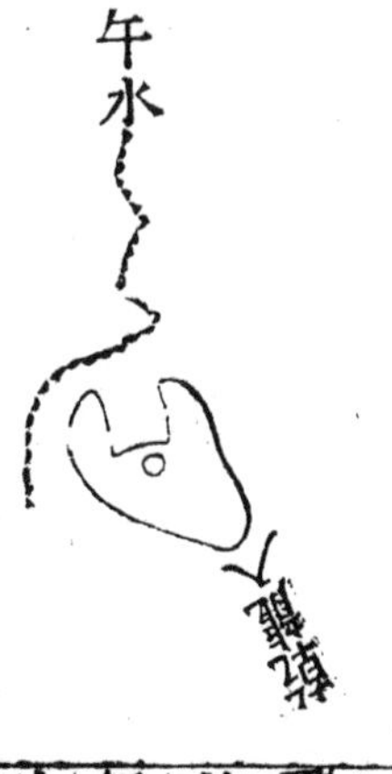

太陽午也北極乾也午爲乾之殺曜若乾龍入首而午水朝現必主敗絕如雲散氷消而至無跡可見

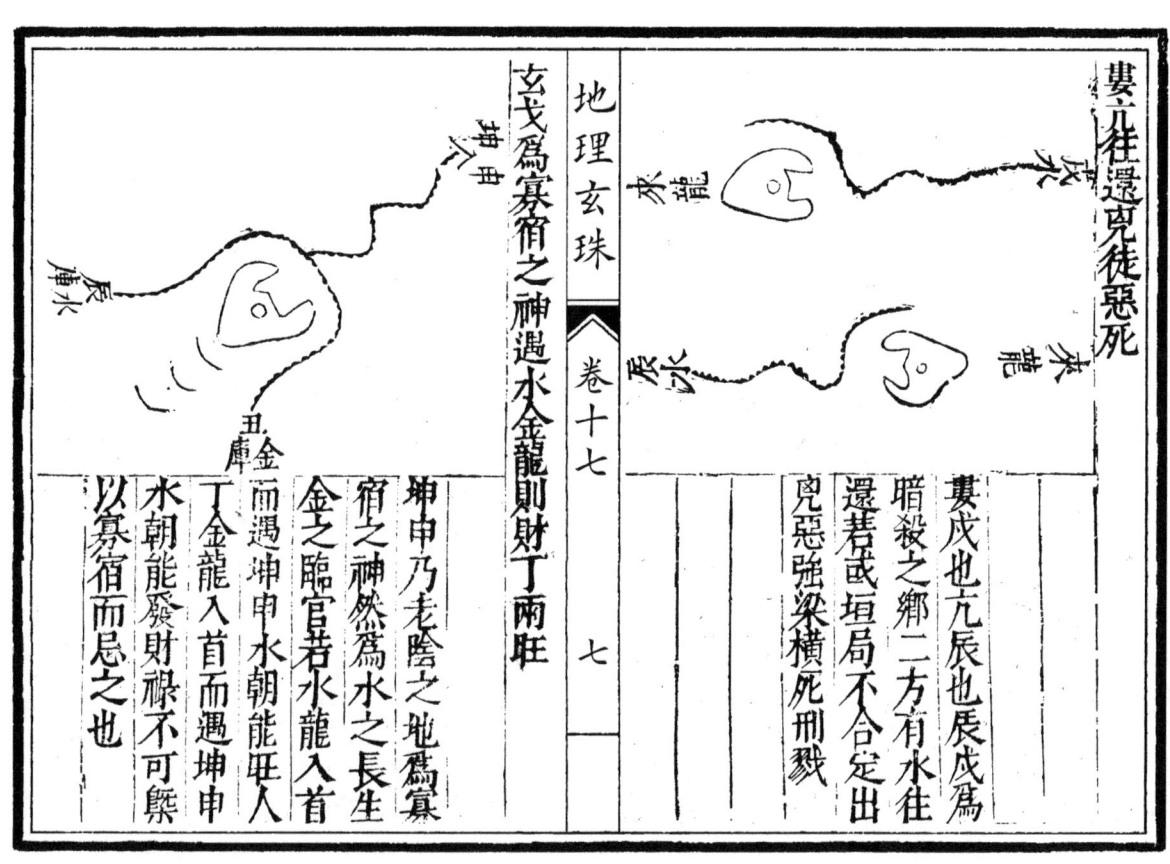

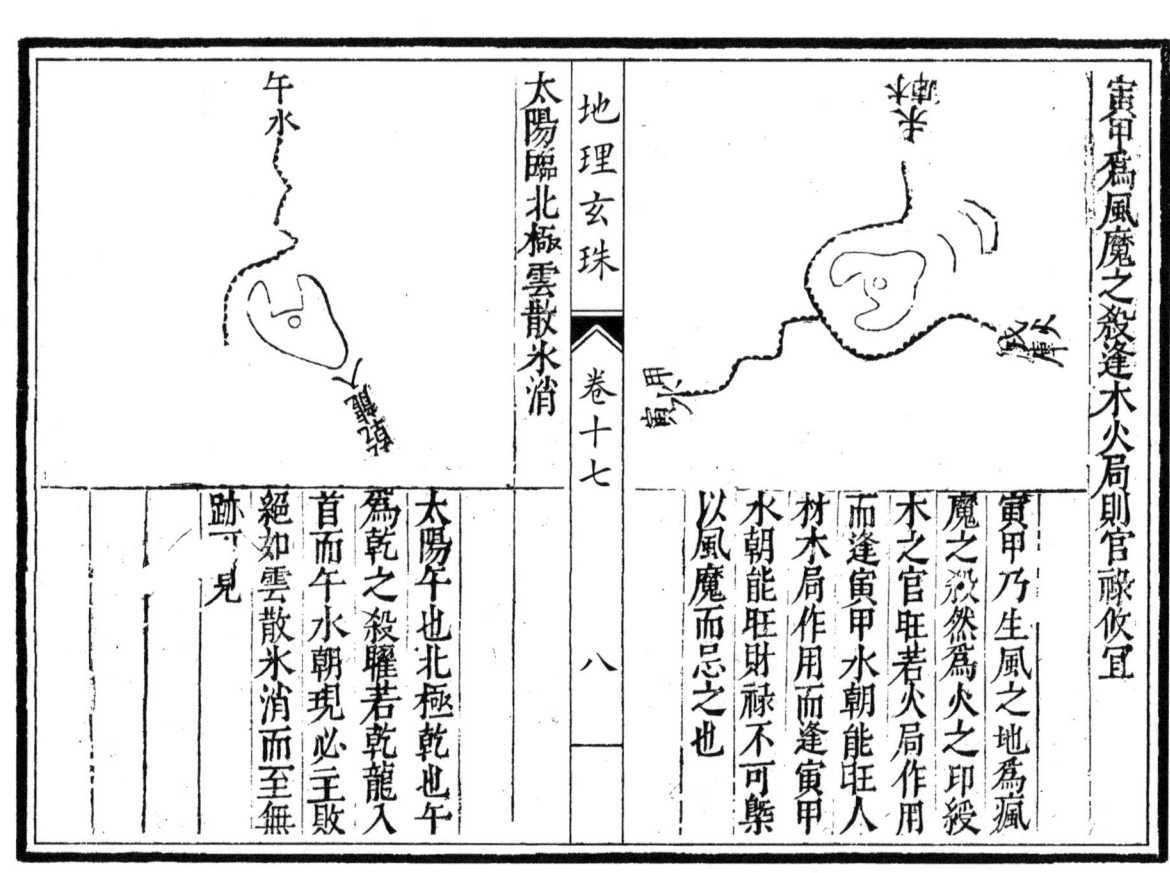

地母遇雷神沙飛土裂

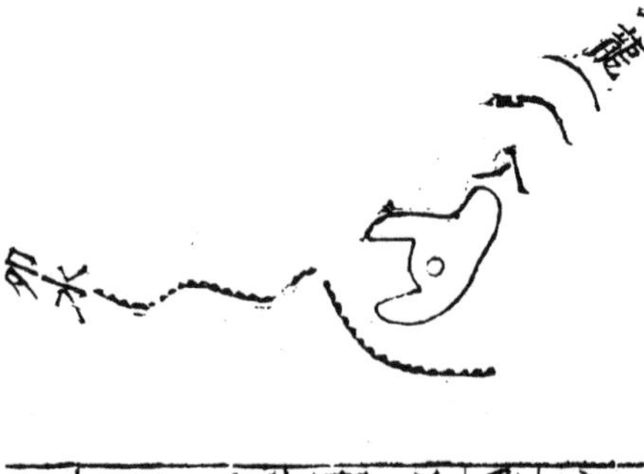

地母坤也雷神卯也卯為坤之殺曜若坤龍入首而卯水朝現必主凶禍如砂飛土裂而至無形可覩

少微遺禍于太乙毋云吉宿之堪親

少微兌也太乙巽也少微本是吉星然為巽之殺曜若少微水而太乙龍雖龍眞局美未免遺禍惡可槩以為吉宿而可親耶

太陰受害于亢金曷為合氣之可近

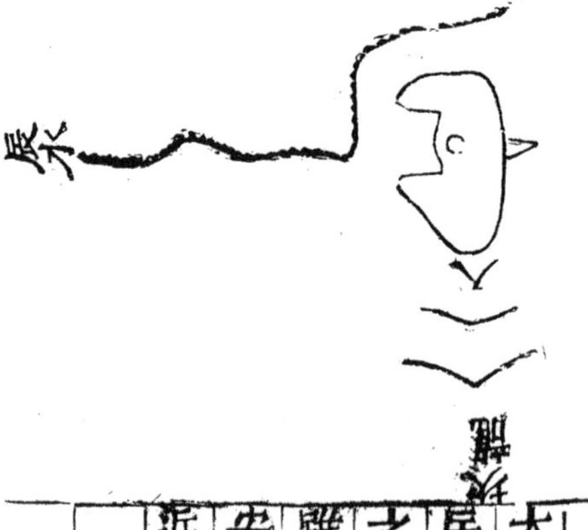

太陰坎也亢金辰也子辰本為合氣然辰為坎之曜殺若坎龍而辰水雖氣完局備未免受害安可槩以為合氣而可近耶

子午浩大而拜將封侯不可混為軍賊

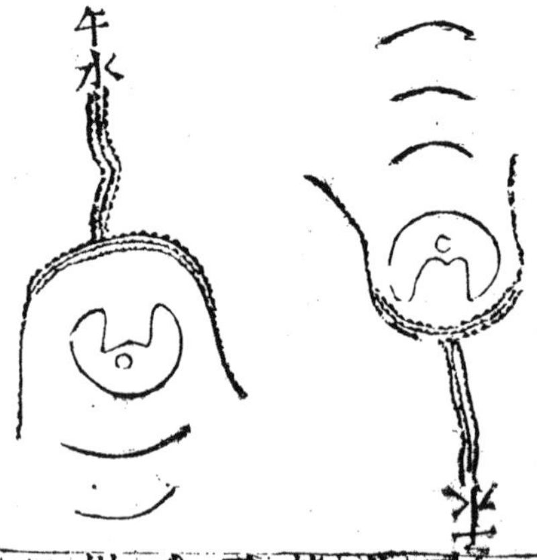

子午水來主出軍賊然此亦以大槩而言也若龍眞穴正消納合格則子午浩大洋朝及稱武職而有拜將封侯之象豈可混以軍賊而識之耶

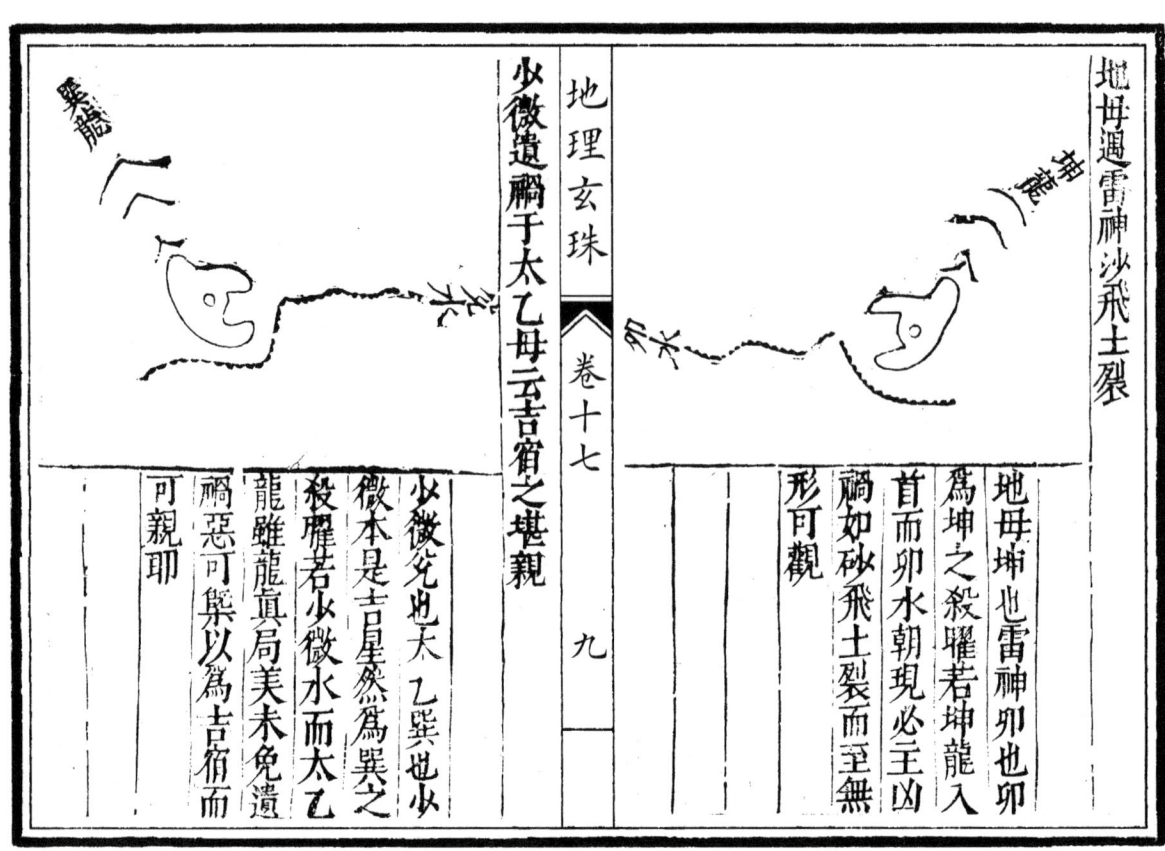

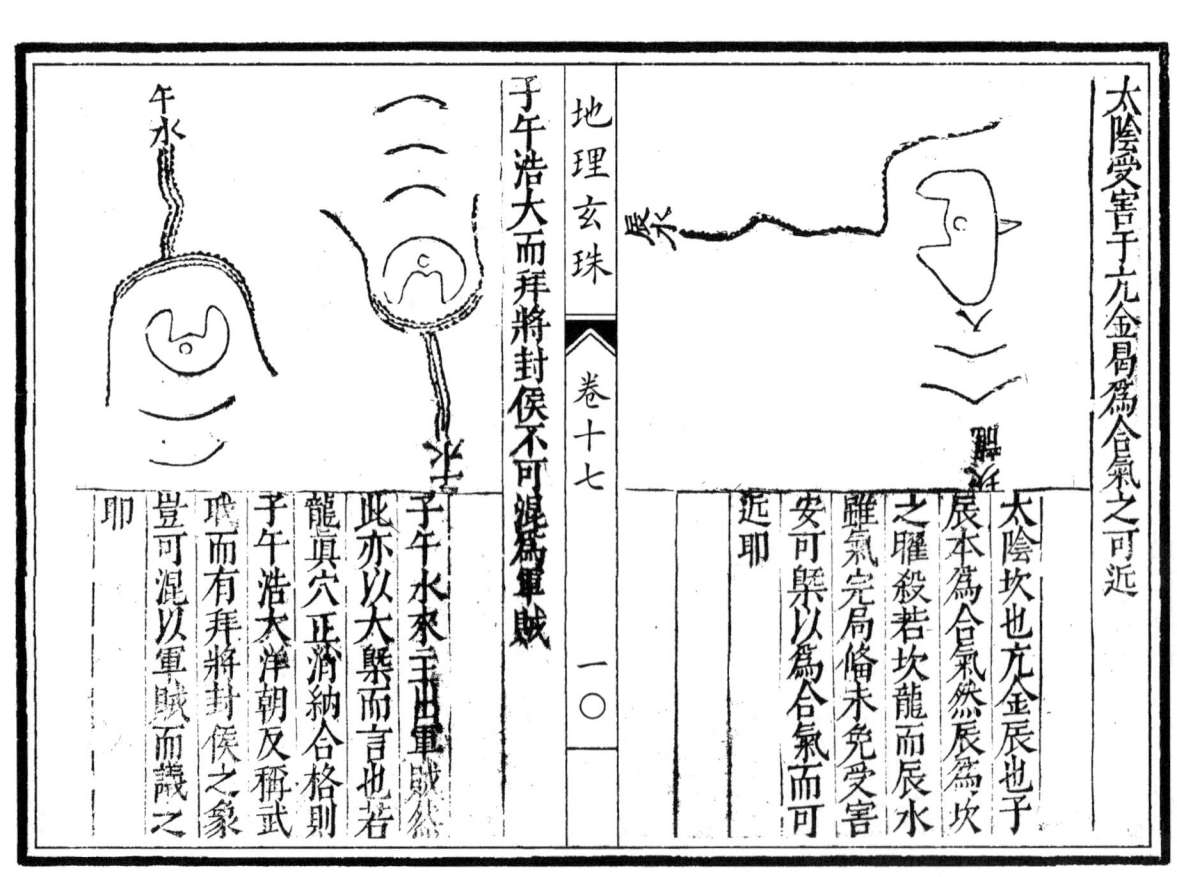

卯酉清潔而男眞女潔未可槩論邪淫

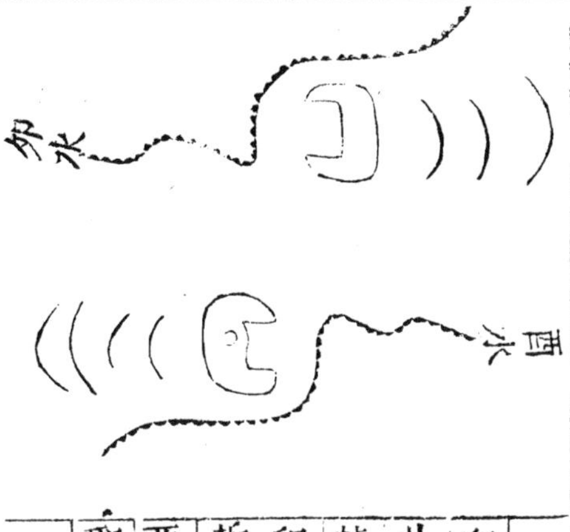

卯酉水來主出邪淫然此亦指其常而言也若龍尊穴貴作用合局則卯酉清激悠洋反主賢哲而有男眞女潔之象惡可槩以邪淫而目之耶

朝流太乙本爲吉龍逢天市何堪

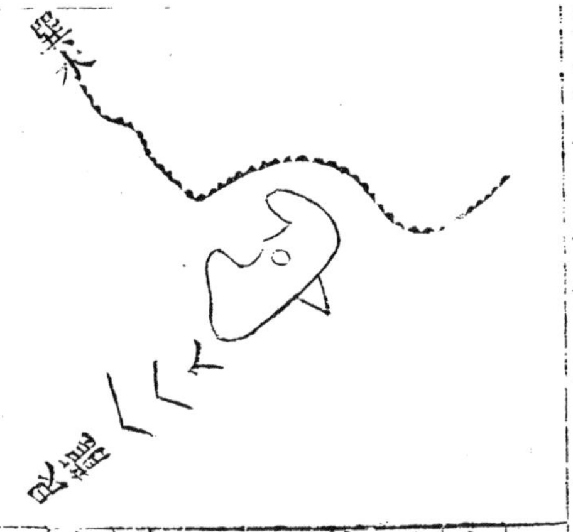

太乙巽也天市艮也巽乃六秀之方本爲吉曜然艮屬土囘于巽若巽水朝堂而龍自艮入未免災祥叠見何可用之若轉午丙來朝則又吉矣

纔動天關未是凶脉出廉眞最忌

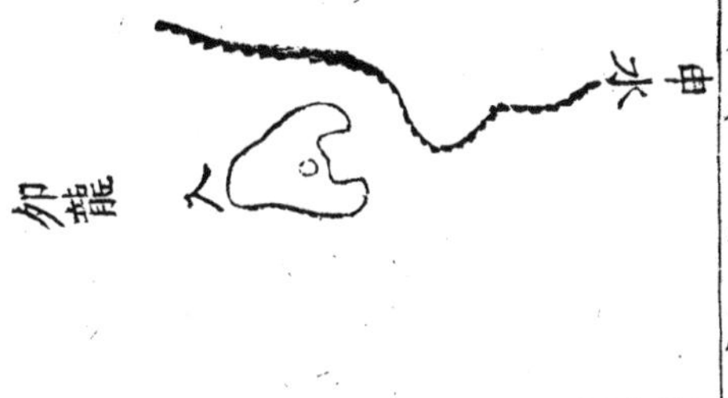

天關申也廉眞卯也申乃水生之地本不爲凶然卯屬木絕于申若申水朝堂而脉從卯落未免敗絕刑禍最大忌之若轉庚方來朝則又吉矣

申子辰合流終見流移之患

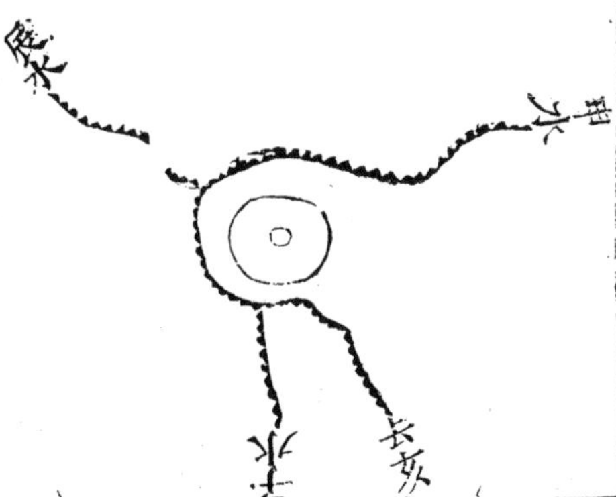

申子辰會成水局然必須庫方出水乃吉若水龍入首而又見申子辰水會合倒至亥方而出則滿局皆水無有土制水勢泛濫而流竄之患斷不能免矣

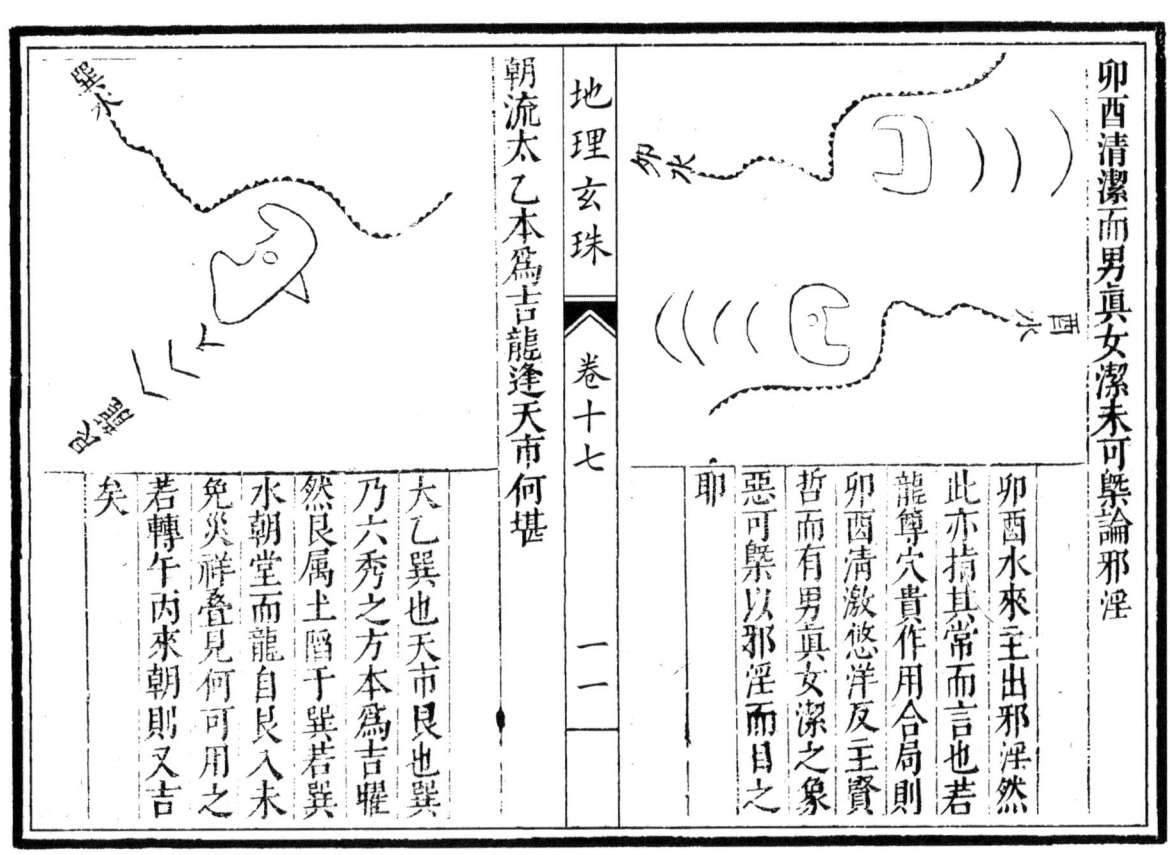

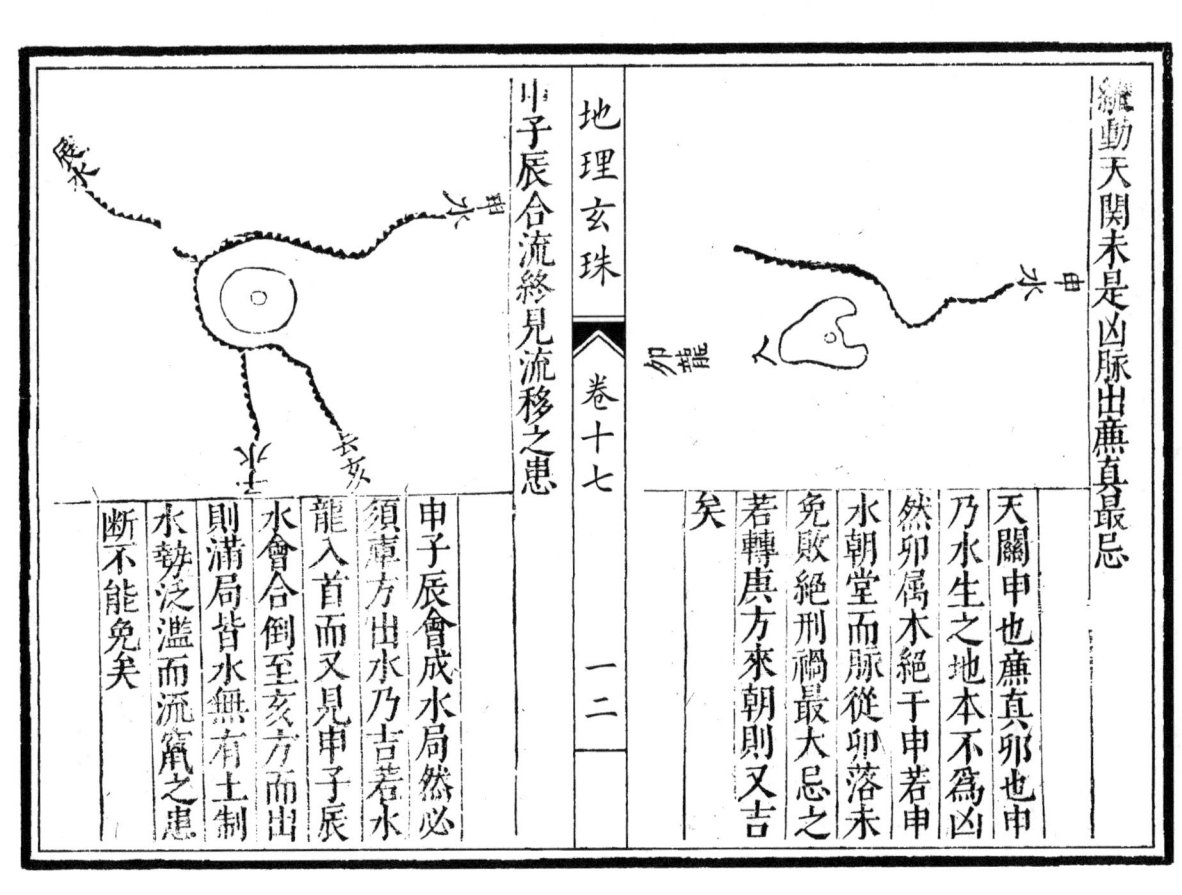

寅午戌會局難越回祿之殃

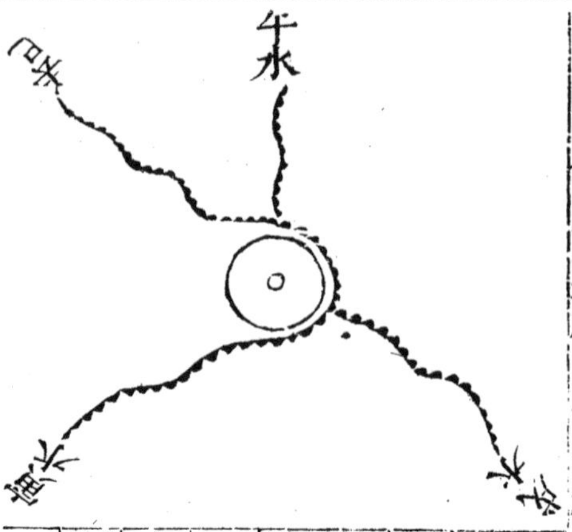

寅午戌會成火局然必須墓方出水乃吉若火能入首而又遇寅午戌水會合倒從巳方而去則滿局皆火無有水制火勢熾熖而回祿之殃断不能免矣

四敗四旺須知辯別精明

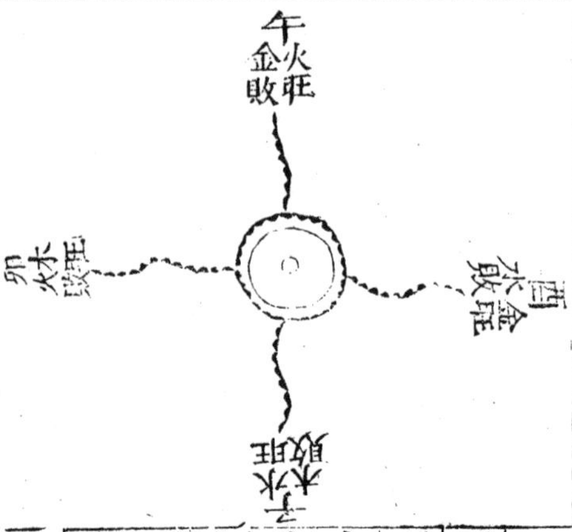

四敗四旺即子午卯酉四水是也然子爲水旺木敗午爲火旺金敗卯爲木旺火敗酉爲金旺水敗須辯別精明然後可以趨避之悪可槩以爲旺槩以爲敗耶

四絕四生要見剖分詳悉

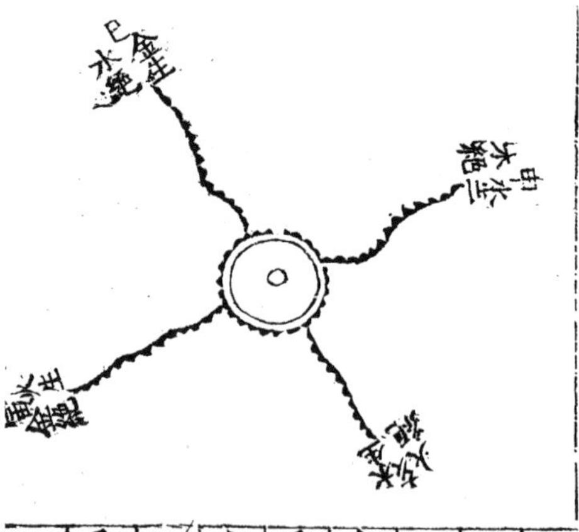

四絕四生即寅申巳亥四水是也然寅爲火生金絕申爲水生木絕巳爲金生水絕亥爲木生火絕要剖分詳悉然後可以向背之安可混以爲生混以爲絕耶

生旺歸榮華蕃衍

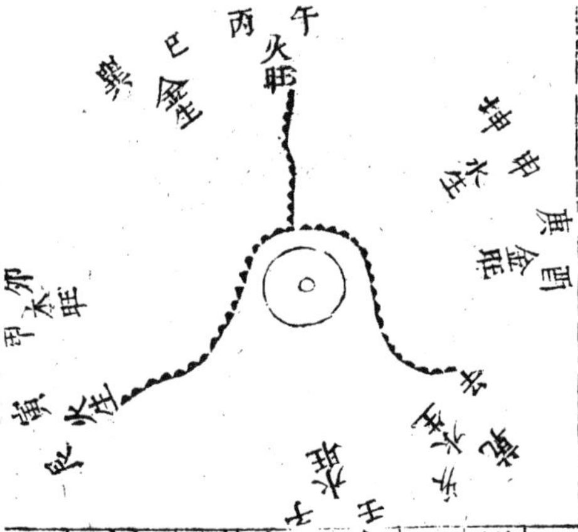

假如火局作用生于寅旺于午生水上堂主旺人丁旺水上堂主發財禄若生旺水合流朝歸休囚方去必然榮華而且蕃衍舉一火局而他局類推

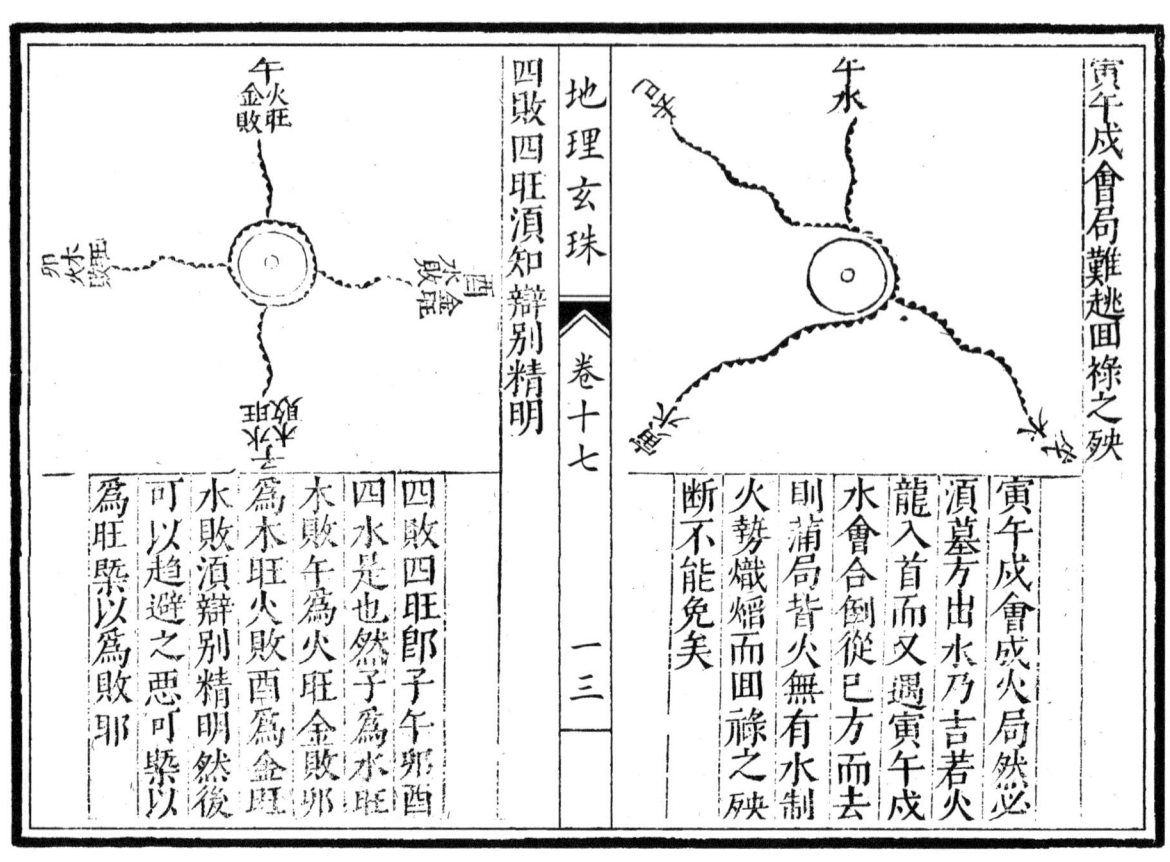

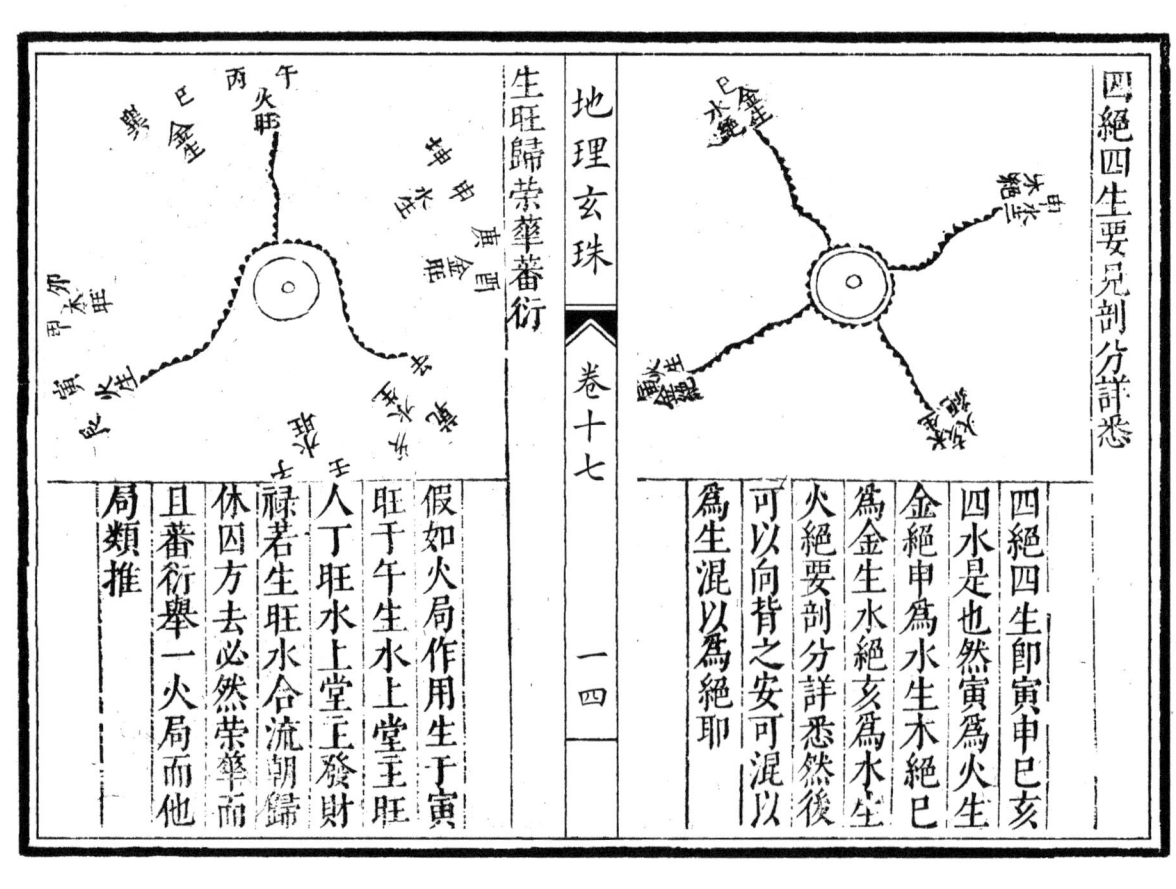

敗絕並至淫慾流亾

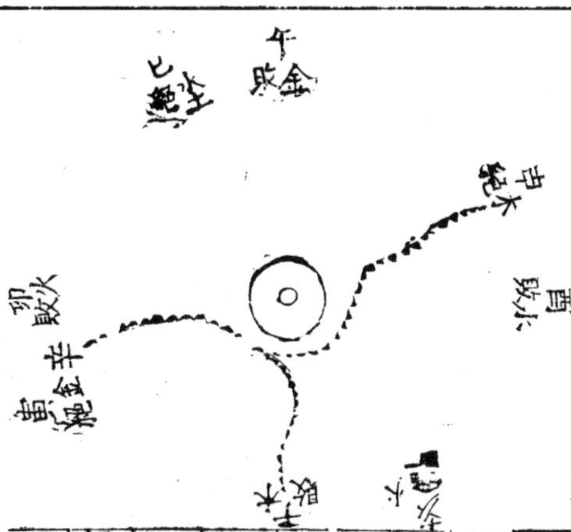

假如木局作用敗于子絕于申敗水到堂定主淫亂絕水到堂定主大滅若敗絕水合流朝沖生旺方去必然淫慾而且敗亾舉一木局而他局倣此

以吉沖吉人財奚得兩全

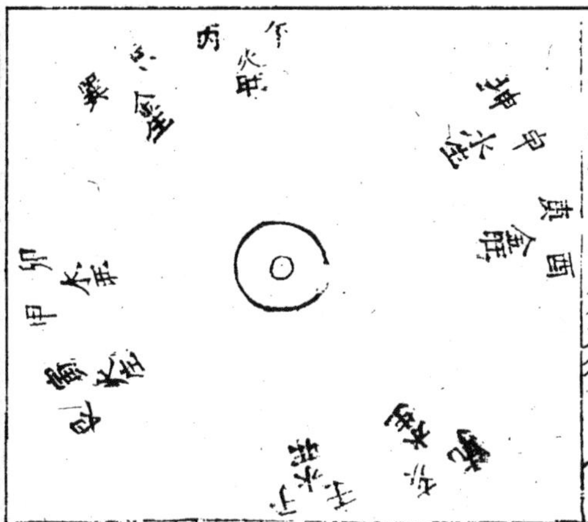

生水發人丁旺水發財祿馬爲吉水宜來而不宜去然生水沖破旺方主丁盛而未免貧窮或旺水沖破生方主財旺而未免夭折二者奚得兩全哉

憑凶破凶災禍或能半免

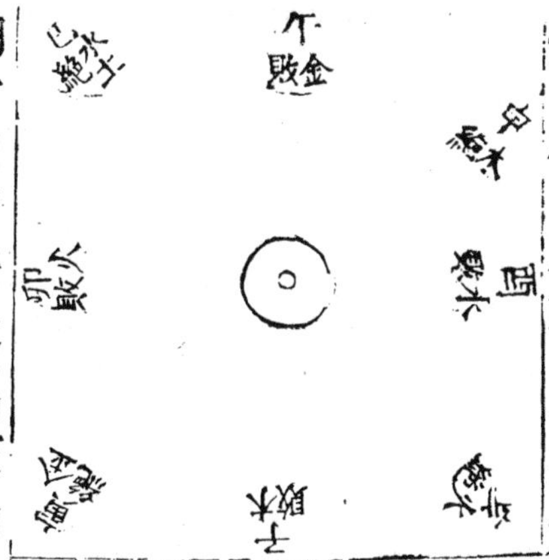

敗水主淫亂絕水主夭折但爲凶水宜去而不宜來然敗水流破絕方可免絕嗣或絕水流破敗方可免淫亂二者或能免一矣

納吉消凶法通一理留神去鬼効獲萬全

艮龍丙水

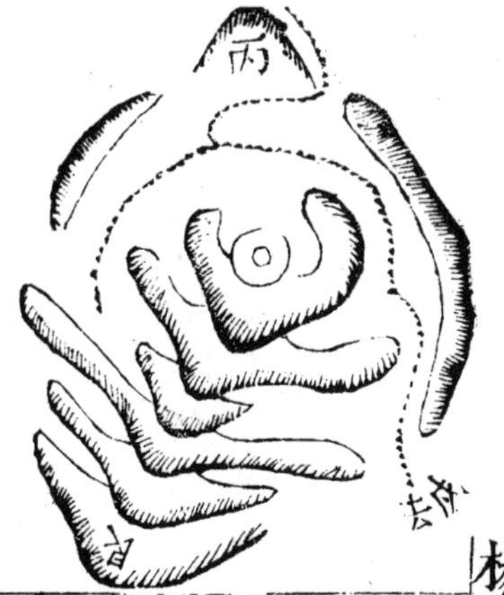

楊學士祖地

龍真穴正水秀沙明誠爲大地然係艮龍入首立丙向丙水朝堂出成乃是納甲正配塋後父子皆登第大貴而且悠久蕃盛水法之符驗有如此

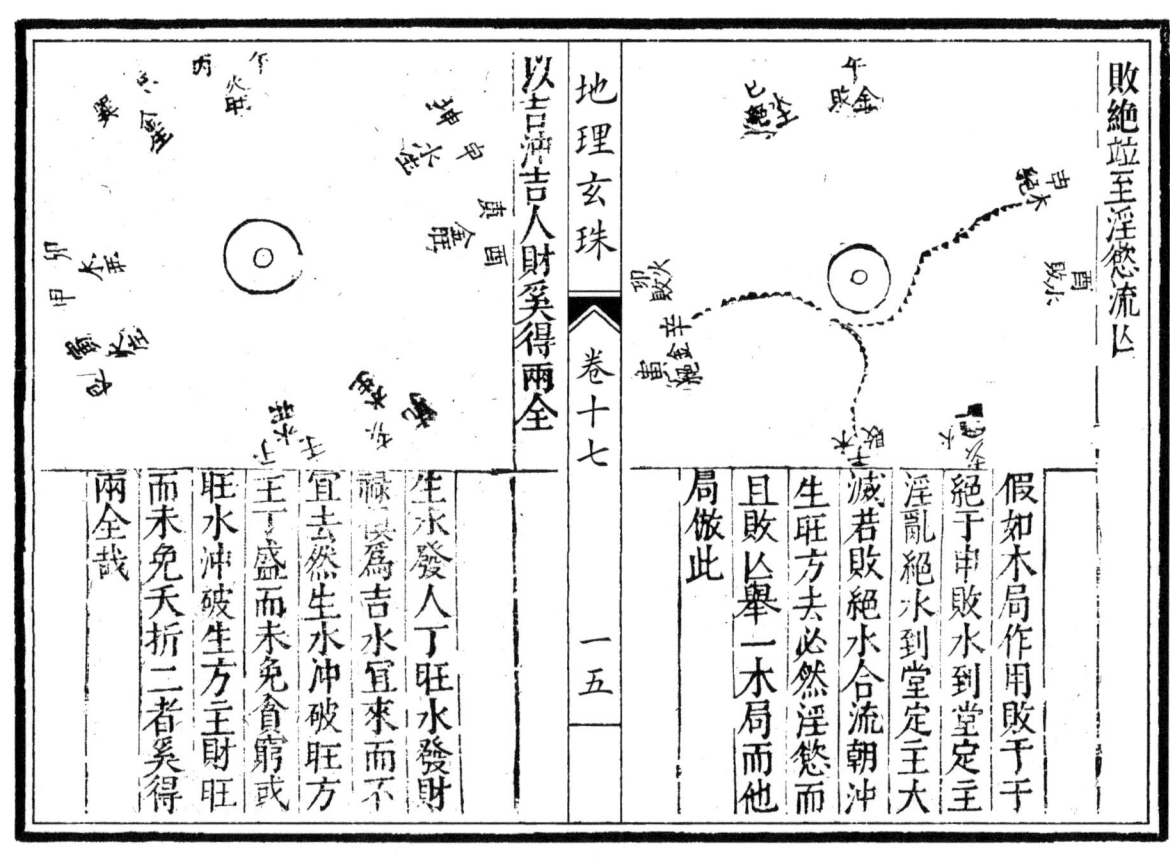

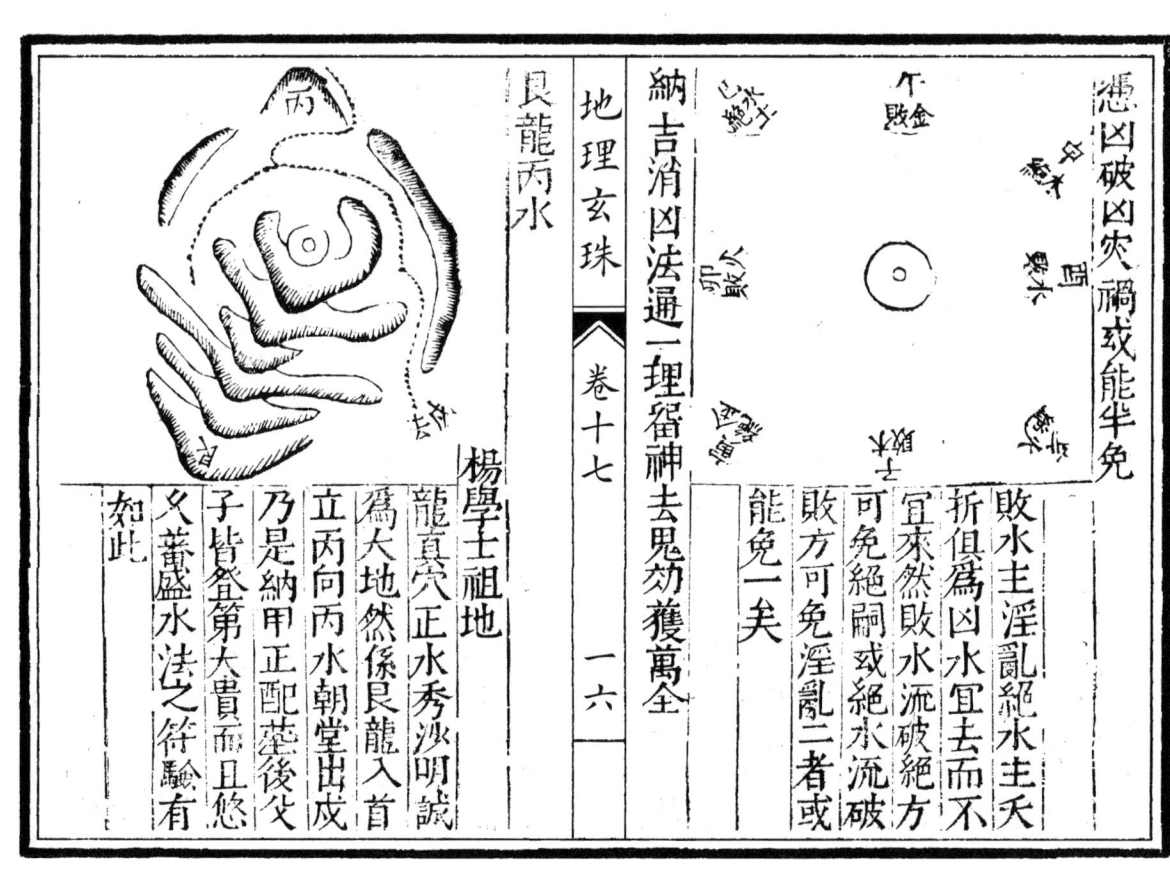

兌龍丁水

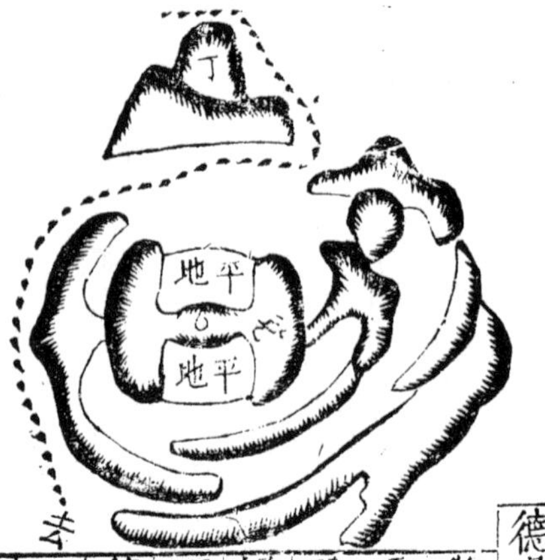

德興董二賢祖地
雙突合氣結穴朝應端秀然係兌龍入首丁水屈曲朝堂蓋兌丁爲夫婦相見向指大能發福所以塋後兄弟連登科第不乏之

辛龍丙水

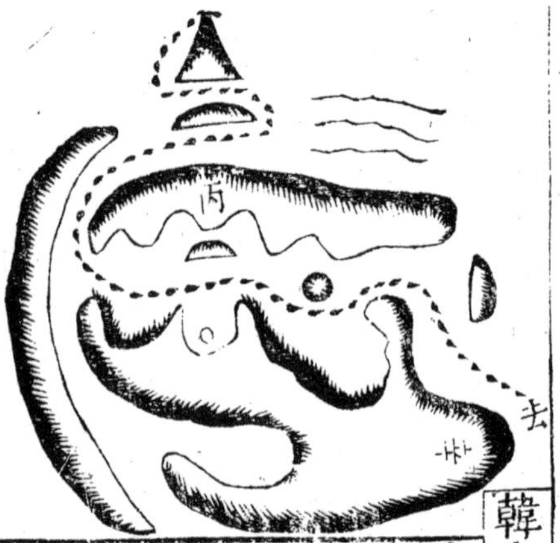

韓文公祖地
辛龍入首扦丙向丙水委曲朝堂蓋辛爲文昌星主翰墨丙爲太微垣主典籍辛龍丙水陰陽得合故公以道高天下而爲百世人文之表者謂非山水之鍾秀可乎

艮龍午丙水

蔡州張相國祖地
艮氣入穴扦壬山丙向巳巽水朝從午丙流入橫過穴前格貴局尊高科極品蓋艮龍畏巽水然轉至午丙朝入歸乾戌而去則合局而吉矣何以巽爲嫌哉

丁龍亥水

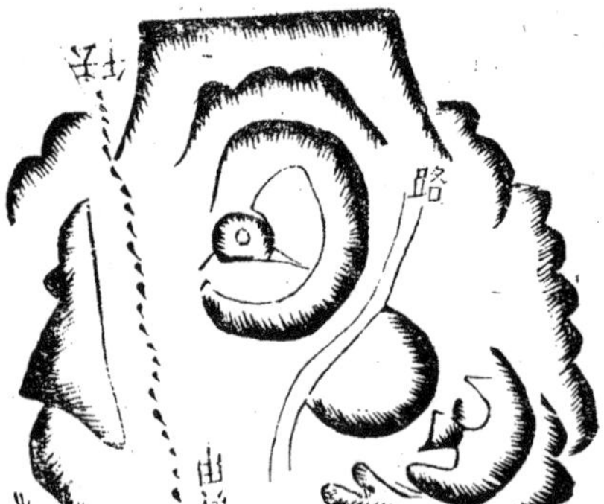

建寧李天官祖地
亥龍發祖轉至未丁入首脊身逆水結穴水自亥方發源轉至寅甲朝來出午方而去蓋丁未乃雙山木局亥爲長生寅甲爲官旺所以大貴如此

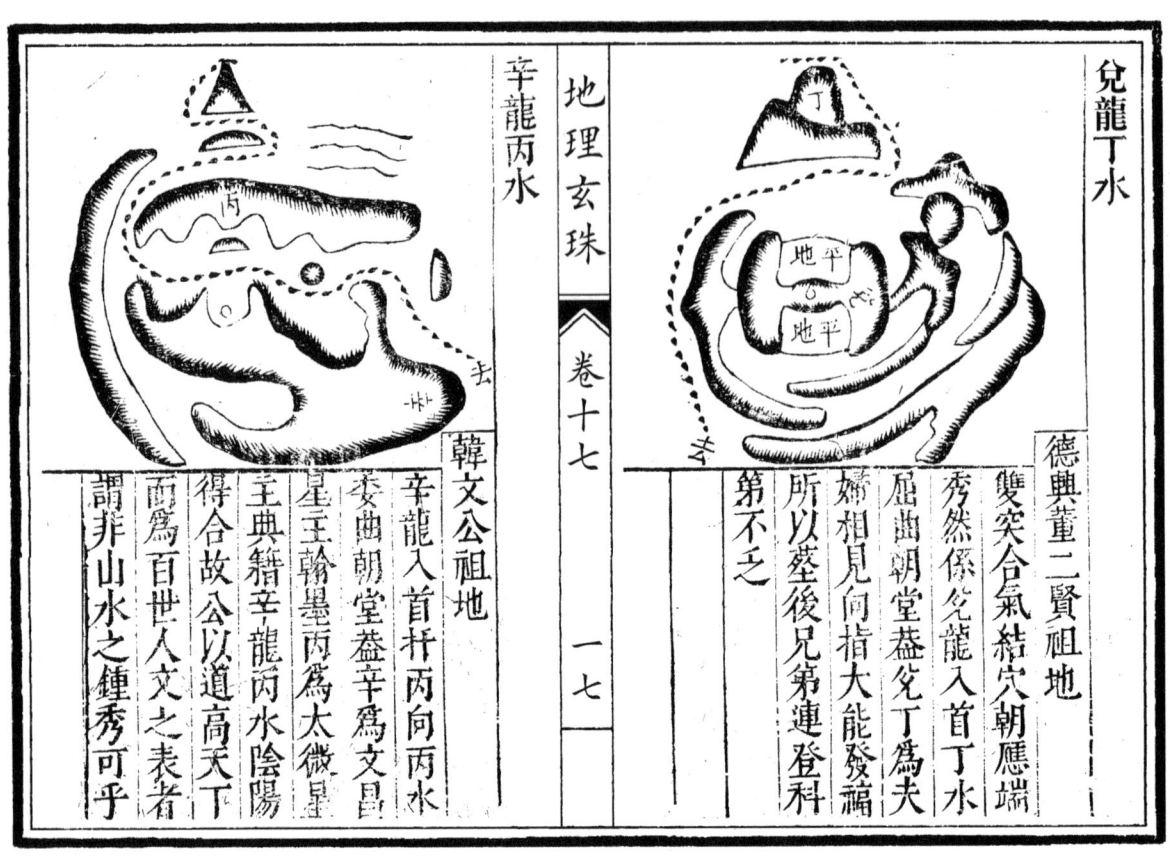

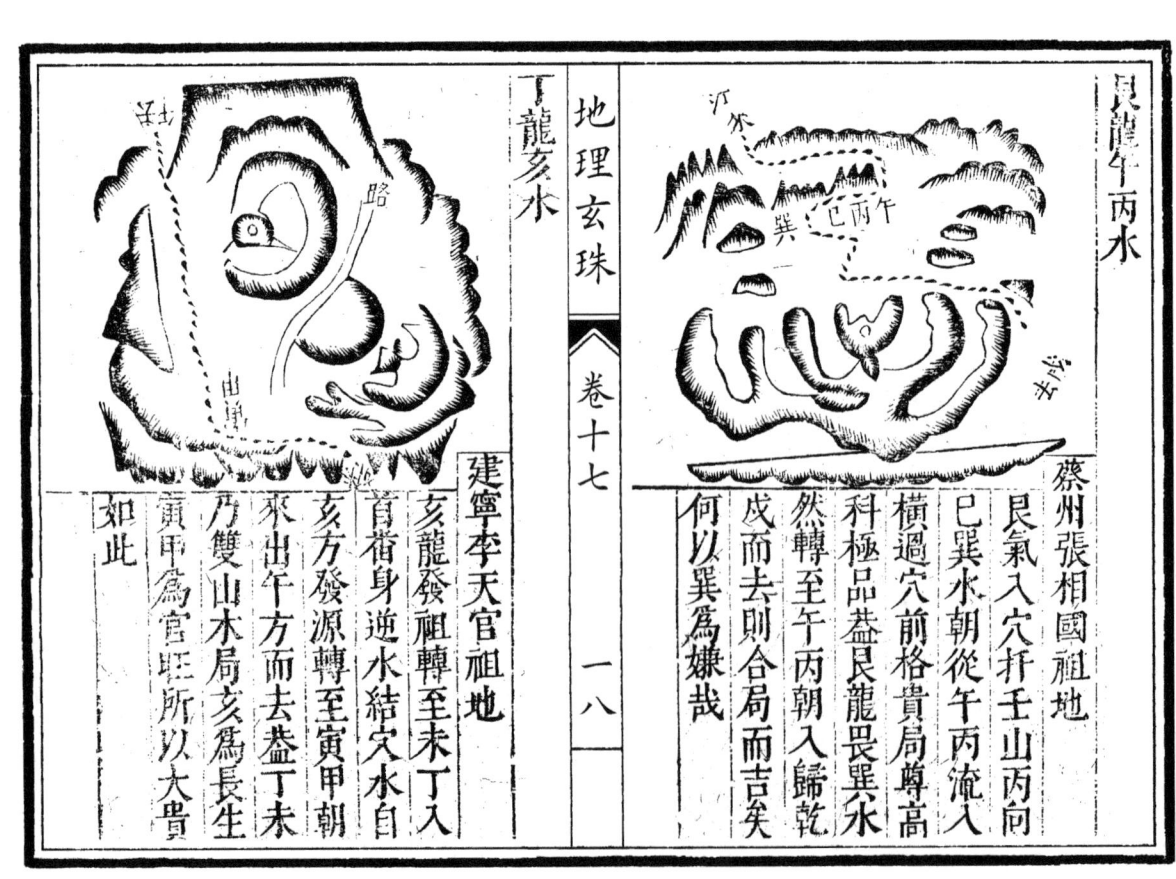

艮龍午水

沐國公祖地

卓拔雄偉全身悪石午水當面陽朝河中巨石昂然見之無不驚駭然山峻星粗威武之象午水大朝偏宜武職公以殺伐而大貴良有以也子午浩大而拜將封侯不有驗于此哉

辛龍巽水

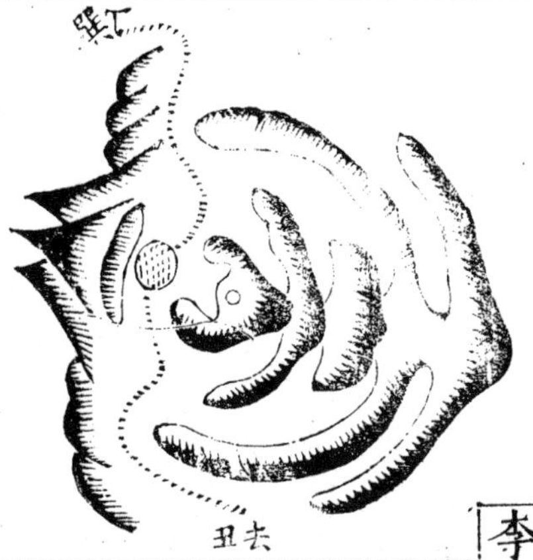

李文靖公祖地

開帳穿心龍虎抱衛朝案貴秀結作天然蓋係辛龍入首扦卯向巽水遠迤曲折朝堂流丑而去葬後文靖公生福蔭綿綿不絕吉水之合能至此不亦驗乎

凹風方位　此評所當然之理

夫氣乘風則散藏風則聚是風者穴中所大忌也故經云若居山谷切忌凹風譬如平原曠野行往曉望雖風無害若房室之中坐臥之所或有隙罅賊漏之風人必受病此理之常人所易曉子微云且言凹風凶禍應各有風來隨位傳此言各方隨其風來各隨位數有應以斷凶禍又云大抵陰陽分兩向各有吉凶隨所尚只要穴中相回避配合陰陽任來往此言陽局不宜陰風陰局不宜陽風吉凶隨其所尚又須穴中回避不受風吹然後以坐向消息之則亦可以免禍若遂謂吉方聽其風來則非立言之本意矣學者不以辭害意可也

壬子癸風

坎位屬[illegible]受流濟溺水更貪淫立穴定須挨次避坤辰坐向且留心

子為軍賊之地風發主有軍賊之應又是沐浴之鄉所以出淫壬子癸俱屬水空缺則未免有流濟溺水之患挨次避者宜挨左挨右上前退後必須使穴中不受風吹乃妙坤辰俱屬陽土壬子癸俱屬陽水若立坤辰坐向則水受土制

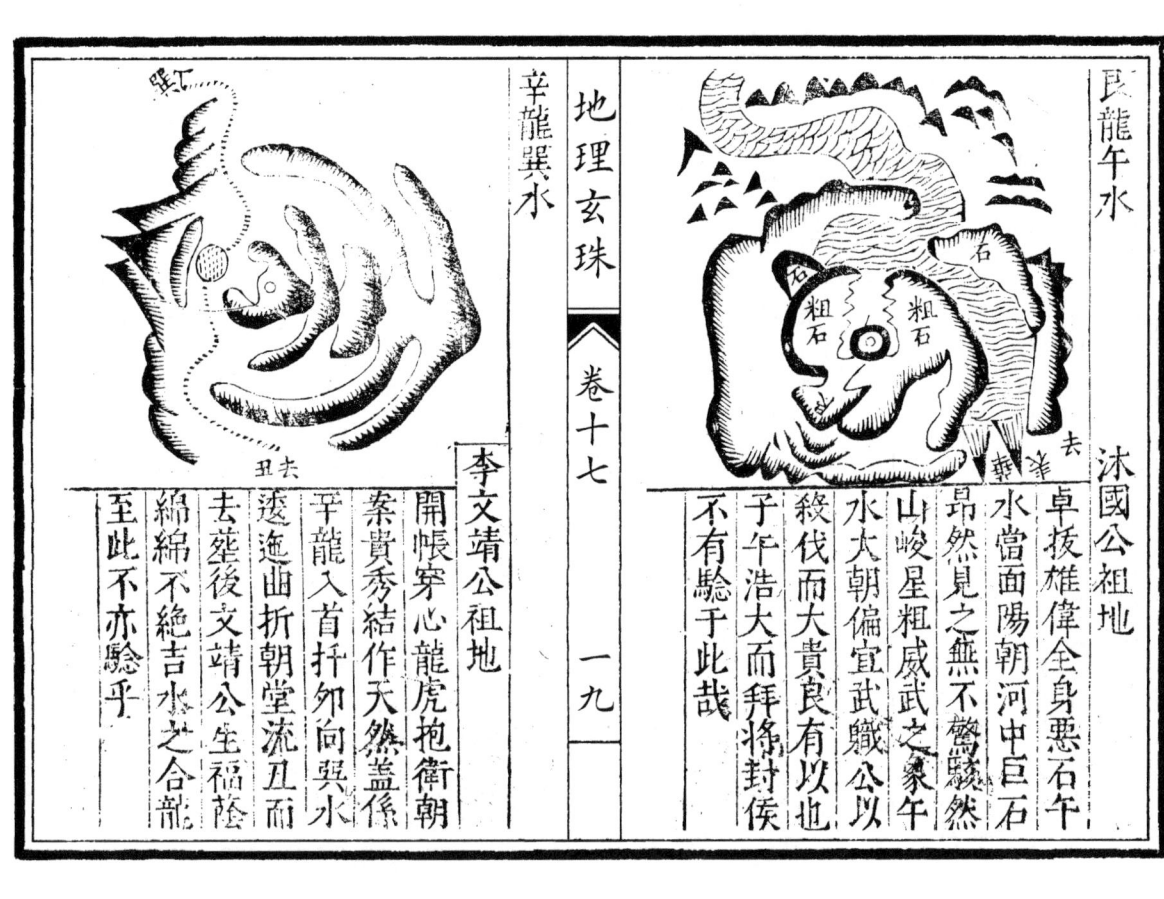

而不能爲害矣

丑艮風

凶風丑艮少年亡鬼賊多招太不祥莫問陰陽諸
吉向　癆難免要遮藏

丑爲黄泉之地艮爲鬼門之方少男司事所以少年夭折鬼賊瘟癆最爲不祥不問陰陽二十四向皆不宜見此必須遮藏不見可也

寅甲風

寅甲風吹最不情瘋癱少死虎傷人申乾坐向或
能免不若遮攔穴聚靈

寅甲爲風魔之地風發則主風癱又爲長生之位空缺則主少亡寅屬虎吼動爲害所以虎傷寅甲屬木木絶于申金受制于乾金若立申乾坐向則此風稍能免禍又不若遮攔而使穴聚英靈乃妙

卯風

卯位風凶宅母亡長男勞損及雷傷私奔婦女瘋
難免坐向庚辛總不妨

坤二變而成震坤爲老陰屬土卯屬木風來則宅母受剋而先亾震爲長男凶缺則長子勞損雷傷者震爲雷而發動也私奔者卯爲桃花之地也坐向庚辛則金可以制木而此風不能爲害蓋以卯與庚辛皆屬陰也

乙辰風

乙辰風發主伶仃横死螟蛉損少丁穴不受沖方
是吉隄防好用甲和坤

乙辰爲水庫黄泉之地空缺則主伶仃横死螟蛉夭亾必須穴中不受其沖方爲無害甲屬木則可以泄水氣而不爲禍坤屬土則可以制其性而不作孽若此二向亦可免患

巽風

巽位風來長女當生離難産入泉鄉風癱瘵病瘋
難免酉兑庚辛向可裝

巽主長女其方缺陷風發主有生離難産之咎巽爲風所以不免風疾若立庚酉辛向則木受金制而不能肆其性疾可以無害矣故可裝

巳風

莫教巳上有風吹定主蛇傷少藥醫勞瘵少亾兼
跛足穴中回避勿令欺

巳爲蛇乃火金同宫爽尅之地也巳上風吹則

泥蛇傷勞瘵跛足之患又爲長生之位乘風則擊散生氣所以不免少亡須得回避勿令欺穴乃可無禍

午風

風來午位火燒家室女懷胎疫氣邪軍賊血光常不免山山逢此亂如麻

午爲瘟火之地沐浴之鄉又爲軍賊之位風來定主火燒淫慾軍賊疫氣之咎總之二十四向皆不能免其禍必須遮攔不見乃可

丙丁二風

丙丁若見有風凹囬祿須知不肯饒更有瘟神常入室向臨兑亥禍潛消

丙丁爲火勢之熾盛故風來則難免囬祿之禍又南方爲瘟疫之地故主有瘟神入室火死于酉絶于亥若兑亥坐向則其禍自可以潛消矣否則注兑亥氣亦可免

未風

未上凹風一路通令人勞瘵藥無功僧尼孤寡多貧夭穴裡週遮莫露空

未爲墓庫乃黃泉八殺之鄉其方風最能爲害主出勞瘵僧尼孤寡貧夭諸山見此不能免須于穴裡遮攔不見其空缺處方爲無害

坤風

風從坤入總非祥孤寡僧尼及横亡口舌不寧多夭折乙乾甲向自無傷

坤爲老母退居西南若見此方凹風定出孤寡僧尼横亡夭折亦理勢必然之應也然坤屬土配合于乾受制于甲乙故此三向則此風亦可以無傷矣

申風

凹缺風從申位來令人冷退少貲財外亡夭折兼横事泄制還須午坎裁

申乃長生之方金帛之位其方凹風則擊散生氣財氣矣故外亡夭折退財横事勢所不免也若子午坐向則午屬火制金氣子屬水能泄金氣其禍自能免矣

庚風

凹風空缺自庚方刼賊來家有殺傷剪向若扦丁共亥官教安妥不爲殃

庚方爲盜賊門路其方空缺定主刼賊來家又

爲殺伐之地而殺傷之事斷不能免矣然丁爲庚官亦可以制伏亥爲貞食亦可以盜泄若用亥丁立向則亦可以安妥而此風不能爲害

兌辛二風

兌辛風至主官刑淫佚虛勞損女人尅制定須并艮丙穴無沖射始安寧

兌辛爲金旺之方金主刑伐風來則主官刑更乃桃花之地故主淫佚又爲少女之位虧缺則女人勞損亦言其理也艮丙爲三合火局火能制金則金自不能爲禍又須穴不受風爲貴

乾戌二風

乾戌無情勿透風少亡惡死絕枝宗尅妻殘疾兼勞瘵穴要遮藏切莫通

乾戌爲亢陽又爲鼓盆其方凹風最爲無情尅妻絕嗣少亡惡死斷不能免也穴中須要遮藏或回避不見莫令沖射方可無禍

亥風

亥位通風是惡神錢財耗散不由人酸寒下賤嗣多絕卯艮明堂最可親

亥爲天門又爲生氣凹缺則生氣乘風而財散嗣絕理固然也若卯艮二向則木可以泄土可以制又穴不當風亦能減禍故曰可親

凹風引証　此驗所以然之理

大抵凹風射穴則亡魂不安亡魂不安則生人受禍幽明一致理之所自然也後之所圖圖局雖二十四向不能俱以圖印照然得一義則可以通百靈觸類而長之是也學者于此須當辨方定位審圖究理隨其凹風所在或遮攔或回避變而通之不亦可乎

圖具左

來辛凹風

鳳翔府毛評事祖地，上下二穴先塟皆損人退業毛氏塟中穴大富得官蓋上下二穴皆當風所以致敗毛氏避凹立穴不受沖射所以發福此地向子癸風來辛未不回避不可也

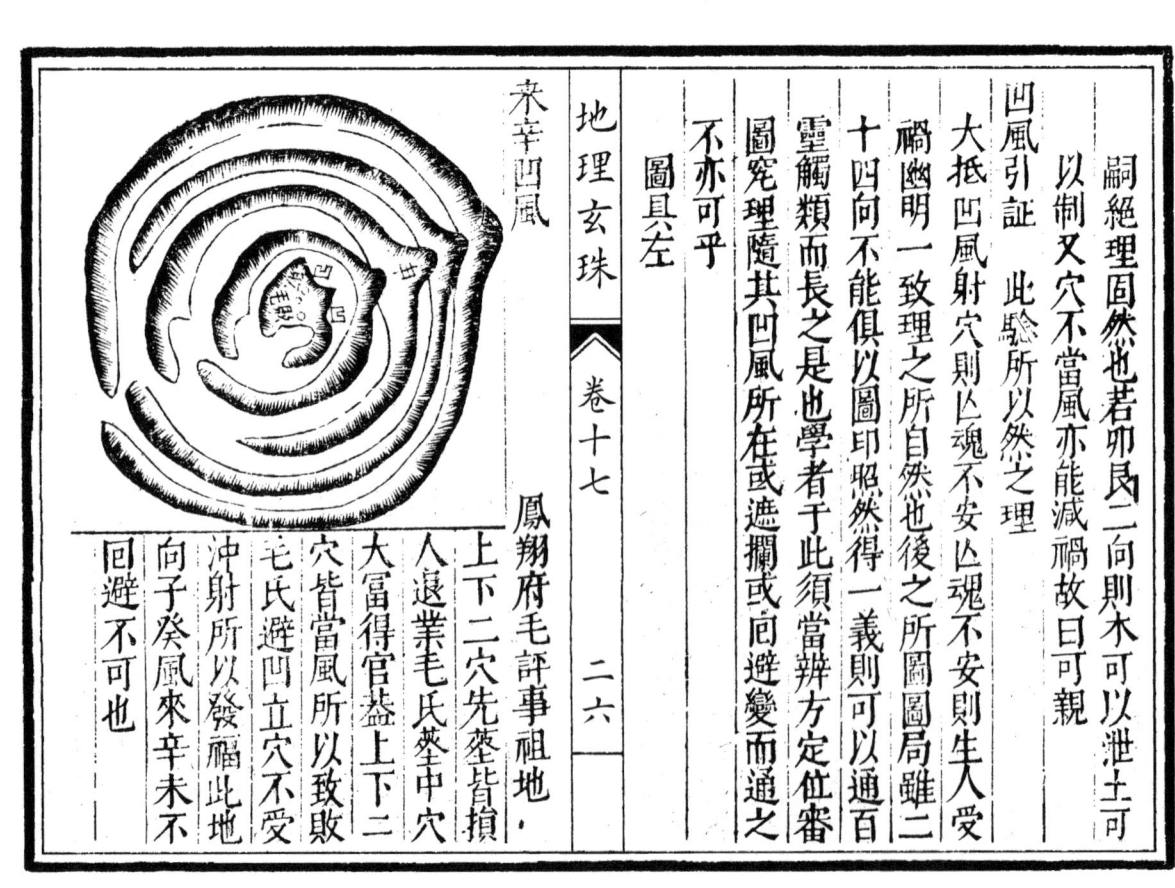

亥上凹風

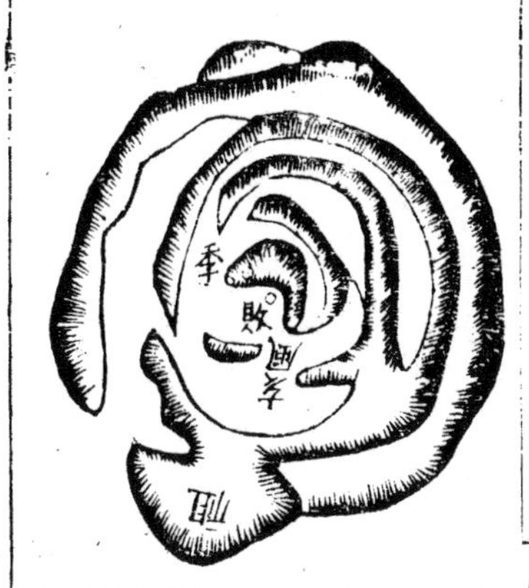

麟州李長者祖地

梳龍脈者穴當亥風殺後退敗李氏以祖龍爲遮峰回避凹風遂發大富以坐向言者乃論明堂若凹隱處在吉方則亦無害若風當穴雖在吉方亦凶矣

青龍凹風

陳五郎祖地

青龍斷腰缺處風直衝穴長房遂敗絕陳五郎係小房白虎豐厚護衛遂能富足此地後龍前沙皆不足貴但取之以爲凹風之一驗坐向亦不必論

左右凹風

并州杜將軍祖地

下穴先塟而敗上穴出一將軍累世富貴盖下穴兩脇空缺凹風顯露所以致敗上穴梳山避風纏護週密所以富盛悠久又遮有旗鼓所以武貴亦可以爲鑒云

穴右凹風

梨州高氏祖地

上穴先塟既敗而絕高氏後扦下穴粗足温飽盖上穴所以敗絕者立穴當凹受風也下穴所以穩足者立穴遠凹避風也此地龍氣賤而弱遮散本無足取然回避之驗亦可以爲法云

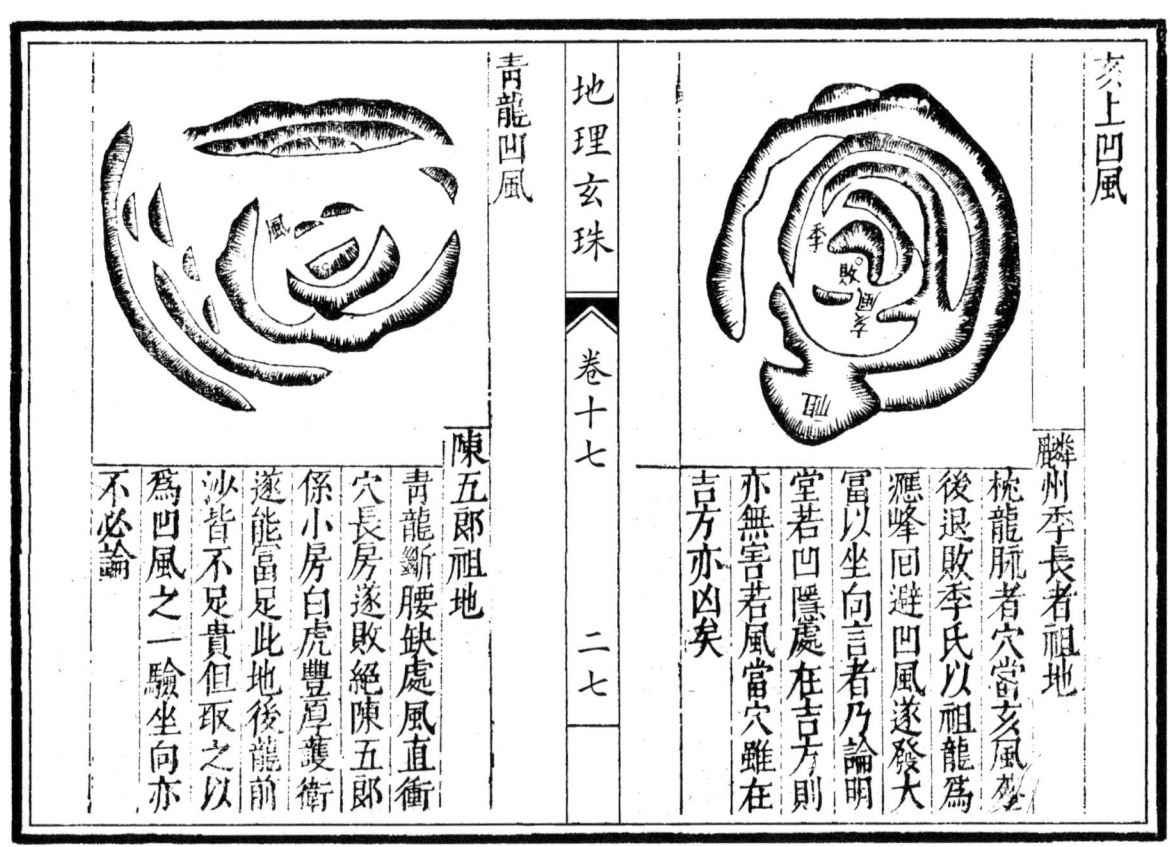

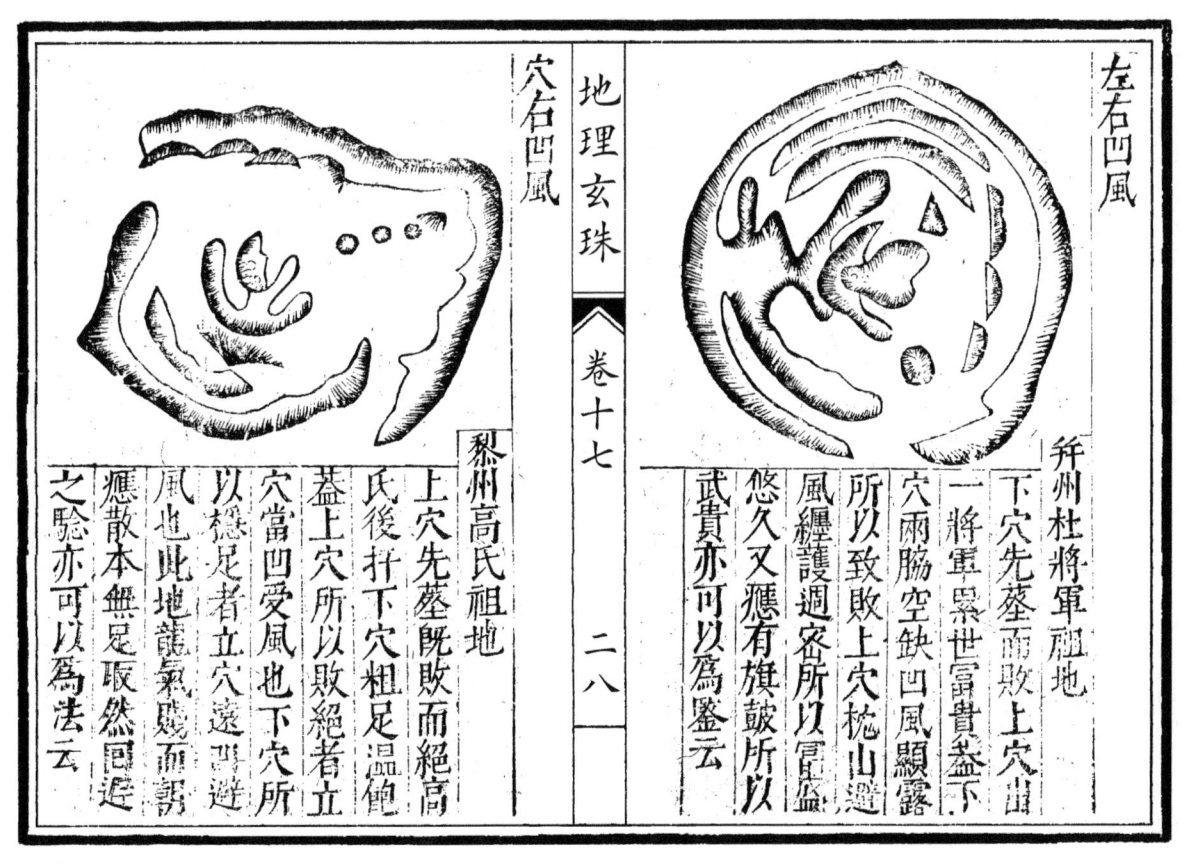

艮龍丙水

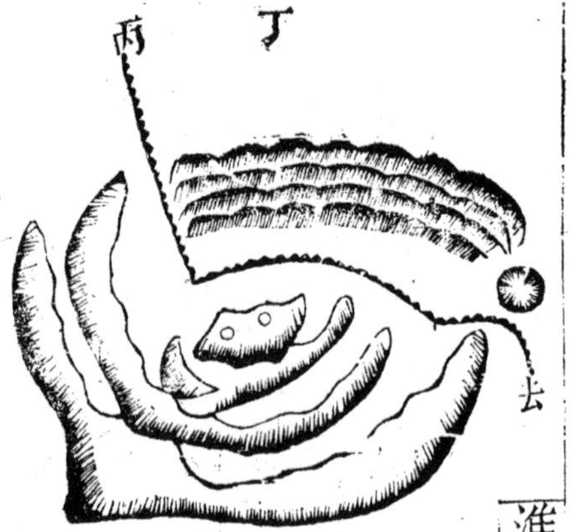

淮西徐氏祖地

艮龍丙水本爲正配初下左穴貪來水作丙向葬後家敗人夭旣而作右穴作丁向遂發富貴雙全葢左穴直朝沖射所以退敗右穴委曲朝堂所以發福吉凶又係形應不惟要合局也

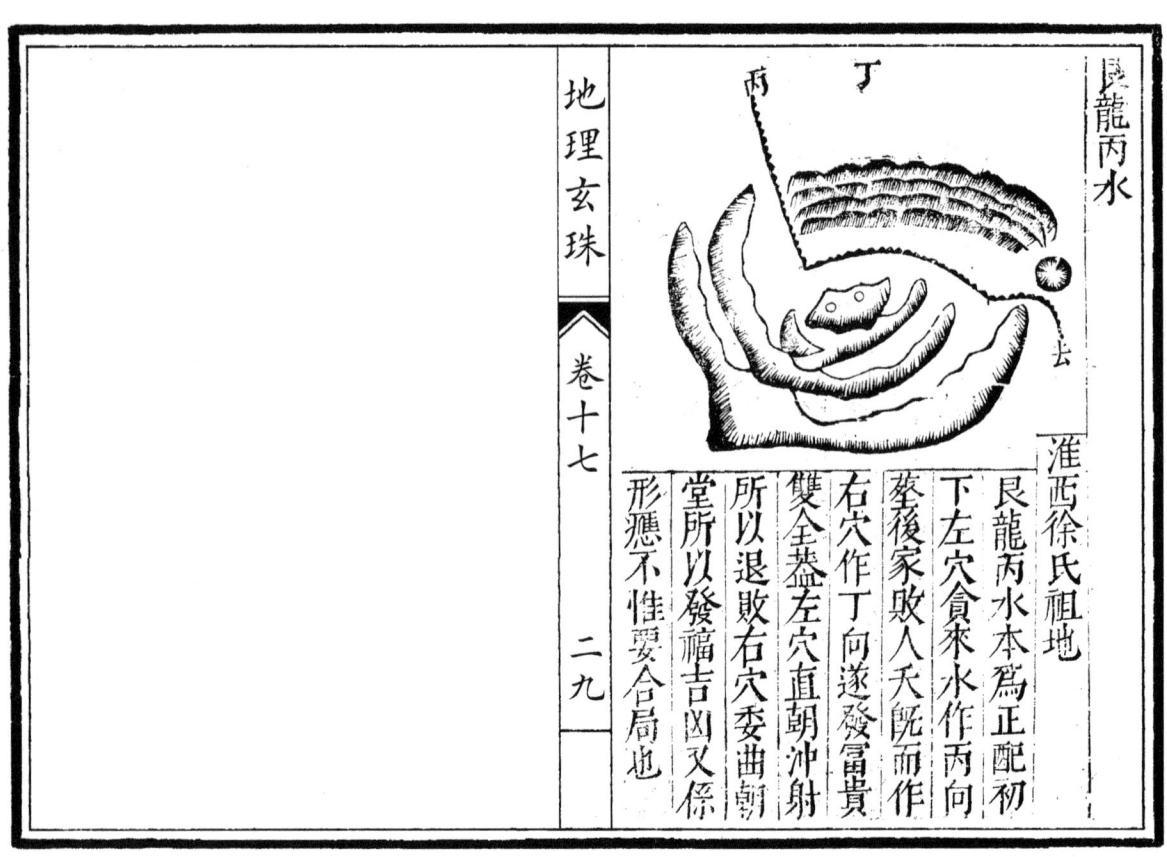

地理玄珠卷之十八

古吳太和山人夏世隆道弘甫著
梁溪半偈道人華善繼孟達甫校

理具天機二書

卦氣總論

自一氣初分三才肇用伏羲始畫八卦而周文王重之仰參天時之消息俯察地理之盛衰中觀人事之否泰卦也者所以明氣數測造化者也故有此三才即有此八卦重而至于六十四卦本無一卦可無一卦之中即有一卦之六神一卦之六神即有一卦之氣數上而太極下及細度其理無不具焉太而建都

邑次而卜宅兆固當排卦爻以推氣運迎旺擲而避休囚上合天文下順地理中參人情而三才之道攸寓自可以奪神工改天命斯爲理之至當術之至精而禍福吉凶如視諸掌矣奈何曲學鄙夫假借裝卦之名而昧用卦之實其取卦也或爲天地卦或爲人中卦再或壹中卦五鬼卦宗廟天星河圖八卦甚至梅花單于生氣天醫升玄雲陽五音推官之屬而坐向方位縱橫顛倒用之徒恃虛誕以秘其術各立異說以誇于人至于易卦更不加之意焉安望盤虛消長之能測富貴興亡之可定哉信矣夫時師著用卦

用卦還是錯正此謂也是以世俗之談地理者惟事粗略罔究玄微或安墳或立宅只以二十四山定其方位以一百二十分金定其坐向遂以爲盡善盡美而穿山透地細度星纏置之勿論嗟夫亦謬甚矣蓋二十四山祖宗也六十來龍坐穴父母也一百二十分金本身也三百六十五纏度子孫也金水日月子父財官三奇八門貴人祿馬當道之權英也刑傷尅殺窮途之冦盜也凡祖宗父母自巳子孫之榮皆受當道權英之庇祐遠窮途冦盜之侵凌趨吉避凶轉禍成福則貧賤可致富貴而夭者可延壽考矣此固

神工挽天命之玄機也若其間雖得祖宗之榮而父母或不振雖得本身之顯而子孫或不安當世權英或不臨窮途冦盜或不避其禍不旋踵而發將見退敗貧窭禍患死亾及覆宗絕嗣者亦多矣可勝痛哉故凡欲求善地者必須先審來龍行度入首結局到頭明白穴情眞正砂水應合垣局完固巒頭入體件件如法然後辨八卦天星之配合定二十四山之興衰詧七十二龍之關煞究六十龍之宜忌以二十八宿爲坐穴之宗以一百二十龍爲乘炁之主參之以三百六十五度之生尅繼之以目力心思之微則大

地俱在掌握而可以斡全造化矣否則毫釐之差千里之謬欲求善地徒爲力耳若專主二十四山而不問渾天之玄奥顧欲與人造福不猶緣木而求魚者哉其悞人亦甚矣噫

地紀五行　此原所以然之理　出寳鏡

地紀者寳鏡本卦七十二龍即所謂穿山虎是也寳鏡取七十二龍蓋以五日爲一候三候爲一氣渾天一週有二十四炁每炁分三候故有七十二候六十甲子爲六十龍各占五分外餘八干四維空處各占五分合而爲七十二以應七十二候其法以九宫飛

遁分二十四氣七十二候上中下三元照依奇門遁甲隨冬夏二至順逆起局以龍穴坐宫爲本卦再看龍穴干支屬何甲旬頭即以旬頭爲直符在何宫又遁尋龍穴落在何宫然後以直符加龍穴所落之宫則各宫隨符而轉便知何卦加于本卦之上以坐宫之卦爲下卦飛來之卦爲上卦湊成何卦方看其納甲以定財官子父之屬再看其世爻是何渾天持世穿定何宿却以七元伏斷演禽歌例陽順陰逆加去如日起虚月起鬼火箕水畢木氐金奎土翌之類則知金水日月三奇八門禄馬貴人財官子父輪居方位矣凡取地之法先看主龍及坐穴宫分次看要緊山水宫分得三奇八門金水日月吉于此飛宫更遇吉星妙無以加但難得兼全或飛宫既吉其本宫只得四吉亦可或得三奇亦可若本宫既得吉奇其飛臨或不合吉亦可凡本卦以飛臨爲重内卦以本宫爲重内卦本卦俱得吉星又合山水而用之此移龍換骨之奇法也移龍換骨則愈神矣故穿山甲子惟以禽遁起例陽局順布六儀逆布三奇陰局逆布六儀順布三奇收四吉之山發三奇之水坐禄馬貴人之穴閃五行關殺之路避陰陽差錯之位去星辰暗

伏之鄉取八干清奇之度量山步水尺寸無差用法至此極爲精密始與天地相應

節候穿山起例

陽局　六儀順　三奇逆

冬至驚蟄一七四　小寒二八五相隨

大寒春分三九六　芒種六三九是儀

穀雨小滿五二八　立春八五二相宜

清明立夏四一七　雨水九六三爲奇

陰局　六儀逆　三奇順

夏至白露九三六　小暑八二五之間

大暑秋分七一四　立秋二五八循環
霜降小雪五八二　大雪四七一相關
處暑排來一四七　立冬寒露六九三

遁法

假如庚子龍穴值坎爲本宮即爲坎卦冬至中候七宮起甲子順行則庚子在甲午旬內甲午即是符頭也從七宮甲子飛至坎宮得甲午兌宮得庚子遂以坎宮甲午加于兌宮庚子之上則艮在乾宮震在坎宮矣庚子本是坎卦加震于其上是爲雷水解卦也陽局類推

又如兌宮丁酉龍穴本爲兌卦丁酉在甲午旬內符頭即甲午是也白露上候九宮起甲子逆行則甲午在乾宮丁酉在震宮矣遂以甲午乾宮加于丁酉震宮之上隨運而轉則兌宮輪值巽加矣丁酉本是兌卦而上以巽加臨是爲風澤中孚也陰局類推

假如子父財官以癸未龍穴爲例遁成離卦小暑上候八宮起甲子逆行則乙丑七丙寅六丁卯五依次逆去則巳丑子在一宮巳未子在七宮巳卯父在二宮巳酉財在八宮巳亥官在九宮便知子父財官方位矣舉一逆局餘可類推

假如金水日月以丙寅龍穴爲例遁成小過卦是渾天庚午持世却以晉局氐土貉加于丙寅數至庚午值箕宿是世爻穿得箕水豹也水宿起畢立春上候八宮起甲子畢宿順行則九宮觜一宮參是水二宮井三宮鬼是金四宮柳五宮星是日寄坤六宮張是月依次順去便知金水日月到位矣舉一陽局餘可例推

假如祿馬貴人以癸卯龍穴爲例春分中候九宮起甲子順行則乙丑一丙寅二丁卯三依次順去則

壬子眞祿眞貴人在三宮丁巳眞馬在八宮庚申眞貴人在二宮則知祿馬貴人方位矣舉一順局餘局順逆依例而推

假如乙丙丁三奇例陽局九宮起甲子順行奇逆則乙奇在八宮丙奇在七宮丁奇在六宮若或陰局九宮起甲子逆行奇順則乙奇在一宮丙奇在二宮丁奇在三宮則知三奇方位矣舉一局餘類推

星宿管局

角木蛟　亢金龍　氐土貉　房日兎　心月狐　尾火虎　箕水豹
斗木獬　牛金牛　女土蝠　虛日鼠　危月燕　室火豬　壁水㺄

奎木狼 婁金狗 胃土雉 昴日雞 畢月烏 嘴火猴 參水猿

井木犴 鬼金羊 柳土獐 星日馬 張月鹿 翌火蛇 軫水蚓

假如六甲以甲子爲首二十八宿以角星爲首如甲子龍山加以角木蛟管局乙丑龍山加以亢金龍管局丙寅龍山加以氐土貉管局六十甲子却以二十八宿週而復始輪流加去便知六甲管局星宿矣

穿宿起例

演禽穿宿七元推日虚月鬼火從箕水畢木氐金奎位土宿還隨翌上移但看世爻何宿值七元穿定復何疑

假如甲子龍山遁戌坎卦戊子持世却以管局角宿加于甲子隨數至戊子見星宿值世是世爻穿得星日馬也日宿起虚便知二十八宿起例矣

山水作用

假如亥山一也而辛亥屬金要巽水來吉癸亥屬水要巽水去吉以金生于巳而水絕在巳也又透地辛亥與穿山丁亥上下相搭若丁亥得巽水去吉然于辛亥又有碍二法難以兩從剤量取舍但得主龍入穴合吉却看流水來去如何當别擇一坐穴斟酌內外所屬五行以消息之使來去叶吉不致相碍此又以穴用龍之妙法也非挽回造化之微權乎

又如巳酉龍山本音屬土却係木度中來雖爲受尅然兌山屬金而木度行龍爲財最吉但或奇吉星辰山水又作辛酉本氣之施設則本龍雖吉而照應不合非自然而然也即宜穴坐辛酉以收山水朝應則既得坐穴之吉而亦不失本山之氣此又脫龍就穴之妙用也或再以細度扶合尤妙

大抵水法來去與主龍合固爲切要然與坐穴尤關

利害且如坐庚子土山坤申水朝立見發福若坐壬子木山坤申水朝立見招禍可不愼歟

關殺差錯空亾

金関木而勞傷木関土而瘟癀土関水而遭瘟死水関火而人口亾火関金而災殃重五行相関大不祥于上相関猶可免支上相関禍莫當

右法用之以格限分金爲驗凡遇五行児上尅彼者爲関受尅者爲殺犯之皆敗絕

凡正針七十二山內八千四維中一線度爲大空亾犯之皆敗絕

凡正針七十二山内戊子巳丑庚寅等一十二位支
一線度爲大差錯犯之皆敗絕
凡七十二山界限中一線度爲小空亾犯之皆不吉
凡縫針渾天戊子巳丑庚寅等一十二龍經緯天地
之中界爲天地陰陽差錯大空亾犯之皆敗絕
巳上凡遇一線度中須要偏居左右則亦無害若
坐穴居一線之中無不敗絕最宜愼之
內外針法
據王趙卿以虛少張三爲正針之路七十二龍分金
作子午正針內暈三百六十五度分金作午丙中針

外暈故云先識穿山虎方行透地龍謂以穿山而運
透地也
蓋穿山六甲本于寳鏡謂之本卦法用地紀六十
甲子由坐穴以推山水之吉凶故地紀六甲取坐
穴參以天紀互用山水若有不合來山者卽以坐
穴收用
七十二龍定局
甲子金山　角宿管局　坎卦　戊子星宿持世
地紀七壬三子其氣應大雪上候而穿山甲子起
例于四宮逆行其山自危宿金水度中來乃帶福

德亦發富貴但金臨死地後亦未免休囚　穴宜
癸亥分金坐渾天庚子合印綬穴於危十度吉良
亥辛龍宜此穴
丙子水山　室宿管局　困卦　戊寅奎宿持世
地紀七子三壬其氣應大雪下候而穿山甲子起
例于一宮逆行其山自危宿金度中來乃爲印綬
更値自旺之地大發富貴攸久不替近戊子界金
木關殺宜避之　穴宜甲子分金坐渾天庚子危
六金度殺印相生大吉若徒旺相而用丙子分金
則犯關殺大凶

戊子火山　星宿管局　前師後蒙卦　戊午丙戌翌宿持世
地紀正子龍其氣應大雪冬至之交而穿山甲子
起例前大雪中候七宮逆後冬至中候七宮順行
其山來自虛危木度中乃爲生氣亦能發福然係
殺旺宮更値陰陽差錯未免離鄉破敗殘疾孤寡
穴宜前半辰丙子分金坐渾天壬子危二三木度
中合印綬穴壬癸寅甲龍宜此穴
庚子土山　斗宿管局　解卦　戊辰牛宿持世
地紀七子三癸其氣應冬至中候而穿山甲子起
例于七宮順行其山來自虛宿　土度更値自旺之

地大發官祿世代悠久壬午界犯關殺宜避之
穴宜庚子分金坐渾天乙丑合福德穴扦虛五六
度中大吉龍局同前
壬子木山　參宿管局　解卦　戊辰牛宿持世
地紀七癸三子其氣應冬至上候而穿山甲子起
例于一宮順行其山自女虛水度中來印綬生身
主富貴彌崇兼旺人財　穴宜丙子分金坐渾天
丁丑女九度合印綬大吉亥艮兌庚龍宜此穴
正癸水山
地紀正癸龍無禽星所管無卦氣所屬印居天干

之空位其山自女宿金度中來雖爲印綬然見大
空亡一發而敗殘疾離鄉　穴宜避正度用庚子
分金坐渾天巳丑合財帛穴扦女四五度中吉龍
局同前
乙丑金山　亢宿管局　渙卦　辛巳昴宿持世
地紀七癸三丑其氣應小寒上候而穿山甲子起
例于二宮順行其山自牛宿木度財帛中來亦發
富貴但自墓之地一發而衰遜流火亡孤寡繼贅
穴宜壬子分金坐渾天辛丑合印綬穴吉
丁丑水山　壁宿管局　渙卦　辛巳昴宿持世

地紀七丑三癸其氣應小寒下候而穿山甲子起
例于五宮順行其山自斗牛土木度中來乃帶關
殺出僧道尼姑禮拜神佛　穴宜丁丑分金坐渾
天癸丑合福德穴扦牛一二度中吉亥艮龍宜此穴
巳丑火山　張宿管局　上未濟 下遁卦　戊午翌 丙午奎 宿持世
地紀正丑龍其氣小寒大寒之交而穿山甲子起
例上半辰小寒下候五宮下半辰大寒下候六宮
順行其山自斗宿火土度中來雖帶福德然犯陰
陽差錯主災害流離困苦夭折　穴宜下半辰辛
丑分金坐渾天丙寅爲生氣扦斗十八九度中吉

龍局同前
辛丑土山　女宿管局　漸卦　丙申心宿持世
地紀七丑三艮其氣應大寒中候而穿山甲子起
例于九宮順行其山自斗宿火度兼木而來殺印
相生更值自養之地大發富貴文武全材　穴宜
辛丑分金坐渾天丙寅合印綬穴扦斗十六七度
中大吉戊寅龍最宜此穴
癸丑木山　井宿管局　艮卦　丙寅箕宿持水
地紀七艮三丑其氣應大寒上候而穿山甲子起
例于三宮順行其山自斗宿火度中來乃是福德

大發富貴人材蕃衍　穴宜丁丑分金坐渾天戊
寅合財帛穴扦斗九十度中大吉壬子癸甲乙龍
宜此穴

正艮土山

地紀正艮龍無禽星所管無卦氣所屬乃坐四維
之空位其山自斗宿金度中來雖爲福德然犯大
空亾更值天紀庚寅木爲鬼殺夭折貧敗終亦不
免無吉度可坐穴

丙寅火山　氐宿管局　小過　庚午箕宿持世

地紀七艮三寅其氣應立春上候而穿山甲子起

例于八宮順行其山自箕斗水度而來乃爲鬼殺
本龍受制然係自生之地亦能發達久後則主敗
壞入舍塡房　穴宜辛丑分金坐渾天壬寅合財
帛穴扦箕十一度中龍局同前

戊寅土山　奎宿管局　謙卦　癸亥房宿持世

地紀七寅三艮其氣應立春下候而穿山甲子起
例于二宮順行其山自箕宿水土度中來乃帶關
殺雖有水度爲財而發福亦不久主少亾孤寡風
魔　穴宜避殺用丙寅分金坐渾天甲寅合財帛
穴扦箕三度吉龍局同前

庚寅木山　翌宿管局　上旅下謙卦　丙辰星癸亥房宿持世

地紀正寅龍其氣立春雨水之交而穿山甲子起
例于立春下候二宮下雨水下候三宮順行其山
自危宿土木度中來乃帶關殺更值陰陽差錯主
夭折瘋癱傷殘敗絕難以立穴

壬寅金山　虛宿管局　旅卦　丙辰星宿持世

地紀七寅三甲其氣應雨水中候而穿山甲子起
例于六宮順行其山自尾宿木度中來乃爲財帛
僅可發富然亦自絕之地不久貧敗風癱更值渾
天丁卯尅制無吉度可坐穴

甲寅水山　鬼宿管局　艮卦　丙寅箕宿持世

地紀七甲三寅其氣應雨水中候而穿山甲子起
例于六宮順行其山自尾宿金水度中來乃帶印
綬亦能發福但風夭殘疾終不能免　穴宜丙寅
分金坐渾天辛卯合福德穴扦尾六水度吉卯艮
巽巳龍宜此穴

正甲木山

地紀正甲龍無星禽所管無卦氣所屬乃坐天干
之空位其山自尾宿水度中來乃爲印綬亦能發
福然犯大空亾未免流離敗絕難以扦穴不得已

則審龍定局偏居左右擇吉度而用之
丁卯火山　房宿管局　無妄　壬午畢宿持世
地紀七甲三卯其氣應驚蟄上候而穿山甲子起例于一宮順行其山自心宿水土度中來乃帶関殺未免流離夭折破敗刑傷避前趨後下半辰福德主事則富貴利達穴宜壬寅分金坐渾天癸卯合財帛穴扦心一二土度中合福德度大吉
己卯土山　婁宿管局　順卦　丙戌鬼宿持世
地紀七卯三甲其氣應驚蟄上候而穿山甲子起例于一宮順行其山自房宿土度中來然帶木度

関殺富貴而未免刑傷前半辰避殺吉　穴宜乙卯分金坐渾天癸卯合福德穴扦房五度大吉艮丙丁龍宜此穴
辛卯木山　軫宿管事　上隨卦 下噬嗑　庚辰參 己未軫 宿持世
地紀正卯龍其氣應驚蟄春分之交而穿山甲子起例上半辰驚蟄下候四宮下半辰春分下候六宮順行其山來自氐宿木度中雖爲自旺之地然犯陰陽差錯縱發福而不久穴宜偏居左右審龍定局擇吉度而用之
癸卯金山　危宿管局　震卦　庚戌畢宿持世
地紀七卯三乙其氣應春分中候而穿山甲子起例于九宮順行其山自氐宿火度中來乃犯鬼殺福分淺薄夭折貧窮　穴宜辛卯分金坐渾天戊辰合財帛穴扦氐宿十一度中龍局同前
乙卯水山　柳宿管局　屯卦　庚寅氐宿持世
地紀七乙三卯其氣應春分中候而穿山甲子起例于九宮順行其山自來氐宿水度中乃是自死之地主貧窮下賤多凶孤寡　穴宜丁卯分金坐渾天庚辰合印綬穴扦氐三度大吉艮丙巽巳龍宜此穴

正乙木山
地紀正乙龍無星禽所管無卦氣所屬乃居天干之空位其山來自氐宿土度兼水乃帶関殺更值大空亡主貧夭孤寒多招繼贅難以立穴
戊辰木山　心宿管局　噬嗑　己未軫宿持世
地巳七乙三辰其氣應清明上候而穿山甲子起例于四宮順行其山自亢宿土木度中來乃帶関殺出跛足火亡蝗蛉招贅　穴宜辛卯分金坐渾天壬辰合印綬穴扦亢六度中吉龍局同前
庚辰金山　胃宿管局　震卦　庚戌畢宿持世

地紀七辰三乙其氣應清明中候而穿山甲子起例于一宮順行其山自亢宿木度財帛中來亦能發富兼出武貴但性剛而少仁厚更值渾天甲辰火剋制難以立穴

壬辰水山　角宿管局　上復下姤卦　庚子牛辛丑女宿持世

地紀正辰龍其氣應清明穀雨之交而穿山甲子起例上半辰清明下候七宮下半辰穀雨下候八宮順行其山自角宿火度中來是爲財帛亦能發富然犯陰陽差錯貴人祿馬不臨之地主禍害流亡繼贅敗絕難以立穴

甲辰火山　室宿管局　巽卦　辛卯房宿持世

地紀七辰三巽其氣應穀雨下候而穿山甲子起例于八宮順行其山自角宿金度中來乃爲財帛然亦小可衣食難免跛足落水夭亡敗絕　穴宜庚辰分金坐渾天巳巳合印綬穴扦角二三度吉甲乙辰龍宜此穴

丙辰土山　星宿管局　升卦　癸丑張宿持世

地紀七巽三辰其氣應穀雨中候而穿山甲子起例于二宮順行其山來自軫宿木度兼金乃帶關殺此係巽龍輔弼亦發富貴然氣不能純多主美中不足趨避則吉而悠久　穴宜丙辰分金坐渾天辛巳合福德穴扦軫十三四度中吉龍局同前

正巽木山

地紀正巽龍無星禽所管無卦氣所屬乃居四維之空位其山自軫宿木土度中來關殺相侵兼犯大空亡主破敗夭折凶多吉少　穴宜偏居左右審龍配局擇吉度而用之中一線切宜忌之

己巳木山　尾宿管局　鼎卦　己巳尾宿持世

地紀七巽三巳其氣應立夏中候而穿山甲子起例于一宮順行其山自軫宿土度中來是爲財帛

暫旺牛田然亦木病土絕之地不久休囚何足取也　穴宜庚辰分金坐渾天癸巳合印綬穴扦軫六七度吉龍局同前

辛巳金山　昴宿管局　大過　丁亥柳宿持世

地紀七巳三巽其氣應立夏上候而穿山甲子起例于四宮順行其山自翌軫火度中來雖犯鬼殺然肖生之地最能旺財旺丁女美色而賢　穴宜丁巳分金坐渾天乙巳雖爲受剋而金生于巳身旺則宜官殺也扦翌十九度大吉巽丙丁龍宜此

癸巳水山　亢宿管局　上下巽卦　辛卯房宿持世

地紀正巳龍其氣應立夏小滿之交而穿山甲子起例上半辰立夏下候七宮下半辰小滿下候八宮順行其山自翌宿金度中來乃爲生氣亦發小貴催旺人財然犯大差錯兼自絶之位久亦敗壞穴宜下半辰辛巳分金坐渾天辛巳翌十三度殺印相生吉龍局同前

乙巳火山　壁宿管局　恒卦　辛酉亢宿持世

地紀七巳三丙其氣應小滿下候而穿山甲子起例于八宮順行其山自翌宿金水度中來財生鬼殺吉人不臨雖發福而不久　穴宜辛巳分金坐渾天丁巳合福德穴扦翌十一度吉龍局同前

丁巳土山　張宿管局　蠱卦　辛酉亢宿持世

地紀七丙三巳其氣應小滿中候而穿山甲子起例于二宮順行其山自翌宿水土度中來乃帯関殺雖亦發福久後則主傷殘趨避則吉　穴宜偏居左右審龍擇度而用之午乙坤申龍宜此穴

正丙火山

地紀正丙龍無星禽所管無卦氣所屬乃居天干之空位其山自翌宿木土度中來乃犯関殺更値大空亡繼贅淫佚火灾終亦難免　穴宜上半辰

丁巳分金坐渾天壬午合印綬穴扦翌二十度爲福德度吉龍局同前

庚午土山　箕宿管局　豊卦　庚申角宿持世

地紀七丙三午其氣應芒種中候而穿山甲子起例于三宮順行其山自張翌木火度中來殺印相生大發富貴然氣雜不純不能攸遠趨避則吉

穴宜辛巳分金坐渾天甲午合福德穴扦張十三四度中龍局同前

壬午木山　畢宿管局　家人　巳丑張宿持世

地紀七午三丙其氣應芒種上候而穿山甲子起例于六宮順行其山自張宿火度中來福德旺位火性甚急速發富貴近甲午犯関殺宜避之吉

穴宜甲午分金坐渾天丙午合印綬穴扦張八度大吉坤申乙辰龍宜此穴

甲午金山　氐宿管局　上下離卦　巳巳女宿持世

地紀正午龍其氣應芒種夏至之交而穿山甲子起例上半辰芒種上候六宮順下半辰夏至上候九宮逆行其山自張宿金水度中來乃帯福德最能速發富貴然犯陰陽差錯豈能攸久後主敗絶難以立穴

丙午水山　奎星管局　明夷　癸丑井宿持世

地紀七午三丁其氣夏至下候而穿山甲子起例于六宮逆行其山自星宿金度中來雖爲印綬然亦小可富貴殄于興廢更值渾天辛未土尅制宜審龍配局擇吉度而穴之龍局同前

戊午火山　翌宿管局　既濟　巳亥危宿持世

地紀七丁三午其氣應夏至中候而穿山甲子起例于三宮逆行其山自柳宿金土度中來是爲財福大發富貴兼旺人財福祿壽全美　穴宜丙午分金坐渾天癸未合印綬穴扦柳十一二大度中大吉午乙坤申龍宜此穴

正丁火山

地紀正丁龍無貪星所管無卦氣所屬乃居天干之空位其山來自柳宿水土度中乃犯關殺更值大空亡縱使豐衣足食而夭折風癱殆亦不免穴宜丙午分金坐渾天癸未合印綬穴扦柳九十土度爲福德度大吉龍局同前

辛未土山　斗宿管局　革卦　丁亥柳宿持世

地巳七丁三未其氣應小暑中候而穿山甲子起例于二宮逆行其山自柳宿水火度中來財傷印

綬更帶關殺雖亦發福未免殘疾刑傷　穴宜庚午分金坐渾天乙未合福德穴扦柳四五度中吉龍局同前

癸未木山　觜宿管局　離卦　巳巳女宿持世

地紀七未三丁其氣應小暑上候而穿山甲子起例于八宮逆行其山自井鬼火度中來是爲福德主早年科第富貴求遠齒德俱尊仁慈好善　穴宜丁未分金坐渾天丁未合印綬穴扦井三十度中大吉巽巳庚酉龍宜此穴

乙未金山　房宿管局　上萃下萃卦　丁亥軫乙巳壁宿持世

地紀正未龍其氣小暑大暑之交而穿山甲子起例上半辰小暑上候八宮下半辰大暑上候七宮逆行其山自井宿金度中來乃是比和但值陰陽差錯雖亦發福定主看經遲俠疾病夭亡更又渾天巳未火爲尅殺不足取用穴亦難扦

丁未水山　娄星管局　預卦　乙未斗宿持世

地紀七未三坤其氣應大暑下候而穿山甲子起例于四宮逆行其山來自井宿金木度中乃帶關殺然印綬福德亦暫發福定主好佛而出僧尼未免刑傷　穴宜辛未分金坐渾天巳未合財帛穴

扦井二十二三印度中吉龍局同前

巳未火山　軫宿管局　晉卦　巳酉井宿持世

地紀七坤三未其氣應大暑下候而穿山甲子起例于四宮逆行其山自井宿木火度中來乃帶印綬世代富貴但亢陰司權主女人多壽老母持家穴宜乙未分金坐渾天壬申合財帛穴扦井十六七木度為印綬度大吉巽丙丁庚酉辛龍宜此穴

正坤土山

地紀正坤龍無星禽所管無卦氣所屬乃居四維之空位其山自井宿水火度中來乃犯關殺更值大空亾主夭亾孤寡刑傷敗絕　穴宜丁未分金坐渾天甲申合財帛穴扦井十二三印綬度吉龍局同前

壬申金山　牛宿管局　觀卦　辛未危宿持世

地紀七坤二申其氣應立秋中候而穿山甲子起例于五宮逆行其山自井宿金水度中來乃帶福德亦能發福旺祿但陰盛陽衰未免夭亾孤寡穴宜癸未分金坐渾天戊申合印綬穴扦井四五金度中吉龍局同前

甲申水山　參宿管局　坤卦　癸酉壁宿持世

地紀七申三坤其氣應立秋中候而穿山甲子起例于五宮逆行其山自參井金度中來乃是印綬更值自生之地富貴雙全兼旺人物　穴宜丙申分金坐渾天戊申井九度殺印相生大吉午坤龍宜此穴

丙申火山　心宿管局　上否下萃卦　乙卯柳乙巳壁宿持世

地紀正申龍其氣應立秋處暑之交而穿山甲子起例上半辰立秋上候二宮下半辰處暑上候一宮逆行其山自參宿木度中來雖為印綬然係木絕火病之地更側陰陽差錯未免夭亾敗絕無吉度可立穴

戊申土山　胃宿管局　萃卦　乙巳昴宿持世

地紀七申三庚其氣應處暑下候而穿山甲子起例于七宮逆行其山自畢宿土度中來乃為比和更值自生之地小可發福兼旺人丁但不能悠遠穴宜庚申分金坐渾天癸酉合福德穴扦參一度吉龍局同前

庚申木山　角宿管局　坤卦　癸酉壁宿持世

地紀七庚三申其氣應處暑下候而穿山甲子起例于七宮逆行其山來自畢宿水度兼上財傷印

綬兼帶關殺吉八不臨傷殘夭折　穴宜丙申分
金坐渾天乙酉合印綬扦畢十度土度吉午坤申
龍宜此穴

正庚金山

地紀正庚龍無禽星所管無卦氣所屬乃居天干之空位其山自畢宿水火度中來乃帶關殺更值大空亡雖小可衣食未免刑傷敗絕　穴宜丙申分金坐渾天乙酉合福德穴扦畢八九度福德吉龍局同前

癸酉金山　女宿管局　兌卦　丁未婁宿持世

地紀七庚三酉其氣應白露中候而穿山甲子起例于三宮逆行其山自畢宿木火度中來財生鬼殺總發富貴不能耐久　穴宜壬申分金坐渾天巳酉合印綬穴扦昴十一度吉龍局同前

乙酉水山　井宿管局　歸妹　丁丑昴宿持世

地紀七酉三庚其氣應白露中候而穿山甲子起例于三宮逆行其山自昴宿木度中來是爲福德出剛毅忠貞大富大貴雖渾天巳酉土剋制然有木度食神自能反煞成權　穴宜丁酉分金坐昴七八度吉庚辛亥未龍宜此穴

丁酉火山　尾宿管局　上中孚 下損卦　辛未危 丁巳張宿持世

地紀正酉龍其氣應白露秋分之交而穿山甲子起例上半辰白露上候九宮下半辰秋分上候七宮逆行其山自昴宿土度中來乃是福德主少年科第世代榮顯但正中一路乃犯陰陽差錯難以立穴　穴宜上半辰丁酉分金坐渾天辛酉合印綬穴扦昴四度大吉龍局同前

巳酉土山　昴宿管局　歸妹　丁丑昴宿持世

地紀七酉三辛其氣應秋分上候而穿山甲子起例于七宮逆行其山來自胃宿金度中乃是福德主出英才忠孝富貴悠久　穴宜辛酉分金坐渾

天甲戌合印綬穴扦胃十三四度中大吉龍局同前

辛酉木山　亢宿管局　履卦　壬申室宿持世

地紀七辛三酉其氣應秋分下候而穿山甲子起例于四宮逆行其山自胃宿土度中來乃是財神主少年金榜翰苑留芳攸久不替　穴宜丁酉分金坐渾天丙戌合財帛穴扦胃六度大吉壬子癸坤申乾龍宜此穴

正辛金山

地紀正辛龍無旁星所管無卦氣所屬乃居天干之空位其山自娄胃水度兼土而來乃帶關殺更值大空亡縱來脉清秀亦主誤人不足取也亦無吉度可立穴

甲戌火山　虛宿管局　兑卦　丁未娄宿持世

地紀七辛三戌其氣應寒露下候而穿山甲子起例于三宮逆行其山自娄宿水度中來乃犯鬼殺更值自墓之地雖發達而不能永久定主傷殘敗壞　穴宜辛酉分金坐渾天戊戌合印綬穴扦娄十一度中龍局同前

丙戌土山　鬼宿管局　履卦　壬申室宿持世

地紀七戌三辛其氣應寒露中候而穿山甲子起例于九宮逆行其山自娄宿金度中來是爲福德亦發富貴然娄金火庫一發如雷一敗如灰　穴宜丙戌分金坐渾天庚戌合福德穴扦娄四度中龍局同前

戊戌木山　箕宿管局　上履下夬卦　壬申室丁酉女宿持世

地紀正戌龍其氣應寒露霜降之交而穿山甲子起例上半辰寒露上候六宮下半辰霜降下候五宮逆行其山自奎娄火度中來雖爲福德然犯陰陽差錯更爲暗殺所藏出人奸盗徒流路死敗絶亦無吉度可立穴

庚戌金山　畢宿管局　大有　甲辰胃宿持世

地紀七戌三乾其氣應霜降上候而穿山甲子起例于五宮逆行其山自奎宿木火度中來財生鬼殺多凶少吉敗亡絶嗣無吉度可扦穴

壬戌水山　氐宿管局　需卦　戊戌虛宿持世

地紀七乾三戌其氣應霜降下候而穿山甲子起例于二宮逆行其山自奎宿火度兼木而來乃是福德生財主出文武全材大富大貴但此山最難

結局　穴宜丙戌分金坐渾天乙亥合財帛穴扦奎九木度爲福德度大吉亥辛兑庚龍宜此穴

正乾金山

地紀正乾龍無旁星所管無卦氣所屬乃居四維之空位其山自奎宿火度中來乃是鬼殺更值大空亡亢陽之位主出鰥夫凶敗忤逆絶嗣無吉度可扦穴

乙亥火山　危宿管局　大有　甲辰室宿持世

地紀七乾三亥其氣應立冬下候而穿山甲子起例于三宮逆行其山自壁宿土度中來乃是福德

大發富貴然來脉不純亦能爲禍不足取用穴
宜庚戌分金坐渾天巳亥合印綬穴扦壁八九度
中吉龍局同前

丁亥土山　柳宿管局　大壯　庚午虛宿持世

地紀七亥三乾其氣應立冬中候而穿山甲子起例于九宫逆行其山自室壁水度財帛宫來更值臨官貴人之位主大貴極品人財蕃盛攸久不替穴宜丁亥分金坐渾天辛亥合福德穴扦室十八度大吉亥艮辛龍宜此穴

巳亥木山　斗宿管局　上夬下需卦　丁酉女戊戌虛宿持世

地紀正亥龍其氣應立冬小雪之交而穿山甲子起例上半辰立冬中候九宫下半辰小雪中候八宫逆行其山自室宿水木度中來乃是自生之地發福與丁亥同但正中一路犯陰陽差錯穴宜避之　前穴宜丁亥分金坐渾天辛亥室十七水度爲印綬度　後穴宜辛亥分金坐渾天癸亥合印綬穴扦室十三度中大吉龍局同前

辛亥金山　嘴宿管局　泰卦　甲辰胃宿持世

地紀七亥三壬其氣應小雪上候而穿山甲子起例于五宫逆行其山自室宿金木度中來乃帶財帛亦能發富但兼關殺相侵更值自病之地主風勞瘟役少亡敗壞　穴宜辛亥分金坐渾天癸亥合福德穴扦室十一木度大吉龍局同前

癸亥水山　房宿管局　乾卦　壬戌箕宿持世

地紀七壬三亥其氣應小雪下候而穿山甲子起例于二宫逆行其山自室宿火金度中來財傷印綬更帶關殺然臨官之位亦發富貴而夭折刑傷殆亦不免　穴宜丁亥分金坐渾天丙子合旺和穴扦室二三度中大吉亥艮辛龍宜此穴

正壬水山

地紀正壬龍無禽星所管無卦氣所屬乃居天干之空位其山來自危室火度爲財亦能發富但帶水度關殺更值大空亡前半辰則吉後半辰則主夭折總難立穴

右穿山六甲與渾天六甲方位雖參差不齊然渾天取主龍穿山取坐穴皆同七十二候起道成卦每卦四吉三奇財官子父貴人祿馬飛臨定局俱詳備于天紀凡用是法即與天紀同例茲不多贅

地理玄珠卷之十九

古吳太和山人夏世隆道弘甫著

梁溪半偈道人華善繼孟達甫校

平分瀛海

平分五行　出　經

此外卦平分六甲即陳彥纆六十分金坐穴之秘也謂之光明大照圖考其文字上而五運六氣具乎其上中而七宿度數列于其次下而支于五行位乎其間立此以爲標準之義本必不正其末與影爲曲多矣豈可徒延其說而不求其源乎蓋以素書所用六甲進退盈縮與曆書不合星纒界隔與天度不合寶鏡所用六甲虛實斷續與天度氣數不合然古人相傳已久各有所主不敢輕變但天地間陰陽升降流行六甲相催其中不容毫髮今乃盈縮斷續不均恐非天地間自然之定理故本法去七十二龍之空位縮而爲六十龍裁渾天甲子分度之不齊均而爲平等只用六十甲子平分三百六十度爲正蔡西山六十分金亦此法也今雖不得其全文其法祖京房易理用六十卦統三百六十日每卦管六日有奇若用三百六十五度四分度之一每卦管六度有奇如是則六十甲子皆無空鈌六十卦亦皆周遍其餘藏乎

六十甲子之内以一時八刻各分初正刻是也蓋以每辰率管六分其始終各半分中屬五分八千四維中一線仍是空處直下透底皆無六甲此便是陰陽空亾之位凡下穴格山悉宜避之然不特于維有空處凡六甲始半分爲初氣終半分爲末氣五行相代無所適主當其空處皆不宜用之今從二十四位之下平分六十甲子則六甲並行秩然整齊無所差悞以素書六甲取主龍寶鏡六甲取坐穴龍穴水神既皆合法却以瀛海經裝起分金外卦每辰六分前後兩半分不用只用五分此分不合移就彼分以合吉宿此蓋由人所擇隨機應變者也今欲正其名稱當以素書爲來龍内卦寶鏡爲坐穴本卦瀛海經爲分金外卦寶鏡不及分金而瀛海始定平分三百六十度也如此分析則知三說立法雖殊實則互相爲用而不至于相悖也故大照圖乃爲衆法之標準内外取則以爲之依歸則于六甲五行無欠無餘連屬不斷至于二十四位砂水坐向悉可通行而無碍真足以補諸家之遺鈌而爲京房蔡氏六十龍之左契矣蓋二十四位爲父母六十甲子爲諸子當諸子用事則父母退處于不用之地至于諸子無所管攝則權

復歸于父母故當六甲相代之間去其正空輔其初末氣借父母之力爲砥柱則事由父母而勿問諸子矣智者權宜消息之眞竒法也知此則亦何嫌于二十四位七十二龍渾天六十甲子一百二十分金爲齟齬不合哉

假如壬山丙向丁亥分金乃係平分六甲癸亥管局必須穴坐渾天丙子室二三度方爲全吉若坐室四度則犯關殺坐室一度則犯小空亾屬巳亥分金矣所謂差之毫厘禍福千里是也然于坐度其可不加之意乎

先天候卦

此先天流行之易入用之卦也法以雷風火地澤天水山加于八卦之上而成六十四卦內除乾坤坎離四卦以爲主宰而居無爲之天實統諸卦之氣以六十卦配六十甲子而推排爻象運于週天地法因之以驗吉凶者八宮皆首雷者帝出乎震也

後天金卦

此後天分金之卦也六十甲子配六十四卦內除坎離震兌四卦葢坎離爲陰陽之樞紐震兌爲日月之門戶實統于六十卦內耳此後天之卦位應周天之節候地法因之以晵生氣審孤虛旺相以明吉凶者也重六十而爲百二十分金皆本乎此

孤虛旺相

先賢李筌云五氣孤虛旺相皆從卦氣而分乾三陽也中爻爲本卦之體分上下二爻于甲干是二陽也二陽爲亢故爲陽之孤氣坤三陰也中爻爲本卦之體分上下二爻于乙干是二陰也二陰爲極故爲陰之虛氣震爲陽卦下陽而上二陰也中爻爲本卦之體分上下二爻于庚于一陰一陽交合之象也故爲陽之旺氣巽爲陰卦下陰而上二陽也中爻爲本卦之體分上下二爻于辛于一陰一陽交合之象也故爲陰之相氣坎爲陽卦陽內而陰外也中爻爲本卦

之體分上下二爻于癸于是二陰也二陰爲極故爲陽之虛氣離爲陰卦陰內而陽外也中爻爲本卦之體分上下二爻于壬于是二陽也二陽爲亢故爲陰之孤氣艮爲陽卦上陽而下二陰也中爻爲本卦之體分上下二爻于丙于一陰一陽交合之象也故爲陽之旺氣兌爲陰卦上陰而下二陽也中爻爲本卦之體分上下二爻于丁于一陰一陽交合之象也故爲陰之相氣是故乾納甲甲爲陽于之首坤納乙乙爲陰于之首震納庚巽納辛離納壬兌納丁坎納癸艮納丙陽卦從陽于陰卦從陰于是也于是天陰天

陽地剛地柔一闢一闔主成有定變化無窮地法用相以制孤用旺以制虛避孤虛于本山成旺相于與域以復姤臨遁推天運以艮兌震巽乘地氣以甲丙戊庚壬爲陽分配于子寅辰午申戌之位以乙丁巳辛癸爲陰分配于巳卯丑亥酉未之位推排一百二十分金驗其孤虛旺相之卦以爲趨避之方中有戊巳一十二位爲龜甲空亾之殺蓋戊巳土于本無正位寄旺四季無可以爲生成之基故爲龜甲猶龜甲之堅氣之所不行者獨繞于支氣而不行于天以從地故也乃十二位地支之中也又有六甲補氣二十四位爲孤虛之空亾蓋日辰不完故爲孤虛其行地之際天陽地陰俱有其氣故有二十四位也但其間遇震巽艮兌成卦者爲旺相值乾坤坎離成卦者爲孤虛即此而推斯過半矣地法布氣行辰操神探鬼收山用水以爲人利利者地之宜也夫形麗于天氣行于地其孤虛旺相亦驗于理而已

假如渾天六甲來龍是辛亥納音屬金右耳乘氣坐壬向丙須要一百二十龍內丁亥分金爲旺氣棺上要分室二度土穴火度乃佳雖爲星度尅龍然金龍坐土穴已得印綬生身矣而土穴坐火度

則又爲生氣節節自外生內況渾天穴坐丙子又得以水濟火吉莫大焉若坐巳亥分金則犯空亾坐乙亥癸亥分金則犯孤虛矣餘倣此

廖公云穴向分金一百二十其間空于旬者二十四空于龜甲者二十四爲鬼殺者三十六所可用者三十六故曰得卦不得金枉費用工心得金不得卦謾自空門訴金卦兩全方爲上吉然龜甲之空又有説若龍合上格勢男形強殺氣太露宜用龜甲即是孤虛間亦有可取者須審龍穴合吉斟酌而用之神而明之存乎其人焉耳

分野

夫分野者二十八宿所分之封域也蓋先王晝野分州以星紀官故所封封域各有分星因星以辨其地之疆界因分以觀其國之妖祥如漢高入秦五星聚東井晉元王吳四星聚觜參楚子之將死歲淫于玄枵宋室之將火星見于火辰此皆分野星變之應自古有可徵者故堪輿家則之以决地理之符驗觀何方沙水秀應則以其兆而斷其官之所任假若秀峰在巳屬軫宿所分當生巳命貴人而治荆楚秀水在酉屬昴宿所分當生酉命貴人而治趙冀如曹武穆

祖地亥龍丙向丙上貴人秀特旗皷羅列所以兵權萬里威振江南沐國公祖地艮龍午向午水浩大洋朝河中巨石軒昂所以拜將封公世祿雲貴又四日高聳爲太陽升殿主貴近至尊富堪敵國四月端秀爲太陰升殿主女爲后妃男婚貴戚如朱師保祖地壬龍午向星日馬管局平地龍虎擂笏秀峰端拱捧天文官武庫列左右所以位登師保夏皇后祖地亥龍丙向張月鹿管局田心裡生出石粧臺銀梳牙篦列左右龍樓鳳閣爲遠朝所以女選嬪后此皆五行符合之定理智者觸類而長之則分金星野之徵驗斯亦可以得其槩矣

星宮定局

子宮自赤道女三至危十二凡三十度有奇玄枵之次爲齊之分野屬青州今山東登州萊州濟南東昌之地是也

丑宮自赤道斗三度至女二度凡三十度有奇星紀之次爲吳越之分野屬楊州今南京鳳陽等十四府浙江杭州等十一府江西南昌府等十三府廣東廣州等十府廣西梧州之地是也

寅宮自赤道心六至斗二度凡三十度有奇析木之

次爲燕之分野屬幽州今京師北直隸河間保定永平隆慶宣府保安遼東之地是也

卯宮自赤道亢七至心五凡三十度有奇大火之次爲宋之分野屬豫州今南直隸豊沛之地是也

辰宮自赤道軫七至亢六凡三十度有奇壽星之次爲鄭之分野屬兗州今河南開封汝寧之地是也

巳宮自赤道張十四至軫六凡三十度有奇鶉尾之次爲楚之分野屬荆州今南陽河南陝西漢中湖廣武昌等十府均州四州夔州半入廣西桂柳汝寧之地是也

午宮自赤道柳三至張十三凡三十度有奇鶉火之
次爲周之分野屬嵩州今河南一府柳貴州銅仁星張
屬河南南陽之地是也
未宮自赤道井六至柳二凡三十度有奇鶉首之次
爲秦之分野屬雍州今河南洛陽陝西都司西平
鞏昌延綏寧夏雲南鶴髮等軍民府之地是也
申宮自赤道畢三至井五凡三十度有奇實沉之次
爲晉魏之分野屬梁州益州今山西大原大同平
陽澤潞四川順慶于藩疊溪雲南十五府貴州同
人八府之地是也

酉宮自赤道婁十至畢二凡三十度有奇大梁之次
爲趙之分野屬冀州今北直隷順德廣平之地是
也
戌宮自赤道壁九至婁十凡三十度有奇降婁之次
爲魯之分野屬徐州今山東兖州之地是也
亥宮自赤道危十三至壁八凡三十度有奇娵訾之
次爲衛之分野屬并州今北直隷大名河南彰德
懷慶衛輝之地是也
吴公云二十八宿經星也非此無以正天下之分度
故上而在天則有纒度之多寡下而在地則有分野

之盈縮而分金坐向須于此而得其詳矣

分金定局

甲子分金　先天解卦　後天頤卦
金穴分在子癸乃是死氣之地對面火宮切玉爲
鬼殺又俱爲補氣之空陽之孤氣合作下格
子　分宿　危月燕　分野　青州東萊郡
癸　　　　虛日鼠　　　　青州齊郡

丙子分金　先天渙卦　後天孚卦
水穴分在子癸乃是旺位對面火宮切玉爲財帛
又俱陽之旺氣合作上格

子　分宿　危月燕　分野　青州安樂縣
癸　　　　女土蝠　　　　青州齊郡

戊子分金　先天未濟　後天復卦
火穴分在子癸乃是鬼殺對面火宮切玉雖爲比
和然俱犯龜甲之空合作下格
子　分宿　危月燕　分野　青州齊郡
癸　　　　女土蝠　　　　青州六安縣

庚子分金　先天師卦　後天屯卦
上穴分在子癸乃是旺宮又合財局對面火宮切
玉爲印綬又陽之旺氣合作上格

子　分宿　虛日鼠　分野　青州北海郡
癸　女土蝠　青州泗水郡
壬子分金　先天困卦　後天謙卦
木穴分在子癸雖爲印綬然終是沐浴敗地對面
火宮切玉爲盜泄又爲陽之孤氣合作中格
子　分宿　虛日鼠　分野　青州齊郡
癸　牛金牛　陽州廣陽郡
乙丑分金　先天訟卦　後天睽卦
金穴分在丑艮雖爲印綬然終是大墓之地對面
土宮切玉雖亦生氣然俱犯補氣之空合作中格

丑　分宿　牛金牛　分野　楊州會稽郡
艮　斗木獬　楊州豫章郡
丁丑分金　先天蒙卦　後天升卦
水穴分在丑艮乃犯鬼殺對面土宮切玉亦爲受
制但丁爲陰之相氣合作中格
丑　分宿　牛金牛　分野　楊州會稽郡
艮　斗木獬　楊州豫章郡
己丑分金　先天小過　後天臨卦
火穴分在丑艮乃是泄氣之地對面土宮切玉爲
衰弱又俱龜甲之空合作下格

丑　分宿斗木獬　分野　楊州會稽郡
艮　楊州廬江郡
辛丑分金　先天漸卦　後天小過
土穴分在丑艮乃是比和對面土宮切玉亦是比
和又土旺于四季更乃陰之相氣合作上格
丑　分宿斗木獬　分野　楊州丹陽郡
艮　楊州九江郡
癸丑分金　先天旅卦　後天蒙卦
木穴分在丑艮雖爲財帛對面土宮切玉亦是財
帛然坐戟向墓又俱陰之虛氣合作下格

丑　分宿斗木獬　分野　楊州丹陽郡
艮　楊州太原郡
甲寅分金　先天謙卦　後天益卦
水穴分在寅甲乃是泄氣又爲病鄉對面金宮切
玉雖生助然俱補氣之孤虛合作中下格
寅　分宿　箕水豹　分野　幽州廣陽郡
甲　尾火虎　幽州右北平
丙寅分金　先天咸卦　後天漸卦
火穴分在寅甲乃是印綬又爲長生之地對面金
宮切玉爲財神雖爲病向而根本盛大又俱陽之

旺氣合作上格
寅 分宿 箕水豹 分野 幽州女菟郡
甲 尾火虎 幽州上谷郡
戊寅分金 先天遁卦 後天泰卦
土穴分在寅甲乃是鬼殺又爲病鄉對面金宮切玉爲泄氣又俱龜甲之空合作下格
寅 分宿 箕水豹 分野 幽州勃海郡
甲 尾火虎 幽州漢陽郡
庚寅分金 先天蹇卦 後天需卦
木穴分在寅甲乃是比和又爲臨官之地但對面

金宮切玉爲鬼殺坐有餘而向不足合作中上格
寅 分宿 尾火虎 分野 幽州涿郡
甲 心月狐 豫州楚郡
壬寅分金 先天艮卦 後天隨卦
金穴分在寅甲乃爲財地對面金宮切玉爲比和然爲陽之孤氣合作中上格
寅 分宿 尾火虎 分野 幽州上郡
甲 心月狐 豫州冀郡
乙卯分金 先天震卦 後天晉卦
水穴分在卯乙乃是死氣對面酉宮切玉雖相生

然亦水敗之地又俱補氣之空合作下格
卯 分宿 心月狐 分野 豫州桂楊郡
乙 氐土貉 豫州東陽郡
丁卯分金 先天益卦 後天解卦
火穴分在卯乙乃是印綬對面金宮切玉爲財帛又俱陰之相氣合作上格
卯 分宿 房日兔 分野 豫州沛郡
乙 氐土貉 豫州濟陰郡
己卯分金 先天噬嗑 後天大壯
土穴分在卯乙乃是鬼殺對面金宮切玉爲泄氣

又俱龜甲之空合作下格
卯 分宿 氐土貉 分野 豫州潁川郡
乙 亢金龍 豫州濟陰郡
辛卯分金 先天復卦 後天豫卦
木穴分在卯乙乃是旺和之地對面金宮切玉雖剋制然身旺則宜官顯又俱陰之相氣合作上格
卯 分宿 氐土貉 分野 豫州東陽郡
乙 亢金龍 兗州陳留郡
癸卯分金 先天隨卦 後天訟卦
金穴分在卯乙乃是財神又爲胎孕之地對面金

宮切玉爲旺氣本末俱盛合作上格

乙　氐土狢　　豫州東陽郡
　分宿　　分野
卯　亢金龍　　兗州濟北郡

甲辰分金　先天無妄　後天蠱卦

火穴分在辰巽坐辰向戌俱是補氣之空巽雖卯殺而對面乾戌切玉爲墓絕又是孤氣合作下格

辰　亢金龍　　兗州濟北郡
　分宿　　分野
巽　軫水蚓　　荊州武陵郡

丙辰分金　先天屯卦　後天革卦

土穴分在辰巽辰土爲比和巽木爲鬼殺對面戌

爲比和乾爲盜氣雖爲旺氣辰爲上而巽爲下

辰　角木蛟　　兗州大常郡
　分宿　　分野
巽　軫水蚓　　荊州武陵郡

戊辰分金　先天順卦　後天夬卦

木穴分在辰巽辰土爲財巽木爲比對面切玉戌土爲財乾金爲鬼然俱龜甲之空合作中下格

辰　角木蛟　　兗州山陰郡
　分宿　　分野
巽　軫水蚓　　荊州桂陽郡

庚辰分金　先天恒卦　後天旅卦

金穴分在辰巽辰土爲印巽木爲財對面切玉戌

土爲生乾金爲和又俱陽之旺氣作上格

辰　角木蛟　　兗州東平郡
　分宿　　分野
巽　軫水蚓　　荊州零桂郡

壬辰分金　先天巽卦　後天師卦

水穴分在辰巽辰土爲殺巽木爲泄對面切玉戌土爲魁乾金爲生然終是陽之孤氣合作下格

辰　　　　　荊州長沙郡
　分宿軫水蚓　分野
巽　　　　　荊州零陵郡

乙巳分公　先天咒卦　後天比卦

火穴分在巳丙乃是比和然對面水宮切玉爲鬼

殺又俱補氣之空合作下格

巳　　　　　荊州零陵郡
　分宿翌火蛇　分野
丙　　　　　梁州龍馮翊

丁巳分金　先天升卦　後天小畜

土穴分在巳丙乃是生氣對面水宮切玉爲財神又得貴人祿馬俱是陰之相氣合作上格

巳　翌火蛇　　荊州零陵郡
　分宿　　分野
丙　張月鹿　　荊州南陵郡

己巳分金　先天大過　後天乾卦

木穴分在巳丙乃是泄氣又爲衰病之鄉對面

宮切玉雖爲生氣然根本虚弱又俱龜甲之空合
作下格

巳　翌火蛇　　荆州江夏郡
分宿　　　分野
丙　張月鹿　　梁州龍馬郡

辛巳分金　先天姤卦　後天大有
金穴分在巳丙雖爲受尅然金資火而成器故反
爲長生之地對面水宮切玉雖爲泄氣然根本盛
而枝葉茂又俱陰之相氣合作上格

巳　翌火蛇　　荆州南郡
分宿　　　分野
丙　張月鹿　　梁州河南郡

癸巳分金　先天井卦　後天家人
水穴分在巳丙雖爲財神終是自絶之地對面水
宮切玉雖爲幫助然向有餘而坐不足合申下格

巳　翌火蛇　　梁州南陽郡
分宿　　　分野
丙　張月鹿　　梁州河南郡

甲午分金　先天蠱卦　後天井卦
金穴分在午丁乃是鬼殺又爲敗地對面水宮切
玉爲盗泄又爲死地俱禍氣之空合作下格

午　張月鹿　　梁州河南郡
分宿　　　分野
丁　柳土獐　　同

丙午分金　先天豐卦
水穴分在午丁乃是財旺又爲胎孕之地對面水
宮切玉爲比和又是旺鄉根枝俱美合作上格

午　星日馬　　梁州河南郡
分宿　　　分野
丁　鬼金羊　　梁州上黨郡

戊午分金　先天家人　後天姤卦
火穴分在午丁雖爲旺位然對面水宮切玉爲鬼
殺更嫌戊空子午乃爲龜甲合作下格

午　星日馬　　梁州河西郡
分宿　　　分野
丁　柳土獐　　梁州弘農郡

庚午分金　先天明夷　後天鼎卦
土穴分在午丁乃爲印綬又是胎孕之鄉對面水
宮切玉爲財神水土俱旺本末兼備合作上格

午　星日馬　　梁州河南郡
分宿　　　分野
丁　鬼金羊　　梁州上黨郡

壬午分金　先天革卦　後天豐卦
木穴分在午丁爲泄氣又是死地對面水宮切玉
雖爲生氣然根本衰弱則是水泛木浮合作下格

午　柳土獐　　梁州河南郡
分宿　　　分野
丁　井木犴　　雍州太原郡

乙未分金　先天同人　後天渙卦
金穴分在未坤乃是生氣對面土宮切王亦是生氣所忌者大墓之地又俱補氣孤虛合作中下格
未　　　　　　雍州太原郡
坤　分宿井木犴　分野　雍州鴈門郡

丁未分金　先天旣濟　後天履卦
水穴分在未坤雖受尅然養生之位有絕處逢生之機對面切王亦是衰病然俱相氣合作中格
未　　　　　　雍州太原郡
坤　分宿井木犴　分野　雍州鴈門郡

己未分金　先天賁卦　後天遯卦
火穴分在未坤乃是盜氣又爲衰病之鄉對面土宮切王亦是泄氣又俱龜甲之空合作下格
未　　　　　　雍州代郡
坤　分宿井木犴　分野　雍州寒襄

辛未分金　先天頤卦　後天恒卦
王穴分在未坤乃是比和又值養生之地對面土宮切王亦是比和又俱陰之相氣合作上格
未　　　　　　雍州代郡
坤　分宿井木犴　分野　雍州雲中郡

癸未分金　先天觀卦　後天節卦
木穴分在未坤乃是墓絕對面土宮切王雖爲財神然亦身弱不能任又俱陰之虛氣合作下格
未　　　　　　雍州鴈門郡
坤　分宿井木犴　分野　雍州漢中郡

甲申分金　先天晉卦　後天同人
水穴分在申庚乃爲印綬然對面木宮切王爲盜氣穴有餘而向不足又俱補氣之空合作中下格
申　　　參水猿　　　益州漢中郡
庚　分宿　畢月烏　分野　益州真定郡

丙申分金　先天萃卦　後天損卦
火穴分在申庚乃是財神對面木宮切王又爲生助雖坐病鄉終爲旺氣合作上格
申　　　參水猿　　　益州巴郡
庚　分宿　畢月烏　分野　冀州河間郡

戊申分金　先天否卦　後天否卦
土穴分在申庚乃爲盜泄對面木宮切王又爲兌殺俱是龜甲之空合作下格
申　　　參水猿　　　益州青河郡
庚　分宿　畢月烏　分野　冀州趙郡

庚申分金　先天比卦　後天巽卦
木穴分在申庚乃是鬼殺對面木宮切玉爲比和
又是臨官之地坐不足而向有餘合作中上格
申　分宿　參水猿　分野　益州蜀郡
庚　畢月烏　冀州安平郡
壬申分金　先天剝卦　後天萃卦
金穴分在申庚乃爲比和對面木宮切玉爲財帛
然亦金之絕氣俱爲孤陽合作中下格
申　分宿　觜火猴　分野　益州廣漢郡
庚　畢月烏　冀州信郡

乙酉分金　先天歸妹　後天大畜
水穴分在酉辛雖爲生氣終是敗地對面木宮切
玉乃是盜泄又俱補氣之空合作下格
酉　分宿　昴日雞　分野　冀州青河縣
辛　胃土雉　冀州中山郡
丁酉分金　先天孚卦　後天賁卦
火穴分在酉辛乃是財旺又爲貴人之地對面木
宮切玉爲印綬又俱陰之相氣合作上格
酉　分宿　昴日雞　分野　冀州常山郡
辛　胃土雉　冀州中山郡

己酉分金　先天睽卦　後天觀卦
土穴分在酉辛乃是盜氣對面木宮切玉爲鬼殺
又俱龜甲之空合作下格
酉　分宿　昴日雞　分野　冀州鉅鹿郡
辛　胃土雉　冀州中山郡
辛酉分金　後天臨卦　後天歸妹
木穴分在酉辛雖爲受尅終是胎養爲絕處逢生
對面木宮切玉爲旺位又俱相氣合作上格
酉　分宿　昴日雞　分野　冀州魏郡
辛　胃土雉　徐州膠東郡

癸酉分金　先天兌卦　後天無妄
金穴分在酉辛乃爲比和又是旺地對面木宮切
玉爲財神又是胎養合作上格不可槩以爲虛
酉　分宿　昴日雞　分野　冀州中山郡
辛　婁金狗　徐州城陽郡
甲戌分金　先天履卦　後天明夷
火穴分在戌乾乃爲墓絕對面辰土爲泄氣巽木
爲生助然俱補氣之空合作下格
戌　分宿　婁金狗　分野　徐州城陽郡
乾　奎木狼　徐州瑯琊郡

丙戌分金　先天節卦　後天困卦
土穴分在戌乾戌土爲和乾金爲泄對面切玉辰
土爲和巽木爲尅然是旺氣辰爲上而乾爲次
戌　分宿　婁金狗　分野　徐州高密郡
乾　奎木狼　徐州瑯琊郡
戊戌分金　先天損卦　後天剝卦
木穴分在戌乾戌土爲財乾金爲殺對面切玉辰
土爲財巽木爲和然俱龜甲之空合作下格
戌　分宿　婁金狗　分野　徐州高密郡
乾　奎木狼　徐州東海郡

庚戌分金　先天大壯　後天艮卦
金穴分在戌乾戌土爲印乾金爲和對面切玉辰
土爲生巽木爲財又俱旺氣合作上格
戌　奎木狼　徐州瑯琊郡
乾　分宿　壁水㺄　分野　幷州武威郡
壬戌分金　先天小畜　後天既濟
水穴分在戌乾戌土爲尅乾金爲助對面切玉辰
土爲墓絶巽木爲盜氣然俱陽之孤氣合作下格
戌　分宿　奎木狼　分野　徐州瑯琊郡
乾　壁水㺄　徐州武威郡

乙亥分金　先天大有　後天噬嗑
火穴分在亥壬乃是鬼殺又爲絶地對面火宮切
玉雖爲比和然俱補氣之空合作下格
亥　分宿　壁水㺄　分野　幷州金城郡
壬　室火猪　幷州天水郡
丁亥分金　先天泰卦　後天大過
土穴分在亥壬乃是財帛又爲官貴對面火宮切
玉爲印生又是官旺俱是相氣合作上格
亥　分宿　壁水㺄　分野　幷州武郡
壬　室火猪　幷州陝西郡

己亥分金　先天夬卦　後天坤卦
木穴分在亥壬爲生氣對面火宮切玉爲盜氣坐
有餘而向不足又俱龜甲之空合作中下格
亥　分宿　室火猪　分野　幷州張掖郡
壬　青州安定郡
辛亥分金　先天需卦　後天未濟
金穴分在亥壬雖爲泄氣然對面巳丙爲長生又
俱陰之相氣合作中上格
亥　分宿　室火猪　分野　幷州酒泉郡
壬　危月燕　幷州臨川郡

癸亥分金　先天大畜　後天蹇卦
水穴分在亥壬乃是臨官之位對面火宮切忌爲
財神但水絕在巳又爲虛氣合作中格
亥　室火猪　分野　并州天水郡
壬　分宿　危月燕　并州平康郡

地理玄珠卷之二十

古吳太和山人夏世隆道弘甫著
梁溪乜偈道人華善繼孟達甫校

天紀五行　此原所以然之理　出素書

天紀者中針内卦渾天六甲即所謂透地龍是也周遁三元經將三百六十五度四分度之一各分五行所屬素書遂將六十甲子附納五行之位透入地下以候黄泉水氣爲龍穴之用六甲各屬二十八宿營局以應七十二候排星布卦分陰分陽盖得天地之正氣屹然不可移易凡用是法先看來龍入脉端的

屬在何宫渾天六甲屬何節氣然後道以内卦帶來之星辰屬在何山何水之上外卦飛臨之星辰屬在何山何水之上最愛其峰巒秀朝流神來去所謂收四吉之山發三奇之水正此説也兼以貴人禄馬加臨其位財官子父全于其間妙無以加試觀天下名山勝境大而京畿次而郡邑又次而王候富貴之家將相英雄之塚以此法驗之罔不符合乃天造地設自然之應而非矯强于人爲者故易云俯察地理必先曰仰觀天文是三才之道常相須而未始相離也夫何庸流俗術偏執已見或專用淨陰淨陽之謂純或專用一陰一陽之謂道或專用太乙歸元或專用御街禄馬立法多端難以枚舉但各持一説以逞其神試以渾天之説而問之知之者百無一二吁諸家之法特此法之糟粕耳凡大地來山無有不合渾天者若止合陰陽只得小發福而已如既不合渾天又不合陰陽扦之百禍叢生終見敗絶良可悲嘆間或有知是法者亦不得其正傳惟演外卦分金取貴人禄馬六爻完備即稱爲盡善以爲富貴可立而待要其歳月竝無一驗殆不知渾天之秘訣亦不知内卦之發用宜乎外卦之不驗也夫内卦者本山卦其星

辰係本身帶來由于天造外卦者坐穴卦其星辰往隨機應變出于人爲輕重固有差等體用不可偏廢内卦必得外卦以爲潤飾外卦必得内卦以爲本源内卦相符方爲盡善故素書立法將五行布以渾天圖局分列位次發明星宿或一甲子跨二涉三或二甲子交涉一位隨其所值之吉凶辨其取舍之宜忌如土龍坐屬金位則爲福德坐屬木位則爲官鬼然後參以外象星辰而取法焉則造化之妙盡于此矣然非積德之家亦豈可以輕泄其藴奥哉

假如壬子龍山屬木却係木度中來乃是比和但本

氣不爲盡善若內卦星辰又爲壬子本氣之施設卽宜以壬子龍作用而尋吉穴以配之大可發福倘泥偏見含本龍之格強爲庚子龍而裁之以爲得貴龍之正氣此不惟失內卦自巳星辰之朝應而來山之本脈一併棄之徒爲巧裝外卦何以致福　又如巳酉龍山屬土却係木度中來雖爲受尅然巳酉本屬兌宮金氣而木度行龍爲財最吉但觀沙水朝應坐吉穴以收外象星辰自能發福悠久貴通法則又不可偏執而泥之也

渾天定論

夫穿山七十二龍分布一十二位每位各管六龍不盈不縮無偏無倚准以戊子甲午之中爲正針透地六十甲子例皆進前二位或濶或狹有偏有正則以子壬午丙之中爲中針蓋壬子丙午界乎天地之中則壬子當各半也而中則正子也自子至丙爲陽故陽生于子之中自午至壬爲陰故陰生于午之中但陰陽在天地間宜乎截然均齊毋使差錯長短今渾天濶狹不均兼以甲子起于辛亥之下疑非至當然以理推之陰陽之道不過形氣二字而已地形也天氣也形無盈縮而氣有消長故形有定體而氣無定位地道比之天道常不及天道比之地道常有餘雖山川之迹未有形著而天氣已透入于黃泉之下矣六甲率前二位求之乃天先乎地之義蓋取其氣候所至而不拘方位之所屬也其位置濶狹不同亦因氣有盈縮而然耳故六甲皆屬穿山起遁成卦每龍屬一卦所管遁見奇吉六親貴人祿馬之例內外飛臨秩然有序惟如戊子巳丑庚寅辛卯壬辰癸巳甲午乙未丙申丁酉戊戌巳亥一十二龍上半辰屬一氣下半辰屬一氣二氣各起一候各屬一卦然一辰分爲兩卦則正位無所適從故謂之陰陽差錯犯之

凶不可當凡遇此等必須偏過左右就有卦爻分數上用之方可起遁以驗禍福吉凶乃爲切當用法如此最爲精密趨吉避凶方爲合法

透地六甲本于素書謂之內卦用天紀六十甲子由山水以定坐穴之吉凶故天紀六甲取主龍叅以地紀五用

渾天定局

甲子金山金度　坎卦　四宮起甲子虛宿逆行

室五杀六　七　八　九　十關

金八水一日四月三　乙五丙六丁七

子八父二財四官六　祿二馬二貴九六
金山金度來自病死之鄉若得山水周密暫可發
福出風患跛足男勞女啞少亾產死多淫嗣促
怕火度水來去凶
丙子水山火度　困卦　一宮起甲子氐宿逆行
危十六殺室一二吉三吉四閼
金四六水六八日九二月八一乙二丙三丁四
子二父三六財二官一　祿八馬二貴四二
水山來自旺位值火度爲財神王大富大貴宜扦
子山午向丙子分金壬子穴危三度木度中金卦

全午坤申水朝乃陽居陽位得官星坐穴主產明
經俊士官至內閣大夫　再扦艮山坤向丁丑分
金戊寅穴富貴悠久　再扦寅山申向旺龍朝生
亦妙若辰水來爲曜殺最忌
怕土度水來去凶
戊子火山水度　上師下豪卦　七七宮起甲子箕宿逆順行
危十一吉十二　十三　十四　十五閼
上下金二九水七七日三二月二二　乙八六丙九五丁一四
上下子二二父七七財七伏官三一　祿八六馬二三貴六九六九
此正壬山火山來自坎宮水度殺重身輕更值大

差錯空亾支辰之龍乃荒田陋室之山出癆瘵產
厄夭亾離鄉一敗如灰不可挽也若得張木星降
高聳可免禍
怕水度水來去凶
庚子土山金　解卦　七宮起甲子奎宿順行
危度六閼七　八　九　十
金八六水四二日一八月二九　乙六丙五丁四
子七四父伏財二八官九　祿九馬三貴八五
土山來自坎宮爲自旺金度爲福德大富大貴兼
旺人材多結大邦畿郡邑小則文武官僚市井

宜扦子山午向丙子分金壬子穴危三度木度中
金卦全張八九度山高代至五馬　再扦艮山坤
向寅山申向沙山合法發福非常
怕木度水來去凶
壬子木山木度　解卦　一宮起甲子奎宿順行
虛九　少大危一　二吉　三　四　五
金二九水七二日四二月二三　乙九丙八丁七
子一七父伏財二官三　祿三馬三貴六四
木山來自水宮木度印綬扶身能出侯伯卿相先
富後貴　宜扦子山午向庚子分金不可丙子分

金蓋以直氣沖腦也亦能出大夫學士旺人丁然
井宿度下坤乙峰秀壬女爲后妃蓋龍位在危月
燕下謂之太陰入廟又陽生于子太陽與之相會
故也但恐女盛男衰耳　再扦艮山坤向丁丑分
金戊寅穴斗宿九十度火度中金卦全會丙奇坐
穴陰陽配合上吉
怕金度水來去凶
乙丑金山土度　渙卦　二宮起甲子虛宿順行
虛三 閏 四 五 六吉 七 八
金七 水二 日二 月三 乙一 丙九 丁八

子六九 父七二 財伏 官伏 祿八 馬七 貴五四
金山來自水宮雖爲泄氣然得土度印綬生扶主
子孫清秀仁慈長壽富貴雙全　宜扦子山午向
庚子分金乙丑穴虛五六七度中金卦全乙奇會
坐產公侯卿相兼出僧道清貴　再扦丙向丁向
雖得吉奇到穴或貪外秀朝應然坐陽向陰終是
混雜但可二三代發福不能悠久
怕火度水來去凶
丁丑水山水度　渙卦　五宮起甲子虛宿順行
女八吉 九吉 十 十一 虛一 二殺

金四二 水七九 日七六 月五七 乙四 丙三 丁二
子三 父一 財伏 官伏 祿二 馬七 貴
此癸龍也水山來自水宮水度出身旺位水遇水
而清故主大富貴旺人材　宜扦艮山坤向丁丑
分金戊寅穴斗十九度十火度中金卦全又得井宿
度下坤水朝坤峰秀主出狀元經云水遇水積水
成淵蛟龍生焉又云癸山坤向坤水坤峰出狀元
雖曰水龍坐土穴爲尅然水太旺必得土隄防方
成池沼是身旺則喜官殺也　再扦子山午向沙
水合法大旺官祿若乙辰水出面謂之曜星不壽

怕土度水來去凶
巳丑火山金度　上未濟 下遯卦　五六 宮起甲子 箕氐 宿順行
女度 三 閏 四 五 六大工 七
上下 金七三 水二一 日九七 月一八 乙四五 丙三四 丁二三
上下 子六伏 父一四 財五伏 官伏三 祿二三 馬七八 貴五六 四五
火山來自水宮爲殺金　度爲財乃是財貪七殺
更値大差錯空亾主風疾缺唇瞎眼惡症偏主
鄉怕水度水來去凶
辛丑土山木度　漸卦　九宮起甲子鬼宿順行
斗四 閏 五 六 七 女一吉 二殺

金九水二日二月四　乙二丙七丁六

子二父八六財伏官九　祿六馬八貴八三

土山來自木度乃是鬼殺宜扦艮山坤向陰陽不背火度中星峰秀特亦能出五府若火星傾陷定有遲凶兼有過房少亡之應

怕木度水來去凶

癸丑木山土度　艮卦　三宮起甲子畢宿順行

斗十二　十一　二十二　二十三吉牛一　二　三杀

金七水五日九月三　乙二丙一丁九

子八父九財六官五　祿九馬八貴三五

木山來自土度爲財然終是金庫宜扦丑山未向辛丑分金丙寅穴小小富貴出僧尼藝術此係正丑宮納音本傷無氣且牛金正度所謂鬼牛二氣災害萌禮拜神佛崇香燈是也

怕金度水來去凶

丙寅火山火度　小過　八宮起甲子畢宿順行

斗十五　十六　十七吉十八　十九　二十大

金三一水八一日二五月八六　乙七丙六丁五

子伏父六九財伏官五　祿一馬四貴五七

火山來自火度有炎土之勢更值自養之位大則王侯小則公卿次則百里之宰世無白衣之人也宜扦壬山丙向丁亥分金丙子穴室二三度火度中金卦全　再扦癸山丙丁丙子分金丁丑穴女十度水度中金卦全此皆火太盛籍水爲官星也益艮爲天市垣之正星兼丑乃天市垣之輔弼更合四吉到穴艮乃行龍之位故吉出方伯稅糧冠郡但不至京堂若柳星度中峰秀定出神童宰牧富貴綿遠朱文公地得此

怕水度水來去凶

戊寅土山火度　謙卦　二宮起甲子虛宿順行

斗十八閑九吉十吉十一　十二　十三　十四

金七五水二三日九二月三一　乙一丙九丁八

子七父九六財伏官八　祿九馬四貴六三

土山來自火度出于印綬之鄉更得六秀之首大發非常旺丁悠久　宜扦癸山丁向丙子分金丁丑穴女八九度水度中金卦全胃昴柳峰秀拔謂之山澤通氣躍氣交騰王世代鰲頭位列三台福祿壽俱全　再扦壬山丙向丁亥分金丙子穴室二三度火度中金卦全更得丁奇官星到艮定産王侯卿相忠貞之士世代榮華悠久益天市垣爲

府庫財帛之星故也　再扦甲山庚向壬寅分金
癸卯穴心一二度土度中金卦全更得昴畢度中
峰秀流神入奎至斗謂之御街水代出狀元或亞
榜　再扦乙山辛向丁卯分金庚辰穴氐三四度
水度中金卦全主出風憲掌生殺之權　再扦卯
山酉向乙卯分金癸卯穴房五度土度中金卦全
主極富貴出人剛義兄弟和諧　再扦丑山未向
辛丑分金丙寅穴斗十七十八火度中金卦全得
眞貴人照臨丁奇官星到穴主產忠節之官階至
二品公位皆均世代悠遠蓋戊以丑未爲貴人也

再扦子山午向庚子分金丁丑穴土度中大發官
祿大旺人材此六合之法非陰陽混雜之例也
再扦乾山巽向丙戌分金丁亥穴亦發富貴但艮
土陷于巽不爲全美　巳上戊寅來山同丙寅度
下來者沙水自然拱應眞天市垣也吉不可勝言
若兼庚寅一度則減分數若寅甲水來亦減禍力
怕木度水來去凶
庚寅木山金度　上旅下謙卦　二三宮起甲子虛宿順行
斗十二吉　三吉　四　五大工六　七殺
上下金七八水六月二三月三四　乙一二丙一九丁八九

子九八父伏七財伏二官伏九　祿四五馬四五貴六三七四
木山來自金度乃是鬼殺此正十二支辰之龍狐
假虎威之地扦穴雖合吉奇只出倅吏官且奸邪
妖妄終亦貧敗出塡房偏生若認以爲正艮龍而
扦之爲禍不淺
怕金度水來去凶
壬寅金山水度　旅卦　六宮起甲子虛宿順行
箕六殺　七　八　九半　斗十一吉
金二水九日六月七　乙五丙四丁三
子四父伏財二官伏　祿八馬二貴九二

金山來自水度雖爲福德然出身絕地焉能發達
出人侥倖總富而不義
怕火度水來去凶
甲寅水山土度　艮卦　六宮起甲子畢宿順行
尾十七大ア殺十八　箕一吉　二吉　三　四　五関
金一水八日三月六　乙五丙四丁三
子二父三財九官八　祿八馬一五貴一四
水山來自土度鬼殺臨身雖得吉奇到穴一發便
敗扦坤申向則財穀稍盈亦不豢久出瞽啞少亡
久後絕滅

怕土度水來去凶

丁卯火山木度　無妄　一宮起甲子鬼宿順行

尾十一 殺 十二　十三　十四　十五　十六 関

金一水六日三月四　乙九丙八丁七

子一父一財五官九　祿九馬四貴六七

火山來自木度乃爲印綬此正寅龍爲火生之地則火熾盛莫禦驟發易滅扦艮山坤向速興財富但非貴人所產之鄉且人多畏怕只一二代不久

怕水度水來去凶

巳卯土山金度　頤卦　一宮起甲子奎宿順行

尾八　九　十 関

金二水七日四月五　乙九丙八丁七

子七父一財伏官五　祿九馬四貴二七

巳卯土山來自金度雖爲福德然出身于病鄉絡不得力扦艮山坤向陰陽配合雖得丙奇坐穴沙水完美暫可溫飽未免刑傷夭折風魔殘疾

怕木度水來去凶

辛卯木山水度 上隨卦 下噬嗑 四六 宮起甲子畢宿順行

心四 殺 五　六　尾　一　二 大王 四 吉 五 吉 六　七

上下 金 八二 水 六八 日 一三 月 四六　乙 三正 丙 二四 丁 一三

上下 子 二二 父 九六 財 三七 官 一六　祿 七九 馬 六八 貴 三五 七九

此正甲龍也木山來自水度雖爲印綬然犯大差錯空亾扦艮山坤向寅山申向縱局勢完備只一代富貴二三代後人丁離家散業蕩盡風疾纏身

怕金度水來去凶

癸卯金山土度　震卦　九宮起甲子鬼宿順行

房四 殺 五 吉 太　心一 吉 二 吉 三 関

金 九七 水 二五 日 二九 月 三一　乙八丙七丁六

子六父九財一七官二　祿三馬八貴六四

金山來自土度乃是印綬之鄉自胎之位又居財

旺之宮吉星入廟主剛義富貴　宜扦甲山庚向壬寅分金癸卯穴心三度土度中金卦全主產豪傑雄才畢度中庚峰秀特世代榮顯掌握兵權再扦乙山辛向丁卯分金庚辰穴氐三四度水度中金卦全出穎異之人早年金榜更主庶子榮華再扦巳山亥向乃爲旺龍生向收水合法大發富貴蕃衍悠久　若扦卯山酉向乙卯分金癸卯穴出忠貞剛毅之人科第不乏且豐財帛但不免直氣冲腦亦減分數人丁寡促若申水來爲曜殺凶

怕火度水來去凶

乙卯水山木度　屯卦　九宫起甲子翌宿順行

氐十三　十四　十五　十六　半　房一　二三

金三水一日二月六　乙八丙七丁六

子八父八財伏官七　祿六馬八貴三二

水山來自木度雖為福德然出身于自死之位乃吉神不臨之地小人所止之鄉福分最少

怕土度水來去凶

戊辰木山火度　噬嗑　四宫起甲子畢宿順行

氐七殺八吉九　十　十一　十二吉

金八水六日一月四　乙三丙二丁

子九父四財二官四　祿三馬九貴五二

木山來自火度雖為福德然亦下賤之龍若得坐向合法沙水合宜亦能小發富貴二三代後刑傷貧敗少亾孤寡

怕金度水來去凶

庚辰金山水度　震卦　四宫起甲子鬼宿順行

氐二殺三　四　五　六閼

金四水九日六月七　乙三丙二丁一

子父四財二官六　祿六馬九貴八五

金山來自水度出身福德之鄉更值財宮亦能發福　宜扦艮山坤向陰陽配合丁丑分金戊寅穴斗九十度中金卦全若坤水朝最旺牛田兼出小官但出寡母　再扦巽山乾向謂之龍躍天門丙辰分金辛巳穴軫十五度中若乾宮峰秀亦出倅吏官極有才調

怕火度水來去凶

壬辰水山土度　上復下姤卦　七八宫起甲子奎翌宿順行

九五殺六吉七　八　九　太　氐一閼

上下金八二水四九日一四月二二　乙三七丙五六丁四五

上下子七一父伏九財伏二官六八　祿九一馬九一貴一二三四

此正乙山也水山來自土度為鬼殺更值死墓之地雖坐向合宜奇吉到穴然又支辰差錯大空亾出人凶惡夭亾寄養後絕

怕土度水來去凶

甲辰火山木度　巽卦　八宫起甲子虛宿順行

角十一吉十二大　九一　二　三吉四閼

金四水二日八月九　乙七丙六丁五

子七父一財九六官二　祿一馬一貴九六

火山來自木度乃是印綬雖曰下局亦發富貴宜扦巽山乾向丙辰分金辛巳穴軫十四五度木度

中金卦全乾峰秀特亦能發科兼出冨翁但人性
多慄少仁讓之風乃下局之上山也　再扦辰山
戌向甲辰分金甲辰穴角十二度木度中雖辰戌
爲正沖而四庫乃雜氣雖沖無害若乾宮峰秀水
朝科甲榮名性剛而武或出武將但不能久壁奎
度山水高朝王女人少壽坤申山陷小可衣食昴
柳度山秀女人外姓榮華跛足繼贅終亦不免

怕水度水來去凶

丙辰土山火度　升卦　二宮起甲子鬼宿順行

角五 閑 六　七　八　九吉　十吉

金二 水七 日四 月二 乙一 丙九 丁八

子二 父四 財三 官五 祿四 馬一 貴八一

土山來自火度雖爲印綬但支辰下賤之龍祿馬
不臨貴人不到之地異姓同居久則貧敗

怕木度水來去凶

巳巳木山金度　鼎卦　一宮起甲子箕宿順行

軫十七 閑 十八　太　角一　二　三　四殺

金三 水一 日二 月六 乙九 丙八 丁七

子二 父伏 財一 官三 祿七 馬三 貴一九

木山來自金度出身于鬼殺之鄉縱局完勢美只
小可衣食出斷足懸河孤寡敗絕

辛巳金山木度　大過　四宮起甲子翌宿順行

軫土 閑 十二　十三　十四吉　十五吉　十六殺

金七二 水二三 日七九 月八一 乙三 丙二 丁一

子一 父六九 財二 官七 祿一 馬三 貴三七

金山來自木度出于財宮更值自生之地吉星入
廟世代榮顯　此太微垣太乙五尚書尊星之所
扦乙山辛向陰陽配合丁卯分金庚辰穴氐三四
度水度中金卦全胃度辛峰聳秀出神童狀元早
年金榜辛水朝來流居夘位所謂一條辛水向東

流天下狀元頭此龍難得眞正眞正自然顯異尊
嚴沙水奇特斯爲上地　再扦巳山亥向丁巳分
金乙巳穴翌十九度火度中金卦全流神坤申入
斗局完勢美胃婁奎壁室山如長虹拱抱更得房
畢峯秀爲耀氣乃雷風相薄但係北向止出亞榜
不出狀頭也如北山低陷露風左右不容難以此
論所謂若作亥壬子癸向不怕漫天帳　再扦乾
山巽向倒騎顧祖沙水合局冨貴悠久　庚向三
合作用局勢完美尤爲發福　或貪外堂星秀扦
作巽山乾向則陰陽相逆雖貴清貧不得考終

或以生龍旺向扦坐卯向丙犯八曜殺主少年夭
亾更勿令兌水來朝
怕火度水來去凶
癸巳水山土度　上下巽卦　七八宮起甲子虛宿順行
軫五　六吉　七吉　八　九　十殺
上下金三四水一二日七八月八九乙六七丙五四丁四三
上下子六七父九一財五六官一二祿一二馬三四貴四五六七
水山來自土度乃是鬼殺之鄉更値自絕之地又
爲大差錯空亾主出暗啞換妻填房入舍異姓同
居徒刑殘疾

怕土度水來去凶
乙巳火山火度　恒卦　八宮起甲子奎宿順行
翌十八閼十九吉二十吉少　軫一二三四
金九水二日二月三　乙七丙六丁五
子五父一財九官二　祿五馬四貴二一
火山來自火度乃爲旺和更値臨官之位主大發
福富貴旺丁　宜扦巳山亥向丁巳分金乙巳穴
翌十九度火度中金卦全主初年平滯終旺牛田
要北面山近遮擱得木火土金度星辰入局方美
更主女貌而賢雖曰巳龍亥向爲腦沖然以四長

生龍雖直受而無疵也
怕水度水來去凶
丁巳土山金度　蠱卦　二宮起甲子奎宿順行
翌十一　十二　十三吉十四吉十五六十六十七
金三水七日二月六　乙一丙九丁八
子伏父五財三官五　祿八馬四貴二四
土山來自金度是爲福德然小人所居之地亦旺
人材兼有小官但居自絕之位一發便敗異姓同
居不久而絕
怕木度水來去凶

庚午土山水度　豊卦　三宮起甲子氐宿順行
翌六殺七　八　九　十
金九水七日四月二　乙二丙一丁九
子九父五財九官一　祿五馬五貴七四
土山來自水度雖是所鄉亦能發富然吉人不臨
之地先吉後凶不足取也
怕木度水來去凶
壬午木山土度　家人　六宮起甲子鬼宿順行
張大殺翌一　二吉　三吉四吉五閼
金四六水二九日六八月九七　乙五丙四丁三

子五父八財四官伏祿八馬五貴九二
木山來自土度乃是財帛更值六秀之地與艮山同體犬發富貴世代科甲　宜扦巳山亥向丁巳分金乙巳穴翌十九火度中金卦全壁水度星峰叠叠爲案週遮産　良忠正之人世代富貴益丙龍祿在巳又壬貴在巳又巳馬到亥壬祿在亥謂之祿馬交馳故吉再扦坤山艮向丁未分金甲申穴井十三四度火度中金卦全三合受氣更得艮峰秀麗王世代魁元衣紫腰金益丙龍艮向乃陰用陽朝陽用陰應也　再扦乙山辛向三合作用

丁卯分金庚辰穴氐三四度水度中金卦全胃度山水秀朝出高才文章名馳翰苑　再扦壬山丙向倒騎顧祖作用沙水坐托有情富貴悠久　再扦卯山酉向昴度山水秀特大發官祿益酉乃丙之貴人也若巳山高聳爲酉曜星則不合此向

怕金度水來去凶

甲午金山木度　上離下卦　六九宮起甲子翌宿順逆行

張十三　十四　十五　十六　十七闋

上下金九六水七八日二四月三三乙五一丙四二丁三三

上下子四二父三三財六九官五一祿八七馬五一貴七八四二

金山來自木度雖爲財帛然出身于自敗之地係正丙差錯大空亾縱局勢完備僅可温飽終王過房淫亂火災

怕火度水來去凶

丙午水山火度　明夷　六宮起甲子氐宿逆行

張七殺八吉九吉十　十一　十二

金五一水三五日六八月五七乙七丙八丁九

子九父六財伏官二八祿四馬二貴六七

水山來自火度出身財旺之鄉更合九星入廟大發富貴　宜扦丙山壬向丁巳分金壬午穴翌三

度金卦全會丁奇到穴又得危女度山秀爲案乾甲二山拱秀合渾天納甲謂之曜氣交騰定出狀元巨富　再扦丁山癸向丙午分金癸未穴柳十十一度中金卦全女度山特秀爲案主早年入朝官居臺閣世代文臣名標青史兼富財帛再扦子山午向倒騎顧祖要後沙包裹最能發福悠久火性急極易發而且顯

怕土度水來去凶

戊午火山水度　既濟　三宮起甲子鬼宿逆行

張二　三大了四　五吉六闋

金　水八日五月六　乙四丙五丁六
子六父四財伏官五　祿四馬一貴八二
火山來自水度乃是鬼殺雖豐衣食未免少亡產
死瘟疫火災
怕水度水來去凶
辛未土山金度　革卦　二宮起甲子翌宿逆行
柳十三半　星一二三四五六太吉張一吉
金二水一日八月七　乙三丙四丁五
子五父五財伏官四　祿五馬九貴八三
土山來自金度乃是福德亦能發達然名病龍王

患風眼勞瘵三代敗絕
怕木度水來去凶
癸未木山土度　離卦　八宮起甲子翌宿逆行
柳度　九閼十吉十一吉十二吉
金二七水七九日三二月二四　乙九丙一丁二
子一七父二財八官九　祿五馬九貴二九
木山來自土度出身于財地更得六秀與兌龍同
體二宜扦坤山艮向丁未分金甲申穴井十三四
度火度中金卦全會奇吉貴人到穴斗四五度山
秀作案公位均發中房定產神童官至內臺恩榮

不乏先富後貴兼旺人材　再扦巳山亥向乃為
六合又丁貴在亥沙水合法福祿壽齊全　再扦
癸山丁向倒騎作用丙子分金丁丑穴沙水合局
富貴悠久
怕金度水來去凶
乙未金山水度　上革下萃卦　八七宮起甲子畢宿逆行
柳三閼四吉五六七八九殺大空
上下金四三水六五日二一月八七　乙九八丙一九丁二一
上下子二三父八三財伏一官一二　祿二一馬九八貴五六四五
金山來自水度雖曰福德然值羊刃殺更犯大差

錯空亡雖衣祿不缺多招兵刃惡死風症之人
怕火度水來去向
丁未水山火度　豫卦　四宮起甲子氐宿逆行
井二十八閼二十九三十　少見一二半柳一二殺
金七九水九二日三二月二四　乙五丙六丁七
子七八父伏財三九官二　祿九馬一貴六四
水山來自火度乃是財帛之地主堆金積玉發福
非凡　宜扦坤山艮向丁未分金甲申穴井十三
四度中金卦全會四吉到穴斗十三四度山水秀朝
產大量奇財早年入朝官至內臺大抵丁未行龍

立艮向謂之陰陽相見福祿永禎且此山在丁未
之界爲南極之尊星所居更出高年大德人丁最
旺再扦亥向卯向六合作用沙水合法富貴爾崇
再扦倒騎顧祖得水纏玄武坐托後應尤佳
怕土度水來去凶
巳未火山金度　晉卦　四宮起甲子氐宿逆行
井二十二閑　二十三　二十四吉　二十五　二十六　二十七
金七　水九　日三　月二　乙五　丙六　丁七
子伏　父九　財七　官九　祿七　馬六　貴四五
火山來自金度雖爲財帛然居自衰之位焉能主

財此乃神樓鬼穴雖主小吉出看經念佛淫夭腫
疾終亦不免
怕水度水來去凶
壬申金山木度　觀卦　五宮起甲子鬼宿逆行
井十六　十七　十八　十九　二十　二十一殺
金五　水九　日三　月二　乙六　丙七　丁八
子伏　父一七　財二八　官九六　祿三　馬三　貴二九
金山來自木度乃是財神最能發旺官祿此山透
地在未宜扦乾山巽向右腰受氣丙戌分金丁亥
穴奎四五六度中金卦全更得巽巳山水秀朝局

勢完美三代出明經俊士官至方伯但龍脈不緜
向則不悠久人丁寡促
怕火度水來去凶
甲申水山火度　坤卦　五宮起甲子畢宿逆行
井十一　十二　十三　十四　十五
金一三　水三五　日八一　月五七　乙　丙　丁
子五　父九　財九　官九　祿三　馬三　貴四七
水山來自火度乃是財帛之地因妻發家富貴兩
全　宜扦丁山癸向丙午分金癸未穴得女度山
水秀朝乾甲秀峰爲之佐輔謂之曜氣交騰世代

富貴但主寡母治家蓋以老陰司權也　再扦辛
山乙向丁酉分金丙戌穴胃五六度中金卦全陽
局山水週密沙秀水朝主極富盛文官四品女人
多壽　再扦庚山甲向壬申分金巳酉穴畢一度
中出富豪高明道德之士
怕土度水來去凶
丙申火山水度　上否下萃卦　二一宮起甲子畢　宿逆行
井六吉　七吉　八吉　九　十閑
上下金八六　水一八　日六四　月一一　乙三二　丙四三　丁五四
上下子伏五　父七三　財五四　官六五　祿九八　馬三二　貴五四三二

火山來自水度是犯鬼殺更值大差錯空亾乃外
辰惡極之山出僧尼夭亾孤寡敗絕
怕水度水來去凶
戊申土山金度　萃卦　七宮起甲子虛宿逆行
參八閑九半　井一　二　三　四　五
金二四水四六日七九月六八　乙八丙九丁一
子八父六財一官三　祿五馬八貴九三
土山來自金度乃是福德之地更值自生之位大
發官祿兼旺人材　宜扦丁山癸向丙午分金癸
未穴柳十十一十二度中金卦全會奇吉貴人到

穴陰陽相見更得北面山水週遮奇特定主文武
腰金且旺稅粮人丁蕃盛再扦庚山甲向或申山
寅向皆富而不貴再扦午山子向三合作用甲午
分金丙午穴或丙山壬向六合作用癸巳分金丙
午穴虛危室度山水秀麗富貴兼全人丁蕃衍
怕木度水來去凶
庚申木山木度　坤卦　七宮起甲子畢宿逆行
參三閑四大丫五　六　七殺
金三水七日一月七　乙八丙九丁一
子七父二財二官一　祿二馬六貴三七

木山來自木度爲比和然居自絕之地先吉後凶
子孫蕩散刑獄殘疾不足取也
怕金度木來去凶
癸酉金山土度　兌卦　三宮起甲子奎宿逆行
畢十三閑十四　十五　十六　十七　參吉二一殺
金二水六日九月八　乙四丙五丁六
子七父五財九官四　祿九馬七貴六四
金山來自土度雖爲印綬然地紀得戊申七天紀得
癸酉戊癸化火尅金故不結地一時衣食後主貧
賤夭亡敗絕

怕火度水來去凶
乙酉水山水度　歸妹　三宮起甲子虛宿逆行
畢七閑八　九　十　十一吉十二殺
金七水九日三月二　乙四丙五丁六
子伏父八財九官六　祿六馬七貴九一
水山來自水度水星入廟亦發富貴三代後當捌
求吉地以濟之否則先吉後凶無大可取
怕土度水來去凶
丁酉火山火度　上中孚下損卦　九七宮起甲子鬼宿逆行
畢二　三吉四　五　六殺

上下金九七水四二日七五月六四乙一八丙二九丁三一
上下子伏伏父一八財伏四官九四祿三一馬七五貴九七七五
火山來自火度雖爲比和然居自死之地此正庚
來山扦酉山卯向正配合理且會四吉貴人到穴
主三代豊盈未免天亾葢因居自死更犯大差錯
空亾先主發福久後敗壞
怕水度水來去凶
巳酉土山水度　歸妹　七宮起甲子虛宿逆行
昴六殺七吉八吉九　十　十一　畢一
金二四水四六日七九月六八　乙八丙九丁一
子伏父三六財四官八一祿一馬五貴七八
土山來自木度雖爲有尅然金宮木度爲財巳酉
土復生兌金爲印故吉主公卿大貴世代榮顯百
子千孫朱紫不乏此山與辛酉甲戌少微垣之龍
同道凢遇此山行龍布氣主大富貴人品秀異忠
烈賢良剛毅勇決宜扦酉山卯向丁酉分金辛酉
穴昴四度土度中金卦全會四吉貴人到穴主產
神童少年科第又此三山竝喜眞巽水特朝爲金
魚御街如艮峰特秀定出亞榜然巽水流艮艮水
流巽名金帶水也　巽向艮向通用

怕木度水來去凶
辛酉木山土度　履卦　四宮起甲子箕宿逆行
昴一　二大吉三　四吉五關
金二四水四六日九二月八一　乙五丙六丁七
子五父四五財伏官一　祿七馬五貴五一
木山來自土度爲財帛之地更値自胎之位財祿
豊盈世代榮華富貴宜扦酉山卯向乙酉分金巳
酉穴昴七八度中金卦全房度山水秀朝主產神
童少年入朝榮華悠久若見巳水來爲殺曜主少
亾古顔子之墓犯此也再扦坤山艮向丁未分金
甲申穴井十三四度中金卦全從催官加天乙少
許主文章冠世　巽向通用　己酉辛酉甲戌丙
戌四山竝宜此向
怕金度水來去凶
甲戌火山金度　兌卦　三宮起甲子奎宿逆行
胃十　十一　十二　十三吉十四　十五少
金二四水六八日九二月八一　乙四丙五丁六
子七父八五財九官四　祿一馬四貴二一五
火山來自金度乃是貯旺之地正酉未辛初少微
垣之輔弼也扦穴立向竝與辛酉同出神童英俊

少年金榜孝弟忠信祿壽兼美

怕水度水來去凶

丙戌土山土度　履卦　九宮起甲子箕宿逆行

胃四閞五吉六吉七　八　九

金七九水九二日五七月四六　乙一丙二丁三

子一父一九財伏官六　祿七馬四貴一三

土山來自土度乃是和氣更得九星入廟定主敵國富豪世代翰墨　宜扦乾山巽向丙戌分金丁亥穴奎四五度火度中金卦全此正巽辛相見爲陰陽正配福祿元禎富貴雙全少年入朝兼出忠臣孝子翰苑馳名蓋巽辛爲文昌司權也　再扦酉山卯向丁酉分金辛酉穴先文後武

怕木度水來去凶

戊戌木山水度　上履下夬卦　六五宮起甲子箕翌宿逆行

婁九吉十吉十一　十二少　胃一　二大王三殺

上下金四水六日二月一　乙七丙八丁九

上下子二父四財九官八　祿七馬四貴二五

木山來自水度雖曰印綬然犯大差錯空亾此支辰狐假虎威之地誤人最多懸河天亾刑獄災害

怕金度水來去凶

庚戌金山金度　大有　五宮起甲子箕宿逆行

婁三殺四　五　六　七　八吉

金二水四日九月八　乙六丙七丁八

子五父一四財九官四　祿三馬三貴一四

金山來自金度爲和氣扦辛山乙向丁酉分金丙戌穴胃五六度中少年金榜朱紫不乏但此山難得結穴必須巒頭秀麗龍脈清奇乃真毋得輕取

怕木度水來凶

壬戌水山火度　需卦　二宮起甲子虛宿逆行

奎十四　十五　十六　十七大Y十八婁一二閞

金六水八日二月一　乙三丙四丁五

子三父伏財二官六　祿九馬三貴八六

水山來自火度雖爲財帛然亦支辰大空亾差錯之位主大不祥出路死徒斬奸謀盜乞

怕土度水來去凶

乙亥火山木度　大有　三宮起甲子箕宿逆行

奎九　十　十一　十二　十三

金一水二日八月七　乙四丙五丁六

子二父一財六官六　祿六馬四貴九一

火山來自木度雖爲印綬然居墓絕之地多凶少

吉富貴不足言也
怕水度水來去凶
丁亥土山火度　大壯　九宮起甲子虛宿逆行
奎二大空三　四吉五吉六吉七　八
金四水六日九月八　乙一丙二丁三
子七父三財九官四　祿三馬四貴七九
土山來自火度乃是印綬葢乾藏奎壁文章之府若得來龍高峰大岫起伏迢迢纏護重重此乾宮至貴龍也　宜扦庚山甲向壬申分金巳酉穴鼎宿十度中金卦全坤乙山秀特定出文魁上將

再扦戌山辰向丙戌分金庚戌穴婁四度金卦全若得井宿一二三四五六度峰秀富貴雙全軫宿會房柳峰特朝定出文武狀元但此山結局最少
怕木度水來去凶
巳亥木山土度　上夬下需卦　九八宮起甲子翌虛宿逆行
壁度　六関七　八吉九　太　奎一
上下金六三水八二日四八月三七　乙一九丙二一丁三二
上下子三九父伏伏財九八官四三祿三二馬四三貴九八二九
木山土度雖為財終犯大差錯空亡此山多大岫起伏然必受禍大則抄括絕滅小則忤逆敗絕

怕金度水來去凶
辛亥金山水度　泰卦　五宮起甲子箕宿逆行
室十七吉十八少吉壁一吉二　三　四　五
金四二水四六日九二月八一　乙六丙七丁八
子五父伏財五九官九　祿八馬三貴六二
金山水度乃是福德更合九星八廟非常大地此葢紫微垣北辰之星六十山之主宰局向自然萬山朝集衆水趨迎地之上也　宜扦壬山丙向丁亥分金丙子穴室二三度火度中金卦全軫胃特秀柳星張諸山拱集房心秀拔世代神童狀元榜

眼探花葢見巽水特朝巽峰聳秀最為上貴若巽丙丁水朝來流入庚震尤妙再扦乾山巽向丙戌分金丁亥穴奎四五度中金卦全更得軫十六七度胃一二度柳星張翌宿山拱集出狀元三公九卿世代富貴曜氣詩云天乙太乙位文筆曜氣交騰狀元出葢亥山納在震宮見巽峰為雷風相搏巽納辛為曜氣交騰曜氣交騰即此可以類推
再扦癸山丁向丙子分金丁丑穴女八九度中金卦全泖水朝迎世代科甲福祿壽俱全　再扦酉山卯向三合作用乃為生龍旺向穴坐辛酉房心

秀拔世代魁元再扦亥山巳向丁亥分金辛亥穴
壁一度中金卦全兼辛亥氣雖亥龍亥穴紫微正
沖然四長生龍雖直受無害更得局完勢美沙水
奇秀巽巳水特朝巽峰高秀世代高貴要之巽丙
二向尤爲亥山之上局也
怕火度水來去凶
癸亥水山木度　乾卦　二宮起甲子畢宿逆行
室十一　十二吉　十三吉　十四　十五大差錯　十六
金七九水九二日五七月七四乙三丙四丁五
子二父七財六官二祿入馬三貴三五

水山來度來自福德更値臨官之位乃紫後垣輔
弼之山扦穴立向俱與辛亥局同其應亦同
夫龍行地內取地氣也故論龍以地支爲法如艮龍
入首當兼戊寅正氣巽龍入首當乘辛巳正氣之類
經云群龍須向地中行正此謂也是渾天龍法乃爲
諸家龍法之統領而乘氣立穴挨吉避凶心以是爲
主焉所謂天光下臨地德上載六壬窮萬變之机遁
法運三奇之妙知斯道者可以奪神一改天命矣

平地龍補　出謝雙湖論

失平洋之地與壠不同考其斷續節泡雖云得矣
未免泥也恐非後學入門之路今據謝君南北而折
分之江北之平大塊鋪氈迢迢数百里非若南方之
以水爲龍也悉皆岡爲之主氣盛而土厚故其來也
有起其往也有止而帳幔周遮出脈行度山壠稍相
似至入首之處兩傍有微低水痕水外有微高鉗局
或露仰掌之雞心或隱覆掌之窠窩見盤旋則詧其
轉折之勢遇分枝則審其盛衰之由水會處求其泒
回詳明暗定穴之左右砂交時求其水遠審厚薄看
氣之生死平中得一突爲奇圓如饅頭者乃孤曜之
的殺平而有足者爲佳平洋展一口爲眞蕩如緝匣

者乃掃蕩之散氣分而有唇者甚栽形似住而水不
交是息肩于傳舍水既合而臂分長乃假道于他邦
故曰舟逐晨潮自注來迎之揖魚游春水鈎連不斷
之絲此晦跡潛踪之勢必看後送前迎之砂有如蚓
沿壤陌蛛絲畫簷帛紋水痕隱微蜿蜒此北方之平
也必須先其積氣次及水神然後審其容受察其回
護詳其纏路穴可得矣若論淮泗之間其勢與中原
齊魯之平又有不同尤當究其來歷詳其水神由其
地勢與江南相似其用亦相類也　盖江南之平長
不滿十里廣不過千步又何必泥其帳幔骨脊平書

云凡到平洋莫問蹤只覩水遶是眞龍然悵慢骨節雖異而結咽過關之勢不殊其盤旋轉折之狀似與他處不同或衆大而獨小或衆低而獨高或衆直而獨彎或衆散而獨聚出唇合角體格淸巧書云平洋不開口神仙難下手然開口捉穴固云是矣乃若禾鍬合角轉皮正面側面積氣出唇之類此正平地穴法也無此卽非眞穴至如後倚前親隨類而推收水的以雙山玄空爲法又當先審地之所宜葢水性不同脉亦少異若去山未遠骨脊相須積氣可乘者乘之水法可取者取之若去山遠者則全取水矣至于通潮近海之地水神六時潮入六時潮去來口卽其去口去口卽其來口又難以一定之法律其必然之勢故東南之地張望潮水亦出公卿如此則去者非所論當就潮而迎之可也又若常鎭沿江之泒與三楚之地多類此平又與吳越不侔矣其氣梢厚地赤多連岡斷伏而行分枝劈脉亦多與山相似其重拄氣水次之然其異者地之勢而其同者地之理葢水有三奇欲其朝欲其聚欲其遶又曰地寬廣而水不稱者有他顧之憂水太盛而砂不及者有覆宗之禍小水欲縈大水欲圓大水近邊莫尋穴小水亂處有

奇蹤又云前如半月後如釵環左右如弓則就水之穴可知矣又云藏龜閃跡在田中水遶是眞龍此龍不離水水不推穴爾也

平地開日八式餘類而推

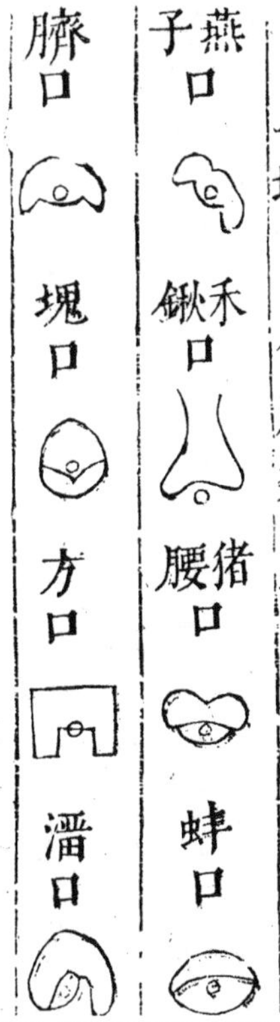

地理玄珠卷之二十一

古吳太和山人夏世隆道弘甫著
梁溪半偈道人華善繼孟達甫校

行注五行　出剪龍經

夫行者行其氣也注者注其氣也此楊公蔡乘生氣之微權也蓋以龍氣貴清一不宜混淆沙水貴純粹不宜克惡然多有龍穴真正而氣脈不能清脱局勢完美而沙水不能整齊則未免爲真龍之咎而美玉有瑕疵矣非全局也故立行注之法以控制之法于壙底以磚鋪砌中作小溝灣轉曲折每溝頭轉處砌

一小池王行氣也中間砌一大池王注氣也或用正五行或用渾天五行或用穿山或用星度皆用淨陰淨陽衰旺生尅以周旋其間龍脈不純用法以清之沙水不合用法以消之假如來龍入首須原其陰真陽僞則行注陰氣以扶陰陽真陰僞則行注陽氣以扶陽真氣旺盛而且專一則僞氣不能侵入而自消矣至若沙水環列須原其金形克惡則行注火氣以尅金八方克惡則行注水氣以尅火制神聚局而且得令則凶惡殺無能有爲而自降矣是行注者召吉禳凶幹全造化乃地理之細密精詳塟法之神機秘要也否則穴吉塟凶與棄尸同亦何足貴哉

布氣條例

地卦以九星分金配九寸分金收禽捕獸鋪白設紫皆依寸法布氣週而復始連續不斷更將生命逐寸分布凡遇九星獸星吉曜所占之寸宜折行地氣又不可犯撞命恐遇關殺也大抵折水布氣須忌本命關殺假如庚子生命納音屬土行水氣或水音用真子分金撞命不忌蓋以土尅水也若值溝頭轉折行木氣用木音則爲關殺蓋既犯庚子爲溝頭撞命又犯木氣木音有尅其命必主夭亡過命一寸而後折

則不犯關殺矣大抵丑命生人宜布在艮未命生人宜布在坤巳命生人宜布丙午命生人宜布丁木命生人宜布水水命生人宜布金此皆命與龍向契合更得命音生旺之宮及祿馬貴人之位尤爲可貴若命音值死絕尅制之位則凶如木命忌申酉土命忌震巽之類是也宜細推之慎勿妄動

起禽獸例

凡收禽捕獸不問何山並以一寸屬麒麟二寸屬天獄三寸鳳凰四寸龍殺依次數去週而復始遇麒麟鳳凰章光玉堂四星所臨之寸爲上吉宜折行地氣

一寸二寸三寸四寸五寸六寸七寸八寸九寸
麒麟天獄鳳凰龍殺虎殺章光地厄地疾玉堂

起九星例

凡布九星皆以龍向為准各以本山起九星所屬為一寸依次數去值貪巨武輔弼三白九紫所臨之寸為上吉宜折行地氣

坎癸申辰山一寸起一白破軍

一白二黑三碧四綠五黄六白七赤八白九紫
破軍左輔右弼貪狼巨門祿存文曲廉貞武曲

坤乙山一寸起二黑左輔

二黑 三 四 五 六 七 八 九 一
左 右 貪 巨 祿 文 廉 武 破

震庚亥未山一寸起三碧廉貞

三 四 五 六 七 八 九 一 二
廉 武 破 左 右 貪 巨 祿 文

巽辛山一寸起四祿巨門

四 五 六 七 八 九 一 二 三
巨 祿 文 廉 武 破 左 右 貪

乾甲山一寸起六白祿存

六 七 八 九 一 二 三 四 五
祿 文 廉 武 破 左 右 貪 巨

兌丁巳丑山一寸起七赤武曲

七 八 九 一 二 三 四 五 六
武 破 左 右 貪 巨 祿 文 廉

艮丙山一寸起八白貪狼

八 九 一 二 三 四 五 六 七
貪 巨 祿 文 廉 武 破 左 右

離壬寅戌山一寸起九紫文曲

九 一 二 三 四 五 六 七 八
文 廉 武 破 左 右 貪 巨 祿

起生命例

凡二十四山十二支龍陽支起戌為命于陰支起巳為命于四維從隸宮取命于隸宮為命支八干從對宮起命于隸宮為命支每一寸屬一命依次而行周而復始凡折處雖遇吉星不可犯本命關殺慎之

坎(戌子)壬(丙子)離(戌午)丙(壬午)震(巳卯)乙(辛卯)兌(巳酉)辛(乙酉)乾(戌戌)戌(戌戌)
巽(戌辰)辰(戌辰)坤(巳未)未(巳未)艮(巳丑)丑(巳丑)寅(戌寅)甲(庚寅)庚(甲申)申(戌申)
癸(丁丑)丁(癸未)巳(巳巳)亥(巳亥)

假如艮龍為例一寸起八白貪狼獸星起麒麟生命起巳丑二寸是九紫巨門獸星是天獄生命是庚寅

依次數去週而復始遇吉星而不犯撞命関殺大宜折水如遇関殺再尋吉寸以折之餘類推

又如丙子生命以巽龍折水為制一寸起四綠巨門麒麟九寸上得玉堂貪狼固爲吉星照臨宜折行坤氣但巽龍一寸命起戊辰九寸上值丙子巳犯撞命又遇丙辰分金属土是犯関殺再起一寸折行丁丑更得巨門麒麟方爲上吉依次而推萬無一失

據古法艮龍布氣艮土生辛金辛生亥水亥生震木震生丙火丙生艮土注之龍之氣盛而後行艮氣納丙故丙出爲陰陽相見再行丁火以佐丙震巽木以生火亥水生木辛金生水復行艮土生辛金金生亥水水生震巽木木生丁火注丁火以相生主龍乃土之胎氣在丁其氣盛而後行也用震出以生火亥生震木辛生亥水艮生辛金出演池以止氣

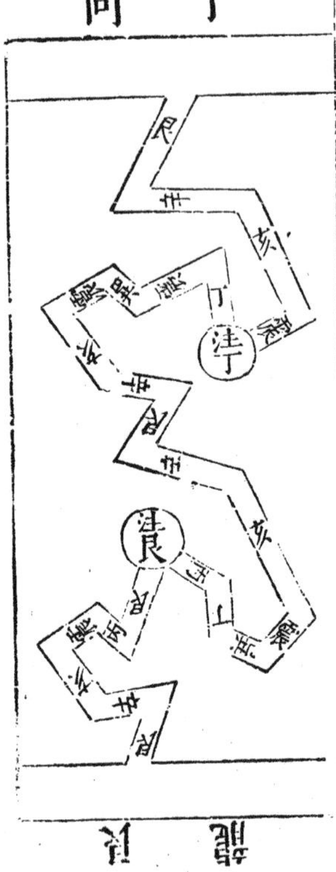

右圖後半局節節相生以補龍前半局節節相生以補向考之古制固爲有理但以八尺之地而溝池轉折太多更兼以九星卦星之吉凶六甲生命之宜忌殊覺繁冗況穴中布氣而又雜之以向尤覺伎倆今切叅互考訂以理義酌法當一圖分爲二局穴中論内氣專主龍脉行注以生龍爲法穴前論外氣專主向首行注以生向爲法龍向布氣皆同一例但内氣地分有限只以寸數分布每一寸屬一命管一年外氣地分無限則以步數分布每一步屬一命管三年蓋以四尺五寸爲一步即黄鐘周尺法也此正陰龍陰向水流陰陽龍陽向水流陽卜氏所謂穴前折水依法循繩是也穴内小池廣六寸義取六氣也大池廣一尺二寸義取十二支也溝池俱深四寸義取四象也外局小池廣一尺二寸義取十二朔也大池廣二尺四寸義取二十四氣也溝池俱深八寸義取八卦也内外分明龍向各適井井有條乃爲至當聊具數格于左雖不能悉圖其藴奥而舉一反三自可推類以盡其餘矣

布氣定論

葢行注布氣所以導其生氣者也故龍向以相生爲

吉若衆龍入首別無他方沙水可收無他向可立必欲以沙水剋我者爲應而立向如卯龍辛向坎龍坤向之屬此乃天然生成之局無可改移則當布氣以控制如卯龍辛向金方沙水旺盛則行注丙火以制之是以傷官合殺也或行注丁火以剋之是以食神制殺也或行注亥氣以洩之是以印綬化殺也不惟不能剋我且反殺而成權矣大抵布氣惟本龍不宜受剋如辛龍宜布丙不宜復布丁庚龍宜布丁不宜復布丙之類蓋以官殺爭權而剋制多則本龍之氣銷鑠而力微矣此又不可不知也

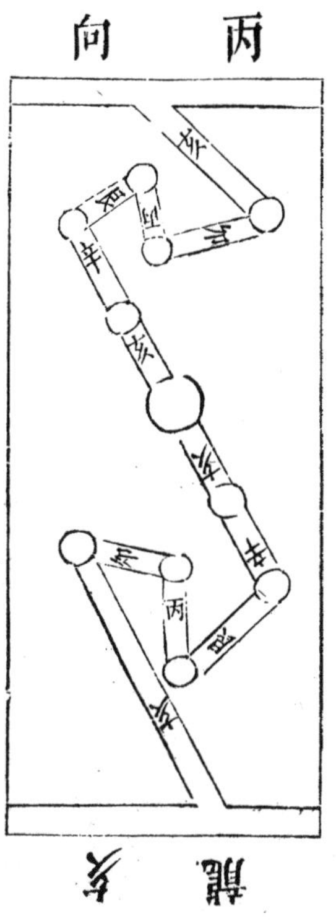

亥氣入布亥水生卯木木生丙火火生艮土土生辛金金生亥水注亥龍之氣盛而後行復出亥以繼之再行辛生亥水艮生辛金丙生艮土卯生丙火亥生卯木出潢池以止氣見丙爲財貴

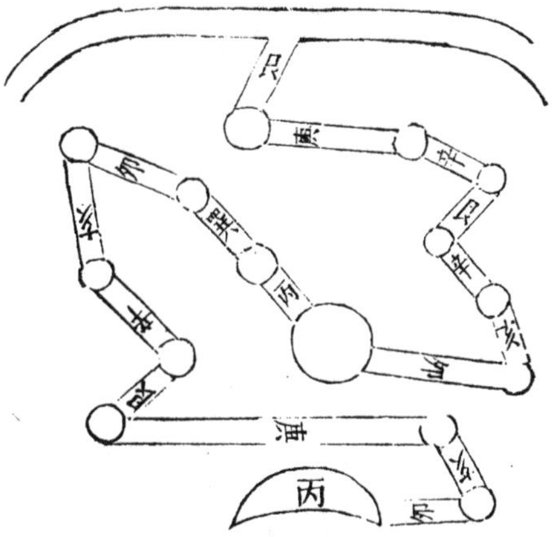

亥龍丙向丙貴到亥穴前作一小月池以蓄財貴然後折震以生丙亥生震庚生亥艮生庚辛生亥亥生震巽生丙注丙再行震亥辛艮木水金土節節相生以補向出潢池以受大水朝迎乃合上格

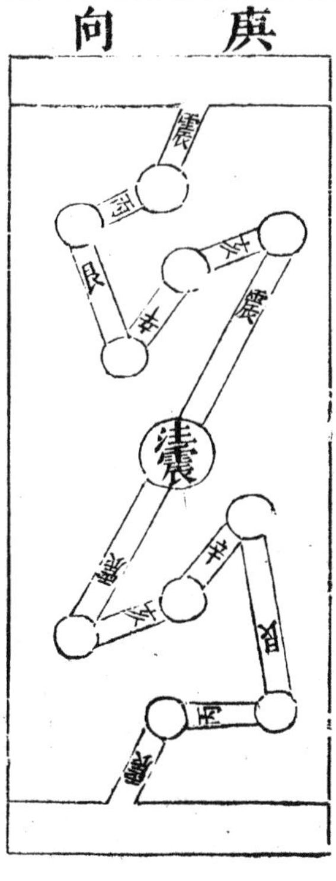

震氣入布震木生丙火火生艮土土生辛金金生亥水水生震木注震龍之氣盛而後行復布亥辛艮丙震木水金土火逆回節節相生而出見庚爲納甲正配兑爲大局

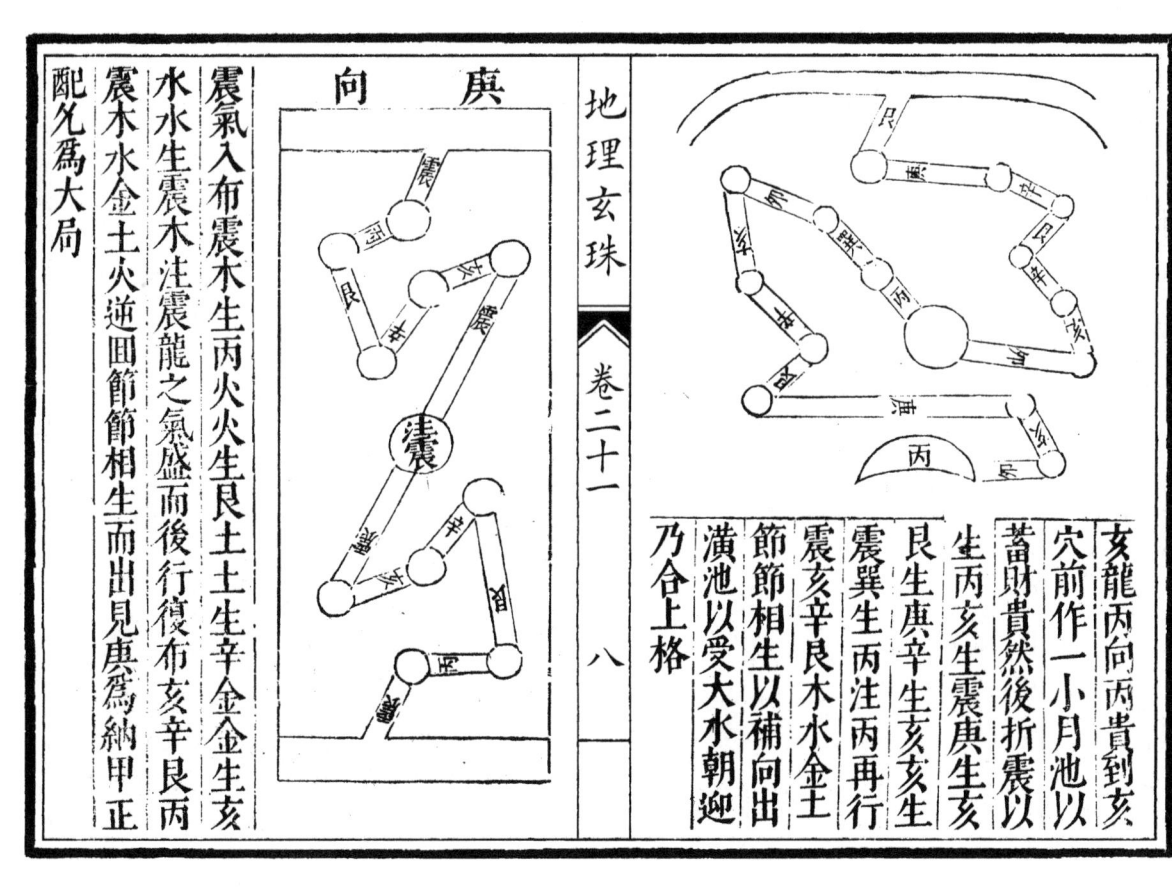

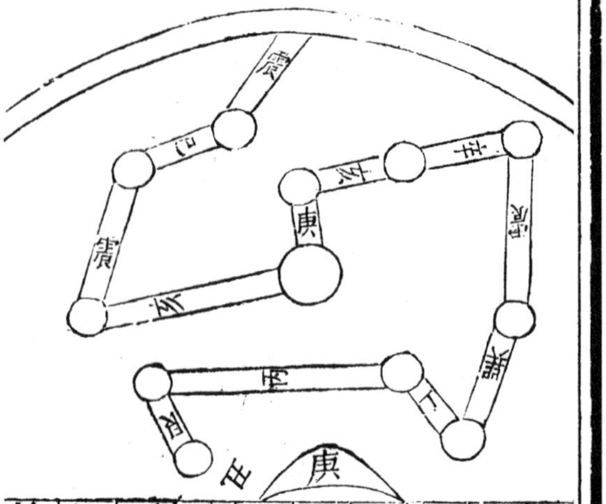

震龍庚向震氣出庚爲陰陽相配穴前作池以聚向上之水然後折丑艮以生庚金丙丁生丑艮巽震生丙丁亥生震庚生亥注庚以蓄震龍之官星復行相生出庚以迎大水關攔乃合上格

丁向

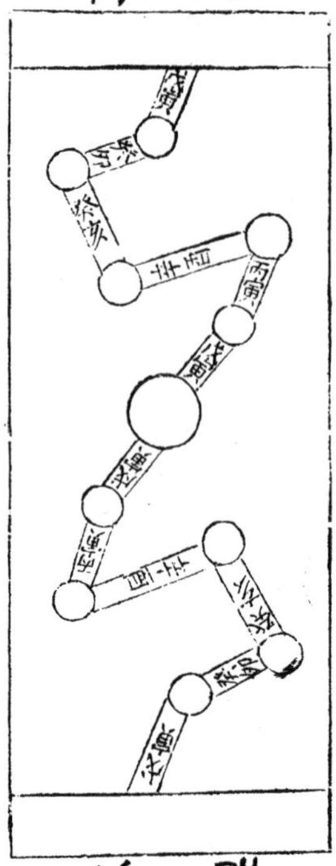

艮龍

渾天艮氣戊寅土入局生癸卯金金生癸亥水水生辛酉木木生丙寅火火生戊寅土注之復逆布一週迴節相生而出受丁火朝向以生艮乃合上格

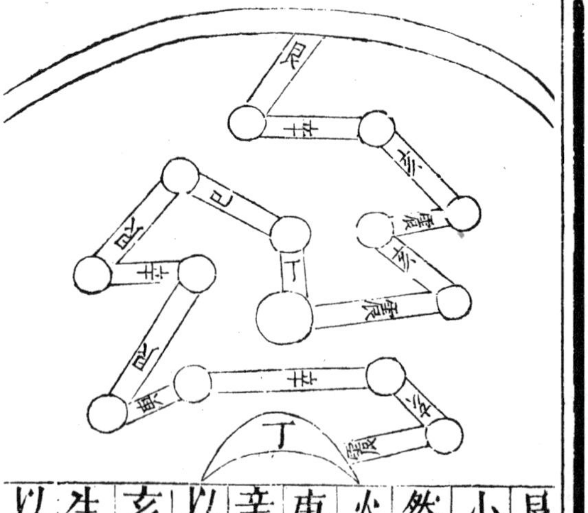

艮龍丁向穴前作一小池畜丁火以生艮然後折震木以生丁火繼亥水以生震木庚辛生亥水艮土生辛金巳火生艮土繼以丁穴注之復行震亥辛艮木水金土相生而出丁外横潢池以止氣

巽向

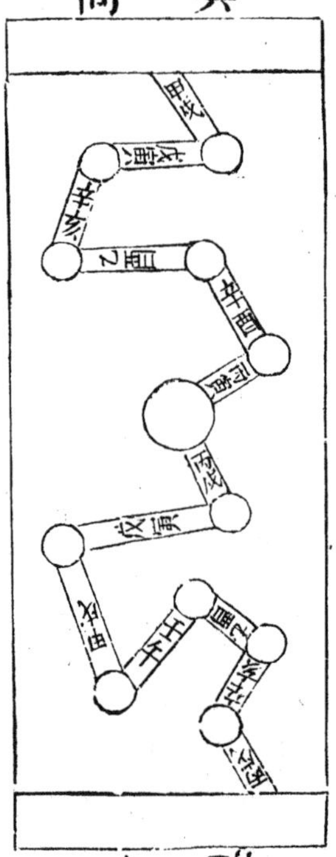

辛龍

此渾天丙戌乃辛龍也丙戌土生辛亥金金生乙酉水水生壬午木木生甲戌火火生戊寅土繼以丙戌土注之再行丙寅火以生土辛酉木生火乙酉水生木辛亥金生水戊寅生金甲戌生土而出巽陰陽相見

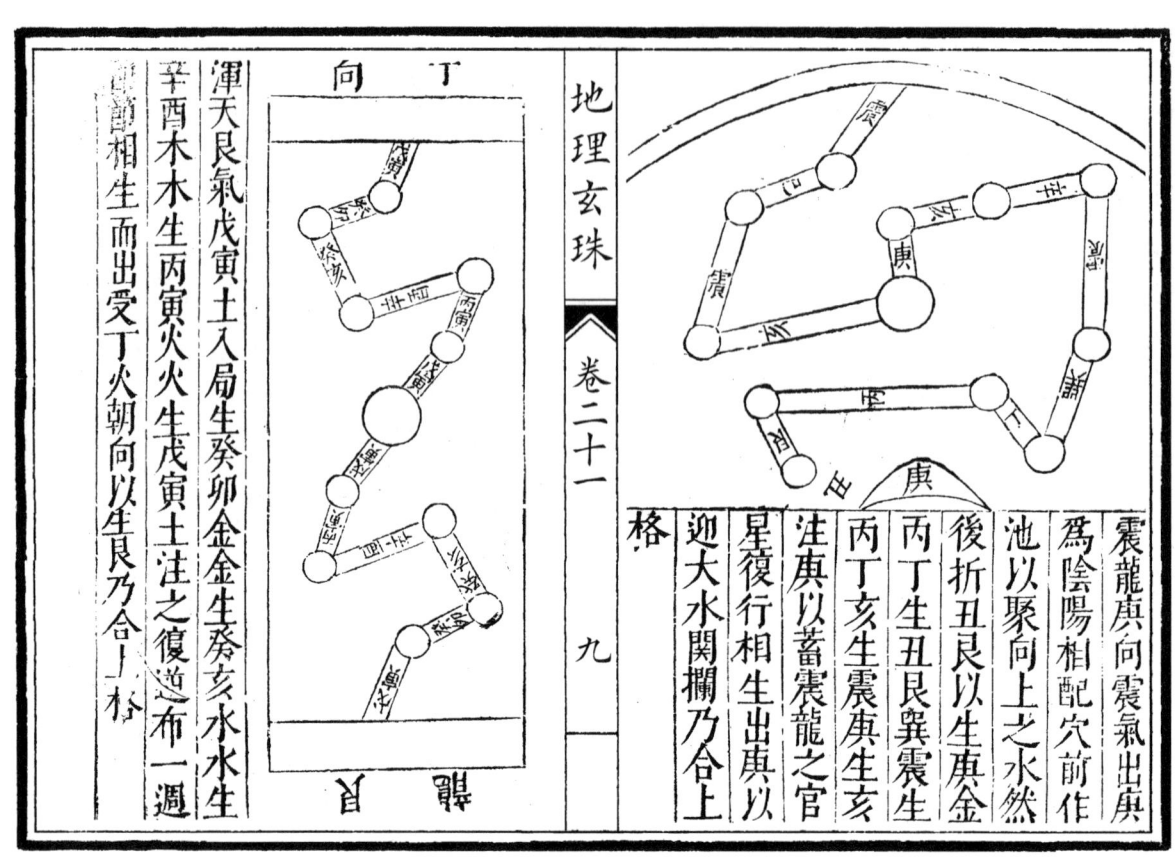

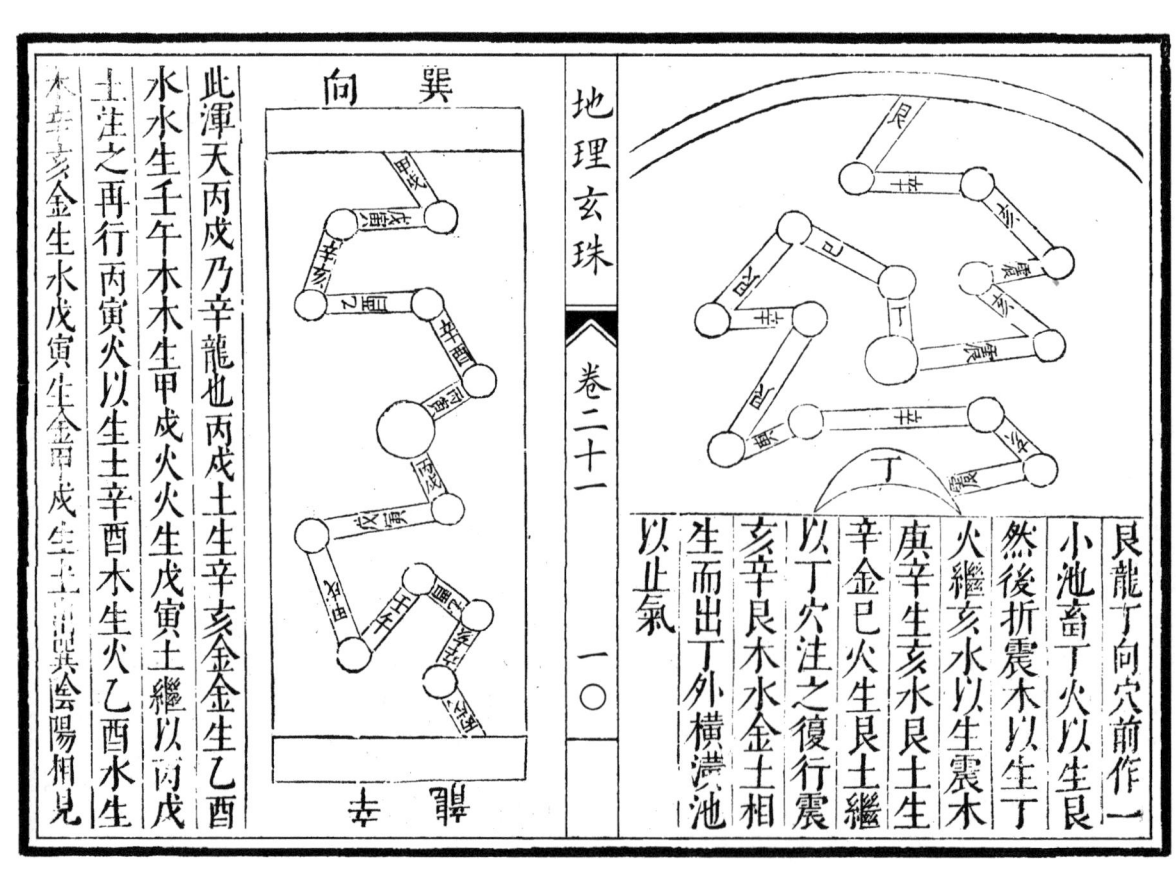

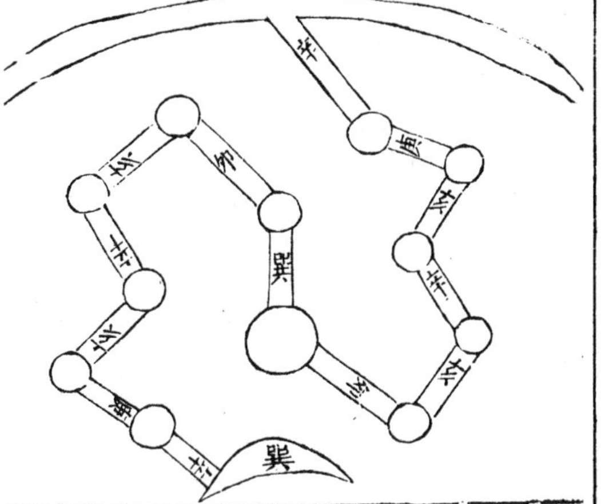

辛龍巽向辛氣出巽穴前鑿池以聚向上之水復行辛爲卦氣行庚爲合氣折亥爲相生折卯爲相助注巽以蓄辛龍之財再行一週而出外瀾潰池以止氣此乃以相配相生爲吉而亦不必甚泥也

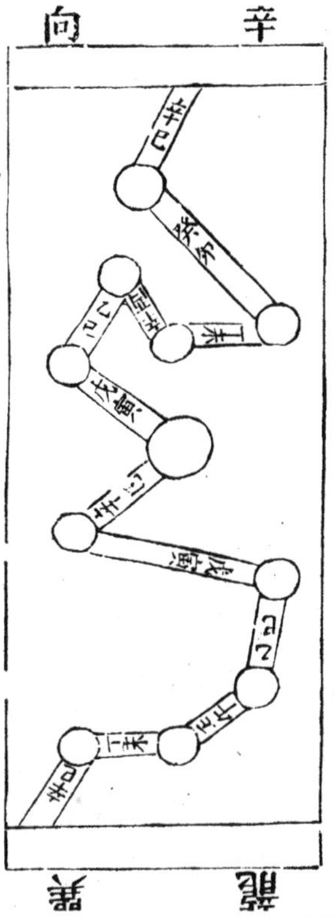

渾天辛巳爲巽龍氣布辛巳金生丁未水水生壬午木木生乙巳火火生戊寅土土生辛巳金注之復行戊寅生金乙巳生土辛酉生火丁未生木癸卯生水辛巳繼金而出見辛爲夫婦相合

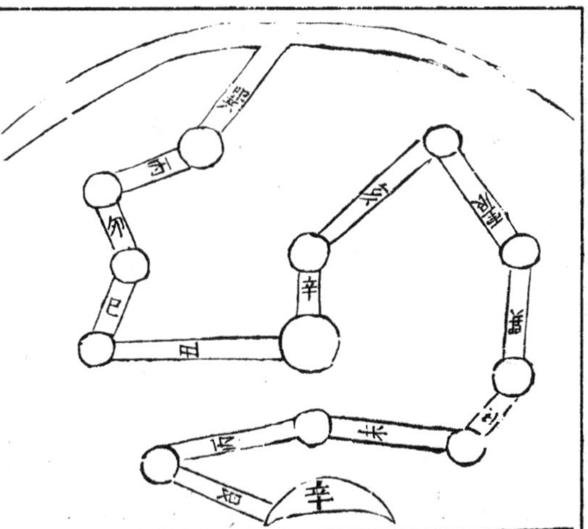

巽氣出辛辛上作池以聚向乃爲陽用陰朝然後折艮以生辛折丙以生艮巳生未震巽生巳亥生震辛生亥注辛以蓄巽龍之官星復行丑以生辛巳生丑卯生巳巽生丙而出辛遇潰池以止氣

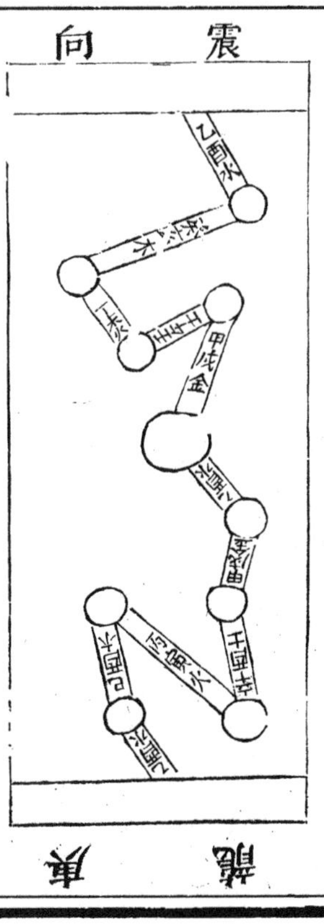

此星度五行也庚龍行乙酉水度生巳酉木木生丙寅火火生辛酉土土生甲戌金金生乙酉水注之復行甲戌金度以生水壬午土生金丁未火生土癸亥木生火乙酉水生木出震爲卦氣配合

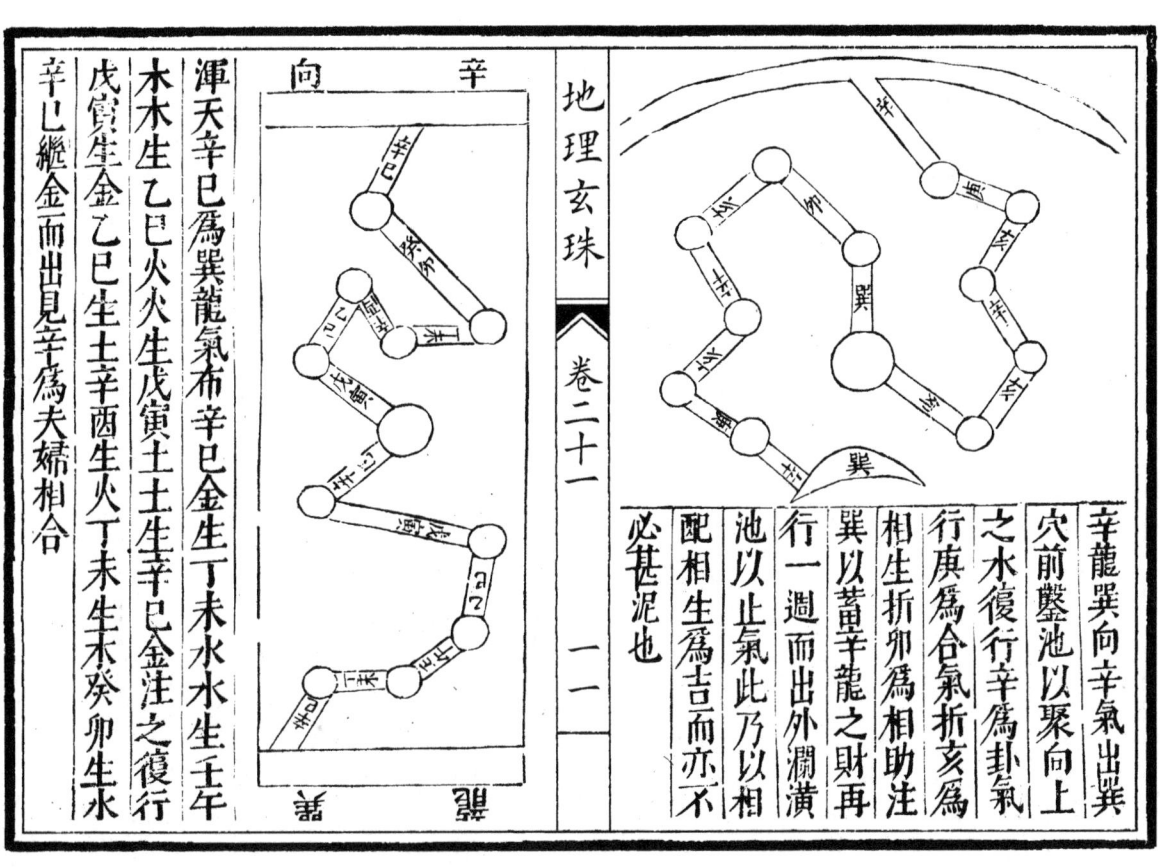

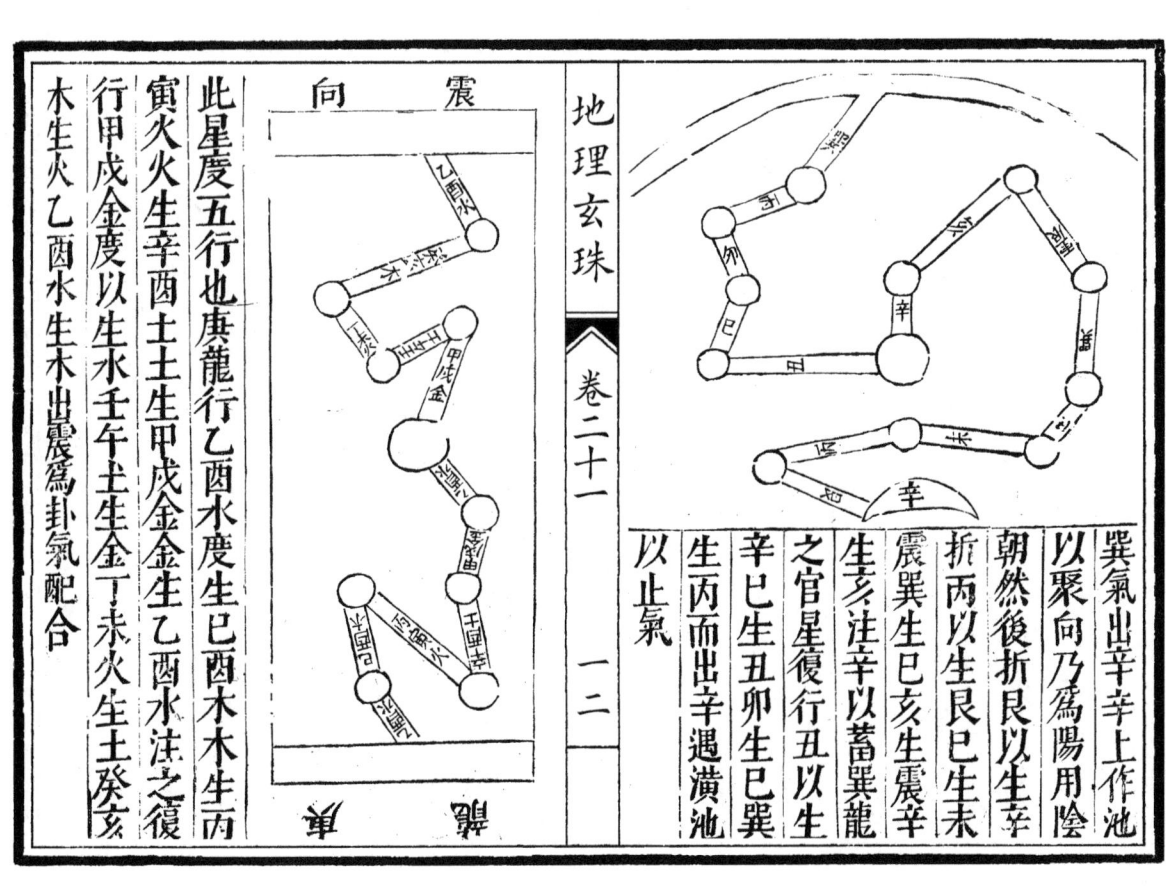

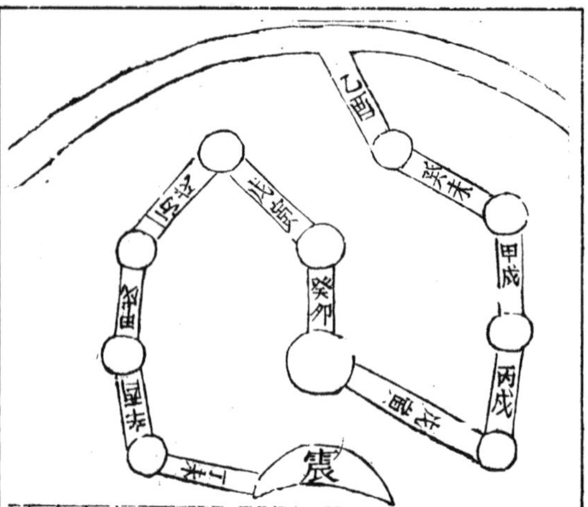

庚氣出震穴前作池以聚向然後折丁未水生震木辛酉木生甲戌火火生丙戌土繼以戊寅土生癸卯金注之復行戊寅丙戌土生金甲戌火生土癸未木生火乙酉水生木而出潢池以止此用渾天五行也

艮　向

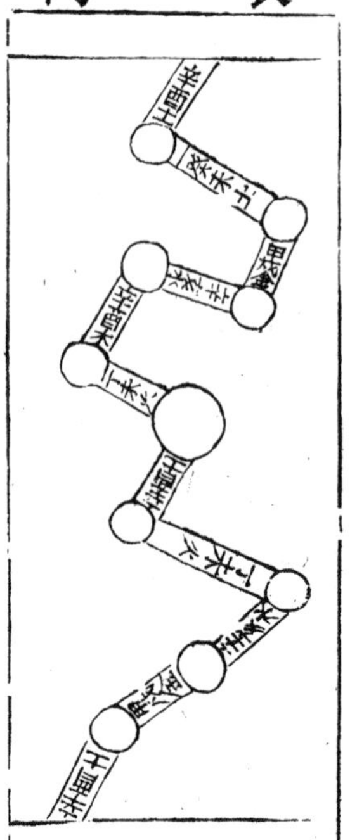

兌　龍

兌龍行星度辛酉土生甲戌金金生辛亥水水生巳酉木木生丁未火火生辛酉土注土復行丁未火履以生土巳酉木生火辛亥水生木甲戌金生水癸未土生金繼以辛酉土出艮

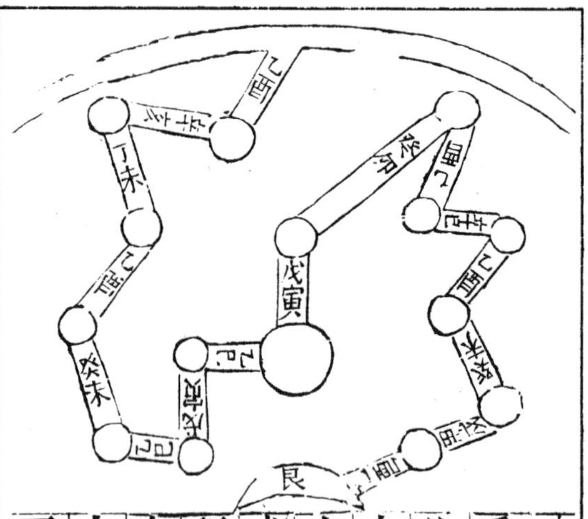

兌氣出艮少男少女爲正配行巳酉土以佐艮甲戌火生土癸未木生火乙酉水生木辛巳癸卯金生水戊寅土生金注之復行乙巳火生土癸未木生火乙酉丁未水生木辛亥金生水巳酉土生金潢池止氣

辛　向

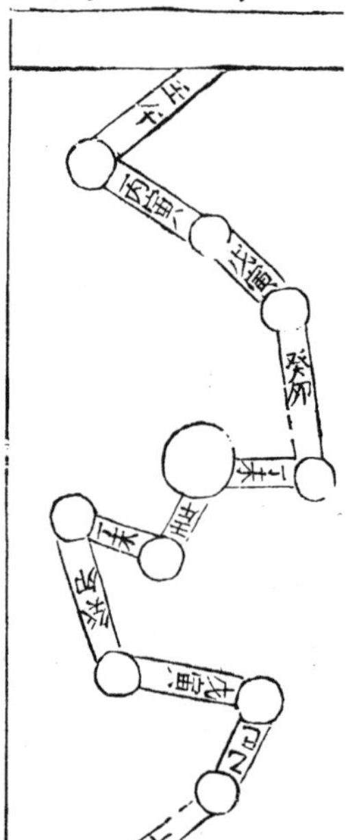

丙　龍

渾天丙龍壬午木生乙巳火火生戊寅土土生癸卯金金生丁未水水生壬午木注木復行丁未水生木癸卯金生水戊寅土生金丙寅火生土壬午木生火出潢池以止氣見辛爲三合

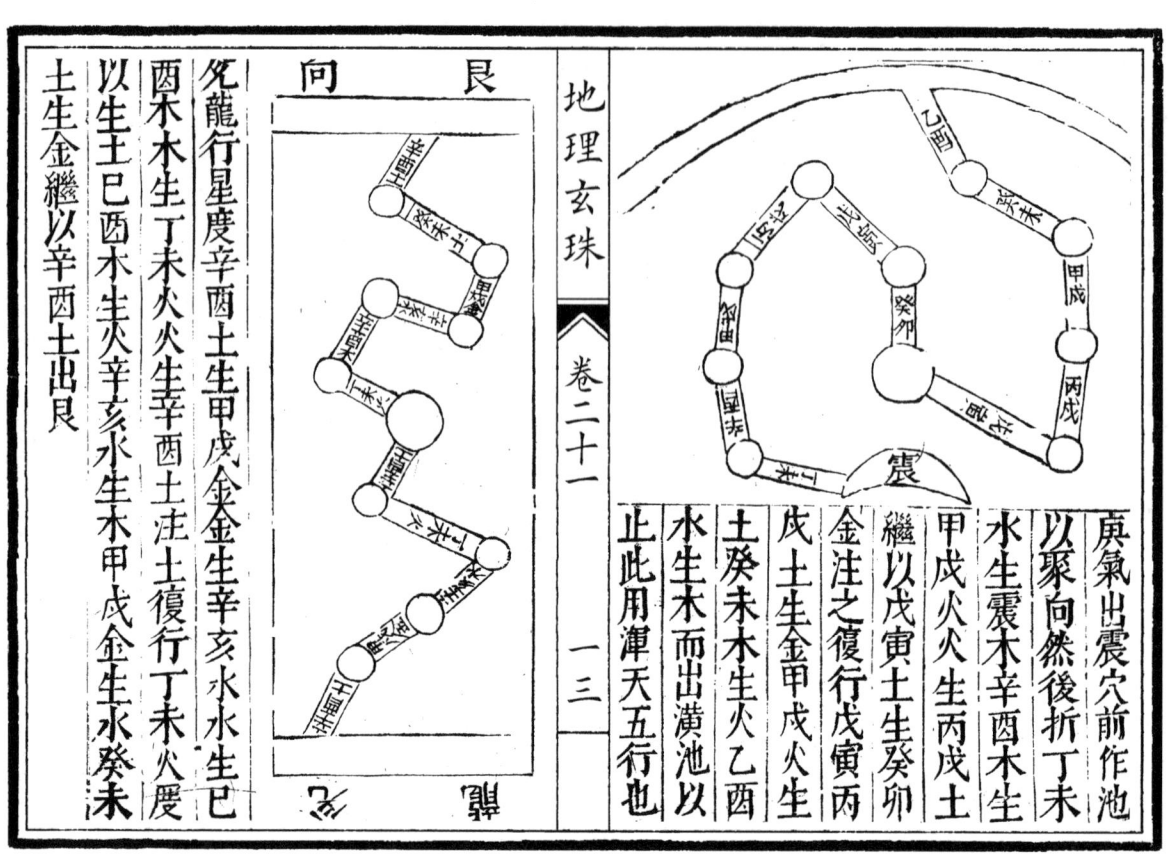

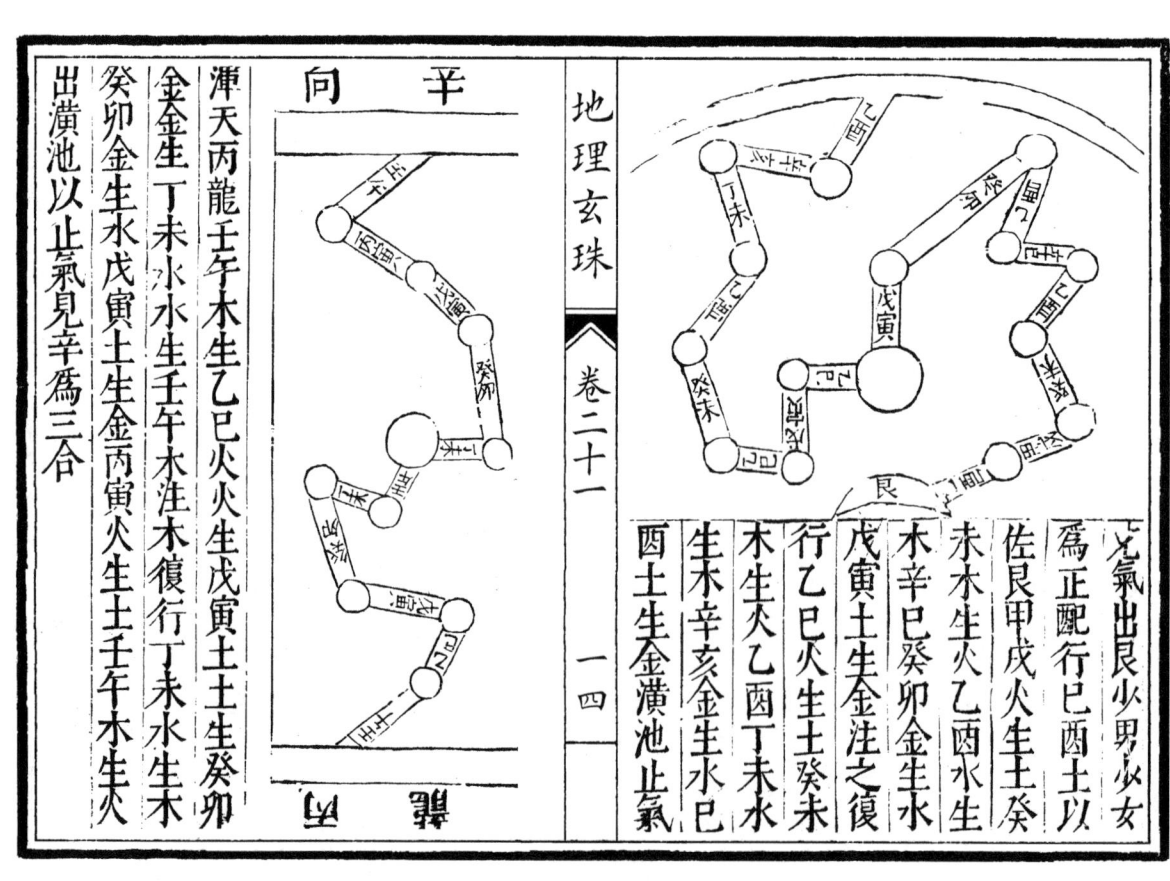

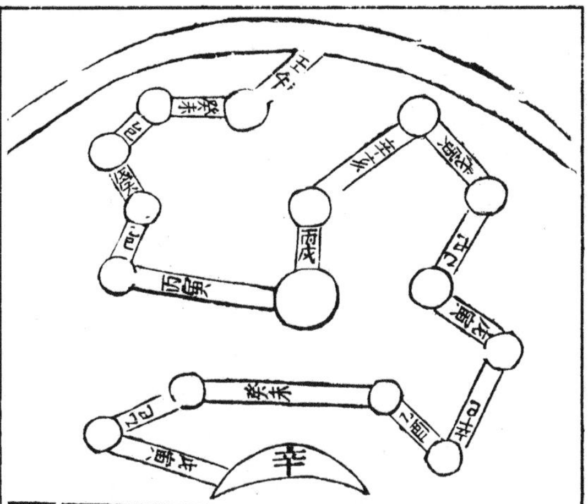

丙龍辛向多行艮丙以相生者艮丙辛爲三合會局一家之氣也帯巳者丙祿在巳也帯亥者丙貴在亥也丙生艮艮生辛辛生亥混爲一途脈絡通貫節節相生無少間斷不亦美乎

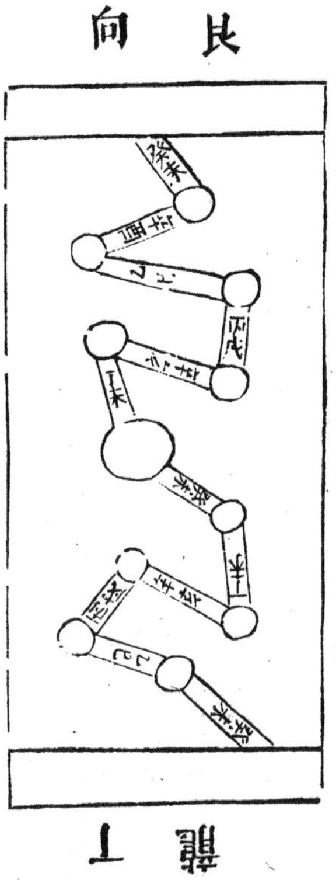

透地丁龍癸未木生乙巳火火丙戌土土土生辛亥金金生丁未水水癸未木木注木復復行丁未水生木辛亥金生水丙戌土生金乙巳火生土辛酉木生火癸未繼木而出見艮爲財帛

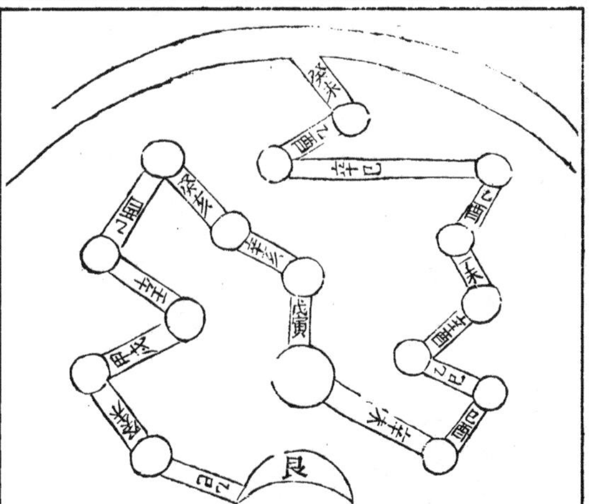

丁龍艮向行乙巳甲戌火以生艮土癸未壬午木生火乙酉癸亥水生木辛亥金生水戊寅土生金注之復行金土火木水節節逆生而出潢池外横以正氣五行制化格局中和貴哉

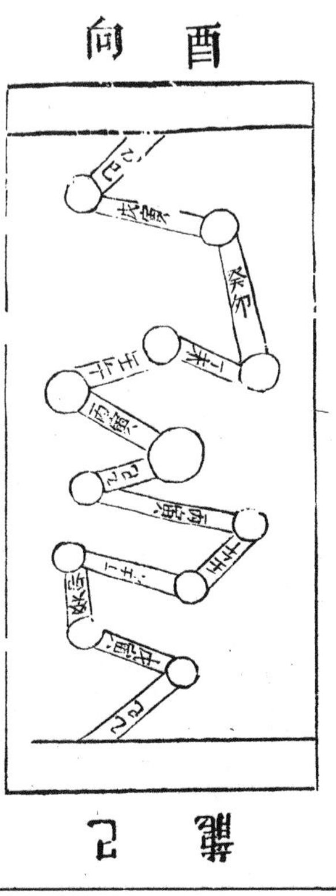

渾天巳龍乙巳火生戊寅土土生癸卯金金生丁未水水生壬午木木生丙寅火繼生乙巳火注火復逆行一週節節相生而出見兊爲生龍旺向三合財局

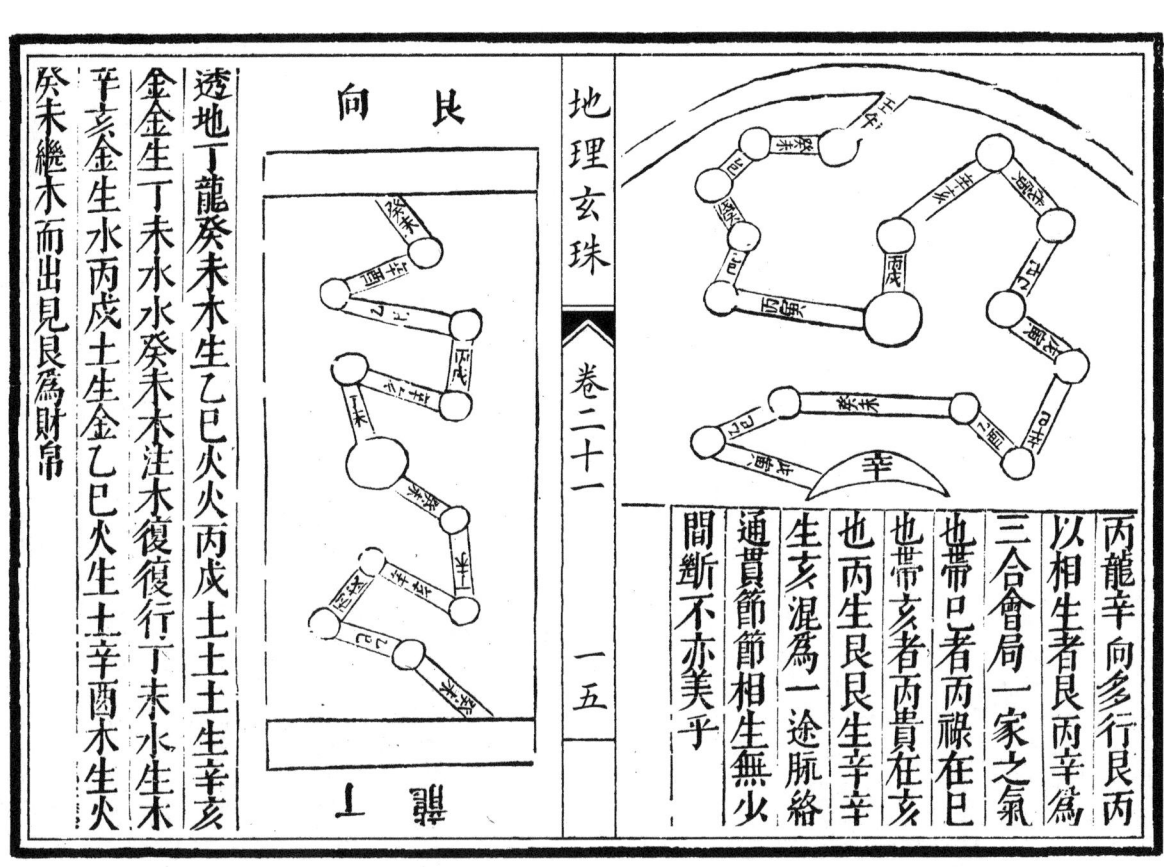

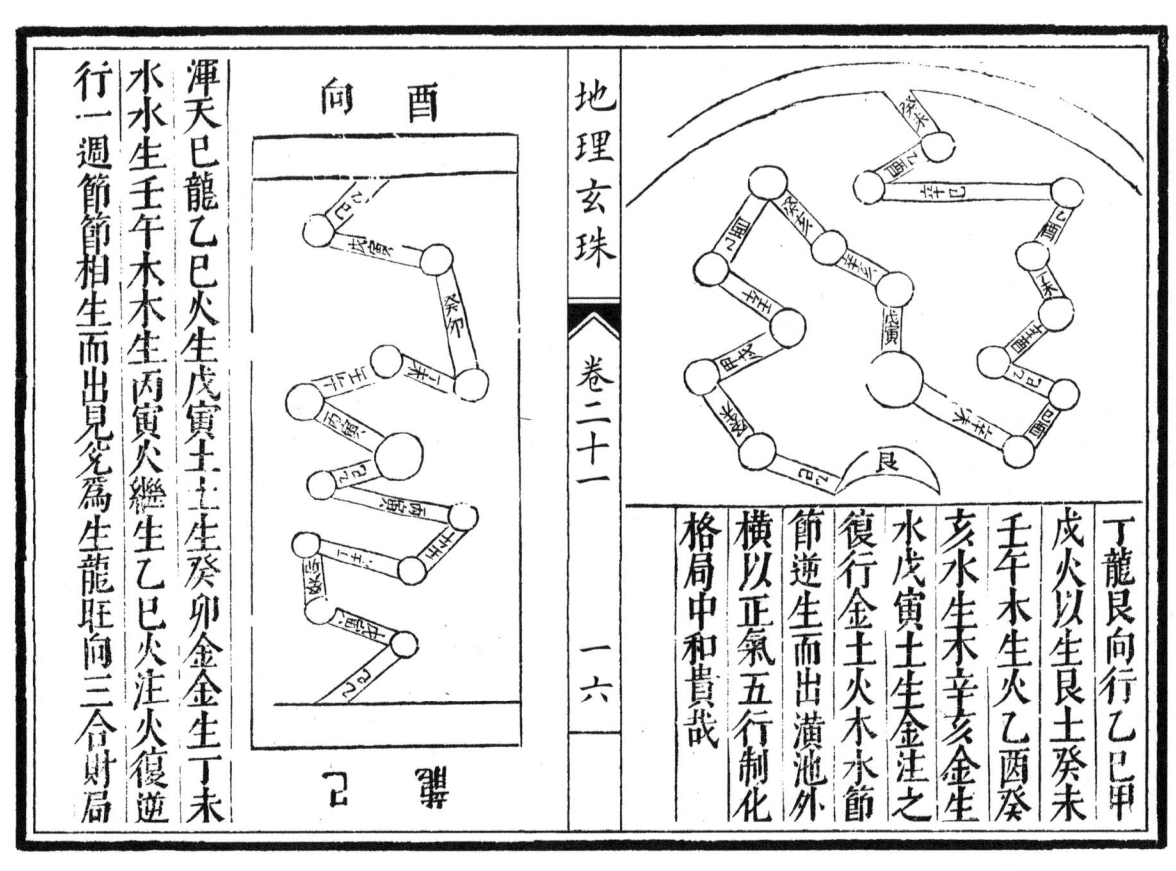

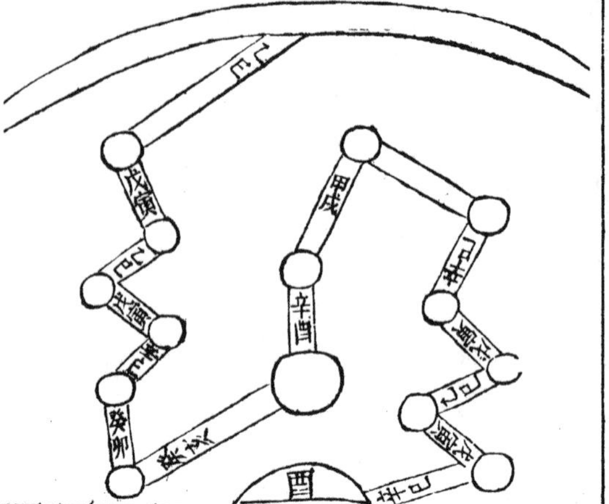

酉向屬金行辛巳金
氣折戊寅土以生金
乙巳火生土復折戊
寅辛巳甲戌辛酉土
火木相見而行注辛
酉木氣者帶帶財也
再行癸亥生木癸卯
生水辛巳戊寅乙巳
金火土相生而出外
橫潢池以止

巳向

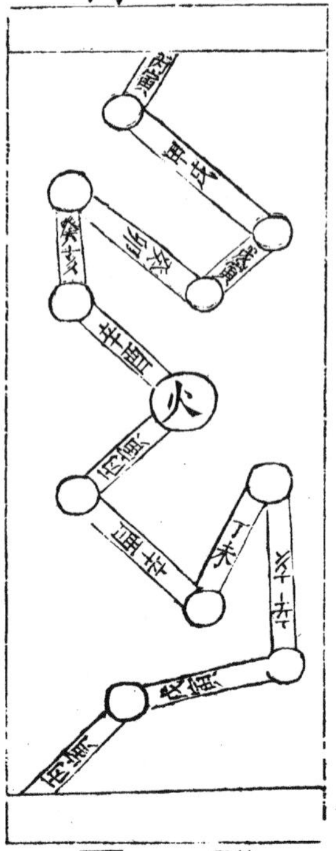

丑龍

渾天行氣丙寅火生戊寅土土生辛亥金金生丁未
水水生辛酉木木生丙寅火注火復行辛酉木生火
癸亥水生木癸卯金生水戊寅土生金甲戌火生土
丙寅繼火而出見巳爲得祿

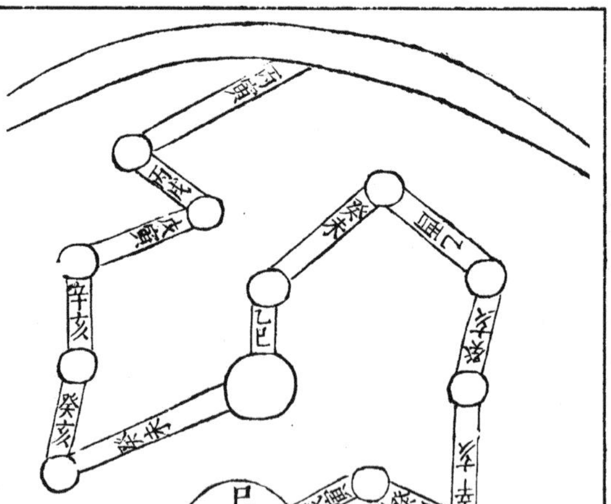

丙戌祿在巳丙寅龍
扦巳向氣布巳生戊
寅土土生癸卯辛亥
金金生乙酉癸亥水
水生癸未木木生乙
酉火注之復逆布一
週木水金土火相生
而出陰龍陰向水流
陰法皆如此

亥向

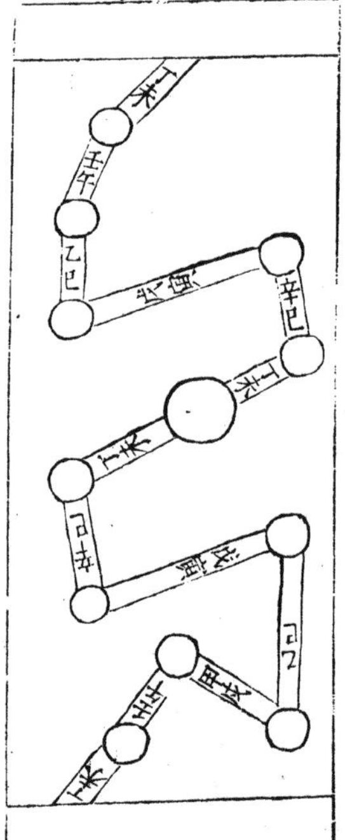

丁未龍

渾天丁未水生壬午木木生甲戌乙巳火火生戊寅
土土生辛巳金金生丁未水注之復行丁未以助水
辛巳以生水戊寅生金乙巳生土壬午生火丁未生
木而出見亥爲貴人三合

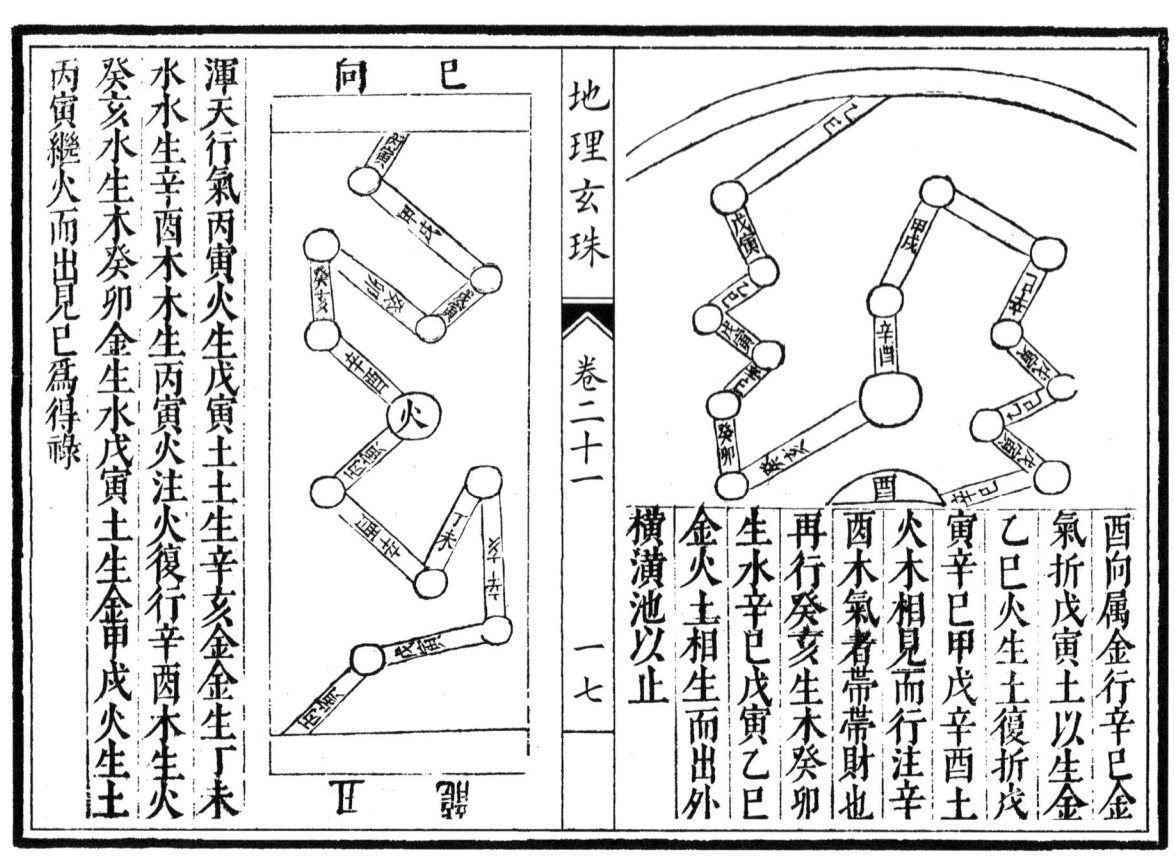

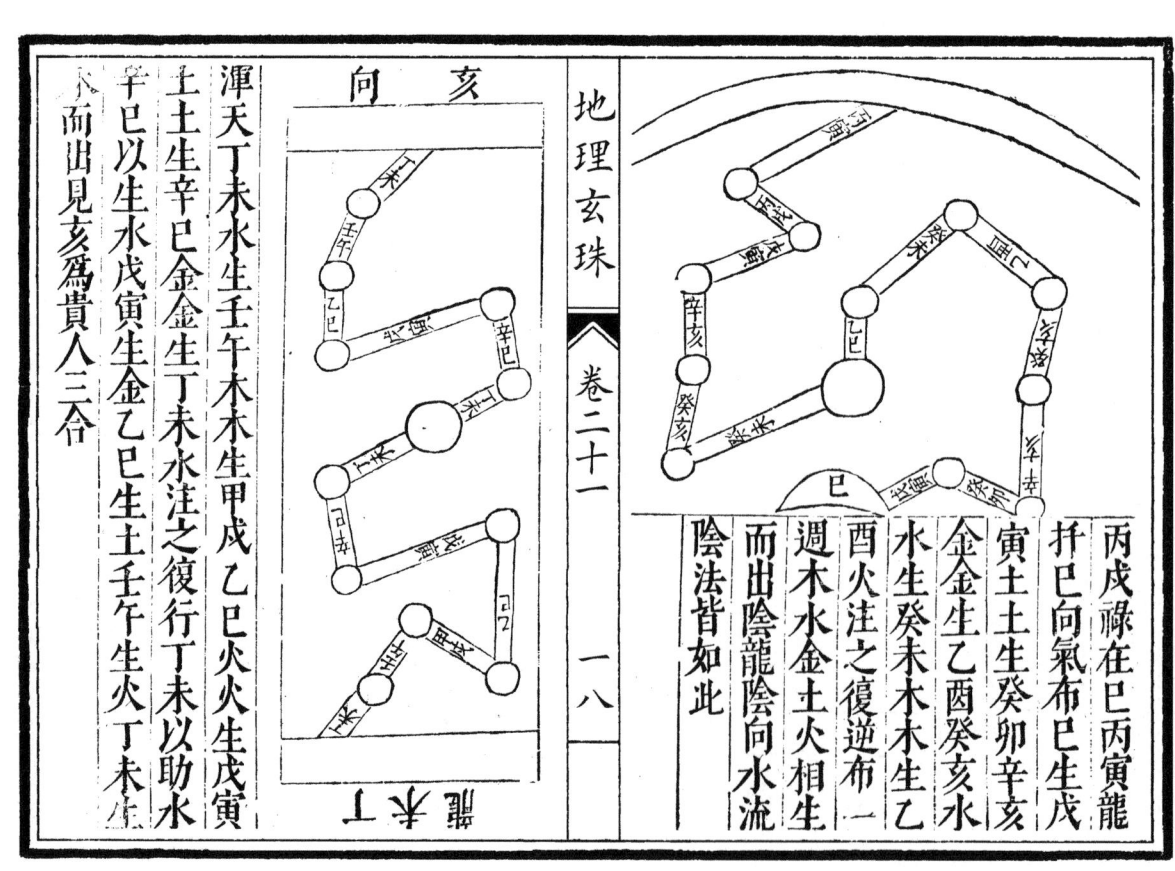

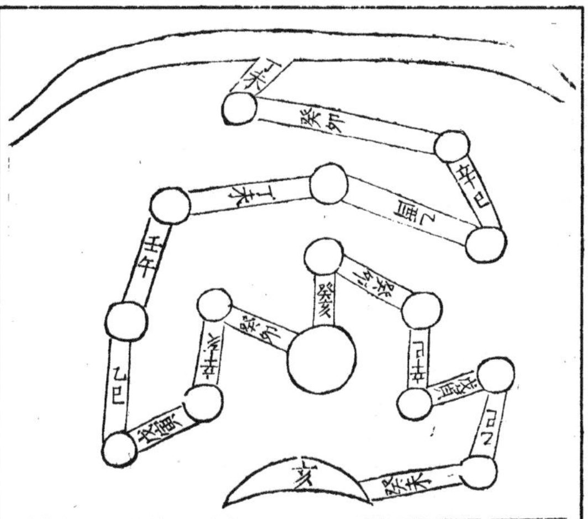

未龍亥向亥生癸未木木生乙巳火火生戊寅土土生辛巳癸卯金金生癸亥水注之復行癸卯辛亥生水戊寅生金乙巳生土壬午生火乙酉丁未生木辛巳癸卯生水丁未水受生而出乃止

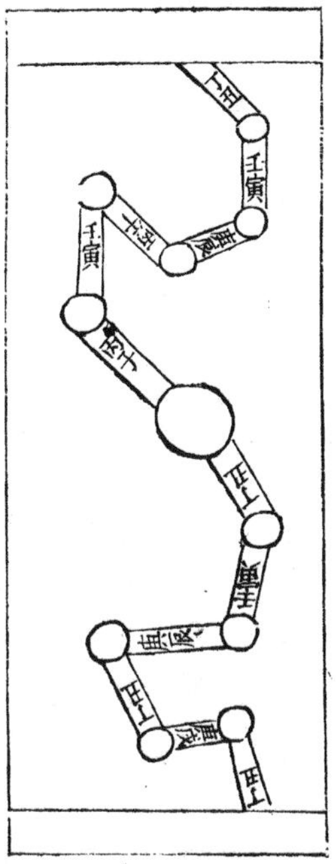

癸龍

癸龍坤向乃水體土用爲七煞茲布丁丑庚戌丁丑庚辰壬寅丁丑金水生注之復行行丙子壬寅丙午庚辰壬寅丁丑金水相生而不雜金白水清以印化煞取爲貴格

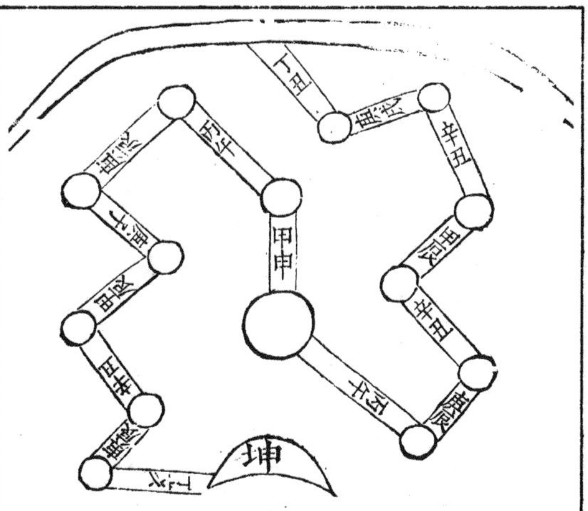

丁亥屬乾坤向行乾爲正配庚辰金生水辛丑土生金甲辰火生土庚子土生庚辰金金生丙午甲申水注之復行丙午以助水庚辰金生水辛丑生金甲辰生土辛丑受火生以生庚戌金金生丁丑水而出

午向

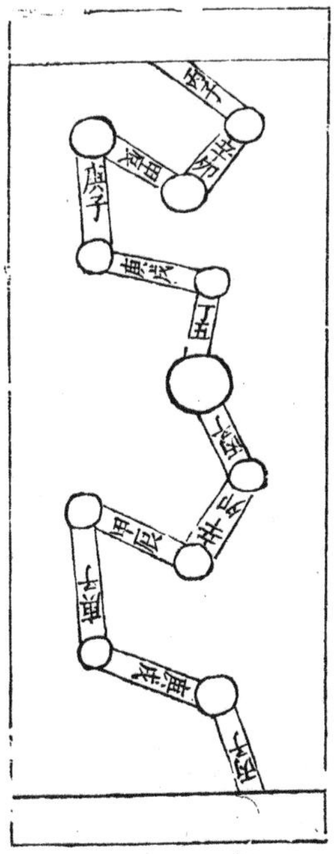

壬龍

壬龍入首渾天丙子水龍也氣布庚戌金生水庚子土生金甲戌火生土辛卯木生火丙子水生木注水復行丁丑以助水庚戌庚子申辰辛卯丙子金土火木水相生出瀆池以止氣見午爲納甲正配

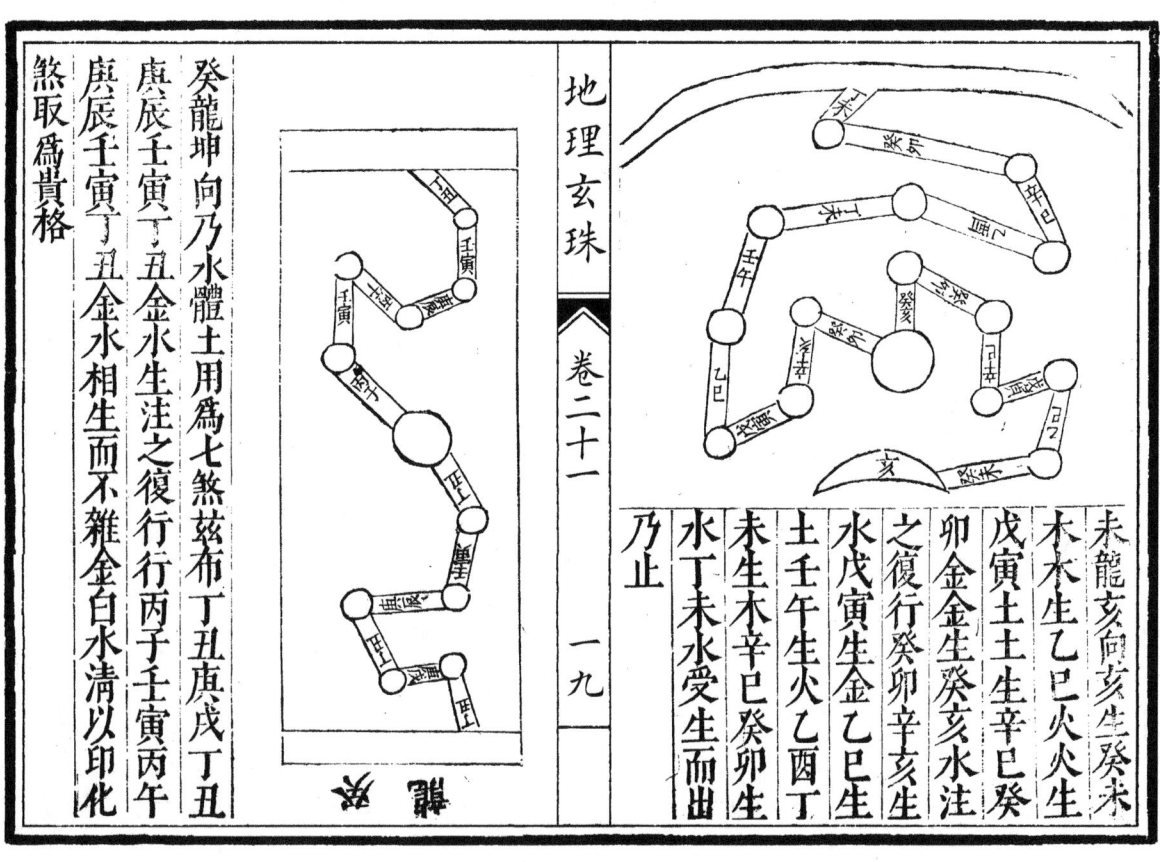

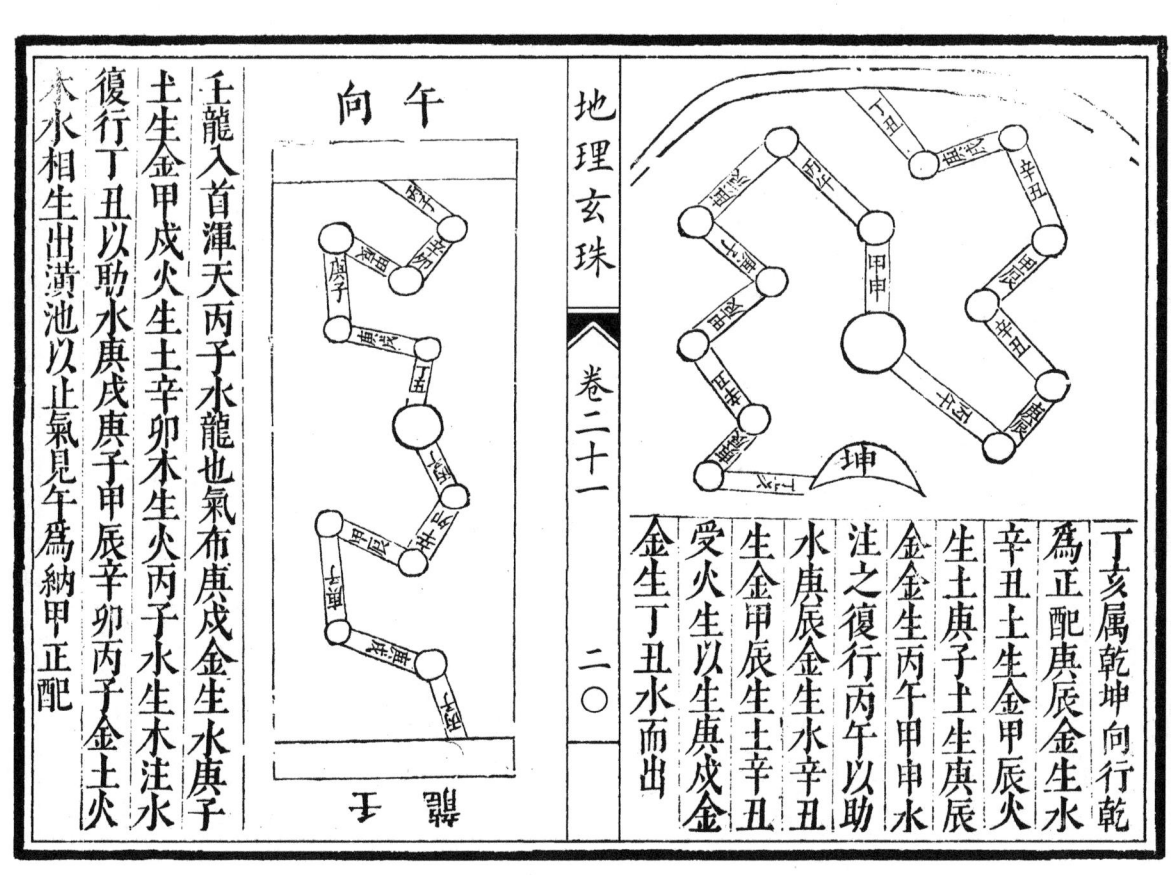

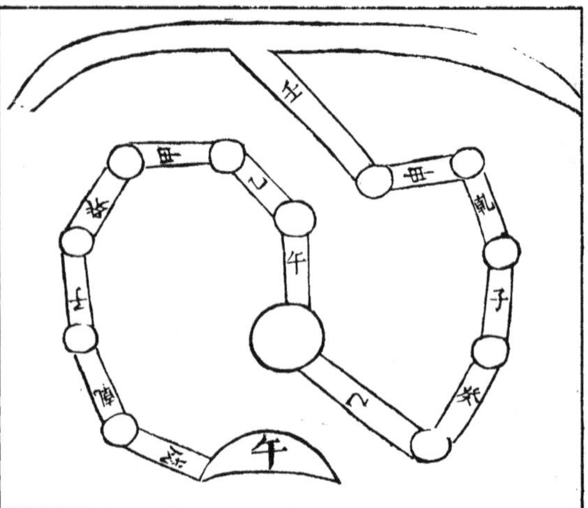

壬龍午向爲財行午火生戌土土生乾金金生子癸水水生甲乙木木生午火注火復行乙生午火子癸生乙木乾申生子癸水壬水受金生而出離納壬爲陰陽交姤此用正五行以布注也

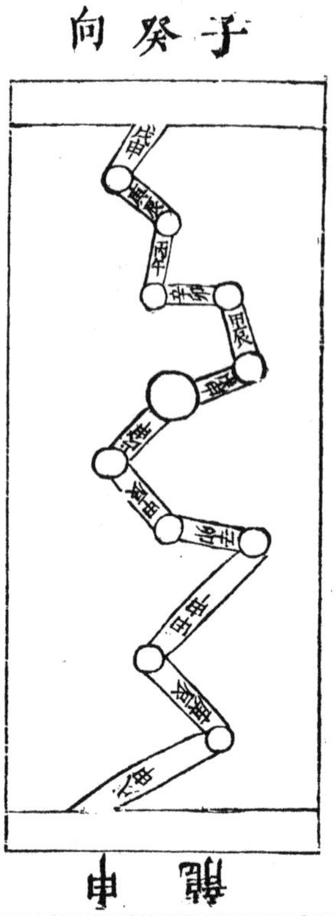

透地申龍氣布戊申土生庚辰金金生甲申水水生辛卯木木生甲辰火火生戊申土注土復行戊申以助土甲辰生土辛卯生火丙子生木庚辰生水戊申生金申子辰會成財局

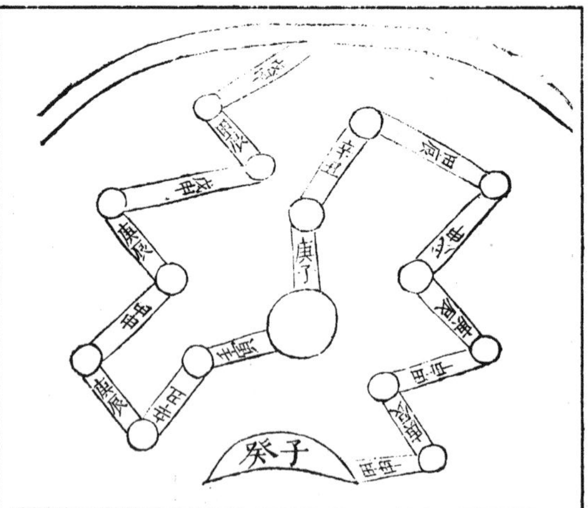

申爲水長生龍氣布甲申庚辰金水相生再行戊申甲辰辛丑庚子火土相生注之復行壬寅辛丑庚辰甲申庚辰戊申甲辰戊申相生而出多行申辰者與子會成水局也

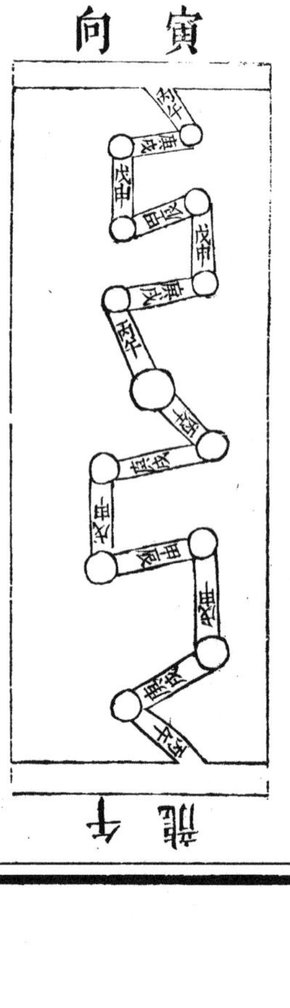

渾天丙午水自火宮而來乃財帛龍也繼以庚戌金生水戊申土生金甲辰火生土戊申土生庚戌金金生丙午水注之復依前例再行一週而出見寅爲火土之地三合會局最吉

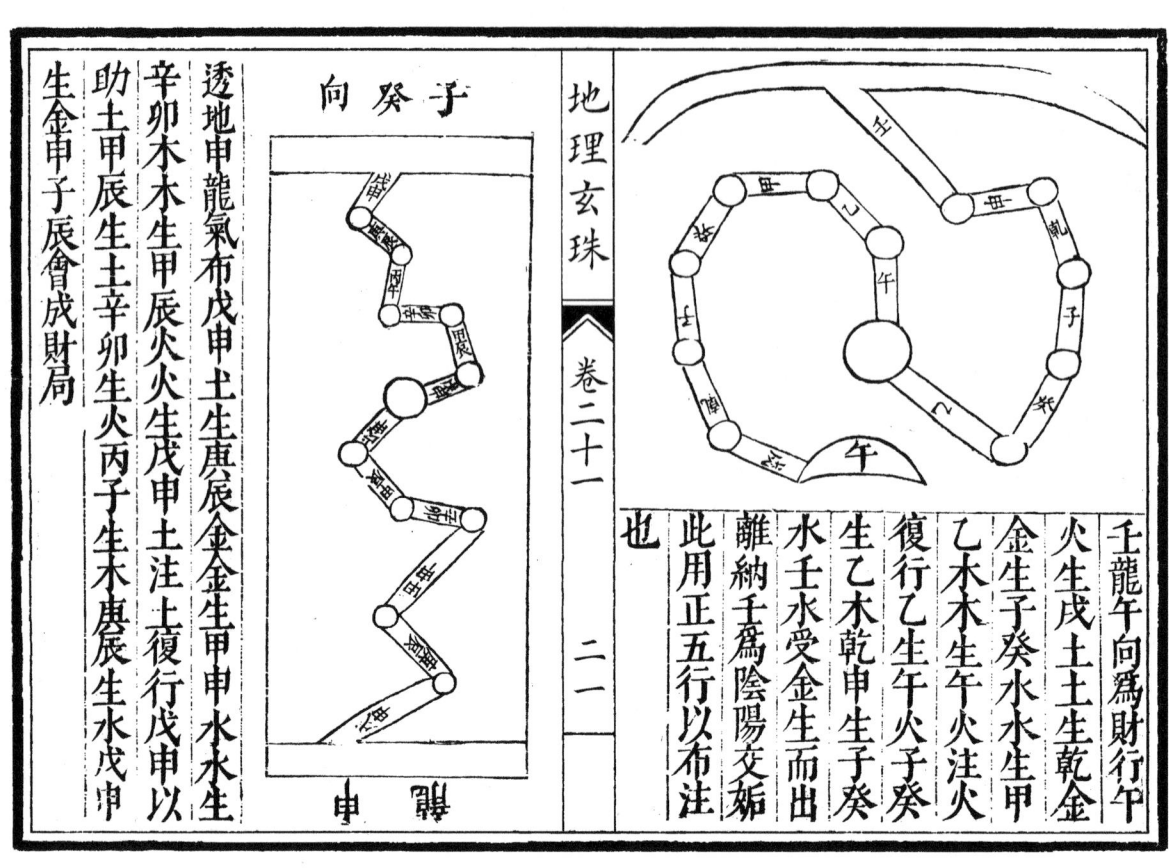

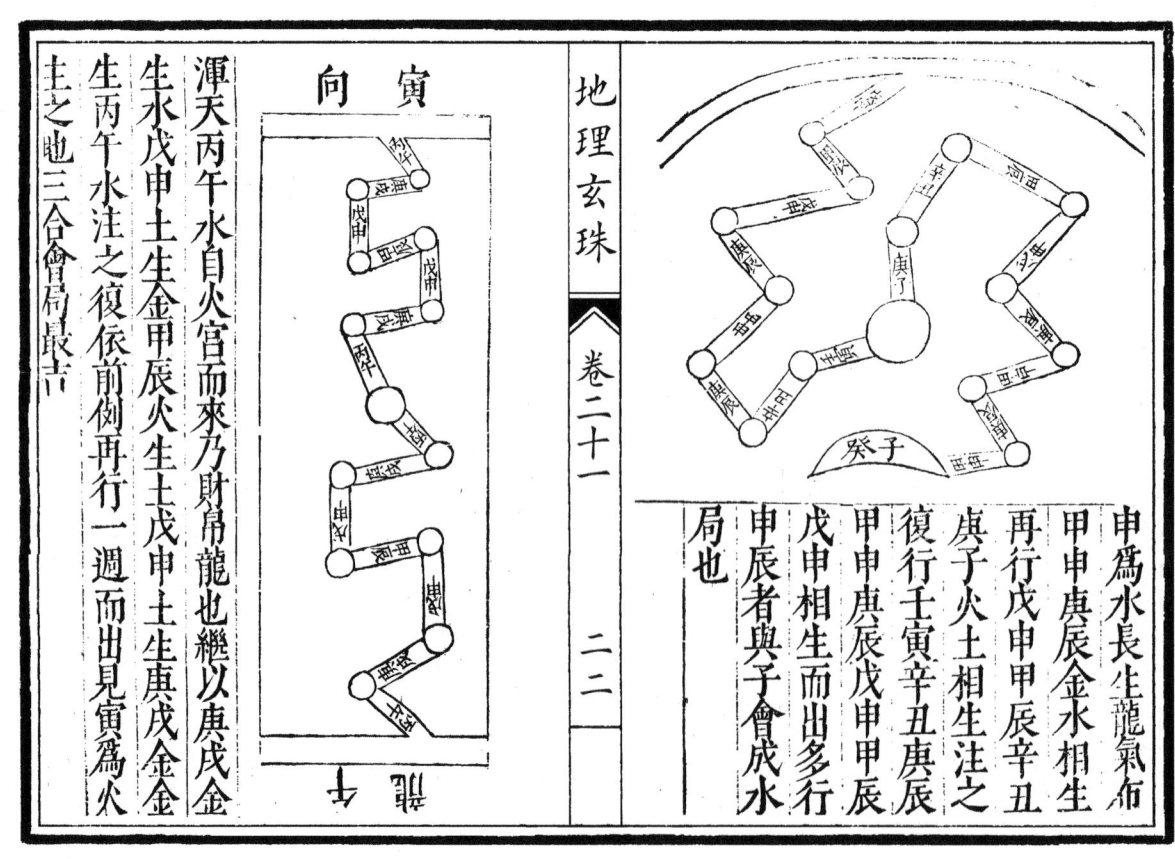

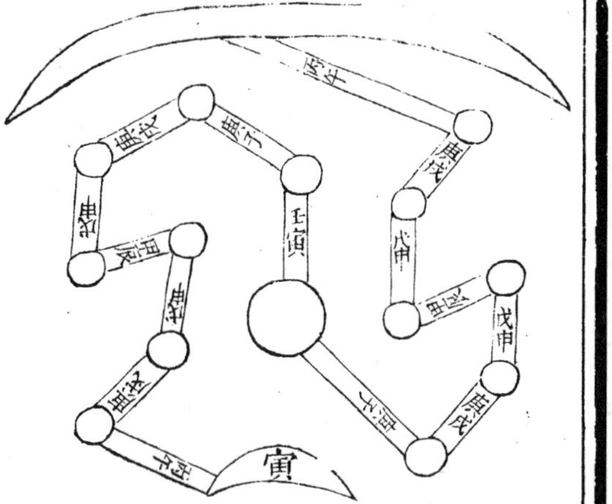

寅向屬木氣布渾天丙午水生木庚戌金生水戊申土生金甲辰火生土戊申土生庚戌金庚子土生壬寅金注之復行庚子土生金繼以庚戌戊申甲辰戊申庚戌丙午火土金水相生而出乃止

坤向

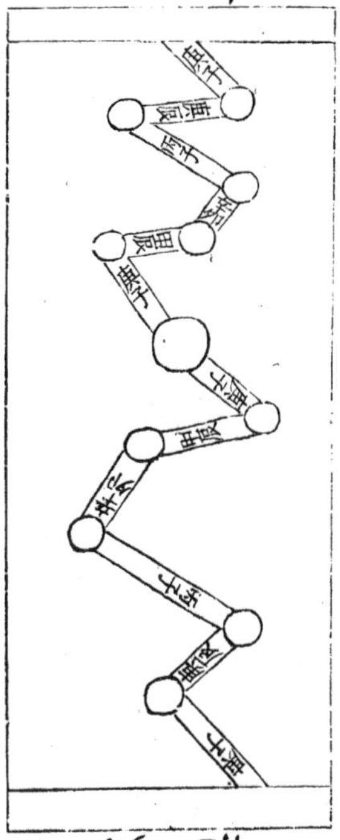

坎龍

渾天庚子得坎龍之正氣入局繼生庚辰金金生丙子水水生辛卯木木生甲辰火火生庚子土注之復行庚子土逆布一週相生而出見坤爲六合奇兵之術此陽龍陽向之至貴者

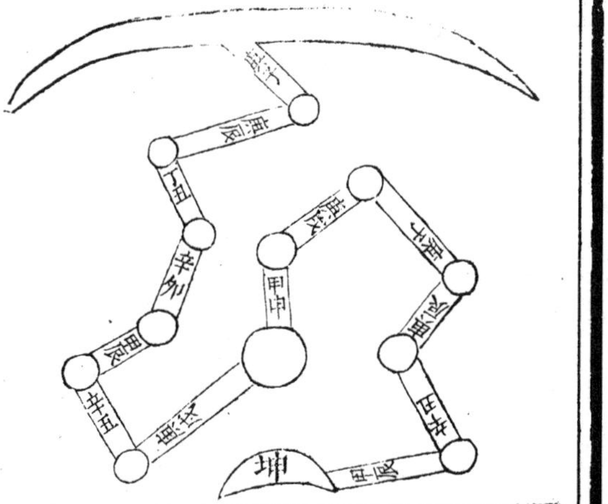

坤向屬土氣布甲辰火生土繼以辛丑庚辰庚子庚戌甲申土金水相生注之復行庚戌金生水辛丑土生金甲辰火生土辛卯木生火丁丑水生木庚辰金生水庚子土生金而出止氣于潢池

辰向

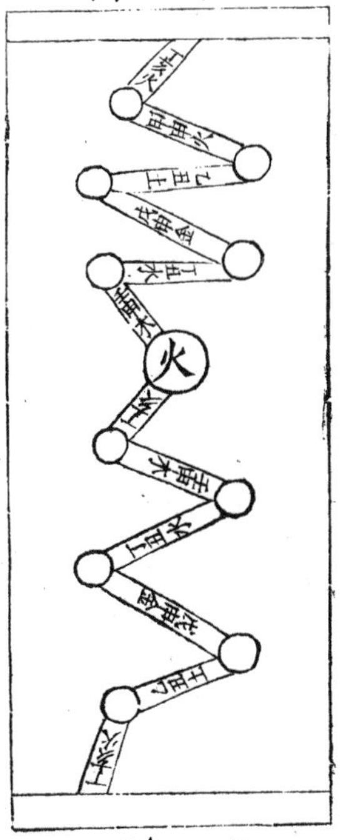

乾龍

乾宮丁亥土龍自火度中來爲印綬氣布火度生乙丑土度土生戊申金度金生丁丑水度水生壬申木度木生丁亥火度注火復逆布一週相生而出見辰爲天門龍躍主富貴文武齊全但此龍結局最少

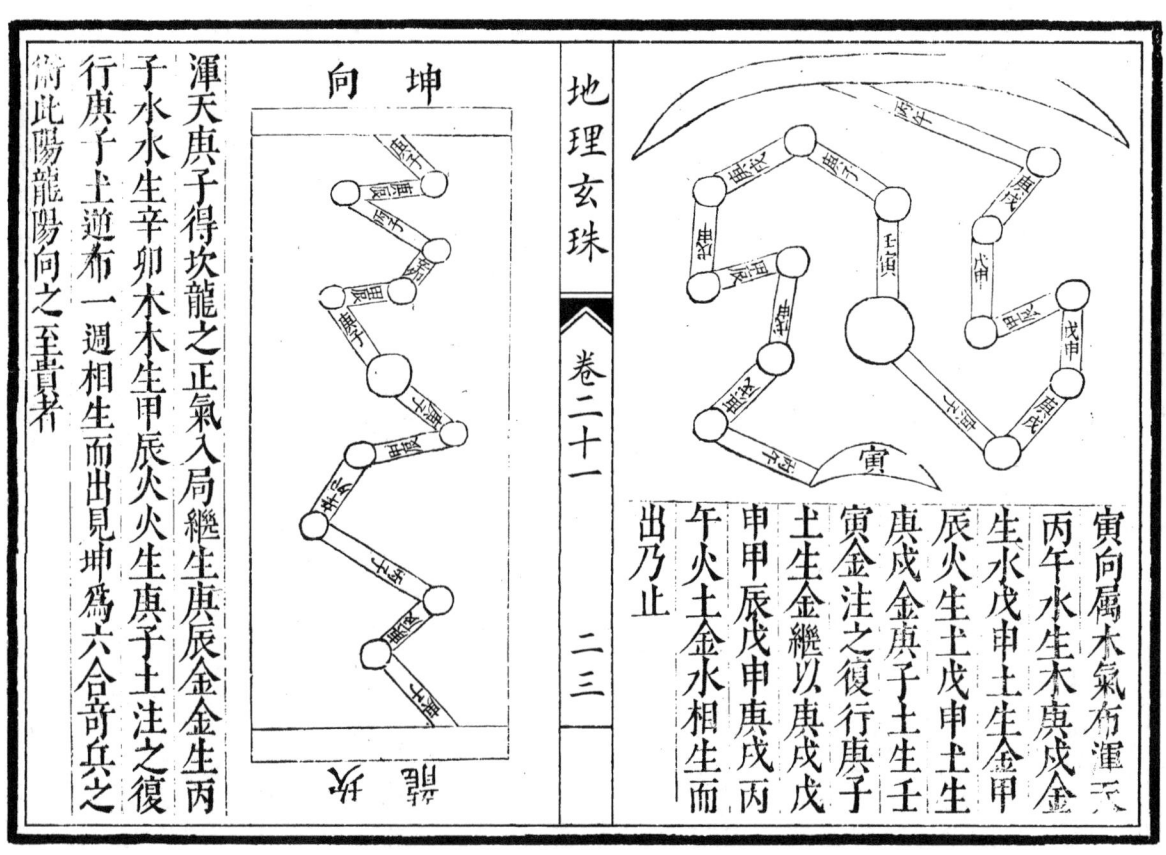

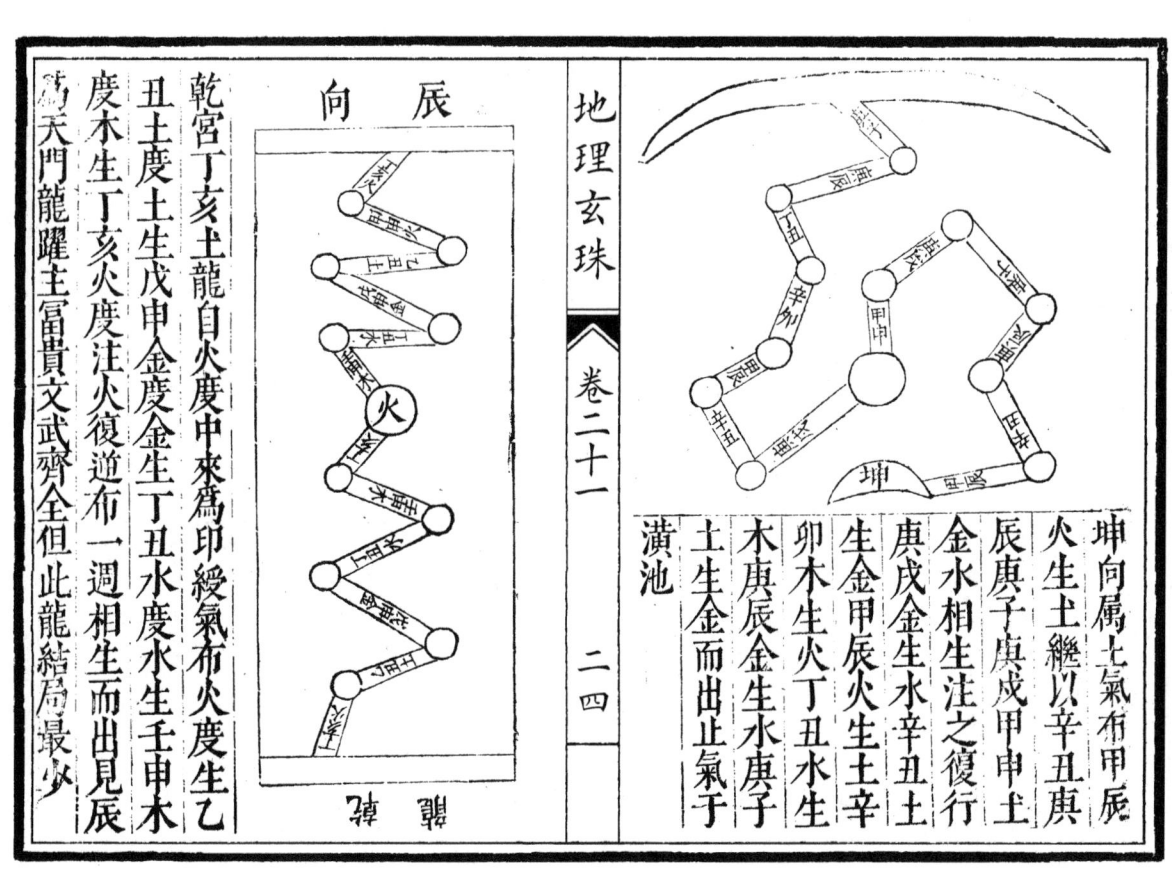

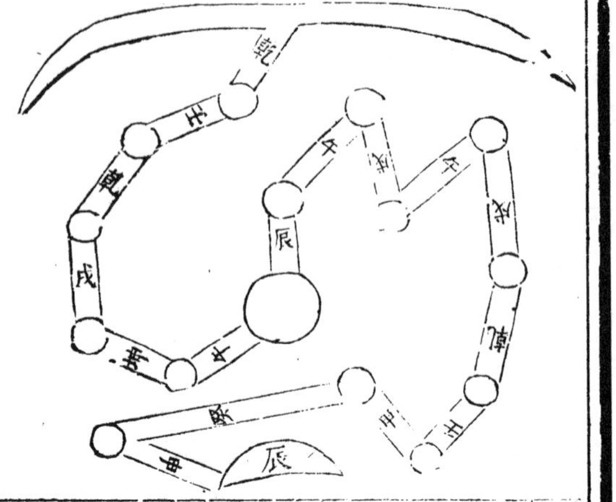

乾龍辰向氣布辰土生申金金生癸水水生甲木又壬水生甲木乾金生水戌土生金午火生土注土再布午坤戌乾壬火土金水相生而出爲向生壬龍此又用正五行布注不必執泥也

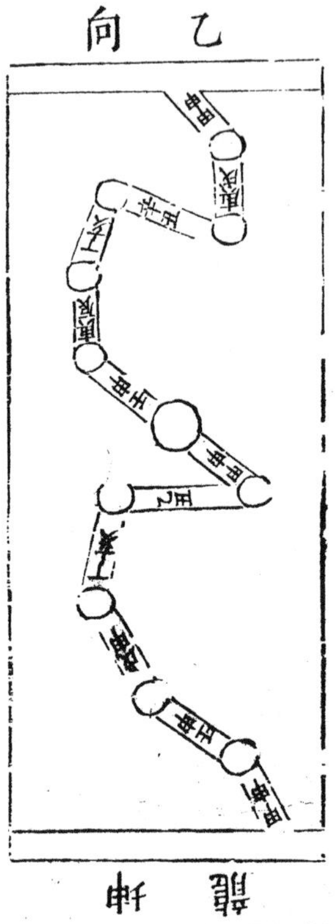

渾天坤龍甲申水氣入局行布壬申金生水戌申土生金又丁亥土生乙丑金金生甲申水注水復行壬申庚戌金生水丁亥辛丑土生金金生甲申水而出見乙爲陰陽正配

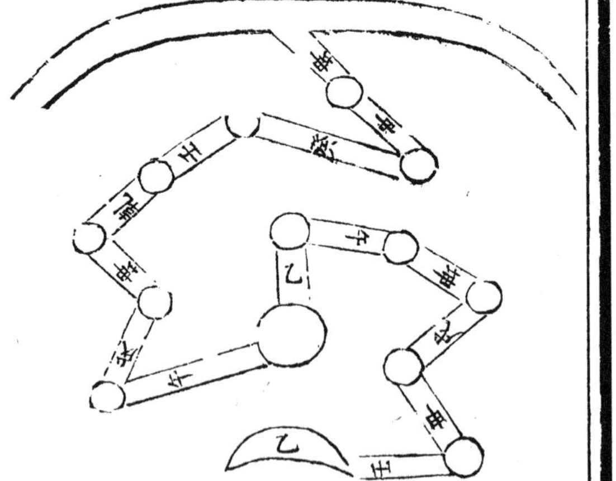

此亦正五行布注乙向屬木氣布壬水生木申金生水戌坤土生金午火生土乙木生火注之然乙木生于午復布午爲生氣繼以戌坤乾壬癸申坤土金水貫通相生而出

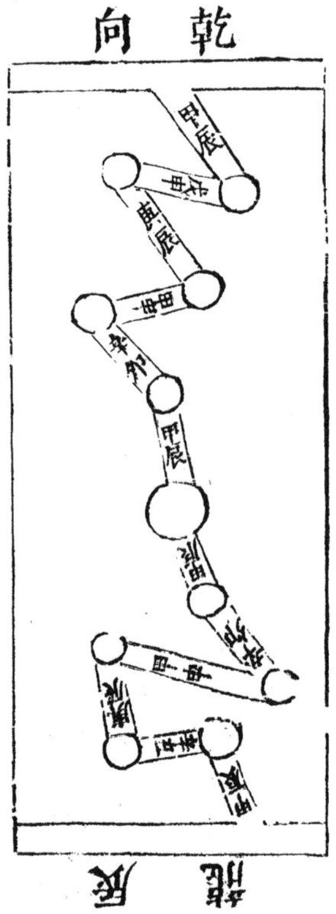

辰龍布氣甲辰火生辛丑土土生庚辰金金生甲申水水生辛卯木木生甲辰火注火復逆布一週相生而出見乾爲飛龍在天亦能發富發貴乃下局之上貴也

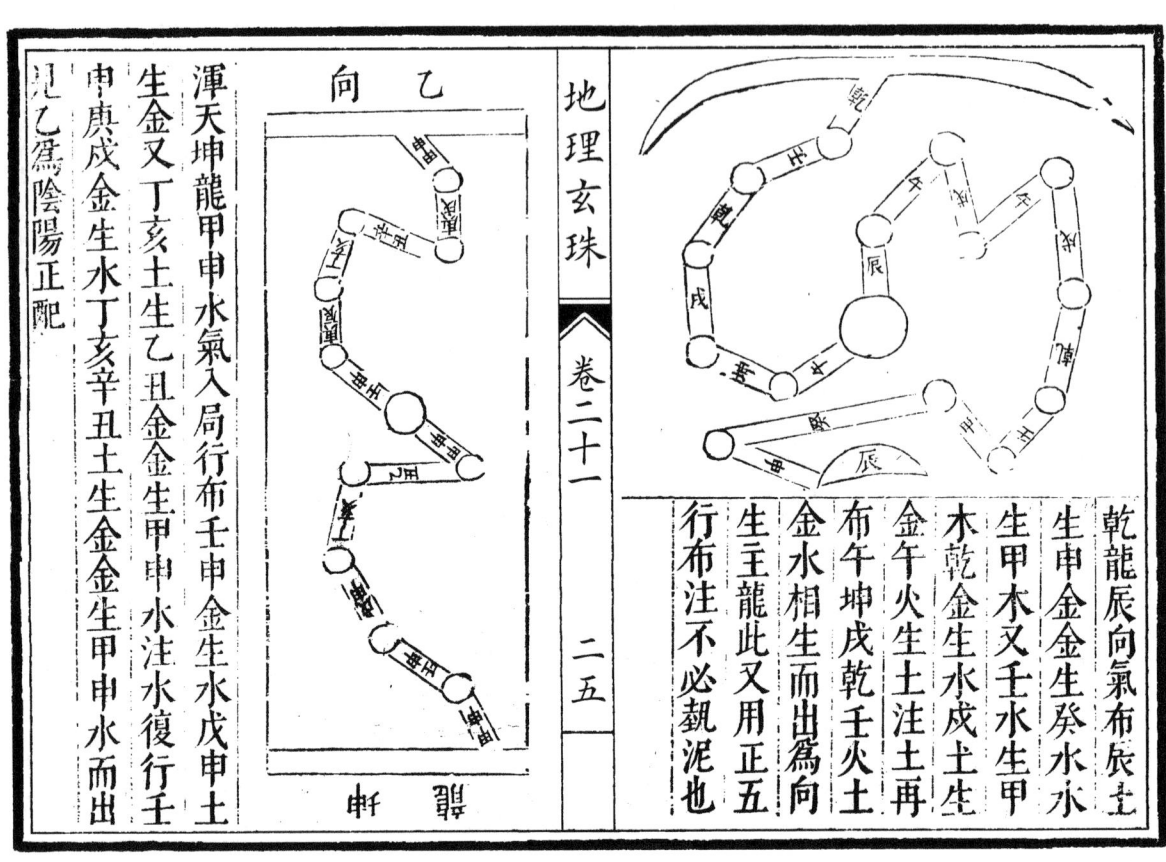

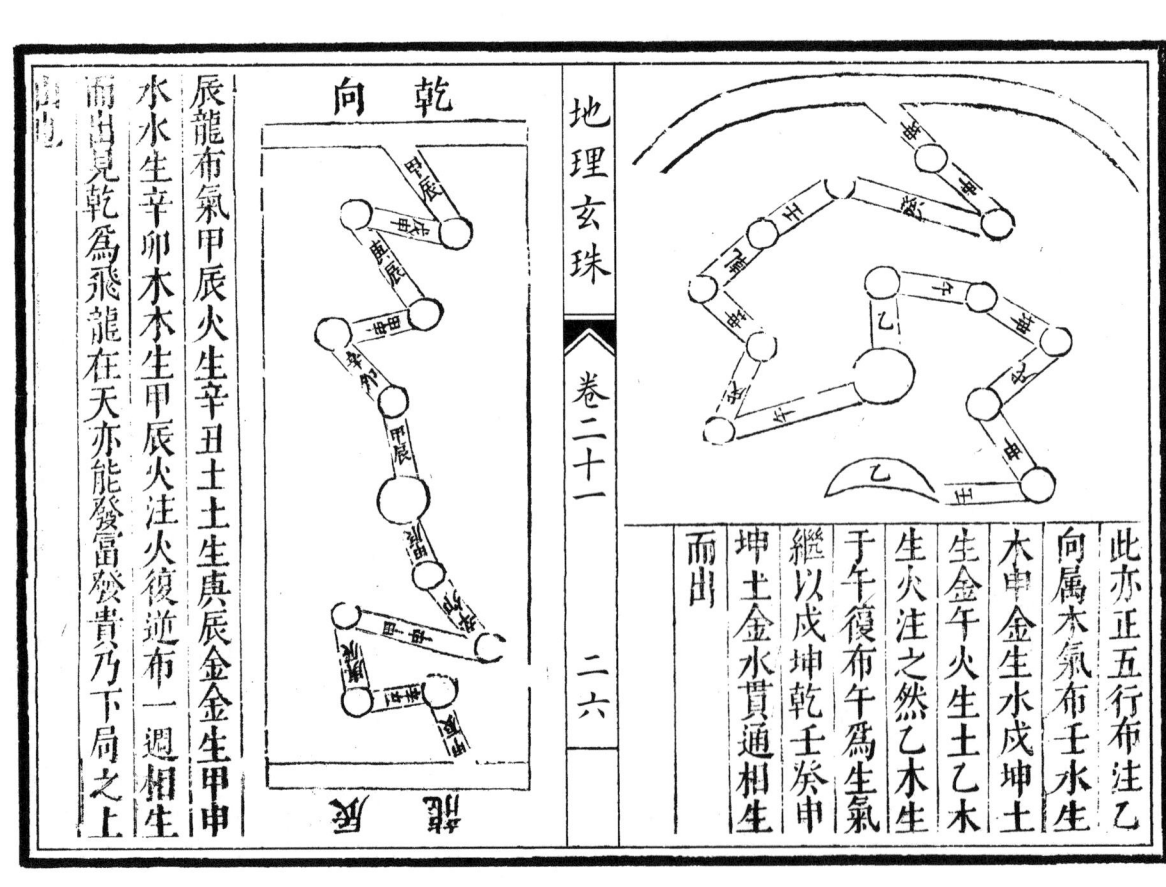

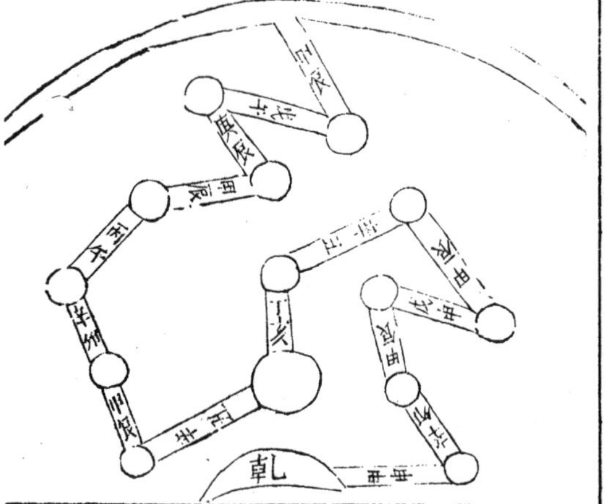

辰龍乾向氣布乾金生甲申水水生辛卯木木生甲辰火火生戊申土繼以火生辛丑土丁亥土生乾金注乾復逆布一週節節相生而出

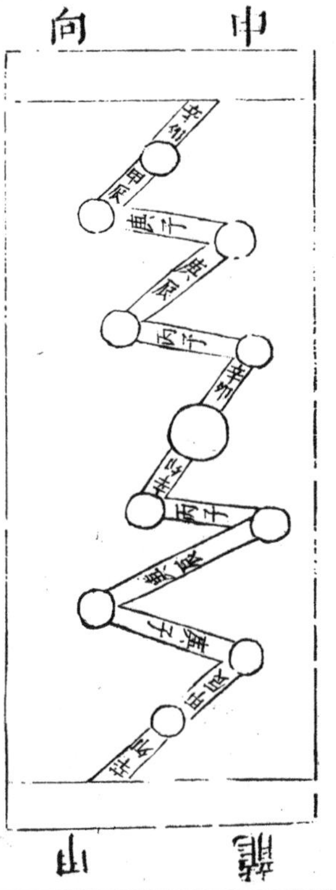

辛卯乃渾天甲龍屬木氣布木生甲辰火火生庚子土土生庚辰金金生丙子水水生辛卯木注之復逆布一週相生而出局中多布水木者甲木以申金爲絕金能生水以生木也

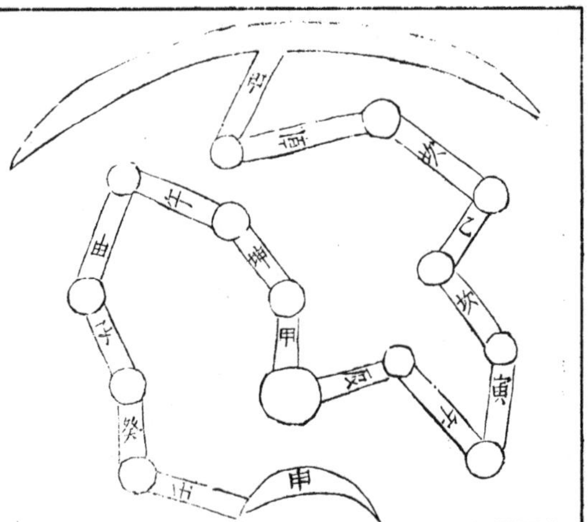

甲龍見申爲絕向兹布申金生壬子癸癸生卯甲生午午生坤坤生申注之復布辰生申午生辰甲乙生午子癸生甲乙乾生子癸甲納乾爲陰陽卦氣多布水氣者化煞爲印以生龍也

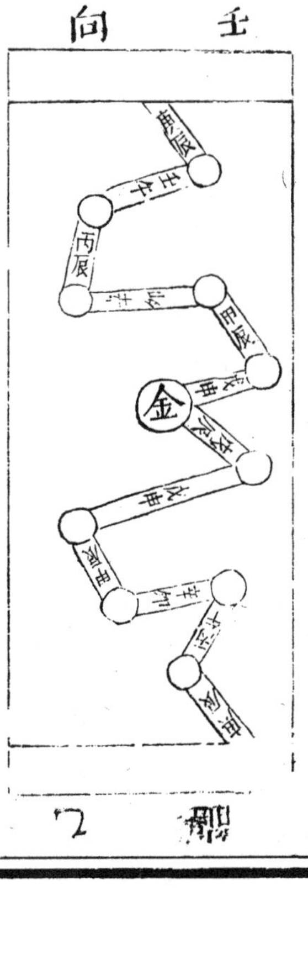

乙龍乃渾天庚辰金入氣繼以丙午水水生辛卯木木生甲辰火火生戊申土土生庚辰金注之復逆布一週相生而出多布金水者金能生水水能生木龍也

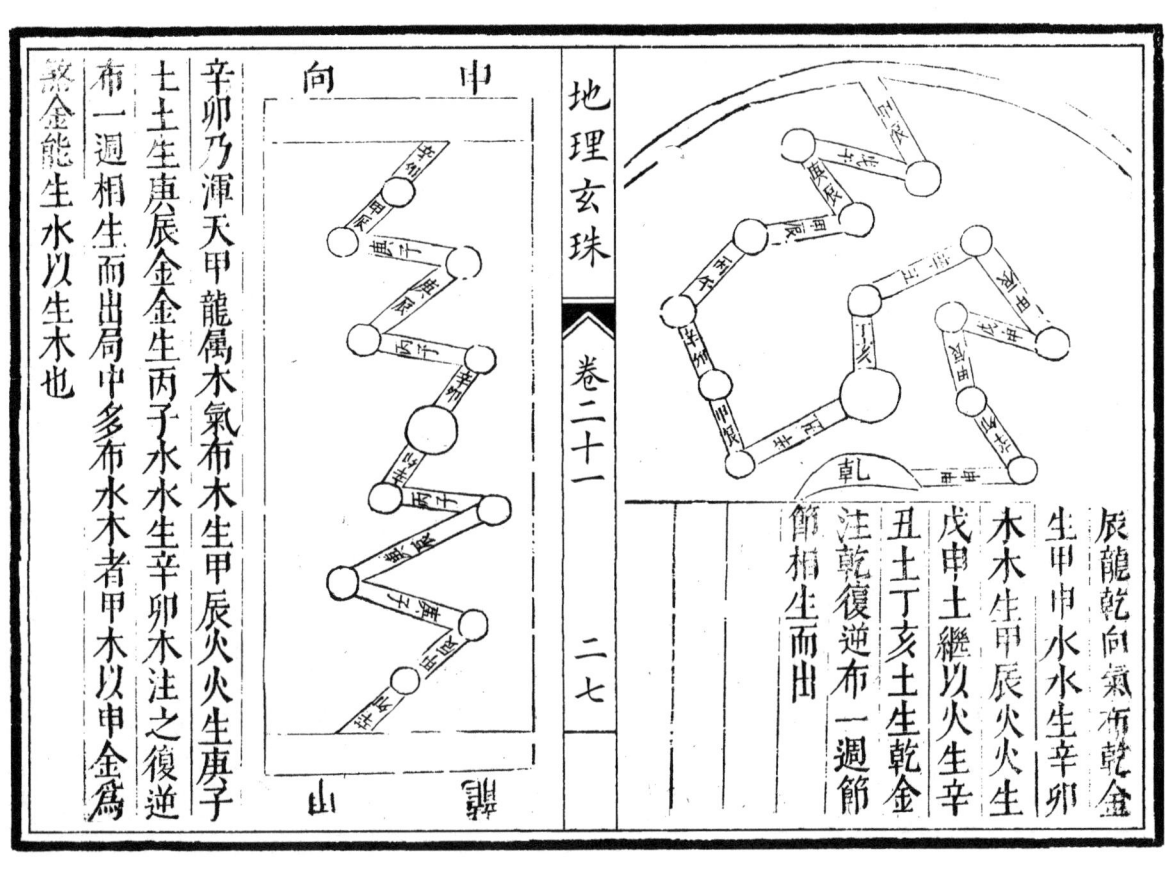

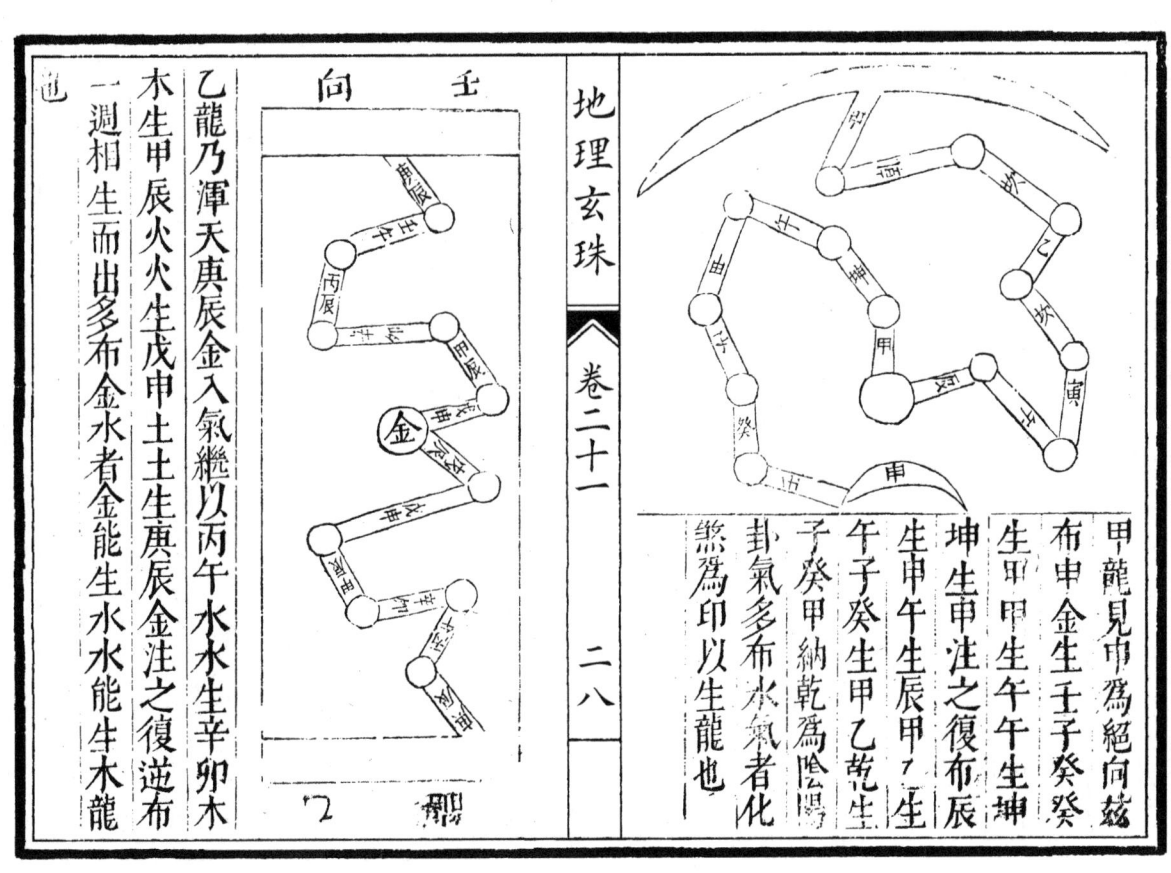

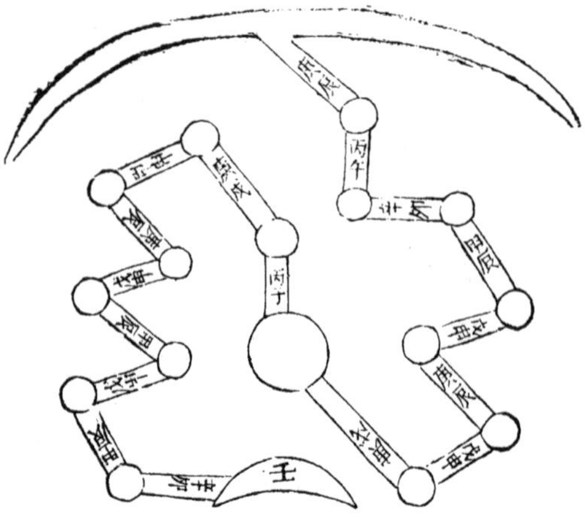

乙龍壬向壬水生辛卯木木生甲辰火火壬戊申土土生庚辰金金生丙午水繼以庚戌金生丙子水注之復行庚戌金生水戊甲土生金甲辰火生土辛卯木生火丙午水生木庚辰金生水而止

地理玄珠　卷二十一　二九

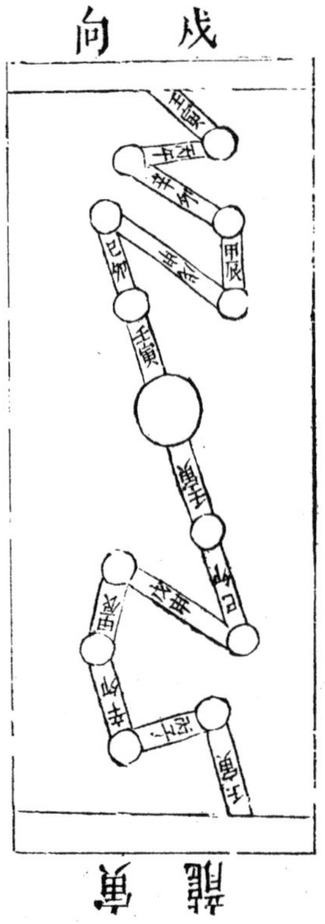

渾天壬寅爲正寅金氣生丙子水水生辛卯木木生甲辰火火生戊申巳卯土土生壬寅金注之復逆布一遍相生而出見戊爲三合

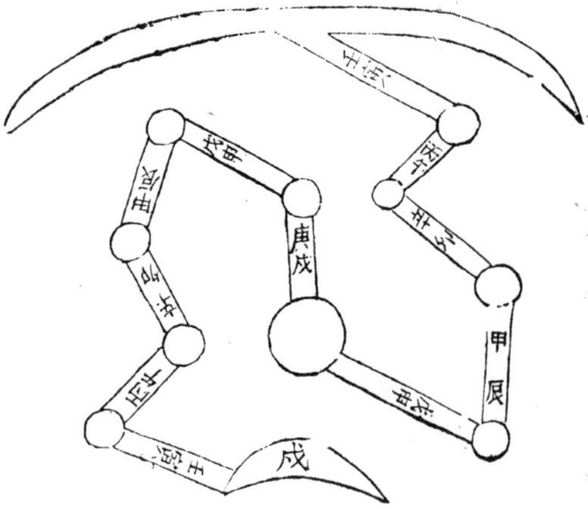

寅龍戌向戌上生炁寅金金生丙午水水生辛卯木木生甲辰火火生戊申土土生庚戌金注之復逆布一遍相生而出止氣于潢池

地理玄珠　卷二十一　三〇

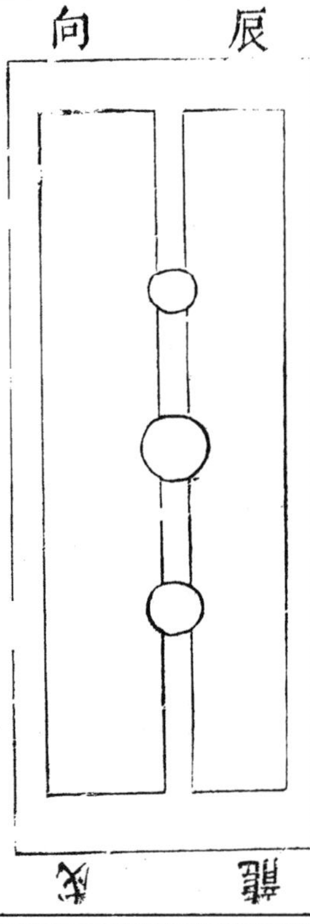

此四氣流通格也大抵陽氣急直而發于外故取四氣流通且無轉折不必避撞命凡陽龍入局皆可用四氣流通但向首各自合宜此直龍直向者辰戌爲奎罡之地沖則易發也辰龍同

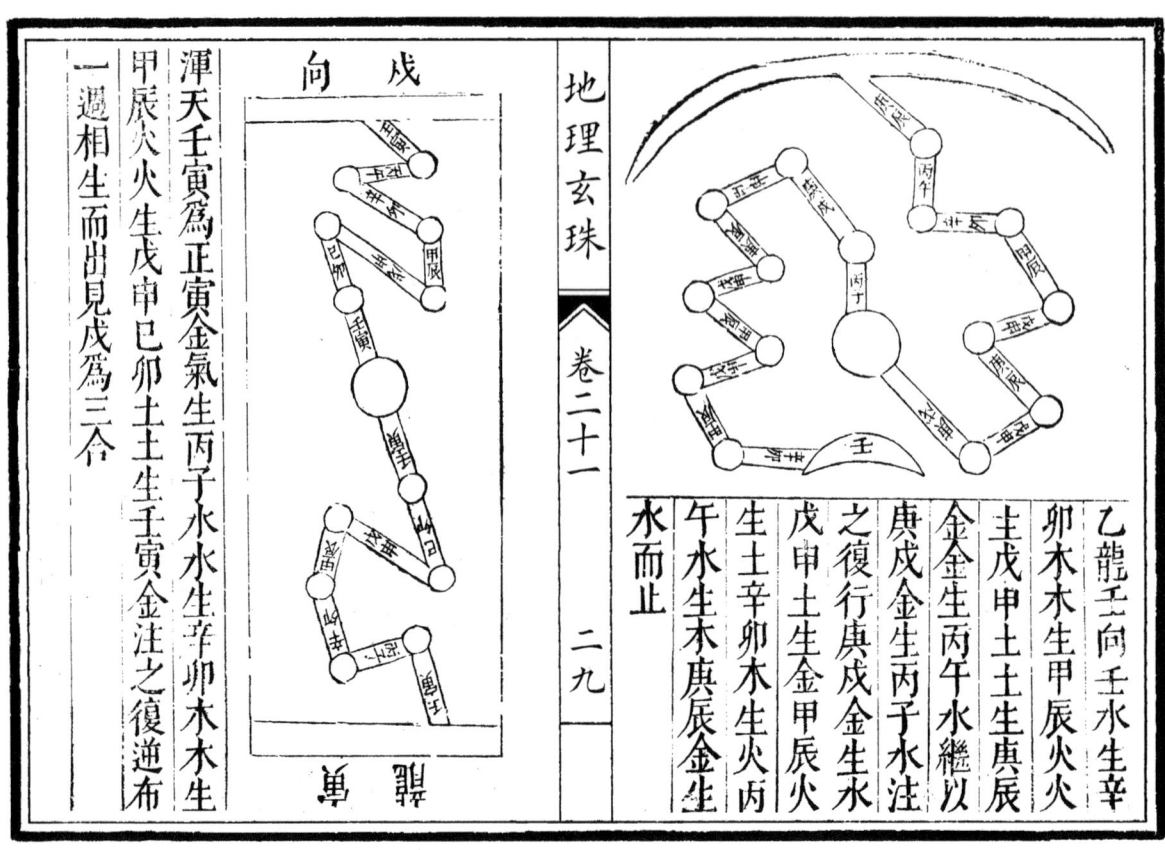

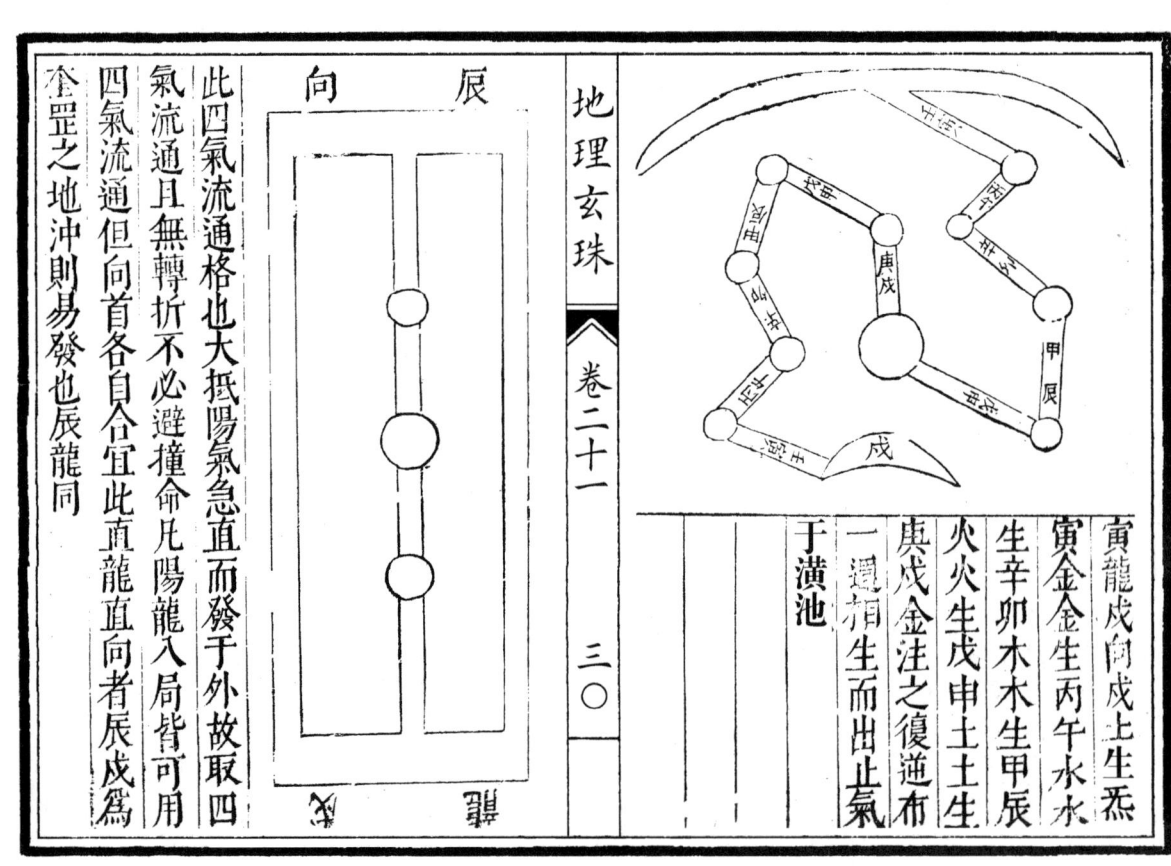

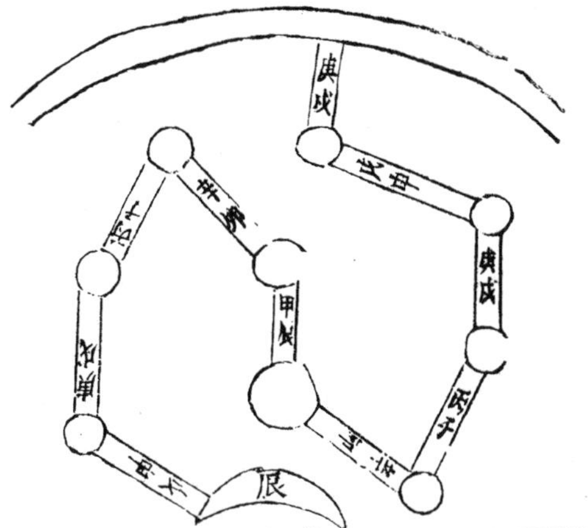

戌龍辰向屬土氣布戌申土生庚辰金金生丙子水水生辛卯木木生甲辰火注之復行辛卯生火丙子生木庚戌生水戊申生金繼生庚戌金而出

二十四龍渾天正氣

亥辛亥癸亥 艮戊寅 震癸卯 巽辛巳 丙壬午 丁癸未

庚乙酉 兌己酉辛酉 辛甲戌丙戌 未丁未 丑丙寅 巳乙巳

前十四位爲貴龍惟乙巳次之

坎庚子 壬丙子 癸丁丑辛丑 離丙午 申戊申 坤甲申

乾丁亥 乙庚辰 辰甲辰 戊庚戌 甲辛卯己卯 寅壬寅

前五位爲貴龍後三龍坎之巳下六龍則難用矣其餘犯空亾差錯關殺斷不可用不必問陰陽也

右布氣之法須將羅經干壙底格定某龍來脈應布渾天某氣入穴每一轉折隨移羅經再格之陰陽不使一毫混雜乃妙少偏則僞氣得雜而不純矣

夫龍脈之變態不一沙水之朝應萬殊行注之法先辨來龍消納之法全憑向首巳上圖局聊示以爲式耳非一定不易之繩墨也何也來龍一也而扦穴立向有耳受腰受順受逆受則布氣又須隨勢旋轉因時致宜以爲消息乃爲有得假如一艮龍也南向可以丙午丁酉向可以庚酉辛各自成局則亦各自布氣惟取龍向相得合宜而用耳如下文可推

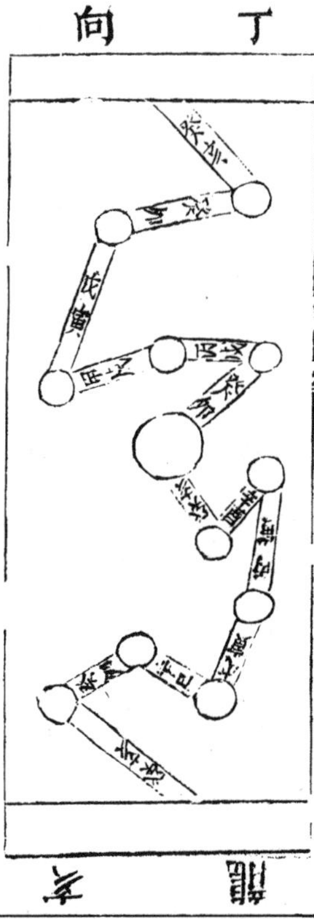

假如亥龍居乾壬之中過峽少寬未免兼雜法必拘定辛亥或癸亥一線布入轉折皆純陰相生則亥氣專一淸暢來龍雖帶乾壬而內氣無陽可助自然不能作僞而侵越矣非闢邪歸正之徽權耶

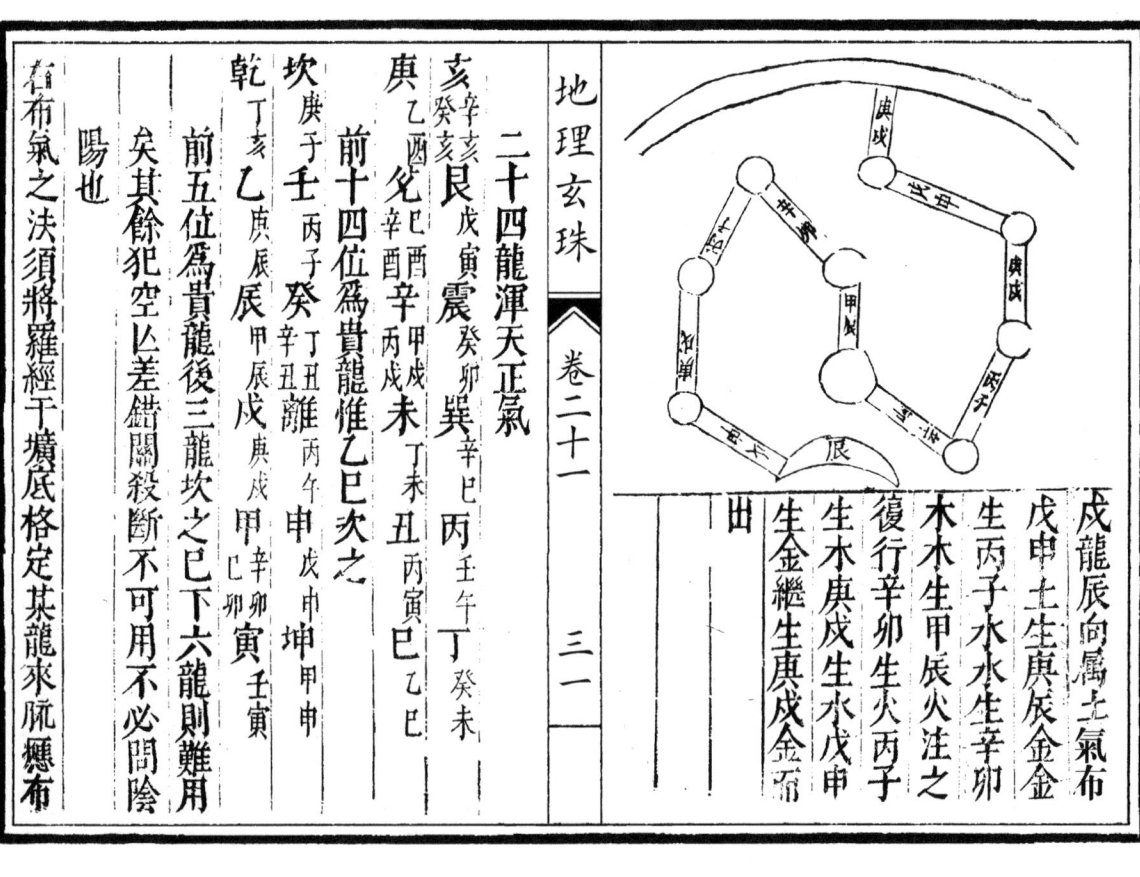

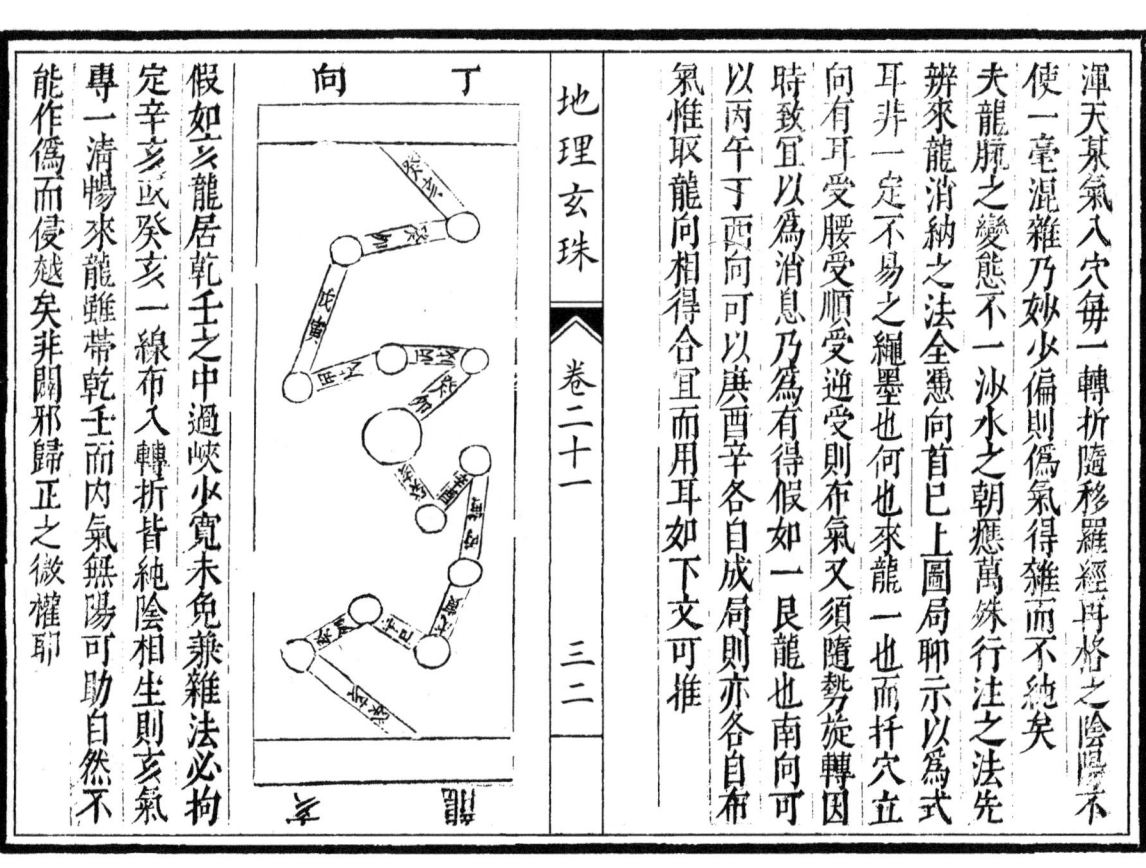

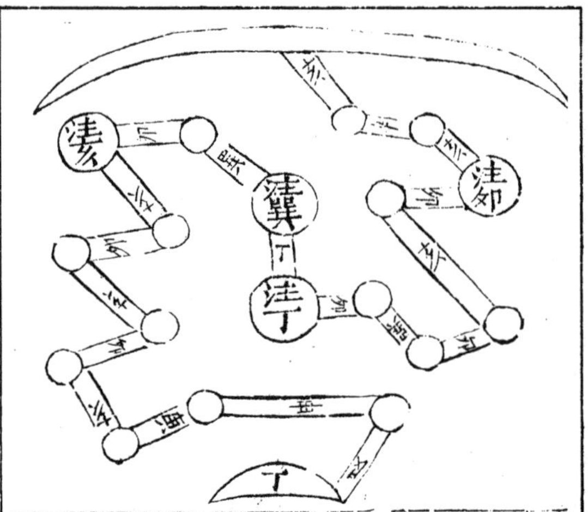

亥龍丁向六合木局也木絕于申坤申山水旺盛而卯巽之沙不憑禍不旋踵法布癸亥水氣入穴則絕方轉爲生方局中多布震巽亥則木有生助而殺無能爲矣非化煞消沙之妙用耶他局類推

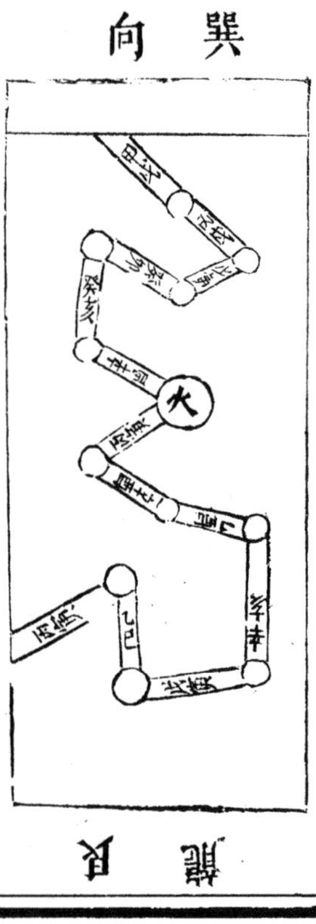

假如巽爲艮之所畏以木尅土也然戊寅爲正音屬土丙寅兼丑爲輔弼屬火若艮龍入首巽向當局必欲立巽向法宜借丙寅以布氣則木生火火生土而殺化爲印矣非移龍換骨之秘要耶此腰受局

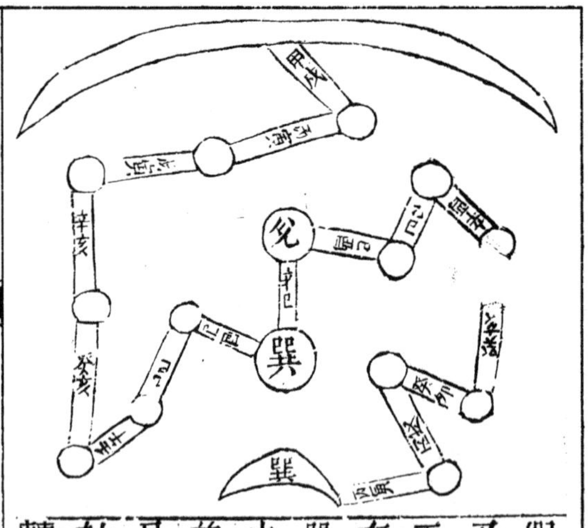

假如巽方沙秀聳乃爲艮龍之應用反尅體將何爲哉法布丙寅火入局以資巽氣則化殺生印局中更宜注兌以制之盖以兌爲巽之殺曜艮之所喜也彼既受尅能尅我哉不尅則轉爲福矣

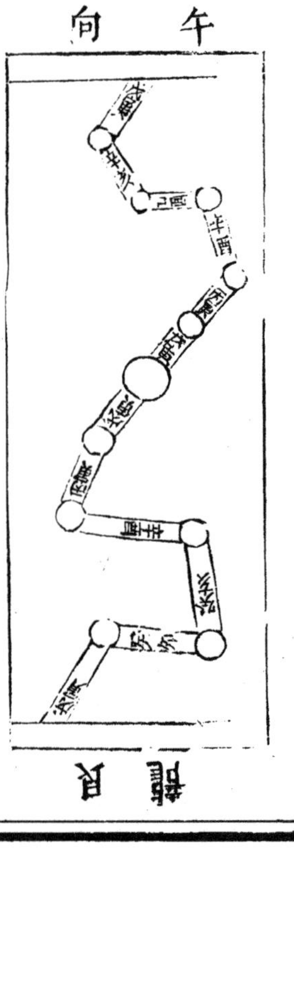

假如艮龍入首火氣也午丙立向火局也離宮獨峯高聳壓穴必有回祿之殃法布戊寅土氣入局則離宮乃爲印綬而能生我既生我則福我又寧爲我禍耶布丙寅火氣則黨禍矣

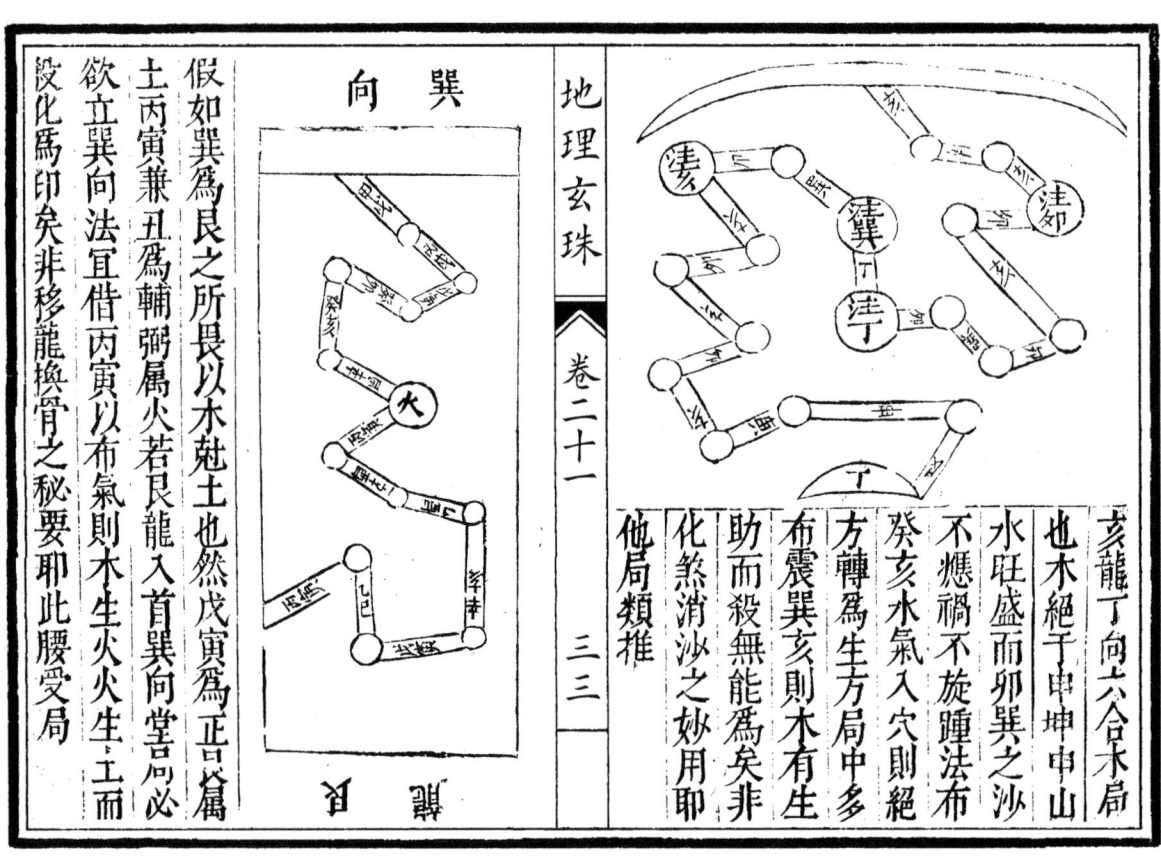

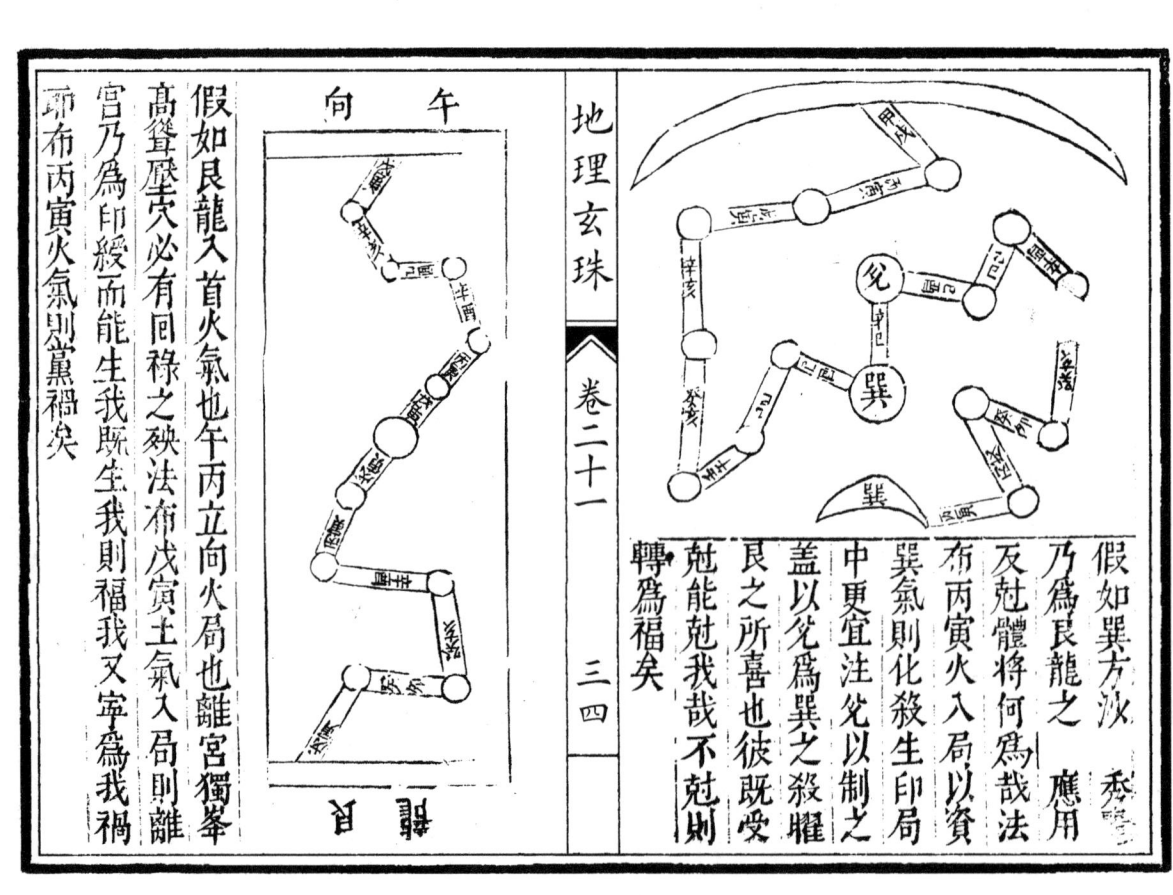

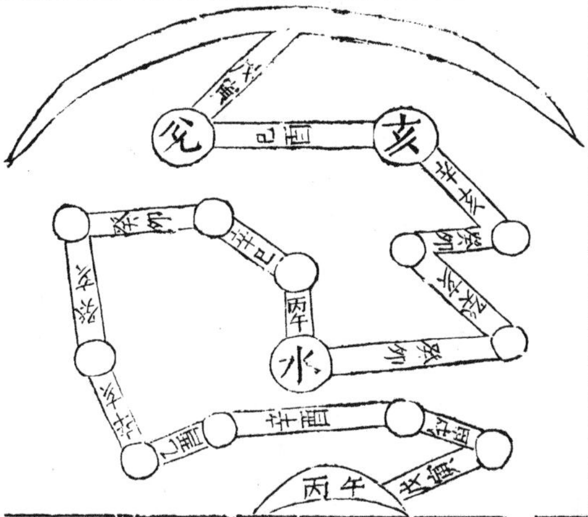

火龍火向火宮沙水旺盛而乾亥之沙不應縱發福未免火災法布戊寅土以泄火氣而局中宜多注兌亥蓋以火死于酉絕于亥也制神聚局殺將畏服而滅迹矣經云多注兌亥氣回祿應潛踪豈虛語哉

昔廖金精與江右張氏扦陽基坐子向午而有丙午水朝入金精知不免于火災遂鑿坑注兌亥氣以制之名之爲藏火坑乃囑之曰自此君家永絕回祿之災矣但此坑不可塡塞張氏守其戒五百餘年果無火災嘉靖壬戌歲後人偶塞其坑未旬日而災百餘舍所焚之處正與坑所塞者相值而塞未及者則截然反風滅火其符應如此然則控制之法亦神矣哉

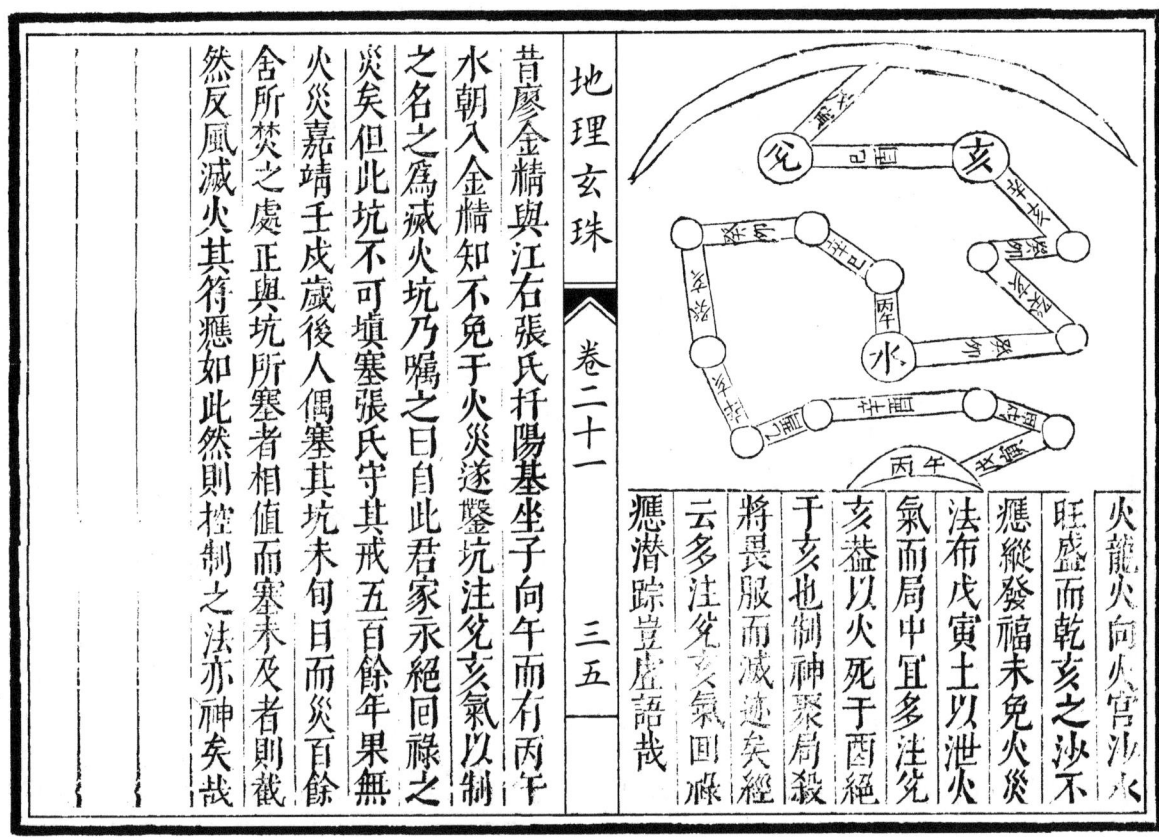

地理玄珠卷之二十二

古吳太和山人夏世隆道弘甫著

梁溪半偈道人華善繼孟達甫校

星度五行　此原所以然之理　出三元經

星度五行者周遁三元經所分二十八宿合三百六十五度四分度之一各隷于五行所屬是也前賢有曰若差毫厘謬以千里若之一字其意微乎夫以周天之度渾天之局測其氣候合其氣數究禽宿之或伏或行審星辰之或生或尅或有氣或無氣當坐偶當坐奇此度吉彼度凶隨度推詳而後用一度也蓋

以天地間陰陽會合之時少參差不齊之時多故三百六十五度四分度之一細而推之則七十八度犯五行關殺之鄉四十五度爲五行分界之所陰陽差錯之度七十有二空亡無虛之度七十有二累而記之爲凶度所居者二百六十餘度所可坐者僅一百餘度耳更加以戰尅殺伏之鄉度逆休廢之位而欲求印綬廟局福德財帛之度能有幾哉此所以盈世皆見貧賤而富貴者幾何或享一時之福或無三代之榮或富貴而無嗣或驟盛而遽敗孤若流離種種不吉安可勝道間有神仙道德榮顯康寧慈孝仁賢

子孫蕃衍者奚啻千萬中之一以此而觀則地法之于星度從可知矣雖然陰陽之理瀰漫天地其大無外而乃語及毫厘之間疑涉伎倆而爲不急之務然以前証定渾天圖觀之上有八宮以應八卦次有二十四位以應二十四氣下有六十甲子統七十二候以應六十四卦氣六十甲子又演爲一歲三百六十日以應三百六十五度四分度之一只此六甲一辰之中隨龍穴所屬五行而水神之來去山峰之朝應係焉隨八門遁甲所而至四吉三奇六親官貴係焉至于一分之中而七元八卦穴候諸法係焉故來龍

之落脈乃生氣之融結也非渾天竅度無以驗其緼駁分金之旺相孤虛所以佐助主氣者也非渾天竅度無以主其吉凶坐穴安向所以盛載生氣者也非渾天竅度無以明其宜忌行注布氣所以導其生氣者也非渾天竅度無以定其轉旋是渾天竅度者實登乘生氣之秘要也故星度立法必須定其山脈從某方來屬某龍某納音某度數坐穴屬該某二十四位下某一百二十分金屬某星宿之幾度以辨其生尅制化之原爲趨吉避凶之旨是爲得之惡可以爲伎雜而勿用也此法貫通三才感應萬化考之陰陽

秘法而無謬稽諸古今曆法而無違可以確信而無疑矣今觀時俗平見淺識惟以二十四山爲主一百二十分金爲用但論龍穴與沙水方位而星度五行生克制化竝無有一字及之或犯關殺而不知或蹈虚無而罔覺何以判其凶吉以爲乘氣之法耶故下地者或同一來龍也同一沙水也同一坐向也同一分金也而富貴貧賤賢愚壽夭固有大相懸絕者何亦因渾天躔度之不同耳愚故復爲明發以示分度墨守云

假如艮龍來脈屬在寅宮便分是何寅須要乘得

渾天六甲戊寅來脈納音屬土從斗宿八九十十一二三四火度中來乃爲印綬方爲眞的若龍從左來以左耳乘氣宜用二十四位癸山丁向坐渾天丁丑水穴而癸山之內要一百二十龍路丙子分金女八九度水穴水度妙無以卯而火度水度又不要犯關殺差錯空亡乃爲全吉若用木度則克土龍矣餘皆倣此時俗專用二十四山以取龍一百二十分金以取穴皆未究理氣葢法之源者也亦誤人多矣噫

星宿細度開後

角宿一十二度八十七分　　今作十二度大

一　二　三　四　五　六　七　八　九　十

十一　十二　太

亢宿九度五十六分　　今作九度太

一　二　三　四　五　六　七　八　九　太

氐宿一十六度四十五分　　今作十六度半

一　二　三　四　五　六　七　八　九　十

十一　十二　十三　十四　十五　十六　半

房宿五度四十八分　　今作五度太

一　二　三　四　五　太

心宿六度二十七分　　今作六度

一　二　三　四　五　六　七

尾宿一十七度五十五分　　今作十八度

一　二　三　四　五　六　七　八　九　十

十一　十二　十三　十四　十五　十六　十七　大

箕宿九度五十九分　　今作九度半

一　二　三　四　五　六　七　八　九　半

斗宿二十三度四十七分　　今作二十三度

一　二　三　四　五　六　七　八　九　十

十一　十二　十三　十四　十五　十六　十七　大　十九　二十

二十一　二十二　二十三

宿七度九十分　今作七度

一　二　三　四　五　六　七

女宿一十一度一十二分　今作十一度

一　二　三　四　五　六　七　八　九　十

十一

虛宿九度七十五抄　今作九度少

一　二　三　四　五　六　七　八　九　少

危宿一十五度九十五分　今作十六度

一　二　三　四　五　六　七　八　九　十

十一　十二　十三　十四　十五　十六

室宿一十八度三十二分　今作十八度少

一　二　三　四　五　六　七　八　九　十

十一　十二　十三　十四　十五　十六　十七　十八　少

壁宿九度三十四分　作九度太

一　二　三　四　五　六　七　八　九　太

奎一十七度八十七分　作十八度

一　二　三　四　五　六　七　八　九　十

十一　十二　十三　十四　十五　十六　十七　十八

婁宿一十二度三十五分　今作十二度少

一　二　三　四　五　六　七　八　九　十

十一　十二　少

胃宿一十五度一十一分　今作十五度少

一　二　三　四　五　六　七　八　九　十

十一　十二　十三　十四　十五　少

昴宿一十一度八分　今作十一度

一　二　三　四　五　六　七　八　九　十

十一

畢宿一十七度五十分　今作十六度半

一　二　三　四　五　六　七　八　九　十

十一　十二　十三　十四　十五　十六　半

觜宿五分　今作半度

半

參宿一十度二十八分　今作九度半

一　二　三　四　五　六　七　八　九　半

井宿三十一度三分　今作三十度少

一　二　三　四　五　六　七　八　九　十

十一　十二　十三　十四　十五　十六　十七　十八　十九　二十

廿一　廿二　廿三　廿四　廿五　廿六　廿七　廿八　廿九　三十

少

鬼宿二度一十一分　今作二度半

一　二　半

柳宿一十三度　今作十三度半

一　二　三　四　五　六　七　八　九　十

十一　十二　十三　半

星宿六度三十一分　今作六度太

一　二　三　四　五　六　太

張宿一十七度七十九分　今作十七度太

一　二　三　四　五　六　七　八　九　十

十一　十二　十三　十四　十五　十六　十七　太

翌宿二十度九分　今作二十度少

一　二　三　四　五　六　七　八　九　十

十一　十二　十三　十四　十五　十六　十七　十八　十九　二十

少

軫宿一十八度七十五分　今作十八度太

一　二　三　四　五　六　七　八　九　十

十一　十二　十三　十四　十五　十六　十七　十八　太

已上二十八宿管度共合三百六十五度四分度之一如角宿一十二度八十七分井宿三十一度三分觜宿止管五分參差不齊實難分析故曆家每宿立一初度將前宿分下所存之多寡而以後宿分數補足一度貫串接續則前後有餘不足之數自得以通融而無間矣至于羅盤徑尺分數繁多纖微之間尤為難盡故法權設太少度于其間以七十五分為太度五十分爲半度二十五分爲少度流行一週合之亦成三百六十五度四分度之一此爲不盡之盡而經緯天地自此可以窮其蘊奧矣細度五行見天紀

盤針五行　此原所以然之理　出指南集

夫廢規矩不足以成方圓舍權衡不足以較輕重非盤針不能以測陰陽是盤針者陰陽之規矩權衡也雖爲一物之微而五行具造化全焉蓋鐵者石之所

產而磁石乃北方正氣之所鍾石爲鐵之母鐵爲石之子母子相戀太極本然之性也聖人作盤針以証子午者離火爲正君之位針之所畏而不敢斜視坎水爲慈母之位針之所親而不肯遠離所以一頭指北乃地紀戊子之五分一頭指南乃地紀甲午之五分也聖人亦順太極本然之性而爲之耳智巧何與焉蓋戊子之五分即虛危之終始也甲午之五分即張宿之三度也故王趙卿詩云虛危之間針路明南方張度上三來其地紀正針之謂乎後人復添縫針亦書二十四位界于正針之縫中乃爲渾天六甲所

屬設此以証來龍坐穴此所謂天盤也蓋天先乎地乃陰陽自然之理故天紀之氣先到地紀之氣後到天盤子午率進于地盤子午之先方是若在地盤子午之後則非先到矣何以能包乎地今時俗羅經天盤子午乃列于地盤子癸午丁之中悉不合古人之制何以辨之周天分度各有二十八宿所屬是以天盤之辰戌丑未即係亢金龍婁金狗牛金牛鬼金羊四宿所纏二十四位由此而分所以謂之分金也據天盤子午既在子癸午丁之中則辰戌丑未例皆退後即非亢婁牛鬼金度所纏或將此四金妄附會于

辰戌丑未之位則南針不在張度北針不在虛危度間萬萬無此理也故云坎離正位無人識正此謂也按九天玄女較古今地理諸書最爲精密而盤針之法有二焉下而穿山甲子上而渾天甲子穿山者本地紀也渾天者本天紀也地紀六甲分布于二十四山之下各從十二支分爲五位虛攝八干四維而六甲無所管局合七十二龍以應七十二候停停當當不盈不縮至于天紀六甲則以地紀所應之氣候分布于七十二龍之下合虛歸實而八干四維皆有六甲管局但分位濶狹不同一隨周天分度界隔盈縮

其六甲取位不與地紀相對每甲各取進前兩位蓋不爲方位所限量而惟推氣候之流行也且如甲子一辰以地紀則在壬末其氣應大雪之上候于天紀爲亥末矣是地紀六甲雖主方位而言其氣固已暗藏天紀六甲在其中矣是天紀所用之六甲即地紀所用之氣候也釋經者指天紀爲先至之氣地紀爲後至之氣其論甚當蓋地紀是山川既具已成形質可見之物天紀是氣候先來未有形質之可見者故辨方定位當用子午正針候時測氣當用丙午中針二針既定形氣自明則封域分星自此可以運用矣

七政八卦自此可以推移矣盤針之說寧復有餘蘊哉一說以針畏午火不敢正視頗偏于丙故立縫針偏丁以准天地之正位是以意逆天地之位也殊不知針金也針爲南離君火所制雖欲毫厘他向亦不可得尚能畏而避之耶斷斷乎無此理也是縫針之論的以子壬午丙之中爲當

二針辨

夫盤針一也而有正針縫針之分焉天度一也而有赤道黃道之分焉世俗之用盤針有專主赤道者有專主黃道者然赤道環列中天寂然不動天之體也

黄道運行四時周流不息天之用也專主赤道則氣
候無由而推專主黄道則方位無從而定若是者皆
非知天機者也蓋赤道二十四位含三爲一布于八
卦乃得天地大中至正之道至于黄道二十四位應
周天二十四氣大雪起于壬半終于子半冬至起于
子半終于癸半夏至可以類推然大雪冬至之交正
值地紀子壬之中芒種夏至之交正值地紀午丙之
中是黄赤二道初躔參差不齊至于五運既周六氣
俱足但見星纏符合截然均齊不偏不倚無餘無欠
形氣混融殆並行而不悖者而奚分于黄赤之殊耶

名雖二針實則一針而已何世之昧焉而不究其所
以然之理乃錯列天紀于子癸午丁之中則二道各
相矛盾而八卦四時皆爲之紊亂矣原其取義盤針
以黄道授時曆爲准其四分度之一積餘成數則有
歲差蓋以天道主動安有定法如冬至一星堯時甲
子在虚一度至秦莊襄時在斗二十二度至宋慶曆
時在斗十五度今我
朝國初在箕六度矣自古至今頗偏于右故法立縫
針于午丁之中所以准子午之正位也殊不知天地
方位萬古不易之定體也歲差之說無非以氣候言

之耳方位固未始有動移也誠如所言計筭七十五
年差一度則七百五十年遂差十度萬年之後將轉
北而爲南矣有是理耶况針雖一物之微其所以必
由正午以爲向者乃金朝君火順天之道此其本然
之性也火位少移則金亦隨而轉矣若曰午位既已
偏右而針獨不爲之動移其本然之性安在哉此又
不足信也明矣今考訂天文窮極地理法當以赤道
爲體黄道爲用乃爲至論蓋赤道以形言黄道以氣
言地紀方位則用子午正針而以赤道爲主天紀氣
候則用丙午縫針而以黄道爲主二道界隔既定然

後可以議六甲之盈虛定節候之進退考天經地維
之吉凶推歲時人事之禍福矣故古法以天紀取龍
測内氣也地紀定向辨外象也時俗錯立縫針于正
針之後則是地先乎天不待辨而自明矣况又以正
針取龍縫針取向豈非差而又差者哉殆不明形氣
之理矣然原其所以差之故亦非無自而漫然也蓋
由唐一行禪師恐天下有識眞地者泛告其術盡洩
天地之機乃收天下地理諸書焚去其半僞造他岐
以亂雜于其間使後世不得全其眞訣復收天下羅
經倒製天象仰于盤上以愚世人訛以傳訛後人孚

有能正之者故術家將錯就錯莫究其源設爲辨証以附會之皆由無真見故也高明者原之以理以天象覆于盤上推之則右在左無疑矣今依天機二書疏較條例纂成一圖非日自信臆說以立異于人庶幾用法與天地氣數恭合不惟二道之理得以復明于世而二針之論抑亦可以歸一而無疑矣

定証

假如縫針癸山界于正針丑癸之中若用丙子分金原屬于癸猶之可也若用庚子分金却與正針丑山丁丑分金上下交互將認爲癸山丁向乎將

認爲丑山未向乎認以爲癸則是癸山而有乙丑丁丑分金矣認以爲丑則是丑山而有庚子壬子分金矣渾然無辨誰爲適從昔者墨子見素絲而悲爲其可以黄可以赤楊子見岐路而泣爲其可以南可以北此雖異端之教亦莫非至理所寓葢爲事無專一之喻也茲也癸中有丑丑中有癸是亦可以癸可以丑差之毫厘謬以千里精詳于地道者能不爲之悲泣耶凡業術者當知所從矣

又如亥龍入首應打壬山丙向若用縫針丁亥丁巳分金即同正針辛亥辛巳分金龍向純陰配合

最能大發富貴故時師多用縫針取向而其間亦有發富發貴者乃偶中耳葢由其家積德之所致初非時師之所能知亦非時師之所能與也若用縫針辛亥辛巳分金乃真午向而非丙向矣亥龍用午向則陰陽背馳未有不至于敗壞者其可乎故當依玄女天機二書中針以渾天論氣專取來龍坐穴正針以地紀論形專取方位坐向此不易之定理也而縫針之論又安用之

四針說

葢浮針者地理之要法也世之言地理者莫不持一

書用一法以神其用愚其人而用針則紛紛不一是針也一是法也隨人而異可無辨哉叩之時師莫知其源考之淄寺承杜國博黄君儀之輩則有四針之別焉一曰木月針一曰土圭針一曰銅盤針一曰金盤針彼之爲說以子午卯酉爲四柱居天地之中得方位之正宜用正針定穴謂之木月針木月者正亢不偏之謂也乾坤艮巽爲四維居天地之偏得方位之隅合用中針定穴謂之銅盤針銅盤者干支取中之謂也至于土圭針則寅申巳亥辰戌丑未之八山以八支爲四墓四絕必合八干四維得干支帶祿馬

貴人乃能發福非土圭不足以定四墓四絕土圭者七支三干之謂也至于金盤針則甲庚丙壬乙辛丁癸之八山以八干爲天元之輕清必取地元合氣乃能久長非金盤不足以定八干之山金盤者八干二支之謂也夫何後之術者或見此方用正針也一入其境即以正針爲作用或見彼方用中針也一履其區復以中針變其說或見三七或見二八而遂三七二八之分各隨所見據爲一定之説牢不可破是皆不究其所以然之理徒騁紛紜之喙以文其術由是觀之彼之用針尚且不知其則何以神其法而福人

也且分金之法一也一以正針定其穴一以中針立其旁一以三七分其向一以二八踵其後紛紛藉藉各相矛盾而莫適所從矣何況是法之不足用乎偏研經旨歷窮古法觀造化之運用審氣候之推移惟以正針爲至當善用正針則曰中曰三七曰二八皆在我運用之中矣故厲伯韶詩云先將子午定山岡次把中針來較量再加三七與二八莫與時師説短長又王趙卿詩云虛危之間針路明南方張宿土三乘坎離正位無人識差却毫厘斷不靈蓋深有得于分度之旨也

三針論

夫三針者天盤地盤人盤義取三才之道也蓋天盤者即渾天六甲丙午中針是也地盤者即穿山六甲子午正針是也人盤者即瀛海六甲分金纏度是也羅經之制條例雖多然求其要莫有出于三針之外者何以言之蓋人生兩儀之間同得天地之理以成性同得天地之氣以成形是吾人之身即天地之遺體也天地之理即吾人之妙用也人生則父乾母坤若能擴充其本然之善自能克肖乎天地故曰三才者謂與天地並立而爲三也人死則魂昇于天魄降

于地乃所以還造化于天地也塟者乘天地之生意返氣納骨以蔭所生之理也是以羅經之用取中針以測內氣則龍穴之吉凶天盤主之取正針以定坐向則方位之吉凶地盤主之取分金以別細纏則星度之吉凶人盤主之統而言之則三才互用一脉貫通體用相須總之一太極而已是三盤即一針也由是而五行運變由是而萬化流行能推理數之消長能知命數之盛衰可以奪神工可以立人極地理之玄奧胥于此而盡之矣智者研窮而消息之則太極亦掌中之物耳其于堪輿也何有哉

度數定議

夫羅經分度用赤道分数者則以十二宮平分三百六十度而以黃道爲不經用黃道分数者則拘拘于三百六十五度四分度之一而以赤道爲不盡天道自有一定不易之理而何不侔若此提而議之則亦未必無說焉切攷日月五星之行皆由黃道而不由赤道故素書星纏及分度所屬五行亦皆只以黃道星度多寡限入十二宮内立定界隔庶幾與天道相應固為有理然曆書之法製銅儀以測天象須用赤道為准的故在天為度在曆為日一晝一夜遶地一

週又過一百三十五杪以其行過處一日作一度故六甲共成三百六十度是知三百六十度者附太少杪度均于其間天地之常数也三百六十五度四分度之一者合太少杪度具于其間天地之全數也赤道主靜體也黃道主動用也理只以分度用赤道行度用黃道則體用分析各有統緒井井有條自無亂雜不均之弊

層數定局

中為太極即水池是也

第一層兩儀即陰陽也

第二層洛書位數陰陽

第三層先天陰陽論理氣

第四層後天陰陽論方位

第五層天星下臨應山方之美惡

第六層正針二十四山分位

第七層二十四氣

第八層七十二龍穿山虎應七十二候

第九層節候上中下陰陽二遁起例

第十層何宮起甲子順行逆行

十一層會宿管局

十二層上下配封

十三層平分六甲

十四層先天候封驗地法之吉凶

十五層後天金封應週天之節候

十六層分金切王

十七層孤虛旺相空亾

十八層二十八宿赤道管局

十九層平分三百六十度

二十層十二分宿即太陽纏宮

廿一層十二分野應十二宮分

二十二層二十四位中針管局
二十三層内封渾天六甲透地龍
二十四層穿宿起例定四吉到位
二十五層配卦起例定三奇六親貴人祿馬
二十六層二十八宿黄道管局
二十七層周遁三元經分度五行
二十八層三百六十五度四分度之 細目
二十九層度數関殺差錯空亡
三十層周天二十四氣太陽行度

十二宫黄道細分宿度

子半至丑半　三十度五分零
虚九度一分零　女十一度　牛七度
斗三度五分
丑半至寅半　三十度四分
斗一十九度五分　箕九度五分　尾一度四分
寅半至卯半　三十度四分
尾一十六度六分　心六度　房五度七分半
氐二度零半分
卯半至辰半　三十度四分
氐一十四度分半　亢九度七分半

角六度二分
辰半至巳半　三十度四分
角六度五分半　軫十八度太　翌五度一分
巳半至午半　三十度四分
翌一十五度一分半　張一十五度二分半
午半至未半　三十度四分
張二度半　星六度大　柳一十三度半
鬼二度半　井五度二分半
未半至申半　三十度四分
井二十五度　参五度四分

申半至酉半　三十度四分
参四度一度　畢十七度附嘴　昴九度三分
酉半至戌半　三十度四分
昴一度七分　胃一十五度少　婁一十二度少
奎一度二分
戌半至亥半　三十度四分
奎一十六度八分　壁九度七分半
室三度八分半
亥半至子半　三十度五分零
室一十四度四分　危一十六度　虚一分零

堪輿總結

夫堪輿之理得名于天地天地之道不離乎形氣故論形不論炁不備論炁不論形不明自天而言有四時八節自地而言有四方八位天既有四時八節即有十二月每月分爲中炁節氣遂有二十四氣地既有四方八位即有十二分野每宮以支配干維遂有二十四山天既有二十四氣即有六十花甲合七十二候以成一歲三百六十日地既有二十四山即有渾天六甲應七十二龍以成一週三百六十五度四分度之一是知八卦猶年也二十四山猶月也渾天六甲猶日也分金猶時也細度猶刻也談天命者或有同年同月同日同時而刻數少差災祥不啻霄壤論地理者但主二十四山而不言及容度之美惡是猶論命者不同日時而但主年月以推吉凶天下寧有是理耶是地理之法千緒萬端變化百出要之至理不出乎星度之五行分而言之似覺繁冗約而言之莫不有歸一焉蓋三百六十五度四分度之一統屬于一百二十分金一百二十分金統屬于渾天六十甲子渾天六十甲子統屬于七十二候七十二候統屬于二十四氣二十日氣統屬于八卦八卦統屬

于四象四象統屬于兩儀兩儀統屬于太極乃萬殊歸于一本細度即太極也井井有條一脈聯屬該當以約毫髮不爽千變萬化一以貫之而已用法至此上合天文下合地理鈎深致遠錯綜陰陽可以奪神工可以挽回造化地德上載天光下臨妥靈安魄鬼福及人惟能反終窮始方能原始要終知始終二字而堪輿之能事畢矣

論尋龍剪龍二法不可偏廢

夫尋龍之法者如撼龍入式玉髓青囊等書觀其來山入穴體勢形局別其眞僞是也剪龍之法者如素書賣鏡瀛海容度等經取其來山入路坐向剪裁定其吉凶是也若以尋龍之法觀形局者即以剪龍之法付之眉眉若以剪龍之法推陰陽者即以尋龍之法付之悠悠是皆未免有一偏之病殊不知龍法是而不知剪法猶有美玉而拙彫琢也龍法非而徒知剪法猶彫朽木而污糞牆也按經云壬辰爲自墓之山若坐此山爲穴乃天罡殺星之宮經于亢宿八九度中者法主絕滅縱若泌水秀麗龍穴分明亦只小發福而終歸敗絕又如戊戌山經于婁宿十一十二度中者犯八風殺主大風瘡癩惡死傷亾縱好龍法

好形穴雖富貴斷不免前項之殃此非知尋龍而不知剪龍之法之失乎然剪龍之法抑有二病不可不知有山善而坐不得吉穴者亦有山未盡善而坐得吉穴者如庚子龍得坎山正氣龍穴分明沙水吉秀乃爲至貴格局若或穴坐虚宿七八度者主出黄腫病凶敗絶長小女盛男衰且多官災投繯惡死縱富貴不免此患是山吉而坐穴不吉之驗也又如甲子來山角木蛟所管本不能昇騰變化若能坐穴于室宿度中則星辰到此爲財福度角蛟遇此爲壽善宫壬祿在亥爲祿堂星又得金水相生英華發秀故能富貴獲福此則山未盡善而坐得吉穴之驗也故深于術者必先看其是非疑似審其眞僞順逆然後加以正法剪裁一盡精微方能與人造福世沾其澤今之時師不惟獨執一偏之見以非尋龍法而目之曰正訣又非剪龍法而據之爲秘奥誠爲可笑及至按圖索驥各持紙上風水必欲後龍之如此前案之如此左右憑對之如此流神環拱之如此更不審其似是而非似非而似或隱拙或虚設果僞果眞而但拘泥形局完備多至殃安虚穴何其悖謬之若是殆亦不思夫造物安有全功天能覆而不能兼載地能載

而不能兼覆日不能照于夜月不能明于晝理固然也惡可求全責備而遂嫌其功用之有虧耶是以眞龍藏倖每多有疵形穴沙水殆有不能盡如法者乃天造地設朦蔽凡眼正隱于是似之間故能留待後人然非遇高明之士損益以完造化則善地或幾于廢棄矣然則尋龍剪龍二法其可偏乎哉

論善斷者不足信

夫風水而曰地理者一理之外無他道也長于巒頭之理者斯可以尋龍長于天星之理者斯可以剪龍二法兼備方可以完造化而後可以稱明師但自世之君子尋常以地理爲杳冥而置之弗問一旦有不得已則蒼遑失措而隨托之時師殊不知世多奸邪小輩務爲詭譎以惑人如浮沙斷望林歌鬼靈經覆坟經入門訣隔山照搜屋經走盤珠六壬都天夾竹梅花之類或指某日有喜慶或指某月有非災一時禍福頗有應驗又有日時克應之説或用奇門或用斗罡或取氣候起數或取方位畫卦專取下肂之時偶有讖兆以爲驗或云某方有某色雲起或云某方有某色物來或有貴人臨或有婦女至或見擡轎或見騎馬或聞樂器或聞鳥聲之類臨時取証固亦有

准然此皆權謀術數縱奇断如神亦不過馳騁以聳
動視聽而已初無與于地理之切要也君子既不知
其源遂以爲陰陽之秘懸于其手乃傾心而聽信之
或任以安坟或委以立宅毎觀售術之際舉止態度
深有可鄙者望之則囂囂自得叩之則倖倖欺人或
大言以誇張或微笑而隱黙千形萬狀無非詭僞以
誆誘爲得計求其于尋龍剪龍之法收山出煞之理
殆亦冥然無覺悍然不顧傷本體而不知犯凶殺而
罔究甚至倒安休戚反覆災祥以致生者不得安其
居死者不得安其塋種種召禍噬臍莫及其誤人爲

害可勝言哉俯瞀云善于断者必謬于葬信斯言也
葢人子之求宅兆者將以延福慶于無窮繼嗣續于
不替顧信一時之僞術而僨百世之良圖誠可慨也
凡君子之于斯也但當信之以理必從事于崇正明
理之良師可以竆天地之藴奥可以奪造化之神工
造則坐享安居榮名顯禄葬則鍾靈妥魄毓秀興賢
至于富貴利達効驗克應君子亦惟修德以俟之一
聽其自然可也彼區區于非理之術徒足以眩惑愚
輩之聽信而已高明者詢之以理其誣僞自有不可
掩焉者則亦何可信耶

論公位不可泥

夫葬者藏也人子求地以葬親無非以藏親爲事安
親之身斯得以安己之心矣但世之常情兄弟衆多
者毎毎以公位爲泥各懐私意爭競長短或致不得
全地而久暴其親者有之或既得其地私信邪師妄
作而損壊形穴者有之或既葬其親一不如意而復
遷徙者有之甚至紛紛爭擾終身而不及葬其親者
容有之矣噫子能以父母之心爲心則孝矣盖父母
之心毋以子多爲幸者亦無非爲身後慶也今以公
位之爭而不得歸全于土久暴其身悖親甚焉是父

母之所望于子者何如而一至于此也且欲公位之
均不可執泥一穴于此不足當別求一地以補襯之
則自得均矣楊公云豈可一坟分公位必取衆坟叅
互議是也況天命自有分定造物安有全功縱使十
全大地亦不過應及子孫蕃衍富貴綿遠而已假若
百子千孫焉得人人而福之大抵人子之用心但當
以安親爲念至于自求多福蔭及子孫乃在地理之
外一付之于天可也必欲徇私以自泥其如父母之
暴露何亦天地間一罪人耳豈孝子仁人之用心哉

論求地不可不擇良師

蓋君子之于風水也不難于得地而惟難于得師不難于得師而惟難于識人惟能識人斯可以得師惟能得師斯可以得地矣何以言之大抵真龍大地恒多異常非法眼不足以明辨奇形怪穴每多有疵非神術不可以斡全譬猶萬鎰之璧必付之良工而後可以彫琢之是良師者地理之玉人也幸得其人自能全心目之巧工力之具盡其當然不害其爲自然乃可以完造化而福蔭于人矣苟非其人未免指鹿爲馬認烏爲鶯以僞爲真以非爲是強安虛穴倒使山崩設或得地而不得其穴設或得穴而不得其葬

是皆毀尨畫墁非徒無益而又害之者故求地必以擇師爲要務也然則師之所以爲良者何蓋非深于儒術者則不能窮理格物以致其知非純于道德者則不能盡心竭誠以神其用必須二者兼備方可以名良師而無愧于天下矣然非高明之君子亦烏得以真知其良而任之

論不可圖葬舊穴

夫擇地一事乃人子慎終之切務而親魄之安危子孫之禍福皆于此乎係焉故以子孫而葬其祖父之體魄則必致其戒謹恐懼之心以爲安固久遠之計使其形骸安而神靈妥則子孫蕃衍而祭祀不替培植其根而枝葉自茂理固然也然多見大地已發富貴而後世子孫不肖遂欲鬻之于他人者有之亦有貪夫欣慕富貴惑于邪術而謀葬已發之地者有之殊不知千里來龍推融八尺之穴而地理之秘要不出乎葬乘生氣之一言故古人謂圖葬舊穴如求嗣續于鶴髮婦人耳蓋以婦人雖或賢淑而鶴髮則血氣衰敗不能生息此理之自然不待言而可知也茲雖善地而前人已發則生氣既泄寧復有再聚之理耶設或謀而葬之則惑之甚矣噫乾父坤母民吾同

胞一視同仁君子處世之道也推己及人分殊理一以人子之心較之彼之親猶吾之親也君子求地以葬親當以積德爲之本安可希圖富貴謀葬舊穴徙人之親而葬其親伐人之塚以爲己塚忍心害理莫此爲甚縱得地理其如天理何不觀古詩有云人人難保百年墳徙塚重扦太忍心莫道天工無報應後來原有伐墳人求地者當知所戒矣

論求地者不可不積德

詳現第十卷陰騭篇

論地師不可損德

葢地理之學雖一藝術然上以盡人子慎終之孝而親魄之安危係焉下以爲世人啟後之謀而子嗣之興衰係焉千均之托百世之望咸屬于地師之一人是任重而道遠莫有過于此者故凡業地道者必須精究學術斯可以無誤于人又須克全心術斯可以無害于人若或無知妄作險心賊行惟圖專利于已不思造禍于人登山取局顚是倒非更不擇體勢之美惡亦不問局向之災祥非誤于尋龍卽誤于扦穴不差于消沙定差于納水甚有前人既得吉地巳合塋法輙復改向堆鑿或更移穴易地徇私滅公以凶奪吉往往見置人親于休囚惡殺之地以致子孫陵替敗壞斬絕宗祀者亦多矣痛哉惜哉噫傾人之家者必致于自傾其家絕人之祀者必致于自絕其祀天道好還冥冥中默有以報之者毫不爽也卜氏云苟一朝之財賄當知後患何謬千里于毫厘請是斯語矣其示戒之意最爲深切達地學者其省之

地理陽宅玄珠卷之一

古吳太和山人夏世隆道弘甫著
梁谿半偈道人華善繼孟達甫校

八宅周書

陽宅總論

一曰天德下臨地德上載吾人中處莫非二氣五行以爲之主宰是以地有九宮天有九星若曰俯察地理必先曰仰觀天文余考黃帝八宅周書法以八卦正位八方用以九星飛臨八卦葢取夫天動地靜之義也動而生陽靜而生陰動靜互爲其根

而生生無窮矣然卦有定位宅無定向宅有定坐門無定方門有定向星無定主星有定在象無定形千變萬化莫適所從故或坐乾而開離門者有之開震門者有之坐坎而開巽門者有之開坤門者有之以致貪狼見文曲者有之見破軍者有之延年見貪狼者有之見廉貞者有之此等皆隨地立局恣意妄爲殊不知毫釐之差千里之謬不有理以一之則汗漫無據而吉凶禍福亦何自而分哉故凡相宅之法自有一定之規初則以門合宮是爲賓來合主次則以宮合門是爲主去合賓務使星宮相順賓主相得內外協吉乃爲全美備具圖說以便覽而智者可以類推矣

一曰建宅以安身乃人道之切要也然天下之事有體斯言用專用則失體欲明宅兆先取地靈是地靈體也宅兆用也故凡立宅須擇龍氣旺盛沙水廻繞四勢端明坐向合格然後參以八卦配合九星宜忌體用兼美是爲得之若或龍氣蕭條沙水凶惡四勢偏枯坐向失次縱合九星八卦或得一時旺盛後未有不至於敗絶者由其有用而無體使然也試觀富貴榮華人物蕃盛之家必是龍氣

融結山水有情乃能悠久旺相

一曰造宅先用羅經於中宮格定坐向八方止用八卦葢以一卦管三山也且以坎宅爲例地位必須南北長於東西以一畝之宮爲式南北直長八丈東西横闊七丈五尺或開巽門或開離門只以算法四歸歸之正中離方占三丈七尺五寸巽方占一丈八尺七寸五分坤方占一丈八尺七寸五分如安巽門則宜安於巽方一丈八尺七寸五分之中如安離門則宜安於離方三丈七尺五寸之中此則方位均平庶無非離非巽之差矣餘宅倣此

一曰卦位有分定地位無方體是以形局界限大小不等或直長而狹者有之或橫匾而闊者有之前狹後闊者有之前闊後狹者有之左空右缺者有之前直後曲者有之分房定卦則又不可以隨方而逐圓也須中宮下羅以細格之乃爲有得亦以坐坎向離爲例一宅之間而分星布局各自有法狹而長者則北方是純坎南方是純離東方則中震北艮南巽西方則中兌北乾南坤匾而闊者則東方是純震西方是純兌北方則中坎左艮右乾南方則中離左巽右坤東南地餘則生氣旺盛西

南地缺則破軍無爲能依此例推之則偏正無差訛吉凶有定見而天下無不可修之宅矣

一曰陰陽一理生死同途居以安身葬以安魂乃一而二二而一者也黃石公通眞宅經云墓吉宅吉富貴不歇墓吉宅凶發福難豐墓凶宅吉亦能進益墓凶宅凶患難貧窮子夏金門宅經云得地得宮世代豪雄得地失宮有始無終失地得宮亦可從容失地失宮絕嗣無踪蓋以陰陽二宅關係並重而陽宅尤爲切要時俗往往急於修墓而不知修宅以配合之故或得墓而不得宅者有之得宅而不得法者有之無惑乎吉凶之相淆而禍患有所不免也欲配合者如墓得木局宅亦得木局爲陰陽比和若墓得木局宅得水局爲陽生陰墓得木局宅得火局爲陰生陽大抵陰陽二宅遇得比和相生尤爲至吉

一曰四時立宅合取山頭生氣最宜旺相切忌休囚山頭必以正五行爲主如木旺於春休於夏囚於秋生於冬之例是也假如坐北向南山頭五行屬水須於秋日用事或四課會成金局是得生氣或於冬日用事四課會成水局是得旺氣俱合吉兆

若於春夏用事或會木火二局則爲失時而氣休囚矣安能發福哉然宅象方位又自有法即以坐北向南爲例起首動作須先建立西方金印之鄉由是金生水而北水生木而東木生火而南火生土而中或先建立北方水旺之鄉由是水生木而東木生火而南火生土而中土生金而西順天左旋生生不息而吉氣自爲之流行於其間矣又以水命爲修主造化其有窮乎餘則類推

一曰居宅之吉凶皆由五氣之衰盛而五行之變化多由人爲之轉移大抵所居之宅氣餘則旺氣盡

則衰此理勢之所當然而人情之所可信者假如金宅遇火制無土以生金則金必受剋四十年後金氣盡變火矣土宅遇木制無火以生土則土必受剋五十年後土氣盡變木矣故古人居宅三十年一小修六十年一大修謂之接氣如金氣將衰用土局以修之土氣將衰用火局以修之此爲革故鼎新自然氣續繼旺可保常吉而無陵替之虞矣是修方以接氣又悠久之切要也居宅者不可不知

一曰宅兆者地理之粗迹選擇者天文之妙用宅兆

無補於選擇選擇有補於宅兆故書云縱使龍穴沙水會尤要年月日時利甚矣選擇之爲要也時俗造作率遵各家通書更名雖異節目則同無非横推竪數死法定局之例或此是而彼非或此凶而彼吉舛錯紛紜使人聾瞶試求其故莫知所從故或金宅而用火課者有之水宅而用木課者有之火命而用水課者有之木命而用火課者有之非剋宅則剋命非泄命則泄宅是以雖得吉地而未必獲福或反有致禍者矣可勝惜哉凡有事於選擇者先以造命爲主兼以山向方隅參以三才

配合之機盡以五行裁成之妙迎神避鬼化煞邀祥自可以奪造化之微權而挽天命於無窮矣

一曰吾人之處世也興廢無常事機莫測是以所居之宅不無變易更遷之端或以大易小者有之以小易大者有之或棄危而求安者有之舍遠而圖近者有之移居换舍殆有所不能免矣然五行之宅四時之序各有配合各有宜忌故遷居方位先賢以二十四氣擬二十四山此亦是八節立八卦之分位也且如正月建寅於卦爲艮位在東北遷移忌從申上來二月建卯於卦爲震位在正東遷

移忌從酉上來此乃月破犯之則凶若細分之則正月雨水在甲二月春分在乙忌從庚辛方來之例其餘月分依此類推

一曰宅象貴精當作法有準繩凡諸營造各宜合式是以立向自有要訣開門必有定方道路必要曲全放水必有歸會間架陰陽有定數層數高低有定形明堂廣窄深淺有定規門戶闊狹長短有定格正屋從屋有次序前門後門要配合八方要週匝六事要齊整若能善用裁法無有違背自然發富貴於無涯享榮華於不替不惟得以專美於當

時而亦可以繼美於後世矣否則少有不善發禍難全若更漫不知法而任意妄作則其禍不旋踵可勝悼哉故各示式於後而有事於宅舍者依法循繩可也

八卦五行　此以宮位自相生尅言之

乾爲天爲老陽屬金其象三連位居西北左亥右戌見坤艮爲生氣見兌爲旺氣見坎爲盜泄見離爲尅殺見震巽爲交戰吉凶多應於老翁

坎爲水爲中男屬水其象中滿位居正北左癸右壬見震巽爲福德見離爲交濟見乾兌爲泛濫見坤

艮爲尅制吉凶多應於中子

艮爲山爲少男屬土其象覆碗位居東北左寅右丑見乾兌爲福德見坤爲生旺見坎爲外戰見震巽爲尅殺見離爲焦燥吉凶多應於少子

震爲雷爲長男屬木其象仰盂位居正東左乙右甲見坎爲受生見離爲福德見巽爲和合見乾兌爲尅殺見坤艮爲外戰吉凶多應於長男

巽爲風爲長女屬木其象下斷位居東南左巳右辰見坎爲受生見震爲旺相見離爲福德見乾兌爲受尅見艮坤爲讐敵吉凶多應於長女

離爲火爲中女屬火其象中虛位居正南左丁右丙見震巽爲印生見坎爲相濟見艮坤爲剥泄見乾兌爲交戰吉凶多應於中女

坤爲地爲老陰屬土其象六段位居西南左申右未見乾兌爲福德見艮爲和美見坎爲外戰見震巽爲尅殺見離爲枯焦吉凶多應於老母

兌爲澤爲少女屬金其象上缺位居正西左辛右庚見坤艮爲印綬見乾爲和同見坎爲盜氣見離爲尅殺見震巽爲交戰吉凶多應於少女

中爲中宮屬土而坐方門向一隨八卦所屬

九星五行　此以星宮互相生尅言之

貪狼爲生氣屬陽木在坎生我爲印綬在離我生爲福德在震巽比和爲旺相俱爲得位門宅合此星者主富貴蕃盛悠久榮華長房尤勝亥卯未年多應吉若值乾兌爲內尅值艮坤爲外戰俱爲失位雖爲吉星而發福不全

巨門爲天醫屬陽土在離生我爲印綬在乾兌我生爲福德在坤艮比和爲旺相俱爲得位門宅合此星者主名利兼美福祿齊豐次房尤勝申子辰四季年月多應吉若值震巽爲內尅值坎宮爲交戰

俱爲失位雖爲吉星而發福不全
武曲爲延年在陽宮屬陽金在陰宮屬陰金値艮坤生我爲印綬値坎宮我生爲福德値乾兌比和爲旺相俱爲得位門宅合此星者主功名俊傑忠孝賢良小房尤勝巳酉丑年月多應吉若値離宮爲受剋値震巽爲交戰俱爲失位雖是吉星而發福不全
文曲爲六煞屬水在震巽如竊途賊盜標掠生民在離宮如强梁入寇熄滅煙火在坎宮如宄頑結黨愈恣侵凌在艮坤如隄防大盜反肆衝突在乾兌

如添兵夷虜宄暴淫虐門宅合此星者主男女奔狂懸河流攛申子辰年多應凶中房尤甚
破軍爲絶命屬陰金在離宮如竄獸被追猶能反噬在震巽如强途得志虐害忠貞在艮坤如積糧資寇養虎遺患在坎宮如猛獸入穽猶肆咆哮在乾兌如梟獍得群吞啖不已門宅合此星者主鰥寡官禍絶丁敗家巳酉丑年多應凶長房尤甚
廉貞爲五鬼屬火在坎宮如野葛烏頭不受炮制在震巽如火生木焚燒澤燎原在乾兌如沃焦烈日爍火流金在艮坤如火焰崑岡玉石俱焚在離宮如焚膏益油煙焰轉熾門宅合此星者主疾病死喪官非火盜寅午戌年月多應凶
祿存爲禍害屬陰土在震巽如强奴悍婢雖受制而包藏禍心在乾兌如黠虜歸王終致反叛在離宮如認賊爲子自劫家財在坎宮如宵人怙恃恣肆猖狂在艮坤如朋比協從圮族敗政門宅合此星者主殘疾損害口舌官災四季申子辰年月多應凶小房尤甚然凶星中惟此爲少殺
左輔屬陰木亦是吉星所値宮分得失與貪狼同其應亦同但比貪狼爲次吉耳

右弼於五行中隨類而化遇火屬火遇水屬水由其星無定性故吉凶亦由之而化也

大遊年歌

乾六天五禍絶延生　坎五天生延絶禍六

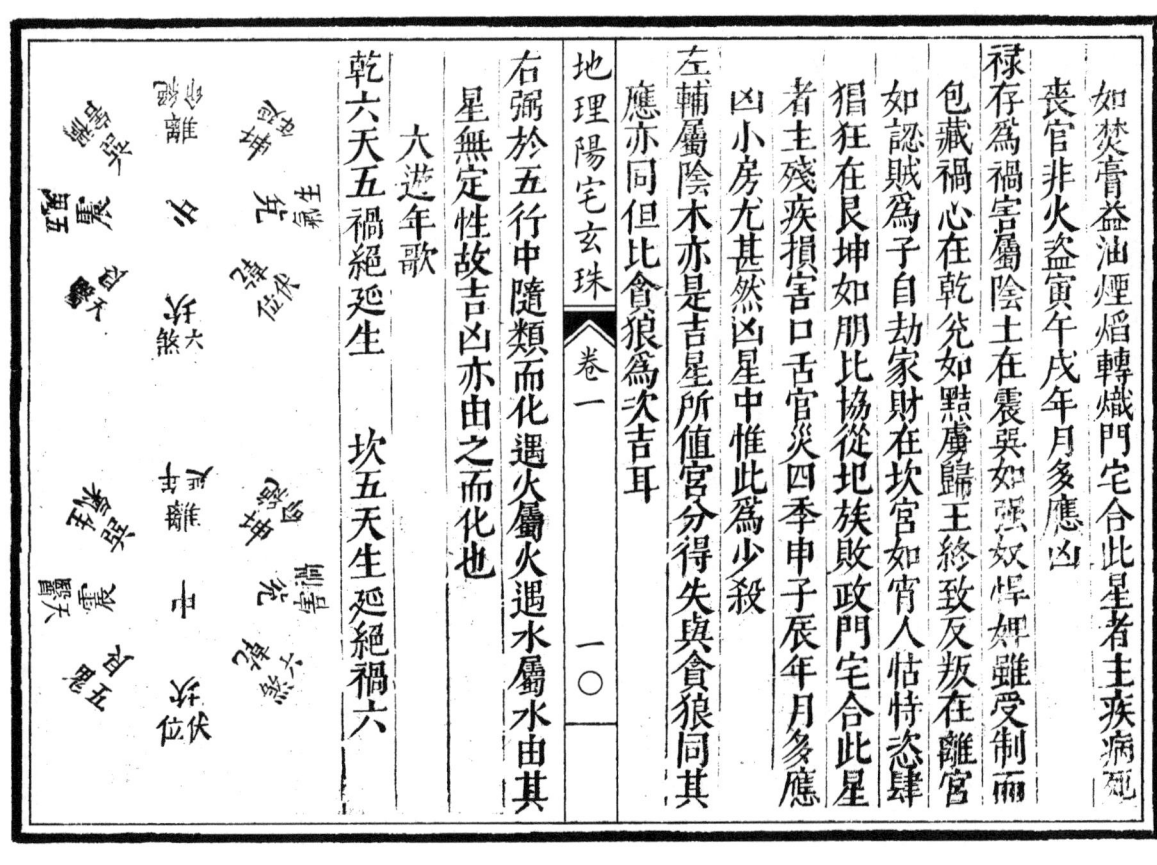

艮六絕禍生延天五

震延生禍絕五天六

巽天五六禍生絕延

離六五絕延禍生天

坤天延絕生禍五六

兌生禍延絕六五天

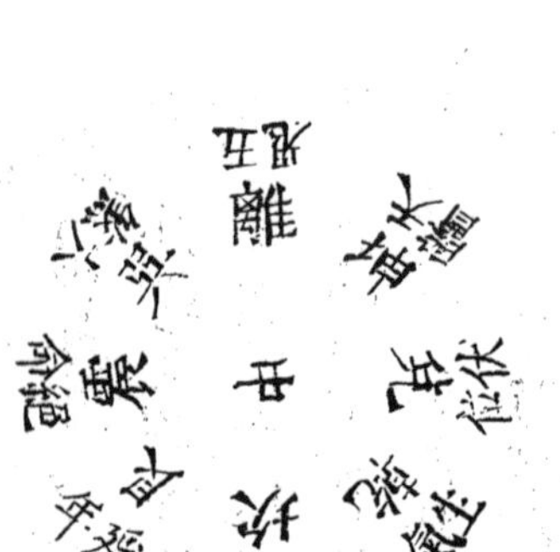

夫遊年者九星遊行八方配以八卦以分吉凶之例是也皆以本卦爲輔弼後七星爲地之七煞上應天之七星每宅以門爲始本宅本門皆爲伏位順轉飛輪看某星值某卦爲吉某星值某卦爲凶假如乾宅乾門用游年飛數即以乾爲伏位次順至坎上是六煞凶艮上是天醫吉震上是五鬼凶巽上是禍害凶離上是絕命凶坤上是延年吉兌上是生氣吉乃爲一週然後再看層數某層值某星某層值某星某星高爲吉某星高爲凶依法推測則禍福兌應如視諸掌而莫逃矣舉一局而餘例倣此

四宅定議　此專論星宮分位之吉凶

坤—兌—乾

離—坎

巽—震—艮

修宅先有定主然後隨方卦而布置之如坎離震巽爲東四宅修宅開門互相爲用則吉此東四裝東之卦也誤用西四之門則非吉宅矣乾坤艮兌爲西四宅修宅開門互相爲用則吉此西四裝西之卦也誤用東四之門則非吉宅矣

蓋原夫陰陽配合實爲道氣之宗故求乎夫婦和諧方締室家之好

老陽老陰允爲休匹

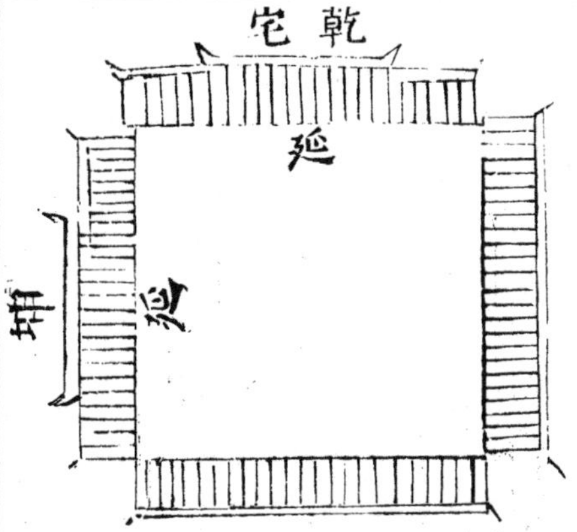

乾爲老陽屬金坤爲老陰屬土本自相生然以游年定宅由乾數至坤得延年由坤數至乾得延年故坤門而乾山坐宅或乾上有高房乾門而坤山坐宅或坤上有高房皆主大吉爲夫婦匹配之美

少男少女任爾唱隨

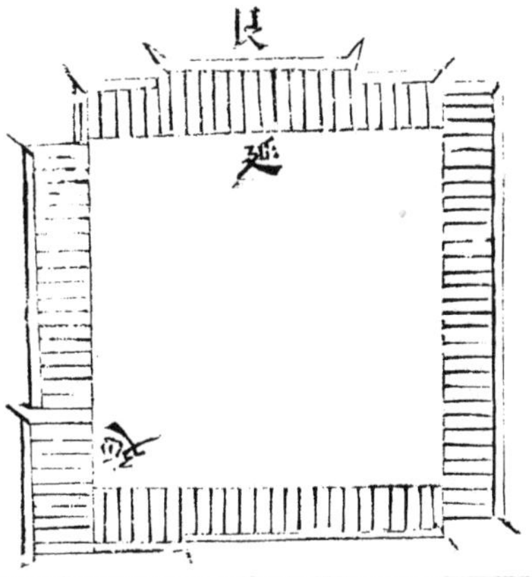

艮爲少男屬土兌爲少女屬金本自相生然以游年定宅由艮數至兌得延年由兌數至艮得延年故艮門而兌山坐宅或兌上有高房兌門而艮山坐宅或艮上有高房皆主大吉爲夫婦唱隨之道

坎離歡孃乃合旣濟之宜

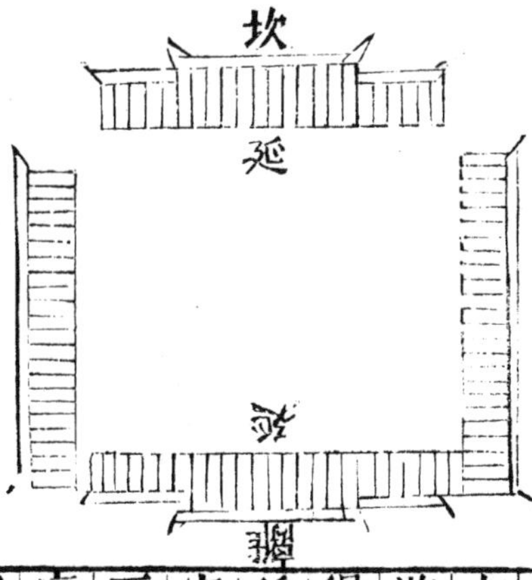

坎爲中男屬水離爲中女屬火本爲相濟然以游年定宅由坎數至離得延年由離數至坎得延年故坎門而離山坐宅或離上有高房離門而坎山坐宅或坎上有高房皆主相合爲旣濟之宜

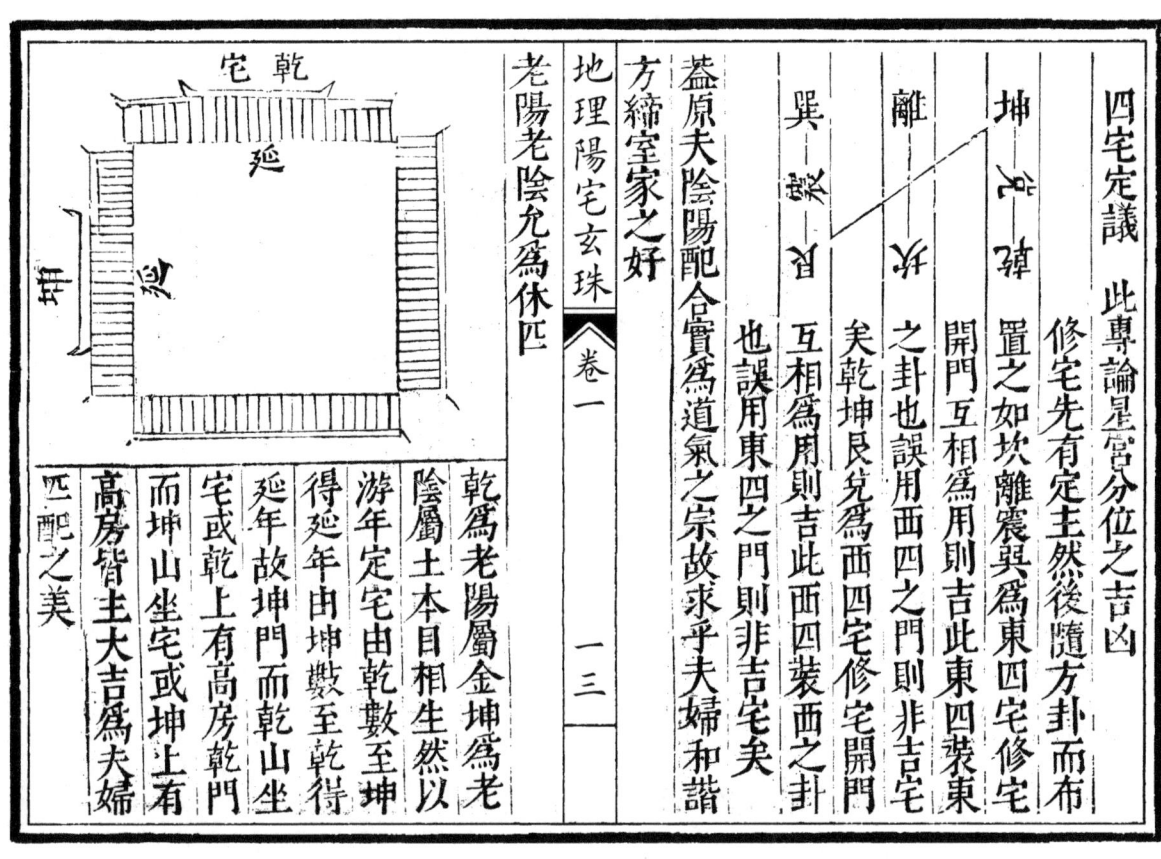

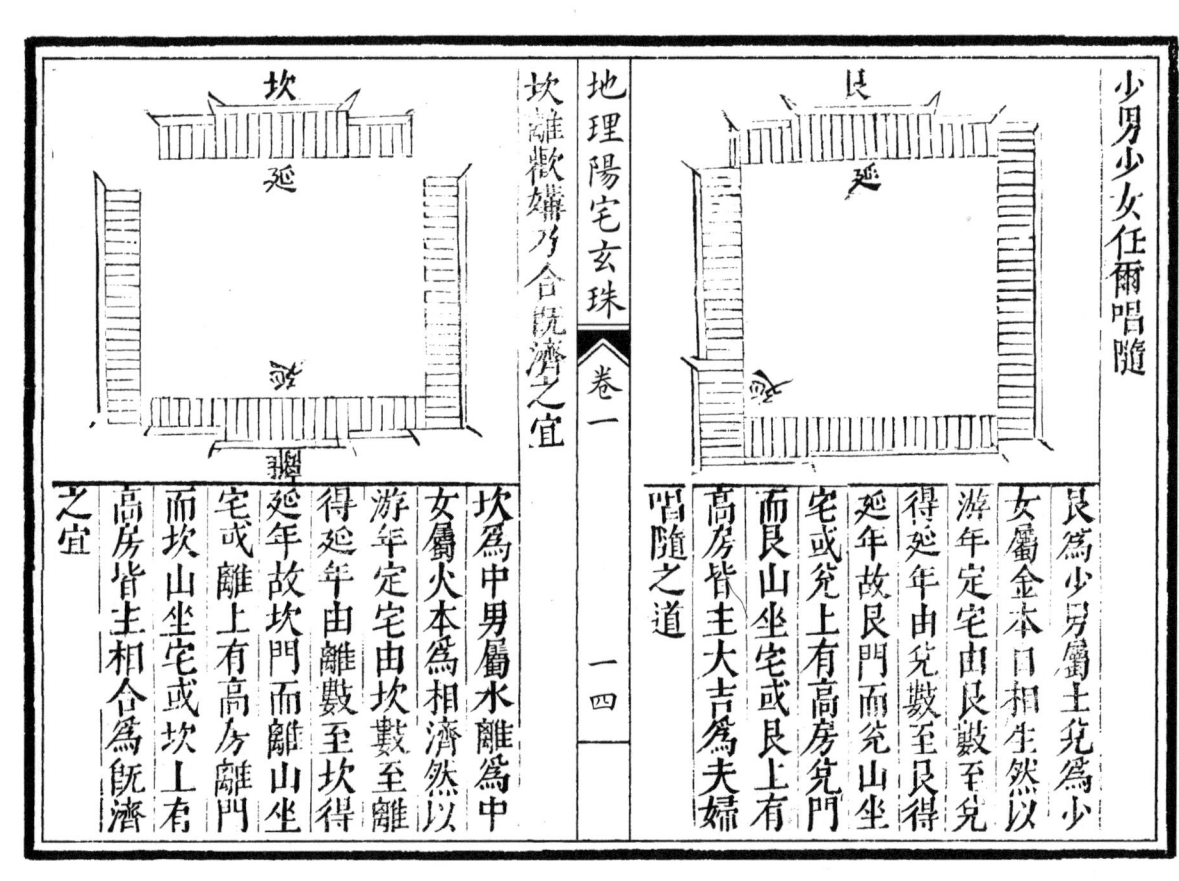

震巽往來定擬諧和之好

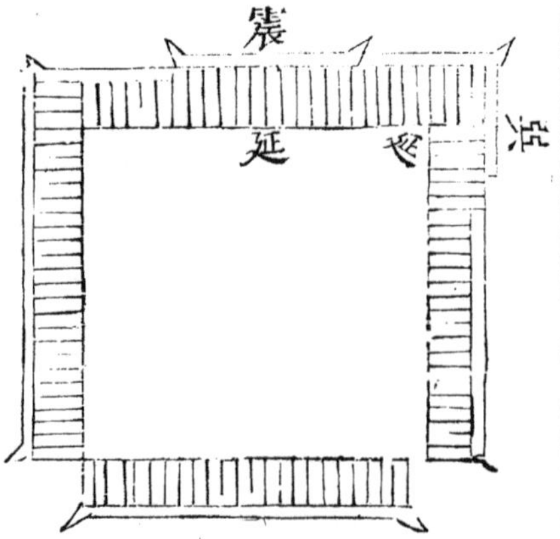

震爲長男屬木巽爲長女屬木本自比和然以游年定宅由震數至巽得延年由巽數至震得延年故震門而巽山坐宅或巽上有高房巽門而震山坐宅或震上有高房皆主相合爲諧和之好

巽坎交加情自洽

巽爲木坎爲水本自相生而游年分布各得貪狼吉星貪屬木在巽則比和在坎則受生故巽門而坎山坐宅或坎上有高房坎門而巽山坐宅或巽上有高房則星宮俱合情自浹洽允獲吉福

震離互換意相投

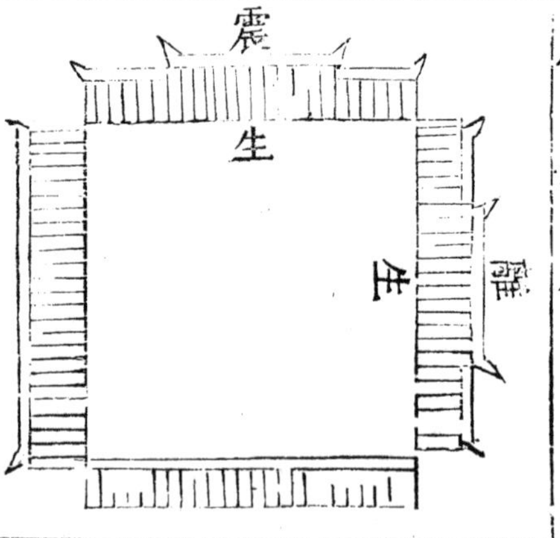

震爲木離爲火本自相生而游年分布各得生氣吉星生氣屬木在震則旺相在離則相生故震門而離山坐宅或離上有高房離門而震山坐宅或震上有高房則星宮俱合意自相投允獲吉福

艮坤一氣猶防美處招非

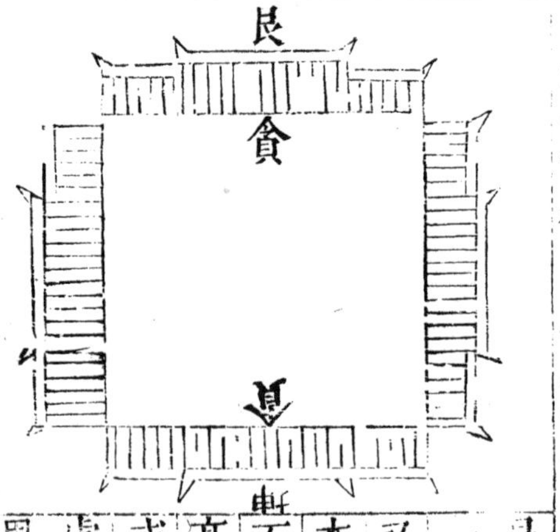

艮坤二宮俱屬土本爲一氣門星輪數俱貪狼又爲吉曜然宮土而星木則宮受星尅故艮門而坤山坐宅或坤上有高房坤門而艮山坐宅或艮上有高房猶防美處招非艮受尅則損少男坤受尅則損老母也

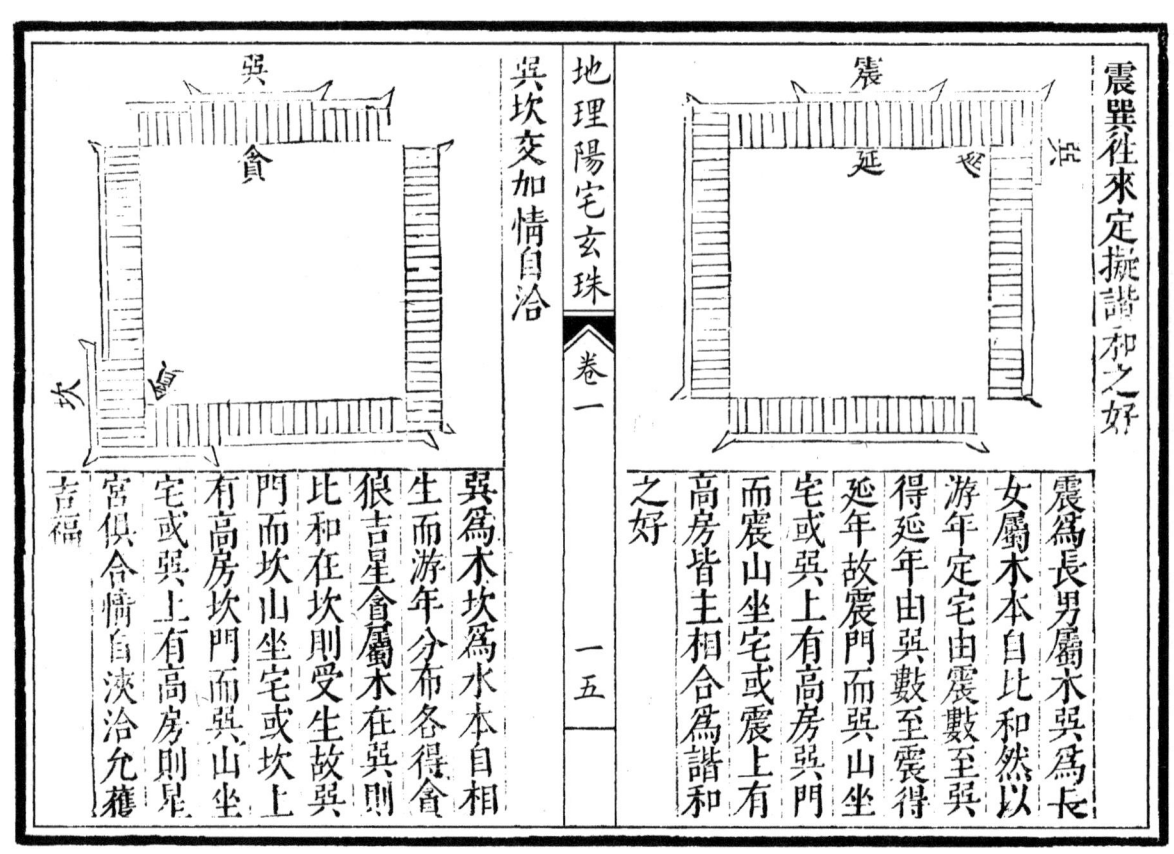

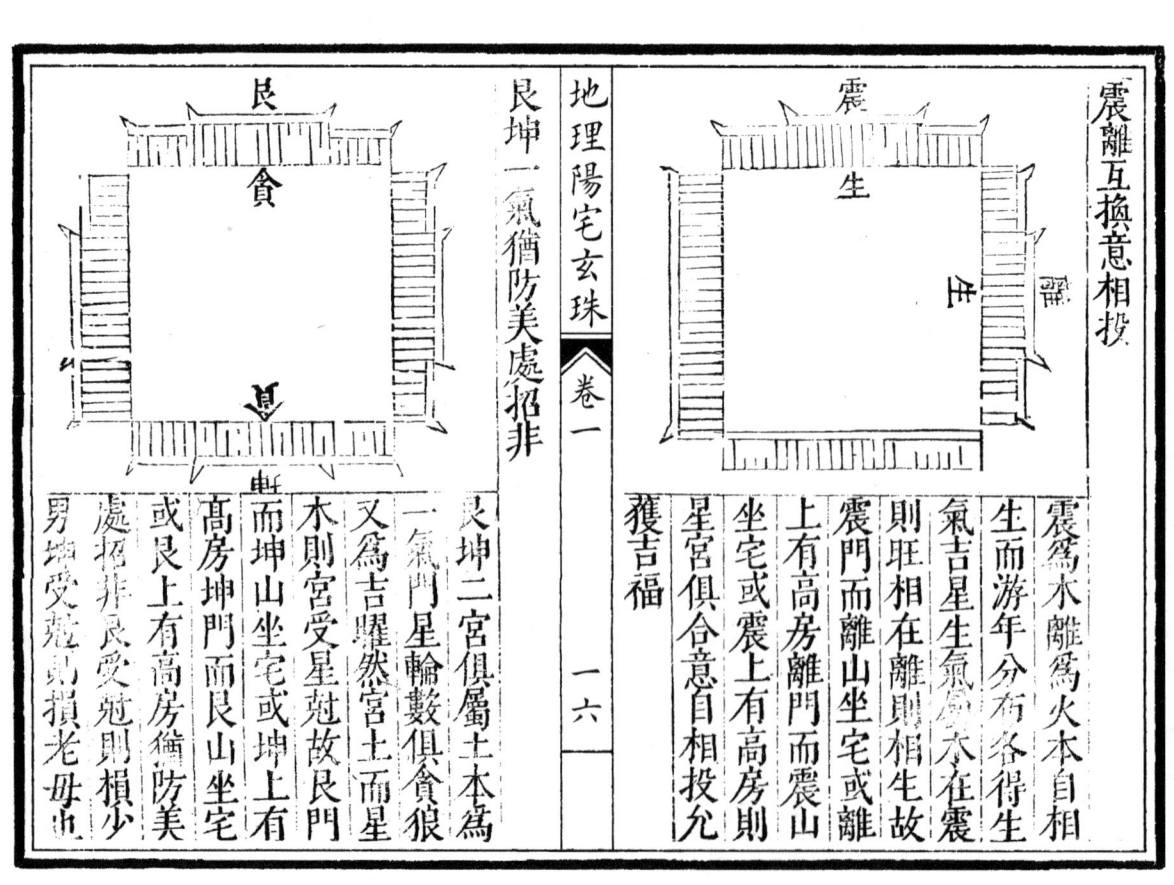

乾兌同靈未免吉中有咎

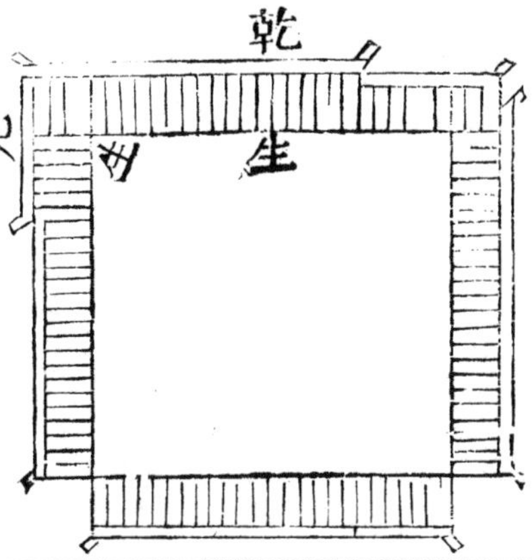

乾兌二宮俱屬金本是同靈門星輪數俱生氣又爲吉曜然宮金而星木則星受宮尅故乾門而兌山坐宅或兌上有高房兌門而乾山坐宅或乾上有高房未免吉中有咎乾尅星則損老翁兌尅星則損少女也

巽離木火通明休言全吉

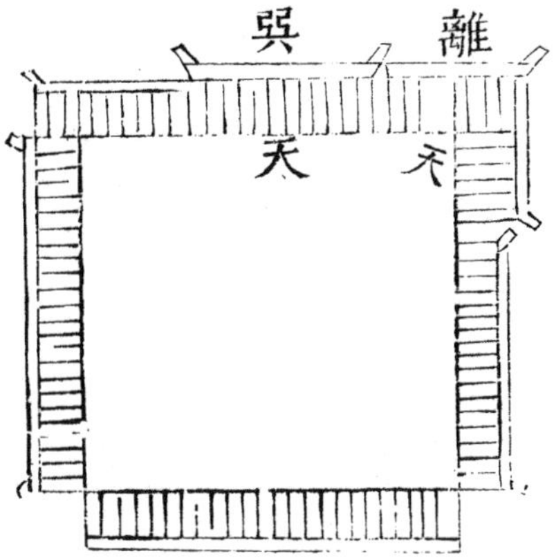

巽木離火本爲通明游年飛數俱得天醫吉宿乃是星宮兼美故巽門而離山離房高大離門而巽山巽房高大皆主利益然天醫屬土在離則受生而中女獲福在巽則受尅而長女遭傷亦豈得爲全吉哉

坎震水木條達勿謂無虞

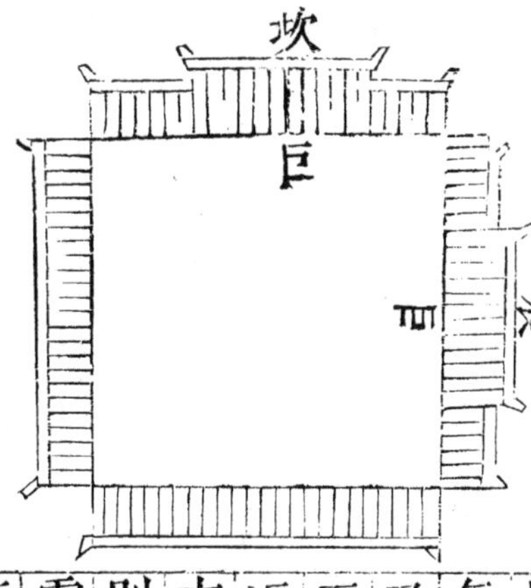

坎水震木本爲條達游年相輪各得巨門吉宿乃是星宮兼美故坎門而震山震房高大震門而坎山坎房高大皆獲吉慶然巨門屬土在坎則宮傷而中男受尅在震則星傷而長男受病亦豈得爲無虞哉

乾艮禎祥男最旺

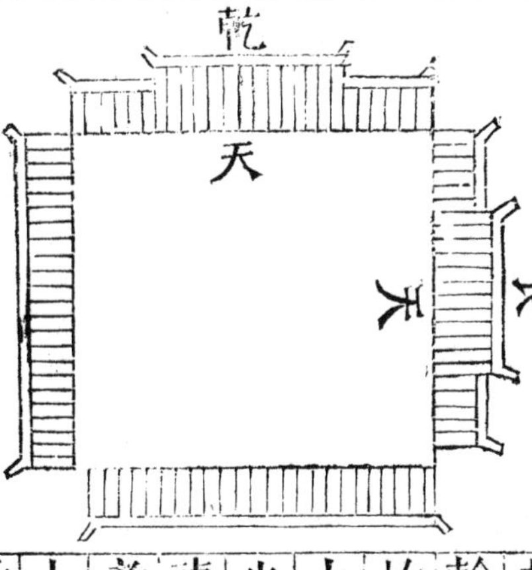

乾艮爲土金相生飛星輪天醫相値俱合吉兆故乾門而艮山坐宅艮上有高房艮門而乾山坐宅乾上有高房皆主禎祥天醫在乾則生宮老翁應吉在艮則合助少男應吉乾艮皆陽宮所以男人最旺

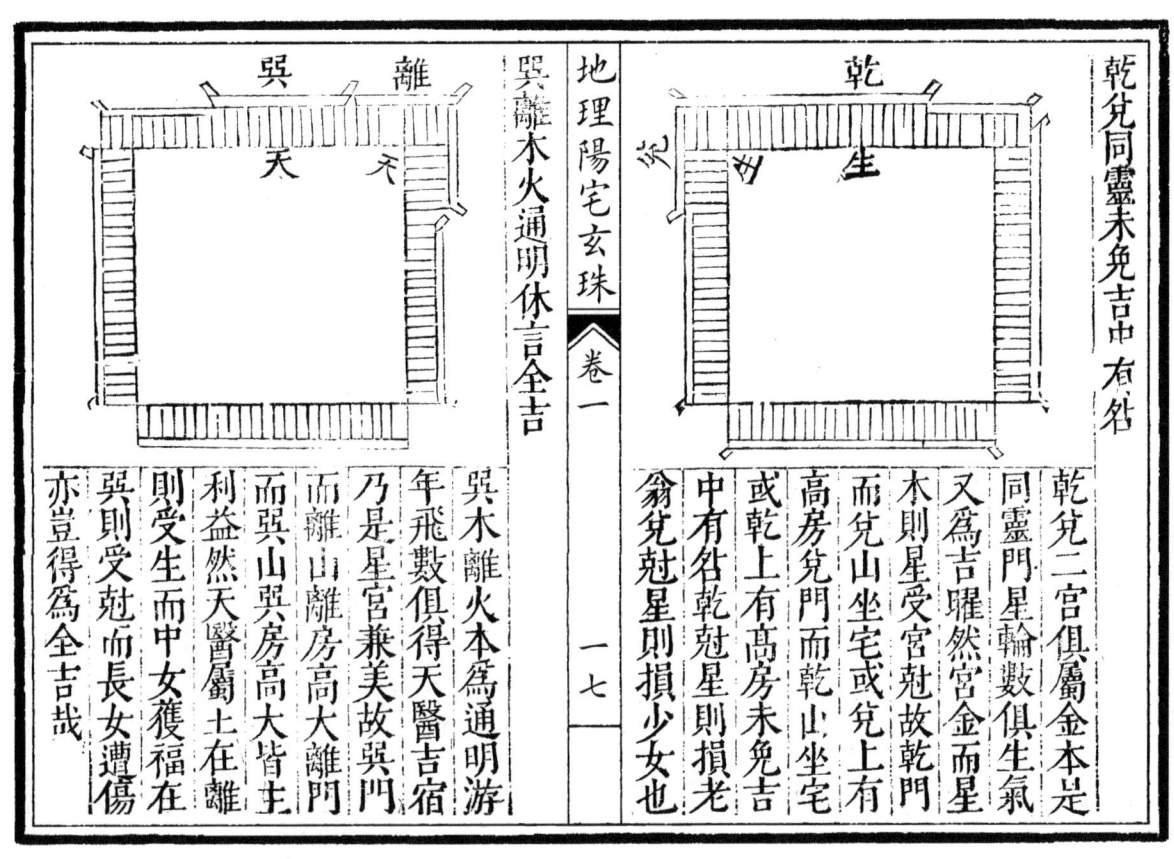

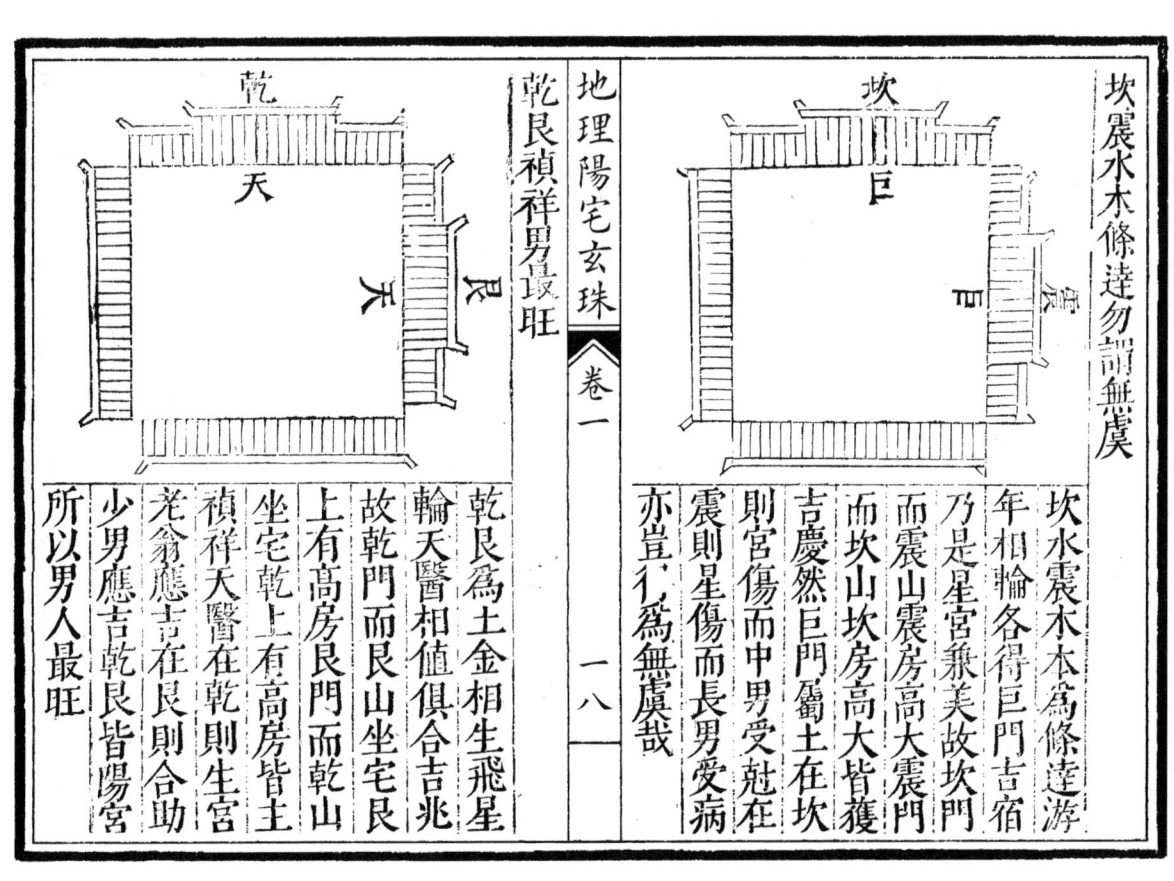

兌坤福祉女尤豐

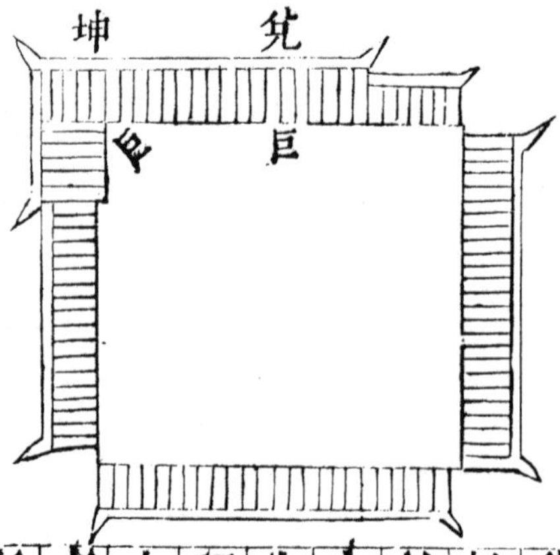

兌坤爲金土相生飛星輪巨門相值俱合吉兆故兌門而坤山坐宅坤上有高房坤門而兌山坐宅兌上有高房皆獲福祉巨門在兌爲生息少女應吉在坤爲旺位老母應吉坤兌皆陰宮所以女子尤豐

震巽延年原正配猶恐刑傷

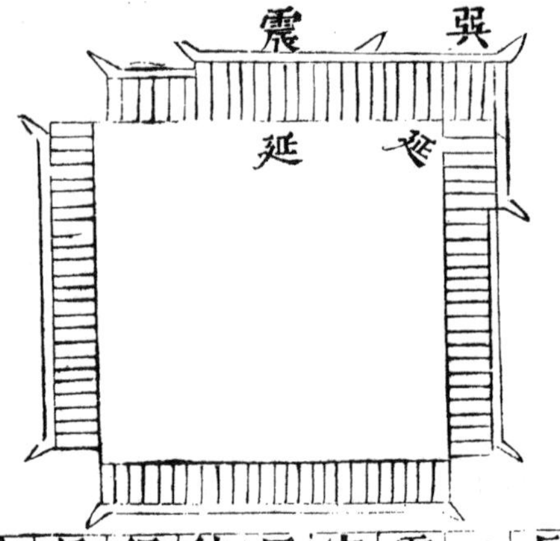

長男長女爲正配更値延年往來本爲廸吉然震巽俱木延年屬金震宮金旺則宮受星尅長男多病巽宮金旺則星能尅宮長女多災星宮俱吉定主福厚祿豐而星宮相尅則災害亦或有之故恐刑傷

坎離武曲本宜家寧無剥褀

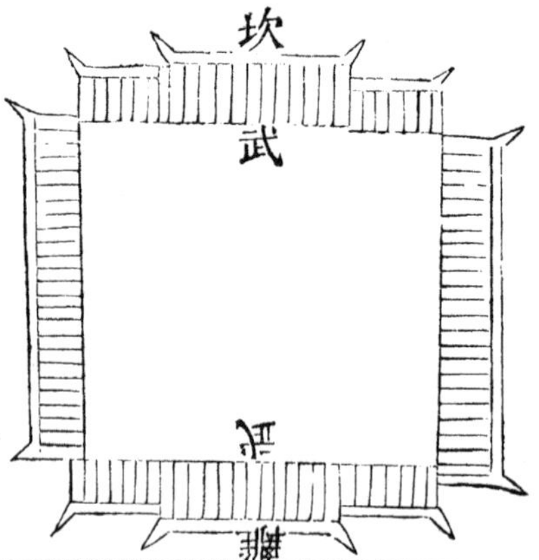

中男中女爲正配更得武曲往來本爲廸吉然坎水離火武曲屬金坎宮金旺宮得星生則中男獲福離宮金旺星受宮尅則中女爲殃星宮俱吉定主家興人旺而生尅不純則災祥未免迭見故嫌剥褀

家道遭迍因見澤臨風位

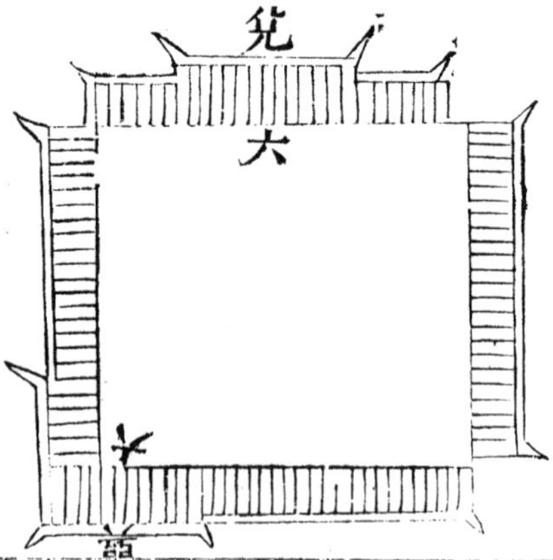

兌爲澤屬金巽爲風屬木本自相尅然游年飛數又是六煞相輪盍六煞爲泛濫之水金遇則沉沒木遇則浸漬宮分尅戰凶星往來俱非吉兆故兌門而巽山巽房巽門而兌山兌房定主家道遭迍陰人受禍

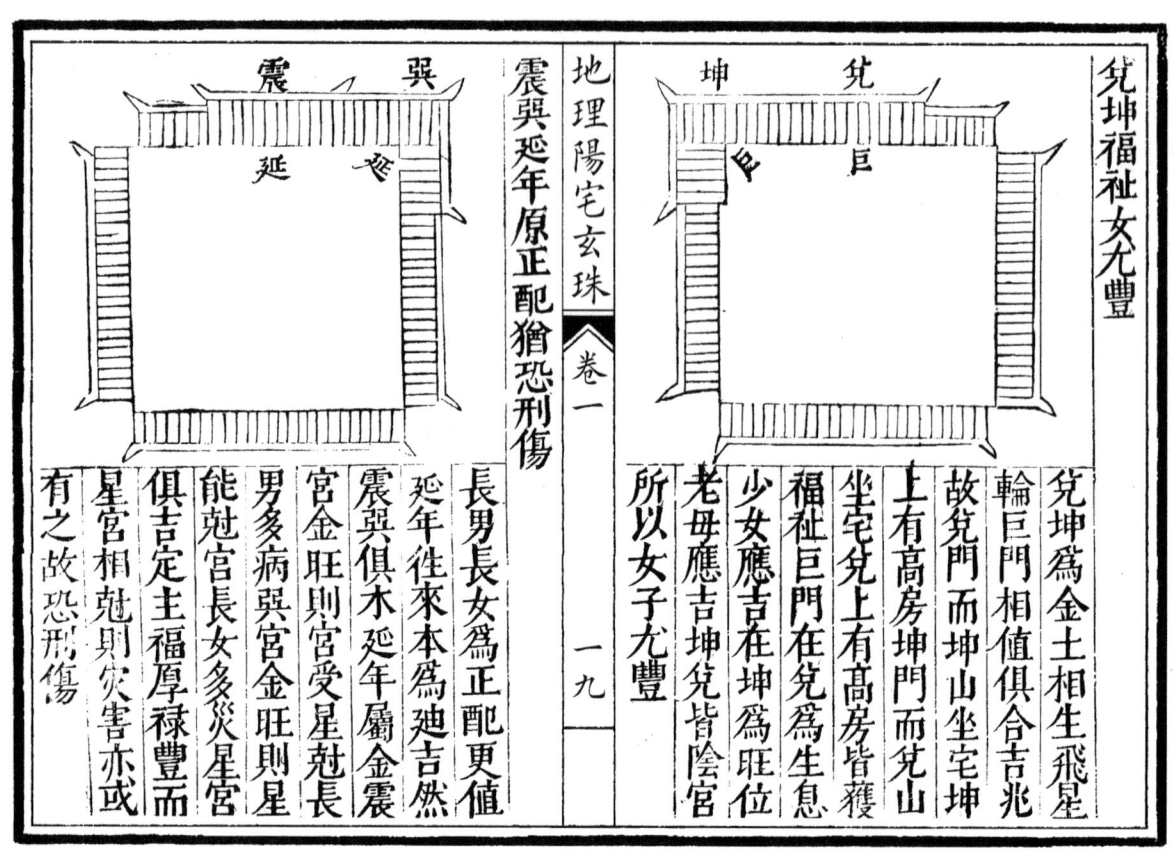

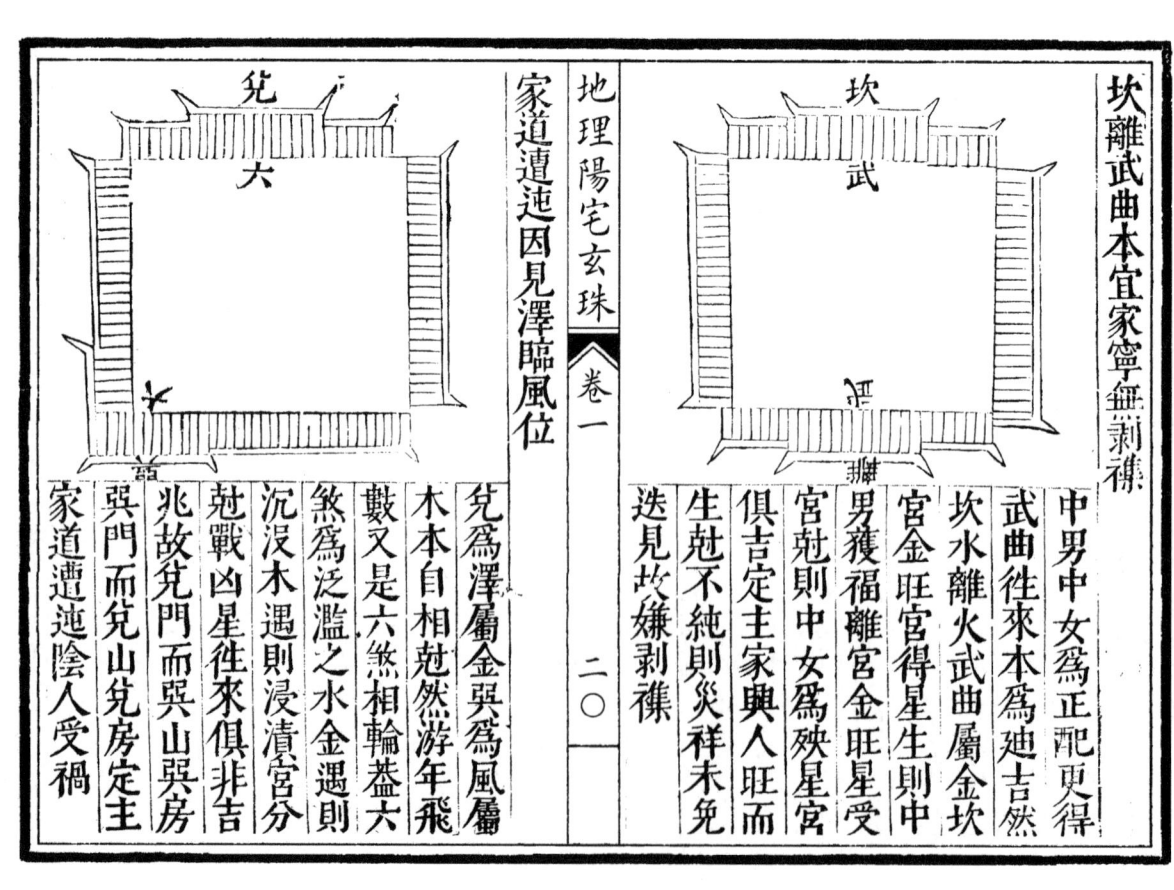

老陰受病須知地接雷宮

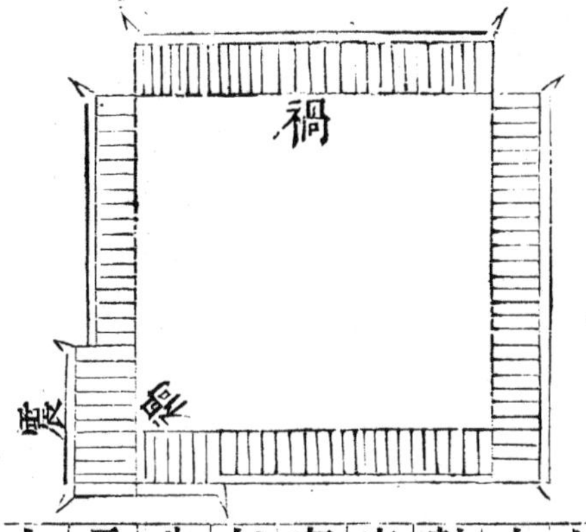

坤爲地屬土震爲雷屬木本自相剋然游年飛數又是禍害相值益禍害乃浮腐之土遇土則壅突遇木則傾頹宮分剋戰凶星會合俱非吉兆故坤門而震山震房震門而坤山坤房定主生平受病毋子不和

坎艮廉貞男子兩相爲害

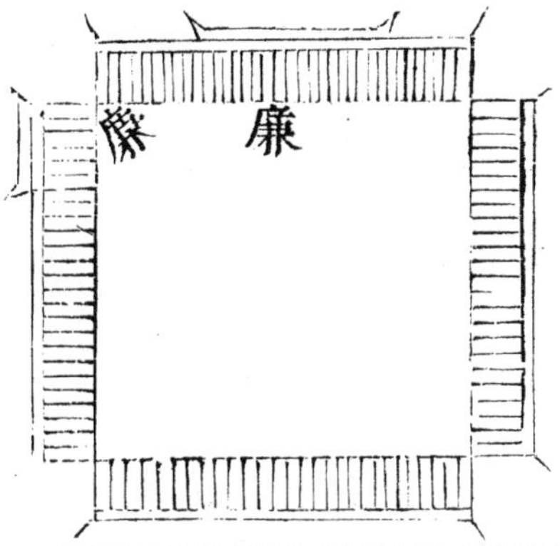

艮土坎水本自相剋然飛星輪數又值廉貞火凶星故艮門而坎山坎房則水勢泛濫土受衝突坎門而艮山艮房則土勢須厚水受淤塞况土宮火熾而焦燥水宮火熾而煎烹中男少男寧不兩相爲害

兌離五鬼女人交互爲殃

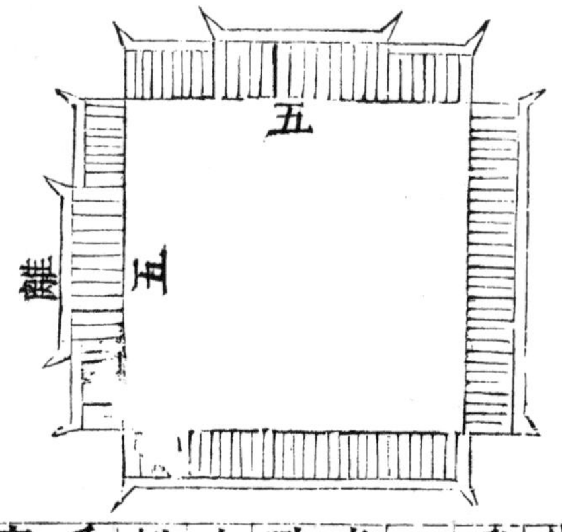

兌金離火本自相剋然飛星輪數又值五鬼火凶曜故離門而兌山兌房則金勢堅强火受交戰兌門而離山離房則火勢熖盛金氣銷爍况離宮爲金敗之鄉兌宮爲火死之地少女中女寧不交互爲殃

歸妹長男身自殞

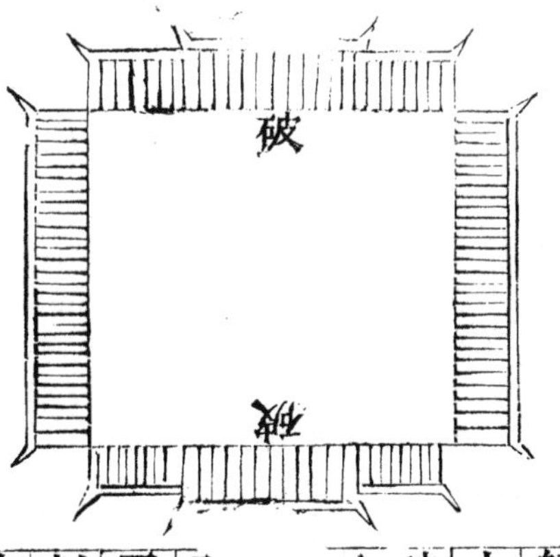

歸妹者震兌配卦也震木兌金本爲相剋輪值破軍又爲凶曜故震門而兌山坐宅兌上高房兌門而震山坐宅震上高房官分已當剋戰乃更金星主事則木氣剥削殆盡震爲長男能保其不殞耶

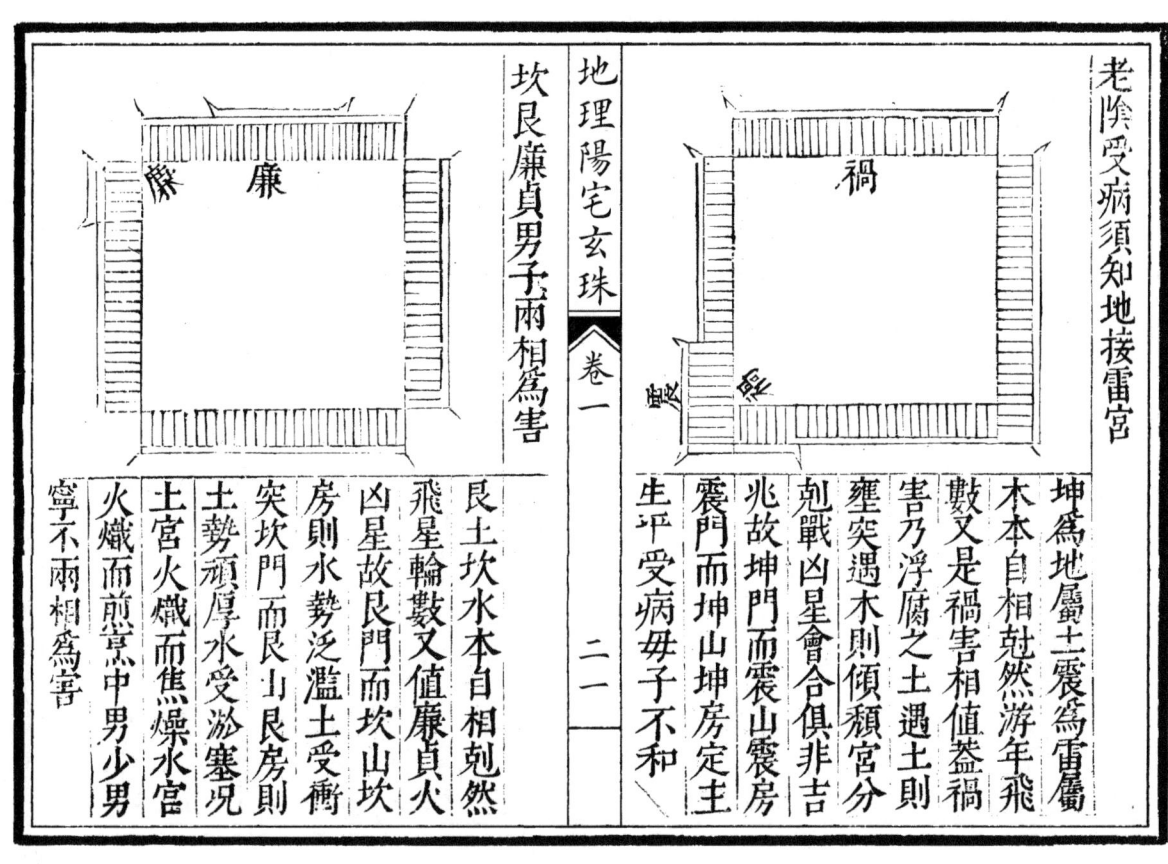

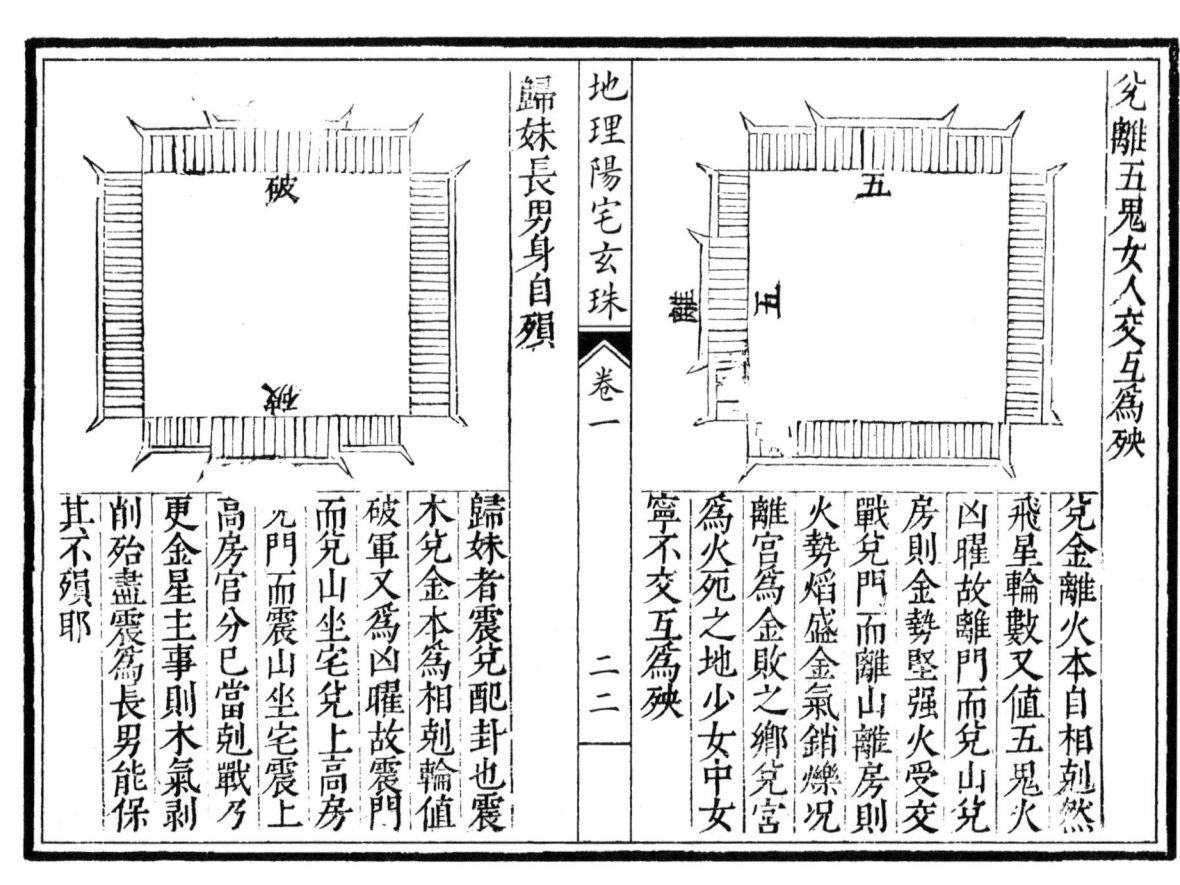

升觀老母命須傾

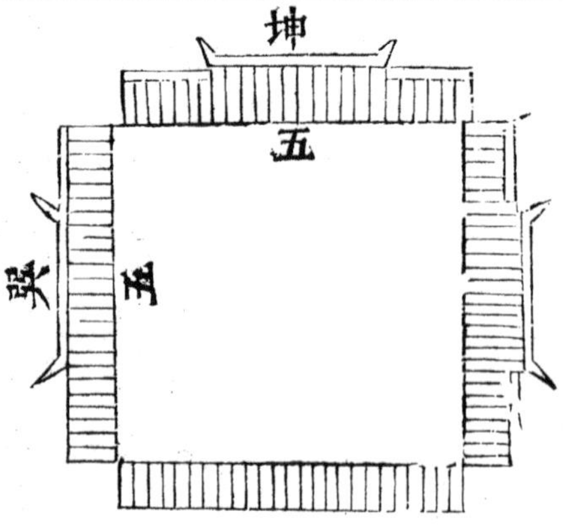

升觀者坤巽配卦也坤土巽木木爲相尅輪值五鬼又爲凶曜故坤門而巽山坐宅巽上高房巽門而坤山坐宅坤上高房宮分已當尅戰乃更火星主事則土氣枯焦殆盡坤爲老母能保其不傾耶

坎坤絶命須知中子先亡

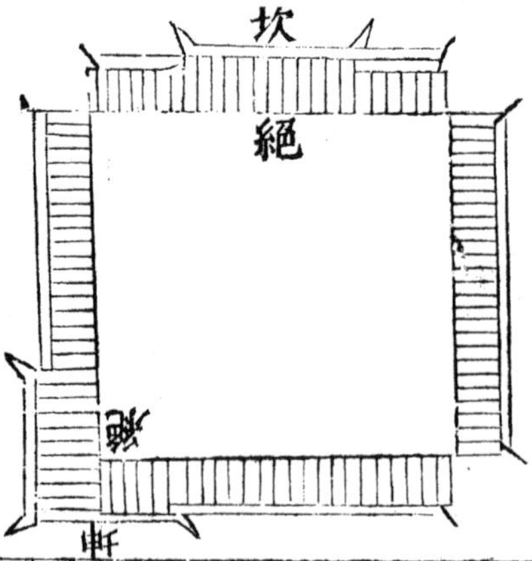

坎水本受坤土所尅飛輪絶命主事則星卦俱非吉兆故坎門而坤山坤房高大坤門而坎山坎房高大皆主大凶蓋以土厚水滅安有生息子孫埋殁斷不能免坎爲中子所以先亡云先亡者餘凶見于言外也

乾離破軍應見老翁早喪

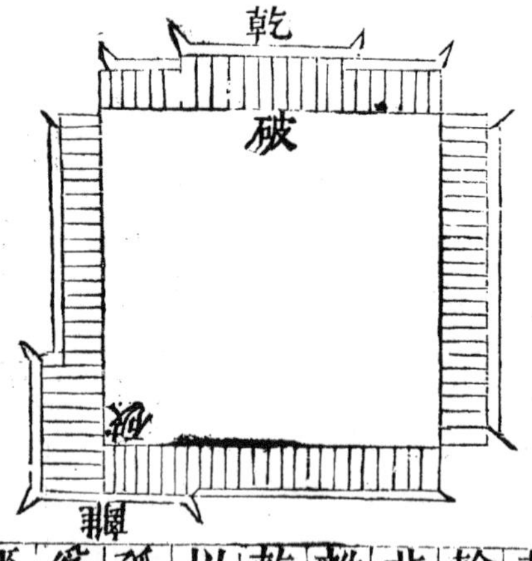

乾金本受離火所尅飛輪破軍主事則星宮俱非吉兆故乾門而離山離房高大離門而乾山乾房高大皆爲大凶蓋以火熾金銷安有生息孤寡蕭條斷不能免乾爲老翁所以早喪云早喪者餘凶含於意內也

風自天來禍遺長女

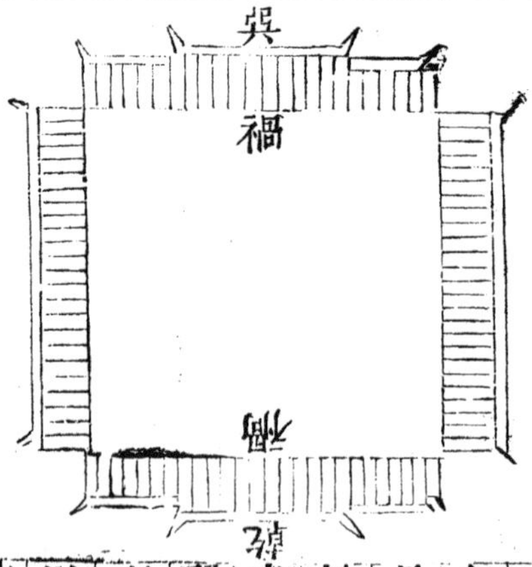

巽爲風乾爲天木金本自相尅而禍害輪值又是凶星所居故巽門而乾山坐宅或乾上有高房乾門而巽山坐宅或巽上有高房皆非吉兆况禍害屬土在金宮則助虐在木宮則交戰巽爲長女安能免禍

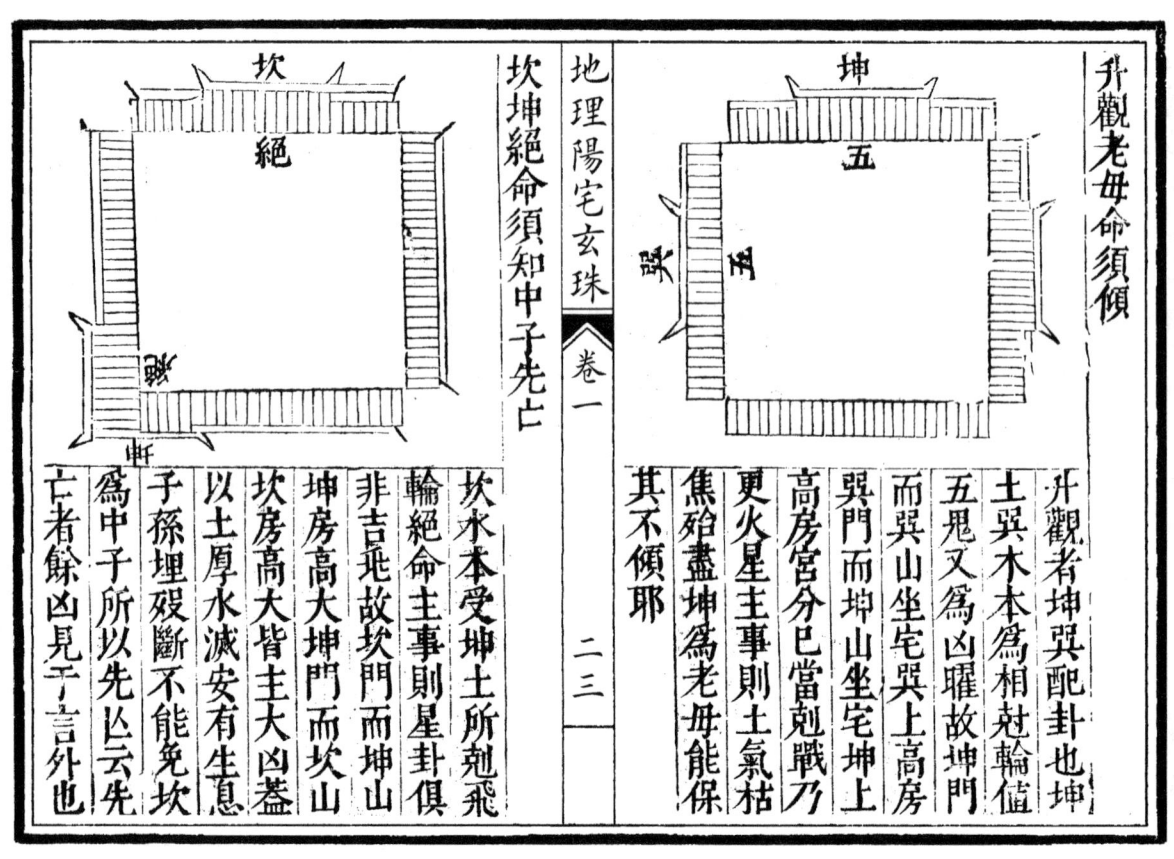

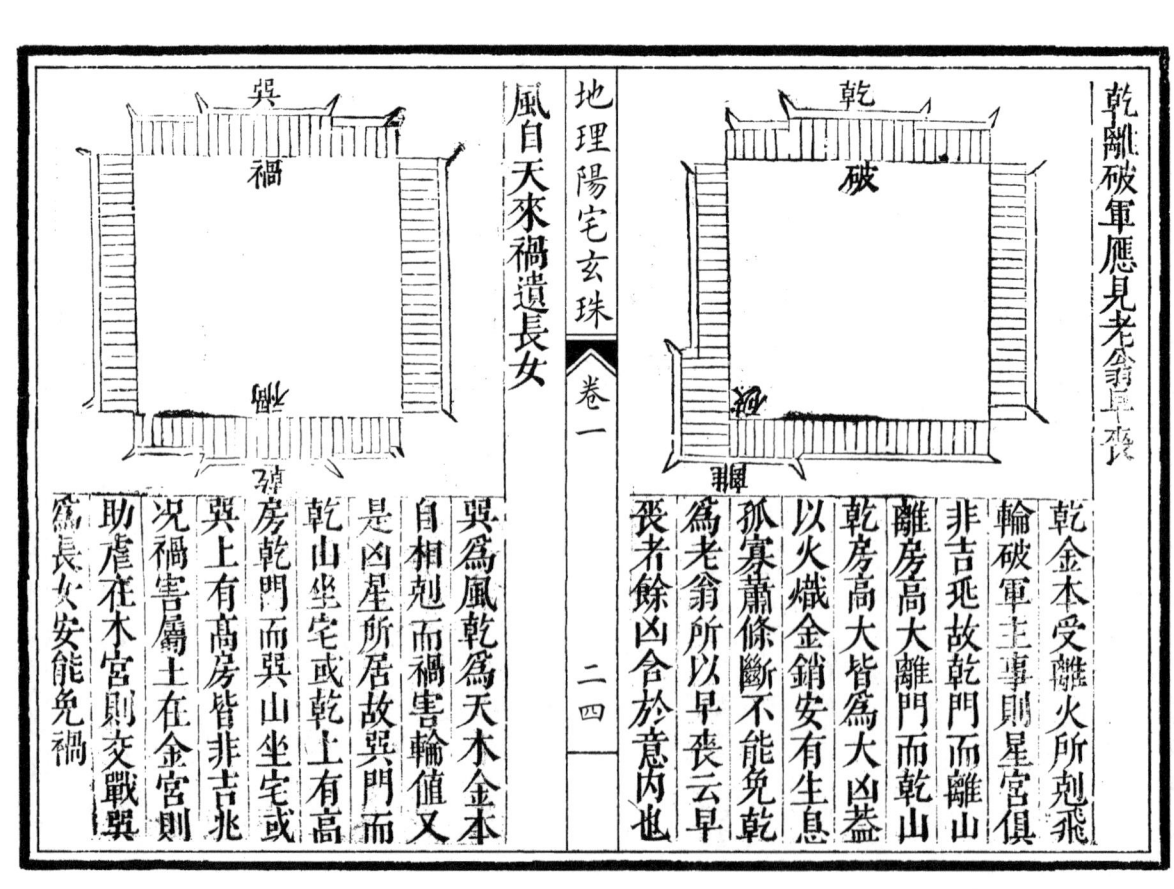

山逢雷震殃及少男

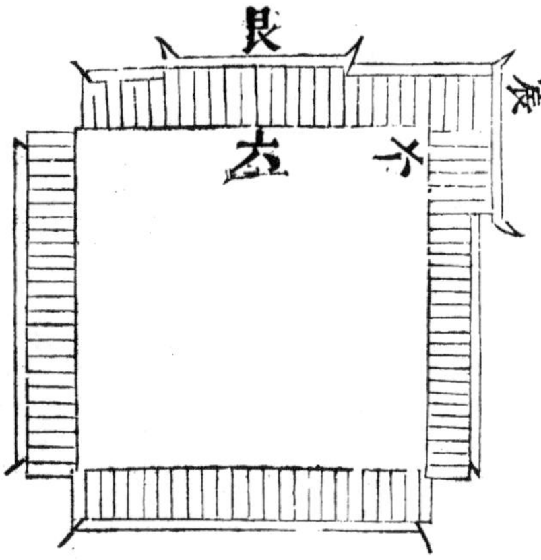

艮爲山震爲雷土木本自相剋而六煞輪值又爲凶曜所居故艮門而震山坐宅或震上有高房震門而艮山坐宅或艮上有高房皆非吉象况六煞屬水值木宮則助虐值土宮則交戰艮爲少男豈得無殃

六煞交加乾坎流擴無依

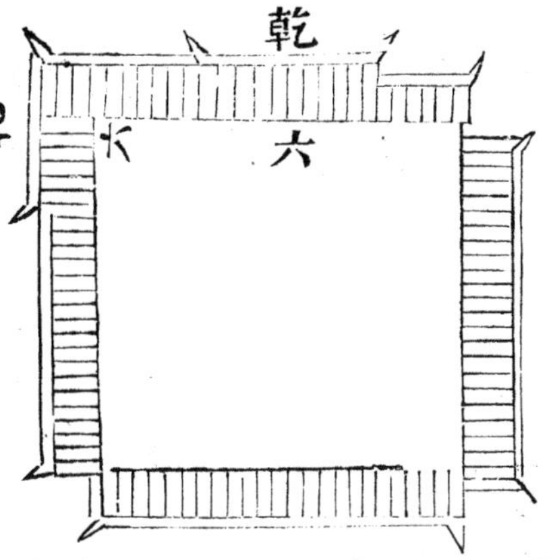

乾金坎水雖爲相生而飛輪六煞主事亦非吉兆蓋以六煞屬水遇金宮則又生扶遇水宮則又幇助星宮俱旺泛濫漂泊故乾門而坎山坎房高大坎門而乾山乾房高大定主流蕩忘返安能有歸依耶

文曲互現坤離刑傷不已

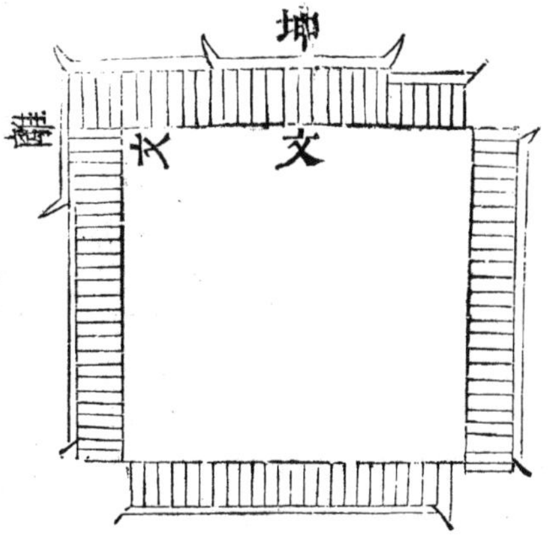

坤土離火雖爲相生而飛輪文曲主事亦非吉兆蓋以文曲屬水遇土宮則受剋制遇火宮則受煎烹星宮交戰戕賊不寧故坤門而離山離房高大離門而坤山坤房高大定主刑尅相妨安有寧息耶

兌坎祿存焉能獲吉

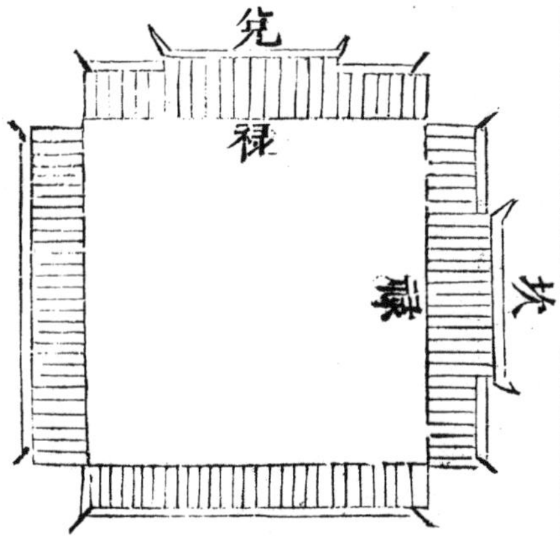

兌金坎水雖云相生然係祿存凶星臨位亦不爲吉故兌門而坎山坐宅或坎宮高大坎門而兌山坐宅或兌宮高大則水敗在酉水勢愈加浮泛定主漂泊逃流豈能獲吉是我生者反爲我害也

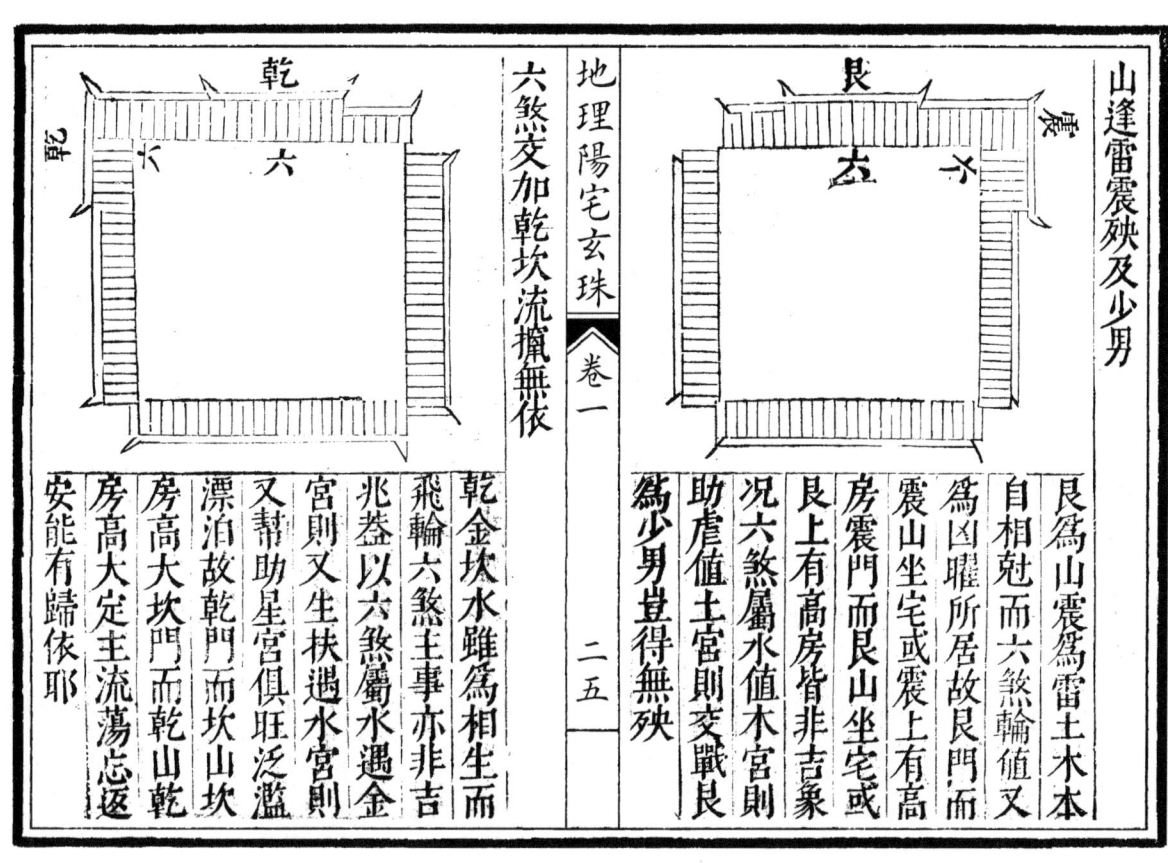

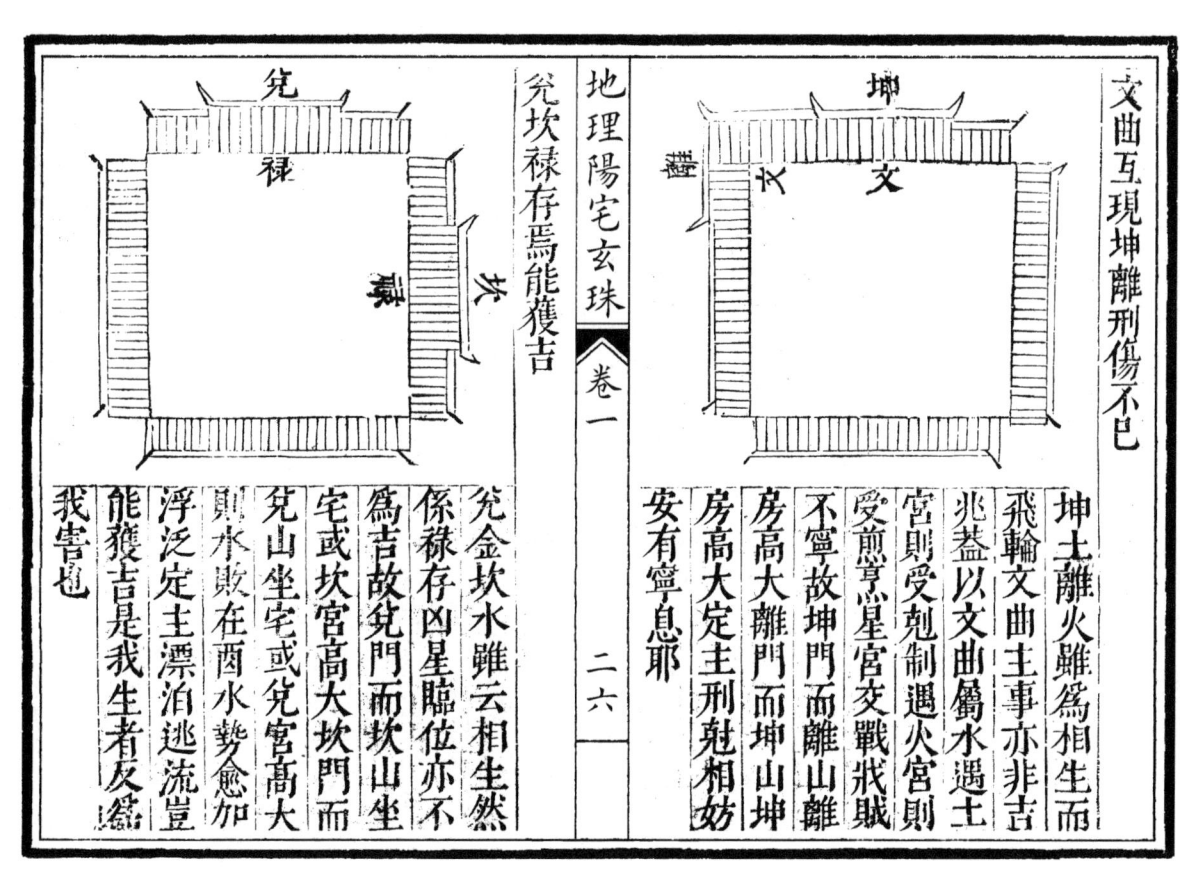

艮離禍害安得呈祥

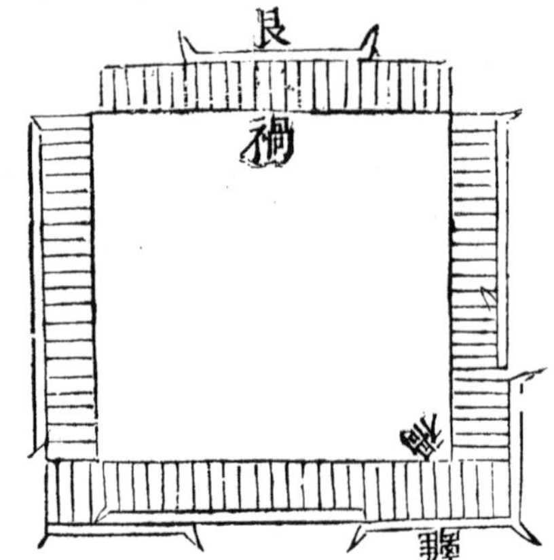

艮土離火雖云相生然係禍害凶星臨位亦不爲吉故艮門而離山坐宅或離宮高大離門而艮山坐宅或艮宮高大則火生在寅土氣反加焦燥定主痼疾災害安得呈祥是生我者反爲我害也

爻飜蠱漸每相刑鰥獨已甚

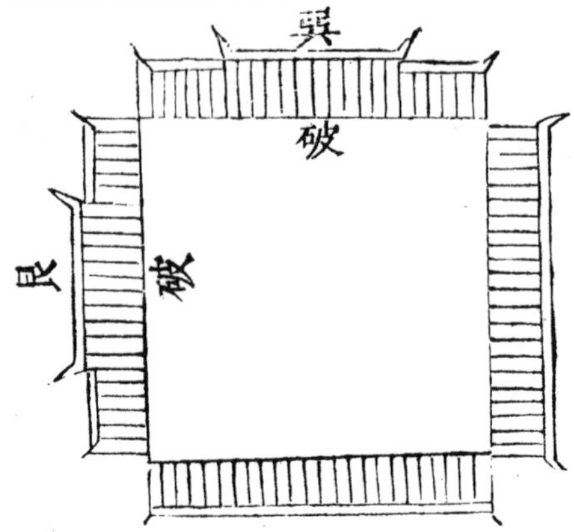

蠱漸爲巽艮配卦木土相剋游年數值破軍金又是凶神故巽門而艮山艮房高大艮門而巽山巽房高大皆主大凶巽木剋艮則損少男艮土又生破軍金以剋巽木長婦其能免乎夫鰥婦獨其慘亦已甚矣

卦成无妄多災害孤寡何堪

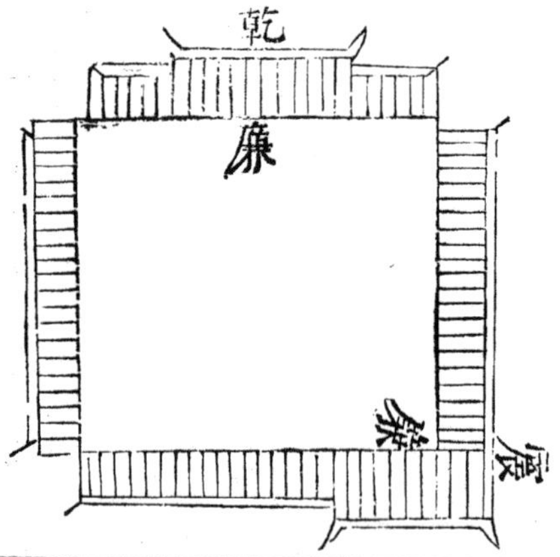

无妄爲乾震配卦金木相剋游年數值廉貞火又是凶神故乾門而震山震房高大震門而乾山乾房高大皆主大凶乾金剋震則損長男震木又生廉貞火以鑠乾金老父其能免乎婦寡兒孤其情有不堪矣

爲吉爲凶了然如在目也或趨或避可不會以心乎

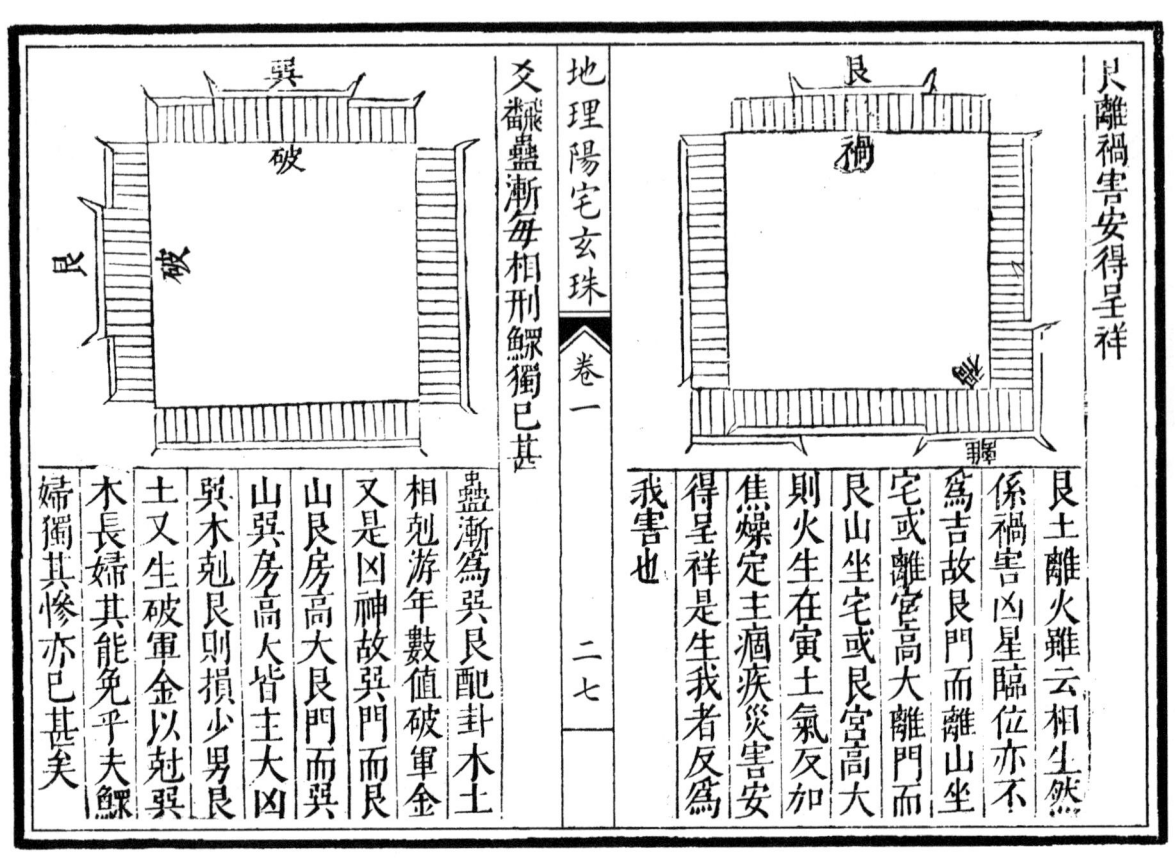

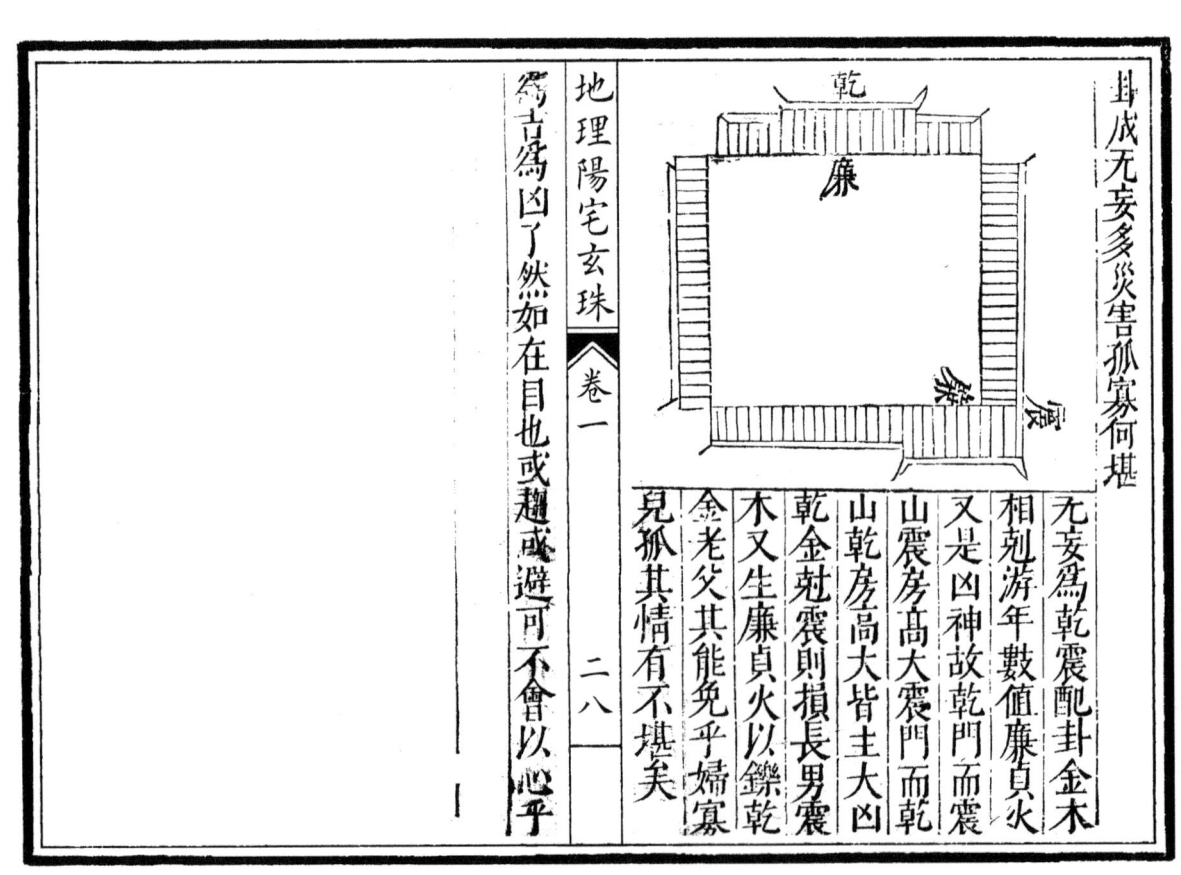

地理陽宅玄珠卷之二

古吳太和山人夏世隆道弘甫著
梁谿半偈道人華善繼孟達甫校

九星穿宮

巨門生武曲　武曲生文曲　文曲生貪狼
貪狼生廉貞　廉貞生祿存　祿存生破軍
破軍生文曲　文曲又生貪
巨門不生破　廉貞不生巨　文曲不生輔
祿存不生武　輔弼無生

夫穿宮之法宅有一二層并三四以至八九層者一層以太極論二層以兩儀論俱不成卦但以坐卦配門卦斷吉凶若四層五層則用互卦先除後以前三爻爲一卦次除前以後三爻爲一卦看層數高低斷吉凶六層則爲六爻配成一卦矣若七八九層冊互成卦須以游年爲主正門則由坐宮數至向上得何星偏門則由門宮數至向上得何星即爲第一層以次節節生進六爻內爲動宅則用五行生進盡五爻爲五行所值而第六爻論飛星也六爻外爲變宅則用二土二金二木一水一火生進延年先到則先武曲而後破軍絕命先到則先破軍而後武曲二土木

倣此若九層房屋則前八層已爲八星所占末後一層即爲右弼矣右弼屬坐山伏位飛星值金即爲金飛星值木即爲木此其星無定性故吉凶亦隨之大抵宅兆貫井穿入大房與門卦裝成三吉星則吉裝成四凶星則凶蓋吉星高大能壓一切凶凶星高大能消一切吉專主高大以論吉凶也

宮位純雜

夫貫井無方體分房有定位二者皆以門卦爲主貫井則由向上論游年生進分房則由伏位論遊年飛輪主房宜全用吉星不宜凶星夾雜假如坎宅巽門造房五層前四層以貫井論則第四層純是木星爲全吉若第五層則不以貫井屬火論仍以分房論中間乃是木星左邊是陰金右邊是陰土蓋以中間屬坎係貪狼左邊屬艮係絕命右邊屬乾係祿存也中間大利兩邊亦不全吉若兩頭或有小屋或有空地以當陰金陰土亦爲全吉各宅倣此類推八宅之中惟有兌宅艮門末後一層全是吉星蓋中間屬兌係延年左邊屬乾係巨門右邊屬坤係生氣三方俱與門卦相合故俱爲全吉所以貫井不透末層而用卦位分房也亦明矣

重遊返照

夫九星重遊者俱以坐宮爲主看穿宮值何星是也假如坎山坐宅爲例三進房屋離上開門末層坐宮值武曲穿宮生進值貪狼此即貪武重遊也二吉並臨高大最爲全吉若巽上開門末層坐宮值貪狼穿宮生進值文曲此即文貪重遊也雖爲吉凶襍處然水能生木亦爲大吉若坤上開門末層坐宮值破軍穿宮生進值五鬼此即廉破重遊也二凶襍沓禍不可言矣九星返照者俱以層數高大爲主看向上值何星是也假如坎山坐宅爲例五進房屋巽上開門

數至離向值天醫生進第四層值貪狼此即貪狼見天醫也吉得吉照最爲上吉若乾上開門數至離向值禍害土生進第四層值貪狼此即貪狼見禍害也吉遇凶照福不能全若兑上開門數至離向值五鬼火生進第四層值文曲此即文曲見五鬼也凶遇凶照禍不可言矣各宅各向做此

九星相遇　此以星辰自相生剋言之

貪狼屬木見貪狼比和主豐旺見巨門生財主富業見祿存貪財主有害見文曲浮泛主淫濫見廉貞盜氣主火盜見武曲雕琢主成器見破軍損削主傷丁見輔弼比和豐衣食

巨門屬土見貪狼疏通主富貴見巨門豐旺主厚祿見武曲福德主毓秀見祿存壅滯主頑濁見文曲冲突主不寧見廉貞焦燥主忤逆見破軍盜泄主消耗見輔弼受剋傷陰口

武曲屬金見武曲秀麗主貴顯見貪狼財旺主豐盈見巨門印綬發官祿見祿存埋沒主昏沉見廉貞銷鑠受艱辛見破軍頑鈍出軍人見文曲耗散主疾病見輔弼貪財主害人

祿存屬土見貪狼疏導亦成器見巨門相助亦興業

見武曲秀麗亦高貴見祿存重濁主昏迷見文曲財散主貧勞見廉貞炎焰主失火見破軍耗神主癆怯見輔弼傷殘多寃屈

文曲屬水見貪狼子秀主文墨見巨門隄防主聚蓄見武曲印旺豐財祿見祿存壅塞主淹滯見文曲流蕩主奔攛見廉貞貪饕主非爲見破軍縱慾主淫濫見輔弼生息主富足

廉貞屬火見貪狼生氣主榮顯見巨門毓秀主興賢見武曲財旺能生官見祿存耗泄受艱苦見文曲淹剋主熄滅見廉貞黨禍主火災見破軍奸貪興

盜賊見輔弼助虐主失火

破軍屬金見貪狼爲富不仁見巨門印生兇暴見武曲快利剛烈見祿存覆壓主埋沒見文曲竊氣主淫盜見廉貞烹煞主殞身見破軍兇黨主絕踪見輔弼財散

左右輔弼屬木見貪狼主顯揚見巨門財旺見武曲出貴見祿存貪財不已見文曲浮泛多屯見廉貞泄氣爲災見左右冗襍犯分見破軍傷害徒刑

貫井定議　此專論層數之吉凶

葢太極兩儀准擬卦形配對衆爻襍象全憑位數推詳

地天交泰內有禎祥

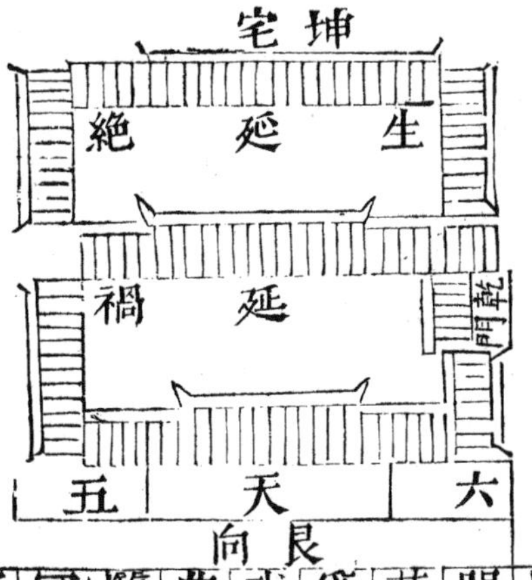

坤山艮向而於乾上開門三進房屋俱宜高大葢由乾至艮得天醫土爲第一層生進中層爲武曲金末層飛星亦武曲金門宮相生向上天醫返照合此爻者定主富貴和美安享榮華凡百大吉

山澤相通中多吉慶

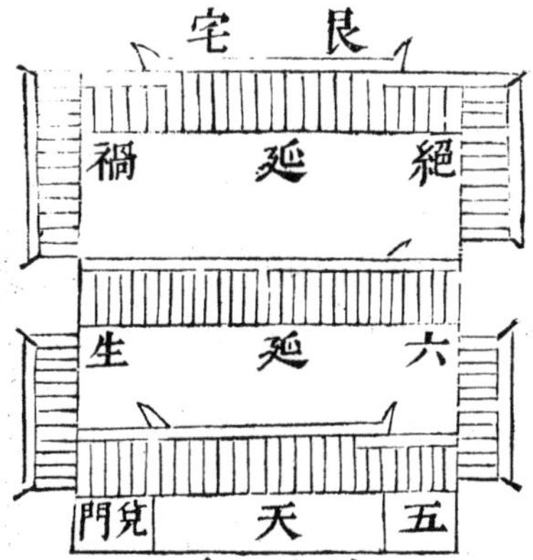

艮山坤向而於兌上開門三進房屋俱宜高大葢由兌至坤得巨門土爲第一層生進中層爲延年金後層飛星亦延年金門宮相生向上巨門返照合此爻者定主福祿齊全家道和協凡百大吉

風導水行生氣自然莫遏

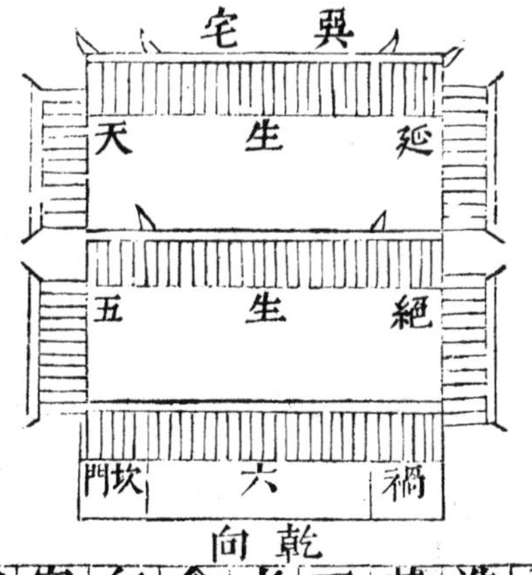

巽山乾向而開坎門三進房屋中末俱宜高大葢巽木坎水本自相生而由坎至乾向得六煞水爲首層生進二層爲貪狼木末層亦貪狼木向上水星返照爲印生定主蕃盛利達生氣沛然而莫之遏矣

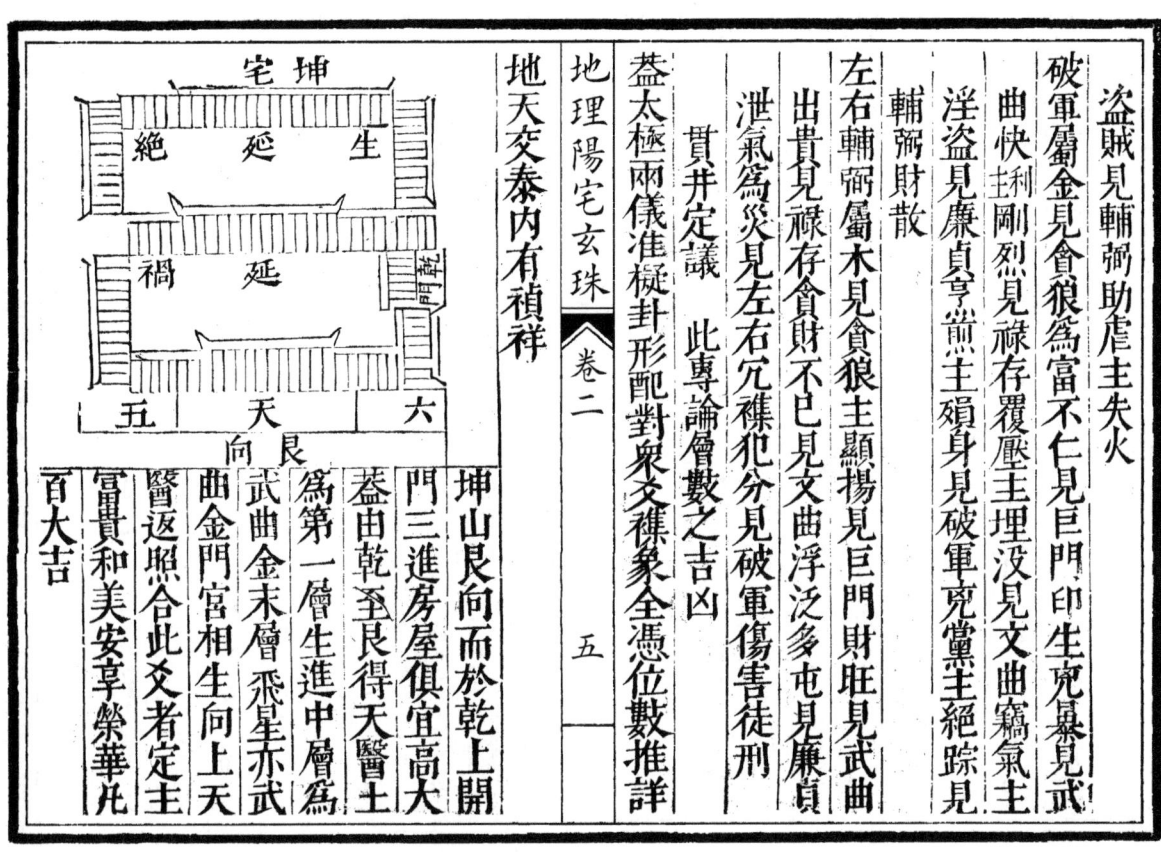

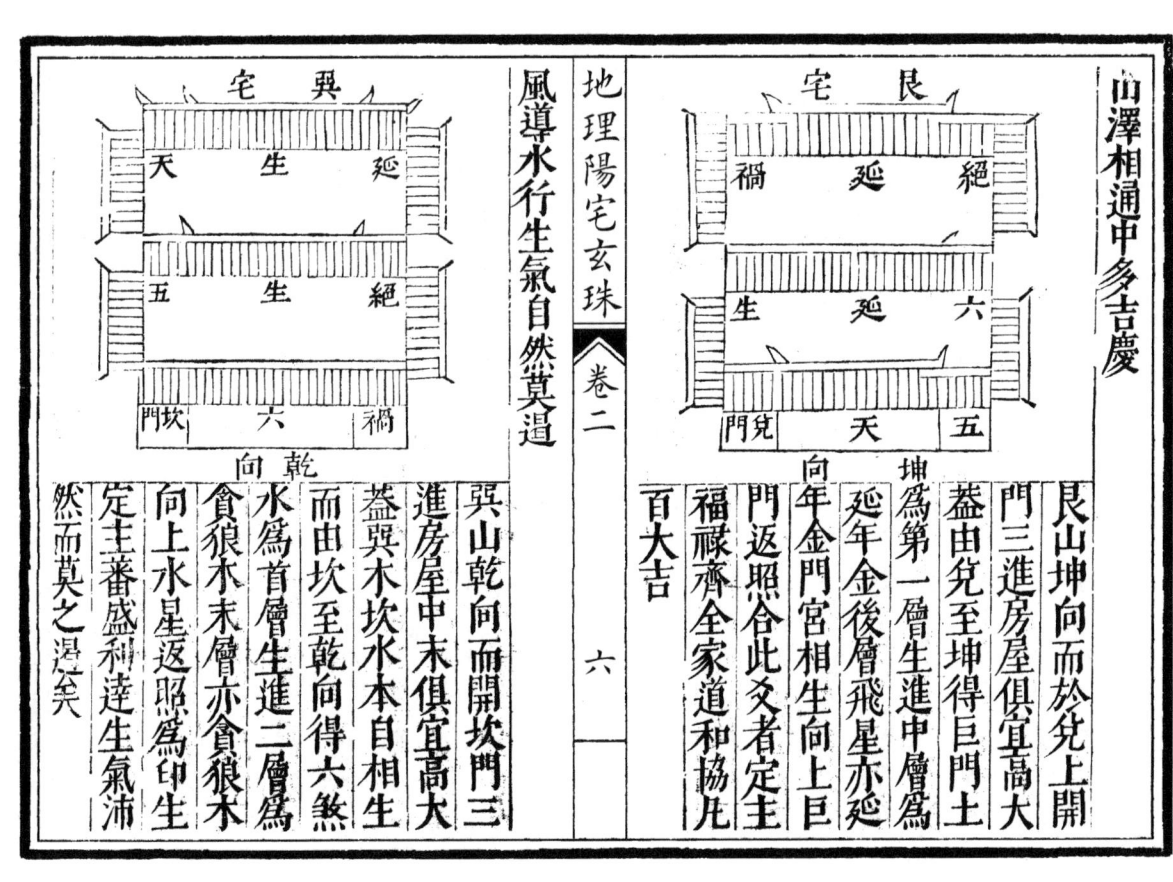

澤涵水媚金精煥爾增輝

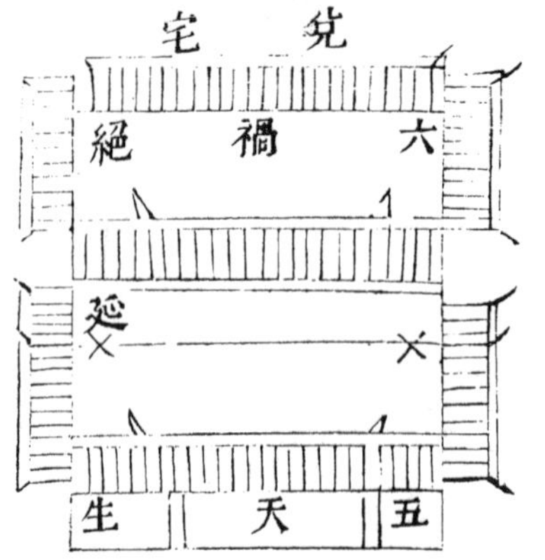

兌山震向而開坎門三進房屋一二俱宜高大蓋兌金坎水亦自相生而由坎至震向得天醫土爲首層生進二層爲延年金向上土星返照爲印生合此局者定主發福悠長家庭煥爾而增輝矣

坎離既濟後象宜豐

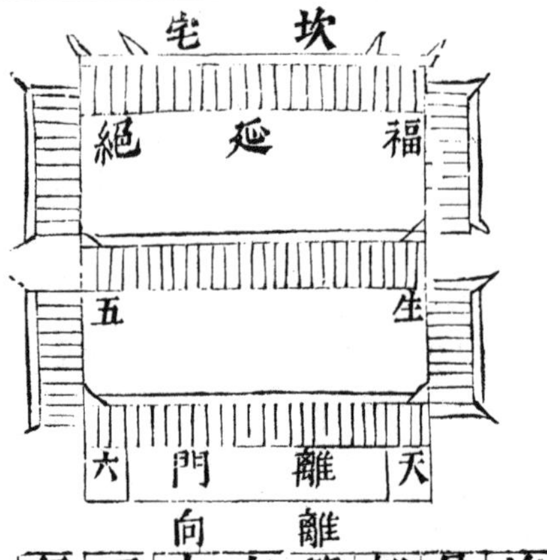

坎宅離門三進房屋後層獨宜高大蓋由坎至離首層爲延年金生進第三層爲貪狼木坎離水火交加雖爲相剋然木星顯旺則水火俱化而混爲一氣矣又得延年返照助水以生木何吉如之

震巽諧和次爻合旺

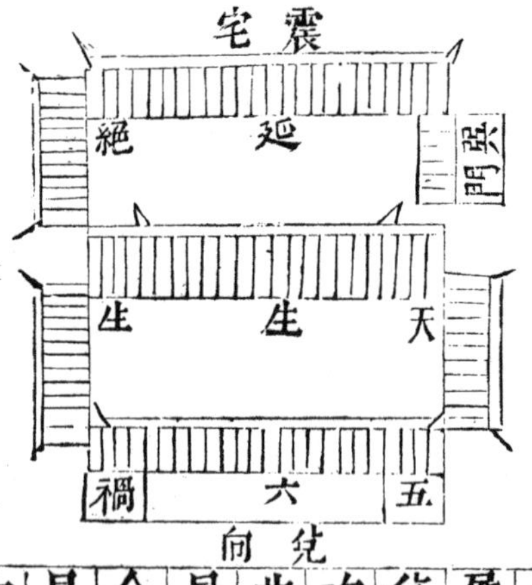

震宅巽門三進房屋中層合宜高大蓋由巽至兌首層爲文曲水生進次層爲生氣木震巽武曲往來雖爲星剋然木星高旺則木氣強盛而金反爲我用矣又得水星返照養金以生木何吉如之

噬嗑天醫反作凶夫妻俱損

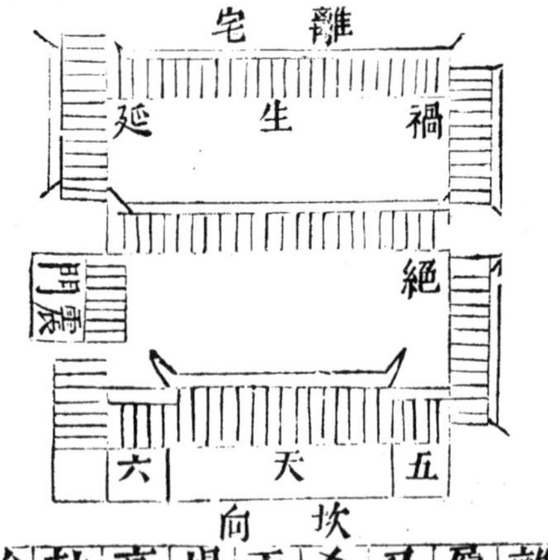

離宅震門三進房屋首層獨高離震貪狼配卦又得天醫值初爻星宮爻象俱吉矣然坎水而天醫土水宮土旺能無竭乎星剋宮也又坎宮高旺離火能無熄乎宮剋宮也離爲妻坎爲夫殆有不能免矣

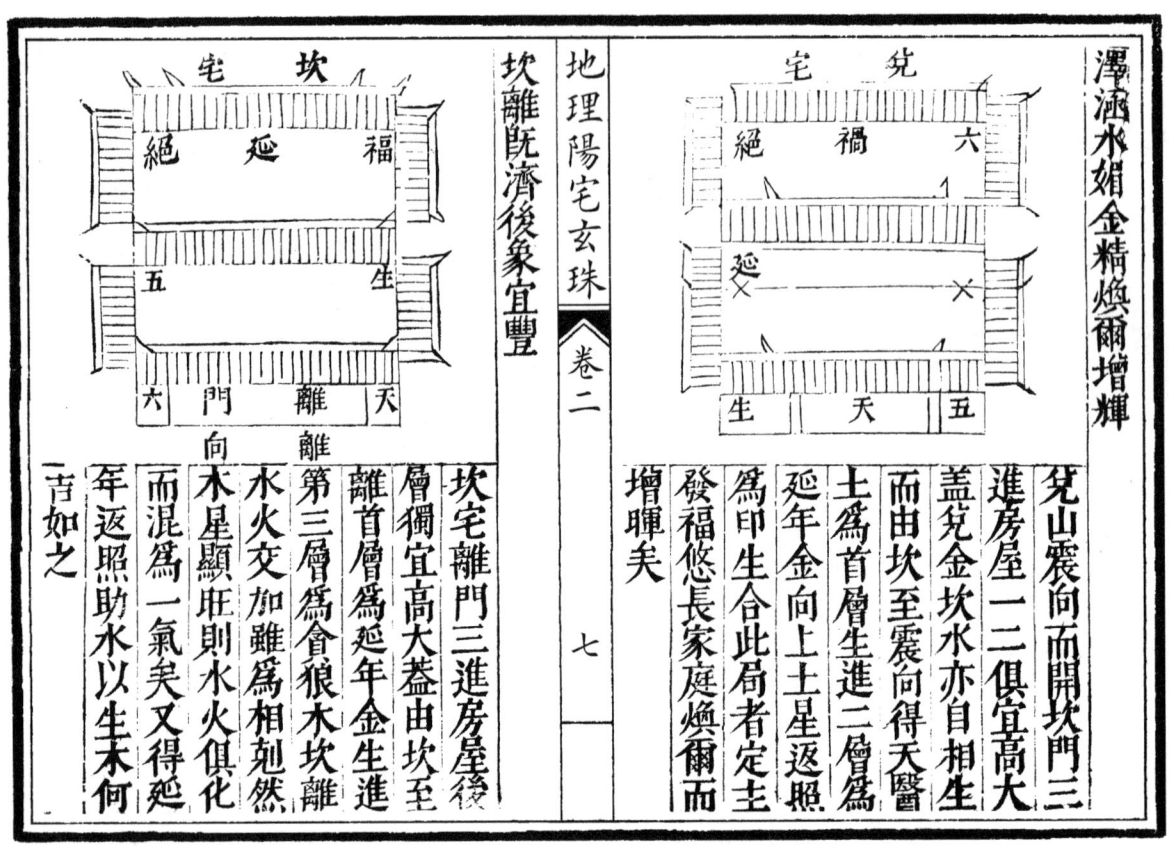

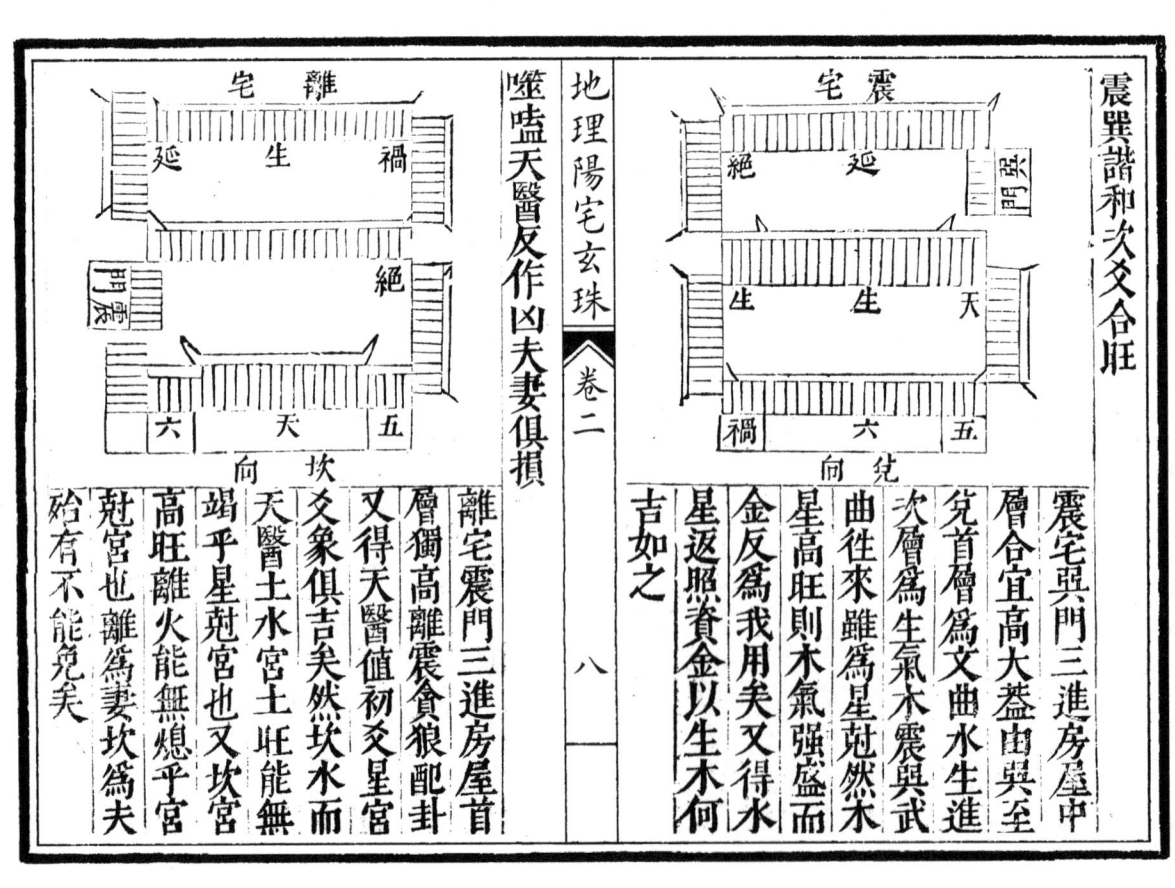

遯卦貪狼非是吉老幼齊傷

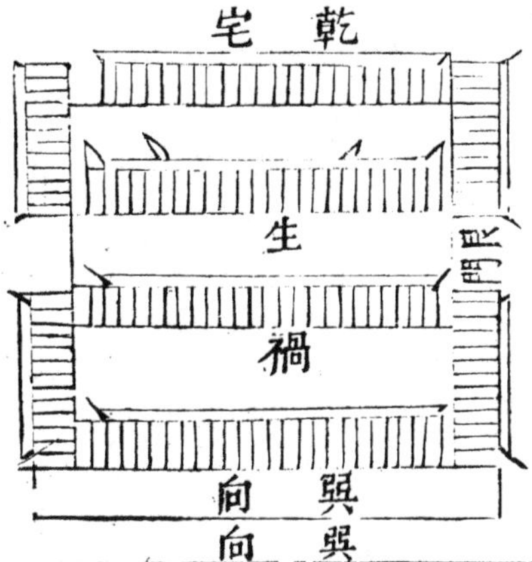

乾宅艮門四進房屋第三層獨高乾艮天醫配卦又得貪狼值三爻星宮爻象俱吉矣然乾金而貪狼木金宮木氣能無損乎宮尅星也又木星高旺艮土能無頹乎星尅門也乾爲老艮爲幼殆有不能免矣

井旺四爻眞可貴

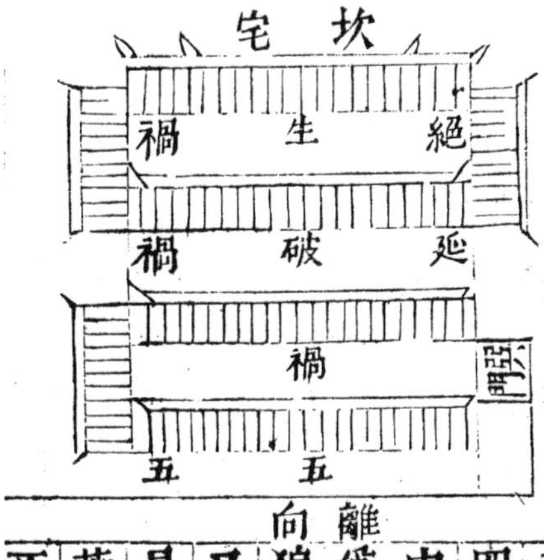

井者坎宅巽門是也旺四爻者第四層獨高也由巽至離向得天醫土爲首層生進四層爲貪狼木蓋坎巽本自相合又值生氣重遊更得土星返照以培其根則暢茂條達自有不可遏者不亦眞可貴耶

豐崇五位儘堪親

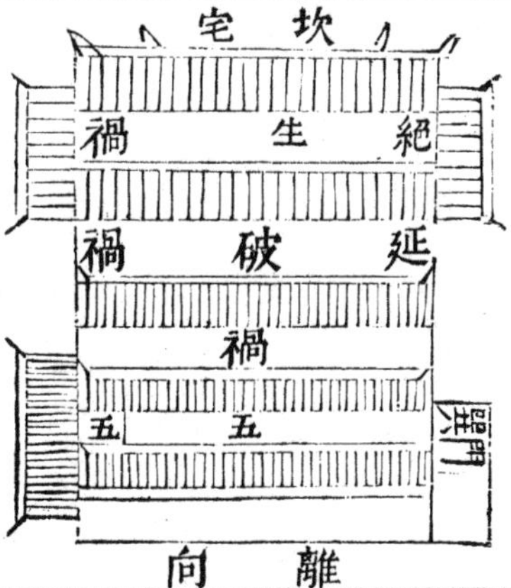

豐者震宅離門是也崇五位者第五層獨高也由離至兌向得輔貞火爲首層生進五層爲貪狼木蓋震離本自相合又值天醫重遊更得火星返照以化其氣則木火通明自有不可及者不亦良可親耶

旅邸水源毋泛濫中女不祥

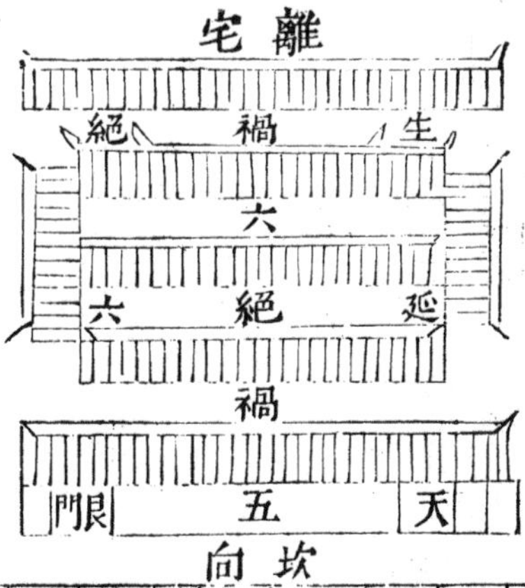

火山爲旅離宅艮門也五進房屋第四層獨高蓋首層值五鬼火生進四層爲文曲水火宮水星宮受星尅水星艮門星受門尅星宮交制未有不相刑而召禍者離爲中女所以不祥淫亂攪家亦難乎其爲生矣

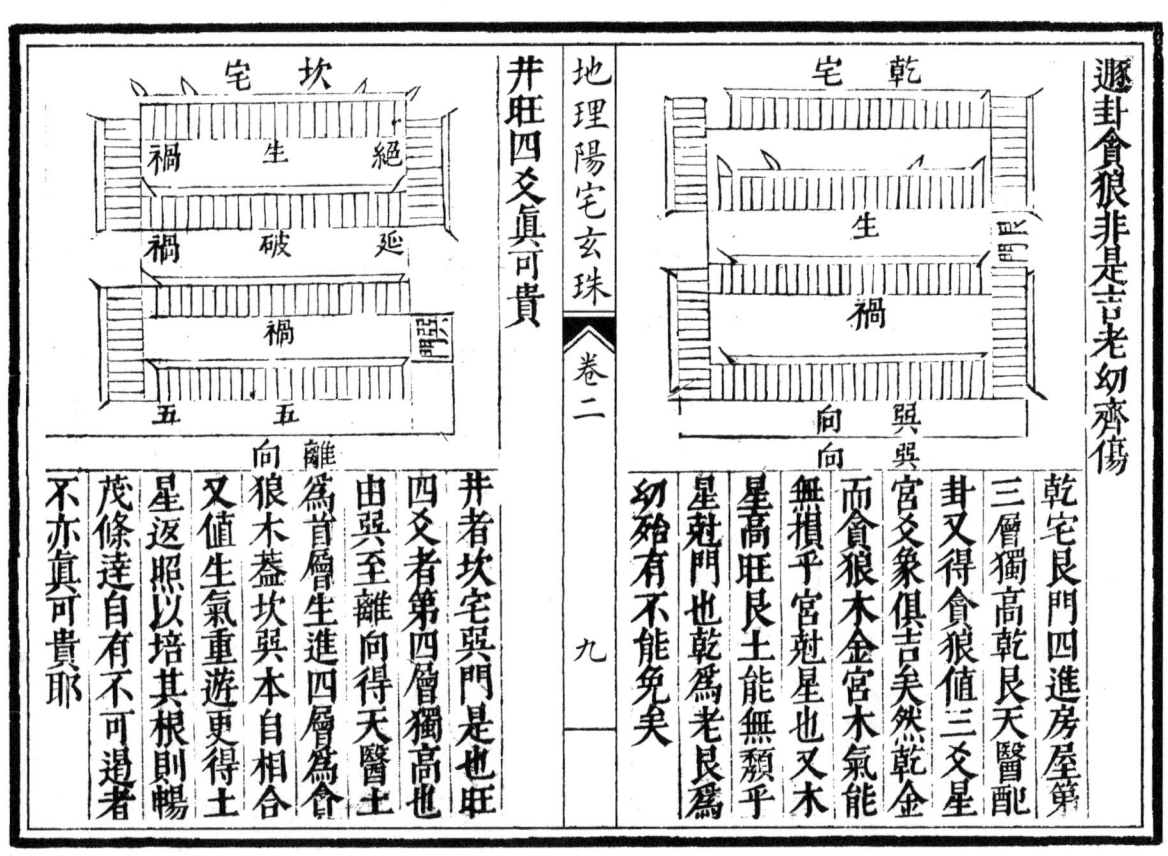

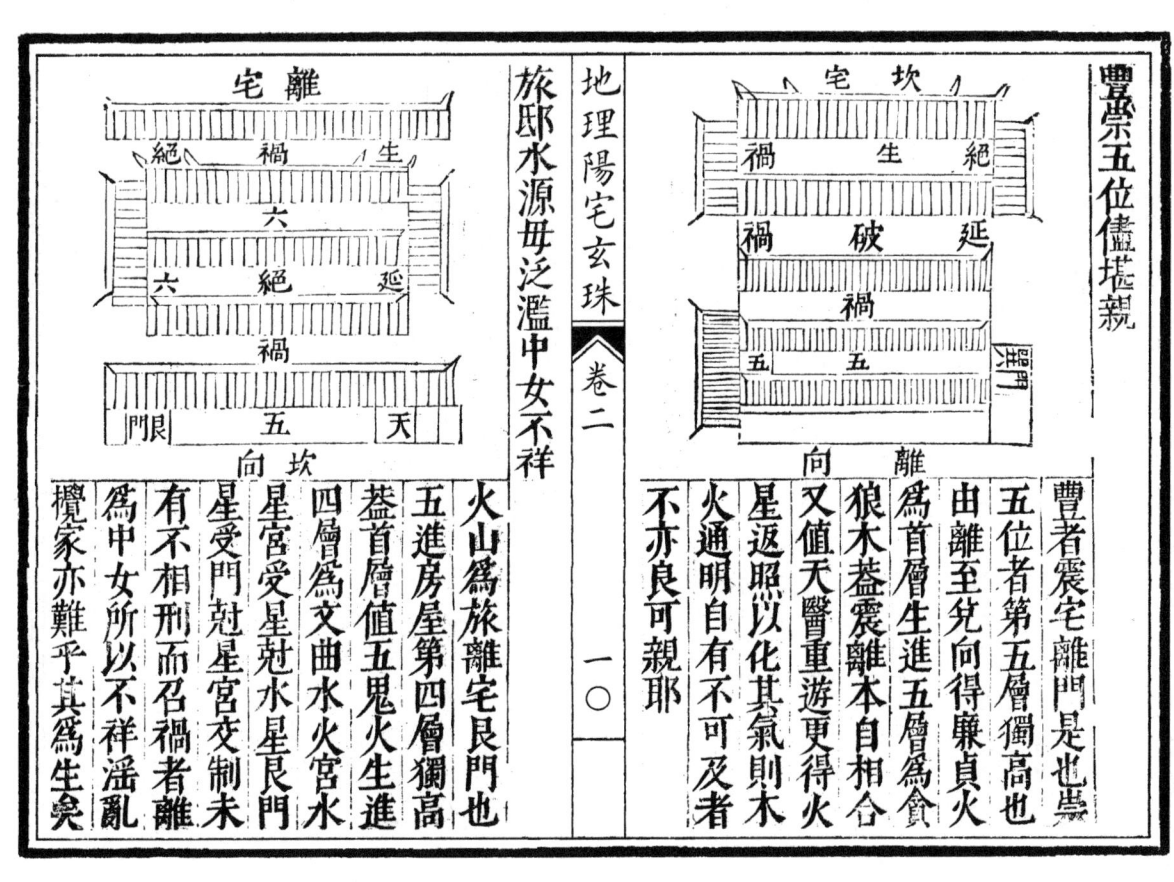

同人木勢忌林森老翁未保

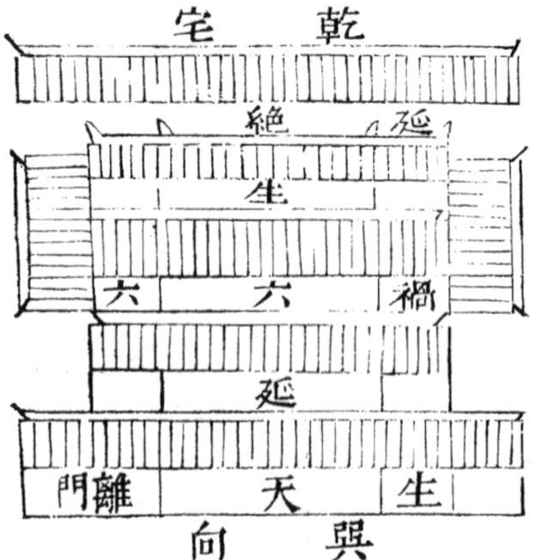

天火同人乾宅離門也五進房屋第四層獨高蓋首層値天醫土生進四層爲貪狼木金宮木星星受宮尅木星離門大泄木氣星宮傷泄未有不相悖而興災者乾爲老翁所以不保痰火殞身亦難乎其爲壽矣

恒巽金隆長男絶望

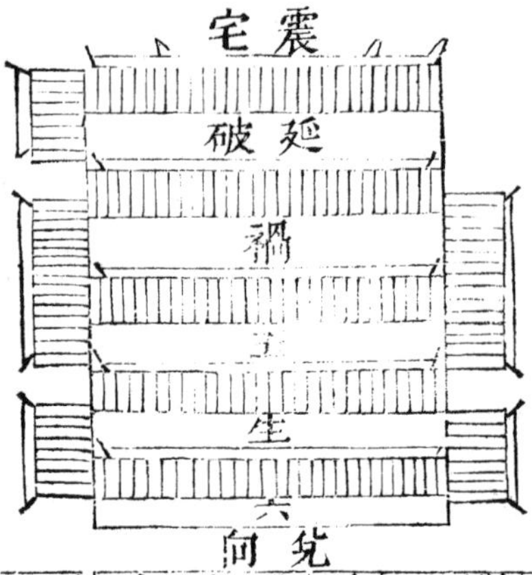

恒乃雷風配卦震宅巽門是也五進房屋由巽至兑得六煞水爲第一層進貫五層爲破軍金震爲木宮而金星高旺重游則宮受星尅琢削殆盡况又向上惡殺返照震爲長男安望其有生息耶

萃嫌火發少女多憂

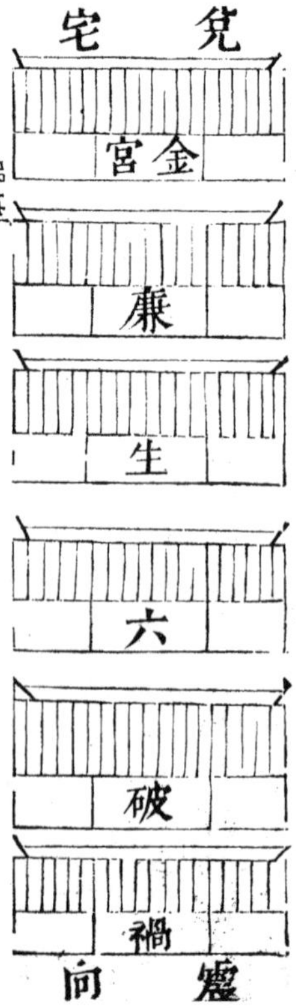

萃乃澤地配卦兑宅坤門是也六進房屋由坤至震向得禍害土爲第一層生進五層爲廉貞火兑爲金宮而火星高旺則宮受星尅銷鑠已甚向上禍害又爲惡曜返照兑爲少女能無憂其喪亡耶

乾巽逢金長婦須防有禍

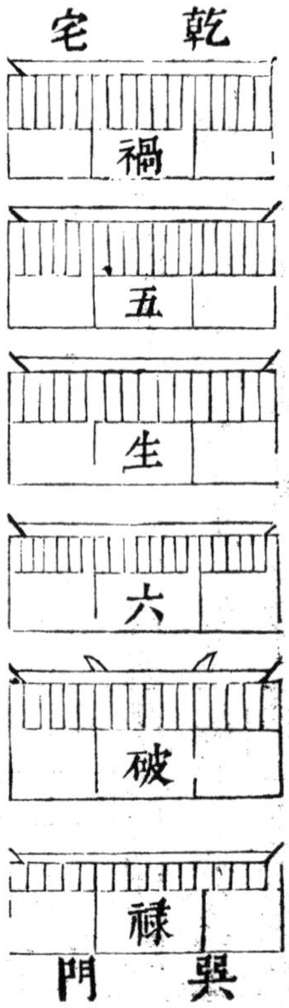

乾宅巽門本爲相尅六進房屋自乾至巽得祿存土爲首層生進二層高大是逢金矣巽門金旺門受星尅雖是乾宅屬金遇金星爲比和然金盛則木殺太重况又祿存返照巽爲長婦凶禍其能防乎

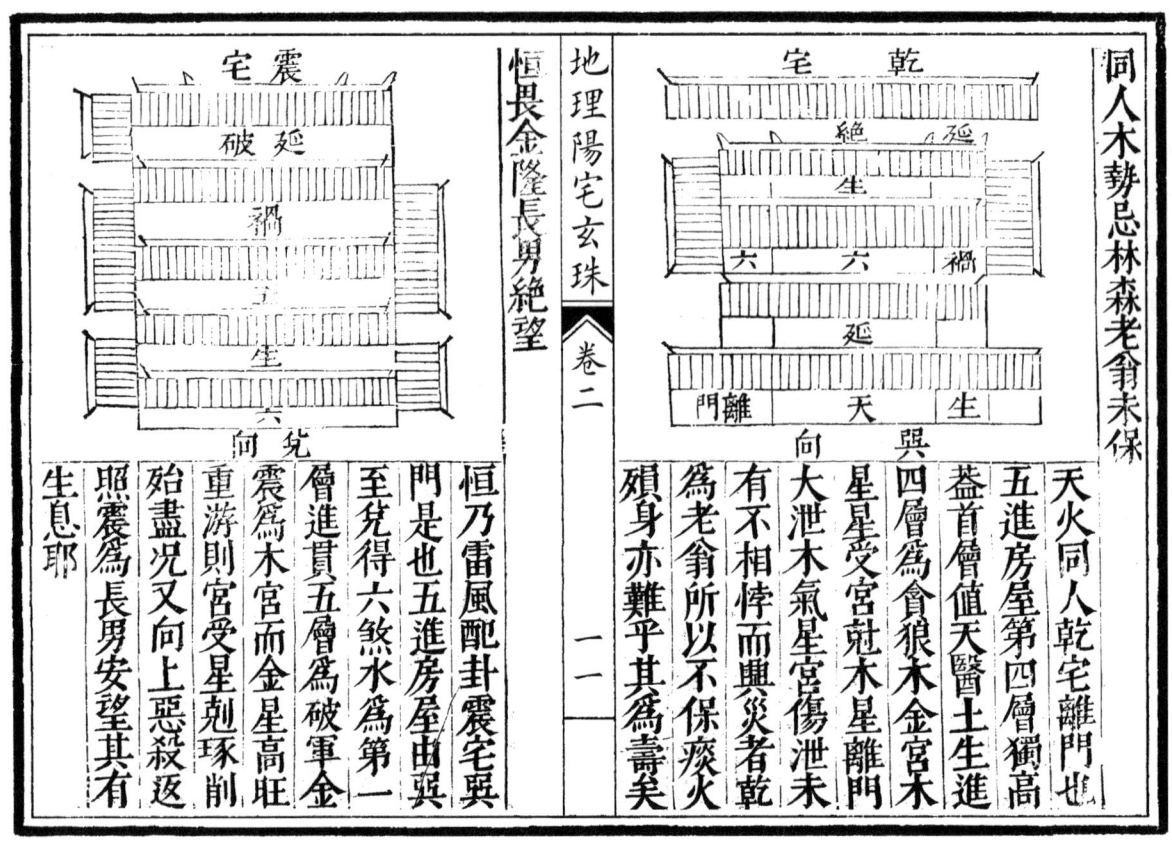

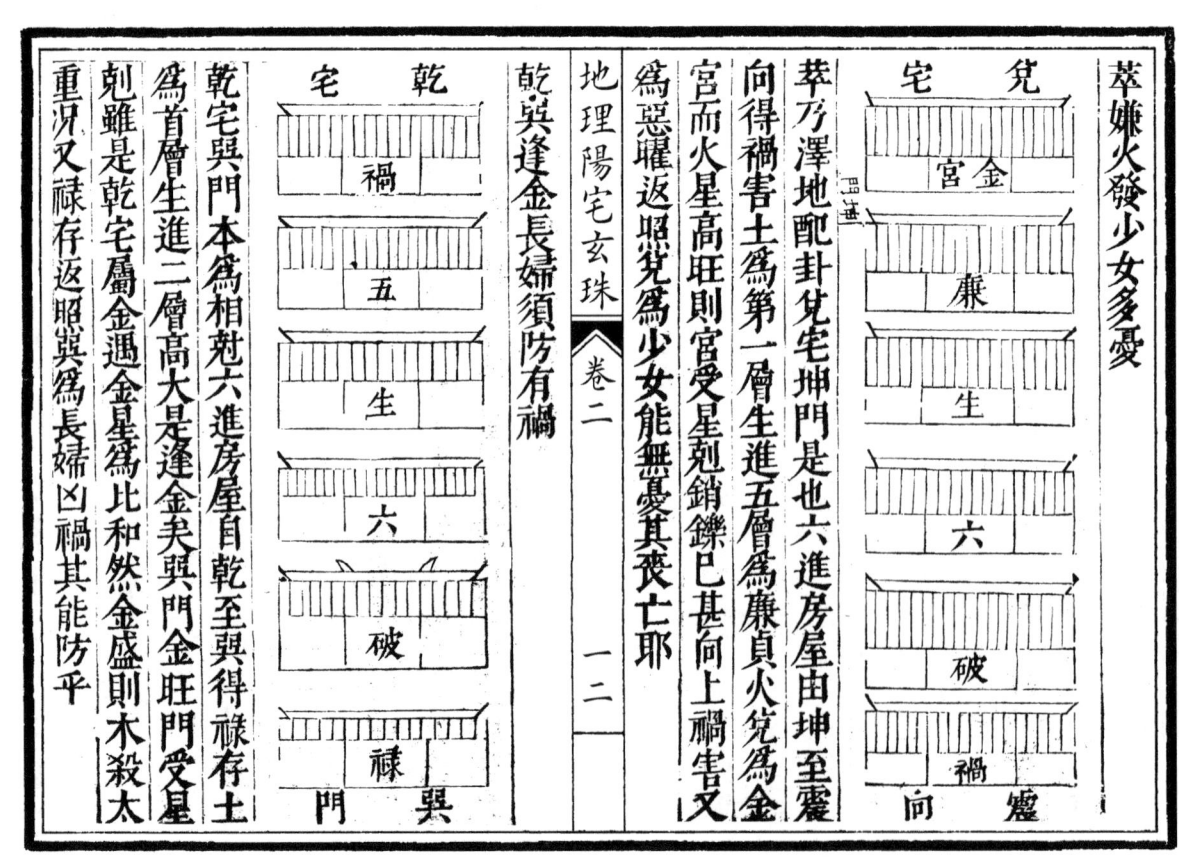

坤離遇木老陰難免無常

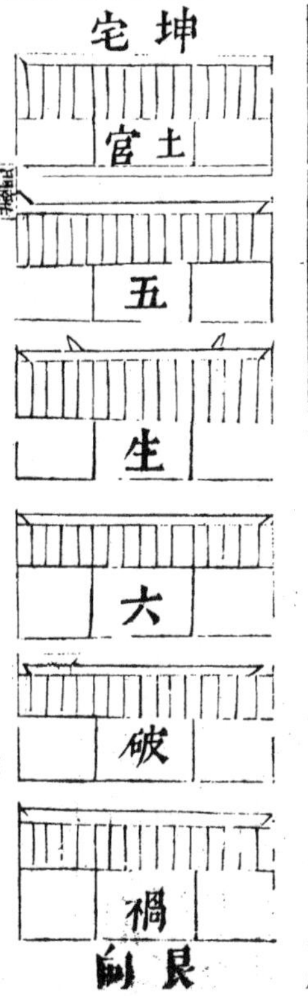

坤宅離門疑爲相生六進房屋自離至艮得禍害土爲第一層生進四層高大是遇木矣坤宮木旺宮受星剋離是離門屬火得木星爲生助然火盛則土氣益焦況又凶星返照坤爲老陰無常其能免乎

艮巽木交愁少子

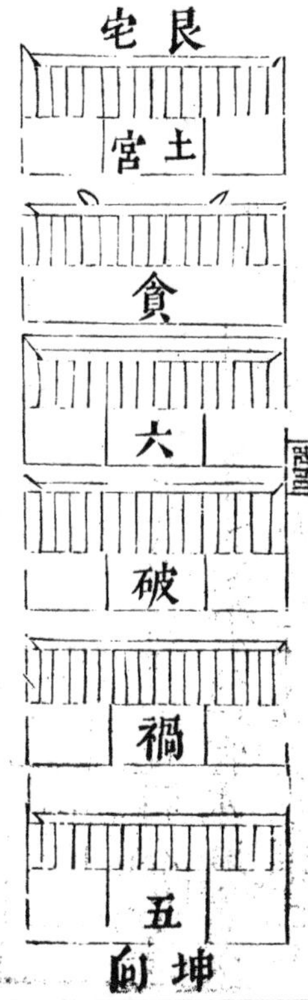

艮宅巽門已犯絕命由巽至坤向得五鬼火爲第一層生進五層爲貪狼木木門木星動旺則土疊受剋制傾敗必矣又是五鬼返照安得無禍愁少子者艮爲少男之位也木盛生風定主瘋痍癱瘓

坎坤土象慮中男

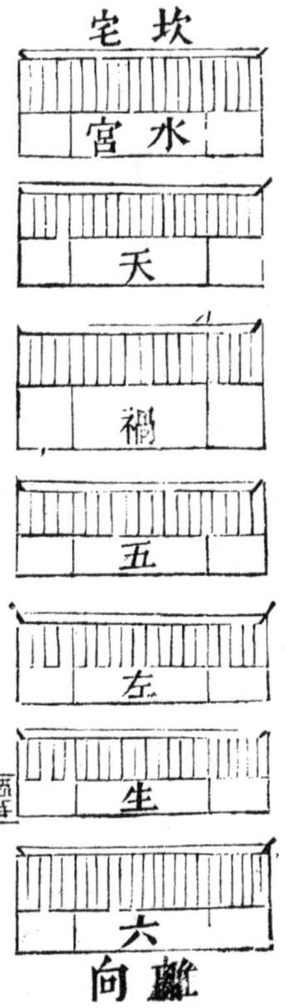

坎宅坤門巳犯破軍由坤至離向得六煞水爲第一層生進五層爲禍害土土門土星動旺則水疊受剋制枯涸必矣又是六煞返照安得無禍慮中男者坎爲中男之位也土盛水滅定主勞怯少亡

水火交濟四五七儘擬興隆

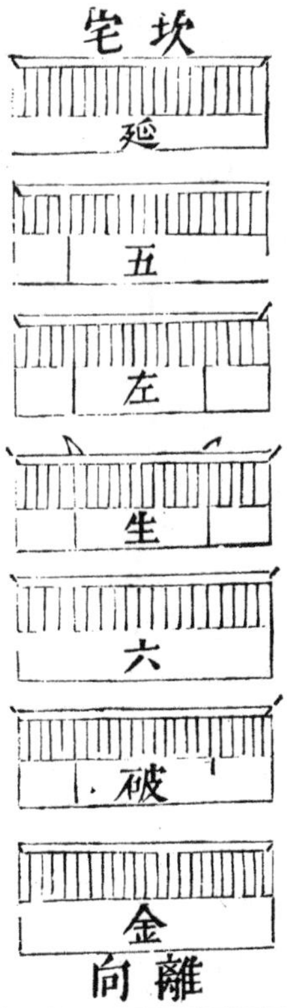

坎宅離門水火相濟木自契合七進房屋由坎至離向第一層是延年金生進則四生五左七延俱爲吉位況又延年臨坐吉星合卦反照故此三爻各宜高大則吉星權重而凶星自爲降伏矣其吉又何加焉

天澤合宜二六七莫令低陷

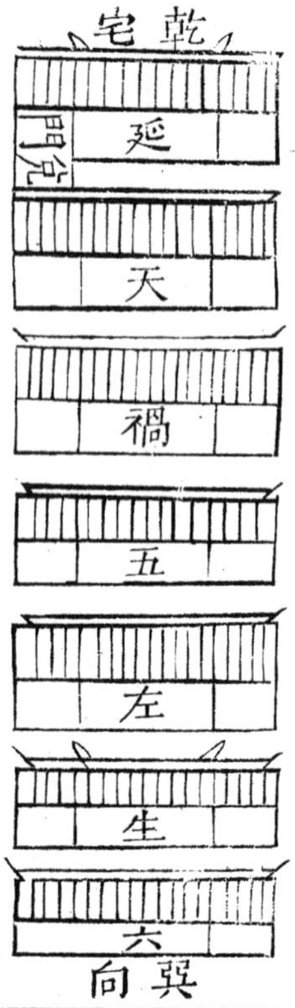

乾宅兌門金氣比和本自相合七進房屋由兌至巽第一層是六煞水生進則二貪六巨七武俱為吉位况又生氣臨坐吉星重遊故此三爻不宜低陷低陷則吉星衰弱而凶星得以肆志矣其吉何從生焉

乾艮二四八隆盛吉宅無疑

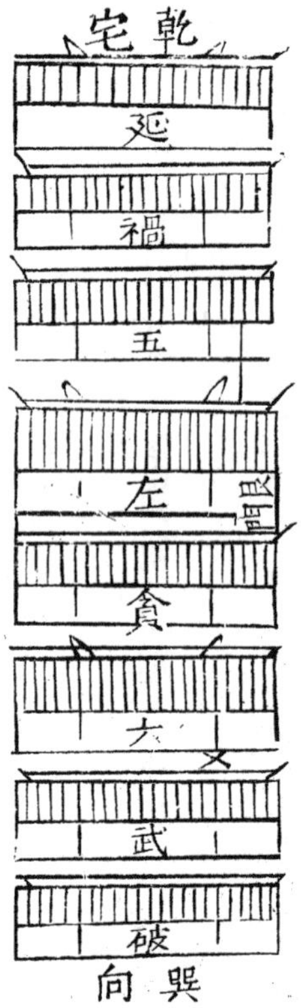

乾宅艮門金土相生巨門主事本為吉兆然由艮至巽向首層屬破軍金生進則二武四貪八巨俱是吉曜高大則卦例相配星宮協吉而禎祥疊至殆有不期然而然者其吉又何疑焉

坎震五六八豐盈發迹有准

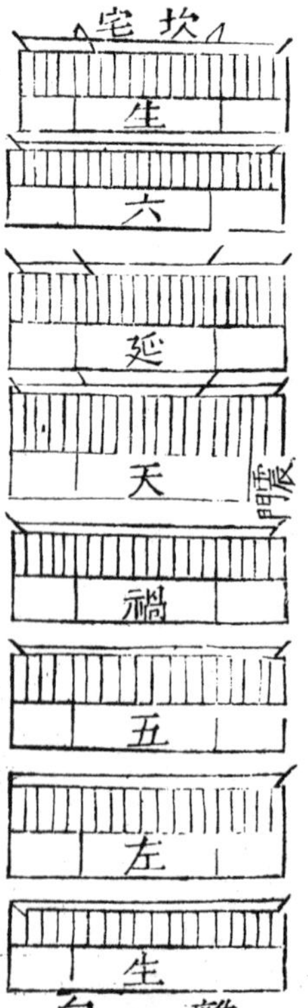

坎宅震門水木相生天醫主事本為吉兆然自震至離向首層為生氣木生進則五巨六武八貪俱是吉曜高旺則宮位翕合星象適宜而福祿彌崇殆有不謀而自至者其發迹定有准矣

艮離猶喜相生二三六爻最稱

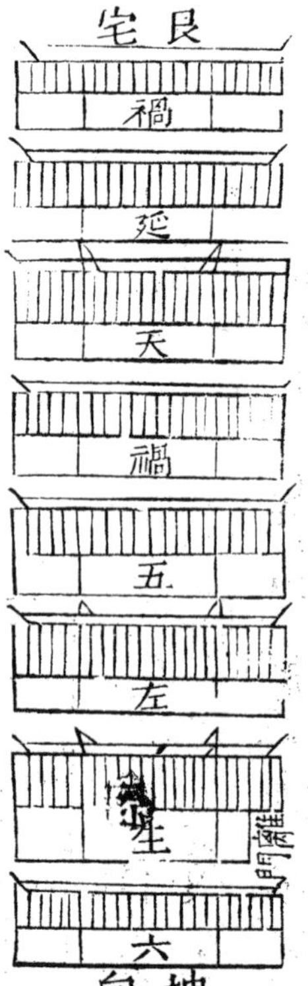

艮宅離門亦為相生八進房屋自離至坤輪六煞水為首層生進則二層為貪狼三層為左輔六層為巨門皆是吉爻法宜高大吉曜當權自能貢福勿以借配為疑也

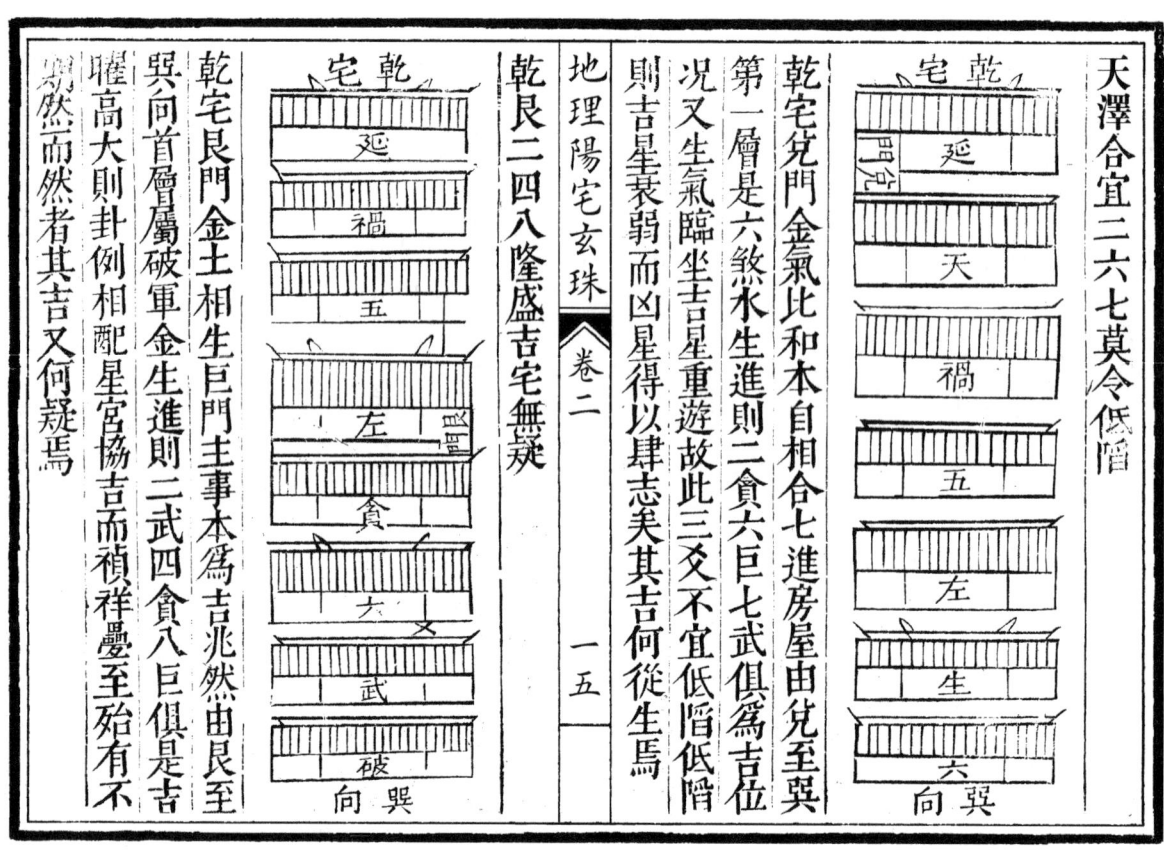

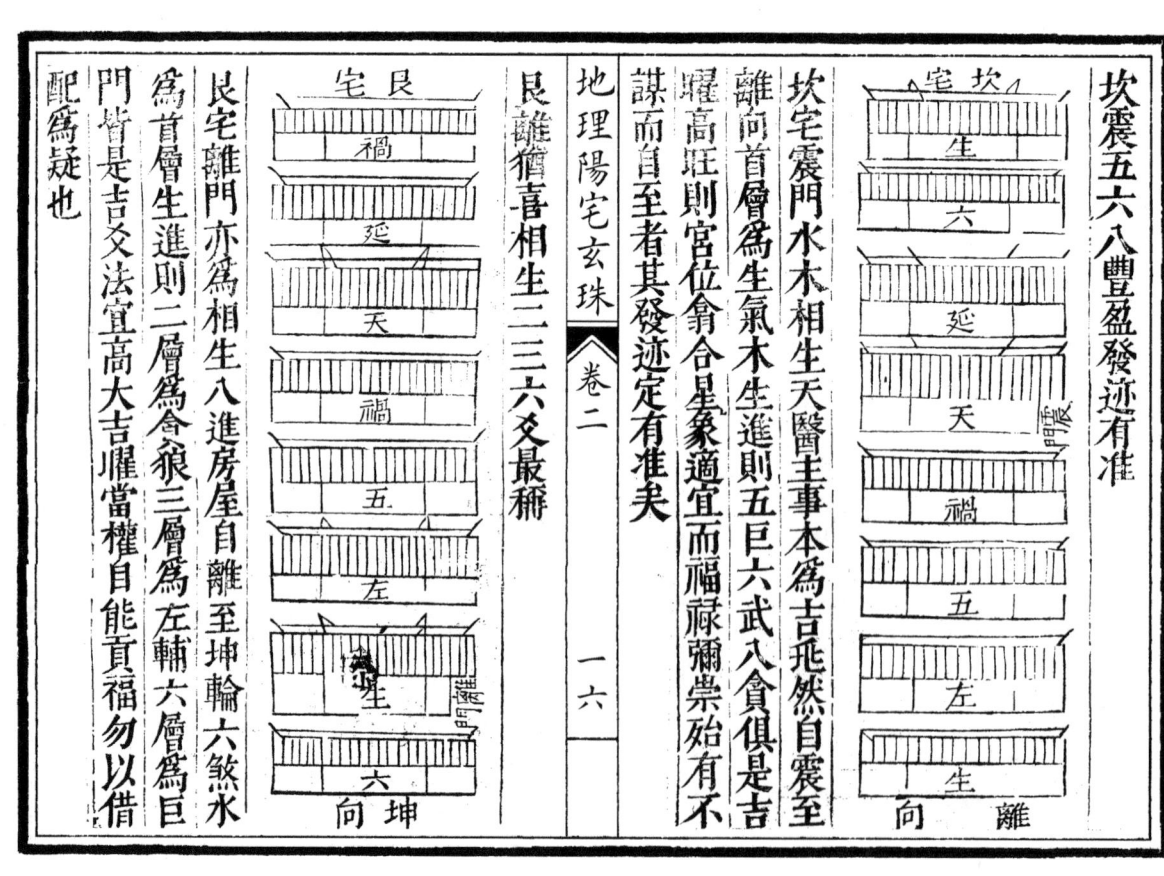

巽兌莫嫌相剋五六八位偏宜

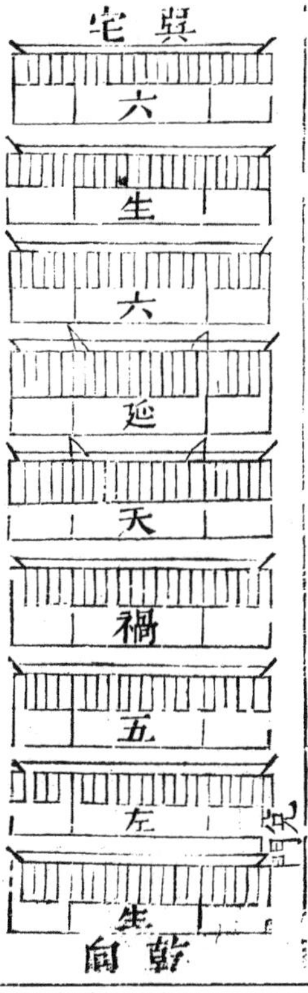

巽宅兌門雖爲相剋九進房星自兌至乾輪貪狼木爲首層生進則五層爲天醫六層爲武曲八層爲生氣俱爲吉位法宜高大吉星專主自可邀祥勿以卦例爲嫌也

二三六七坎離位配吉何爲

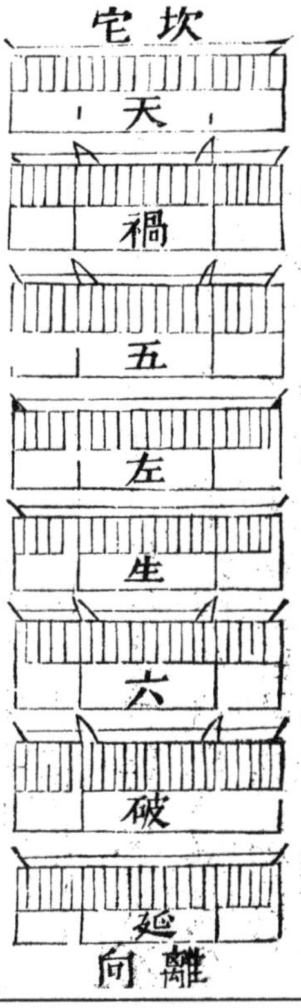

坎離水火相濟延年卦例配合俱爲吉兆然首層是延年金則二破三文六鬼七禍皆爲凶煞高大最能召禍况坎山離向火前水後今金水在前而火土在後則是星宮交戰門卦雖吉其如層星背戾何

四五八九乾震居卦凶可救

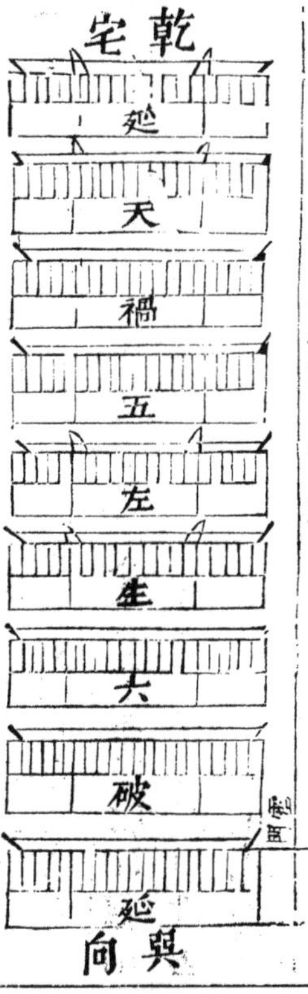

乾震金木相尅五鬼卦例相悖俱爲凶兆然首層是武曲金則四貪五左八巨九武皆是吉曜高大亦能致福况乾山巽向木前金後今貪左在前而巨武在後則是星宮得合門卦雖凶而層吉猶有可救

三四七八崇高巽震榮華鼎盛

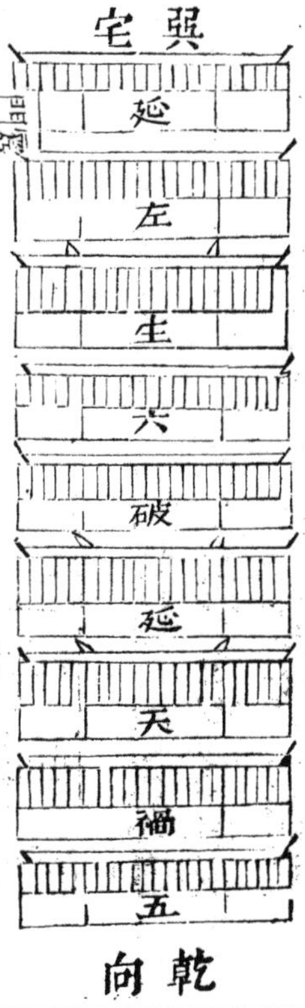

巽山坐宅震上開門本自和洽然由震至乾向得廉貞火爲第一層生進則三巨四武七貪八左俱爲吉位崇高則發福有源卦例諧偶星辰得合此其榮華鼎盛由自天然而可預必矣

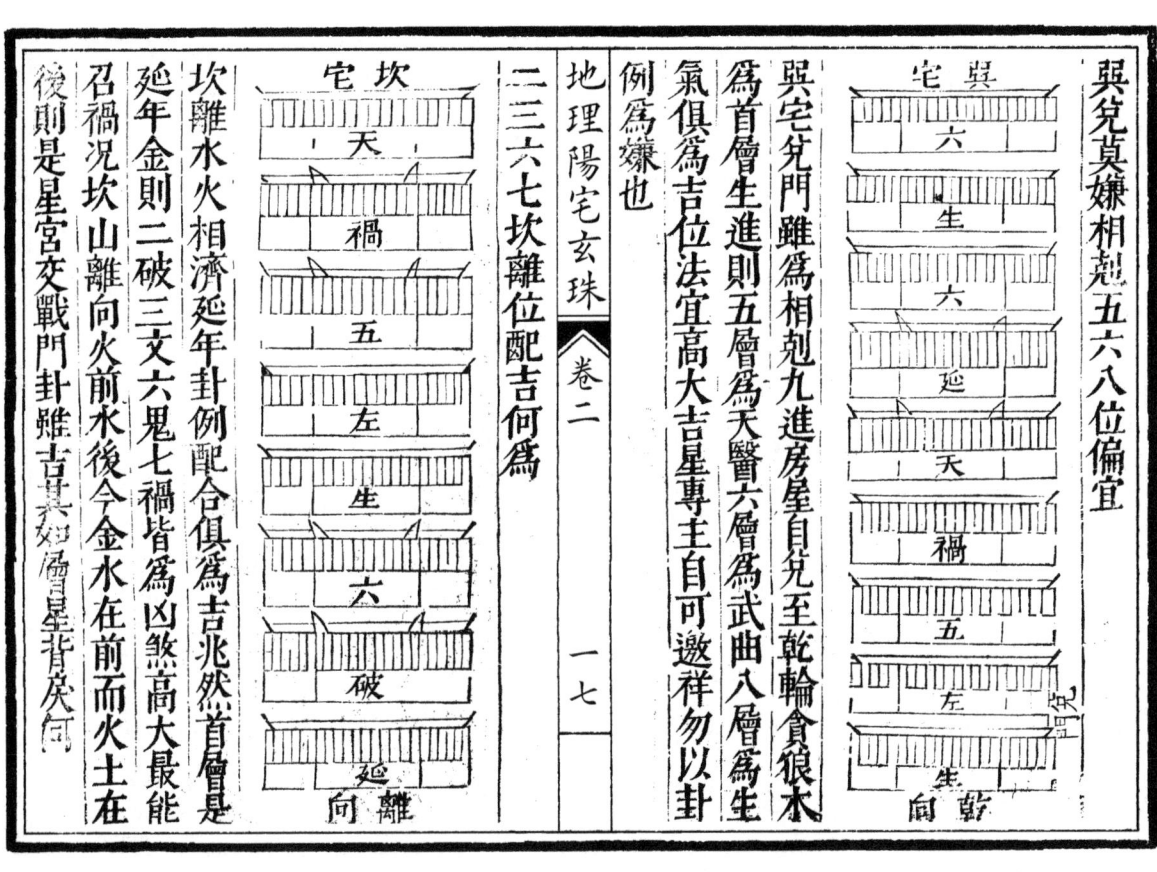

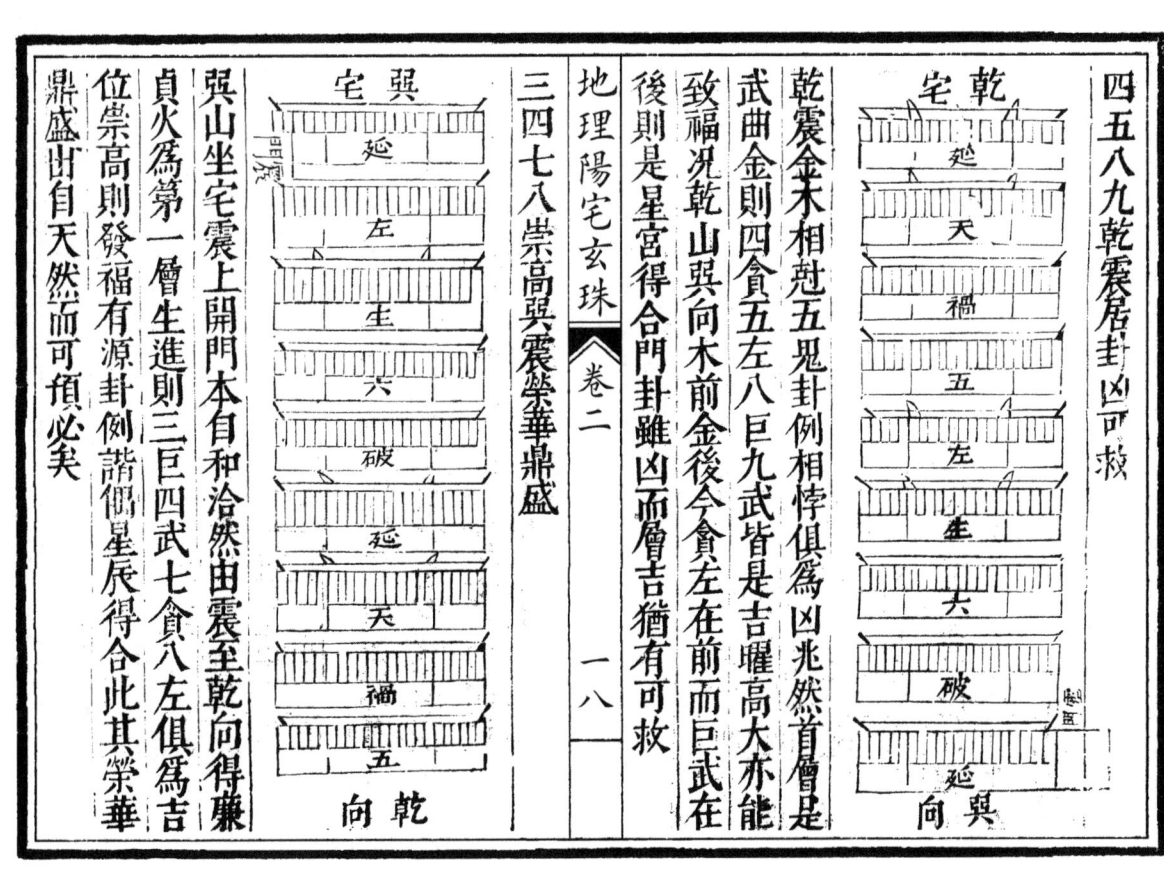

四五八九顯旺坎離蕃衍興隆

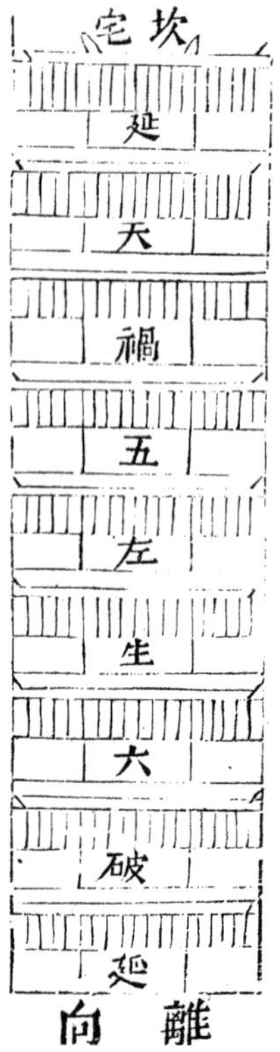

坎山坐宅離上開門本爲濟美然由坎至離向得延年金爲第一層生進則四貪五左八巨九武俱爲吉位顯旺則獲吉無涯卦例配對星象合宜此其蕃衍豐隆不假人爲而可預期矣

先凶後吉兌震首尾俱昂

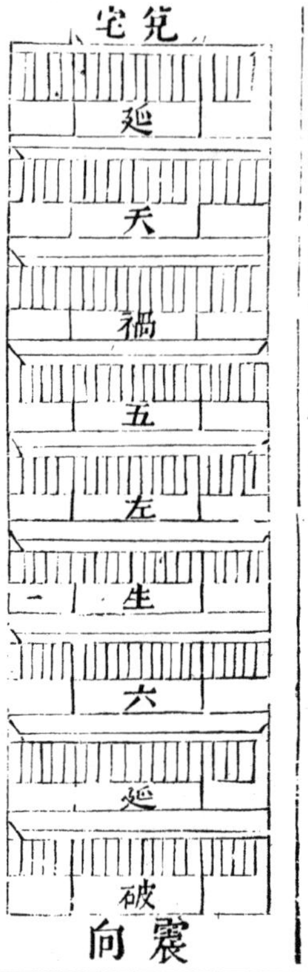

宅坐兌山門開震位卦例本爲刑尅九進房屋首層是破軍金尾層貫武曲金武曲本是吉星然震宮破軍則本受凶星所尅兌宮武曲則宮與吉星合宜震前而兌後則先凶後吉亦循序以言之耳復何疑

先吉後凶乾坎初末齊旺

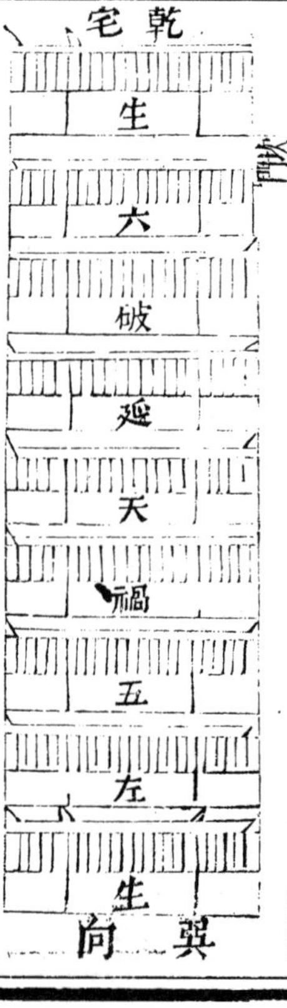

宅坐乾山門開坎位卦例本自乖戾九進房屋初爻是生氣木末爻亦生氣木生氣本爲吉曜但巽宮生氣則星宮得合乾宮生氣則宮能尅星巽前而乾後則先吉後凶亦由理以推之耳又何疑

神而明之存乎其人耳

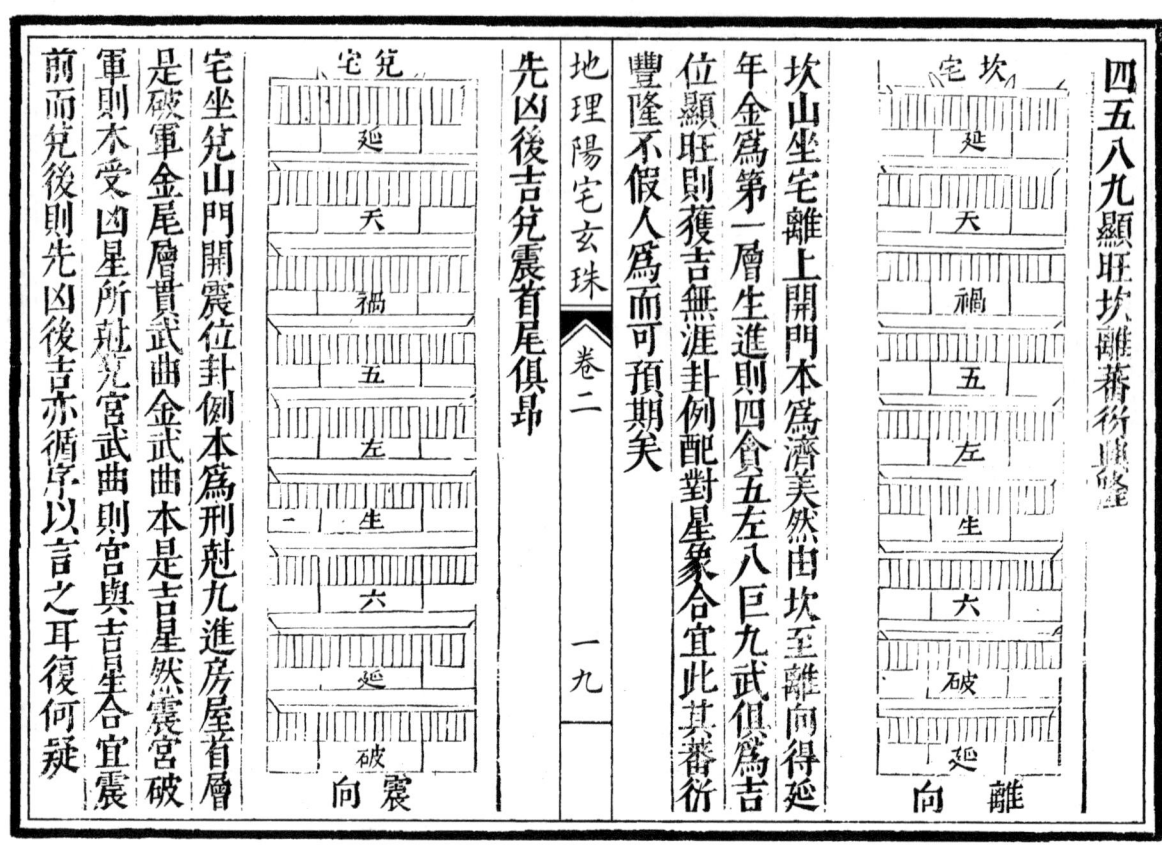

地理陽宅玄珠卷之三

古吳太和山人夏世隆道弘甫著
梁谿牟偈道人華善繼孟達甫校

抽爻換象

夫抽爻者損益爻數也換象者更改形象也蓋以宅法無一定星卦有變遷且如宅兆本凶門向不利更一門則一宅俱吉改一向則一居皆安又如穿貫轉換層數多而凶則減而爲少即吉少而凶則增而爲多即吉又如星辰形體低小而凶則改爲高大即吉高大而凶則改爲低小即吉不有抽爻換象之法其

何以使人趨避耶

扶合制化

夫坐宅門向卦例固要合式星辰固宜得體但時勢不常多有弗克盡如濾者或限于地位或迫于事機宜左而反右宜高而反低出于萬不得已又將何以處之蓋天下之理不外陰陽五行五行之用全在生剋制化假若金被火剋或用水以剋之則火不能復剋金矣此以食神制煞也或用土以泄之則火反生土以扶金矣此以印綬化煞也然又凶星則宜制吉星則宜化儻如土宮犯貪狼木是吉星剋宮矣宜用廉貞火以化之廉貞雖爲凶星然火能貪木以生土何害其爲吉哉此借凶助吉之法也又如火宮犯文曲水是凶星剋宮矣宜用巨門土以制之巨門乃是吉星則火能藉土以制水何害其爲吉哉此召吉降凶之法也宮剋星亦如之或移門或貫井或遷房或改象皆依此法權之自可以反凶爲吉而趨避之術無復有餘蘊矣是飛星之言吉又不必過泥也

抽換定議　此專論改作以趨避吉凶

蓋體物無常規消息難膠夫定見而造物有神術變通恒假于權宜是故

改坤爲巽坎宮絕命換貪狼

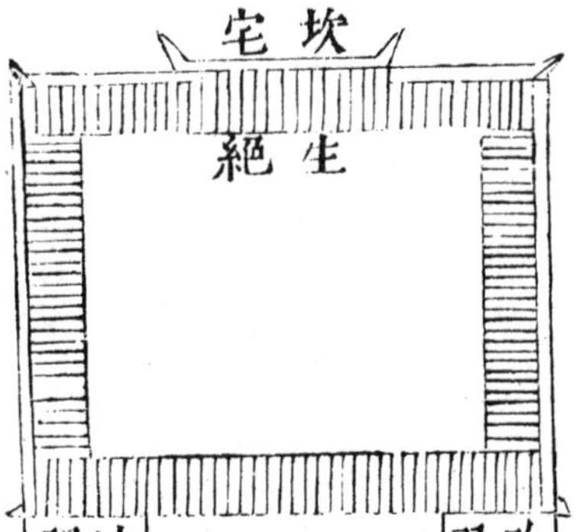

坎宅坤門二層房屋自坤輪坎爲絕命坎宮高大則絕命當權大凶令此象者即宜閉坤門開巽門蓋自巽至坎爲貪狼是昔之絕命今換而爲貪狼矣此言東四裝西不爲吉改裝東卦即吉也單層房屋倣此

以艮易離兌位廉貞番武曲

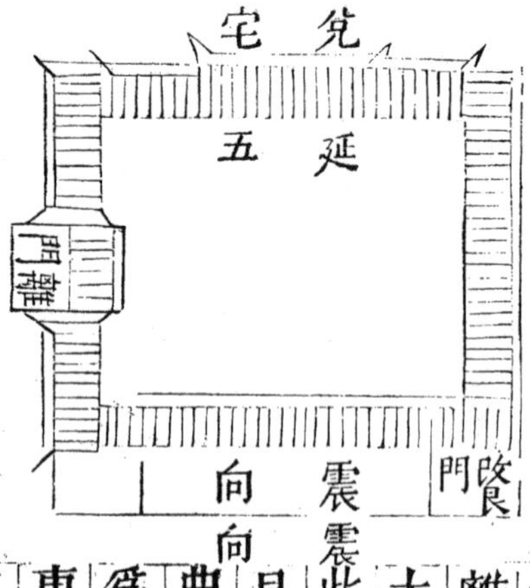

兌宅離門二層房屋自離至兌爲廉貞兌宮高大則廉貞專主大凶合震此象者即當閉離門開艮門葢自艮至兌爲武曲是昔之廉貞今番而爲武曲矣此言西四裝東不爲吉改裝西卦即吉也單層房屋倣此

震巽逢金混化最宜離坎旺

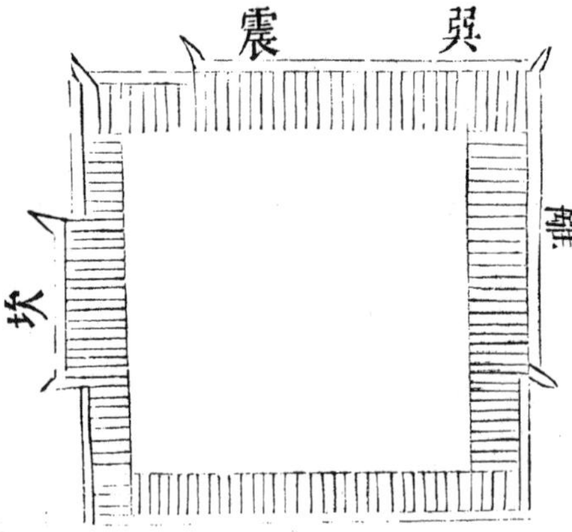

震巽延年往來本爲吉兆然木宮金星猶嫌剋戰故震宅巽門巽宅震門未免吉中有砧宜改坎房高大則震爲天醫巽爲生氣或改離房高大則巽爲天醫震爲生氣殺印相生而吉氣自爲之混化矣何吉如之

艮坤遇木通融尤喜兌乾興

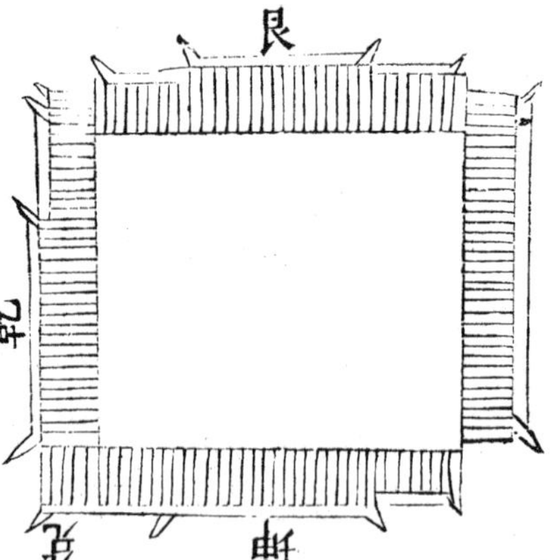

艮坤貪狼往來本爲吉兆然土宮木星猶嫌剋戰故艮宅坤門坤宅艮門亦有美中不足宜改乾房高大則艮爲巨門坤爲武曲或改兌房高大則坤爲巨門艮爲武曲貪合忌殺而吉氣自爲之通融矣何吉如之

乾離受傷內象尊崇眞要訣

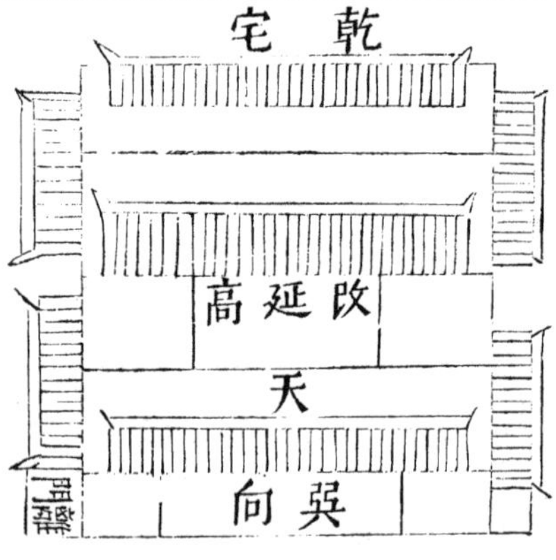

乾宅離門金受火傷然自離至巽值天醫土爲第一層三進房屋則內象是延年金宜改高大葢延年乃是吉神乾金而有金星爲助則金氣太旺以金扶金而離火不能剋乾金矣法以比肩幫身也

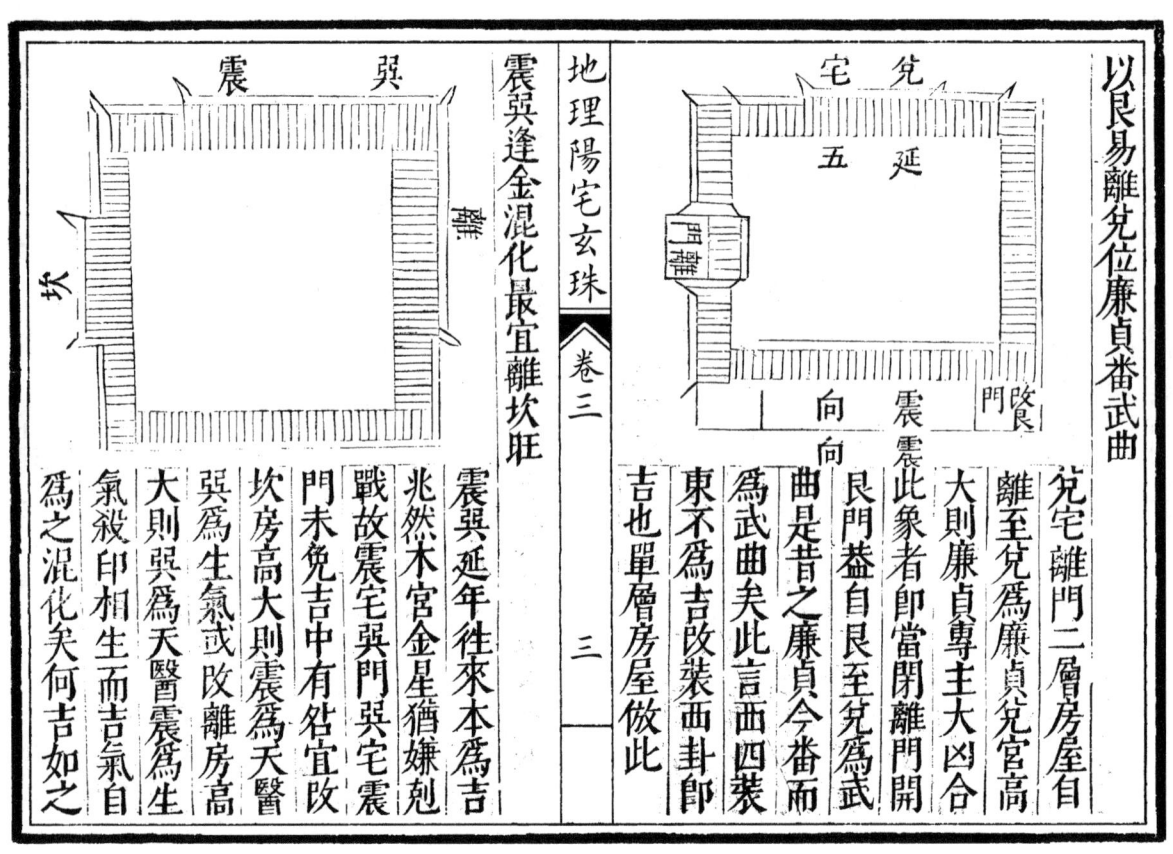

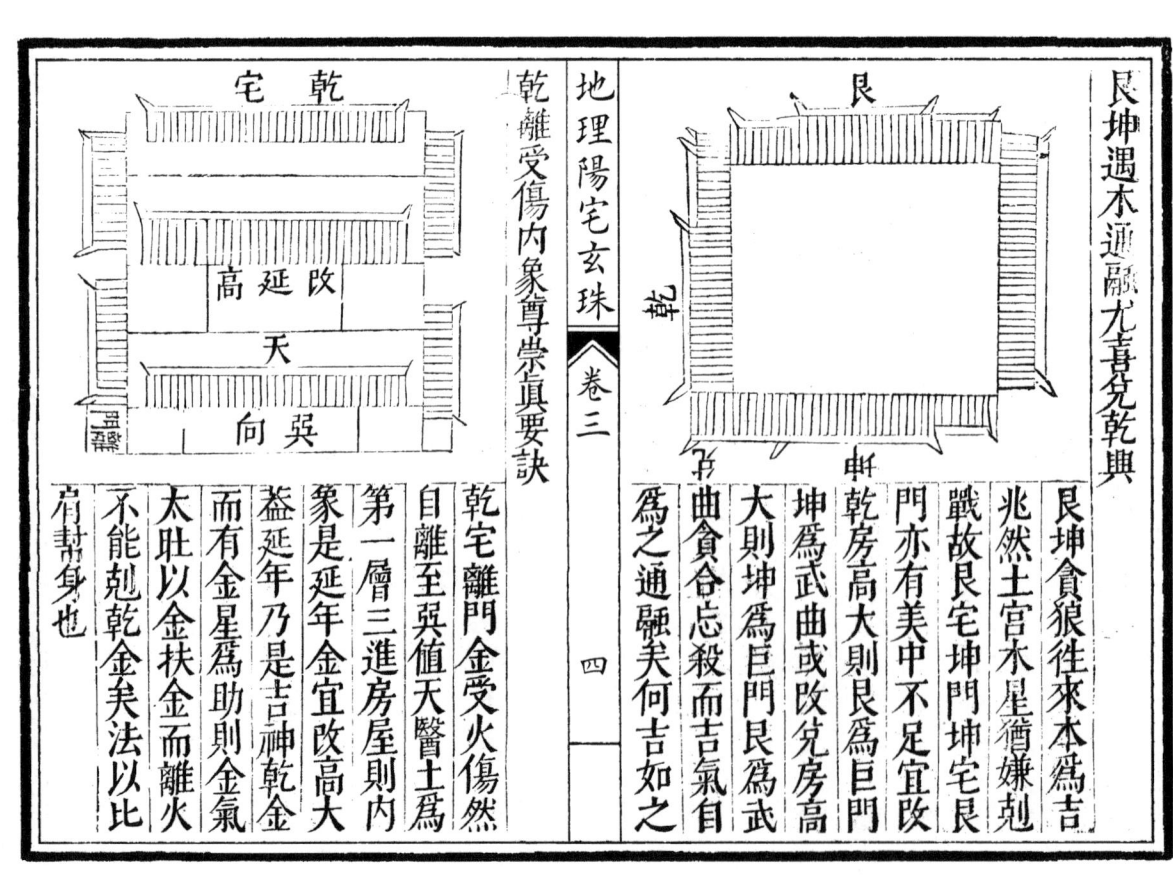

坎坤受制中爻益旺是良謀

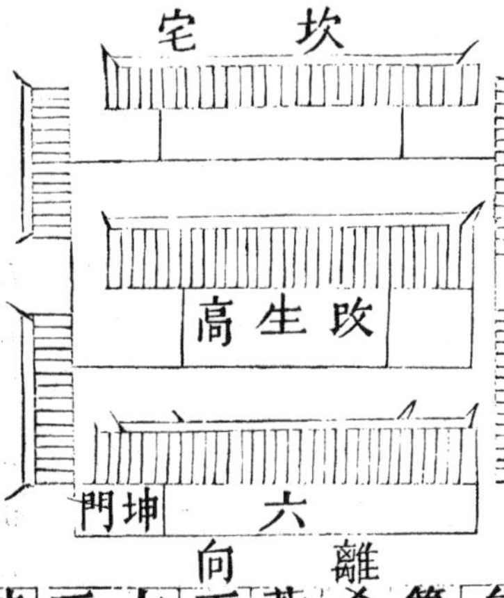

坎宅坤門水受土制然自坤至離值六殺水爲第一層三進房屋則中爻是貪狼木宜改高大益貪狼乃是吉神坎水而有木星爲用則木氣大旺木能剋土而坤土不能剋坎水矣法以食神制殺也

坎巽六煞高旺門更武曲最爲奇

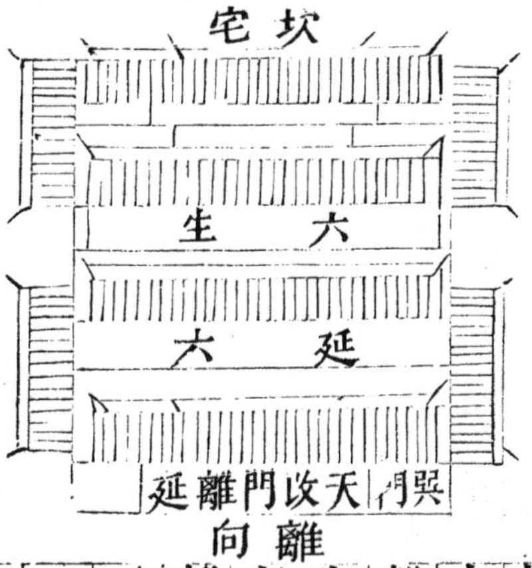

坎宅巽門本爲生氣合吉然四進房屋自巽至離向輪天醫土爲首層生進則第三層是六煞水高旺不爲吉兆宜改離門則首層是延年第三層是貪狼矣寧不反凶爲吉耶此改外局以合內象也餘類推

艮兌文曲昂隆爻易延年方是福

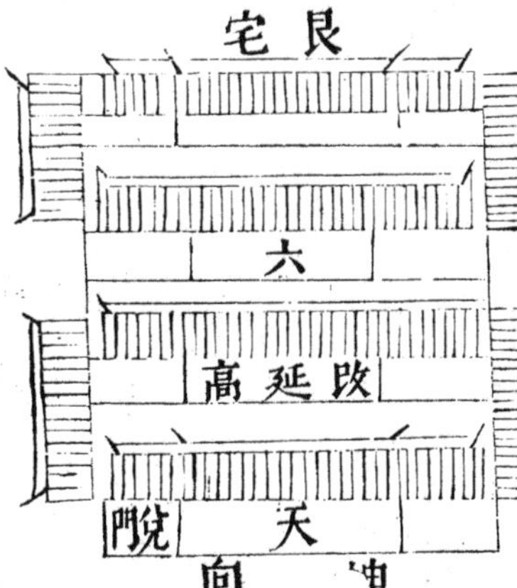

艮宅兌門本爲相生合吉然四進房屋自兌至坤向輪天醫土爲首層生進則第三層是文曲水昂隆不爲吉兆宜改換第二層高大則是延年得令而合卦例矣寧不轉禍爲福耶此變內爻以合外象也餘類推

巽乾火旺前須損

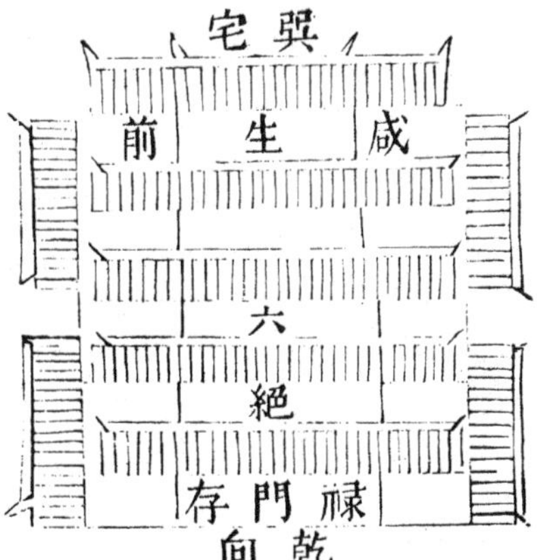

巽宅乾門本自相剋由巽至乾向爲祿存五進房屋首層是土生進則第四層是生氣第五層是廉貞生吉而廉凶今值五層高大不爲吉兆前宜減一小房則是四層而生氣得令矣穿宮獲吉亦可爲福焉

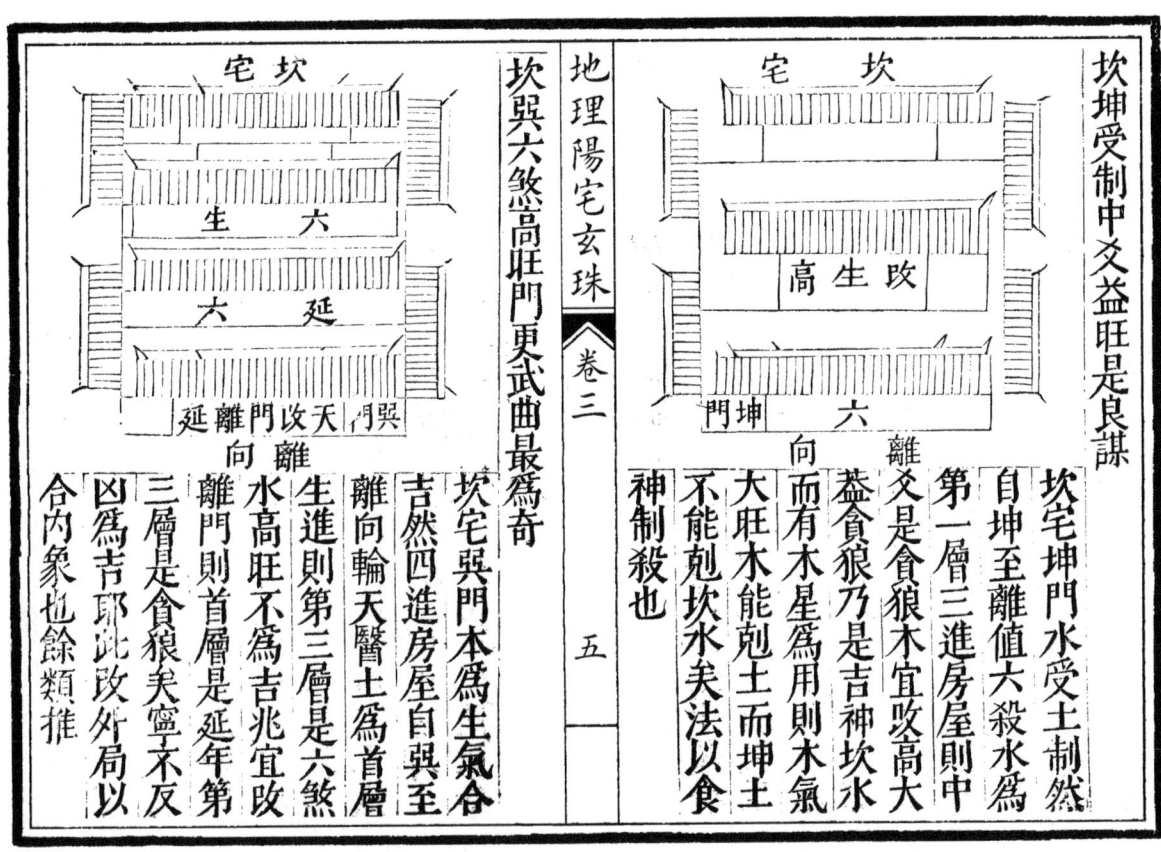

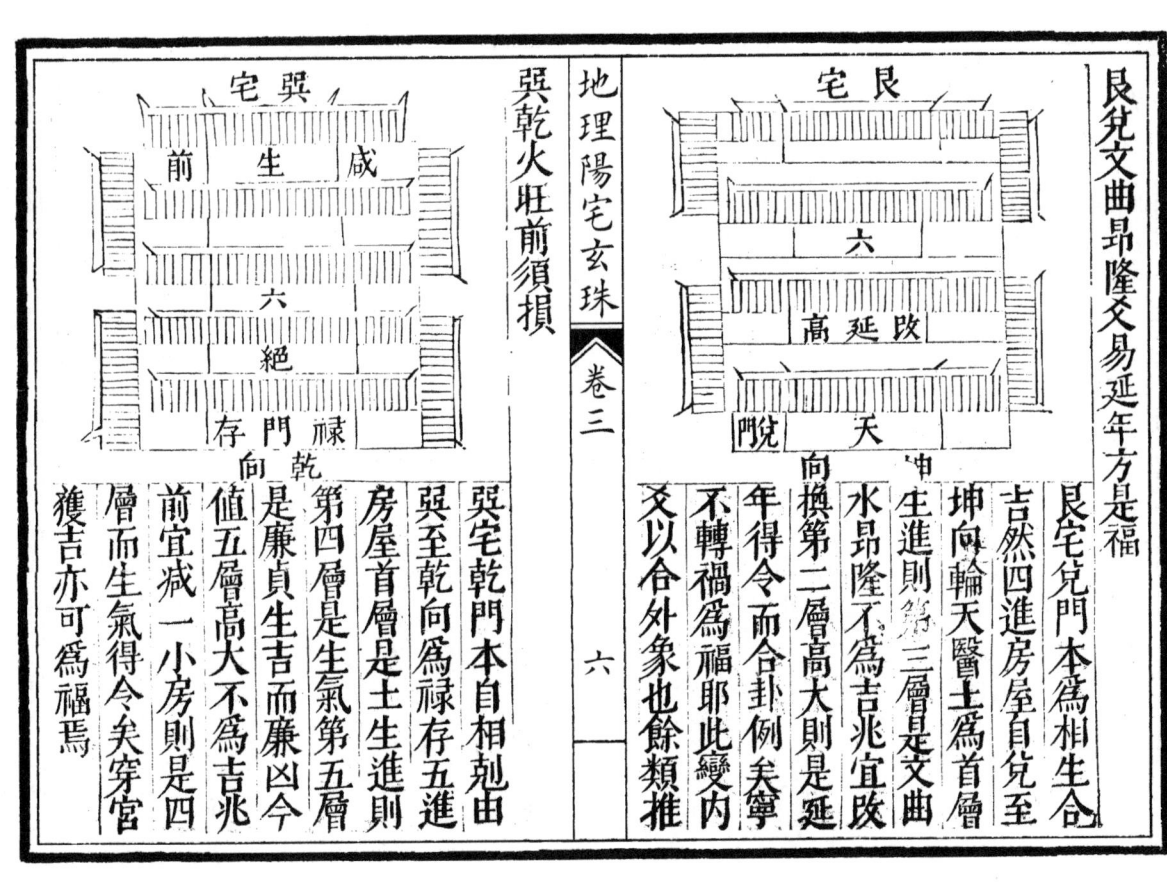

震離水止後宜增

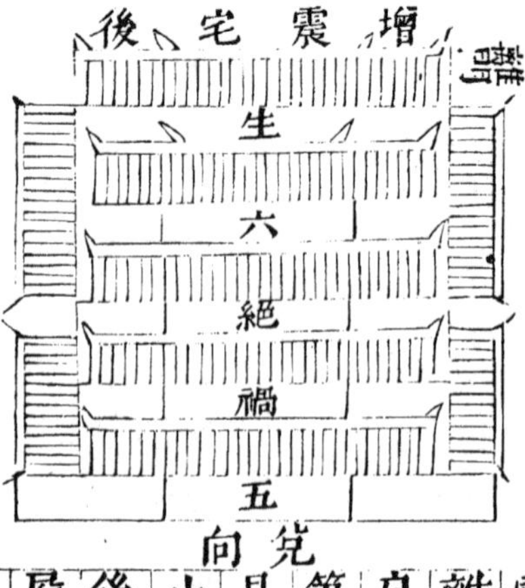

震宅離門本自相生由離至兌向爲五鬼四進房屋首層是火生進則第四層是文曲第五層是貪狼文凶而貪吉今止四層高大不爲吉兆後宜增一大房則是五層而貪狼得令矣貪星重遊其吉莫大焉

巽艮破軍尤忌旺減小亦宜

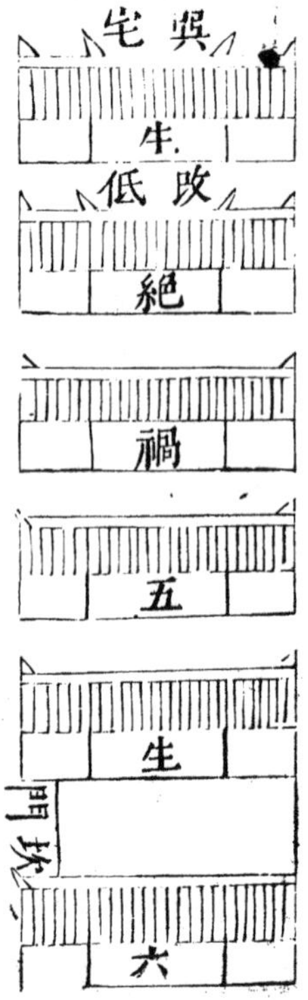

風水爲渙巽宅坎門也六進房屋首層屬文曲星末層卦坐貪狼高大宜矣而穿貫五層爲破軍金乃巽家之惡殺不宜顯旺顯旺則極爲凶兆法宜改減低小則凶星平靜不能作禍矣

豐貪生氣毎嫌低加高可貴

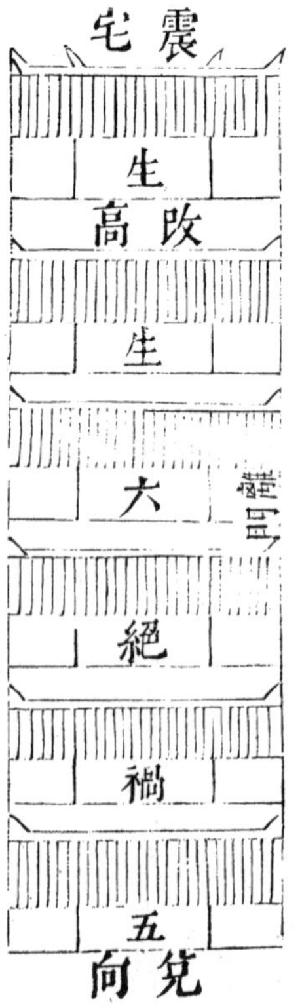

雷火爲豐震宅離門也六進房屋首層屬廉貞星末層卦坐生氣高大宜矣而穿貫五層亦爲生氣乃震家之吉神不宜低小低小則不爲吉兆法宜改加高大則吉星得令自能發福而可貴

兌震禍害非祥卦變延年還作武

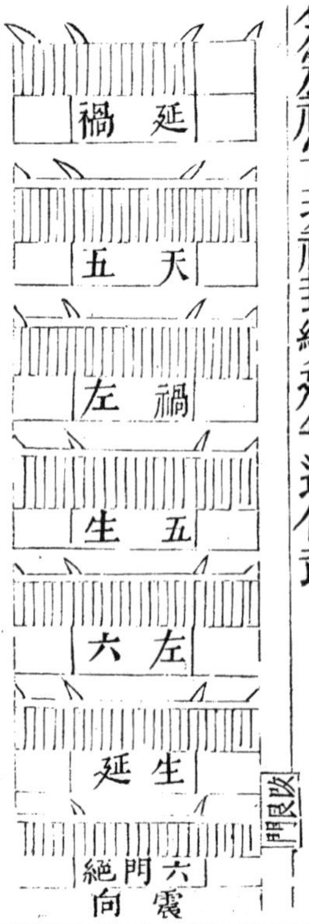

兌宅震門破軍主事七進房屋首層値破軍則第七層是禍害凶星高大重遊不祥莫甚焉宜改艮延年門則首層是六殺貫進七層是武曲重遇轉祿爲武自能去禍邀祥而吉凶懸絕但在一舉動之間耳

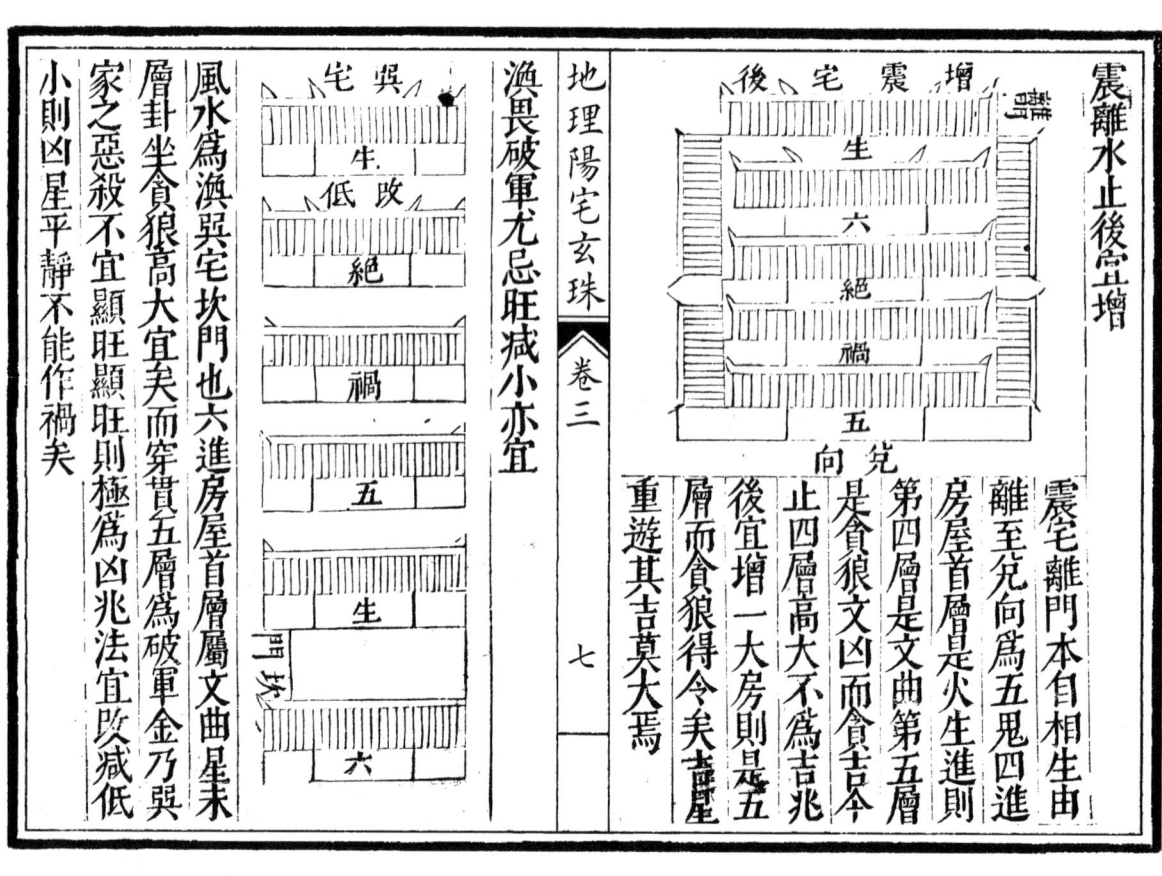

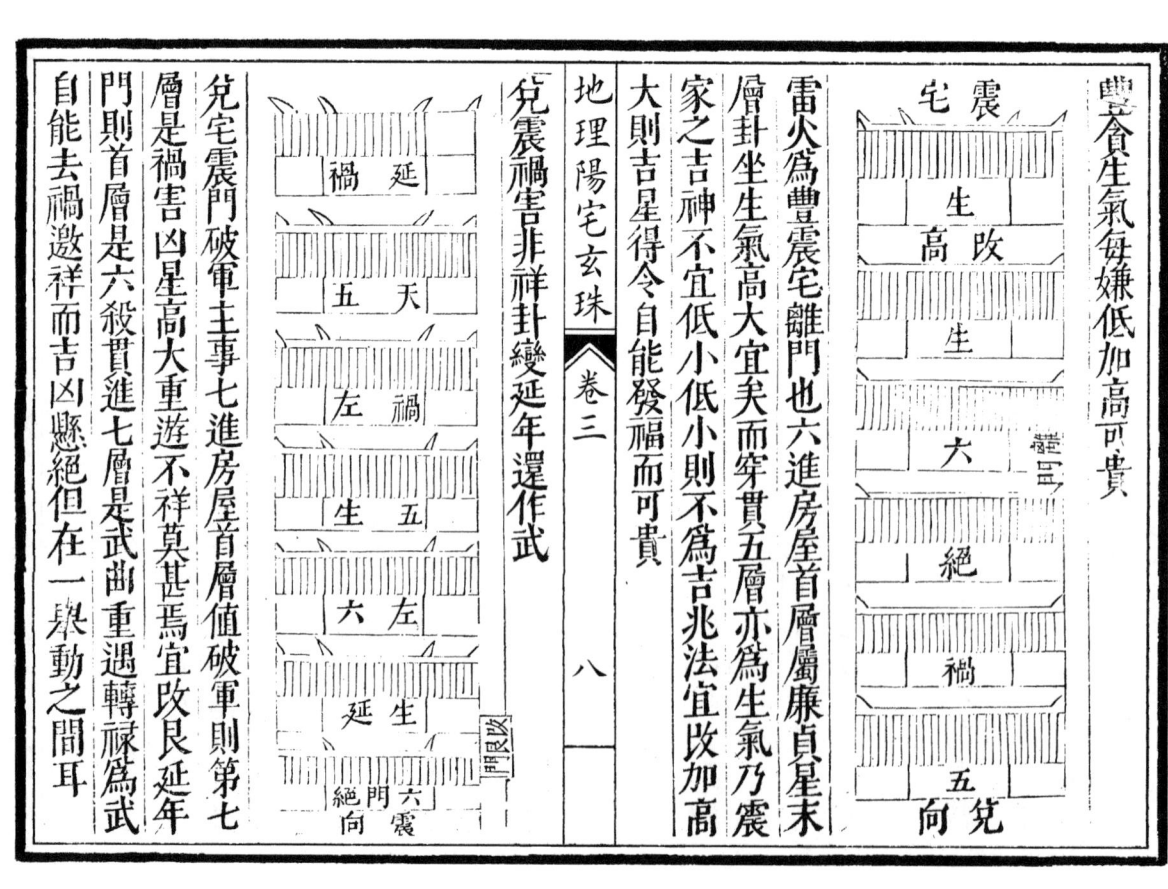

離艮六煞爲禍象更生氣亦回生

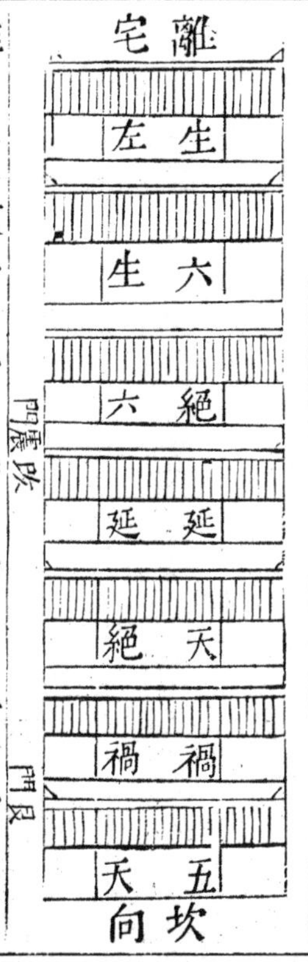

離宅艮門祿存主事七進房屋首層值五鬼則第六層是六煞凶星高大相剋爲禍莫甚焉宜改震生氣門則首層是天醫貫進六層是生氣合卦挽六爲生自能反凶成吉而禍福霄壤不在一轉移之際耶

坎嫌土旺法可添金

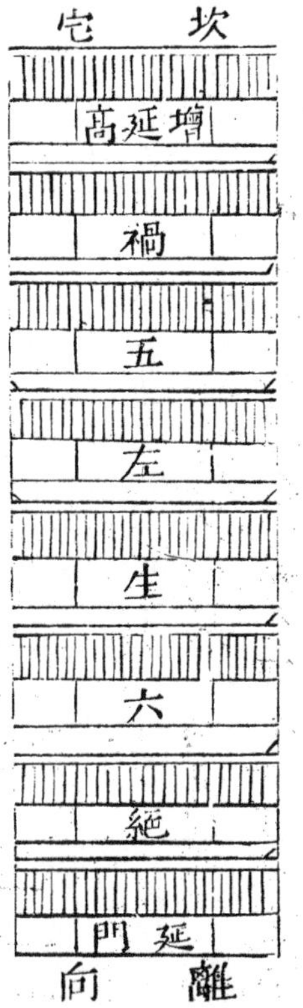

坎宅離門延年爲首八層變宅由延年數進則第七層是禍害土坎宅屬水土星不宜高大高大則宮受星剋豈能爲吉宜於末層延年方改造高房蓋以延年金旺自能貪土以生水何以土旺爲嫌哉

兌恨金微理宜加土

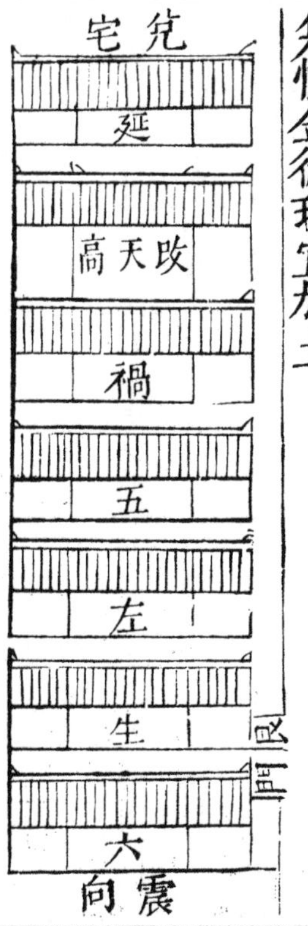

兌宅艮門六煞爲首七層變宅自六煞數進則第七層是延年金兌宮屬金金星不宜低小低小則宮星衰弱安能發達宜于六層或乾宮改造高房蓋以天醫土旺自能生金何以金微爲恨哉

震宮木氣雄强何慮破軍交攙

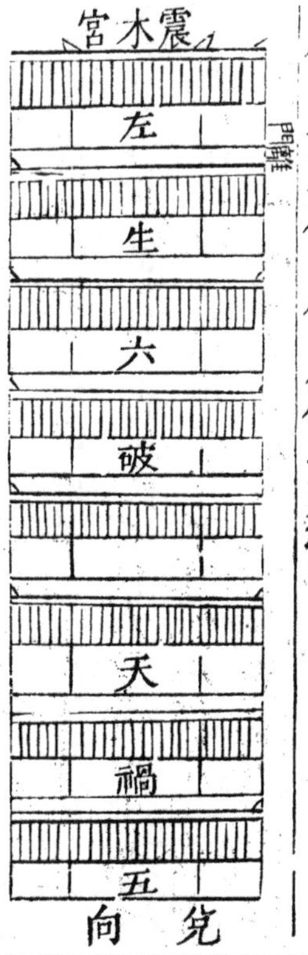

震宅離門首層數值廉貞火生進則七層八層皆屬木增益高大則木氣雄强木宮賴之以幫助雖五層破軍金亦高大然木星得位而有助則是身强殺淺吉曜當權能解一切凶星之咎又何慮其交攙哉

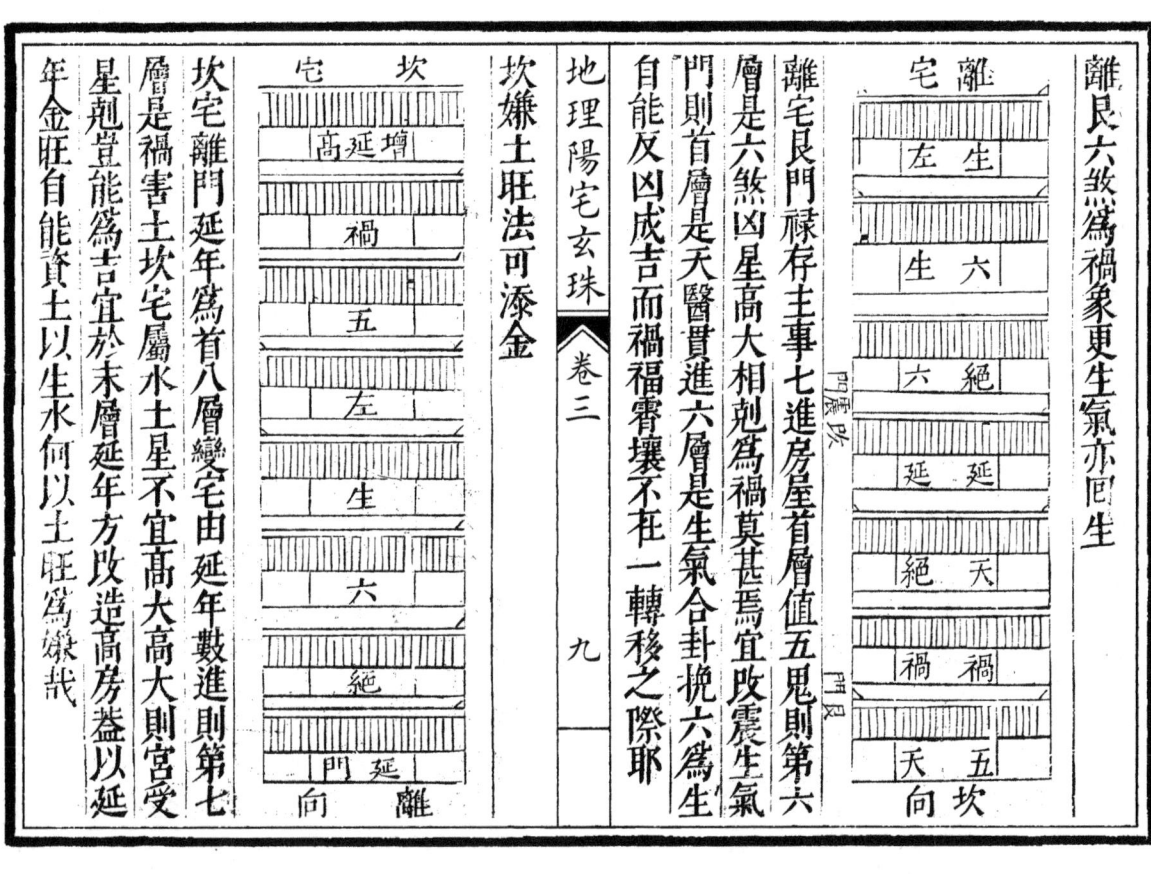

兌位土星重旺不愁五鬼來侵

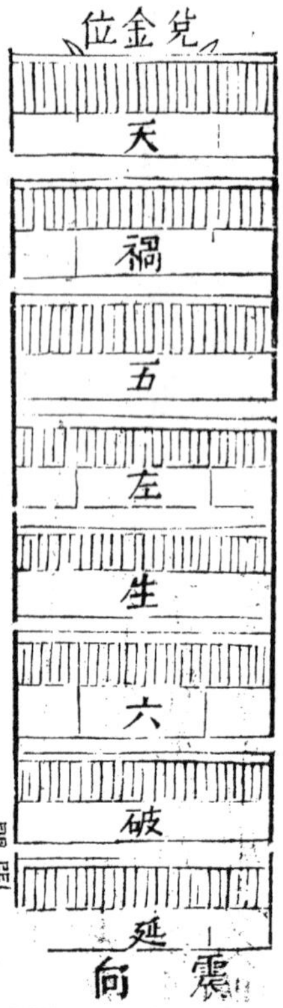

兌宅巽門首層數值延年金生進則七層八層皆屬土增益高大則土星旺盛金宮賴之以生扶雖六層五鬼火亦高大然土星得令而幇助則是印綬化煞吉星當道能消一切凶星之禍又何愁其來侵哉

木榮坤艮化生猶[illegible]爻與

坤艮爻相爲用而九進變宅則首層是貪狼木末層是右弼木坤艮之宮俱屬土首尾皆木而高大則生受星剋雖吉未爲純粹宜于廉貞方或用廉貞爻改造高房則木不惟不能剋土反能生火以生土矣

金襍坎離融會不妨添土旺

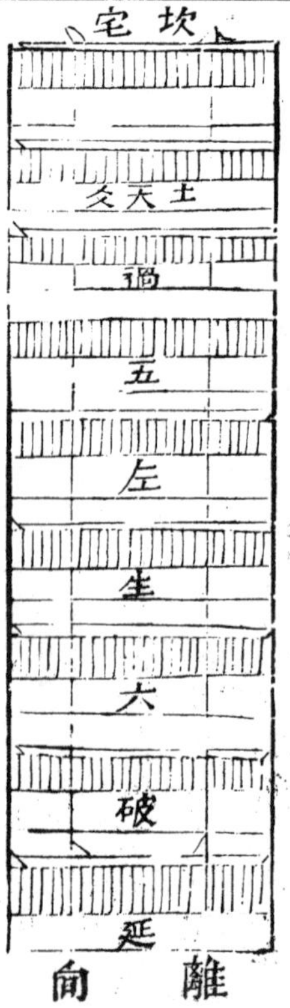

坎離互相爲向而九進變宅則首層是延年金末層是右弼金坎離之宮分水火首尾俱金而高大則生剋相雜縱吉未爲純粹宜于天醫方或用天醫爻改造高房則火土金水俱得融會而無相剋矣

兌遇延年卽艮宮爻豐最美

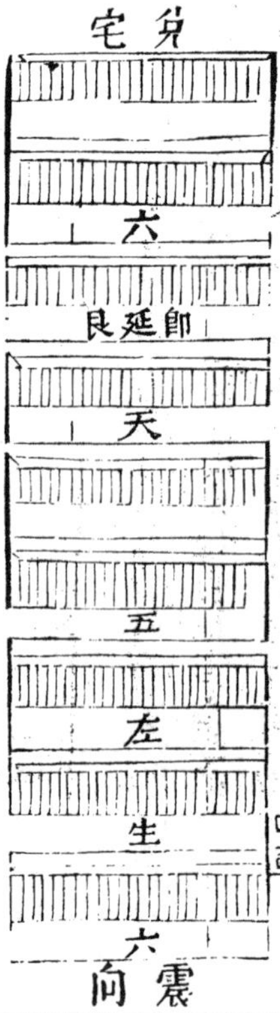

兌宅艮門卦合延年宮位相生允爲吉兆然由艮至震向首層爲六煞水層數多者則第七層爲延年金兌宮改延年高大卽爲艮卦吉無以加所以爲最美此爻亦西四裝西之象也總結裝西卦者倣此

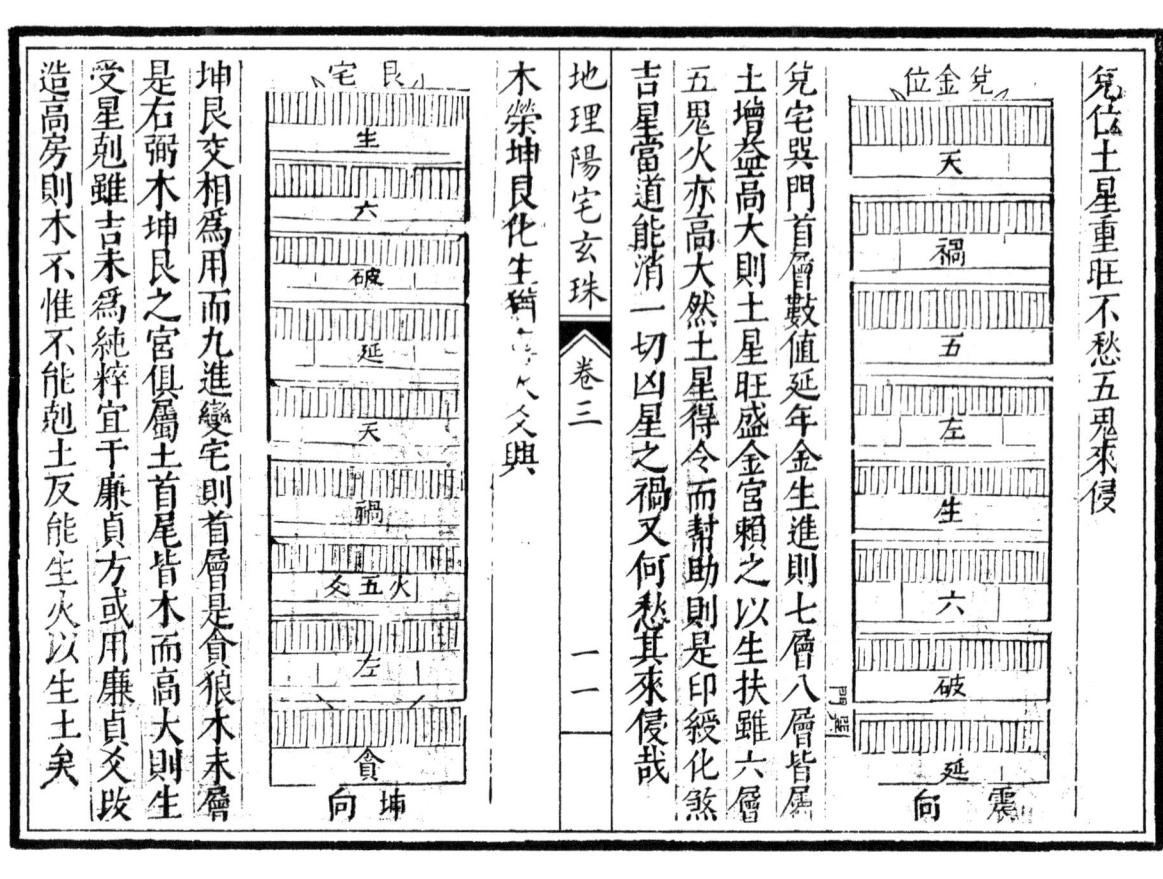

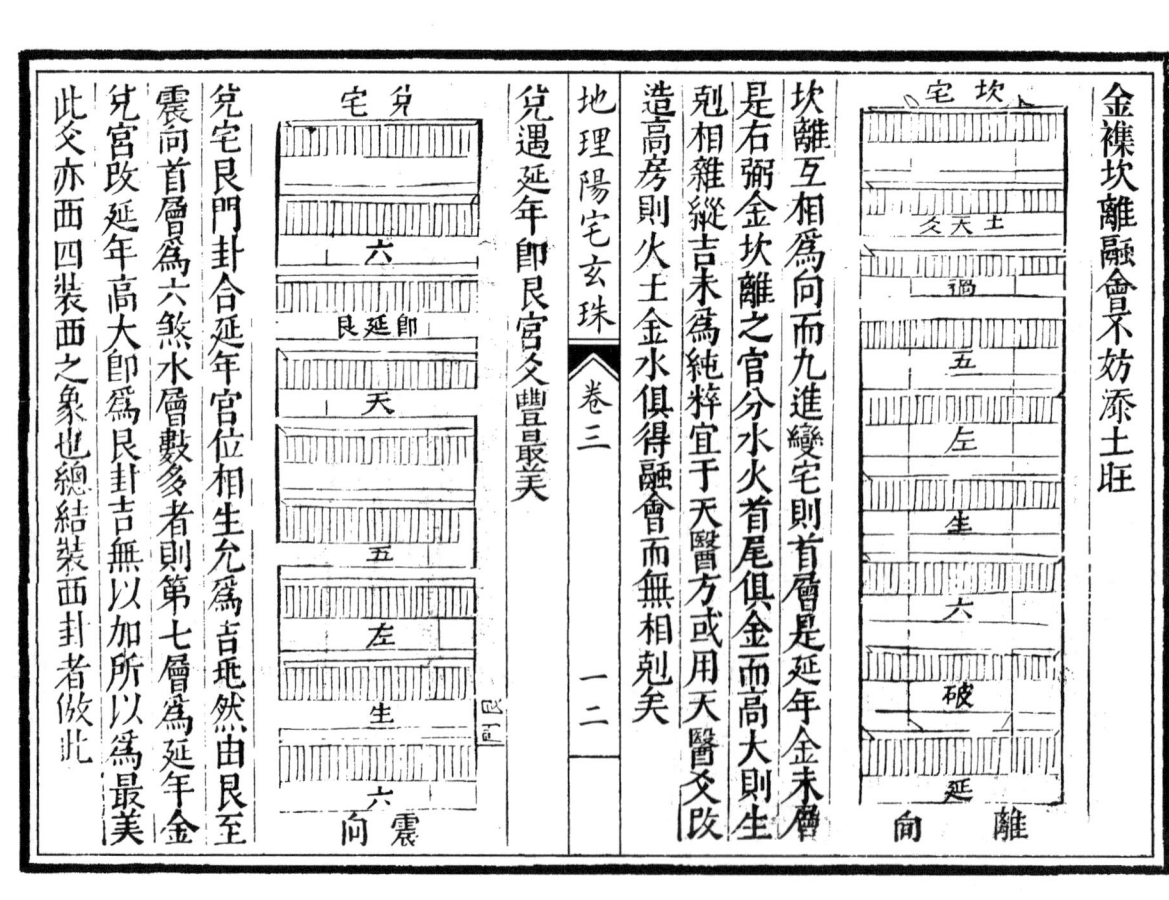

離逢生氣原爲震象旺尤佳

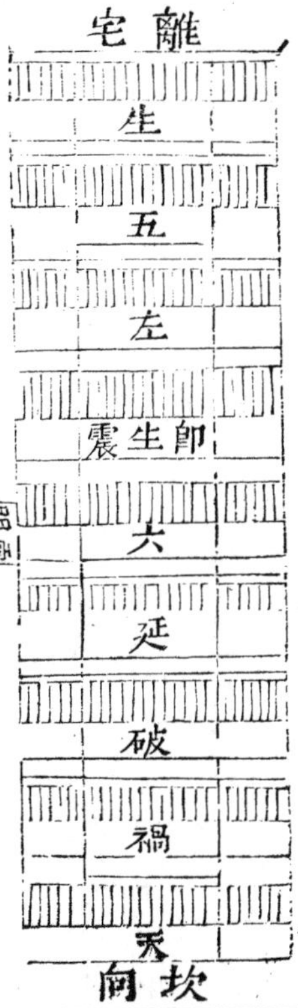

離宅震門卦合生氣宮位相生尤爲吉兆然由震至坎向首層爲天醫土層數多者則第六層爲生氣木離宮得生氣高大即爲震卦吉不可言所以爲尤佳此爻亦東四裝東之象也總結裝東卦者倣此

若地深而屋廣要知截路分房

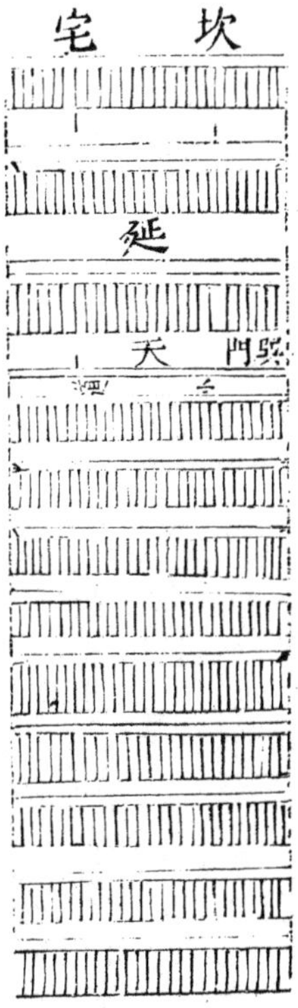

凡宅多有深廣而層數太多者當以截路分房爲例假如坎宅有十四五六層前九層則九星已盡此後當橫一小道于其間另立門戶以分房如前後爲兩院之象則星宮自得周全而無汗漫剝襍之弊

或基總而居多須論隨方定位

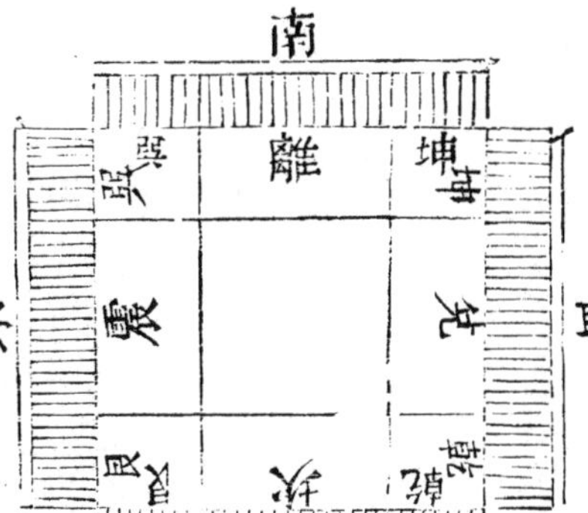

凡宅有一基而分割太多者當以隨方定位爲例假如一宅有三四五六分北中坎左艮右乾南中離左坤右巽東中震左巽右艮西中兌左乾右坤各以分地住屋爲名則門卦自得轉移而無亂襍差訛之弊

是以十家十向同局則禍福無差

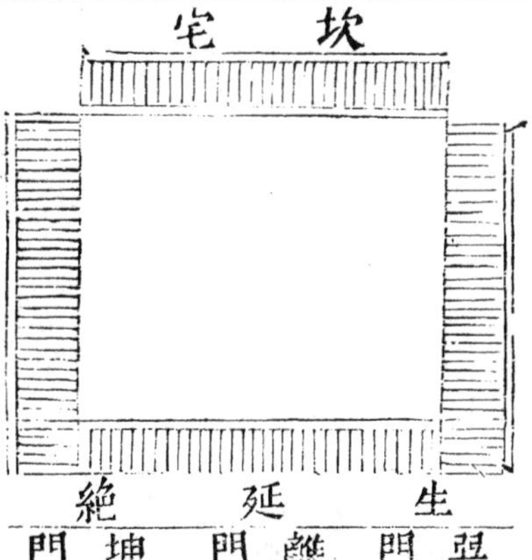

假如十家或坐坎向離或坐離向坎是十家十向矣然以坎宅爲例同開巽門均爲生氣同開離門均爲延年同開坤門均爲絕命惟其宅同局同則游星亦同而禍福自不得以或差耳舉一宅而他宅倣此

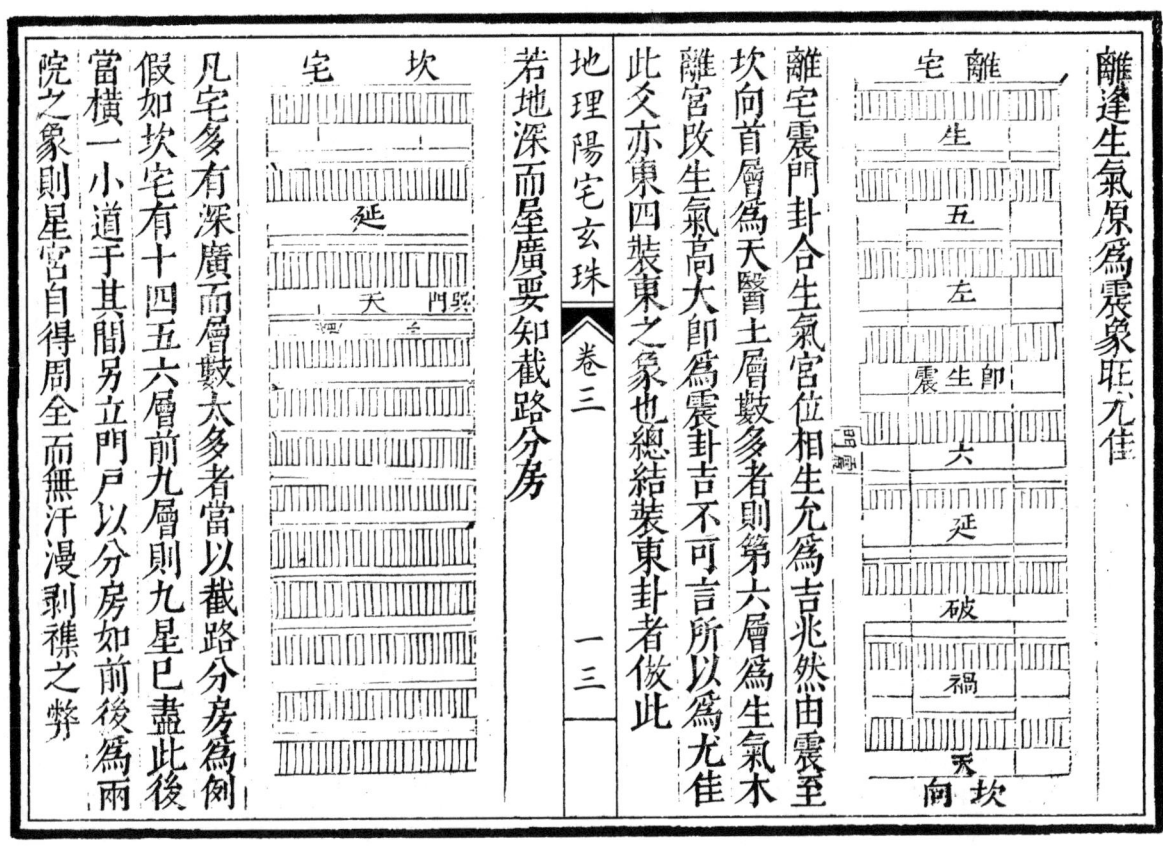

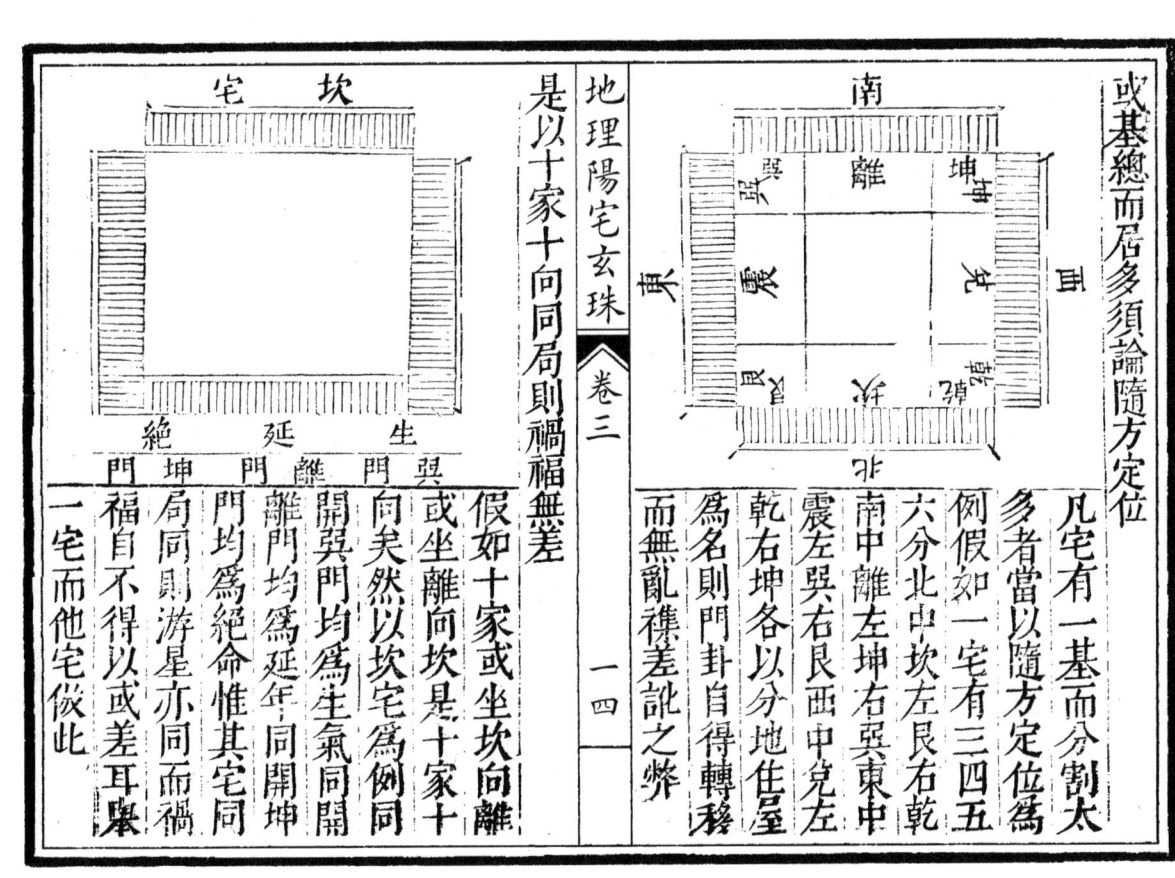

倘若一宅一門分居則災祥各異

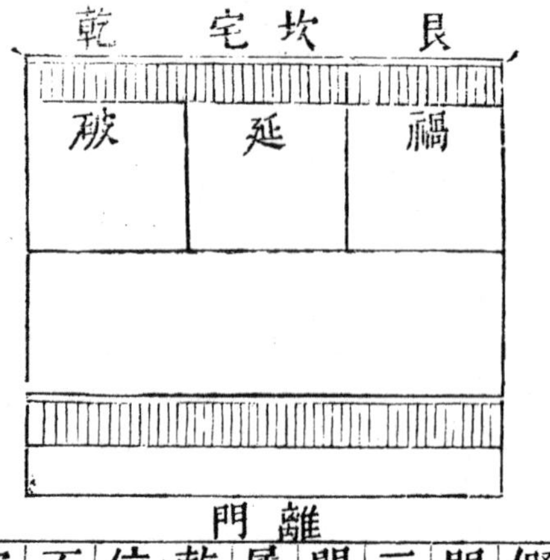

假如同一坎宅同一離門是一宅一門矣倘以三分或六分分居則中間屬坎門爲延年左邊屬艮門爲禍害右邊屬乾門爲破軍惟所居方位不同則門星亦不同而災祥各有異耳居一宅分居而他宅類推

遷變在人法可移房堪易處

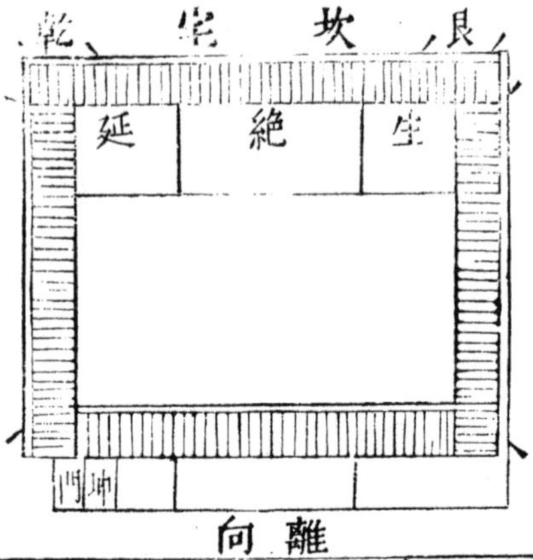

大抵趨避皆係于人爲假如坎宅坤門是犯絕命凶不可言法可移房于艮宮則受生氣移房于乾宮則爲福德門宅雖凶而所居方位或能變遷則改凶爲福一舉動之間而已一宅爲例移房類推

推排有術權宜納甲且隨緣

大抵經權各自有術假如艮宅離門是犯禍害別無他方可移權宜作丙門則丙納艮爲輔弼作丁門則丁納兌爲延年門宅雖凶而納甲方位或可推排則遠禍邀祥一轉移之間而已一宅爲例納甲類推

總之星卦飛臨不出東西四宅務在剖石以求玉而已安可膠柱而調瑟乎哉

九星五行辨

易曰吉凶悔吝生乎動故堪輿之理用其變不用其常是正五行者萬世不易之常道也而諸家五行之變化各有所用又不容以混襍者考之黃帝八宅周書以八卦配八方九星配九宮者蓋以上有九天下有九地天有九星地有九宮而九星九宮各自有五行所屬自九宮而言乾宮兌宮俱屬金坤宮艮宮俱屬土震宮巽宮俱屬木星九宮而有二金二土二木

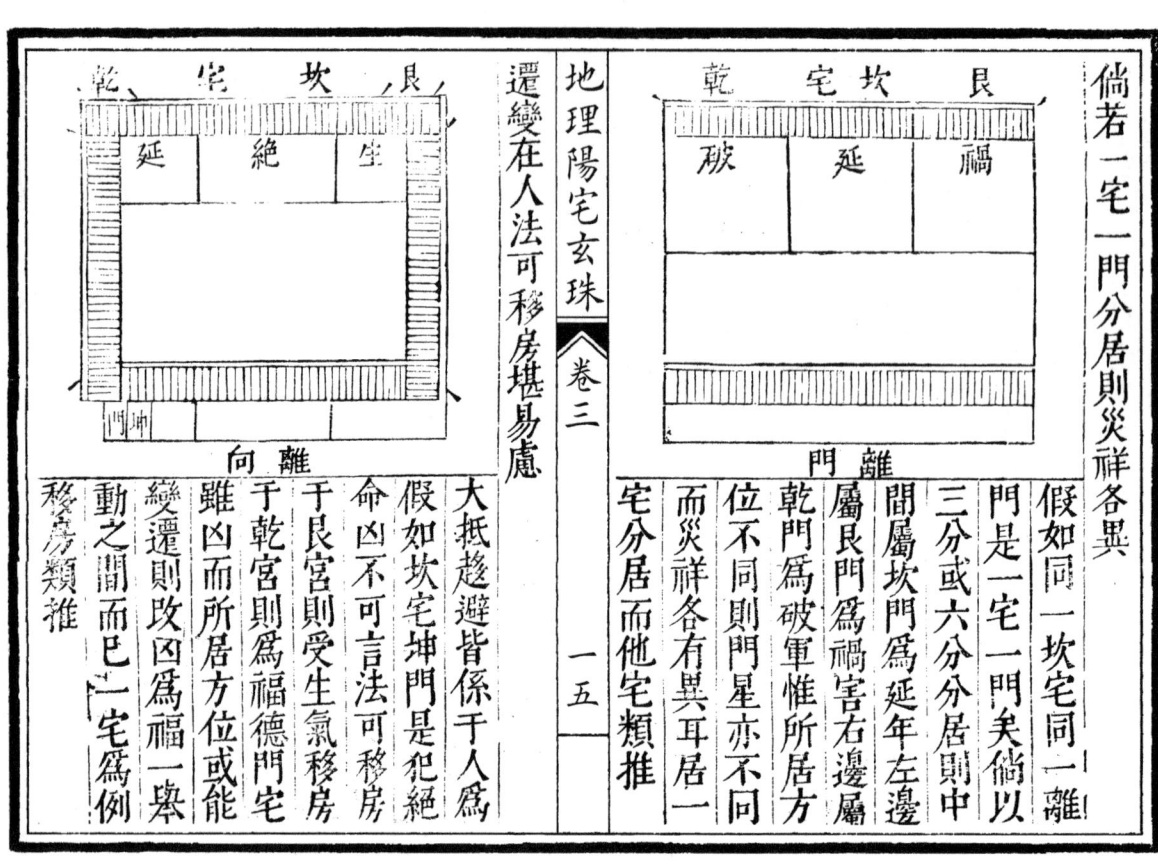

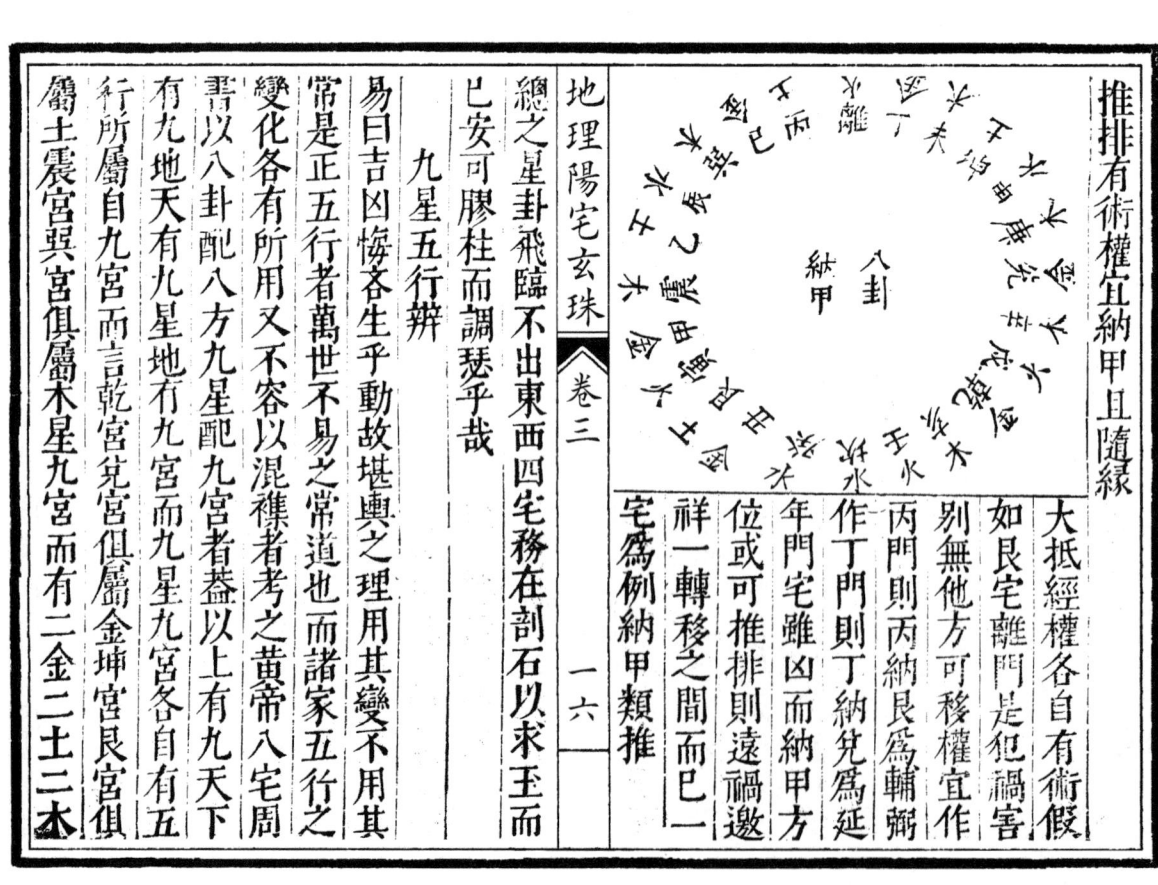

矣而坎宮屬水離宮屬火是惟一水一火也中宮則坐乾屬乾坐坎屬坎身無定主隨方而易位焉自九星而言延年破軍俱屬金天醫祿存俱屬土貪狼左輔俱屬木是九星亦有二金二土二木矣而文曲屬水廉貞屬火亦惟一水一火也右弼則値金屬金値火屬火星無定性隨類而伏位焉然原其所自破軍即乾金延年即兌金祿存即坤土天醫即艮土貪狼即震木左輔即巽木文曲即坎水廉貞即離火其所以爲吉凶者震巽艮兌先天居養生之位得天地旺相之氣故貪左天延四星爲吉曜乾坤坎離先天居

虛无之位涉天地孤虛空亡之氣故破祿文廉四星爲凶曜要之宮主靜八卦之體也星主動八卦之用也葢動靜相配體用相須乃陰陽操縱之微權天地造化之玄機也故九星不惟宮位飛臨而層數亦由之以穿貫焉假如坎宅離門五進房屋則以五星穿貫由坎數至離値延年金爲第一層則第二層是文曲水三層是貪狼木四層是廉貞火第五層則不以貫井論而以方位論乃是右弼金由離數至坎是延年伏位也若七八九層則以九星穿貫第一層是延年金則第二層是破軍金三層是文曲水四層是貪

狼木五層是左輔木六層是廉貞火七層是祿存土八層是天醫土九層乃右弼金由是而知同一土也祿存凶而天醫吉同一金也延年吉而破軍凶自門星以進貫則某層値某星爲吉某層値某星爲凶瞭然在目不待辨而自明矣若只以五行進貫則某層屬土某層屬金于理固爲有得矣而混然無別將以土爲吉乎金爲吉乎抑將以土爲凶乎金爲凶乎殆不可得而明辨也是葢宮位無吉凶而所以爲吉凶者五行爲之主宰五行無吉凶而所以爲吉凶者九星爲之遷變此古法配合之條例一定而不可易者

奈乎好事之徒角立異說强爲裁製專用五行生進而斥九星以爲非亦獨何歟若專五行而非九星則離宮原屬火坎宅開離門何取義以爲金也亦由坎數至離而値延年金耳旣指火位以爲金是亦不用五行而用九星飛布明矣至于穿貫又更五行以生進無乃以九星爲體五行爲用乎或明用五行而陪用九星乎吾不得而知之也理若必用正五行則東西南北中五位是矣四隅將焉用哉作聰明以亂舊章其不至于顚倒禍福者幾希矣高明者其原之

黄石公相宅祕訣

靑龍欹其頭是東方兩頭垂下小厦者主長男不吉

男女離散疾病無休損畜不旺
白虎半邊枯是西方房屋兩頭有小厦者主少女不
吉婦人多寡鬼魁交加消踈耗散
朱雀乘其翅是南方房屋兩頭有小厦者主口舌不
祥官非火盜父子不和
玄武拽其尾是北方房屋兩頭有小厦者主家眷不
寧官灾賊盜六畜死亾
螣蛇舉其頭是東方偶有小堂者主口舌官災人口
分離病患無休
勾陳落其肩是中宫正屋兩頭垂小厦者主宅長宅

母不寧人離財散疾病消爍
單耳房是堂屋或東或西接小屋反向者主大小相
背暗瘋疾病破財損畜
孤獨房但有一座房屋而無外屋者主陰小不利疾
病血光孤獨消耗
零星房是舊屋多年不蓋瓦者主人口不安消耗離
散苦蓋則吉
焦尾房不拘何方前後接新椽蓋厦者主火光疾病
陰旺陽衰子孫陵替
癱瘓房是舊屋拆一半留一半者主官非口舌家眷
不寧灾殃破耗
純陰房是只有南屋西屋者主陰旺陽衰招盜官事
或東與北增造則吉
純陽房是只有北屋東屋者主陽盛陰衰落胎噎疾
或南與西增造則吉

地理陽宅玄珠卷之三

陽宅地理玄珠卷之四

古吳太和山人夏世隆道弘甫著
梁溪聿倡道人華善繼孟達甫校

放水

葢地之禍福在水水之禍福在向故楊公陽宅秘要一論開門二論放水即易所謂吉凶悔吝生乎動也水爲動物收水必以向是向者水之主也假如坐坎向離離宮有丙午丁丙爲陽火丁爲陰火若兼丙向則水宜從右而出若兼丁向則水宜從左而出葢以乙丙防巽庚丁忌坤恐犯黃泉故也餘向倣此又董

公摘奇云萬水盡從天上去以放水宜從干維而不宜流地支也又司馬水法云三拆祿馬上御街劉江東水法云小神中神入大神葢以四維爲歸會也賴布衣水法云陽龍陽向水流陽陰龍陰向水流陰此以淨陰淨陽爲歸一也是皆放水之要訣也然形勢又要之玄屈曲不可陡直斜反水從左來溝口逆向左水從右來溝口逆向右順則反背而無情矣大抵放水不宜流破向上生旺宜出囚謝之方乃爲合格若不依法而漫放則宅雖吉而水凶亦難爲福

水象

凡宅基溝水流行無一定之法但正屋明堂中水毋使衆水流通明堂同行而出是爲混雜不分　其行水不宜暗穿屋下直穿中爲冲心橫穿左右爲射脇皆主心腹之患　兩脇水行而向路各自直出者爲刼瀉兩直兩橫傾流而直出者爲四散皆主財散入離　明堂中斜過或直出者爲拋鎗堂後有窜水直射者爲背後鎗皆主疾病禍害　一無委曲而急瀉直出者左則長位右則小公中則仲子主應退敗此皆水象之不吉者須于一宅之水酌量拆作之玄交會合流出處得其方位乃爲全吉

門尺

夫宅象主靜門象主動故宅之吉凶皆由門以爲之主宰是以鬼谷門尺闊狹高低分寸各有定數法用尺一條長依魯班尺一尺三寸五分列爲八門量法以左手把尺本門爲首字脚向外從左量至右去濶狹任意但取吉門爲率看其零數便知臧否

二寸五分	本	輔弼
一寸八分	害	祿存
一寸五分	刼	廉貞
一寸一分	官	武曲
一寸	義	巨門
二寸一分	離	文曲
一寸四分	病	破軍
一寸四分	財	貪狼

本字門中大吉祥　若臨害字有災殃　刼門被刼多傷害　官字官符不可當　義來孝義多餘慶

離主流離最不良　病多疾病人財散　財獲榮華金滿箱　此是鬼谷親授訣　安門依法好消詳

門象雜應

門柱欹斜疾病冷退　門扇歪斜夫婦分心人財耗散　門扇補孔多招眼疾　門板破節生瘡不歇顛倒裝門事情錯亂　門邊兩壁須一般左大換妻右大出寡　門外置欄杆爲紙錢殺家多哭泣　當門有撞柱爲懸針殺主毋受禍　門上莫作仰拱兩邊相指訟事交爭　門欄蛀破多招災咎　門高於廳後代絕丁　門高於壁常招哭泣　兩家門對必有一傷　一家兩門主出鰥寡　一家三門父子離心　凡門必須方正光潔濶狹高低如法乃爲可貴

明堂

夫房屋之有明堂如人之有胸襟也最宜光瑩不宜病雜若使屋象吉而明堂凶則未免轉福而爲禍豈爲全美是以古人立法亦莫不有定式屋低小而明堂大則空曠而無聊屋高大而明堂小則狎隘而淺陋須隨其屋象之大小而以步數裁之則自可以獲吉矣蓋明堂步數以九天玄女尺算之每步長四尺五寸量法于屋簷滴水處起步量至前去到立門處得陽數吉合陰數則凶最大者不過十一步而止　一步平平亦主康　二步災害不相當　三步玉堂添吉慶　四步家庭未免殃　五步金堂多進益　六步傴蹇定乖張　七步文昌賢秀出　八步流離自不祥　九步綿綿招富貴　十步邅迍不顯揚　十一添丁多福祉　十二分爭享不長　此是明堂橫直法　若能依此自榮昌

明堂雜應

明堂狹長小口須防　最忌欹斜奸偷內亂　尖射損人左男右女　若還太濶須愁鬼發　兩畔路長不久荒涼　壘石爲臺心疼隔氣　當庭奇石恠異招災　土堆出石喑啞徒配　水石相寄名爲法塲　門外置欄杆心病眼疾　庭前磚碎脫麻瘟疫　芭中有困樹疾病連綿　象似花園淫慾不已　芭蕉茂盛幽蔭多祟　木栖家叢赤眼悲悽　玫瑰中庭勞嗽風聲　若種石榴堪誇吉慶　楊柳欹斜出人顛倒　竹木交加男女歪斜　庭前青草多生愁怨　堦下桃花每起慾心　水斛橫中庭小口不祥　水斛傍樹下內溺自縊　兩斛橫擺是爲哭眼　久停污水招鬼生瘟　屋形直射兒孫忤逆　屋角

斜倚禍患相尋　內見探頭多主盜賊　若然尖窗須見火光　必是端正方平潔淨舒暢或是方匾端小堂然無物乃爲全美又不宜作一字象假若廳堂九間分作三井斯爲得體

屋象

夫屋之有象如人之有體必須五形相稱齊整端嚴件件合格方爲盡善一有損壞則非全人矣故凡建立宅舍亦莫不有定式　正屋須用七柱長直光潔不可倒用木植主顛倒事情損宅長　不可冲接上接主頭目中主腹心下主足疾　不可偷柱無中柱

則無主前後各三柱則主長仲季三房應之　棟柱不着地家長難住　散柱大勝於正柱者主忤逆次間大勝於正間者主犯上　正屋作穿心梁主停喪不祥　梁下方笋要出小笋不出者爲壽星藏頭主夭壽小兒難養　枋不宜壓梁頭主屋下人作事不起頭男女夭折　梁棟偏欹家多是非　堂前柱損家道多灾　間架用陽數則吉陰數則凶　正屋兩頭不宜橫枕小屋名爲擡喪殺　宅中間有小屋直竪爲停喪殺　有高樓直竪爲鰥寡殺　正屋前有小屋斜摃主忤逆流移　正屋門中對屋柱爲懸

針損家長　屋脊對棟宅長亾　兩旁接屋直出而無前屋者名曰推車形主退敗　兩旁從屋斜擺分開者爲八字形主內耗分張　後接直屋而無後屋者名曰斛揚形主貧乏　前接直屋而無前屋者名曰丁字形主離散　後簷連接披孝屋者損人財前面空房直長爲離別爭訟有隔蔽方無神殺　兩邊簷水不宜逼近相射主家道不和　作屋多牕耗財多病　左屋高而右屋太低者主利長而剋妻右屋高而左屋太低者主少亾而出寡正屋前不見者則無害　後高大而前低小者吉　前高大而後

漸低者凶　前後俱高而中獨低者家長夭亾　從屋不宜高於正屋主犯上欺主　堂高廳低難爲宅主　廳高堂低難爲宅母　廳左堂右難爲宅主堂左廳右難爲宅母　有堂無廳難爲宅主　有廳無堂難爲宅母　造樓莫近街頭多招是非　門樓莫對倉門多招風症　當廳安直櫃象曰停喪　堂前安搗石夫婦離心　房屋當頭莫安櫃　房前兩壁勿開牕　簷前大石被水滴小口灾傷　堂前有石磊落多招怪異　堂前瓦礫骨肉參商　堦下椽剕姻親俉隙　大抵屋象須是大小相稱高低有則

内外整齊正從端肅明堂平正門路委曲無破無沖無損無缺則富貴清雅福祿齊全而可以安享悠久

六事

竈

夫竈宜安生氣方以養生之具也　竈門宜向東以木能生火　不宜向北以水能剋火　法長八尺八寸象八卦也　廣四尺四寸象四時也　高三尺三寸象三才也　門闊一尺二寸象十二支也　須於月財方取土作竈則家道興隆　去地面一尺下取淨土作竈則家門清利　凡厨竈最要明亮潔淨爲

可住　竈不作於井南主煙火休囚　竈若見井家多虛耗　廳屋安竈瘟火災殃　竈前壅糞土定招災禍　竈土踐壞令人患瘡　丙丁方作竈引惹火光　壬癸方作竈火氣衰微　灰堆門前閑非口舌須是潔淨得法乃爲盡善

井

夫穿井有以五音旺方者有以八卦生氣者有論方向來脉者其法不同總之宜在本宅生旺方爲吉係所資以爲養者也　來脉上不宜開井主損龍氣堂後不宜開井爲玄武悲泣　當門開井多主淫盜中庭開井神鬼來侵　井在竈北多出忤逆　井竈不宜相逼主内亂虛耗　井對竈門小口多傷井開簷下多招眼疾　後門開井每主血光　井畔桃花風聲淫佚

典庫

凡典肆宜在生旺方取生息之義也　庫藏宜在墓庫方取收藏之義也　毋得多開私門主内耗　毋得多通小路主分泄　毋得屋脊門路冲射主消散毋得見探頭沙主招盜賊　毋得露禾廩頭於外見多招侵侮

碓磨

凡碓磨宜安於本宅之祿位上以食祿之所需也來龍在後來磨碓要居前　龍從左來碓磨宜在右龍從右來碓磨宜居左　須要回避來龍撼動則家宅不寧　碓磨頭須向門前尾向後者吉反此則家財退落　又不宜安堂前主消耗招淫

畜養

蓋天生萬物惟人爲貴是以人生天地間口體之奉無非牲畜之類故畜養各自有方經云一德宫中好養馬三台方上旺豬牢牛遇奇羅爲上吉羊逢紫炁

滿欄餞更憑四極中星用鵝鴨雞羣永不凋此皆以坐山爲主而用納甲化氣爲法也

配方所屬 乾甲 巽辛 木 坎癸申辰 離壬寅戌 火 艮丙 坤乙 土 震庚亥未 兌丁巳丑 金

一德宮 即本山旺方是也 馬枋最妙

三台宮 即本山平收位是也 猪圈最妙

奇羅方 即本山長生方是也 牛圈最妙

紫炁宮 即本山墓庫方是也 牢棧最妙

四極宮 即本山四正宮是也 雞栖最妙

蚕

凡養蚕宜在本山生旺方更合得年旁蚕命蚕官蚕室又與年月支明堂蚕龍蚕庫蚕后同會本宮尤爲大吉

現修方例

右馬厩不可向廳前主犯淫顛 正屋前不可見牛欄多招囚禁 猪圈不可對門口官事灾非 若近房卧多生愚蠢疾病 牛牢猪圈當門詞訟不息 堂前房後鵞鴨雞栖主悲愁分張 堂下養鴿多生慾心 家有燕巢有喜無灾向内者尤吉 蜜蜂聚盛財穀豐盈一旦分散主凶

廁

夫廁宜作本宅休囚方大吉 不可對門主淫慾 不可對棟主消耗 不可近井竈主污穢不寧 不可當來脉主損泄龍氣 不可並大門主招淫 不可作青龍方招眼疾

外象

大凡建基立宅必須先觀外象富貴貧賤禍福興衰莫不由外應以爲之符驗者故觀夫 基後逶流倒騎龍則穩足 門前朝水針受氣則安榮 青龍有情多招吉慶 白虎惡狀頻見凶頑 玄武拒丁者

破家傷人 朱雀斜飛者官非爭訟 明堂開闊田地豐饒 水勢彎環錢財積聚 墻垣籬障盤桓安然享福 四面竹木蒼翠瑞氣滿門 水口横橋家必富足 門前沙秀定主興賢 若是四圍有空缺儘多虚耗 沙飛與水走不久流移 寺觀樓臺或對門官事退散 橋亭直屋來冲射横夭遭迍 堂傾陡瀉財散人離 水直傾流貧窮徹底 四水射身灾殃夭折 泉水散亂奔走窮途 明堂如針直鰥寡貧窶 若然如弓反骨肉離心 當街門對兩相妨 同巷簷齊俱獲福 門外土堆路逶肓啞瞶

疑　面前石傍水邊墜胎遭溺　垣籬傾倒財耗無停　竹木焦枯時衰即目　門前水路斜行去流徙無歸　若是水路一直冲官非不已　遶宅有墈左邊來長位豐隆而妻則受剋　墈遶彎環從右轉小房發福而婦女專權　左墈若然高僭長公受禍右墈若然高過屋小子難逃　門前有墈寬宏遶中子榮華　或然巉壓少明堂家敗嗣絕　太歲加臨吉凶影響欲明宅理毋忽陳言

陽宅地理玄珠卷四終